Law in Literature

Harry Potter und die Gesetze der Macht

Wie das Strafprozessrecht als „Machtinstrument“ im Kampf zwischen „Gut“ und „Böse“ missbraucht werden kann am Beispiel der Harry-Potter-Bücher von J.K. Rowling und unter Berücksichtigung des deutschen Strafrechts sowie der Besonderheiten im NS-Staat

Ass. jur. Jannina Schäffer

Fachmedien Recht und Wirtschaft | dfv Mediengruppe | Frankfurt am Main

Zugleich eine Dissertation (2024, summa cum laude) an der Deutschen Hochschule der Polizei (DHPol)

Erstgutachterin: Prof. Dr. Anja Schiemann

Zweitgutachterin: Prof. Dr. Anne Schneider

Bibliografische Information Der Deutschen Nationalbibliothek

Die Deutsche Nationalbibliothek verzeichnet diese Publikation in der Deutschen Nationalbibliografie; detaillierte bibliografische Daten sind im Internet über http://dnb.de abrufbar.

ISBN 978-3-8005-1951-4

dfv Mediengruppe

www.ruw.de

Druck: Beltz Grafische Betriebe GmbH, 99947 Bad Langensalza

Printed in Germany

Für meine Familie.

Für Sebastian, ohne den ich während des Schreibprozesses schon längst verhungert wäre.

Allen Zweiflern zum Trotz.

Vielen Dank an meine Doktormutter, Frau Prof. Dr. Anja Schiemann, die sich sofort von meiner Begeisterung für „Harry Potter" mitreißen ließ und mir mein Herzensthema ermöglichte. Sie stand mir immer mit Rat und Tat zur Seite – erlaubte mir aber auch große Freiheiten und Kreativität bei meiner Arbeit.

Diese Dissertation wurde mit finanzieller Unterstützung der Klett-Stiftung gedruckt.

„Alle neuen Zauberer müssen, wenn sie unsere Welt betreten, auch akzeptieren, dass sie sich an unsere Gesetze halten müssen."

(Rowling, Harry Potter 6, Der geheime Riddle, S. 276)

Inhaltsverzeichnis

A. Harry Potter und die Einleitung

I. Hinführung zum Thema

Recht und Gerechtigkeit in den Harry-Potter-Büchern? Was auf den ersten Blick aussieht wie ein sehr atypisches Promotionsthema im Bereich der Rechtswissenschaften, bleibt auch auf den zweiten Blick eher exotisch. Nichtsdestotrotz sprechen zahlreiche gute Gründe dafür, sich als Jurist*in[1] ausführlich mit dem Thema Recht und Literatur zu befassen. Schnell wird man feststellen, dass das Recht aus keinem Bereich des Lebens wegzudenken ist – also auch nicht aus der Literatur. Eines der bekanntesten Beispiele hierfür dürfte das Werk *„Der Process"* von Franz Kafka sein. Generationen über Generationen von fleißigen Schülern mussten sich mit Josef K., dem alleinstehenden Prokuristen einer Bank auseinandersetzen, der vergeblich versucht, herauszufinden, wieso ihm ein derart *kafkaesker* Prozess gemacht wird. Die Schnittstelle zwischen Literatur und Recht ist also existent und wartet nur darauf, untersucht zu werden. Während sich nicht nur Literaturwissenschaftler – vor allem in den USA – bereits intensiv mit den Harry-Potter-Büchern und ihrer Autorin beschäftigt haben, gibt es in Deutschland tatsächlich noch keine juristische Arbeit, die sich diesem Thema widmet. Und das, obwohl sich die Harry-Potter-Reihe alleine auf Grund ihres Umfangs, ihrer Bekanntheit und der Prägung einer ganzen Generation geradezu als Forschungsobjekt aufdrängt. Bereits bei einer allerersten Lektüre der sieben Bände werden dem Leser zahlreiche Gesetze, Prozesse und strafrechtlich relevante Aspekte auffallen, die sich für eine juristische Dissertation anbieten. Die Herausforderung dieser Arbeit besteht darin, ein noch nie bearbeitetes, sehr umfangreiches Themengebiet zu erschließen und darzulegen, welche nützlichen Erkenntnisse sich für deutsche Juristen im Bereich des Strafrechts ableiten lassen.

Welche gesellschaftliche Relevanz die Harry-Potter-Bücher erreicht haben, lässt sich am besten am Erscheinen des siebten und letzten Bandes darlegen. Am 27. Oktober 2007 öffneten in ganz Deutschland zahlreiche Buchhandlungen um Mitternacht ihre Türen. Der Verkaufsstart der deutschsprachigen Ausgabe des finalen Harry-Potter-Buches sorgte für einen nie dagewesenen Wirbel. Überall feierten Kinder und Jugendliche – teils verkleidet als Zauberer – die Veröffentlichung von *„Harry Potter und die Heiligtümer des Todes"*.[2] Bereits vor dem Erscheinungstermin wurde der Titel beim online Versandhändler Amazon weltweit

---

1 In dieser Arbeit wird aus Gründen der besseren Lesbarkeit das generische Maskulinum verwendet. Weibliche und andere Geschlechteridentitäten werden dabei ausdrücklich mitgemeint, soweit es für die Aussage erforderlich ist. Nur eine geschlechtergerechte Sprache stellt sicher, dass sich alle Menschen gleich angesprochen fühlen und von den Lesenden gleichwertig mitgedacht werden, auch in universitären und wissenschaftlichen Arbeiten.

2 https://www.welt.de/kultur/article1302598/Harry-Potter-haelt-ganz-Deutschland-wach.html (abgerufen am: 23.01.2023); *Garbe/Philipp*, in: Garbe/Philipp (Hrsg.): Harry Potter, S. 7 (7 ff.); *Himmelsbach*, Harry Potters literarischer Zauber, S. 1 ff.

1,6 Millionen Mal vorbestellt.[3] In Deutschland gab es zum Verkaufsstart alleine bei der Verlagsgruppe Weltbild 450.000 Vorbestellungen.[4] Insgesamt wurden von den sieben Harry-Potter-Büchern bis heute über 450 Millionen Exemplare verkauft.[5] Ohne Zweifel gehört die Serie rund um den jungen Zauberlehrling damit weltweit zu den bekanntesten und erfolgreichsten Kinder- und Jugendbüchern. Die Romanreihe machte ihre Autorin Joanne Rowling (J.K. Rowling) auf einen Schlag berühmt und erzeugt seit 1997 eine enorme Medienaufmerksamkeit, die bis heute anhält.[6]

Inhaltlich dreht sich in den Büchern alles um den namensgebenden Jungen Harry Potter, der bei seiner Tante und seinem Onkel in England aufwächst. An seinem elften Geburtstag erfährt er, dass er ein Zauberer ist, dessen Eltern von dem bösen Magier Lord Voldemort ermordet wurden. Jedes Buch behandelt im Folgenden ein Schuljahr Harrys in *Hogwarts*, der Schule für Hexerei und Zauberei in Großbritannien. Hier muss er sich immer wieder Lord Voldemort und dessen Schergen, den *Todessern*, stellen. Voldemort will das Zaubereiministerium unterwandern, um seine eigene Ideologie einer *reinblütigen* Zauberer-Rasse durchzusetzen. Dabei schreckt er auch nicht vor Morden zurück und versucht im Fortgang der Geschichte, den Zaubereiminister zu stürzen und sein Handeln durch neue Gesetze zu legalisieren. Harry findet später heraus, dass er der *Auserwählte* ist, der Lord Voldemort besiegen muss, was ihm am Ende auch gelingt.

Die Idee, sich mit der Schnittstelle zwischen Recht und Literatur zu befassen, entspringt nicht der Fantasie der Verfasserin dieser Arbeit und ist mitnichten neu. Bereits der griechische Philosoph Platon erkannte vor weit über 2.000 Jahren, dass es eine Verknüpfung zwischen Recht und Literatur gibt:

„Ist es nun etwa eine größere Schande für Homer und Tyrtaios und die anderen Dichter, wenn sie in ihren Schriftwerken verkehrte Anweisungen für das Leben und seine Bestrebungen geben, dagegen eine geringere Schande für Lykurg und Solon und alle anderen, die als Gesetzgeber Schriften verfaßt haben? Oder müssen nicht, wenn es richtig zugehen soll, von allen Schriftwerken in den Städten die Schriften über die Gesetze, wenn man sie aufschlägt, sich als die weitaus schönsten und besten erweisen, während die Schriften der anderen entweder damit übereinstimmen oder, falls sie davon abweichen, lächerlich erscheinen müssen?"[7]

---

3 http://www.aktiencheck.de/news/Artikel-amazon_com_Weltweit_1_6_Millionen_Vorbestellungen_fuer_siebten_Harry_Potter_Band-1245816 (abgerufen am: 23.01.2023).

4 https://www.handelsblatt.com/unternehmen/it-medien/tausende-fans-ergattern-buch-letzter-harry-potter-band-uebertrifft-noch-einmal-alles/2878920.html?ticket=ST-84797164-pOsGfEX9FloorjvNYhyb-ap4 (abgerufen am: 23.01.2023).

5 https://www.noz.de/deutschland-welt/kultur/artikel/914545/vor-20-jahren-startete-harry-potter-seinen-siegeszug#gallery&0&0&914545 (abgerufen am 23.01.2023).

6 *Heinen*, Kampf um Aufmerksamkeit, S. 11.

7 *Schöpsdau*, NOMOI Buch XIII–XII, S. 42. Entspricht: *Platon,* Nomoi, IX, 858 e, alternative Übersetzung: http://www.opera-platonis.de/Nomoi9.pdf (abgerufen am: 23.01.2023).

Im anglo-amerikanischen Raum ist diese Forschungsdisziplin bereits seit den 1970er Jahren unter dem Namen *Law & Literature Movement* bekannt. Es handelt sich um einen weitläufigen, interdisziplinären Forschungsbereich, der zwischen Rechtswissenschaften und Literaturwissenschaften angesiedelt ist.[8] Auch in Deutschland ist *Recht und Literatur* als Forschungsgegenstand grundsätzlich anerkannt, bekommt an den juristischen Fakultäten des Landes jedoch höchstens marginale Aufmerksamkeit.[9]

Ziel dieser Arbeit ist, die Forschungslücke zu schließen. Die Verfasserin möchte beleuchten, wie Lord Voldemort durch Ausnutzung bestehender Fehler im Justizsystem – besonders im Bereich des Strafprozessrechts – sowie der Etablierung neuer Gesetze an die Macht gelangen konnte. Dabei geht es zunächst darum, das Justizsystem in den Harry-Potter-Büchern zu erläutern. Sodann soll das magische Recht mit dem aktuellen deutschen Strafrecht und dem Strafrecht unter den Nationalsozialisten zwischen 1933 und 1945 verglichen werden. Hierbei sollen auch die Parallelen zwischen Lord Voldemort und Adolf Hitler herausgearbeitet werden, die von Rowling selbst in Interviews erwähnt wurden und unter Literaturwissenschaftlern allgemein anerkannt sind.

II. Umfang der Dissertation

1. Beschränkung auf die Harry-Potter-Bücher

Das hier wiederholt als *Harry-Potter-Bücher* bezeichnete Werk besteht aus insgesamt sieben aufeinander aufbauenden Bänden, die in Deutschland zwischen 1998 und 2007 im Carlsen Verlag veröffentlicht wurden. Autorin ist die gebürtige Britin Joanne Rowling. Die Serie umfasst auf Englisch und Deutsch etwas mehr als 4.000 Seiten Text.[10] Die Romanreihe wurde auch verfilmt. Außerdem veröffentlichte die Autorin weitere Texte, die im Zusammenhang zur ursprünglichen Heptalogie stehen. Die vorliegende Arbeit nutzt als Primärquelle die sieben deutschsprachigen Harry-Potter-Bücher.[11]

Grund hierfür ist die kaum überschaubare Flut an Informationen, die sowohl die Autorin selbst als auch Fans und Marketingexperten im Zusammenhang mit Harry Potter im Internet, aber auch in Print veröffentlicht haben. Rund um Harry Potter ist eine Marketing-Maschinerie[12] in Gang gesetzt worden, die in

8 *Schramm*, in: JA 2007, S. 581 (581); https://legal-dictionary.thefreedictionary.com/Law+and+Literature (abgerufen am 23.01.2023).

9 Forschungsstand bzgl. Recht und Literatur in Deutschland: S. 20 ff.

10 https://artsbeat.blogs.nytimes.com/2009/07/14/potters-magic-numbers/ (abgerufen am: 23.01.2023); *Fenske,* Muggles, Monsters and Magicians, S. 59; Deutsch: selbst gezählt.

11 Zitiert wird die im Carlsen Verlag erschienene deutschsprachige Taschenbuchausgabe.

12 *Bergenthal*, Des Zauberlehrlings Künste, S. 431; *Garbe/Philipp*, in: Garbe/Philipp (Hrsg.): Harry Potter, S. 7 (10 ff.); kritisch dazu: *Frey/Wagner*, in: Garbe/Philipp (Hrsg.): Harry Potter, S. 183 (183 ff.); *Fenske,* Muggles, Monsters and Magicians, S. 4.

diesem Ausmaß bisher höchstens aus dem *Marvel Cinematic Universe* rund um Ironman, Captain America, Black Widow und Co. und aus der *Star-Wars-Saga* bekannt war. Der Wert der Marke *Harry Potter* wird inzwischen auf vier Milliarden US-Dollar geschätzt.[13] Deswegen ist es nicht verwunderlich, dass mit *The Wizarding World of Harry Potter*[14] im Jahr 2014 der erste Harry-Potter-Vergnügungspark in Florida eröffnet wurde. Dort gibt es genauso wie im Internet T-Shirts, Bettwäsche, Kaffeetassen, Zauberstäbe und *Butterbier* zu kaufen.

Doch was das Phänomen rund um Harry Potter wirklich am Leben erhält, sind seine treuen Fans. Bereits im Jahr 1999 wurde mit *MuggleNet*[15] eine der größten englischsprachigen Online Communitys rund um Harry Potter geschaffen. Im Jahr 2000 folgte die Seite *The Leaky Cauldron.*[16] Unermüdlich tauschen sich Fans der Serie dort über die Bücher und Filme aus. Es werden eigene Geschichten (sog. *Fanfictions*) rund um den Zauberlehrling verfasst, Rezepte für *Kürbispasteten* getauscht und jedes noch so kleine Detail der Filme und Bücher kritisch analysiert. In den frühen Tagen des Fandoms kam hier sogar Rowling persönlich zu Wort und beantwortete in einem Web-Chat Fragen ihrer Fans. Inzwischen hat sich ihre online Aktivität auf ihre eigene Seite *Pottermore*[17] sowie ihren Twitter-Account[18] verlagert. Insbesondere auf Pottermore, das heute unter *Wizarding World* firmiert, hat die Autorin selbst viele Hintergrundinformationen zu den Charakteren, Orten und Gegenständen aus der Buchreihe veröffentlicht. So erfährt man z. B. viel über den Werdegang von Professorin McGonagall, bevor diese als Lehrerin nach Hogwarts kam.[19] In den Büchern sind diese Informationen nicht enthalten.

Als Primärquelle für diese Arbeit sollen auf Grund der unendlichen Fülle an Informationen die sieben Harry-Potter-Bücher dienen. Auf die acht Harry-Potter-Filme, die inhaltlich teils stark von der Buchvorlage abweichen, wird nicht eingegangen. Hintergrundinformationen, welche die Autorin in Interviews oder im Internet bereitgestellt hat, werden nur punktuell herangezogen, nämlich dort, wo sie dabei helfen, die Bücher besser zu verstehen und zu ergänzen.

2. Beschränkung auf das deutsche Recht heute und 1933–1945

Zunächst erscheint es logischer, die Rechtsordnung in den Harry-Potter-Büchern mit dem in englischsprachigen Ländern vorherrschenden sog. *Common*

---

13 *Himmelsbach*, Harry Potters literarischer Zauber, S. 361; *Gunelius*, Harry Potter, S. 38.

14 https://www.universalorlando.com/web/en/us/universal-orlando-resort/the-wizarding-world-of-harry-potter/hub (abgerufen am: 23.01.2023).

15 http://www.mugglenet.com/ (abgerufen am: 23.01.2023).

16 http://www.the-leaky-cauldron.org/ (abgerufen am: 23.01.2023).

17 https://www.wizardingworld.com/ (abgerufen am: 23.01.2023).

18 https://twitter.com/jk_rowling/ (abgerufen am: 23.01.2023).

19 https://www.wizardingworld.com/writing-by-jk-rowling/professor-mcgonagall (abgerufen am: 23.01.2023).

Law[20] zu vergleichen, da Harry in einer Vorstadt Londons aufwächst und die Zaubererschule *Hogwarts* in Schottland liegt.[21] Doch dieser Schluss ist nicht zwingend. Da die Rechtsordnung in den Harry-Potter-Büchern komplett fiktiv ist, ist es ebenfalls legitim, einen Vergleich mit dem deutschen Recht anzustellen. Zwar stammt die Autorin aus Großbritannien und die Bücher spielen auch dort, es ist jedoch an keiner Stelle erkennbar, dass sich Rowling am tatsächlich existierenden englischen Recht orientiert hat. Nicht einmal das politische System der Zaubererwelt gleicht demjenigen in Großbritannien (dem sog. *Westminster-System*[22]). So gibt es in den Harry-Potter-Büchern zwar ein Zaubereiministerium und einen Zaubereiminister, eine (parlamentarische) Monarchie wie in Großbritannien ist der Zaubererwelt jedoch fremd. Das zeigt sich am deutlichsten am Fehlen eines magischen Monarchen.

Auch das Justizsystem innerhalb der Bücher lässt keine ausschließlich für England typischen Rechtsabläufe erkennen. Es fehlen sogar für das anglo-amerikanische Recht zentrale Elemente. Zunächst lassen sich in den Harry-Potter-Büchern keine eindeutigen Hinweise auf das *Common Law* finden. Es ist nicht ersichtlich, ob das magische Recht seinen Ursprung darin oder seine Wurzeln – wie andere europäische Rechtsordnungen – im römischen Recht hat.

Während das deutsche Recht auf einem römisch-germanischen Rechtskreis beruht und Recht durch einen unabhängigen Richter sprechen lässt *(Civil Law)*, beruht das englische Recht auf dem *Common Law*, das sich nicht auf Gesetze, sondern auf frühere Rechtsprechung in Form von Präzedenzfällen *(Case Law)* stützt.[23] Darauf, dass alte Rechtsfälle für die Rechtsfindung herangezogen werden, wird in den Büchern nur an einer Stelle eingegangen. Bei der Hinrichtung des Hippogreifen *Seidenschnabel* (siehe S. 113 f., 289 f.).[24] Der *Ausschuss für die Beseitigung gefährlicher Geschöpfe* handelt dann aber nicht nach den gefundenen Fällen, sondern entscheidet willkürlich im Einzelfall.[25]

---

20 Eine Einführung: *Häcker*, in: JuS 2014, S. 872 (872–876); Unterschied Civil Law/Common Law: *Samuel*, A Short Introduction to the Common Law, S. 1 ff.; zum Common Law allgemein: *Wilson/Rutherford/Storey u. a.*, English Legal System, S. 26; *Slapper/Kelly*, The English Legal System, S. 4 ff.; *Richards/Mollica*, English Law and Terminology, Rn. 1, 16; *Partington*, Introduction to the English Legal System, S. 76 ff.

21 *Rowling*, Harry Potter 2, Die peitschende Weide, S. 79 f.

22 Die Besonderheit des *Westminster-System* besteht darin, dass *the king/queen in parliament* die volle Staatsgewalt innehat. Souverän ist also das Parlament, das aus Unterhaus, Oberhaus und dem Monarchen besteht. Bezeichnend ist außerdem, dass es lediglich ein einfaches Mehrheitswahlsystem gibt. Im Gegensatz zu fast allen Staaten besitzt das Vereinigte Königreich keine kodifizierte Verfassung. *Norton*, Parliament in British Politics, S. 16 ff; *Heywood*, Essentials of UK Politics, S. 186 ff.

23 Dazu: *Vogenauer*, in: ZNR 28, Heft 1/2, S. 48 (48–78); *Häcker*, in: JuS 2014, S. 872 (872–876).

24 *Rowling*, Harry Potter 3, Der Feuerblitz, S. 242, 245. Das führt auch Schneyer als einziges Beispiel an: *Schneyer*, in: Goetz (Hrsg.): Terminus: Collected Papers on Harry Potter, S. 33 (38).

25 *Rowling*, Harry Potter 3, Professor Trelawneys Vorhersage, S. 348, 364.

Der Nutzer *skiplives* äußert auf einer Harry-Potter-Fanseite im Internet die Meinung, dass es in der magischen Welt genauso wie in Großbritannien keine Verfassung gibt: *„There does not appear to be a central document codifying the Wizarding World's fundamental concepts of law. Rather like the Muggle United Kingdom, the Wizarding World appears to have several major treaties and laws that act as an informal framework."*[26] Das Problem: Da die Geschichte aus der Perspektive eines rechtlich nicht gebildeten Schülers erzählt wird, kann aus der bloßen Nichterwähnung einer magischen Verfassung nicht auf deren Nichtexistenz geschlossen werden. Vielmehr ist es so, dass jeweils nur die Gesetze erwähnt werden, die für Harrys persönliche Geschichte von Bedeutung sind. Beispielsweise das *„Internationale Geheimhaltungsabkommen"*[27] und der *„Erlass zur vernunftgemäßen Beschränkung der Zauberei Minderjähriger"*.[28] Die Existenz einer magischen Verfassung ist daher unwahrscheinlich, aber nicht ausgeschlossen.

Die in Großbritannien existierende Trennung zwischen dem *Supreme Court* (Verfassungsgericht[29]), dem *Court of Appeal* (Berufungsgericht[30]), dem *High Court of Justice* (Oberstes Zivilgericht[31]) und dem *Crown Court* (Strafgerichtshof[32]) findet keine Entsprechung in den Harry-Potter-Büchern. Hier gibt es als einziges Gericht den sogenannten *Zaubergamot* und eventuell eine besondere Jury-Besetzung, den sog. *Rat für das Magische Gesetz* (siehe S. 109 ff., 158 f., 380).[33] Umgekehrt hat das magische Recht damit aber natürlich auch keine Ähnlichkeit zu unserer deutschen Gerichtsstruktur oder unserem Instanzenzug.

An dieser Stelle wird es etwas komplizierter. Denn einige englischsprachige Fans haben die Theorie aufgestellt, dass der Zaubergamot dem britischen *House of Lords* entspricht. Das House of Lords ist das *Oberhaus* des britischen Parlaments, das außerdem noch aus einem gewählten *Unterhaus* (*House of Commons*) besteht. Die weltlichen Lords werden im Gegensatz zu den geistlichen

---

26 http://www.the-leaky-cauldron.org/features/essays/issue4/AuthorityLawJustice/ (abgerufen am: 23.01.2023); Auch Barratt führt als Vergleich mehrfach die US-Verfassung heran, nur um dann darzulegen, dass es diese Rechte in der Harry Potter Welt nicht gibt (*Barratt,* The Politics of Harry Potter, S. 20 f.; 34 ff.). So auch: *Schneyer,* in: Goetz (Hrsg.): Terminus: Collected Papers on Harry Potter, S. 33 (37).

27 *Rowling,* Harry Potter 2, Dobbys Warnung, S. 26; Harry Potter 5, Eulen über Eulen, S. 37.

28 *Rowling*, Harry Potter 2, Dobbys Warnung, S. 26; Harry Potter 3, Der fahrende Ritter, S. 53; Harry Potter 5, Eulen über Eulen, S. 37.

29 Dazu: *Jacobson/Hunter/Kirby*, Inside Crown Court, S. 23 ff.

30 Unterteilt in *Civil Division* und *Criminal Division: Huxley-Binns/Martin*, Unlocking the English Legal System, S. 47 ff.; Verhältnis zum House of Lords: *Drewry/Blom-Copper/Blake*, The Court of Appeal, S. 143 ff.

31 Dazu: *Bunge,* Das untere Richterpersonal, S. 6.

32 Dazu: *Gibson/Watkins*, The Magistrates' Court, S. 27 ff.; *Hungerford-Welch*, Criminal Procedure and Sentencing, S. 2; *Ashworth,* Sentencing and Criminal Justice, S. 1 ff.

33 *Rowling*, Harry Potter 5, Der Orden des Phönix, S. 118; Das Zaubereiministerium, S. 158; Die Anhörung, S. 165–181.

Lords durch den Monarchen auf Vorschlag auf Lebenszeit ernannt. Als Teil der Legislative kann das House of Lords Gesetze überprüfen, hat jedoch weniger Kompetenzen als das House of Commons.[34] Das House of Lords verfügte früher außerdem über rechtsprechende Befugnisse als höchste Revisionsinstanz. In dieser Funktion wurde das House of Lords aber 2005 vom *Supreme Court of the United Kingdom* abgelöst, der 2009 zum ersten Mal zusammentrat.[35]

Der Zaubergamot (engl. *Wizengamot*[36]) wird in den Harry-Potter-Büchern erstmals in Band fünf erwähnt, der in der englischsprachigen Ausgabe 2003 erschien. Grundsätzlich ist es also möglich, dass sich Rowling vom House of Lords inspirieren ließ, das damals noch gesetzgebende und rechtsprechende Kompetenzen hatte. Statements der Autorin hierzu existieren nicht. Vertreter dieses Vergleichs übersehen außerdem einen wichtigen Punkt: In keinem der sieben Bände werden dem Zaubergamot gesetzgebende Kompetenzen zugesprochen. Wir lernen ihn lediglich als Gericht kennen. Bei dieser Interpretation handelt es sich also um reine Spekulation ohne textbasierte Hinweise.[37]

Auch die im englischen Recht grundsätzlich getroffene Differenzierung zwischen dem Beruf des *Solicitors* und dem des *Barristers* wird in den Harry-Potter-Büchern nicht thematisiert.[38] Dies könnte aber auch der Tatsache geschuldet sein, dass es in der Zaubererwelt vermutlich überhaupt keine Anwälte gibt (siehe S. 346 f., 386 f.). Zumindest treten die Angeklagten in den geschilderten Prozessen immer alleine vor Gericht auf.[39]

Auch im Internet zeigen sich Harry-Potter-Fans auf einem Jurablog überrascht darüber, dass das Rechtssystem in den Harry-Potter-Büchern dem Großbritanniens überhaupt nicht ähnelt, obwohl der Rest der Bücher so typisch englisch

---

34 *Sturm,* in: Ismayr (Hrsg.): Die politischen Systeme Westeuropas, S. 265 (270 ff.).

35 *Masterman,* The Separation of Powers in the Contemporary Constitution, S. 219 ff.

36 *Rowling,* Harry Potter 5, The Order of the Phoenix, S. 111.

37 Exemplarisch für die Diskussion im Internet folgender Kommentar der Nutzerin *Allison Hatt*: „*People are claiming that they do, and that the Wizengamot operates as said parliament. Idk how many of these people are familiar with UK government, but I've seen nothing in the books (or in out-of-book canon) to suggest that the Wizengamot acts as a lawMAKING [sic] body, just as a judicial one: they judge court cases, criminal or otherwise. Nothing suggests they also have the power to create new laws out of nowhere.*" (https://www.quora.com/Do-wizards-have-their-own-parliament-in-the-Harry-Potter-universe, abgerufen am: 22.02.2022).

38 Solicitor: Anwälte, die beratend tätig sind, Verträge entwerfen, aber nicht vor höheren Gerichten auftreten. Barrister: Anwälte, die keinen Kontakt zum Mandanten haben, gerichtsrelevante Schriftstücke entwerfen und vor Gericht plädieren. *Boin,* in: NJW 1997, S. 1543 (1543); *Wörlen,* in: JA 2006, S. 78 (78–80).

39 *Rowling*, Harry Potter 4, Tatzes Rückkehr, S. 548–552; Das Denkarium, S. 613–623; Harry Potter 5, Die Anhörung, S. 165–181.

ist.[40] Manche vermuten, dass die Autorin bewusst versucht hat, eine magische Rechtsordnung zu schaffen, die dem britischen Recht gerade nicht ähnelt.[41]

Vielmehr scheint sich Rowling bei der Schaffung des bösen Zauberers Lord Voldemort und seinem Streben nach Macht an den deutschen Nationalsozialisten orientiert zu haben. Genauso wie zu dieser Zeit in Deutschland Juden verfolgt wurden, lässt Lord Voldemort in der Zaubererwelt muggelstämmige Zauberer verfolgen, weil diese kein *reines* Blut aufweisen.[42] Diese Interpretation der Geschehnisse in Harry Potter und den direkten Vergleich mit dem Dritten Reich ziehen viele Wissenschaftler (siehe S. 415 ff.).[43] Auch im Internet stößt diese Interpretation auf große Zustimmung.[44]

Rowling selbst teilte ihren Fans im Jahr 2004 auf ihrer alten Website (*www.jk-rowling.com*) mit, dass auch sie selbst Parallelen zwischen der Ideologie Hitlers und der Ideologie Voldemorts erkenne:

„The expressions ‚pure-blood', ‚half-blood' and ‚Muggle-born' have been coined by people to whom these distinctions matter, and express their originators' prejudices. […] If you think this is far-fetched, look at some of the real charts the Nazis used to show what constituted ‚Aryan' or ‚Jewish' blood. I saw one in the Holocaust Museum in Washington when I had already devised the ‚pure-blood', ‚half-blood' and ‚Muggle-born' definitions, and was chilled to see that the Nazis used precisely the same warped logic as the Death Eaters. A single Jewish grandparent ‚polluted' the blood, according to their propaganda.“[45]

---

40 *„I noticed that there is no tribute to English common law – no precedential decisions, no appeals – in the Wizarding „legal system", which i [sic] found interesting in light of the fact that Harry Potter's world is so thoroughly British in other ways."* https://lawblog.justia.com/2010/11/18/introduction-to-wizarding-law/ (abgerufen am: 23.01.2023).

41 *„They were probably trying to keep it as far from actual law as possible. When I say that, I mean British law."* https://lawblog.justia.com/2010/11/18/introduction-to-wizarding-law/ (abgerufen am: 23.01.2023).

42 *Rowling*, Harry Potter 7, Der dunkle Lord erhebt sich, S. 18 f.; Das Bestechungsgeschenk, S. 216; Die Registrierungskommission für Muggelstämmige, S. 255 f.; Der Fehler im Plan, S. 739.

43 Z. B. *Wolter,* Die literarische Repräsentation des Bösen, S. 52; *Bürvenich,* Der Zauber des Harry Potter, S. 69, *Barratt,* The Politics of Harry Potter, S. 61 ff., *Reagin,* in: Reagin (Hrsg.): Harry Potter and History, S. 127 (141).

44 Youtube-Video zum Thema Harry Potter und Nazi-Deutschland: https://www.youtube.com/watch?v=B4QLRjna0Tg (abgerufen am: 23.01.2023); *„Hence, by taking a look at the similarities between the prejudices against the Jews and the Muggles, between the life and personality of Voldemort and Hitler as well as between the political regimes of both dictators, we are able to conclude that Rowling was, without a doubt, inspired by the historical events of the Second World War when writing her novel"* (http://www.the-leaky-cauldron.org/features/essays/issue27/nazi-germany/, abgerufen am: 23.01.2023).

45 https://www.beyondhogwarts.com/story.20040726.html (FAQ Eintrag auf Rowlings alter Website aus dem Juli 2004, abgerufen am: 23.01.2023).

Auf Grund dieser Parallelen bietet es sich auch aus historischer Perspektive an, Recht und Gesetz in der Zaubererwelt mit dem aktuellen sowie dem historischen deutschen Rechtssystem zu vergleichen. Insbesondere im Hinblick auf das Ziel der Arbeit: Die Sensibilisierung von Juristen für die mannigfaltigen Auswirkungen, die Strafgesetze auf die politische Entwicklung eines ganzen Landes haben können. Ist es tatsächlich möglich, durch ein fehleranfälliges Justizsystem und die Unterwanderung der bestehenden Strafgesetze eine Demokratie zu stürzen und durch die gezielte Schaffung neuer Strafgesetze bzw. strafprozessualer Möglichkeiten ein Unrechtssystem zu etablieren?

III. Herangehensweise

Wie will sich diese Arbeit also der Thematik nähern? Zunächst wird festgehalten, wie der aktuelle Stand der Forschung zum Thema Recht und Gerechtigkeit in den Harry-Potter-Büchern aussieht. Sodann wird eine rechtsvergleichende Analyse durchgeführt, in der die rechtsrelevanten Themen aus den Harry-Potter-Büchern mit dem aktuellen deutschen Recht sowie der Rechtslage von 1933–1945 verglichen werden. Dabei liegt der Schwerpunkt auf dem Strafprozessrecht und seinen Auswirkungen auf einen demokratischen Staat. Am Ende wird ein Fazit gezogen, das insbesondere aufzeigen soll, was deutsche Juristen der Gegenwart aus den Erkenntnissen der Arbeit lernen können und wie man die Justiz mit Literatur für gesellschaftliche und politische Missstände, die ihren Ursprung auch im Justizsystem selbst haben, sensibilisieren kann.

1. Stand der Forschung

a) Recht und Literatur

aa) Historischer Anriss

Ihre Ursprünge hat die sog. *Law and Literature Bewegung* in den Arbeiten der beiden amerikanischen Juristen John Wigmore und Benjamin Cardozo in der ersten Hälfte des 20. Jahrhunderts. Wigmore erstellte 1908 eine Liste mit *„one Hundred Legal Novels"*, die Gerichtsszenen und sonstige Rechtsthemen enthielten.[46] Cardozo war ab 1932 Richter am U.S. Supreme Court und bekannt für seinen klaren Prosastil in Urteilen. Schon 1925 hatte er einen Artikel mit dem Titel *„Law and Literature"* im Yale Review publiziert, in dem er u.a. die Verwendung schöner Sprache in Urteilen verteidigte.[47]

Einen Höhepunkt der Bewegung stellt die Veröffentlichung des Werkes *„The Legal Imagination"* des US-amerikanischen Juristen und Literaturwissenschaft-

46 *Wigmore,* in: U. Ill. L. Rev., Jahrg. 17, Nr. 21, S. 26 (26–41). Es handelt sich um einen Reprint des ursprünglichen Artikels von 1908. *Thompson,* Follow the Reader, S. 1.

47 *Cardozo,* in: Yale L. Rev. 14, S. 699 (699–718); über Cardozo: *Weisberg*, in: Touro L. Rev., Jahrg. 34, Ausg. 1, Art. 21, S. 349 (349–358).

lers James Boyd White im Jahr 1973 dar.[48] Das Buch ist als Lehrbuch konzipiert und soll Studenten die Rechtssprache näherbringen. White arbeitet darin mit Auszügen aus Werken von Frost, Twain, Conrad, Thoreau, Melville, Proust, Chaucer, Shakespeare, Lawrence, Donne, Dickens, Tolstoi und Maile,[49] um zu zeigen, wie der Beruf die eigene Sprache prägt. Ziel des Werkes ist, darzulegen, wie Juristen ihren eigenen Sprachgebrauch schulen und verbessern können. Er ist Befürworter der Analyse konstitutiver Rhetorik bei der Untersuchung von Rechtstexten. Aus der Einleitung stammt das bekannte Zitat, in dem er das Recht als Kunst bezeichnet und den Juristen als Künstler der Sprache: *„For me the law is an art, a way of making something new out of existing material – an art of speaking and writing. And [...] this book accordingly addresses its law student reader ‚as an artist'.“*[50]

Die Law and Literature Bewegung verstand sich zu Zeiten Whites als Gegenpol zu der in den 1960ern aufkommenden utilitaristisch ausgeformten *Law and Economics*[51] Disziplin. Letztere beschäftigt sich mit einer ökonomischen Analyse des Rechts. Die Ursprünge des ökonomischen Ansatzes reichen weit zurück. Als eines der ersten Werke wird das Buch *„An Inquiry into the Nature and Causes of the Wealth of Nations“ (deutsch: „Der Wohlstand der Nationen“)* des Schotten Adam Smith aus dem Jahr 1776 herangezogen.[52] Seit dem 19. Jahrhundert nehmen rechtliche Überlegungen, die auf die Vorarbeiten der Klassiker zurückgreifen, zu.

Der Durchbruch gelang der Law and Economics Bewegung in den 1960er Jahren durch den Aufsatz *„The Problem of Social Cost“* des britischen Wirtschaftswissenschaftlers Ronald Coase, der von den Effizienzdefiziten staatlicher Interventionen handelt.[53] Zu den wichtigsten, heute noch lebenden Vertretern gehört der ehemalige US-Richter Richard Posner, der den ökonomischen Ansatz als Professor an der Universität von Chicago mitentwickelte. Er veröffentlichte 1973 das Werk *„Economic Analysis of Law“*, gefolgt von dem Buch *„The Economics of Justice“* im Jahr 1981. 1988 setzte er sich dann in *„Law and Literature: A Misunderstood Relation“* kritisch mit der Law and Literature Bewegung auseinander. Das Buch gilt als absolutes Standardwerk. Darin vertritt er u. a. die Ansicht, dass die Weisheiten der Law and Literature Bewegung oft überbewertet werden.[54]

Beispielsweise: *„Law is so common a subject of literature that one is tempted to infer a deep affinity between the two fields, giving the lawyer privileged ac-*

48 Dazu: *Klimke,* in: JURA 2016 (10), S. 1125 (1125).
49 Überblick: *Bearman,* in: Santa Clara L. Rev., Ausg. 26, Nr. 2, Art. 8, S. 519 (519).
50 *White*, The Legal Imagination, xiv III.
51 Dazu: *Schramm,* in: JA 2007, S. 581 (581).
52 Z. B. Aufzählung bei: *Ehrlich,* in: Parisi (Hrsg.): The Oxford Handbook/3, S. 295 (295).
53 *Coase,* in: J. L. & Econ. 3, S. 1 (1–44); kritisch: *Regan,* in: J. L. & Econ. 15, S. 427 (427–437).
54 Zusammenfassend: *Jones,* in: U. Ark. Little Rock L. Rev., Jahrg. 11, Ausg. 4, Art. 9, S. 783 (784).

cess if not to the whole body of literature then at least to those works that are explicitly about law. Yet I shall argue that only rarely can we learn much about the day-to-day operations of a legal system from works of imaginative literature even when they depict trials or other legal processes. Law figures in literature more often as metaphor than as an object of interest in itself [...].“[55]

Selbst Posner als eine der kritischen Stimmen gesteht aber ein, dass die Beschäftigung mit Recht und Literatur zumindest in einigen Punkten wertvolle Einblicke in das Wesen des Rechts („*a great deal of jurisprudence*“), insbesondere „*insight into human nature and social interactions*“ liefern kann.[56]

Trotz der kritischen Stimmen hat sich die Law and Literature Bewegung stetig bis ins 21. Jahrhundert weiterentwickelt. Zu ihren Vertretern und Fürsprechern gehören heute nicht nur englischsprachige Rechtsgelehrte, sondern auch Professoren aus Europa. Ein fruchtbarer Austausch findet z.B. auch heute noch im Rahmen des *European Network for Law and Literature (EURNLL)* statt, das von Prof. Jeanne Gaakeer von der Erasmus Universität Rotterdam und Prof. Greta Olson von der Justus-Liebig-Universität in Gießen angeführt wird.[57]

bb) Der Dichterjurist

Ein spezielles Phänomen der Recht und Literatur Bewegung ist die Beschäftigung mit sog. *Dichterjuristen*, also Juristen, die gleichzeitig als Dichter oder Schriftsteller tätig waren.[58] Vorliegend sollen einige exemplarisch herausgegriffen werden.

Das bekannteste Beispiel hierfür ist Johann Wolfgang von Goethe, der 1765 ein Jurastudium an der traditionsreichen Universität Leipzig aufnahm und in Straßburg abschloss. Nicht zuletzt die Kindsmordtragödie in „*Faust I*“ (1808) ist ein gutes Beispiel dafür, wie Literatur aus der Realität schöpft. Der reale Hintergrund ist ein Frankfurter Kindsmordprozess aus dem Jahr 1771. Angeklagt war die Magd Susanna Margareta Brandt, die von einem durchreisenden Kaufmann schwanger wurde und das Baby unmittelbar nach der Geburt tötete. An dem Strafverfahren hatte Goethes Onkel als Schöffe mitgewirkt.[59]

Ein weiterer Dichterjurist: Franz Kafka schloss seine juristische Staatsprüfung 1905 erfolgreich ab und promovierte an der Prager Karlsuniversität sogar zum Doktor der Rechte. Er arbeitete danach als Aushilfsbeamter bei der Arbeiter-Unfall-Versicherung für das Königreich Böhmen und begann gleichzeitig mit dem Scheiben. In seiner Parabel „*Vor dem Gesetz*“ thematisiert er das Span-

---

55 *Posner*, Law and Literature (2009), S. 21.

56 *Posner*, Law and Literature (2009), S. 21 f., 485.

57 https://www.uni-giessen.de/faculties/f05/engl/lit/research/eurnll (abgerufen am: 23.01.2023).

58 Den Begriff begründete Eugen Wohlhaupter in dem (nach seinem Tod herausgegebenen) dreibändigen Werk „*Dichterjuristen*“.

59 *Peters*, Der Kindsmord als schöne Kunst betrachtet, S. 117 ff.

nungsverhältnis zwischen dem rechtsuchenden Bürger und den Behörden und Gerichten. Der Begriff *kafkaesk* wurde ab den 70ern zum geflügelten Wort, und beschreibt die mangelnde Transparenz einer Behörde oder eines Vorgangs und die damit einhergehende Unsicherheit für den Bürger.[60]

Auch Theodor Storm (1817–1888) gehört zu denjenigen, welche die Arbeit als Jurist und Schriftsteller zeitlebens vereinbaren konnten. Er sagt in einem Brief über seine beiden Tätigkeiten: *„Weshalb ich mich der Juristerei ergab? Es ist das Studium, das man ohne besondere Neigung studieren kann; auch war mein Vater ja Jurist. Da es die Wissenschaft des gesunden Menschenverstandes ist, so wurde ich wohl leidlich mit meinem Richteramte fertig ... Mein richterlicher und mein poetischer Beruf sind meistens in gutem Einvernehmen gewesen, ja ich habe es sogar oft als eine Erfrischung empfunden, aus der Welt der Phantasie in die praktische des reinen Verstandes einzukehren und umgekehrt."*[61]

Bis heute beschäftigen sich Vertreter der Recht und Literatur Bewegung mit den Arbeiten der Dichterjuristen. Kastner kommt zu dem Schluss: *„Eine unendliche Geschichte ist es fürwahr – das weite Feld zwischen Recht und Literatur. [...] ‚Dichterjuristen', ein Phänomen, das eingangs behandelt wurde, sind ein lebendiges Zeugnis dieser Querverbindungen. All das sollte die nachwachsende Juristengeneration nicht übersehen. Und auch die schon in Amt und Würden stehenden Juristen sollten dies nicht vergessen, und den Spruch Martin Luthers stets beherzigen, der einmal sagte: „Ein Jurist, der nichts anderes ist als ein Jurist, ist ein arm' Ding."*[62]

Kastner selbst veröffentlichte etwa zehn Jahre zuvor einen NJW-Beitrag mit dem Titel *„Der Kindsmord: historische, rechtliche und literarische Aspekte"*, in dem es gleich um mehrere reale und literarische Prozesse geht. Auch Anja Schiemann setzte sich unter dem Titel *„Der Jurist und Schriftsteller Kurt Tucholsky – Eine biographische Annäherung unter Berücksichtigung seiner Bindung zu Kabarett, Revue und Chanson"* mit einem Dichter-Juristen auseinander.

Zu den wohl bekanntesten Dichter-Juristen der heutigen Zeit gehört im US-amerikanischen Raum der Rechtsanwalt und Krimi-Autor John Grisham (u. a. *„A Time to Kill"*, 1988)[63] und der deutsche Strafverteidiger und Autor Ferdinand von Schirach (u. a. *„Verbrechen"*, 2009)[64]. Beide erreichen mit ihren Werken, in denen sich die Geschichten hauptsächlich innerhalb des Justizsystems abspielen, ein Millionenpublikum und sorgen so dafür, dass juristische Themen, wie beispielsweise der Ablauf von Strafprozessen, auch für Laien verständlich werden.

---

60 *Anz*, Franz Kafka, S. 14; *Kastner*, in: NJW 2003, S. 609 (611 f.).

61 Zitiert nach: *Kastner*, in: NJW 2003, S. 609 (610).

62 *Kastner*, in: NJW 2003, S. 609 (615).

63 *Posner*, Law and Literature (2009), S. 5.

64 Mit seinem Buch „Terror" beschäftigt sich kritisch: *Gaakeer*, in: Battisti/Fiorato (Hrsg.): Law and the Humanities, S. 477 (477–497).

cc) Recht „als" und „in" der Literatur

Die Anhänger der Recht und Literatur Bewegung gehen damals und heute davon aus, dass durch diese Fachrichtung eine sinnvolle interdisziplinäre Schnittmenge zwischen Rechts- und Literaturwissenschaft bzw. anderen geisteswissenschaftlichen Fächern entsteht. Dies gründet auf der Annahme, dass durch die Beschäftigung mit Recht und Literatur neue – gewinnbringende – Blicke auf das Recht eröffnet werden.[65] So ist z. B. der deutsche Rechtswissenschaftler Heinz Müller-Dietz der Ansicht: *„Die Erfahrungen, die man mit Literatur machen kann, sind so vielfältig wie ihre Texte und Genres."*[66]

Auch der Amerikaner James Seaton kommt zu dem Ergebnis, dass sich Juristen mit Literatur beschäftigen sollten, weil die Disziplin für die Gesellschaft zu wichtig sei, als dass man sie alleine den Literaturwissenschaftlern überlassen dürfe.[67] Innerhalb der Forschungsdisziplin wird zwischen den Bereichen Recht *in* der Literatur und Recht *als* Literatur unterschieden.[68]

Erstere beschäftigt sich vornehmlich mit der Frage, wie das Recht *in* literarischen Texten dargestellt wird. Gemeint ist damit, dass Geschichten der *schönen* Literatur (z. B. Romane, Gedichte, Märchen) von Rechtswissenschaftlern auf deren rechtsspezifischen Sinnbezug hin untersucht werden. Dabei legen die Vertreter besonderen Wert auf die Erkenntnis, dass Autoren das Recht viel freier interpretieren können als Juristen. Sie glauben, dass Schriftsteller den Juristen aufzeigen können, welche Auswirkungen Gesetze auf die Gesellschaft als Ganzes haben.[69] Anhänger der Law *in* Literature Bewegung zitieren dabei z. B. Kafka, Camus, Dürrenmatt, Melville, Shakespeare, Dostojewski und Dickens. Geschehnisse innerhalb fiktiver Erzählungen tragen nach dieser Ansicht dazu bei, Juristen politische und gesellschaftliche Situationen vor Augen zu führen und ihnen auch die Erfahrungen der von Gerichtsprozessen Betroffenen näherzubringen.[70]

Historisch ist als einer der bedeutendsten Vertreter der Rechtsphilosoph Gustav Radbruch zu nennen, der Texte klassischer Dichter in seine juristischen Schriften integriert hat. 1944 erschien von Radbruch das Werk *„Gestalten und Gedanken"*, in dem er sich u. a. mit Goethes *„Wilhelm Meister"* und Shakespeares *„Maß für Maß"* beschäftigte.[71] Ein weiterer bekannter Vertreter ist der oben erwähnte James Boyd White und sein Werk *„The Legal Imagination"*.

---

65 *Jean-Claude*, in: Forum Recht 03/2008, S. 86 (86).

66 *Müller-Dietz*, Recht und Kriminalität in literarischen Spiegelungen, S. 85.

67 *Seaton*, Yale j. law humanit., Jahrg. 11, Ausg. 2, Art. 8, S. 479 (505).

68 Dazu: *Posner*, Law and Literature (2009), S. 21 ff., S. 273 ff.

69 *Ward*, Law and Literature, S. 4 ff.; *Schramm*, in: JA 2007, S. 581 (583); *Weisberg*, in: Yale j. law humanit., Jahrg. 1, Ausg. 1, Art. 4, S. 1 (17 ff.).

70 *Schramm*, in: JA 2007, S. 581 (583 f.); *Lüderssen*, in: NJW, 1997, S. 1106 (1106–111).

71 *Radbruch*, Literatur- und Kunsthistorische Schriften, S. 145–151 und S. 164–174.

Der amerikanische Rechts- und Literaturwissenschaftler Richard H. Weisberg[72] sieht in Anlehnung an White in der Verwendung von Literatur als Mittel zur Erörterung rechtlicher Themen einen ganz immanenten Wert. Im Gegensatz zu White, welcher dabei besonderes Augenmerk auf die Rhetorik und das Erlernen kritischen Denkens legt, ist Weisberg der Ansicht, dass Literatur geschätzt werden sollte, weil sie es schafft, eine Beziehung zu anderen Menschen und Ansichten herzustellen. Wertvoll sei außerdem der politische und soziale Kontext, mit denen sich Romane, insbesondere solche, die sich mit dem Recht befassen, auseinandersetzen. Weisberg erhofft sich, dass auch Juristen bei der Beschäftigung mit Literatur lernen, Schlussfolgerungen über das menschliche Verständnis und die Anwendung von Rechtsnormen und deren Auswirkungen auf die Gesellschaft in einem größeren sozialen Kontext zu ziehen.[73]

Zusammenfassend kann festgehalten werden, dass es auch innerhalb der Recht *in* der Literatur Bewegung unterschiedliche Strömungen mit differenzierten Ausprägungen gibt. Diese Forschungsdisziplin ist nicht nur über die Jahrzehnte gewachsen, sondern hat sich auch inhaltlich weiterentwickelt. So wurden dem breiten Themenspektrum u. a. feministische Texte und Analysen hinzugefügt. Als Beispiel sei an dieser Stelle das erst 2002 erschienene Werk *„Empty Justice: One Hundred Years of Law, Literature and Philosophy"* der britischen Professorin Melanie Williams genannt.

Im Gegensatz dazu befasst sich die Recht *als* Literatur Disziplin mit der Frage, inwiefern Techniken der Literaturwissenschaften auf Rechtstexte Anwendung finden.[74] Rechtstexte werden dabei als eine eigene Art der Literaturgattung herangezogen und sodann mit den üblichen Mitteln der Literaturanalyse untersucht. Dabei wird immer wieder die Bedeutung der Sprache für die Rechtsfindung betont. Durch die Beschäftigung mit Literaturtheorien sollen Juristen lernen, wie sie Texte besser verstehen können. Augenmerk wird auch auf die Art und Weise gerichtet, wie juristisch kommuniziert wird.[75]

Zu den Begründern und bekanntesten Vertretern dieser Unterdisziplin gehört der amerikanische Rechtsgelehrte Benjamin N. Cardozo. Sein Werk *„Law and Literature"* erschien bereits 1931. In einer Rezension dazu heißt es: *„Aside from those engaged purely in literary pursuits, lawyers probably do more writing than any other professional men. It is therefore surprising that more attention has not been given to style by this large class of writers. One style alone they have developed, and in a highly commendable way. They have evolved a formal*

72 Nicht zu verwechseln mit *Robert* Weisberg, einem amerikanischen Anwalt, der sich in seinem Aufsatz *„The Law-Literature Enterprise"* ebenfalls mit dem Forschungsbereich auseinandersetzt und darin u. a. die Kategorisierung in law *as* literature und law *in* literature vornahm. *Weisberg*, in: Yale j. law humanit., Jahrg. 1, Ausg. 1, Art. 4, S. 1 (1–68); *Stierstorfer*, in: Dolin (Hrsg.): Law and Literature, S. 9 (18).

73 Zusammenfassend und gegenüberstellend: *Ward*, Law and Literature, S. 7, 168 ff.

74 *Becker*, Zwischen Norm und Chaos, S. 19 f.; *Weisberg*, in: Yale j. law humanit., Jahrg. 1, Ausg. 1, Art. 4, S. 1 (36 ff.).

75 *Schramm*, in: JA 2007, S. 581 (581).

manner of writing, a manner which conveys meanings with a remarkable precision in view of the fact that language as a vehicle of expression is more adapted to the play of the poet than to the exacting demands of the logician. That style, one of the most useful tools of the profession."[76]

Unter dieser für Juristen speziellen Schreibweise („*formal manner of writing*") lassen sich im deutschen Recht beispielsweise der an den Universitäten für Rechtsgutachten gelehrte *Gutachtenstil* und die sog. *Auslegungsmethoden* sowie der in der Gerichtspraxis verwendete *Urteilsstil* subsumieren, deren Bedeutung für das juristische Denken nicht hoch genug angesetzt werden kann.[77]

Zu einem der viel zitierten Autoren im Bereich der Law *as* Literature Disziplin gehört der amerikanische Philosoph und Jurist Ronald Dworkin, der dem Thema „*How Law Is like Literature*" in seinem Werk „*A Matter of Principal*" ein ganzes Kapitel widmet. Er ist der Meinung, dass Juristen ihr Verständnis des Rechts verbessern können, indem sie die Rechtsauslegung mit der Auslegung in anderen Bereichen, insbesondere der Literatur, vergleichen.[78]

Eine Methode der Law *as* Literature Disziplin ist die sogenannte *Dekonstruktion*, bei der die verschiedenen Schichten eines Textes analysiert werden. Begründer ist der französische Philosoph Jacques Derrida, der seine Idee der Dekonstruktion in seinem Werk „*Force de loi: Le »fondement mystique de l'autorité«*" (dt. „*Gesetzeskraft: der »mystische Grund der Autorität«*") sogar eher in der Rechtswissenschaft als in der Literaturwissenschaft angesiedelt sieht.[79]

Die heute vermehrt in den USA aktive Bewegung der *Critical Legal Studies* übernimmt die Idee der Dekonstruktion. Unter dem Oberbegriff versammeln sich verschiedene Ansätze (Frankfurter Schule, Gender-Studies, feministische Betrachtung).[80] Die Vertreter der Critical Legal Studies argumentieren u. a., dass rechtliche Entscheidungen nicht determiniert, sondern von politischen Interessen bestimmt sind und Recht immer ein Ausdruck des gegenwärtigen gesellschaftlichen Interessenkampfes sei.[81] Nach Ansicht der bekanntesten Vertreter

---

76 *James,* in: Indiana Law Journal, Jahrg. 6, Ausg. 9, Art. 14, S. 579 (579).

77 Die Juristin Anne Strunz-Happe schreibt dazu: „*Das grundsätzlich gleiche Auslegungsverfahren kann man verallgemeinern in den Schlagworten Text – Methodik – Ergebnis. Der Bearbeiter sucht einen zu bearbeitenden Text aus, deutet ihn mit einer von ihm ausgewählten Auslegungsmethode und kommt zu einem Ergebnis. Unterschiede zwischen der literarischen und juristischen Hermeneutik sind innerhalb dieser einzelnen Arbeitsschritte zu suchen. Die Ursache für alle Unterschiede in den hermeneutischen Verfahren liegt wohl darin begründet, dass juristische Ergebnisse stets in das reale menschliche Leben eingreifen, also appliziert werden, wohingegen literarische Ergebnisse zumeist ohne pragmatisch messbare und nachweisbare Folgen bleiben.*", *Strunz-Happe,* in: NJW 2005, S. 539 (539).

78 *Dworkin,* A Matter of Principle, Kapitel 6, S. 146.

79 Dazu: *Wagner,* in: Görres-Gesellschaft (Hrsg.): Staatslexikon/1, Dekonstruktion.

80 *Richers,* in: ZaöRV 2007, 509 (537).

81 *Dellavalle,* in: ZaöRV 2017, S. 199 (219 f.); *Altman,* Critical Legal Studies, S. 13 ff.; *Kelman,* A Guide to Critical Legal Studies, S. 1 ff.; *Unger,* The Critical Legal Studies

Duncan Kennedy (Harvard), Jack Balkin (Yale) und Roberto Unger (Harvard) ist Rechtsanwendung immer Rechtsschöpfung.[82]

Zur Law *as* Literature Bewegung gehört auch die Rechtslinguistik. Erkenntnisse der Linguistik werden dabei für die juristische Methodenlehre und die Urteilsfindung fruchtbar gemacht. Friedrich Müller[83] und Ralph Christensen legen in ihrem Werk *„Juristische Methodik"* z.B. dar, wie Juristen eigenständige Entscheidungen durch die verschiedenen Lesarten eines Gesetzestextes gewinnen. Darüber hinaus seien die subjektive wie auch die objektive Auslegungslehre hinfällig.[84] Die Methodentheorie von Müller wurde von Christensen und Hans Kudlich später zur *Theorie richterlichen Begründens* fortentwickelt.[85] Zur Rechtslinguistik stellt Hans Peter Schwintowski zusammenfassend fest: *„Recht verweist auf die noch wenig erforschte Universalgrammatik menschlicher Regelbildung – Sprache verleiht dieser Fähigkeit ihren Ausdruck und ist umgekehrt zugleich auch Motor und Ursache für jene sozialen Konflikte, die Regelbildung auslösen. Recht ist ohne Sprache ebenso wenig denkbar wie Sprache ohne Recht."*[86]

Eine Erörterung von Recht und Gesetz in den Harry-Potter-Büchern und der Vergleich mit deutschem Recht – wie es diese Arbeit anstrebt – ist dem Bereich Recht *in* der Literatur zuzuordnen. Denn die Harry-Potter-Bücher werden auf ihren rechtsspezifischen Sinnbezug hin untersucht, indem das Rechtssystem – und vor allem auch der Ablauf von Strafverfahren – in der fiktiven magischen Welt analysiert und mit unserem deutschen Recht verglichen wird.

dd) Forschungsstand in Deutschland

Die Law and Literature Bewegung hat – wie gezeigt – ihre Ursprünge im angloamerikanischen Sprachraum. Inzwischen ist sie aber auch als Forschungsdisziplin in Deutschland anerkannt. Bereits im Jahr 1982 hat die Redaktion der NJW aus Anlass des 150. Geburtstags von Goethe ein Heft (NJW 1982, S. 601 (601 ff.)) mit Beiträgen zum Themenbereich *Literatur und Recht*[87] herausgebracht. Das Echo war so positiv, dass weitere jährliche Hefte zu *Literatur, Kunst und Recht* folgten. Seit 2015 ist ein Buchpaket mit den bisher erschienenen sieben Bänden unter dem Titel *„Recht, Literatur und Kunst in der Neuen Juris-*

Movement, S. 1 ff.

82 *Schramm,* in: JA 2007, S. 581 (582); zur Geschichte der Bewegung: *Unger,* The Critical Legal Studies Movement, S. 24–41.

83 Friedrich Müller veröffentlichte unter dem Pseudonym Fedja Müller zahlreiche Gedichte. Er gehört damit selbst zu den „Dichterjuristen".

84 *Müller/Christensen,* Juristische Methodik/1, Rn. 470 ff.; zur Strukturierenden Rechtslehre: *Felder,* Juristische Textarbeit im Spiegel der Öffentlichkeit, S. 30 ff.

85 *Christensen/Kudlich,* Theorie richterlichen Begründens, S. 157 ff.

86 *Schwintowski,* in: NJW 2003, S. 632 (632).

87 Aufsätze von Kastner, Kaufmann, Würtenberger, Gritschneider und Weber. Besprochen wird unter anderem Schillers *„Der Verbrecher aus verlorener Ehre"*.

tischen Wochenschrift" erhältlich. Auch bei De Gruyter erscheint bereits seit vielen Jahren die etablierte Reihe *„Recht in der Kunst – Kunst im Recht"*.[88]

Das Thema Recht und Literatur wird in Deutschland eher selten an Universitäten unterrichtet, sondern meistens von Einzelpersonen behandelt. Neben Klaus Lüderssen beschäftigen sich im deutschen Sprachraum namentlich u. a. Heinz Müller-Dietz, Peter Häberle, Daniel Halft, Peter Schneider, Thomas Vormbaum, Bodo Pieroth und Anja Schiemann mit der Thematik.

Seit Ende der 1980er Jahre setzt sich Lüderssen intensiv mit dem Thema Recht und Literatur auseinander. Von ihm erschien 1991 die Aufsatzsammlung *„Produktiven Spiegelungen – Recht und Kriminalität in der Literatur"*, die später sogar einen zweiten und dritten Band erhielt und als prägend für die Forschung in Deutschland gilt. 1997 schrieb Lüderssen außerdem einen Aufsatz mit dem Titel *„Die Juristen und die schöne Literatur – Stufen der Rezeption"*.

Neben zahlreichen Schriften zum Strafrecht hat Müller-Dietz Essays zur Beziehung zwischen Literatur und Recht veröffentlicht. Im Jahr 1990 erschien von ihm das Buch *„Grenzüberschreitungen. Beiträge zur Beziehung zwischen Literatur und Recht"*. In den kommenden Jahrzehnten beschäftigte Müller-Dietz sich hauptsächlich mit der Beziehung zwischen Literatur und Strafrecht bzw. Kriminologie: Beispielsweise in seinem Text *„Schülergewalt in literarischer Perspektive"*.

Mit der Schnittstelle von Verfassungsrecht und Literatur beschäftigt sich Häberle. Er widmete sein wissenschaftliches Wirken u. a. der als Kulturwissenschaft begriffenen, vergleichenden Verfassungslehre. Dieses Verständnis vermittelte er bereits 1982 in seinem Werk *„Verfassungslehre als Kulturwissenschaft"*. Nur ein Jahr später erschien von ihm das Buch *„Das Grundgesetz der Literaten: Der Verfassungsstaat im (Zerr-)Spiegel der Schönen Literatur"*, in dem er überwiegend kritische Äußerungen von bekannten Schriftstellern wie Günther Grass und Heinrich Böll zum Grundgesetz und seiner Verfassungswirklichkeit sammelt. Mit der Sprache des Friedens in den Verfassungen verschiedener Nationen setzt sich eines seiner aktuelleren Werke aus dem Jahr 2017 auseinander. In der Monographie *„Die ‚Kultur des Friedens' – Thema der universalen Verfassungslehre. Oder: Das Prinzip Frieden"* untersucht Häberle 230 nationale Verfassungen, Dokumente und Staatssymbole wie Flaggen typologisch.[89]

Ein weiterer Vertreter der Recht und Literatur Bewegung im deutschen Sprachraum ist Vormbaum. Er gehört nicht nur zu den Herausgebern des oben genannten NJW-Buchpakets, sondern veröffentlichte 2011 auch ein eigenständiges

---

88 Hier veröffentlichte beispielsweise Anja Schiemann *„Der Kriminalfall Woyzeck – Der historische Fall und Büchners Drama"*.

89 Einen ähnlichen Ansatz wie Häberle verfolgte auch der Schweizer Jurist Peter Schneider in seinem Buch *„‚... ein einzig Volk von Brüdern'. Recht und Staat in der Literatur"*, das 1987 veröffentlicht wurde. Darin stellt er viele historische Bezüge im Verhältnis von Kunst bzw. Literatur und Recht her. Weitere Beispiele neben Schneider in: *Lynen*, Kunstrecht 1, S. 29 ff.

Buch zum Thema Recht und Literatur unter dem Titel *„Diagonale – Beiträge zum Verhältnis von Rechtswissenschaft und Literatur"*.

Zu einer der jüngeren Vertreterinnen der Bewegung gehört Schiemann, eine Schülerin Lüderssens. Sie promovierte bei ihm im Jahr 2000 unter ihrem Mädchennamen Sya zum Thema *„Literatur und juristisches Erkenntnisinteresse: Joachim Maass' Roman ‚Der Fall Gouffé' und sein Verhältnis zu der historischen Vorlage"*. Darin stellt sie einen Vergleich von literarischer und juristischer Aufarbeitung von Verbrechen an. Dies erfolgt konkret am Beispiel des Mordes an einem französischen Gerichtsvollzieher im Jahre 1889. Sie geht davon aus, dass Literatur durch Überspitzung Kritik an der Realität üben kann. Neben ihren strafrechtlichen und kriminologischen Veröffentlichungen hat Schiemann in den letzten Jahren auch immer wieder Werke zum Thema Recht und Literatur verfasst. 2017 erschien das Werk *„Der Kriminalfall Woyzeck. Der historische Fall und Büchners Drama"*. Im Jahr 2018 erschienen gleich zwei Veröffentlichungen: In einem NJW-Aufsatz erörtert Schiemann den bekannten und inzwischen auch verfilmten Jugendroman *„Tschick"* und fragt: *„Was hat Selbstfindung mit Kriminalität zu tun?"* Außerdem setzt sie sich im Rahmen eines Psychogramms mit Theodor Fontanes Novelle *„Grete Minde"* auseinander. 2019 analysierte sie Fontanes Kriminalnovelle *„Ellernklipp"*, in der es u. a. um Schuld und Sühne geht. 2022 folgte der Aufsatz: *„E. T.A. Hoffmann und die Zurechnungsfähigkeit. Ein strafrechtliches Kernproblem in Dienstgeschäften und Dichtkunst"*.

Neben Schiemann gehört auch Halft zu einem der moderneren Vertreter der Recht und Literatur Bewegung in Deutschland. Er veröffentlichte 2007 das Werk *„Die Szene wird zum Tribunal!"*. Das Buch ist sowohl eine Einführung in das Themengebiet Recht und Literatur als auch eine wissenschaftliche Abhandlung zur Frage, welchen Einfluss die Literatur auf die Entwicklung des Rechts hat. Inhaltlich setzt er sich mit dem von Friedrich Wolf in den 1930ern konzipierten Schauspiel *„Cyankali"* auseinander, das sich gegen das Abtreibungsverbot richtet und ein Millionenpublikum erreichte.[90]

2005 veröffentlichte Anne Strunz-Happe einen Beitrag in der NJW mit dem Titel *„‚Justiz' – Eine literarische Auseinandersetzung mit dem Gerechtigkeitsbild und der Heimat von Friedrich Dürrenmatt"*. Neben der Auseinandersetzung mit dem eigentlichen Inhalt des Romans ist auch die Einleitung der Autorin interessant, in der sie darlegt, wieso sich die juristische und die literarische Auslegung so sehr ähneln und doch Unterschiede haben.[91] Im gleichen Jahr erschien das Buch *„Zeter und Mordio! Vergewaltigung in Literatur und Recht"* von Gesa Dane, in dem u. a. Kleists *„Die Marquise von O..."* besprochen wird.

Allgemein mit der Bedeutung der Sprache für das Recht setzte sich bereits 1985 Bernhard Großfeld in seinem Aufsatz *„Sprache, Recht, Demokratie"* auseinander. Zu einem Exoten innerhalb der Bewegung gehört Günter Hager, der in

---

90 Zum Hintergrund: https://www.deutschlandfunk.de/paragraf-218-auf-der-buehne.871.de.html?dram:article_id=126718 (abgerufen am: 23.01.2023).

91 *Strunz-Happe,* in: NJW 2005, S. 539 (539).

einem Aufsatz mit dem Titel *„Zur geheimen Beziehung von Recht und Musik"* dazu aufruft, nicht nur literarische Texte zu untersuchen, sondern auch musikalische Darbietungen in die Forschung einzubeziehen.[92]

2015 veröffentlichte der bekannte Staatsrechtler Bodo Pieroth das Buch *„Recht und Literatur: Von Friedrich Schiller bis Martin Walser"*, dem Titel zur britischen und amerikanischen Literatur folgten. Erst 2016 forderte Romy Klimke in einem Aufsatz in der JURA dazu auf, sich auch im Jurastudium mit *schöner* Literatur auseinanderzusetzen, weil die Beschäftigung mit Recht und Literatur *„unzählige Interaktions- und Kooperationsmöglichkeiten für Lehre und Forschung"* böte.[93]

Der Arbeitskreis *Sprache und Recht* veranstaltete an der Universität Regensburg im Jahr 2018 eine Tagung mit dem Titel *„Dichtung und Wahrheit – und Recht"*.[94] 2019 kündigte Klaus Stierstorfer ein neues Projekt zum Thema Recht und Literatur an der Westfälischen Wilhelms-Universität Münster an. Dieses wird mit neun Millionen Euro durch die Deutsche Forschungsgemeinschaft gefördert.[95] 2021 hat sich an der Universität Göttingen im Nachgang des Seminars *„Recht und Literatur vom Mittelalter bis zur Zeitgeschichte"* von Eva Schumann der Arbeitskreis *Recht und Literatur* gegründet.[96]

Zusammenfassend kann festgestellt werden, dass eine wissenschaftliche Beschäftigung mit Recht und Literatur durchaus eine anerkannte Disziplin ist, die auch in Deutschland viele bekannte Fürsprecher hat.[97]

b) Recht und Gerechtigkeit in Harry Potter

Im deutschsprachigen Raum fristet sowohl das Thema *Recht und Literatur* als auch das Thema *Harry Potter* ein Nischendasein. Eine Beschäftigung mit Recht und Gerechtigkeit in den Harry-Potter-Romanen findet bisher nur in einigen englischsprachigen Werken statt.

Die Harry-Potter-Bücher werden in der Wissenschaft meistens im literaturwissenschaftlichen und geisteswissenschaftlichen Kontext erwähnt. Zu einer der wenigen deutschsprachigen Dissertationen in diesem Bereich gehört die Arbeit

---

92 *Hager,* in: ZEuP 2001, S. 214 (214).

93 *Klimke,* in: JURA 2016 (10), S. 1125 (1125).

94 https://www.uni-regensburg.de/rechtswissenschaft/strafrecht/walter/recht-und-literatur-law-and-literature-/index.html (abgerufen am: 23.01.2023).

95 https://www.boersenblatt.net/2019-06-14-artikel-klaus_stierstorfer_ueber_recht_und_literatur.1672606.html (abgerufen am 23.01.2023).

96 *Albrecht/Brand/Merth/Schuch/Wißgott,* in: GRZ, 2/2021, S. 120 (120–130).

97 Zusammenfassend: *„Die Querverbindungen zwischen Literatur und Recht, zwischen Literaten und Juristen sind vielfältig; sie haben im gesamten europäischen Kulturkreis Tradition. Denn die Literatur schöpft nicht selten aus dem, was das tägliche Brot des Juristen ist. Und umgekehrt gibt es Impulse, die von der Literatur ausgehen und nicht nur die Rechtslehre und Rechtsprechung bestimmend beeinflussen, sondern das gesamte öffentliche Leben und Bewusstsein."*, *Kastner,* in: NJW 2003, S. 609 (609).

„Die literarische Repräsentation des Bösen in den Harry Potter Romanen von J. K. Rowling", die 2017 von Martina Wolter an der Universität Bonn eingereicht wurde. Aus dem Jahr 2015 stammt eine Dissertation an der Universität Frankfurt a. M. von Melanie Babenhauserheide, die 2018 unter dem Titel *„Harry Potter und die Widersprüche der Kulturindustrie: Eine ideologiekritische Analyse"* veröffentlicht wurde. Mit der *„filmischen Umsetzung der Harry Potter Romane"* befasst sich eine Dissertation aus München von Sabine-Michaela Duttler, die 2007 erschien. Claudia Fenske (Philipps-Universität Marburg) verfasste ihre 2008 bei Peter Lang erschienene Dissertation unter dem Titel *„Monsters and Magicians: A Literary Analysis of the Harry Potter Series"* auf Englisch. Paul Bürvenic untersuchte in seiner Dissertation *„Der Zauber des Harry Potter"* schon 2001 den literarischen Welterfolg des Zauberlehrlings. Daran schloss sich 2012 das Buch von Silvia Himmelsbach *„Harry Potters literarischer Zauber: Eine Analyse zum Erfolg der Buchserie"* an.

Bereits 2006 erschien die von Garbe/Philipp herausgegebene Aufsatzsammlung *„Harry Potter – ein Literatur- und Medienereignis im Blickpunkt interdisziplinärer Forschung"*.

Hinzuweisen ist an dieser Stelle außerdem auf ein Seminar mit dem Titel *„Harry Potter and The Law"*. Dieses wurde von Anne Schneider im Wintersemester 2019/2020 an der Universität Mannheim angeboten und erfreute sich großer Beliebtheit.[98] Im Jahr 2022 bot sie – jetzt an der Universität Düsseldorf – ein Seminar mit dem Titel *„Strafrecht und Harry Potter"* an.[99] In einem englischsprachigen Aufsatz beschäftigt sich Schneider mit der Frage, ob Harry Potter kriminell ist (Antwort: Ja, jedenfalls soweit er den verbotenen Cruciatus-Fluch verwendet).[100]

In der englischsprachigen Wissenschaft werden neben literarischen Themen hauptsächlich soziokulturelle[101] Themen mit Harry Potter in Verbindung gebracht. Allerdings ist Harry Potter hier als wissenschaftliches Thema weitaus verbreiteter. Überdurchschnittlich viele Arbeiten kommen aus dem Bereich der *Gender Studies.*[102] Oft tragen sie provokante Titel wie *„Witches, Bitches, and the Patriarchy: Gender and Power in the Harry Potter Series"* (*Bullinger*, 2015). Weitere Arbeiten beschäftigen sich beispielsweise mit dem Kampf von

---

98 https://www.uni-mannheim.de/news/seminar-harry-potter-and-the-law/ (abgerufen am: 23.01.2023).

99 https://www.jura.hhu.de/lehrstuehle-und-institute/professuren-und-lehrstuehle-im-strafrecht/lehrstuhl-fuer-strafrecht-und-strafprozessrecht/service/aktuelles-1/ankuendigung-seminar-strafrecht-und-harry-potter (abgerufen am: 23.01.2023).

100 *Schneider*, in: Gymnich/Birk/Burkhard (Hrsg.): „Harry – yer a wizard", S. 155 (155–164).

101 Z. B. *Kohlová,* Social Issues in the Harry Potter Books; *Whited* (Hrsg.): The Ivory Tower and Harry Potter; *Reading,* Critical Literacy in a Global Context.

102 Z. B. *Hunt,* in: Baker/McEnery (Hrsg.): Corpora and Discourse Studies, S. 266 (266–284); *Bell,* Wizards vs. Muggles.

Gute gegen Böse[103], Heldenmut[104], philosophischen Fragen[105], der Bedeutung von religiösen Symbolen in den Harry-Potter-Büchern[106], der mehr als fragwürdigen Bürokratie[107] in der Heptalogie oder der (fehlenden) Repräsentation von LGBT+ Charakteren[108].

Mit dem politischen System der Zaubererwelt beschäftigt sich das Buch *„The Politics of Harry Potter"* (2012) der Politikwissenschaftlerin Bethany Barratt. Die Autorin geht darin auf die Themen Autorität und Macht sowohl durch das Zaubereiministerium als auch durch die Terrorherrschaft Lord Voldemorts ein. Sie erörtert die politische Ordnung, Strafen und Strafvollstreckung, das Verhältnis zwischen Zauberern und Muggelstämmigen, die Terrorherrschaft Lord Voldemorts und den Widerstand dagegen.[109] Einen Vergleich mit realen historischen Ereignissen wird in der Aufsatzsammlung der Historikerin Nancy Reagin mit dem Titel *„Harry Potter and History"* (2011) angestellt, wobei die Herausgeberin auch auf die Parallele zwischen Hitler und Lord Voldemort eingeht.[110]

Mit verschiedenen gesellschaftlichen Themen innerhalb der Harry-Potter-Bücher befassen sich außerdem mehrere wissenschaftliche Aufsatzsammlungen. Nicht abschließend seien hier *„Inside the World of Harry Potter: Critical Essays on the Books and Films"(Bell,* 2018) und *„‚Harry – yer a wizard': Exploring J.K. Rowling's Harry Potter Universe"* (*Gymnich/Birk/Burkhard,* 2017) sowie *„Cultural Politics in Harry Potter: Life, Death and the Politics of Fear"(Jarazo-Álvarez/Alderete-Diez,* 2019)[111] und *„Harry Potter's World Wide Influence"* (*Patterson,* 2009) sowie – erst kürzlich erschienen – *„Harry Potter and the Other" (Dahlen/Thomas,* 2022) genannt.

Sogar in Indien ist das Thema *Recht und Harry Potter* inzwischen angekommen: Der Dozent Shouvik Kr. Guha hat bereits im Wintersemester 2018/2019 an der NUJS Kolkata das Seminar *„An Interface between Fantasy Fiction Lite-*

103 Z.B. *Kleinberger,* Agents of Good, Servants of Evil; *Baltzar,* Power and Evil in the Harry Potter Series.

104 Z.B. *Berndt/Steveker* (Hrsg.): Heroism in the Harry Potter Series.

105 Z.B. *Baggett/Klein,* Harry Potter and Philosophy; *Bassham,* The Ultimate Harry Potter and Philosophy; *Kern,* The Wisdom of Harry Potter.

106 Überblick: https://en.m.wikipedia.org/wiki/Religious_debates_over_the_Harry_Potter_series (abgerufen am: 23.01.2023).

107 Z.B. *Barton,* in: Mich.L. Rev. 104/6, S. 1523 (1523–1538).

108 LGBT+ ist die englische Abkürzung für „Lesbian, Gay, Bisexual and Transgender +". Z.B. *Wannamaker,* in: The Looking Glass, Ausg. 20, Nr. 1, S. 19 (19–33).

109 *Barratt,* The Politics of Harry Potter, S. 1 ff.; S. 27 ff.; S. 59 ff., S. 95 ff., S. 85, 117 ff.

110 *Reagin,* in: Reagin (Hrsg.): Harry Potter and History, S. 127 (127–152).

111 Shortland/Dunne vergleichen darin Lord Voldemort nicht nur mit Hitler, sondern auch mit extremistischen Organisationen wie al-Qaida, *Shortland/Dunne,* in: Jarazo-Álvarez/Alderete-Diez (Hrsg.): Cultural Politics in Harry Potter, S. 165 (165–177).

rature and Law: Special Focus on Rowling's Potterverse" angeboten und damit weltweit für Schlagzeilen gesorgt.[112]

Einen Vergleich mit dem Deutschen Strafrecht hat im wissenschaftlichen Bereich noch niemand angestellt. Und auch die Parallelen, die zum NS-Staat gezogen werden, bleiben in englischsprachigen Aufsätzen eher oberflächlich. Was allerdings existiert ist eine Aufsatzsammlung, herausgegeben im Jahr 2010 von Jeffrey E. Thomas und Franklin G. Snyder, mit dem Titel *„The Law & Harry Potter"*. Teile davon sind auch im Texas Wesleyan Law Review erschienen.[113] Behandelt werden Themen wie: *„Harry Potter and the Miserable Ministry Of Magic"*, *„Unforgivable Curses and the Rule of the Law"* oder *„Punishment in the Harry Potter Novels"*.

Außerdem gibt es einen Aufsatz des US-amerikanischen Juraprofessors Keneth Schneyer aus dem Jahr 2008 mit dem Titel *„No Place to Stand: The Incoherent Legal World of J. K. Rowling"*. Darin geht es zunächst um die Frage, welche magischen Gesetze es gibt und wie diese geschaffen werden. In einem weiteren Kapitel geht es um Verträge und deren Einhaltung. Danach folgen Ausführungen zum Strafrecht und den in den Harry-Potter-Büchern verhängten Strafen. Außerdem beschäftigt sich der Autor mit der Frage, wie man sich in der magischen Welt gegen Rechtsakte des Staates wehren kann und führt als Negativbeispiele die Gefängnisstrafe von Sirius Black und Rubeus Hagrid an.[114] Der Autor geht auch auf das politische System und den Aufbau des Zaubereiministeriums ein. Der Aufsatz kommt zu dem Ergebnis, dass das magische Justizsystem fehleranfällig und unfair ist. Schneyer folgert, dass Rowling ihren Lesern damit zeigen wollte, dass auch Gesetze nur so zuverlässig sind, wie die Menschen, die sie beschließen und ausführen. *„The point, it seems to me, is the arbitrariness of human rule-making. If rules and procedures are made by humans, they are subject to the same irrationalities and prejudices to which humans themselves are prone, and they solve nothing. We cannot place our faith in rules, institutions or procedures, because all of these things are made and applied by human beings with human failings. Any rule or institution, no matter how well conceived, is subject to our own weaknesses and love of power and domination. No civilized regime can survive the apathy of its citizens."*[115]

Kritisch sehen das magische Justizsystem auch Paul R. Joseph und Lynn E. Wolf, die in ihrem Aufsatz *„The Law in Harry Potter"* von einem kafkaesken System schreiben *„not even a muggle could love"*. Die Autoren führen das auf die Ungerechtigkeit und Ungewissheit zurück, die in den Prozessen vor dem

112 https://barandbench.com/wp-content/uploads/2018/10/NUJS-Tentative-Course-Outline-An-Interface-between-Fantasy-Fiction-Literature-and-Law-Special-Focus-on-Rowlings-Potterverse.pdf (abgerufen am: 23.01.2023).

113 *Thomas/Smith/Wright u. a.,* in: Tex. Wesleyan L. Rev., Jahrg. 12 (2005), S. 427 (427–484).

114 *Schneyer,* in: Goetz (Hrsg.): Terminus: Collected Papers on Harry Potter, S. 33 (46 f.).

115 *Schneyer,* in: Goetz (Hrsg.): Terminus: Collected Papers on Harry Potter, S. 33 (61).

Zaubergamot vorherrschen und ziehen als Beispiel die Tatsache heran, dass es im magischen Strafprozess keinen Strafverteidiger gibt.[116]

Der Honorarprofessor William MacNeil wiederum verfolgt in *„,Kidlit' As ‚Law-and-Lit': Harry Potter and the Scales of Justice"* den Ansatz, dass Rowling durch die Darstellung des unfairen Justizsystems in den Harry-Potter-Büchern die Phantasie der Leser (MacNeil zitiert dabei James Boyd Whites *„Legal Imagination"*) anregt. Die Verfehlungen des Zaubergamot und des Zaubereiministeriums zeigten, dass die Helden der Geschichte Gerechtigkeit nur *„beyond the law"* finden.[117] Sein Kollege Aaron Schwabach vertritt die gleiche These und formuliert in seinem Aufsatz *„Harry Potter and the Unforgivable Curses"* eingangs sogar *„Harry's story is a story about law"*. Er nennt das Potterversum ein Labor, in dem rechtliche Gedankenexperimente ohne Konsequenzen in der echten Welt durchgeführt werden können und geht im Folgenden auf die Bedeutung der unverzeihlichen Flüche ein.[118]

Mit der Frage, ob es Parallelen zwischen dem magischen Justizsystem in den Harry-Potter-Büchern und dem Recht unter den Nationalsozialisten gibt, haben sich Wissenschaftler zumindest ansatzweise auseinandergesetzt. Im deutschen Sprachraum vertritt Wolter die Auffassung, dass es in beiden Fällen um *Rassenwahn* geht und es mannigfaltige Ähnlichkeiten zwischen Hitler und Lord Voldemort gibt.[119] Zur gleichen Schlussfolgerung kommt auch Walters in *„Not So Magical: Issues with Racism, Classism, and Ideology in Harry Potter"*[120] sowie *Baltzar* in *„Power and Evil in J. K. Rowling's Harry Potter Novels"*[121]. Dabei werden in allen drei Werken auch Parallelen zwischen Muggelstämmigen und Juden bzw. Kobolden und Juden gezogen (siehe Seite 408 ff., 453 ff.).[122]

Damit steht fest, dass sowohl die Harry-Potter-Bücher als auch Recht und Literatur grundsätzlich als Forschungsthemen anerkannt werden. Dabei steht man den Themen im anglo-amerikanischen Raum deutlich offenen gegenüber

116 *Joseph/Wolf,* in: U. Tol. L. Rev.), Ausg. 34, Nr. 2, S. 193 (193–202).

117 MacNeil kommt deswegen zu dem Ergebnis: *„All of this suggests a didacticism that could potentially alienate a future (and present) generation of post-modern jurisprudence, but that is carried off here with Rowling's characteristic mixture of the serious and the satirical, the critical and the celebratory, so much so that Harry Potter and the Goblet of Fire, in my opinion, may well constitute a minor classic of the law-and-literature movement."*, *MacNeil,* in: Law and Literature, Ausg. 14, Nr. 3, S. 545 (546).

118 *Schwabach,* in: Roger Williams U. L. Rev. 11/2006, S. 309 (309 ff.).

119 *Wolter,* Die literarische Repräsentation des Bösen, S. 104 ff. Diese These vertreten u. a. auch: *Bürvenich,* Der Zauber des Harry Potter, S. 69; *Eccleshare,* A Guide to the Harry Potter Novels, S. 74.; *Ostry,* in: Anatol (Hrsg.): Reading Harry Potter, S. 89 (93); *Winters,* in: Buttsworth/Abbenhuis (Hrsg.): Monsters in the Mirror, S. 53 (67); *Rutter,* „Bad Blood Will Out", S. 17; *Patient/Street,* in: Patterson (Hrsg.): Harry Potter's World Wide Influence, S. 201 (226).

120 *Walters,* Not So Magical, S. 25 ff.

121 *Baltzar,* Power and Evil, S. 122 ff.

122 Eine der wenigen kritischen Stimmen, die diese Parallele für zu weit hergeholt hält: *Fenske,* Muggles, Monsters and Magicians, S. 298.

als in Deutschland. Burge schreibt treffend: „*Law has long been compared to magic.*“[123] Mit der Kombination beider Themen hat sich bis jetzt in Deutschland aber noch keine Arbeit wissenschaftlich auseinandergesetzt. Und das, obwohl sich hierbei eine Vielzahl an interessanten Fragestellungen auftun. Gerade auch im Hinblick auf die Parallelen zum NS-Staat und den damaligen Reformbestrebungen innerhalb des Strafrechts. Diese Arbeit möchte die dargelegte Forschungslücke füllen und zu einem besseren Verständnis von Recht und Gerechtigkeit in den Harry-Potter-Büchern mit aktuellem Bezug zum Deutschen sowie dem historischen Recht zwischen 1933 und 1945 beitragen.

2. Rechtsvergleichende Analyse

Diese Arbeit beschäftigt sich mit der Frage wie das Strafprozessrecht als *Machtinstrument* im Kampf zwischen *Gut* und *Böse* missbraucht werden kann. Dabei wird das in Harry Potter geltende (fiktive und magische) Recht mit dem geltenden deutschen Strafprozessrecht sowie dem Recht im NS-Staat zwischen 1933 und 1945 verglichen. Es geht insbesondere um folgende Fragen:

- Wie ist das politische System in den Harry-Potter-Büchern aufgebaut?
- Welche Macht hat der Zaubereiminister und wie wird diese begrenzt/kontrolliert?
- Wie ist das magische Justizsystem aufgebaut?
- Welche Strafen und Bestrafungen gibt es in den Harry-Potter-Bänden?
- Welchen Schutz für Angeklagte bietet die magische Strafprozessordnung?
- Welche Prozessmaximen kennt das magische Strafrecht?
- Welche Ermittlungsmaßnahmen gibt es in den Harry-Potter-Büchern?
- Welche Schlüsse lassen sich aus der disziplinarischen Anhörung von Harry Potter ziehen?
- Welche Schlüsse lassen sich aus anderen magischen (Fehl-)urteilen ziehen?
- Wie konnte es zu einer Verfolgung Muggelstämmiger kommen und welche Parallelen gibt es zur Verfolgung von Juden unter den Nationalsozialisten?
- Welche weiteren Parallelen gibt es zur deutschen Rechtsordnung zwischen 1933 und 1945?
- Was verrät uns der Umgang mit magischen Minderheiten und Kreaturen über das Rechtssystem?
- Welche Schutzmechanismen sieht das aktuelle deutsche Recht vor, die im magischen Recht fehlen?
- Konnte das politische und juristische System die Machterlangung Voldemorts erleichtern?
- Welche Konsequenzen können deutsche Juristen daraus ziehen?

---

123 *Burge,* in: 50 Cumb. L. Rev. 117 (2020), S. 117 (121).

Der erste Abschnitt (A.) ist mit der vorliegenden Einleitung und Erläuterung der Herangehensweise beendet. Im zweiten Abschnitt der Arbeit (B.) wird die Autorin Joanne Rowling (I.) vorgestellt, um ihren persönlichen Hintergrund zu erklären und mögliche Inspirationen (II.) für die Harry-Potter-Bücher offenzulegen. Sodann werden die sieben Bücher in ihrer Essenz (III.) zusammengefasst.

Das dritte Kapitel (C.) stellt den Hauptteil und damit den Schwerpunkt der Arbeit dar. Hier wird zunächst das politische System der Zaubererwelt (I.) vorgestellt, um einen Überblick darüber zu erhalten, wie die Zaubererwelt aufgebaut ist und nach welchen Regeln sie funktioniert. Einen Schwerpunkt stellt dabei die Erörterung der extrem weitreichenden Kompetenzen des (korrupten) Zaubereiministers dar. Außerdem wird an dieser Stelle gezeigt, dass in der Zaubererwelt eine Gewaltenteilung nicht vorhanden ist. Danach wird auf die Rolle der Presse und die Bedeutung der Hogwarts-Schule für Hexerei und Zauberei mit Hinblick auf die Rolle der Presse bei der Machterlangung Hitlers und die parteikonforme Ausbildung der Schüler im NS-Staat eingegangen.

Im Anschluss daran wird das magische Justizsystem (II.) erklärt. Hier befasst sich die Arbeit zunächst mit dem höchsten Gericht der Zaubererwelt, dem *Zaubergamot.* Im Anschluss daran wird erörtert, wie sich dieses zusammensetzt und wieso die Richter in der Zaubererwelt nicht unabhängig sind. Erörtert wird die Funktion der *Abteilung für Magische Strafverfolgung* als Anklagebehörde und wie das Zaubereiministerium geltendes Recht mit Hilfe der *Auroren,* einer Art Sondereinsatzkommando, durchsetzt. Zum Schluss wird das Justizsystem unter Lord Voldemort behandelt.

Im Herzstück der Arbeit wird auf das magische Strafrecht (III.) näher eingegangen. Zunächst werden die in der Zaubererwelt angewendeten Strafgesetze sowie die daraus abgeleiteten Strafen dargestellt. Außerdem wird hier das magische Strafvollzugsrecht am Beispiel der Inhaftierung in Askaban und dem *Kuss des Dementors* erörtert. Im Anschluss befasst sich die Arbeit mit dem magischen Strafprozessrecht, wobei insbesondere auf den Ablauf eines magischen Strafprozesses und der dabei geltenden Prozessmaximen sowie der einzelnen Ermittlungsmaßnahmen eingegangen wird.

Vertieft wird das Thema in einem weiteren Kapitel, das näher auf die disziplinarische Anhörung von Harry Potter (IV.) eingeht. Deren Ablauf wird dargestellt und mit dem Ablauf eines deutschen Strafverfahrens verglichen. Dabei wird auffallen, dass der minderjährige Harry keinen Verteidiger gestellt bekommt. Dafür darf er aber einen Zeugen präsentieren. Ebenfalls auffallend ist, dass der Zaubereiminister als Richter und Ankläger auftritt. Hier wird sowohl ein Vergleich mit dem aktuellen Recht als auch mit dem NS-Strafrecht angestellt.

Sodann wird näher auf andere Strafprozesse (V.) eingegangen. Dabei bietet sich eine Beschäftigung mit den Prozessen gegen (ehemalige) *Todesser*, also Anhänger Lord Voldemorts, an. Hier gibt es die Möglichkeit, näher auf die Unschuldsvermutung, die „Gleichheit vor dem Gesetz“ sowie Verständigungen im Strafverfahren einzugehen, weil einer der Angeklagten freigelassen wird, nachdem er seine Mitstreiter verrät. Sodann werden die in Harry Potter vorkommenden Fehlurteile bzw. Verhaftungen ohne vorangegangenen Prozess erörtert. Dabei geht es einmal um den zu Unrecht wegen Massenmordes inhaftierten Sirius Black, aber auch um rassistische Vorverurteilungen gegen den ebenfalls unschuldigen Halbriesen Rubeus Hagrid und um die Familie Gaunt.

In einem weiteren Unterkapitel wird auf die – vor allem im letzten Buch – praktizierte Muggel-Verfolgung (VI.) eingegangen. Lord Voldemort schafft es, im Ministerium ein Muggel-Register einzuführen und setzt mit diesem seine Ideologie einer *reinblütigen* Zauberer-Rasse durch. Muggelstämmige Zauberer werden systematisch verfolgt, teilweise eingesperrt und sogar getötet. Außerdem wird ihnen durch die *Registrierungskommission für Muggelstämmige* ihr Zauberstab weggenommen, was einem Verstoß aus der Zaubererwelt gleichkommt. Dabei werden Parallelen zu ähnlichen Praktiken unter den Nationalsozialisten bzgl. der Juden aufgezeigt.

Das letzte Kapitel beschäftigt sich mit dem Umgang mit magischen Kreaturen (VII.). Diese werden nicht als vollwertige Mitglieder der Zaubererwelt anerkannt. Das führt beispielsweise zur Versklavung der Hauselfen, zur Diskriminierung von Kobolden und Werwölfen sowie zur Ausrottung von Riesen und zur Haltung von Zentauren in Reservaten.

In einem letzten Kapitel werden die Erkenntnisse der Arbeit zusammengefasst (D.). Durch den Rechtsvergleich wird festgestellt, ob die Machtgewinnung durch Lord Voldemort einen *unglücklichen Zufall* darstellt oder durch das instabile politische System sowie das fehleranfällige Justizsystem der Zaubererwelt begünstigt wurde.

B. Das Phänomen „Harry Potter" und seine Autorin

I. Autorenbiographie

Um literarische Werke besser verstehen zu können, ist es notwendig, sich auch mit deren Autor näher zu befassen. Wer ist die Autorin hinter den Harry-Potter-Romanen? Woher holte sie sich die Inspiration für den Aufbau ihrer magischen Welt und die Geschichte rund um den Zauberlehrling? Hatte Rowling persönliche Kenntnisse oder Erfahrungen im Bereich Recht oder Politik, die einen Einfluss auf das von ihr erdachte (juristische) System in den Büchern nehmen konnten?

1. Kindheit und Studium

Rowling wurde am 31. Juli 1965 in der englischen Kleinstadt Yate nahe Bristol geboren. Ihre Eltern Anne und Peter Rowling stammten aus London. Peter Rowling arbeitete als Ingenieur bei Rolls-Royce. Anne Rowling war als Laborassistentin tätig. 1967 wurde ihre jüngere Schwester Dianne geboren. Im Jahr 1970 wurde Rowling in Winterbourne eingeschult. Bereits in ihrer Grundschulzeit las sie und hatte den Wunsch, später selbst Bücher zu schreiben.[124] *„I was the epitome of a bookish child, short and squat, thick National Health glasses, living in a world of complete daydreams."*[125]

1974 zog die Familie nach Tutshill, wo Rowling zunächst die Tutshill Primary und dann die Wyedean Comprehensive besuchte.[126] In der Oberstufe wurde sie zur Schulsprecherin gewählt. Während Mathe und Sport nicht zu ihren besten Fächern zählten, erzielte sie in Englisch und Französisch sehr gute Noten. Später gab sie zu, dass die Romanfigur der strebsamen Hermine Granger dem Bild entspricht, das sie damals selbst von sich hatte.[127] *„Hermione is me, near enough. A caricature of me when I was younger. I wasn't that clever. But I was that annoying on occasions."*[128]

---

124 *Kirk,* J.K. Rowling, S. 9 ff.; *Sexton,* J.K. Rowling, S. 11 ff.; *Compson,* J.K. Rowling, S. 12 ff.; *Sickels,* J.K. Rowling, S. 1 ff.; *Mattern,* J.K. Rowling, S. 5 ff.

125 https://www.scotsman.com/arts-and-culture/books/the-jk-rowling-story-1-652114 (abgerufen am: 23.01.2023); *Beahm,* Muggles and Magic, S. 8.

126 *Nel,* JK Rowling's Harry Potter Novels, S. 9 ff.

127 http://www.accio-quote.org/articles/1998/autobiography.html (abgerufen am: 23.01.2023); *Nel,* JK Rowling's Harry Potter Novels, S. 13; *Zahid,* Secrets of Becoming World Class, S. 47.

128 *Sexton,* J.K. Rowling, S. 41 f.

Rowling beschreibt ihre Kindheit und Jugend u. a. auf Grund der schweren Multiple-Sklerose-Erkrankung ihrer Mutter als keine glückliche. Zu ihrem Vater hat sie den Kontakt inzwischen abgebrochen. *„Home was a difficult place to be.“*[129]

Ab 1983 studierte sie Klassische Altertumswissenschaften und Französisch an der University of Exeter. Währenddessen verbrachte sie ein Studienjahr in Paris. Nach dem Studium arbeitete sie zwei Jahre im Büro von Amnesty International in London. Die Entscheidung, Sprachen zu studieren, beschreibt sie rückblickend als keine gute Wahl. Sie sei damit den Wünschen ihrer Eltern gefolgt.[130] Im Jahr 1990 erdachte Rowling während einer Zugfahrt von Manchester nach London die Romanfigur Harry Potter, die sie Jahre später weltberühmt machen sollte. *„I really don't know where the idea came from. It started with Harry, then all these characters and situations came flooding into my head.“*[131]

Noch im gleichen Jahr starb ihre Mutter an Multipler Sklerose, was für Rowling einen schweren Schicksalsschlag darstellte. Sie selbst beschreibt den Verlust folgendermaßen: *„I remember feeling as though there was a chunk of pavement pressing down upon my chest, a literal pain in my heart.“*[132]

2. Erste Ehe und erstes Harry-Potter-Buch

Im Jahr 1991 wanderte Rowling nach Portugal aus, wo sie an der Encounter English School in Porto abends als Lehrerin unterrichtete. Die restliche Zeit des Tages schrieb sie häufig an ihrem ersten Harry-Potter-Buch, das in Deutschland später unter dem Titel *„Harry Potter und der Stein der Weisen“* veröffentlicht werden sollte. Ein Jahr später lernte sie den portugiesischen Fernsehjournalisten Jorge Arantes kennen, den sie noch im gleichen Jahr heiratete. Nachdem 1993 ihre gemeinsame Tochter Jessica geboren wurde, trennte sich das Paar im Streit.[133]

Rowling kehrte nach Großbritannien, ins schottische Edinburgh, zurück. Dort lebte sie als alleinerziehende Mutter von Sozialhilfe, während sie am ersten Harry-Potter-Buch weiterarbeitete, das sie 1995 vollendete.[134] Zu diesem Zeitpunkt sah Rowling sich nach eigenen Angaben als Versagerin. Sie litt unter Depres-

129 https://www.scotsman.com/arts-and-culture/books/the-jk-rowling-story-1-652114 (abgerufen am: 23.01.2023); *Wagman-Geller,* Once Again to Zelda, S. 234 f.

130 https://www.jkrowling.com/about/ (abgerufen am: 23.01.2023); *Nel,* JK Rowling's Harry Potter Novels, S. 16; *Mookherji,* 20 Greatest Authors of the World, S. 170; *Zahid,* Secrets of Becoming World Class, S. 47; *Pugh,* Harry Potter and Beyond, S. 2 f.

131 https://www.eduinreview.com/blog/2010/11/j-k-rowlings-education-background/ (abgerufen am: 23.01.2023); *Mookherji,* 20 Greatest Authors of the World, S. 170.

132 *Sexton,* J.K. Rowling, S. 50; *Zahid,* Secrets of Becoming World Class, S. 46.

133 https://www.scotsman.com/arts-and-culture/books/the-jk-rowling-story-1-652114 (abgerufen am: 23.01.2023); *Nel,* JK Rowling's Harry Potter Novels, S. 19 f.; *Beahm,* Muggles and Magic, S. 15; *Pugh,* Harry Potter and Beyond, S. 3; *Fraser,* in: Fraser/ Martin (Hrsg): Viel Zauber um Harry, S. 10 (38).

134 *Sexton,* J.K. Rowling, S. 55, 57 ff.; *Nel,* JK Rowling's Harry Potter Novels, S. 20 f.

sionen und fand in ihrer Krankheit Inspiration für die in den Harry-Potter-Büchern auftauchenden *Dementoren*, Wesen, welche jedes Glücksgefühl aus ihren Opfern heraussaugen. *„I never expected to mess up so badly that I would find myself in an unheated, mouse-infested flat, looking after my daughter. And I was angry because I felt I was letting her down.“*[135]

Obwohl sie 1996 einen Vertrag mit dem Literaturagenten Christopher Little abschloss, wurde ihr Manuskript für *„Harry Potter and the Philosopher's Stone“* zunächst von insgesamt zwölf Verlagen abgelehnt.[136] So erging es ihr noch im gleichen Jahr auch beim Verlag Bloomsbury Publishing. Auf die Empfehlung des Jugendbuchverantwortlichen Barry Cunningham gab der Verlag dem Manuskript eine zweite Chance.[137] Der Roman sollte nach dem Willen des Verlages aber nicht unter Joanne Rowlings vollständigem Namen erscheinen, weil befürchtet wurde, dass Jungen ungern das Buch einer Autor*in* lesen würden. Rowling entschied sich deswegen für den Autorennamen *J. K. Rowling*, den sie bis heute beibehalten hat. Die Initiale *K* steht für den Vornamen ihrer Großmutter *Kathleen.*[138]

Am 26. Juni 1997 erschien *„Harry Potter and the Philosopher's Stone“* mit einer Startauflage von 500 Exemplaren in Großbritannien.[139] Nur drei Tage später ersteigerte der US-Verlag Scholastic überraschend die Rechte an dem Erstlingswerk für den US-Buchmarkt. Scholastic bezahlte dafür 105.000 US-Dollar.[140] Dass für ein Erstlingswerk im Kinder- und Jugendbuchbereich eine sechsstellige Summe bezahlt wurde, war sehr ungewöhnlich und machte Rowling auf einen Schlag über die Grenzen Großbritanniens hinaus bekannt.

Daraufhin erwarb im September 1997 der deutsche Carlsen Verlag die Rechte für den ersten sowie alle weiteren Harry-Potter-Romane. Bereits zu diesem Zeitpunkt war geplant, dass die Jugendbuchserie insgesamt sieben Teile erhalten sollte. In Deutschland erschien *„Harry Potter und der Stein der Weisen“* 1998

---

135 https://www.scotsman.com/arts-and-culture/books/the-jk-rowling-story-1-652114 (abgerufen am: 23.01.2023); *Fenske,* Muggles, Monsters and Magicians, S. 21; *Pugh,* Harry Potter and Beyond, S. 3.

136 https://www.theguardian.com/books/2015/mar/24/jk-rowling-tells-fans-twitter-loads-rejections-before-harry-potter-success (abgerufen am: 23.01.2023); *Gunelius,* Harry Potter, S. 6.

137 *Anelli,* Harry, A History, S. 45; *Johanson,* Women Writers, S. 106; *Errington,* J. K. Rowling, S. 3 f.; *Fenske,* Muggles, Monsters and Magicians, S. 18.

138 https://www.jkrowling.com/about/ (abgerufen am: 23.01.2023); *Nel,* JK Rowling's Harry Potter Novels, S. 23; *Johanson,* Women Writers, S. 106.

139 *Errington,* J. K. Rowling, S. 4; *Fenske,* Muggles, Monsters and Magicians, S. 6; diesbezüglich kursieren unterschiedliche Zahlen. *Mookherji* und andere sprechen von 1.000 Exemplaren (*Mookherji,* 20 Greatest Authors of the World, S. 171).

140 https://www.carlsen.de/sites/default/files/sonstiges/WZ_9783551559012_DerSteinderWeisenillustriert.pdf (abgerufen am: 23.01.2023); *Nel,* JK Rowling's Harry Potter Novels, S. 22 f. In den USA trägt das Buch den Titel *„Harry Potter and the Sorcerer's Stone“*.

mit einer Startauflage von 8.000 Exemplaren. Bis heute hat Carlsen den ersten Band 5,7 Millionen Mal verkauft.[141]

3. Weitere Harry-Potter-Bücher und weltweiter Ruhm

Bereits kurz nach der Veröffentlichung des ersten Buches vollendete Rowling den zweiten Band, der 1998 in Großbritannien und 1999 unter dem Titel *„Harry Potter und die Kammer des Schreckens“* auf dem deutschen Buchmarkt erschien.[142] Spätestens ab dem Erscheinen des dritten Bandes (*„Harry Potter und der Gefangene von Askaban“*) erlangte Rowling Weltberühmtheit.[143] In Deutschland wurde *„Harry Potter und der Feuerkelch“* (Band vier) im Jahr 2000 veröffentlicht. In England wurden hiervon innerhalb eines Tages über 300.000 Exemplare verkauft. In den USA in den ersten 48 Stunden über drei Millionen Exemplare.[144]

Im darauffolgenden Jahr heiratete Rowling den Arzt Neil Murray.[145] Außerdem veröffentlichte sie zwei Bücher, die als fiktive Lehrbücher in Harry Potter erwähnt worden waren. *„Phantastische Tierwesen und wo sie zu finden sind“* sowie *„Quidditch im Wandel der Zeiten“*. Der Erlös aus dem Verkauf dieser fiktiven Schulbücher ging an die Hilfsorganisation Comic Relief.[146]

Im Jahr 2003 wurde ihr Sohn David geboren.[147] Der fünfte Band der Harry-Potter-Serie erschien deswegen verzögert. In Deutschland wurde von *„Harry Potter und der Orden des Phönix“* eine Startauflage von zwei Millionen Büchern gedruckt.[148]

2005 wurde Rowling Mutter einer weiteren Tochter namens Mackenzie[149] und veröffentlichte den sechsten Band der Serie: *„Harry Potter und der Halbblutprinz“*. Im gleichen Jahr gründete sie die Wohltätigkeitsorganisation Lumos, die sich weltweit für Kinder einsetzt.[150] Am 11. Januar 2007 vollendete Rowling ihre erfolgreiche Serie. *„Harry Potter und die Heiligtümer des Todes“* erschien

---

141 https://www.carlsen.de/sites/default/files/sonstiges/pressemappe_harry-potter_carlsen.pdf (abgerufen am: 23.01.2023).

142 *Bürvernich,* Der Zauber des Harry Potter, S. 17 f.

143 *Nel,* JK Rowling's Harry Potter Novels, S. 24.

144 *Zahid,* Secrets of Becoming World Class, S. 40.

145 *Kirk,* J. K. Rowling, S. 112; *Ball,* Women Writers, S. 116.

146 https://www.comicrelief.com/news/harry-potter-companion-books-now-available-ebooks (abgerufen: 23.01.2023); *Ball,* Women Writers, S. 118.

147 *Ball,* Women Writers, S. 118; *Peterson-Hilleque*, How to Analyze, S. 19.

148 https://www.carlsen.de/sites/default/files/sonstiges/pressemappe_harry-potter_carlsen.pdf (abgerufen am: 23.01.2023); *Garbe/Philipp*, in: Garbe/Philipp (Hrsg.): Harry Potter, S. 7 (19).

149 https://www.jkrowling.com/about/ (abgerufen am: 23.01.2023); *Ball,* Women Writers, S. 118.

150 https://www.wearelumos.org/ (abgerufen am: 23.01.2023); *Mookherji,* 20 Greatest Authors of the World, S. 175.

am 21. Juni 2007 sowohl in Großbritannien als auch in Deutschland: *„I always knew that Harry's story would end with the seventh book, but saying goodbye has been just as hard as I always knew it would be."*[151]

Im gleichen Jahr fertigte sie sieben handgeschriebene und -illustrierte Kopien des fiktiven Buches *„Die Märchen von Beedle dem Barden"*, das im siebten Band der Serie eine entscheidende Rolle spielt. Das einzige Exemplar, das öffentlich versteigert wurde, erwarb der Versandhandel Amazon für rund 1,95 Millionen Pfund. Der Erlös kam der Stiftung The Childrens Voice zu Gute.[152]

Die Harry-Potter-Serie wurde seitdem in über 70 Sprachen übersetzt. Weltweit wurden über 400 Millionen Exemplare verkauft.[153] Für ihre Autorentätigkeit erhielt Rowling zahlreiche nationale und internationale Literaturpreise.[154]

4. Pottermore, Engagement und Kritik

Im Jahr 2011 ging die von Rowling betriebene Harry-Potter-Website *Pottermore* an den Start. Diese wird seitdem mit weiteren Hintergrundinformationen rund um das Harry-Potter-Universum befüllt und vertreibt außerdem die E-Books der Serie. Laut eigenen Angaben wurden über die Website, die sich inzwischen *Wizarding World* nennt, bis 2018 rund 500 Millionen E-Books verkauft.[155]

2016 kam das Harry-Potter-Spin-Off *„Fantastische Tierwesen und wo sie zu finden sind"* in die Kinos, das auf dem gleichnamigen fiktiven Schulbuch des Magierzoologen Newt Scamander beruht.[156] Zudem beteiligte sich Rowling an der Produktion des Theaterstücks *„Harry Potter und das verwunschene Kind"*. Obwohl die Geschichte von vielen Fans nicht als „Kanon" akzeptiert wird, war das Stück in Buchform 2016 das meistverkaufte literarische Werk in Deutschland.[157]

---

151 http://www.the-leaky-cauldron.org/2007/02/06/j-k-rowling-updates-with-thoughts-on-finishing-deathly-hallows/ (abgerufen am: 23.01.2023); *Sexton,* J.K. Rowling, S. 100.

152 https://www.reuters.com/article/us-amazon-rowling-idUSN1427375920071214 (abgerufen am: 23.01.2023); *Mookherji,* 20 Greatest Authors of the World, S. 173.

153 https://www.tagesspiegel.de/kultur/zahlen-und-fakten-7-buecher-8-filme-milliarden-gewinne/4376524.html (abgerufen am: 23.01.2023); *O'Sullivan,* Historical Dictionary of Children's Literature, S. 217.

154 https://www.jkrowling.com/about/ (abgerufen am: 23.01.2023); *Mookherji,* 20 Greatest Authors of the World, S. 174 f.; *Fenske,* Muggles, Monsters and Magicians, S. 19; *Peterson-Hilleque,* How to Analyze, S. 18.

155 https://www.wizardingworld.com/news/500-million-harry-potter-books-have-now-been-sold-worldwide (abgerufen am: 23.01.2023); *Kucirkova/Cremin,* Children Reading, S. 103.

156 *Kirk*, J.K. Rowling, S. 92.

157 https://www.focus.de/kultur/buecher/harry-potter-das-verschwundene-kind-ist-erfolgreichstes-buch-des-jahres_id_6391449.html (abgerufen am: 23.01.2023); *Rhein,* Die Kultmarke, S. 35.

Spätestens seit 2016 wenden sich viele Fans von Rowling ab, weil sie auf Twitter immer wieder Stellung zu politischen Themen nimmt. Die Trans-Community bezeichnet Rowling auf Grund ihrer transfeindlichen Äußerungen als sog. *TERF*[158], woraufhin sich die Autorin auf Grund zahlreicher Drohungen dazu veranlasst sah, im Juni 2020 ein Statement zum Thema Transsexualität auf ihrer Website abzugeben, das die Debatte jedoch noch weiter anheizte.[159] Politico schrieb dazu: *„When it comes to trans rights, some fans believe the Harry Potter author is more Death Eater than Dumbledore.“*[160]

Außerdem gefällt es vielen Fans nicht, welche Hintergrundinformationen die Autorin zur Harry-Potter-Welt liefert. Beispielsweise machte sie bekannt, dass der Charakter des Schulleiters Albus Dumbledore homosexuell sei.[161] Auch das Casting von Johnny Depp als *Grindelwald* im Film *„Fantastische Tierwesen 3“* stieß bei vielen Fans auf Unverständnis, da ihm zu diesem Zeitpunkt bereits häusliche Gewalt gegen seine Ex-Frau Amber Heard vorgeworfen wurde.[162]

Rowling übte außerdem mehrfach Kritik an der Sozialpolitik David Camerons. Der Labour Party spendete sie eine Million Pfund.[163] Auf Twitter ging die Autorin scharf gegen Rassismus sowie Donald Trump vor[164] und sprach sich für die Aufnahme von mehr Flüchtlingen[165] in Großbritannien aus. 2014 unterstützte sie die *„Better-Together“-Kampagne* mit einer Million Pfund.[166]

Mit einem Gewinn von 238 Millionen aus Buchverkäufen ist Rowling Großbritanniens reichste lebende Autorin. Sie verlor ihren Millionärs-Status, weil sie einen Großteil ihres Vermögens für wohltätige Zwecke spendete.[167] Unter anderem gründete sie mit 10 Millionen Pfund die Anne Rowling Regenerati-

---

158 Abwertende Bezeichnung für: „Trans-Exclusionary Radical Feminist“. Kurze Zusammenfassung der Vorfälle: *Pugh,* Harry Potter and Beyond, S. 7.

159 https://www.jkrowling.com/opinions/j-k-rowling-writes-about-her-reasons-for-speaking-out-on-sex-and-gender-issues/ (abgerufen am: 23.01.2023).

160 https://www.politico.com/news/2022/07/03/the-metamorphosis-of-j-k-rowling-00043835 (abgerufen am: 23.01.2023).

161 https://www.theguardian.com/uk/2007/oct/21/film.books (abgerufen am: 23.01.2023); *Himmselsbach,* Harry Potters literarischer Zauber, S. 43.

162 https://www.jkrowling.com/opinions/grindelwald-casting/ (abgerufen am: 23.01.2023).

163 https://www.telegraph.co.uk/news/politics/labour/3021309/Harry-Potter-author-JK-Rowling-gives-1-million-to-Labour.html (abgerufen am: 23.01.2023); *Bassham,* The Ultimate Harry Potter and Philosophy, S. 125.

164 https://twitter.com/jk_rowling/status/1035611294563487744 (abgerufen am: 23.01.2023).

165 https://twitter.com/jk_rowling/status/639837818102136832 (abgerufen am: 23.01.2023).

166 https://www.jkrowling.com/opinions/i-supporting-better-together/ (abgerufen am: 23.01.2023).

167 *Zahid,* Secrets of Becoming World Class, S. 54 ff.

ve Neurology Clinic.[168] Für ihr großes Engagement im sozialen Bereich erhielt sie bereits 2006 den Ehrendoktortitel der Universität Aberdeen. Weitere Ehrendoktortitel folgten.[169]

II. Inspiration und Einflüsse

1. Mythologie und Co.

Rowling selbst hat eine Vielzahl von anderen Autoren als Inspiration für ihre Harry-Potter-Bücher angegeben. Hinzu kommen eine große Anzahl von Einflüssen, die sie zwar nicht öffentlich als Ideengrube für ihre Werke anpreist, deren Parallelen zur Zaubererwelt jedoch mehr als deutlich hervortreten. Rowling selbst gab an, sich sehr freizügig an englischer Folklore bedient zu haben: *„I've taken horrible liberties with folklore and mythology, but I'm quite unashamed about that, because British folklore and British mythology is a totally bastard mythology. You know, we've been invaded by people, we've appropriated their gods, we've taken their mythical creatures, and we've soldered them all together to make, what I would say, is one of the richest folklores in the world, because it's so varied. So I feel no compunction about borrowing from that freely, but adding a few things of my own.“*[170]

In einem Interview gab Rowling außerdem an, dass einige Geschehnisse im vierten Harry-Potter-Band von Homers *Ilias*[171] inspiriert wurden. Denn: Nach der Ermordung seines Schulkameraden Cedric Diggory durch Lord Voldemort beschließt Harry, dessen Leiche mit zurück nach Hogwarts zu nehmen, damit dessen Eltern sie würdig bestatten können.[172]

---

168 https://www.theguardian.com/books/2010/aug/31/jk-rowling-donation-multiple-sclerosis (abgerufen am: 23.01.2023); *Mookherji,* 20 Greatest Authors of the World, S. 175; *Zahid,* Secrets of Becoming World Class, S. 55 f.; *Pugh,* Harry Potter and Beyond, S. 5.

169 https://www.abdn.ac.uk/students/graduation/honorary-graduates--2963.php#panel3614 (abgerufen am: 23.01.2023); *Peterson-Hilleque,* How to Analyze, S. 16 f.; *Kirk,* J. K. Rowling, S. 113.

170 http://www.accio-quote.org/articles/2005/1205-bbc-fry.html (BBC Radio 4 Interview mit Stephen Fry vom 10.12.2005, abgerufen am 23.01.2023); *Groves,* Literary Allusion in Harry Potter, S. 152; *Leogrande,* in: Kapell/Pilkington (Hrsg.): The Fantastic, S. 192 (192).

171 *„That's where it came from. That really, really, really moved me when I read that when I was 19. The idea of the desecration of a body, a very ancient idea... I was thinking of that when Harry saved Cedric's body“,* https://ew.com/books/2000/08/04/jk-rowling-harry-potter-and-goblet-fire/ (Interview mit Entertainment Weekly aus dem August 2000, abgerufen am 23.01.2023); *Groves,* Literary Allusion in Harry Potter, S. 15.

172 *Rowling,* Harry Potter 4, Fleisch, Blut und Knochen, S. 698.

Sowohl in der Presse als auch in wissenschaftlichen Kreisen wird eine Parallele zwischen Harry und Jesus gezogen.[173] Beide müssen sterben, um danach auf die Erde zurückzukehren und diese zu einem besseren Ort zu machen. Besonders deutlich tritt die Beeinflussung durch christliche Werte im siebten Harry-Potter-Band in Form zweier Bibelzitate hervor. Auf dem Grabstein seiner eigenen Eltern steht: *„Der letzte Feind, der zerstört werden wird, ist der Tod.“*[174] Auf dem Familiengrab der Dumbledores ist zu lesen: *„Wo Dein Schatz ist da wird Dein Herz auch sein.“*[175] Ansonsten spielt Religion in den Harry-Potter-Büchern aber keinerlei Rolle. Zwar gibt es in Hogwarts Osterferien und das traditionelle christliche Weihnachtsfest wird gefeiert, kirchliche Institutionen oder Religionen finden ansonsten aber keine direkte Erwähnung.[176] Dies führte teilweise zu Kritik, weil sich insbesondere jüdische Leser unterrepräsentiert fühlten und sich gewünscht hätten, dass der vermutlich jüdische Charakter des Hogwartsschülers Anthony Goldstein eine größere Rolle gespielt hätte.[177]

Rowling wählte für ihre Charaktere oft ungewöhnliche Namen. Viele davon stammen aus der Mythologie und weisen direkt auf Charaktereigenschaften oder Schicksale hin. So trägt die ältere, lebenserfahrene und begabte Lehrerin für Verwandlung z.B. den Namen *Minerva*, also den Namen der römischen Göttin der Weisheit, des Krieges und Schutzgöttin der Dichter und Lehrer.[178] Voldemorts Tiergefährtin, eine riesige Schlange, heißt *Nagini*. In dem Spin-Off-Film *„Fantastische Tierwesen und wo sie zu finden sind“* erfährt man, dass Nagini früher eine Frau war, die verflucht wurde, ihr restliches Leben als Schlange zu verbringen. In der altindischen Mythologie wurde der Schlangengott *Naga* meist in seiner weiblichen Form *(Nagini)* als halb-menschliches, halb-schlangenhaftes Wesen abgebildet.[179] Remus Lupin wurde als Kind von einem Werwolf gebissen und verwandelt sich seitdem bei Vollmond ebenfalls in einen Werwolf.[180] Sein Name entstammt der römischen Legende zur Gründung Roms, nach der die

---

173 *Murphy,* Jesus Potter Harry Christ, S. 3 ff.; *Groves,* Literary Allusion in Harry Potter, S. 60 ff. Ironischerweise existieren *christliche Lesarten* der Harry-Potter-Bücher (*Bell,* Baptizing Harry Potter) und Glaubenslehren mittels Harry Potter (*Lyons,* Teaching Faith with Harry Potter) direkt neben der Tatsache, dass christlich-fundamentalistische Schulen die Lektüre der Harry-Potter-Bücher verbieten (*Meadors,* Harry Potter and the Cedarville Censors, S. 13 ff.).

174 *Rowling*, Harry Potter 7, Godric's Hollow, S. 336; Bibel: 1. Korinther 15, 26.

175 *Rowling*, Harry Potter 7, Godric's Hollow, S. 334; Bibel: Matthäus 6, 21.

176 *Rowling,* Harry Potter 1, Der Spiegel Nerhegeb, S. 212, 218, 222; Harry Potter 2, Cornelius Fudge, S. 201, 228 f., 270.

177 https://twitter.com/jk_rowling/status/544946669448867841 (abgerufen am: 23.01.2023). Seine Vorfahren Tina und Queenie Goldstein spielen in den „Fantastische Tierwesen“ Filmen eine Rolle, *Frankel,* in: Firestone/Clark (Hrsg.): Harry Potter and Convergence Culture, S. 101 (103 f.).

178 *Mills,* in: Heilman (Hrsg): Critical Perspectives on Harry Potter, S. 243 (244).

179 *Colbert*, The Magical Worlds of Harry Potter, S. 163; *Sims,* in: Dahlen/Thomas (Hrsg): Harry Potter and the Other, S. 105 (105 ff.).

180 *Rowling,* Harry Potter 3, Kater, Ratte, Hund, S. 379, 386 f.

Zwillingsbrüder Romulus und Remus im Wald ausgesetzt und von einer Wölfin großgezogen wurden.[181] Und das sind nur einige von zahlreichen Beispielen.

Das gleiche gilt auch für die Namen der Zaubersprüche, die in den Harry-Potter-Büchern verwendet werden. Fast alle von ihnen beruhen auf lateinischen Worten.[182] So lautet beispielsweise der Zauberspruch für die Beleuchtung des Zauberstabes *„Lumos"* (lumen = Licht[183]), während der Spruch, um das Licht zu löschen *„Nox"* (= Nacht[184]) lautet. Um Sachen herbeizurufen, verwendet man in der Serie den Ausspruch *„Accio!"* (= ich rufe herbei[185]).

In einigen Szenen kommen sogar Personen aus der Mythologie und aus alten Sagen namentlich und in ihrer „echten" Rolle vor. So zum Beispiel der *Stein der Weisen.* Dieser wurde auch in Rowlings Fantasy-Serie vom Alchemisten Nicholas Flamel erfunden.[186] Auch Circe/Kirke[187], eine Zauberin der griechischen Mythologie, und der Zauberer Merlin[188] sind in der Zaubererwelt in der gleichen Funktion bekannt wie bei uns. Auffallend ist dies auch bei vielerlei mythologischen Wesen. In Band vier muss Harry ein Labyrinth durchqueren und wird dort von einer Sphinx gestoppt, die ihm nur Zutritt gewährt, wenn er ihr Rätsel löst. Diese ist ebenso wie in der griechischen Mythologie eine Löwin mit Frauenkopf.[189] Auch der im zweiten Buch vorkommende Basilisk entspringt direkt den Beschreibungen der Mythologie: ein Schlangenwesen, dessen Blick tödlich ist bzw. versteinert.[190]

2. Literarische Werke

Im Jahr 2007 gab Rowling in einem Web-Chat an, dass die Geschichten in *„Die Märchen von Beedle dem Barden"*[191], die im letzten Harry-Potter-Buch eine wichtige Rolle spielen, von der Geschichte *„The Pardoner's Tale"* des Autors Geoffrey Chaucer inspiriert wurde. Diese ist Teil der sogenannten *„Canterbury*

---

181 *Wiseman,* Remus, S. 1 ff.; *Groves,* Literary Allusion in Harry Potter, S. 26; *Saxena,* The Subversive Harry Potter, S. 159.

182 Weitere Beispiele: *Spencer,* Harry Potter and the Classical World, S. 247 ff.

183 *Rowling,* Harry Potter 2, Aragog, S. 292.

184 *Rowling,* Harry Potter 3, Kater, Ratte, Hund, S. 371.

185 *Rowling,* Harry Potter 4, Der Portschlüssel, S. 74.

186 *Rowling,* Harry Potter 1, Nicholas Flamel, S. 239; *Kolbuch,* Mythische Elemente, S. 49 f.

187 *Spencer,* Harry Potter and the Classical World, S. 202.

188 *Indick,* Ancient Symbology in Fantasy Literature, S. 92.

189 *Rowling,* Harry Potter 4, Die dritte Aufgabe, S. 657; *Baumgart,* in: Garbe/Philipp (Hrsg.): Harry Potter, S. 73 (80 f.); *Groves,* Literary Allusion in Harry Potter, S. 103.

190 *Rowling,* Harry Potter 2, Die Kammer des Schreckens, S. 311 f.; *Kronzek/Kronzek,* The Sorcerer's Companion, S. 21 f.

191 Zum vollständigen Text des Märchens: *Rowling,* Harry Potter 7, Das Märchen von den drei Brüdern, S. 415–418.

Tales“ aus dem 14. Jahrhundert. In beiden Geschichten geht es jeweils darum, dass der Tod drei Männer überlistet.[192]

In einem Interview mit den Harry-Potter-Fansites *MuggelNet* und *The Leaky Cauldron* erzählte Rowling, dass sie von Shakespeare inspiriert worden sei. Im Gespräch wurde sie gefragt, welchen Einfluss es gehabt hätte, wenn Lord Voldemort von Anfang an die komplette Prophezeiung[193] von Professor Trelawney gehört hätte. Sie antwortete: *„It's the Macbeth idea. I absolutely adore Macbeth. It is possibly my favourite Shakespeare play. And that's the question isn't it? If Macbeth hadn't met the witches would he have killed Duncan? Would any of it have happened? Is it fated or did he make it happen? I believe he made it happen.“*[194]

Als ihre absolute Lieblingsautorin gibt Rowling Jane Austen an. Am besten gefällt ihr deren Werk *„Emma“* aus dem Jahr 1816. Allerdings ist sie der Meinung, dass sie sich niemals mit deren literarischen Talent messen könne.[195] In einem Zeitungsinterview 2002 gab Rowling an, dass sich ihr Schreibstil an dem der Autorin Elizabeth Goudge (*„The Little White Horse“*, 1946) orientiere.[196]

Häufig wird Rowling vorgeworfen, sie hätte einfach bei anderen Fantasy Autoren abgeschrieben. So gibt sie selbst zu, dass sie beim magischen Durchgang auf das Gleis 9 ¾ an den Schrank aus C. S. Lewis *„The Chronicles of Narnia“* gedacht habe: *„I found myself thinking about the wardrobe route to Narnia when Harry is told he has to hurl himself at a barrier in Kings Cross Station – it dissolves and he's on platform Nine and Three-Quarters, and there's the train for Hogwarts.“*[197]

Ebenso offensichtlich sind die Parallelen zwischen dem Zauberer Gandalf aus der *„Herr-der-Ringe-Trilogie“* und Albus Dumbledore in den Harry-Potter-Bü-

192 *Groves,* Literary Allusion in Harry Potter, S. 51 ff.

193 Text der Prophezeiung: *„Der Eine mit der Macht, den Dunklen Lord zu besiegen, naht heran… jenen geboren, die ihm drei Mal die Stirn geboten haben, geboren, wenn der siebte Monat stirbt… Und der Dunkle Lord wird Ihn als sich Ebenbürtigen kennzeichnen, aber Er wird eine Macht besitzen, die der Dunkle Lord nicht kennt… und der Eine muss von der Hand des Anderen sterben, denn keiner kann leben, während der Andere überlebt… der Eine mit der Macht, den dunklen Lord zu besiegen, wird geboren werden, wenn der siebte Monat stirbt…“* (*Rowling*, Harry Potter 5, Die verlorene Prophezeiung, S. 987).

194 http://www.accio-quote.org/articles/2005/0705-tlc_mugglenet-anelli-3.htm (Fanseiten-Interview vom 16.07.2005, abgerufen am: 23.01.2023); *Groves,* Literary Allusion in Harry Potter, S. 86.

195 *Nel,* J. K. Rowling's Harry Potter Novels, S. 13; *Keating,* Harry Potter, S. 15.

196 http://www.accio-quote.org/articles/2002/1102-fraser-scotsman.html (Interview mit *The Scotsman* aus dem November 2002, abgerufen am: 23.01.2023); *Kirk,* J. K. Rowling, S. 19; *Fraser,* in: Martin/Fraser (Hrsg.): Viel Zauber um Harry, S. 10 (22).

197 http://www.accio-quote.org/articles/2001/1001-sydney-renton.htm (Interview mit dem *Syndney Morning Herald* vom 28.10.2001, abgerufen am: 23.01.2023).

chern, die beide als moralische Instanz und Mentor fungieren.[198] Auch magische Wesen wie Zwerge, Drachen, und riesige Spinnen spielen in beiden Geschichten eine Rolle. Diese sind aber für viele Fantasy-Werke typische Elemente (siehe S. 39 f.).

Deutliche Parallelen lassen sich auch zur Geschichte *„The Sword in the Stone"* (1938) von T. H. White erkennen, der die Geschichte rund um King Arthur für Kinder erzählt. Darin trifft der Zauberer Merlin auf das Waisenkind Arthur und nimmt es mit in sein Schloss, um es dort zu lehren. Genauso wie der Schulleiter Dumbledore Harry nach Hogwarts bringt, um ihn dort zu unterrichten.[199]

Letztendlich beruhen diese Ähnlichkeiten darauf, dass es nicht nur im Fantasy-Genre, sondern z. B. auch in der Science-Fiction-Literatur am Ende fast immer um den Kampf des Guten gegen das Böse geht. So leben z. B. auch die männlichen Protagonisten in den *„Star-Wars"*-Filmen (Luke und Anakin Skywalker) und Harry Potter jeweils zu Anfang ein normales, langweiliges Leben, werden dann von einem älteren Mentor gelehrt und auf den Kampf gegen das „Böse" vorbereitet.[200]

3. Britische Kultur, Politik und Recht

In den Harry-Potter-Büchern klingt auch immer wieder die britische Kultur durch. Beispielsweise beim exorbitanten Tee-Konsum der Charaktere.[201] Es sind aber keine Indizien dafür ersichtlich, dass Rowling über eine politische oder juristische Vorbildung verfügt oder sich in dieser Hinsicht von Familie oder Freunden beeinflussen ließ.[202] Auch das politische System wird nicht direkt übernommen und in den Büchern spielt die reale Rechtsordnung keine Rolle. Außerdem kommen keine real existierenden Personen aus der Geschichte Großbritanniens vor. Der erste Harry-Potter-Band wurde 1997 veröffentlicht. Er spielt jedoch in der Vergangenheit, nämlich 1991. Rowling wäre es also theoretisch möglich gewesen, reale historische Ereignisse aus den Jahren 1991–1998 in ihre Bücher einfließen zu lassen. Dies hat sie jedoch (bewusst?) nicht getan.

Sehr deutlich treten dafür aber die Parallelen zum Dritten Reich hervor. Genauso wie im NS-Staat Juden verfolgt wurden, lässt Lord Voldemort in der Zaube-

---

198 *Fenske,* Muggles, Monsters and Magicians, S. 206, 213; *Himmelsbach,* Harry Potters literarischer Zauber, S. 272; *Patrick/Patrick,* in: Mulholland (Hrsg.): The Psychology of Harry Potter, S. 221 (222).

199 *Rowling,* Harry Potter 1, Der Hüter der Schlüssel, S. 59; *Hopkins,* in: Anatol (Hrsg.): Reading Harry Potter Again, S. 63 (63 ff.); *Lindauer,* But I thought all witches were wicked, S. 158 ff.

200 Damit beschäftigen sich z. B.: *Flotmann,* Ambiguity in »Star Wars« and »Harry Potter«; *Neal,* Wizards, Wardrobes and Wookiees.

201 *Rowling,* Harry Potter 1, S. 35, 56, 138, 150, 210, 223, 252 (und viele weitere in Band 2–7).

202 Auf politische und rechtliche Aspekte der Bücher wird ab S. 76 ff. im Detail eingegangen.

rerwelt muggelstämmige Zauberer verfolgen, weil diese kein „reines“ Blut aufweisen. Auf diesen Zusammenhang wies die Autorin auch bereits in Interviews selbst hin und dies ist Gegenstand späterer Erörterung (siehe S. 408 ff.).

Zwar tritt Rowling vor allem auf Twitter auch mit politischen Meinungen und Gesellschaftskritik auf und engagiert sich außerordentlich im sozialen Bereich. Es lässt sich jedoch nicht feststellen, dass sie bereits vor ihrem Durchbruch als Schriftstellerin politisch interessiert war. Vielmehr scheint sie ihre Reichweite schlicht für (politische/gesellschaftliche) Themen nutzen zu wollen, die ihr wichtig sind – so beispielsweise auf Twitter.

Auch wenn in der Literaturwissenschaft teils die mangelnde Diversität der Zaubererwelt beklagt wird[203], spiegeln sich die heutigen, deutlich transphoben, Äußerungen der Autorin noch nicht in den Harry-Potter-Büchern wider. Lediglich die Darstellung starker Frauenpersönlichkeiten wie Hermine Granger[204], Ginny Weasley, Luna Lovegood und Fleur Delacour finden sich auch in Rowlings heutigem Engagement für den Feminismus. *„Ich bin liberale Feministin. Aber eine, die hohe Absätze trägt.“*[205]

III. Die Essenz der sieben Bände

Die sieben Harry-Potter-Bücher werden zur fantastischen Kinder- und Jugendliteratur gezählt.[206] Sie wurden zwischen 1997 und 2007 veröffentlicht. Die Geschichte spielt jedoch von 1991 (Harrys erstem Schuljahr) bis 1998 (Harrys letztem Schuljahr). Der Epilog in Band sieben findet im Jahr 2017 statt. Dabei weist die Serie die Besonderheit auf, dass die Leser mit ihr mitwachsen können. So wird Band eins aus der Sicht des elfjährigen Harry Potter erzählt und eignet sich auch für Leser in etwa diesem Alter. Während die ersten drei Bände kinderfreundlich sind und am Ende des jeweiligen Bandes das Gute ohne eigene Verluste gegen das Böse obsiegt, wird die Serie ab Band vier deutlich düsterer. In diesem Band stirbt mit Harrys Klassenkamerad Cedric auch erstmals einer der „Guten“.[207] Ab Band fünf kommen zu den düsterer werdenden Themen wie

---

203 Z.B. keine homosexuellen/queeren Schüler in Hogwarts: *Pugh,* Harry Potter and Beyond, S. 105; *Hecke,* in: Gymnich/Birk/Burkhard (Hrsg.): „Harry – Yer a Wizard“, S. 193 (199).

204 Z.B. *Dresang,* in: Whited (Hrsg.): The Ivory Tower and Harry Potter, S. 211 (211–242); *Gercama,* in: Bell (Hrsg): Hermione Granger Saves the World, S. 16 (16–33); *Kniesler,* in: Bell (Hrsg): Hermione Granger Saves the World, S. 66 (66–86).

205 Zitiert nach: *Mauersberg/Schickling/Scholz,* in: Martin/Fraser (Hrsg.): Viel Zauber um Harry, S. 66 (78).

206 *Himmelsbach,* Harry Potters literarischer Zauber, S. 5 ff.; *Saxena,* The Subversive Harry Potter, S. 1, 5 f.; *Nel,* J. K. Rowling's Harry Potter Novels, S. 36 ff.; *Gupta,* Re-Reading Harry Potter, S. 40 ff. (Kinderliteratur); *Gupta,* Re-Reading Harry Potter, S. 55 ff. (Fantasy-Literatur).

207 *Rowling,* Harry Potter 4, Fleisch, Blut und Knochen, S. 667.

dem Tod auch noch Elemente wie „der erste Kuss" hinzu[208], welche das Zielpublikum altern lassen.

„Part of the appeal of Harry Potter's adventures consists of them being written and received on at least two different levels: either we read them as funny school and detective story with magical elements or we regard them as yet another variation of the eternal battle between good and evil."[209]

Die Harry-Potter-Romane vereinen dabei eine Vielzahl verschiedener Stilelemente. Die meisten von ihnen stammen aus dem Fantasy-Genre. Dies ist ein Genre der Phantastik, dessen Wurzeln sich in der Mythologie und in Sagen findet. Es zeichnet sich durch übernatürliche, märchenhafte oder magische Elemente z.B. Zwerge, Zauberer und Drachen aus.[210] Das Genre umfasst oft aber auch ein heroisches Element; so auch mit dem Titelhelden Harry Potter.[211]

Innerhalb des Fantasy-Genres unterscheidet man u.a. zwischen *High-Fantasy* und *Urban/Contemporary Fantasy.* High Fantasy Geschichten spielen wie z.B. bei *„Herr der Ringe"* in der Regel in einer eigenständigen fiktiven Welt, mit einer eigenen Flora & Fauna sowie einer eigenen Geschichte. Urban/Contemporary Fantasy bezeichnet Texte, die in der zeitgenössischen realen Welt spielen. Der Alltag wird dabei durch fantastische Elemente wie Magie oder Fabelwesen durchbrochen. Das Fiktionale gilt innerhalb dieser imaginären Welt als real. Eine scharfe Abgrenzung ist bei den Harry-Potter-Bänden kaum möglich. Die Bücher spielen zwar in der uns bekannten, realen Welt, die magische Elemente aufweist. Gleichzeitig schuf Rowling aber mit ihrer Zaubererwelt eine mit allen notwendigen Hintergründen (Geschichte, politisches System, magische Wesen usw.) ausgestattet Parallelwelt.[212] *„Though Harry Potter is a kind of portal fantasy set in contemporary society, […] some elements of high fantasy have been incorporated in the story (most prominently the plot pattern of the heroic quest)."*[213]

208 *Rowling*, Harry Potter 5, Das Auge der Schlange, S.536, Der Käfer in der Klemme, S.659. Dazu auch: *Cockrell,* in: Whited (Hrsg.): The Ivory Tower and Harry Potter, S.15 (21).

209 *Fenske,* Muggles, Monsters and Magicians, S.66.

210 *Jackson,* Fantasy, S.2; *Dickerson/O'Hara,* From Homer to Harry Potter, S.21ff., 227ff.; zu den verschiedenen Genre-Arten in England: *Manlove*, The Fantasy Literature of England, S.4–6; zur Entwicklung des Genres in England: *Kocher/Baumbach/Ferrari,* in: Brittnacher/May (Hrsg.): Phantastik, S.23 (23ff.).

211 *Webb,* Fantasy and the Real World in British Children's Literature, S.48ff.; *Steveker*, in: Berndt/Steveker (Hrsg.): Heroism in the Harry Potter Series, S.69 (69–84).

212 *Himmelsbach* neigt zu einer Einordnung in die Kategorie High Fantasy mit Elementen aus der Contemporary Fantasy: *Himmelsbach,* Harry Potters literarischer Zauber, S.181f. Von Urban Fantasy spricht: *Bauernberger,* Das Motiv des erlösten Kindes, S.38; Mischgattung zwischen Fantasy und Kriminal-, Internats- und Entwicklungsroman, so *Wolter,* Die literarische Repräsentation des Bösen, S.12.

213 *Göbel,* in: Gymnich/Birk/Burkhard (Hrsg.): „Harry – yer a wizard", S.215 (219).

James/Mendlesohn beschreiben die Heptalogie deswegen auch als *Portal Fantasy*, also eine Geschichte, die den Muggel-Jungen Harry aus der realen Welt in einer Vorstadt Londons nach Hogwarts, der Schule für Hexerei und Zauberei – also einer magischen Parallelwelt – katapultiert.[214]

Gleichzeitig stellen die Harry-Potter-Bücher aber auch eine Coming-of-Age-Romanreihe in Form einer klassischen englischen Internatsgeschichte dar.[215] Häufig werden die Harry-Potter-Bücher deswegen als sog. *Bildungsromane* klassifiziert.[216] Der Leser begleitet Harry auf seiner Reise von einem elfjährigen Schüler, der erstmals von seinen magischen Kräften erfährt, bis hin zur Volljährigkeit. Unterwegs findet Harry seine beiden besten Freunde fürs Leben, verliebt sich und verliert einige seiner wichtigsten Vaterfiguren im Kampf gegen das Böse. Am Ende des letzten Bandes muss er sich endgültig Lord Voldemort stellen und ihn besiegen, um die magische Welt, wie er sie kennt und liebt, zu retten.

Rowling selbst sieht in ihren Harry-Potter-Büchern außerdem Parallelen zu einem klassischen Detektiv-Krimi: *„There's a theory – this applies to detective novels, and then Harry, which is not really a detective novel, but it feels like one sometimes – that you should not have romantic intrigue in a detective book. Dorothy L. Sayers, who is queen of the genre said — and then broke her own rule, but said — that there is no place for romance in a detective story except that it can be useful to camouflage other people's motives. That's true; it is a very useful trick. I've used that on Percy and I've used that to a degree on Tonks in this book, as a red herring.“*[217] Diesen Vergleich ziehen u. a. auch Fenske und Cornelius.[218]

Und eine weitere Eigenschaft macht die Harry-Potter-Bücher so interessant für juristische Studien: Wie keine andere Literaturgattung wird das Fantasy-Genre von seinem sozialen Kontext bestimmt. Jackson ist deswegen der Meinung, dass die Fantasie-Literatur ein Genre des (gesellschaftlichen) Begehrens ist: *„Like any other text, a literary fantasy is produced within, and determined by, its social context. Though it might struggle against the limits of this context, often being articulated upon that very struggle, it cannot be understood in isolation from it.*

---

214 *James/Mendlesohn,* The Cambridge Companion to Fantasy Literature, S. 233.

215 *Cornelius,* Harry Potter, S. 19 f.; *Nel,* J. K. Rowling's Harry Potter Novels, S. 27 f.; britische Literaturtradition: *O'Sullivan,* in: Garbe/Philipp (Hrsg): Harry Potter, S. 27 (27 ff.); Genre der magischen Schulgeschichte: *Stableford,* The A to Z of Fantasy Literature, S. 353.

216 *McTaggart,* Harry Potter and the Adolescent Reader, S. 20 f.; *Tally Jr.,* in: Hallett/Huey (Hrsg.): J. K. Rowling, S. 36 (36–47); *Pugh,* Harry Potter and Beyond, S. 50 ff.; *Appelbaum,* in: Heilman (Hrsg.): Critical Perspectives on Harry Potter, S. 83 (88).

217 https://howpotter.wordpress.com/2016/08/02/rowlings-interview-by-mugglenet-and-leaky-cauldron/ (Interview mit Mugglenet und Leaky Cauldron aus 2005, abgerufen am: 23.01.2023).

218 *Fenske,* Muggles, Monsters and Magicians, S. 31 ff.; *Cornelius,* Harry Potter, S. 20.

[...] it is a literature of desire, which seeks that which is experienced as absence and loss.“[219]

Das Genre habe deswegen zwei zentrale Aufgaben: Es könne vom Begehren des Autors stellvertretend für die Gesellschaft erzählen oder es könne dieses Begehren befriedigen. Folgt man der Auffassung bedeutet dies, dass auch Juristen aus einem Fantasy-Buch wie *Harry Potter* etwas lernen können. Und das, obwohl es eben nicht unsere reale Welt darstellt, sondern eine magische Parallelwelt abbildet.

1. Harry Potter und der Stein der Weisen

„Mr und Mrs Dursley im Ligusterweg Nummer 4 waren stolz darauf, ganz und gar normal zu sein, sehr stolz sogar. Niemand wäre auf die Idee gekommen, sie könnten sich in eine merkwürdige und geheimnisvolle Geschichte verstricken, denn mit solchem Unsinn wollten sie nichts zu tun haben.“[220]

Das erste Harry-Potter-Buch beginnt im Jahr 1981. Das erste Kapitel *„Der Junge der lebt“* stellt einen Rückblick dar. Der Leser erfährt, dass der dunkle Magier Lord Voldemort Lily und James Potter mit einem Todesfluch ermordet hat. Das Kind des Paares – Harry Potter – hat jedoch wie durch ein Wunder überlebt und wird von Albus Dumbledore auf der Türschwelle seiner nächsten Verwandten – den Dursleys – abgelegt, um dort zunächst in einer nichtmagischen Familie ohne Magie aufzuwachsen. Seit dem Todesfluch hat Harry eine blitzförmige Narbe auf der Stirn und ist in der ganzen Zaubererwelt als *„der Junge, der lebt“* berühmt. Lord Voldemort ist seitdem verschwunden.[221]

Alle weiteren Kapitel spielen in den Jahren 1991/1992. In ihnen erfährt der Leser zunächst, dass der 11-jährige Hauptcharakter gemeinsam mit seiner Tante Petunia und seinem Onkel Vernon sowie seinem übergewichtigen Cousin Dudley in einem Vorort von London lebt. Die Dursleys verziehen ihren eigenen Sohn, während sie Harry als notwendiges Übel bei sich wohnen lassen. Sie behaupten, Harrys Eltern seien bei einem Autounfall verunglückt. Dass Harry ein Zauberer ist, verschweigen sie ihm, obwohl rund um den Jungen seltsame Dinge geschehen. Bei einem Besuch im Zoo fällt Harry beispielsweise auf, dass er mit Schlangen sprechen kann.[222]

Am 31. Juli 1991 – seinem elften Geburtstag – erhält Harry eine Einladung nach Hogwarts, der einzigen Schule für Hexerei und Zauberei in Großbritannien. Völlig entgeistert muss er feststellen, dass seine Eltern nicht bei einem Autounfall gestorben sind, sondern Zauberer waren, die von ihrem Widersacher getötet

219 *Jackson*, Fantasy, S. 2.
220 *Rowling*, Harry Potter 1, Ein Junge überlebt, S. 5.
221 *Rowling*, Harry Potter 1, Ein Junge überlebt, S. 5–23.
222 *Rowling*, Harry Potter 1, Ein Fenster verschwindet, S. 24–37.

wurden. Harry selbst besitzt ebenfalls magische Kräfte und wird von Hagrid, einem Halbriesen und dem Wildhüter von Hogwarts, abgeholt.[223]

Sodann erfährt Harry, dass die Zaubererwelt unerkannt neben der realen Welt existiert. Vom Hinterhof des Londoner Pubs *Zum tropfenden Kessel* gelangt man direkt in die *Winkelgasse,* eine Einkaufsstraße nur für Zauberer, wo Harry bei der Zaubererbank *Gringotts* das Erbe seiner Eltern antritt. Hagrid erzählt ihm auch, dass Menschen ohne magische Kräfte *Muggel* genannt werden. Zu seinem Geburtstag schenkt Hagrid ihm eine schneeweiße Posteule namens Hedwig. Später erfährt Harry, dass während seines Besuchs in Gringotts eingebrochen wurde und nur deswegen nichts gestohlen wurde, weil Hagrid den Gegenstand vorher im Auftrag des Schulleiters Albus Dumbledore zurück nach Hogwarts gebracht hat.[224]

Am 1. September 1991 besteigt Harry den *Hogwartsexpress*, einen Zug, der ihn in die Zaubererschule im Norden Großbritanniens bringt. Im Kapitel *„Abreise von Gleis neundreiviertel“* lernt Harry seine späteren besten Freunde kennen. Die Junghexe Hermine Granger, die aus einer Muggel-Familie stammt und bereits jetzt fleißig Zaubersprüche übt und Ronald (Ron) Weasley. Der rothaarige Junge stammt aus einer ärmeren, reinblütigen Zaubererfamilie und hat sechs Geschwister. Harry lernt auch seinen späteren Erzfeind Draco Malfoy kennen. Der verzogene Junge aus reichem Hause belehrt Harry darüber, dass es in Hogwarts vier Häuser gibt, in welche die Schüler eingeteilt werden: *Gryffindor*, *Ravenclaw*, *Slytherin* und *Hufflepuff*.[225]

Nach der Ankunft in Hogwarts findet ein Festessen statt, bei dem die Schüler von einem sprechenden Hut je nach ihren Eigenschaften in ein Hogwartshaus eingeteilt werden. Harry, Ron und Hermine landen in Gryffindor, dem Haus der Tapferen und Loyalen. Draco Malfoy wird in Slytherin eingeteilt, dem Haus, dem nachgesagt wird, dass es dunkle Zauberer wie Lord Voldemort hervorbringt.[226]

Im Folgenden wird der Alltag in Hogwarts beschrieben. Die Schüler teilen sich jeweils mit einer Handvoll Klassenkameraden einen Schlafsaal. Jedes Haus hat seinen eigenen Gemeinschaftsraum und ein Sport-Team, das den berühmten Zauberer-Sport *Quidditch* spielt, eine Art Basketball auf fliegenden Besen. Als einer der jüngsten Spieler tritt Harry dem Quidditch-Team von Gryffindor auf der Position des *Suchers* bei. Der Unterricht findet an den Wochentagen gemeinsam mit den anderen Häusern statt. Erstklässler haben Unterricht in Verwandlungen (Prof. McGonagall), Zaubertränke (Prof. Snape), Zauberkunst (Prof. Flitwick), Kräuterkunde (Prof. Sprout) und Verteidigung gegen die Dunklen Künste (Prof. Quirrell). Bereits im achten Kapitel stellt sich heraus, dass der Zaubertränke-Lehrer Harry verachtet und vor der gesamten Klasse lächerlich

223 *Rowling*, Harry Potter 1, Briefe von Niemandem, S. 38.
224 *Rowling*, Harry Potter 1, In der Winkelgasse, S. 98 ff.
225 *Rowling*, Harry Potter 1, Abreise von Gleis neundreiviertel, S. 99–125.
226 *Rowling*, Harry Potter 1, Der sprechende Hut, S. 126–144.

macht. Später erfährt Harry, dass Snape gemeinsam mit seinem Vater – James Potter – in Hogwarts war und sich die beiden schon damals nicht ausstehen konnten.[227]

In Kapitel 13 gelingt es Harry, ein Gespräch zwischen Prof. Snape und Prof. Quirrell zu belauschen. Diese unterhalten sich darüber, dass der *Stein der Weisen* von Hagrid nach Hogwarts zurückgebracht worden sei und nun irgendwo im Schloss versteckt ist. Harry schließt daraus fälschlich, dass Snape den Stein, der unsterblich machen soll, stehlen will. Da ihm seine Lehrer keinen Glauben schenken, beschließt das Trio, den Stein selbst zu beschützen. Von Hagrid hatten sie erfahren, dass der Stein hinter einer Falltür im dritten Stock versteckt ist.[228]

Dort warten auf das Trio verschiedene Rätsel und Hindernisse, welche die Lehrer von Hogwarts erschaffen haben, um den Stein der Weisen zu beschützen. Gemeinsam können sie alle Rätsel lösen.[229] In Kapitel 17 erwartet Harry eine böse Überraschung. Entgegen seiner Erwartungen trifft er in der letzten Kammer nicht auf Prof. Snape, sondern auf Prof. Quirrell. Dieser hat unter seinem Turban auf der Rückseite seines Kopfes die Fratze von Lord Voldemort. Harry erfährt, dass der dunkle Magier bei seinem Angriff auf die Potters im Jahr 1981 all seine Kräfte und auch seinen Körper verloren hat. Um diesen zurückzugewinnen hat er Prof. Quirrell besessen und versucht, den Stein der Weisen zu stehlen, um unsterblich zu werden. Doch Lord Voldemort ist es auch im Körper von Quirrell nicht möglich, Harry zu berühren oder ihn zu töten. Stattdessen fängt Harrys Narbe an zu brennen, er wird ohnmächtig und wacht im Krankenflügel von Hogwarts wieder auf.[230]

Dort erfährt er vom Schulleiter Albus Dumbledore, was geschehen ist. Außerdem wird ihm mitgeteilt, dass der Stein der Weisen zur Sicherheit zerstört wurde. Quirrell ist tot. Voldemort hat dessen unbrauchbar gewordenen Körper verlassen und ist erneut verschwunden. Dumbledore erklärt Harry, dass er an diesem Tag und im Jahr 1981 nicht gestorben sei, weil die Liebe seiner Mutter ihn geschützt habe.

„Deine Mutter ist gestorben, um dich zu retten. Wenn es etwas gibt, was Voldemort nicht versteht, dann ist es Liebe.“ (Dumbledore)[231]

2. Harry Potter und die Kammer des Schreckens

„Im Ligusterweg Nummer 4 war mal wieder bereits beim Frühstück Streit ausgebrochen. Ein lautes Kreischen aus dem Zimmer seines Neffen Harry hatte Mr Vernon Dursley in aller Herrgottsfrühe aus dem Schlaf gerissen. »Schon das

---

227 *Rowling*, Harry Potter 1, Der Meister der Zaubertränke, S. 145 ff.; Duell um Mitternacht, S. 179.
228 *Rowling*, Harry Potter 1, Nicolas Flamel, S. 235–248; Durch die Falltür, S. 289.
229 *Rowling*, Harry Potter 1, Durch die Falltür, S. 299–311.
230 *Rowling*, Harry Potter 1, Der Mann mit den zwei Gesichtern, S. 313–321.
231 *Rowling*, Harry Potter 1, Der Mann mit den zwei Gesichtern, S. 324.

dritte Mal diese Woche!«, polterte er über den Tisch hinweg. »Wenn du diese Eule nicht in den Griff kriegst, fliegt sie raus!« "[232]

Band zwei der Harry-Potter-Serie spielt in den Jahren 1992/1993, also ein Jahr nach den Ereignissen aus Band eins. Harrys Sommerferien bei den Dursleys sind noch schlimmer, als er erwartet hat: Aus Angst, er könne zaubern, bekämpft Harrys Pflegefamilie alles, was mit Zauberei zu tun hat. Harrys zwölften Geburtstag ignorieren sie. Stattdessen lädt Vernon Dursley den Bauunternehmer Mr Mason und dessen Frau ein, in der Hoffnung auf einen lukrativen Geschäftsauftrag.[233]

Harry, der sich solange in seinem Zimmer aufhalten muss, bekommt währenddessen unerwartet Besuch von dem ihm bisher unbekannten *Hauself* Dobby. Dieser warnt ihn ausdrücklich davor, nach Hogwarts zurückzukehren. Warum und wer ihn geschickt hat, will der Hauself nicht verraten; stattdessen lässt Dobby in der Küche eine Schüssel mit Nachtisch schweben und auf dem Boden zerschellen. Dobby erhofft sich dabei, dass Harry von der Schule verwiesen wird, weil das Zaubereiministerium denkt, Harry hätte in der Anwesenheit von Muggeln gezaubert. Erzürnt darüber, dass er sich vor den Masons blamiert hat, sperrt Onkel Vernon Harry in dessen Zimmer ein und verbietet ihm, jemals wieder nach Hogwarts zurückzukehren. Unmittelbar darauf bekommt Harry einen Brief vom Zaubereiministerium mit einer Mahnung. Er habe gegen das *„Verbot der Zauberei Minderjähriger"* und gegen die *„Vorschriften zur Geheimhaltung der Zauberei vor Muggeln"* verstoßen. Sollte er erneut in den Ferien zaubern, werde er von der Schule verwiesen. Dass tatsächlich Dobby gezaubert hat und Harry zu Unrecht beschuldigt wurde, wird nicht ermittelt.[234]

Nach nur wenigen Tagen wird Harry nachts von Ron und seinen Zwillingsbrüdern Fred und George befreit. Die Zwillinge haben das fliegende Auto ihres Vaters „ausgeliehen" und bringen Harry in den *Fuchsbau*, das Haus der Weasleys.[235]

Im vierten Kapitel trifft Harry in der Winkelgasse auf Draco, der gemeinsam mit seinem reichen Vater Lucius Malfoy in der verrufenen *Nokturngasse* einkaufen geht, wo es allerlei schwarze Magie zu erstehen gibt. Mr Malfoy beschimpft die Weasleys als *Blutverräter,* weil diese sich mit Muggeln wie Hermines Eltern abgeben. Außerdem begegnet das Trio Gilderoy Lockhart. Der gutaussehende, eingebildete Zauberer ist Autor mehrerer Bücher und soll neuer Lehrer für Verteidigung gegen die Dunklen Künste in Hogwarts werden.[236]

Harry und Ron verpassen am ersten September die Abfahrt des Hogwarts-Expresses. Sie beschließen deswegen, dem Zug im fliegenden Auto von Mr Weasley zu folgen. Das geht auch so lange gut, bis kurz vor Hogwarts der Motor

232 *Rowling*, Harry Potter 2, Ein grässlicher Geburtstag, S. 5.
233 *Rowling*, Harry Potter 2, Ein grässlicher Geburtstag, S. 9–16.
234 *Rowling*, Harry Potter 2, Dobbys Warnung, S. 17–29.
235 *Rowling*, Harry Potter 2, Der Fuchsbau, S. 30–48.
236 *Rowling*, Harry Potter 2, Bei Flourish&Blotts, S. 49–72.

ausfällt. Harry und Ron stürzen vor dem Schloss in einen alten Baum namens *die peitschende Weide*. Die beiden Jungen verpassen deswegen, wie Rons jüngere Schwester Ginevra (Ginny) vom *Sprechenden Hut* nach Gryffindor eingeteilt wird. Mr Weasley muss sich wegen des Vorfalls mit dem fliegenden Auto vor einer Untersuchungskommission des Zaubereiministeriums verantworten.[237]

In der ersten Unterrichtsstunde bei ihrem neuen Lehrer Gilderoy Lockhart muss das Trio feststellen, dass dieser in der Praxis völlig unfähig ist und nicht einmal einfache Verteidigungszauber zustande bekommt. Trotzdem wird der berühmte Autor von seinen Schülerinnen angehimmelt. Dank einer großzügigen Spende seines Vaters wird Draco als Sucher in das Quidditch-Team der Slytherins aufgenommen. Zur Empörung aller bezeichnet er Hermine in einem Streit als *Schlammblut*, was in der Zaubererwelt die schlimmste Beleidigung für *muggelstämmige* Zauberer ist.[238]

Kurz vor Halloween hört Harry erstmals eine unheimliche Stimme, die mordlüstern Selbstgespräche führt. Er muss jedoch feststellen, dass außer ihm die Stimme niemand hören kann. An Halloween verfolgt er die Stimme bis zu einer Wand, an der in blutroter Schrift steht, dass der *Erbe Slytherins* die *Kammer des Schreckens* geöffnet habe und alle seine Feinde heimsuchen werde. Darunter hängt die versteinerte Katze des Hausmeisters Argus Filch. Da Harry den Vorfall als Erster entdeckt, wird er von den anderen Schülern verdächtigt, der mysteriöse Erbe zu sein. Er selbst geht jedoch davon aus, dass es sich dabei um den muggel-hassenden Draco Malfoy handeln könnte.[239]

Um herauszufinden, ob Draco Malfoy tatsächlich der *Erbe von Slytherin* sein könnte, schlägt Hermine ihren beiden Freunden vor, sich mit einem *Vielsaft-Trank* für kurze Zeit in Slytherin-Schüler zu verwandeln. Dafür brauen sie den Trank über mehrere Wochen heimlich in einer verlassenen Mädchen-Toilette. Diese wird von der *Maulenden Myrte* bewohnt, dem Geist einer ehemaligen Hogwartsschülerin. Im Gemeinschaftsraum der Slytherins kommen sie in Gestalt der Slytherin-Jungen Crabbe und Goyle mit Draco Malfoy ins Gespräch. Sie erfahren dort aber nur, dass dieser sich ebenfalls fragt, wer der mysteriöse Erbe ist.[240]

Im Geschichtsunterricht erfährt Hermine von Prof. Binns, dem einzigen Geist, der in Hogwarts lehrt, was es mit der *Kammer des Schreckens* auf sich hat. Hogwarts sei vor 1.000 Jahren von Salazar Slytherin, Rowena Ravenclaw, Helga Hufflepuff und Godric Gryffindor gegründet worden. Salazar Slytherin habe sich damals dafür ausgesprochen, nur reinblütige Schüler zu unterrichten. Damit

---

237 *Rowling*, Harry Potter 2, Die peitschende Weide, S. 73–94; Gilderoy Lockhart, S. 97.

238 *Rowling*, Harry Potter 2, Gilderoy Lockhart, S. 112, 113; Die unheimliche Stimme, S. 121 f.

239 *Rowling*, Harry Potter 2, Die unheimliche Stimme, S. 131 f.; Die Todestagsfeier, S. 150–152; Die Schrift an der Wand, S. 153, 157.

240 *Rowling*, Harry Potter 2, Die Schrift an der Wand, S. 172–174; Der Vielsafttrank, S. 240 f.

konnte er sich gegen die anderen Gründer jedoch nicht durchsetzen, sodass auch muggelstämmige Schüler aufgenommen wurden. Laut einer Legende soll Salazar Slytherin eine verborgene Kammer hinterlassen haben, in der ein Monster eingesperrt sei, dass Hogwarts von „unwürdigen“ muggelstämmigen Schülern „säubern“ soll.[241]

Nachdem Colin Creevey, ein muggelstämmiger Gryffindor-Erstklässler, versteinert in den Krankenflügel eingeliefert wurde, geht in Hogwarts die Angst um. Als Draco Harry im neu gegründeten Duellier-Club entgegen der Anweisungen der Lehrer mit einem Zauber angreift, der eine große Schlange hervorbringt, wehrt sich Harry unterbewusst dagegen, indem er der Schlange befiehlt, niemanden anzugreifen. Entsetzt stellen die anderen Hogwartsschüler fest, dass Harry *Parsel* – die Sprache der Schlangen – beherrscht. Diese Fähigkeit haben ansonsten nur dunkle Magier wie z. B. Lord Voldemort. Der Verdacht, dass Harry der Erbe Slytherins sein könnte, verhärtet sich.[242]

In der Toilette der Maulenden Myrte findet Harry ein komplett durchnässtes Tagebuch, das laut seiner Inschrift einem *„T. M. Riddle“* gehörte, der vor 50 Jahren in Hogwarts gelebt hat, als die Kammer des Schreckens zum ersten Mal geöffnet worden war. Harry bemerkt, dass er über das Tagebuch mit Tom Riddle kommunizieren kann. Riddle behauptet, sein damaliger Mitschüler Rubeus Hagrid habe damals das Monster aus der Kammer des Schreckens befreit und sei von der Schule verwiesen worden. Das Tagebuch wird Harry einige Wochen später gestohlen. Auf Grund der Angriffe wird Hagrid auf Verlangen des Zaubereiministers ins Zauberergefängnis *Askaban* überführt, weil er verdächtigt wird, erneut ein Monster freigelassen zu haben. Harry, Ron und Hermine finden jedoch heraus, dass Hagrid damals und heute zu Unrecht verdächtigt wurde.[243]

Gegen Ende des Schuljahres hat Hermine einen Geistesblitz, was es mit der rätselhaften Stimme und der Kammer des Schreckens auf sich haben könnte. Kurz bevor sie Harry und Ron die Lösung mitteilen kann, wird sie jedoch ebenfalls versteinert. In ihrer steifen Faust finden die beiden Jungen eine zerknüllte Buchseite, die einen *Basilisk* beschreibt. Diese schreckliche Riesenschlange kann viele Jahrhunderte alt werden und nicht nur mit ihren Giftzähnen, sondern schon durch ihren Blick töten. Da keiner der Schüler dem Basilisken direkt in die Augen geschaut hat, wurden diese glücklicherweise nur versteinert und können mit Hilfe eines Zaubertranks gerettet werden.[244]

Am Ende des Buches wird Rons kleine Schwester Ginny in die Kammer des Schreckens entführt. Gilderoy Lockhart weigert sich, bei ihrer Befreiung zu helfen und Harry erfährt, dass Lockhart die Heldentaten in seinen Büchern nicht

---

241 *Rowling*, Harry Potter 2, Die Schrift an der Wand, S. 162–166.

242 *Rowling*, Harry Potter 2, Der besessenen Klatscher, S. 181–196; Der Duellierclub, S. 203–216.

243 *Rowling*, Harry Potter 2, Der Vielsafttrank, S 225; Der sehr geheime Taschenkalender, S. 259–267; Cornelius Fudge, S. 280–284.

244 *Rowling*, Harry Potter 2, Die Kammer des Schreckens, S. 310–312.

selbst begangen hat. Harry vermutet, dass die Maulende Myrte vor 50 Jahren von dem Basilisken getötet wurde und findet den Zugang zur Kammer des Schreckens in ihrer Toilette.[245]

In der dahinterliegenden Kammer findet Harry eine kraftlose Ginny. Neben ihr liegt das Tagebuch und daraus empor tritt die Gestalt des jungen *Tom Vorlost Riddle,* der sich ihm als *(ist) Lord Voldemort* (Anagramm) vorstellt. Er erzählt Harry, dass er Ginny besessen habe, um seine Kräfte, die im Tagebuch gespeichert sind, wieder voll zu erlangen. Tom Riddle alias Lord Voldemort befiehlt dem Basilisken, Harry zu töten. In diesem Moment erscheint Dumbledores Phönix und bringt Harry den Sprechenden Hut. Aus diesem zieht Harry das Schwert Godric Gryffindors und tötet damit den Basilisken. Mit dessen Giftzahn durchsticht er dann das Tagebuch, woraufhin sich die Gestalt von Tom Riddle auflöst und Ginny erwacht.[246]

Dobby berichtet Harry später im Krankenflügel, dass er der versklavte und misshandelte Hauself der Familie Malfoy sei. Lucius Malfoy habe das Tagebuch Ginny in der Winkelgasse untergeschoben, um die Öffnung der Kammer des Schreckens zu provozieren. Ginny sollte dafür verantwortlich gemacht werden, damit ihrem Vater Arthur Weasley die Glaubwürdigkeit bzgl. seiner Bestrebungen, ein *„Muggelschutzgesetz"* einzuführen, entzogen wird. Zudem wird erneut deutlich, dass die Malfoys als ehemalige Anhänger Lord Voldemorts auch heute noch Anhänger der dunklen Magie sind. Mit einem Trick gelingt es Harry, Lucius Malfoy dazu zu bringen, Dobby eine Socke zu schenken. Wenn ein Herr seinem Hauself ein Kleidungsstück schenkt, wird dieser aus der Sklaverei befreit. Allerdings gibt es keine Beweise für die Taten von Lucius Malfoy, sodass er ungeschoren davonkommt. Hagrid wird aus Askaban entlassen und darf als Wildhüter zurückkehren. Seinen Zauberstab, der bei seinem Schulverweis zerbrochen wurde, erhält Hagrid trotz bewiesener Unschuld nicht ersetzt.[247]

„Viel mehr als unsere Fähigkeiten sind es unsere Entscheidungen, Harry, die zeigen, wer wir wirklich sind." (Dumbledore)[248]

3. Harry Potter und der Gefangene von Askaban

„Harry Potter war in vielerlei Hinsicht ein höchst ungewöhnlicher Junge. So hasste er zum Beispiel die Sommerferien mehr als jede andere Zeit des Jahres. Zudem wollte er in den Ferien eigentlich gern für die Schule lernen, doch er war gezwungen, dies heimlich und in tiefster Nacht zu tun. Und außerdem war er ein Zauberer."[249]

245 *Rowling*, Harry Potter 2, Die Kammer des Schreckens, S. 314–322.
246 *Rowling*, Harry Potter 2, Der Erbe Slytherins, S. 328–348.
247 *Rowling*, Harry Potter 2, Dobbys Belohnung, S. 357–362.
248 *Rowling*, Harry Potter 2, Dobbys Belohnung, S. 355–356.
249 *Rowling*, Harry Potter 3, Eulenpost, S. 5.

Das dritte Buch der Serie behandelt Harrys drittes Jahr in Hogwarts. Die Geschichte beginnt am 31. Juli 1993, Harrys 13. Geburtstag. Statt einer Geburtstagsfeier bekommen die Dursleys Besuch von Tante Magda, einer übergewichtigen älteren Dame, die Hunde züchtet und Harry für dumm und nutzlos hält. Als Tante Magda anfängt, schlecht über Harrys Eltern zu reden, von denen sie immer noch annimmt, dass sie betrunken bei einem Autounfall gestorben seien, kann Harry sich nicht mehr beherrschen. Er zieht seinen Zauberstab und Tante Magda schwebt an die Zimmerdecke. Harry nutzt das entstandene Chaos, um wutentbrannt seinen Koffer zu packen und das Haus der Dursleys zu verlassen.[250]

Auf der Straße wird er von einem großen schwarzen Hund beobachtet und ihm fällt auf, dass er gegen mehrere Zaubereigesetze verstoßen hat und vermutlich aus Hogwarts verwiesen wird. Mit einem Zauberer-Bus, dem *Fahrenden Ritter*, reist Harry in die *Winkelgasse* und erfährt, dass die Zaubererwelt in Aufruhr ist, weil der Massen-Mörder Sirius Black, angeblich ein ehemaliger Anhänger Lord Voldemorts, aus dem Zauberergefängnis Askaban ausgebrochen ist.[251]

Zu seiner Überraschung wird Harry im Tropfenden Kessel bereits vom Zaubereiminister Cornelius Fudge erwartet. Dieser beruhigt ihn und meint, dass eine berühmte Persönlichkeit wie Harry Potter wegen eines kleinen magischen Missgeschicks natürlich nicht sofort aus Hogwarts verwiesen und auch nicht wegen eines Verstoßes gegen das *„Verbot der Zauberei Minderjähriger“* belangt werde. Gegen Rons Willen, der bereits seit seinem ersten Schuljahr eine Ratte namens *Krätze* als Haustier hat, kauft sich Hermine in der Winkelgasse eine Katze mit dem Namen *Krummbein.* Harry kann eine Unterhaltung zwischen Molly und Arthur Weasley belauschen, aus der hervorgeht, dass Sirius Black damals mehrere unschuldige Muggel getötet und Harrys Eltern an Lord Voldemort verraten hat. Nun befürchtet man, dass Sirius Black auch hinter Harry her sein könnte.[252]

Beim Festessen in Hogwarts erfährt das Trio, dass Hagrid ab diesem Schuljahr das Fach *Pflege magischer Geschöpfe* unterrichten wird. Neuer Lehrer für *Verteidigung gegen die Dunklen Künste* ist Prof. Remus Lupin. Beim Frühstück fällt Ron auf, dass Hermine mehrere Schulstunden zur selben Zeit besuchen soll. Hermine meint aber, sie habe alles mit Prof. McGonagall geklärt.[253]

Das Trio hat in diesem Schuljahr das Wahlfach *Wahrsagen* belegt, das von Prof. Sibyll Trelawney unterrichtet wird, die während des gesamten Schuljahres mehrmals Harrys Tod voraussagt, der sich angeblich durch einen *Grimm,* ein hundeartiges Wesen, das Unglück bringt, ankündigt. In ihrer ersten Stunde Pflege magischer Geschöpfe, stellt ihnen Hagrid *Hippogreife*, stolze Mischwesen aus Adler und Pferd, vor. Draco Malfoy ärgert einen der Hippogreife namens

250 *Rowling*, Harry Potter 3, Tante Magdas großer Fehler, S. 31–37.
251 *Rowling*, Harry Potter 3, Der Fahrende Ritter, S. 38–49.
252 *Rowling*, Harry Potter 3, Der Fahrende Ritter, S. 49-56; Im Tropfenden Kessel, S. 57–78.
253 *Rowling*, Harry Potter 3, Der Dementor, S. 105; Teeblätter und Krallen, S. 110.

Seidenschnabel, woraufhin dieser ihn verletzt. Hagrid wird von Mr Malfoy angezeigt, weshalb er sich wegen Seidenschnabel vor dem *Ausschuss für die Beseitigung magischer Geschöpfe* des Zaubereiministeriums rechtfertigen muss. Bei einer ersten Anhörung hat er jedoch keinen Erfolg und Seidenschnabel droht die Hinrichtung.[254]

Als Vorsichtsmaßnahme gegen Sirius Black werden rund um das Schloss *Dementoren*, Wesen, die alles Glück aus Menschen heraussaugen und Askaban bewachen, stationiert. Dies führt dazu, dass Harry bei seinem nächsten Quidditch-Spiel gegen Hufflepuff vom Besen fällt und sein Team verliert, weil das Stadion von Dementoren umringt wird und er besonders empfindlich auf diese reagiert.[255]

Dafür erweist sich Prof. Lupin, trotz seines kränklichen Aussehens, als fähiger Lehrer. Er bietet Harry an, mit ihm den Schutzzauber *Patronus* zu üben, damit er sich gegen die Dementoren wehren kann und bei deren Anwesenheit nicht mehr in Ohnmacht fällt, was Harry dankend annimmt. Von Prof. Lupin erfährt Harry außerdem, dass dieser ein Freund seines Vaters war. Zu der damaligen Gryffindor-Clique gehörte auch Sirius Black.[256]

Der seit Anfang des Buches zwischen Ron und Hermine schwelende Streit erreicht seinen Höhepunkt, als Krummbein in Rons Bett gefunden wird, wo von Krätze außer ein paar Blutspuren nichts mehr zu sehen ist. Trotz des Streits hilft das Trio Hagrid weiter gemeinsam dabei, sich auf die anstehende zweite Anhörung vor dem *Ausschuss für die Beseitigung magischer Geschöpfe* vorzubereiten. Völlig überraschend findet Hermine in Hagrids Hütte Rons – noch lebendige – Ratte Krätze, die sich dort versteckt hat. Statt einer Berufungsverhandlung wird Seidenschnabel von einem Henker des Zaubereiministeriums hingerichtet.[257]

Auf dem Rückweg zum Schloss flüchtet Krätze unter die *peitschende Weide* und verschwindet dort in einer Falltür im Boden. Harry, Ron und Hermine folgen der Ratte und entdecken einen Geheimgang, der bis in ein altes verlassenes Haus im Nachbardorf *Hogsmeade* führt. Dort treffen sie auf Prof. Lupin und Sirius Black. Letzterer kann als sog. *Animagus* die Gestalt eines großen, schwarzen Hundes annehmen. Es stellt sich heraus, dass Sirius unschuldig ist. James und Lily Potter hatten nicht Sirius, sondern einen anderen Freund namens Peter Pettigrew als sog. *Geheimnisträger* ausgesucht. Dieser hatte sie jedoch an Lord Voldemort verraten und danach seinen eigenen Tod vorgetäuscht, um die Schuld auf Sirius Black zu schieben. Auf seiner Flucht tötete Pettigrew mehrere Mug-

254 *Rowling*, Harry Potter 3, Teeblätter und Krallen, S. 113, 120, 132.

255 *Rowling*, Harry Potter 3, Bittere Niederlage, S. 197 f.

256 *Rowling*, Harry Potter 3, Die Karte des Rumtreibers, S. 206–209, 224–321; Der Patronus, S. 262–268.

257 *Rowling*, Harry Potter 3, Der Patronus, S. 278; Der Feuerblitz, S. 240–245; Professor Trelawneys Vorhersage, S. 348, 364.

gel. Fortan versteckte er sich in seiner Animagus-Gestalt, einer Ratte, und wurde zu Rons Haustier Krätze.[258]

Prof. Lupin schenkt der Erklärung von Sirius Black sofort Glauben. James Potter, Sirius Black und Peter Pettigrew hatten bereits in ihrer Schulzeit die Kunst, sich in eine Tiergestalt zu verwandeln, erlernt. Fortan standen sie als *Animagi* ihrem Freund Remus Lupin zur Seite, der als Kind von einem Werwolf gebissen wurde und sich nun immer bei Vollmond selbst in einen Werwolf verwandelt. Harry erfährt, dass sein Vater die Gestalt eines Hirsches annehmen konnte und dass Sirius Black sein Patenonkel ist.[259]

Gemeinsam machen sich alle Beteiligten zurück auf den Weg ins Schloss, wo sie mithilfe von Peter Pettigrew die Unschuld von Sirius Black beweisen wollen. Peter Pettigrew gelingt jedoch in Rattengestalt die Flucht. Harry wird ohnmächtig, als Dementoren die Anwesenheit von Sirius Black spüren und sie einkreisen.[260]

Wie im Jahr zuvor erwacht Harry im Krankenflügel. Er erfährt, dass Sirius Black gefangen genommen wurde und demnächst von Dementoren *geküsst* werden soll, die ihm dadurch seine Seele entziehen. Während das Trio noch verzweifelt überlegt, wie es das verhindern kann, gibt Dumbledore Hermine zu verstehen, dass es jetzt an der Zeit wäre, ihren *Zeitumkehrer* zu benutzen. Harry und Ron erfahren, dass Hermine am Anfang des Jahres einen magischen Gegenstand bekommen hat, mit dem man die Zeit zurückdrehen kann, um so an mehreren Unterrichtsstunden gleichzeitig teilnehmen zu können.[261]

Gemeinsam reist das Trio in die Vergangenheit, rettet Seidenschnabel und befreit Sirius, der auf dem Hippogreif davonfliegt. Es ist ihnen nicht möglich, den fliehenden Peter Pettigrew aufzuhalten, um die Unschuld von Sirius zu beweisen. Remus Lupin muss als enttarnter Werwolf seinen Lehrerposten aufgeben.[262]

„Nach der letzten Nacht solltest du sehr stolz auf dich sein. […] Du hast etwas Entscheidendes geschafft, Harry. Du hast dazu beigetragen, die Wahrheit ans Licht zu bringen. Du hast einen Unschuldigen vor einem schrecklichen Schicksal bewahrt." (Dumbledore)[263]

4. Harry Potter und der Feuerkelch

„In Little Hangleton nannten sie es immer noch das »Riddle-Haus«, obwohl die Familie Riddle schon seit vielen Jahren nicht mehr dort wohnte. Das Haus stand

258 *Rowling*, Harry Potter 3, Kater, Ratte, Hund, S. 369–384; Vier Freunde, S. 383–392.

259 *Rowling*, Harry Potter 3, Lord Voldemorts Knecht, S. 393–414; Der Kuss des Dementors, S. 415.

260 *Rowling*, Harry Potter 3, Der Kuss des Dementors, S. 415–423.

261 *Rowling*, Harry Potter 3, Hermines Geheimnis, S. 424–432.

262 *Rowling*, Harry Potter 3, Hermines Geheimnis, S. 438–455; Noch einmal Eulenpost, S. 463 f.

263 *Rowling*, Harry Potter 3, Noch einmal Eulenpost, S. 466.

auf einem Hügel mit Blick über das Dorf, einige Fenster waren mit Brettern vernagelt, das Dach war löchrig, und der Efeu rankte sich ungezügelt an den Mauern entlang."[264]

Der vierte Harry-Potter-Band beginnt im Jahr 1994 weit entfernt von Harry in der Ortschaft *Little Hangleton*, in der das Haus des Muggel-Ehepaares *Riddle* steht, das vor 50 Jahren genauso wie ihr Sohn Tom Riddle (Senior) ermordet wurde. Der inzwischen 77-jährige Gärtner Frank Bryce pflegt noch immer das verlassene Haus und beobachtet im Juli 1994 wie ein Mann mit einem Diener namens *Wurmschwanz* und einer großen Schlange mit dem Namen *Nagini* das Haus bezieht. Dabei handelt es sich um Lord Voldemort und Peter Pettigrew, die planen, Harry Potter zu töten. Als Frank Bryce sie entdeckt, töten sie ihn.[265] Später stellt sich heraus, dass Tom Riddle (Senior) der Vater von Lord Voldemort (aka Tom Riddle Junior) ist, der eben jene Morde an seiner eigenen Familie begangen hat.[266]

Im zweiten Kapitel erwacht Harry im Ligusterweg davon, dass seine Narbe brennt. Das tut sie immer, wenn Lord Voldemort starke Emotionen verspürt oder tötet. Gemeinsam mit den Weasleys besucht er in den Sommerferien die in Großbritannien stattfindende Quidditch-Weltmeisterschaft. Dort stellt Mr Weasley ihm Ludo Bagman, den Leiter der *Abteilung für Magische Spiele und Sportarten* sowie Bartemius Crouch (Senior), den Chef der *Abteilung für Internationale Magische Zusammenarbeit* vor.[267]

Nach dem Finale kommt es zu einem Aufruhr, weil mehrere vermummte Gestalten eine Muggelfamilie kopfüber in der Luft schweben lassen und das sog. *Dunkle Mal* heraufbeschwören; das Zeichen Lord Voldemorts. In der Nähe wird Winky, die Hauselfe von Barty Crouch (Senior) gefunden und (wie sich später herausstellt zu Unrecht) beschuldigt, das Dunkle Mal heraufbeschworen zu haben.[268]

In Hogwarts angekommen erfahren Harry, Ron und Hermine, dass in diesem Jahr das *Trimagische Turnier* stattfinden wird; ein Wettbewerb zwischen den drei größten europäischen Zaubererschulen: *Hogwarts, Beauxbatons* (Frankreich) und *Durmstrang* (Osteuropa). Schulleiterin von Beauxbatons ist die Halbriesin Madame Maxime. Zu den Durmstrang-Schülern gehört auch der berühmte Quidditch-Spieler Viktor Krum. Als Schulleiter fungiert Igor Karkaroff, dem früher vorgeworfen wurde, ein *Todesser*, also ein Anhänger Lord Voldemorts, zu sein. Neuer Lehrer für Verteidigung gegen die Dunklen Künste wird der ehemalige *Auror* Alastor *Mad-Eye* Moody. Auroren sind Angestellte des Ministeriums,

264 *Rowling*, Harry Potter 4, Das Haus der Riddles, S. 5.

265 *Rowling*, Harry Potter 4, Das Haus der Riddles, S. 13–20.

266 *Rowling*, Harry Potter 6, Das Haus der Gaunts, S. 204–219.

267 *Rowling*, Harry Potter 4, Die Narbe, S. 21; Zurück zum Fuchsbau, S. 48–55; Bagman und Crouch, S. 81–101.

268 *Rowling*, Harry Potter 4, Die Quidditch Weltmeisterschaft, S. 121; Das Dunkle Mal, S. 128–133, 141–147.

die schwarze Magier wie Lord Voldemort jagen. Sirius hält sich während des ganzen Schuljahres in der Nähe von Hogsmeade versteckt.[269]

Unter Prof. Moodys Leitung lernen die Hogwartsschüler erstmals auch die unverzeihlichen Flüche *Imperius* (Willenssteuerung), *Cruciatus* (Folter) und *Avada Kedavra* (Todesfluch) kennen. Harry erfährt, dass Nevilles Eltern von Todessern in den Wahnsinn gefoltert wurden. Hermine ist entsetzt, als sie herausfindet, dass alle Hausarbeit in Hogwarts von Hauselfen übernommen wird. Sie gründet den Verein *B.ELFE.R* (Bund für Elfenrechte), um sich gegen deren Versklavung in Zaubererhaushalten stark zu machen.[270]

An Halloween 1994 findet die feierliche Auswahl der drei Schulchampions für das Trimagische Turnier statt. Dazu dürfen alle volljährigen Schüler ihren Namen in den *Feuerkelch* werfen. Dieser wählt als Champions Cedric Diggory (Hufflepuff), Victor Krum (Durmstrang) und Fleur Delacour (Beauxbatons) aus. Völlig überraschend wird auch Harrys Name vom Feuerkelch ausgespuckt, obwohl er noch minderjährig ist. Dumbledore erklärt Harry, dass mit dem Feuerkelch ein bindender magischer Vertrag zustande gekommen sei und er deswegen gegen seinen Willen am Trimagischen Turnier teilnehmen müsse. Daraufhin wird er von der aufdringlichen Journalistin Rita Kimmkorn in der Zeitung *Der Tagesprophet* als weinerlicher Held mit Aufmerksamkeitsdefizit hingestellt. Später schreibt sie auch einen Artikel über Hagrid und stellt ihn boshaft als blutrünstigen Riesen dar.[271]

Mit Tipps von Hagrid und Prof. Moody meistert Harry die erste Aufgabe des Trimagischen Turniers mir Bravour. Er besiegt einen Drachen und stiehlt diesem ein goldenes Ei, in dem ein Hinweis für die zweite Aufgabe versteckt ist. An Weihnachten findet ein Ball statt. Harry wäre am liebsten mit der attraktiven Quidditch-Spielerin Cho Chang aus Ravenclaw zum Ball gegangen, die jedoch bereits mit Cedric Diggory ausgeht. Es stellt sich heraus, dass die Tanzpartnerin von Viktor Krum niemand anderes ist als Hermine Granger, die er in der Bibliothek kennen- und lieben gelernt hat.[272]

Bei der zweiten Aufgabe muss Harry in den See vor Hogwarts tauchen und dort Geiseln befreien, die von den Meerleuten (angeblich) entführt wurden. Von Sirius erfährt Harry, dass Barty Crouch (Senior) derjenige war, der ihn nach dem Tod von Harrys Eltern ohne Gerichtsverhandlung nach *Askaban* geschickt hat und der sogar seinen eigenen Sohn dort inhaftierte, nachdem herauskam, dass sich dieser (angeblich) den Todessern angeschlossen hatte. Später reist Harry

269 *Rowling*, Harry Potter 4, Das Trimagische Turnier, S. 195–198; Beauxbatons und Durmstrang, S. 255–260.

270 *Rowling*, Harry Potter 4, Die Unverzeihlichen Flüche, S. 223–228, 237.

271 *Rowling*, Harry Potter 4, Der Feuerkelch, S. 282–284; Die Eichung der Zauberstäbe, S. 309–312; 316–320; Rita Kimmkorns Riesenknüller, S. 457–459.

272 *Rowling*, Harry Potter 4, Der ungarische Hornschwanz, S. 340–346, Die erste Aufgabe, S. 371–373; Die Hauselfen-Befreiungsfront, S. 393–402; Die unerwartete Aufgabe, S. 414–416; Der Weihnachtsball, S. 432 f.

mit Hilfe eines *Denkariums* in Dumbledores Erinnerungen und erlebt dort den Strafprozess von Barty Crouch (Junior), Bellatrix Lestrange, Igor Karkaroff und Ludo Bagman, wobei letzterer freigesprochen wurde.[273]

Die dritte Aufgabe besteht darin, dass die Champions sich durch ein Labyrinth voller gefährlicher magischer Kreaturen und Zauber schlagen müssen, um in der Mitte den *Trimagischen Pokal* zu erreichen. Harry und Cedric werden von dem Pokal, der ein sog. *Portschlüssel* ist, auf einen verlassenen Friedhof transportiert, wo Cedric sofort von Peter Pettigrew getötet wird. Harry muss dabei zusehen, wie Lord Voldemort durch ein magisches Ritual, bei dem das Blut von Harry benutzt wird, im Kreis seiner treuen Todesser, zu denen auch Bellatrix Lestrange und Lucius Malfoy gehören, seinen Körper wiedererlangt. Harry schafft es, Lord Voldemorts Zauber zu brechen und den Ausgang des Labyrinths zu erreichen.[274]

Dort berichtet er den fassungslosen Lehrern, was geschehen ist. Es stellt sich heraus, dass es sich bei Prof. Moody in Wahrheit um Barty Crouch (Junior) handelt, der sich aus der Herrschaft seines Vaters befreien konnte und diesen tötete. In Hogwarts nahm er fortan mit Hilfe des Vielsaft-Tranks die Gestalt des ehemaligen Aurors an, den er solange als Geisel hielt. Zwar hatte Barty Crouch (Senior) seinen Sohn nach Askaban geschickt; auf die Bitte seiner todkranken Frau hatte er sie jedoch gegen seinen Sohn ausgetauscht und diesen fortan unter dem Imperius-Fluch unter Hausarrest gehalten. Der falsche Moody hat Harry nur deswegen bei den Aufgaben geholfen, um ihn sicher in die Mitte des Labyrinths zu bekommen, wo Lord Voldemort ihn töten wollte. Im allerletzten Moment kann Harry von Dumbledore gerettet werden. Der echte Alastor Moody wird befreit.[275]

Der Zaubereiminister Cornelius Fudge lässt Barty Crouch (Junior) entgegen Dumbledores Anweisungen von einem Dementor küssen, sodass er nicht mehr als Zeuge aussagen kann. Die Zaubererwelt hat deswegen nur Harrys Angaben dafür, wie Cedric Diggory zu Tode kam. Das Zaubereiministerium verschweigt der Öffentlichkeit die Wahrheit. Harry gibt den Gewinn des Trimagischen Turniers an Fred und George Weasley, die das Geld für die Herstellung von Zauber-Scherzartikeln verwenden wollen.[276]

„Denkt an Cedric. Erinnert euch an ihn, wenn einmal die Zeit kommt, da ihr euch entscheiden müsst zwischen dem, was richtig ist, und dem, was bequem ist. Denkt daran, was einem Jungen, der gut und freundlich und mutig war, geschah,

273 *Rowling*, Harry Potter 4, Die zweite Aufgabe, S. 515–530; Tatzes Rückkehr, S. 544–553; Das Denkarium, S. 611–623.

274 *Rowling*, Harry Potter 4, Die dritte Aufgabe, S. 649–664; Fleisch, Blut und Knochen, S. 665–699.

275 *Rowling*, Harry Potter 4, Veritaserum, S. 704–722.

276 *Rowling*, Harry Potter 4, Veritaserum, S. 734–736.

nur, weil er Lord Voldemort in die Quere kam. Erinnert euch an Cedric Diggory.“ (Dumbledore)[277]

5. Harry Potter und der Orden des Phönix

„Der bislang heißeste Tag des Sommers neigte sich dem Ende zu und eine schläfrige Stille lag über den großen wuchtigen Häusern des Ligusterwegs. Autos, die normalerweise glänzten, standen staubig in den Einfahrten, und Rasenflächen, die einst smaragdgrün waren, lagen verdorrt und gelbstichig da – wegen der Dürre war es verboten worden, sie mit Gartenschläuchen zu wässern.“[278]

Das fünfte Harry Potter Buch spielt im Jahr 1995/1996 und beginnt damit, dass Harry und sein Cousin Dudley von Dementoren angegriffen werden. Harry kann sich und seinen Cousin retten, indem er den Patronus-Zauber benutzt. Umgehend erhält Harry eine Eule vom Zaubereiministerium, die ihm ankündigt, er werde von Hogwarts verwiesen und sein Zauberstab werde zerstört. Eine weitere Eule revidiert diese Entscheidung und lädt Harry zu einer *disziplinarischen Anhörung* vor.[279]

Vier Tage später bekommt Harry Besuch von einer Gruppe Zauberer. Unter ihnen seine ehemaligen Lehrer Remus Lupin und Alastor Moody sowie die *Metamorphmagus* (Gestaltwandlerin) Nymphadora Tonks und der Auror Kingsley Shacklebolt. Unter größten Sicherheitsmaßnahmen wird Harry von ihnen nach London gebracht, wo Dumbledore den sog. *Orden des Phönix* einberufen hat, der sein Hauptquartier verborgen am *Grimmauldplatz Nummer zwölf* hat. Mitglieder des Ordens kämpften bereits zu Zeiten von Harrys Eltern gegen Lord Voldemort. Im Hauptquartier trifft er auf die Familie Weasley, Hermine und Sirius Black. Von ihm erfährt er, dass das Hauptquartier früher das Zuhause der Familie Black gewesen sei. Sirius hat seine Familie jedoch mit 16 Jahren verlassen, weil er deren Sympathien für Lord Voldemort nicht mehr ertragen konnte.[280]

Im August 1995 findet Harrys disziplinarische Anhörung vor dem *Zaubergamot* im Zaubereiministerium statt. Die Anklage verliest der Zaubereiminister Cornelius Fudge. Anwesend sind u. a. die Leiterin der Abteilung für Magische Strafverfolgung, Amelia Bones, sowie Dolores Umbridge, die Erste Untersekretärin des Zaubereiministers. Harry wird ein schwerer Verstoß gegen den *„Erlass zur vernunftgemäßen Beschränkung der Zauberei Minderjähriger“* und gegen das *„Internationale Geheimhaltungsabkommen“* vorgeworfen. In letzter Minute eilt Dumbledore Harry zu Hilfe und präsentiert Harrys Nachbarin Mrs Figg als Zeu-

277 *Rowling*, Harry Potter 4, Der Anfang, S. 756.
278 *Rowling*, Harry Potter 5, Dudley umnachtet, S. 7.
279 *Rowling*, Harry Potter 5, Dudley umnachtet, S. 26–29; Eulen über Eulen, S. 37 f.
280 *Rowling*, Harry Potter 5, Die Vorhut, S. 60–75; Grimmauldplatz Nummer zwölf, S. 76–98.

gin für den Dementoren-Angriff. Harry wird daraufhin freigesprochen, weil er zur Selbstverteidigung gehandelt hat.[281]

In Hogwarts muss Harry feststellen, dass Umbridge die neue Lehrerin für Verteidigung gegen die Dunklen Künste ist. Sie hat keinerlei Interesse daran, den Schülern tatsächliche Verteidigungsmöglichkeiten beizubringen, sondern lässt diese lediglich nutzlose Bücher des Zaubereiministeriums lesen. Als Harry sie darauf hinweist, dass Lord Voldemort zurückgekehrt sei und man sich wehren müsse, bezeichnet sie ihn als Lügner und lässt ihn nachsitzen. Hier muss Harry mit einer verzauberten Schreibfeder den Satz *„Ich soll keine Lügen erzählen"* schreiben, wobei die Tinte direkt aus dem Blut seiner Hand stammt. In den kommenden Monaten veröffentlicht das Ministerium zahlreiche neue *„Ausbildungserlasse"*, in denen Umbridge immer weitreichendere Rechte eingeräumt werden.[282]

Frustriert von ihrer fehlenden Ausbildung in Verteidigung gegen die Dunklen Künste gründen Harry, Ron und Hermine heimlichen einen Club, um sich gegenseitig nützliche Verteidigungszauber beizubringen. Mehrere Schüler anderer Häuser schließen sich ihnen an und man gibt sich den Namen *Dumbledores Armee* (DA). Unter ihnen ist auch Neville Longbottom, ein tollpatschiger und schüchterner Gryffindorschüler, der seine Eltern, die von Bellatrix Lestrange in den Wahnsinn gefoltert wurden, rächen will. Außerdem die verträumte Ravenclaw-Schülerin Luna Lovegood, deren Vater eine vom Ministerium unabhängige Zeitung namens *Klitterer* herausgibt. Während die „System-Presse" in Form des *Tagespropheten* Harrys Version der Rückkehr Lord Voldemorts strikt abstreitet, veröffentlicht der Klitterer ein Interview mit ihm. Sowohl der Klitterer als auch Schüler-Versammlungen werden daraufhin von Umbridge verboten.[283]

Umbridge evaluiert den Unterricht der anderen Lehrer. Dabei zeigt sie offenen Rassismus gegenüber Halbblütern wie Hagrid und anderen magischen Wesen wie Kobolden und Zentauren. In den Weihnachtsferien hat Harry einen Traum, in dem er sieht, wie eine riesige Schlange Arthur Weasley im Ministerium angreift. Er ist so geschockt, dass er Prof. McGonagall und Albus Dumbledore informiert, die seinen Traum ernst nehmen und Mr Weasley mit Hilfe des Ordens des Phönix in letzter Sekunde retten können, bevor er verblutet. Mr Weasley war zu diesem Zeitpunkt auf einer geheimen Mission im Zaubereiministerium.[284]

Dumbledore erklärt Harry, dass zwischen ihm und Lord Voldemort eine besondere Verbindung bestünde. Daher könne es sein, dass sie gegenseitig ihre Ge-

281 *Rowling*, Harry Potter 5, Die Anhörung, S. 165–181.

282 *Rowling*, Harry Potter 5, Professor Umbridge, S. 282–291; Strafarbeit bei Dolores, S. 313–316.

283 *Rowling*, Harry Potter 5, Im Eberkopf, S. 397–408; Dumbledores Armee, S. 458–465; Das Auge der Schlange, S. 537 f.

284 *Rowling*, Harry Potter 5, Hagrids Geschichte, S. 511–517; Das Auge der Schlange, S. 524–528; S. 543–546; St-Mungo-Hospital für Magische Krankheiten und Verletzungen, S. 559, 575.

danken lesen könnten. Um sich vor Voldemort zu schützen, soll Harry bei Prof. Snape *Okklumentik* lernen, die Kunst, seine Gedanken komplett vor anderen zu verschließen. Der Unterricht fruchtet jedoch nicht, weil Harry und Prof. Snape noch immer verfeindet sind. Zeitweise kann Harry auch in Snapes Erinnerungen eindringen und muss mit ansehen, wie sein Vater einen jungen Snape zur Belustigung der anderen mit einem Zauberspruch kopfüber baumeln ließ. Als Harrys Mutter Snape verteidigen will, beschimpft Snape sie als *Schlammblut*.[285]

Nach dem letzten DA-Treffen werden die Mitglieder von Umbridge entdeckt, die Draco Malfoy und weitere Slytherin-Schüler zu ihren Spitzeln gemacht hat. Auf Grund des Namens geht Fudge fälschlicherweise davon aus, dass Dumbledore tatsächlich mit einer Armee aus Schülern gegen das Ministerium vorgehen möchte. Dumbledore flüchtet. Harry und seine Freunde werden nur deswegen nicht von der Schule verwiesen, weil Dumbledore zuvor die Schuld auf sich genommen hat.[286]

Nach ihrer Zwischenprüfung, den *ZAGs (Zauberergraden),* hat Harry erneut eine schlimme Traumvision: Im Zaubereiministerium sieht er, wie Voldemort Sirius foltert. Geschockt informiert er seine Freunde. Mit einem Trick gelingt es ihnen, Umbridge in den verbotenen Wald zu locken, wo diese von wütenden Zentauren verschleppt wird. Die Freunde besteigen Hagrids *Thestrale*, schwarze, geflügelte Pferdewesen, die nur für diejenigen sichtbar sind, die bereits einen Menschen haben sterben sehen, und fliegen mit ihnen nach London.[287]

In der geheimnisumwitterten *Mysteriumsabteilung* entdecken die Freunde eine Prophezeiung von Prof. Trelawney, die Harry und Voldemort betrifft. Plötzlich werden die Schüler von einer Gruppe Todesser umringt. Zu diesen gehören u. a. Lucius Malfoy und Bellatrix Lestrange. Harry muss feststellen, dass Lord Voldemort ihn in eine Falle gelockt hat. Die Vision mit Sirius war nicht echt. Voldemort wollte vielmehr mit Hilfe von Harry an die Prophezeiung gelangen.[288] Beim Kampf zwischen den Todessern und dem Orden des Phönix geht die Glaskugel mit der Prophezeiung kaputt und Sirius wird von Bellatrix Lestrange getötet. Lucius Malfoy wird verhaftet und Cornelius Fudge erscheint rechtzeitig am Ort des Geschehens, um Lord Voldemorts Flucht zu beobachten.[289]

In Dumbledores Büro erfährt Harry, dass sich die Prophezeiung ursprünglich sowohl auf ihn als auch auf Neville Longbottom bezogen haben könnte, der ebenfalls am 31. Juli 1980 geboren wurde. Voldemort habe sich dazu entschieden,

---

285 *Rowling*, Harry Potter 5, Okklumentik, S. 609–611, 623–632; Snapes schlimmste Erinnerung, S. 756–762.

286 *Rowling*, Harry Potter 5, Der Zentaur und die Petze, S. 713–732; Berufsberatung, S. 792 f.

287 *Rowling*, Harry Potter 5, ZAGs, S. 855 f., Kampf und Flucht, S. 885–896.

288 *Rowling*, Harry Potter 5, Die Mysteriumsabteilung, S. 915 f.

289 *Rowling*, Harry Potter 5, Jenseits des Schleiers, S. 917–946.

Harry anzugreifen und dadurch die Prophezeiung selbst konkretisiert. Es läge nun an Harry, Voldemort zu töten oder selbst von diesem getötet zu werden.[290]

„Der Eine mit der Macht, den Dunklen Lord zu besiegen, naht heran ... jenen geboren, die ihm drei Mal die Stirn geboten haben, geboren, wenn der siebte Monat stirbt ... und der Dunkle Lord wird ihn als sich Ebenbürtigen kennzeichnen, aber Er wird eine Macht besitzen, die der Dunkle Lord nicht kennt ... und der Eine muss von der Hand des Anderen sterben, denn keiner kann leben, während der Andere überlebt ...“[291]

6. Harry Potter und der Halbblutprinz

„Es ging auf Mitternacht zu, der Premierminister saß allein in seinem Büro und las einen langen Bericht, der ihm durch den Kopf strich, ohne den geringsten Sinn zu hinterlassen. Er wartete auf den Anruf des Präsidenten eines fernen Landes, und während er überlegte, wann der elende Mensch sich endlich melden würde, und zugleich unangenehme Erinnerungen an eine sehr lange, ermüdende und schwierige Woche zu unterdrücken suchte, konnte er kaum noch an etwas anderes denken.“[292]

Das sechste Harry-Potter-Buch spielt 1996/1997 und beginnt atypisch nicht mit Harrys Sommerferien, sondern mit einem Besuch des neuen Zaubereiministers beim (namentlich nicht genannten) britischen Premierminister. Rufus Scrimgeour informiert den Muggel-Premierminister über Lord Voldemorts Rückkehr.[293]

Das zweite Kapitel spielt in dem Muggel-Wohngebiet, in dem Severus Snape lebt. Unerwartet bekommt er Besuch von Dracos Mutter, Narzissa Malfoy, und deren Schwester Bellatrix Lestrange. Narzissa fleht Snape an, ihr zu helfen. Voldemort habe ihren Sohn mit einer schwierigen Aufgabe in Hogwarts betraut, der er nicht gewachsen sei. Snape soll versprechen, Draco zu helfen. Snape und Narzissa schließen daraufhin einen sog. *Unbrechbaren Schwur* mit diesem Inhalt.[294]

Bei den Dursleys bekommt Harry Besuch von Dumbledore. Dieser nimmt ihn mit zu seinem alten Kollegen Horace Slughorn, den Harry dazu überreden soll, als Lehrer nach Hogwarts zurückzukehren. Die restlichen Ferien verbringt Harry bei den Weasley im *Fuchsbau.* Dort erfährt er u.a., dass Rons ältester Bruder Bill Fleur Delacour heiraten will. Fred und George Weasley betreiben jetzt einen erfolgreichen Laden für Zauberscherzartikel in der Winkelgasse. Bei einem Besuch beobachtet Harry Draco Malfoy dabei, wie dieser schwarzmagische Ge-

290 *Rowling*, Harry Potter 5, Die verlorene Prophezeiung, S. 988–991.
291 *Rowling*, Harry Potter 5, Die verlorene Prophezeiung, S. 987.
292 *Rowling*, Harry Potter 6, Der andere Minister, S. 7.
293 *Rowling*, Harry Potter 6, Der andere Minister, S. 7–25.
294 *Rowling*, Harry Potter 6, Spinner's End, S. 26–44.

genstände in der Nokturngasse kauft. Das Trio erhält seine ZAG-Ergebnisse, wobei Hermine Klassenbeste ist.[295]

Beim alljährlichen Festessen erfährt das Trio, dass Prof. Slughorn Zaubertränke unterrichten wird, während Prof. Snape Verteidigung gegen die Dunklen Künste übernehmen wird. In seiner ersten Stunde Zaubertränke wird Harry ein altes Schulbuch zugeteilt, das mit Anmerkungen eines mysteriösen *Halbblutprinzen* vollgeschrieben ist. Weil sich Harry an dessen Anleitungen hält, schafft er es, einen perfekten Zaubertrank zu brauen und bekommt dafür als Belohnung von Prof. Slughorn ein Fläschchen *Felix Felicis,* ein Zaubertank, der Glück verleiht.[296]

Harry wird in diesem Schuljahr von Dumbledore persönlich unterrichtet, um sich bestmöglich gegen Lord Voldemort zu wappnen. In seiner ersten Stunde taucht er mit Hilfe des Denkariums in die Erinnerungen eines Ministeriumszauberers. Dieser besuchte in den 1920ern Little Hangleton, wo der völlig verarmte Vorlost Gaunt mit seinem Sohn Morfin und seiner Tochter Merope lebte. Harry erfährt, dass es sich dabei um die letzten Nachkommen Salazar Slytherins handelte. Die Gaunts waren „Muggelhasser“. Vater und Sohn wurden wegen des Angriffs auf einen Muggel in Askaban inhaftiert. Merope war die Mutter Lord Voldemorts, die Tom Riddle (Senior), einen attraktiven Muggel aus der Nachbarschaft, mit einem Liebestrank verführte. Dieser verließ sie jedoch als die Wirkung nachließ. Kurz vor ihrem Tod gab sie ihren Sohn Tom Riddle (Junior) in ein Muggel-Waisenhaus.[297]

Während des Schuljahres kommt es außerhalb von Hogwarts zu zahlreichen Angriffen von Todessern, bei denen teils auch Familienmitglieder von Hogwartsschülern getötet werden. Bei einem Ausflug in das Nachbardorf Hogsmeade wird die Gryffindor-Schülerin Katie Bell verflucht und fast getötet. Später stellt sich heraus, dass der Fluch für Dumbledore gedacht war.[298]

In einer weiteren Unterrichtsstunde blickt Harry in die Erinnerungen von Dumbledore. Er sieht, wie dieser den 11-jährigen Tom Riddle in einem Waisenhaus aufsuchte und trotz dessen früher Faszination für dunkle Magie nach Hogwarts einlud. Hier entwickelte sich Tom Riddle zu einem fähigen Zauberer. Besonders gut verstand er sich mit seinem Hauslehrer Prof. Horace Slughorn. Die Erinnerungen, die Dumbledore hierzu hat, sind jedoch manipuliert und er bittet Harry darum, weitere Erinnerungen aus Prof. Slughorn „herauszukitzeln“.[299]

Während Ron dank eines erfolgreichen Quidditch-Spiels mit der Mitschülerin Lavender Brown zusammenkommt, worauf Hermine extrem eifersüchtig reagiert, muss Harry feststellen, dass er Gefühle für Ginny entwickelt. Ron wird

295 *Rowling,* Harry Potter 6, Wollen und Nichtwollen, S. 52 ff.; Horace Slughorn, S. 63–85; Schleim im Überfluss, S. 97; S. 106 f; Dracos Abstecher, S. 119–131.

296 *Rowling,* Harry Potter 6, Snape triumphiert, S. 168 ff.; Der Halbblutprinz, S. 187–196.

297 *Rowling,* Harry Potter 6, Das Haus der Gaunts, S. 204–219.

298 *Rowling,* Harry Potter 6, Silber und Opale, S. 251 ff.

299 *Rowling,* Harry Potter 6, Der geheime Riddle, S. 261–281.

an Weihnachten von einem Schluck Met vergiftet. Es stellt sich heraus, dass der Met für Dumbledore gedacht war und jemand zum zweiten Mal versucht hat, ihn zu töten. Harry geht davon aus, dass Draco mit Snapes Hilfe dahintersteckt.[300]

Nachdem sich Prof. Slughorn mehrmals weigert, Harry die gewünschte Erinnerung zu geben, nutzt dieser den Felix-Felicis-Trank. Slughorn verrät ihm daraufhin seine Erinnerung. Harry erfährt, dass Tom Riddle von Prof. Slughorn wissen wollte, wie man seine Seele spaltet und sog. *Horkruxe* erstellt, um unsterblich zu werden. Zur Herstellung eines Horkrux muss man einen Menschen töten. Dies bestätigt Dumbledores schlimmste Befürchtungen. Er erzählt Harry, dass es sich bei Tom Riddles Tagebuch vermutlich um den ersten Horkrux gehandelt habe, den Harry erfolgreich mit dem Basiliskenzahn zerstörte. Den zweiten Horkrux habe er, Dumbledore, selbst zerstört. Es habe sich dabei um Salazar Slytherins Ring gehandelt, den Tom Riddle den Gaunts gestohlen habe. Um Voldemort zu töten, müsse Harry alle weiteren Horkruxe zerstören. Dabei geht Dumbledore davon aus, dass die restlichen Horkruxe ebenfalls bedeutende magische Objekte seien, wie beispielsweise weitere Gegenstände der Hogwarts-Gründer.[301]

Dumbledore erzählt Harry, dass er einen weiteren Horkrux in einer Höhle vermutet, in die Tom Riddle als Kind einige Waisenkinder verschleppt hat. In der Höhle steht eine Schale voller Zaubertrank, in der ein Medaillon Salazar Slytherins liegt. Die Schale lässt sich jedoch nur dadurch leeren, dass man sie austrinkt. Dumbledore opfert sich und wird vergiftet. Er erklärt Harry, dass er sowieso dem Tode geweiht sei, seit er den Ring Slytherins getragen habe, da dieser verflucht gewesen sei. Gemeinsam mit dem Medaillon kehren sie nach Hogwarts zurück.[302]

Dort hat Draco Malfoy Todesser in die Schule geschmuggelt und will nun im Auftrag Voldemorts Dumbledore töten. Nachdem Draco mehrere Minuten mit sich ringt, tötet Snape Dumbledore. Beim Kampf gegen die Todesser wird Bill Weasley vom Werwolf Fenrir Greyback gebissen. Als Harry versucht, Snape mit einem Zauberspruch aus dem Buch des Halbblutprinzen zu bekämpfen, eröffnet dieser Harry, dass er der Halbblutprinz ist. Snape, Draco und die Todesser fliehen.[303]

Nach der Beerdigung von Dumbledore, auf der Harry von Ginny getröstet wird und mit ihr zusammenkommt, schaut er sich das Medaillon Slytherins genauer an. Es ist eine Fälschung und enthält einen Zettel mit einer Notiz an Lord Voldemort:

„An den Dunklen Lord, ich weiß, ich werde tot sein, lange bevor du dies liest aber ich will, dass du weißt, dass ich es war, der dein Geheimnis entdeckt hat.

300 *Rowling,* Harry Potter 6, Geburtstagsüberraschungen, S. 399–401.
301 *Rowling,* Harry Potter 6, Nach der Beerdigung, S. 481–495; Horkruxe, S. 500–517.
302 *Rowling,* Harry Potter 6, Die Höhle, S. 560–583.
303 *Rowling,* Harry Potter 6, Der andere Minister, S. 7–25; Der von Blitz getroffene Turm, S. 584–601; Die Flucht des Prinzen, S. 602–615.

Ich habe den echten Horkrux gestohlen und ich will ihn zerstören, sobald ich kann. Ich sehe dem Tod entgegen in der Hoffnung, dass du, wenn du deinen Meister findest, erneut sterblich sein wirst. R. A. B.“[304]

7. Harry Potter und die Heiligtümer des Todes

„Die beiden Männer kamen aus dem Nichts, erschienen wenige Meter voneinander entfernt auf dem schmalen mondhellen Weg. Einen Augenblick verharrten sie reglos, die Zauberstäbe einander auf die Brust gerichtet; dann erkannten sie sich, verbargen ihre Zauberstäbe unter ihren Umhängen und gingen rasch in dieselbe Richtung.“[305]

Das siebte und letzte Buch beginnt im Sommer 1997 mit einer Versammlung der Todesser in der Villa der Malfoys. Dort tötet Voldemort die Muggelkunde-Lehrerin Charity Burbage und plant, Harry zu töten. Deswegen eskortiert der Orden des Phönix Harry kurz vor seinem 17. Geburtstag in ein sicheres Versteck. Dabei werden Harrys Eule Hedwig und Mad-Eye Moody von Todessern getötet.[306]

Im Fuchsbau bekommt Harry Besuch vom Zaubereiminister Rufus Scrimgeour, der Dumbledores Testament eröffnet. Hermine erhält ein altes Märchenbuch mit dem Titel *„Die Märchen von Beedle dem Barden“*. Ron erhält Dumbledores *Deluminator*, einen magischen Gegenstand, mit dem man alle Lichtquellen erlöschen lassen kann. Harry erbt den Schnatz, den er in seinem ersten Quidditch-Spiel gefangen hat sowie das Schwert Godric Gryffindors, dessen Verbleib aber unbekannt ist. Harry, Ron und Hermine beschließen, nicht nach Hogwarts zurückzukehren, sondern sich auf die Suche nach den Horkruxen zu machen.[307]

Am Abend der Hochzeit von Bill und Fleur wird Rufus Scrimgeour getötet und das Ministerium fällt unter die Kontrolle Lord Voldemorts. Als der Fuchsbau von Todessern angegriffen wird, flüchtet das Trio mittels *Apparition*. Sie verstecken sich im Haus Grimmauldplatz Nummer zwölf, das Harry ebenso wie den alten Hauself *Kreacher* von seinem verstorbenen Patenonkel Sirius Black geerbt hat. Durch Zufall entdecken sie die Initialen *„R. A. B.“* an einer Tür. Es stellt sich heraus, dass Sirius jüngerer Bruder Regulus Arcturus Black einst ein Todesser war, dann aber Gewissensbisse bekommen hatte und das Medaillon Slytherins aus der Höhle entwendet hat. Der alte Hauself Kreacher kann ihnen berichten, dass es Regulus vor seiner Ermordung nicht mehr gelungen sei, das Medaillon zu zerstören. Dieses sei gestohlen worden und befände sich nun im Besitz von Dolores Umbridge.[308]

---

304 *Rowling,* Harry Potter 6, Die Flucht des Prinzen, S. 614.

305 *Rowling,* Harry Potter 7, Der Dunkle Lord erhebt sich, S. 9.

306 *Rowling,* Harry Potter 7, Der Dunkle Lord erhebt sich, S. 18–20; Die sieben Potters, S. 49–68; Gefallene Krieger, S. 83–85.

307 *Rowling,* Harry Potter 7, Das Testament von Albus Dumbledore, S. 127–135.

308 *Rowling,* Harry Potter 7, Die Hochzeit, S. 151, 166; Ein Versteck, S. 175 ff.; Kreachers Geschichte, S. 192–207.

Aus dem Tagespropheten erfahren sie, dass Voldemort inzwischen offen Jagd auf Muggelstämmige macht und Harry zum Staatsfeind Nummer eins erklärt worden ist. Umbridge arbeite nun im Zaubereiministerium in der *Kommission zur Registrierung Muggelstämmiger*. Mit Hilfe des Vielsafttrankes nimmt das Trio das Aussehen von Ministeriumsmitarbeitern an und entwendet das Medaillon.[309]

In den nächsten Monaten zelten die Freunde an unterschiedlichen Orten mitten in der Wildnis, um nicht entdeckt zu werden. Eines Nachts belauschen sie eine Unterhaltung anderer Flüchtlinge, die darüber reden, dass Snape inzwischen Schulleiter ist und Gryffindors Schwert, mit dem man Horkruxe zerstören kann, von Hogwarts in ein Verlies der Zaubererbank *Gringotts* gebracht wurde. Nach einem Streit über ihr weiteres Vorgehen kehrt Ron zu seiner Familie zurück. Harry und Hermine reisen alleine weiter und besuchen am Weihnachtsabend 1997 die Gräber von Harrys Eltern in deren Heimatort *Godric's Hollow*.[310]

Dort werden sie von der bekannten Historikerin und Autorin Bathilda Bagshot eingeladen. Dies stellt sich jedoch als Falle Lord Voldemorts heraus. Die beiden Freunde können in letzter Sekunde fliehen. Bei der Flucht wird Harrys Zauberstab zerstört. In einer der kommenden Nächte sieht Harry die Patronus-Gestalt einer Hirschkuh im Wald. Er folgt dem Patronus und findet das Schwert Gryffindors. Dort wartet auch Ron auf ihn, der vom Licht seines *Deluminators* an diese Stelle geführt worden war. Die Freunde zerstören mit dem Schwert das Medaillon.[311]

In der folgenden Zeit fällt Hermine ein seltsames Symbol in dem Märchenbuch auf, das ihr Dumbledore vererbt hat. Ein Kreis in einem Dreieck mit einer von oben nach unten durchgezogenen Linie. Harry erinnert sich, dass Lunas Vater Xenophilius Lovegood ein solches Symbol als Kette getragen hat. Mr Lovegood erklärt ihnen, dass das Symbol von dem schwarzen Magier Gellert Grindelwald benutzt wurde. Er selbst trage es als Symbol für die sog. *Heiligtümer des Todes.* Diese kommen im Märchenbuch in der *„Geschichte der drei Brüder"* vor. Sie symbolisieren einen mächtigen Zauberstab, der jedes Duell gewinnt, einen Stein, der Tote zu den Lebenden zurückholen kann und einen Tarnumhang, der seinen Träger unsichtbar macht. Kurz darauf muss das Trio fliehen, weil Todesser das Haus angreifen. Mr Lovegood hatte sie informiert, weil seine Tochter Luna zuvor von Lord Voldemort entführt worden war und er um ihr Leben fürchtete.[312]

An ihrem nächsten Zeltplatz werden die drei von sog. *Greifern* (Kopfgeldjägern) aufgegriffen und in das Anwesen der Malfoys gebracht, wo auch schon Luna,

---

309 *Rowling,* Harry Potter 7, Das Bestechungsgeschenk, S. 214 ff.; Die Registrierungskommission für Muggelstämmige, S. 254–275.

310 *Rowling,* Harry Potter 7, Die Rache des Kobolds, S. 303–319.

311 *Rowling,* Harry Potter 7, Bathildas Geheimnis, S. 348–358; Die silberne Hirschkuh, S. 374–396.

312 *Rowling,* Harry Potter 7, Das Märchen von den drei Brüdern, S. 414–431.

der Zauberstabmacher Mr Ollivander und der Kobold Griphook gefangen gehalten werden. Als Bellatrix das Schwert Gryffindors entdeckt, foltert sie Hermine, um herauszufinden, wie das Trio es erhalten hat. Dabei wird deutlich, dass das Schwert ursprünglich in Bellatrix Verlies in Gringotts versteckt war, wo auch noch andere Schätze Voldemorts gelagert werden. Es kommt zu einem Kampf, bei dem sich Harry Dracos Zauberstab aneignen kann. Auf der Flucht wird der Hauself Dobby von Bellatrix getötet. Im Cottage von Bill und Fleur drängt das Trio Griphook dazu, ihnen zu helfen, in Gringotts einzubrechen, um dort nach weiteren Horkruxen zu suchen. Außerdem erfahren sie von Mr Ollivander, dass der sog. *Elder-Zauberstab* (eines der *Heiligtümer des Todes*) wirklich existiert und ursprünglich Eigentum des Zauberstabmachers Gregorowitsch war. Lord Voldemort sei vermutlich auf der Suche nach ihm und dem Zauberstab.[313]

In Gringotts findet das Trio den Trinkpokal Helga Hufflepuffs, der jetzt als Horkrux fungiert. Auf der Flucht verlieren sie das Schwert Gryffindors an die Kobolde, die Gringotts bewachen. Weil Harry vermutet, dass der nächste Horkrux ein Gegenstand von Rowena Ravenclaw ist, reisen sie nach Hogsmeade, um einen Weg ins Innere des Hogwarts-Schlosses zu finden. Zur Hilfe eilt ihnen unerwarteterweise Dumbledores Bruder Aberforth, der Wirt des Pubs *Eberkopf.* Von hier aus führt ein Geheimgang ins Innere der Schule.[314]

Am Ende des Geheimganges befindet sich ein versteckter Raum, in dem die ehemaligen Mitglieder von Dumbledores Armee Zuflucht gefunden hatten, nachdem die Todesser die Schule übernommen haben. Luna erzählt Harry, dass der berühmteste Gegenstand von Rowena Ravenclaw ihr verschwundenes Diadem sei. Nachdem die Lehrer von Harrys Rückkehr erfahren, jagen sie Snape aus dem Schloss. Das alarmiert jedoch auch Lord Voldemort, der Hogwarts belagert und die Bewohner auffordert, Harry herauszugeben, damit ihnen nichts geschieht. Die Slytherin-Schüler verlassen Hogwarts, während alle anderen zurückbleiben, um zu kämpfen. In der Schlacht um Hogwarts im Jahr 1998 sterben u. a. Fred Weasley sowie Remus Lupin und Nymphadora Tonks. Letztere hatte vor einigen Monaten Lupin geheiratet und einen Sohn namens Edward (Teddy) geboren. Auch Bellatrix Lestrange wird getötet.[315]

Währenddessen zerstören Ron und Hermine mit einem Zahn des Basilisken aus der Kammer des Schreckens den Trinkpokal von Helga Hufflepuff. Mit Hilfe des Hausgeistes von Ravenclaw, der *Grauen Dame,* kann Harry das Diadem finden. Dabei wird er jedoch von Draco Malfoy und seinen Freunden ertappt. Im Kampf um das Diadem entzündet Vincent Crabbe versehentlich ein mächtiges *Dämonsfeuer,* das den kompletten Raum inklusive des Diadems zerstört. Crabbe wird im Feuer getötet. Harry kann Draco retten. Später kann das Trio beobachten, dass Lord Voldemort seine Schlange Nagini ganz besonders gut schützt.

---

313 *Rowling,* Harry Potter 7, Das Haus Malfoy, S. 454–484.

314 *Rowling,* Harry Potter 7, Gringotts, S. 528–552; Der fehlende Spiegel, S. 563–579.

315 *Rowling,* Harry Potter 7, Das verschollene Diadem, S. 594 ff.; Der Rauswurf von Severus Snape, S. 597 ff.; Die Schlacht von Hogwarts, S. 616–645.

Sie schließen daraus, dass es sich bei ihr um den letzten Horkrux handeln muss. Aus der Ferne können sie sehen, wie Lord Voldemort Dumbledores Grab öffnet und den mächtigen Elder-Zauberstab daraus entnimmt. Lord Voldemort erklärt Snape, dass ein Zauberstab sich nur dann ganz beherrschen lasse, wenn man seinen vorigen Meister getötet habe. Er sei also zu dem Schluss gekommen, dass er Snape, den Mörder Dumbledores, töten müsse. So geschieht es dann auch.[316]

Vom im Sterben liegenden Snape erfährt Harry, dass Snape dessen Mutter Lily geliebt hat. Ihr zuliebe arbeitete er als Doppel-Spion für Dumbledore und ließ Harry u. a. das Schwert Gryffindors zukommen. Harry beschließt, dem Kampf ein Ende zu bereiten und sich Lord Voldemort zu stellen. Zuvor gibt er Neville Longbottom den Hinweis, dass dieser die Schlange Nagini töten muss.[317]

Im Schnatz, den Dumbledore ihm vererbt hat, findet Harry den *Stein der Auferstehung* aus dem Märchen der drei Brüder. Aus diesem treten seine Eltern als Geisterwesen hervor, die ihm die Kraft geben, sich Lord Voldemort zu stellen. Lord Voldemort greift Harry mit dem Avada-Kedavra-Fluch an, doch statt zu sterben, wacht er in einer weiß schimmernden Wolken-Version des Kings Cross Bahnhofsgebäudes wieder auf und trifft dort auf den Geist von Dumbledore. Dieser erklärt Harry, dass er immer noch von der Liebe seiner Mutter geschützt werde. Das einzig Ungeschützte, das der Todesfluch tatsächlich zerstören konnte, war jenes fremde Seelenstück, das Lord Voldemort an Halloween 1981 unwissentlich mit dem Todesfluch auf Harry übertragen hatte. Harry könne sich nun zwischen Leben und Tod entscheiden. Harry beschließt, zu leben und kommt auf der Waldlichtung zu sich.[318]

Neville schlägt Nagini mit dem Schwert Gryffindors den Kopf ab. Im Mann-gegen-Mann-Duell kann Harry Lord Voldemort besiegen. Es stellt sich heraus, dass der Elder-Zauberstab diesem nicht gehorcht. Dumbledore (als ursprünglicher Besitzer des Elder-Stabs) war schon vor Snapes Todesfluch von Draco Malfoy entwaffnet worden, wodurch dieser der Herr des Elder-Stabs wurde. Im Anwesen der Malfoys hatte dann Harry Draco entwaffnet, sodass der Elder-Zauberstab nun loyal gegenüber ihm ist. Harry tötet Lord Voldemort und zerbricht den Elder-Stab.[319]

Das letzte Kapitel stellt einen Epilog dar. Es ist das Jahr 2017. Harry und Ginny haben zwei Söhne (James Sirius und Albus Severus) sowie eine Tochter (Lily Luna). Hermine und Ron haben eine Tochter (Rose) und einen Sohn (Hugo). Die Eltern bringen ihre Kinder am 1. September zum Hogwartsexpress.

„Alles war gut.“[320]

---

316 *Rowling,* Harry Potter 7, Die Schlacht von Hogwarts, S. 631 ff.; Der Elderstab, S. 646–666.

317 *Rowling,* Harry Potter 7, Die Geschichte des Prinzen, S. 667–698; Wieder der Wald, S. 703.

318 *Rowling,* Harry Potter 7, Wieder der Wald, S. 706–712; King's Cross, S. 713–731.

319 *Rowling,* Harry Potter 7, Der Fehler im Plan, S. 732–752.

320 *Rowling,* Harry Potter 7, Neunzehn Jahre später, S. 767.

C. Recht und Politik in Harry Potter

I. Das politische System der Zaubererwelt

Wer das Recht in den Harry-Potter-Büchern analysieren möchte, muss sich zunächst mit dem politischen System der Harry Potter Welt befassen. Denn beides ist eng miteinander verknüpft. Im Falle der Zaubererwelt eventuell sogar zu eng?

Vorab sei nochmals festgehalten, dass es sich bei der magischen Welt um eine (fiktive) Parallelwelt zu unserer Realität handelt und die sieben Bücher in den Jahren 1991–1998 hauptsächlich in Großbritannien spielen. Zwischen den politischen Systemen unserer realen Welt und der Zaubererwelt bestehen keine Verbindungen (siehe S. 5 ff.).[321] Vielmehr funktioniert die Zaubererwelt nach ihren ganz eigenen Regeln, die im Folgenden dargestellt werden sollen.

Die Autorin meint dazu, dass es in der Welt von Harry Potter aber genau die gleichen Probleme gibt, wie in unserer Welt, was es gerade so spannend macht, die beiden Systeme miteinander zu vergleichen und die Erkenntnisse für unsere Welt fruchtbar zu machen: *„I wanted Harry to leave our world and find exactly the same problems in the wizarding world. So you have the intent to impose a hierarchy, you have bigotry, and this notion of purity, which is this great fallacy, but it crops up all over the world. People like to think themselves superior and that if they can pride themselves in nothing else they can pride themselves on perceived purity. […] The Potter books in general are a prolonged argument for tolerance, a prolonged plea for an end to bigotry, and I think it's one of the reasons that some people don't like the books, but I think that's it's a very healthy message to pass on to younger people that you should question authority and you should not assume that the establishment or the press tells you all of the truth.“*[322]

Das politische System wird dabei in allen sieben Büchern an keiner Stelle ausdrücklich benannt. Es ist also aus den erzählerischen Begebenheiten „herauszulesen“. Alle sieben Bücher werden aus der Perspektive eines politisch zunächst nicht interessierten Jugendlichen beschrieben, der die meiste Zeit in Hogwarts – einem abgelegenen Internat – verbringt. Für seine Geschichte ist das politische System anfangs nicht relevant. Erst in späteren Bänden lernt Harry mehr über

---

321 Ausnahme: Eine Szene in Band sechs in welcher der Zaubereiminister den amtierenden Muggel-Premierminister besucht, um ihn vor Lord Voldemort zu warnen. Der Muggel-Minister ist namentlich unbekannt. *Rowling*, Harry Potter 6, Der andere Minister, S. 6 ff.

322 http://www.the-leaky-cauldron.org/2007/10/20/j-k-rowling-at-carnegie-hall-reveals-dumbledore-is-gay-neville-marries-hannah-abbott-and-scores-more (Interview vom 20.10.2007, abgerufen am 23.01.2023); *Winters,* in: Buttsworth/Abbenhuis (Hrsg.): Monsters in the Mirror, S. 53 (62); *Lamb,* in: Farr (Hrsg.): A Wizard of Their Age, S. 57 (57).

das politische System der Zaubererwelt. Allerdings oft nur dergestalt, dass er selbst direkt von politischen oder justiziellen Maßnahmen betroffen ist.[323] Einen Überblick über das gesamte politische System oder eine neutrale Schilderung aus der Sicht eines allwissenden Erzählers gibt es nicht.

Grundsätzlich kann davon ausgegangen werden, dass es in der magischen Welt verschiedene „Länder“ gibt, deren Landesgrenzen größtenteils mit den Unsrigen übereinstimmen.[324] So erfährt man in Band vier, dass im Jahr 1994 die 422. Quidditch-Weltmeisterschaft zwischen Irland und Bulgarien stattfindet und Zauberer aus der ganzen Welt nach Großbritannien reisen, um dem Ereignis beizuwohnen.[325] Im gleichen Jahr findet außerdem das Trimagische Turnier statt, an dem neben Hogwarts auch Zaubererschulen aus Frankreich (Beauxbatons) und Osteuropa (Durmstrang) mitmachen.[326] Inwiefern diese magischen „Länder“ tatsächlich souveräne Staaten i. S. d. Drei-Elemente-Lehre[327] sind, ist allerdings fragwürdig. Denn die magische Bevölkerung lebt inkognito auf dem Territorium von Muggel-Staaten, wodurch es an einem eigenen „Staatsgebiet“ fehlen würde. So liegt z. B. das Zaubereiministerium unterhalb der Stadt Londons und die Hogwarts-Schule in Schottland.[328] Wenn im Folgenden vom *Zaubereiministerium* und dem *Zaubereiminister* gesprochen wird, ist also immer die jeweilige Institution in Großbritannien gemeint.

Zumindest in den ersten vier Büchern weist die Harry Potter Welt (noch) einige – wenn auch nicht alle – Elemente eines modernen Staates im Sinne der Bundesrepublik Deutschland auf. Die Staatsstrukturprinzipien der BRD sind in Art. 20 I GG niedergelegt und umfassen das Demokratieprinzip sowie die Republik, das Bundesstaatsprinzip, das Gewaltenteilungsprinzip, das Rechtsstaatsprinzip und das Sozialstaatsprinzip.[329]

---

323 Beispielsweise durch seine eigene „disziplinarische Anhörung“ vor dem Zaubergamot, die jedoch nichts mit dem uns bekannten Disziplinarrecht zu tun hat. Vgl. *Rowling*, Harry Potter 5, Die Anhörung, S. 165 ff. In dieser Arbeit ab S. 389.

324 So auch: *Sterling-Folker/Folker*, in: Hexon/Neumann (Hrsg.): Harry Potter and International Relations, S. 103 (105).

325 *Rowling*, Harry Potter 4, Die Narbe, S. 35; Die Quidditch-Weltmeisterschaft, S. 109 ff.

326 *Rowling*, Harry Potter 4, Das Trimagische Turnier, S. 196 ff.; Beauxbatons und Durmstrang, S. 256 ff.

327 Zur Drei-Elemente-Lehre: *Dederer*, in: Dürig/Herzog/Scholz (Hrsg.): GG, Art. 91 Rn. 56–61; *Danwerth*, in: JuS 2011, S. 406 (407 f.).

328 Gleichzeitig übt das britische Zaubereiministerium die Staatsgewalt über die magische Bevölkerung in Großbritannien (=Staatsvolk) aus, z. B. indem es Bußgelder verhängt und (Straf-)prozesse führt. Ein Kuriosum ergibt sich auch bei muggelstämmigen im Vergleich zu reinblütigen Magiern. Während erstere über einen britischen Pass verfügen, eine britische Grundschule besuchen und sich auch in der Muggelwelt verantworten müssen, leben letztere völlig abgeschottet von der Muggelwelt (allerdings auf deren Territorium). Eventuell gibt es also eine Art „doppelte“ (aber in der Muggel-Welt nur dem Muggel-Premierminister bekannte) Staatsbürgerschaft?

329 Zu den Prinzipien des Art. 20 I GG: *Jarass*, in: Jarass/Pieroth (Hrsg.): GG, Art. 20 Rn. 1–175; *Rux*, in: BeckOK GG, Art. 20 Rn. 1–231.1.

Fest steht, dass es sich bei der Zaubererwelt – im Gegensatz zu Deutschland mit seinen 16 Bundesländern[330] – um einen zentralistischen Staat handelt. Obwohl Hogwarts in Schottland liegt, ist auch dafür das Zaubereiministerium in London zuständig.[331] Eine Untergliederung in Bundesstaaten oder Bundesländer ist der britischen Zaubererwelt fremd. Landesparlamente sowie eine Ländervertretung (Bundesrat) gibt es in der Zaubererwelt deswegen nicht. Auch das Sozialstaatsprinzip scheint den Zauberern fremd zu sein. Jedenfalls werden keinerlei staatlichen Unterstützungsmaßnahmen in den sieben Büchern erwähnt.[332]

Das Wort Demokratie kommt aus dem Griechischen und bedeutet „Herrschaft des Volkes".[333] Kennzeichnend ist, dass die Staatsgewalt vom Volk ausgeht und durch (freie und geheime) Wahlen ausgeübt wird (Art. 20 II GG). Dabei unterscheidet man zwischen der direkten/unmittelbaren Demokratie und der indirekten/repräsentativen Demokratie. Die parlamentarische Demokratie des heutigen Grundgesetzes entstand dabei unter dem Eindruck der negativen Erfahrungen der Weimarer Republik und der Zeit des Nationalsozialismus.[334] Zentrale Merkmale einer modernen Demokratie sind das Mehrheits- oder Konsensprinzip, der Minderheitenschutz, die Akzeptanz einer politischen Opposition, die Gewaltenteilung, die Verfassungsmäßigkeit, sowie der Schutz der Grund-, Bürger- und Menschenrechte.[335]

In den Harry-Potter-Büchern bündelt sich die politische Macht im Zaubereiministerium und dessen Zaubereiminister, der vom Volk gewählt wird (siehe S. 91 ff.). Dieses hält sich – zumindest in den ersten vier Büchern – auch an seine eigenen Gesetze. Allerdings hat der Zaubereiminister bereits hier eine sehr mächtige Position inne und es ist keine klare Gewaltenteilung zu erkennen. So verwischt in der Zaubererwelt bereits vor der Machtergreifung durch Lord Voldemort die Trennung zwischen Exekutive, Legislative und Judikative. Insbesondere ist der Zaubergamot als höchstes Gericht der Zaubererwelt u. a. mit Angestellten des Zaubereiministeriums besetzt (siehe S. 158 ff.). Politische Parteien

330 Zum „Bundesstaatsprinzip": *Rux,* in: BeckOK GG, Art. 20, Rn. 1–54; *Jarass,* in: Jarass/Pieroth (Hrsg.): GG, Art. 20 Rn. 22 ff.; *Voßkuhle/Kaufhold,* in: JuS 2010, S. 873 (873–876); vertikaler/horizontaler Föderalismus vgl. *Krumm*, Föderale Staaten im Vergleich, S. 44–50; Gesetzgebung der Bundesländer, vgl. *Schmidt,* Das politische System Deutschlands, S. 200 ff.

331 Hogwarts und das Ministerium kooperieren z. B. bei der Organisation des Trimagischen Turniers. Vgl. *Rowling*, Harry Potter 4, Bagman und Crouch, S. 99; Die vier Champions, S. 290.

332 *Wright,* in: Thomas/Snyder (Hrsg.): The Law & Harry Potter, S. 131 (141 f.).

333 Demokratiegeschichte: *Nolte,* Was ist Demokratie?, S. 26 ff.; Typen moderner Demokratie: *Meyer*, Was ist Demokratie?, S. 74–116.

334 *Salaw-Hanslmaier/Möller,* in: ZRP 2020, S. 77 (77); *Waldhoff,* in: JuS 2019, S. 737 (737–744).

335 Zum Demokratieprinzip des GG: *Kotzur,* in: Münch/Kunig (Hrsg.): GG, Art. 20 Rn. 43–73; *Dreier,* in: Dreier (Hrsg.): GG, Art. 20 Rn. 60–81; *Pieroth,* in: JuS 2010, S. 473 (473–481); *Schröder,* in: JA 2017, S. 809 (809–818); kritisch zu Rechtsstaat und Demokratie: *Voßkuhle,* in: NJW 2018, S. 3154 (3154–3159).

und ein Parlament gibt es überhaupt nicht, sodass das Zaubereiministerium als Exekutive auch noch die Gesetzgebung übernimmt (siehe S. 98 ff.).

Ab Band fünf kann man mit der (ungerechtfertigten) Anhörung von Harry Potter[336] immer mehr den Zerfall der demokratischen Strukturen erkennen. Denn hier geht letztendlich ein Staat mit aller Härte gegen einen Minderjährigen vor, der vor der Machtergreifung durch einen magischen Diktator warnt. In Band sechs wird schließlich Albus Dumbledore durch Lord Voldemort ermordet, ohne dass das Zaubereiministerium diesen Todesfall auch nur untersucht.[337] Lord Voldemort installiert am Anfang von Band sieben Spione im Ministerium, um es zu unterwandern.[338] Die Machtübernahme erfolgt durch die Ermordung des alten Zaubereiministers[339] sowie der Installation eines neuen Zaubereiministers, der unter dem *Imperius-Fluch* steht und damit von Lord Voldemort kontrolliert wird.[340] Ab diesem Moment werden auch neue Gesetze eingeführt, um muggelstämmige Zauberer systematisch zu verfolgen und zu ermorden.[341] Unter Lord Voldemort verkümmert die Zaubererwelt zu einer grausamen Diktatur.

Bereits dieser kurze Abriss zeigt, dass es Ähnlichkeiten zur Machtergreifung Adolf Hitlers gibt, der sich zunächst demokratisch wählen ließ, dann aber die Demokratie von innen heraus abschaffte, was letztendlich in den Zweiten Weltkrieg und den Massenmord an rund sechs Millionen Juden mündete (siehe S. 426 ff. 435 f., 471).

1. Das Zaubereiministerium

An der Spitze der Zaubererwelt steht das hierarchisch strukturierte *Zaubereiministerium*, das von einem – im Laufe der Geschichte wechselnden – *Zaubereiminister* (siehe S. 79 ff.) geleitet wird. Dabei hat das Zaubereiministerium in der Bevölkerung nicht immer einen guten Ruf. Das erste, was Harry über das Zaubereiministerium in Band eins erfährt, ist, dass dort viele Fehler geschehen und es – zumindest aus Hagrids Sicht – besser gewesen wäre, wenn Dumbledore Zaubereiminister geworden wäre und nicht Cornelius Fudge.

„»Zaubereiministerium vermasselt mal wieder alles, wie üblich«, brummte Hagrid und blätterte um. »Es gibt ein Ministerium für Zauberei?«, platzte Harry los. »Klar«, sagte Hagrid. »Wollten natürlich Dumbledore als Minister haben, aber der würde nie von Hogwarts weggehen. Deshalb hat Cornelius Fudge die Stelle bekommen. Gibt keinen größeren Stümper. Schickt also Dumbledore jeden Morgen ein Dutzend Eulen und fragt ihn um Rat.« »Aber was tut ein Zauberei-

336 *Rowling,* Harry Potter 5, Die Anhörung, S. 165 ff.
337 *Rowling,* Harry Potter 6, Der vom Blitz getroffene Turm, S. 600.
338 *Rowling,* Harry Potter 7, Der Dunkle Lord erhebt sich, S. 13.
339 *Rowling,* Harry Potter 7, Die Hochzeit, S. 166.
340 *Rowling,* Harry Potter 7, Das Bestechungsgeschenk, S. 214 ff.
341 *Rowling,* Harry Potter 7, Die Registrierungskommission für Muggelstämmige, S. 254–269.

ministerium?« »Nun, seine Hauptaufgabe ist, vor den Muggels geheim zu halten, dass es landauf, landab immer noch Hexen und Zauberer gibt.« »Warum?« »Warum? Meine Güte, Harry, die wären doch ganz scharf darauf, dass wir ihre Schwierigkeiten mit magischen Kräften lösen. Nö, die sollen uns mal in Ruhe lassen.« "[342]

Das britische Zaubereiministerium befindet sich im Herzens Londons und ist für ganz Großbritannien zuständig. Es liegt unterirdisch, damit es von Muggeln nicht entdeckt wird.[343] An dieser Stelle soll für das allgemeine Verständnis grob versucht werden, den magischen Staatsaufbau in unser deutsches System einzuordnen.

Das Zaubereiministerium entspricht am ehesten der Deutschen Bundesregierung (Art. 62 GG).[344] Diese besteht aus dem Bundeskanzler (Art. 63 GG) und den Bundesministern (Art. 64 GG). Ihr Äquivalent in der Harry Potter Welt findet der Bundeskanzler im Zaubereiminister und die Bundesminister in den jeweiligen Abteilungsleitern des Zaubereiministeriums.

Einen Bundespräsidenten (Art. 54 GG)[345] als Staatsoberhaupt wie in Deutschland kennt die Zaubererwelt nicht. Das ist vor allem im Hinblick auf das historische deutsche Recht interessant. Denn 1934 wurden die bisher getrennten Ämter des Reichspräsidenten und des Reichskanzlers unter Adolf Hitler durch das *„Gesetz über das Staatsoberhaupt des Deutschen Reichs"* (RGBl. I 1934, S. 747) vom 1. August 1934 zusammengelegt, indem die Befugnisse des Reichspräsidenten auf den *„Führer und Reichskanzler Adolf Hitler"* übergingen (siehe S. 92). Damit ist die Macht in der Zaubererwelt ähnlich stark in einer Hand wie im NS-Staat.

Die Möglichkeit, dass es sich beim Zaubereiministerium lediglich um *eines* von vielen magischen Ministerien in Großbritanniens handelt, ist so gut wie ausgeschlossen. In allen sieben Harry-Potter-Büchern wird lediglich von *dem* (einen) Zaubereiministerium gesprochen.[346] Andere Ministerien werden nicht erwähnt. Und das, obwohl Hogwarts in Schottland liegt und man damit schon räumlich vermuten könnte, dass eine andere Institution für die Schule zuständig sein könnte. Hinzu kommt, dass das Zaubereiministerium aus Abteilungen besteht, die den in vielen Staaten typischerweise vorhandenen Ministerien ähneln (Innen, Justiz, Bildung, Sport usw.). Für weitere Ministerien mit anderen Aufga-

342 *Rowling,* Harry Potter 1, In der Winkelgasse, S. 73, 74.

343 *Rowling,* Harry Potter 5, Das Zaubereiministerium, S. 151 ff.

344 Zur Zusammensetzung der Bundesregierung: *Epping,* in: BeckOK GG, Art. 62 Rn. 1–29.1; *Voßkuhle/Schemmel,* in: JuS 2020, S. 736 (736–740); *Busse/Hofmann,* Bundeskanzleramt und Bundesregierung, S. 45 ff.; Kompetenzen und Aufgaben: *Degenhart,* Staatsrecht I, Rn. 750 ff.; *Schenke,* in: JURA 1982, S. 337 (337–348).

345 *Herzog,* in: Dürig/Herzog/Scholz (Hrsg.): GG, Art. 54, Rn. 2–25; *Voßkuhle/Schemmel,* in: JuS 2021, S. 118 (118–121). Ebenso fremd ist der Zaubererwelt ein Monarch als Staatsoberhaupt wie etwa der King/die Queen in England.

346 So auch: *Ligugnana,* in: Carpi/Leiboff (Hrsg.): Fables and the Law, S. 419 (421).

bengebieten ist auch sachlich kein Platz, weil bereits alle relevanten politischen Themen im Ministerium in London behandelt werden. Außerdem gibt es mit Cornelius Fudge und seinen Nachfolgern jeweils *einen* Zaubereiminister, der als Oberhaupt des Zaubereiministeriums in London fungiert und die Kontrolle über das gesamte politische Geschehen hat (siehe S. 79 ff.). Diesbezüglich wird ebenfalls nirgends angedeutet, dass der Zaubereiminister einen gleichrangigen Kollegen haben könnte. Der *eine* Zaubereiminister vertritt vielmehr ganz Großbritannien gegenüber anderen Staaten und hält somit auch alle Auslandsbeziehungen in seinen Händen. So beispielsweise im Gespräch mit dem Muggel-Premierminister am Anfang von Band sechs: *„[…] denn das Zaubereiministerium trage die Verantwortung für die ganze magische Gesellschaft und werde verhindern, dass die nichtmagische Bevölkerung Wind von ihr bekommt.“*[347]

Der Muggel-Minister rekapituliert sogar explizit in seinen Erinnerungen, von welchen Zaubereiministern er in der Vergangenheit jeweils *hintereinander* (nicht nebeneinander) einen Besuch abgestattet bekommen hat.[348] Schlussendlich verrät die Autorin selbst, dass *der eine* Zaubereiminister vom Volk alle sieben Jahre gewählt wird (siehe S. 91 ff.).[349]

Das Zaubereiministerium besteht aus mehreren Abteilungen mit mehr als 500 Mitarbeitern.[350] Diese Abteilungen ähneln von ihren Aufgabengebieten her den deutschen Bundesministerien. Die jeweiligen Abteilungsleiter entsprechen dabei inhaltlich unseren Bundesministern.

a) Die Zaubereiministeriumszentrale

Im ersten Stock befindet sich die *Zaubereiministeriumszentrale* mit dem Büro des Zaubereiministers und seinen Mitarbeitern. Dazu gehört ab Band fünf das *Büro des Juniorassistenten des Zaubereiministers* Percy Weasley[351] und das *Büro der Ersten Untersekretärin des Zaubereiministers* Dolores Umbridge[352]

347 *Rowling,* Harry Potter 6, Der andere Minister, S. 11.

348 *Rowling,* Harry Potter 6, Der andere Minister, S. 9 ff.; S. 22 f.

349 *„The Minister for Magic is democratically elected, although there have been times of crisis in which the post has simply been offered to an individual without a public vote (Albus Dumbledore was made such an offer, and turned it down repeatedly). There is no fixed limit to a Minister's term of office, but he or she is obliged to hold regular elections at a maximum interval of seven years.“, https://www.wizardingworld.com/writing-by-jk-rowling/ministers-for-magic* (abgerufen am 23.01.2023).

350 Alleine für die Quidditch-WM sind 500 Ministeriumszauberer abgestellt, sodass es insgesamt deutlich mehr Ministeriumszauberer geben dürfte (*Rowling,* Harry Potter 4, Die Quidditch-Weltmeisterschaft, S. 102). Da die Zauberergesellschaft in Großbritannien sehr klein ist, ist das viel Personal und lässt vermuten, dass das Ministerium sogar der Hauptarbeitgeber ist.

351 *Rowling,* Harry Potter 5, Grimmauldplatz Nummer zwölf, S. 90 f.

352 *Rowling,* Harry Potter 5, Die Anhörung, S. 167.

sowie ab Band sieben das *Büro der Vorsitzenden der Registrierungskommission für Muggelstämmige.*[353]

Im Verlaufe der Geschichte wird immer deutlicher, dass die gesamte politische Macht in der Zaubererwelt auf dieser Etage konzentriert ist. Ab Band fünf versucht man dort, Harrys Version von der Rückkehr Lord Voldemorts zu unterdrücken und ihm mit einer disziplinarischen Anhörung (siehe S. 334 ff.) das Leben schwer zu machen. In Band sieben übernimmt Lord Voldemort das Zaubereiministerium mit Hilfe eines – unter dem willenssteuernden Imperius-Fluch stehenden – Helfershelfers.[354]

Wie viel Macht das Zaubereiministerium hat, wird spätestens klar, nachdem die von Umbridge geführte *Registrierungskommission für Muggelstämmige* gründet wird, die Muggelstämmige verfolgt (siehe S. 431 ff.).

b) Die Abteilung für Magische Strafverfolgung

Die *Abteilung für Magische Strafverfolgung* befindet sich im zweiten Stock. Sie ist eine der größten und mächtigsten Abteilungen im Zaubereiministerium. An mehreren Stellen wird erwähnt, dass der ehemalige Leiter dieser Abteilung direkt zum Zaubereiminister aufgestiegen ist.[355] Dazu gehören: Die Aurorenzentrale, die magische Strafverfolgungspatrouille[356], der Zaubergamot-Verwaltungsdienst, das Büro gegen den Missbrauch der Magie, und das Büro gegen den Missbrauch von Muggelartefakten. Im sechsten Band kommt das Büro zur Ermittlung und Beschlagnahme gefälschter Verteidigungszauber hinzu.[357]

Bei den *Auroren* handelt es sich um eine Art speziell ausgebildete Elite-Polizei (Fenske: *„elite troop"*[358]), die dazu da ist, schwarze Magier (wie Lord Volde-

---

353 *Rowling,* Harry Potter 7, Magie ist Macht, S. 253; Die Registrierungskommission für Muggelstämmige, S. 254 ff.

354 *Rowling,* Harry Potter 7, Der Dunkle Lord erhebt sich, S. 13; Das Bestechungsgeschenk, S. 214–217.

355 Bartemius Crouch Senior war Leiter der Abteilung für Magische Strafverfolgung und wurde nur wegen des Skandals um seinen Sohn nicht Zaubereiminister (vgl. *Rowling,* Harry Potter 4, Das Denkarium, S. 614 ff., Tatzes Rückkehr, S. 553), Pius Thickness wird zum Leiter der Abteilung ernannt und später unter Lord Voldemort zum Zaubereiminister (vgl. *Rowling,* Harry Potter 7, Der Dunkle Lord erhebt sich, S. 13; Das Bestechungsgeschenk, S. 214–217), Kingsley Shacklebolt ist zunächst leitender Auror, wird nach der Schlacht von Hogwarts zum Interims-Zaubereiminister (vgl. *Rowling,* Harry Potter 7, Der Fehler im Plan, S. 753).

356 In Band drei auch: *„Magische Polizeibrigade"* (*Rowling*, Harry Potter 3, Die Karte des Rumtreibers, S. 230) und in Band sechs auch: *„Magisches Strafverfolgungskommando"* (*Rowling,* Harry Potter 6, Wollen und Nichtwollen, S. 49).

357 *Rowling,* Harry Potter 6, Schleim im Überfluss, S. 89.

358 *Fenske,* Muggles, Monsters and Magicians, S. 308. Gava/Paterson vergleichen sie mit einem SWAT Team, *Gava/Paterson,* in: Thomas/Snyder (Hrsg.): The Law & Harry Potter, S. 3 (10).

mort und seine Todesser) zu jagen und nach Askaban zu schicken.[359] Sie unterliegen den direkten Weisungen des Ministers.[360] Die *magische Strafverfolgungspatrouille* kümmert sich im Gegensatz dazu um alltägliche Kriminalität und Ordnungswidrigkeiten (siehe S. 167 ff.).[361] Auch wenn die Auroren und die magische Strafverfolgungspatrouille nicht direkt mit der Polizei in Deutschland[362], den Spezialeinsatzkommandos der Länder (SEK[363]) sowie unserer Spezialeinheit der deutschen Bundespolizei (GSG 9[364]) vergleichbar ist, fällt doch auf, dass auch die magische Welt ihre Einsatzkräfte in Gruppen aufteilt und dabei zwischen leichterer und schwerer Kriminalität unterscheidet.

Im Dritten Reich wurde die Polizei ab 1933 zentralisiert und ab 1936 unterschied man zwischen der *Ordnungspolizei* (OrPo) und der *Sicherheitspolizei* (SiPo). Letztere unterteilte sich wiederum in die *Geheime Staatsschutzpolizei* (Gestapo) sowie die *Kriminalpolizei* (Kripo). Zudem schuf Hitler die *Sturmabteilung SA* und die *Schutzstaffel SS.*[365] Sein Ziel war, die gesamte Polizei zu einem Instrument der Führergewalt zu machen (siehe Seite 169 ff.).[366]

Mit dem *Büro gegen den Missbrauch der Magie* macht Harry mehrere Male schlechte Erfahrungen. Es ist für zwei Fälle zuständig. Erstens für Personen, die zaubern, obwohl sie dazu nicht berechtigt sind (= *unbefugte Zauberei*), und zweitens für Situationen, in denen unerlaubte Zauber ausgeführt werden (= *Missbrauch der Magie*). Harry wird wiederholt von diesem Büro verwarnt, weil er gegen das *„Abkommen zur Geheimhaltung der Magie"* (siehe S. 176 ff.) und

---

359 *Rowling,* Harry Potter 4, Im Hogwarts Express, S. 170.

360 So ordnete der Zaubereiminister z. B. die Suche nach Hagrid durch die Auroren an, vgl. *Rowling,* Harry Potter 5, Jenseits des Schleiers, S. 960.

361 *„»Werden die Auroren sie fangen?« »O nein, das war nur Kleinkram für die Auroren, das macht die gewöhnliche Magische Strafverfolgungspatrouille – ah, Harry, das ist Perkins.«"* (*Rowling,* Harry Potter 5, Das Zaubereiministerium S, 161 f.).

362 Zur historischen Entwicklung der Organisation der Polizei: *Schulte,* in: Stierle/Wehe/Stiller (Hrsg.): Handbuch Polizeimanagement, S. 23 (23–47); zum formellen und materiellen Polizeibegriff: *Schenke*, Polizei- und Ordnungsrecht, Rn. 2 ff.; Überblick über Bundes- und Landesbehörden: *Gusy*, Polizeirecht, S. 38, 54; Zuständigkeit der Bundespolizei: *Graulich*, in: Schenke/Graulich/Ruthig (Hrsg.): Sicherheitsrecht des Bundes, § 12 BPolG Rn. 4–7; *Wagner*, in: JURA 2009, S. 96 (96–100).

363 Ein Spezialeinsatzkommando (SEK) ist eine Spezialeinheit der Polizei der Länder in Deutschland, z. B. SEK NRW https://polizei.nrw/artikel/spezialeinheiten (abgerufen am: 23.01.2023).

364 Die GSG 9 der Bundespolizei ist die Spezialeinheit der deutschen Bundespolizei zur Bekämpfung von Schwerst- und Gewaltkriminalität sowie Terrorismus. https://www.bundespolizei.de/Web/DE/05Die-Bundespolizei/04Einsatzkraefte/GSG9-neu/gsg9_node.html (abgerufen am: 23.01.2023). Aufbau, Aufgaben und Befugnisse der Bundespolizei sind im Bundespolizeigesetz geregelt.

365 Entwicklung der Polizei ab 1933: *Vera,* Von der ‚Polizei der Demokratie', S. 434 ff.

366 Dazu gehörte auch, dass die Mitglieder der genannten Organisationen im Sinne des Nationalsozialistischen Gedankengutes „geschult" wurden: *Harten,* Die weltanschauliche Schulung der Polizei, S. 11 ff.

gegen das *„Verbot der Zauberei Minderjähriger"* (siehe S. 182 ff.) verstoßen haben soll.

In Band zwei wird er fälschlicherweise beschuldigt, in den Sommerferien einen Schwebezauber ausgeführt zu haben.[367] In Band fünf wird Harry wegen seines Patronus-Zaubers in einer Muggelgegend zu einer Anhörung ins Zaubereiministerium vorgeladen.[368] In Band drei sieht der Zaubereiminister von einer Bestrafung ab, um sich mit Harry „gutzustellen".[369] Im letzten Band erfährt Harry, dass die Abteilung minderjährige Magie nur deswegen so schnell entdecken und ahnden kann, weil an allen Minderjährigen die sogenannte *Spur* haftet.[370] Die Abteilung hat damit die Kompetenz, den Aufenthalt und die magische Aktivität aller unter 17-Jähriger[371] zu dokumentieren und „bespitzelt" damit die Bevölkerung ähnlich wie es die Nationalsozialisten taten (siehe S. 183 ff.).

Das *Büro gegen den Missbrauch von Muggelartefakten* schreitet immer dann ein, wenn verzauberte Gebrauchsgegenstände in Muggelhände geraten.[372] Es hat damit zwei Funktionen. Einerseits die Geheimhaltung der magischen Gesellschaft und andererseits den Schutz von Muggeln, die sich an magischen Gegenständen verletzten könnten. Dass zumindest letztere Funktion dem Zaubereiministerium nicht sonderlich wichtig ist, zeigt die schlechte Ausstattung des Büros und die Tatsache, dass Mr Weasley von seinen Kollegen als „Muggelfreund" verlacht wird.[373] Nach der Rückkehr Lord Voldemorts übernimmt Arthur Weasley das *Büro zur Ermittlung und Beschlagnahme Gefälschter Verteidigungszauber*, weil der Handel mit falschen Talismanen und Verteidigungszaubern boomt.[374]

Ob diese Abteilung selbst auch gesetzgeberisch tätig wird, ist unklar.[375] Hervor sticht aber, dass der jeweilige Leiter der magischen Strafverfolgungsbehörde gleichzeitig auch der Ankläger vor dem Zaubergamot ist. So beispielsweise Amelia Bones, die Harrys disziplinarische Anhörung in Band fünf leiten soll, dann aber kurzfristig durch Cornelius Fudge ersetzt wird.[376] Damit existiert

367 *Rowling,* Harry Potter 2, Dobbys Warnung, S. 26.

368 *Rowling,* Harry Potter 5, Eulen über Eulen, S. 37 ff.

369 *Rowling,* Harry Potter 3, Der Fahrende Ritter, S. 53.

370 *Rowling,* Harry Potter 7, Die sieben Potters, S. 53.

371 In der Zaubererwelt erlangt man mit 17 Jahren die Volljährigkeit (*Rowling,* Harry Potter 4, Das Trimagische Turnier, S. 198; Harry Potter 6, Wollen und Nichtwollen, S. 60).

372 *Rowling,* Harry Potter 5, Das Zaubereiministerium, S. 160.

373 *Rowling,* Harry Potter 4, Mad-Eye Moody, S. 213 f.

374 *Rowling,* Harry Potter 4, Schleim im Überfluss, S. 89.

375 Dies dürfte unter anderem dem Umstand geschuldet sein, dass an keiner Stelle in den Harry-Potter-Büchern erklärt wird, wie formelle Gesetze zu Stande kommen. So wird nirgends erwähnt, dass es ein Parlament mit Abgeordneten und Parteien gibt, die über neue Gesetze abstimmen. Wahrscheinlich ist, dass die einzelnen Abteilungen des Zaubereiministeriums eigene materielle Regelungen erlassen können. So entwirft Arthur Weasley beispielsweise ein „Muggelschutzgesetz" (*Rowling,* Harry Potter 2, Der Vielsaft-Trank, S. 239; Dobbys Belohnung, S. 358). Zur Legislativen siehe S. 98 ff.

376 *Rowling*, Harry Potter 5, Das Zaubereiministerium, S. 149.

in der magischen Welt grundsätzlich eine Art Anklagebehörde. Zumindest in Deutschland ist die Staatsanwaltschaft als Teil der Exekutive und Anklagebehörde dem Justizministerium[377] – und nicht dem Innenministerium – untergeordnet. Auf Grund ihres Namens und ihrer Tätigkeit im Bereich der Inneren Sicherheit, Kriminalitätsbekämpfung und Rechtspflege, könnte es sich bei der Abteilung für Magische Strafverfolgung nach unserem Verständnis also um eine Mischung aus Innen- und Justizministerium handeln.

Ein direkter Vergleich fällt aber schwer. Dies zeigt wiederum, dass sich Rowling nicht an dem für viele westliche Staaten so typischen Staatsaufbau orientiert hat, denn eine Trennung von Innen- und Justizministerium ist nicht nur in Deutschland üblich, sondern auch in unseren Nachbarländern, insbesondere auch in Großbritannien.[378] Es liegt nahe, dass die Autorin mit dem Zaubereiministerium keinen realen Staatsaufbau imitieren wollte.

c) Die Abteilung für Magische Unfälle und Katastrophen

Im dritten Stock ist die *Abteilung für Magische Unfälle und Katastrophen* untergebracht. Dazu gehören das Magische Unfallumkehr-Kommando, die Vergissmich-Zentrale und das Komitee für muggelgerechte Entschuldigungen.[379] Das *Magische Unfallumkehr-Kommando* ist dafür zuständig, fehlgegangene Zauber rückgängig zu machen. So ist die Abteilung u. a. dafür zuständig, Personen zu retten, die sich beim Apparieren von einem Ort zum anderen aus Versehen „aufgespalten" haben.[380] Sogenannte *Vergissmich*-Zauberer werden eingesetzt, um Muggeln, die etwas Magisches gesehen haben, das Gedächtnis zu löschen, damit die Zaubererwelt weiter geheim bleibt.[381] Aufgabe des *Komitees für muggelgerechte Entschuldigungen* ist es, mit unverdächtigen Erklärungen für magische Vorkommnisse aufzuwarten. Beispielsweise wurde die magische Zerstörung eines Straßenabschnitts durch Peter Pettigrew (bzw. vermeintlich Sirius Black),

---

377 Die Zuordnung ergibt sich u. a. aus § 147 GVG. Kritisch zur Zusammenlegung von Justiz- und Innenministerium: *Arnauld*, in: AöR, 124 (1999), S. 658 (658–688). Zur Problematik des europäischen Haftbefehls: *Eisele/Trentmann*, in: NJW 2019, S. 2365 (2365–2368).

378 Das britische Innenministerium wird seit seiner Gründung 1782 *Home Office* genannt und ist zuständig für die Innere Sicherheit und die Bekämpfung von Kriminalität. Das britische Justizministerium (*Ministry of Justice)* wurde 2007 gegründet und ist unter anderem für die Verfassungspolitik und Menschenrechte zuständig. Aber auch die Vorgänger des Ministeriums (seit 2003 *Department for Constitutional Affairs* und davor seit 1885 *The Lord Chancellor's Office*) zeigen eine grundsätzliche Trennung zwischen „Innen" und „Justiz"; *Wilson/Rutherford/ Storey/Wortley*, English Legal System, S. 63.

379 *Rowling*, Harry Potter 5, Das Zaubereiministerium, S. 158.

380 *Rowling*, Harry Potter 4, Der Portschlüssel, S. 72.

381 So wird z. B. dem Zeltplatz-Inhaber bei der Quidditch-WM mehrmals das Gedächtnis gelöscht, damit dieser nicht bemerkt, dass Zauberer bei ihm campen (vgl. *Rowling*, Harry Potter 4, Bagman und Crouch, S. 83).

die 1981 dreizehn Menschenleben forderte, als Folge einer „Gasexplosion" erklärt.[382]

Die Abteilung dient damit einerseits dem Schutz der Zaubererbevölkerung vor magischen Unfällen, andererseits aber auch dem Schutz der Muggel und der Geheimhaltung der Zauberergesellschaft.

d) Die Abteilung zur Führung und Aufsicht Magischer Geschöpfe

Der vierte Stock beherbergt die *Abteilung zur Führung und Aufsicht Magischer Geschöpfe*. Die Abteilung ist in eine *Tierwesenbehörde*, eine *Zauberwesenbehörde* und eine *Geisterbehörde* aufgeteilt. Zu Ersterer gehören: Das Seuchenberatungsbüro, der Ausschuss für die Beseitigung gefährlicher Geschöpfe, das Werwolf-Register, das Werwolf-Fangkommando und die Ghul-Beseitigungseinheit. An das *Seuchenberatungsbüro* kann man sich wenden, wenn man mit magischen Schädlingen nicht fertig wird. Vom *Ausschuss für die Beseitigung gefährlicher Geschöpfe* werden Beschwerden gegen magische Wesen entgegengenommen. Es findet dann eine Anhörung des Halters statt, bevor entschieden wird, ob das Wesen gefährlich ist und getötet werden muss. Das bekannteste Beispiel stellt die Beschwerde der Familie Malfoy gegen Hagrids Hippogreif *Seidenschnabel* dar, der Draco Malfoy im Unterricht für Pflege magischer Geschöpfe verletzt hat, nachdem dieser sich über den Hippogreif lustig gemacht hatte (siehe S. 118, 289 f.). Das *Werwolf-Register* erfasst alle Zauberer, die von Werwölfen gebissen wurden und sich nun selbst an Vollmond verwandeln. Werwölfe werden in der magischen Welt ausgegrenzt (siehe S. 462 ff.).

Die *Zauberwesenbehörde* gliedert sich in das Amt für die Neuzuteilung von Hauselfen, das Koboldverbindungsbüro, das Werwolf-Unterstützungsamt und das Zentauren-Verbindungsbüro.[383] Im *Amt für die Neuzuteilung von Hauselfen* können Zaubererfamilien sich um einen Hauself bewerben. Innerhalb besonders alter Zaubererfamilie werden die Hauselfen jedoch wie Gegenstände einfach (gegen ihren Willen) vererbt oder sogar getötet, wenn sie zu alt für die Hausarbeit sind. Hauselfen werden nicht bezahlt, bekommen keine Rente, haben kein persönliches Hab und Gut und leben wie Sklaven (siehe S. 438 ff.).

Das *Kobold-Verbindungsbüro* und *Zentauren-Verbindungsbüro* macht deutlich, dass es in der magischen Welt unterschiedliche „Klassen" gibt. Weniger „intelligente" magische Wesen werden zu den Tierwesen gezählt (z. B. Ghule, Hippogreife, Gnome usw.). Magische Wesen, die unsere Sprache sprechen (wie Zentauren und Kobolde) gehören in die etwas angesehenere Kategorie der Zauberwesen (siehe S. 204 Fn. 1073). Diese können mit Menschen kommunizieren und verfügen deswegen über ein Verbindungsbüro. Das darf aber nicht über die Tatsache hinwegtäuschen, dass gerade Zauberwesen wie z. B. Zentauren unter der Herrschaft der Menschen leiden (siehe S. 456). In vielen Interpretationen

---

382 *Rowling*, Harry Potter 3, Der Fahrende Ritter, S. 47

383 *Rowling*, Harry Potter 5, Das Zaubereiministerium, S. 157.

werden die Kobolde, welche die Zaubererbank Gringotts leiten, als die „Juden" der Harry-Potter-Bücher angesehen, weil ihnen ähnlich negative Vorurteile zugeschrieben werden wie in unserer Welt (siehe S. 450 ff.).[384]

e) Die Abteilung für Internationale Magische Zusammenarbeit

Im fünften Stock ist die *Abteilung für Internationale Magische Zusammenarbeit* untergebracht. Dazu gehören: Das *Büro des Internationalen Magischen Handelstandardausschusses, das Internationale Büro für Magisches Recht* und das *Kontaktbüro der Internationalen Zauberervereinigung*.[385] Alle drei Büros zeigen, dass es überall auf der Welt Zauberer gibt, die eng zusammenarbeiten. Einerseits in handelsrechtlichen Fragen, andererseits aber auch, was Recht und Gesetz betrifft. Bis zu seiner Ermordung in Band vier war Bartemius Crouch Sr. Leiter der Abteilung für Internationale Magische Zusammenarbeit. Von Percy Weasley erfährt man, dass sich die Abteilung u. a. international für eine einheitliche Kesseldicke einsetzt, weil die Importkessel zu schnell tropfen.[386]

Die Abteilung entspricht damit sehr genau dem Aufgabenbereich unseres Auswärtigen Amtes. Dieses nimmt die auswärtigen Angelegenheiten der BRD wahr, indem es die Beziehungen zu Staaten sowie überstaatlichen Einrichtungen und den Internationalen Organisationen, pflegt.[387] Historisch war das Auswärtige Amt tief in die Verbrechen des Dritten Reiches verstrickt. Insbesondere auch in die Verfolgung, Entrechtung und Vernichtung der europäischen Juden.[388]

Bei der *Internationalen Zaubereivereinigung* handelt es sich um eine Art magischen Zusammenschluss von Regierungen weltweit. Die Beschlüsse dieses internationalen Gremiums sind für die Regierungen der magischen Nationalstaaten verbindlich. Die Internationale Zaubereivereinigung soll u. a. dafür sorgen, dass die Existenz von Zauberern weltweit geheim bleibt. Dafür wurde 1692 das *Internationale Abkommen zur Geheimhaltung der Zauberei* verabschiedet (siehe S. 176 ff.). Der erste Vorsitzende der Internationalen Zaubereivereinigung, Pierre Bonnacord, setzte sich z. B. dafür ein, die Jagd auf Trolle zu verbieten. Das scheiterte daran, dass Lichtenstein damals ein Problem mit einem Stamm besonders bösartiger Berg-Trolle hatte und nicht zustimmen wollte.[389]

---

384 Z. B. bei *Kohlová*, Social Issues, S. 31; *Dendle,* in: Heilman (Hrsg.): Critical Perspectives on Harry Potter, S. 163 (165).

385 *Rowling,* Harry Potter 5, Das Zaubereiministerium, S. 157.

386 *Rowling,* Harry Potter 4, Weasleys Zauberhafte Zauberscherze, S. 61.

387 Zum Auswärtigen Amt der BRD: *Conze*, Das Auswärtige Amt, S. 102 ff.; *Fuchs*, in: NVwZ 2021, S. 25 (26).

388 Das zeigt u. a. eine 2005 eingesetzten Unabhängigen Historikerkommission. *Hürter,* in: VfZ 59/2011 Heft 2, S. 167 (167–192).

389 *Rowling,* Harry Potter 5, ZAGs, S. 853; *Dendle,* in: Heilman (Hrsg.): Critical Perspectives on Harry Potter, S. 163 (170).

Albus Dumbledore war viele Jahre lang der Vorsitzende.[390] Im Jahr 1995 hatte Dumbledore – sehr zum Missfallen von Zaubereiminister Fudge – öffentlich über die Wiederkehr Lord Voldemorts berichtet. Daraufhin musste er seinen Posten (angeblich aus Altersgründen) aufgeben.[391] In Band sechs wird Dumbledore rehabilitiert und wieder Mitglied in der Internationalen Zaubereivereinigung.[392]

Bei der Internationalen Zaubereivereinigung könnte es sich also um eine Art Supranationale Organisation wie die Europäische Union (EU) handeln, die mit dem Vertrag von Maastricht 1993 aus der 1957 gegründeten Europäischen Wirtschaftsgemeinschaft (EWG) hervorging.[393] Dafür spricht, dass auch die EU Recht schafft, dass (unmittelbar) in den Mitgliedssaaten gilt. Dagegen spricht, dass es sich bei der Internationalen Zaubereivereinigung um eine weltweite Organisation handelt, die nicht auf Europa beschränkt ist. Auch ist fraglich, inwiefern die Zusammenarbeit tatsächlich so eng wie in der EU ist. Sterling-Folker/Folker sind trotzdem der Ansicht, dass gerade die wirtschaftliche Kooperation verschiedener magischer Staaten und die international einheitlichen Vorschriften zur Kesseldicke *„similar muggel efforts in Europe and the WTO“*[394] spiegelt.

Eine Parallele könnte man außerdem zu den Vereinten Nationen (UN) ziehen.[395] Dabei handelt es sich um ein internationales Völkerrechtssubjekt, das aus 193 Nationalstaaten besteht.[396] Für diese Auslegung spricht, dass es inhaltlich bei der Internationalen Zaubereivereinigung nicht nur um handelsrechtliche Beziehungen zwischen europäischen Nationalstaaten geht, sondern um weltweiten Frieden und weltweite Geheimhaltung vor der Muggel-Bevölkerung. Auch Harmon nennt die Internationale Zaubereivereinigung *„a sort of United Nations“*.[397]

Unverständlich bleibt, wieso die Internationale Zaubereivereinigung bei der Machtergreifung Lord Voldemorts keine Rolle spielt. Dieser konzentriert sich nur auf das Zaubereiministerium und Hogwarts. Und das, obwohl es auch in anderen Ländern muggelstämmige Zauberer gibt. Umgekehrt greifen andere

---

390 Mehr über die Besetzung der Internationalen Zaubereivereinigung erfährt man in der Filmreihe *„Fantastische Tierwesen“;* die nicht Teil dieser Arbeit ist. Insbesondere über die Vorsitzenden. Englisch: *Supreme Mugwump* bzw. Deutsch: *Ganz hohes Tier*. Zusammenfassung: https://harrypotter.fandom.com/wiki/Supreme_Mugwump (abgerufen am: 23.01.2023).

391 *Rowling,* Harry Potter 5, Der Orden des Phönix, S. 117 f.

392 *Rowling,* Harry Potter 5, Der zweite Krieg beginnt, S. 993.

393 Zur Entwicklung der EU: *Pechstein/Koenig*, Die Europäische Union, Rn. 23 ff.; zur Rechtsnatur: *Pechstein,* in: Streinz (Hrsg.): EUV/AEUV, Art. 1 AEUV, Rn. 9–15.

394 *Sterling-Folker/Folker,* in: Hexon/Neumann (Hrsg.): Harry Potter and International Relations, S. 103 (108).

395 Diese Lesart hat Rowling am 08. August 2015 auf Twitter bestätigt: https://twitter.com/jk_rowling/status/630125966606630912 (abgerufen am: 23.01.2023).

396 Gründung und Ziele: *Scheuermann*, Die Vereinten Nationen, S. 31 ff.; Recht der UN: *Payandeh,* in: JuS 2012, S. 506 (506–511).

397 *Harmon,* in: Bell (Hrsg.): Legilimens!, S. 33 (36 f.).

Regierungen nicht ein, als deutlich wird, dass Lord Voldemort immer mächtiger wird.[398]

f) Die Abteilung für Magisches Transportwesen

Die *Abteilung für Magisches Transportwesen* nimmt den gesamten sechsten Stock ein. Zu den Büros zählen: Die Flohnetzwerkaufsicht, das Besenregulations-Kontrollamt, das Portschlüssel-Büro und das Appariertestzentrum[399]. Beim *Flohnetzwerk* handelt es sich um eine Reihe verbundener Kamine. Mit Hilfe von magischem *Flohpulver* kann man von einem zum anderen Kamin reisen. Die Flohnetzwerkaufsicht schaltet (magische) Kamine zur Benutzung frei.[400] In Band fünf lässt Umbridge die Kamine in Hogwarts überwachen, um unerlaubte Reisen zu verhindern.[401] Auf diese Art und Weise ist die Behörde auch später für Lord Voldemort ein mächtiges Kontrollinstrument.

Ähnlich das *Portschlüssel-Büro*: *Portschlüssel* sind magische Gegenstände, die einen an einen bestimmten Ort teleportieren. Die Weasleys reisen so gemeinsam mit Harry und Hermine zur Quidditch-WM.[402] Lord Voldemort macht sich diese Funktion in Band vier zu Nutze, indem er den Trimagischen Pokal so verzaubert, dass er Harry auf einen abgelegenen Friedhof transportiert.[403] Auch das Portschlüssel-Büro spielt damit eine zentrale Rolle, wenn es darum geht, die Fortbewegung von Zauberern zu überwachen.

Beim *Besenregulations-Kontrollamt* handelt es sich um eine Art TÜV für fliegende Besen, die in der Harry Potter Welt nicht nur zum Quidditch spielen, sondern auch als Transportmittel benutzt werden. Im Gegensatz zum Apparieren braucht man für den fliegenden Besen keinen Test/Führerschein. Es gibt lediglich Flugstunden für Erstklässler.[404] Das *Appariertestzentrum* ist hingegen notwendig, weil *Apparieren* – also das Versetzen des eigenen Körpers vom einen an einen anderen Ort – sehr kompliziert ist und deswegen nur von volljährigen Zauberern ausgeführt werden darf, die den Apparier-Test bestanden haben.[405] Wer ohne Lizenz appariert und erwischt wird, bekommt vom Ministerium eine

398 Sterling-Folker/Folker erklären das damit, dass die „wahre" Macht in der Zaubererwelt von Individuen wie Dumbledore und Lord Voldemort ausgeht und es sich deswegen mehr um einen persönlichen Konflikt handelt (*Sterling-Folker/Folker,* in: Hexon/Neumann (Hrsg.): Harry Potter and International Relations, S. 103 (114 ff.). Diese Erklärung ist aber unbefriedigend, da Lord Voldemort sich große Mühe gibt, zunächst das Zaubereiministerium zu übernehmen. Und dieses, wie diese Arbeit zeigt, die Schaltzentrale der magischen Macht in Großbritannien ist.

399 *Rowling,* Harry Potter 5, Das Zaubereiministerium, S. 157.

400 *Rowling,* Harry Potter 4, Zurück zum Fuchsbau, S. 50.

401 *Rowling,* Harry Potter 5, Der Zentaur und die Petze, S. 719; Snapes schlimmste Erinnerung, S. 741.

402 *Rowling,* Harry Potter 4, Weasleys Zauberhafte Zauberscherze, S. 76.

403 *Rowling,* Harry Potter 4, Fleisch, Blut und Knochen, S. 666.

404 *Rowling,* Harry Potter 1, Duell um Mitternacht, S. 158 ff.

405 *Rowling,* Harry Potter 6, Horace Slughorn, S. 63; Eine getrübte Erinnerung, S. 357.

„saftige Geldbuße".[406] Damit wird die Lizenz zum Apparieren zwar grundsätzlich vom Ministerium verliehen, es ist aber neben dem Besenflug die einzige magische Transportart, die bei ihrer Ausführung nicht vom Ministerium kontrolliert werden kann, weswegen auch Harry, Ron und Hermine auf ihrer Flucht in Band sieben viel apparieren.[407]

Die Abteilung für Magisches Transportwesen gehört zu den wenigen Abteilungen, die ein deutliches Gegenstück in unserer Realität hat. Es handelt sich dabei eindeutig um das magische Äquivalent zu unserem Bundesverkehrsministerium, das für die Verkehrspolitik, die Entwicklung der Verkehrswege und die Zulassung und Überwachung des Verkehrs zuständig ist.[408]

g) Die Abteilung für Magische Spiele und Sportarten

Im siebten Stock liegt die *Abteilung für Magische Spiele und Sportarten*. Bekannte Büros sind die Zentrale der Britischen und Irischen Quidditch-Liga, der Offizielle Koboldstein-Klub und das Büro für Lächerliche Patente.[409] Zu Harrys Schulzeit ist der ehemalige Profi-Quidditch-Spieler Ludo Bagman der (begeisterte, aber wenig kompetente) Leiter der Abteilung.[410] Er organisiert sowohl die 1994 stattfindende Quidditch-Weltmeisterschaft als auch das Trimagische Turnier. Quidditch ist seit dem 14. Jahrhundert die bekannteste Sportart der magischen Welt, wird jedoch streng reguliert, damit den Muggeln die fliegenden Besen nicht auffallen.[411] Das Koboldsteinspiel ist eine Art magisches Murmelspiel.[412] Es wird nie erwähnt, welche Rolle das *Büro für lächerliche Patente* spielt und wieso ein Patentamt in der Sport-Abteilung untergebracht sein sollte. In Band sechs schaffen es die Weasley-Zwillinge jedoch, einen von ihnen als Zauberscherz entwickelten *Tagtraumzauber*[413] patentieren zu lassen, was dafür spricht, dass das Büro tatsächlich ein Patentamt ist.

h) Sonstige Abteilungen

Der achte Stock stellt die *Eingangshalle* des Zaubereiministeriums dar. Das Ministerium kann man nur mit einem entsprechenden Ausweis betreten. Besucher erhalten eine Plakette mit ihrem Namen und müssen ihren Zauberstab registrieren lassen. Von der Eingangsebene gelangt man nach oben in die Stockwerke

---

406 *Rowling,* Harry Potter 4, Der Portschlüssel, S. 73.
407 *Rowling,* Harry Potter 7, Ein Versteck, S. 167 f.; Magie ist Macht, S. 243 usw.
408 Vollständiger Name: *„Bundesministerium für Verkehr und digitale Infrastruktur"* (https://www.bmvi.de/; abgerufen am: 23.01.2023).
409 *Rowling,* Harry Potter 5, Das Zaubereiministerium, S. 156.
410 *Rowling,* Harry Potter 4, Bagman und Crouch, S. 93.
411 *Rowling,* Harry Potter 4, Der Portschlüssel, S. 75.
412 Der Koboldstein-Club in Hogwarts wird zeitweise von Umbridge verboten, (vgl. *Rowling*, Harry Potter 5, Ausbildungserlass Nummer vierundzwanzig, S. 414).
413 *Rowling,* Harry Potter 6, Dracos Abstecher, S. 121.

sieben bis eins und weiter nach unten in den neunten und zehnten Stock. Je höher die Zahl, desto tiefer liegt das Stockwerk im Boden.[414]

Im neunten Stock liegt die sog. *Mysteriumsabteilung*. Sie ist für alle geheim, die nicht dort arbeitet. Hier lagern u.a. mächtige magische Artefakte, wozu auch die Prophezeiung gehört, die Prof. Trelawney über Harry und Lord Voldemort gemacht hat.[415] Der zehnte Stock beherbergt die zum Zaubergamot gehörenden Gerichtssäle (siehe S. 158).

2. Der Zaubereiminister

Der Zaubereiminister leitet das Zaubereiministerium. Er ist das offizielle, gewählte (siehe S. 91 ff.) Staatsoberhaupt der magischen Gemeinschaft in Großbritannien. In den Harry-Potter-Büchern hat der Zaubereiminister eine sehr mächtige Position inne. Er steht in der Hierarchie oberhalb der einzelnen Abteilungsleitern und gibt die Leitlinie der Politik vor.[416] Der Zaubereiminister ist auch für die Kommunikation nach außen zuständig. So informiert er beispielsweise die Zaubererwelt darüber, dass Sirius Black noch immer auf freiem Fuß ist.

Die einzelnen Abteilungsleiter sind dem Zaubereiminister gegenüber weisungsgebunden. So kommt es in den Harry-Potter-Büchern mehrmals vor, dass sich der Zaubereiminister in die jeweiligen Angelegenheiten einer Abteilung „einmischt" und entweder direkt eigene Handlungen vornimmt oder Weisungen erteilt. Beispielsweise als Harry von Madame Bones, der Leiterin der Abteilung für magischen Strafverfolgung, vernommen werden soll, sich dann aber dem Zaubereiminister Cornelius Fudge als Ankläger gegenübersieht.[417]

Auch hier fällt ein direkter Vergleich mit dem deutschen Regierungssystem schwer. Es soll nur kurz festgehalten werden, dass in Deutschland der Bundeskanzler der Regierungschef ist und zusammen mit den Bundesministern die deutsche Bundesregierung bildet. Das Staatsoberhaupt ist hingegen der Bundespräsident, der zwar nicht nur repräsentative Aufgaben übernimmt, dessen Rolle

---

414 *Rowling*, Harry Potter 5, Das Zaubereiministerium, S. 154 f.

415 *Rowling*, Harry Potter 5, Die Mysteriumsabteilung, S. 914 ff.; Jenseits des Schleiers, S. 917 ff.

416 In Deutschland: Das Kanzlerprinzip in Art. 65 S. 1 GG besagt, dass der Bundeskanzler die Richtlinien der Politik vorgibt und hierfür die Verantwortung trägt (sog. Richtlinienkompetenz). Das Ressortprinzip in Art. 65 S. 2 GG gibt vor, dass die jeweiligen Bundesminister ihre Geschäftsbereiche innerhalb der durch den Bundeskanzler vorgegebenen Richtlinien der Politik selbstständig und unter eigener Verantwortung leiten. Art. 65 S. 3 GG bestimmt, dass alle wichtigen Fragen im gesamten Kabinett entschieden werden (Kabinettsprinzip). Vgl. *Marschall*, Das politische System Deutschlands, S. 163 ff.; *Voßkuhle/Schemmel*, in: JuS 2020, S. 736 (736–740); *Jarass*, in: Jarass/Pieroth (Hrsg.): GG, Art. 65 Rn. 3 ff.

417 *Rowling*, Harry Potter 5, Das Zaubereiministerium, S. 149.

in der Tagespolitik jedoch sehr stark beschränkt ist.[418] Innerhalb des politischen Systems kann der Bundespräsident keiner der drei klassischen Gewalten zugeordnet werden, sondern verkörpert die „Einheit" des Staates.[419] Diese Zweiteilung erfolgte u. a. als Reaktion auf die sehr mächtige Stellung des Reichspräsidenten auf Grundlage der Weimarer Verfassung[420] und der Zusammenlegung des Amtes des Reichspräsidenten und des Reichskanzlers unter Adolf Hitler (siehe S. 92 ff.). Die Entwicklung von der Weimarer Republik über die Zeit des Nationalsozialismus hin zur Bundesrepublik Deutschland zeigt, wie entscheidend es sein kann, die Macht in einem Staat auf mehrere Köpfe oder Institutionen zu verteilen. Ähnliches zeigt sich auch in der Zaubererwelt auf Grund der mächtigen Stellung des Zaubereiministers und bei der Machtergreifung Lord Voldemorts.

a) Die Amtszeit von Cornelius Fudge

Von 1990 bis 1996 ist Cornelius Fudge der britische Zaubereiminister. Fudge konnte nur deswegen Zaubereiminister werden, weil Albus Dumbledore auf diesen Posten verzichtete.[421] Fudge wird in der Bevölkerung als schwach wahrgenommen und orientiert sich in den ersten Bänden stark an seinem Vorbild Dumbledore. Harry begegnet Fudge zum ersten Mal 1993 in der Winkelgasse. Dort erwartet er eine Bestrafung, weil er seine Tante aufgebläht und zum Schweben gebracht hat. Stattdessen versichert ihm Fudge, dass man ihn wegen einer solchen Lappalie nicht bestrafen werde. Und das, obwohl Harry erst im Jahr davor eine offizielle Verwarnung vom Ministerium erhalten hatte, weil der Hauself Dobby bei den Dursleys gezaubert hatte und das Geschehen Harry zugerechnet wurde:

„»Moment mal«, brach es aus Harry hervor, »was ist mit meiner Bestrafung?« Fudge zwinkerte. »Bestrafung?« »Ich hab das Gesetz gebrochen!«, sagte Harry. »Die Verordnung zur Beschränkung der Zauberei Minderjähriger!« »O mein lieber Junge, wir werden dich doch wegen einer solchen Lappalie nicht bestrafen!«, rief Fudge und fuchtelte mit der Brötchenhälfte in der Hand ungeduldig durch die Luft. »Es war ein Unfall! Wir schicken doch nicht Leute nach Askaban, nur weil sie ihre Tante aufgeblasen haben!« Das passte nun überhaupt nicht zu Harrys früheren Erfahrungen mit dem Zaubereiministerium. »Letztes Jahr habe ich eine offizielle Verwarnung gekriegt, nur weil ein Hauself einen Teller mit Nachtisch im Haus meines Onkels zerdeppert hat!«, erklärte er Fudge mit gerunzelter Stirn. »Das Zaubereiministerium sagte, wenn dort noch einmal

---

418 *Nierhaus/Brinktriene,* in: Sachs (Hrsg.): GG, Art 54 Rn. 4–7; *Herzog,* in: Dürig/Herzog/Scholz (Hrsg.): GG, Art 54. Rn. 2–25; *Stein,* in: ZaöRV 2009, S. 249 (249–256).

419 *Mager*, Staatsrecht I, S. 152, 161; *Ooyen van*, Das Amt des Bundespräsidenten, S. 58; *Herzog,* in: Dürig/Herzog/Scholz (Hrsg.): GG, Art. 54 Rn. 88 ff.

420 *Katz/Sander*, Staatsrecht, Rn. 403; Kompetenzen des Reichspräsidenten: *Gusy,* Die Weimarer Reichsverfassung, S. 98–114; *Pieper,* in: BeckOK GG, Art. 54 Rn. 7 f..

421 *Rowling,* Harry Potter 5, Der Orden des Phönix, S. 115 f.

gezaubert wird, werfen sie mich aus Hogwarts raus.« Wenn Harrys Augen ihn nicht trogen, sah Fudge plötzlich verlegen aus. »Die Dinge ändern sich, Harry ... unter den heutigen Umständen ... müssen wir dies und jenes berücksichtigen ... du willst doch nicht etwa rausgeworfen werden?« »Natürlich nicht«, sagte Harry. »Schön, und warum dann die ganze Aufregung?«, lachte Fudge. "[422]

Die Szene zeigt dreierlei: Einerseits stellt sie schon früh dar, wie viel Macht der Zaubereiminister hat. Obwohl Harry gegen das Gesetz verstoßen hat und eigentlich eine Verwarnung oder Vorladung der Abteilung für Magische Strafverfolgung erhalten müsste, greift Fudge ein und kann dies erfolgreich verhindern. Dies spricht für eine Weisungsgebundenheit der Abteilungsleiter gegenüber dem Zaubereiminister. Zweitens wird deutlich, dass es in der Zaubererwelt keine Gewaltenteilung gibt (siehe S. 95 ff.). Denn für die Anklage und Verurteilung wegen eines Gesetzesverstoßes müssten eigentlich die Staatsanwaltschaft und ein unabhängiges Gericht zuständig sein. Zu einer Anklage/Verhandlung kann es jedoch in diesem Fall nicht mehr kommen, weil der Zaubereiminister vorab beschließt, dass die Sache als „Lappalie" nicht weiterverfolgt wird. Selbst, wenn man Harrys Verstoß nur als Ordnungswidrigkeit versteht[423], müsste es zu einem formalisierten Verwaltungsverfahren (zum Opportunitätsprinzip siehe S. 338) kommen und die Sache könnte nicht einfach durch den Zaubereiminister aus der Welt geschafft werden.

Letztlich zeigt das Geschehen, wie willkürlich das Zaubereiministerium oft handelt. In Band zwei erhält Harry eine Verwarnung, obwohl er die Magie, die ihm vorgeworfen wird, nicht einmal selbst produziert hat.[424] In Band drei hat er tatsächlich gezaubert, die Sache wird vom Zaubereiminister höchstpersönlich jedoch als Lappalie abgetan. In Band fünf zaubert Harry erneut bei den Dursleys und muss hierfür zu einer Anhörung im Ministerium, wo Fudge auf seine Verurteilung pocht, Harry dann jedoch vom Zaubergamot freigesprochen wird.[425]

Am Ende von Band drei ist Fudge sofort dafür, Sirius Black ohne einen vorherigen Prozess von den Dementoren küssen zu lassen.[426] Und das, obwohl Zweifel an Sirius Schuld bestehen und es mit Harry, Ron und Hermine Zeugen gibt, die für seine Unschuld plädieren. An dieser Stelle zeigt sich einerseits, dass der Zaubereiminister Dementoren auch alleine befehligen kann, andererseits wird erneut deutlich, dass in der Zaubererwelt keine Gewaltenteilung existiert, wenn ein Verdächtiger ohne Prozess und nur auf Befehl des Zaubereiministers der schlimmsten Bestrafung unterworfen werden kann, welche die magische Welt kennt (siehe S. 212 ff.). Bereits an dieser Stelle wird deutlich, dass Fudge mehr

---

422 *Rowling,* Harry Potter 3, Der Fahrende Ritter, S. 53 f.

423 Zur Abgrenzungsproblematik wegen der Verwendung des Wortes „Disziplinarverfahren" und der Begriffe „Geldbuße/Geldstrafe", siehe S. 113, 338 f.

424 *Rowling,* Harry Potter 3, Dobbys Warnung, S. 26.

425 *Rowling,* Harry Potter 5, Eulen über Eulen, S. 37 f.; Die Anhörung, S. 165 ff.

426 *Rowling,* Harry Potter 3, Hermines Geheimnis, S. 429; Noch einmal Eulenpost, S. 456, 460.

an einem guten Image in der Presse[427] interessiert ist, als daran, tatsächlich die Wahrheit ans Licht zu bringen und fair zu regieren.[428]

Die gleichen Reaktionen zeigt Fudge auch am Ende von Band vier, nachdem man erfährt, dass Barty Crouch Jr. noch lebt, sich als Alastor Moody in Hogwarts eingeschlichen und Lord Voldemort zu seiner Rückkehr verholfen hat. Ohne einen Prozess oder Rücksprache mit dem Ministerium lässt der Zaubereiminister Crouch Jr. von Dementoren küssen.[429] Als Dumbledore Fudge darauf hinweist, dass Crouch Jr. nun nicht mehr über die Rückkehr Lord Voldemorts aussagen könne, vertritt Fudge die Auffassung, dass es sich bei Crouch Jr. um einen Irren handele und die Geschichte rund um die Rückkehr Lord Voldemorts frei erfunden sei:

„»Nach allem, was wir wissen, ist er sicher kein großer Verlust!«, polterte Fudge. »Offenbar war er für mehrere Morde verantwortlich!« »Aber jetzt kann er nicht mehr aussagen, Cornelius«, sagte Dumbledore. Er sah Fudge scharf an, als könne er ihn zum ersten Mal klar erkennen. »Er kann uns jetzt nicht mehr sagen, warum er diese Menschen getötet hat.« »Warum er sie getötet hat? Da braucht man doch nicht lange zu rätseln!«, polterte Fudge. »Er war ein durchgeknallter Irrer! Laut Minerva und Severus glaubte er offenbar, er hätte das alles auf Anweisung von Du-weißt-schon-wem getan!« »Lord Voldemort hat ihm tatsächlich Anweisungen erteilt, Cornelius«, sagte Dumbledore. »All diese Morde geschahen im Zuge eines Plans, Voldemort seine alten Kräfte zurück-

427 *„Ich seh schon die Schlagzeile im Tagespropheten! Wir hatten Black schon dingfest gemacht und er ist uns wieder entwischt! Jetzt muss nur noch ans Licht kommen, dass dieser Hippogreif auch entkommen ist und ich bin das Gespött der Leute!“* (*Rowling,* Harry Potter 3, Noch einmal Eulenpost, S. 460).

428 So auch: *„He is driven by fear of Voldemort's growing power, and as high officials often so, he scrambles and scapegoats as he pursues Harry's prosecution. He is obsessed with appearance and public opinion as he clings to the power afforded him in his role as Minister.“* (*Collinsworth,* in: Bell (Hrsg.): From Here to Hogwarts, S. 7 (13 f.)).

429 *„»Es ist nicht mehr nötig, ihn zu bewachen, Dumbledore!«, entgegnete sie schrill. »Dafür hat der Minister gesorgt!« Harry hatte Professor McGonagall noch nie so außer sich gesehen. Flammend rote Flecken traten auf ihre Wangen, sie ballte die Hände zu Fäusten und bebte vor Zorn. »Als wir Mr Fudge mitteilten, wir hätten den Todesser gefangen, der für die Geschehnisse dieser Nacht verantwortlich war«, sagte Snape in gedämpftem Ton, »da glaubte er offenbar, seine eigene Sicherheit sei gefährdet. Er bestand darauf, einen Dementor zu rufen, der ihn zum Schloss begleitete. Er brachte ihn mit in das Büro, in dem Barty Crouch –« »Ich hatte ihm laut und deutlich gesagt, dass Sie nicht damit einverstanden seien, Dumbledore!«, brauste Professor McGonagall auf. »Ich hatte ihm gesagt, Sie würden es niemals erlauben, dass Dementoren das Schloss betreten, aber –« »Meine Verehrteste!«, dröhnte Fudge, der ebenfalls zorniger wirkte, als Harry ihn je erlebt hatte. »Als Zaubereiminister steht mir allein die Entscheidung zu, ob ich jemanden zu meinem Schutz mitbringe, wenn ich einen möglicherweise gefährlichen –«“* (*Rowling,* Harry Potter 4, Die Wege trennen sich, S. 734 ff.).

zugeben. Dieses Vorhaben ist gelungen. Voldemort hat seinen Körper wieder.« […] »Du-weiß-schon-wer … ist zurück?«, stammelte er schließlich und starrte Dumbledore unverwandt an. »Lächerlich. Nun hören Sie, Dumbledore …« […]"[430]

Während Fudge bisher immer Dumbledore um Rat gebeten und eng mit ihm zusammengearbeitet hat, trennen sich deren Wege am Ende von Band vier im Streit. Fudge fürchtet um seine Macht und will deswegen nicht einsehen, dass Voldemort zurück ist. Er verschließt die Augen vor allen Beweisen und wiegt die Zauberergesellschaft in falscher Sicherheit, statt sie auf Voldemort vorzubereiten.

Diese Situation verschärft sich in Band fünf. Während Dumbledore den Orden des Phönix reaktiviert[431], um den Kampf gegen Voldemort aufzunehmen, tut Fudge alles, um sowohl Dumbledore als auch Harry in Misskredit zu bringen. Sein einziges Ziel ist es, seine eigene Macht zu erhalten – auch wenn das eventuell auf Kosten der (ungeschützten) Zauberergesellschaft geschieht, die auf die Rückkehr Lord Voldemorts völlig unvorbereitet ist.

Bei Harrys Disziplinarischer Anhörung in Band fünf verliest der amtierende Zaubereiminister Cornelius Fudge die Anklage vor dem Zaubergamot, leitet die Befragung und stimmt gemeinsam mit dem Richtergremium über die Schuld des Angeklagten ab (siehe S. 342 ff.).[432] Das Beispiel belegt erneut zwei Dinge sehr deutlich: Die Justiz wird komplett vom Zaubereiministerium kontrolliert und ist demnach keine unabhängige Instanz und der Zaubereiminister vereint alle drei Gewalten (Exekutive, Judikative und Legislative) in seiner Person (siehe S. 98 ff.).

Am Ende von Band fünf wird deutlich, dass Fudge seine Macht genießt und Angst davor hat[433], seinen Posten als Zaubereiminister an Dumbledore zu verlieren:

---

430 „*»Sie Dummkopf!«, schrie Professor McGonagall. »Cedric Diggory! Mr Crouch! Diese Morde sind nicht die zufälligen Taten eines Verrückten!« »Ich sehe keinen Beweis für das Gegenteil!«, rief Fudge nicht weniger zornig und mit scharlachrot angelaufenem Gesicht. »Mir scheint, als wären Sie alle entschlossen, eine Panik auszulösen, die all das ins Wanken bringen soll, was wir in den letzten vierzehn Jahren aufgebaut haben!« […] »Wenn Ihr Wille, die Auge zu verschließen, Sie so weit bringt, Cornelius«, sagte Dumbledore, »dann trennen sich nun unsere Wege. Sie müssen tun, was Sie für richtig halten. Und ich – ich werde tun, was ich für richtig halte.«*" (*Rowling,* Harry Potter 4, Die Wege trennen sich, S. 735 f, 738 f, 741).

431 *Rowling,* Harry Potter 5, Der Orden des Phönix, S. 114.

432 *Rowling,* Harry Potter 5, Die Anhörung, S. 166, 168, 181.

433 „*»Fudge hat Angst vor ihm, verstehst du«, sagte Tonks traurig. »Angst vor Dumbledore?«, fragte Harry ungläubig. »Angst vor dem, was er vorhat«, erwiderte Mr Weasley. »Fudge glaubt, Dumbledore heckt eine Verschwörung aus, um ihn zu stürzen. Er glaubt, Dumbledore will Zaubereiminister werden.« »Aber Dumbledore will doch nicht …« »Natürlich will er nicht«, sagte Mr Weasley. »Er wollte nie das Amt des Ministers, obwohl eine Menge Leute ihn dazu gedrängt haben, als Millicent Bagnold in*

„»Wie kann er so etwas glauben?«, sagte Harry zornig. »Wie kann er glauben, dass Dumbledore alles nur erfindet – dass ich alles erfinde?« »Wenn das Ministerium sich eingestehen würde, dass Voldemort zurück ist, hieße das, sie hätten es mit den größten Schwierigkeiten seit fast vierzehn Jahren zu tun«, sagte Sirius bitter. »Fudge bringt es einfach nicht fertig, sich dem zu stellen. Es ist ja so viel bequemer, wenn er sich einredet, Dumbledore lüge, um seine Stellung zu untergraben.« “[434]

Der sechste Band beginnt damit, dass der ausscheidende Zaubereiminister Fudge ein letztes Mal seinen Gegenpart in der Muggelwelt – den Premierminister Großbritanniens – besucht.[435] Diese Szene hat deswegen so große Bedeutung, weil der Leser zum ersten Mal erfährt, dass der jeweilige amtierende Muggel-Premierminister am Anfang seiner Amtszeit darüber aufgeklärt wird, dass die Zaubererwelt existiert. Auf allerhöchster Ebene findet also ausnahmsweise eine direkte Zusammenarbeit zwischen Muggeln und Zauberern statt. Diese ist jedoch sehr einseitig ausgestaltet und besteht hauptsächlich darin, dass der Zaubereiminister den Muggel-Premierminister warnt, falls aus der Zaubererwelt hinaus Gefahren auch für die Muggelwelt bestehen.[436]

So erfährt man an dieser Stelle in einem Rückblick beispielsweise, dass Fudge den Muggel-Premierminister in Band drei vor dem (angeblich) gefährlichen Massenmörder Sirius Black gewarnt hatte, der außerdem (angeblich) ein Anhänger des dunklen Zauberers Lord Voldemort sei.[437] Im gleichen Atemzug

---

den Ruhestand ging. Stattdessen kam Fudge an die Macht, aber er hat nie vergessen, welch breite Unterstützung Dumbledore genoss, obwohl er sich nie um den Posten beworben hatte.« »Tief in seinem Innern weiß Fudge, dass Dumbledore weit klüger ist als er, ein viel mächtigerer Zauberer, und in seiner frühen Amtszeit als Minister hat er Dumbledore ständig um Hilfe und Rat gebeten«, sagte Lupin. »Aber wie es scheint, hat er sich mit der Macht angefreundet und ist viel selbstsicherer geworden. Er genießt es, Zaubereiminister zu sein, und hat es geschafft, sich einzureden, dass er der Klügste ist und dass Dumbledore nur Scherereien um ihrer selbst willen heraufbeschwört.« “ (*Rowling,* Harry Potter 5, Der Orden des Phönix, S. 115 f.).

434 *Rowling*, Harry Potter 5, Der Orden des Phönix, S. 116.

435 *Rowling*, Harry Potter 6, Der andere Minister, S. 9 ff.

436 *„»Keine Sorge«, hatte er gesagt, »wahrscheinlich werden Sie mich nie wiedersehen. Ich werde Sie nur belästigen, wenn bei uns etwas wirklich Ernstes vorfällt, etwas, das aller Voraussicht nach die Muggel beeinträchtigen wird – die nichtmagische Bevölkerung, sollte ich besser sagen. Ansonsten heißt es leben und leben lassen.«* “ (*Rowling,* Harry Potter 6, Der andere Minister, S. 12).

437 *„»... Ich komme gerade aus Askaban«, hatte Fudge gekeucht und eine Unmenge Wasser aus der Krempe seines Bowlers in seine Tasche gekippt. »Mitten in der Nordsee, wissen Sie, schrecklicher Flug ... die Dementoren sind in Aufruhr –«, er schauderte, »– bei denen ist noch nie ein Ausbruch vorgekommen. Wie auch immer, ich musste Sie aufsuchen, Premierminister. Black ist ein bekannter Muggelmörder und plant womöglich, sich wieder Du-weißt-schon-wem anzuschließen ... aber natürlich, Sie wissen ja nicht mal, wer Du-weißt-schon-wer ist!« Er starrte den Premierminister einen Moment lang mutlos an, dann sagte er: »Nun, nehmen Sie Platz, nehmen Sie Platz,*

hatte Fudge zudem den Import dreier Drachen für das Trimagische Turnier angekündigt. Das ist deswegen interessant, weil man an dieser Stelle lernt, dass es spezielle Gesetze gibt, die vorschreiben, in welchen Fällen der Muggel-Premierminister über Aktivitäten des Zaubereiministeriums aufgeklärt werden muss: *„»Oh, und was ich fast vergessen hätte«, hatte Fudge hinzugefügt. »Wir importieren gerade drei ausländische Drachen und eine Sphinx für das Trimagische Turnier, reine Formsache, aber die Abteilung zur Führung und Aufsicht Magischer Geschöpfe sagt mir, dass wir Sie laut Vorschrift informieren müssen, wenn wir hochgefährliche Geschöpfe ins Land holen.«"*[438]

Zur letzten Amtshandlung von Fudge gehört, den Muggel-Premierminister am Anfang von Band sechs über die Rückkehr Lord Voldemorts aufzuklären: *„»Premierminister, ich bedaure sehr, Ihnen mitteilen zu müssen, dass er zurück ist. Er, dessen Name nicht genannt werden darf, ist zurück.«"*[439]

Ihm gegenüber gesteht er an dieser Stelle auch ein, dass es sich in der Causa Sirius Black um eine Fehlentscheidung gehandelt hat.[440] An dieser Stelle werden die Verfehlungen von Fudge nochmals für den Leser zusammengefasst und im Revue passiert. Es wird deutlich, wie Fudge über Jahre die Augen vor der Wirklichkeit verschlossen hat und durch sein Nicht-Handeln letztendlich zur Rückkehr Lord Voldemorts beitrug. Selbst der Muggel-Premierminister gibt in diesem Augenblick Fudge die Schuld für die zahlreichen – am Anfang von Band sechs auch in der Muggelwelt von Lord Voldemort verursachten – Todesfälle. Diese werden meist als Unfälle oder Naturkatastrophen vertuscht: *„»Unfassbar! Also ist es Ihre Schuld, dass diese Menschen umgekommen sind und ich Fragen über verrostete Spannseile und korrodierte Dehnungsfugen [Anm. einer eingestürzten Brücke] und was weiß ich noch beantworten muss!«, erwiderte der Premierminister wütend."*[441]

Am Ende des Gesprächs erfährt man, dass die Zauberergemeinschaft wochenlang den Rücktritt von Fudge gefordert hat und dieser daraufhin „entlassen"

ich werde Ihnen am besten alles erklären trinken Sie einen Whisky«" (Rowling, Harry Potter 6, Der andere Minister, S. 14).

438 *Rowling,* Harry Potter 6, Der andere Minister, S. 15. Hier wird nochmals das Machtgefälle deutlich. Denn der Muggel-Minister muss lediglich *informiert* werden, seine Zustimmung ist nicht notwendig.

439 *Rowling,* Harry Potter 6, Der andere Minister, S. 17.

440 *„»Black? Black?«, sagte Fudge zerstreut und drehte seinen Bowler rasch zwischen den Fingern. »Sirius Black, meinen Sie? Beim Barte des Merlin, nein. Black ist tot. Hat sich herausgestellt, dass wir uns – ähm – in Black geirrt haben. Er war am Ende doch unschuldig. Und mit Ihm, dessen Name nicht genannt werden darf, steckte er auch nicht unter einer Decke. Ich meine«, fügte er sich verteidigend hinzu und ließ den Bowler noch schneller kreisen, »alle Beweise deuteten darauf hin – wir hatten über fünfzig Augenzeugen –, aber egal, wie schon gesagt, er ist tot. Wurde ermordet, um genau zu sein. In den Räumen des Zaubereiministeriums. Es wird sogar eine Ermittlung geben …«"* (*Rowling,* Harry Potter 6, Der andere Minister, S. 17 f.).

441 *Rowling,* Harry Potter 6, Der andere Minister, S. 18 f.

(engl. „*sacked*“[442]) wurde: „*»Nun hören Sie mal, Fudge – Sie müssen etwas unternehmen! Sie als Zaubereiminister tragen die Verantwortung!« »Mein lieber Premierminister, Sie glauben doch wohl nicht im Ernst, dass ich nach alldem immer noch Zaubereiminister bin? Ich wurde vor drei Tagen entlassen! Die gesamte Zauberergemeinschaft hat zwei Wochen lang lauthals meinen Rücktritt verlangt. So einig habe ich sie in meiner ganzen Amtszeit nicht erlebt!«, sagte Fudge und versuchte tapfer, ein Lächeln zustande zu bringen.*“[443]

Diese Passage ist deswegen relevant, weil man aus ihr ablesen kann, dass der Zaubereiminister für eine bestimmte Amtszeit gewählt bzw. ernannt wird. Diese beträgt mehr als fünf Jahre, da Fudge schon in Harrys erstem Jahr Zaubereiminister war und am Anfang von Band sechs dann abweichend von der Norm „entlassen“ wird. Wer den Zaubereiminister wählt bzw. ernennt, wird nicht weiter ausgeführt. Deutlich wird an dieser Stelle aber, dass er während seiner Amtszeit abgewählt bzw. entlassen werden kann, wenn ihm die Bevölkerung ihr Misstrauen ausspricht. Da der Zaubereiminister an der Spitze der Regierung steht, ist aber nicht klar, wer ihn formell abwählt bzw. entlassen kann (siehe S. 91 ff.).

Rowling selbst gibt an, dass die Figur des Cornelius Fudge auf Neville Chamberlain basiert[444], der von 1937 bis 1940 Premierminister Großbritanniens war. Er verfolgte gegenüber der nationalsozialistischen Regierung Deutschlands die sogenannte *Appeasement-Politik* und trug so u. a. zur Annektierung des Sudetenlandes bei.[445] Diese zurückhaltende Politik der „Beschwichtigung“ findet sich bei Cornelius Fudge wieder, der damit maßgeblich zur Machtergreifung Lord Voldemorts beitrug.[446] Auch an dieser Stelle offenbart sich also eine direkte Parallele zwischen den Harry-Potter-Büchern und dem Dritten Reich.

---

442 Zur englischsprachigen Wortwahl und ihrer Bedeutung: *Barton,* in: Mich. L. Rev. 104/6, S. 1523 (1532); *Wilson,* in: Dahlen/Thomas (Hrsg.): Harry Potter and the Other, S. 287 (289); *Schneider,* in: Gymnich/Birk/Burkhard (Hrsg.): „Harry – yer a wizard“, S. 155 (161); *Gava/Paterson,* in: Thomas/Snyder (Hrsg.): The Law & Harry Potter, S. 3 (13).

443 *Rowling,* Harry Potter 6, Der andere Minister, S. 21.

444 Interview mit dem spanischen Nachrichtenmagazin *XLSemanal* im Februar 2008, http://www.the-leaky-cauldron.org/2008/02/04/j-k-rowling-discusses-inspiration-for-minister-of-magic-and-more-in-new-interview/ (abgerufen am: 23.01.2023). Gierzynski/Eddy vergleichen Fudges Politik mit den Verfehlungen der Regierung von George W. Bush (*Gierzynski/Eddy*, Harry Potter and the Millennials, S. 25).

445 *Caputi,* Neville Chamberlain and Appeasement, S. 15 ff., 177 ff.; *McDonough,* Neville Chamberlain, S. 1 ff.; 57 ff.; *Faber,* Munich: 1938, S. 289, 297 ff., 313.

446 Dieser Ansicht sind auch: *Barton,* in: Mich. L. Rev. 104/6, S. 1523 (1528); *Barratt,* The Politics of Harry Potter, S. 134; *Pugh,* Harry Potter and Beyond, S. 76; Rutter schreibt dazu: „*Cornelius Fudge is also based off a WWII-era leader, although one who became rather infamous for his bungling of the Nazi threat: Neville Chamberlain. Chamberlain, in his desperation to avoid another large-scale conflict, favored appeasement as a method of dealing with Hitler and the growing Nazi threat.*“ (*Rutter,* „Bad Blood Will Out“, S. 23).

b) Die Amtszeit von Rufus Scrimgeour

Im sechsten Band wird Rufus Scrimgeour der neue Zaubereiminister. Bis zu diesem Zeitpunkt war Scrimgeour Leiter der Aurorenzentrale. Scrimgeour nimmt die Rückkehr Lord Voldemorts ernst und trifft sofort Sicherheitsvorkehrungen. Zu diesen gehört u.a., dass er den Muggel-Premierminister von Auroren beschützen lässt[447] und Maßnahmen ergreift, um Hogwarts zu beschützen.[448] Von Dumbledore selbst wird er als *„fähig"* und *„entschlossen"* beschrieben. Ein *„Mann der Tat"*, der *„fast sein ganzes Berufsleben lang gegen schwarze Magier gekämpft hat."*[449] Scrimgeour richtet außerdem neue Büros zur Abwehr schwarzer Magie ein.[450]

Sehr zum Missfallen von Harry greift Scrimgeour auch gegen Unschuldige hart durch. Er möchte bei jeder Gelegenheit ein Exempel dafür statuieren, dass das Ministerium jetzt gegen schwarze Magier hart durchgreift:

„»Halten die etwa immer noch Stan Shunpike fest?«, fragte Harry. »Ich fürchte, ja«, sagte Mr Weasley. »Ich weiß, dass Dumbledore versucht hat, bei Scrimgeour persönlich ein Wort für Stan einzulegen ... ich meine, jeder, der Stan selbst befragt hat, gibt zu, dass er ungefähr so viel von einem Todesser hat wie diese Mandarine ... aber in der Führungsetage will man den Eindruck vermitteln, dass es gewisse Fortschritte gibt, und ›drei Leute verhaftet‹ klingt besser als ›drei Leute irrtümlich verhaftet und wieder freigelassen‹ ...aber noch mal, das ist alles streng geheim ...«"[451]

Die Anfangs positive Stimmung gegenüber Scrimgeour kippt, als er versucht, Harry über Dumbledore und dessen Pläne gegen Lord Voldemort auszufragen. Scrimgeour möchte dabei Harrys Wirkung als *Auserwählter* auf die Zauberergesellschaft ausnutzen, um seine eigene Politik in einem besseren Licht erscheinen zu lassen.[452] Sehr zur Verärgerung von Scrimgeour macht Harry aber deutlich,

---

447 *Rowling,* Harry Potter 6, Der andere Minister, S. 23 ff.

448 *Rowling,* Harry Potter 6, Wollen und Nichtwollen, S. 47.

449 *Rowling,* Harry Potter 6, Horace Slughorn, S. 66.

450 So auch das Büro zur Ermittlung und Beschlagnahme gefälschter Verteidigungszauber und Schutzgegenstände (*Rowling,* Harry Potter 6, Schleim im Überfluss, S. 89).

451 *Rowling,* Harry Potter 6, Sehr frostige Weihnachten, S. 334. Barratt spricht hier von *„Scapegoating"* (*Barratt,* The Politics of Harry Potter, S. 108). Neal nennt die Verhaftung *„bogus"* (*Neal,* The Gospel According to Harry Potter, S. 172). Stobbe meint hingegen, dass es keine rationalen Argumente gibt, die für Stan Shunpikes Unschuld sprechen (*Stobbe,* The Dead Sociologists Society, S. 67 f.). Aufgeklärt wird das in den Büchern nicht.

452 *„»Die Leute glauben, dass Sie der Auserwählte sind, verstehen Sie«, sagte Scrimgeour. »Sie halten Sie für einen richtigen Helden – was Sie natürlich sind, Harry, auserwählt oder nicht! Wie viele Male haben Sie Ihm, dessen Name nicht genannt werden darf, nun schon gegenübergestanden? Wie auch immer«, fuhr er rasch fort, ohne eine Antwort abzuwarten, »der Punkt ist, dass Sie für viele ein Symbol der Hoffnung sind, Harry. Die Vorstellung, da draußen sei jemand, der vielleicht in der Lage ist, der vielleicht sogar dazu ausersehen ist, Ihn, dessen Name nicht genannt werden darf,*

dass er sich nicht vom Ministerium als „Maskottchen" ausnutzen lässt, während Unschuldige als „Sündenbock" missbraucht werden, um die Handlungen des Zaubereiministers besser aussehen zu lassen. Harry selbst liefert an dieser Stelle eine knappe und zutreffende Analyse der Verfehlungen des Zaubereiministeriums:

„»Ich will mich nicht benutzen lassen«, sagte Harry. »Manche würden sagen, dass es Ihre Pflicht ist, für das Ministerium von Nutzen zu sein!« »Jaah, und andere könnten sagen, dass es Ihre Pflicht ist, zu prüfen, ob Leute wirklich Todesser sind, ehe Sie sie ins Gefängnis stecken«, sagte Harry, der nun mehr und mehr in Rage geriet. »Sie tun, was Barty Crouch getan hat. Ihr Leute macht es immer falsch, was? Entweder haben wir Fudge, der so tut, als ob alles wunderbar wäre, während Menschen direkt vor seiner Nase ermordet werden, oder wir haben Sie, der die verkehrten Leute ins Gefängnis steckt und so tun will, als ob der Auserwählte für ihn arbeiten würde!«"[453]

Der Konflikt zwischen Harry und Scrimgeour setzt sich am Anfang von Band sieben fort. Nachdem Dumbledore am Ende von Band sechs ermordet wird, bekommt Harry an seinem 17. Geburtstag Besuch von Scrimgeour, der ihm offenbart, dass Dumbledore Harry, Ron und Hermine in seinem Testament bedacht hat. Der Zaubereiminister hat die Erbstücke jedoch über einen Monat lang unter Beschlag gehalten, um herauszufinden, ob Dumbledore mit diesen eine geheime Botschaft an Harry übermitteln will.[454]

Dies war ihm rechtlich möglich auf Grund des *„Erlasses zur Befugten Beschlagnahme"*. Dieses Gesetz *„verleiht dem Ministerium die Macht, den Gegenstand eines Testaments einzubehalten"*[455], um zu verhindern, dass gefährliche, schwarzmagische Artefakte weitervererbt werden. Hermine weist den Zaubereiminister darauf hin, dass *„das Ministerium stichhaltige Beweise dafür haben [muss], dass die Besitztümer des Verstorbenen illegal sind, bevor man sie beschlagnahmt."*[456] Auch an dieser Stelle wird deutlich, wieviel Macht das Ministerium sich selbst einräumt und wie Gesetze, die eigentlich für den Kampf *gegen* das Böse geschaffen wurden, durch schwammige Formulierungen und geschickte Auslegung des Wortlauts ins genaue Gegenteil verkehrt werden können.

Noch interessanter ist aber das Zitat, das Rowling ihrer selbsternannten Lieblingsfigur Hermine in diesem Moment in den Mund legt: *„»Haben Sie vor,*

---

zu vernichten – nun, das gibt den Menschen natürlich Auftrieb. Und ich werde das Gefühl nicht los, dass Sie, sobald Sie dies erkennen, es als, nun ja, fast als Ihre Pflicht ansehen könnten, an der Seite des Ministeriums zu stehen und damit allen neuen Mut zu machen.« (*Rowling,* Harry Potter 6, Sehr frostige Weihnachten, S. 347 f.).

453 *Rowling,* Harry Potter 6, Sehr frostige Weihnachten, S. 349; *Douglas,* in: Goetz (Hrsg.): Terminus: Collected Papers on Harry Potter, S. 120 (131).

454 *Rowling,* Harry Potter 7, Das Testament von Albus Dumbledore, S. 127 ff.

455 *Rowling,* Harry Potter 7, Das Testament von Albus Dumbledore, S. 129.

456 *Rowling,* Harry Potter 7, Das Testament von Albus Dumbledore, S. 129.

sich später beruflich mit magischem Recht zu befassen, Miss Granger«, fragte Scrimgeour. »Nein, das habe ich nicht«, entgegnete Hermine. »Ich hoffe, dass ich etwas Gutes in der Welt bewirken kann.« "[457]

Wenn man bedenkt, dass Rowling Hermine als Abbild ihres eigenen jungen Selbst bezeichnet[458], kann man daraus ableiten, dass Rowling selbst eventuell keinen wirklich guten Eindruck von Juristen und dem Rechtssystem hat. Dies lässt die Interpretation zu, dass Rowling viele Rechtsinstitute in den Harry-Potter-Büchern bewusst gewählt hat, um auf bestehende Missstände in der realen Welt hinzuweisen bzw. die jungen Leser dafür zu sensibilisieren, dass Recht und Gerechtigkeit nicht zwingend übereinstimmen müssen.[459]

Einen gewissen Respekt erwirbt sich Rufus Scrimgeour bei Harry erst postum: Als im August 1997 das Zaubereiministerium fällt und der Minister getötet wird, gibt er auch unter dem Cruciatus-Fluch Harrys Aufenthaltsort nicht preis.[460] Gleichzeitig leitet die Ermordung des Zaubereiministers durch Lord Voldemort aber auch den Anfang vom Ende des Kampfes gegen Lord Voldemort ein.

c) Die Amtszeit von Pius Thickness und Kingsley Shacklebolt

Nachfolger von Scrimgeour wird Pius Thickness. Auch er war zuvor Leiter der Abteilung für Magische Strafverfolgung. Bereits in dieser Funktion wurde er von Lord Voldemort mit dem willenssteuernden Imperius-Fluch belegt. Dies führt dazu, dass er in seiner kompletten Zeit als Zaubereiminister als „Marionette" Lord Voldemorts fungiert: *„»Warum hat Voldemort sich nicht selbst zum Zaubereiminister ernannt«, fragte Ron. Lupin lachte. »Das braucht er nicht, Ron. Tatsächlich ist er der Minister, aber warum sollte er an einem Schreibtisch im Ministerium hocken? Seine Marionette Thickness kümmert sich um das Alltagsgeschäft und Voldemort kann ungehindert seine Macht über das Ministerium hinaus ausweiten.«* "[461]

Offiziell lässt Lord Voldemort im Rahmen seiner Machtübernahme jedoch vom Tagespropheten verlauten, dass Scrimgeour zurückgetreten sei. Der Großteil der Zaubererwelt erfährt erst im Nachhinein, dass es eine Machtergreifung gegeben hat: *„»Die Machtübernahme ist reibungslos und weitgehend ruhig verlaufen«, sagte Lupin. »Die offizielle Version von Scrimgeours Ermordung ist, dass er zurückgetreten sei; er wurde durch Pius Thickness ersetzt, der unter dem Imperius Fluch steht.«* "[462]

---

457 *Rowling,* Harry Potter 7, Das Testament von Albus Dumbledore, S. 129.

458 *Sexton,* J. K. Rowling, S. 41 f.; *Nel,* JK Rowling's Harry Potter Novels, S. 13.

459 Auch Babenhauserheide schließt daraus, dass Rowling mit ihrer Erzählung *„Kontroversen über und Kritik an der Gesetzgebung und ihrer Vollstreckung"* aufzeigen will. (*Babenhauserheide,* Harry Potter und die Widersprüche der Kulturindustrie, S. 349).

460 *Rowling,* Harry Potter 7, Die Hochzeit, S. 166.

461 *Rowling,* Harry Potter 7, Das Bestechungsgeschenk, S. 215.

462 *Rowling,* Harry Potter 7, Das Bestechungsgeschenk, S. 214.

Symbolisch wird die Machtübernahme im Zaubereiministerium durch das Aufstellen einer neuen Statue im Atrium eingeleitet. Ehemals stand dort der *Springbrunnen der magischen Geschwister*[463], eine Statue mit einem Zauberer, einer Hexe, einem Zentauren, einem Hauself und einem Kobold. Lord Voldemort lässt stattdessen eine Skulptur mit dem Leitspruch *„Magie ist Macht"* aufstellen, die eine Hexe und einen Zauberer auf einem Thron aus nackten Muggeln darstellt und damit Lord Voldemorts reinblütige Ideologie symbolisiert (siehe S. 416 f.).[464] Nelson nennt den Brunnen: *„self-congratulatory propaganda pieces for mage (and wizard) superiority in magical Britain."*[465]

Diese Art des taktischen Vorgehens zeigt nicht nur, wie intelligent, systematisch und vorausschauend Lord Voldemort bei seiner Machtergreifung vorgeht, es macht auch deutlich, dass das gesamte System der Zaubererwelt fehleranfällig ist. Das Fehlen eines korrigierend eingreifenden Parlaments, die nichtvorhandene Gewaltenteilung und die übermächtige Stellung des Zaubereiministers macht es für Lord Voldemort zu einem Kinderspiel, die Macht an sich zu reißen.

Das Vorgehen erinnert wiederum an die Machtergreifung Adolf Hitlers. Anfang 1933 wurde er durch den Reichspräsidenten Paul von Hindenburg zum Reichskanzler ernannt. Anschließend erfolgte die Umwandlung der bis dahin bestehenden parlamentarischen Demokratie der Weimarer Republik in eine nach dem nationalsozialistischen Führerprinzip agierende zentralistische Diktatur.[466]

Bereits die *„Verordnung des Reichspräsidenten zum Schutze des Deutschen Volkes"* vom 4. Februar 1933 (RGBl. I 1933, S. 35) schränkte die Versammlungs- und Pressefreiheit ein und diente im beginnenden Wahlkampf zur Reichstagswahl am 5. März 1933 der Bekämpfung der politischen Gegner der NSDAP.[467] Am 28. Februar 1933 folgte die *„Verordnung des Reichspräsidenten zum Schutz von Volk und Staat"* (RGBl. I 1933, S. 83), mit der als Reaktion auf den Reichstagsbrand (*„Reichstagsbrandverordnung"*) zahlreiche Grundrechte der Weimarer Reichsverfassung (WRV) außer Kraft gesetzt wurden.[468] Am 24. März 1933 verabschiedete der Reichstag schließlich das *„Gesetz zur Behebung der Not von Volk und Reich"* (RGBl. I 1933, S. 141). Durch dieses *„Ermächtigungsgesetz"* wurde Adolf Hitler ermächtigt, ohne Zustimmung von Reichstag und Reichsrat

---

463 *Rowling,* Harry Potter 5, Die Anhörung, S. 154.

464 *Rowling,* Harry Potter 7, Magie ist Macht, S. 249. Dazu: *„The replacement of the Fountain of Magical Brethren symbolizes Voldemort's ability to turn majority into minority."* (*Waters,* in: Bell (Hrsg.): Hermione Granger Saves the World, S. 198 (207). Und: *„The underlying tone of displaying the elegantly dressed wizards above naked muggles is to display wizards should rule over muggles and muggle-borns."* (*Schroeder,* in: Bell (Hrsg.): Inside the World of Harry Potter, S. 92 (100 f.). So auch: *Gierzynski/Eddy,* Harry Potter and the Millennials, S. 17; *Granger,* How Harry Cast His Spell, S. 59 f.

465 *Nelson,* Defenses Against the Dark Arts, S. 209.

466 *Jäckel,* Hitler in History, S. 1–22.

467 *Werle,* Justiz-Strafrecht, S. 64.

468 *Werle,* Justiz-Strafrecht, S. 65.

sowie ohne Gegenzeichnung des Reichspräsidenten Gesetze zu erlassen.[469] Das *„Gesetz über den Neuaufbau des Reiches“* vom 30. Januar 1934 (RGBl. I 1934, S. 75), mit dem u. a. die Volksvertretungen der Länder aufgelöst wurden[470] und das oben erwähnte *„Gesetz über das Staatsoberhaupt des deutschen Reiches“* komplettierten die Machtergreifung Hitlers.

Die Parallelen zur Machtergreifung Lord Voldemorts in den Harry-Potter-Büchern sind erdrückend. Der größte Unterschied ist jedoch, dass Hitler als „Führer“ seine neue Welt stolz repräsentierte, während Lord Voldemort auch nach der Machtergreifung weiterhin aus dem Verborgenen heraus handelt und sich durch eine Marionette vertreten lässt. Nach der Schlacht von Hogwarts wird Thickness seines Amtes enthoben und Kingsley Shacklebolt neuer Zaubereiminister.[471]

d) Die Wahl des Zaubereiministers

Die sieben Harry-Potter-Bücher schweigen zur Wahl des Zaubereiministers fast vollständig, was sehr kurios ist, wenn man bedenkt, dass beispielsweise der Aufbau des Ministeriums mit seinen zahlreichen Abteilungen in aller Breite erklärt wird.[472] Diesem Umstand ist es vermutlich geschuldet, dass sich Rowling genötigt sah, 2015 einen ganzen Artikel über das Zaubereiministerium im Internet zu veröffentlichen und wertvolle Hintergrundinformationen zum Thema zu geben. Im von Rowling verfassten Artikel heißt es:

„The Ministry of Magic was formally established in 1707 with the appointment of the very first man to hold the title ‚Minister for Magic‘, Ulick Gamp. [sic] The Minister for Magic is democratically elected, although there have been times of crisis in which the post has simply been offered to an individual without a public vote (Albus Dumbledore was made such an offer, and turned it down repeatedly). There is no fixed limit to a Minister's term of office, but he or she is obliged to hold regular elections at a maximum interval of seven years. Ministers for Magic tend to last much longer than Muggle ministers. Generally speaking, and despite many a moan and grumble, their community is behind them in a way that is rarely seen in the Muggle world. This is perhaps due to a feeling, on the part of wizards, that unless they are seen to manage themselves competently, the Muggles might try to interfere.“*[473]

---

469 *Austermann,* Der Weimarer Reichstag, S. 229 ff.; *Butzer,* in: Dürig/Herzog/Scholz (Hrsg.): GG, Art. 82 Rn. 30; *Breitbach/Deiseroth,* in: Ridder/Breitbach/Deiseroth (Hrsg.): Versammlungsrecht, Kapitel 6, Rn. 14–19.

470 *Remmert,* in: Dürig/Herzog/Scholz (Hrsg.): GG, Art. 80 Rn. 23.

471 *Rowling,* Harry Potter 7, Der Fehler im Plan, S. 753.

472 Schneyer merkt dazu an, dass nicht nur keine Wahl erwähnt wird, sondern die „Ernennung“ erzählerisch nur in *„passive voice“* erfolgt, sodass nicht klar ist, wer diese durchführt. (*Schneyer,* in: Goetz (Hrsg.): Terminus: Collected Papers on Harry Potter, S. 33 (59 f.). So auch: *Fenske,* Muggles, Monsters and Magicians, S. 292.

473 https://www.wizardingworld.com/writing-by-jk-rowling/ministers-for-magic (abgerufen am: 23.01.2023).

Bei der Zaubererwelt handelt es sich also um einen Staat mit einem gewählten Staatsoberhaupt, wobei der Zaubereiminister mangels Parlament direkt vom Volk gewählt wird. Die Tatsache, dass Harry nie eine derartige Wahl mitbekommen hat, lässt sich damit erklären, dass verpflichtende Wahlen nur alle sieben Jahre abgehalten werden. Die Wahl von Cornelius Fudge erfolgte 1990[474] und damit zu einem Zeitpunkt, in dem Harry die Existenz der Zaubererwelt noch nicht bekannt war. Nach dem Rücktritt von Cornelius Fudge in Harrys sechstem Schuljahr befand sich die Zaubererwelt in einer Phase des politischen Umbruchs, sodass keine reguläre Neuwahl erfolgt, sondern die Nachfolger „ernannt" wurden. Der Zaubereiminister kann theoretisch unendlich oft wiedergewählt werden. Diese Punkte belegen nochmals seine sehr mächtige Position.

In Deutschland ist hingegen keine direkte Wahl des Bundeskanzlers vorgesehen.[475] Dieser wird vielmehr auf Vorschlag des Bundespräsidenten vom Bundestag ohne Aussprache gewählt (Art. 63 I GG). Interessant ist an dieser Stelle aber, dass auch Deutschland bzgl. seines Bundeskanzlers keine *Amtszeitbegrenzung* kennt. Dessen Amtszeit entspricht demnach zunächst der Legislaturperiode des Bundestags, die vier Jahre beträgt (Art. 39 I GG). Wiederwahlen sind möglich und wie man am Beispiel Angela Merkels (Bundeskanzlerin 2005–2021) sieht auch realistisch. Lediglich der deutsche Bundespräsident[476] wird auf fünf Jahre gewählt und kann nur einmal wiedergewählt werden (Art. 54 II GG).

Die siebenjährige Amtsperiode des Zaubereiministers ist dabei genauso lang wie die des *Reichspräsidenten.* Das Amt existierte zunächst auf Grundlage des *„Gesetzes über die vorläufige Reichsgewalt"* (RGBl. Nr. 33, S. 169) vom 10. Februar 1919 und dann auf Grundlage der Weimarer Reichsverfassung vom 11. August 1919. Der Reichspräsident wurde direkt vom Volk (Art. 41 WRV) für sieben Jahre (Art. 43 WRV) gewählt. Eine Wiederwahl war zulässig (Art. 43 WRV).[477] Nach Hindenburgs Tod am 02. August 1934 übernahm Reichskanzler Adolf Hitler das Amt des Reichspräsidenten, was er sich in der *„Volksabstimmung über das Staatsoberhaupt des Deutschen Reichs"*[478] am 19. August 1934 mit knapp 90 % der Stimmen bestätigen ließ.[479] Bereits mit dem oben erwähnten *„Gesetz über das Staatsoberhaupt des Deutschen Reichs"* hatte Hitler die gesetzliche Grundlage für die Vereinigung der Ämter des Reichskanzlers, das er seit dem 30. Januar 1933 innehatte, und des Reichspräsidenten geschaffen.

---

474 https://www.wizardingworld.com/writing-by-jk-rowling/ministers-for-magic (abgerufen am: 23.01.2023).

475 *Morlok/Michael*, Staatsorganisationsrecht, S. 319 f.; *Brinktrine,* in Sachs (Hrsg.): GG, Art. 63 Rn. 11–24; *Austermann,* in: DÖV 22/2013, S. 865 (865–874).

476 *Mager*, Staatsrecht I, S. 153; *Degenhart*, Staatsrecht I, Rn. 795 ff., *Katz/Sander*, Staatsrecht, Rn. 404 ff.; *Wienbracke*, Staatsorganisationsrecht, S. 28 ff.; *Kämmerer*, Staatsorganisationsrecht, S. 157 ff.; *Jarass,* in: Jarass/Pieroth (Hrsg.): GG, Art. 54 Rn. 3–7.

477 *Kotulla*, Deutsche Verfassungsgeschichte, Rn. 2296.

478 Grundlage: *„Gesetz über Volksabstimmung"* vom 14. Juli 1933 (RGBl. I 1933, S. 479).

479 *Austermann,* Der Weimarer Reichstag, S. 229 ff.; *Jäckel*, Hitler in History, S. 1–22; *Mohr*, Kein Recht zur Einmischung?, S. 47 ff.

Im Jahr 1996 tritt Fudge „freiwillig" – bzw. auf Grund seiner Fehler und dem daraus resultierenden Druck – zurück. Beim Wechsel von Fudge zu Scrimgeour wird in den Büchern keine Wahl erwähnt, obwohl viele von Harrys Bekannten bereits volljährig sind (z. B. Mr und Mrs Weasley) und ihm von einer Neuwahl hätten berichten können. Der Wechsel von Fudge zu Scrimgeour vollzieht sich deswegen augenscheinlich ohne eine Wahl, sodass davon ausgegangen werden kann, dass hier die oben erwähnte Notstands-Ernennung (*„offered to an individual without a public vote"*) in Krisenzeiten *(„times of crisis")* erfolgt ist.

Wie genau dieses Verfahren abläuft, wird weder in den Büchern noch in Interviews der Autorin erklärt. Insbesondere ist nicht bekannt, ob der alte Zaubereiminister sein Amt einer neuen Person „anbieten" darf, oder ob der Nachfolger zumindest durch eine Mehrheitsentscheidung innerhalb des Zaubereiministeriums (z. B. durch die Abteilungsleiter) gewählt wird. Sicher ist nur, dass es zu keiner Wahl durch die magische Bevölkerung oder ein Parlament kommt.[480] Ebenfalls unklar ist, was unter einer „Krisenzeit" zu verstehen ist und wer festlegt, ob sich die magische Welt in einer „Krise" befindet. Im Fall des Wechsels von Fudge zu Scrimgeour bezieht sich die Krisenlage auf die Rückkehr Lord Voldemorts. Deswegen kann davon ausgegangen werden, dass für diese Notstands-Ernennung zumindest eine Bedrohung der magischen Bevölkerung als Ganzes und eine Destabilisierung des politischen Systems erforderlich ist. Inwiefern auch Gründe, die im Zaubereiminister selbst liegen (z. B. Demenz des Ministers) eine Notstands-Ernennung erzwingen können, ist nicht bekannt. Auch weiß man nicht, ob es hierfür erforderlich ist, dass der amtierende Zaubereiminister sein Amt „freiwillig" aufgibt oder ob eine Notstands-Ernennung auch gegen dessen Willen erfolgen kann.

Allerdings scheint ein freiwilliger Rücktritt nicht die einzige Möglichkeit zu sein, um eine Notstands-Ernennung auszulösen. Rufus Scrimgeour wird während seiner Amtszeit ermordet. Statt einer Neuwahl, erfolgt die „Ernennung" von Pius Thickness als Nachfolger. Zumindest im Fall von Scrimgeour und Thickness zeichnet sich der Trend ab, dass einfach ein anderer hochrangiger Ministeriumsangestellter (in beiden Fällen der Leiter der Abteilung für Magische Strafverfolgung) zum Nachfolger ernannt wird. Zwingend ist das jedoch nicht.[481] Interessant ist, dass es mit großer Wahrscheinlichkeit keine Möglichkeit gibt, den Zaubereiminister „abzuwählen". In den Büchern sind drei Möglichkeiten erwähnt, wie er aus dem Amt scheiden kann: Er verstirbt (siehe Scrimgeour),

480 So auch: *Barratt,* The Politics of Harry Potter, S. 20 f.; *Barton,* in: Mich. L. Rev. 104/6, S. 1523 (1532); *Wilson,* in: Dahlen/Thomas (Hrsg.): Harry Potter and the Other, S. 287 (289); *Schneider,* in: Gymnich/Birk/Burkhard (Hrsg.): „Harry – yer a wizard", S. 155 (161); *Schneyer,* in: Goetz (Hrsg.): Terminus: Collected Papers on Harry Potter, S. 33 (59 f.); *Fenske,* Muggles, Monsters and Magicians, S. 292; *Ligugnana,* in: Carpi/Leiboff (Hrsg.): Fables and the Law, S. 419 ff.

481 https://www.wizardingworld.com/writing-by-jk-rowling/ministers-for-magic (abgerufen am: 23.01.2023).

seine siebenjährige Amtszeit läuft ab und er wird nicht wiedergewählt bzw. tritt nicht erneut an (Normalfall) oder er tritt freiwillig ab (siehe Fudge).

Mangels Parlament gibt es in der Zaubererwelt auch keine Institution, die dem Zaubereiminister das Misstrauen aussprechen könnte. Im Falle von Fudge fordert die Zauberergesellschaft lediglich lautstark dessen Rücktritt. Zu einer offiziellen Abwahl des Zaubereiministers ist das Volk nicht berechtigt.[482]

In einigen realen demokratischen Staaten sieht die Verfassung – u. a. um einem unerwünschten „Festklammern" an der Macht vorzubeugen – ein *Misstrauensvotum*[483] vor. So auch in Deutschland bezüglich des amtierenden Bundeskanzlers (Art. 67 GG). Der Bundestag kann dem Bundeskanzler das Misstrauen aussprechen, indem er mit der Mehrheit seiner Mitglieder einen Nachfolger wählt und den Bundespräsidenten ersucht, den Bundeskanzler zu entlassen.[484] Nach § 97 Geschäftsordnung des Deutschen Bundestages muss der Antrag von mindestens einem Viertel der Mitglieder des Bundestages oder einer ebenso großen Fraktion unterzeichnet sein. Ist das Misstrauensvotum erfolgreich, muss der Bundespräsident den Beschluss des Bundestages vollziehen und die Bundesregierung entlassen sowie den neuen Bundeskanzler ernennen. Damit endet auch die Amtszeit der bisherigen Bundesminister.[485]

Das (konstruktive) Misstrauensvotum im deutschen Grundgesetz beruht auf den Erfahrungen mit den Präsidialkabinetten der Weimarer Republik, die seit Heinrich Brüning regelmäßige ohne parlamentarische Mehrheit regierten.[486] Konsens besteht auch darin, dass Art. 67 GG eingeführt wurde, um *„das Erlebnis einer führungsschwachen parlamentarischen Demokratie, die das äußerlich legale Hinübergleiten in die nationalsozialistische Diktatur nicht zu verhindern wußte"*[487] durch die Erhöhung der Abwehrfähigkeit der neu zu errichtenden demokratischen Ordnung, zu verhindern.

In Conclusio kann also festgehalten werden, dass nicht nur die Stellung des Zaubereiministers an sich überdurchschnittlich mächtig ist. Problematisch sind bereits seine Wahl bzw. die Unmöglichkeit, ihn innerhalb der langen Amtsperiode von sieben Jahren wieder abzuwählen. Spätestens seit dem Tod von Cedric

---

482 *Rowling,* Harry Potter 6, Der andere Minister, S. 21.

483 Als Misstrauensvotum wird in parlamentarischen Regierungssystem ein mehrheitlicher Parlamentsbeschluss bezeichnet, der die Regierung, den Regierungschef oder einen bestimmten Minister absetzt, wenn die Verfassung diese Möglichkeit vorsieht. Zur Entwicklung in Deutschland: *Lutz,* in: Der Staat 36, S. 81 (81–94).

484 Vom *Misstrauensvotum* ist die sog. *Vertrauensfrage* in Art. 68 GG abzugrenzen. Der Unterschied liegt darin, dass der Bundeskanzler selbst die Initiative ergreift und nicht, dass das Parlament gegen ihn vorgeht. Dazu: *Herzog,* in: Dürig/Herzog/Scholz (Hrsg.): Art. 68 Rn. 15–29, kritisch zum Selbstauflösungsrecht des Bundestags: *Herbst,* in: Der Staat 45, S. 45 (45–82).

485 *Degenhart,* Staatsrecht I, Rn. 769 f.; *Siefken,* Parlamentarische Kontrolle im Wandel, S. 112 ff.; *Brinktrine,* in: Sachs (Hrsg.): GG, Art. 67 Rn. 23 ff.

486 *Winkler,* Der lange Weg nach Westen, S. 489 ff.

487 *Birke,* in: ZParl., Jahrg. 8, Ausg. 1, S. 77 (77).

Diggory am Ende von Band vier war klar, dass Fudge die Bedrohung durch Lord Voldemort nicht ernst nahm bzw. mehr an seiner eigenen Machterhaltung interessiert war als an einem sinnvollen Regieren der Zaubererwelt. Hätte man in diesem Augenblick entsprechende Maßnahmen ergreifen können, um eine Neuwahl einzuleiten, wären der Zaubererwelt die Ereignisse in Band fünf bis sieben eventuell erspart geblieben.

Gleiches gilt für die fragwürdige Ernennung von Thickness, der bereits zum Zeitpunkt seiner Ernennung unter dem Imperius-Fluch von Lord Voldemort stand. Zwar hätte eine Wahl durch die magische Bevölkerung Zeit gekostet, dadurch hätte es aber eventuell mehr als eine Nachfolger-Option gegeben und die Kandidaten wären von der Presse und der Öffentlichkeit tiefgehender durchleuchtet worden als das bei Thickness der Fall war. Außerdem hätte ein neuer, unabhängiger Zaubereiminister frühzeitig Maßnahmen ergreifen können, um die Machterlangung Lord Voldemorts zu erschweren und vermutlich sogar zu verhindern.

Auch hier zeigt sich also, wieso eine starke Stellung des Zaubereiministers u. a. durch die lange Regierungsperiode und die fehlende Möglichkeit einer Abwahl problematisch ist. Und erneut ist ein direkter Vergleich zum NS-Staat fruchtbar. Einerseits im Hinblick auf die höchst problematische Zusammenlegung der Ämter des Reichspräsidenten und des Reichskanzlers unter Adolf Hitler und andererseits durch die negativen Erfahrungen mit der Weimarer Verfassung und dem Übergang ins Dritte Reich, wonach das Misstrauensvotum in das deutsche Grundgesetz aufgenommen wurde, um unsere demokratischen Strukturen zu stärken. Demnach ist unser heutiges Recht und unsere heutige BRD im Vergleich zum historischen Recht und zur Zaubererwelt an dieser Stelle besser gegen antidemokratische Strömungen gewappnet.

3. (Fehlende) Gewaltenteilung

Liest man die Harry-Potter-Bücher als Kind, fallen einem die vielen politischen und gesellschaftlichen Probleme in den Büchern kaum auf, weil man ausschließlich auf Harry und seine Freunde konzentriert ist. Liest man sie als Erwachsener nochmals, springt einem vor allem die Tatsache direkt ins Gesicht, dass es in der Zaubererwelt keine Gewaltenteilung gibt![488]

Das Prinzip der Gewaltenteilung ist ein tragendes Organisations- und Funktionsprinzip der Verfassung eines jeden Rechtsstaats. Nach historischem Vorbild werden dabei die drei Gewalten Gesetzgebung (Legislative), ausführende

488 *„The first striking feature of the ‚State' in Harry Potter is the absence of a Legislative power"*, *Ligugnana,* in: Carpi/Leiboff (Hrsg.): Fables and the Law, S. 419 (419). *„In fact, the Ministry is potentially a despotic organization with very few legal limitations on its power. "*, *Gava/Paterson, in:* Thomas/Snyder (Hrsg.): The Law & Harry Potter, S. 3 (3).

Gewalt (Exekutive) und Rechtsprechung (Judikative) unterschieden.[489] Das Gegenteil der Gewaltenteilung ist die Konzentration der staatlichen Gewalt in einer Hand. Sie ist das Kennzeichen der Diktatur und mit den Prinzipien einer rechtsstaatlichen Demokratie nicht vereinbar. Unsere jüngere Geschichte hat uns anschaulich gelehrt, welche Katastrophen eine derartige Konzentration von Legislative, Exekutive und Judikative in der Person eines „Führers" bedeutet. Das Grundgesetz hat die Gewaltenteilung deswegen zu einem Kernprinzip unserer Verfassung erhoben und dieses durch die Bestimmung des Art. 79 II GG (*Ewigkeitsklausel*) für unabänderlich erklärt.[490] In Deutschland ist die Gewaltenteilung in Art 20 II, III GG geregelt. Neben dieser *horizontalen* Gewaltenteilung gibt es außerdem die sog. *vertikale* Gewaltenteilung.[491]

a) Vertikale Gewaltenteilung

Unter der vertikalen (auch: föderativen) Gewaltenteilung versteht man die Aufteilung der rechtlichen Kompetenzen eines Gesamtstaates zwischen dessen Zentralorganen und den Mitgliedstaaten. In Deutschland findet sich dieses Prinzip im sog. *Föderalismus,* also der Untergliederung in den *Bund* und die *Länder*. Sowohl der Bundestag als auch die Landesparlamente nehmen dabei Gesetzgebungskompetenzen wahr.[492]

Wie oben bereits erwähnt, handelt es sich bei der Zaubererwelt im Gegensatz dazu um einen Einheitsstaat. Als *Einheitsstaat* wird ein Staatengebilde bezeichnet, in dem die Staatsgewalt über das gesamte Staatsgebiet meist von der Hauptstadt aus zentralistisch ausgeübt wird.[493] So ist es bei der Zaubererwelt in Großbritannien und dem Zaubereiministerium in London der Fall.

Dies ist selbst dann noch auffallend, wenn man davon ausgehen würde, dass sich Rowling doch vom politischen System Großbritanniens inspirieren ließ: Zwar verfügt England – mit Ausnahme von *Greater London* – über keine Landesparlamente. Wales, Schottland und Nordirland haben jedoch seit den erfolgreichen Referenden 1997 eigene Landesteilparlamente und -regierungen (sog.

489 *Mager*, Staatsrecht I, S. 324 f.; *Detjen,* Die Werteordnung des Grundgesetzes, S. 155 ff., S. 251 ff.; *Steffani,* Gewaltenteilung und Parteien im Wandel, S. 18 ff.; *Grzeszick,* in: Dürig/Herzog/Scholz (Hrsg.): GG, Art. 20 Rn. 1–12.

490 *Vogel,* in: NJW 1996, S. 1505 (1505); *Herdegen,* in: Dürig/Herzog/Scholz (Hrsg.): GG, Art. 79 Rn. 145–151; *Dreier,* in: Dreier (Hrsg.): GG, Art. 79 Rn. 5.

491 Zum System der Gewaltenteilung im Grundgesetz: *Wrege,* in: JURA 1996, S. 436 (436–440).

492 Die Ausübung der staatlichen Befugnisse und die Erfüllung der staatlichen Aufgaben ist Sache der Länder, soweit das Grundgesetz keine andere Regelung trifft oder zulässt, Art. 30 GG. Wem dabei für einzelne Materien die Gesetzgebungskompetenz zusteht, ergibt sich aus Art. 70–74 GG. *Voßkuhle/Wischmeyer,* in: JuS 2020, S. 315 (315–318); *Hebeler,* in: JA 2010, S. 688 (688–694).

493 Dabei unterscheidet man zwischen zentralistischen und dezentralen Einheitsstaaten. *Schöbener,* in: Schöbener (Hrsg.): Völkerrecht, S. 48 (48 f.); *Campagna,* in: Voigt (Hrsg.): Handbuch Staat, S. 621 (622).

Devolution[494]) mit einem Ersten Minister als Vorsitzendem, vergleichbar also mit einem Ministerpräsidenten in Deutschland.[495]

Wir erinnern uns: Das erste Harry Potter Buch wurde 1997 veröffentlicht und in den Jahren zuvor geschrieben. Details über das Zaubereiministerium lernen wir aber erst ab Band fünf (2003). Rowling hätte also mehrere Jahre Zeit gehabt, ein politisch interessantes Novum in die Harry-Potter-Bücher einfließen zu lassen. Dass sie dies nicht getan hat, zeigt erneut, dass es ihr wichtig war, das politische System der Zaubererwelt unabhängig vom real existierenden System in Großbritannien zu gestalten. Trotzdem kann in den Büchern eine allgemeine Auseinandersetzung mit und teilweise überspitze Kritik an Politik und Justiz gesehen werden.

Im Kontext der Gewaltenteilung fällt auf: Auch das Dritte Reich wurde mit den *Gleichschaltungsgesetzen* grundlegend umgewandelt.[496] Mit dem *„Vorläufigen Gesetz zur Gleichschaltung der Länder mit dem Reich"* (RGBl. I 1933, S. 153) vom 31. März 1933 wurden die Landtage, Kreistage und Gemeinderäte aufgelöst und auf Basis der Stimmenzahl der Reichstagswahl vom 5. März 1933 (bei der die NSDAP mit 43,9 % der Stimmen stärkste Kraft war) neu gebildet.[497] Mit dem *„Zweiten Gesetz zur Gleichschaltung der Länder mit dem Reich"* (RGBl. I 1933, S. 173) vom 7. April 1933 wurden Reichsstatthalter eingesetzt. Diese konnten den Vorsitzenden der Landesregierung ernennen und entlassen, den Landtag auflösen und Neuwahlen anordnen.[498] Mit dem *„Gesetz über den Neuaufbau des Reichs"* (RGBl. I 1934, S. 75) vom 30. Januar 1934 wurden alle Hoheitsrechte der Länder auf das Reich übertragen und der Reichsrat abgeschafft. Art. 4 ermächtigt die Reichsregierung, neues Verfassungsrecht zu setzen.[499]

Insofern ist festzustellen, dass sowohl die Zaubererwelt als auch der NS-Staat keine vertikale Gewaltenteilung kannten.

b) Horizontale Gewaltenteilung

Eine Trennung zwischen Exekutive, Legislative und Judikative (sog. *horizontale Gewaltenteilung)* ist der Zaubererwelt fremd. Auch in dieser Hinsicht lassen sich erschreckende Parallelen zum NS-Staat finden.

---

494 Als *Devolution* bezeichnet man in Großbritannien die Verlagerung politischer Kompetenzen vom Houses of Parliament an gewählte Vertretungen in Schottland, Nordirland und Wales.

495 Schottland: *Pilkington,* Devolution, S. 95 ff.; *Deacon,* Devolution, S. 71 ff.; Wales: *Pilkington,* Devolution, S. 122 ff.; *Deacon,* Devolution, S. 128 ff.; Nordirland: *Pilkington,* Devolution, S. 144 ff.; *Deacon,* Devolution, S. 202 ff.

496 *Laufer/Münch,* Das föderative System der Bundesrepublik Deutschland, S. 67 f.; *Katz/Sander,* Staatsrecht, Rn. 86; *Bauer,* in: Dreier (Hrsg.): GG, Art. 20 Rn. 5.

497 *Bracher/Sauer/Schulz,* Die nationalsozialistische Machtergreifung, S. 585.

498 *Eckert,* in: Eckert (Hrsg.): Der praktische Nutzen der Rechtsgeschichte, S. 121 (150).

499 *Stern,* Das Staatsrecht der Bundesrepublik Deutschlands/V, S. 787; *Mertens,* Rechtsetzung im Nationalsozialismus, S. 14.

aa) Die Legislative

Die Legislative ist zuständig für die Beratung und Verabschiedung von Gesetzen (*Gesetzgebung*) sowie für die Kontrolle der Exekutive und der Judikative. In repräsentativen Demokratien bilden die Parlamente die Legislative.[500]

In der Harry Potter Welt gibt es kein Parlament und deswegen konsequenterweise auch keine pluralistischen Parteien, die in einer lebhaften Demokratie so wichtig für die Meinungsbildung und -kanalisierung sind.[501] Dies kann man daraus schließen, dass ein Parlament nicht erwähnt wird, es im Umkehrschluss aber beispielsweise viele Ausführungen zum Zaubereiministerium und zum Zaubergamot gibt. Hinzu kommt, dass die Autorin auch in Interviews keinerlei Informationen zum Thema bereitstellt. Im Gegensatz dazu gibt es beispielsweise einen von ihr persönlich verfassten Artikel über die direkte Wahl des Zaubereiministers (siehe S. 91). Rowling hat also in den Harry-Potter-Büchern nicht komplett auf Staatsaufbau und Politik verzichtet, sondern (bewusst?) bestimmte staatliche Institutionen eingebaut und andere wiederum weggelassen.[502]

Auch an dieser Stelle wird deutlich, dass sich Rowling nicht am politischen System Großbritanniens orientiert hat. Denn auch hier regiert das Parlament (sog. *Parlamentssouveränität)*, bestehend aus dem *Oberhaus* und dem *Unterhaus* (siehe S. 5 Fn. 22) gemeinsam mit dem Monarchen.[503] Aber auch eine Parallele zum deutschen System ist nicht möglich. In Deutschland besteht die Legislative auf Bundesebene aus dem *Deutschen Bundestag* als Einkammerparlament und dem *Bundesrat* als Organ der Ländermitwirkung. In den Ländern erfolgt die Gesetzgebung durch die Landesparlamente.[504]

Sowohl Deutschland als auch Großbritannien liegt damit – im Gegensatz zur Zaubererwelt – die Regierungsform der *repräsentativen Demokratie* (auch: *in-*

---

500 *Degenhart,* Staatsrecht I., Rn. 298. Die Abgrenzung ist dabei nicht immer einfach und gelingt am besten mit einer Typisierung: *„Die Legislative erlässt allgemeine Regeln für die Zukunft und betreibt im Zusammenwirken mit der Gubernative Politik, die Exekutive gestaltet nach den parlamentarischen Vorgaben im Einzelfall vor Ort und handelt gegenüber dem Bürger. Sie kann nach Rechtsmaßstäben und nach Zweckmäßigkeitserwägungen handeln. Die Rechtsprechung kontrolliert nachträglich Einzelfälle aufgrund von Anträgen der Bürger allein am Maßstab des Rechts."* (*Kirchhof,* in: Dürig/Herzog/Scholz (Hrsg.): GG, Art. 83 Rn. 55).

501 *Frevel/Voelzke,* Demokratie, S. 140–148; *Katz/Sander,* Staatsrecht, Rn. 285 ff., 316 ff.; vom totalitären Führerstaat als Gegensatz zum Pluralismus: *Oberreuter,* in: Oberreuter (Hrsg.): Pluralismus, S. 13 (13–36).

502 Zu diesem Ergebnis kommt u. a. auch: *Barton,* in: Mich. L. Rev. 104/6, S. 1523 (1533).

503 *Norton,* Parliament in British Politics, S. 16 ff; *Heywood,* Essentials of UK Politics, S. 221 ff.

504 Zum Bundestag: *Korioth/Müller,* Staatsrecht I, Rn. 379 ff.; *Detterbeck,* Öffentliches Recht, Rn. 80 ff.; zum Bundesrat: *Korioth/Müller,* Staatsrecht I, Rn. 618 ff.; *Katz/Sander,* Staatsrecht, Rn. 385 ff. Kritisch zum Einkammer-/Zweikammerparlament: *Groß,* in: ZaöRV 63/2003, S. 29 (33).

direkte/mittelbare/parlamentarische Demokratie) zu Grunde.[505] Dabei werden politische Sachentscheidungen nicht unmittelbar durch das Volk selbst, sondern durch Abgeordnete getroffen (Art. 20 II GG), die in allgemeinen, unmittelbaren, freien, gleichen und geheimen Wahlen gewählt werden und eigenverantwortlich entscheiden (Art. 38 GG).[506]

In den Harry-Potter-Büchern wird lediglich der Zaubereiminister alle sieben Jahre direkt vom Volk gewählt (siehe S. 91 ff.). Zumindest bzgl. der Wahl des Zaubereiministers entspricht das politische System in den Harry-Potter-Büchern deswegen am ehesten einer *direkten Demokratie* (auch: *plebiszitäre Demokratie*). Darunter versteht man eine demokratische Herrschaftsform, bei der politische Entscheidungen unmittelbar vom Volk getroffen werden.[507] Eine direkte Entscheidung/Abstimmung über Sachfragen durch das Volk ist in der Zaubererwelt jedoch nicht vorgesehen. Wer macht dann in der Harry Potter Welt die Gesetze? Die Frage bleibt größtenteils unbeantwortet.

Auf internationaler Ebene ist bekannt, dass das *„Internationale Geheimhaltungsabkommen"* (siehe S. 176 ff.) zunächst 1689 von Großbritannien und dann 1692 von der *Internationalen Zaubereivereinigung* beschlossen wurde. Wer Großbritannien vor dieser internationalen Versammlung vertritt, ist nicht bekannt. Vieles spricht jedoch dafür, dass die *Abteilung für Internationale Magische Zusammenarbeit* hierfür zuständig ist. Diese wiederum untersteht direkt dem Zaubereiminister. Die Abteilung darf außerdem beispielsweise (international geltende) Regelungen bzgl. der Dicke von Kesselwänden ausarbeiten (siehe S. 75).

Auch bezüglich des *„Erlasses zur vernunftgemäßen Beschränkung der Zauberei Minderjähriger"* (siehe S. 182 ff.) aus dem Jahr 1875 wird nicht deutlich, wer diese Regelung erschaffen hat. Es ist allerdings bekannt, dass die *Abteilung für Magische Strafverfolgung* die Einhaltung überwacht und bei einem Verstoß dagegen Verwarnungen verschickt und anklagt. Weniger prominente Regelungen werden direkt von den zuständigen Abteilungen des Zaubereiministeriums erlassen. So beispielsweise das *„Muggelschutzgesetz"*, das Mr Weasley in Band zwei für das *Büro gegen den Missbrauch von Muggelartefakten* ausarbeitet.[508] Das Büro gehört zur *Abteilung für Magische Strafverfolgung*, was den Schluss zulässt, dass diese Abteilung nicht nur die Einhaltung der Gesetze überwacht und Verstöße anklagt, sondern gleichzeitig auch eigene Regelungen erlassen darf.[509]

---

505 *Meyer,* Was ist Demokratie?, S. 89 f.; *Grzeszick,* in: Dürig/Herzog/Scholz (Hrsg.): GG, Art. 20 GG Rn. 66–76; *Kotzur,* in: Münch/Kunig (Hrsg.): GG, Art. 20 Rn. 190.

506 *Butzer,* in: BeckOK, GG, Art. 38 Rn. 115, 122 ff.

507 *Schiller,* Direkte Demokratie, S. 42 ff. Ein Beispiel für eine starke direkte Demokratie stellt die Schweiz dar (*Krumm,* Das politische System der Schweiz, S. 42 ff.).

508 *Rowling,* Harry Potter 2, Der Vielsaft-Trank, S. 239; Dobbys Belohnung, S. 358. So auch *Gava/Paterson,* in: Thomas/Snyder (Hrsg.): The Law & Harry Potter, S. 3 (14).

509 Zwar dürfen auch unsere heutigen Ministerien auf Bundes- und Landesebene Gesetze entwerfen (Referentenentwürfe). Diese durchlaufen danach aber das parlamentarische

Was die Nachvollziehbarkeit des Gesetzgebungsverfahrens in der Zaubererwelt weiter erschwert, ist die Tatsache, dass die Benennung der „Regelungen" nicht einheitlich erfolgt. Im deutschen Recht wird klar zwischen *formellen* und *materiellen* Gesetzen unterschieden. Gesetze im formellen Sinn sind alle Gesetze, die durch das Gesetzgebungsverfahren, das die Verfassung vorschreibt, vom Parlament – dem Bundestag oder einem Landesparlament – verabschiedet werden.[510] Ein Gesetz im materiellen Sinne ist jede – von der Exekutive erlassene – hoheitliche Anordnung (z.B. Rechtsverordnung oder Satzung).[511]

Diese Kategorisierung ist der Zaubererwelt fremd. Es werden überhaupt keine Unterscheidungen getroffen und so viele verschiedene Bezeichnungen verwendet, dass in den meisten Fällen weder klar ist, wer die Regelung erlassen hat, noch wie sie zu klassifizieren ist.[512] Alleine das *„Internationale Geheimhaltungsabkommen"* hat drei verschiedene Namen.[513] Ein Abkommen ist im deutschen Sprachgebrauch u.a. der Ausdruck für einen Vertrag im Völker-, Verfassungs- und Verwaltungsrecht; hauptsächlich zwischen Staaten.[514] Von der Bedeutung her, würde die Übersetzung hier also zum Inhalt des Internationalen Geheimhaltungsabkommens passen. Im englischen Original wird das Abkommen aber *„Statute of Secrecy"*[515] genannt. Unter einem Statute versteht man in Großbritannien *„a law that is passed by a parliament, council, etc. and formally written down"*.[516] Es bleibt aber zweifelhaft, ob die Autorin (und der Übersetzer) hier überhaupt juristische Fachtermini verwenden und diesen inhaltliche Bedeutung zumessen wollten.

Gesetzgebungsverfahren. Ein solches existiert in der Zaubererwelt mangels Parlament nicht.

510 *Uhle,* in: Dürig/Herzog/Scholz (Hrsg.): GG, Art. 70 Rn. 35; *Rozek*, in: Mangoldt/Klein/Starck (Hrsg.): GG, Art. 70 Rn. 24; *Korioth/Müller,* Staatsrecht I, Rn. 850.

511 *Korioth/Müller,* Staatsrecht I, Rn. 847 ff.; *Sommermann,* in: Mangoldt/Klein/Starck (Hrsg.): GG, Art. 20 Rn. 263; *Schmitz,* in: MüKo StGB, § 1 Rn. 25.

512 Diese Einschätzung teilt auch: *Schneyer,* in: Goetz (Hrsg.): Terminus: Collected Papers on Harry Potter, S. 33 (37 f.).

513 In der deutschen Übersetzung wurden für das Abkommen verschiedene Namen verwendet: *„Geheimhaltungsabkommen der Internationalen Zauberervereinigung"* (*Rowling,* Harry Potter 2, Dobbys Warnung, S. 26, Harry Potter 5, Eulen über Eulen, S. 37 f.) oder *„Internationales Geheimhaltungsabkommen"* (*Rowling,* Harry Potter 7, Godric's Hollow, S. 327) oder *„Abkommen zur Geheimhaltung der Zauberei"* (Quidditch im Wandel der Zeiten, S. 20).

514 Z.B. das Schengen-Abkommen: *Blanke,* in: Grabitz/Hilf/Nettesheim (Hrsg.): Das Recht der EU, Art. 20 EUV Rn. 12) oder das EWR-Abkommen: *Vöneky/Beylage-Haarmann,* in: Grabitz/Hilf/Nettesheim (Hrsg.): Das Recht der EU; Art. 217 AEUV Rn. 73.

515 *Rowling,* Harry Potter 2, Dobby's Warning, S. 21; Harry Potter 5, O.W.L., S. 798.

516 https://www.oxfordlearnersdictionaries.com/definition/english/statute?q=statute (abgerufen am: 23.01.2023). Barratt schreibt dazu: *„The wizarding world has, for instance, international laws such as the Statute of Secrecy as well as domnestic laws that are promulgated and enforced by the Ministry of Magic."* (*Barratt,* The Politics of Harry Potter, S. 28).

Das *„Verbot der Zauberei Minderjähriger"* wird formal als Erlass (im englischen: *„Decree"*[517]) betitelt. Ein Erlass ist nach deutschem Verständnis eine Anordnung der Exekutive an andere staatliche Stellen oder an die Bevölkerung eines Landes. Im Kontext des Nationalsozialismus ist der Terminus des *„Führererlasses"*[518], als eine Anordnung Adolf Hitlers, die für alle Gesetzeskraft entfaltete, bekannt. Das Verbot der Zauberei Minderjähriger sieht wie ein Strafgesetz direkt Rechtsfolgen für denjenigen vor, der dagegen verstößt (siehe S. 182 ff.). Unter einem Decree versteht man in Großbritannien *„an official order from a leader or a government that becomes the law"*[519]. Dies deutet ebenfalls darauf hin, dass das Verbot der Zauberei Minderjähriger vom Zaubereiminister bzw. dem Zaubereiministerium mit Rechtswirkung für die komplette magische Bevölkerung angeordnet wurde.

Arthur Weasleys *„Muggelschutzgesetz"* heißt im Original *„Muggle Protection Act"*[520]. In Großbritannien versteht man unter einem Act *„a law that has been passed by a parliament"*[521], also das, was man im deutschen unter einem formellen Gesetz versteht. Dies ist der einzige Hinweis darauf, dass es in der Zaubererwelt irgendeine staatliche Institution gibt, die wie ein Parlament Gesetze erlassen darf. Andererseits wirft die Autorin – wie gezeigt – mit juristischen Fachtermini nur so um sich, sodass dem Begriff *Act* keine allzu große Bedeutung beigemessen werden kann. Viel entscheidender ist deswegen, dass in allen sieben Büchern weder der Begriff *Parlament* noch das Wort *Partei* fällt. Und das, obwohl die Hauptcharaktere im Laufe der Bücher gleich mehrere Machtwechsel erleben. In dieser Arbeit wird deswegen die Meinung vertreten, dass es in der Zaubererwelt kein Parlament und auch keine Parteien gibt. Insbesondere wird in dieser Arbeit die Theorie abgelehnt, dass es sich beim Zaubergamot um ein Parlament handeln könnte, dem gesetzgeberische Kompetenzen zukommen (siehe S. 7 f. und Fn. 37).

Einfluss auf die Gesetzgebung hat demnach mit großer Wahrscheinlichkeit ausschließlich das Zaubereiministerium. Einerseits, indem die einzelnen Abteilungen fachspezifische Regelungen (materielle Gesetze) erlassen. Andererseits, indem der Zaubereiminister (ähnlich dem Führererlass) selbst Regelungen er-

---

517 *Rowling,* Harry Potter 2, Dobby's Warning, S. 21; Harry Potter 5, The Hearing, S. 156.

518 Zur Zerstörung des Gesetzesbegriffes u. a. durch das Instrument des Führererlasses: *Koch,* Rechtsbegriff und Widerstandsrecht, S. 139 ff.; zur Entwicklung der Rechtsetzungsbefugnis Hitlers: *Mertens,* Rechtsetzung im Nationalsozialismus, S. 15 ff.

519 https://www.oxfordlearnersdictionaries.com/definition/english/decree_1?q=decree (abgerufen am: 23.01.2023). Barratt schreibt dazu: *„Note that while this is clearly domestic law, its source is otherwise not specific. As a degree it might have issued directly from the Minister himself, or been subject to a vote in a legislative chamber – though, as discussed elsewhere, we have little evidence one exists." (Barratt,* The Politics of Harry Potter, S. 29).

520 *Rowling,* Harry Potter 2, Dobby's Reward, S. 247.

521 https://www.oxfordlearnersdictionaries.com/definition/english/act_2 (abgerufen am: 23.01.2023).

lässt, welche die Wirkung von allgemeinverbindlichen Gesetzen haben. Damit wird dem Zaubereiministerium und dem Zaubereiminister eine sehr mächtige Position eingeräumt und die Trennung zwischen den Gewalten aufgelöst. Die kontrollierende und korrigierende Wirkung eines Parlaments entfällt komplett.

Welche Auswirkungen dies auf einen Staat haben kann, zeigt wiederum die NS-Zeit. Hitlers Kompetenz, per Erlass Verfügungen mit Gesetzeskraft zu treffen, ging auf das Recht des Reichspräsidenten der Weimarer Republik zurück, der nach Art. 48 WRV formelle *Notverordnungen* mit materieller Gesetzeskraft erlassen konnte.[522] Infolge der Vereinigung des Amtes des Reichspräsidenten mit dem Reichskanzler hatte ab 1934 auch Hitler diese Befugnisse. Mit dem Ermächtigungsgesetz vom 24. März 1933 ging letztendlich die gesetzgebende Gewalt auf die Reichsregierung (Exekutive) und damit auf Adolf Hitler über.[523] Der Reichstag blieb als Institution formal bestehen, um einen demokratischen Schein zu bewahren. Seit dem *„Gesetz gegen die Neubildung der Parteien"* (RGBl. I 1933, S. 479) vom 14. Juli 1933 war die NSDAP jedoch die einzige zugelassene Partei.[524] Nach Inkrafttreten des Ermächtigungsgesetzes erließ der Reichstag bis 1939 nur noch sieben Gesetze, während die übrigen ca. 5.000 Gesetze und Verordnungen von der Spitze des NS-Regimes erlassen wurden.[525]

Damit verfügte die Exekutive im NS-Staat (im Gegensatz zu heute) genauso wie in der Zaubererwelt über weitreichende legislative Kompetenzen.

bb) Die Exekutive

Unter der Exekutiven versteht man die Regierung *(Gubernative)* und die öffentliche Verwaltung *(Administrative)*, denen die Ausführung der Gesetze anvertraut ist.[526] Auch die Exekutive kann normsetzende Befugnisse wahrnehmen, zum

---

522 Z. B. die *„Verordnung des Reichspräsidenten zum Schutze des Deutschen Volkes"* vom 04. Februar 1933 (*Breitbach/Deiselroth,* in: Ridder/Breitbach/Deiseroth (Hrsg.): Versammlungsrecht, Kapitel 6 Rn. 7–9). Ausführlich zur Rechtssetzungsbefugnis Hitlers: *Mertens,* Rechtsetzung im Nationalsozialismus, S. 15 ff.

523 Der offizielle Titel ist euphemistisch, aber von den Nationalsozialisten mit Absicht so gewählt, um den Anschein der Rechtsstaatlichkeit zu wahren. Der damalige Reichsminister Wilhelm Frick sagte am 30. Januar 1933 dazu: *„Ich wollte alles auf legalem Weg erreichen. Schließlich bin ich ja Jurist"*. Bickenbach nennt das Ermächtigungsgesetz ein *„Musterbeispiel für eine verfassungswidrige Verfassungsänderung"*, weil ein vergleichbares Gesetz heute nicht mit Art. 79 GG vereinbar wäre, *Bickenbach,* in: JuS 2008, S. 199 (199).

524 Gefolgt vom *„Gesetz zur Sicherung der Einheit von Partei und Staat"* vom 01. Dezember 1933 (RGBl. I 1933, S. 1016), das die NSDAP als *„Trägerin des deutschen Staatsgedankens"* definierte und in eine Körperschaft des öffentlichen Rechts mit eigener Gerichtsbarkeit über ihre Mitglieder umgewandelte (*Bracher/Sauer/Schulz,* Die Nationalsozialistische Machtergreifung, S. 214).

525 *Mertens,* Rechtssetzung im Nationalsozialismus, S. 12.

526 *Degenhart,* Staatsrecht I, Rn. 298 f.; *Schönenbroicher,* in: Mann/Sennekamp/Uechtritz (Hrsg.): VwVfG, § 1 Rn. 37 f.

Beispiel durch den Erlass von Rechtsverordnungen (Art. 80 GG). Zur Exekutive gehören in Deutschland die Bundesregierung sowie alle verwaltungstätigen Behörden des Bundes, der Länder und der Kommunen, also z. B. auch die Staatsanwaltschaften und Landratsämter. Die vollziehende Gewalt ist bei ihrem Handeln an Gesetz und Recht gebunden (Art. 20 III GG). Es gelten die Grundsätze des *Vorbehalts* und des *Vorrangs des Gesetzes*.[527]

Da das Zaubereiministerium nach der hier vertretenen Ansicht nicht nur neue Gesetze erlässt, sondern diese auch ausführt und ihre Einhaltung kontrolliert, stellt das Zaubereiministerium gleichzeitig die Legislative und die Exekutive dar. Als Musterbeispiel für diese Doppelfunktion sei an dieser Stelle die von Dolores Umbridge geleitete *„Registrierungskommission für Muggelstämmige"* genannt.[528] Diese stellt eine im siebten Band gegründete neue Abteilung des Zaubereiministeriums dar. Die Abteilung ist verantwortlich für neue Gesetze, die muggelstämmige Zauberer u. a. verpflichtet, nachzuweisen, dass sie ihre Magie von einem Vorfahren geerbt haben.[529] Ansonsten geht die Kommission davon aus, dass der Zauberstab widerrechtlich erlangt wurde und beschlagnahmt diesen. Muggelstämmige, die in diesem neu eingeführten Verfahren keinen anerkannten *Blutstatus* zuerkannt bekommen, müssen mit einer Haftstrafe in Askaban rechnen.[530] Dolores Umbridge ist nicht nur für diese neuen Gesetze verantwortlich, sie klagt die Verstöße auch an und leitet als Vorsitzende die Prozesse. Sie alleine entscheidet über den Blutstatus und eine eventuelle Bestrafung (siehe S. 431 ff.).

Teil des Zaubereiministeriums ist die *Abteilung für Magische Strafverfolgung*. Zu dieser Abteilung gehören die magische Strafverfolgungspatrouille und die Aurorenzentrale, also die magische Polizei (siehe S. 70 ff., 161 ff.). Das Ministerium ist also in der Lage, die Einhaltung der eigenen Gesetze mit Hilfe der magischen Strafverfolgungspatrouille und der Auroren zu kontrollieren und Verstöße anzuklagen. Da beide Abteilungen jedoch streng vom Ministerium kontrolliert werden, ändern sich auch die Aufgabengebiete der Auroren mit der Machterlangung Lord Voldemorts, der diese gemeinsam mit den *Greifern* einsetzt, um (politische) Gegner zu verfolgen.[531]

---

527 Der Vorrang des Gesetzes bezeichnet den rechtsstaatlichen Grundsatz, dass das Handeln von Legislative, Exekutive und Judikative nie gegen geltende Gesetze verstoßen darf. Der Vorbehalt des Gesetzes regelt, dass (belastende) Hoheitsakte nur auf Grund einer gesetzlichen Ermächtigung ergehen dürfen. *Ostenbühl,* in: Isensee/Kirchhof (Hrsg.): HStR V, § 101 Rn. 1 ff.; *Grzeszick,* in: Dürig/Herzog/Scholz (Hrsg.): GG, Art. 20 Rn. 72–76.

528 *Rowling*, Harry Potter 7, Das Bestechungsgeschenk, S. 216; Die Registrierungskommission für Muggelstämmige, S. 257.

529 *Rowling*, Harry Potter 7, Die Registrierungskommission für Muggelstämmige, S. 266 ff.

530 *Rowling*, Harry Potter 7, Die Registrierungskommission für Muggelstämmige, S. 263.

531 *Rowling,* Harry Potter 7, Der Dunkle Lord erhebt sich, S. 12.

Gleiches geschah auch unter Hitler, der die Polizei so umgestaltete, dass sie seinem Herrschaftssystem diente. Die NS-Polizeipolitik war durch drei wesentliche Ziele geprägt: Die „Verreichlichung" der Polizei, die Zusammenlegung von Polizei und SS sowie die Herauslösung der politischen Polizei aus der Verwaltung.[532] Dafür erfolgte zunächst die Verreichlichung der Polizei durch das *„Gesetz über den Neuaufbau des Reichs"* vom 30. Januar 1934. Durch die Beseitigung der föderativen Struktur wurden die Hoheitsrechte der Länder auf das Reich übertragen. Oberste Polizeibehörde war nun der Reichsinnenminister.[533]

Die „Verschmelzung" von Polizei und SS erfolgte am 17. Juni 1936 mit dem *„Erlass über die Einsetzung eines Chefs der Deutschen Polizei im Reichsministerium des Innern"* (RGBl. I 1936, S. 487). Heinrich Himmler erhielt das eigens geschaffene Amt des *Reichsführers SS und Chefs der Deutschen Polizei.*[534] Außerdem kam es zur „Militarisierung" der Polizei, die bereits am 3. Juli 1935 mit dem *„Gesetz über die Überführung von Angehörigen der Landespolizei in die Wehrmacht"* (RGBl. I 1935, S. 851) durch die Eingliederung der Landespolizeieinheiten in die Wehrmacht offiziell vollzogen worden war.[535]

Gleichzeitig wurden die Kompetenzen, der mit dem *„Gesetz über die Errichtung eines Geheimen Staatspolizeiamts"* vom 26. April 1933 gegründeten Gestapo immer weiter ausgedehnt. Bereits dadurch ging das Einsatzgebiet der Gestapo weit über die Kompetenzen einer Staatsschutzbehörde hinaus. Mit dem (zweiten) *„Gesetz über die Geheime Staatspolizei"* (PGS 1933, S. 413) vom 30. November 1933 wurde die Gestapo als „politische Polizei" dem preußischen Ministerpräsidenten Hermann Göring unterstellt und der Verwaltung durch das Innenministerium entzogen.[536] Das (dritte) *„Gesetz über die Geheime Staatspolizei"* (PGS 1936, S. 21) vom 10. Februar 1936 beseitigte schließlich formal jede verwaltungsgerichtliche Kontrolle polizeilicher Aktionen und stellte es der Gestapo frei, ihren Zuständigkeitsbereich selbst festzulegen. Verfügungen und Anordnungen der Gestapo unterlagen keiner verwaltungsgerichtlichen Nachprüfung mehr. Dazu gehörte auch die Einweisung in KZs.[537]

Aufgabe der Abteilung für Magische Strafverfolgung ist außerdem die Anklageerhebung vor dem Zaubergamot. Diese Anklagefunktion ähnelt den deutschen Staatsanwaltschaften. Diese sind als Anklagebehörde Teil der Exekutive. Der Staatsanwaltschaft obliegt die Leitung des Ermittlungsverfahrens als sog. *Herrin des Ermittlungsverfahrens* (§ 161 I StPO), die Erhebung der Anklage (§§ 170

532 *Bastian,* Westdeutsches Polizeirecht unter alliierter Besatzung, S. 25.
533 *Stolleis/Kremer,* in: Lisken/Denninger (Hrsg.): Handbuch des Polizeirechts, Rn. 29 ff.
534 *Würtenberger/Heckmann,* Polizeirecht, Rn. 14; *Heuer,* Geheime Staatspolizei, S. 38.
535 *Harten,* Die weltanschauliche Schulung der Polizei, S. 306 ff.
536 *Heuer,* Geheime Staatspolizei, S. 35 ff.
537 *Ibler,* Rechtspflegender Rechtsschutz im Verwaltungsrecht, S. 314 ff.; *Würtenberger/Heckmann,* Polizeirecht, Rn. 14.

I, 200, 243 III StPO), die Vertretung der Anklage vor Gericht und nach einem Urteil im Erwachsenenstrafrecht auch die Strafvollstreckung (§ 451 StPO).[538]

Die Staatsanwaltschaft ist als Organ der Exekutive von den Gerichten unabhängig (§ 150 GVG). Sie ist mit Beamten besetzt (§ 148 GVG) und hierarchisch gegliedert. Die Staatsanwaltschaften sind dabei dem jeweiligen (Landes-)justizministerium unterstellt, das die Dienstaufsicht innehat (§ 147 GVG). Innerhalb dieser Hierarchie bestehen von unten nach oben Berichtspflichten sowie von oben nach unten Weisungsbefugnisse.[539] Zur Wahrnehmung ihrer Aufgabe hat die Staatsanwaltschaft die Befugnis, von allen Behörden Auskunft zu verlangen und Ermittlungen jeder Art selbst vorzunehmen oder von Behörden und Beamten der Polizei (Ermittlungspersonen) vornehmen zu lassen (§ 161 I StPO, § 152 GVG).[540]

Vorliegend ist die Abteilung für Magische Strafverfolgung eine Art „Staatsanwaltschaft" der Zauberergesellschaft. Sie ermittelt bei Verfehlungen der magischen Bevölkerung. So z. B. bei Harrys Verstößen gegen das *„Internationale Geheimhaltungsabkommen"* und gegen den *„Erlass zur vernunftgemäßen Beschränkung der Zauberei Minderjähriger"*. Ermittlungspersonen sind die magische Strafverfolgungspatrouille und die Auroren. Die Abteilung für Magische Strafverfolgung ist dabei weisungsabhängig vom jeweiligen Zaubereiminister. Dies wird Harry spätestens in dem Moment klar, als Fudge in Band drei im Alleingang einen Verstoß Harrys gegen das magische Recht als „Bagatelle" abtut und dafür sorgt, dass das Verfahren gegen Harry nicht weiterverfolgt wird (siehe S. 80 f., 239 f.). Der Zaubereiminister hat über die weisungsgebundene Abteilung für Magische Strafverfolgung also direkten Einfluss auf strafrechtliche Verfahren und entzieht dem Zaubergamot damit bereits im Vorfeld bestimmte Entscheidungen.

Dieses „Absehen" von der Verfolgung ähnelt den im deutschen Recht grundsätzlich gegebenen Einstellungsvorschriften der § 153 ff. StPO. Nach § 153 I StPO kann die Staatsanwaltschaft bei Geringfügigkeit von einer Verfolgung absehen. Voraussetzung ist, dass ein Vergehen vorliegt, die Schuld des Täters gering ist

538 *Beulke/Swoboda*, Strafprozessrecht, S. 64 ff.; *Häfen,* in: BeckOK StPO, § 163 Rn. 3; *Coen,* in: BeckOK StPO, § 451 Rn. 1–12.

539 *Mayer,* in: KK-StPO, § 146 GVG Rn. 1–13; *Beining,* in: ZJS 6/2015, S. 546 (564–551). Kritisch: Im Mai 2019 hat der EuGH entschieden, dass deutschen Staatsanwälten die notwendige Unabhängigkeit fehle, um einen Europäischen Haftbefehl auszustellen (EuGH, Urt. v. 27.05.2019, Az. C-508/18 = NJW 2019, 2145).

540 *Soiné,* Ermittlungsverfahren und Polizeipraxis, S. 71 ff.; *Gercke/Hembach/Wollschläger*, Strafprozessrecht, S. 67 ff.; *Ostendorf/Brüning*, Strafprozessrecht, § 9 Rn. 82 ff.; *Kölbel,* in: MüKo StPO, § 161 Rn. 1.

und kein öffentliches Interesse an der Verfolgung besteht.[541] Das zuständige Gericht muss zustimmen.[542]

Selbst wenn man einen Vorfall der Minderjährigen-Zauberei vor Muggeln noch als Vergehen ansieht – eine rechtliche Kategorie, welche die Zaubererwelt nicht kennt – ist es schwierig, beim Aufblasen und Schweben-Lassen eines Muggels eine *Geringfügigkeit* anzunehmen. Einerseits ist das Geschehen für die Betroffene ein großer Schock, andererseits sind die Folgen nicht sicher absehbar. So besteht das Risiko, dass Tante Magda „davonschwebt" oder durch den Zauberspruch – den Harry nicht gezielt nutzt, sondern ungeübt und aus Wut abfeuert – verletzt wird. Außerdem hat Harrys Tat zur Folge, dass Tante Magdas Gedächtnis gelöscht werden muss, was einen tiefgreifenden Eingriff in den freien Willen einer Person darstellt und (vor allem bei mehrmaliger Anwendung) auch zu Verwirrtheit und dauerhaften Gedächtnislücken führen kann.[543] Damit übersteigt die Tat das, was man Kindern und Jugendlichen noch als „harmlosen Scherz" durchgehen lassen könnte. Was aber noch viel schlimmer ist: Harrys Tat gefährdet die gesamte Zaubererwelt, indem er Muggeln die Existenz von Magie offenbart. Gerade davor soll aber das *„Internationale Geheimhaltungsabkommen"* schützen, gegen das Harry verstößt. Die Verfolgung wurde außerdem von Fudge in seiner Rolle als Zaubereiminister außerhalb eines förmlichen Verfahrens aufgegeben. Die Abteilung für Magische Strafverfolgung als Staatsanwaltschaft wurde gerade nicht formal beteiligt. Auch an einer Zustimmung durch ein Gericht fehlt es. Die verursachten Folgen der Tat sind hier auch nicht als gering anzusehen, sodass das Zustimmungserfordernis auch bei uns nicht entfiele.

Diese Stelle zeigt erneut, wie mächtig der Zaubereiminister ist und wie willkürlich im magischen Recht mit Strafvorwürfen umgegangen wird. Denn entweder setzt sich Fudge eigenmächtig über bestehende formelle Vorschriften zur Einstellung eines Verfahrens hinweg, oder derartige Vorschriften existieren in der Zaubererwelt schlicht nicht (siehe dazu S. 275 ff.).

Auch hier findet sich eine starke Parallele zum Nationalsozialismus. Die Kompetenzen der Staatsanwaltschaft wurden im Dritten Reich erweitert, weil die Regierung so über Weisungen stärkeren Einfluss auf die Strafrechtspflege nehmen konnte (siehe S. 164 f.).[544] So wurde dem Staatsanwalt beispielsweise die Wahlmöglichkeit gegeben, an welchem Gericht er Anklage erhebt, um einen Einfluss

541 Nach h. M. ist die Schuld gering, wenn sie im Vergleich nicht unerheblich unter dem Durchschnitt liegt. Kein öffentliches Interesse besteht bei Privatklagedelikten, wenn lediglich ein Sühnebedürfnis des Verletzten ersichtlich ist. Das entgegenstehende öffentliche Interesse kann sich nach h. M. sowohl aus spezialpräventiven, als auch aus generalpräventiven Gründen ergeben. *Beukelmann,* in: BeckOK StPO, § 153 Rn. 12; *Diemer,* in: KK-StPO, § 153 Rn. 13–16.

542 Außer bei einem Vergehen, das nicht mit einer im Mindestmaß erhöhten Strafe bedroht ist und bei dem die durch die Tat verursachten Folgen gering sind. *Beukelmann,* in: BeckOK StPO, § 153 Rn. 5–11; *Peters,* in: MüKo StPO, § 153 Rn. 41–45.

543 *Rowling,* Harry Potter 4, Bagman und Crouch, S. 96; Wirbel im Ministerium, S. 154.

544 *Werle,* Justiz-Strafrecht, S. 21.

auf den entscheidenden Spruchkörper zu haben.[545] Werle fasst das wie folgt zusammen: *„Mit der in staatsanwaltschaftliches Ermessen gestellten Anklage vor dem Amtsgericht, der Strafkammer oder dem Sondergericht habe die Staatsanwaltschaft praktisch von vornherein über die Höhe des Strafrahmens und die Zulässigkeit eines Rechtsmittels' entschieden. Als rechtsstaatswidrig und typisch nationalsozialistisch gilt ‚die zielbewußte Unterminierung, schließlich Zerstörung der richterlichen Unabhängigkeit'"*.[546]

Auch die Möglichkeiten der Einstellung des Verfahrens durch die Staatsanwaltschaft wurden erweitert. Beispielsweise 1935 gegenüber Erpressungsopfern (§ 154b RStPO). § 153a I RStPO enthielt ab 1940 eine neue staatsanwaltschaftliche Einstellungsbefugnis für den Fall, dass die Verfolgung von Auslandstaten Deutscher *„vom Standpunkt der Volksgemeinschaft aus nicht geboten oder unverhältnismäßig schwierig"* war.[547] Diese „Auflockerung" des Strafrechts führte automatisch zu einer Ermessenserweiterung bei den Staatsanwaltschaften und zu einer „Auflockerung" des Legalitätsprinzips (siehe S. 241 f.).[548] Ende 1944 mündete diese Entwicklung in eine umfassende Einstellungsbefugnis der Staatsanwaltschaft *„wenn die Verfolgung im Kriege zum Schutze des Volkes nicht erforderlich ist ..."*.[549]

Durch die – in diesem Abschnitt herausgearbeitete – „Doppelfunktion" des Zaubereiministeriums als Exekutive und Legislative ist eine Gewaltenteilung denklogischerweise nicht mehr möglich. Faktisch bündelt sich also im Ergebnis nicht nur die gesetzgebende Gewalt, sondern auch die ausführende Gewalt in den Händen des amtierenden Zaubereiministers. Da dieser die Abteilungsleiter (Minister) ernennt und entlässt, hat er damit die komplette Kontrolle über diese beiden Zweige. Er kann neue Gesetze erlassen, alte Gesetze abschaffen und deren Umsetzung in der Praxis überwachen sowie die Einhaltung kontrollieren und im Zweifelsfall Anklage erheben (lassen) oder von einer Anklage absehen.

Diese fehlende Gewaltenteilung hat in den Harry-Potter-Büchern gravierende Konsequenzen. Indem Lord Voldemort den amtierenden Zaubereiminister Thickness unter den willenssteuernden Imperius-Fluch stellt, übernimmt er faktisch die komplette Kontrolle.[550] Durch die starke Stellung des Zaubereiministers und der Funktion des Ministeriums als Exekutive und Legislative in einem, fehlt es an einer kontrollierenden Instanz im Rahmen des Gedankens von *Checks and Balances*. Das Zaubereiministerium ist unter Lord Voldemort faktisch „gleichgeschaltet" und seinem alleinigen Willen unterworfen. Wäre die Macht in der Zaubererwelt nicht derart an einer Stelle gebündelt, wäre es Lord

---

545 *Combé*, Staatsanwaltschaft im Ermittlungsverfahren, S. 43 ff.; *Riehle*, Staatsanwaltschaft, S. 40.

546 *Werle*, Justiz-Strafrecht, S. 19 f.

547 *Werle*, Justiz-Strafrecht, S. 312; *Deiters*, Legalitätsprinzip und Normgeltung, S. 83.

548 *Werle*, Justiz-Strafrecht, S. 697.

549 Zitiert nach: *Naucke*, in: IfZ (Hrsg.): NS-Recht in historischer Perspektive, S. 71 (89).

550 *Rowling*, Harry Potter 7, Das Bestechungsgeschenk, S. 215.

Voldemort deutlich schwerer gefallen, an die (gesamte) Macht zu kommen. Er hätte dann nicht nur eine, sondern mindestens zwei Institutionen unterwandern müssen. Außerdem hätte eine vom Ministerium unabhängige Instanz der Machtergreifung entgegensteuern können.

Bei der Begrifflichkeit „gleichgeschaltet" denkt man wiederum sofort an die Zeit des Nationalsozialismus. Wie oben bereits erwähnt, schuf Hitler mit dem Instrument des *„Führererlasses"* die Möglichkeit, dass er selbst Regelungen mit bindender Wirkung erlassen konnte und damit ohne die Beteiligung eines Parlamentes einen Teil der Legislative darstellte. Gleichzeitig übte er durch die starke Stellung der Staatsanwaltschaften einen großen Einfluss auf die Judikative aus. Aber auch andere Eingriffe, die ab 1933 in die Exekutive vorgenommen wurden, sind gravierend. U.a. erschuf Hitler neben den „üblichen" Ministerien eine Vielzahl an neuen Reichsministerien. Diese wurden genauso wie in der Zaubererwelt mit parteitreuen Beamten besetzt. Beispielsweise das *„Reichsministerium für Volksaufklärung und Propaganda"*[551], das mit seinen Inhalten an die von Umbridge geleitete ministerielle Schmierkampagne gegen Muggelstämmige erinnert (siehe S. 132 f., 430 f.).

In der Zaubererwelt und im NS-Staat existiert damit jeweils eine (zu) starke Exekutive mit weiten gesetzgebenden Kompetenzen, die letztendlich ohne Kontrollinstanz schalten und walten kann, wie es ihr beliebt.

cc) Die Judikative

Die Judikative stellt die rechtsprechende Gewalt in einem Staat dar. In Deutschland wird die Judikative durch unabhängige Richter ausgeübt (Art. 97 I GG, § 1 GVG, § 25 DRiG). Die Rechtsprechung ist an Gesetz und Recht gebunden (Art. 20 III GG).[552] Dabei ist die Gerichtsbarkeit in Deutschland hierarchisch aufgebaut, sodass ein *Instanzenzug* entsteht.[553]

An oberster Stelle steht dabei das Bundesverfassungsgericht (BVerfG). Dieses stellt sowohl das höchste unabhängige Verfassungsorgan der Justiz dar – ranggleich mit den anderen obersten Bundesorganen – als auch den obersten Gerichtshof auf Bundesebene (*Doppelfunktion*). Dabei obliegt dem Bundesverfassungsgericht einerseits die Kontrolle des verfassungsmäßig bestimmten politischen Lebens *(Hüterin der Verfassung)*, andererseits ist das Gericht höchstes Gremium der Rechtsprechung und damit befugt, andere Gerichtsentscheidungen aufzuheben.[554] Der BGH in Karlsruhe ist das oberste Gericht auf dem

---

551 Dazu: *Kahlenberg,* Produktversprechen: Totaler Krieg, S. 32 f.

552 *Degenhart*, Staatsrecht I, Rn. 300; *Detterbeck,* in: Sachs (Hrsg.): GG, Art. 97 Rn. 1–10.

553 *Wilke,* in: *Isensee/Kirchhoff* (Hrsg.): HStR V, § 112, Rn. 20 ff.; *Jachmann-Michel*, in: Dürig/Herzog/Scholz (Hrsg.): GG, Art. 95 Rn. 98.

554 Zum Status als Verfassungsorgan: *Limbach,* Das Bundesverfassungsgericht, S. 23 ff.; Organisation und Arbeitsweise: *Schlögel,* Das Bundesverfassungsgericht, S. 33 ff.; *Bethge,* in: Schmidt-Bleibtreu/Klein/Bethge (Hrsg.): BVerfGG, § 1 Rn. 3 ff., 52 ff.

Gebiet der ordentlichen Gerichtsbarkeit und damit letzte Instanz in Zivil- und Strafverfahren.[555]

Zunächst ist auffallend, dass sich die rechtsprechende Gewalt in den Harry-Potter-Büchern nur aus dem sog. *Zaubergamot* (im Original: *Wizengamot*[556]) zusammenzusetzen scheint. Die Bedeutung der Wortkreation geht in der deutschen Übersetzung verloren: *„The word ‚Wizengamot' is a portmanteau formed with the words ‚wizard' and ‚Witenagemot'. The Witenagemot was a council of powerful nobles who convened to advise and appoint kings in Anglo-Saxon England. The word derives from the Old English for ‚meeting of wise men' – witan, meaning ‚wise man' or ‚counsellor', and gemot, meaning ‚assembly'. So it can be said that ‚Wizengamot' means ‚assembly of wizards'"*[557]

Neben dem Zaubergamot wird noch eine weitere Institution erwähnt. Der sog. *Rat für das Magische Gesetz*[558] bzw. im englischen Original *Council of Magical Law.*[559] Diese Bezeichnung wird erstmals und einmalig in Band vier verwendet. Da sich die Beschreibungen des Gerichts ansonsten decken, liegt die Annahme nahe, dass es sich beim Zaubergamot und dem Rat um das gleiche Gericht handeln könnte.

Der einzig relevante Unterschied der beiden Institutionen ist die Bezeichnung der abstimmenden Personen als *Jury*[560] in Band vier. Auf Grund der Wortwahl könnte man denken, dass es sich bei den abstimmenden Personen um zufällig ausgewählte Laienrichter und nicht um die 50 Richter des Zaubergamot in Band fünf handelt. Da nicht näher ausgeführt wird, wer in Band vier in der Jury sitzt, kann dies aber nicht abschließend verifiziert werden. Aus dem Kontext könnte man schließen, dass der Rat für das Magische Gesetz speziell für Verfahren gegen Todesser bzw. für Strafverfahren mit staatstragender Bedeutung oder zu Kriegszeiten zuständig ist, während der Zaubergamot für alle anderen Strafverfahren das urteilende Gericht ist. Dagegen spricht aber, dass der Zaubergamot als *höchstes* Gericht bezeichnet wird. Man sollte annehmen, dass gerade dieses Gericht für so relevante Prozesse wie die Strafverfahren gegen Todesser zuständig sein würde.[561] Trotz der Bezeichnung, die eine Hierarchie bzw. einen Ins-

555 Zu den obersten Gerichten gehören außerdem: *Detterbeck,* in: Sachs (Hrsg.): GG, Art. 95 Rn. 3.

556 *Rowling,* Harry Potter 5, The Order of the Phoenix, S. 111.

557 https://harrypotter.fandom.com/wiki/Wizengamot (abgerufen am: 23.01.2023); *Winter,* in: Gymnich/Birk/Burkhard (Hrsg.): „Harry – Yer a Wizard", S. 95 (96). Ausführlich erklärt die Wortherkunft Liemer in ihrem Aufsatz: *Liemer,* in: Thomas/Snyder (Hrsg.): The Law & Harry Potter, S. 19 (19–32).

558 *Rowling,* Harry Potter 4, Das Denkarium, S. 619.

559 *Rowling,* Harry Potter 4, The Pensieve, S. 514.

560 *Rowling,* Harry Potter 4, Das Denkarium, S. 620.

561 Dazu schreibt Liemer: *„The court that tries Harry cannot possibly be a higher level court than the one that hears the earlier trials because of the gravity of the charges against the defendants in the earlier trials."*, *Liemer,* in: Thomas/Snyder (Hrsg.): The Law & Harry Potter, S. 19 (29).

tanzenzug andeutet, ist es deswegen wahrscheinlicher, dass es sich bei dem Rat für das Magische Gesetz um eine alternative Bezeichnung für den Zaubergamot oder um eine andere Jury-Besetzung ebenjenes Zaubergamot handelt. Dafür spricht z. B., dass Mr Weasley bei Harrys Anhörung überrascht ist, dass das *„ganze Gericht"* verhandelt[562], was darauf schließen lässt, dass der Gerichtskörper Zaubergamot in personeller Hinsicht in unterschiedlicher Besetzung verhandeln kann. Eine dieser Besetzungsszenarien könnte den Namen Rat für das Magische Gesetz tragen. Auch mit externen Quellen wie Autoreninterviews lässt sich diese Frage nicht abschließend klären.

Dass es sich beim Zaubergamot und dem Rat für das Magische Gesetz um zwei verschiedene Gerichte handelt, die jedoch ähnlich funktionieren, vertritt Hidalgo in einem online Aufsatz mit dem Titel *„‚Accio Due Process!' Solving the Due Process Crisis in the Wizarding World of Harry Potter and Fantastic Beasts and Where to Find Them"*. Sie schreibt: *„The Council of Magical Law and the Wizengamot are made up of more than fifty members—predominantly Ministry officials. Both oversee criminal cases, and all members are allowed to argue back and forth with each other, question the accused, and recommend sentencing like the judge, jury, and prosecutor."*[563]

Andere sind der Meinung, dass es sich beim Zaubergamot und dem Rat für das Magische Gesetz zwar um den gleichen Gerichtskörper handelt. Je nach Verfahren ist dieser jedoch mit einer *Jury* oder den *Mitgliedern des Zaubergamot* besetzt. Dazu Barratt: *„While jury trials are clearly central to wizard justice, the makeup of these juries is variable. In some cases, judgments are made by the entire Wizangamot (as in Harry's disciplinary hearing in Order), in others, judgments are made by a separate jury. This is the case, for instance, in several of the Death Eater trials that Harry observes in Dumbledore's Pensieve. While the Wizengamot seems to be analogous to a Supreme or High Court, it is also the only court setting we encounter, ruling on everything from murder trials to disciplinary hearings for underage wizards such as Harry."*[564]

---

562 *Rowling*, Harry Potter 5, Mr Weasleys Wehklage, S. 183.

563 http://www.loyno-lawreview.com/2018/05/16/accio-due-process-solving-due-process-crisis-wizarding-world-harry-potter-fantastic-beasts-find/#post-466-footnote-57 (abgerufen am: 23.01.2023). Eine Begründung für diese Einschätzung nennt Hidalgo nicht.

564 *Barratt,* The Politics of Harry Potter, S. 41. Dieser Ansicht ist auch der Blogger Pharnabazus: *„For minor offences (like underage magic) judicial authority has clearly (in nearly all cases) been delegated to the relevant officials of the Department of Magical Law Enforcement, while more serious offences, such as the Death Eater trials over which Harry saw Bartemius Crouch preside in Dumbledore's pensieve, seem always to have been tried before the Council of Magical Law – where Wizengamot members seem to preside, but the actual verdict is made by a jury – and (as Bagman's trial displayed) not a biddable jury either."* https://pharnabazus.livejournal.com/3265.html (abgerufen am: 23.01.2023).

Beide Autoren berufen sich dabei auf die entsprechende Szene im Denkarium im vierten Band, aus der die Besetzung des Rates für das Magische Gesetz aber gerade nicht hervorgeht. Wir kennen nur den Namen, wissen aber nicht, aus welchen Personen sich die Jury zusammensetzt. Es könnte also genauso gut sein, dass es sich beim Rat für das Magische Gesetz und dem Zaubergamot um das gleiche Gericht handelt, das Gericht an dieser Stelle von der Autorin aber noch nicht so bezeichnet wurde. Das hält auch Liemer für möglich: *„Perhaps J. K. Rowling did not recall the witengamot name sooner or did not make the connection that allowed her to create an evocative name sooner.“*[565] Ansonsten hätte die Autorin in Band fünf erklären müssen, dass es sich beim Zaubergamot um ein *anderes* Gericht handelt oder, dass die Mitglieder des Zaubergamot gerade nicht identisch mit der Jury in Band vier sind. Möglich ist auch, dass sich die Bezeichnung des Gerichts bzw. die Bezeichnung und/oder Besetzung der Jury in den etwa 15 Jahren, die zwischen den Prozessen liegen, auf Grund von Reformen verändert hat.[566]

Dagegen, dass es sich um zwei komplett unterschiedliche Gerichte handelt, spricht, dass die Verfahren vor dem Rat für das Magische Gesetz und dem Zaubergamot fast identisch ablaufen.[567] Es ergeben sich lediglich drei kleinere Unterschiede im Verfahrenshergang, die jedoch mit den jeweiligen Besonderheiten des Angeklagten hinreichend erklärt werden können (siehe dazu S. 431 ff.). Es könnte deswegen gut sein, dass die Autorin die klangvollere Bezeichnung *Zaubergamot* erst später „erfunden“ hat, als das Gericht ab Band fünf eine tragende Rolle spielt. Ebenfalls möglich wäre, dass sich lediglich die Besetzung der Jury ändert – beispielsweise, weil zum Zeitpunkt der Todesserprozesse das Kriegsrecht galt oder diese Prozesse als „Terrorakte“ staatstragende Bedeutung für die magische Welt haben. Abschließend aufklären lässt sich diese Frage aber nicht.

In Band fünf erklärt Remus Lupin, dass es sich beim Zaubergamot um das höchste Gericht der Zaubererwelt handelt. *„»Sie haben ihm [Anm. Dumbledore] das Amt des Großmeisters beim Zaubergamot entzogen – das ist das Oberste Gericht der Zauberer – und sie reden davon, ihm auch den Merlinorden erster*

565 *Liemer,* in: Thomas/Snyder (Hrsg.): The Law & Harry Potter, S. 19 (29).

566 Dagegen spricht die Erwähnung des Zaubergamot in Band sechs. Harry reist mit dem Denkarium in die Vergangenheit und erfährt, dass Lord Voldemorts Vorfahren, die Gaunts, 1920 vom *Zaubergamot* verurteilt wurden. Das spricht gegen die Theorie, dass der Zaubergamot früher *Rat für das magische Gesetz* hieß und dann umbenannt wurde (*Rowling,* Harry Potter 6, Das Haus der Gaunts, S. 214 f.).

567 Von einem Gericht geht auch *Moline* auf einem Jurablog aus: *„The high court of Wizarding Britain is known as the Wizengamot. A panel of wizards and witches (collectively known as the Wizengamot or sometimes the Council of Magical Law) preside during trials (and at least one hearing) in one of the courtrooms on Level 10 of the Ministry of Magic.“* (https://lawblog.justia.com/2010/11/18/introduction-to-wizarding-law/, abgerufen am: 23.01.2023). Auch *Baltzar* geht von nur einem Gericht aus (*Baltzar,* Power and Evil, S. 13 ff.). Ebenso: *Barton,* in: Mich. L. Rev. 104/6, S. 1523 (1533).

Klasse abzuerkennen.«"[568] Die Bezeichnung als *Oberstes* Gericht lässt zwar darauf schließen, dass auch noch Gerichte niedrigerer Ordnung existieren könnten. Außer dem Rat für das Magische Gesetz werden jedoch keine anderen Gerichte erwähnt.

Interessant ist außerdem, dass bereits kleinere Verfahren[569] vor dem Zaubergamot verhandelt werden. Es könnte also tatsächlich sein, dass zumindest im magischen Strafrecht (neben der Jury des Rates für das Magische Gesetz) ausschließlich dieses eine Gericht existiert, das demnach alle Kriminalfälle übernimmt. Klare Aussagen gibt es dazu aber weder in den Harry-Potter-Büchern noch in anderen Quellen. Inwiefern der Zaubergamot eine Art *ordentliche Gerichtsbarkeit* mit nicht nur strafrechtlichen, sondern auch zivilrechtlichen Fällen darstellt, ist ebenfalls nicht bekannt. Gleiches gilt für die Verwaltungsgerichtsbarkeit.

Neben der besonderen Besetzung der Jury als Rat für das Magische Gesetz verhandelt der Zaubergamot außerdem – je nach Schwere des Falles – im Strafrecht in einer kleinen oder einer großen Besetzung: *„Aber Mr Weasley unterbrach sich, denn die Tür zum Gerichtsraum war soeben wieder aufgegangen. Die Zaubergamot kamen einer nach dem anderen heraus. »Beim Barte des Merlin!«, rief Mr Weasley verblüfft und zog Harry beiseite, um sie alle vorbeizulassen. »Das gesamte Gericht hat in deiner Sache verhandelt?« »Ich glaub schon«, sagte Harry leise.*"[570]

Dies entspricht – zumindest im Hinblick auf die Möglichkeit einer „kleinen" und „großen" Besetzung – auch der unterschiedlichen Gerichtsbesetzung in Strafsachen in Deutschland. Aus §§ 24, 74 GVG ergibt sich die Zuständigkeit der Amtsgerichte und der Landgerichte für Strafsachen. In § 76 GVG ist die Besetzung der sog. *Großen* und *Kleinen Strafkammer* normiert.[571]

Neben dem Zaubergamot als höchstem Gericht haben auch einzelne Abteilungen des Zaubereiministeriums bzw. sogar der Zaubereiminister rechtsprechende Befugnisse: So wird Rons Vater in Band zwei wegen des Verzauberns eines Autos nach einer Anhörung durch eine Untersuchungskommission des Ministeri-

---

568 *Rowling*, Harry Potter 5, Der Orden des Phönix, S. 118.

569 Dumbledores Bruder wurde vom Zaubergamot beispielsweise dafür angeklagt, dass er *„unpassende Zauberstücke an einer Ziege"* ausgeübt hat (*Rowling*, Harry Potter 4, Rita Kimmkorns Riesenknüller, S. 474.). In Band 5 wird Sturgis Podmore vom Zaubergamot wegen Hausfriedensbruchs und Einbruchsversuchs zu einer Haftstrafe in Askaban verurteilt (*Rowling*, Harry Potter 5, Percy und Tatze, S. 339) und Harrys Anhörung ist ein *„schlichter Fall von Minderjährigenzauberei"* (*Rowling*, Harry Potter 5, Die Anhörung, S. 179).

570 *Rowling*, Harry Potter 5, Mr Weasleys Wehklage, S. 183.

571 Aus § 76 II Nr. 1, Nr. 3 GVG ergibt sich, dass die Große Strafkammer u. a. dann in einer Besetzung mit drei Berufsrichtern und zwei Schöffen verhandelt, wenn es sich um einen besonders schwerwiegenden Vorwurf (*Schwurgericht*) oder einen besonders schwierigen Prozess handelt. *Beulke/Swoboda*, Strafprozessrecht, S. 44 ff.; *Mayer*, in: Kissel/Mayer (Hrsg.): GVG, § 76 Rn. 2–16; *Huber*, in: BeckOK GVG, § 76 Rn. 2.

ums zu einer Geldbuße von 50 Galleonen verurteilt, ohne dass es vorher einen Prozess vor dem Zaubergamot gegeben hätte.[572] Im gleichen Band wird Hagrid wegen der zahlreichen Angriffe auf Hogwartsschüler als „Vorsichtsmaßnahme" von Fudge für eine Zeit nach Askaban geschickt. Ebenfalls ohne einen vorherigen Prozess.[573] In Band vier verhängt das Ministerium gegen ein Pärchen eine *„saftige Geldbuße"*, weil dieses ohne Erlaubnis appariert ist und sich dabei „aufgespalten" hat, sodass es vom Magischen Unfallumkehr-Kommando gerettet werden musste.[574]

Zumindest bei den Geldbußen könnte es sich aber nicht um eine Kriminalstrafe, sondern um die Rechtsfolge einer Ordnungswidrigkeit[575] handeln. Für deren Ahndung sind nach § 35 I OWiG im deutschen Recht die Verwaltungsbehörden zuständig, soweit nichts anderes geregelt ist (z.B., wenn sich gem. § 41 I OWiG Anhaltspunkte für eine Straftat ergeben oder die Ordnungswidrigkeit im Zusammenhang mit einer Straftat verfolgt wird, § 42 OWiG).[576]

Ob es sich in den beiden hier genannten Fällen um eine Strafnorm oder eine Ordnungswidrigkeit handelt, ist nicht bekannt. Mangels weiterer Angaben ist nicht einmal sicher, ob es in der Zaubererwelt diese Unterscheidung überhaupt gibt. Die Verwendung des Wortes *Geldbuße* statt *Geldstrafe* könnte hierfür sprechen.[577] Allerdings verwendet der Übersetzer durchgängig den Begriff der Geldbuße und im Original wird der Wortlaut *„was fined"*[578] benutzt, der sich auf beides beziehen kann und deswegen nicht eindeutig ist (siehe S. 338). Letztendlich ist eine Differenzierung aber auch nicht relevant, da für alle Geldbußen/Geldstrafen sowieso das Zaubereiministerium zuständig ist und an eine solche Klassifizierung auch keine (bekannten) Konsequenzen geknüpft sind.

Am auffallendsten sind in diesem Zusammenhang die rechtsprechenden Befugnisse der *Registrierungskommission für Muggelstämmige* und des *Ausschusses für die Beseitigung magischer Geschöpfe*. Beide gehören dem Zaubereiministerium an und letzterer wird in Band drei alarmiert als der Hippogreif Seidenschnabel einen Schüler verletzt.[579] Der Ausschuss organisiert eine „Anhörung",

572 *Rowling,* Harry Potter 2, Der Vielsaft-Trank, S. 239.
573 *Rowling,* Harry Potter 2, Cornelius Fudge, S. 281.
574 *Rowling,* Harry Potter 4, Der Portschlüssel S. 72 f.
575 *Rowling* schreibt dazu nur: *„Minor infractions are settled in both worlds with fines – such as when Arthur Weasley was penalised 50 Galleons for ‚bewitching a Muggle car'.", https://www.wizardingworld.com/features/differences-between-muggle-and-wizarding-world-law* (abgerufen am: 23.01.2023).
576 *Inhofer,* in: BeckOK OWiG, § 35 Rn. 4–11.
577 Unter einer Geldbuße versteht man im Verwaltungsrecht eine Geldzahlung, die bei einer geringfügigen Verletzung der Rechtsordnung, also wegen einer Ordnungswidrigkeit durch Behörden verhängt wird (§§ 1, 17 OWiG) Im Strafrecht gibt es die vom urteilenden Gericht verhängte Geldstrafe (§ 40 StGB). *Gerhold,* in: BeckOK OWiG, Einleitung, Rn. 42.
578 https://www.dict.cc/?s=to+fine (abgerufen am: 23.01.2023).
579 *Rowling,* Harry Potter 3, Der Feuerblitz, S. 240.

bei der darüber entschieden wird, ob Seidenschnabel gefährlich ist und deswegen getötet werden muss.[580] Gegen diese Entscheidung ist „Berufung" möglich. Es ist die einzige Stelle in den Harry-Potter-Büchern, in der zumindest angedeutet wird, dass auch die Zaubererwelt einen Instanzenzug hat und so etwas wie Rechtsmittel kennt (siehe S. 289 ff.). Allerdings wird zur Berufungsverhandlung direkt der Henker mitgebracht, der Seidenschnabel ohne viele Worte mit einer Axt den Kopf abschlägt.[581]

Zusammenfassend kann festgehalten werden, dass die Zaubererwelt zwar über den Zaubergamot als höchstes Gericht verfügt, viele rechtsprechende Befugnisse aber trotzdem direkt oder indirekt durch das Ministerium ausgeübt werden. Dieses ist damit nicht nur die Exekutive und Legislative, sondern stellt auch noch einen nicht unbeachtlichen Teil der Judikative dar. Damit bündeln sich letztendlich alle drei Gewalten in der Hand des Zaubereiministers. Eine Gewaltenteilung gibt es in der Zaubererwelt nicht.[582] Zu diesem Ergebnis kommen auch Gava/Paterson: *„The criminal law in Harry Potter's world is part of a complex, bureaucratic system that does not seperate legislative, executive, and judicial powers."*[583]

Diese fehlende Gewaltenteilung und die Tatsache, dass es kein gesetzgebendes Parlament und keine Parteien gibt, zeigt, dass es sich bei der Zaubererwelt bereits vor der Machtergreifung Lord Voldemorts um keinen demokratischen Rechtsstaat handelt. Spätestens ab der Machtübernahme durch Lord Voldemort kann man außerdem von einem „Gleichschaltungsprozess" sprechen, wie er unter den Nationalsozialisten stattgefunden hat.

Auch die Judikative war im Dritten Reich von Umstürzen gezeichnet. So wie wichtige Positionen im Zaubereiministerium mit treuen Beamten besetzt wurden, schränkten auch die Nationalsozialisten den Zugang zu hohen Ämtern ein. Einerseits in personeller Hinsicht durch das *„Gesetz zur Wiederherstellung des Berufsbeamtentums"* vom 07. April 1933 (siehe S. 413 ff.) und dem darin enthaltenen „Arierparagraph", der sich auch auf jüdische Richter und Staatsanwälte bezog.[584] Andererseits durch das *„Gesetz über die Zulassung zur Rechtsanwaltschaft"* (RGBl. I 1933, S. 188) vom 7. April 1933, durch das jüdische Rechtsanwälte ihre Zulassung verloren.[585]

580 Die Anordnung der Tötung eines Tieres durch eine Behörde ist unter anderem in § 16a I TierSchG vorgesehen. Weitere Vorschriften finden sich vor allem im Landesrecht, z. B. die Kampfhundeverordnung des Landes Baden-Württemberg (PolVOgH).

581 *Rowling,* Harry Potter 3, Hermines Geheimnis, S. 439.

582 Zu diesem Ergebnis kommt auch: *Barratt,* The Politics of Harry Potter, S. 32.

583 *Gava/Paterson,* in: Thomas/Snyder (Hrsg.): The Law & Harry Potter, S. 3 (9).

584 *Kleindiek,* in: NJW 1993, S. 1295 (1301); *Battis,* in: Battis (Hrsg.): BBG, Einleitung, Rn. 4.

585 Ähnliche Regelungen, die einem Berufsverbot gleichkamen, ergingen für Steuerberater und Patentanwälte. *Gsänger,* in: RNotZ 2009, S. 536 (536); *Hartlage-Laufenberg,* in: NJW 2013, S. 748 (750); zur Entwicklung des Gesetzes: *König,* Vom Dienst am

Mit der *„Verordnung der Reichsregierung über die Bildung von Sondergerichten"* (RGBl. I 1933, S. 136) vom 21. März 1933 wurden für jeden der 26 Oberlandesgerichtsbezirke Sondergerichte gebildet, gegen deren Entscheidungen kein Rechtsmittel zulässig war.[586] Sie bildeten im Laufe der Jahre ein immer stärker werdendes justizielles Terrorinstrument. Zusätzlich erfolgte am 12. Mai 1933 durch das *„Gesetz über Wiedereinführung der Militärgerichtsbarkeit"* (RGBl. I 1933, S. 264) die (Wieder-)Einführung ebenjener zum 1. Januar 1934.[587]

Schon ab Januar 1934 wurden allen Amtsgerichten auf Grundlage des *„Gesetzes zur Verhütung erbkranken Nachwuchses"* (RGBl. I 1933, S. 529) vom 14. Juli 1933 sog. *Erbgesundheitsgerichte* angegliedert. Das Gesetz diente im NS-Staat der „Rassenhygiene" und erlaubte u. a. die Zwangssterilisation.[588] Der Grundgedanke erinnert erschreckend an die *Registrierungskommission für Muggelstämmige*, die überprüfte, ob die Betroffenen von magischen Elternteilen abstammen, also „reines" Blut aufweisen (siehe S. 431 ff.).

Durch Artikel III des *„Gesetzes zur Änderung von Vorschriften des Strafrechts und des Strafverfahrens"* vom 24. April 1934 wurde der *Volksgerichtshof* (VGH) als Sondergericht zur Aburteilung von Hoch- und Landesverrat in Berlin eingerichtet. 1936 wurde der VGH ein ordentliches Gericht (siehe S. 161). Die Richter wurden von Hitler auf Vorschlag des Justizministers ernannt. Als Richter wurde berufen, wer als zuverlässig im nationalsozialistischen Sinne galt.[589]

Ende Juni/Anfang Juli 1934 ließ Hitler die Führungskräfte der SA, einschließlich des Stabschefs Ernst Röhm, ermorden (sog. *Röhm-Putsch*). Die Morde wurden mit dem *„Gesetz über Maßnahmen der Staatsnotwehr"* (RGBl. I 1933, S. 529) vom 3. Juli 1934 durch das Regime gerechtfertigt, das nur aus einem Satz bestand: *„Die zur Niederschlagung hoch- und landesverräterischer Angriffe am 30. Juni, 1. und 2. Juli 1934 vollzogenen Maßnahmen sind als Staatsnotwehr rechtens."* Damit wurden der Wille und die ausführende Gewalt des Führers dem kodifizierten Recht und Gesetz übergeordnet.[590] Prägend für den Zeitgeist ist ein Zitat Carl Schmitts in der Deutschen Juristenzeitung, in der er 1934 das Vorgehen Hitlers folgendermaßen rechtfertigt: *„Der Führer schützt das Recht vor dem schlimmsten Mißbrauch, wenn er im Augenblick der Gefahr kraft sei-*

Recht, S. 54 ff.; S. 159; *Morisse,* Ausgrenzung und Verfolgung der Hamburger jüdischen Juristen, S. 20.

586 *Kühne,* in: Löwe/Rosenberg (Begr.): StPO/1, Einl. Absch. F. Rn. 57 f.; zur Entstehung der Sondergerichte am Beispiel Berlins: *Nüchterlein,* Volksschädlinge vor Gericht, S. 31 ff.

587 *Brümmer-Pauly,* Desertion im Recht des Nationalsozialismus, S. 75 ff.; *Theis,* Wehrmachtjustiz an der „Heimatfront", S. 67 ff.

588 Zum Verfahren vor dem Erbgesundheitsgericht: *Simon,* Kriminalbiologie, S. 233 ff.

589 *Kühne,* in: Löwe/Rosenberg (Begr.): StPO/1, Einl. Abschn. F Rn. 56; zu den Strafverfahren: *Lauf,* Der Volksgerichtshof, S. 26 ff.; *Schmidt,* Strafrechtspflege/1, S. 447.

590 *Limperg/Mayen/Rüthers u. a.,* in: NJW 2016, S. 3698 (3698); *Holste,* in: JA 2009, S. 359 (360); *Werle,* Justiz-Strafrecht, S. 135.

nes Führertums als oberster Gerichtsherr unmittelbar Recht schafft. Der wahre Führer ist immer auch Richter. Aus dem Führertum fließt das Richtertum."[591]

Durch den Reichstagsbeschluss vom 26. April 1942 ließ Hitler sich zum obersten Gerichtsherrn ernennen, womit er auch die justizielle Gewalt in seiner Hand vereinte.[592] Mit dem *„Erlaß des Führers über besondere Vollmachten des Reichsministers der Justiz"* (sog. *Justizvollmachten*) vom 20. August 1942 (RGBl. I 1942, S. 535) erhielt das Reichsjustizministerium eine „Blankovollmacht", um alle Maßnahmen umzusetzen, die für den *„Aufbau einer starken Rechtspflege"* notwendig sind. Ausfluss daraus war ab dem 1. Oktober 1942 das vertrauliche Mitteilungsblatt *„RICHTERBRIEFE – Mitteilungen des Reichsministers der Justiz"*. Darin gab das Ministerium der Richterschaft vor, wie einzelne Gesetze nach nationalsozialistischem Verständnis ausgelegt werden müssen. Bedeutsame Fälle mussten mit dem linientreuen Gerichtspräsidenten vor- und nachbesprochen werden.[593] Die richterliche Unabhängigkeit wurden im NS-Staat also ausgehöhlt und durch den neu interpretierten Begriff der „Weisungsfreiheit" ersetzt. Dass § 1 GVG im NS-Staat formal fortbestand, konnte hieran nichts ändern. Schädler spricht ab 1942 deswegen von einer *„totalen Bündelung der Führergewalt"*.[594]

Ähnliches wie beim Röhm-Putsch passiert auch in den Harry-Potter-Büchern ab Band sieben. Hier ermorden Lord Voldemort und seien Anhänger politische Gegner und Muggelstämmige, ohne sich dafür vor einem Gericht verantworten zu müssen.[595] Dies ist möglich, weil Lord Voldemort mit dem Zaubereiministerium auch die komplette Justiz kontrolliert und es schlicht keine unabhängige Instanz gibt, die ihn anklagen und verurteilen könnte. Er kann Gesetze nach seinem Willen ändern oder neue erlassen. Es obliegt ihm, die Abteilungen des Ministeriums umzugestalten und neue – ihm treue – Abteilungsleiter zu ernennen. Die Einhaltung der Gesetze erzwingt er mittels der Strafverfolgungsbehörden und seiner Anhänger. Wer sich nicht daran hält, wird in Askaban inhaftiert. Allerdings tritt Lord Voldemort dabei nicht als „Führer" in Erscheinung, sondern übt die Macht durch die Marionette des Zaubereiministers Thickness aus.

Der einzige gravierende Unterschied zwischen Lord Voldemort und Hitler besteht demnach im Hinblick auf die Gewaltenteilung darin, dass Lord Voldemort die Strukturen, die seine Machtergreifung ermöglichten, schon vorfand und er diese nur noch für sich nutzen musste, während Hitler die staatlichen Strukturen zunächst über Monate und Jahre hinweg zum „Führerstaat" umbauen musste und dies auch erfolgreich tat.

---

591 *Schmitt,* in: DJZ 1934, S. 945 (946 f.). Dazu auch: *Werle,* Justiz-Strafrecht, S. 136.

592 *Gruenewaldt,* Die Richterschaft, S. 235; *Schädler,* Justizkrise, S. 166 f.; *Gruchmann,* in: VfZ 51/2003, Heft 4, S. 509 (509–520).

593 *Schädler,* Justizkrise, S. 57 ff.

594 *Schädler,* Justizkrise, S. 29 ff.; dazu auch: *Werle,* Justiz-Strafrecht, S. 20, 38, 262, 271.

595 Eines der ersten Opfer: Die Leiterin der Abteilung für Magische Strafverfolgung, Amelia Bones. *Rowling,* Harry Potter 6, Der andere Minister, S. 20.

4. Korruption im Zaubereiministerium

Aus mehreren Begebenheiten in den Harry-Potter-Büchern geht hervor, dass das Zaubereiministerium und seine Beamten korrupt sind.[596] Welchen Einfluss hat das auf die Machterlangung Lord Voldemorts?

Kernelement korrupten Verhaltens ist das Ausnutzen einer Machtposition für einen persönlichen Vorteil unter Missachtung bestimmter Verhaltensnormen.[597] Beispielsweise der Missbrauch moralische Standards, Amtspflichten oder Gesetze. Korruption ist dabei eine soziale Interaktion, bei der die Beteiligten vorteilhafte Leistungen austauschen; z. B. die Entscheidungsbeeinflussung gegen Geld.[598]

Der deutsche Gesetzgeber hat den Begriff der Korruption nicht definiert und es gibt keinen einheitlichen „Korruptionstatbestand".[599] Im deutschen Strafrecht sind derartige Verhaltensweisen deswegen in verschiedenen Straftatbeständen geregelt, zu denen u. a. die § 331 ff. StGB (Vorteilsannahme, Bestechlichkeit, Vorteilsgewährung und Bestechung) gehören. Es gibt Begleitdelikte wie die Strafvereitelung im Amt (§ 258a StGB) und die Rechtsbeugung (§ 339 StGB).[600]

Dass das Zaubereiministerium nicht alle Bürger gleichbehandelt, sondern sich denen gegenüber gefällig zeigt, die das entsprechende Kleingeld mitbringen und auch gewillt sind, es für das Zaubereiministerium auszugeben, zeigt sich bereits in Band zwei der Harry-Potter-Bücher. Am Anfang des Buches nimmt Mr Weasley als Leiter des *Büros gegen den Missbrauch von Muggelartefakten* mehrere Hausdurchsuchungen vor, um gefährliche schwarzmagische Gegenstände zu

---

596 Zu diesem Ergebnis kommen auch: *Snir/Levy,* Popular Perceptions, S. 15 f; *Hall,* in: Anatol (Hrsg.): Reading Harry Potter, S. 147 (156 f.); *Barratt,* The Politics of Harry Potter, S. 19, 35, 151.

597 Die Nichtregierungsorganisation *Transparency International* definiert Korruption als den *„Missbrauch von anvertrauter Macht zum privaten Nutzen oder Vorteil"*. Dieser normativ-universale Begriff deckt sich weitgehend mit dem des Bundeskriminalamts. Danach ist Korruption der *„Missbrauch eines öffentlichen Amtes, einer Funktion in der Wirtschaft oder eines politischen Mandats zugunsten eines Anderen, auf dessen Veranlassung oder in Eigeninitiative, zur Erlangung eines Vorteils für sich oder einen Dritten, mit Eintritt oder in Erwartung des Eintritts eines Schadens oder Nachteils für die Allgemeinheit oder für ein Unternehmen."*, *Glinder/Schröpfel,* in: Jürgen/Glinder/Waßmer (Hrsg.): Korruptionsprävention, S. 125 (126).

598 Zur Typologie korruptiver Beziehungen und zur Unterscheidung zwischen situativer und struktureller Korruption: *Höffling,* Korruption als soziale Beziehung, S. 77 ff.

599 *Zentes,* Das Sieben-Säulen-Modell, S. 67 ff. Kindhäuser ist sogar der Meinung, dass es einen allgemeingültigen Korruptionstatbestand nicht geben kann, weil Korruption in allen Bereichen des täglichen Lebens vorkommt, *Kindhäuser,* in: ZIS 2011, S. 461 (461). Diskussion: *Rotsch,* in: Kuhlen/Kudlich/Gomez Martín u. a. (Hrsg.): Korruption und Strafrecht, S. 159 (168 f.).

600 *Heine/Eisele,* in: Schönke/Schröder (Hrsg.): StGB, Vorb. zu den § 331 ff. StGB Rn. 1–7; *Korte,* in: MüKo StGB, § 331 Rn. 1.

beschlagnahmen.[601] Mr Malfoy erfährt hiervon auf Grund seiner guten Beziehungen zum Zaubereiministerium schon vorher und verkauft deswegen seine illegalen Gegenstände an den Händler Mr Borgin.

„»Ihnen ist natürlich zu Ohren gekommen, dass das Ministerium verstärkt Hausdurchsuchungen durchführt«, sagte Mr Malfoy, zog eine Pergamentrolle aus der Tasche und wickelte sie für Mr Borgin auf »Ich habe ein paar – ähm – Gegenstände zu Hause, die mich in eine peinliche Lage bringen könnten, wenn die Leute vom Ministerium kämen ...« Mr Borgin klemmte sich einen Zwicker auf die Nase und beugte sich über die Liste. »Das Ministerium würde sich doch nicht anmaßen, Sie zu stören, Sir?« Mr Malfoy schürzte die Lippen. »Man hat mich noch nicht besucht. Der Name Malfoy gebietet immer noch einen gewissen Respekt, doch im Ministerium wird man immer unverschämter.“[602]

Eine spätere Hausdurchsuchung im Anwesen der Malfoys verläuft deswegen ergebnislos.[603] Bereits aus der Formulierung *„das Ministerium würde sich doch nicht anmaßen, Sie zu stören“* geht hervor, dass die reinblütige, reiche und alteingesessene Familie Malfoy in der Gesellschaft und im Zaubereiministerium ein hohes Ansehen genießt und deswegen über bestimmte Privilegien verfügt.

Wie weit diese Privilegien tatsächlich gehen, zeigt sich u.a. in Band drei. Draco Malfoy provoziert entgegen der Anweisungen des Lehrers den Hippogreif Seidenschnabel, der ihn daraufhin leicht am Arm verletzt.[604] Dies führt dazu, dass Mr Malfoy den Vorfall bei den Schulbeiräten anzeigt, die seine *„offizielle Beschwerde unterstützen“* und die Sache dem *Ausschuss für die Beseitigung gefährlicher Geschöpfe* übergeben.[605] Nach einer Anhörung im Zaubereiministerium bringt der Ausschuss zur späteren Berufungsverhandlung aber direkt einen Henker mit, der Seidenschnabel köpft: *„Hermine blickte verdutzt auf. »Sie bringen den Henker zur Berufung! Das klingt doch, als hätten sie schon alles entschieden!« [...] Doch Harry hatte das schreckliche Gefühl, dass der Ausschuss für die Beseitigung gefährlicher Geschöpfe die Sache bereits entschieden hatte, ganz so, wie Mr Malfoy es wollte.“*[606] Erst später erfährt Harry, dass sowohl Mr Malfoy als auch der Henker Walden Macnair Todesser sind und nur auf die Rückkehr Lord Voldemorts gewartet haben, um sich diesem erneut anzuschließen.[607]

601 *Rowling,* Harry Potter 2, Der Fuchsbau, S. 45.
602 *Rowling,* Harry Potter 2, Bei Flourish & Blotts, S. 59.
603 *Rowling,* Harry Potter 2, Der Vielsaft-Trank, S. 242.
604 *Rowling,* Harry Potter 3, Teeblätter und Krallen, S. 132.
605 *Rowling,* Harry Potter 3, Der Feuerblitz, S. 240. Dieses Beispiel wird auch angeführt von: *Barratt,* The Politics of Harry Potter, S. 35.
606 *Rowling,* Harry Potter 3, Professor Trelawneys Vorhersage, S. 348.
607 *Rowling,* Harry Potter 4, Die Todesser, S. 679 f.

In Band vier darf die Familie Malfoy neben hochrangigen Politikern auf der Ehrentribüne Platz nehmen, um die Quidditch-Weltmeisterschaft anzusehen.[608] Grund hierfür ist u. a., dass Mr Malfoy eine sehr großzügige Spende an ein magisches Krankenhaus gemacht hat: *„Fudge, der nicht zugehört hatte, sagte: »Lucius hat soeben eine sehr großzügige Spende für das St. -Mungo-Hospital für Magische Krankheiten und Verletzungen gegeben, Arthur. Er ist mein Gast heute.«* "[609]

Mr Malfoy ist nicht nur der persönliche Gast des amtierenden Zaubereiministers, sondern dieser ist auch völlig blind für das Fehlverhalten seines Ehrengastes. Die Familie Malfoy wird schon zu diesem Zeitpunkt verdächtigt, in schwarzmagische Aktivitäten verwickelt zu sein.[610] Das scheint Fudge aber entweder nicht zu stören oder er lässt sich von dem vielen Geld, das die Malfoys spenden, derart blenden, dass er deren wahres Gesicht tatsächlich (noch) nicht sieht. Wie verhängnisvoll dies ist, zeigt sich bereits eine Szene später als es zu einem Terroranschlag auf die Quidditch-Weltmeisterschaft durch Todesser kommt, die den Zeltplatz abbrennen und eine Muggel-Familie malträtieren, indem sie diese kopfüber durch die Luft schweben lassen.[611] Unter den Anhängern Lord Voldemorts ist auch Mr Malfoy, was ihm zu diesem Zeitpunkt aber noch niemand nachweisen kann.[612]

Am Ende von Band vier kehrt Lord Voldemort zurück und Cedric Diggory wird ermordet.[613] Als Harry die Namen der beteiligten Todesser nennt, glaubt ihm der Zaubereiminister nicht: *„»Ich habe die Todesser gesehen! Ich kann Ihnen die Namen nennen! Lucius Malfoy –« Snape machte eine jähe Bewegung, doch als Harry ihn ansah, huschten Snapes Augen zurück zu Fudge. »Malfoy wurde entlastet!«, sagte Fudge sichtlich entrüstet. »Eine hoch angesehene Familie – Spenden für wohltätige Zwecke –« »Macnair!«, fuhr Harry fort. »Ebenfalls entlastet! Arbeitet jetzt für das Ministerium!« »Avery – Nott – Crabbe – Goyle –« »Du wiederholst nur die Namen jener, die vor vierzehn Jahren von der Anklage, Todesser zu sein, freigesprochen wurden!«, sagte Fudge zornig.* "[614]

Obwohl die Malfoys und Macnair bereits vor Jahren verdächtigt wurden, Anhänger Lord Voldemorts zu sein, verlässt sich Fudge auf deren gute Reputation, ihre großzügigen Spenden und die Tatsache, dass Macnair inzwischen für das Zaubereiministerium arbeitet. Auch, wenn dies in den Büchern nicht explizit erwähnt wird, darf angenommen werden, dass Mr Malfoy auch vor 14 Jahren ver-

---

608 *Rowling,* Harry Potter 4, Die Quidditch-Weltmeisterschaft, S. 108. Interessanterweise hat auch Mr Weasley nur deswegen Karten zur WM ergattern können, weil er als Ministeriumsangestellter seine Beziehungen zur Abteilung für Magische Spiele und Sportarten ausnutzte (*Rowling,* Harry Potter 4, Die Einladung, S. 36).

609 *Rowling,* Harry Potter 4, Die Quidditch-Weltmeisterschaft, S. 108.

610 *Rowling,* Harry Potter 4, Das Dunkle Mal, S. 152.

611 *Rowling,* Harry Potter 4, Das Dunkle Mal, S. 128.

612 *Rowling,* Harry Potter 4, Das Dunkle Mal, S. 151 f.

613 *Rowling,* Harry Potter 4, Fleisch, Blut und Knochen, S. 667.

614 *Rowling,* Harry Potter 4, Die Wege trennen sich, S. 738.

mutlich nur deswegen freigesprochen wurde, weil er schon damals über großen Einfluss und sehr gute Verbindungen zum Zaubereiministerium verfügte. Die konsequenten Spenden der Familie Malfoy und der Aufbau fast schon freundschaftlicher Beziehungen zu hochrangigen Ministeriumsangestellten, zahlen sich in Band vier also erneut aus.

Auch in Band fünf geht Mr Malfoy im Zaubereiministerium ein und aus, obwohl er dort nicht beschäftigt ist. U. a. wartet er dort auf den Ausgang des Verfahrens gegen Harry und trifft sich anschließend in einer „Privatangelegenheit" mit dem Zaubereiminister: *„»Der Minister hat mir soeben von deinem glücklichen Entkommen berichtet, Potter«, sagte Mr Malfoy gedehnt. »Ganz erstaunlich, wie du dich immer wieder aus den schlimmsten Engpässen herauswindest ... wie eine Schlange, in der Tat.« [...] »Was tun Sie eigentlich hier?«, fragte Harry Lucius Malfoy. »Ich denke nicht, dass Privatangelegenheiten zwischen mir und dem Minister dich irgendetwas angehen, Potter«, sagte Malfoy und strich seinen Umhang glatt. Harry hörte deutlich ein leises Klimpern, das nach einer Tasche voller Gold klang. »Im Ernst, nur weil du Dumbledores Liebling bist, kannst du von uns anderen nicht die gleiche Nachgiebigkeit erwarten ... wollen wir nun nach oben in Ihr Büro gehen, Minister?« »Gewiss«, sagte Fudge und kehrte Harry und Mr Weasley den Rücken. »Hier lang, Lucius.«* "[615]

Die Tatsache, dass Mr Malfoy gegenüber Dritten nicht einmal versucht, seine Einflussnahme auf Fudge zu verbergen zeigt, dass es Gang und Gäbe ist, dass das Zaubereiministerium von Privatpersonen größere Spenden annimmt. Tatsächlich wird auch in keinem der sieben Bücher erwähnt, dass die Beeinflussung politischer Entscheidungen gegen Geld strafbar wäre. Ob das magische Recht den Straftatbestand der Korruption tatsächlich nicht kennt, oder ob die Malfoys und andere reiche Familien diesen einfach umgehen, indem sie ihre Geldzahlungen als „Spenden" für wohltätige Zwecke deklarieren, lässt sich nicht abschließend feststellen. Auch steht nicht sicher fest, ob Fudge die Gelder tatsächlich für sich selbst annimmt. Hierfür spricht die Bezeichnung als „Privatangelegenheit" im Gegensatz zur „Spende" allerdings stark.

Ebenfalls in Band fünf behauptet Umbridge, es gäbe einen unabhängigen Zeugen, der die Gründung von Dumbledores Armee beobachtet habe. Es stellt sich jedoch heraus, dass das Zaubereiministerium Willy Widdershins versprochen hat, auf eine Anklage gegen ihn zu verzichten, wenn er diese Aussage zu Lasten Harrys und Dumbledores tätigt. Hier fällt sogar offen der Begriff Korruption: *„»Ich habe die Aussage von Willy Widdershins, Minerva, der zufällig zu jener Zeit im Lokal war. Er war schwer bandagiert, gewiss, aber sein Gehör war keineswegs beeinträchtigt«, sagte Umbridge selbstgefällig. »Er hat jedes Wort gehört, das Potter gesagt hat, und ist sofort zur Schule geeilt, um mir zu berichten –« »Oh, das ist also der Grund, warum er nicht wegen dieser Machenschaften mit den wieder ausspuckenden Toiletten bestraft wurde!«, sagte Professor McGonagall und hob die Brauen. »Welch interessanter Einblick in*

615 *Rowling,* Harry Potter 5, Mrs Weasleys Wehklage, S. 185.

unser Rechtswesen!« »Offene Korruption!«, donnerte das Portrait des beleibten rotnasigen Zauberers an der Wand hinter Dumbledores Schreibtisch. »Zu meiner Zeit hat das Ministerium noch keine Abmachungen mit Kleinkriminellen geschlossen, nein, Sir, gewiss nicht!« "[616] Allerdings wird nicht aufgeklärt, ob Willy Widdershins das, was er angibt, tatsächlich gesehen hat, oder, ob Umbridge hier von einem Kleinkriminellen eine Falschaussage erpresst und ihm dafür Straffreiheit verspricht.[617]

Die guten Beziehungen der Malfoys zu Fudge bereiten auch dem Orden des Phönix große Sorge. Insbesondere erfährt man, dass Mr Malfoy direkt versucht, bestimmte Gesetze zu unterbinden: *„Ich hinterlasse eine Nachricht für Dumbledore, wenn ich dich absetze, er sollte wissen, dass Malfoy schon wieder mit Fudge geredet hat.« »Und was für private Geschäfte machen die eigentlich miteinander?« [Anm. fragt Harry] »Gold, vermute ich«, sagte Mr Weasley zornig. »Malfoy spendet seit Jahren für alles Mögliche ... verschafft ihm Zugang zu den richtigen Leuten ... dann kann er sie um Gefälligkeiten bitten ... Gesetzesvorhaben verschieben, die ihm nicht passen ... oh, er hat glänzende Beziehungen, dieser Lucius Malfoy.«* "[618]

Erst am Ende von Band fünf, als Lord Voldemort gemeinsam mit seinen Todessern in die Mysteriumsabteilung im Zaubereiministerium eindringt, um die Prophezeiung zu stehlen, wird Lucius Malfoy auf frischer Tat ertappt, von Auroren verhaftet und in Askaban inhaftiert.[619] In Band sieben befreit Lord Voldemort seine Anhänger aus Askaban und quartiert sich im Landsitz der Malfoys ein, um von dort aus seine Machtübernahme zu planen und umzusetzen.[620]

Das Verhalten von Cornelius Fudge und Mr Malfoy lässt sich nur schwer unter bestehende deutsche Straftatbestände im Bereich der Korruption subsumieren. Dafür enthalten die Harry-Potter-Bücher nicht genügend Informationen zu den oben geschilderten Vorgängen. Insbesondere ist über die subjektive Seite oft nichts bekannt. Bei einigen der Zahlungen könnte es sich tatsächlich um rechtmäßige Spenden gehandelt haben, um allgemein das Ansehen der Familie Malfoy in der Zauberergesellschaft zu steigern.

Aus den geschilderten Vorgängen lassen sich jedoch trotzdem Erkenntnisse für diese Arbeit ableiten. Sollte es im magischen Recht tatsächlich keine Korruptions-Tatbestände geben, kann an dieser Stelle geschlossen werden, dass die magische Welt mit entsprechenden Strafnormen besser dagestanden hätte. Dann wäre das Verhalten von Mr Malfoy zumindest teils unter Strafe gestanden und

616 *Rowling,* Harry Potter 5, Der Zentaur und die Petze, S. 720 f.

617 Zur widersprüchlichen rechtlichen Einordnung: *Baltzar,* Power and Evil, S. 22.

618 *Rowling,* Harry Potter 5, Mrs Weasleys Wehklage, S. 186.

619 *Rowling,* Harry Potter 5, Der zweite Krieg beginnt, S. 999; Harry Potter 6, Dracos Abstecher, S. 117.

620 *Rowling,* Harry Potter 7, Das Haus Malfoy, S. 463 ff.

es wäre möglich gewesen, ihn deswegen strafrechtlich zu belangen[621] und so an seiner Einflussnahme auf das Zaubereiministerium zu hindern. Dies setzt natürlich voraus, dass das Zaubereiministerium die Straftaten auch tatsächlich verfolgt hätte. Unter der Regie von Fudge, der an seinem eigenen Machterhalt interessiert ist und sich gerne mit einflussreichen Menschen umgibt, wäre dies trotz bestehender Straftatbestände eher unwahrscheinlich gewesen. Ein magischer Korruptions-Tatbestand ergibt also nur dann Sinn, wenn es eine vom Zaubereiministerium unabhängige Kontrollinstanz gäbe, welche die Einhaltung der magischen Gesetze durch das Zaubereiministerium selbst im Blick hat. Dies fehlt in der magischen Welt jedoch. Insbesondere ist auch der Zaubergamot als Gericht nicht vom Zaubereiministerium unabhängig (siehe S. 112 ff.).

Die bestehende Situation hat für die Verhinderung des Aufstiegs Lord Voldemorts verheerende Konsequenzen. Mit Mr Malfoy und dem Henker Macnair gehen zwei Todesser völlig unbehelligt im Zaubereiministerium ein- und aus. Bereits in Band zwei zeigt Mr Malfoy sein wahres Gesicht, als er mit aller Macht versucht, ein Muggelschutzgesetz zu verhindern.[622] Die Malfoys sind also nicht nur formal Anhänger Lord Voldemorts, sie unterstützen auch dessen Ideologie einer reinblütigen Zaubererrasse als „Herrenrasse" gegenüber Halbblütern, Muggelstämmigen und Muggeln. Bereits vor der offiziellen Rückkehr Lord Voldemorts am Ende von Band vier wird die Politik in der Zaubererwelt damit in seine Richtung beeinflusst. Hätte Fudge Harrys Angaben zur Identität der Todesser außerdem ernst genommen, hätte das Zaubereiministerium viele Anhänger Lord Voldemorts bereits am Ende von Band vier verhaften und damit unschädlich machen können. Stattdessen ließ Fudge sich jedoch vom Ansehen der Familie Malfoy und ihrer „Spenden" blenden. Die Eskalation der Situation ab Band fünf, die schließlich zum (berechtigten) Rücktritt Fudges, der Ermordung seines Nachfolgers und der Übernahme des Zaubereiministeriums durch Lord Voldemort führt, hätte somit im Keim erstickt oder zumindest verlangsamt werden können.

Interessanterweise machten sich auch die Nationalsozialisten das Thema Korruption zu Nutze. Allerdings in den Anfangszeiten anders als gedacht und genau umgekehrt wie in der Harry-Potter-Welt. Die Nationalsozialisten überschwemmten schon vor 1933 die Medien mit tatsächlichen und angeblichen Korruptionsvorwürfen gegen Politiker der Weimarer Republik, um diese und das System der Weimarer Republik in Diskredit zu bringen. Die Korruptionsfälle dienten der

621 Ehrlicherweise ergibt sich aber auch in Staaten mit Korruptionsdelikten das Problem, dass diese aufgedeckt und nachgewiesen werden müssen, was auf Grund der Eigenheit der Korruption (u. a. profitieren alle Beteiligten davon) deutlich schwieriger fällt als bei anderen Delikten (*Bannenberg*, Korruption in Deutschland und ihre strafrechtliche Kontrolle, S. 254 ff.).

622 *Rowling*, Harry Potter 2, Der Vielsaft-Trank, S. 239; Dobbys Belohnung, S. 358.

rechtsnationalen Presse als Beleg für die „Verkommenheit" des parlamentarischen Systems und wurden von der NSDAP instrumentalisiert.[623]

Allerdings stellte das NS-Regime die Korruptionsfälle der Weimarer Republik bald selbst in den Schatten. Im Verlauf des Dritten Reichs stellte die Korruption – ähnlich der Situation in den Harry-Potter-Büchern – kein isoliertes Randphänomen, sondern ein zentrales Strukturproblem der NS-Herrschaft dar. Hitlers Herrschaft gründete demnach nicht nur auf Charisma, sondern bedurfte zusätzlicher materieller Anreize. Bekannt sind Reichsminister, die mit öffentlichen Mitteln Schlösser erwarben und Steuerprivilegien genossen; SS- und Polizeiführer, die in Frankreich plünderten, sowie Gestapobeamte, die ihre jüdischen Opfer bei „Haussuchungen" ausnahmen und Parteigenossen, die Mitgliedsbeiträge unterschlugen und „Sonderkonten" führten.[624]

Trotz propagandistischer Lenkung ließen sich diese Skandale nicht komplett vor der eigenen Bevölkerung verbergen.[625] Im Gegensatz zum Zaubereiministerium reagierte die NS-Elite jedoch zumindest teils auf die Korruptionsproblematik. Allein von 1934 bis 1941 strengte der NSDAP-Reichsschatzmeister 10.887 Strafverfahren an.[626] Das dürfte u. a. der Tatsache geschuldet sein, dass sich die Nationalsozialisten mit der Korruption selbst schadeten, indem z.B. inkompetente Parteimitglieder auf hohe Posten gehievt wurden[627] und die „Selbstbereicherung" auch in der Öffentlichen Wahrnehmung der Bevölkerung nicht gut ankam.[628]

Zusammenfassend ist festzuhalten, dass im Gegensatz zur Lage im NS-Staat die Diktatur unter Lord Voldemort u. a. gerade aus den Früchten der bereits seit Jahrzehnten in der Zaubererwelt herrschenden Korruption geboren wurde.

5. Die Rolle der Presse

Die häufig auch als *vierte Gewalt* bezeichnete Institution der Medien hat in einer demokratischen Gesellschaft einen wesentlichen Einfluss auf die öffentliche Meinung und auf die politischen Entscheidungen. Freiheitlichen Verfassungen garantieren deshalb die Pressefreiheit. In Deutschland ist die Pressefreiheit als

---

623 *Bajohr,* in: Böllinger/Jasch/Krasmann u. a. (Hrsg.): Kriminalität der Mächtigen, S. 200 (200–211).

624 Am Beispiel der Lebensmittelversorgung: *Gruchmann,* in: VfZ 42/1994, Heft 4, S. 571 (571–593); weitere Beispiele: *Angermund,* in: Jansen (Hrsg.): Von der Aufgabe der Freiheit, S. 373 (373–383).

625 *Bajohr,* in: Sabrow (Hrsg.): Skandal und Diktatur, S. 59 (59).

626 *Bajohr,* in: Sabrow (Hrsg.): Skandal und Diktatur, S. 59 (61).

627 *Angermund,* in: Jansen (Hrsg.): Von der Aufgabe der Freiheit, S. 373 (376).

628 Das Regime versuchte sich selbst als Menschen mit *„einfacher Lebensführung"* darzustellen: *Gruchmann,* in: VfZ 42/1994, Heft 4, S. 571 (576).

Grundrecht in Art. 5 I GG normiert. Denn für unser freiheitlich demokratisches Gemeinwesen sind die Kommunikationsgrundrechte herausragend wichtig.[629]

Da in den Harry-Potter-Büchern mangels „Muggeltechnologien“ wie dem Internet keine online Medien existieren, wird im Folgenden der altmodische Oberbegriff der *Presse* für Zeitung und Radio verwendet. Diese spielte sowohl bei der Machterlangung Lord Voldemorts als auch im Dritten Reich eine zentrale Rolle.[630]

a) Der Tagesprophet unter Fudge

Das wichtigste Medium in der Harry Potter Welt stellt die Tageszeitung *Der Tagesprophet* dar. Er wird per Briefeule gegen Zahlung einer Abo-Gebühr täglich an (fast alle) Zaubererhaushalte geliefert.[631]

Harry erfährt erstmals in Band eins vom Tagespropheten als dieser über einen Einbruch in der Zaubererbank *Gringotts* berichtet.[632] In Band zwei erscheint ein Artikel im Tagespropheten, in dem es darum geht, dass Mr Weasley für die Verzauberung seines fliegenden Ford Anglia eine Geldbuße erhalten hat.[633] Ab Band drei hat Hermine den Tagesprophet abonniert, um sich über die Ereignisse in der Zaubererwelt auf dem Laufenden zu halten.[634] Ab diesem Band beteiligt sich der Tagesprophet auch an der Suche nach Sirius Black und druckt dafür u. a. dessen Fahndungsfoto ab. Dabei wird als Quelle meistens das Zaubereiministerium zitiert.[635] Bereits an dieser Stelle wird klar, dass der Tagesprophet in enger Verbindung zum Zaubereiministerium steht und die (im Fall von Sirius Black falschen) Angaben des Zaubereiministers oft unkritisch übernimmt. Stattdessen bedient sich der Tagesprophet reißerischer Schlagzeilen: *„Harry sah zu Boden und las die Schlagzeile: Szenen des Grauens bei der Quidditch-Weltmeisterschaft, dazu ein funkelndes Schwarzweißbild des Dunklen Mals über den Baumspitzen.“*[636]

629 *Kübler,* Medien, S. 110 ff.; *Kunig,* in: JURA 1995, S. 589 (589–595); *Hain,* in: Spindler/Schuster (Hrsg.): Recht der elektronischen Medien, C. Verfassungsrecht, Rn. 1–3.

630 Rowling hält das Thema für so wichtig, dass sie einen Artikel mit der Überschrift *„Journalism in the Wizarding World“* veröffentlicht hat, https://www.wizardingworld.com/features/journalism-in-the-wizarding-world (abgerufen am: 23.01.2023).

631 https://www.wizardingworld.com/writing-by-jk-rowling/the-daily-prophet (abgerufen am: 23.01.2023). Sheltrown bezeichnet den Tagesprophet deswegen als *„mainstream media“* der Zaubererwelt, *Sheltrown,* in: Heilman (Hrsg.): Critical Perspectives on Harry Potter, S. 47 (61).

632 *Rowling,* Harry Potter 1, Der Meister der Zaubertränke, S. 156.

633 *Rowling,* Harry Potter 2, Der Vielsaft-Trank, S. 239.

634 *Rowling,* Harry Potter 3, Eulenpost, S. 16.

635 *Rowling,* Harry Potter 3, Der Fahrende Ritter, S. 45. Das Beispiel führt auch Douglas an und begründet dies damit, dass Fudge eine Machtposition innehat und zitiert wird, um dem Bericht des Tagespropheten die notwendige Kredibilität zu verleihen. *Douglas,* in: Goetz (Hrsg.): Terminus: Collected Papers on Harry Potter, S. 120 (124).

636 *Rowling,* Harry Potter 4, Wirbel im Ministerium, S. 155.

Ab Band vier und dem Erscheinen des schwarzen Males bei der Quidditch-Weltmeisterschaft, übt der Tagesprophet aber auch Kritik am Zaubereiministerium und an Zaubereiminister Fudge. Hauptsächlich verantwortlich für diese Art kritisch-reißerischer Artikel ist die Korrespondentin Rita Kimmkorn: *„»Ich habs doch gewusst«, sagte Mr Weasley mit schwerer Stimme. »Ministerium versagt ... Täter nicht gefasst ... laxe Sicherheitsvorkehrungen ... unkontrolliertes Treiben schwarzer Magier ... Schande für das Land ... Wer hat das geschrieben? Ach ... natürlich ... Rita Kimmkorn ...« »Diese Frau hat es aufs Zaubereiministerium abgesehen!«, erzürnte sich Percy. »Letzte Woche schrieb sie, wir würden mit unseren Haarspaltereien über Kesselbodendicke nur Zeit verschwenden, wo wir doch Vampire erlegen sollten! Als ob in Paragraf zwölf der Richtlinien für die Behandlung nichtmagischer Teilmenschen nicht ausdrücklich festgelegt wäre, dass –«* “[637]

Als klar ist, dass Harry am Trimagischen Turnier teilnimmt, ist Rita Kimmkorn wie besessen von ihm und versucht, jeglichen Klatsch und Tratsch über Harrys Privatleben herauszufinden, um es im Tagespropheten zu veröffentlichen. Dabei geht es ihr nicht um einen neutralen Bericht über das Trimagische Turnier, sondern um möglichst tragische und aufsehenerregende Geschichten: *„Eine hässliche Narbe, Erinnerung an seine tragische Vergangenheit, entstellt den ansonsten durchaus reizenden Harry Potter, dessen Augen [...] Tränen erfüllen diese verblüffend grünen Augen, sobald unser Gespräch sich den Eltern zuwendet, an die er sich kaum noch erinnern kann.* “[638]

Hermine findet letztendlich heraus, dass Rita Kimmkorn ein sog. *Animagus* ist, also ein Zauberer, der gelernt hat, eine Tiergestalt anzunehmen. Rita Kimmkorns (illegale, weil beim Ministerium nicht registrierte) Animagus-Gestalt ist ein Käfer.[639] Dies erklärt, wie sie heimlich Unterhaltungen – sprichwörtlich wie eine Wanze – belauschen kann, um die vertraulichen Gespräche dann zu veröffentlichen.

Die Artikel über Harry führen letztendlich dazu, dass dieser sogar Drohbriefe und Hassmails von der Leserschaft erhält. Einen traurigen Höhepunkt erreicht die Schund-Berichterstattung mit einem groß angelegten Artikel darüber, wieso Harry angeblich „gestört“ und gefährlich sei, was dazu führt, dass der ehemals „Auserwählte“ in der Zauberergesellschaft weiter in Misskredit gebracht wird:

„Harry Potter »gestört und gefährlich«

Der Junge, der den Unnennbaren besiegte, ist labil und möglicherweise gefährlich. Beunruhigende Tatsachen über Harry Potters seltsames Verhalten sind

---

637 *Rowling,* Harry Potter 4, Wirbel im Ministerium, S. 156. Rita Kimmkorn führen als Beispiel auch an: *Douglas,* in: Goetz (Hrsg.): Terminus: Collected Papers on Harry Potter, S. 120 (126 f.); *Sheltrown,* in: Heilman (Hrsg.): Critical Perspectives on Harry Potter, S. 47 (61 f.); *Hobbs,* Harry Potter and the Myth of Millennials, S. 134; *Doughty,* „Throw the Book Away“, S. 125 f.

638 *Rowling,* Harry Potter 4, Die Eichung der Zauberstäbe, S. 319 f.

639 *Rowling,* Harry Potter 4, Der Anfang, S. 760 f.

jetzt ans Licht gekommen, und sie wecken Zweifel, ob er geeignet ist, an einem kräftezehrenden Wettkampf wie dem Trimagischen Turnier teilzunehmen oder auch nur die Hogwarts-Schule zu besuchen. […] Topspezialisten am St.-Mungo-Hospital für Magische Krankheiten und Verletzungen halten es für durchaus möglich, dass Potters Gehirn durch den Angriff des Unnennbaren nachhaltig geschädigt wurde und dass seine Behauptung, die Narbe schmerze noch immer, Ausdruck einer tief sitzenden Störung ist. »Gut möglich, dass er alles vortäuscht«, meint ein Spezialist, »es könnte ein Schrei nach Zuwendung sein.« "[640]

Als Cedric Diggory beim Trimagischen Turniers ermordet wird und Lord Voldemort zurückkehrt, schweigt der Tagesprophet über das Ereignis. Fudge will die Rückkehr Lord Voldemorts nicht wahrhaben und weigert sich, Maßnahmen zu ergreifen oder die Zauberergesellschaft auch nur über den Vorfall zu informieren. Dies ist ein weiteres Indiz dafür, dass der Tagesprophet letztendlich vom Zaubereiministerium kontrolliert wird und keine unabhängige, freie Presse darstellt. So auch Hermines Einschätzung: *„»Da steht nichts drin. Du kannst selber nachsehen, aber sie bringen überhaupt nichts. Ich hab jeden Tag geschaut. Nur eine kleine Meldung am Tag nach der dritten Runde, dass du das Turnier gewonnen hättest. Cedric haben sie nicht einmal erwähnt. Nichts von der ganzen Geschichte. Wenn du mich fragst, zwingt Fudge sie dazu, Stillschweigen zu bewahren.«* "[641]

In Band fünf wird der Tagesprophet komplett zur Staatspresse und druckt nur noch vom Ministerium freigegebene Inhalte, welche die Bevölkerung beruhigen und sie bzgl. der Rückkehr Lord Voldemorts in falscher Sicherheit wiegen soll. Dabei bauen die Artikel auf der Vorarbeit von Rita Kimmkorn auf und stellen Harry als *„Spinner"* und *„Lügner"* dar, der mit seiner Behauptung, Lord Voldemort sei zurückgekehrt, nur Aufmerksamkeit suchen und sich wichtigmachen will.[642]

Auch der Orden des Phönix schätzt die Lage so ein. Denn der Orden hat Probleme, weitere Mitglieder zu finden, die Harrys Version der Geschichte glauben und gewillt sind, auch ohne die Unterstützung des Zaubereiministeriums gegen Lord Voldemort zu kämpfen: *„»Da liegt das Problem«, sagte Lupin. »Wenn das Ministerium darauf beharrt, dass es von Voldemort nichts zu befürchten gibt, ist es schwierig, die Leute davon zu überzeugen, dass er zurück ist, besonders da sie es zunächst im Grunde gar nicht glauben wollen. Zudem übt das Ministerium starken Druck auf den Tagespropheten aus, nichts von dem zu berichten, was sie Dumbledores Gerüchteküche nennen, also hat der größte Teil der Zauberergemeinschaft überhaupt keine Ahnung, dass irgendetwas geschehen ist, und das macht sie zu leichter Beute für die Todesser, wenn die den Imperius-Fluch einsetzen.«* "[643]

640 *Rowling,* Harry Potter 4, Die dritte Aufgabe, S. 639 f.
641 *Rowling,* Harry Potter 4, Der Anfang, S. 759.
642 *Rowling,* Harry Potter 5, Grimmauldplatz Nummer Zwölf, S. 93 f.
643 *Rowling,* Harry Potter 5, Der Orden des Phönix, S. 116.

In Hogwarts führt die Berichterstattung des Tagespropheten zu weiteren Problemen für Harry. Ein Teil seiner Mitschüler glaubt, dass er ein verrückter Lügner ist. Da auch Dumbledore systematisch in Misskredit gebracht wurde, beruft das Zaubereiministerium letztendlich Dolores Umbridge zur *Großinquisitorin* von Hogwarts, um im Rahmen einer angeblichen *Ausbildungsreform* Einfluss auf die Meinungsbildung der Schüler zu nehmen und Dumbledore als Schulleiter zu entmachten. Der Tagesprophet stellt dies als positive Entwicklung zu Gunsten der Schülerschaft und deren Ausbildung dar.[644]

Kritische Stimmen zu dieser Reform werden im Tagespropheten ebenfalls systematisch diskreditiert, indem sie (fälschlicherweise) mit aufrührerischen Koboldgruppen oder anderen verdächtigen Aktivitäten in Verbindung gebracht werden, so heißt es in einem Artikel: *„›Hogwarts ist eine Schule, keine Außenstelle von Cornelius Fudges Ministeriums erklärte Madam Marchbanks. ›Dies ist ein weiterer empörender Versuch, Albus Dumbledores Ruf zu schädigen.‹ (Einen ausführlichen Bericht über Madam Marchbanks' angebliche Beziehungen zu aufrührerischen Koboldgruppen finden Sie auf Seite siebzehn.)« “*[645]

Als Todesser aus Askaban ausbrechen, um sich Lord Voldemort anzuschließen, schiebt Fudge den Ausbruch öffentlich Sirius Black in die Schuhe.[646] Er will nicht eingestehen müssen, dass Dumbledore und Harry mit ihrer Warnung vor der Rückkehr Lord Voldemorts Recht hatten. Diese Version wird so dann auch im Tagespropheten abgedruckt: *„MASSENFLUCHT AUS ASKABAN. MINISTERIUM BEFÜRCHTET, BLACK KÖNNTE »MAGNET« FÜR VORMALIGE TODESSER SEIN“*[647]

Erst am Ende des fünften Schuljahres, nachdem Harry dem Konkurrenz-Magazin *Klitterer* ein Interview über die Rückkehr Lord Voldemorts gegeben hat, schwingt die Stimmung in der Bevölkerung zu seinen Gunsten um. Dies greift dann auch der Tagesprophet auf: *„»Der jüngste Versuch von Du-weißt-schon-wem, die Macht zu ergreifen, Seite zwei bis vier, Was das Ministerium uns hätte sagen sollen, Seite fünf, Warum niemand auf Albus Dumbledore gehört hat, Seite sechs bis acht, Exklusivinterview mit Harry Potter, Seite neun ...“*[648]

---

644 *Rowling,* Harry Potter 5, Die Großinquisitorin von Hogwarts, S. 361 ff.

645 *Rowling,* Harry Potter 5, Die Großinquisitorin von Hogwarts, S. 363 f.

646 *„»Das glaub ich einfach nicht«, knurrte Harry. »Fudge gibt die Schuld für den Ausbruch Sirius?« »Was soll er sonst tun?«, sagte Hermine bitter. »Er kann ja kaum sagen: ›Tut mir Leid, Leute, Dumbledore hat mich gewarnt, dass dies passieren könnte, die Wachen von Askaban sind zu Lord Voldemort übergelaufen‹ – hör auf zu wimmern, Ron – ›und jetzt sind auch noch Voldemorts übelste Anhänger ausgebrochen.‹ Immerhin hat er ein gutes halbes Jahr lang allen erzählt, dass du und Dumbledore Lügner seid, oder?« “* (*Rowling,* Harry Potter 5, Der Käfer in der Klemme, S. 640)

647 *Rowling,* Harry Potter 5, Der Käfer in der Klemme, S. 639. Douglas sieht darin ein gezieltes Brandmarken von Sirius Black als *„dangerous criminal“,* weil der Ausbruch für das Zaubereiministerium peinlich sei, *Douglas,* in: Goetz (Hrsg.): Terminus: Collected Papers on Harry Potter, S. 120 (125).

648 *Rowling,* Harry Potter 5, Der zweite Krieg beginnt, S. 994.

Insgesamt lässt sich festhalten, dass der Tagesprophet unter dem Einfluss und Druck des Zaubereiministeriums steht. Es handelt sich dabei nicht um ein unabhängiges Presseerzeugnis.[649] Vielmehr beeinflusst der Zaubereiminister, welche Informationen an die Presse gelangen und wird häufig auch zitiert. Douglas nennt den Tagespropheten eine *„sinister force manipulated by officials"* und ein Beispiel dafür, *„how power and the ultimate authority of the Government (Ministry of Magic) have the ability to shape knowledge in the mass media"*.[650] Sheltrown sieht im Tagespropheten hauptsächlich einen *„lap dog of the Ministry of Magic"*, der die Interesse von Fudge schützt.[651] Barratt nennt den Tagespropheten *„an arm of the Ministry"*.[652] Fudge nutzt dies bewusst dazu aus, um gezielt Informationen zurückzuhalten (Doughty: *„whitewash details that might alarm the public"*[653]) und seine Machtposition zu stärken, indem er in der Presse ein positives Image von sich und seiner Politik verkauft.

Wer der offizielle Inhaber des Tagespropheten ist, ist nicht bekannt. Allerdings wird sehr deutlich, dass es den Machern weniger um eine neutrale Berichterstattung und die Information der Zaubererwelt geht, als darum, Profit zu machen. Rita Kimmkorn trägt mit ihren Klatschgeschichten maßgeblich dazu bei. Der Tagesprophet ist zwar zeitweise das Sprachrohr des Ministeriums. Wenn die Stimmung der Zauberergesellschaft jedoch umschlägt, passt sich der Tagesprophet auch dieser Stimmlage geschickt an, um relevant zu bleiben. Im Ergebnis trägt der Tagesprophet so ganz maßgeblich dazu bei, dass die Rückkehr Lord Voldemorts über ein Jahr lang totgeschwiegen wird. Dies führt nicht nur dazu, dass das Ministerium unter Fudge keinerlei Gegenmaßnahmen ergreift. Da die Zauberergesellschaft über die Rückkehr von Lord Voldemort unwissend bleibt, kann sie sich aus purem Nichtwissen auch nicht selbst vor ihm und seinen Anhängern schützen. Die anhaltende Schmutzkampagne gegen Dumbledore und Harry führt auch dazu, dass die Arbeit des Ordens des Phönix erschwert wird, weil niemand dessen Warnungen ernst nimmt.[654]

Wäre der Tagesprophet ein unabhängiges Medium, dem es tatsächlich um die Information und Aufklärung der Zauberergesellschaft ginge, wäre die Rückkehr Lord Voldemorts viel eher einer breiteren Öffentlichkeit bekannt geworden. Lord Voldemort und seine Todesser hätten sich so nicht über ein Jahr im Geheimen auf die Machtergreifung vorbereiten können. Dies zeigt, wie wichtig eine unabhängige Presse für die Demokratie in einem jeden Staat ist.

649 Dieser Ansicht ist auch: *Barton,* in: Mich. L. Rev., 104/6, S. 1523 (1526, 1534).

650 *Douglas,* in: Goetz (Hrsg.): Terminus: Collected Papers on Harry Potter, S. 120 (120).

651 *Sheltrown,* in: Heilman (Hrsg.): Critical Perspectives on Harry Potter, S. 47 (61 f.).

652 *Barratt,* The Politics of Harry Potter, S. 22.

653 *Doughty,* „Throw the Book Away", S. 124.

654 *„Fudge, through the Ministry, forces the Prophet to fall in line and not report the headmaster's ‚rumour-mongerin' which leaves the community unaware of the truth"*, *Douglas,* in: Goetz (Hrsg.): Terminus: Collected Papers on Harry Potter, S. 120 (128 f.).

b) Der (unabhängige) Klitterer

Der *Klitterer* ist eine monatlich erscheinende Zeitschrift, die von Xenophilius Lovegood, Vater von Luna Lovegood, herausgegeben wird. In der Zauberergesellschaft galt der Klitterer lange Zeit als eher „seltsam“, weil er u.a. Berichte über magische Kreaturen (sog. *Schrumpfhörnige Schnarchkackler)* veröffentlichte, die es in Wirklichkeit gar nicht gibt.[655] Beim Klitterer handelt es sich um eine Art „Esoterik-Zeitschrift“ (Douglas: *„alternative press“*[656]), die sich an eine ganz besondere Art von Leserschaft richtet (Proffitt/Cortese: *„focused on the bizarre and imaginary“*[657]).

Dabei ist die Zeitschrift komplett unabhängig vom Zaubereiministerium und wird von Xenophilius Lovegood geschrieben, redigiert und in kleiner Auflage gedruckt. Auf Grund seiner Unabhängigkeit veröffentlicht der Klitterer auch kritische Artikel über das Zaubereiministerium und Fudge. Beispielsweise über dessen Geldgier und seine (angeblichen) Verbindungen zur Zaubererbank Gringotts: *„[...] doch jetzt sah Harry, dass es sich um eine ziemlich schlechte Karikatur von Cornelius Fudge handelte. Harry erkannte ihn nur dank des limonengrünen Bowlers. Fudge umklammerte mit der einen Hand einen Sack Gold, mit der anderen würgte er einen Kobold. Der Text zu der Karikatur lautete: Wie weit wird Fudge gehen, um sich Gringotts zu sichern?“*[658]

Allerdings nimmt es auch der Klitterer mit der Wahrheit nicht so ernst. Genauso wie der Tagesprophet bedient er sich zahlreichen Übertreibungen und stachelt mit seiner Berichterstattung Gerüchte an. Im Gegensatz zum Tagespropheten richten sich diese aber gegen die herrschende Machtelite, also das Zaubereiministerium.[659] So auch in Band fünf. Auf Grund der katastrophalen Berichterstattung des Tagespropheten kommt Hermine auf die Idee, eine unabhängige Zeitung zu kontaktieren, damit diese die „wahre Geschichte“ von der Rückkehr Lord Voldemorts abdruckt. Hierfür erpresst sie Rita Kimmkorn mit ihrem Wissen über deren illegale Tätigkeiten als Animagus. Als Hermine Rita Kimmkorn vorschlägt, für den unabhängigen Klitterer zu schreiben, reagiert diese in einer Art und Weise, die alle oben genannten Vorurteile gegenüber dem Tagespropheten bestätigen:

„»Na gut, Fudge macht Druck auf den Propheten, aber es kommt aufs selbe raus. Die werden keine Geschichte drucken, die Harry in gutem Licht erscheinen lässt. Keiner will das lesen. Das ist gegen die Stimmung in der Öffentlichkeit. Wegen dieses jüngsten Askaban-Ausbruchs sind die Leute ohnehin schon beunruhigt genug. Sie wollen einfach nicht glauben, dass Du-weißt-schon-wer zurück ist.« »Also ist der Tagesprophet dazu da, den Leuten zu sagen, was sie hören wollen, stimmt's?«, giftete Hermine. Rita setzte sich wieder aufrecht hin

655 *Rowling,* Harry Potter 5, Gesehen – unvorhergesehen, S. 670.
656 *Douglas,* in: Goetz (Hrsg.): Terminus: Collected Papers on Harry Potter, S. 120 (130).
657 *Proffitt/Cortese,* in: Bell (Hrsg.): From Here to Hogwarts, S. 184 (194).
658 *Rowling,* Harry Potter 5, Luna Lovegood, S. 227.
659 *Rowling,* Harry Potter 5, Luna Lovegood, S. 229.

und leerte mit hochgezogenen Augenbrauen ihr Glas Feuerwhisky. »Der Prophet ist da, um sich zu verkaufen, Sie dummes Mädchen«, sagte sie kalt."[660]

Auch wenn sich Rita Kimmkorn zunächst über den Klitterer lustig macht[661], ist sie letztendlich einverstanden, Harry zu interviewen. Das Interview sorgt wie erwartet für großen Aufruhr. Harry erhält zahlreiche Leserbriefe von Leuten, die eingestehen müssen, dass die Geschichten im Tagespropheten nicht der Wahrheit entsprochen haben und die nun seine Version der Geschichte glauben. Umbridge (Douglas: *„Ministry's puppet"*[662]) reagiert empört auf das Interview und bestraft Harry.[663] Aber obwohl sie per *„Ausbildungserlass Nummer siebenundzwanzig"*[664] den Klitterer in Hogwarts verbietet, kann sie nicht verhindern, dass sich das Interview mündlich in Hogwarts verbreitet und bald jeder Harrys Geschichte kennt. Der Artikel ist so erfolgreich, dass Xenophilius Lovegood zum ersten Mal in der Geschichte des Klitterer eine Auflage nachdrucken muss.[665]

Seinen Status als einziges unabhängiges Medium der Zaubererwelt verliert der Klitterer in Band sieben, als Todesser Luna Lovegood entführen.[666] Ihren Vater zwingen sie so dazu, keine kritischen Artikel mehr zu veröffentlichen.[667] Genauso wie Fudge hat Lord Voldemort also erkannt, wie wichtig es ist, die Stimmung in der Zauberergesellschaft zu seinen Gunsten durch die Medien beeinflussen zu lassen. Während er bzgl. des Tagespropheten einfach die bisherige Handhabung durch Fudge übernehmen konnte, erkannte Lord Voldemort, dass der unabhängige Klitterer für ihn zum Problem werden könnte, das er deswegen sofort unterband. Die Zauberergesellschaft war so weiterhin ahnungslos und wurde von keiner Seite darüber aufgeklärt, wie weit die Machtergreifung bereits vorange-

---

660 *Rowling,* Harry Potter 5, Der Käfer in der Klemme, S. 666.

661 *„»Der Klitterer!«, gluckste sie. »Sie glauben, die Leute nehmen ihn ernst, wenn er im Klitterer auspackt?« »Manche nicht«, sagte Hermine mit ruhiger Stimme. »Aber so, wie der Tagesprophet den Askaban-Ausbruch dargestellt hat, hatte die Geschichte ein paar klaffende Lücken. Ich glaub, eine Menge Leute werden sich fragen, ob es nicht eine bessere Erklärung für das gibt, was da passiert ist, und wenn eine andere Version der Geschichte existiert, selbst wenn sie in einem ...«, sie warf Luna von der Seite her einen Blick zu, »in einem – nun ja, ungewöhnlichen Magazin erscheint – ich schätze, dann werden die ziemlich scharf drauf sein, das zu lesen.«"* (*Rowling,* Harry Potter 5, Der Käfer in der Klemme, S. 667 f.).

662 *Douglas,* in: Goetz (Hrsg.): Terminus: Collected Papers on Harry Potter, S. 120 (130).

663 *„»Es wird keinerlei Ausflüge nach Hogsmeade mehr für Sie geben, Mr Potter«, flüsterte sie. »Wie können Sie es wagen ... wie konnten Sie nur ...« Sie holte tief Luft. »Ich habe immer und immer wieder versucht, Ihnen beizubringen, keine Lügen zu verbreiten. Die Botschaft hat sich offenbar immer noch nicht eingeprägt. Fünfzig Punkte Abzug für Gryffindor und eine weitere Woche Nachsitzen.«"* (*Rowling,* Harry Potter 5, Gesehen – unvorhergesehen, S. 682).

664 *Rowling,* Harry Potter 5, Gesehen – unvorhergesehen, S. 683.

665 *Rowling,* Harry Potter 5, Gesehen – unvorhergesehen, S. 685.

666 *Rowling,* Harry Potter 7, Das Haus Malfoy, S. 472; Shell Cottage, S. 521.

667 *Rowling,* Harry Potter 7, Das Märchen von den drei Brüdern, S. 430.

schritten war. Dies erleichterte eine reibungslose Übernahme des Ministeriums und führte letztendlich dazu, dass sich Widerstand (außer durch den Orden des Phönix) gar nicht erst bilden konnte. Insgesamt ist das Ruhigstellen des Klitterers damit ein weiterer Schachzug Lord Voldemorts, der so nicht gelungen wäre, wenn es eine Vielzahl an unabhängigen Medien gegeben hätte.

c) Der Tagesprophet unter Lord Voldemort

Das erschreckendste an der Betrachtung des Tagespropheten unter Lord Voldemort ist, dass sich im Gegensatz zur Handhabung der Presse unter Fudge fast nichts geändert hat. Auch unter Lord Voldemort berichtet der Tagesprophet mit keinem Wort von dessen Rückkehr. Das Engagement des Ordens des Phönix sowie die durch Lord Voldemort verursachten Todesfälle werden gezielt verschwiegen: *„»Der Tagesprophet hat mit keinem Wort erwähnt, dass er [Anm. Alastor Mad-Eye Moody] gestorben ist oder dass man seine Leiche gefunden hätte«, fuhr Bill fort. »Aber das will nicht viel heißen. Der hält zur Zeit einiges unter der Decke.«"*[668]

Außerdem versucht Lord Voldemort gezielt, die Wahrnehmung Harrys als *Der Auserwählte* in der Öffentlichkeit zu unterdrücken. Wie bereits Scrimgeour erkennt Lord Voldemort, dass es die Moral einer ganzen Gesellschaft hebt, wenn man ihr einen Hoffnungsträger voranstellt: *„»Nun, da Dumbledore tot ist, wärst du – der Junge, der überlebt hat – mit Sicherheit die Symbolfigur und der Mittelpunkt für den gesamten Widerstand gegen Voldemort. Aber indem er unterstellt, dass du in den Tod des alten Helden verwickelt warst, hat Voldemort nicht nur ein Kopfgeld auf dich erreicht, sondern auch bei vielen Zweifel und Furcht gesät, die dich eigentlich verteidigt hätte.«"*[669]

Harry wird deswegen in Band sieben durch das Ministerium zum *Unerwünschten Nr. 1* erklärt und (angeblich) wegen des Todes von Dumbledore gesucht. Der Tagesprophet druckt Harrys Gesicht als Fahndungsfoto ab und es wird ein Kopfgeld ausgelobt.[670] Bereits daran merkt man, dass der Tagesprophet (spätestens jetzt) komplett in der Hand des Ministeriums und damit in den Händen Voldemorts liegt: *„»Die Todesser haben also auch den Tagespropheten in ihrer Hand?«, fragte Hermine zornig. Lupin nickte. »Aber die Leute begreifen doch sicher, was da gespielt wird?« »Die Machtübernahme ist reibungslos und weitgehend ruhig verlaufen«, sagte Lupin. »Die offizielle Version von Scrimgeours Ermordung ist, dass er zurückgetreten sei; er wurde durch Pius Thickness ersetzt, der unter dem Imperius-Fluch steht.«"*[671]

---

668 *Rowling,* Harry Potter 7, Der Ghul im Schlafanzug, S. 97; dazu: *Douglas,* in: Goetz (Hrsg.): Terminus: Collected Papers on Harry Potter, S. 120 (132).

669 *Rowling,* Harry Potter 7, Das Bestechungsgeschenk, S. 217.

670 *Rowling,* Harry Potter 7, Das Bestechungsgeschenk, S. 214 f; Das Haus Malfoy, S. 454 ff.; *Douglas,* in: Goetz (Hrsg.): Terminus: Collected Papers on Harry Potter, S. 120 (133).

671 *Rowling,* Harry Potter 7, Das Bestechungsgeschenk, S. 214.

Zwar berichtet der Tagesprophet auch weiterhin über Dinge, die tatsächlich passieren. Man lässt aber entweder gezielt Informationen weg oder stellt eigentlich schreckliche Ereignisse in einem positiven Lichte dar. So beispielsweise die Übernahme der Hogwarts-Schule durch Lord Voldemort und die Installation von Severus Snape als Schulleiter: *„»Severus Snape, langjähriger Lehrer für Zaubertränke an der Hogwarts-Schule für Hexerei und Zauberei, wurde heute zum Schulleiter ernannt, als wichtigstes einer ganzen Reihe personeller Veränderungen an der altehrwürdigen Schule. Nach dem Rücktritt der früheren Muggelkunde-Lehrerin wird Alecto Carrow den Posten übernehmen, während ihr Bruder Amycus die Stelle des Professors für Verteidigung gegen die dunklen Künste einnimmt.«* “[672]

Die im Zitat erwähnte Lehrerin für Muggelkunde ist nicht zurückgetreten, sondern wurde von Lord Voldemort am Anfang von Band sieben zur puren Bespaßung seiner Anhänger zunächst gefoltert, dann getötet und anschließend an seine Schlange Nagini verfüttert.[673] Die beiden erwähnten neuen Lehrer gehören seit Jahren zu den Anhängern Lord Voldemorts. Sie werden von ihm bewusst in „systemrelevanten“ Fächern wie *Muggelkunde* und *Verteidigung gegen die Dunklen Künste* eingesetzt, um seine Ideologie zu lehren. Dabei foltern die Carrows alle Schüler, die sich ihnen widersetzen, grausam (siehe S. 151 f.).[674]

Bezüglich des Tagespropheten unter Lord Voldemort lässt sich das gleiche Fazit ziehen wie im Kapitel zum Tagespropheten unter Fudge. Es zeigt sich, dass sich alle oben erwähnten Befürchtungen in Band sieben bewahrheiten. Lord Voldemort kann faktisch unbemerkt das Ministerium einnehmen und kontrolliert die Meinung der Bevölkerung durch den Tagespropheten. Zu einem organisierten Widerstand kommt es erst gar nicht, weil der Großteil der Bevölkerung nicht weiß, was überhaupt passiert. Mehrere unabhängige Zeitungen hätten diesen Missstand zumindest teilweise beheben können.[675] Douglas schreibt dazu: *„The traditional media becomes a tool for Voldemort to use, going after his enemies and implementing his policies without question because the media acquiesce to his ideology and disseminates it.* “[676]

Parallel zu den Veröffentlichungen im Tagespropheten lässt Lord Voldemort in Band sieben im Zaubereiministerium außerdem Flugblätter drucken, die auf die Gefahren hinweisen sollen, die (angeblich) von Muggelstämmigen ausgehen: *„Auf ihrem rosa Deckblatt prangte ein goldener Titel: SCHLAMMBLÜTER und die Gefahren, die sie für eine friedliche reinblütige Gesellschaft darstellen. Darunter war ein Bild von einer roten Rose zu sehen, mit einem unsicher lächelnden*

672 *Rowling,* Harry Potter 7, Magie ist Macht, S. 233.
673 *Rowling,* Harry Potter 7, Der Dunkle Lord erhebt sich, S. 18 ff.
674 *Rowling,* Harry Potter 7, Das verschollene Diadem, S. 582 f.
675 So auch: *Proffitt/Cortese,* in: Bell (Hrsg.): From Here to Hogwarts, S. 184 (197).
676 *Douglas,* in: Goetz (Hrsg.): Terminus: Collected Papers on Harry Potter, S. 120 (133).

Gesicht inmitten ihrer Blütenblätter, die von den Schlingen eines grünen Unkrauts mit finsterer Miene stranguliert wurde."[677]

Die „Staatspropaganda" des Tagespropheten und des Zaubereiministeriums sowie die Art und Weise, wie sich Lord Voldemort gegenüber der Öffentlichkeit präsentiert, wird mit der Propaganda Hitlers u.a. gegen die Juden verglichen. So z.B. bei Kohlová: „*Also, pamphlets of racial propaganda are similar to those against Jews. The ones from the wizarding world are entitled ‚Mudbloods and the Danger They Pose to a Peaceful Pure-blood Society'.*"[678]

Die NS-Propaganda diente zu Zeiten der Weimarer Republik der Machtübernahme und hatte später die Durchdringung des gesamten deutschen Volkes mit der nationalsozialistischen Weltanschauung zum Ziel. Wichtige Verbreitungsmittel der NS-Propaganda waren Bücher und Zeitungen, aber auch neue Medien wie Rundfunk und Fernsehen.[679]

Bereits im Dezember 1920 schuf Hitler mit dem *Völkischen Beobachter* das publizistische Parteiorgan der NSDAP, das sich selbst als „Kampfblatt" verstand und ab 1941 in einer Auflage von über einer Million Exemplaren erschien.[680] Im Zuge der organisatorischen Festigung der NSDAP wurde 1925 das Amt des *Reichspropagandaleiters* der NSDAP aufgebaut. 1930 wurde Joseph Goebbels als Reichspropagandaleiter eingesetzt, zusätzlich wurde er am 14. März 1933 Chef des neu gegründeten *Reichsministeriums für Volksaufklärung und Propaganda.*[681] Hauptinstrument der Presselenkung war die *Reichspressekonferenz,* die seit dem 1. Juli 1933 täglich stattfand. Ausgewählte Pressevertreter erhielten dort genaue Anweisungen, welche Meldungen in welcher Form zu veröffentlichen seien.[682]

Mit der „*Verordnung des Reichspräsidenten zum Schutze des deutschen Volkes*" vom 4. Februar 1933 wurden u.a. die Beschlagnahme und das Verbot von Druck-

---

677 *Rowling*, Harry Potter 7, Die Registrierungskommission für Muggelstämmige, S. 257.

678 *Kohlová,* Social Issues, S. 20. Auch Klingbiel erwähnt in diesem Kontext „*World War II*" und „*Nazi Germany*" (*Klingbiel*, in: Bell (Hrsg.): From Here to Hogwarts, S. 123 (123)).

679 *Altendorfer,* Das Mediensystem der Bundesrepublik Deutschland, S. 241–244; zum Journalismus in den Anfangszeiten der „Machtergreifung": *Frei/Schmitz,* Journalismus im Dritten Reich, S. 9–19. Umgekehrt wurden aber auch Bücher und jüdische Schriften, die nicht der nationalsozialistischen Norm entsprachen verboten und verbrannt. So z.B. bei der „*Aktion wider den undeutschen Geist*" vom 19. Mai 1933 („Bücherverbrennungen"). *Koch,* Bibliothekswesen, S. 33 ff.; *Schmidt,* Nationalsozialistische Kulturpolitik im Gau Westfalen-Nord, 340 ff.

680 *Jockheck,* Der „Völkische Beobachter", S. 14 ff.; *Frei/Schmitz,* Journalismus im Dritten Reich, S. 99 ff.; *Felsenreich,* Die Journalisten des „Völkischen Beobachters", S. 21.

681 *Frei/Schmitz,* Journalismus im Dritten Reich, S. 22; *Mühlenfeld,* in: Hachtmann/Süß (Hrsg.): Hitlers Kommissare, S. 72 (72–92).

682 *Frei/Schmitz,* Journalismus im Dritten Reich, S. 29 f.; *Lauf,* Der Volksgerichtshof, S. 68 ff.

schriften geregelt.[683] Die *„Verordnung des Reichspräsidenten zum Schutz von Volk und Staat"* vom 28. Februar 1933, setzte die Meinungs- und Pressefreiheit außer Kraft.[684] Die *„Verordnung des Reichspräsidenten zur Abwehr heimtückischer Angriffe gegen die Regierung der nationalen Erhebung"* (RGBl. I 1933, S. 1269) vom 21. März 1933 enthielt schließlich in § 3 den Tatbestand der *Gräuelpropaganda.* Demnach machte sich strafbar, wer *„vorsätzlich eine unwahre oder gröblich entstellte Behauptung tatsächlicher Art aufstellt oder verbreitet, die geeignet ist, das Wohl des Reiches oder eines Landes oder das Ansehen der Reichsregierung oder einer Landesregierung oder der hinter diesen Regierungen stehenden Parteien oder Verbände schwer zu schädigen."* In der Praxis war die Vorschrift ein wirksames Instrument zur Bekämpfung oppositioneller Äußerungen und zur Unterdrückung kritischer Berichterstattung über tatsächliche Geschehnisse wie den Röhm-Putsch.[685] § 1 des *„Gesetzes gegen heimtückische Angriffe auf Staat und Partei und zum Schutz der Parteiuniformen"* (RGBl. I 1934, S. 1269) vom 20. Dezember 1934 übernahm § 3 der HeimtückeVO und wurde inhaltlich ergänzt durch § 90 f des *„Gesetzes zur Änderung von Vorschriften des Strafrechts und des Strafverfahrens"* vom 24. April 1934.[686]

Mit dem *„Gesetz über die Einziehung kommunistischen Vermögens"* (RGBl. I 1933, S. 293) vom 26. Mai 1933 wurde die Enteignung der kommunistischen Verlage nachträglich „legalisiert".[687] Das *„Gesetz über die Einziehung volks- und staatsfeindlichen Vermögens"* (RGBl. I 1933, S. 479) vom 14. Juli 1933 verrechtlichte die Enteignung der sozialdemokratischen Verlage.[688]

Am 1. Januar 1934 trat das *„Schriftleitergesetz"* (RGBl. I 1934, S. 713) vom 4. Oktober 1933 in Kraft, welches die Gleichschaltung der Presse zum Ziel hatte. Das Gesetz regelte den Zugang zum Journalistenberuf. Redakteure, ab jetzt „Schriftleiter" genannt, mussten die deutsche Reichsangehörigkeit besitzen (§ 5) und einen „Ariernachweis" vorlegen (§ 6). Das Gesetz zwang außerdem zur Pflichtmitgliedschaft in der Reichspressekammer (§ 8), welche die Journalisten zur Treue gegenüber der NS-Diktatur verpflichtete.[689]

Nach der *„Anordnung zur Beseitigung der Skandalpresse"* vom 24. April 1935 konnten Verleger, deren Zeitungen *„Anstoß erregten"* oder *„der Würde der Presse schadeten"*, aus dem *Reichsverband der deutschen Zeitungsverleger* aus-

---

683 *Fischer*, in: Leonhard/Ludwig/Schwarze u. a.(Hrsg.): Medienwissenschaften, S. 500 (507).

684 *Wilke,* Presseanweisungen, S. 115; *Mohr,* Kein Recht zur Einmischung, S. 47.

685 *Werle,* Justiz-Strafrecht, S. 71 f.

686 *Werle,* Justiz-Strafrecht, S. 137.

687 *Frei/Schmitz,* Journalismus im Dritten Reich, S. 209.

688 *Frei/Schmitz,* Journalismus im Dritten Reich, S. 209.

689 *Bracher/Sauer/Schulz,* Die nationalsozialistische Machtergreifung, S. 292 ff.; *Diehl,* Die jüdische Presse im Dritten Reich, S. 87 ff.; *Barbian,* in: Benz (Hrsg.): Handbuch des Antisemitismus/4, S. 378–380.

geschlossen und damit mundtot gemacht werden.[690] Außerdem beschränkte der NS-Staat die Verleger so, dass viele ihre Zeitungen auf Grund des ökonomischen Drucks an von Nationalsozialisten kontrollierten Verlage verkauften.[691] Im Jahr 1944 kontrollierte die NSDAP schließlich 36 Prozent aller deutschen Zeitungen, die insgesamt 82,5 Prozent der täglichen Auflagen herausbrachten.[692]

Insofern lässt sich im Ergebnis an den Harry-Potter-Büchern im Vergleich zum Dritten Reich ablesen, wie wichtig eine freie und unabhängige Presse für den Erhalt eines demokratischen Staates ist.

d) Die Radiosendung „Potterwatch“

Einen Lichtblick im „Einheitsbrei“ der magischen Presselandschaft stellt der Radiosender *Potterwatch* dar, der in Harrys siebtem Jahr von mehreren Mitgliedern und Sympathisanten des Ordens des Phönix gegründet wird. *„»Da gibt es dieses eine Programm«, erklärte er Harry mit leiser Stimme, »das berichtet, was wirklich los ist. Alle anderen sind auf der Seite von Du-weißt-schon-wem und folgen der Linie des Ministeriums, aber dieses eine ... warte, bis du es hörst, es ist toll. Nur können sie nicht jede Nacht senden, sie müssen ständig den Standort wechseln, damit sie in keine Razzia geraten, und man braucht ein Passwort, um den Sender zu empfangen ... das Problem ist nur, dass ich das letzte nicht mitgekriegt habe ...«“*[693]

Potterwatch wird als „Piratensender“ betrieben und kann nur mittels eines Passwortes angehört werden. Die Moderatoren geben sich selbst Decknamen, um nicht erkannt zu werden und wechseln täglich ihren Standort, um dem Zaubereiministerium zu entgehen.[694] Der Sender klärt über die Rückkehr Lord Voldemorts auf, gedenkt seiner Opfer und gibt Tipps, wie man sich vor den Todessern schützen kann: *„»Doch bevor uns Royal und Romulus berichten«, fuhr Lee fort, »nehmen wir uns einen Moment Zeit, um die Todesfälle zu melden, die die Nachrichten im Magischen Rundfunk und der Tagesprophet nicht für erwähnenswert halten. Mit großem Bedauern informieren wir unsere Hörer von den Morden an*

---

690 *Frei/Schmitz,* Journalismus im Dritten Reich, S. 37; *Müsse,* Reichspresseschule, S. 63 ff.

691 Die sog. *„Amann-Anordnungen“* des Präsidenten der Reichspressekammer zu denen neben der Anordnung zur *„Beseitigung der Skandalpresse“,* auch die Anordnung *„Über Schließung von Zeitungsverlagen zwecks Beseitigung ungesunder Wettbewerbsverhältnisse“* und die Anordnung *„Zur Wahrung der Unabhängigkeit des Zeitungsverlagswesens“* gehörten, ermöglichten einschneidende Maßnahmen zur Pressekonzentration; *Frei/Schmitz,* Journalismus im Dritten Reich, S. 37; *Altendorfer,* in: Altendorfer/Hilmer (Hrsg.): Medienmanagement/4, S. 47 (61 f.).

692 *Prase,* in: Altendorfer/Hilmer (Hrsg.): Medienmanagement/2, S. 153 (164).

693 *Rowling,* Harry Potter 7, Xenophilius Lovegood, S. 402; *Douglas,* in: Goetz (Hrsg.): Terminus: Collected Papers on Harry Potter, S. 120 (133).

694 *Proffitt/Cortese,* in: Bell (Hrsg.): From Here to Hogwarts, S. 184 (195).

Ted Tonks und Dirk Kresswell.« [...] »Ein Kobold namens Gornuk wurde ebenfalls getötet.« "[695]

Dabei legt der Sender – ganz entgegen der Ideologie Lord Voldemorts – besonderen Wert darauf, dass auch Muggel und nicht menschliche magische Wesen geschützt werden. Insgesamt versucht Potterwatch an das brüchig gewordene Gemeinschaftsgefühl der Zaubererwelt zu appellieren. Denn der Orden des Phönix und Harry haben erkannt, dass sich Lord Voldemort nur gemeinsam besiegen lässt: *„»Ich möchte an alle unsere Hörerinnen und Hörer appellieren, sich an ihnen ein Beispiel zu nehmen und vielleicht einen Schutzzauber über jedes Muggelhaus in ihrer Straße zu legen. Viele Leben könnten gerettet werden, wenn solche einfachen Maßnahmen ergriffen würden.« [...] »Ich würde sagen, dass es nur ein kleiner Schritt von ›Zauberer zuerst‹ bis ›Reinblüter zuerst‹ und dann zu ›Todesser‹ ist.«, erwiderte Kingsley. »Wir sind alle Menschen, oder? Jedes Menschenleben ist gleich viel wert und schützenswert.«* "[696]

Der Radiosender Potterwatch wird vom Orden des Phönix und anderen „Widerstandskämpfern" gezielt genutzt, um sich über die Geschehnisse in der Zaubererwelt auf dem Laufenden zu halten.[697] Er dient damit einerseits der Information über das, was tatsächlich passiert, andererseits aber auch der Motivation derer, die sich gegen die Schreckensherrschaft Lord Voldemorts auflehnen. Potterwatch bedient damit die Themen, welche die Presse in einer freien, demokratischen Gesellschaft üblicherweise hat.

Auch im NS-Staat waren unabhängige Radiosender dem Regime ein Dorn im Auge. Gleichzeitig nutzte Hitler den Rundfunk als relativ neues Medium gezielt für seine Propaganda. Durch die Verstaatlichung des Rundfunks 1932 waren bereits zum Ende der Weimarer Republik die Strukturen für eine Instrumentalisierung des Rundfunks für die Propaganda der Nationalsozialisten geschaffen worden.[698]

Um möglichst viele Bürger zu erreichen, ließen die Nationalsozialisten 1933 ein besonders günstiges Radiogerät entwickeln, den *Volksempfänger.*[699] Im gleichen Jahr wurden die regionalen Rundfunkanstalten durch die *„Verordnung über die Neugestaltung des deutschen Rundfunks"* aufgelöst. Die Radiosender unterstanden als *Reichssender* der *Reichsrundfunkkammer* des Propagandaministeriums.[700]

Pünktlich zu Kriegsbeginn wurde am 1. September 1939 mit der *„Verordnung über außerordentliche Rundfunkmaßnahmen"* (RGBl. I 1939, S. 1683) das

695 *Rowling,* Harry Potter 7, Die Heiligtümer des Todes, S. 447.

696 *Rowling,* Harry Potter 7, Die Heiligtümer des Todes, S. 449.

697 *Proffitt/Cortese,* in: Bell (Hrsg.): From Here to Hogwarts, S. 184 (195 f.).

698 *Breßler*, Propagandainstrument, S. 133.

699 *Cebulla,* Rundfunk und ländliche Gesellschaft, S. 210 f.; *Breßler*, Propagandainstrument, S. 197 ff.; *Kuschel*, Schwarzhörer, S. 39; *Fritscher-Fehr*, Demokratie im Ohr, S. 52 ff.

700 Aufgaben der Reichsrundfunkkammer: *Breßler*, Propagandainstrument, S. 136 f.

Abhören (§ 1) und Verbreiten (§ 2) von Inhalten ausländischer Sender *(Feindsender)* verboten. Es drohte die Todesstrafe.[701] Die Verordnung bezweckte den Schutz der *„geistigen und willensmäßigen Geschlossenheit"* des deutschen Volkes sowie dem *„völkischen Selbsterhaltungstrieb"* und sollte vor dem Einfluss *„feindlicher Propaganda"* bewahren.[702]

Ob Potterwatch durch ein förmliches Gesetz verboten wurde, ist nicht bekannt. Die Art wie der Sender im Geheimen betrieben wird, lässt jedoch darauf schließen, dass den Moderatoren ganz empfindliche Strafen drohen.

Im Ergebnis haben sowohl Lord Voldemort als auch Hitler erkannt, wie unabhängige und systemkritische Radiosender die Stabilität ihres Regimes bedrohen, und sie deswegen frühzeitig verboten bzw. mit aller Härte verfolgt.

6. Hogwarts Schule für Hexerei und Zauberei

Die *Hogwarts-Schule für Hexerei und Zauberei* ist die einzige Schule für Zauberer in Großbritannien. Weltweit gibt es laut Rowling[703] insgesamt elf magische Schulen. In den Büchern werden neben Hogwarts (Schottland) nur Beauxbatons (Frankreich) und Durmstrang (Nordeuropa) erwähnt.[704]

Das deutsche Schulsystem umfasst heute den primären und den sekundären Bildungsbereich. Also Grundschulen (Klassen 1–4) und die Schulen der Sekundarstufen I und II. Die Schüler unterschiedlicher Leistungsstufen werden entweder unter einem Dach (Gesamtschule) oder getrennt unterrichtet (Hauptschule, Realschule, Gymnasium).[705] Die Schulen in Deutschland stehen nach Art. 7 I

701 *Kuschel*, Schwarzhörer, S. 40 f.

702 Die Präambel lautet: *„Im modernen Krieg kämpft der Gegner nicht nur mit militärischen Waffen, sondern auch mit Mitteln, die das Volk seelisch beeinflussen und zermürben sollen. Eines dieser Mittel ist der Rundfunk. Jedes Wort, das der Gegner herübersendet, ist selbstverständlich verlogen und dazu bestimmt, dem deutschen Volke Schaden zuzufügen. Die Reichsregierung weiß, daß das deutsche Volk diese Gefahr kennt, und erwartet daher, daß jeder Deutsche aus Verantwortungsbewußtsein heraus es zur Anstandspflicht erhebt, grundsätzlich das Abhören ausländischer Sender zu unterlassen. Für diejenigen Volksgenossen, denen dieses Verantwortungsbewußtsein fehlt, hat der Ministerrat für die Reichsverteidigung die nachfolgende Verordnung erlassen."* (siehe auch: *Werle*, Justiz-Strafrecht, S. 214 ff.).

703 https://www.wizardingworld.com/writing-by-jk-rowling/wizarding-schools (abgerufen am: 23.01.2023); dazu auch: *Gymnich/Burkhard/Birk*, in: Gymnich/Birk/Burkhard (Hrsg.): „Harry – yer a wizard", S. 225 (244 f.).

704 *Rowling*, Harry Potter 4, Das Trimagische Turnier, S. 198. Beauxbatons: https://www.wizardingworld.com/writing-by-jk-rowling/beauxbatons-academy-of-magic (abgerufen am: 23.01.2023), Durmstrang: https://www.wizardingworld.com/writing-by-jk-rowling/durmstrang-institute (abgerufen am: 23.01.2023). Dazu auch: *Schwabach*, in: Roger Williams U. L. Rev. 11/2006, S. 309 (340 f.).

705 Zu den Schultypen: *Brenner*, Schule in Deutschland, S. 33 ff.; *Goerge*, Staatliches Bildungssystem, S. 32 ff.

GG unter der Aufsicht des Staates.[706] Unbeschadet dessen wird das Recht auf Gründung privater Schulen gewährt (Art. 7 IV GG).[707] Dies basiert u. a. auf den Erfahrungen im Nationalsozialismus und der „Gleichschaltung" auch in der Bildung und soll einen „schulischen Pluralismus" gewährleisten und ein staatliches Schulmonopol verhindern.[708]

In Deutschland besteht ab dem sechsten Lebensjahr eine Schulpflicht.[709] Körperstrafen zur Erziehung sind verboten.[710] Auf Grund der Kulturhoheit der Länder (Art. 30 GG) fallen Schulen in die Zuständigkeit der einzelnen Bundesländer. Die Details regeln deswegen die Schulgesetze der Länder.[711]

a) Hogwarts als privates Internat

Bei Hogwarts handelt es sich um ein Internat in einem – für Muggel unsichtbaren – Schloss in Schottland. Es wurde vor über tausend Jahren von Godric Gryffindor, Helga Hufflepuff, Rowena Ravenclaw und Salazar Slytherin gegründet. Jeder der Gründer hatte einen anderen erzieherischen Ansatz und so entstanden die *Hogwarts-Häuser*.[712] Alle Zauberer (auch diejenigen aus Muggelfamilien) erhalten in dem Jahr, in dem sie elf werden, ein Einladungsschreiben per Posteule.[713] Dabei haben sie die freie Wahl, ob sie die Einladung nach Hogwarts annehmen. Es ist in der Zaubererwelt durchaus üblich, die eigenen Kinder zu Hause zu unterrichten.[714]

Das Schuljahr beginnt jeweils am ersten September eines Jahres und die Einordnung der Schüler in die Häuser erfolgt am ersten Schultag durch einen magischen Gegenstand, den *Sprechenden Hut,* je nach ihren Charaktereigenschaften und Ambitionen: *„Vielleicht seid ihr Gryffindors, sagt euer alter Hut, denn dort regieren, wie man weiß, Tapferkeit und Mut. In Hufflepuff dagegen ist man gerecht und treu, man hilft dem andern, wo man kann, und hat vor Arbeit keine Scheu. Bist du geschwind im Denken, gelehrsam auch und weise, dann machst du dich nach Ravenclaw, so wett ich, auf die Reise. In Slytherin weiß man noch*

706 *Hepp,* Bildungspolitik in Deutschland, S. 36; *Thiel,* in: Sachs (Hrsg.): GG, Art. 7 Rn. 16–38; zur Kollision zwischen der Erziehungsaufgabe des Staates und dem Erziehungsrecht der Eltern aus Art. 6 II GG am Beispiel der Religionsfreiheit: *Heinze/Heinze*, in: JA 2017, S. 210 (210–225).

707 *Hepp,* Bildungspolitik in Deutschland, S. 37; *Boysen,* in: Münch/Kunig (Hrsg.): GG, Art. 7 Rn. 96–101; *Wolff,* in: Hömig/Wolf (Hrsg.): GG, Art. 7 Rn. 14–19.

708 *Uhle,* in: BeckOK GG, Art. 7 Rn. 72.

709 *Thiel,* in: Sachs (Hrsg.): GG, Art. 7 Rn. 11–15; zur Entwicklung der Schulpflicht: *Spiegler,* Home Education in Deutschland, S. 191 ff.

710 *Eschelbach,* in: BeckOK StGB, § 223 Rn. 41; zum „Klapps auf den Po": *Paeffgen/Böse*, in: Kindhäuser/Neumann/Paeffgen (Hrsg.): StGB, § 223 Rn. 29–33.

711 *Wolff,* in: Hömig/Wolff (Hrsg.): GG, Art. 7 Rn. 2–8.

712 *Rowling,* Harry Potter 2, Die Schrift an der Wand, S. 163 ff.

713 *Rowling,* Harry Potter 1, Der Hüter der Schlüssel, S. 55 ff.

714 *Rowling,* Harry Potter 7, Das Bestechungsgeschenk, S. 217.

List und Tücke zu verbinden, doch dafür wirst du hier noch echte Freunde finden."[715]

Die Schulzeit in Hogwarts beträgt sieben Jahre, also bis zur Volljährigkeit der Schüler. In den ersten fünf Klassen erarbeiten sich die Schüler ein bestimmtes allgemeines Niveau, die sog. ZAG *(Allgemeine **Z**auberer**g**rade).*[716] In den beiden Oberklassen haben die Schüler nur noch die Fächer, in denen sie bei den ZAG-Prüfungen gut abgeschlossen haben. In diesen Fächern können sie ihren sog. UTZ, den *„**U**nheimlich **t**ollen **Z**auberer-Grad"* erreichen. Die Abschlussprüfungen bestehen aus einem theoretischen und einem praktischen Teil am Ende des fünften und siebten Jahres.[717] Die Noten reichen von O *(Outstanding/Bestanden)* in einem sechsstufigen Notensystem bis T wie *Troll.*[718]

Obwohl es sich bei Hogwarts (zumindest anfangs) um eine private Institution handelt, werden die Abschlussprüfungen von Angestellten der *Zaubererprüfungsbehörde* des Ministeriums abgenommen.[719] Dies zeigt, dass der Betrieb der Schule und der Unterricht zwar in Harrys ersten Jahren relativ frei vom Einfluss des Ministeriums ist. Das Ministerium bestimmt jedoch die allgemeine Bildungspolitik und gibt vor, welche Ergebnisse in den jeweiligen Fächern erzielt werden müssen, um in der magischen Welt Karriere machen zu können. Die gewählten Fächer und erreichten Noten entscheiden darüber, welche Berufe einem später offenstehen. So erfährt Harry beispielsweise bei seiner Berufsberatung im fünften Schuljahr, welche Anforderungen an zukünftige Auroren gestellt werden.[720]

Erstklässler in Hogwarts haben verpflichtend sieben verschiedene Schulfächer: Verwandlung, Zauberkunst, Geschichte der Magie, Verteidigung gegen die Dunklen Künste, Astronomie, Kräuterkunde und Flugstunden. In ihrem dritten

---

715 *Rowling,* Harry Potter 1, Der sprechende Hut, S. 130. Kritisch zur Selektion in Häuser: *Payne,* in: Firestone/Clark (Hrsg.): Harry Potter and Convergence Culture, S. 77 (78 ff.); *Hobbs,* Harry Potter and the Myth of Millennials, S. 36 ff.; *Ayyıldız,* The Exercise of Biopower, S. 107 ff.

716 *Rowling,* Harry Potter 5, Professor Umbridge, S. 267, 274.

717 *Rowling,* Harry Potter 5, ZAGs, S. 832 f.

718 *Rowling,* Harry Potter 5, Die Großinquisitorin von Hogwarts, S. 366 ff.; dazu auch: *Babenhauserheide,* Harry Potter und die Widersprüche der Kulturindustrie, S. 373.

719 *Rowling,* Harry Potter 5, ZAGs, S. 831.

720 *„»Also, ich dachte, ich könnte mir vielleicht vorstellen, ein Auror zu werden«, murmelte Harry. »Dazu brauchen Sie erstklassige Noten«, sagte Professor McGonagall, holte ein kleines dunkles Merkblatt unter den Bergen auf ihrem Schreibtisch hervor und faltete es auf. »Man fordert, wie ich sehe, mindestens fünf UTZe und in keinem Fall eine Note unter Erwartungen übertreffend. Weiter würde man von Ihnen verlangen, dass Sie sich im Aurorenbüro einer Reihe von strengen Charakter- und Fähigkeitstests unterziehen. Das ist eine schwierige Berufslaufbahn, Potter, nur die Besten werden genommen. Ich glaube nicht, dass in den letzten drei Jahren überhaupt jemand aufgenommen wurde.«"* (*Rowling,* Harry Potter 5, Berufsberatung, S. 778 ff.). Karriereberatung: *Kerewsky/Geiken,* in: Mulholland (Hrsg.): The Psychology of Harry Potter, S. 45 (45–58).

Schuljahr müssen alle Schüler mindestens zwei weitere Fächer hinzuwählen: Arithmantik, Muggelkunde, Wahrsagen, Alte Runen oder Pflege Magischer Geschöpfe. Jedes der Fächer wird von einem anderen Professor unterrichtet.[721]

Die Schule wird in Harrys ersten Jahren streng als privates Internat betrieben. Albus Dumbledore fungiert dabei als Schulleiter.[722] Die Schüler dürfen ihre Eltern nur in den offiziellen Ferien besuchen.[723] Ihren Alltag verbringen sie im Internat. Dort schlafen sie nach Alter, Geschlecht und Hogwarts-Haus getrennt in gemeinsamen Schlafsälen.[724] Jedes Hogwarts-Haus hat einen Gemeinschaftsraum und einen Hauslehrer.[725] Während die einzelnen Lehrer ihren Unterricht jeweils selbstständig gestalten dürfen, übernimmt der Schulleiter die übergeordnete Organisation des Schulbetriebs. Der Schulleiter ist u. a. dafür zuständig, neue Lehrer auszuwählen und einzustellen. Dumbledore muss in seiner Amtszeit gleich mehrmals die Stelle des Lehrers für Verteidigung gegen die Dunklen Künste neu besetzen, weil der Posten verflucht ist und sich deswegen kein Lehrer länger als ein Schuljahr hält.[726]

Während viele Dumbledore als den *„großartigsten Schulleiter, den Hogwarts je hatte"*[727] bezeichnen, üben einige alteingesessene Zaubererfamilien starke Kritik an ihm. So auch die Malfoys, die sich als *Reinblüter* verstehen und die Unterrichtung muggelstämmiger Schüler ablehnen: *„»Ich vermute, Dumbledore will alles vertuschen. Er wird entlassen, wenn der Spuk nicht bald aufhört. Vater hat schon immer gesagt, dass Dumbledore das Schlimmste ist, was dieser Schule passieren konnte. Er mag Muggelstämmige. Ein anständiger Schulleiter hätte nie solchen Schleim wie Creevey [Anm. muggelstämmiger Schüler] zugelassen.«"*[728]

In Band zwei provoziert Lucius Malfoy deswegen sogar Angriffe auf muggelstämmige Schüler. Er gibt Ginny Weasley absichtlich das Tagebuch von Tom Riddle, damit dieser sie dazu bringt, die *Kammer des Schreckens* wieder zu öffnen.[729] Die Kammer wurde ursprünglich von Salazar Slytherin gebaut und mit einem Basilisken besetzt. Slytherin war damals – so wie die Malfoys heute – der Meinung, dass in Hogwarts nur reinblütige Schüler unterrichtet werden sollen

721 https://www.wizardingworld.com/writing-by-jk-rowling/hogwarts-school-subjects (abgerufen am: 23.01.2023).
722 *Rowling,* Harry Potter 1, Der Hüter der Schlüssel, S. 59.
723 *Rowling,* Harry Potter 1, Der Spiegel Nerhegeb, S. 213; Nicolas Flamel S. 235; Harry Potter 3, Der fahrende Ritter, S. 52.
724 *Rowling,* Harry Potter 1, Der sprechende Hut, S. 127.
725 *Rowling,* Harry Potter 1, Der Meister der Zaubertränke, S. 149.
726 *Rowling*, Harry Potter 6, Snape triumphiert, S. 169.
727 *Rowling,* Harry Potter 2, Dobbys Warnung, S. 22; ähnlich: *Rowling,* Harry Potter 1, Der Hüter der Schlüssel, S. 67.
728 *Rowling*, Harry Potter 2, Der Vielsaft-Trank, S. 240.
729 *Rowling*, Harry Potter 2, Dobbys Belohnung, S. 359.

und strebte deswegen die Tötung muggelstämmigen Schüler durch den Basilisken an.[730]

Mr Malfoy benutzt die von ihm provozierten Angriffe, um die Schulräte davon zu überzeugen, dass Dumbledore kein fähiger Schulleiter sei: *„»Schreckliche Angelegenheit, Dumbledore«, sagte Malfoy lässig und zog eine lange Pergamentrolle hervor. »Aber die Schulräte sind der Auffassung, es sei an der Zeit, dass Sie einem andern Platz machen. Laut dieser Anordnung hier werden Sie vorläufig beurlaubt – Sie finden alle zwölf Unterschriften unter diesem Dokument. Ich fürchte, wir sind der Meinung, dass Sie die Sache nicht mehr im Griff haben. Wie viele Angriffe gab es bisher? Zwei neue heute Nachmittag, nicht wahr? Wenn es so weitergeht, gibt es bald keine Muggelstämmigen mehr in Hogwarts, und wir alle wissen, welch schlimmer Verlust das für die Schule wäre.«"*[731]

Diese Passage zeigt, dass die Stellung als Schulleiter nicht an die Nachfahren der ursprünglichen Gründer vererbt wird. Die Ernennung erfolgt auch nicht durch die Lehrerschaft oder das Zaubereiministerium, sondern vielmehr durch den *Schulrat*. Dieses zwölfköpfige Gremium besteht u. a. aus Eltern der Schüler und entlässt (bzw. beurlaubt) und ernennt den Schulleiter: *„»Die Ernennung – oder Entlassung – eines Schulleiters ist Aufgabe der Schulräte, Fudge«, sagte Mr Malfoy beiläufig. »Und da es Dumbledore nicht gelungen ist, diese Angriffe zu stoppen –« »Hören Sie mal, Malfoy, wenn Dumbledore nichts dagegen ausrichten kann –«, sagte Fudge mit schweißnasser Oberlippe, »– wer soll es dann schaffen?« »Das werden wir sehen«, sagte Mr Malfoy gehässig. »Doch da wir alle zwölf abgestimmt haben –« Hagrid sprang auf und sein zottiger schwarzer Kopf streifte die Decke. »Und wie viele mussten Sie bedrohen und erpressen, bevor sie zugestimmt haben, Malfoy, eh?«, polterte er los."*[732]

Dabei muss die Entscheidung nicht einstimmig ausfallen, wie die Reinstallation von Dumbledore als Schulleiter am Ende von Band zwei mit elf zu zwölf Stimmen zeigt: *„»Sehen Sie, Lucius«, sagte Dumbledore feierlich lächelnd, »die anderen elf Schulräte haben mir heute Botschaften geschickt. Kam mir vor, als wäre ich in einen Hagelsturm aus Eulen geraten, um ehrlich zu sein. Sie hatten gehört, dass Arthur Weasleys Tochter getötet worden war, und wollten, dass ich sofort zurückkomme. Sie schienen nun doch zu glauben, ich sei der beste Mann für diese Aufgabe. Außerdem haben sie mir sehr merkwürdige Geschichten erzählt ... etliche von ihnen glaubten offenbar, Sie hätten gedroht, ihre Familien zu verfluchen, falls sie mich nicht beurlauben wollten.«"*[733]

---

730 *Rowling*, Harry Potter 2, Die Schrift an der Wand, S. 164 f.; dazu auch: *Wente*, in: Farr (Hrsg.): A Wizard of Their Age, S. 89 (107 f.).

731 *Rowling*, Harry Potter 2, Cornelius Fudge, S. 282.

732 *Rowling*, Harry Potter 2, Cornelius Fudge, S. 282. Dazu bemerkt Schwabach zutreffend: *„Apparently wizarding law provides more protection for Dumbledore's job than for Hagrid's freedom."* (*Schwabach*, in: Roger Williams, U. L. Rev. 11/2006, S. 309 (344)).

733 *Rowling*, Harry Potter 2, Dobbys Belohnung, S. 357.

Insgesamt kann festgehalten werden, dass Hogwarts ursprünglich als privates Internat gegründet wurde. Unter Dumbledore wird die Schule in Harrys ersten vier Schuljahren auch in diesem Sinne weitergeführt. Dabei wird der Schulleiter von einem Schulrat gewählt und ernannt. Vom Zaubereiministerium ist Hogwarts bis auf das Ablegen der ZAG- und UTZ-Prüfungen unabhängig.

b) Hogwarts unter Umbridge

In Harrys fünften Schuljahr ändert sich in Hogwarts mit der Ankunft von Dolores Umbridge viel. Umbridge ist langjährige Angestellte[734] des Zaubereiministeriums. Sie bekleidete die Funktion der *Ersten Untersekretärin des Ministers* und fällt Harry während seiner disziplinarischen Anhörung negativ auf, weil sie auf seine Verurteilung pocht.[735] Am Anfang des Schuljahres wird sie neue Lehrerin für das Fach *Verteidigung gegen die Dunklen Künste*.[736]

Diesen Posten erhielt sie nur, weil Dumbledore selbst keinen geeigneten Lehrer finden konnte und sich das Zaubereiministerium neuerdings Mitspracherechte bei der Auswahl der Lehrerposten einräumt. Fudge hatte nach den Vorfällen in Band vier mehrere *„Ausbildungserlasse"* verabschiedet, die dem Zaubereiministerium weitreichende Macht über Hogwarts einräumen. Am 30. August 1995 wurde der *„Ausbildungserlass Nummer zweiundzwanzig"* verabschiedet, *„der für den Fall, dass der gegenwärtige Schulleiter nicht in der Lage ist, einen Kandidaten für eine Lehrerstelle vorzuweisen, gewährleistet, dass das Ministerium eine geeignete Person auswählen kann."*.[737]

Die Ausbildungserlasse des Ministeriums sind der erste Schritt in einer Reihe weiterer Maßnahmen, um Dumbledore als Schulleiter von Hogwarts zu entmachten und die Lehre junger Zauberer unter die Kontrolle des Ministeriums zu stellen.[738] In ihrer Antrittsrede gibt sich Umbridge zwar betont freundlich; gleichzeitig macht sie aber deutlich, dass sie in Hogwarts einiges ändern will.

„»Das Zaubereiministerium hat der Ausbildung junger Hexen und Zauberer immer die größte Bedeutung beigemessen. Die seltenen Gaben, die Sie von Geburt an besitzen, könnten verkümmern, wenn wir sie nicht durch sorgfältige Anleitung fördern und hegen würden.« […] »Jeder Schulleiter, jede Schulleiterin von Hogwarts hat etwas Neues zu der schweren Aufgabe beigetragen, diese geschichtsträchtige Schule zu führen, und das ist auch gut so, denn ohne Fortschritt treten Stillstand und Verfall ein. Und doch muss dem Fortschritt um des Fortschritts willen eine Absage erteilt werden, denn häufig bedürfen unsere erprobten und bewährten Traditionen nicht des Herumstümperns.« […] »Gehen

734 https://www.wizardingworld.com/writing-by-jk-rowling/dolores-umbridge (abgerufen am: 23.01.2023).

735 *Rowling,* Harry Potter 5, Die Anhörung, S. 167; dazu: *Fenske,* Muggles, Monsters and Magicians, S. 260 f.

736 *Rowling,* Harry Potter 5, Das neue Lied des Sprechenden Hutes, S. 249.

737 *Rowling,* Harry Potter 5, Die Großinquisitorin von Hogwarts, S. 362.

738 *Rowling,* Harry Potter 5, Percy und Tatze, S. 350 f.

wir also voran in eine neue Ära der Offenheit, der Effizienz und der Verantwortlichkeit, bestrebt, das zu bewahren, was bewahrenswert ist, zu vervollkommnen, was vervollkommnet werden muss, und zu säubern, wo wir Verhaltensweisen finden, die verboten gehören.« “[739]

Bereits diese Rede zeigt, dass Umbridge mit Dumbledore nicht einverstanden ist und die Kontrolle des Ministeriums über Hogwarts ausbauen will. Hermine fasst dies treffend zusammen: „*»Ich will dir erklären, was das heißt«, sagte Hermine unheilvoll. »Das heißt, das Ministerium mischt sich in Hogwarts ein.«* “[740]

Der Unterricht von Professor Umbridge ist ein kompletter Reinfall. Zauberstäbe dürfen im Unterricht nicht verwendet werden, sodass keine praktische Übung von Zaubersprüchen stattfindet. Umbridge fordert von den Schülern stattdessen ein hohes Maß an Respekt und Disziplin.[741] Ihr Unterricht im Fach Verteidigung gegen die Dunklen Künste besteht nur aus der theoretischen Lektüre eines vom Ministerium bereitgestellten Schulbuches.[742]

Umbridge vertritt dabei die Meinung, dass die Schüler bisher in Hogwarts nicht ordentlich unterrichtet worden seien und es deswegen dringend nötig sei, dass das Ministerium eine einheitliche Linie einführt: „*»Der ständige Wechsel der Lehrer, von denen einige offenbar keinem vom Ministerium anerkannten Lehrplan gefolgt sind, hat leider dazu geführt, dass Sie weit unter dem Niveau sind, das wir in Ihrem ZAG-Jahr erwarten würden. Sie werden sich jedoch freuen zu erfahren, dass diese Probleme nun behoben werden sollen. Wir werden in diesem Jahr einen sorgfältig strukturierten, theoriezentrierten, vom Ministerium anerkannten Kurs durchführen.«* “[743]

Als Hermine Umbridge auf das Fehlen jeder praktischen Übung anspricht, reagiert diese gespielt verständnislos und beharrt auf dem Standpunkt, dass die Schüler keine praktische Übung bräuchten, weil sie im Unterricht selbstverständlich nicht angegriffen werden würden: „*»Defensive Zauber einsetzt?«, wiederholte Professor Umbridge mit einem kurzen Lachen. »Nun aber, ich kann mir nicht vorstellen, dass in meinem Klassenzimmer eine Situation eintreten könnte, die es erforderte, dass Sie einen defensiven Zauber einsetzen, Miss Granger. Sie erwarten doch nicht ernsthaft, im Unterricht angegriffen zu werden?«* “[744]

---

739 *Rowling,* Harry Potter 5, Das neue Lied des Sprechenden Hutes, S. 250 ff.; zu Umbridges Rede: *Babenhauserheide,* Harry Potter und die Widersprüche der Kulturindustrie, S. 421.

740 *Rowling,* Harry Potter 5, Das neue Lied des Sprechenden Hutes, S. 253.

741 *Rowling,* Harry Potter 5, Professor Umbridge, S. 282. Mit Umbridge als „Law Enforcement Officer“ und „Educator“ beschäftigt sich aus US-Perspektive: *Collinsworth,* in: Bell (Hrsg.): From Here to Hogwarts, S. 7 (18–22).

742 *Rowling,* Harry Potter 5, Professor Umbridge, S. 283 f.; dazu: *Wente,* in: Farr (Hrsg.): A Wizard of Their Age, S. 89 (108).

743 *Rowling,* Harry Potter 5, Professor Umbridge, S. 283.

744 *Rowling,* Harry Potter 5, Professor Umbridge, S. 286.

Auf Hermines Beharren, dass Verteidigungszauber in anderen Situationen – außerhalb der Schule – gebraucht werden könnten, reagiert Umbridge erneut mit Unverständnis und verweist lapidar darauf, dass der Unterricht von geschulten Ausbildungsexperten des Zaubereiministeriums konzipiert worden sei.[745] Seinen nächsten Höhepunkt erreicht der Konflikt mit Umbridge in dem Moment, in dem Harry die (vom Zaubereiministerium bestrittene) Rückkehr Lord Voldemorts und die daraus resultierenden Gefahren für die Zaubererwelt anspricht: *„»Wir sind hier in der Schule, Mr Potter, nicht in der wirklichen Welt«, sagte sie sanft. »Demnach sollen wir gar nicht darauf vorbereitet sein, was uns dort draußen erwartet?« »Dort draußen erwartet Sie nichts, Mr Potter.« »Ah ja?«, sagte Harry. Seine Wut, offenbar den ganzen Tag lang kurz vor dem Kochen, erreichte nun den Siedepunkt. »Wer, glauben Sie denn, will Kinder wie Sie angreifen?«, fragte Professor Umbridge mit honigsüßer Stimme. »Hm, überlegen wir mal ...«, sagte Harry in gespielt nachdenklichem Ton. »Vielleicht ... Lord Voldemort?«“*[746]

Während Harry darauf hinweist, dass er mit eigenen Augen gesehen habe, wie Cedric Diggory am Ende des vierten Schuljahres ermordet worden sei, stellt sich Umbridge auf den Standpunkt des Zaubereiministeriums, dass Harry ein Lügner sei. Da Voldemort nicht zurückgekehrt sei, gäbe es auch nichts, dass die Schüler zu befürchten hätten.[747] Im Folgenden bestraft Umbridge jeden, der die Rückkehr Lord Voldemorts erwähnt hart und mit allen ihr zur Verfügung stehenden Mitteln. Dazu gehören nicht nur Verwarnungen und der Abzug von Hauspunkten[748], sondern auch stundenlanges abendliches Nachsitzen in ihrem Büro.

---

745 *„»Sind Sie eine vom Ministerium geschulte Ausbildungsexpertin, Miss Granger?«, fragte Professor Umbridge mit ihrer aufgesetzt liebenswürdigen Stimme. »Nein, aber ...« »Nun, dann fürchte ich, Sie sind nicht qualifiziert zu entscheiden, was der ›springende Punkt‹ eines Unterrichts ist. Zauberer, die viel älter und klüger sind als Sie, haben unser neues Studienprogramm ausgearbeitet. Sie werden auf sichere, risikofreie Weise etwas über defensive Zauber lernen ...«“* (*Rowling,* Harry Potter 5, Professor Umbridge, S. 286).

746 *Rowling,* Harry Potter 5, Professor Umbridge, S. 288.

747 *„»Mr-Potter-Sie-haben-Ihrem-Haus-schon-zehn-Punkte-Abzug-eingebracht-nun-machen-Sie-die-Sache-für-sich-nicht-noch-schlimmer«, sagte Professor Umbridge ohne Luft zu holen und ohne ihn anzusehen. »Wie ich eben sagte, man hat Ihnen mitgeteilt, dass ein gewisser schwarzer Magier erneut sein Unwesen treibe. Das ist eine Lüge.« »Das ist KEINE Lüge!«, entgegnete Harry. »Ich hab ihn gesehen, ich hab mit ihm gekämpft!« »Nachsitzen, Mr Potter!«, sagte Professor Umbridge triumphierend. »Morgen Nachmittag. Fünf Uhr. In meinem Büro. Ich wiederhole, das ist eine Lüge. Das Zaubereiministerium versichert Ihnen, dass Sie nicht durch irgendeinen schwarzen Magier gefährdet sind. Wenn Sie sich dennoch Sorgen machen, dann kommen Sie unbedingt außerhalb der Unterrichtszeit zu mir. Wenn jemand Sie mit Flunkereien über wiedergeborene schwarze Magier in Unruhe versetzt, möchte ich davon hören. Ich bin hier, um zu helfen. Ich will nur Ihr Bestes. Und würden Sie nun bitte mit Ihrer Lektüre fortfahren. Seite fünf, ›Allgemeinheiten für Anfängen.«“* (*Rowling*, Harry Potter 5, Professor Umbridge, S. 289).

748 *Rowling,* Harry Potter 5, Professor Umbridge, S. 289.

Während die anderen Lehrer davon ausgehen, die Schüler müssten dabei „normale“ Strafarbeiten schreiben[749], realisiert Harry bei seiner ersten Strafarbeit, dass er den Satz *„Ich soll keine Lügen erzählen“* mit einer magisch manipulierten Schreibfeder schreiben muss, die sein eigenes Blut als Tinte verwendet.[750] Das häufige Nachsitzen führt letztendlich dazu, dass Harry den Schriftzug als eine dauerhafte Narbe an der Hand davonträgt.[751]

Im Verlauf des fünften Bandes folgt *„Ausbildungserlass Nummer dreiundzwanzig“*, der Umbridge zur *Großinquisitorin* von Hogwarts macht. Er verleiht ihr u.a. die Befugnis, die Arbeit ihrer Lehrerkollegen zu inspizieren: *„›Dies ist ein spannender neuer Abschnitt im Plan des Ministers, sich dem entgegenzustemmen, was manche als sinkendes Niveau in Hogwarts bezeichnen‹, so [Anm. Percy] Weasley. ›Die Inquisitorin wird die Befugnis haben, den Unterricht ihrer Kollegen zu inspizieren und sicherzustellen, dass er den Erwartungen entspricht. [...].“*[752]

Fällt die Inspizierung eines Lehrers negativ aus, ist Umbridge befugt, diesen zu entlassen.[753] Damit wird ihr im Endeffekt die komplette Entscheidungsbefugnis über die Zusammensetzung des Lehrerpersonals übertragen. So entlässt Umbridge die Lehrerin für Wahrsagen, Prof. Trelawney, weil sie diese für eine Scharlatanin hält.[754] Dumbledore schafft es, den Zentaur Firenze als Lehrer für das Fach Wahrsagen zu gewinnen, sodass das Zaubereiministerium keinen neuen Lehrer ernennen kann. Über den nichtmenschlichen Lehrer ist Umbridge entsetzt.[755]

Umbridges anhaltender Rassismus zeigt sich auch, als sie den Halbriesen Hagrid, der das Fach *Pflege magischer Geschöpfe* unterrichtet, wie einen geistig behinderten (Halb-)Menschen behandelt und so tut, als sei Hagrid nicht in der Lage, sich zu verständigen. Gleichzeitig schafft sie die Illusion, Hagrid sei gewalttätig und die Schüler hätten Angst vor ihm: *„»Muss ... auf ... primitive ...*

---

749 *Rowling,* Harry Potter 5, Strafarbeit bei Dolores, S. 322.

750 *„»Oh, Sie werden keine Tinte brauchen«, sagte Professor Umbridge mit dem leisen Anflug eines Lachens in der Stimme. Harry setzte die Federspitze auf das Papier und schrieb: Ich soll keine Lügen erzählen. Er keuchte auf vor Schmerz. Die Wörter waren auf dem Pergament erschienen, offenbar mit leuchtend roter Tinte geschrieben. Zugleich waren die Wörter auf dem Rücken von Harrys rechter Hand aufgetaucht, in seine Haut geschnitten, als hätte ein Skalpell sie dort eingeritzt. Noch während er auf die schimmernde Schnittwunde starrte, verheilte die Haut, und die Stelle mit der Schrift war nun leicht gerötet, aber wieder vollkommen glatt.“* (*Rowling*, Harry Potter 5, Strafarbeit bei Dolores, S. 315.)

751 *Rowling,* Harry Potter 5, Strafarbeit bei Dolores, S. 319; *Fenske* spricht richtigerweise von Folter (*Fenske,* Muggles, Monsters and Magicians, S. 262, 264). Später droht Umbridge Harry auch noch den Cruciatus-Fluch an (*Wente,* in: Farr (Hrsg.): A Wizard of Their Age, S. 89 (110)).

752 *Rowling,* Harry Potter 5, Großinquisitorin von Hogwarts, S. 362.

753 *Rowling,* Harry Potter 5, Gesehen – unvorhergesehen, S. 700.

754 *Rowling,* Harry Potter 5, Gesehen – unvorhergesehen, S. 700.

755 *Rowling,* Harry Potter 5, Gesehen – unvorhergesehen, S. 702.

Zeichen ... sprache ... zurückgreifen. Hat ... offenbar ... schlechtes ... Kurzzeit ... gedächtnis«, murmelte Umbridge, so laut, dass alle es hören konnten. [...] »Zeigt ... unverkennbare ... Anzeichen ... von ... Vergnügen ... bei ... Gewalt ... Vorstellungen«, murmelte Umbridge und kritzelte erneut auf ihr Klemmbrett. [...]»Schüler ... sind ... zu ... eingeschüchtert ... um ... offen ... zuzugeben ... dass ... sie ... Angst ... haben«, murmelte Umbridge und machte sich erneut eine Notiz auf dem Klemmbrett. "[756]

Auch Hermine ist sich sicher, dass Umbridge ein Problem mit sog. *Halbblütern* hat und der Blut-Ideologie Lord Voldemorts folgt: *„»Euch ist klar, was sie vorhat? Das ist schon wieder ihr Ding mit den Halbblütern – sie versucht aus Hagrid einen tumben Troll zu machen, nur weil er eine Riesin zur Mutter hatte – [...]«* "[757]

Im Ergebnis fällt auf, dass Umbridge vor allem die Lehrer kritisch inspiziert, die Dumbledore seit Jahren treu sind. Snape, dem nachgesagt wird, dass er sich für die dunklen Künste interessiert, behelligt sie hingegen kaum. *„Ausbildungserlass Nummer fünfundzwanzig"* sieht vor, dass die Großinquisitorin die Befugnis hat, die von den Lehrern verhängten Strafen nach ihrem Belieben anzupassen: *„die Großinquisitorin wird fürderhin die höchste Autorität innehaben bei allen gegen Hogwarts-Schüler ausgesprochenen Strafen und Sanktionen sowie bei der Streichung ihrer Sonderrechte, weiterhin die Befugnis, jedwede von anderen Mitgliedern des Lehrkörpers verhängte Strafe, Sanktion und Sonderrechtsstreichung zu korrigieren.* "[758]

Grund dieses Ausbildungserlasses ist, dass Umbridge selbst sehr harte Strafen verhängt, die anderen Lehrer sich dem jedoch nicht anpassen.[759] Eine Rangelei beim Quidditch-Spiel der Slytherins gegen die Gryffindors nimmt Umbridge zum Anlass, Harry und den Weasley-Zwillingen ein lebenslanges Quidditch-Verbot aufzubrummen.[760] Dieses ist nicht nur völlig ungerechtfertigt, sondern wirkt als Strafe in zeitlicher Hinsicht sogar noch nach Abschluss der Schule fort und betrifft in sachlicher Hinsicht nicht nur eine schulische Angelegenheit, sondern wirkt auf das gesamte restliche Leben der Betroffenen ein. Umbridges Ziel ist, dass die Gryffindors den Quidditch-Pokal verlieren, um Harry und die Weasleys bei ihrem eigenen Haus unbeliebt zu machen. Diese Kollektivstrafe soll dazu führen, dass sie sich in Zukunft normkonform verhalten. Umgekehrt belohnt sie die Slytherin-Spieler und ihr Haus, von denen sie weiß, dass sie auf der Seite des Ministeriums stehen. Auch hier zeigt sich, wie gezielt Umbridge verschiedene Formen der Strafe einsetzt, um ihre Macht auszubauen und Kritiker mundtot zu machen.

---

756 *Rowling,* Harry Potter 5, Das Auge der Schlange, S. 525 ff.
757 *Rowling,* Harry Potter 5, Das Auge der Schlange, S. 528.
758 *Rowling,* Harry Potter 5, Der Löwe und die Schlange, S. 488.
759 *Rowling,* Harry Potter 5, Die Großinquisitorin von Hogwarts, S. 378.
760 *Rowling,* Harry Potter 5, Der Löwe und die Schlange, S. 488 f.

Ihren Höhepunkt erreicht die Kontrolle der Lehrer und Schüler mit dem *„Ausbildungserlass Nummer sechsundzwanzig"*. Dieser sieht vor, dass sich die Lehrer mit den Schülern nur noch über Ausbildungsinhalte unterhalten dürfen: *„Hiermit wird es den Lehrern verboten, den Schülern irgendwelche Informationen zu geben, die nicht eindeutig mit den Fächern zu tun haben, für deren Lehre sie bezahlt werden."*[761] Dieser Ausbildungserlass ist eine direkte Reaktion auf einen Artikel im Tagespropheten, der über einen Massenausbruch in Askaban berichtet.[762] So langsam dämmert der Zauberergesellschaft, dass Lord Voldemort dahintersteckt. Umbridge will mit Ausbildungserlass Nummer sechsundzwanzig jegliche Diskussion zu diesem Thema unterbinden. Letztendlich verpasst sie den Lehrern von Hogwarts damit einen Maulkorb und verbietet jeglichen Austausch mit Schülern außerhalb des Unterrichtsinhalts. Auch Harry ist inzwischen klar, dass es Umbridge und dem Ministerium um nichts geringeres als die komplette Kontrolle geht: *„Harry hatte geglaubt, der Massenausbruch aus Askaban hätte Umbridge vielleicht einen kleinen Dämpfer versetzt, die Katastrophe, die direkt vor der Nase ihres verehrten Fudge geschehen war, hätte sie vielleicht ein wenig in Verlegenheit gebracht. Wie es schien, hatte dieser Zwischenfall sie jedoch nur in ihrem vehementen Eifer bestärkt, alle Lebensäußerungen in Hogwarts unter ihre persönliche Kontrolle zu bringen."*[763]

Harry und seine Freunde gründen im Verlauf des Schuljahres den Geheimclub *Dumbledores Armee (DA)*[764], um sich selbst Verteidigungszauberer beizubringen und so für die Rückkehr Lord Voldemorts gewappnet zu sein. Nachdem Umbridge diesbezüglich Verdacht schöpft, kommt es zu *„Ausbildungserlass Nummer vierundzwanzig"*. Dieser verbietet jegliche Art von Versammlung unter Schülern.[765] Der Erlass kommt einem Versammlungsverbot gleich. Jegliche Zusammenkunft von mehreren Schülern wird damit unterbunden, damit diese sich nicht gegen Umbridge und das Ministerium verbünden können. Als Strafe droht Umbridge den Schülern das Schlimmste an, was einem jungen Zauberer passieren kann: der Verweis von der Schule. Dieser führt dazu, dass der Betroffene

---

761 *Rowling,* Harry Potter 5, Der Käfer in der Klemme, S. 647.

762 *Rowling,* Harry Potter 5, Der Käfer in der Klemme, S. 639.

763 *Rowling,* Harry Potter 5, Der Käfer in der Klemme, S. 647.

764 *Rowling,* Harry Potter 5, Dumbledores Armee, S. 460.

765 *„Alle Schülerorganisationen, Gesellschaften, Mannschaften, Gruppen und Klubs sind mit sofortiger Wirkung aufgelöst. Eine Organisation, Gesellschaft, Mannschaft, Gruppe oder ein Klub wird hiermit definiert als regelmäßige Zusammenkunft von drei oder mehr Schülern und Schülerinnen. Die Genehmigung für eine Neugründung kann bei der Großinquisitorin eingeholt werden (Professor Umbridge). Allen Schülerorganisationen, Gesellschaften, Mannschaften, Gruppen oder Klubs ist es verboten, ohne Wissen und Genehmigung der Großinquisitorin tätig zu sein. Sämtliche Schüler und Schülerinnen, von denen festgestellt wird, dass sie eine von der Großinquisitorin nicht genehmigte Organisation, Gesellschaft, Mannschaft, Gruppe oder einen Klub gegründet haben oder einer solchen Vereinigung angehören, werden der Schule verwiesen."* (*Rowling,* Harry Potter 5, Ausbildungserlass Nummer vierundzwanzig, S. 413 ff.).

keinen Abschluss erlangt und demnach später keinem qualifizierten Beruf in der Zaubererwelt nachgehen kann.

Zaubereiminister Fudge hat derweil immer noch Angst, dass Dumbledore seine Autorität untergraben könnte: *„»Wir glauben, der Grund, warum Umbridge nicht will, dass wir in Verteidigung gegen die dunklen Künste ausgebildet werden«, erklärte Hermine, »ist der, dass sie irgendeine ... irgendeine Wahnidee hat, dass Dumbledore seine Schüler zu einer Art Privatarmee aufstellen könnte. Sie denkt, er würde uns gegen das Ministerium ins Feld führen.«“*[766]

Letztendlich ernennt Umbridge mehrere treue Slytherin-Schüler zu ihrem privaten *Inquisitionskommando*, um ihre Kontrollen in Hogwarts auszuweiten (Fenske: *„students' police“*[767]). Diese gehen u. a. gezielt gegen Harrys Freunde und gegen muggelstämmige Schüler vor.[768] Nachdem Dumbledores Armee vom Inquisitionskommando entdeckt wird[769], nimmt Dumbledore die komplette Schuld auf sich und flüchtet. Dumbledores Armee wurde dabei von Cho Changs Freundin Marietta verraten, deren Mutter im Ministerium angestellt ist und um ihren Job fürchten muss, falls ihre Tochter nicht mit Umbridge kooperiert.[770] Im darauffolgenden *„Ausbildungserlass Nummer achtundzwanzig“*[771] wird Umbridge vom Zaubereiministerium zur Schulleiterin von Hogwarts ernannt.

Gleichzeitig beginnt Umbridge auch heimlich damit, die Kommunikationsmittel in und um Hogwarts zu überwachen. Dazu gehört auch das Verbot des Klitterers durch *„Ausbildungserlass Nummer siebenundzwanzig“*[772], nachdem Harry diesem ein Interview über die Rückkehr Lord Voldemorts gegeben hat (siehe S. 129 f.). Außerdem lässt Umbridge alle Eulen und damit alle Briefe kontrollieren, welche die Hogwarts-Schüler erhalten oder verschicken.[773] Neben der Post lässt das Ministerium auch alle Geheimgänge sowie die Kamine von Hogwarts kontrollieren, damit niemand mit Hilfe von Flohpulver reisen kann: *„»Nun gut, Potter, für diesmal will ich Ihnen glauben, aber seien Sie gewarnt: Die Macht*

---

766 *Rowling*, Harry Potter 5, Im Eberkopf, S. 406.

767 *Fenske*, Muggles, Monsters and Magicians, S. 264.

768 *„»Des Inquisitionskommandos, Granger«, sagte Malfoy und deutete auf ein kleines silbernes »I« auf seinem Umhang gleich unter seinem Vertrauensschülerabzeichen. »Eine ausgewählte Gruppe von Schülern, die das Zaubereiministerium unterstützen, handverlesen von Professor Umbridge. Jedenfalls haben Mitglieder des Inquisitionskommandos die Befugnis, Punkte abzuziehen ... also, Granger, das macht fünf Punkte Abzug für dich, weil du dich frech über unsere neue Schulleiterin ausgelassen hast. Macmillan, fünf weg, weil du mir widersprochen hast. Fünf, weil ich dich nicht leiden kann, Potter. Weasley, dein Hemd hängt raus, also noch mal fünf dafür. Ach ja, hab ich ganz vergessen, du bist ja 'ne Schlammblüterin, Granger, zehn Abzug dafür.«“* (*Rowling*, Harry Potter 5, Snapes schlimmste Erinnerung, S. 735).

769 *Rowling*, Harry Potter 5, Der Zentaur und die Petze, S. 714 ff.

770 *Rowling*, Harry Potter 5, Der Zentaur und die Petze, S. 719 ff.

771 *Rowling*, Harry Potter 5, Snapes schlimmste Erinnerung, S. 733.

772 *Rowling*, Harry Potter 5, Gesehen – unvorhergesehen, S. 683.

773 *Rowling*, Harry Potter 5, Ausbildungserlass Nummer vierundzwanzig, S. 422.

des Ministeriums steht hinter mir. Alle Nachrichtenverbindungen von und zu dieser Schule werden überwacht. Ein Flohnetzwerkaufseher kontrolliert jeden Kamin in Hogwarts – außer meinem eigenen natürlich. Mein Inquisitionskommando öffnet und liest alle Eulenpost, die ins Schloss kommt und es verlässt. Und Mr Filch beobachtet alle Geheimgänge vom und zum Schloss. Wenn ich auch nur die Spur eines Beweises finde …« “[774]

Diese Zusammenstellung zeigt, wie es Umbridge und dem Ministerium gelingt, die Kontrolle über Hogwarts und damit die Kontrolle über die Ausbildung junger Zauberer zu erlangen. Bise kommt zum Ergebnis, Umbridge „*prevents Hogwarts students from obtaining the knowledge and skills they need to help defeat Voldemort.*“[775] Dabei ähneln die Ausbildungserlasse jeweils erschreckend bestimmten Begebenheiten im NS-Staat. Auch Nelson zieht diese Parallele und nennt im Kontext der Ausbildungserlasse als Eigenschaft totalitärer Staaten: „*control, by regulationg and monitoring a sphere of behavior completely*“[776].

Dass das Zaubereiministerium bestimmt, welche Lehrer als geeignet eingestellt werden und Umbridge ihre Lehrerkollegen überwachen und gegebenenfalls feuern darf (Erlass Nr. 22 und Erlass Nr. 23), ähnelt der Personalpolitik (insbesondere dem „*Gesetz zur Wiederherstellung des Berufsbeamtentums*“ und den „*Nürnberger Gesetzen*“) unter den Nationalsozialisten (siehe S. 413). Das Verbot von (politischen) Versammlungen/Clubs in Hogwarts (Erlass Nr. 24) weist Parallelen zum Verbot politischer Parteien sowie der Abschaffung von (z. B. kommunistischer) Jugendorganisationen ab 1933 auf (siehe S. 154).

Die Einführung härterer Strafen durch Umbridge (Erlass Nr. 25) ähnelt der Tendenz hin zu einer an Zucht und Ordnung ausgerichteten Bildungspolitik im Dritten Reich (siehe S. 154). Die Verpflichtung der Hogwarts-Lehrer, mit ihren Schülern nur noch über Ausbildungsinhalte zu sprechen (Erlass Nr. 26) erinnert einerseits an die Auswahl regimetreuer Lehrer, aber auch an das streng nationalsozialistisch geprägte Curriculum, das ab 1933 in den Schulen unterrichtet wurde (siehe S. 154). Wente schreibt dazu: „*These limitations are highly reminiscent of those placed upon schools by the Nazis. By controlling subject matter, they sought to control the minds of the young, something Umbridge attempts as well.*“[777]

Das Verbot des Klitterers (Erlass Nr. 27) ist mit dem Verbot bestimmter Presseerzeugnisse im Dritten Reich gleichzusetzen (siehe S. 131 ff.). Und schließlich schafft sich Umbridge mit ihrem treuen Inquisitionskommando eine Art eigene

---

774 *Rowling,* Harry Potter 5, Snapes schlimmste Erinnerung, S. 741. Das bemerkt auch: *Nelson,* Defenses Against the Dark Arts, S. 200.

775 *Bise,* in: Rovan/Wehler (Hrsg.): Lessons from Hogwarts, S. 11 (14).

776 *Nelson,* Defenses Against the Dark Arts, S. 200.

777 *Wente,* in: Farr (Hrsg.): A Wizard of Their Age, S. 89 (105, 109).

Hitler-Jugend.[778] Damit ebnet Umbridge Lord Voldemort den Weg, um Hogwarts zu übernehmen und dort seine „Rassenideologie“ durchzusetzen.[779]

c) Hogwarts unter Lord Voldemort

In Band sieben übernimmt Lord Voldemort nicht nur die Herrschaft über das Zaubereiministerium[780], sondern bringt auch die Hogwarts-Schule für Hexerei und Zauberei unter seine Kontrolle.[781] Dabei baut er auf den Vorgängen in Band fünf und sechs auf. Es kommt ihm sehr zu Gute, dass Dumbledore zunächst entmachtet und am Ende von Band sechs getötet wird.[782] So steht ihm der ehemalige Schulleiter bei der Übernahme von Hogwarts nicht im Weg. Außerdem kann Lord Voldemort nahtlos an die Errungenschaften von Umbridge in Band fünf anknüpfen. Dank der vielen Ausbildungserlasse unter Fudge hat das Zaubereiministerium so viel Einfluss wie noch nie auf Hogwarts. Mit der Übernahme des Ministeriums übernimmt Lord Voldemort damit auch die Kontrolle über die Hogwarts-Schule.

Zur Untermalung seines Anliegens lässt Lord Voldemort am Anfang von Band sieben die Muggelkunde-Lehrerin Professor Burbage entführen und tötet sie vor den Augen seiner Anhänger.[783] Das Fach Muggelkunde gehörte bisher zu einem der Wahlfächer[784] in Hogwarts und wird unterrichtet, damit junge Zauberer sich auch außerhalb der Zaubererwelt zurechtfinden und ein gutes Verhältnis zu Muggeln anstreben. Die Tötung der Muggelkunde-Lehrerin ist der erste Schritt Lord Voldemorts zur Unterwerfung der Hogwarts-Schule unter seine Ideologie.

Außerdem wird der Schulbesuch in Hogwarts für alle jungen Zauberer verpflichtend. So will Lord Voldemort sicherstellen, dass er alle Schüler schon in einem jungen Alter mit seiner Ideologie vertraut macht, damit sie in seinem Sinne erzogen werden: *„»Der Schulbesuch ist jetzt obligatorisch für alle jungen Hexen und Zauberer«, antwortete er [Anm. Lupin]. »Das wurde gestern verkündet. Es ist neu, denn eine Schulpflicht gab es noch nie. Natürlich wurden fast alle Hexen und Zauberer in Britannien auf Hogwarts ausgebildet, aber die Eltern hatten das Recht, sie zu Hause zu unterrichten oder sie ins Ausland zu schicken, wenn ihnen das lieber war. So wird Voldemort die ganze Zaubererbevölkerung von einem sehr jungen Alter an unter seiner Kontrolle haben. Und es ist auch eine weitere Methode, Muggelstämmige auszusieben, weil Schüler*

---

778 Diesen Vergleich zieht auch: *Wente,* in: Farr (Hrsg.): A Wizard of Their Age, S. 89 (106 ff.).

779 Wente: *„[...] the changes she enacts at Hogwarts advance Voldemort's agenda and play right into his schemes for power.“* (*Wente,* in: Farr (Hrsg.): A Wizard of Their Age, S. 89 (108)).

780 *Rowling,* Harry Potter 7, Die Hochzeit, S. 166.

781 *Rowling,* Harry Potter 7, Magie ist Macht, S. 232 f.

782 *Rowling,* Harry Potter 6, Der vom Blitz getroffene Turm, S. 600.

783 *Rowling,* Harry Potter 7, Der Dunkle Lord erhebt sich, S. 20.

784 *Rowling,* Harry Potter 3, Im Tropfenden Kessel, S. 65; Der Patronus, S. 277 f.

einen Blutstatus erhalten müssen – das heißt, sie müssen vor dem Ministerium nachgewiesen haben, dass sie von Zauberern abstammen –, ehe sie die Schule besuchen dürfen.« “[785]

Muggelstämmige Schüler, die ihren *Blutstatus* nicht nachweisen können, werden in Hogwarts nicht mehr unterrichtet, womit ihnen faktisch die Möglichkeit genommen wird, ihre magischen Fähigkeiten überhaupt zu entwickeln und zu entfalten. Hermine, deren Eltern Muggel sind, kann deswegen, obwohl sie in jedem Fach Klassenbeste ist, nicht nach Hogwarts zurückkehren.

Während Umbridge im Zaubereiministerium zur *Vorsitzenden der Registrierungskommission für Muggelstämmige* aufsteigt[786], wird Snape zum neuen Schulleiter von Hogwarts ernannt.[787] Lord Voldemort besetzt den Posten des Schulleiters also mit einem (aus seiner Sicht) treuen Todesser, von dem er sich sicher ist, dass dieser seine Ideologie in Hogwarts umsetzen wird. Harry geht zu Recht davon aus, dass den anderen Lehrern nichts übrigbleibt, außer Snape zu akzeptieren und zumindest die verbleibenden Schüler zu schützen: *„»[...] sehe ich nicht, dass die übrigen Lehrer eine andere Wahl haben, als zu bleiben. Wenn das Ministerium und Voldemort hinter Snape stehen, wird es die Wahl seien, ob sie bleiben und unterrichten oder aber ein paar nette Jahre in Askaban verbringen wollen – und das nur, wenn sie Glück haben. Ich schätze, sie bleiben und versuchen die Schüler zu schützen.«* “[788]

Gleichzeitig ist Lord Voldemort schlau genug, unliebsame Schulfächer nicht komplett zu streichen, sondern diese einfach in seinem Sinne umzufunktionieren: Die Todesserin Alecto Carrow wird als Lehrerin für Muggelkunde eingesetzt.[789] Sie bringt den Hogwarts-Schülern fortan bei, dass es sich bei Muggeln um Abschaum handelt. Sie seien den Zauberern unterlegen und müssten sich diesen unterordnen. Dazu schreibt Wente: *„This modification clearly parallels the Nazi effort to teach students about Aryan superiority and reflects Voldemorts ultimate goal of pure-blood dominance.* “[790] Alectos Bruder Amycus Carrow wird neuer Lehrer für Verteidigung gegen die Dunklen Künste.[791] In seinem Unterricht geht es jedoch nicht mehr um Verteidigungszauber, sondern darum, selbst verbotene Zauber – wie den Folterfluch – anzuwenden. Von Neville er-

---

785 *Rowling,* Harry Potter 7, Das Bestechungsgeschenk, S. 217.

786 *Rowling,* Harry Potter 7, Das Bestechungsgeschenk, S. 216; Die Registrierungskommission für Muggelstämmige, S. 258.

787 *Rowling,* Harry Potter 7, Magie ist Macht, S. 232 ff. Snape ist – genauso wie Harry es vermutet – seit seiner eigenen Schulzeit ein Anhänger Lord Voldemorts und Verehrer der Schwarzen Magie. Die große Enthüllung in Band sieben ist jedoch, dass Snape als Spion für Dumbledore gearbeitet hat, um den Tod von Harrys Mutter – Lily Potter – zu rächen (*Rowling,* Harry Potter 7, Die Geschichte des Prinzen, S. 671 ff.).

788 *Rowling,* Harry Potter 7, Magie ist Macht, S. 233.

789 *Rowling,* Harry Potter 7, Magie ist Macht, S. 232.

790 *Wente,* in: Farr (Hrsg.): A Wizard of Their Age, S. 113 (110).

791 *Rowling,* Harry Potter 7, Magie ist Macht, S. 233.

fährt das Trio, dass Snape und die Carrows Hogwarts grausam regieren. Wer sich der Ideologie Lord Voldemorts nicht unterwirft, wird bestraft.

Die neuen Lehrer bringen den reinblütigen Schülern nicht nur die unverzeihlichen Flüche bei, sondern zwingen sie auch dazu, diese an ungehorsamen Mitschülern einzusetzen, was Folter gleichkommt: *„»Alecto, die Schwester von Amycus, lehrt Muggelkunde, das ist Pflichtfach für alle. Wir müssen ihr zuhören, wenn sie erklärt, dass Muggel wie Tiere sind, dumm und schmutzig und dass sie die Zauberer in den Untergrund getrieben hätten, weil sie fies zu ihnen waren, und dass nun die natürliche Ordnung wiederaufgebaut wird.« […] »Amycus, der Bruder unterrichtet, was früher mal Verteidigung gegen die Dunklen Künste war, nur, dass es jetzt einfach die Dunklen Künste sind. Wir sollen den Cruciatus-Fluch an Leuten üben, die sich Nachsitzen eingehandelt haben –«"*[792] Dabei hat Lord Voldemort aber die Anweisung gegeben, dass kein reinblütiger Schüler getötet werden darf.[793]

Diese Zusammenfassung zeigt, wie zentral die Hogwarts-Schule in den Plänen Lord Voldemorts ist. Es genügt ihm nicht, das Zaubereiministerium unter seine Kontrolle zu bringen. Vielmehr will er auch die Ausbildung von jungen Zauberern komplett kontrollieren. Zu Recht geht er davon aus, dass sich seine Reinblüter-Ideologie nur dann durchsetzen wird, wenn bereits junge Schüler derart geprägt werden. Gleichzeitig setzt er harte Strafen ein, um jeglichen Widerstand in Hogwarts[794] und anderswo im Keim zu ersticken. Dabei vertraut Lord Voldemort die Leitung der Schule seinen treusten Todessern an.

Gleichzeitig erkennt Lord Voldemort aber auch, dass er muggelstämmige Kinder nur dann von der Magie fernhalten kann, wenn er deren Unterrichtung und Erziehung in Hogwarts verhindert. Er will, dass eine ganze Generation von Muggelstämmigen ihre Kräfte nicht entdecken bzw. nicht gezielt nutzen kann. Denn dann muss er auch nicht fürchten, dass sich diese in Zukunft gegen seine Schreckensherrschaft auflehnen könnten.

Die Art und Weise wie zunächst das Zaubereiministerium und dann Lord Voldemort die Kontrolle über die (Aus-)bildung junger Zauberer ausbauen will, erinnert an die Bildungs- und Schulpolitik im Dritten Reich.[795] Unter der Herrschaft

---

792 *Rowling,* Harry Potter 7, Das verschollene Diadem, S. 582.

793 *„»Ist egal. Die wollen nicht zu viel reines Blut vergießen, also foltern sie uns ein wenig, wenn wir frech sind, aber umbringen werden sie uns dann doch nicht.« […] »Die Carrows wussten anscheinend, dass ich [Anm. Neville] hinter vielem stecke, daher haben sie angefangen, mir schwer zuzusetzen, und dann ist Michael Corner auch noch dabei erwischt worden, als er einen Erstklässler befreien wollte, den sie angekettet hatten, und sie haben ihn ziemlich übel gefoltert.«"* (*Rowling,* Harry Potter 7, Das verschollene Diadem, S. 583 f.).

794 Die verbleibenden Lehrer und Schüler, Dumbledores Armee und das Trio schaffen es schließlich, bei der *Schlacht um Hogwarts,* Lord Voldemort zu besiegen. Mit dem Sieg über Lord Voldemort fällt auch das Zaubereiministerium wieder in die Hände der „Guten" (*Rowling,* Harry Potter 7, Der Fehler im Plan, S. 740 ff.; 753).

795 So auch: *Reagin,* in: Reagin (Hrsg.): Harry Potter and History, S. 127 (144).

der Nationalsozialisten wurden die Bestimmungen der WRV über das Schulwesen weitgehend außer Kraft gesetzt. Der NS-Staat führte eine zentralistische Schulpolitik mit strenger Schulaufsicht ein und verdrängte die Privatschulen. Unter Hitler wurden parteipolitisch indoktrinierte Schulen geschaffen, die seiner rassistischen Ideologie und seinen bevölkerungspolitischen Zielen dienten.[796]

Bereits 1929 wurde hierfür in einem ersten Schritt der *Nationalsozialistische Lehrerbund* geschaffen, dem zu Kriegsende 97 % aller Lehrer angehörten.[797] Mit dem *„Gesetz zur Wiederherstellung des Berufsbeamtentums"* (siehe S. 413 ff.) vom 7. April 1933 schufen die Nationalsozialisten die Rechtsgrundlage zur Entlassung von jüdischen, sozialistischen und pazifistischen Lehrern und Schulleitern.[798] Am 25. April 1933 wurde das *„Gesetz gegen die Überfüllung deutscher Schulen und Hochschulen"* (RGBl. I 1933, S. 225) erlassen, das die „Rassenzugehörigkeit" als Kriterium für den Zugang zu höheren Schulen und zum Hochschulstudium einführte. § 4 des Gesetzes reglementierte u. a. den Anteil nichtarischer Schüler, also vor allem der Juden.[799] Nach der Verabschiedung der *„Nürnberger Gesetze"* 1935 wurden jüdische von nichtjüdischen Schülern getrennt. Nach der *Reichskristallnacht* vom 15. November 1938 durften Juden endgültig keine öffentlichen Schulen mehr besuchen. Ab dem 30. Juni 1942 herrschte ein Unterrichtsverbot für jüdische Schulen.[800]

Ab 1934 übernahm zunächst das Reichsinnenministerium Teile der Schulhoheit der Länder. Noch im gleichen Jahr, am 1. Mai, wurde dann das *Reichsministerium für Wissenschaft, Erziehung und Volksbildung* (sog. *Reichserziehungsministerium)* gegründet. Darin war eine „Verreichlichung" der Kultusaufgaben und die Absage an den traditionellen Föderalismus in Bildungssachen zu sehen.[801] Zu den wichtigsten schulpolitischen und administrativen Verordnungen gehörten die *„Richtlinien für die Volksschule"* von 1937, der *„Erlaß zur Neuordnung des höheren Schulwesens"* von 1938, der *„Einführungserlaß zur Vereinheitlichung und Neuordnung des mittleren Schulwesens"* von 1939 sowie das *„Gesetz über die Schulpflicht im Deutschen Reich"* (RGBl. I 1938, S. 799) von 1938.[802] Letzteres sollte sicherstellen, dass bereits Kinder ab sechs Jahren im *„Geiste des Nationalsozialismus"* (§ 1) erzogen werden. Gleichzeitig sollten *„bildungsunfähige"* (z. B. behinderte) Kinder selektiert werden (§§ 6, 7).[803]

---

796 *Brosius-Gerdorf,* in: Dreier (Hrsg.): GG, Art. 7 Rn. 5; *Fuchs,* Geschichte des pädagogischen Denkens, S. 216 ff.

797 *Fuchs,* Geschichte des pädagogischen Denkens, S. 211 f.; *Welsh,* Revolutionärer Wandel auf Befehl?, S. 87.

798 *Fuchs,* Geschichte des pädagogischen Denkens, S. 211; *Bispinck,* Bildungsbürger in Demokratie und Diktatur, S. 86 f.; *Götz,* Die Grundschule, S. 21.

799 *Fuchs,* Geschichte des pädagogischen Denkens, S. 212 f.; *Fricke-Finkelnburg,* Nationalsozialismus und Schule, S. 258.

800 *Fricke-Finkelnburg,* Nationalsozialismus und Schule, S. 258 ff.

801 *Götz,* Die Grundschule, S. 22 ff.; *Klöcker,* in. RdjB 4/2013, S. 376 (384).

802 *Fuchs,* Geschichte des pädagogischen Denkens, S. 211.

803 *Scholtz,* Erziehung und Unterricht unterm Hakenkreuz, S. 80.

Auch die Lehrpläne wurden angepasst. Im Geschichtsunterricht ging es nur noch um die deutsche Geschichte und die der „nordischen Rasse". Im Biologieunterricht wurden „Vererbungslehre" und „Rassenkunde" eingeführt. Die „körperliche Ertüchtigung" erhielt einen höheren Stellenwert. Es wurden Rituale mit Hakenkreuz, Fahnenappelle und der Hitlergruß einstudiert.[804] Selbst Fächer ohne direkten Bezug zur NS-Ideologie wurden zur Vermittlung ebenjener missbraucht. So mussten z.B. im Mathe-Unterricht die Kosten für die Unterbringung Behinderter als Beispiel für „wertes" und „unwertes" Leben errechnet werden.[805]

Parallel zur Beschulung mit nationalsozialistischem Gedankengut wurde 1926 die *Hitler-Jugend* und als Unterorganisation der *Bund Deutscher Mädel* als Jugend- und Nachwuchsorganisation der NSDAP gegründet.[806] Das *„Gesetz über die Hitler-Jugend"* (RGBl. I 1936, S.321) vom 1. Dezember 1936 machte sie zur obligatorischen Staatsjugend.[807] 1939 hatte die Organisation 8,7 Millionen Mitglieder.[808] Andere Jugendverbände wurden eingegliedert oder lösten sich auf.[809] Gemeinschaftserlebnisse wie Zeltlager dienten der Vorbereitung auf den Wehrdienst ebenso wie der Erziehung zur „Volksgemeinschaft".[810] Ab 1940 wurden Schüler im Rahmen der *Kinderlandverschickung* in bombensichere Gebiete gebracht und in Lagern beschult.[811] Ab 1943 wurden Schüler als Luftwaffenhelfer in das Kriegsgeschehen einbezogen.[812]

Unter Lord Voldemort wird dann wie unter Hitler eine Schulpflicht eingeführt, um bereits jungen Zauberern die Reinblut-Ideologie beizubringen. Gleichzeitig müssen Schüler ihren Blutstatus nachweisen und muggelstämmige Zauberer werden ähnlich wie jüdische Schüler nicht mehr unterrichtet und später verfolgt.

Diese stufenweise Entwicklung unter Lord Voldemort und Umbridge weist inhaltliche und organisatorische Parallelen zum Dritten Reich auf. Wente kommt

---

804 *Klöcker,* in: RdjB 4/2013, S.376 (392ff.); *Fuchs,* Geschichte des pädagogischen Denkens, S.212, 216f., 219ff.; Bildungsziele: *Götz,* Die Grundschule, S.40ff.; Veränderung bestehender Fächer: *Götz,* Die Grundschule, S.52ff.

805 *Klöcker,* in: RdjB 4/2013, S.376 (395).

806 *Hilgers,* in: Helsper/Hillbrandt/Schwarz (Hrsg.): Schule und Bildung im Wandel, S.53 (53ff.).

807 *Götz,* Die Grundschule, S.30ff.; *Hilgers,* in: Helsper/Hillbrandt/Schwarz (Hrsg.): Schule und Bildung im Wandel, S.53 (62f.).

808 *Buddurs,* Totale Erziehung für den totalen Krieg, S.12, 323.

809 *Hilgers,* in: Helsper/Hillbrandt/Schwarz (Hrsg.): Schule und Bildung im Wandel, S.53 (56).

810 *Janzyk,* Sozialisation in der Hitlerjugend, S.28ff.; *Wente,* in: Farr (Hrsg.): A Wizard of Their Age, S.113 (106f.).

811 *Hilgers,* in: Helsper/Hillbrandt/Schwarz, (Hrsg.): Schule und Bildung im Wandel, S.53 (65f.).

812 *Hilgers,* in: Helsper/Hillbrandt/Schwarz (Hrsg.): Schule und Bildung im Wandel, S.53 (68).

zum Ergebnis: „*Hitler realized the power of the educational system in influencing youth, as did Voldemort.*“[813]

7. Widerstand gegen den Unrechtsstaat

Das staatliche Versagen führt dazu, dass der Zauberergesellschaft nichts anderes übrigbleibt, als den Kampf gegen Lord Voldemort selbst in die Hand zu nehmen. Dies geschieht in den Büchern maßgeblich durch vier Institutionen: durch die Schülerbewegung *Dumbledores Armee,* die Zeitschrift *Klitterer,* den Radiosender *Potterwatch* und den *Orden des Phönix.*

Bei Dumbledores Armee handelt es sich um eine Gruppe von Hogwarts-Schülern, die unter der Leitung von Harry Selbstverteidigungszauber gegen Lord Voldemort lernt. Die Gruppierung wurde gegründet, weil das Ministerium und Umbridge sich weigern, die Rückkehr Lord Voldemorts anzuerkennen.[814]

Nachdem Dumbledores Armee am Ende von Band fünf von Umbridge und Fudge aufgelöst wird, weil man fürchtet, dass sich bewaffnete Schüler gegen das Zaubereiministerium wenden könnten, formiert sich die Gruppierung unter Neville und Ginny in Band sieben erneut. Sie bietet Schülern Schutz, die von den als Lehrer eingesetzten Todessern misshandelt werden und bereitet alle, die Interesse haben, auf den Kampf gegen Lord Voldemort vor.[815]

Der Klitterer berichtet in Band fünf als einziges unabhängiges Magazin über die Rückkehr Lord Voldemorts und interviewt Harry als Augenzeugen (siehe S. 129 f.). Deswegen wird das Magazin von Umbridge in Hogwarts verboten.[816] In Band sieben stellt Mr Lovegood seine kritische Berichterstattung komplett ein, weil seine Tochter Luna von Todessern entführt wird, um ihn mundtot zu machen.[817]

Ebenfalls in Band fünf formiert sich unter Dumbledores Führung die Widerstandgruppierung Orden des Phönix. Die Mitglieder kämpften bereits in den 80ern gegen Lord Voldemort und nehmen dieses Ziel nach seiner Rückkehr am Ende von Band vier wieder auf: „*»Was ist das eigentlich für ein Haus?«, blaffte er Ron und Hermine an. »Das Hauptquartier des Phönixordens«, sagte Ron sofort. »Würde mir vielleicht mal jemand erklären, was der Phönixorden …« »Das ist eine Geheimgesellschaft«, sagte Hermine eilig. »Dumbledore leitet sie, er*

---

813 *Wente,* in: Farr (Hrsg.): A Wizard of Their Age, S. 89 (107).

814 *Rowling,* Harry Potter 5, Dumbledores Armee, S. 460; dazu: *Bealer,* in: Anatol (Hrsg.): Reading Harry Potter Again, S. 175 (181 f.).

815 *Rowling,* Harry Potter 5, Der Zentaur und die Petze, S. 714 ff.; Harry Potter 7, Das verschollene Diadem, S. 588 ff.

816 *Rowling,* Harry Potter 5, Der Käfer in der Klemme, S. 666 ff.; Gesehen – unvorhergesehen, S. 683.

817 *Rowling,* Harry Potter 7, Das Haus Malfoy, S. 472; Shell Cottage, S. 521; Das Märchen von den drei Brüdern, S. 430.

hat sie gegründet. Es sind dieselben Leute, die das letzte Mal gegen Du-weißt-schon-wen gekämpft haben.« “[818]

Ziel des Ordens ist es zunächst, andere Zauberer über die Rückkehr Lord Voldemorts aufzuklären, neue Mitglieder zu akquirieren und Spione im Zaubereiministerium zu platzieren.[819] In der Schlacht von Hogwarts kämpft der Orden des Phönix an der Seite von Dumbledores Armee und den Lehrern von Hogwarts gegen Lord Voldemort und seine Todesser.[820] Unterstützt werden die Widerstandskämpfer in Band sieben dabei vom Untergrund-Radiosender Potterwatch (siehe S. 135 ff.).[821]

Ohne die Unterstützung dieser vier Gruppierungen wären Harry und seine Freunde im Kampf gegen Lord Voldemort auf sich alleine gestellt gewesen. Sie tragen damit maßgeblich dazu bei, Lord Voldemort zu besiegen. Im Vergleich zum NS-Staat ist der Widerstand jedoch grundlegend anders ausgestaltet:

Auch im Dritten Reich formierte sich Widerstand gegen Adolf Hitler. Zwar unterstützte eine große Mehrheit der deutschen Bevölkerung das NS-Regime bis 1945. Doch einzelne Gruppen leisteten Widerstand. Dieser reichte von passiver Resistenz und non-konformem Verhalten bis zu Emigration und Attentats- sowie Umsturzversuchen.[822] Aktiven Widerstand leisteten in den Anfangsjahren des NS-Regimes vor allem Kommunisten und Sozialdemokraten. Allerdings ließ Hitler politische Gegner sogleich rücksichtslos verfolgen und verhaften und erstickte damit den Widerstand von SPD und KPD im Keim.[823]

Eine von der Gestapo als *Rote Kapelle* bezeichnete Gruppierung verbreitete beispielsweise ab 1933 Flugschriften und Klebezettel gegen den Nationalsozialismus, verhalf Juden zur Flucht und unterhielt Kontakte zum Ausland. Nach der Enttarnung 1942 wurden 49 der 130 Festgenommenen ermordet. Unter ihnen der Luftwaffenoberleutnant Harro Schulze-Boysen.[824]

In München entstand 1942 die Widerstandsgruppe *Weiße Rose,* deren Mitglieder unter den Geschwistern Hans und Sophie Scholl vor allem der studentischen Jugend entstammten und ebenfalls Flugblätter gegen das Regime verbreiteten. Am 18. Februar 1943 wurden die Geschwister Scholl bei der Verteilung des sechsten

---

818 *Rowling,* Harry Potter 5, Grimmauldplatz Nummer zwölf, S. 85.

819 *Rowling,* Harry Potter 5, Der Orden des Phönix, S. 115 ff.

820 *Rowling,* Harry Potter 7, Der Rauswurf von Severus Snape, S. 611.

821 *Rowling,* Harry Potter 7, Xenophilius Lovegood, S. 402, S. 161 ff.; Rowling, Harry Potter 7, Die Heiligtümer des Todes, S. 447.

822 *Benz,* Der deutsche Widerstand gegen Hitler, S. 10–12; *Ueberschär,* in: Ueberschär (Hrsg.): Handbuch zum Widerstand gegen Nationalsozialismus, S. 3 (3–20).

823 *Ueberschär,* in: Ueberschär (Hrsg.): Handbuch zum Widerstand gegen Nationalsozialismus, S. 3 (3 ff.); Widerstand der „Arbeiterbewegung“: *Benz,* Der deutsche Widerstand gegen Hitler, S. 13. *Benz,* Der deutsche Widerstand gegen Hitler, S. 84.

824 *Benz,* Der deutsche Widerstand gegen Hitler, S. 84; *Ueberschär,* in: Ueberschär (Hrsg.): Handbuch zum Widerstand gegen Nationalsozialismus, S. 3 (10 f.).

Flugblattes im Lichthof der Münchener Universität festgenommen und später gemeinsam mit anderen hingerichtet.[825]

Ein Zentrum des bürgerlich-zivilen Widerstands war der *Kreisauer Kreis* auf dem gleichnamigen Gut von Helmuth James Graf von Moltke, der ab 1942 den Sturz der NS-Diktatur und eine grundlegende staatliche, wirtschaftliche und soziale Neuordnung Deutschlands diskutierte. Nach der Verhaftung Moltkes zerfiel die Gruppierung und einige schlossen sich Claus Schenk Graf von Stauffenberg an.[826]

Nachdem sich Stauffenberg mehrmals für Hitler aussprach und als Oberleutnant beim Überfall auf Polen und als Generalstabsoffizier an der Westoffensive gegen Frankreich teilnahm, schloss sich Stauffenberg 1942/43 angesichts der deutschen Massenmorde, aber auch wegen der unsachgemäßen militärischen Führung, dem militärischen Widerstand an. Am 20. Juli 1944 detonierte in der Wolfsschanze der von Stauffenberg angebrachte Sprengsatz. Hitler überlebte den Anschlag und Stauffenberg wurde verhaftete und wegen Hoch- und Landesverrats erschossen.[827]

Auch Juristen gehörten vereinzelt dem Widerstand gegen Hitler an.[828] So beispielsweise Helmuth James Graf von Moltke (1907–1945), Reichsgerichtsrat Hans von Dohnanyi (1902–1945), Regierungsrat Hans Bernd Gisevius (1904–1974), Nikolaus Christoph von Halem (1905–1944), Generalkonsul Otto Karl Kiep (1886–1944) und der Rechtsanwalt Josef Müller (1898–1979).[829] Umgekehrt beteiligten sich viele Staatsdiener jedoch am NS-Unrecht. Kritisiert wird bis heute, dass NS-Funktionäre in den Staatsapparat und die Justiz der BRD übernommen wurden und das juristische Unrecht nur wiederwillig aufgearbeitet wurde.[830]

Während unter Hitler viele Gruppierungen aus allen Schichten Widerstand leisteten, gab es in der Zaubererwelt nur die vier aufgezählten Gruppierungen. Der

---

825 *Hilgers,* in: Helsper/Hillbrandt/Schwarz (Hrsg.): Schule und Bildung im Wandel, S. 53 (67); *Benz,* Der deutsche Widerstand gegen Hitler, S. 48.

826 *Benz,* Der deutsche Widerstand gegen Hitler, S. 72; *Ueberschär,* in: Ueberschär (Hrsg.): Handbuch zum Widerstand gegen Nationalsozialismus, S. 3 (6).

827 *Benz,* Der deutsche Widerstand gegen Hitler, S. 107; *Ueberschär,* in: Ueberschär (Hrsg.): Handbuch zum Widerstand gegen Nationalsozialismus, S. 3 (12 ff.).

828 *Vortmann,* in: ZRP 5/1990, S. 193 (193–198), zum Jurist Klaus Bonhoeffer: *Rott,* in: NJW 2001, S. 38 (38–39), zum Völkerrechtler Adam von Trott zu Solz: *Kaltenborn,* in: NJW 1999, S. 2328 (2328–2330).

829 *Wassermann,* in: NJW 2002, S. 1018 (1018); zum Jurist Hans von Dohnanyi: *Mohr,* in: NJW 1995, S. 1259 (1259–1267).

830 So auch in Bremen: *Kramer,* in: NordÖR 5/2019, S. 209 (209–218); zur „Erinnerungskultur" in der Jurisprudenz: *Rüthers,* Verfälschte Geschichtsbilder deutscher Juristen?, in: NJW 2016, S. 1068 (1068–1074). Mit der *„unbewältigte Vergangenheit unserer Justiz"* beschäftigt sich auch das 1987 erschienene Buch *„Furchtbare Juristen"* des Juristen Ingo Müller, das die Verbrechen der deutschen Justiz im Dritten Reich und die Übernahme von NS-vorbelasteten Juristen in den BRD-Staatsdienst thematisiert.

Schwerpunkt des Widerstandes lag in den Harry-Potter-Büchern außerdem auf Harrys Umfeld und der Hogwarts-Schule. In beiden Welten eint den Widerstand jedoch die rigorose Verfolgung und Ausschaltung durch das Regime.

II. Das magische Justizsystem

Das Justizsystem in den Harry-Potter-Büchern besteht aus deren höchstem Gericht, dem *Zaubergamot* (zum *Rat für das magische Gesetz* siehe S. 109 ff.) und der *Abteilung für Magische Strafverfolgung* innerhalb des Zaubereiministeriums.

1. Der „Zaubergamot" als höchstes Gericht

Der Zaubergamot besteht aus ca. fünfzig Mitgliedern, die pflaumenblaue Roben mit einem silbernen *„Z"* an der Brust tragen.[831] Ob bzw. wie diese ernannt/gewählt werden, ist nicht bekannt. Sicher ist nur, dass es sich bei den Mitgliedern um angesehene Persönlichkeiten aus der Zauberergesellschaft handelt. Ebenfalls Mitglied ist der jeweilige Leiter der Abteilung für Magische Strafverfolgung.[832] Die Räumlichkeiten des Zaubergamot befinden sich im zehnten Stockwerk des Zaubereiministeriums. Einer der älteren Gerichtssäle befindet sich in den Kellern des Zaubereiministeriums nahe der sog. *Mysteriumsabteilung.*[833]

Den Vorsitz des Zaubergamot hat dessen *Großmeister* (engl. *Chief Warlock*[834]) inne. Bis zu Harrys fünftem Schuljahr ist Dumbledore der Großmeister des Zaubergamot. Am Anfang des fünften Bandes wird Dumbledore dieses Amt jedoch unter der Führung von Fudge „entzogen". Wer sein Nachfolger wird, ist nicht bekannt. Es ist ebenfalls nicht klar, ob der Zaubereiminister selbst die Mitglieder des Zaubergamot ernennen und entlassen kann oder ob die Mitglieder des Zaubergamot darüber abstimmen, wer dem Zaubergamot angehört. Auch, ob das Amt des Großmeisters und die Mitgliedschaft im Zaubergamot zeitgebunden ist, ist nicht bekannt.

„Sie haben berichtet, dass er aus dem Vorstand der Internationalen Zauberervereinigung rausgewählt wurde, weil er alt werde und nicht mehr alle Tassen im Schrank habe, aber das stimmt nicht; er wurde von Ministeriumszauberern rausgewählt, nachdem er in einer Rede Voldemorts Rückkehr verkündet hatte.

831 *„Es waren ungefähr fünfzig, und soweit er sehen konnte, trugen alle pflaumenblaue Umhänge mit einem kunstvoll gearbeiteten silbernen »Z« links auf der Brust, und alle starrten ihn von oben herab an, manche mit sehr strengen Mienen, andere mit einem Ausdruck unverhohlener Neugier."* (*Rowling*, Harry Potter 5, Die Anhörung, S. 166).

832 Zunächst Bartemius Crouch Senior, später Amelia Bones und nach deren Ermordung der Todesser Yaxley (*Rowling,* Harry Potter 5, Die Anhörung, S. 166; Harry Potter 7, Der Dunkle Lord erhebt sich, S. 13, Magie ist Macht, S. 250 ff.).

833 *Rowling,* Harry Potter 5, Das Zaubereiministerium, S. 164.

834 *Rowling,* Harry Potter 5, The Order of the Phoenix, S. 111.

Sie haben ihm das Amt des Großmeisters beim Zaubergamot entzogen – das ist das Oberste Gericht der Zauberer – und sie reden davon, ihm auch den Merlinorden erster Klasse abzuerkennen.« "[835]

Vor dem Zaubergamot werden in den sieben Büchern jeweils strafrechtliche Fälle verhandelt, ob er auch andere Rechtsfälle übernimmt, ist nicht bekannt. Je nach Schwere des Falles tagt der Zaubergamot in einer kleinen oder einer großen Besetzung bzw. als Rat für das Magische Gesetz. Bei Harrys disziplinarischer Anhörung übernimmt Zaubereiminister Fudge den Vorsitz des Zaubergamot. Daraus lässt sich entweder schließen, dass er der offizielle Nachfolger von Dumbledore als Großmeister ist oder, dass er in seiner Funktion als Zaubereiminister einen Sitz im Zaubergamot innehat und mangels eines Ersatzes für Dumbledore zumindest zeitweise den Vorsitz übernimmt.[836]

Stellt das Zaubereiministerium einen Verstoß gegen das magische Recht fest, informiert die Abteilung für Magische Strafverfolgung den Betroffenen von seiner Verfehlung. Er wird dann offiziell per Posteule zu einer Verhandlung bzw. „disziplinarischen Anhörung" vor die Abteilung für Magische Strafverfolgung oder den Zaubergamot geladen.[837] Dabei ist nicht klar, wie die Abgrenzung zwischen der Abteilung für Magische Strafverfolgung und dem Zaubergamot gezogen wird. Es drängt sich der Verdacht auf, dass die Abteilung für Magische Strafverfolgung eher für Ordnungswidrigkeiten und kleinere Verfahren zuständig sein könnte. Harrys disziplinarische Anhörung zeigt außerdem, dass der Zaubereiminister jederzeit eine Verhandlung vor dem Zaubergamot statt der Abteilung für Magische Strafverfolgung anordnen, also die Zuständigkeit (nachträglich) ändern, kann.

Der Vorsitzende des Zaubergamot leitet die Verhandlungen. Der Gerichtsschreiber protokolliert das Verfahren. Den Mitgliedern des Zaubergamot steht ein Fragerecht zu.[838] Am Ende stimmen alle Mitglieder des Zaubergamot über die Schuldfrage ab. Die Abstimmung erfolgt offen durch das Heben der Hand ohne eine vorherige Beratung oder Aussprache. Für einen Freispruch genügt dabei eine einfache Mehrheit der abgegebenen Stimmen.[839]

Ob es gegen diese Entscheidung ein Rechtsmittel gibt, ist nicht bekannt. Jedenfalls in Verfahren vor dem *Ausschuss für die Beseitigung gefährlicher Geschöpfe* gibt es die Möglichkeit, gegen eine Entscheidung des Gremiums *Berufung*

---

835 *Rowling,* Harry Potter 5, Der Orden des Phönix, S. 117 f.

836 *„[...] Es führen das Verhör: Cornelius Oswald Fudge, Zaubereiminister; Amelia Susan Bones, Leiterin der Abteilung für Magische Strafverfolgung; Dolores Jane Umbridge, Erste Untersekretärin des Ministers. Gerichtsschreiber, Percy Ignatius Weasley ...«"* (*Rowling,* Harry Potter 5, Die Anhörung, S. 167).

837 *Rowling,* Harry Potter 5, Eulen über Eulen, S. 37 f.

838 *Rowling,* Harry Potter 5, Die Anhörung, S. 169, 176.

839 *Rowling,* Harry Potter 5, Die Anhörung, S. 181.

(engl. *appeal*[840]) einzulegen.[841] Es ist deswegen nicht völlig abwegig, davon auszugehen, dass die Zaubererwelt grundsätzlich die Option kennt, Rechtsmittel einzulegen. Sollte der Zaubergamot jedoch das einzige Gericht sein und sollte es möglich sein, gegen dessen Urteile rechtlich vorzugehen, würden zwangsläufig die gleichen Personen über den Fall entscheiden. Eine Möglichkeit ist, dass zumindest in Verfahren vor der Abteilung für Magische Strafverfolgung Rechtsmittel zum Zaubergamot eingelegt werden kann (siehe S. 288 ff.).

Wie oben bereits festgehalten gibt es in der Zaubererwelt keine unabhängige Judikative (siehe S. 108 ff.). Vielmehr ist der Zaubergamot im Ministerium selbst angesiedelt und auch teils mit Beamten des Zaubereiministeriums besetzt.[842] Selbst wenn es – wie in Fudges Fall – die Ausnahme darstellen sollte, dass der amtierende Zaubereiminister gleichzeitig als Ankläger sowie Richter in Personalunion fungiert, ist das Fehlen jeglicher Unabhängigkeit der Justiz erschreckend. Hall schreibt dazu: *„The Ministry is also the final judicial body, with senior ministers not only conducting trials as chief prosecutor but also acting as judge in the same trials.“*[843]

Außerdem ist festzuhalten, dass es keinerlei juristischer Qualifikation bedarf, um Mitglied des Zaubergamot zu werden. Vielmehr ist die Stellung innerhalb der Zauberergemeinschaft hierfür entscheidend. Damit handelt es sich beim Zaubergamot – bis auf den Leiter der Abteilung für Magische Strafverfolgung – um ein Laiengericht. Dafür spricht auch, dass die Mitglieder des Zaubergamot jeweils einem anderen „Hauptberuf“ nachgehen. So ist Dumbledore in seiner Zeit als Großmeister des Zaubergamot gleichzeitig z. B. Schulleiter von Hogwarts.

Grundsätzlich sind die Mitglieder innerhalb ihres Abstimmungsverhaltens frei. Dies zeigt einerseits Harrys disziplinarische Anhörung, bei der dann tatsächlich eine Mehrheit gegen das Votum des Zaubereiministers und für Harrys Freispruch stimmt (siehe S. 366 f.). Andererseits aber auch die Todesserprozesse in Band vier, bei denen die Jury Ludo Bagman freispricht (siehe S. 378 ff.). Da sich die Mitglieder des Zaubergamot aber aus angesehenen Persönlichkeiten der Gesellschaft zusammensetzen und nicht klar ist, inwiefern die Mitglieder durch das Zaubereiministerium oder durch das höchste Gericht selbst ernannt/gewählt werden, dürften die Mitglieder einem nicht zu unterschätzenden gesellschaftlichen Druck unterliegen. Dies zeigt z. B. der Rauswurf Dumbledores als Großmeister des Zaubergamot, nachdem dieser eine Rede gehalten hatte, in der er die (vom Zaubereiministerium bestrittene) Rückkehr Lord Voldemorts verkündete.

Die Tatsache, dass es in der Zaubererwelt in Strafsachen vermutlich nur ein einziges Gericht gibt und dieses direkt an das Zaubereiministerium angegliedert ist, übertrifft selbst die Zuständigkeiten in Strafsachen unter den Nationalsozi-

840 *Rowling,* Harry Potter 3, Professor Trelawney's Prediction, S. 232.
841 *Rowling,* Harry Potter 3, Professor Trelawneys Vorhersage, S. 348.
842 So auch: *Ligugnana,* in: Carpi/Leiboff (Hrsg.): Fables and the Law, S. 419 (422).
843 *Hall,* in: Anatol (Hrsg): Reading Harry Potter, S. 147 (150).

alisten. Im Kapitel zur Judikative wurde bereits erläutert, wie die Justiz unter Hitler personell „gesäubert“ wurde. Höchstes Gericht in Zivil- und Strafsachen war von 1879 bis 1945 das *Reichsgericht* (§§ 135, 136 GVG v. 1877).[844] Wie oben bereits geschildert, wurden dessen Zuständigkeiten jedoch ausgehöhlt (siehe S. 114 ff.).

Durch das *„Gesetz zur Änderung von Vorschriften des Strafrechts und des Strafverfahrens“* vom 24. April 1934 wurde dem Reichsgericht die Zuständigkeit in Hoch- und Landesverratssachen entzogen und der Volksgerichtshof mit Senaten aus je zwei Berufs- und drei Laienrichtern geschaffen.[845] Mit dem *„Gesetz über den Volksgerichtshof und über die fünfundzwanzigste Änderung des Besoldungsgesetzes“* (RGBl. I 1936, S. 369) vom 18. April 1936 wurde der Volksgerichtshof zu einem ordentlichen Gericht.[846] Bereits mit der *„Verordnung der Reichsregierung über die Bildung von Sondergerichten“* (RGBl. I 1933, S. 136 ff.) vom 21. März 1933 wurde für jeden Oberlandesgerichtsbezirk ein Sondergericht eingerichtet, das zunächst für politische Straftaten zuständig war; deren Zuständigkeit jedoch immer weiter ausgedehnt wurden (siehe. S. 114 ff.).

Festzuhalten ist, dass Lord Voldemort bereits eine schwach ausgeprägte Justiz vorfand, die nur aus einem vom Zaubereiministerium abhängigen Rechtsprechungsorgan bestand, während Hitler zahlreiche Reformen vornehmen musste, um die rechtsprechende Gewalt unter seine Kontrolle zu bringen. 1942 ließ sich Hitler schließlich zum *Obersten Gerichtsherrn* ernennen, eine Funktion, die Lord Voldemort nie innehatte. Dieser versuchte, die Zaubererwelt aus dem Hintergrund zu steuern, ohne selbst eine führende Position einzunehmen, während Hitler möglichst viele Zuständigkeiten in seiner eigenen Person vereinte.

2. Die Abteilung für Magische Strafverfolgung

Wie oben dargelegt, ist die *Abteilung für Magische Strafverfolgung* eine der größten und mächtigsten Abteilungen des Zaubereiministeriums (siehe S. 70 ff.). Im System des deutschen Rechts ist die Abteilung am ehesten als Anklagebehörde zu verstehen und ähnelt damit unserer Staatsanwaltschaft. Die Abteilung ist hierarchisch strukturiert und besteht aus mehreren Unterabteilungen, zu denen auch die Auroren sowie die magische Strafverfolgungspatrouille, also die magische Polizei gehört.

a) Funktion als Anklagebehörde

Als Teil des Zaubereiministeriums gehört die Abteilung für Magische Strafverfolgung zunächst der Exekutive an (siehe S. 102 ff.). Sie besteht u. a. aus Büros,

844 Zur Geschichte des Reichsgerichts: *Schubert/Glöckner*, in: NJW 2000, S. 2971 (2971–2976).

845 *Werle,* Justiz-Strafrecht, S. 108 ff.

846 *Lauf,* Der Volksgerichtshof, S. 18.

die rein administrativen Tätigkeiten nachgehen; beispielsweise dem Versenden von Gerichtspost. Die Abteilung für Magische Strafverfolgung kann dabei aber auch selbst Strafen verhängen, also zum Beispiel Verwarnungen[847] wegen Gesetzesverstößen aussprechen und Bußgelder[848] verhängen.

In Band zwei wird Harry von der Abteilung für *Unbefugte Zauberei* verwarnt.[849] In Band drei entgeht Harry nur dadurch einer Verwarnung/Bestrafung, dass der Zaubereiminister persönlich sich für ihn einsetzt. (siehe S. 239 ff.).

Ursprünglich war auch in Band fünf angedacht, dass Harry sich wegen des Dementoren-Angriffs vor der Abteilung für Magische Strafverfolgung verantworten muss, deren Leitung Amelia Bones innehat: *„»Die Anhörung ist auf meinem Stockwerk, im Büro von Amelia Bones. Sie ist Leiterin der Abteilung für Magische Strafverfolgung und sie wird dich auch vernehmen.« »Amelia Bones ist in Ordnung, Harry«, sagte Tonks ernst. »Sie ist fair, sie wird dich anhören.«"*[850]

Fudge ruft dann aber in letzter Minute den gesamten Zaubergamot ein und führt Harrys Verhandlung persönlich (siehe S. 342 ff.). Wie oben bereits ausgeführt, ist nicht bekannt, wie die Zuständigkeiten zwischen dem Zaubergamot und der Abteilung für Magische Strafverfolgung verteilt sind. Klar ist nur, dass der Zaubereiminister beide Instanzen kontrolliert und die abschließende Entscheidungsbefugnis über die Verteilung der Zuständigkeiten hat.[851]

Die Abteilung für Magische Strafverfolgung kann aber auch selbst einschreiten und ähnlich einer Verwaltungsbehörde Rechtsfolgen verhängen. So erhält Arthur Weasley in Band zwei wegen seines fliegenden Ford Anglia – ohne vorherige Gerichtsverhandlung – ein Bußgeld von 50 Galleonen.[852] In Band vier verhängt das Ministerium gegen ein Pärchen eine *„saftige Geldbuße"*, weil dieses ohne Erlaubnis appariert ist (Abgrenzung Geldstrafe/Geldbuße siehe S. 112 f., 338).[853] Im letzten Band nutzt Umbridge ihre neu gewonnene Macht im Zaubereiministerium, um Mundungus Fletcher ein wertvolles Medaillon abzuluchsen,

---

847 *Rowling*, Harry Potter 2, Dobbys Warnung, S. 26.

848 *Rowling*, Harry Potter 2, Der Vielsaft-Trank, S. 239.

849 *„Sehr geehrter Mr Potter, wie uns zur Kenntnis gelangt ist, wurde an Ihrem Wohnort heute Abend um zwölf Minuten nach neun ein Schwebezauber verwendet. Wie Sie wissen, ist es minderjährigen Zauberern nicht gestattet, außerhalb der Schule zu zaubern. Weitere Zaubertätigkeit Ihrerseits kann zum Verweis von besagter Schule führen (Erlass zur Vernunftgemäßen Beschränkung der Zauberei Minderjähriger, 1875, Abschnitt C). Wir möchten Sie zugleich daran erinnern, dass jegliche magische Tätigkeit, die den Mitgliedern der nichtmagischen Gemeinschaft (Muggel) aufzufallen droht, gemäß Abschnitt 13 des Geheimhaltungsabkommens der Internationalen Zauberervereinigung ein schweres Vergehen ist. Genießen Sie Ihre Ferien! Hochachtungsvoll, Mafalda Hopfkirch Abteilung für unbefugte Zauberei."* (*Rowling*, Harry Potter 2, Dobbys Warnung, S. 26).

850 *Rowling*, Harry Potter 5, Das Zaubereiministerium, S. 149.

851 So auch: *Baltzar*, Power and Evil, S. 18.

852 *Rowling*, Harry Potter 2, Der Vielsaft-Trank, S. 239.

853 *Rowling*, Harry Potter 4, Der Portschlüssel S. 72 f.

indem sie ihm ein *„Bußgeld“* androht, weil er angeblich keine Lizenz für den Handel mit magischen Artefakten hat: *„Ich hab grade in der Winkelgasse verkauft, da kommt so 'ne Frau auf mich zu un' fragt mich, ob ich 'ne Lizenz für den Handel mit magischen Artefakten hab. Miese Schnüfflerin. Wollt' mir 'n Bußgeld aufbrummen, aber sie hatte 'n Auge auf dieses Medaillon geworfen, un' sie meinte, sie würd es nehmen und mich diesmal noch laufen lassen, un' ich könnt von Glück reden.“*[854]

Dies zeigt einerseits, dass das Ministerium auch ohne Entscheidung des Zaubergamot „Bußgelder“ verhängen kann. In dieser Hinsicht ähnelt es unseren Verwaltungsbehörden, die in Ordnungswidrigkeitsverfahren ebenfalls selbstständig Geldbußen verhängen können. Es zeigt aber andererseits auch, dass die Ministeriumsangestellten genau diese Kompetenz missbrauchen, um die Bevölkerung einzuschüchtern und ihren Willen (unrechtmäßig) durchzusetzen. Denn entweder hat Mundungus Fletcher den ihm vorgeworfenen Bußgeldtatbestand erfüllt, dann hätte Umbridge die „Geldbuße“ (eine pflichtgemäße Ermessensausübung vorausgesetzt[855]) verhängen müssen. Oder sein Verhalten erfüllte den Bußgeldtatbestand nicht, dann hätte Umbridge ihn auch nicht zur Herausgabe des Medaillons auffordern dürfen. In keinem Fall hätte sie dieses jedoch – wie geschehen – für sich selbst behalten dürfen. Es fehlt also auch an dieser Stelle wieder an einer kontrollierenden Instanz.

Ob die Abteilung für Magische Strafverfolgung auch legislative Kompetenzen hat und z. B. eigene Gesetze schaffen kann, ist nicht bekannt. Da das Zaubereiministerium in Ermangelung eines Parlamentes (siehe S. 98 ff.) aber auch für die Schaffung neuer Gesetze zuständig ist, liegt es nahe, dass die Ausarbeitung der Gesetze der jeweiligen Fachbehörde anvertraut wird. Im Falle von Strafgesetzen wäre das die Abteilung für Magische Strafverfolgung, sodass es wahrscheinlich ist, dass diese im Rahmen ihrer Zugehörigkeit zum Gesamt-Apparat Zaubereiministerium auch Teil der Legislative ist. Dafür spricht z. B., dass Mr Weasley als Teil der Abteilung ein *„Muggelschutzgesetz“* erarbeitet.[856]

Hauptsächlich ist die Abteilung für Magische Strafverfolgung aber ganz offensichtlich eine Art Anklagebehörde. Denn sie bereitet die Verfahren des Zaubergamot vor und kümmert sich beispielsweise um die Ermittlung und die Kontaktaufnahme mit den Betroffenen. Im Normalfall ist es Aufgabe des Leiters der Abteilung für Magische Strafverfolgung, die Anklage zu verlesen und den Angeklagten zu vernehmen. Diese Kompetenz kann der Zaubereiminister jedoch auch nach eigenem Ermessen an sich ziehen. Sehr ungewöhnlich ist, dass

---

854 *Rowling,* Harry Potter 7, Das Bestechungsgeschenk, S. 228 f.

855 Opportunitätsprinzip: *Bücherl,* in: BeckOK OWiG, § 47 Rn. 7–13; *Mitsch,* in: KK-OWiG, § 47 Rn. 1–3.

856 *Rowling,* Harry Potter 2, Der Vielsaft-Trank, S. 239; Dobbys Belohnung, S. 358. *„What information we are given is that bureaucrats such as Arthur Weasley ‚write‘ laws.“*, *Gava/Paterson,* in: Thomas/Snyder (Hrsg.): The Law & Harry Potter, S. 3 (14).

der Leiter der Abteilung für Magische Strafverfolgung gleichzeitig auch einen Sitz im Zaubergamot hat und damit abstimmungsberechtigt ist.[857] Er führt also nicht nur die Ermittlungen und klagt den Betroffenen an, sondern er stimmt am Ende des Verfahrens auch mit über dessen Schuldfrage ab. Dies ist in vielerlei Hinsicht problematisch. Einerseits ist der Abteilungsleiter bzgl. des Zaubereiministers weisungsgebunden, weil er als Leiter der Abteilung für Magische Strafverfolgung einen Teil des Zaubereiministeriums darstellt. Andererseits ist er ein Teil des abstimmungsberechtigten Gerichts. Auch hier wird wiederum deutlich, dass kein Teil des Zaubereiministeriums wirklich unabhängig ist. Vielmehr besteht teils sogar Personenidentität zwischen Gericht und Anklagebehörde.

Auch die Stellung der Staatsanwaltschaften im Nationalsozialismus war rechtsstaatlich problematisch. Das *„Dritte Gesetz zur Überleitung der Rechtspflege auf das Reich“* (RGBl. I 1935, S. 68) vom 24. Januar 1935 führte dazu, dass die Justizbehörden der Länder Reichsbehörden wurden, so auch die Staatsanwaltschaften.[858] Das Reichsjustizministerium nutzte die daraus entstandene Weisungsgebundenheit als Lenkungsinstrument, um politisch erwünschte Ergebnisse herbeizuführen (siehe S. 106 f., 241 f.). So entwickelte sich die Staatsanwaltschaft im NS-Staat von einer Anklagebehörde hin zu einem Aufsichtsorgan der Exekutive über die Rechtspflege.[859] Die Rolle der Staatsanwaltschaft als „objektivste Behörde der Welt“ wurde in dieser Zeit ad absurdum geführt. Ziel der staatsanwaltlichen Tätigkeit war nicht mehr das Wirken hin zu Gerechtigkeit, sondern der Wille des Führers, getarnt als „gerechter“ Wille des Volkes.[860]

Die Lenkung hatte verheerende Auswirkungen. So ermöglichte sie dem Regime beispielsweise in einzelnen Verfahren wie dem „Fall Schlitt“ aus dem Jahr 1942, gezielt die Todesstrafe zu beantragen.[861] Bereits nach der *Reichskristallnacht/ Reichspogromnacht* (09./10. November 1938) hatte das Reichsjustizministerium die Staatsanwaltschaften angewiesen, Beschädigung von jüdischem Gut nicht zu verfolgen und bei anderen Straftaten die Ermittlungen der Gestapo zu überlassen. Die gerichtliche Verfolgung von „Übereifertätern“ wurde den Parteigerichten der NSDAP übertragen. Tötungen von Juden wurden daraufhin mit geringfügigen Disziplinarstrafen geahndet.[862]

Die *„Verordnung über Maßnahmen auf dem Gebiete der Gerichtsverfassung und der Rechtspflege“* (RGBl. I 1939, S. 1658) vom 1. September 1939 räumte der Staatsanwaltschaft eine Erweiterung der Gerichtswahl ein. Fälle, die bis da-

857 *Rowling,* Harry Potter 5, Die Anhörung, S. 181.
858 *Nüchterlein,* Volksschädlinge vor Gericht, S. 52 f.
859 *Combé*, Staatsanwaltschaft im Ermittlungsverfahren, S. 43 ff.
860 *Combé*, Staatsanwaltschaft im Ermittlungsverfahren, S. 48.
861 *Gribbohm,* in: NJW 1988, S. 2842 (2845); *Schädler,* Justizkrise, S. 22.
862 Justizielle Folgen der Reichskristallnacht: *Gruchmann,* in: NJW 1988, S. 22865 (2856–2861).

hin in die Zuständigkeit eines Schwurgerichtes oder eines niedrigeren Gerichts fielen, konnten nun vor einem Sondergericht angeklagt werden.[863]

Gleichzeitig bauten die Nationalsozialisten die Kompetenzen der Staatsanwaltschaft gegenüber den Gerichten kontinuierlich aus, um sich noch weitreichendere Einflussmöglichkeiten zu verschaffen. Die Staatsanwaltschaft emanzipierte sich von der gerichtlichen Kontrolle im Strafverfahren u.a. durch die Einschränkung der gerichtlichen Voruntersuchung, die Beseitigung von Eröffnungsbeschluss und Klageerzwingung (siehe S. 241 f., 248 f., 282 f.) und schließlich durch die neue Kompetenz, Haftbefehle erlassen zu können.[864] Hinzu kam die Anfechtungsmöglichkeit der Staatsanwaltschaft durch den *außerordentlichen Einspruch* im Jahr 1939[865] und die *Nichtigkeitsbeschwerde* im Jahr 1940[866] (siehe S. 276, 406). Werle kommt hier zu dem Ergebnis: *Mit dem außerordentlichen Einspruch und der Nichtigkeitsbeschwerde kann im Ergebnis jedes der politischen Führung mißliebige Urteil über eine Weisung an die Oberreichsanwälte zu Fall gebracht werden.*“[867]

Durch die strikte Weisungsgebundenheit der Staatsanwälte besaß die Diktatur unter Adolf Hitler ein effektives Instrument, um auf die gesamte Justiz in ihrem Sinne Einfluss zu nehmen. Und das, ohne die gesetzlichen Bestimmungen grundlegend neu gestalten zu müssen.[868] Dazu schreibt Schmidt: „*Aber auch soweit die Justiz in Funktion blieb, wurde sie in möglichst weitgehende Abhängigkeit von der Verwaltung gebracht. Das zeigte sich im Bereiche des Strafverfahrensrechtes in dem gewaltigen Anwachsen der Macht des Staatsanwalts gegenüber dem Beschuldigten wie auch gegenüber dem Gericht.*“[869]

Gleiches wie im NS-Staat gilt auch für die Abteilung für Magische Strafverfolgung. Indem Lord Voldemort das Zaubereiministerium übernimmt, eignet er sich gleichzeitig die Kontrolle über die Justiz an. Einerseits über die mächtige Stellung des Zaubereiministers. Andererseits aber auch über die unscharfe Trennung zwischen Anklagebehörde und Gericht, die faktisch dazu führt, dass der Zaubereiminister durch die Steuerung der Abteilung für Magische Strafverfolgung direkt in Verfahren des Zaubergamot intervenieren kann. Auch heute noch gibt es deswegen Stimmen, die u.a. auf Grund des Lenkungs-Missbrauchs unter

---

863 *Nüchterlein,* Volksschädlinge vor Gericht, S. 51 f.; *Riehle,* Staatsanwaltschaft, S. 47, 132.

864 *Riehle,* Staatsanwaltschaft, S. 41 ff.; *Schumacher,* Staatsanwaltschaft und Gericht im Dritten Reich, S. 38.

865 *Wilke,* Staatsanwälte, S. 148 ff.; *Schmidt,* Strafrechtspflege/1, S. 442.

866 *Wilke,* Staatsanwälte, S. 152 ff.; *Schmidt,* Strafrechtspflege/1, S. 442; *Manthe,* Richter, S. 44 f.

867 *Werle,* Justiz-Strafrecht, S. 23.

868 *Combé,* Staatsanwaltschaft im Ermittlungsverfahren, S. 48.

869 *Schmidt,* Strafrechtspflege/1, S. 441.

den Nationalsozialisten eine Zuordnung der Staatsanwaltschaft zur (unabhängigen) Justiz (statt zur Exekutiven) fordern.[870]

b) Funktion als Polizei

Die Abteilung für Magische Strafverfolgung beherbergt die *Aurorenzentrale* und die *Magische Strafverfolgungspatrouille*. Bei den *Auroren* handelt es sich um eine Art speziell ausgebildete Elite-Polizei, die dazu da ist, schwarze Magier zu jagen.[871] Zu einem der bekanntesten Auroren gehört „Mad Eye" Moody, der bereits in den 80ern, als Harrys Eltern von Lord Voldemort getötet wurden, als Auror für das Ministerium gearbeitet hat.[872]

Die Auroren sind in der *Aurorenzentrale*[873] organisiert. Damit sind die Auroren Mitarbeiter des Zaubereiministeriums und unterliegen den direkten Weisungen des Zaubereiministers.[874] Diese Kompetenz nutzt vor allem Fudge an vielen Stellen aus, um den Auroren direkte Anweisungen zu erteilen. Beispielsweise zur (erfolglosen) Festnahme Dumbledores am Ende von Band fünf. Fudge geht dabei (fälschlicherweise) davon aus, Dumbledore würde eine Armee aufstellen, um das Zaubereiministerium unter seine Kontrolle zu bringen: *„»Seien Sie nicht albern, Dawlish«, sagte Dumbledore freundlich. »Ich bin sicher, dass Sie ein glänzender Auror sind – ich meine mich zu erinnern, dass Sie ein ›Ohnegleichen‹ in all Ihren UTZ-Prüfungen bekommen haben –, aber wenn Sie versuchen – ähm – mich gewaltsam abzuführen, werde ich Ihnen wehtun müssen. [...] »Schluss mit diesem Unsinn!«, sagte Fudge und zog seinen Zauberstab. »Dawlish! Shacklebolt! Nehmen Sie ihn fest!«"*[875]

---

870 *Rautenberg*, in: NJ 4/2003, S. 169 (169–175); siehe zum Europäischen Haftbefehl Fn. 539.

871 *Rowling*, Harry Potter 4, Im Hogwarts Express, S. 170.

872 *„»Früher hat er [Anm. „Mad-Eye" Moody] fürs Ministerium gearbeitet, heute ist er im Ruhestand«, sagte Charlie. »Ich hab ihn mal getroffen, als Dad mich zur Arbeit mitnahm. Er war ein Auror – einer der besten ... ein Jäger schwarzer Magier«, fügte er mit einem Blick auf den fragend dreinblickenden Harry hinzu. »Zu seiner Zeit hat er praktisch die Hälfte der Zellen in Askaban gefüllt. Hat sich dabei allerdings eine Menge Feinde gemacht ... vor allem die Familien von Leuten, die er gefangen hat ... und wie ich höre, hat ihn auf seine alten Tage noch der Verfolgungswahn gepackt. Traut keinem mehr über den Weg. Sieht an jeder Ecke schwarze Magier.«"* (*Rowling*, Harry Potter 4, Im Hogwarts-Express, S 170).

873 *„Harry lugte verstohlen durch die Türöffnungen, an denen sie vorbeikamen. Die Auroren hatten die Wände ihrer Bürozellen mit allem Möglichen beklebt, mit Fahndungsbildern von Zauberern und Familienfotos der Auroren ebenso wie mit Postern ihrer Lieblingsmannschaften im Quidditch und Artikeln aus dem Tagespropheten."* (*Rowling*, Harry Potter 5, Das Zaubereiministerium, S. 159).

874 So ordnete der Zaubereiminister z. B. auch die Suche nach Hagrid durch die Auroren an, vgl. *Rowling*, Harry Potter 5, Jenseits des Schleiers, S. 960.

875 *Rowling*, Harry Potter 5, Der Zentaur und die Petze, S. 728 f.

Nach dem Tod von Harrys Eltern und dem Verschwinden Lord Voldemorts werden die Auroren u. a. bei der Suche nach dem (angeblichen) Massenmörder und (angeblichen) Anhänger Lord Voldemorts, Sirius Black, eingesetzt.[876]

Die *Magische Strafverfolgungspatrouille* kümmert sich im Gegensatz dazu um alltägliche Kriminalität und Ordnungswidrigkeiten. Dazu gehören beispielsweise auch Fälle, in denen Muggeln boshafte magische Streiche gespielt werden: *„»Anti-Muggel-Scherzbolde«, sagte Mr Weasley stirnrunzelnd. »Letzte Woche hatten wir zwei, eine in Wimbledon und eine in Elephant and Castle. Die Muggel drücken die Spülung, und statt dass alles verschwindet – nun, du kannst es dir vorstellen. Die Armen rufen ständig diese Pempler, so heißen die, glaub ich – du weißt schon, die Abflüsse und so reparieren.« »Klempner?« »Ja, genau, aber natürlich sind die fassungslos. Wer immer das auch tut, ich kann nur hoffen, dass wir sie kriegen.« »Werden die Auroren sie fangen?« »O nein, das war nur Kleinkram für die Auroren, das macht die gewöhnliche Magische Strafverfolgungspatrouille – ah, Harry, das ist Perkins.« “*[877]

Wie Harry bei seiner Berufsberatung in Band fünf erfährt, erfordert der Beruf des Aurors einen weit überdurchschnittlichen Schulabschluss. Neben guten Noten müssen sich angehende Auroren aber noch weiteren Charaktertest und Prüfungen unterziehen. Insgesamt dauert die Ausbildung zum Auror drei Jahre.[878] Von Nymphadora Tonks, einer jungen Aurorin, erfährt Harry, dass angehende Auroren eine Aurorenschulung absolvieren müssen, die mit einer Prüfung in mehreren Disziplinen endet.[879] Die Aurorenzentrale innerhalb des hierarchisch strukturierten Zaubereiministeriums weist wiederum selbst eine innere Hierarchie auf. In dieser sind dienstältere Auroren Vorgesetzte der jüngeren Anwärter.

Als Lord Voldemort sich am Ende von Band fünf mit Dumbledore im Zaubereiministerium duelliert, werden ebenfalls Auroren gerufen, um Lord Voldemort gefangen zu nehmen. Dumbledore schafft es zwar, Lord Voldemort in Schach zu halten, diesem gelingt jedoch erneut die Flucht.[880] Daraufhin werden – nach Jahren des Leugnens seiner Rückkehr – ab Band sechs endlich offiziell sämtliche Auroren zur Fahndung nach Lord Voldemorts eingesetzt. Dies berichtet Fudge

---

876 *Rowling*, Harry Potter 3, Der Fahrende Ritter, S. 47.)

877 *Rowling*, Harry Potter 5, Das Zaubereiministerium, S. 161 f.

878 *„»Nun, Sie werden die Fähigkeit beweisen müssen, unter Druck geschickt zu agieren und so weiter«, sagte Professor McGonagall, »Sie werden Ausdauer und Engagement zeigen müssen, weil die Aurorenausbildung weitere drei Jahre in Anspruch nehmen wird, ganz zu schweigen von sehr guten Fähigkeiten in praktischer Verteidigung. Das wird noch viel mehr Lernen bedeuten, auch nachdem Sie die Schule verlassen haben. Wenn Sie also nicht bereit sind …« “* (*Rowling*, Harry Potter 5, Berufsberatung, S. 781).

879 *Rowling*, Harry Potter 5, Die Vorhut, S. 67.

880 *„»Es war töricht, heute Nacht herzukommen, Tom«, sagte Dumbledore ruhig. »Die Auroren sind unterwegs …« »Bis dahin bin ich verschwunden und du wirst tot sein!«, fauchte Voldemort. Er schleuderte Dumbledore einen weiteren Todesfluch entgegen, verfehlte ihn jedoch und traf stattdessen das Pult des Sicherheitsbediensteten, das in Flammen aufging.“ (Rowling,* Harry Potter 5, Der einzige, den er je fürchtete, S. 954).

am Anfang von Band sechs auch dem aktuellen Muggel-Minister: *„»Glauben Sie wirklich, ich hätte nicht bereits jede Anstrengung unternommen?«, entgegnete Fudge erhitzt. »Sämtliche Auroren des Ministeriums haben versucht – und versuchen immer noch –, ihn zu finden und seine Anhänger auszuheben, aber wir reden hier zufällig über einen der mächtigsten Zauberer aller Zeiten, einen Zauberer, der fast drei Jahrzehnte lang einer Gefangennahme entkommen ist!«"*[881]

Während die Auroren unter Fudge auch dafür eingesetzt wurden, politischen Zielen Nachdruck zu verleihen und beispielsweise potentielle Konkurrenten wie Dumbledore festzunehmen, ändert sich der Aufgabenbereich der Auroren ab Band sechs wieder hin zu ihrem ursprünglichen Zweck. Mit dem Antritt von Scrimgeour als neuem Zaubereiminister werden die Auroren wieder verstärkt als „Schwarze-Magier-Jäger" eingesetzt. In jeder Situation, in der Lord Voldemort oder seine Todesser involviert sein könnten, werden die Auroren hinzugezogen. So beispielsweise auch beim Bevölkerungsschutz. Auf Flugblättern wirbt das Zaubereiministerium jetzt sogar hierfür: *„Sollte das Dunkle Mal über einem Wohnhaus oder einem anderen Gebäude erscheinen, BETRETEN SIE ES NICHT, sondern wenden Sie sich unverzüglich an das Aurorenbüro."*[882]

Was mit der Aurorenzentrale unter Lord Voldemorts Herrschaft in Band sieben geschieht, ist nicht bekannt. Namhafte Auroren wie Kingsley Shacklebolt und Nymphadora Tonks geben ihren Job auf, um an der Seite Harrys gegen Lord Voldemort zu kämpfen.[883] Dawlish, einer der Auroren, die an der Festnahme Dumbledores in Band fünf beteiligt war, arbeitet auch unter Lord Voldemort weiter im Ministerium. Es ist bekannt, dass er u. a. für den Transport Muggelstämmiger nach Askaban zuständig ist.[884] Daraus kann geschlossen werden, dass Lord Voldemort ehemaligen Auroren, die seine Ideologie vertreten, hochrangige Aufgaben in „seinem" Zaubereiministerium zugewiesen hat.

Statt einer formalen „Polizei" setzte Lord Voldemort seine Anhänger, die Todesser, gezielt ein, um Angst und Schrecken zu verbreiten (Nelson: *„reign of terror"*) und politische Gegner aufzuspüren und zu töten (Nelson: *„killing mages who resist"*).[885] Sie sind seinem Befehl, aber ansonsten keinerlei Beschränkungen, unterworfen und müssen sich während der Herrschaft Lord Voldemorts für ihre Taten nicht rechtfertigen. Damit schuf Lord Voldemort für seine Anhänger faktisch einen rechtsfreien Raum.[886]

---

881 *Rowling,* Harry Potter 6, Der andere Minister, S. 19.

882 *Rowling,* Harry Potter 6, Wollen und Nichtwollen, S. 49.

883 *Rowling,* Harry Potter 7, Die sieben Potters, S. 53; Die Heiligtümer des Todes, S. 448 f.

884 *Rowling,* Harry Potter 7, Die Rache des Kobolds, S. 304 f.

885 *Nelson,* Defenses Against the Dark Arts, S. 120.

886 *Rowling,* Harry Potter 5, Der Orden des Phönix, S. 116; Harry Potter 6, Der andere Minister, S. 20; Harry Potter 7, Das Bestechungsgeschenk, S. 212 ff.; Harry Potter 7, Das letzte Versteck, S. 564.

Ähnliches geschah auch im Dritten Reich unter Adolf Hitler. Dieser versuchte aber stärker, seinem Tun den Anschein der Rechtsstaatlichkeit zu verleihen. So beispielsweise auch bei der Reform der Polizei, die eine zentrale Stütze des nationalsozialistischen Regimes darstellte. Wie oben bereits angeschnitten, wurde die Polizei im Dritten Reich ab 1933 zentralisiert und zu einem Instrument der Führergewalt gemacht. Man unterschied zwischen der *Ordnungspolizei* (OrPo)[887] und der *Sicherheitspolizei* (SiPo). Letztere unterteilte sich wiederum in die *Geheime Staatsschutzpolizei* (Gestapo) sowie die *Kriminalpolizei* (Kripo). Zudem schuf Hitler die *Sturmabteilung SA*, die *Schutzstaffel SS* und als Teil der SS den *Sicherheitsdienst des Reichsführers SS (SD).* Ab 1939 ging die SS in der militärischen *Waffen-SS* auf.[888]

Die SA wurde 1921 als paramilitärische Abteilung der NSDAP zur Bekämpfung von politischen Gegnern gegründet. Im Vorfeld der Machtergreifung widmete sich die SA neben der Propaganda auch dem Straßenkampf bzw. Überfällen auf Sozialdemokraten, Kommunisten und Juden. Nachdem 1934 SS-Einheiten die Führungsspitze der SA beim Röhm-Putsch ermordet hatten, verlor die SA an Bedeutung. Sie beteiligte sich 1938 aber u.a. noch an der *Reichspogromnacht* gegen die jüdische Bevölkerung.[889]

Die 1925 gegründete SS entwickelte sich aus der Leibgarde Hitlers zur Kaderorganisation der Nationalsozialisten, die u.a. den Völkermord an den europäischen Juden plante, organisierte und ausführte. Wie keine andere Organisation war der sog. *Schwarze Orden* vom Elitedenken der Nationalsozialisten geprägt und stellte an seine Mitglieder strenge Anforderungen, was Abstammung, Bildung, Leistung, Führertreue und nationalsozialistisches Gedankengut betraf.[890]

---

887 Die uniformierte Polizei (Schutzpolizei, Gendarmerie, Gemeindepolizei) wurde organisatorisch im *Hauptamt Ordnungspolizei* zusammengefasst. Ihre wesentliche Aufgabe war es, durch unmittelbare Vollzugsmaßnahmen für öffentliche Sicherheit und Ordnung zu sorgen. Eine Reihe von Einheiten der Ordnungspolizei nahm aber auch an Kriegseinsätzen und der Judenvernichtung teil: *Klemp,* Freispruch für das „Mord-Bataillon", S. 17 ff.; *Matthäus,* in: Paul (Hrsg.): Die Täter der Shoah, S. 137 (137–166).

888 Ab 1940 war die Waffen-SS organisatorisch eigenständig und unterstand dem direkten Oberbefehl des Reichsführers SS Heinrich Himmler. Der Waffen-SS gehörten sowohl Kampfverbände als auch die Wachmannschaften der Konzentrationslager an. Einheiten der Waffen-SS wurden an der Front und zur Sicherung besetzter Gebiete eingesetzt und waren für zahlreiche Kriegsverbrechen verantwortlich. Jeder Angehörige der Waffen-SS trug auf der Innenseite des linken Oberarms eine Tätowierung seiner Blutgruppe. *Goldsworthy,* The Waffen-SS/1, S. 7 ff.; zur Entwicklung ab 1939: *Stein,* The Waffen-SS, S. 27 ff.; zum Lüneburger Auschwitzverfahren: *Momsen,* in: StV 2017, S. 546 (546 ff.).

889 *Schmitz-Berning,* Vokabular des Nationalsozialismus, S. 551 ff.; *Benz/Graml/Weiß,* Enzyklopädie des Nationalsozialismus, S. 752 f.; zu Hitlers Ideologie hinter der SA: *Zehnpfennig,* Adolf Hitler, S. 194 ff.; zu den juristischen Folgen des Röhm-Putsches: *Gruchmann,* Justiz im Dritten Reich, S. 433 ff.

890 *Hein,* in: Becker/Studt (Hrsg.): „Und sie werden nicht mehr frei sein ihr ganzes Leben", S. 69 (69–86); zur Rechtsprechung von SS- und Polizei-Gerichten: *Rüping,* in:

Von der SS abgehaltene Schulungsstunden wurden zur Dienstpflicht für alle Polizisten, um diese im Sinne der nationalsozialistischen Weltanschauung zu prägen.[891] Dabei sah sich der NS-Staat auch bei der Polizeiausbildung insgesamt als „Erziehungsstaat“.[892]

Der SD wurde 1931 als Geheimdienst der NSDAP bzw. der SS gegründet und unterstand ab 1939 dem Reichssicherheitshauptamt. Er wurde gezielt zur Bekämpfung und Vernichtung politischer Gegner und zur Einschüchterung der Bevölkerung eingesetzt. Die Mitglieder des SD werden von Historikern auch als „Elite innerhalb der Elite“ bezeichnet. Der SD war maßgeblich an der Aufstellung und Ausrüstung der SS-Einsatzgruppen beteiligt, die wiederum u. a. Massenerschießungen in Polen und Italien ausführten sowie an der Verfolgung und Vernichtung der jüdischen Bevölkerung beteiligt waren.[893]

Die Gestapo war die politische Polizei der Nationalsozialisten. Sie entstand kurz nach der Machtergreifung der NSDAP 1933 aus der Preußischen Geheimpolizei und der Polizei der Länder. 1939 wurde sie in das Reichssicherheitshauptamt eingegliedert. Die Gestapo besaß weitreichende Machtbefugnisse bei der Bekämpfung politischer Gegner und der Verfolgung der jüdischen Bevölkerung. Dabei war sie für ihre brutalen Folter- und Ermittlungsmethoden bekannt und agierte losgelöst von rechtlichen Schranken. Sie bediente sich an V-Leuten und Denunzianten. Die Gestapo war maßgeblich an der Verhaftung und Deportation von Juden und politischen Gegnern beteiligt. Das Führungspersonal der Gestapo setzte sich zur Hälfte aus promovierten Juristen zusammen.[894]

In organisatorischer Hinsicht kam es zu einer „Verreichlichung“ der Polizei, zu ihrer Verschmelzung mit dem Parteiorgan SS sowie zur Verselbstständigung der politischen Polizei gegenüber der Verwaltung.[895] 1936 wurde Heinrich Himmler zum *Reichsführer SS und Chef der Deutschen Polizei* ernannt.[896] 1939 wurde das *Reichssicherheitshauptamt* als oberster Sicherheitsbehörde geschaffen.[897] Wie dieser Umbau vonstattenging, zeigt sich am deutlichsten an den sog. Ge-

NStZ 1983, S. 112 (112–114); zum Einsatz in den Konzentrationslagern: *Hein,* Die SS, S. 59 ff.

891 *Harten,* Die weltanschauliche Schulung der Polizei, S. 13; *Vera,* Von der ‚Polizei der Demokratie‘, S. 505 ff.

892 *Banach,* in: Lange (Hrsg.): Die Polizei der Gesellschaft/4, S. 57 (58 f.).

893 *Wildt,* in: Wildt (Hrsg.): Nachrichtendienst, politische Elite und Mordeinheit, S. 7 (7–37); zur rassistischen Musterung: *Schreiber,* Elite im Verborgenen, S. 104 ff.; beispielhafte BGH-Entscheidung zur Verantwortlichkeit: BGH, Beschl. v. 17.6.2004, Az. 5 StR 115/03 (=BGHSt 49, 189); zum widersprüchlichen Bild der SD bei der Judenverfolgung: *Wildt,* in: Wildt (Hrsg.): Die Judenpolitik des SD, S. 9 (9–64).

894 *Paul,* in: Paul (Hrsg.): Die Täter der Shoah, S. 45; zur organisatorischen Entwicklung: *Dams/Stolle,* Die Gestapo, S. 23 ff.; zur Denunziation: *Gellately,* The Gestapo, S. 130 ff.

895 *Würtenberger/Heckmann,* Polizeirecht, Rn. 14.

896 *Mayer,* Staaten als Täter, S. 214.

897 *Würtenberger/Heckmann,* Polizeirecht, Rn. 14.

stapo-Gesetzen (siehe S. 104, 291). 1937 stellte Heinrich Himmler fest: *„Die nationalsozialistische Polizei leitet ihre Befugnisse zum Vollzug des Willens der Staatsführung und zur Sicherung des Volkes und des Staates nicht aus Einzelgesetzen, sondern aus der Wirklichkeit des nationalsozialistischen Führerstaates und aus den ihr von der Führung gestellten Aufgaben her […].“*[898]

Im Ergebnis schuf Hitler zunächst innerhalb bestehender staatlicher Strukturen neue polizeiliche Mechanismen, Organisationen und Ämter. Diese formte er nach seiner Vorstellung eines „Führerstaates“ und gab der Polizei immer weitreichendere Kompetenzen. Insbesondere, um sie im Ergebnis alleine seinem Willen zu unterstellen und von jeder anderen staatlichen Kontrolle herauszulösen. Im Gegensatz dazu übernimmt Voldemort lediglich mittels eines Strohmannes das Zaubereiministerium. An dessen Strukturen muss er nicht viel ändern, da er mit der Kontrolle über den Zaubereiminister auch die Kontrolle über Exekutive, Judikative und Legislative gewonnen hat. Er besetzt lediglich wichtige bestehende Ämter mit eigenen, treuen Anhängern.

Statt einer formalen, staatlichen Polizei bedient sich Lord Voldemort seiner eigenen Todesser. Eine kleine Gruppe, die ihm Treue geschworen hat. Genauso wie Hitler polizeiliche Posten gerne (aber nicht ausschließlich) mit dem Idealbild eines Ariers besetzte, handelt es sich bei den meisten (aber nicht allen) Todessern um reinblütige Zauberer aus alten, angesehenen Zaubererfamilien. Ihre Hauptfunktion besteht darin, die Bevölkerung einzuschüchtern und etwaigen Widerstand zu brechen. Genauso wie Hitlers SA, SS, SD und Gestapo agieren die Todesser dabei außerhalb jeglicher Kontrolle und müssen sich für ihre Gräueltaten an der Bevölkerung nicht rechtfertigen. Ihre Hauptaufgabe besteht im Aufspüren und Vernichten politischer Gegner sowie der gezielten Verfolgung und Tötung Muggelstämmiger.

Diesen direkten Vergleich zieht so auch Nelson: *„By Book 7, the Death Eaters resemble Brownshirts in promoting a totalitarian regime puppeteered by Voldemort. In this reign of terror, Death Eaters and snatchers disappear people almost daily and arbitrarily: killing mages who resist, but random muggles too. They imperius Pius Thickness as Minister of Magic in order to turn citizens into bystanders by suppressing most information and activity available to them. The Death Eaters act as secret police (Nazi Gestapo) to surveil citizens and keep would-be resisters (like Harry, Ron, and Hermione) on the run. And the Death Eaters even act as paramilitary (Nazi Sturmabteilung) to liberate allies from prison or to assault organized resisters – like the Order of the Phoenix and Dumbledore's Army when they try to defend the Department of Mysteries.“*[899]

Damit haben die Todesser die gleiche Funktion wie die von Hitler geschaffenen neuen „Auswüchse“ der Polizei in Form von SA, SS, SD und Gestapo. Hitler gibt sich jedoch mehr Mühe, sein Tun in ein rechtsstaatliches Gewandt zu verpacken und formal zu rechtfertigen. Bei den Todessern handelt es sich eher um

898 Zitiert nach: *Krieger,* Die deutschen Geheimdienste, S. 45.
899 *Nelson,* Defenses Against the Dark Arts, S. 120.

einen losen, wilden Zusammenschluss von Fanatikern, der nicht in das eigentliche System der Zaubererwelt eingegliedert wird, sondern direkt Lord Voldemort untersteht und Einzelbefehle (ähnlich einem „Führerbefehl") von diesem ausführen.

3. Das Justizsystem unter Lord Voldemort

Auch innerhalb des magischen Justizsystems profitiert Lord Voldemort bei seiner Machtergreifung wieder ungemein von den bestehenden Strukturen. Dies merkt man daran, dass Lord Voldemort am Aufbau des Ministeriums und der Funktion des Justizsystems kaum etwas ändert bzw. ändern muss.

Die fehlende Gewaltenteilung macht es Lord Voldemort möglich, die Herrschaft über die Zaubererwelt in Großbritannien alleine dadurch zu erlangen, dass er den alten Zaubereiminister tötet und den neuen Zaubereiminister unter seinen willenssteuernden Imperius-Fluch stellt. Da die Justiz nicht vom Zaubereiministerium unabhängig ist, erlangt Lord Voldemort mit dieser einen Handlung faktisch auch die Kontrolle über das komplette Justizsystem: *„»Waren es Todesser oder Ministeriumsleute?«, warf Hermine ein. »Sowohl als auch; aber da gibt es praktisch keinen Unterschied mehr«, sagte Lupin.*"[900]

Über den Verbleib des Zaubergamot als höchstem Gericht der Zaubererwelt wird in Band sieben nichts berichtet. Entweder lässt Lord Voldemort den Zaubergamot einfach auflösen oder er macht es so, wie bei jeder anderen Stelle im Zaubereiministerium auch: Er lässt das Gericht mit ihm treu ergebenen Anhängern besetzen. Auch dabei kommt ihm wiederum die Struktur des magischen Justizsystems zu Gute. Der Zaubergamot war auch schon unter Fudge und Scrimgeour stark vom Zaubereiministerium abhängig. Entweder ist es dem Zaubereiminister sogar möglich, die Mitglieder des Zaubergamot selbst auszuwählen/neu zu besetzen oder er kann jedenfalls den notwendigen (politischen) Druck erzeugen, damit die verbleibenden Mitglieder ihre Posten entweder freiwillig räumen oder zumindest bestimmte vorgegebene Mitglieder abwählen/hinzuwählen.

Wie die Ermordung von Amelia Bones als Leiterin der Abteilung für Magische Strafverfolgung und Mitglied des Zaubergamot zeigt[901], ist Lord Voldemort auch grundsätzlich nicht abgeneigt, politische Gegner einfach zu töten. *„»Eins muss dir klar werden, Harry, die Todesser haben jetzt die ganze Macht des Ministeriums auf ihrer Seite«, sagte Lupin. »Sie sind ermächtigt, brutale Zauber auszuführen, ohne dass sie Gefahr laufen, sich ausweisen zu müssen oder verhaftet zu werden. Es ist ihnen gelungen, jeden Schutzzauber zu durchdringen, den wir gegen sie errichtet hatten, und sobald sie drin waren, bekannten sie ganz offen, warum sie gekommen waren«*"[902]

900 *Rowling,* Harry Potter 7, Das Bestechungsgeschenk, S. 212.
901 *Rowling,* Harry Potter 6, Der andere Minister, S. 20.
902 *Rowling,* Harry Potter 7, Das Bestechungsgeschenk, S. 213 f.

Die Tatsache, dass die Todesser (ehemals) verbotene Zauber ungestraft einsetzen und sich für ihre Morde nicht vor dem Zaubergamot verantworten müssen, spricht entweder für eine Abschaffung oder zumindest komplette Umwandlung des Zaubergamot oder dafür, dass Lord Voldemort die geltenden Strafgesetze abgeschafft bzw. neue Gesetze verabschiedet hat, damit seine Todesser unter dem neuen Regime Immunität genießen. Details sind darüber nicht bekannt. Alternativ kann es auch sein, dass mit der Abschaffung der Auroren die Taten der Todesser schlicht nicht mehr verfolgt werden.

Im Gegensatz zum Zaubergamot ist bekannt, dass die Abteilung für Magische Strafverfolgung unter Lord Voldemort einfach in ihrer alten Funktion – aber teils mit neuen Mitarbeitern – weitergeführt wird. Am Anfang von Band sieben stellt Lord Voldemort den Nachfolger von Amelia Bones und neuen Leiter der Abteilung für Magische Strafverfolgung unter den Imperius-Fluch.[903] Thickness soll es ihnen ermöglichen, auch weitere Beamte des Ministeriums zu kontrollieren und steigt später selbst zum Nachfolger des ermordeten Zaubereiministers auf. Dabei steht er auf Grund des Imperius-Fluchs unter der kompletten Kontrolle Lord Voldemorts. *„»Ja – Herr, das ist wahr – aber Ihr wisst, dass Thickness als Leiter der Abteilung für Magische Strafverfolgung nicht nur zum Minister persönlich regelmäßig Kontakt hat, sondern auch zu den Leitern aller anderen Ministeriumsabteilungen. Nun, da wir einen so hochrangigen Beamten unter unserer Kontrolle haben, wird es, denke ich, leicht sein, auch die anderen zu unterwerfen, und dann können sie alle gemeinsam daran arbeiten, Scrimgeour zu stürzen.«“*[904]

Diese vollständige Unterwanderung führt dazu, dass keiner mehr weiß, wem noch vertraut werden kann. Selbst langjährige Mitarbeiter des Ministeriums, die nicht auf der Seite von Lord Voldemort stehen, führen dessen Befehle fast ohne Widerspruch aus, weil sie um ihr eigenes und das Leben ihrer Familien fürchten. Ein Widerstand von „Innen“ ist damit faktisch ausgeschlossen, was Lord Voldemorts Macht zementiert: *„»Sie munkeln. Die wagen es nicht, einander zu vertrauen, sie wissen nicht, wem sie trauen können; sie haben Angst, den Mund aufzumachen, falls ihre düsteren Ahnungen stimmen und ihre eigenen Familien ins Visier genommen werden. Ja, Voldemorts spielt ein sehr cleveres Spiel. Wenn er sich selbst [Anm. als Zaubereiminister] ernannt hätte, dann hätte das vielleicht eine offene Rebellion ausgelöst. Dass er sich verborgen hält, hat Verwirrung, Unsicherheit und Angst gestiftet.«“*[905]

Nachdem Thickness zum neuen Zaubereiminister aufsteigt, wird Yaxley, ein treuer Anhänger Lord Voldemorts, der neue Leiter der Abteilung für Magische

903 *„»Die Machtübernahme ist reibungslos und weitgehend ruhig verlaufen«, sagte Lupin. »Die offizielle Version von Scrimgeours Ermordung ist, dass er zurückgetreten sei; er wurde durch Pius Thickness ersetzt, der unter dem Imperius Fluch steht.«“* (*Rowling*, Harry Potter 7, Das Bestechungsgeschenk, S. 214).

904 *Rowling*, Harry Potter 7, Der Dunkle Lord erhebt sich, S. 13.

905 *Rowling*, Harry Potter 7, Das Bestechungsgeschenk, S. 215.

Strafverfolgung. Yaxley ist dafür bekannt, die „Reinblut-Ideologie" Lord Voldemorts nicht nur zu befürworten, sondern diese in seiner neuen Funktion auch hart durchzusetzen. Dazu gehört, dass er eng mit der neu geschaffenen *Registrierungskommission für Muggelstämmige* zusammenarbeitet und sich dafür einsetzt, Muggelstämmige zu verfolgen und hart zu bestrafen. Dies zeigt sich beispielsweise daran, dass er sogar die Ehegatten von langjährigen Ministeriumsangestellten überprüfen lässt und deren (fehlenden) Blutstatus nutzt, um sie zu erpressen: *„»Aber wenn meine Frau beschuldigt würde, eine Schlammblüterin zu sein«, sagte Yaxley, »– nicht dass irgendeine Frau, die ich heirate, je mit einem solchen Dreckstück verwechselt werden könnte –, und wenn der Leiter der Abteilung für Magische Strafverfolgung etwas erledigt haben wollte, dann würde ich das zuallererst erledigen, Cattermole. Haben sie verstanden?" [...] »Dann kümmern sie sich darum, Cattermole, und wenn mein Büro nicht in einer Stunde vollkommen trocken ist, dann wird der Blutstatus Ihrer Frau noch zweifelhafter sein, als er ohnehin schon ist.«"*[906]

Doch es reicht Lord Voldemort nicht, die Abteilung für Magische Strafverfolgung zur Durchsetzung seiner Ideologie zu instrumentalisieren. Er schafft hierfür sogar (mindestens) eine weitere Abteilung. Die einzige (bekannte) große Änderung, die Lord Voldemort innerhalb des Zaubereiministeriums vornimmt, ist die Gründung dieser *Registrierungskommission für Muggelstämmige* unter der Leitung von Umbridge. Während ihm die bisherige Struktur des Zaubereiministeriums bereits entgegenkommt, braucht er noch ein weiteres Mittel, um seine Ideologie einer reinblütigen Zaubererrasse durchzusetzen und offiziell im System zu verankern:

„»Das Zaubereiministerium führt eine Überprüfung der sogenannten Muggelstämmigen durch, um zu klären, wie sie in den Besitz magischer Geheimnisse kamen. Neuere Untersuchungen der Mysteriumsabteilung zeigen, dass Magie nur von Person zu Person weitergegeben werden kann, wenn sich Zauberer fortpflanzen. Sofern der so genannte Muggelstämmige keine Zauberer als Vorfahren nachweisen kann, hat er seine magische Kraft daher aller Wahrscheinlichkeit nach durch Diebstahl oder mit Gewalt erlangt. Das Ministerium ist entschlossen derlei unrechtmäßigen Besitz magischer Kraft aufzustöbern, und hat zu diesem Zweck eine Aufforderung an alle sogenannten Muggelstämmigen ergehen lassen, sich zu einer Befragung bei der neu eingerichteten Registrierungskommission für Muggelstämmige einzufinden.«"[907]

Die Registrierungskommission hat – entgegen ihrer Bezeichnung – nicht nur die Kompetenz, Muggelstämmige zu registrieren (=Exekutive). Sie darf auch Prozesse durchführen, in denen der Blutstatus der betroffenen Muggelstämmigen untersucht und festgestellt wird.[908] Außerdem hat die Kommission die Macht,

906 *Rowling*, Harry Potter 7, Magie ist Macht, S. 251.
907 *Rowling*, Harry Potter 7, Das Bestechungsgeschenk, S. 216.
908 *Rowling*, Harry Potter 7, Die Registrierungskommission für Muggelstämmige, S. 267 ff.

Personen, die ihren Blutstatus nicht nachweisen können, den Zauberstab wegzunehmen und sie nach Askaban zu schicken oder sie mit dem Kuss des Dementors zu bestrafen (=Judikative). Ob hierfür zumindest formal ein Strafgesetz geschaffen wurde, das diese Rechtsfolgen auch explizit vorsieht (=Legislative), ist nicht bekannt.[909]

Im Ergebnis schafft Lord Voldemort eine Abteilung, der nicht nur verwaltende, sondern auch rechtsprechende Kompetenzen übertragen werden. Umbridge darf nicht nur ermitteln und anklagen, sondern auch das Strafmaß bestimmen. Dabei kommt es – im Gegensatz zu den Verhandlungen vor dem Zaubergamot – nicht einmal mehr zu einer Mehrheitsentscheidung. Die Vorsitzende der Kommission entscheiden alleine und bestimmt auch das Strafmaß selbst (siehe S. 434 ff.).[910]

Dieses grausame und willkürliche Vorgehen bettet Lord Voldemort mit Hilfe der Registrierungskommission in das bestehende System des Zaubereiministeriums ein, sodass es auf den ersten Blick nach außen den Eindruck der staatlichen Legitimation erweckt. Auf eine ähnliche Art und Weise funktionierte auch der NS-Staat, der zunächst „gleichgeschaltet" wurde. Zudem wurde die Justiz personell „gesäubert", die justizielle Kontrolle eingeschränkt sowie die Macht der weisungsgebundenen Staatsanwaltschaften ausgebaut. Dabei umgab sich auch der NS-Staat mit dem Anschein der Rechtsstaatlichkeit.

III. Das magische Strafrecht

1. Strafgesetze und Verbote in der Zaubererwelt

In der Zaubererwelt gibt es eine Vielzahl an Gesetzen, also abstrakt-generellen Regelungen[911], die das Miteinander in der magischen Welt regeln. Mangels eines Parlamentes werden diese Normen dabei vom Zaubereiministerium erlassen (siehe S. 98 ff.). Wie genau der Gesetzgebungsvorgang aussieht, ist nicht bekannt. Es ist wahrscheinlich, dass jede Abteilung des Zaubereiministeriums in ihrem jeweiligen Fachbereich neue Regelungen erlassen kann. Dabei bestimmt der Zaubereiminister den Gesetzgebungsvorgang maßgeblich mit, weil die jeweiligen Fachabteilungen weisungsgebunden sind und im Zweifelsfalls auch bei

---

909 Falls das jedoch der Fall sein sollte, spricht vieles dafür, dass die Registrierungskommission als zuständige Fachabteilung innerhalb des Ministeriums ebenjene Gesetze auch selbst erlassen durfte. Womit auch die Registrierungskommission alle drei Gewalten in sich vereinen würde.

910 Wie willkürlich das ist, zeigt ein Fall, bei dem Umbridge einem Betroffenen faktisch die Todesstrafe („Kuss des Dementors") androht, nur, weil dieser sich gegen seine Abführung wehrt (*Rowling,* Harry Potter 7, Die Registrierungskommission für Muggelstämmige, S. 226).

911 Zum Begriff des Gesetzes: *Detterbeck,* Öffentliches Recht, Rn. 15 ff.; *Sommermann,* in: Mangoldt/Klein/Starck (Hrsg.): GG, Art. 20 Rn. 263; *Schmitz,* in: MüKo StGB, § 1 Rn. 25.

der Gesetzgebung nach seinen Anweisungen handeln. Das Strafrecht fällt dabei in die Zuständigkeit der Abteilung für Magische Strafverfolgung (siehe S. 70 ff., 161 ff.).

Das (Kriminal-)Strafrecht umfasst im Rechtssystem eines Landes diejenigen Rechtsnormen, durch die bestimmte Verhaltensweisen verboten und mit einer Strafe als Rechtsfolge verknüpft werden. Als Ziel des Strafrechts in Deutschland gilt vor allem der Schutz bestimmter Rechtsgüter wie beispielsweise Leben, körperliche Unversehrtheit oder Eigentum. Ein Strafgesetz ist dabei ein Gesetz, das eine Rechtsfolge aus dem Bereich des Strafrechts anordnet. Solche Rechtsfolgen sind typischerweise Freiheitsstrafe, Geldstrafe und Nebenfolgen wie z. B. das Fahrverbot oder das Berufsverbot.[912] Es ist nicht bekannt, ob die Zaubererwelt über ein Äquivalent zu unserem Strafgesetzbuch (StGB) verfügt. Man weiß nicht, ob die Strafgesetze einfach einzeln vom Ministerium erlassen werden oder ob diese in einem Gesamtwerk gebündelt werden.

a) Das Abkommen zur Geheimhaltung der Magie

Das *„Abkommen zur Geheimhaltung der Magie"*[913] hat innerhalb der magischen Welt einen ernsten Hintergrund. Für viele Jahrhunderte hatten Muggel und Zauberer friedlich neben- und miteinander gelebt.[914] Ab dem 15. Jahrhundert verschlechterte sich die Beziehung zwischen Muggeln und Zauberern zunehmend. In Europa kam es zu Hexenverbrennungen, was dazu führte, dass Zauberer begannen, sich zu ihrem eigenen Schutz vor Muggeln zu verbergen: *„Die Verfolgung von Hexen und Zauberern nahm im frühen fünfzehnten Jahrhundert in ganz Europa an Heftigkeit zu. In der magischen Gemeinschaft waren viele aus gutem Grund der Auffassung, dass ein Angebot, das kränkliche Schwein des Nachbarmuggels mit einem Zauber zu belegen, so viel bedeutete, wie freiwillig das Feuerholz für den eigenen Scheiterhaufen zu sammeln."*[915]

Als Reaktion auf die zunehmende Verfolgung der Zauberer durch Muggel (z. B. auch in den USA in Salem[916]) wurde in der magischen Welt am Ende

912 Zur Definition des Strafrechts, dem Aufbau einer Strafnorm und der Rechtfertigung von Strafen sowie dem Rechtsgüterschutz: *Joecks/Erb,* in: MüKo StGB, Einleitung Rn. 28; *Gropp/Sinn*, Strafrecht AT, Rn. 38 ff.; *Kaspar,* Strafrecht AT, Rn. 1 ff.; Voraussetzungen und Grenzen staatlichen Strafens: *Frisch,* in: NStZ 2016, S. 16 (16–25).

913 In den Harry-Potter-Büchern hat das Abkommen mehrere Namen: Siehe S. 100 Fn. 513.

914 https://www.wizardingworld.com/features/the-witches-and-wizards-who-meddled-in-muggle-events (abgerufen am: 23.01.2023).

915 Auszug aus dem fiktiven Märchenbuch *„Die Märchen von Beedle dem Barden",* das auch in den Harry-Potter-Büchern eine Rolle spielt und von Rowling als reales Buch herausgebracht wurde: *Rowling,* Die Märchen von Beedle dem Barden, S. 13.

916 Der Bezug zur Hexenverfolgung in den Harry-Potter-Büchern ist ein Beispiel dafür, wie Rowling historische Geschehnisse in der realen Welt mit der Handlung der Harry-Potter-Bücher verknüpft. Zu den realen Hexenprozessen: *Levack*, Hexenjagd, S. 75 ff.; 164 ff.; Anschuldigungen: *Goss*, The Salem Witch Trials, S. 13 ff.; Anfänge: *MacBain,*

des 17. Jahrhunderts beschlossen, alle Magie vor Muggelaugen zu verbergen. Zauberer, die weiterhin Kontakt zu Muggeln hatten, wurden geächtet: *„Als die Hexenverfolgungen immer blutrünstiger wurden, begannen Zaubererfamilien, ein Doppelleben zu führen und sich selbst und ihre Angehörigen mit Hilfe von Verbergungszaubern zu schützen. Im siebzehnten Jahrhundert wurden alle Hexen und Zauberer, die sich dafür entschieden, mit Muggeln freundschaftlichen Umgang zu pflegen, in ihrer eigenen Gemeinschaft zu Verdächtigen, ja sogar zu Geächteten."*[917]

Während das Leben im Geheimen von einer Mehrheit der magischen Gesellschaft akzeptiert wurde, führten die Einschränkungen bei einem Teil der magischen Bevölkerung zu Widerstand. Das Geheimhaltungsabkommen kann als einer der Auslöser für die spätere Radikalisierung Lord Voldemorts und seiner Anhänger gesehen werden.[918] Diese nehmen die Verfolgung durch einzelne Muggel als Anlass dafür, alle Muggel zu hassen und die Anti-Muggel-Ideologie einer reinblütigen Zaubererrasse aufrechtzuhalten. In ihren Augen sind magische Personen mehr wert als Muggel. Statt sich vor den Muggeln verborgen zu halten, soll die Welt nach ihrer Ansicht stattdessen von Zauberern beherrscht werden.

„Einflussreiche zeitgenössische Zauberer wie zum Beispiel Brutus Malfoy, Herausgeber des Magischen Kriegers, einer muggelfeindlichen Zeitschrift, festigten das Klischee, dass ein Muggelfreund ungefähr genauso magisch sei wie ein Squib. Im Jahr 1675 schrieb Brutus: Dies können wir mit Gewissheit feststellen: Ein jeglicher Zauberer, welcher der Gesellschaft der Muggel Zuneigung entgegenbringt, ist von niederem Intellekt, mit derart schwachen und erbärmlichen magischen Fähigkeiten, dass er sich nur im Kreise von Muggelschweinehirten überlegen fühlen kann. Nichts ist ein untrüglicheres Zeichen für mindere Magie als eine Schwäche für nichtmagische Gesellschaft."[919]

Im Jahr 1689 wurde das umstrittene Abkommen zur Geheimhaltung der Magie schließlich offiziell vom britischen Zaubereiministerium verabschiedet.[920]

The Salem Witch Trials, S. 10 ff.; Prozesse: *Fradin/Fradin,* The Salem Witch Trials, S. 29 ff.

917 *Rowling,* Die Märchen von Beedle dem Barden, S. 15 f.; dazu: *Winter,* in: Gymnich/Birk/Burkhard (Hrsg.): „Harry – Yer a Wizard", S. 95 (100).

918 Als Vordenker dieser Ideologie gilt dabei Gellert Grindelwald, der zusammen mit einem jungen Dumbledore unter dem Schlagwort *„Für das größere Wohl"* eine Herrschaft der magischen Bevölkerung über die Muggel anstrebte (*Rowling,* Harry Potter 7, Leben und Lügen des Albus Dumbledore, S. 365 f.). Siehe auch: *Reagin,* in: Reagin (Hrsg.): Harry Potter and History, S. 127 (131); *Kullmann,* in: Gymnich/Birk/Burkhard (Hrsg.): „Harry – yer a wizard", S. 133 (133).

919 *Rowling,* Die Märchen von Beedle dem Barden, S. 16 f. Die Zeitschrift *Magische Krieger* erinnert dabei stark an die Propaganda im NS-Staat. So z. B. den *Völkischen Beobachter*, das „Kampfblatt" der NSDAP, das antisemitische Klischees bediente und gegen die jüdische Bevölkerung hetzte (siehe S. 133).

920 *Rowling,* Harry Potter 7, Godric's Hollow, S. 327.

Dieser Schritt war auch international umstritten. Erst im Jahr 1692 einigte sich deswegen die *Internationale Zauberervereinigung* (*International Confederation of Warlocks*) auf ein allgemein gültiges und weltweit geltendes *„Internationales Geheimhaltungsabkommen“* (*„International Statute of Wizarding Secrecy“*[921]).

„Nach der Unterzeichnung des Internationalen Geheimhaltungsabkommens im Jahr 1689 gingen die Zauberer für immer in den Untergrund. Es war vielleicht nur natürlich, dass sie ihre eigenen kleinen Gemeinden innerhalb von Gemeinden bildeten. Viele kleine Dörfer und Weiler zogen gleich mehrere magische Familien an, die sich zum wechselseitigen Beistand und Schutz zusammenschlossen. Die Dörfer Tinwoth in Cornwall, Upper Flagley in Yorkshire und Ottery St. Catchpole an der Südküste Englands waren bevorzugte Heimatorte für ganze Ansammlungen von Zaubererfamilien, die Seite an Seite mit duldsamen und manchmal dem Verwechslungszauber unterworfenen Muggeln lebten.“[922]

Das Abkommen zur Geheimhaltung der Magie hatte zur Folge, dass die magische Bevölkerung untertauchte und seitdem offiziell im Geheimen lebt. Zauberer, die weiterhin in Muggel-Gebieten wohnen, benutzen ihre Magie nur noch, wenn keine Muggel anwesend sind. Außerdem wurden – verborgen vor der Muggel-Bevölkerung – geheime Wohngebiete und Städte geschaffen, in denen ausschließlich Zauberer leben. So z.B. die Winkelgasse, das Städtchen Hogsmeade oder das Gebäude des Zaubereiministeriums.[923] Folge dieses Gesetzes ist auch, dass die Hogwarts-Schule mit einem Zauber belegt ist, der sie vor Muggeln wie eine einsturzgefährdete Ruine erscheinen lässt.[924] Internationale Großveranstaltungen wie die Quidditch-Weltmeisterschaft müssen in abgelegenen Gebieten und unter strengsten Sicherheits- und Geheimhaltungsvorkehrungen stattfinden.[925]

---

921 https://www.wizardingworld.com/features/how-do-wizards-keep-themselves-so-secret-from-muggles (abgerufen am: 23.01.2023).

922 *Rowling,* Harry Potter 7, Godric's Hollow, S. 327.

923 *Rowling,* Harry Potter 1, In der Winkelgasse, S. 80; Harry Potter 5, Das Zaubereiministerium, S. 151 f. *„Da Hogsmeade das einzige nur von Zauberern und Hexen bewohnte Dorf in Großbritannien war, vermutete Harry, dass es eine Art Zuflucht war für Geschöpfe wie die Sabberhexen, die sich nicht so geschickt tarnen konnten wie Zauberer.“* (*Rowling,* Harry Potter 4, Der ungarische Hornschwanz, S. 334).

924 *„»Es [Anm. das Hogwarts-Schloss] ist verhext«, sagte Hermine. »Wenn die Muggel es anschauen, dann sehen sie nur eine vermoderte alte Ruine mit einem Schild über dem Eingang, auf dem steht: ACHTUNG, REIN ZUTRITT, EINSTURZGEFAHR.«“* (*Rowling,* Harry Potter 4, Im Hogwarts-Express, S. 175).

925 *„»Das Problem ist, dass etwa hunderttausend Zauberer zur Quidditch-Weltmeisterschaft kommen und wir einfach kein magisches Gelände haben, das groß genug wäre, um sie alle aufzunehmen. Es gibt Orte, zu denen die Muggel nicht vordringen können, doch stell dir vor, du versuchst hunderttausend Zauberer in der Winkelgasse oder auf dem Bahnsteig neundreiviertel unterzubringen. Deshalb mussten wir ein hübsches, einsames Moor ausfindig machen und möglichst viel Muggelabwehr einrichten. Das ganze Ministerium war monatelang damit beschäftigt.“* (*Rowling,* Harry Potter 4, Der Portschlüssel, S. 75 f.).

Das Geheimhaltungsabkommen besteht aus mehreren Abschnitten sowie Paragraphen, von denen nur wenige mit ihrem konkreten Inhalt erwähnt werden.

aa) Paragraph 73

In Paragraph 73 – der 1750 in das Abkommen aufgenommen wurde – ist geregelt, dass die magische Regierung eines jeden Landes dafür verantwortlich ist, magische Wesen innerhalb ihrer Grenzen zu kontrollieren und dafür zu sorgen, dass diese den Muggeln nicht auffallen. Ansonsten droht ein Verfahren vor der Internationalen Zauberervereinigung: *„Die jeweiligen Regierungsorganisationen der Zauberergemeinschaft sind für das Verbergen, die Pflege und die Kontrolle aller magischen Tierwesen, Zauberwesen und Geister verantwortlich, die auf ihrem Territorium leben. Sollte ein derartiges Geschöpf der Muggelgemeinschaft auffallen oder ihr Schaden zufügen, unterliegt die betreffende Regierung den disziplinarischen Maßnahmen der Internationalen Zaubereivereinigung."*[926]

Paragraph 73 normiert dabei keine bestimmte Verhaltensweise für ein bestimmtes Individuum, sondern richtet sich an die jeweilige magische Regierung eines Landes. Diese ist dafür verantwortlich, Tierwesen, Zauberwesen und Geister auf ihrem Territorium zu pflegen, zu kontrollieren und vor den Muggel verborgen zu halten. Die im Paragraph genannte Rechtsfolge tritt ein, wenn ein solches Geschöpf den Muggeln auffällt oder Schaden zufügt (= zwei alternative Tatbestandsmerkmale). Als Rechtsfolge ist dabei keine bestimmte Strafe geregelt, die von einem nationalen Gericht im eigenen Land verhängt wird, sondern die jeweilige Regierung muss sich vor der Internationalen Zaubereivereinigung verantworten. Diese ist befugt, disziplinarische Maßnahmen zu verhängen. Wie diese Maßnahmen konkret aussehen, ist nicht bekannt. So schreibt auch Hall: *„This law appears to have constitutional supremacy over national laws that are inconsistent with it, although it is unclear how this supremacy is enforced."*[927]

Mangels weiterer Informationen fällt es schwer, den Paragraphen juristisch richtig einzuordnen. Da die Maßnahmen von der Internationalen Zauberervereinigung verhängt werden, könnte es sich um ein völkerrechtliches Gebot handeln. Der Wortlaut spricht hier ebenfalls nicht für ein Strafgesetz, denn angedroht wird keine Kriminalstrafe, sondern „disziplinarische Maßnahmen". Husa erinnert das Abkommen besonders an das *Römisches Statut des Internationalen Strafgerichtshofs*.[928] Ob ein magischer Internationaler Gerichtshof existiert bzw. die Internationale Zaubereivereinigung damit vergleichbar ist, wird aber nicht

---

926 Auszug aus dem fiktiven Schulbuch *Phantastische Tierwesen & wo sie zu finden sind,* das auch in den Harry-Potter-Büchern eine Rolle spielt und von Rowling als reales Buch herausgebracht wurde: *Rowling,* Phantastische Tierwesen & wo sie zu finden sind, S. XXIII.

927 *Hall,* in: Anatol (Hrsg): Reading Harry Potter, S. 147 (151).

928 *„The Statute is clearly a legal transplant, which can be compared with real-life international legal documents such as the Rome Statute of the International Criminal Court." (Husa,* Interdisciplinary Comparative Law, S. 94).

deutlich, sodass an dieser Stelle nur sicher festzustellen ist, dass es sich bei § 73 um eine völkerrechtliche Regelung und nicht um eine nationale Strafnorm handelt.

Folgt man dieser Ansicht, handelt es sich beim Internationalen Geheimhaltungsabkommen jedenfalls nicht um einen reinen „Strafrechts-Katalog", sondern um eine Sammlung von Vorschriften unterschiedlicher Rechtsqualität.

bb) Weitere Regelungen

Im Geheimhaltungsabkommen werden außerdem allgemeine Verhaltensregeln für Zauberer aufgestellt, solange sie sich unter Muggeln befinden. U. a. sieht das Gesetz einen Dresscode für Zauberer vor. Diese Regelung verpflichtet die magische Bevölkerung, sich wie Muggel zu kleiden und sich in deren Gegenwart auch wie Muggel zu benehmen: *„When mingling with Muggles, wizards and witches will adopt an entirely Muggle standard of dress, which will conform as closely as possible to the fashion of the day. Clothing must be appropriate to the climate, the geographical region and the occasion. Nothing self-altering or adjusting is to be worn in front of Muggles.*"[929]

Ziel der Regelung ist ebenfalls, dass den Muggeln keinerlei magische Aktivitäten in ihrer Nähe auffallen. Welche Rechtsfolge bei einem Verstoß gegen diesen Teil des Abkommens droht, wird nicht erwähnt. Was diese Regelung in der Praxis bedeutet, zeigt sich bei der Quidditch-Weltmeisterschaft: Während Bartemius Crouch Senior – zum damaligen Zeitpunkt Leiter der Abteilung für Internationale Magische Zusammenarbeit – die Regelung, sich wie ein Muggel zu kleiden, in Perfektion befolgt und als Filialleiter einer Bank durchgehen könnte[930], gibt es einige Zauberer, die damit ihre Schwierigkeiten haben. So beispielsweise ein älterer Zauberer, der ein Damen-Nachthemd in der Öffentlichkeit trägt.[931]

Mangels Kenntnis der Rechtsfolge fällt auch hier eine Einordnung schwer. Es könnte sich neben einem Strafgesetz ebenso gut um eine Ordnungswidrigkeit handeln bzw. eine Regelung aus dem Polizeirecht der magischen Welt sein. Ob überhaupt eine derartige Unterscheidung in der Zaubererwelt getroffen wird, ist jedoch ebenfalls nicht klar.

In den Büchern wird nur ein einziges Ereignis erwähnt, anlässlich dessen bei einem Verstoß gegen das Abkommen ein allgemeiner Straferlass verkündet wurde: Als Lord Voldemort Harrys Eltern tötete und der Einjährige den Todesfluch überlebte, wurde ein Straferlass für all jene verkündet, die am folgenden Tag

---

929 Keine offizielle deutsche Übersetzung vorhanden: https://www.wizardingworld.com/writing-by-jk-rowling/clothing (abgerufen am: 23.01.2023). Der Auszug wird weder einem „Abschnitt", noch einen „Paragraph" zugeordnet. Es ist nicht einmal klar, ob es sich dabei um den gesamten Wortlaut der Regelung handelt.

930 *Rowling,* Harry Potter 4, Bagman und Crouch, S. 96 f.

931 *Rowling,* Harry Potter 4, Bagman und Crouch, S. 90.

durch öffentliches Feiern und Tragen von Zaubererumhängen gegen das Statut verstießen – so groß war die Freude, dass Harry überlebte und Lord Voldemort verschwand.[932]

Dies zeigt, dass das Zaubereiministerium bei besonderen Anlässen befugt ist, Ausnahmen zuzulassen bzw. dass das Ministerium bereits damals eher willkürlich bei der Verfolgung von Verstößen vorging. Auch die Nationalsozialisten gewährten unter bestimmten Voraussetzungen „Straffreiheiten", z.B. bei der Niederschlagung des Röhm-Putsches (siehe S. 115, 377). Hier ging es aber vor allem darum, politisch „erwünschte" Handlungen zu privilegieren.

cc) Abschnitt 13

Abschnitt 13 des Internationalen Geheimhaltungsabkommens regelt, dass jede magische Tätigkeit, die Muggeln auffallen könnte, einen schweren Verstoß darstellt. Während sich Paragraph 73 auf Tierwesen bezieht, betrifft Abschnitt 13 Magie, die durch Menschen verursacht wird. Der Abschnitt ist in den Harry-Potter-Büchern zwar nicht im Wortlaut bekannt, er wird an einigen Stellen jedoch inhaltlich ausgeführt. Vom Geheimhaltungsabkommen erfährt Harry erstmals in Band zwei, als Dobby bei den Dursleys Magie benutzt und das Ministerium denkt, Harry hätte gezaubert: *„Wir möchten Sie zugleich daran erinnern, dass jegliche magische Tätigkeit, die den Mitgliedern der nichtmagischen Gemeinschaft (Muggel) aufzufallen droht, gemäß Abschnitt 13 des Geheimhaltungsabkommens der Internationalen Zauberervereinigung ein schweres Vergehen ist."*[933]

Während Harry bei seinem ersten (angeblichen) Verstoß gegen das Geheimhaltungsabkommen „nur" vom Zaubereiministerium verwarnt wird, erhält er bei seinem Verstoß in Band fünf eine Vorladung zu einer disziplinarischen Anhörung im Zaubereiministerium: *„Da Sie bereits eine offizielle Verwarnung aufgrund eines früheren Vergehens gemäß Abschnitt 13 des Geheimhaltungsabkommens der Internationalen Zauberervereinigung erhalten haben, bedauern wir Ihnen mitteilen zu müssen, dass Ihre Anwesenheit bei einer disziplinarischen Anhörung im Zaubereiministerium am zwölften August um neun Uhr verlangt ist."*[934] Dies spricht dafür, dass es auch in der Zaubererwelt keine starren Strafen gibt, sondern entweder ein gestaffeltes System, das zunächst eine Verwarnung vorsieht oder dem Gericht wird – wie bei uns auch – ein Ermessensspielraum (z.B. durch einen Strafrahmen) eingeräumt. Rechnet man Harrys Verstöße in Band zwei (eigentlich unberechtigt) und drei (eigentlich von Fudge nicht ver-

932 Einige Stimmen – wie Professor McGonagall – sehen diese öffentlichen Feiern aber auch kritisch und fürchten, dass diese dazu führen könnten, dass die Muggel letztendlich doch die magische Welt entdecken könnten. (*Rowling,* Harry Potter 1, Ein Junge überlebt, S. 15).

933 *Rowling,* Harry Potter 2, Dobbys Warnung, S. 26.

934 *Rowling,* Harry Potter 5, Eulen über Eulen, S. 37 f.

folgt) dazu, liegt in Band fünf ein dritter Verstoß gegen das (gleiche) Gesetz vor.[935]

Dies erinnert an die „Three-Strikes"-Regelungen, die heute vor allem aus dem US-Strafrecht bekannt sind. Diese sehen vor, dass bei der dritten Verurteilung wegen einer (je nach Bundesstaat gleichartigen oder schweren) Straftat automatisch eine besonders schwere Strafe ausgesprochen wird.[936] Und das wiederum hat gewisse Ähnlichkeit mit § 20a RStGB, der von den Nationalsozialisten durch das *„Gesetz gegen Gefährliche Gewohnheitsverbrecher und über Maßregeln der Sicherung und Besserung"* (RGBl. I 1933, S. 995) vom 24. November 1933 geschaffen wurde. Dieser sah eine Strafschärfung und über § 42e RStGB bei einer Gefahr für die Öffentliche Sicherheit die Sicherungsverwahrung für sog. „gefährliche Gewohnheitsverbrecher" vor, die vor der jetzigen Tat bereits zweimal verurteilt worden waren.[937] Inwiefern die „Verwarnungen" in den Harry-Potter-Büchern eine Begründung für eine spätere Strafschärfung darstellen sollen oder ob sie einfach nur ein gestaffeltes Rechtsfolgensystem andeuten, ist nicht bekannt.

Auch die Rechtsfolge wird nicht benannt. Oben Gesagtes und die Tatsache, dass Harrys Verstoß vor dem höchsten Gericht verhandelt wird, spricht hier aber stark für eine „echte" Strafnorm. Harry droht als Strafe zudem das Zerbrechen seines Zauberstabes, was weiter unten auf Grund seiner herausragenden Bedeutung als echte Kriminalstrafe eingeordnet wird (siehe S. 234 ff.).

b) Das Verbot der Zauberei Minderjähriger

Der *„Erlass zur Vernunftgemäßen Beschränkung der Zauberei Minderjähriger"* (*„Decree for the Reasonable Restriction of Underage Sorcery"*[938]) wurde 1875 verabschiedet.[939]

aa) Regelungsgehalt Abschnitt C

Der Erlass legt fest, in welchem Maße Minderjährige in der magischen Welt zaubern dürfen. Als minderjährig gilt dabei, wer noch keine 17 Jahre alt ist.[940] Der genaue Wortlaut des Erlasses ist nicht bekannt. Da Harry aber mehrmals mit dem darin enthaltenen Verbot der Zauberei Minderjähriger in Konflikt tritt, er-

---

935 Im Schreiben des Zaubereiministeriums wird hingegen nur von einem vorausgegangenen Verstoß gesprochen, was die Inkonsequenz des Ministeriums betont.

936 *Grimes,* in: Chambliss (Hrsg.): Courts, Law and Justice, S. 257 (257–268); kritisch: *Clear/Frost,* The Punishment Imperative, S. 88 ff.

937 *Werle,* Justiz-Strafrecht, S. 86 ff.; den Zusammenhang zwischen „Three-Strikes" und § 20a, 42e RStGB zieht auch: *Kreuzer,* in: ZIS 4/2006, S. 145 (145).

938 *Rowling,* Harry Potter 2, Dobby's Warning, S. 21.

939 *Rowling,* Harry Potter 5, Die Anhörung, S. 168.

940 *Rowling,* Harry Potter 4, Das Trimagische Turnier, S. 198; Harry Potter 6, Wollen und Nichtwollen, S. 60.

fährt der Leser zumindest den groben Regelungsgehalt von Abschnitt C des Erlasses. So erstmals in Band zwei: „*Sehr geehrter Mr Potter, wie uns zur Kenntnis gelangt ist, wurde an Ihrem Wohnort heute Abend um zwölf Minuten nach neun ein Schwebezauber verwendet. Wie Sie wissen, ist es minderjährigen Zauberern nicht gestattet, außerhalb der Schule zu zaubern. Weitere Zaubertätigkeit Ihrerseits kann zum Verweis von besagter Schule führen (Erlass zur Vernunftgemäßen Beschränkung der Zauberei Minderjähriger, 1875, Abschnitt C).*“[941]

Laut Abschnitt C des Erlasses zur vernunftgemäßen Beschränkung der Zauberei Minderjähriger ist es Minderjährigen demnach verboten, außerhalb der Schule zu zaubern. Die Regelung ist damit deutlich strenger als das allgemeine Geheimhaltungsabkommen. Minderjährige dürfen nicht nur unter Muggelaugen nicht zaubern, sondern außerhalb der Schule überhaupt keine Magie anwenden.[942] Zaubert ein Minderjähriger in der Gegenwart von Muggeln, liegt damit ein doppelter Verstoß vor. Einmal gegen das Geheimhaltungsabkommen und einmal gegen das Verbot der Zauberei Minderjähriger.

Wer gegen das Verbot verstößt, erhält einen Brief des Zaubereiministeriums, in dem die exakte Uhrzeit des Verstoßes und der verwendete Zauberspruch aufgeführt werden. So beispielsweise auch in Band fünf: „*Sehr geehrter Mr Potter, wir haben Information erhalten, wonach Sie den Patronus-Zauber heute Abend um dreiundzwanzig Minuten nach neun in einem Muggelwohngebiet und in Gegenwart eines Muggels ausgeführt haben.*“[943]

bb) Die „Spur“ als Kontrollinstrument

In den Harry-Potter-Büchern wird erst im letzten Band aufgeklärt, wie das Ministerium von der Magie Minderjähriger überhaupt Kenntnis erlangt. Harry erfährt von Mad-Eye Moody, dass auf jedem minderjährigen Zauberer die sog. *Spur* liegt. Ein Zauber, mit dem das Ministerium Magie im Umkreis von unter Siebzehnjährigen registriert: „*»Die Spur, die Spur!«, sagte Mad-Eye ungeduldig. »Der Zauber, der magische Aktivitäten im Umfeld von unter Siebzehnjährigen aufspürt, mit dem das Ministerium rausfindet, wenn Minderjährige Zaubern! Wenn du oder irgendjemand um dich herum einen Zauber ausführt, um hier rauszukommen, dann wird Thickness davon erfahren, genauso wie die Todesser.«*“[944]

Die Spur ist damit ein sehr mächtiges Instrument des Zaubereiministeriums, um die Magie Minderjähriger aufzuspüren und zu bestrafen. Im Ergebnis bedeutet der Einsatz des Zaubers, dass das Zaubereiministerium jegliche Magie Minder-

941 *Rowling,* Harry Potter 2, Dobbys Warnung, S. 26.
942 Dazu: *Barratt,* The Politics of Harry Potter, S. 29 f, 89.
943 *Rowling,* Harry Potter 5, Eulen über Eulen, S. 37.
944 *Rowling,* Harry Potter 7, Die sieben Potters, S. 53.

jähriger komplett überwachen kann und nicht nur weiß, wann gezaubert wird, sondern auch, welcher Zauberspruch dabei verwendet wird.[945]

Der Zauber ist allerdings genauso fehleranfällig[946] wie mächtig. Denn das Zaubereiministerium kann nicht registrieren, welche Person den Zauberspruch aufgesagt hat, sondern nur, dass im Umkreis eines Minderjährigen Magie benutzt wurde. Dies hat zweierlei Konsequenzen: Einerseits kann die Magie von Zauberkindern faktisch nicht registriert und damit auch nicht bestraft werden, solange sich diese im Umkreis ihrer Familie befinden.[947] Hinzu kommt, dass sich das Ministerium auch in anderen Situationen nie sicher sein kann, wer den Zauberspruch ausgesprochen hat. Dies zeigt sich bereits in Band zwei, als Dobby einen Schwebezauber ausführt und Harry hierfür fälschlicherweise eine Verwarnung des Zaubereiministeriums erhält.[948]

Auch die Spur gehört zu einem der „Fehler" im System des Zaubereiministeriums, den Lord Voldemort letztendlich für seine Zwecke missbraucht. Am Anfang von Band sieben fragen sich Harry und seine Freunde, wie die Todesser sie überall aufspüren können, nachdem alle drei Freunde inzwischen volljährig sind: *„»Du – du glaubst doch nicht, dass du immer noch die Spur auf dir hast, Harry?« »Das kann nicht sein«, sagte Ron. »Die Spur löst sich, wenn man siebzehn wird, das ist magisches Gesetz, man kann sie keinem Erwachsenen auferlegen.«"*[949]

Es stellt sich heraus, dass Lord Voldemort die Idee der Spur tatsächlich für seinen „Überwachungsstaat" umfunktioniert und seinen eigenen Namen mit einem *Bann/Tabu* belegt hat.[950] Da nur ernsthafte Gegner sich getrauen, Voldemorts Namen auszusprechen, kann er sie damit aufspüren: *„»Aber der Name wurde mit einem Bann versehen, Harry, auf diese Weise spüren sie Leute auf! Wenn man seinen Namen benutzt, dann brechen alle Schutzzauber, das gibt irgendeine magische Störung – so haben sie uns in der Tottenham Court Road gefunden!« »Weil wir seinen Namen benutzt haben?« »Genau! Eins muss man ihnen lassen, raffiniert ist das schon. Nur Leute, die sich ihm ernsthaft widersetzt haben, wie Dumbledore, haben sich jemals getraut, ihn zu verwenden. Jetzt haben sie ihn*

945 So auch Schneider: *„Moreover, the wizards and witches seem to be under constant surveillance while they are underage; after all, the Ministry knows when they perform magic due to ‚the trace'.", Schneider,* in: Gymnich/Birk/Burkhard (Hrsg.): „Harry – yer a wizard", S. 155 (162).

946 Unerklärt bleibt, wieso der Orden des Phönix in Band fünf im Ligusterweg in Harrys Anwesenheit Magie anwenden konnte/durfte, obwohl es sich dabei um eine „Geheimaktion" handelte und es das Zaubereiministerium zu diesem Zeitpunkt gerade auf Harry abgesehen hatte. Dazu: *Wolf,* Broken Wand, S. 11.

947 *Barratt,* the Politics of Harry Potter, S. 89.

948 *Rowling,* Harry Potter 2, Dobbys Warnung, S. 26. Ob dabei genau der gleiche Zauberspruch verwendet wurde, ist allerdings nicht bekannt.

949 *Rowling,* Harry Potter 7, Ein Versteck, S. 175.

950 Dazu: *Wolf,* Broken Wand, S. 9; *Jones Francis,* in: Frankel (Hrsg.): Teaching With Harry Potter, S. 168 (175).

mit einem Tabu belegt, und jeder, der ihn ausspricht, kann aufgespürt werden – eine schnelle und einfache Methode, Ordensmitglieder zu finden!« "[951]

Dabei ist die Spur/der Bann als Überwachungsinstrument schwer in die uns bekannten nicht-magischen Überwachungsformen einzuordnen. Denn einerseits werden mit der Spur alle unter 17-Jährigen anlasslos überwacht, andererseits wird die Spur jedoch nur aktiviert, wenn tatsächlich Magie ausgeübt wird. Außerdem registriert die Spur nur den Zeitpunkt des Zauberns und den verwendeten Zauberspruch. Es werden also gerade keine Bild- oder Tonaufnahmen von dem Betroffenen gemacht. Gleichzeitig wissen alle Zaubererkinder, dass sie überwacht werden, weil in der Zaubererwelt allgemein bekannt ist, dass das Zaubereiministerium die Spur einsetzt. Lediglich für Muggelstämmige ist dies eine Überraschung, da die Überwachung nicht individuell durch das Zaubereiministerium mitgeteilt wird. Die Überwachung durch Lord Voldemorts Bann war dabei deutlich schwerwiegender. Denn einerseits hat er den Zauber auf alle Zauberer – egal welchen Alters – ausgedehnt. Andererseits teilte er der magischen Bevölkerung die Benutzung des Banns nicht mit, womit es sich letztendlich um eine heimliche Überwachungsmaßnahme der gesamten Bevölkerung handelte.

Eine anlasslose Rund-um-die-Uhr-Überwachung eines großen Teils der Bevölkerung wie sie sowohl vor als auch während der Herrschaft Lord Voldemorts und teilweise sogar heimlich praktiziert wurde, ist nach heutigem deutschen Recht nicht zulässig.[952] Gleiches gilt für die anlasslose Speicherung von Vorratsdaten.[953] Sowohl die in den Polizeigesetzen vorgesehene Überwachung zur Gefahrenabwehr[954] als auch die Überwachungsinstrumente zur Strafverfolgung in

951 *Rowling,* Harry Potter 7, Xenophilius Lovegood, S. 398. Andere nennen Lord Voldemort nur *„Der, dessen Name nicht genannt werden darf"* bzw. *„Du-weißt-schon-wer"* (*Rowling,* Harry Potter 1, Ein Junge überlebt, S. 16; Der Hüter der Schlüssel, S. 63).

952 *Moser-Knierim*, Vorratsdatenspeicherung, S. 227–254.

953 2010 erklärte das BVerfG die bisherigen Regelungen zur Vorratsdatenspeicherung für verfassungswidrig und damit nichtig (Urt. v. 2. März 2010, Az. 1 BvR 256/08= BVerfGE 125, 260); eine umstrittene Neuregelung erfolgte 2015. Seit einer Entscheidung des OVG Nordrhein-Westfalen, (Beschl. v. 22.06.2017, Az. 13 B 238/17= NVwZ-RR 2018, 43) ist die Vorratsdatenspeicherung in Deutschland ausgesetzt. Der EuGH hat die Voraussetzungen einer zulässigen Vorratsdatenspeicherung 2021 nochmals verfeinert (Urt. v. 02.03.2021, Az. C-746/18= NJW 2021, 2103). In seiner neusten Entscheidung bestätigte der EuGH, dass die anlasslose Vorratsdatenspeicherung in Deutschland rechtswidrig ist (Urt. v. 20.09.2022, Az. C-793/19, C-794/19 u. a.= NJW 2022, 3135).

954 Z. B. Bild- und Tonaufnahmen und -aufzeichnungen nach § 27 ff. BPolG und besondere Mittel der Datenerhebung (z. B. die längerfristige Observation) nach § 28 BPolG. Begrenzend ist im Polizeirecht hierfür regelmäßig eine bestimmte Gefahr für ein bestimmtes Rechtsgut erforderlich. Grenzen der Überwachung zur Gefahrenabwehr: *Becker,* in: NVwZ 2015, S. 1335 (1335–1340).

der StPO[955] sind eng gefasst. Die rechtsstaatlichen Hürden wurden hier von nationalen und internationalen Gerichten jeweils hoch gesetzt. Und das zu Recht: Denn die anlasslose und teilweise heimliche Überwachung stellt einen tiefgreifenden Eingriff in die Grundrechte der Bürger dar.[956] So wird beispielsweise bei der Quellen-TKÜ nicht nur in das Fernmeldegeheimnis aus Art. 10 I GG[957] eingegriffen, sondern auch in Art. 2 I GG i. V. m. Art. 1 I GG, der das Grundrecht auf *Schutz der Vertraulichkeit und Integrität informationstechnischer Systeme*[958] enthält. Trotzdem gibt es politisch mit der Begründung der Terrorabwehr und der Kriminalitätsbekämpfung immer wieder Vorstöße, die Überwachungsbefugnisse der Behörden in Deutschland auszuweiten.[959]

Aber wie man an den Harry-Potter-Büchern sieht, können weit gefasste Überwachungsmöglichkeiten durch den Staat nicht nur zu Fehlern führen, sondern auch zur Machterlangung und -erhaltung eingesetzt werden.

Unter den Nationalsozialisten waren Überwachungsmaßnahmen weit verbreitet und es wurden gezielt Bespitzelungstaktiken genutzt, um politische Gegner aufzuspüren und jeglichen Widerstand gegen das NS-Regime im Vorfeld zu unterbinden.[960] Eine zentrale Rolle kam dabei der Geheimen Staatspolizei (Gestapo) und dem parteieigenen Sicherheitsdienst (SD) zu, dessen wichtigste Aufgaben die Beobachtung von politischen Gegnern – aber auch die Überwachung und Bekämpfung oppositioneller Bewegungen innerhalb der NSDAP war (siehe S. 104, 169 f.). Unterstützt wurde der SD dabei von einem Netz aus Informanten

---

955 Unter anderem: Telekommunikationsüberwachung: § 100a StPO, Online Durchsuchung: § 100b StPO, Akustische Wohnraumüberwachung: § 100c StPO, Akustische Überwachung außerhalb von Wohnraum: § 100f StPO. Begrenzend ist hierfür ein bestimmter Verdachtsgrad für eine bestimmte (Katalog-)straftat erforderlich. § 100d StPO regelt außerdem, dass der „Kernbereich privater Lebensgestaltung“ unantastbar ist; *Lindemann,* in: JR 2006, S. 191 (191–198); § 100e StPO normiert einen Richtervorbehalt (Ausnahme: Gefahr im Verzug). Kritisch dazu: *Gusy,* in: ZRP 2003, S. 275 (275–278).

956 Zur staatlichen Überwachung durch neue Technologien als Grundrechtseingriff: *Rademacher/Perkowski,* in: JuS 2020, S. 713 (713–719).

957 Schutzbereich des Art. 10 GG: *Schlegel,* Normative Grenzen für internetbasierte Ermittlungsmethoden, S. 11 ff; *Hermes,* in: Dreier (Hrsg.): GG, Art. 10 Rn. 79.

958 Zum Recht auf informationelle Selbstbestimmung und der Vertraulichkeit und Integrität informationstechnischer Systeme: *Schlegel,* Normative Grenzen für internetbasierte Ermittlungsmethoden, S. 23 ff.; *Franzius,* in: ZJS 3/2015, S. 259 (259–270); *Sachs/Krings,* in: JuS 2008, S. 481 (481–486); *Kunig/Kämmerer,* in: Münch/Kunig (Hrsg.): GG, Art. 2 Rn. 81 f.

959 So wurde erst 2020 Teile des BND-Gesetzes vom BVerfG für verfassungswidrig erklärt, da es gegen Art. 10 I, Art. 5 I 2 GG und Art. 19 I 2 GG verstoße (BVerfG, Urt. v. 19. Mai 2020, Az. 1 BvR 2835/17= BVerfGE 154, 152). Kritisiert wurde, dass der BND bei der sogenannten Ausland-Ausland-Fernmeldeaufklärung ohne konkreten Verdacht große Datenströme nach Informationen durchforstet.

960 *Eiber,* in: Benz/Graml/Weiß (Hrsg.): Enzyklopädie des Nationalsozialismus, S. 275 (275 ff.).

(V-Männern).[961] Die Informanten waren „Auge und Ohr" des Verfolgungsapparates. 1944 verfügte der SD über 6.500 hauptamtliche Mitarbeiter und rund 30.000 V-Leute.[962] Genauso wie der Polizeiapparat handelte dabei auch der Geheimdienst außerhalb geltender Gesetze und war faktisch keiner Kontrolle unterworfen.[963]

Kernelement des Dritten Reiches war gleichzeitig die komplette soziale Kontrolle der Bevölkerung. Der „lange Arm" des Staates reichte bis in das Privatleben der Bevölkerung hinein[964], z.B. durch die Indoktrinierung junger Menschen in der Hitler-Jugend.[965] Auch grundsätzlich zivile Institutionen wie die Verwaltung wurde gezielt zum Informationsgewinn genutzt, so z.B. durch die Erfassung der Schul-, Wehr- oder Steuerpflicht über das Meldewesen.[966] Zusammenfassend scheibt Ruckenbiel: *„Die soziale Kontrolle politischen Protests im Nationalsozialismus war Teil des Kampfes um die öffentliche Meinung. Für das Regime ging es um die Gewinnung und Aufrechterhaltung möglichst breiter Unterstützung in der Bevölkerung. Die Verfolgung von Protest sollte helfen, das staatliche In-formations- und Deutungsmonopol zu sichern und derart den für jede Herrschaft langfristig unabdingbaren Legitimitätsglauben zu stärken."*[967]

Dabei bedienten sich die Nationalsozialisten auch gezielt den damals möglichen Technologien. Bereits die Weimarer Reichsverfassung konstituiere explizit ein *Brief-, Post-, Telegraphen- und Fernsprechgeheimnis* (Art. 117 WRV) als Grundrecht, in dem anerkannt wurde, dass Bürger ein Recht auf vertrauliche Kommunikation haben. Dieses neu geschaffene Grundrecht wurde unmittelbar nach der Machtergreifung der Nationalsozialisten durch die *„Verordnung des Reichstagspräsidenten zum Schutz von Volk und Staat"* abgeschafft und die Gestapo mit der Telefonüberwachung beauftragt.[968]

---

961 Verdeckte Ermittler (§ 110a ff. StPO) und V-Leute dürfen auch nach heutigem Recht noch eingesetzt werden, allerdings unter strengen Voraussetzungen: *Bader*, in: KK-StPO, vor § 48 Rn. 1–54; *Kölbel*, in: MüKo StPO, § 163 Rn. 20–24; im Ermittlungsverfahren: *Soiné*, in: ZRP 2021, S. 47 (47–49); im Polizeirecht: *Soiné*, in: NJW 2020, S. 2850 (2850–2854).

962 *Krieger,* Die deutschen Geheimdienste, S. 44.

963 In einem Erlass des Reichsministeriums des Innern vom 11. November 1938 heißt es zum SD lediglich lapidar: *„Der Sicherheitsdienst des RFSS hat als Nachrichtenorganisation für Partei und Staat – insbesondere zur Unterstützung der Sicherheitspolizei – wichtige Aufgaben zu erfüllen. Der SD wird damit in staatlichem Auftrage tätig."*, zitiert nach: *Krieger,* die deutschen Geheimdienste, S. 44.

964 So wird Robert Ley, der Leiter der Deutschen Arbeiterfront zitiert: *„Nein, in Deutschland gibt es keine Privatsache mehr!"* (zitiert nach: *Christians,* Das private vor Gericht, S. 7).

965 *Ellwein,* Der Staat als Zufall und als Notwendigkeit/2, S. 97.

966 *Ellwein,* Der Staat als Zufall und als Notwendigkeit/2, S. 97.

967 *Ruckenbiel,* Soziale Kontrolle im NS-Regime, S. 229.

968 *Rieger,* Telekommunikationsüberwachung. S. 69 ff.; *Gruchmann,* Justiz im Dritten Reich, S. 536.

Ein weiteres Instrument war die sog. *polizeiliche planmäßige Überwachung,* die offiziell durch den *„Grundlegenden Erlaß über die vorbeugende Verbrechensbekämpfung durch die Polizei"* vom 14. Dezember 1937 geregelt wurde.[969] Dabei handelte es sich um Maßnahmen der vorbeugenden Verbrechensbekämpfung, die auf die Verhinderung künftiger Verbrechen abzielten. Die Maßnahmen richteten sich insbesondere gegen „Berufsverbrecher", „Arbeitsscheue", Obdachlose, Sinti und Roma, Prostituierte und Homosexuelle. Den Maßnahmen unterfiel u. a., wer mindestens dreimal rechtskräftig zu einer Haftstrafe von mindestens drei Monaten verurteilt worden war. Angeordnet werden konnten z. B. bestimmte Meldepflichten und Aufenthaltsverbote.[970] Gegen die Maßnahmen gab es kein Rechtsmittel. Sie waren der gerichtlichen Kontrolle komplett entzogen.[971]

Selbst die Überwachung im NS-Staat war damit enger gefasst als der Bann unter Lord Voldemort, da an die Maßnahmen zumindest formal noch irgendwelche Voraussetzungen (Personenkreis, Straffälligkeit) geknüpft waren.

cc) Rechtsfolge/Klausel sieben

An einen Verstoß gegen den *„Erlass zur vernunftgemäßen Beschränkung der Magie Minderjähriger"* sind mehrere Rechtsfolgen geknüpft. Wie genau diese aussehen, ist nicht bekannt. In einem ersten Brief in Band fünf soll Harry von Hogwarts verwiesen und sein Zauberstab zerstört werden: *„Die Schwere dieser Verletzung des Erlasses zur Vernunftgemäßen Beschränkung der Zauberei Minderjähriger hat zu Ihrem Verweis von der Hogwarts-Schule für Hexerei und Zauberei geführt. Beauftragte des Ministeriums werden Sie unverzüglich an Ihrem Wohnort aufsuchen, um Ihren Zauberstab zu zerstören."*[972]

Dumbledore weist Fudge allerdings darauf hin, dass das Ministerium Hogwarts-Schüler nicht für deren Fehlverhalten innerhalb der Schule bestrafen darf.[973] Er erinnert ihn außerdem daran, dass das Ministerium nicht die Befugnis hat, Schüler von der Hogwarts-Schule zu verweisen: *„»Das Ministerium hat nicht die Macht, Schüler von Hogwarts zu verweisen, Cornelius, woran ich Sie am Abend des zweiten August erinnert habe«, sagte Dumbledore. »Es hat auch nicht das Recht, Zauberstäbe zu beschlagnahmen, ehe die Vorwürfe eindeutig bewiesen wurden; auch daran habe ich Sie am Abend des zweiten August erinnert. In Ihrer bewundernswerten Eile, dafür Sorge zu tragen, dass dem Gesetz entspro-*

---

969 *Terhorst,* Polizeilich planmäßige Überwachung, S. 115 ff.

970 *Werle,* Justiz-Strafrecht, S. 492 ff.

971 *Werle,* Justiz-Strafrecht, S. 495; *Terhorst,* Polizeilich planmäßige Überwachung, S. 159.

972 *Rowling,* Harry Potter 5, Eulen über Eulen, S. 37.

973 *„»Aber da nun einmal das Ministerium nicht die Befugnis hat, Hogwarts-Schüler für ihr Fehlverhalten in der Schule zu bestrafen, spielt Harrys Verhalten dort für diese Anhörung keine Rolle«, sagte Dumbledore unvermindert höflich, doch nun mit einem kühlen Unterton in seinen Worten."* (*Rowling,* Harry Potter 5, Die Anhörung, S. 179).

chen wird, scheinen Sie, gewiss unabsichtlich, selber einige Gesetze übersehen zu haben.« »Gesetze lassen sich ändern«, sagte Fudge bissig. "[974]

Das Zaubereiministerium hat an dieser Stelle also eine im Gesetz nicht vorgesehene Rechtsfolge verhängt – vermutlich auf Anweisung von Fudge. Auf Grund der Intervention Dumbledores erhält Harry noch am gleichen Abend einen zweiten Brief mit einem leicht abgeschwächten Inhalt.

„*Sehr geehrter Mr Potter, in Bezug auf unseren Brief vor annähernd zweiundzwanzig Minuten hat das Zaubereiministerium seine Entscheidung, Ihren Zauberstab unverzüglich zu zerstören, aufgehoben. Es ist Ihnen gestattet, den Zauberstab bis zu Ihrer disziplinarischen Anhörung am zwölften August zu behalten, bei der eine offizielle Entscheidung getroffen werden wird. Infolge der Konsultationen mit dem Leiter der Hogwarts-Schule für Hexerei und Zauberei hat das Ministerium sich einverstanden erklärt, über die Frage Ihres Schulverweises ebenfalls zu besagtem Termin zu entscheiden. Bis zum Abschluss des schwebenden Untersuchungsverfahrens sollten Sie sich daher als von der Schule suspendiert betrachten. Mit den besten Wünschen und freundlichen Grüßen Mafalda Hopfkirch.* "[975]

Statt direkt von Hogwarts verwiesen zu werden, soll Harry sich als „suspendiert" ansehen. Das Zaubereiministerium rudert an dieser Stelle zurück und gibt indirekt zu, dass es ohne Zustimmung des Schulleiters nicht in der Lage ist, Schulverweise auszusprechen. Auch bzgl. der Vernichtung des Zauberstabs macht das Ministerium einen Rückzieher. Denn dieser kann nicht ohne einen vorherigen Gerichtsprozess, in dem die Schuld des Betroffenen bewiesen wird, entzogen werden.

Das Vorgehen des Ministeriums zeigt erneut, dass sich das Zaubereiministerium unter Fudge nicht an seine eigenen Gesetze hält. Es gibt zwar Regelungen, die an bestimmte Tatbestände bestimmte Rechtsfolgen knüpfen. Unter Fudge werden aber entweder die Tatbestände überdehnt oder sogar Rechtsfolgen verhängt, die nach dem Gesetz nicht möglich sind. Hätte Dumbledore Harry nicht geholfen, hätte das Zaubereiministerium diese willkürliche Rechtsfolge vollzogen. Harry wäre nicht nur von der Schule verwiesen worden, sondern hätte auch seinen Zauberstab verloren, was einem Ausschluss aus der Zauberwelt gleichkäme. Wie „gerecht" man in der magischen Welt behandelt wird, hängt also nicht nur maßgeblich davon ab, wer man ist, sondern auch davon, wer einem hilft. Diese Tatsache lässt den Leser an der Einordnung der magischen Welt als Rechtsstaat erneut zweifeln.

Als Rechtsfolge bei einem Verstoß gegen das Verbot der Minderjährigenzauberei kommt aber auch eine einfache Geldbuße in Betracht.[976] Nämlich beim sog. Apparieren, also dem Versetzen des eigenen Körpers an einen anderen Ort

974 *Rowling,* Harry Potter 5, Die Anhörung, S. 179.
975 *Rowling,* Harry Potter 5, Eulen über Eulen, S. 44.
976 *Rowling,* Harry Potter 4, Der Portschlüssel, S. 73.

mittels Magie.[977] Weil hierfür Magie notwendig ist, dürfen Minderjährige nicht apparieren und erwachsene Zauberer müssen vorher einen Apparier-Test bestanden haben.[978]

Eine Ausnahme vom Verbot der Zauberei Minderjähriger regelt Klausel sieben der Norm.[979] Demnach dürfen auch Minderjährige in lebensbedrohlichen Situationen Magie anwenden: *„»Völlig richtig«, sagte Dumbledore, »aber die Anwesenheit von Dementoren in dieser Gasse ist höchst bedeutsam. Klausel sieben dieses Erlasses stellt fest, dass unter außergewöhnlichen Umständen Magie in Anwesenheit von Muggeln eingesetzt werden darf, und zu diesen außergewöhnlichen Umständen gehören Situationen, in denen das Leben des Zauberers oder der Hexe selber oder anderer Hexen, Zauberer oder Muggel bedroht ist, die anwesend sind zu dem Zeitpunkt, da …«“*[980]

Von Selbstverteidigung spricht Schneider: *„The readers also know that the Decree for the Reasonable Restriction of Underaged Sorcery allows the use of magic in the presence of Muggles in circumstances of self-defence (cf. Phoenix 135). Hence, it can be assumed that self-defence is a valid defence in Magical Criminal Law.“*[981] So auch Barratt: *„We also know there are exceptions for self-defense.“*[982]

Klausel sieben des Verbots der Zauberei Minderjähriger sieht damit eine Art „Rechtfertigungsgrund“ vor, der unserem heutigen § 32 StGB ähnelt. Die Notwehr setzt einen gegenwärtigen, rechtswidrigen, menschlichen Angriff voraus.[983] Die Notwehrhandlung muss erforderlich und geboten sein, um die Gefahr von sich oder einem anderen abzuwehren.[984] Außerdem muss man mit Verteidigungswillen handeln.[985] Die Notwehr im magischen Recht ist enger gefasst. Sie setzt eine „lebensbedrohliche Situation“ voraus, sodass z. B. ein Angriff auf das

---

977 *Rowling,* Harry Potter 4, Der Portschlüssel, S. 72 f.

978 *Rowling,* Harry Potter 5, Grimauldplatz Nummer fünf, S. 87; Harry Potter 6, Horace Slughorn, S. 63 f.; Eine getrübte Erinnerung, S. 357.

979 *„»Das Gesetz ist auf deiner Seite«, sagte Lupin leise. »Sogar minderjährige Zauberer dürfen in lebensbedrohlichen Situationen Magie einsetzen.«“ (Rowling,* Harry Potter 5, Das Zaubereiministerium, S. 149).

980 *Rowling,* Harry Potter 5, Die Anhörung, S. 177. Harry trägt daraufhin (wahrheitsgetreu) zu seiner Verteidigung vor, von Dementoren angegriffen worden zu sein, was seine Nachbarin bezeugen kann, woraufhin Harry freigesprochen wird. Dies zeigt, dass das Verbot der Zauberei Minderjähriger eben nicht absolut gilt, sondern auch Minderjährige in „Notwehrsituationen“ Magie zu ihrer Verteidigung anwenden dürfen.

981 *Schneider,* in: Gymnich/Birk/Burkhard (Hrsg.): „Harry – yer a wizard“, S. 155 (160).

982 *Barratt,* The Politics of Harry Potter, S. 89.

983 *Kindhäuser,* in: Kindhäuser/Neumann/Paeffgen (Hrsg.): StGB, § 32 Rn. 25–60; *Engländer,* in: Matt/Renzikowski (Hrsg.): StGB, § 32 Rn. 8–21.

984 *Perron/Eisele,* in: Schönke/Schröder (Hrsg.): StGB, § 32 Rn. 30–61b; *Kindhäuser,* in: Kindhäuser/Neumann/Paeffgen (Hrsg.): StGB, § 32 Rn. 78–116.

985 *Perron/Eisele,* in: Schönke/Schröder (Hrsg.): StGB, § 32 Rn. 63; subjektive Rechtsfertigung: *Geppert,* in: Jura 1995, S. 103 (103–107); *Rönnau,* in: JuS 2009, 594 (594–597).

Rechtsgut „Eigentum“ im Gegensatz zu § 32 StGB nicht ausreicht.[986] Dogmatisch nicht klären lässt sich die Frage, ob es sich bei einem Dementoren-Angriff überhaupt um einen menschlichen Angriff handelt.[987] Auch weiß man nicht, ob das magische Strafrecht unserem dreistufigen Deliktsaufbau folgt bzw. das System von Rechtfertigung und Entschuldigung kennt. Außerdem ist nicht bekannt, ob die „Notwehr“ in einem „Allgemeinen Teil“ vorangestellt wird und für alle Delikte Minderjähriger gilt und ob es auch außerhalb dieses einen Erlasses notwehrähnliche Rechtskonstrukte für andere Straftaten gibt.

Der Notwehrtatbestand war bereits in § 41 des preußischen Strafgesetzbuchs von 1851 und später in § 53 des Reichsstrafgesetzbuchs vom 1. Januar 1872 enthalten. Allerdings pervertierten die Nationalsozialisten den Begriff der „Notwehr“ aber u. a. im *„Gesetz über die Maßnahme der Staatsnotwehr“* vom 3. Juli 1934, in dem die Morde – u. a. an SA-Chef Ernst Röhm – in der *Nacht der langen Messer* legalisiert wurden (siehe S. 115, 377). Auch die *„Verordnung des Reichspräsidenten zum Schutz von Volk und Staat“* vom 28. Februar 1933 und andere Erlasse zum willkürlichen Vorgehen gegen Kommunisten, Juden und andere „Staatsfeinde“ wurden in der Öffentlichkeit als staatliche „Notwehr“ dargestellt und auf Grund gesetzlicher Scheinlegitimierung als gerechtfertigte Gegengewalt zur Rettung des Staates angesehen.[988]

c) Die unverzeihlichen Flüche

Genauso wie in der Muggel-Welt gibt es in der Zaubererwelt Rechtsgüter, die absolut geschützt sind. Dazu gehören das Leben, die körperliche Unversehrtheit und der freie Wille. Die drei Zauber, die diese Rechtsgüter am stärksten beeinträchtigen, sind deswegen in der magischen Welt ohne Ausnahme verboten.[989] Schneider nennt die drei Flüche *„one of the best examples of Magical Crimi-*

986 *Perron/Eisele,* in Schönke/Schröder (Hrsg.): StGB, § 32 Rn. 2–28.

987 Dies ist nur für § 32 StGB relevant, nicht hingegen für Klausel sieben, die eine „lebensbedrohliche Situation“ voraussetzt, egal von wem diese Situation ausgeht. Dementoren sind keine Menschen, sondern eine eigene „Gattung“ magischer Wesen (siehe S. 212 ff.). Da das Zaubereiministerium in Band fünf jedoch gezielt zwei Dementoren auf Harry „hetzt“ könnte man zumindest diesen Angriff mit dem „Hetzen“ eines Hundes durch einen Menschen vergleichen, bei dem im deutschen Recht regelmäßig ein menschlicher Angriff bejaht wird (*Engländer,* in: Matt/Renzikowski (Hrsg.): StGB, § 32 Rn. 9; *Fahl,* in: JA 2019, S. 161 (162); *Heger,* in: Lackner/Kühl/Heger (Hrsg.): StGB, § 32 Rn. 2; *Erb,* in: MüKo StGB, § 32 Rn. 57.

988 *Stampf,* Das Delikt des Hochverrats, S. 111, Rn. 65.

989 *Baltzar,* Power and Evil, S. 13. Dazu schreibt J. K. Rowling: *„Taken most seriously, in both legal jurisdictions, are laws which pertain to crimes against the person. The most obvious Muggle examples are those laws, which refer to murder or grievous bodily harm. Similarly, a wizarding defendant can expect the harshest sentences for the Darkest magic – the Unforgivable Curses.“ (https://www.wizardingworld.com/features/differences-between-muggle-and-wizarding-world-law,* abgerufen am: 23.01.2023*).*

nal Law".[990] Die Anwendung gegenüber anderen Menschen – egal ob Muggeln oder Zauberern – wird mit einer lebenslangen Haftstrafe in Askaban geahndet. Harry lernt diese sog. *unverzeihlichen Flüche* in seinem vierten Schuljahr kennen: *„»Nun ... diese drei Flüche – Avada Kedavra, Imperius und Cruciatus – nennen wir die Unverzeihlichen Flüche. Wer auch nur einen von ihnen gegen einen Mitmenschen richtet, handelt sich einen lebenslangen Aufenthalt in Askaban ein.«"*[991]

Professor Moody, der neue Lehrer für Verteidigung gegen die Dunklen Künste, führt den Schülern den *Imperius-Fluch*, den *Cruciatus-Fluch* und den Todesfluch *Avada Kedavra* an Spinnen vor.

aa) Der Imperius-Fluch

Der Imperius-Fluch führt dazu, dass derjenige, der den Zauberspruch ausspricht, den Willen seines Opfers bestimmen kann. Es ist damit also möglich, den Betroffenen zu Handlungen zu zwingen, die dieser ansonsten niemals ausgeführt hätte. Beispielsweise die Tötung einer dritten Person oder sogar Suizid: *„»Vollkommene Unterwerfung«, sagte Moody leise, während die Spinne sich zusammenrollte und über den Tisch kugelte. »Ich könnte sie dazu bringen, aus dem Fenster zu hüpfen, sich zu ersäufen, sich in einen von euren offenen Mündern zu stürzen ...«"*[992]

Der Imperius-Fluch erlangte dadurch große Bekanntheit, dass er von Lord Voldemort und seinen Anhängern bereits zu Zeiten von Harrys Eltern eingesetzt wurde, um andere Personen zu kontrollieren. Lord Voldemort missbrauchte ihn u. a. dazu, um den Widerstand gegen seine Machtergreifung zu brechen und Ministeriumsangestellte zu kontrollieren. Für einen externen Betrachter ist dabei nicht ersichtlich, ob eine Person aus freien Stücken handelt oder mit dem Fluch zu einer Handlung gezwungen wird: *„»Vor einigen Jahren gab es eine Menge Hexen und Zauberer, die vom Imperius-Fluch beherrscht waren«, sagte Moody, und Harry wusste, dass er über die Tage sprach, in denen Voldemort auf dem Höhepunkt seiner Macht war. »War keine leichte Aufgabe fürs Ministerium herauszufinden, wer unterworfen war und wer aus seinem freien Willen heraus handelte.«"*[993]

Da der Imperius-Fluch keine bleibenden Schäden hinterlässt, kann man nicht feststellen, ob eine Person tatsächlich unter diesem Fluch gestanden hat. Von (ehemaligen) Anhängern Lord Voldemorts wurde die Behauptung, sie hätten un-

990 *Schneider,* in: Gymnich/Birk/Burkhard (Hrsg.): „Harry – yer a wizard", S. 155 (157).
991 *Rowling,* Harry Potter 4, Die Unverzeihlichen Flüche, S. 228.
992 *Rowling,* Harry Potter 4, Die Unverzeihlichen Flüche, S. 224.
993 *Rowling,* Harry Potter 4, Die Unverzeihlichen Flüche, S. 224.

ter dem Imperius-Fluch gestanden, deswegen als Verteidigungsstrategie gegen den Vorwurf verschiedener Gräueltaten missbraucht.[994]

Grundsätzlich kann man lernen, gegen den Imperius-Fluch anzukämpfen. Allerdings erfordert dies viel Übung und Disziplin: *„»Der Imperius-Fluch kann bekämpft werden, und ich werde euch beibringen, wie. Doch das verlangt wirkliche Charakterstärke und nicht alle besitzen die. Passt lieber auf, dass ihr nicht zum Opfer dieses Fluchs werdet. IMMER WACHSAM!«, bellte er, und alle zuckten zusammen.“*[995]

Professor Moody belegt seine Viertklässler zu Übungszwecken mit dem Imperius-Fluch. Allerdings ist es den Schülern freigestellt, sich für die Übung vom Unterricht entschuldigen zu lassen.[996] Strenggenommen liegt darin trotzdem ein Verstoß gegen das Gesetz. Denn es ist nirgends geregelt, dass Betroffene darin einwilligen können, mit den unverzeihlichen Flüchen belegt zu werden. Ob eine Norm wie § 228 StGB[997] bzw. allgemein der Grundsatz der Einwilligung[998] im magischen Recht existiert, ist nicht bekannt. Die Anwendung des Imperius-Fluches durch Professor Moody an seinen Schülern bleibt unbestraft. Denn auch in der Zaubererwelt gilt der Grundsatz: Wo kein Kläger, da kein Richter.[999]

---

994 *„Sirius hielt die Finger in die Höhe und begann Namen abzuzählen. »Rosier und Wilkes – beide wurden ein Jahr vor Voldemorts Sturz von Auroren getötet. Die Lestranges – ein Ehepaar – sitzen in Askaban. Avery (Anm. ein Todesser) – wie ich höre, hat er sich aus der Schlinge gezogen, indem er behauptete, er habe unter dem Einfluss des Imperius-Fluchs gehandelt – er ist noch auf freiem Fuß.“* (*Rowling,* Harry Potter 4, Tatzes Rückkehr, S. 554 f.).

995 *Rowling,* Harry Potter 4, Die Unverzeihlichen Flüche, S. 224.

996 *„»Aber, Sie sagten doch, er sei verboten, Professor«, sagte Hermine verunsichert, als Moody mit einem Schwung seines Zauberstabs die Tische fortrücken ließ und sich einen großen freien Platz in der Mitte des Raumes verschaffte. »Sie sagten – ihn gegen einen anderen Menschen einzusetzen, sei –« »Dumbledore will, dass ich euch beibringe, wie es sich anfühlt«, sagte Moody, und sein magisches Auge schwamm zu Hermine hin und fixierte sie mit schaurigem Blick, ohne ein einziges Mal zu blinzeln. »Wenn du es lieber auf die harte Tour lernen willst – wenn dich jemand damit überrascht und dich vollkommen unterwirft – mir soll es recht sein. Du bist entschuldigt. Da geht's raus.«“* (*Rowling,* Harry Potter 4, Beauxbatons und Durmstrang, S. 342 f.).

997 Voraussetzungen: *Heger,* in: Lackner/Kühl/Heger (Hrsg.): StGB, § 228 Rn. 1 ff.

998 Zu Einwilligung und Einverständnis: *Rönnau,* in: Jus 2007, S. 18 (18–20).

999 Der große Plot-Twist in Band vier ist, dass der Todesser Barty Crouch Jr. mit der Hilfe von Vielsaft-Trank die Gestalt von Professor Moody angenommen hat, um sich Zutritt zu Hogwarts und Harry zu verschaffen. Barty Crouch Jr. wurde viele Jahre lang von seinem eigenen Vater unter dem Imperius-Fluch in Hausarrest gehalten. Irgendwann begann er, gegen den Imperius-Fluch anzukämpfen. Ihm gelang die Flucht, er tötete seinen eigenen Vater und kehrte als treuer Anhänger Lord Voldemorts zurück, um diesen dabei zu unterstützen, Harry zu töten. Dieses Beispiel zeigt, wie mächtig der Imperius-Fluch ist und wie er benutzt werden kann, um anderen den eigenen Willen aufzuzwingen (*Rowling,* Harry Potter 4, Veritaserum, S. 710 ff.).

In Band sieben gelingt es Lord Voldemort, den damaligen Leiter der Abteilung für Magische Strafverfolgung – Pius Thickness – unter den Imperius-Fluch zu stellen (siehe S. 89 ff.). Dies war ihm u. a. deswegen so einfach möglich, weil das Zaubereiministerium zuvor jahrelang die Rückkehr Voldemorts geleugnet hatte und seinen Angestellten deswegen nicht beigebracht hatte, wie man dem Imperius-Fluch widersteht. *„»Da liegt das Problem«, sagte Lupin. »Wenn das Ministerium darauf beharrt, dass es von Voldemort nichts zu befürchten gibt, ist es schwierig, die Leute davon zu überzeugen, dass er zurück ist [...] also hat der größte Teil der Zauberergemeinschaft überhaupt keine Ahnung, dass irgendetwas geschehen ist, und das macht sie zu leichter Beute für die Todesser, wenn die den Imperius-Fluch einsetzen.«"*[1000]

Als willensgesteuerte Marionette steigt Thickness zum neuen Zaubereiminister auf. Der Imperius-Fluch führt also dazu, dass Lord Voldemort die komplette Kontrolle über das Zaubereiministerium erlangt. Ciba schreibt dazu: *„In Harry Potter and the Deathly Hallows the Unforgivable Curses, especially the Imperius Curse, are used to gain access to and control of the Ministry by using officials as puppets."*[1001]

Das Verbot des Imperius-Fluches schützt damit im weitesten Sinne die in Art. 2 I GG normierte allgemeine Handlungsfreiheit[1002] und die in Art. 2 II GG niedergelegte Freiheit der Person.[1003] Einfachgesetzlich spiegelt sich dies u. a. in den Straftatbeständen der Freiheitsberaubung gem. § 239 ff. StGB[1004] und der Nötigung gem. § 240 StGB[1005] wieder. Gegenüber einer untrainierten Person entspricht der willenssteuernde Imperius-Fluch dem Verwenden von *vis absoluta.*[1006] Denn obwohl keine körperliche Gewalt angewendet wird, ist es dem Betroffenen nicht möglich, sich dagegen zu wehren. Der eigene Wille wird

1000 *Rowling,* Harry Potter 5, Der Orden des Phönix, S. 116.

1001 Ciba vergleicht den Imperius-Fluch außerdem mit *„cyber terrorism": Ciba,* in: Gymnich/Birk/Burkhard (Hrsg.): „Harry – yer a wizard", S. 121 (123).

1002 Die allgemeine Handlungsfreiheit schützt jegliches menschliche Handeln vor staatlichen Eingriffen und füllt als Generalklausel alle Bereiche aus, in denen nicht spezielle Freiheitsrechte eingreifen. Und das ohne Rücksicht darauf, welches Gewicht der Betätigung für die Persönlichkeitsentfaltung zukommt (*Jarass*, in: Jarass/Pieroth (Hrsg.): GG, Art. 2 Rn. 1, 5).

1003 Das Grundrecht schützt, trotz des weiten Wortlauts, allein die körperliche Bewegungsfreiheit. Zum Verhältnis zu anderen Grundrechten: *Jarass,* in: Jarass/Pieroth (Hrsg.): GG, Art. 2 Rn. 128 f.

1004 Normzweck des § 239 StGB ist der Schutz des Rechtsguts der persönlichen Fortbewegungsfreiheit, d. h. der Möglichkeit des Ortswechsels. Geschützt ist das Selbstbestimmungsrecht über den Aufenthaltsort, *Wieck-Noodt*, in: MüKo StGB, § 239 Rn. 1.

1005 Als geschütztes Rechtsgut des § 240 StGB (Grundtatbestand der Freiheitsdelikte) wird nach h. M. die Freiheit der Willensentschließung und Willensbetätigung bezeichnet. Teilweise wird das Rechtsgut mit der in Art. 2 I GG gewährleisteten allgemeinen Handlungsfreiheit gleichgesetzt. *Sinn*, in: MüKo StGB, § 240 Rn. 2 f.

1006 *Vis absoluta* liegt vor, wenn dem Opfer die Willensbildung z. B. durch Bewusstlosschlagen oder durch Einsperren unmöglich gemacht wird. *Vis compulsiva* ist Gewalt,

durch den Imperius-Fluch komplett ausgeschaltet (vergleichbar beispielsweise mit einer Narkose oder der Gabe bestimmter, willensausschließender Medikamente[1007]).

Zur Begründung, wieso gerade der Imperius-Fluch zu den Unverzeihlichen Flüchen gehört, führt auch Barratt den Eingriff in den freien Willen an: *„While controlling someone's actions may not seem as violent as killing or torturing them, it removes something essential to their humanity—their free will."*[1008]

Die genannten StGB-Paragraphen waren auch im Reichsstrafgesetzbuch von 1871 enthalten, wobei die Nationalsozialisten in § 240 II StGB im Jahr 1943 die *Verwerflichkeit* durch die Formel *„dem gesunden Volksempfinden widerspricht"* ersetzten.[1009] Genauso wie Lord Voldemort hielten sich aber auch die Staatsorgane – insbesondere die Polizei bzw. Gestapo und SS – natürlich selbst nicht an ihre eigenen Strafgesetze. Die krassesten Beispiele für Formen der willkürlichen und rechtsstaatswidrigen staatlichen Freiheitsberaubung im NS-Staat ist die „Schutzhaft" und die Inhaftierung in Konzentrationslagern (siehe S. 298 ff., 314 f., 436 ff.).

bb) Der Cruciatus-Fluch

Ebenfalls zu den unverzeihlichen Flüchen gehört der Cruciatus-Fluch. Er fügt dem Opfer unerträgliche Schmerzen zu. Bei einer einmaligen Anwendung hat der Fluch die gleiche Wirkung wie eine Folterbehandlung. Wird der Cruciatus-Fluch über einen längeren Zeitraum auf eine Person angewendet, verliert diese vor lauter Schmerzen den Verstand. Es verleibt eine dauerhafte geistige Behinderung.[1010]

„Moody hob erneut seinen Zauberstab und richtete ihn gegen die Spinne, dann murmelte er: »Crucio!« Sofort falteten sich die Beine der Spinne über ihrem Körper zusammen; sie rollte auf den Rücken und begann unter fürchterlichen Krämpfen hin und her zu wippen. Sie gab keinen Laut von sich, doch Harry

---

die den Willen nicht ausschaltet oder negiert (*Sinn,* in MüKo StGB, § 240 Rn. 29, 61 ff.).

1007 Narkose: *Renzikowski,* in: MüKo StGB, § 177 Rn. 118; K.O.-Tropfen: *Magnus*, in: NStZ 2012, S. 538 (539).

1008 *Barratt,* The Politics of Harry Potter, S. 124. Kritisch dazu: *Donaher/Okapal,* in: Anatol (Hrsg.): Reading Harry Potter Again, S. 47 (57).

1009 *Maurach/Schroeder/Maiwald* u. a., Strafrecht BT/1, § 13 Rn. 3.

1010 In Band fünf erfährt Harry, dass sein Mitschüler Neville bei seiner Großmutter aufwächst, weil seine Eltern von Todessern mit dem Cruciatus-Fluch in den Wahnsinn gefoltert wurden. Alice und Frank Longbottom waren einst erfolgreiche Mitglieder des Ordens des Phönix. Seit dem Cruciatus-Fluch sind sie dauerhaft geistig behindert, erkennen ihren eigenen Sohn nicht wieder und leben als Pflegefälle im *St.-Mungo-Hospital für Magische Krankheiten und Verletzungen* (*Rowling,* Harry Potter 4, Das Denkarium, S. 622; Harry Potter 5, Mr Weasleys Wehklage, S. 207; Weihnachten auf der geschlossenen Station, S. 602).

wusste, wenn sie eine Stimme gehabt hätte, dann hätte sie geschrien. Moody zog seinen Zauberstab nicht zurück und die Spinne begann jetzt noch heftiger zu zittern und zu zucken – [...] »Schmerz«, sagte Moody leise. »Man braucht keine Daumenschrauben oder Messer, um jemanden zu foltern, wenn man den Cruciatus-Fluch beherrscht ... auch dieser war einst sehr beliebt.« "[1011]

Am Ende von Band vier wird Harry von Lord Voldemort mit dem Cruciatus-Fluch gefoltert.[1012] Als Lord Voldemort in Band sieben die Kontrolle über das Ministerium übernimmt, wird der Einsatz des Cruciatus-Fluchs durch die Todesser gegen politische Gegner und Muggelstämmige zum Regelfall, weil es seit dem Sturz des Ministeriums niemanden mehr gibt, gegenüber dem sie sich verantworten müssen. So beispielsweise als das Trio von den Malfoys und Bellatrix Lestrange gefangen genommen und Hermine unter Folter befragt wird und dabei fast stirbt: *„»Was habt ihr mitgenommen, was noch? ANTWORTE MIR! CRUCIO!« Hermines Schreie hallten von den Wänden oben wider, Ron brach fast in Schluchzen aus, während er mit den Fäusten gegen die Mauern hämmerte. [...] »AUFHÖREN ODER SIE STIRBT!«* "[1013]

Denn der Cruciatus-Fluch ist letztendlich eine besondere Form der magischen Folter. So auch Schwabach: *„The Cruciatus Curse presents the easiest case for Unforgivability: Torture is universally recognized as a crime, and there is no legitimate use for a curse that does nothing other than cause pain and, in some cases, insanity.* "[1014]

Unter Folter versteht man nach unserem heutigen Verständnis das gezielte Zufügen von psychischem oder physischem Leid (Schmerz, Angst, massive Erniedrigung) von staatlicher Seite, um Aussagen zu erpressen, den Willen des Folteropfers zu brechen oder das Opfer zu erniedrigen.[1015] Art. 1 des *„Übereinkommens gegen Folter und andere grausame, unmenschliche oder erniedrigende Behandlung oder Strafe"* der Vereinten Nationen vom 10. Dezember 1984 definiert Folter als:

„Im Sinne dieses Übereinkommens bezeichnet der Ausdruck „Folter" jede Handlung, durch die einer Person vorsätzlich große körperliche oder seelische

---

1011 *Rowling,* Harry Potter 4, Die Unverzeihlichen Flüche, S. 225 f.

1012 *„Voldemort hob den Zauberstab, und bevor Harry etwas tun konnte, um sich zu verteidigen, bevor er sich auch nur rühren konnte, hatte ihn der Cruciatus-Fluch erneut niedergeworfen. Der Schmerz war so stark, so allumfassend, dass er vergaß, wo er war ... weißglühende Messer durchbohrten jeden Zentimeter seiner Haut, sein Kopf würde vor Schmerz gleich platzen; er schrie lauter, als er je im Leben geschrien hatte"* (*Rowling,* Harry Potter 4, Priori Incantatem, S. 690).

1013 *Rowling,* Harry Potter 7, Das Haus Malfoy, S. 474, 480.

1014 *Schwabach,* in: Roger Williams U.L. Rev. 11/2006, S. 309 (313). Auch Barratt spricht von *„means of torture"* (*Barratt,* The Politics of Harry Potter, S. 27).

1015 Zur Entwicklung und Definition des Begriffs der „Folter": *Werkmeister,* Keine Folter ohne Schmerz!, S. 269 (269); *Bruha/Steiger,* Das Folterverbot im Völkerrecht, S. 25 ff.; *Steiger,* Das völkerrechtliche Folterverbot, S. 246 ff.; *Weilert,* Grundlagen und Grenzen des Folterverbotes, S. 8 ff.

Schmerzen oder Leiden zugefügt werden, zum Beispiel um von ihr oder einem Dritten eine Aussage oder ein Geständnis zu erlangen, um sie für eine tatsächlich oder mutmaßlich von ihr oder einem Dritten begangene Tat zu bestrafen oder um sie oder einen Dritten einzuschüchtern oder zu nötigen, oder aus einem anderen, auf irgendeiner Art von Diskriminierung beruhenden Grund, wenn diese Schmerzen oder Leiden von einem Angehörigen des öffentlichen Dienstes oder einer anderen in amtlicher Eigenschaft handelnden Person, auf deren Veranlassung oder mit deren ausdrücklichem oder stillschweigendem Einverständnis verursacht werden. Der Ausdruck umfasst nicht Schmerzen oder Leiden, die sich lediglich aus gesetzlich zulässigen Sanktionen ergeben, dazu gehören oder damit verbunden sind.“

Folter ist heute in vielen übernationalen und nationalen Rechtsordnungen verboten.[1016] So enthält Art. 5 AEMR der Vereinten Nationen ein Folterverbot. Ebenso Art. 3 EMRK und wortgleich Art. 4 der Charta der Grundrechte der Europäischen Union.[1017] In Deutschland ist das Folterverbot verfassungsrechtlich in Art. I 1 GG (Menschenwürde) und in Art. 104 I 2 GG (Folterverbot) verankert.[1018] Außerdem stellen die Körperverletzung im Amt gem. § 340 StGB[1019] und die Aussageerpressung gem. § 343 StGB[1020] jeweils einen Straftatbestand dar. Aussagen, die unter der Androhung oder Anwendung von Folter erlangt werden, sind nach § 136a StPO nicht verwertbar.[1021]

Während die Folter in Europa spätestens im 19. Jahrhundert flächendeckend abgeschafft wurde, führten die Nationalsozialisten sie wieder ein. Die Anwendung von körperlicher und psychischer Gewalt im Rahmen von Vernehmungen gehörte inoffiziell bereits ab 1933 zum Polizeialltag von Gestapo, SS und SA.[1022] So schreibt Schmidt: *„Das nationalsozialistische Regime hat es verstanden,*

1016 Dazu führt Barratt im Kontext des Cruciatus-Fluches aus: *„In light of her human rights background, Rowling's message here seems obvious. Torture is a blatant violation of not only most moral codes but nearly every major international human rights treaty (including the Universal Declaration of Human Rights, the International Covenant on Civil and Political Rights, and the Geneva Conventions).“ (Barratt,* The Politics of Harry Potter, S. 123). Hinweis: Rowling hat keine Ausbildung, die Menschenrechte beinhaltet, vermutlich meint Barratt damit Rowlings kurze (2 Jahre) Anstellung als „researcher“ bei Amnesty International.

1017 Zur Entwicklung der Folterverbote: *Bruha/Steiger:* Das Folterverbot im Völkerrecht, S. 9 ff.; zu Art. 3 EMRK: *Meyer-Ladewig/Lehnert*, in: Meyer-Ladewig/Nettesheim/Raumer (Hrsg.): EMRK, Art. 3 Rn. 1–6.

1018 *Mehde,* in: Dürig/Herzog/Scholz (Hrsg.): GG, Art. 104 Rn. 182; *Gebauer*, in: NVwZ 2004, S. 1405 (1406 f.); zur Rettungsfolter/Fall Daschner: *Götz,* in: NJW 2005, S. 953 (953–957).

1019 *Hecker,* in: Schönke/Schröder (Hrsg.): StGB, § 340 Rn. 1; *Voßen,* in: MüKo StGB, § 340 Rn. 1–5; *Heger,* in: Lackner/Kühl/Heger (Hrsg.): StGB, § 340 Rn. 1–8.

1020 *Hecker,* in: Schönke/Schröder (Hrsg.): StGB, § 343 Rn. 1; *Voßen,* in: MüKo StGB, § 343 Rn. 1–9; *Heger,* in: Lackner/Kühl/Heger (Hrsg.): StGB, § 343 Rn. 1–8.

1021 *Schuhr*, in: MüKo StPO, § 136a Rn. 32; *Krack,* in: NStZ 2002, S. 120 (120–124).

1022 *Gebauer,* Das KPD-Dezernat, S. 128 ff.; *Gruchmann,* Justiz im Dritten Reich, S. 703.

ohne jede offene Veränderung des gesetzlichen Zustandes die polizeiliche Aussage- und Geständniserzwingung wieder in Funktion zu setzen. Das geschah ganz einfach dadurch, dass der Polizeigewalt [...] hinsichtlich ihrer Untersuchungs- und Vernehmungsmethoden volle Freiheit eingeräumt wurde. So kam es zur illegalen Wiedereinführung der Folter [...]."[1023]

Ab Mitte der 1930 Jahre wurde versucht, die staatliche Folter formal zu legalisieren. Bereits mit Schreiben vom 28. März 1935 forderte Heinrich Himmler vom Reichsjustizministerium die Anerkennung der Rechtmäßigkeit der gewaltsamen Vernehmungsmethoden seiner Polizeiorgane und deren strafrechtliche Nichtverfolgung.[1024] Begründet wurde dies damit, dass „schlappe" Untersuchungsmethoden von den politischen Gegnern sonst propagandistisch ausgenutzt werden würden und es sich bei der Folter letztendlich um eine Art „Staatsnotakt" handele; die Folterverhöre also notwendig wären, um Angriffe gegen den Staat abzuwehren.[1025] Die Selbstbelastungsfreiheit des Betroffenen wurde damit im Ergebnis komplett ausgehöhlt (siehe S. 267 ff.).

Im Amtsdeutsch wurde die Folter euphemistisch als *verschärfte Vernehmungsmethode* bezeichnet und sollte nicht aktenkundig gemacht werden.[1026] Sie richtete sich gegen alle potentiellen Staatsfeinde; also Kommunisten, Juden, Widerstandsbewegungen, aber auch Einzelpersonen, die nicht das Weltbild und die Ideologie der Nationalsozialisten vertraten. Hitler selbst ordnete die verschärfte Vernehmung im Fall des „Knabenmörders" Seefeld an, der am 22. Februar 1936 vom Landgericht Schwerin zum Tode verurteilt wurde.[1027]

Innerhalb der Justiz fand die Methode zunächst keinen Anklang, da die erzwungenen Geständnisse für die nachfolgenden Strafprozesse oft unverwertbar waren. Beispielsweise, weil sie vor Gericht widerrufen wurden.[1028] Eine offizielle Anweisung der Gestapoführung an ihre Dienststellen über die Handhabung der verschärften Vernehmung wurde am l. Juli 1937 herausgegeben.[1029] Am 06. Oktober 1942 ergänzte Reinhard Heydrich, dass die Staatspolizeistellen über die verschärfte Vernehmung in eigener Verantwortung entscheiden dürfen und dafür keine Genehmigung mehr erforderlich sei.[1030]

1023 *Schmidt,* Strafrechtspflege/1, S. 443.

1024 *Heuer,* Geheime Staatspolizei, S. 120.

1025 *Gebauer,* Das KPD-Dezernat, S. 136; *Gruchmann,* Justiz im Dritten Reich, S. 707.

1026 *Gruchmann,* Justiz im Dritten Reich, S. 712. Heuer schreibt dazu: *„Durch die Veränderung der Wortbedeutung und gleichzeitiger Initiierung eines neuen Sprachgebrauchs konstituierte sich eine Ausgangssituation, die den Angehörigen der Geheimen Staatspolizei eine realitätsfremdere Beurteilung ihrer Handlungen erlaubte: Sie töteten, ohne zu töten."* (*Heuer,* die Geheime Staatspolizei, S. 171).

1027 *Micheler,* in: Herzog (Hrsg.): Sexuality and German Fascism, S. 95 (110 ff.); *Gruchmann,* Justiz im Dritten Reich, S. 709 f.

1028 *Gruchmann,* Justiz im Dritten Reich, S. 712 ff.

1029 *Gruchmann,* Justiz im Dritten Reich, S. 717.

1030 *Gebauer,* Das KPD-Dezernat, S. 136 f.

Zu den Foltermethoden gehörten Schläge, Peitschen- und Knüppelhiebe, tagelange Fesselungen, Dunkelzellen, sowie Essens- und Schlafentzug.[1031] Mit einer sanktionsbewährten „Verpflichtungserklärung" mussten die Misshandelten der Gestapo schriftlich versichern, human behandelt worden zu sein.[1032] Teilweise endeten die Verhöre mit dem Tod. Entweder durch Selbstmord oder als Folge der Verletzungen.[1033] Dams/Stolle schreibt dazu: „*Vorherrschend war allerdings eine den Opfern gegenüber gleichgültige, formal korrekte aber letztendlich rücksichtslose Exekution der von oben verabschiedeten Richtlinien.*"[1034]

Damit passierte im NS-Staat genau das Gleiche wie in der magischen Welt nach dem Aufstieg Lord Voldemorts. Während Folter zunächst verboten war, wurde ihre Anwendung unter dem neuen Regime wieder legalisiert. Im Dritten Reich kam die Folter durch Gestapo, SS und SA bei Verhören zur Anwendung. In den Harry-Potter-Büchern wurde der Cruciatus-Fluch gezielt von den Todessern eingesetzt. In beiden Fällen richtete sich die Folter u. a. gegen politische Gegner.

cc) Der Todesfluch Avada Kedavra

Der dritte der drei unverzeihlichen Flüche ist der Todesfluch *Avada Kedavra*. Gegen ihn gibt es keinen Gegenzauber und er hat zur Folge, dass die Person sofort verstirbt. Auch diesen führt Professor Moody seinen Viertklässlern an einer Spinne vor: „*»Ja, der letzte und schlimmste. Avada Kedavra ... der tödliche Fluch.« [...] »Avada Kedavra«, donnerte Moody. Ein gleißend heller grüner Lichtstrahl, ein scharfes Sirren, als ob ein mächtiges, unsichtbares Etwas durch die Luft raste – und im selben Augenblick kullerte die Spinne auf den Rücken, unverletzt, doch offensichtlich tot.*"[1035]

Eine Besonderheit des Todesfluches ist, dass die getroffene Person ohne sichtbare Verletzungen oder eine feststellbare Todesursache verstirbt. Dies führt vor allem unter Muggeln zu Verwirrung, weil Muggel-Ärzte keine Todesursache erkennen und sich nicht erklären können, wie eine gesunde Person plötzlich versterben konnte.[1036] Eine weitere Besonderheit ist, dass der Todesfluch nur funktioniert, wenn man der Person auch tatsächlich den Tod wünscht. Das

---

1031 *Heuer*, Geheime Staatspolizei, S. 128 ff. Über das Verhörzimmer der Gestapo in Lyon ist z. B. bekannt: „*Deren Ausstattung bestand aus einer oder zwei Badewannen, einem Tisch mit Lederriemen, einem Gasofen, Schürhaken, die in den Öfen zum Glühen gebracht wurden, und grobzinkigen elektrischen Folterinstrumenten. Die Badewannen waren abwechselnd mit eiskaltem und kochendem Wasser gefüllt.*" (*Heuer*, Geheime Staatspolizei, S. 131).

1032 *Wagner*, Die Gestapo war nicht allein, S. 282.

1033 *Gebauer*, Das KPD-Dezernat, S. 130, 134; *Heuer*, Geheime Staatspolizei, S. 132 ff.

1034 *Dams/Stolle*, Die Gestapo, S. 72.

1035 *Rowling*, Harry Potter 4, Die Unverzeihlichen Flüche, S. 226 f.

1036 *Rowling*, Harry Potter 4, Das Haus der Riddles, S. 8.

reine Aussprechen der Zauberformel *„Avada Kedavra"* genügt alleine hierfür nicht.[1037]

Bisher gibt es nur eine bekannte Person, die den Todesfluch überlebt hat und das ist Harry. Als Lord Voldemort seine Eltern tötete, wendete er Avada Kedavra auf den damals gerade einjährigen Harry an.[1038] Dass dieser überlebte, wird damit erklärt, dass die Liebe seine Mutter so stark gewesen sei, dass sie ihn vor dem Todesfluch schützte.[1039] *„»Nicht nett«, sagte er gelassen. »Nicht angenehm. Und es gibt keinen Gegenfluch. Man kann ihn nicht abwehren. Wir kennen bislang nur einen Menschen, der ihn überlebt hat, und der sitzt hier vor mir.«"*[1040]

Die einzige Person, die in den Harry-Potter-Büchern regelmäßig den Todesfluch anwendet, ist Lord Voldemort. Harry schafft es jedoch, mehrmals dem Todesfluch Lord Voldemorts zu entkommen. So z. B. auch am Ende von Band fünf.[1041] Am Ende von Band sechs tötet Snape Dumbledore mit Avada Kedavra und es wird erst in Band sieben aufgedeckt, dass Dumbledore ihm dies befohlen hatte.[1042] Im gleichen Band bringt Lord Voldemort Amelia Bones mit Avada Kedavra um.[1043] Im letzten Band tötet Lord Voldemort die Muggelkunde-Lehrerin Burbage mit dem Todesfluch.[1044] Im Endkampf um Hogwarts wird der Todesfluch von allen Todessern benutzt: *„»Da ist dieses Schlammblut! Avada Kedavra!« [...] Crabbe wirbelte herum und schrie wieder: »Avada Kedavra!«"*[1045]

Interessant ist, dass auch die „Guten" rund um Harry an der *Schlacht um Hogwarts* mitwirken, ihnen dabei aber kein einziges Mal der Todesfluch in den Mund gelegt wird. Mrs Weasley tötet Bellatrix Lestrange im Duell, es wird jedoch nicht erwähnt, mit welchem Zauberspruch.[1046] Harry wehrt sich am Ende

---

1037 *„»Avada Kedavra ist ein Fluch, hinter dem ein mächtiges Stück Magie stehen muss – ihr könntet hier und jetzt eure Zauberstäbe hervorholen, sie auf mich richten und die Worte sagen, und ich würde mir vermutlich nicht mal eine blutige Nase holen. Aber das spielt keine Rolle. Ich bin nicht hier, um euch beizubringen, wie der Fluch funktioniert.«"* (*Rowling*, Harry Potter 4, Die Unverzeihlichen Flüche, S. 228).

1038 *„Damals, im Alter von einem Jahr, überlebte Harry auf merkwürdige Weise den Todesfluch des größten schwarzen Magiers aller Zeiten. Die meisten Hexen und Zauberer hatten immer noch Angst, dessen Namen auszusprechen: Lord Voldemort. Harrys Eltern starben bei Voldemorts Überfall, doch Harry kam mit der blitzförmigen Narbe davon. Voldemorts Macht jedoch fiel in eben jenem Augenblick in sich zusammen, als es ihm misslungen war, Harry zu töten. Und keiner konnte das begreifen."* (*Rowling*, Harry Potter 2, Ein grässlicher Geburtstag, S. 8).

1039 *Rowling,* Harry Potter 1, Der Mann mit den zwei Gesichtern, S. 324.

1040 *Rowling,* Harry Potter 4, Die Unverzeihlichen Flüche, S. 227.

1041 *Rowling,* Harry Potter 5, Der Einzige, den er je fürchtete, S. 953 f.

1042 *Rowling,* Harry Potter 6, Der vom Blitz getroffene Turm, S. 600 f.

1043 *Rowling,* Harry Potter 6, Der andere Minister, S. 20.

1044 *Rowling,* Harry Potter 7, Der Dunkle Lord erhebt sich, S. 20.

1045 *Rowling,* Harry Potter 7, Die Schlacht von Hogwarts, S. 639.

1046 *Rowling,* Harry Potter 7, Die Schlacht von Hogwarts, S. 745. *„Thus, in order to maintain the moral superiority of her protagonists and their allies, Rowling takes murder out of their arsenal."*, *Caetano,* in: Farr (Hrsg.): A Wizard of Their Age, S. 113 (115).

von Band sieben mit dem Entwaffnungszauber *Expelliarmus* gegen den Todesfluch von Lord Voldemort. Dies hat zur Folge, dass Lord Voldemorts eigener Fluch auf ihn zurückprallt – ohne dass Harry Avada Kedavra selbst benutzen muss.[1047]

Avada Kedavra knüpft damit an eine der ältesten Regelungen der Menschheit an. Schon in den Zehn Geboten hieß es: *„Du sollst nicht töten/morden"*.[1048] Das Leben als höchstes Rechtsgut wird auch vom Grundgesetz besonders geschützt. Die staatliche Schutzpflicht für das menschliche Leben wird vom BVerfG nicht nur auf Art. 2 II 1 GG, sondern auch auf Art. 1 I 2 GG gestützt.[1049] Das Lebensrecht steht dabei unter einem Gesetzesvorbehalt, während die menschliche Würde absolut (*„unantastbar"*) geschützt wird. Ob die Tötung eines Menschen gegen die Menschenwürde verstößt, ist nach ihrem Anlass, Zweck und Mittel zu beurteilen, sodass Ausnahmen möglich sind[1050]; beispielsweise der finale Rettungsschuss im Polizeirecht.[1051] Einfachgesetzlich spiegelt sich der Schutz des Lebens in den Tötungsdelikten der § 211 ff. StGB wieder. Aber auch hier gibt es Einschränkungen, beispielsweise als „letztes Mittel" im Rahmen der Notwehr nach § 32 StGB[1052] oder bei der Sterbehilfe, die allerdings niemals die sog. „Vernichtung lebensunwerten Lebens" umfasst.[1053]

Selbst das Rechtsgut Leben blieb von den Nationalsozialisten nicht unangetastet. Neben den Massenmorden in den Konzentrationslagern (siehe S. 435 f., 448 f.), sowie der verschärften Vernehmung (siehe S. 198) mit teils tödlichem Ausgang, vertrat man im Dritten Reich die Ansicht, dass es „unlebenswertes" Leben gebe; aus rassischen, erbbiologischen oder sozialen Gründen. Diejenigen, die der Gemeinschaft nicht mehr dienen, die auf Grund von Krankheit oder sozialer Auffälligkeit keine nutzbringende Arbeit leisten konnten, wurden vernichtet.[1054]

Dazu sollte zunächst das *„Gesetz zur Verhütung erbkranken Nachwuchses"* (RGBl. I 1933, S. 529) vom 14. Juli 1933 beitragen.[1055] Von 1934 bis 1945 wurden daraufhin etwa 360.000 Menschen gegen ihren Willen sterilisiert, um die „Rassenhygiene" zu gewährleisten.[1056] Am 18. Oktober 1935 folgte das *„Gesetz*

1047 *Rowling,* Harry Potter 7, Der Fehler im Plan, S. 752.

1048 Zum Todesfluch aus christlicher Perspektive: *Bell,* Baptizing Harry Potter, S. 108 ff.

1049 Z. B. BVerfG, Urt. v. 21.06.1977, Az. 1 BvL 14/76 = BVerfGE 45, 187; *Hillgruber,* in: BeckOK GG, Art. 1 Rn. 18.

1050 *Hillgruber,* in: BeckOK GG, Art. 1 Rn. 19.

1051 *Beisel,* in: JA 1998, S. 721 (721–727); *Kutscha,* in: NVwZ 2004, S. 801 (802).

1052 *Ladiges,* in: JuS 2011, S. 879 (880); *Perron/Eisele,* in: Schönke/Schröder (Hrsg.): StGB, § 32 Rn. 37; *Erb,* in: MüKo StGB, § 32 Rn. 165 ff.

1053 *Eser/Sternberg-Lieben,* in: Schönke/Schröder (Hrsg.): StGB, Vorb. § 211 ff. Rn. 24a.

1054 *Gruchmann,* in: VfZ 20/1972, Heft 3, S. 235 (235–279); zur Entwicklung des Begriffs „lebensunwerten Lebens": *Burkhardt,* Das NS-Euthanasie-Unrecht, S. 59 ff.

1055 *Burkhardt,* Das NS-Euthanasie-Unrecht, S. 71 ff.; *Gerrens,* Medizinisches Ethos und theologische Ethik, S. 25 ff.

1056 *Gerrens,* Medizinisches Ethos und theologische Ethik, S. 25.

zum Schutze der Erbgesundheit des deutschen Volkes", in dem Eheschließungen von Menschen mit einer Erbkrankheit oder geistigen Behinderung mit gesunden und nichtbehinderten Menschen verboten wurden.[1057]

Bereits 1936 wurde außerdem eine Reform des Strafrechts im Bereich des Straftatbestands der „Tötung auf Verlangen" diskutiert.[1058] Zurückdatiert auf den 1. September 1939 erließ Hitler dann einen schriftlichen Euthanasiebefehl (*„Gnadentoderlass"*), der Ärzten erlaubte, *„nach menschlichem Ermessen unheilbar Kranken bei kritischer Beurteilung ihres Krankheitszustandes"* den *„Gnadentod"* zu *„gewähren"*.[1059] Ein Euphemismus für die massenweise Tötung „Kranker" gegen ihren Willen.[1060] Von 1939 bis 1945 wurden schätzungsweise 300.000 psychisch kranke und geistig behinderte Menschen im Deutschen Herrschaftsgebiet unter dem Deckmantel der „Euthanasie" ermordet.[1061]

Auch Lord Voldemort vertrat, dass es Leben gibt, das „minderwertig" sei. So sollten die Zauberer grundsätzlich über die Muggel regieren. Gleichzeitig waren reinblütige Zauberer aber auch mehr wert als Muggelstämmige. Wie *„besessen"*[1062] Lord Voldemort vom Thema „Herkunft" war, zeigen einige Szenen, in denen es um seine Eltern (Muggel-Vater, Hexen-Mutter) geht. Letztendlich rottete er die Familie seines Vaters (mit dem Todesfluch Avada Kedavra) aus, nur weil diese Muggel waren.[1063] *„The desire for purity, formed from investigating into his parentage, comes to define his entire worldview. Ultimately, Voldemort's ambition leads to murder, just as it did in Hitler's Germany."*[1064]

Ab Band sieben kam es deswegen zur massenweisen Verfolgung Muggelstämmiger, die daraufhin in Askaban inhaftiert und dort ihrem Schicksal überlassen wurden. Dies ähnelt der Inhaftierung in Konzentrationslagern und endete in beiden Welten früher oder später mit dem Tod. Die Todesser hatten dabei weitreichende Befugnisse und benutzen u.a. die unverzeihlichen Flüche, wofür sie unter Lord Voldemort Straffreiheit genossen. Es ist allerdings nicht bekannt, dass Voldemort hierfür – so wie Hitler – Gesetze angepasst hätte. Er sorgte im Zaubereiministerium schlicht dafür, dass derartige Taten nicht verfolgt wurden. Eine Verfolgung von „kranken" Zauberern gab es in der magischen Welt hingegen nicht; lediglich Squibs – also magisch geborene Menschen, die trotzdem

1057 *Hohendorf,* in: Westermann/Kühl/Ohnhäuser (Hrsg.): NS-„Euthanasie", S. 211 (218).
1058 *Noack,* NS-Euthanasie und internationale Öffentlichkeit, S. 23.
1059 Zitiert nach: *Lifton,* Ärzte im Dritten Reich, S. 70 f.
1060 Zu diesem verklausulierten Befehl: *Noack,* NS-Euthanasie und internationale Öffentlichkeit, S. 10 ff.; *Burkhardt,* Das NS-Euthanasie-Unrecht, S. 78 ff.
1061 Am bekanntesten ist dabei die sog. „Aktion T4", dazu näher: *Burkhardt,* Das NS-Euthanasie-Unrecht, S. 16 f., 26 f.
1062 *Rowling,* Harry Potter 6, Eine getrübte Erinnerung, S. 365.
1063 *Rowling,* Harry Potter 6, Eine getrübte Erinnerung, S. 369.
1064 *Wente,* in: Farr (Hrsg.): A Wizard of Their Age, S. 89 (95).

nicht zaubern können – wurden gesellschaftlich diskriminiert. Das allerdings auch schon vor Lord Voldemorts Herrschaft.[1065]

Es ist nicht bekannt, dass Lord Voldemort vorgehabt hätte, alle Muggel zu töten. Beispielsweise mit der Begründung, dass deren Leben „unlebenswert" sei, weil sie keine Magie hervorbringen können. Einen Euthanasie-Befehl hat es unter Lord Voldemort nicht gegeben. Lediglich die Parallele zwischen Muggelstämmigen und Juden und deren Inhaftierung/Vernichtung tritt deutlich hervor (siehe S. 408 ff.).

d) Weitere Strafgesetze

Neben dem Schutz der Rechtsgüter Leben, körperliche Unversehrtheit und freier Wille werden aber auch noch weitere Rechtsgüter durch die Rechtsordnung der magischen Welt geschützt.[1066] So ist beispielsweise bekannt, dass auch Diebstahl, Hausfriedensbruch, Einbruch und Erpressung unter Strafe stehen. Hermine weist ihre Freunde z.B. darauf hin, dass sich die Weasley-Zwillinge wegen Erpressung strafbar machen könnten, wenn sie von Ludo Bagman vehement Geld einfordern: *„»Ja, aber hier geht's um das Gesetz«, sagte Hermine mit besorgtem Blick. »Und nicht um eine alberne Vorschrift in der Hausordnung ... bei Erpressung kommen sie mit Nachsitzen nicht davon! Ron ... vielleicht solltest du es Percy sagen...«"*[1067]

Außerdem wird im Tagespropheten mehrmals über Anklagen wegen Einbrüchen und Diebstählen berichtet. So in Band eins über den Einbruch in der Zaubererbank Gringotts[1068] und in Band fünf darüber, dass ein Mitglied des Ordens des Phönix versucht hat, in einen Raum im Zaubereiministerium einzubrechen: *„Sturgis Podmore, 38, aus Clapham, Goldregenweg zwei, ist vor dem Zaubergamot erschienen unter der Anklage, am 31. August Hausfriedensbruch und einen Einbruchsversuch im Zaubereiministerium verübt zu haben. Podmore wurde vom Ministeriums-Wachtzauberer Eric Munch festgenommen, der ihn um ein Uhr morgens bei dem Versuch ertappte, sich gewaltsam Zutritt durch eine Hochsicherheitstür zu verschaffen. Podmore, der eine Aussage zu seiner Verteidigung verweigerte, wurde in beiden Punkten für schuldig befunden und zu sechs Monaten in Askaban verurteilt."*[1069]

Diese Beispiele zeigen, dass es neben speziellen „magischen" Straftatbeständen auch einige der in unserer Welt existierenden Strafgesetze gibt. So können Zauberer nicht nur Straftaten mittels Magie begehen, sondern es stehen auch nicht-

1065 *Rowling,* Harry Potter 1, Der sprechende Hut, S. 138 f.; Harry Potter 2, Die Schrift an der Wand, S. 155 f.; Harry Potter 6, Das Haus der Gaunts, S. 213.

1066 Auflistung von Regelungen: *Fenske,* Muggles, Monsters and Magicians, S. 306 f.

1067 *Rowling,* Harry Potter 4, Der Traum, S. 595. Nur ein Buch später ist es ironischerweise Hermine, die Rita Kimmkorn mit ihrem Wissen über deren Animagus-Gestalt „erpresst", zu kooperieren (*Rowling,* Harry Potter 5, Der Käfer in der Klemme, S. 668).

1068 *Rowling,* Harry Potter 1, Der Meister der Zaubertränke, S. 156.

1069 *Rowling,* Harry Potter 5, Percy und Tatze, S. 339.

magische Handlungen wie Erpressung, Diebstahl und Hausfriedensbruch unter Strafe. Auch die Tötung oder Verletzung anderer Personen ist unabhängig davon strafbar, ob dabei ein magischer Fluch eingesetzt wird oder nicht.

Im ersten Harry Potter Buch, züchtet Hagrid ein Drachenbaby aus einem Ei heran. Dies ist in einer Holzhütte nicht nur ein gefährliches Unterfangen, sondern verstößt in der magischen Welt auch gegen das Gesetz, denn die Drachenzucht ist seit 1709 verboten: *„»Aber das ist gegen unsere Gesetze«, sagte Ron. »Der Zaubererkonvent von 1709 hat die Drachenzucht verboten, das weiß doch jedes Kind. Die Muggel merken es doch gleich, wenn wir Drachen im Garten hinter dem Haus halten – außerdem kann man Drachen nicht zähmen, es ist zu gefährlich. Du solltest mal sehen, wie sich Charlie bei den wilden Drachen in Rumänien verbrannt hat.«“*[1070]

Ob es sich hierbei wirklich um ein Strafgesetz oder nicht eher um eine Ordnungswidrigkeit handelt, wird erneut nicht deutlich. Welche Rechtsfolge für den Verstoß gegen dieses Gesetz vorgesehen ist, ist nicht bekannt. Vom Verbot der Zucht und Haltung von Drachen gibt es aber Ausnahmen. So darf das Zaubereiministerium für das Trimagische Turnier in Band vier offiziell Drachen aus dem Ausland einführen und unter der Aufsicht speziell ausgebildeter Zauberer auf dem Gelände von Hogwarts halten. Verantwortlich hierfür ist die *Abteilung zur Führung und Aufsicht Magischer Geschöpfe*. Voraussetzung des Imports ist, dass der Muggel-Premierminister von der Einfuhr der gefährlichen Geschöpfe informiert wird. Seine Zustimmung ist jedoch nicht erforderlich.[1071]

Bei dieser Informationsverpflichtung scheint es sich um eine Formalie im Rahmen der wohlwollenden Zusammenarbeit zwischen Muggeln und Zauberern zu handeln, die sich an das Zaubereiministerium richtet. Ebenfalls in den Zuständigkeitsbereich der Abteilung für die Führung und Aufsicht Magischer Geschöpfe fällt das Verbot der experimentellen Züchtung magischer Geschöpfe: *„»Wir sind uns nicht sicher«, sagte der Zauberer mit ernster Miene. »Wir dachten erst, es wäre ein ganz gewöhnliches Huhn, bis es angefangen hat Feuer zu spucken. Sieht mir sehr nach einer schwerwiegenden Verletzung des Verbots experimenteller Züchtung aus.«“*[1072]

Diese Norm richtet sich an die gesamte Zaubererbevölkerung und nicht nur an das Zaubereiministerium und könnte wiederum ein Strafgesetz oder eine Ordnungswidrigkeit sein. Während die Züchtung und Haltung von Drachen per se verboten ist, weil diese besonders gefährlich sind, ist das Halten anderer magischer und nichtmagischer Tiere grundsätzlich erlaubt.[1073] Es ist jedoch verboten,

---

1070 *Rowling,* Harry Potter 1, Norbert, der Norwegische Stachelbuckel, S. 251 f.

1071 *Rowling,* Harry Potter 6, Der andere Minister, S. 15.

1072 *Rowling,* Harry Potter 5, Das Zaubereiministerium, S. 156.

1073 In der magischen Welt wird zwischen *Tierwesen, Zauberwesen* und *Geistern* differenziert. Die magischen Wesen werden dabei je nach Gefährlichkeit in die Kategorien XXXXX, XXXX, XXX, XX und X eingeteilt. (*Rowling,* Phantastische Tierwesen & wo sie zu finden sind, S. XXXIII).

nichtmagische Wesen mit magischen Wesen zu kreuzen bzw. experimentelle Züchtungen vorzunehmen. Auch hier ist die Rechtsfolge nicht bekannt.

In Band zwei fliegen Ron und Harry im verzauberten Ford Anglia von Mr Weasley in die Schule, weil sie den Hogwartsexpress verpassen. Dies hat zur Folge, dass Mr Weasley eine Geldbuße von 50 Galleonen bezahlen muss.[1074] In der Zaubererwelt ist es nämlich verboten, verzauberte Muggelgegenstände zu benutzen. Ob es sich dabei um eine Strafnorm oder eine Ordnungswidrigkeit handelt, ist nicht bekannt. Noch kurioser ist an dieser Stelle, dass Mr. Weasley seine Frau zunächst damit beruhigt, dass er sich (angeblich) nicht strafbar gemacht habe. Er selbst habe den Wortlaut des Gesetzes so formuliert, dass nicht das Verzaubern des Muggelgegenstandes an sich, sondern nur das Verzaubern *mit dem Willen* (!), den Gegenstand auch zu benutzen, geahndet werde: *„»Nun, Liebling, ich denke, du wirst feststellen, dass er sich damit durchaus im Rahmen des Gesetzes bewegt, selbst wenn, ähm, er vielleicht besser daran getan hätte, seiner, ähm, Frau die Wahrheit zu sagen ... es gibt da eine Lücke im Gesetz, wie du sehen wirst ... solange er nämlich nicht beabsichtigte, den Wagen zu fliegen, ist die Tatsache, dass der Wagen fliegen könnte, nicht unbedingt –«* “[1075]

Daraus lässt sich zunächst ablesen, dass tatsächlich die jeweilige Fachabteilung im Zaubereiministerium (hier das *Büro gegen den Missbrauch von Muggelartefakten*) für den Entwurf neuer Gesetze zuständig ist. Da Mr Weasley den Ford Anglia aber selbst nicht geflogen ist und dies auch nie vorhatte, ist es an dieser Stelle inkonsequent, dass er trotzdem wegen des bloßen Verzauberns des Muggelautos bestraft wurde. Dies lässt sich unterschiedlich erklären: Entweder war die „Lücke“, die Mr Weasley in das Gesetz eingearbeitet hat, doch nicht so eindeutig, wie er dachte. Oder: Auch in der Zaubererwelt existiert die Möglichkeit, Gesetze auszulegen. Den doppelten Wortlaut der Norm hat das Zaubereiministerium dann zu Ungunsten von Mr Weasley ausgelegt. Oder: Mr Weasley wurde nicht wegen des Verstoßes gegen dieses Gesetz verurteilt, sondern z.B. wegen eines Verstoßes gegen das Geheimhaltungsabkommen, weil den Muggeln ein fliegendes Auto hätte auffallen können. Dies funktioniert wiederum aber nur dann, wenn Mr Weasley das Handeln seines Sohnes Ron zugerechnet wird. Denn Mr Weasley ist das Auto selbst nicht geflogen und hatte auch keine Kenntnis von den Handlungen seines Sohnes. Letzteres ist – selbst für die Zaubererwelt – eine unwahrscheinliche Ausdehnung der Haftung der Eltern von jungen Zauberern.[1076] Am wahrscheinlichsten ist, dass das Ministerium seine ei-

---

1074 *Rowling,* Harry Potter 2, Der Vielsaft-Trank, S. 239.

1075 *Rowling,* Harry Potter 2, Der Fuchsbau, S. 46.

1076 Schneyer löst diese Frage auf, indem er die Vermutung anstellt, dass Mr Weasley speziell als Ministeriumsangesteller (disziplinarisch?) belangt wurde und es sich bei den 50 Galleonen nicht um eine Kriminalstrafe handelt: *„and it is not clear whether he would have received a different sanction had he not been a Ministry employee; that is, this may be an administrative penalty exacted within the Ministry rather than a criminal sentence.“* (*Schneyer*, in: Goetz (Hrsg.): Terminus: Collected Papers on Harry Potter, S. 33 (45)).

genen Gesetze – nicht zum ersten Mal – frei interpretiert und an Mr Weasley für dessen „Muggelliebe“ ein Exempel statuieren wollte.

Neben regionalen Strafgesetzen gibt es in der Zaubererwelt auch international gültige Regelungen, deren Rechtsqualität sich mangels weiterer Informationen aber ebenfalls nicht eindeutig zuordnen lassen. So erfährt Harry von Percy, dass das Zaubereiministerium schon seit längerer Zeit versucht, die Transsilvanier davon zu überzeugen, das *Internationale Duellverbotsabkommen* zu unterzeichnen.[1077]

Daraus könnte man schließen, dass magische Duelle in Großbritannien – im Gegensatz zu Transsilvanien – bereits verboten sind. Das ist jedoch nicht der Fall. Im ersten Band duelliert sich Harry mit Draco Malfoy. Dies stellt zwar einen Verstoß gegen die Schulregeln dar, es wird jedoch nicht erwähnt, dass Duelle per se verboten sind.[1078] Im zweiten Band gibt es in Hogwarts sogar einen Duellier-Club, in dem die Schüler lernen, sich zu duellieren.[1079] Aus einer Anmerkung Rons kann geschlossen werden, dass Duelle aber nur unter ganz bestimmten Regeln und vermutlich unter Aufsicht erlaubt sind. So müssen beide Teilnehmer z.B. einen sog. *Sekundant* ernennen, der die persönlichen Angelegenheiten regelt, falls einer der Duellanten im Duell zu Tode kommt.[1080]

In Band vier wird der (fliegende) Teppichhändler Ali Bashir, der wiederholt mit dem Gesetz in Konflikt tritt, zu einem Running-Gag. Von Mr Crouch Senior erfährt man, dass fliegende Teppiche seit Jahrzehnten in Großbritannien verboten sind: *„»Ali glaubt, es gibt eine Marktnische für ein Familienfahrzeug«, sagte Mr Crouch. »Ich weiß noch, mein Vater hatte einen alten Perser, auf dem zwölf Personen Platz hatten –aber das war natürlich vor dem Verbot von Teppichen.«* “[1081]

Fliegende Teppiche stehen auf der *Liste der Verbotenen Verhexbaren Gegenstände*. Da es sich bei Teppichen grundsätzlich um einen Muggelgegenstand handelt, ist das von Mr Weasley geführte *Büro gegen den Missbrauch von Muggelartefakten* zuständig. Auch die Einfuhr fliegender Teppiche nach Großbritannien ist verboten: *„»Ali Bashir ist auf dem Kriegspfad. Er will ein Wörtchen mit*

1077 *„»Und dann versuchen wir die Transsilvanier davon zu überzeugen, endlich das Internationale Duellverbotsabkommen zu unterzeichnen. Zu Jahresbeginn hab ich ein Treffen mit ihrem Abteilungsleiter für magische Zusammenarbeit –«“* (*Rowling,* Harry Potter 4, Der Weihnachtsball, S. 445).

1078 *Rowling,* Harry Potter 1, Duell um Mitternacht, S. 169.

1079 *Rowling,* Harry Potter 2, Der Duellierclub, S. 203.

1080 *„»Mit dir würd ich es jederzeit allein aufnehmen«, sagte Malfoy. »Heute Nacht, wenn du willst. Zaubererduell. Nur Zauberstäbe, kein Körperkontakt. Was ist los? Noch nie von einem Zaubererduell gehört, was?« […] »Was ist ein Zaubererduell?«, fragte Harry. »Und was soll das heißen, du bist mein Sekundant?« »Na ja, ein Sekundant ist da, um deine Angelegenheiten zu regeln, falls du stirbst«, sagte Ron lässig und machte sich endlich über seine kalte Pastete her.“* (*Rowling,* Harry Potter 1, Duell um Mitternacht, S. 169).

1081 *Rowling,* Harry Potter 4, Bagman und Crouch, S. 98.

Ihnen reden wegen Ihres Einfuhrverbots für fliegende Teppiche.« Mr Weasley tat einen tiefen Seufzer. »Deswegen habe ich ihm doch schon vor einer Woche eine Eule geschickt. Ich hab's ihm einmal gesagt, ich hab's ihm hundertmal gesagt: Teppiche gelten gemäß der Liste Verbotener Verhexbarer Gegenstände als Muggelartefakte, aber er will einfach nicht hören.«"[1082]

Welche rechtlichen Konsequenzen die Einfuhr fliegender Teppiche hätte, ist nicht bekannt. Auch hier wird erneut nicht zwischen Strafgesetz und Ordnungswidrigkeit differenziert. Zusammenfassend lässt sich festhalten, dass in der Zaubererwelt eine ganze Reihe von Verboten existiert, deren Einhaltung durch das Ministerium kontrolliert wird und die zu verschiedenen Rechtsfolgen führen können.

In Band sechs erfährt man, dass nicht nur das Zaubern *vor* Muggeln, sondern auch das Ausführen von Zaubersprüchen *an* Muggeln verboten ist. Insbesondere, wenn diese dadurch zu Schaden kommen. Dies zeigt sich in einer Szene, in der Harry und Dumbledore mit dem Denkarium die Erinnerung des ehemaligen Leiters des magischen Strafverfolgungskommandos Mr Ogden erkunden:

„»Morfin hat das Zaubereigesetz gebrochen«, sagte Ogden streng. [...] »Er hat einem dreckigen Muggel eine Lektion erteilt, und das soll jetzt gesetzwidrig sein?« »Ja«, sagte Ogden. »Ich fürchte, das ist so.« Er zog eine kleine Pergamentrolle aus einer Innentasche und breitete sie aus. »Was ist das denn, sein Urteilsspruch?«, sagte Gaunt mit zornig anschwellender Stimme. »Es ist eine Vorladung ins Ministerium zu einer Anhörung –« »Vorladung! Vorladung? Für wen halten Sie sich eigentlich, dass Sie meinen Sohn irgendwohin vorladen könnten?« »Ich bin der Leiter des Magischen Strafverfolgungskommandos«, sagte Ogden. [...] »Morfin wird am vierzehnten September zu einer Anhörung erscheinen und zu der Anklage Stellung nehmen, dass er in Anwesenheit eines Muggels Magie eingesetzt hat und besagtem Muggel Schaden und Leid –«"[1083]

Im Verlauf der Szene greift Vorlost Gaunt, der Großvater von Lord Voldemort, seine Tochter Merope an und würgt sie. Als der Ministeriumsangestellte dazwischen geht, wird er ebenfalls von Vorlost und Morfin Gaunt angegriffen und muss flüchten: *„»Ogden apparierte zurück ins Ministerium und kehrte fünfzehn Minuten später mit Verstärkung zurück. Morfin und sein Vater versuchten zu kämpfen, wurden aber beide überwältigt, von dem Haus weggebracht und anschließend vom Zaubergamot verurteilt. Morfin, der bereits wegen Angriffen auf Muggel vorbestraft war, wurde zu drei Jahren in Askaban verurteilt. Vorlost, der außer Ogden noch mehrere andere Ministeriumsangestellte verletzt hatte, bekam sechs Monate.«*"[1084]

Dieser Ausschnitt zeigt dreierlei: Einerseits steht nicht nur der Angriff auf Muggel unter Strafe, sondern auch die Körperverletzung an anderen Zauberern.

1082 *Rowling,* Harry Potter 4, Bagman und Crouch, S. 97 f.
1083 *Rowling,* Harry Potter 6, Das Haus der Gaunts, S. 209, 212.
1084 *Rowling,* Harry Potter 6, Das Haus der Gaunts, S. 214 f.

Andererseits kennt das magische Strafrecht das Prinzip der Strafschärfung bei Mehrfachtätern. Außerdem ist hier herauszulesen, dass man für eine Körperverletzung und den Angriff auf Beamte des Zaubereiministeriums mindestens mit einer Freiheitsstrafe in Askaban bestraft wird. Interessant ist auch, dass Vorlost Gaunt nicht für seine verbalen Ausfälle bestraft wird. Er bezeichnet Muggel als *„schmutzig und dreckblütig"* und beleidigt seine eigene Tochter als *„widerliche, kleine Squib"*[1085]. Entweder kennt das magische Strafrecht den Straftatbestand der Beleidigung nicht oder dieser wurden wegen der Schwere der anderen Verletzungen an dieser Stelle schlicht nicht berücksichtigt.

Zudem gibt es noch zahlreiche Schulregeln in Hogwarts.[1086] Dabei handelt es sich aber nicht um Strafnormen, sondern sie regeln lediglich den Schulalltag.[1087]

2. Magische Strafen und deren Vollstreckung

Wesensmerkmal eines jeden Strafgesetzes ist, dass es für die Verwirklichung eines bestimmten Delikts bzw. bestimmter Tatbestandsmerkmale eine bestimmte Kriminalstrafe als Rechtsfolge vorsieht. Die Zaubererwelt kennt dabei – genauso wie die deutsche Rechtsordnung – primär zwei Arten von Kriminalstrafen: die Geldstrafe und die Freiheitsstrafe.[1088] In den Büchern wird allerdings nicht klar, ob in der Zaubererwelt daneben auch Ordnungswidrigkeiten existieren, weil die Unterscheidung zwischen *Geldstrafe* und *Geldbuße* weder im Original noch in der Übersetzung deutlich wird (siehe S. 113 f., 338 ff.).

Dabei gilt in Deutschland nach § 46 I StGB das Schuldprinzip (*„nulla poena sine culpa"*), das besagt, dass für sein Handeln nur bestraft werden kann, wem dieses vorwerfbar ist. Das Schuldprinzip hat Verfassungsrang und wird mit dem Rechtsstaatsprinzip, Art. 2 II 1 GG und dem Gebot der Achtung der Menschenwürde begründet.[1089]

Inwiefern auch das magische Strafrecht dem Schuldprinzip folgt, ist nicht bekannt. Eine Art der „Vorwerfbarkeit" muss das magische Strafrecht jedoch ebenfalls kennen, denn Harry wird bei seinem Strafverfahren in Band fünf, das als

1085 *Rowling,* Harry Potter 6, Das Haus der Gaunts, S. 213.

1086 *Rowling,* Harry Potter 1, Norbert der Norwegische Stachelbuckel, S. 262; Harry Potter 2, Die peitschende Weide, S. 91; Harry Potter 3, Bittere Niederlage, S. 188, 190; Harry Potter 4, Die Unverzeihlichen Flüche, S. 220, Die Eichung der Zauberstäbe, S. 314.

1087 Dazu: *Knutsen,* in: Nexon/Neumann (Hrsg.): Harry Potter and International Relations, S. 197 (203 ff.); *Collinsworth,* in: Bell (Hrsg.): From Here to Hogwarts, S. 7 (8 f.).

1088 System von Haupt- und Nebenstrafe: *Heintschel-Heinegg,* in: BeckOK StGB, § 38 Rn. 3 f.; *Radke,* in: MüKo StGB, Vorb. § 38 Rn. 72–79.

1089 Schuldprinzip: *Adam/Schmidt/Schumacher,* in: NStZ 2017, S. 7 (7–13); *Kinzig,* in: Schönke/Schröder (Hrsg.): StGB, § 46 Rn. 3–5a.

„disziplinarischen Anhörung“[1090] bezeichnet wird, letztendlich freigesprochen, weil er zwar gegen Strafgesetze verstoßen hat, dies jedoch zur Selbstverteidigung geschah (siehe S. 190 f., 358, 362 ff.). Eine Vergleichbarkeit mit deutschem Recht ist jedoch mangels weiterer Anhaltspunkte nicht möglich. Insbesondere ist nicht bekannt, ob das magische Strafrecht ebenfalls zwischen Tatbestand, Rechtswidrigkeit und Schuld unterscheidet.

Daran anknüpfend unterscheidet man im deutschen Strafrecht zwischen Strafe und Maßregel (sog. *zweispuriges Sanktionssystem*[1091]). Ob es diese Unterscheidung im magischen Recht gibt, ist nicht bekannt. Dagegen spricht, dass Menschen, die wiederholt als „verrückt“ deklariert werden (z.B. Bellatrix Lestrange, Sirius Black) und bei denen es deswegen nach deutschem Recht naheliegen würde, eine Schuldunfähigkeit i.S.d. § 20 StGB anzunehmen, trotzdem in Askaban und damit in einem regulären Gefängnis ihre Haftstrafe absitzen müssen (siehe S. 226 f.).[1092]

Das StGB kennt keine *Punktstrafe*[1093], sondern schreibt für jedes Delikt einen *Strafrahmen*[1094] vor. Bei der Strafzumessung werden alle Umstände, die für und gegen den Täter sprechen, gegeneinander abgewogen, § 46 II StGB.[1095] Inwiefern die Strafgesetze in den Harry-Potter-Büchern eine Punktstrafe oder einen Strafrahmen vorgeben, ist nicht bekannt. In Abschnitt 13 des Abkommens zur Geheimhaltung der Magie wird z.B. überhaupt keine konkrete Rechtsfolge genannt (siehe S. 180 f.). Auch das Verbot der Zauberei Minderjähriger sieht eine konkrete Rechtsfolge nicht vor. Aus Harrys disziplinarischer Anhörung ist jedoch bekannt, dass ein Verstoß grundsätzlich mit der Zerstörung des Zauberstabes geahndet werden kann. Ein Schulverweis ist hingegen nicht möglich (siehe S. 336).

Die drei unverzeihlichen Flüche werden im Gegensatz dazu mit einer konkreten Strafandrohung belegt; nämlich mit lebenslanger Haft in Askaban (siehe S. 191 f.). Verstöße gegen andere Strafgesetze werden mehr oder weniger willkürlich mit einer zeitlichen Freiheitsstrafe oder „Geldbuße“ bedroht. Ob hier

---

1090 Bei der „disziplinarischen Anhörung“ handelt es sich nicht dem Wortlaut entsprechend um ein Disziplinarverfahren, sondern um einen Strafprozess (zur Begriffserklärung siehe S. 334 ff.).

1091 *Meier,* Strafrechtliche Sanktionen, S. 11; *Hassemer/Neumann,* in: Kindhäuser/Neumann/Paeffgen (Hrsg.): StGB, Vorb. zu § 1, Rn. 263–265; *Joecks/Erb,* in: MüKo StGB, Einleitung, Rn. 1–6.

1092 Zum Umgang mit psychisch Kranken in der magischen Welt: *Murakami,* in: Mulholland (Hrsg.): The Psychology of Harry Potter, S. 175 (175–188).

1093 Ausnahme: Lebenslange Freiheitsstrafe (§§ 38, 57a StGB). Zum Verbot der Punktstrafe: *Maier,* in MüKo StGB, § 46 Rn. 183.

1094 Bestimmung des Strafrahmens: *Maier,* in MüKo StGB, § 46 Rn. 105–114.

1095 Abwägungsrelevante Aspekte: *Kinzig,* in: Schönke/Schröder (Hrsg.): StGB, § 46 Rn. 10–44, zur Strafzumessung allgemein: *Hein,* in: JA 2018, S. 542 (542–545); *Brögelmann,* in: JuS 2002, S. 903 (903–908); *Meier,* in: JuS 2005, S. 769 (769–772); *Meier,* in: JuS 2005, S. 879 (879–881).

jeweils ein definierter Strafrahmen gilt, ist ebenfalls nicht bekannt. Allerdings weiß man aus den Verurteilungen der Gaunts, dass bei Körperverletzungsdelikten höhere Strafen angesetzt werden als bei Eigentumsdelikten und dass sich (einschlägige) Vorstrafen (genauso wie im deutschen Recht[1096]) strafschärfend auswirken (siehe S. 207 f., 390). Auch innerhalb der magischen Strafzumessung gibt es also ähnliche Abwägungsgesichtspunkte wie im deutschen StGB.[1097]

Ein konkreter Vergleich zwischen dem deutschem Recht und dem magischem Recht ist mangels weiterer Anhaltspunkte über die Strafzumessungsgesichtspunkte in den Harry-Potter-Büchern schwer. Grundsätzlich kann aber aus einer Zusammenschau aller Umstände geschlossen werden, dass die Strafzumessung im magischen Recht deutlich freier gestaltet ist als im deutschen Recht. Dies macht das System anfällig für die Verhängung willkürlicher Strafen. Insbesondere dann, wenn es keinen Strafrahmen gibt, der eine Unter- und Obergrenze vorzeigt, kann das Strafrecht dazu missbraucht werden, um beispielsweise Kritikern des Zaubereiministeriums hohe Strafen aufzuerlegen, so wie es der Zaubereiminister Cornelius Fudge im fünften Band in Harrys Fall versucht hat (siehe S. 354, 362 ff.). Gleichzeitig sind die Strafen mit dem *Kuss des Dementors* und der Folter-Haft in Askaban deutlich grausamer ausgestaltete als im heutigen Recht.[1098]

Auch im Nationalsozialismus wurde unter dem Deckmantel einer angeblich rechtsstaatlichen Strafzumessung hart gegen politische Gegner vorgegangen. Die Strafzumessung diente dabei dem Ziel der rückhaltlosen Durchsetzung des in der nationalsozialistischen Ideologie propagierten Führerprinzips sowie der Ausmerzung politischer und ideologischer Gegner und führte häufig zur Verhängung drakonischer Sanktionen.[1099]

Eine weitere richtungweisende Änderung lag in der Strafrahmentechnik der ersten Novelle zum RStGB vom 26. Mai 1933. Das Gesetz führte in den §§ 223b II, 263 IV und 266 II RStGB *besonders schwere Fälle* ein, um die Strafzumessung zu „dynamisieren". Das „Wohl des Volkes" fand in §§ 20, 263 IV, 266 II RStGB

1096 *Kinzig*, in: Schönke/Schröder (Hrsg.): StGB, § 46 Rn. 31.

1097 So auch Barratt im Hinblick auf die Art und Weise ‚wie' Flüche verwendet werden: *„While there are indications (such as the wording of Crouch's question to the jury in the Lestrange/Crouch Jr. trial) that the sentencing guidelines for the Unforgiveable Curses are codified into law, there also appear to be customary laws regarding the manner in which spells are used, a more subtle set of distinctions than simply proscribing certain spells full stop."* (*Barratt*, The Politics of Harry Potter, S. 44).

1098 *„After all, if having one's soul sucked out through one's mouth is not cruel and unusual punishment, what is?"* (*Barratt*, The Politics of Harry Potter, S. 42).

1099 *Maier*, in MüKo StGB, § 46 Rn. 9. Umgekehrt wurden Taten, die dem nationalen Gedankengut entsprachen, bei denen man die Erfüllung eines Straftatbestandes jedoch nicht leugnen konnte, auf Rechtsfolgenseite milder bestraft (*Gruchmann*, Justiz im Dritten Reich, S. 19).

Berücksichtigung. Insgesamt wurden die Belange der (nationalsozialistischen) Volksgemeinschaft zum Leitprinzip der Strafzumessung erklärt.[1100]

Regimekonforme Strafrechtstheoretiker sprachen sich außerdem ab Mitte der 1930er-Jahre für ein *Willensstrafrecht* als Gegenthese zum bisher geltenden *Erfolgsstrafrecht* aus. Für die Strafzumessung sollte der verbrecherische Wille des Täters und nicht vorrangig der Taterfolg ausschlaggebend sein. Dies bewirkte eine Subjektivierung des Strafrechts und die Entwicklung einer *Tätertypologie*. Unter den Nationalsozialisten eingeführte Gesetze beinhalten Tätertypen wie „Gewohnheitsverbrecher", „Volksschädling" und „Volksverräter".[1101]

Das Willensstrafrecht sollte auch zur Grundlage einer umfassenden Strafrechtsreform unter den Nationalsozialisten werden. Der Entwurf von 1936 bekannte sich zum Willensstrafrecht, das sein *„Urteil über die Tat von dem im Willen des Täters liegenden Unrechtsgehalt und von der Würdigung seiner ganzen Persönlichkeit abhängig"* machen sollte.[1102] Der Entwurf eines Deutschen Strafgesetzbuches scheiterte jedoch.[1103]

Der Inhalt der angestrebten Neuregelungen kann laut Werle folgendermaßen zusammengefasst werden: Hinwendung zu einem materiellen Unrechtsbegriff; Aufhebung des Analogieverbots und Einbau ausfüllungsbedürftiger Tatbestandsmerkmale mit sittlichem Wertungszwang; Willensstrafrecht; Vorverlegung der Strafbarkeit; gesetzliche Aufstellung von Tätertypen und stärkere Berücksichtigung der Täterpersönlichkeit; Neustrukturierung des Besonderen Teils zur Wahrung und Stärkung des Volkstums; insbesondere Schutz von Rasse, Erbgut, Ehre, Treue, Wehrhaftigkeit, Arbeitskraft, Zucht und Ordnung.[1104]

Im Ergebnis zeigt also das magische Strafrecht auf der Ebene der Strafzumessung erneut Tendenzen, die den Bestrebungen der Nationalsozialisten im Bereich des Strafrechts ähneln. Zumindest was die sehr freie – und damit teils missbräuchliche – Verhängung von Strafen z.B. gegen politische Gegner betrifft. Die Strafrahmentechnik der Nationalsozialisten wurde allerdings auch im heutigen StGB beibehalten und soll umgekehrt gerade zu faireren, einzelfallabhängigen Strafen führen, weil dem Richter im Gegensatz zur Punktstrafe ein gewisser Spielraum[1105] eingeräumt wird.

1100 *Werle*, Justiz-Strafrecht, S. 79 ff., 410.

1101 *Hartl,* Das nationalsozialistische Willensstrafrecht, S. 56 ff.; *Wrobel*, in: GRZ 2/2019, S. 83 (83–94); *Götte,* Jugendstrafvollzug, S. 81 ff.

1102 Zitiert nach: *Werle,* Justiz-Strafrecht, S. 427.

1103 *Hartl,* Das nationalsozialistische Willensstrafrecht, S. 71 ff.; *Mertens,* Rechtsetzung im Nationalsozialismus, S. 55 f.; *Schmidt,* Strafrechtspflege/1, S. 449 ff.

1104 *Werle,* in: NJW 1988, S. 2865 (2866). Obwohl der Entwurf von 1936 nie in Kraft getreten ist, ist dessen Grundkonzept, nämlich die Anbindung des Strafrechts an die politische Führung, Leitthema der gesamten Strafrechtsentwicklung von 1933 bis 1945 und wurde von den Entwicklungen in der Kriegszeit teils sogar überholt, *Werle,* in: NJW 1988, S. 2865 (2867).

1105 Strafzumessungstheorien: *Radtke,* in: MüKo StGB, vor § 38 Rn. 59–68; Spielraumtheorie: *Streng,* in: Kindhäuser/Neumann/Paeffgen (Hrsg.): StGB, § 46 Rn. 97–103.

a) Die Todesstrafe

Zu einer Besonderheit der magischen Welt gehört, dass sie – im Gegensatz zu den realen, heutigen Rechtsordnungen in Europa – eine Art der „Todesstrafe" kennt.[1106]

Diese besondere Form der „magischen Todesstrafe" nennt sich in der Zaubererwelt *Kuss des Dementors.*[1107] Dementoren sind magische Wesen, die ihren Opfern alle glücklichen Empfindungen entziehen. Im 15. Jahrhundert entstanden Dementoren auf einer abgelegenen Insel in der Nordsee. Dort folterte der schwarze Magier Ekrizdis Muggel-Seeleute und erschuf dabei als „Nebenprodukt" die Dementoren.[1108] Das Zaubereiministerium gründete auf der Insel später das Zauberergefängnis *Askaban* und ließ es von den Dementoren bewachen. Dementoren pflanzen sich fort, indem sie „brüten", wobei starker Nebel entsteht. Sie werden nicht geboren, sondern entstehen in einer Atmosphäre der Angst.[1109]

Dementoren sehen aus wie große, in schwarze, fließende Kapuzenmäntel gehüllte menschliche, bis zu drei Meter große Gestalten, die nicht laufen, sondern über dem Boden dahingleiten. Dementoren sind blind, nehmen aber die Anwesenheit von Menschen durch deren Gefühle wahr.[1110] Muggel können Dementoren zwar nicht sehen, aber ihre Anwesenheit spüren.[1111] Wenn sich Dementoren nähern, wird die Luft kalt und alle Lebewesen in ihrer Umgebung fühlen sich traurig, leer und unendlich verzweifelt. Die Kapuzen ihrer Mäntel verhüllen schleimige Hände und einen Schlund, mit dem die Dementoren gierig rasselnd einatmen.[1112] Dabei holen sie nicht nur Luft, sondern entziehen gleichzeitig allen Menschen in ihrer Nähe jegliche glückliche Erinnerung. Ihren Opfern bleiben dann nur schreckliche und quälende Gedanken und Erfahrungen. Sie werden depressiv und verlieren ihre Kräfte sowie ihren Lebensmut.

„»Dementoren gehören zu den übelsten Kreaturen […]. Sie verseuchen die dunkelsten, schmutzigsten Orte, sie frohlocken inmitten von Zerfall und Verzweiflung, sie saugen Frieden, Hoffnung und Glück aus der Luft um sie her. Selbst die

1106 Auch Kokroski bezeichnet den Kuss des Dementors als *„akin to death penalty".* *Kokroski,* in: Schmeink/Böger (Hrsg.): Collisions of Realities, S. 205 (209).

1107 https://www.wizardingworld.com/features/everything-you-need-to-know-about-the-dementors-kiss (abgerufen am: 23.01.2023).

1108 https://www.wizardingworld.com/writing-by-jk-rowling/azkaban (abgerufen am: 23.01.2023).

1109 *Rowling,* Harry Potter 6, Der andere Minister, S. 21.

1110 *„Am Eingang, erhellt von den flackernden Flammen in Lupins Hand, stand eine vermummte Gestalt, die bis zur Decke ragte. Das Gesicht war unter einer Kapuze vollständig verborgen. Harrys Blick schoss nach unten, und was er da sah, ließ seinen Magen zusammenkrampfen. Eine Hand lugte unter dem Umhang hervor und es war eine glitzernd graue, schleimige, verschorfte Hand, wie etwas Totes, das im Wasser verwest war …"* (*Rowling*, Harry Potter 3, Der Dementor, S. 94).

1111 *Rowling,* Harry Potter 5, Die Anhörung, S. 172.

1112 *Rowling,* Harry Potter 3, Der Kuss des Dementors, S. 421 f.

Muggel spüren ihre Nähe, auch wenn sie die Dementoren nicht sehen können. Kommst du einem Dementor zu nahe, saugt er jedes gute Gefühl, jede glückliche Erinnerung aus dir heraus. Wenn er kann, nährt sich der Dementor so lange von dir, bis du nichts weiter bist als er selbst – seelenlos und böse. Und dir bleiben nur die schlimmsten Erfahrungen deines Lebens. "[1113]

Der Kuss des Dementors beschreibt, wie die Dementoren ihre Kapuze lüften und ihrem Opfer die Seele aus dem Leib saugen. So bleibt nur noch eine körperliche Hülle ohne Persönlichkeit, Erfahrungen und Gefühle übrig.[1114] Bei der Frage, ob der Kuss des Dementors tatsächlich eine Art der „Todesstrafe" ist, handelt es sich um eine philosophische Frage. Denn faktisch wird der Körper des Betroffenen nicht getötet. Ihm wird „nur" die Seele herausgesaugt. Da mit der Seele aber innerhalb der Logik der Zaubererwelt alles verschwindet, was den Menschen vorher ausgemacht hat, ist es vertretbar, beim Kuss des Dementors von einer besonderen Art der „magischen Todesstrafe" zu sprechen. So schreibt Caetano: *„Technically, the kiss will not kill its victim – however, I think it safe to equate the Dementor's Kiss with a sentence tantamount to capital punishment. […] Though the kiss's recipient may be alive – insofar as he or she could make a heart monitor beep – it is doubtful that they could be described as ‚living'.* "[1115] Vom Kuss des Dementors als *„death penalty"* geht auch Barton aus.[1116]

In den Büchern selbst wird erwähnt, dass der Kuss des Dementors die gefürchtetste Strafe der Zauberwelt ist und sogar als schlimmer angesehen wird als der Tod[1117], weil der Betroffene theoretisch unendlich als seelenlose Gestalt weiterlebt. *„»Was – sie töten –?« »O nein«, sagte Lupin. »Viel schlimmer als das. Du kannst ohne deine Seele existieren, weißt du, solange dein Gehirn und dein Herz noch arbeiten. Aber du wirst kein Selbstgefühl mehr haben, keine Erinnerungen, kein … nichts. Es gibt keine Chance, sich davon zu erholen. Du fristest nur dein elendes Dasein. Als leere Hülle. Und deine Seele hast du verloren … für immer.«* "[1118]

Am Ende von Band drei beschließt das Zaubereiministerium, dass die Dementoren Sirius Black nicht nur finden und nach Askaban zurückbringen sollen, sondern dass diese dazu befugt sind, den Kuss des Dementors an ihm auszuführen.[1119] Problematisch ist hier einerseits, dass das Zaubereiministerium ohne

---

1113 *Rowling,* Harry Potter 3, Die Karte des Rumtreibers, S. 206 f.

1114 *Rowling,* Harry Potter 3, Der Patronus, S. 273.

1115 *Caetano,* in: Farr (Hrsg.): A Wizard of Their Age, S. 113 (117).

1116 *Barton,* in: Mich. L. Rev. 104/6, S. 1523 (1523).

1117 Bei der Einordnung „schlimmer als der Tod" belässt es auch ohne weitere Diskussion Schwabach: *„It is a punishment worse than the death penalty; there are many hints of an afterlife, or various sorts of afterlives, in the wizarding world, but none whatsoever for those whose souls are sucked out by dementors."*, *Schwabach,* in: Roger Williams U. L. Rev. 11/2006, S. 309 (329 f.); so auch: *Barratt,* The Politics of Harry Potter, S. 43 f.

1118 *Rowling,* Harry Potter 3, Der Patronus, S. 273 f.

1119 *Rowling,* Harry Potter 3, Der Patronus, S. 274.

vorherige Gerichtsverhandlung die „Todesstrafe" – also die härteste Rechtsfolge der magischen Welt – anordnet.[1120] Andererseits zeigt das Beispiel auch, dass die Dementoren letztendlich eine Art Tötungsinstrument sind, das ohne eigene Einschätzung der Lage Befehle ausführt. Weil die Dementoren blind sind, können sie einen Menschen nicht von einem anderen unterscheiden. Außerdem erkennen sie nicht, ob die Person schuldig oder unschuldig ist.

In den Büchern wird nie erwähnt, für welches Delikt der Kuss des Dementors vorgesehen ist. Selbst Sirius Black – dem die Ermordung von Peter Pettigrew und 13 Muggeln vorgeworfen wird, kommt zunächst „nur" für eine lebenslange Freiheitsstrafe nach Askaban.[1121] Auch in diversen Todesser-Prozessen werden diese – trotz der Folter und Tötung anderer Menschen – lediglich zu Haftstrafen verurteilt.[1122] Erst nachdem Sirius Black aus Askaban ausgebrochen ist, verhängt das Zaubereiministerium den Kuss des Dementors als absolute, endgültige Strafe. In den Büchern ist außerdem nur ein einziger Fall bekannt, in dem der Kuss des Dementors auch tatsächlich vollstreckt wurde, nämlich an Bartemius Crouch Jr. Bartemius Crouch Jr. saß zunächst ebenfalls wegen seiner Taten als Todesser in Askaban, dann gelang ihm die Flucht und er tötete seinen Vater.[1123]

„»Als wir Mr Fudge mitteilten, wir hätten den Todesser gefangen, der für die Geschehnisse dieser Nacht verantwortlich war«, sagte Snape in gedämpftem Ton, »da glaubte er offenbar, seine eigene Sicherheit sei gefährdet. Er bestand darauf, einen Dementor zu rufen, der ihn zum Schloss begleitete. Er brachte ihn mit in das Büro, in dem Barty Crouch –« »Ich hatte ihm laut und deutlich gesagt, dass Sie nicht damit einverstanden seien, Dumbledore!«, brauste Professor McGonagall auf. »Ich hatte ihm gesagt, Sie würden es niemals erlauben, dass Dementoren das Schloss betreten, aber –« »Meine Verehrteste!«, dröhnte Fudge, der ebenfalls zorniger wirkte, als Harry ihn je erlebt hatte. »Als Zaubereiminister steht mir allein die Entscheidung zu, ob ich jemanden zu meinem Schutz mitbringe, wenn ich einen möglicherweise gefährlichen –« […] »Nach allem, was wir wissen, ist er sicher kein großer Verlust!«, polterte Fudge. »Offenbar war er für mehrere Morde verantwortlich!« »Aber jetzt kann er nicht mehr aussagen, Cornelius«, sagte Dumbledore. Er sah Fudge scharf an, als könne er ihn zum ersten Mal klar erkennen. »Er kann uns jetzt nicht mehr sagen, warum er diese Menschen getötet hat.«"[1124]

Der Vorgang ist vor allem auch deswegen so interessant, weil er wiederum zeigt, wieviel Macht der Zaubereiminister hat. Er befehligt mit den Dementoren eine potentiell tödliche Waffe, die er jederzeit gegen seine Mitmenschen einsetzen kann. Dabei wird an dieser Stelle nicht klar, ob der Zaubereiminister grund-

1120 Zu diesem Schluss kommt auch: *Schwabach,* in: Roger Williams U.L. Rev. 11/2006, S. 309 (329 f).
1121 *Rowling,* Harry Potter 3, Der Fahrende Ritter, S. 46.
1122 *Rowling,* Harry Potter 4, Das Denkarium, S. 623.
1123 *Rowling,* Harry Potter 4, Veritaserum, S. 719 ff.
1124 *Rowling,* Harry Potter 4, Die Wege trennen sich, S. 734 f.

sätzlich dazu befugt ist, den Kuss des Dementors selbst anzuordnen oder ob im Normalfall hierfür eine Gerichtsentscheidung erforderlich ist. Zu Fudges Gunsten könnte man annehmen, dass er den Dementor tatsächlich zu seinem Schutz mitgenommen hat und die Tötung von Bartemius Crouch Jr. als „Unfall“ anzusehen ist. Dies würde aber bedeuten, dass das Zaubereiministerium die Dementoren schon zu diesem Zeitpunkt nicht mehr hundertprozentig unter seiner Kontrolle hatte. Andererseits kann aber auch argumentiert werden, dass Fudge den Kuss des Dementors gezielt dazu eingesetzt hat, um eine Zeugenaussage zu verhindern, damit er weiterhin so tun kann, als sei Lord Voldemort nicht zurückgekehrt. Diese Theorie wird dadurch gestützt, dass Dumbledore im oben genannten Zitat selbst diesen Verdacht äußert. Im Ergebnis ist jedenfalls festzuhalten, dass dem Zaubereiministerium mit den Dementoren eine gefährliche Waffe gegen die eigene Zivilbevölkerung zusteht, die nicht immer hundertprozentig kontrolliert werden kann und die zumindest teilweise auch ohne vorherige Gerichtsentscheidung eingesetzt wird.[1125]

Sowohl die Causa Sirius Black als auch die Causa Bartemius Crouch Jr. lassen den Verdacht zu, dass der Ausbruch aus Askaban die einzige Tat ist, die als Rechtsfolge den Kuss des Dementors vorsieht.[1126] Selbst für die Tötung mehrerer Menschen wird in der Zaubererwelt ansonsten nämlich „nur“ eine lebenslange Haftstrafe verhängt. Die magische Todesstrafe wäre damit besonders gefährlichen – bereits zu lebenslangen Haftstrafen verurteilten – Tätern vorbehalten, die es schaffen, aus Askaban auszubrechen und eine Gefahr für die gesamte Zaubererwelt darstellen.

Trotzdem wird Harry selbst gleich mehrmals fast von einem Dementor geküsst, obwohl er sich nichts zu Schulden hat kommen lassen. In Band drei wird er in der Nähe der Schule von Dementoren angegriffen, die auf der Suche nach Sirius Black sind.[1127] Gegen den Kuss des Dementors kann sich Harry nur wehren, weil Professor Lupin ihm den Patronus-Zauber beigebracht hat. Der Zauber ist jedoch sehr schwer und nur die wenigsten Zauberer schaffen es, einen wirkungsvollen Patronus zu zaubern.[1128] Das Zaubereiministerium nimmt es deswegen im Ergebnis sehenden Auges hin, dass sich große Teile der Bevölkerung nicht gegen die Dementoren wehren können und deswegen eventuell zu Unrecht geküsst werden.

Ein weiteres Beispiel, bei dem der Kuss des Dementors fast ausgeführt worden wäre, ist der Dementoren-Angriff auf Harry und seinen Cousin Dudley am An-

---

1125 *„In essence Fudge has issued and carried out a death sentence without any supervision and without Crouch being given the benefit of a trial“*, *Gava/Paterson,* in: Thomas/Snyder (Hrsg.): The Law & Harry Potter, S. 3 (14).

1126 Das ist u.a. deswegen interessant, weil der bloße Ausbruch aus einem Gefängnis in Deutschland gerade nicht unter Strafe steht (Umkehrschluss §§ 120, 121 StGB).

1127 *Rowling,* Harry Potter 3, Der Kuss des Dementors, S. 421 f.

1128 *Rowling,* Harry Potter 3, Der Patronus, S. 262.

fang von Band fünf.[1129] Für diesen gibt es nur zwei Erklärungen.[1130] Entweder waren die Dementoren außerhalb der Kontrolle des Ministeriums und griffen auf eigene Faust Unschuldige an oder jemand im Zaubereiministerium wollte gezielt Harry angreifen und ihn töten oder ihn jedenfalls dazu provozieren, sich mit Magie gegen die Dementoren zu wehren. Umbridge gibt erst ganz am Ende von Band fünf zu, dass sie diejenige gewesen ist, welche die Dementoren geschickt hat. Zuvor hatte auch Dumbledore den Verdacht geäußert, dass die Dementoren gezielt zu Harry geschickt worden seien.[1131] *„»Wenn es stimmt, dass die Dementoren nur Befehle vom Zaubereiministerium entgegennehmen, und wenn es auch stimmt, dass zwei Dementoren vor einer Woche Harry und seinen Cousin angegriffen haben, dann folgt daraus logisch, dass jemand im Ministerium die Angriffe befohlen haben könnte«, sagte Dumbledore höflich. »Natürlich könnten gerade diese Dementoren außerhalb der Kontrolle des Ministeriums gewesen sein …« »Es gibt keine Dementoren außerhalb der Kontrolle des Ministeriums!«, fauchte Fudge, der ziegelrot geworden war.“*[1132]

Erst am Ende von Band fünf gibt schließlich auch Cornelius Fudge zu, dass die Dementoren außerhalb der Kontrolle des Zaubereiministeriums sind.[1133] Nach Voldemorts Rückkehr in Band sieben und einer Massenflucht von Todessern aus Askaban stellen sich die Dementoren auf die Seite Lord Voldemorts, der ihnen eine größere Freiheit und mehr „Menschenopfer“ verspricht, als es dem Zaubereiministerium möglich war.[1134] Dumbledore hatte Fudge davor am Ende von Band vier gewarnt. Dieser hatte Dumbledores Sorgen jedoch als lächerlich abgetan.

1129 *Rowling,* Harry Potter 5, Dudley umnachtet, S. 26 ff.

1130 Auch Harry fragt sich: *„Weshalb waren die Dementoren nach Little Whinging gekommen? Konnte es wirklich Zufall sein, dass sie in der Gasse aufgetaucht waren, in der Harry unterwegs war? Hatte jemand sie geschickt? Hatte das Zaubereiministerium die Kontrolle über die Dementoren verloren? Hatten sie Askaban verlassen und sich Voldemort angeschlossen, wie es Dumbledore vorausgesagt hatte?“* (*Rowling,* Harry Potter 5, Eulen über Eulen, S. 48).

1131 *„»Aber Dementoren sollen in einer Muggelkleinstadt umherspazieren und ganz zufällig einem Zauberer über den Weg laufen?«, schnaubte Fudge. »Die Wahrscheinlichkeit muss ja wohl sehr gering sein. Selbst Bagman hätte darauf nicht gewettet …« »Oh, ich denke nicht, dass irgendjemand von uns glaubt, die Dementoren seien rein zufällig dort gewesen«, sagte Dumbledore gelassen. […]. »Und was soll das heißen?«, fragte Fudge eisig. »Das heißt, dass ich denke sie wurden dort hinbefohlen«, erwiderte Dumbledore.“* (*Rowling,* Harry Potter 5, Die Anhörung, S. 175).

1132 *Rowling,* Harry Potter 5, Die Anhörung, S. 176.

1133 *„»Mit fast ebenso großem Bedauern geben wir die Massenrevolte der Dementoren in Askaban bekannt, die sich offen weigern, weiterhin im Dienste des Ministeriums zu arbeiten. Wir glauben, dass die Dementoren gegenwärtig ihre Anweisungen von Lord – Dingsda bekommen.« (Rowling,* Harry Potter 5, Der zweite Krieg beginnt, S. 992).

1134 *Rowling,* Harry Potter 4, Die Todesser, S. 680.

„»Voldemort ist zurück«, wiederholte Dumbledore. »Wenn Sie diese Tatsache unverzüglich zur Kenntnis nähmen, Fudge, und die notwendigen Schritte einleiteten, könnten wir die Lage immer noch meistern. Der erste und wichtigste Schritt ist, Askaban der Kontrolle der Dementoren zu entziehen –« »Lächerlich!«, rief Fudge erneut. »Die Dementoren abziehen! Man würde mich aus dem Amt werfen, wenn ich so etwas vorschlagen würde! Viele von uns können nachts doch nur deshalb ruhig schlafen, weil sie wissen, dass die Dementoren in Askaban Wache halten!« »Wir anderen schlafen nicht so ruhig, Cornelius«, entgegnete Dumbledore, »denn wir wissen, dass Sie die gefährlichsten Anhänger Lord Voldemorts unter die Obhut von Kreaturen gestellt haben, die sich ihm anschließen werden, sobald er sie dazu auffordert! Die Dementoren werden Ihnen nicht treu bleiben, Fudge! Voldemort kann diesen Kreaturen mehr Bewegungsfreiheit für ihre Kräfte und Gelüste bieten als Sie!« “[1135]

Letztendlich führt also wiederum eine Fehlentscheidung des (allzu) mächtigen Zaubereiministers dazu, dass Lord Voldemort weitere (gefährliche) Anhänger um sich scharen kann. Ab Band sieben setzt Lord Voldemort die Dementoren dann ein, um Jagd auf seine Gegner zu machen.[1136]

Im Zaubereiministerium werden die Dementoren unter der Herrschaft Lord Voldemorts auch dazu eingesetzt, die Prozesse gegen Muggelstämmige zu bewachen und Umbridge bedroht Muggelstämmige mit dem Kuss des Dementors: *„»Dies ist ihre letzte Verwarnung«, sagte Umbridge leise Stimme, magisch verstärkt, so dass sie über die verzweifelten Schreie des Mannes hinweg deutlich zu hören war. »Wenn Sie sich wehren, werden sie den Kuss des Dementors zu spüren bekommen.« Die Schreie des Mannes erstarben, doch trockenes Schluchzen hallte durch den Korridor. »Bringt ihn weg«, sagte Umbridge. Zwei Dementoren erschienen in der Tür des Gerichtsraums, ihre modrigen, verschorften Hände umklammerten die Oberarme des Zauberers, der offenbar ohnmächtig wurde. Sie glitten mit ihm den Korridor entlang, und die Dunkelheit, die sie hinter sich herzogen, verschluckte ihn.* “[1137]

Muggelstämmige, die vor der Registrierungskommission nicht nachweisen können, dass sie von einer magischen Person abstammen, werden von Umbridge nach Askaban geschickt.[1138] Es ist bekannt, dass Muggelstämmigen dort wäh-

1135 *Rowling,* Harry Potter 4, Die Wege trennen sich, S. 739.

1136 *„»Wie wär's mit Dementoren«, rief ein anderer Todesser. »Lasst ihnen freien Lauf, die krieg'n ihn ganz schnell!« »Der Dunkle Lord will, dass Potter von keiner anderen Hand als seiner eigenen stirbt –« »– un' Dementoren bringen ihn nicht um! Der Dunkle Lord will Potter lebend nicht seine Seele. Der ist leichter umzubringen, wenn er vorher den Kuss bekommen hat!«* (*Rowling,* Harry Potter 7, Das letzte Versteck, S. 564).

1137 *Rowling,* Harry Potter 7, Die Registrierungskommission für Muggelstämmige, S. 226.

1138 Kokroski geht fälschlicherweise davon aus, dass alle Muggelstämmigen, die ihre Herkunft nicht nachweisen können, automatisch von der Kommission dem Kuss des Dementors unterworfen werden. Dafür lassen sich in den Büchern jedoch keine Be-

rend der Herrschaft Lord Voldemorts starben, weil sie die Anwesenheit der Dementoren nicht ertragen konnten.[1139]

Erst nach Voldemorts endgültigem Sturz erlässt der neue Zaubereiminister, Kingsley Shacklebolt, ein neues Gesetz. Dieses besagt, dass Dementoren nicht mehr als Wächter von Askaban eingesetzt werden und auch der Kuss des Dementors nicht mehr als Strafe angewendet wird.[1140] Obwohl man meinen sollte, dass der Sturz Lord Voldemorts zu einer Reform des kompletten Systems führt, ist diese Gesetzesänderung – neben Hermines Engagement für Elfenrechte – die einzige bekannte Änderung der magischen Rechtsordnung.

Ordnet man den Kuss des Dementors als Form der magischen Todesstrafe ein, lassen sich auch hier wieder interessante Parallelen zum heutigen Recht in der BRD und dem historischen NS-Recht ableiten.

In Deutschland sowie in der gesamten EU[1141] ist die Todesstrafe, also die Tötung eines Menschen als Rechtsfolge für einen in einem Gesetz definierten Straftatbestand, heute verboten.[1142] Dies ergibt sich seit dem 23. Mai 1949 aus Art. 102 GG.[1143] Aus dem StGB wurde die Todesstrafe 1953 gestrichen und jeweils durch lebenslange Zuchthausstrafe ersetzt.[1144] Die letzte durch eine westdeutsche Behörde angeordnete Todesstrafe wurde am 18. Februar 1949 in Tübingen vollstreckt, wo man den 28-Jährigen Mörder Richard Schuh hinrichtete.[1145] Erst am 17. Juli 1987 verkündete der Staatsrat der DDR die Abschaffung der Todesstrafe.[1146] Als letzte Person in der DDR wurde am 26. Juni 1981 der MfS-Offizier Werner Teske, der in den Westen flüchten wollte, hingerichtet.[1147]

---

lege finden. Diese sprechen lediglich von einer Inhaftierung in Askaban (*Kokroski,* in: Schmeink/Böger (Hrsg.): Collisions of Realities, S. 205 (209)).

1139 Angedeutet in: *Rowling,* Harry Potter 7, Die Registrierungskommission für Muggelstämmige, S. 263. Umbridge wird später wegen ihren Verbrechen gegen Muggelstämmige selbst zu einer Gefängnisstrafe in Askaban verurteilt: http://www.the-leaky-cauldron.org/2007/7/30/j-k-rowling-web-chat-transcript/ (abgerufen am: 22.02.2022).

1140 *„Steph: Will Azkaban still use Dementors? J. K. Rowling: No, definitely not. Kingsley would see to that. The use of Dementors was always a mark of the underlying corruption of the Ministry, as Dumbledore constantly maintained."* (Interview mit Rowling, Bloomsbury Live Chat, 30.07.2007, abgerufen am 22.02.2022 unter: http://www.accio-quote.org/articles/2007/0730-bloomsbury-chat.html).

1141 *Dreier*, in: Dreier (Hrsg.): GG, Art. 102 Rn. 62; *Jarass,* in: Jarass (Hrsg.): GRCh, Art. 2 Rn. 13–15.

1142 Zu den Gründen gegen die Todesstrafe: *Schmitt-Leonardy,* in: JuS 2018, S. 848 (848–851).

1143 *Schwahn,* in: NJW 1998, S. 2568 (2570); zur historischen Abschaffungsdebatte: *Hötzel,* Debatten um die Todesstrafe, S. 10.

1144 Durch das Dritte Strafrechtsänderungsgesetz vom 06.08.1953 (BGBl. I, S. 735).

1145 https://strafvollzugsmuseum.de/portfolio/guillotine/ (abgerufen am: 23.01.2023).

1146 *Schwahn,* in: NJW 1998, S. 2568 (2571).

1147 *Schmitt-Leonardy,* in: JuS 2018, S. 848 (848).

Eine Wiedereinführung der Todesstrafe wäre in Deutschland nur schwer möglich. Sie ist – neben einem Verstoß gegen Art. 102 GG – auch mit der in Art. 1 I GG gewährleisteten Menschenwürdegarantie nicht in Einklang zu bringen. Zudem verstößt die Todesstrafe gegen das Rechtsstaatsprinzip in seinem grundgesetzlichen Verständnis. Damit unterfällt das Verbot in doppelter Hinsicht der *Ewigkeitsgarantie* des Art. 79 III GG.[1148]

Das 1870 beschlossene und 1871 als Reichsgesetz übernommene RStGB drohte die Todesstrafe bei Hochverrat und Mord als absolute Straffolge an.[1149] § 13 RStGB sah vor, dass die Todesstrafe durch Enthauptung zu vollstrecken war. Unter den Nationalsozialisten wurde die Todesstrafe ausgeweitet und als Herrschaftsinstrument pervertiert.

Bereits in § 5 I der *„Verordnung des Reichspräsidenten zum Schutz von Volk und Staat"* vom 28. Februar 1933 hieß es: *„Mit dem Tode sind die Verbrechen zu bestrafen, die das Strafgesetzbuch in den §§ 81 (Hochverrat), 229 (Giftbeibringung), 307 (Brandstiftung), 311 (Explosion), 312 (Überschwemmung), 315 Abs. 2 (Beschädigung von Eisenbahnanlagen), 324 (gemeingefährliche Vergiftung) mit lebenslangem Zuchthaus bedroht."*[1150]

Das *„Gesetz über Verhängung und Vollzug der Todesstrafe"* (RGBl. I 1933, S. 151) vom 29. März 1933 sorgte dafür, dass nach dem Reichstagsbrand vom 27. auf den 28. Februar 1933 die Brandstiftung, die bisher nur mit Zuchthaus bedroht war, *rückwirkend* mit der Todesstrafe geahndet werden konnte.[1151] Sie bildete damit die Rechtsgrundlage für die Verhängung der Todesstrafe gegen den angeblichen Brandstifter Marinus van der Lubbe (*Lex van der Lubbe)*, der daraufhin am 10. Februar 1934 hingerichtet wurde.[1152]

Die *„Verordnung des Reichspräsidenten gegen Verrat am Deutschen Volke und hochverräterische Umtriebe"* vom 28. Februar 1933 erweiterte die Androhung der Todesstrafe in § 1 u. a. auf den schweren Verrat militärischer Geheimnisse.[1153] § 1 des *„Gesetzes zur Gewährleistung des Rechtsfriedens"* (RGBl. I 1933, S. 723) vom 13. Oktober 1933 sah die Todesstrafe auch für die Tötung

---

1148 Nicht unumstritten: *Schmitt-Leonardy*, in: JuS 2018, S. 848 (849); *Dreier*, in: Dreier (Hrsg.): GG, Art. 102 Rn. 57–63; *Lehnig*, Der verfassungsrechtliche Schutz der Würde, S. 96 ff.

1149 *Schwahn*, in: NJW 1998, S. 2568 (2569).

1150 § 5 I wurde teilweise durch das *„Gesetz zur Abwehr politischer Gewalttaten"* (RGBl. I, 1933, S. 162) vom 04.04.1933 gegenstandslos und 1935 formell aufgehoben. § 5 II blieb bis Kriegsende in Kraft. (*Werle*, Justiz-Strafrecht, S. 65, 75 f.).

1151 In § 1 heißt es: *„§ 5 der Verordnung des Reichspräsidenten zum Schutze von Volk und Staat vom 28. Februar 1933 (RGBl. I, S. 83) gilt auch für Taten, die in der Zeit zwischen dem 31. Januar und dem 28. Februar 1933 begangen sind."* § 2 legte fest, dass die Todesstrafe bei einem gegen die öffentliche Sicherheit gerichteten Verbrechens auch durch Erhängen vollzogen werden konnte.

1152 *Epping*, in: Der Staat 34 (1995), S. 243 (243–267); *Holste*, in JA 2009, S. 359 (363); *Werle*, Justiz-Strafrecht, S. 73 ff.

1153 *Werle*, Justiz-Strafrecht, S. 70.

von Richtern, Staatsanwälten und Polizeibeamten, Wehrmachtsangehörigen und Angehörigen der SA oder SS oder Amtsträgern der NSDAP *„aus politischen Beweggründen oder wegen ihrer amtlichen oder dienstlichen Tätigkeit"* vor.[1154]

Zu einer extremen Ausweitung der Anwendungsfälle der Todesstrafe kam es außerdem mit Kriegsbeginn ab 1939. Die *„Kriegswirtschaftsverordnung"* (RGBl. I 1939, S. 1609) vom 4. September 1939 sah z. B. in § 1 für das *„Beiseiteschaffen"* von *„lebenswichtigem Bedarf der Bevölkerung"* neben einer Freiheitsstrafe auch die Todesstrafe vor. In der *„Verordnung gegen Volksschädlinge"* (RGBl. I 1939, S. 1679) vom 5. September 1939 werden in § 1 *„Plünderungen"* in *„freigemachten Gebieten"* ausschließlich mit dem Tode bestraft. Gleiches gilt nach § 3 für *„Brandstiftung"* oder *„sonstige gemeingefährliche Verbrechen"*.[1155]

Mit dem *„Gesetz zur Änderung des Reichsstrafgesetzbuches"* (RGBl. I. 1941, S. 549) vom 4. September 1941 wurde nicht nur der bis heute bekannte Mordparagraph reformiert, es wurde auch die Todesstrafe pauschal für *„gefährliche Gewohnheitsverbrecher"* und *„Sittlichkeitsverbrecher"* angeordnet, wenn es der *„Schutz der Volksgemeinschaft"* oder das *„Bedürfnis nach gerechter Sühne"* erfordert. Im Hinblick auf § 20a StGB war es damit möglich, die Todesstrafe bei fast jedem Delikt nach dreimaliger Straffälligkeit zu verhängen.[1156]

Während es 1933 nur drei Tatbestände gab, bei denen die Todesstrafe verhängt werden konnte, war die Todesstrafe 1943/44 bei 46 Delikten möglich.[1157] Schätzungsweise wurden im Dritten Reich ca. 16.000 offizielle Todesurteile gefällt und 12.000 davon vollstreckt. Hinzu kommen weitere 25.000 Todesurteile durch Militärgerichte. Ab Juni 1942 soll in 60 % der Urteile des Volksgerichtshofs die Todesstrafe verhängt worden sein. Nur die wenigsten dieser Menschen hatten sich tatsächlich schwere Straftaten zu Schulden kommen lassen.[1158]

Gleichzeitig führte die bereits erwähnte Verpolizeilichung des Strafrechts und die Militarisierung der Polizei dazu, dass Organisationen wie Gestapo, SS und SA faktisch nach eigenem Ermessen „verfahrenslose Exekutionen" an politischen Gegnern vornehmen konnten. So erging beispielsweise 1939 an die Dienststellen der Gestapo ein geheimer Runderlass über *„Grundsätze der inneren Staatssicherung während des Krieges"*. Danach war *„jeder Versuch, die Geschlossenheit und den Kampfwillen des deutschen Volkes zu zersetzen, [...] rücksichtslos zu unterdrücken"* und *„ohne Ansehung der Personen durch rücksichtslosestes Vorgehen"* auszumerzen.[1159]

1154 Zitiert nach: *Werle*, Justiz-Strafrecht, S. 84.

1155 *Schwahn*, in: NJW 1998, S. 2568 (2569); *Manthe*, Richter, S. 49.

1156 *Schuster*, Die Sicherungsverwahrung, S. 72.

1157 *Czupryniak*, Die Berücksichtigung generalpräventiver Gründe bei der Strafzumessung, S. 47.

1158 *Hötzel*, Debatten um die Todesstrafe, S. 4; *Hillenbrand*, Berufswunsch Henker, S. 9. 1943 und 1944 wurden beim Volksgerichtshof mehr Todesstrafen als Freiheitsstrafen verhängt (*Schädler*, Justizkrise, S. 55).

1159 Zitiert nach: *Gruchmann*, Justiz im Dritten Reich, S. 676.

Dabei handelte es sich aber mangels gesetzlicher Anordnung der Hinrichtung sowie Verurteilung und Vollstreckung in einem formellen Verfahren faktisch nicht um die Anordnung einer Todesstrafe im oben definierten Sinne.[1160]

Hinzu trat im Dritten Reich außerdem der millionenfache Völkermord an den Juden und anderen in Konzentrationslagern getöteten Menschen, der ebenfalls nicht eingangs genannter Definition entspricht. Die Nationalsozialisten versuchten aber, auch diese Tötungen in Regelwerken auszugestalten. So erließ der SS-Funktionär Theodor Eicke beispielsweise bereits 1933 eine *„Disziplinar- und Strafordnung"* für das Lager Dachau, die ihn selbst – ohne gesetzliche Grundlage – mit der *„vollziehenden Strafgewalt"* ausstattete, wozu auch die Anordnung der Todesstrafe gehörte. U.a. für *„Aufwiegelung"* und *„tätliche Angriffe"* auf SS-Männer. In den Friedensjahren wurde die Verhängung der Todesstrafe im Lager als Selbstmord oder Flucht getarnt, um einen Konflikt mit der Justiz zu vermeiden.[1161]

Festzuhalten bleibt im Ergebnis, dass die Todesstrafe nach heutigem deutschen Recht abgeschafft ist und deren Wiedereinführung gegen das Grundgesetz verstoßen würde. Damit sind wir heute gegen einen Missbrauch der Todesstrafe zum Aufbau einer Schreckensherrschaft deutlich besser abgesichert, als das in der magischen Welt der Fall war. Denn hier gab es bereits vor Lord Voldemort den *Kuss des Dementors* als Form der magischen Todesstrafe. Dieser war gesellschaftlich akzeptiert und wurde vom Zaubereiministerium zwar nicht massenhaft, aber doch regelmäßig gegen Schwerverbrecher verhängt, die sich einer Gefängnisstrafe in Askaban erfolgreich entzogen hatten. Das „Tötungsinstrument" der Dementoren wurde von Lord Voldemort also einfach übernommen und seinen persönlichen Herrschaftsbedürfnissen angepasst.

Eine ähnliche Entwicklung machte die Todesstrafe auch unter Adolf Hitler durch. Denn grundsätzlich sah das Reichsstrafgesetzbuch die Möglichkeit der Verhängung für bestimmte Delikte bereits vor 1933 vor. Die Nationalsozialisten weiteten die Anwendungsmöglichkeiten lediglich aus und entzogen die Überprüfung der Todesstrafe gezielt den Gerichten, sodass auch Exekutionen außerhalb der justiziellen Überprüfbarkeit möglich waren und durch Gestapo, SS und SA im eigenen Ermessen umgesetzt wurden. Ähnliches geschah unter Lord Voldemort, dessen Anhänger – die Todesser – ähnlich wie Gestapo, SA und SS nach eigenem Ermessen Muggelstämmige und politische Gegner jagen und töten durften, ohne sich dafür strafrechtlich verantworten zu müssen (siehe S. 171).

Damit setzte sowohl Lord Voldemort als auch Adolf Hitler die Todesstrafe gezielt ein, um die Bevölkerung einzuschüchtern, zu kontrollieren und politische Gegner zu beseitigen. Außerdem kam es in beiden Welten zu gezielten Exekutionen außerhalb einer formalen Anordnung der Todesstrafe.

1160 *Gruchmann,* Justiz im Dritten Reich, S. 675 ff.
1161 *Gruchmann,* Justiz im Dritten Reich, S. 645 f.

b) Die Freiheitsstrafe

Das magische Strafrecht kennt als Rechtsfolge sowohl die lebenslange als auch die zeitige Freiheitsstrafe. Außerdem gibt es eine Art Untersuchungshaft. Da Askaban das einzige Zauberergefängnis ist, werden alle Freiheitsstrafen und auch die Untersuchungshaft dort in Anwesenheit der Dementoren vollzogen, die das Gefängnis auf Anweisung des Zaubereiministeriums bewachen.

Das heutige deutsche Strafrecht unterscheidet zwischen der zeitigen und der lebenslangen Freiheitsstrafe, wobei das Höchstmaß der zeitigen Freiheitsstrafe 15 Jahre beträgt, § 38 II StGB.[1162] Das BVerfG hat bzgl. der lebenslangen Haft entschieden, dass einem Verurteilten die grundsätzliche und gesetzlich festgeschriebene Möglichkeit eingeräumt werden muss, irgendwann die Freiheit wiederzuerlangen. Dies gebietet das Rechtsstaatsprinzip und die Menschenwürde.[1163] Die Mehrzahl der auf der Grundlage von § 57a StGB aus der JVA Entlassenen weist eine Verbüßungsdauer zwischen 15 und 19 Jahren auf.[1164] Unsere StPO sieht außerdem die Haftform der Untersuchungshaft vor, deren Anordnung in § 112 ff. StPO geregelt ist.[1165] Voraussetzung der Vollstreckung ist die Rechtskraft des Urteils (§ 449 StPO) bzw. im Fall der Untersuchungshaft eine richterliche Anordnung (Haftbefehl, § 114 StPO). Beides sind keine zwingenden Voraussetzungen nach magischem Recht (siehe S. 308 f., 313 f., 328 ff.).

Die Vollstreckung der Freiheitsstrafen erfolgt in den jeweils sachlich und örtlich zuständigen Justizvollzugsanstalten, wobei die Gefangenen hier u. a. nach Strafandrohung, Alter, Geschlecht und Gesundheitszustand getrennt (z. B. § 140 StVollzG)[1166] werden und Untersuchungshäftlinge/Sicherungsverwahrte bestimmte Privilegien genießen.[1167] Dies stellt einen gravierenden Unterschied zum magischen Recht dar, nach dem Freiheitsstrafen und Untersuchungshaft ausschließlich in Askaban vollzogen werden und dort neben erwachsenen Männern auch Frauen und Heranwachsende, besonders gefährliche Häftlinge sowie psychisch kranke Personen untergebracht sind.

1162 *Kinzig,* in: Schönke/Schröder (Hrsg.): StGB, § 38 Rn. 1–6; *Heger,* in: Lackner/Kühl/Heger (Hrsg.): StGB, § 38 Rn. 1–3.

1163 BVerfG, Urt. v. 21.06.1977, Az. 1 BvL 14/76 (=BVerfGE 45, 187); *Dünkel*, in: Kindhäuser/Neumann/Paeffgen (Hrsg.): StGB, § 57a Rn. 1.

1164 *Radtke,* in: MüKo StGB, § 38 Rn. 8.

1165 Auf andere Formen des Freiheitsentzugs wie beispielsweise die Jugendstrafe (§ 17 f. JGG), die Unterbringung in einem psychiatrischen Krankenhaus (§ 63 StGB), die Unterbringung in einer Entziehungsanstalt (§ 64 StGB), die Sicherungsverwahrung (§ 66 ff. StGB) sowie weitere Formen der Freiheitsentziehung nach der StPO oder den Polizeigesetzen (z. B. § 39 BPolG) soll hier nicht näher eingegangen werden.

1166 *Engelstätter,* in: BeckOK StVollzG Bund, § 140 Rn. 1–5; Jugendliche: *Kölbel,* in: Eisenberg/Kölbel (Hrsg.): JGG, § 89b Rn. 10 f.

1167 Sicherungsverwahrung: *Dessecker*, in: Kindhäuser/Neumann/Paeffgen (Hrsg.): StGB § 66c Rn. 11–14; Untersuchungshaft: *Morgenstern,* Die Untersuchungshaft, S. 590 f.

Historisch betrachtet gab es bis zur Großen Strafrechtsreform von 1969 – also auch im NS-Staat – eine Aufteilung in verschiedene Formen der Freiheitsentziehung. Die schwerste Form war die in § 14 RStGB vorgesehene zeitige (bis zu 15 Jahre) oder lebenslange *Zuchthausstrafe*, bei der die Gefangenen neben dem Freiheitsentzug zur harten Arbeit (§ 15 RStGB) verpflichtet wurden. § 17 RStGB sah die lebenslange oder zeitige *Festungshaft*[1168] (kein Arbeitszwang) vor. Eine weniger schwere Form des Freiheitsentzuges war die in § 16 RStGB geregelte *Gefängnisstrafe* mit einer Höchstdauer von bis zu fünf Jahren. Die *Haft* war für kleinere „Übertretungen" vorgesehen und dauerte gem. § 18 RStGB zwischen einem Tag und sechs Wochen.[1169]

Ab 1933 wurden die im Strafrecht bereits bestehenden freiheitsentziehenden Maßnahmen deutlich ausgedehnt. Das *„Gesetz gegen gefährliche Gewohnheitsverbrecher und über Maßregeln der Sicherung und Besserung" („Gewohnheitsverbrechergesetz")* vom 24. November 1933 sah so erstmals die obligatorische Anordnung der Sicherungsverwahrung (§ 20a i. V. m. § 42e StGB a. F.) vor (siehe S. 182).[1170]

Ab 1934 hatte das Reichsjustizministerium die Aufsicht über den gesamten Strafvollzug. Im gleichen Jahr wurde der Resozialisierungsgedanke, der in der Weimarer Republik bereits 1924 eingeführt wurde, vom Abschreckungs- und Sühnegedanken verdrängt und 1940 komplett abgeschafft.[1171] In einem Aufsatz mit dem Titel *„Gedanken zum rechten Strafmaß"* lehnte Roland Freisler 1939 deswegen konsequenterweise sehr lange Freiheitsstrafen ab. Aber nicht aus liberalen Erwägungen, sondern weil eine kurze Freiheitsstrafe genügen müsse, um den Betroffenen wieder in die Volksgemeinschaft einzugliedern. Falls dies nicht möglich sein sollte, müsse das *„Glied"* ausgestoßen statt jahrzehntelang *„konserviert"* werden. Der Schutz der Gesellschaft vor einer derartigen *„Verbrecherpersönlichkeit"* müsse *„durch ihre Auslöschung sofort vollkommen"* gestaltet werden, so Freisler.[1172] In der Praxis wurde dieser Gedanke durch eine Vereinba-

---

1168 Hitler selbst wurde am 1. April 1924 vom Bayerischen Volksgericht München I als „vorbestrafter Putschist" zu einer fünfjährigen Festungshaft wegen Hochverrats verurteilt, aber schon nach acht Monaten auf Bewährung entlassen. *Gritschneder,* in: NJW 2011, S. 484 (484).

1169 *Dünkel,* in: Kindhäuser/Neumann/Paeffgen (Hrsg.): StGB, § 38 Rn. 1; *Hillebrand,* Gefangenenarbeit in Deutschland, S. 8 ff.

1170 *Mushoff,* Strafe – Maßregel – Sicherungsverwahrung, S. 49 f.; *Schuster,* Die Sicherungsverwahrung, S. 67 ff.; *Jansing,* Nachträgliche Sicherungsverwahrung, S. 25 ff.; zur Frage, ob die Sicherungsverwahrung ein originäres NS-Projekt war: *Wagner-Kern,* Präventive Sicherheitsordnung, S. 64 ff.; *Manthe,* Richter, S. 37.

1171 *Hillebrand,* Gefangenenarbeit in Deutschland, S. 9 f.

1172 *Freisler,* in: Deutsches Strafrecht 6, Heft 11/12, S. 329 (329–342); *Werle,* Justiz-Strafrecht, S. 267. Das galt erst Recht im Krieg: *„Es existierte eine ‚Parteidoktrin', die besagte, ‚im Kriege sei mit Todesurteilen nicht zu sparen', um so die Ordnung und die Disziplin an der ‚inneren Front nicht ins Wanken zu bringen und dadurch der kämpfenden Truppe in den Rücken zu fallen'."* Und weiter: *„Der Krieg führe dazu, daß anständige Bürger an der Front täglich ihr Leben aufs Spiel setzen, wäh-*

rung zwischen Heinrich Himmler und Reichsjustizminister Otto Georg Thierack ab 1942 tatsächlich auch konsequent umgesetzt. *„Asoziale Elemente"* aus dem Strafvollzug mit mehrjährigen Freiheitsstrafen wurden zur *„Vernichtung durch Arbeit"* an die KZs ausgeliefert.[1173]

Die meisten Änderungen gab es allerdings außerhalb des RStGB. Bereits am 13. November 1933 erfolgte ein Erlass über die *„Anwendung der vorbeugenden Polizeihaft gegen Berufsverbrecher"*, der eine zeitlich unbegrenzte Internierung von sog. „Berufsverbrechern" ohne Gerichtsurteil ermöglichte.[1174] Am 14. Dezember 1937 wurde mit dem *„Grundlegenden Erlass über die vorbeugende Verbrechensbekämpfung durch die Polizei"* dann eine reichseinheitliche Rechtsgrundlage für die „Vorbeugungshaft" geschaffen und diese weiter ausgedehnt.[1175] Außerdem hatten die Nationalsozialisten bereits durch die Hintertür der *„Reichstagsbrandverordnung"* vom 28. Februar 1933 das polizeirechtliche Instrument der „Schutzhaft" geschaffen, das die Inhaftierung politischer Gegner auf polizeiliche Anordnung ohne richterliche Kontrolle sowie deren Deportation in Konzentrationslager durch SA, SS und Gestapo ermöglichte.[1176] Der Höhepunkt der rechtsstaatswidrigen Freiheitsentziehung war damit keine Frage der Strafjustiz, sondern fand in den KZs statt, wo es zur Vernichtung von Millionen Menschen (politische Gegner, Juden, Asoziale, Arbeitsscheue, Homosexuelle usw.) kam.[1177]

aa) Die Anordnung der Freiheitsstrafe

Die Anordnung der Freiheitsstrafe in den Harry-Potter-Büchern ist rechtsstaatlich höchst problematisch. Während des ersten Krieges gegen Lord Voldemort – zu Zeiten von Harrys Eltern – kam es regelmäßig vor, dass Anhänger Lord Voldemorts ohne Gerichtsprozess zu einer (lebenslangen) Freiheitsstrafe nach Askaban geschickt wurden.[1178] Dies gehörte zur „harten Linie", die Bartemius Crouch Sr. gegen Lord Voldemort im Zaubereiministerium führte.

---

rend Kriminelle sich durch Freiheitsstrafen den Kriegsrisiken entziehen könnten und so gleichsam ‚konserviert' würden. Dies bedinge, daß die ‚Besten' an der Front stürben, während die schwächsten Glieder der Gesellschaft erhalten blieben, was zu einer Schwächung des deutschen Volkes führen müsse." (Zitiert nach: *Schädler*, Justizkrise, S. 23).

1173 Ausgeliefert wurden alle Sicherungsverwahrten sowie Juden, Zigeuner, Russen, Ukrainer und Polen über drei Jahre Strafe sowie Tschechen und Deutsche über acht Jahre Strafe. Zitiert nach: *Werle,* Justiz-Strafrecht, S. 267.

1174 *Hörath,* in: Buggeln/Wildt (Hrsg.): Arbeit im Nationalsozialismus, S. 309 (322).

1175 *Werle,* Justiz-Strafrecht, S. 489 ff.

1176 *Heuer,* Geheime Staatspolizei, S. 127 f.; *Hörath,* »Asoziale« und »Berufsverbrecher«, S. 92 ff.

1177 *Hillebrand,* Gefangenenarbeit in Deutschland, S. 10. Zur Begriffsbestimmung derjenigen, die von den Nationalsozialisten ausgeschlossen wurden: *Manthe,* Richter, S. 11 f.

1178 *Baltzar,* Power and Evil, S. 18.

„Solche Zeiten bringen bei manchen Menschen das Beste zum Vorschein, bei anderen das Schlimmste. Crouchs Grundsätze mögen zu Anfang gut gewesen sein – ich weiß es nicht. Er stieg im Ministerium rasch auf und begann harte Maßnahmen gegen Voldemorts Anhänger zu befehlen. Den Auroren erteilte er weitgehende Machtbefugnisse – zum Beispiel die Erlaubnis zu töten, statt Gefangene zu machen. Und ich war nicht der Einzige, den sie ohne Prozess sofort den Dementoren ausgeliefert haben. Crouch hat Gewalt mit Gewalt bekämpft und den Einsatz der Unverzeihlichen Flüche gegen Verdächtige erlaubt.“[1179]

Die Inhaftierung Sirius Blacks, der nie in einem Strafprozess rechtskräftig verurteilt wurde, zeigt, dass die Inhaftierung in Askaban – im Gegensatz zum deutschen Recht – unter Umständen kein rechtskräftiges Urteil voraussetzt. Entweder ist das tatsächlich strafprozessual so vorgesehen, oder die Verhängung wird jedenfalls in der Praxis sehr frei gehandhabt.

In Band fünf wird Sturgis Podmore u. a. wegen „Einbruchsversuchs“ zu einer Haftstrafe von sechs Monaten verurteilt.[1180] Hier ist die Grundlage der Inhaftierung immerhin ein rechtskräftiges Urteil. In Dumbledores Denkarium erfährt Harry, dass auch Lord Voldemorts Vorfahren bereits zu Haftstrafen in Askaban verurteilt worden waren (siehe S. 388 ff.). Sie hatten einen Ministeriumszauberer mit einem Messer und verschiedenen Zaubersprüchen angegriffen.[1181] Auch hier geht der Inhaftierung zumindest ein rechtskräftiges Urteil voraus, sodass dies der „Normalfall“ zu sein scheint, während bei Sirius Black – vermutlich, weil man ihn für einen Todesser hielt[1182] – ausnahmsweise kein rechtskräftiges Urteil vonnöten war. Dass das Zaubereiministerium selbst entscheiden kann, in welchen Fällen ein Strafprozess stattfinden muss, macht den Zaubereiminister gegenüber der Justiz wiederum sehr mächtig und die Inhaftierungen in Askaban willkürlich.

Und auch bei der Untersuchungshaft war ein richterlicher Haftbefehl nicht immer zwingende Voraussetzung, um vom Zaubereiministerium in Askaban eingesperrt zu werden. In Band zwei wird Hagrid beispielsweise zeitweise in Askaban untergebracht bis die Vorwürfe gegen ihn aufgeklärt werden konnten. Dies geschieht auf alleinige Anordnung des Zaubereiministers und ähnelt in Ab-

---

1179 *Rowling,* Harry Potter 4, Tatzes Rückkehr, S. 550.

1180 *„Podmore wurde vom Ministeriums-Wachtzauberer Eric Munch festgenommen, der ihn um ein Uhr morgens bei dem Versuch ertappte, sich gewaltsam Zutritt durch eine Hochsicherheitstür zu verschaffen. Podmore […] wurde in beiden Punkten für schuldig befunden und zu sechs Monaten in Askaban verurteilt.“* (*Rowling,* Harry Potter 5, Percy und Tatze, S. 339.)

1181 *„Morfin, der bereits wegen Angriffen auf Muggel vorbestraft war, wurde zu drei Jahren in Askaban verurteilt. Vorlost, der außer Ogden noch mehrere andere Ministeriumsangestellte verletzt hatte, bekam sechs Monate.«“* (*Rowling,* Harry Potter 6, Das Haus der Gaunts, S. 214 f.).

1182 Unverständlich ist hingegen, wieso Bartemius Crouch Jr. (ein Todesser) einen Prozess vor dem Rat für das magische Gesetz erhielt, Sirius Black jedoch keine Verhandlung zugestanden wurde.

grenzung zum Polizeirecht einer Art Untersuchungshaft (siehe S. 327 ff.). Dies zeigt, dass das Zaubereiministerium bei der Unterbringung der Gefangenen keinen Unterschied zwischen Untersuchungshäftlingen und verurteilten Straftätern macht; im deutschen Recht würde für Untersuchungshäftlinge hingegen die Unschuldsvermutung gelten. Sie alle erleben den gleichen Strafvollzug in Askaban und leiden gleichermaßen unter der Bewachung durch die Dementoren.

Die alleinige Entscheidungsbefugnis des Zaubereiministers über die Anordnung von Freiheitsstrafen ohne vorherigen Strafprozess erinnert an die Schwächung der Justiz im NS-Staat (u. a. durch den *außerordentlichen Einspruch* Hitlers und dessen Stellung als *oberster Gerichtsherr*). Die Inhaftierungen ohne Haftbefehl auf Grund der alleinigen Anordnung des Ministeriums ähnelt der rechtsstaatswidrigen Ausweitung des Freiheitsentzugs im NS-Staat. Genauso wie in der magischen Welt waren im Dritten Reich (polizeiliche) Inhaftierungen der Kontrolle der Justiz entzogen und Menschen wurden rechtsstaatswidrig in KZs interniert.

bb) Der Vollzug der Freiheitsstrafe

Alle Freiheitsstrafen werden in der magischen Welt in Askaban vollzogen. Dort werden die Gefangenen von Dementoren, die laut Dumbledore keine Gnade kennen, bewacht.[1183] Von Sirius Black – der 13 Jahre unschuldig in Askaban verbrachte – erfährt der Leser weitere Details über den Strafvollzug:

„»Ich weiß nicht, wie ich es geschafft habe«, sagte er langsam. »Ich glaube, ich habe nur deshalb nicht den Verstand verloren, weil ich unschuldig war. Das war kein glücklicher Gedanke, also konnten ihn die Dementoren auch nicht aus mir heraussaugen ... aber er bewahrte mich davor, verrückt zu werden. Ich wusste immer, wer ich war ... das half mir, meine Kräfte zu bewahren ... und als dann alles ... zu viel wurde ... konnte ich mich in meiner Zelle verwandeln ... und ein Hund werden. Dementoren können nichts sehen, musst du wissen ...« Er schluckte. »Sie stellen den Menschen nach, indem sie ihre Gefühle erspüren ... sie merkten, dass meine Gefühle weniger – weniger menschlich, einfacher waren, wenn ich ein Hund war ... aber sie dachten natürlich, ich würde den Verstand verlieren wie alle andern dort drin, es kümmerte sie nicht.“[1184]

Daraus lässt sich gleich mehreres ableiten: Erstens, dass eine lebenslange Freiheitsstrafe in Askaban tatsächlich lebenslang dauert.[1185] Der Verurteilte hat – im Gegensatz zur Handhabung in Deutschland – keine Chance, nach einer be-

---

1183 *„»Es liegt nicht in der Natur eines Dementors, Bitten oder Ausreden zu verstehen. Ich mahne daher jeden Einzelnen von euch: Gebt ihnen keinen Grund, euch Leid zuzufügen. Ich erwarte von unseren Vertrauensschülern und von unserem neuen Schulsprecherpaar, dass sie dafür sorgen, dass kein Schüler und keine Schülerin den Dementoren in die Quere kommt«, sagte Dumbledore.“* (*Rowling*, Harry Potter 3, Der Dementor, S. 104).

1184 *Rowling*, Harry Potter 3, Lord Voldemorts Knecht, S. 407.

1185 Sirius Black verbrachte 13 Jahre in Askaban, bevor er ausbrach. Bellatrix Lestrange 14 Jahre, bevor sie fliehen konnte. Askaban verfügt über einen eigenen Friedhof, auf

stimmten Zeit freigelassen zu werden. Dies ähnelt wiederum der Praxis in den Konzentrationslagern der Nationalsozialisten, die zumindest gegen Kriegsende darauf ausgelegt waren, dass eine Inhaftierung mit dem Tod und nicht durch Zeitablauf endete.

Zweitens wird in der Zaubererwelt nicht gefragt, ob eine Person schuldfähig ist. Sirius Black wird mehrmals attestiert er sei „verrückt".[1186] Trotzdem kommt er nicht in eine Psychiatrie, sondern nach Askaban. Gleiches geschieht auch mit der Todesserin Bellatrix Lestrange, die ebenfalls mehrmals als „verrückt" eingestuft wird[1187] und trotzdem eine Haftstrafe in Askaban absitzt.

Selbst das RStGB von 1871 kannte in § 51 bereits die Schuldunfähigkeit.[1188] Eine ähnliche Formulierung findet sich auch unter den Nationalsozialisten im *„Gesetz gegen gefährliche Gewohnheitsverbrecher und über Maßregeln der Sicherung und Besserung"* vom 24. November 1933, durch dessen Artikel 3 Nr. 4 auch erstmals die verminderte Schuldfähigkeit in Abs. 2 von § 51 RStGB eingefügt wurde.[1189]

Und schließlich folgt daraus, dass es sich bei der Gefängnisstrafe in Askaban nicht nur um reinen Freiheitsentzug – wie in Deutschland – handelt, sondern die Gefangenen dort auch noch gefoltert werden.[1190] Bereits der kurze Kontakt mit Dementoren fügt Menschen psychische Schmerzen zu, die sich durch Kälte, Zittern und Ohnmacht sogar auch körperlich auswirken können: *„»Vergiss es, Harry«, sagte George aufmunternd. »Fred, weißt du noch, wie Dad mal nach Askaban musste? Und er meinte, das sei der schlimmste Ort, an dem er*

---

dem die verstorbenen Gefangenen beerdigt werden (*Rowling,* Harry Potter 4, Tatzes Rückkehr, S. 552; Veritaserum, S. 715).

1186 *„»Nun, es blieb mir nichts anderes übrig, wissen Sie«, sagte der verärgert wirkende Fudge. »Black ist verrückt. Er ist eine Gefahr für jeden, der ihm über den Weg läuft, ob Magier oder Muggel."* (*Rowling,* Harry Potter 3, Der Fahrende Ritter, S. 45); *„»Gelacht«, sagte Stan. »Hat einfach dagestanden und gelacht. Und als die Verstärkung aus dem Zaubereiministerium ankam, hat er sich seelenruhig abführen lassen und hat sich die ganze Zeit geschüttelt vor Lachen. Weil er verrückt ist, nich wahr, Ern? Isser nich verrückt?«"* (*Rowling,* Harry Potter 3, Der Fahrende Ritter, S. 47).

1187 *Rowling,* Harry Potter 5, Jenseits des Schleiers, S. 919, Harry Potter 7, Das Haus Malfoy, S. 470.

1188 *„Eine strafbare Handlung ist nicht vorhanden, wenn der Täter zur Zeit der Begehung der Handlung sich in einem Zustand von Bewußtlosigkeit oder krankhafter Störung der Geistestätigkeit befand, durch welchen seine freie Willensbestimmung ausgeschlossen war."*

1189 *Streng,* in: MüKo StGB, § 20 Rn. 6. Auf Kritik stieß die 1975 eingeführte und bis Anfang 2021 in § 20 StGB enthaltene Formulierung *„schwere andere seelische Abartigkeit"*, da diese auf der überholten wissenschaftlichen Theorie der sog. Degenerationslehre basiert und unter anderem in der *„Mustervorschriften der deutschen Wehrmacht im Kriege"* vom 1. April 1944 verwendet wurde. *Schreiber,* in: Boor/Rode/Kammeier (Hrsg.): Neue Diskussionen um die „andere schwere seelische Abartigkeit", S. 7 (10); *Wegener,* in: KJ 1989, S. 316 (324 f.).

1190 So auch: *Schwabach,* in: Roger Williams U. L. Rev. 11/2006, S. 309 (337 f.).

je gewesen sei, er kam ganz schwach und zittrig zurück ... Diese Dementoren saugen das Glück ab, wo sie auch sind. Die meisten Gefangenen dort werden verrückt.« "[1191]

Hagrid ist seit seinem Aufenthalt in Askaban von diesem Erlebnis traumatisiert: *„»Du weißt nach 'ner Zeit nicht mehr, wer du bist. Und du weißt nicht mehr, warum du überhaupt noch leben sollst. Ich hab immer gehofft, ich würd einfach im Schlaf sterben ... als sie mich rausgelassen haben, war es, als wär ich neugeboren, alles kam wieder auf mich eingeströmt, es war das schönste Gefühl der Welt. Aber ich sag euch, die Dementoren waren gar nicht begeistert davon, dass sie mich gehen lassen mussten.«* "[1192]

Doch auch der restliche Vollzug ist überdurchschnittlich hart ausgestaltet. Askaban befindet sich auf einer abgelegenen Insel und ist mit magischen Zaubern belegt, die verhindern sollen, dass die Gefangenen fliehen können. Die Gefangenen verbringen ihre Zeit in dauerhafter Isolation in einer Einzelzelle.[1193] Hier können sie schlafen und erhalten genug Nahrungsmittel, um zu überleben. Weitere Annehmlichkeiten gibt es nicht. Auch der reine Freiheitsentzug ist damit deutlich härter ausgestaltet als in deutschen Gefängnissen, wo z. B. die dauerhafte, grundlose Einzelhaft verboten ist.[1194] Auffällig ist auch, dass es in Askaban nicht nur keinerlei Beschäftigungs- oder Freizeitmöglichkeiten gibt, sondern, dass die Freiheitsstrafe in der magischen Welt auch keine Arbeitspflicht vorsieht. Historisch betrachtet war zumindest die *Zuchthausstrafe* mit harter Arbeit verbunden (siehe S. 223, 298).

Die Nationalsozialisten pervertierten die Arbeitspflicht in den Konzentrationslagern dann bis hin zur „Vernichtung durch Arbeit". Aus diesem Grund enthält Art. 12 III GG heute den Passus: *„Zwangsarbeit ist nur bei einer gerichtlich angeordneten Freiheitsentziehung zulässig.* "[1195] § 41 StVollzG Bund regelt seit 1977 (Abs. 1) bzw. 1980 (Abs. 2), dass Gefangene verpflichtet sind, ihren kör-

1191 *Rowling,* Harry Potter 3, Teeblätter und Krallen, S. 109.

1192 *Rowling,* Harry Potter 3, Der Feuerblitz, S. 244.

1193 *„»Ich hab gesehen, wie ihn die Dementoren reinbrachten, ich hab sie durch die Gitter meiner Zellentür genau beobachtet. Er konnte nicht älter als neunzehn gewesen sein. Sie steckten ihn in eine Zelle in der Nähe von meiner. Als es Nacht wurde, schrie er nach seiner Mutter. Nach ein paar Tagen allerdings wurde er ruhiger ... irgendwann sind sie alle verstummt ... nur hin und wieder schrien sie im Schlaf ...«"* (*Rowling,* Harry Potter 4, Tatzes Rückkehr, S. 551 f.).

1194 Die Einzelhaft ist in § 89 StVollzG geregelt und nur zulässig, wenn dies aus Gründen, die in der Person des Gefangenen liegen, unerlässlich ist. Einzelhaft von mehr als drei Monaten Gesamtdauer in einem Jahr bedarf der Zustimmung der Aufsichtsbehörde. Eine allgemeine zeitliche Obergrenze ist jedoch nicht geregelt. Dazu: *Bartel/Brockhaus,* in: BeckOK StVollzG, § 89 Rn. 7–13. Ähnliche Regelungen finden sich in den Strafvollzugsgesetzen der Länder.

1195 Inwiefern Art. 12 II GG („Arbeitszwang") und Art. 12 III GG („Zwangsarbeit") zu unterscheiden sind, ist umstritten. *Wieland,* in: Dreier (Hrsg.): GG, Art. 12 Rn. 54 f.; *Wolff,* in: Hömig/Wolff (Hrsg.): GG, Art. 12 Rn. 24; *Mann,* in: Sachs (Hrsg.): GG, Art. 12 Rn. 6, 179, 189 ff.

perlichen Fähigkeiten entsprechende angemessene Arbeit, arbeitstherapeutische oder sonstige Beschäftigung auszuüben.[1196] In den Strafvollzugsgesetzbüchern der Länder wurde diese Arbeitspflicht teilweise gestrichen.[1197] Auch wenn sowohl die Haft in Askaban als auch die Inhaftierung in den KZs mit großem Leid verbunden war, schlägt ein Vergleich an dieser Stelle deswegen fehl (siehe S. 298 f.).

Bisher sind nur zwei Fälle bekannt, in denen Gefangenen die Flucht aus Askaban gelungen ist. Neben Sirius Black, der nur deswegen fliehen konnte, weil er ein Animagus war und sich in einen Hund verwandeln konnte[1198], gelang auch Bartemius Crouch Jr. die Flucht. Allerdings nur mit der Hilfe seiner Eltern. Dabei machte er sich zunutze, dass Dementoren nicht sehen können. Dementoren können deswegen nicht zwischen ihren Opfern unterscheiden; sie erkennen lediglich Gefühle. Daher merken sie nicht, dass Barty Crouch Jr. 1982 mit der Hilfe seines Vaters in der Gestalt seiner todkranken Mutter Askaban verlässt.

„*»Die Dementoren sind blind. Sie spürten, wie ein gesunder und ein sterbender Mensch in die Mauern von Askaban kamen. Und sie spürten, dass ein gesunder und ein sterbender Mensch Askaban wieder verließen. Mein Vater schmuggelte mich hinaus, ich hatte die Gestalt meiner Mutter angenommen für den Fall, dass uns ein Gefangener durch die Gitter seiner Zellentür beobachtete. Meine Mutter starb kurz danach in Askaban. Sie achtete sorgfältig darauf, bis zum Ende regelmäßig den Vielsaft-Trank einzunehmen. Sie wurde unter meinem Namen und in meiner Gestalt begraben. Alle glaubten, sie sei ich.«*“[1199]

Diese beiden Beispiele zeigen nochmals, wie fehlbar die Dementoren sind. Weil sie blind sind, können sie nicht erkennen, wen sie küssen. Und selbst wenn sie dies erkennen könnten, wäre es ihnen nicht möglich, einen Schuldigen von einem unschuldigen Menschen zu unterscheiden (siehe S. 212 ff., 324). Außerdem können sie die einzelnen Gefangenen in Askaban nicht individualisieren.

Im Ergebnis sind die Dementoren deswegen äußerst unzuverlässige Gefängniswächter. Ihre Anwesenheit in Askaban kann man letztendlich nur rechtfertigen, wenn man es für richtig hält, den Gefangenen nicht nur die Freiheit zu entziehen, sondern sie dabei auch noch zu quälen (Getty: „*state-sanctioned torture*“[1200]). Gleichzeitig ist der Strafvollzug in der magischen Welt so ausgestaltet, dass er offensichtlich nur auf die sichere Verwahrung besonders gefährlicher Gefangener (z. B. Todesser) und die harte Bestrafung aller anderen Gefangenen abzielt sowie allgemein gegenüber der Bevölkerung eine (angeblich) abschreckende Wirkung entfalten soll.

1196 *Walther*, in: BeckOK StVollzG Bund, § 41 Rn. 1 ff.

1197 *Walther*, in: BeckOK StVollzG Bund, § 41 Rn. 2; *Hillebrand*, Gefangenenarbeit in Deutschland, S. 21 ff.

1198 *Rowling*, Harry Potter 3, Lord Voldemorts Knecht, S. 407.

1199 *Rowling*, Harry Potter 4, Veritaserum, S. 715.

1200 *Getty*, Islands and Captivity in Popular Culture, S. 18.

Es ist festzuhalten, dass der Freiheitsentzug in Askaban allen Grundregeln widerspricht, die demokratische Staaten für ihre Justizvollzugsanstalten unter Anerkennung der Menschenwürde als unabdingbares Grundrecht jedes Einzelnen geschaffen haben. Bis auf die fehlende Arbeitspflicht und die Isolation statt einer Lagerhaft ähnelt der Freiheitsentzug in Askaban auf Grund seiner Grausamkeit der Inhaftierung in den KZs (weitere Ausführungen siehe S. 295 ff., 447 ff.).[1201]

Aber auch im „normalen" Strafvollzug gingen die Nationalsozialisten vom Sühne- und Abschreckungsgedanken sowie dem Volksschutz aus. Zusammenfassend schreibt Werle dazu: *„Der ‚Schutz der Belange der volkstumsbewußten Volksgemeinschaft' setzt sich als Strafziel durch. In den ‚Belangen der Volksgemeinschaft' treffen sich im nationalsozialistischen Verständnis Gerechtigkeit und Zweckmäßigkeit. Die Tat-Schuld-Sühne-Strafe wird zur Untergliederung des Volksschutzes, das Ziel der Abschreckung ist dem nationalsozialistischen Justiz-Strafrecht selbstverständlich. Ein spezifisch neuer Zug ist der volksbiologische ‚Reinigungs'-Gedanke."*[1202]

c) Die Geldstrafe/Geldbuße

Neben der Freiheitsstrafe kennt das magische Strafrecht – genauso wie unser Recht – außerdem die Geldstrafe/Geldbuße (zur Problematik „Geldstrafe/Geldbuße" siehe S. 113, 338) bei einem Verstoß gegen magisches Recht.

Die Zaubererwelt verfügt dabei über eine eigene Währung und eine eigene Bank namens *Gringotts,* die von Kobolden geführt wird.[1203] In dieser können Zauberer ein Verlies mieten und dort ihre Wertsachen lagern oder Muggelgeld in magische Münzen umtauschen. Harry bekommt von Hagrid die magische Währung erklärt, die hier kurz angeschnitten werden soll, um die Höhe der Geldstrafen besser nachvollziehen zu können: *„»Die goldenen sind Galleonen«, erklärte er. »Siebzehn Silbersickel sind eine Galleone und neunundzwanzig Knuts sind eine Sickel.«"*[1204]

Der Erhalt einer Ausgabe des Tagespropheten per Posteule und ein Schöpflöffel Käferaugen als Zaubertrank-Zutat kosten jeweils fünf Knuts.[1205] Im Hogwartsexpress ersteht Harry im ersten Buch eine große Auswahl an Süßigkeiten für elf Silbersickel und sieben Bronzeknuts.[1206] Seltene silberne Einhornhörner kosten 21 Galleonen.[1207] In Band drei gewinnen die Weasley 700 Galleonen bei einem Preisausschreiben des Tagespropheten. Fast das gesamte Geld geben sie für eine

1201 So z. B. auch: *Getty,* Islands and Captivity in Popular Culture, S. 22.
1202 *Werle,* Justiz-Strafrecht, S. 708.
1203 Zum Bankwesen im Potter-Universum: *Snir/Levy,* Popular Perceptions, S. 8 f.; *Ali/Lebdušková,* in: Mooney/Sifaki (Hrsg.): The Language of Money and Debt, S. 57 (57–78).
1204 *Rowling,* Harry Potter 1, In der Winkelgasse, S. 84 f.
1205 *Rowling,* Harry Potter 1, In der Winkelgasse, S. 71, 91.
1206 *Rowling,* Harry Potter 1, Abreise von Gleis neundreiviertel, S. 113.
1207 *Rowling,* Harry Potter 1, In der Winkelgasse, S. 91.

Ferienreise ihrer neunköpfigen Familie nach Ägyptern aus.[1208] Die Reise mit dem Fahrenden Ritter nach London kostet Harry im gleichen Buch elf Sickel.[1209]

In Band vier verwetten die Weasley-Zwillinge ihr gesamtes Sparguthaben in Höhe von 37 Galleonen, 15 Sickeln und drei Knuts bei der Quidditch-Weltmeisterschaft; verzauberte Ferngläser mit „Rückspul- und Slow-Motion-Funktion" kosten zehn Galleonen.[1210] Der Gewinner des Trimagischen Turniers erhält als Preisgeld 1.000 Galleonen. Dieses Geld schenkt Harry den Weasley-Zwillingen, die damit ihren Zauberscherze-Laden in der Winkelgasse eröffnen.[1211] Der Hauself Dobby bekommt als erster und einziger Hauself in Hogwarts Geld für seine Arbeit: Eine Galleone in der Woche, was Hermine als *„nicht gerade viel"* bezeichnet. Ursprünglich hatte Dumbledore Dobby sogar zehn Galleonen geboten.[1212]

In Band fünf beträgt das Kopfgeld, welches das Ministerium auf Sirius Black ausgesetzt hat 10.000 Galleonen.[1213] Für Informationen zum Verbleib entflohener Todesser gibt es lediglich 1.000 Galleonen.[1214] Die Teilnahme am Apparierkurs mit Abschlussprüfung kostet in Band sechs zwölf Galleonen.[1215] Für jeden gefangenen Muggelstämmigen erhalten die Greifer in Band sieben unter der Herrschaft von Lord Voldemort jeweils fünf Galleonen.[1216]

Im Internet haben Fans versucht, die Zaubererwährung in Dollar umzurechnen. Sie kommen zu dem Ergebnis, dass eine Galleone 25 US-Dollar entspricht. Rowling selbst sprach 2001 von fünf Pfund pro Galleone.[1217] Eine Strafe in Höhe von 50 Galleonen entspräche, je nachdem welcher Umrechnung man folgt, demnach etwa 1.250 US-Dollar oder 125 Pfund.

Geldstrafen werden dabei in verschiedener Höhe immer dann verhängt, wenn eine Freiheitsstrafe in Askaban als zu hart empfunden wird.[1218] Die Höhe der Geldstrafe richtet sich dabei nach dem Unwertgehalt der Tat. Ob bei der Berech-

---

1208 *Rowling,* Harry Potter 3, Eulenpost, S. 14.

1209 *Rowling,* Harry Potter 3, Der Fahrende Ritter, S. 42.

1210 *Rowling,* Harry Potter 4, Bagman und Crouch, S. 95, 100.

1211 *Rowling,* Harry Potter 4, Das Trimagische Turnier, S. 197.

1212 *Rowling,* Harry Potter 4, Die Hauselfen-Befreiungsfront, S. 397.

1213 *Rowling,* Harry Potter 5, Der Orden des Phönix, S. 117.

1214 *Rowling,* Harry Potter 5, Der Käfer in der Klemme, S. 655.

1215 *Rowling,* Harry Potter 6, Eine getrübte Erinnerung, S. 357.

1216 *Rowling,* Harry Potter 7, Das Haus Malfoy, S. 462.

1217 https://www.reddit.com/r/harrypotter/comments/43qv9c/lets_talk_wizard_money_a_look_through_everything/ (Dollar, abgerufen am: 23.01.2023), https://www.hp-lexicon.org/source/interviews/cr/ (Pfund, abgerufen am: 23.01.2023).

1218 So gibt es z. B. für den Handel mit magischen Artefakten ohne Lizenz ein „Bußgeld" (*Rowling,* Harry Potter 7, Das Bestechungsgeschenk, S. 228 f.). Einbruch und Körperverletzung werden hingegen mit einer Gefängnisstrafe geahndet (*Rowling,* Harry Potter 5, Percy und Tatze, S. 339; Rowling, Harry Potter 6, Das Haus der Gaunts, S. 214 f.). Fishman nennt es: *„system to impose fines for lesser offences"*, *Fishman* in: Thomas/Snyder (Hrsg.): The Law & Harry Potter, S. 119 (125).

nung der Höhe der Geldstrafe auch das Einkommen des Betroffenen berücksichtigt wird, ist nicht bekannt. Vieles spricht aber dagegen. Beispielsweise wird Mr Weasley, dessen Familie sehr arm ist und sieben Kinder zu versorgen hat, trotz dieser Umstände in Band zwei zu einer verhältnismäßig hohen Strafe (im Deutschen übersetzt als „Geldbuße") verurteilt: *„Arthur Weasley, Chef des Amts für den Missbrauch von Muggelartefakten, wurde heute wegen der Verzauberung eines Muggelwagens zu einer Geldbuße von fünfzig Galleonen verurteilt."*[1219]

Das gesamte Sparguthaben der Weasley Familie erschöpft sich zu diesem Zeitpunkt in einer einzigen Galleone und ein paar wenigen Sickeln.[1220] Im Ergebnis soll Mr Weasley fast 50 mal so viel bezahlen, wie er an Geld auf der Bank hat. Von Ron erfährt Harry an mehreren Stellen, dass seine Familie sehr arm ist und das Einkommen von Mr Weasley gerade so dazu ausreicht, seine Kinder zu ernähren. Wie Mr Weasley es schafft, diese Strafe zu begleichen, ist nicht bekannt.

In Band vier erfährt man, dass es auch für das Apparieren ohne vorheriges Bestehen der zwingenden Apparier-Prüfung eine Bestrafung in Form einer „saftigen Geldbuße" gibt. Die genaue Höhe ist nicht bekannt.[1221] Das Apparieren ohne Erlaubnis ist in unserer Welt dem Fahren ohne Führerschein gleichzusetzen. Im Vergleich dazu wird, wer in Deutschland *„ein Kraftfahrzeug führt, obwohl er die dazu erforderliche Fahrerlaubnis nicht hat"* gemäß § 21 I StVG mit Freiheitsstrafe bis zu sechs Monaten oder Geldstrafe bestraft.[1222] Das Pärchen, dem das Bußgeld aufgebrummt wurde, ist nicht nur ohne Erlaubnis appariert, es hat sich dabei auch in zwei Hälften „aufgespalten" und musste von Ministeriumszauberern gerettet werden.[1223] Dies ist in unserer Welt dem Fall gleichzusetzen, dass man nicht nur ohne Führerschein fährt, sondern dabei auch noch einen Unfall (ohne Fremdgefährdung) verursacht und abgeschleppt werden muss.

Weder im Fall von Mr Weasley noch im Fall des Pärchens wird deutlich, ob es hier tatsächlich um eine Geldstrafe oder nur (wie übersetzt) um eine vom Minis-

---

1219 *Rowling,* Harry Potter 2, Der Vielsaft-Trank, S. 239.

1220 *„Ein winziger Haufen silberner Sickel lag im Innern und nur eine einzige goldene Galleone. Mrs Weasley tastete alle Ecken ab, bevor sie das ganze Geld in ihre Tasche schob."* (*Rowling,* Harry Potter 2, Bei Flourish & Blotts, S. 65).

1221 *„»Die Abteilung für Magischen Personenverkehr musste vor kurzem einem Pärchen Bußgeld aufbrummen, weil die beiden ohne Erlaubnis appariert sind.« [..] »O ja«, sagte Mr Weasley gelassen. »Aber 'ne saftige Geldbuße hat es gesetzt, und ich glaube nicht, dass sie es so schnell wieder versuchen. [...]«" (Rowling,* Harry Potter 4, Der Portschlüssel, S. 72 f.).

1222 *Hühnermann,* in: Burmann/Heß/Hühnermann u. a. (Hrsg.): Straßenverkehrsrecht, § 21 Rn. 51–56.

1223 *„»Sie haben je die Hälfte von sich zurückgelassen«, sagte Mr Weasley [...] »Da saßen sie natürlich ganz schön in der Klemme. Konnten weder vor noch zurück. Sie mussten auf das Magische Unfallumkehr-Kommando warten, das sie dann rausgeholt hat. Hieß 'ne Menge Papierkram für mich, kann ich euch sagen, wegen all der Muggel, die über ihre zurückgelassenen Körperteile gestolpert sind ...«"* (*Rowling,* Harry Potter 4, Der Portschlüssel, S. 72 f.).

terium verhängte Geldbuße geht. Mangels weiterer Angaben lässt sich das auch nicht aufklären (siehe S. 113, 338).

Sollte es sich um eine Geldstrafe handeln, gibt es jedenfalls das uns bekannte Prinzip der *Tagessatzhöhe*[1224] und *Tagessatzanzahl*[1225] (§ 40 StGB) nicht, das in Deutschland heute für eine gerechtere Bestrafung finanziell Schwacher führt. Im Gegensatz dazu ist die Bestrafung in der Zaubererwelt unfair, weil vor allem reiche Familien wie die Malfoys privilegiert werden. Speziell für ärmere Familien wie die Weasleys kann eine hohe Strafe hingegen den wirtschaftlichen Ruin bedeuten. Das in Deutschland bei der Berechnung angewendete *Nettoeinkommens-Prinzip*[1226] soll gerade dies verhindern. Allerdings werden auch in Deutschland große Sparguthaben nicht berücksichtigt.[1227]

Die Ordnungswidrigkeit als eigenständige Deliktsgattung wurde in Deutschland erst nach dem Zweiten Weltkrieg gesetzlich normiert; das OWiG trat am 1. April 1952 in Kraft. Im RStGB von 1871 waren allerdings sogenannte *Uebertretungen [sic]* als dritte und leichteste Kategorie neben Verbrechen und Vergehen vorgesehen, deren Unrechtsgehalt gering war und die dementsprechend auch nur gering geahndet wurden.[1228] Gem. § 453 RStPO durften die Polizeibehörden der Länder hier die Strafe durch Verfügung selbst festsetzen. In § 459 RStPO waren außerdem Strafbescheide der Verwaltungsbehörden vorgesehen.[1229]

Die Geldstrafe war auch schon im RStGB von 1871 normiert. § 27 regelte, dass der Mindestbetrag der Geldstrafe bei Verbrechen und Vergehen ein *Thaler* [sic] ist und bei Uebertretungen ein *Drittheil* [sic] Thaler. Auch die heute in § 43 StGB vorgesehene Ersatzfreiheitsstrafe gab es schon im RStGB, deren Modalitäten in §§ 28, 29 RStGB geregelt wurden. Das heute in Deutschland angewendete Tagessatzsystem war im RSGB nicht vorgesehen.[1230]

1224 „*Die Höhe eines Tagessatzes bestimmt das Gericht unter Berücksichtigung der persönlichen und wirtschaftlichen Verhältnisse des Täters. Dabei geht es in der Regel von dem Nettoeinkommen aus, das der Täter durchschnittlich an einem Tag hat oder haben könnte. Ein Tagessatz wird auf mindestens einen und höchstens dreißigtausend Euro festgesetzt.*" (§ 40 II StGB).

1225 „*Die Geldstrafe wird in Tagessätzen verhängt. Sie beträgt mindestens fünf und, wenn das Gesetz nichts anderes bestimmt, höchstens dreihundertsechzig volle Tagessätze.*" (§ 40 I StGB).

1226 *Radtke,* in: MüKo StGB, § 40 Rn. 4 f.; *Kinzig,* in: Schönke/Schröder (Hrsg.): StGB, § 40 Rn. 8 ff.; *Kindhäuser,* in: Kindhäuser/Neumann/Paeffgen (Hrsg.): StGB, § 40 Rn. 19–23.

1227 *Heger,* in: Lackner/Kühl/Heger (Hrsg.): StGB, § 40 Rn. 6 ff.; *Matthies/Scheffler,* in: *Leipold/Tsambikakis/Zöller* (Hrsg.): AnwaltKommentar StGB, § 40 Rn. 1 ff.; *Meier,* Strafrechtliche Sanktionen, S. 68 ff.; kritisch: *Wilde,* Armut und Strafe, S. 105 ff., 110 ff.

1228 *Mitsch,* Recht der Ordnungswidrigkeiten, § 4 Rn. 1 f.

1229 *Gerhold,* in: BeckOK OWiG, Einleitung, Rn. 15.

1230 *Koch,* in: JuS 2021, S. 1121 (1123).

Bei den Reformbestrebungen unter den Nationalsozialisten ab 1933 wurde die Geldstrafe als *„miserabelste Strafe"* angesehen.[1231] Insbesondere wurde die Bevorzugung der Reichen gegenüber den Armen kritisiert und das damals bereits in Skandinavien angewendete Tagessatzsystem favorisiert. Statt einer Ersatzfreiheitsstrafe schlug Roland Freisler vor, dass ausstehende Geldstrafen „abgearbeitet" werden können. Verwirklicht wurden die Ideen der Kommission jedoch nie.[1232] Im Entwurf von 1936 war außerdem vorgesehen, die sog. Uebertretungen ganz aus dem Strafgesetzbuch zu streichen und ein eigenständiges *„Ordnungsstrafgesetzbuch"* zu schaffen. Dies entspricht den NS-Bestrebungen zur Stärkung der Exekutive zu Lasten der Gerichte. Auch dazu kam es nicht mehr.[1233]

Entgegen ihrer „sozialen" Einstellung bzgl. der Tagessatzhöhe führten die Nationalsozialisten jedoch z.B. durch das *„Gesetz zur Änderung von Vorschriften des Strafrechts und des Strafverfahrens"* vom 24. April 1934 für bestimmte Delikte auch die Geldstrafe *„in unbestimmter Höhe"* ein, so z.B. in §§ 86, 93 RStGB.[1234] Auch der in der *„Kriegswirtschaftsverordnung"* vom 4. September 1939 vorgesehene neue Deliktstyp der *Kriegswirtschaftsverbrechen* traf gerade die ärmere Bevölkerung hart.[1235]

Damit ist die Verhängung einer Geldstrafe/Geldbuße in der magischen Welt ungerechter ausgestaltet, als es im NS-Staat mit dem Tagessatzsystem zumindest angestrebt war und als es heute in Deutschland mit dem Nettoeinkommensprinzip der Fall ist. Sollte es im magischen Recht lediglich vom Ministerium verhängte Geldbußen (statt Geldstrafen durch den Zaubergamot) geben, entspricht dies dem auch im NS-Staat angestrebten Ausbau der Macht der Exekutive.

d) Das Zerbrechen des Zauberstabes

Das magische Recht verfügt außerdem über eine Strafe, die in der realen Welt kein Äquivalent finden kann: Das Zerbrechen des Zauberstabes bzw. das Verbot jeglicher Magie.

Das Zerbrechen des Zauberstabes wird in den Harry-Potter-Büchern in zwei bekannten Fällen als Rechtsfolge verhängt. Einmal gegen Rubeus Hagrid, dem vorgeworfen wurde, ein Monster in Hogwarts freigelassen zu haben, das daraufhin eine Schülerin tötete. Bei Hagrid wird die Strafe auch sofort und ohne ein vorheriges Gerichtsverfahren vollstreckt. Dies hat zur Folge, dass Hagrid seine Ausbildung in Hogwarts nicht abschließen und keinen magischen Beruf ergrei-

1231 Zitat von Roland Freisler, zitiert nach: *Wilde,* Armut und Strafe, S. 63.

1232 *Wilde,* Armut und Strafe, S. 63 ff.

1233 *Mitsch,* in: KK-OWiG, Einleitung, Rn. 15, 24.

1234 *Werle,* Justiz-Strafrecht, S. 113, 123. Gleichzeitig weiteten die Nationalsozialisten die Möglichkeit der Einziehung von Vermögen aus. Insbesondere auch gegen „Staats und Volksfeinde", zu denen vor allem die Juden gehörten. *Schnieders,* Vermögensstrafe, S. 512 ff.

1235 Beispiele: *Wagner,* Entwicklung, Herrschaft und Untergang, S. 200 f.

fen kann. Nachdem Hagrids Unschuld bewiesen wurde, kann er aus tatsächlichen Gründen seinen zerstörten Zauberstab nicht zurückerhalten. Er bekommt hierfür durch das Zaubereiministerium aber auch keinen Ersatz.[1236]

Harry wird das Zerbrechen seines Zauberstabes angedroht, nachdem er sowohl gegen das Internationale Geheimhaltungsabkommen, als auch gegen das Verbot der Zauberei Minderjähriger verstoßen hat. Die Strafe soll eigentlich vom Zaubereiministerium sofort, also ebenfalls ohne vorherige Gerichtsverhandlung, vollstreckt werden. Dumbledore greift jedoch ein, was dazu führt, dass Harry seinen Zauberstab zunächst behalten und sich bei einer disziplinarischen Anhörung vor dem Zaubergamot verantworten muss. Es ist nicht klar, ob es noch weitere Straftatbestände mit dieser Rechtsfolge gibt.

Auch wenn es in den Büchern nicht spezifiziert wird, ist davon auszugehen, dass die Strafe nicht nur darin besteht, den einen Zauberstab zu zerbrechen, sondern auch beinhaltet, dass der Betroffene sich keinen neuen Zauberstab kaufen bzw. insgesamt nie wieder mit einem (z.B. geliehenen) Zauberstab zaubern darf. So behält Hagrid zwar die Überreste seines Zauberstabes, er deutet Harry gegenüber jedoch an, dass er auf keinen Fall Magie ausüben darf.[1237]

In den beiden bekannten Fällen hat bzw. hätte das Zerbrechen des Zauberstabes sowie das Verbot, Magie zu benutzen, faktisch zu einem Ausschluss aus der magischen Welt geführt.[1238] Denn Menschen benötigen, um ihre volle Magie entfalten zu können, einen Zauberstab und ohne magische Kräfte ist man von fast allen Tätigkeiten der magischen Welt ausgeschlossen. So kann man die Winkelgasse beispielsweise nicht ohne Zauberstab betreten[1239], der Unterricht in Hogwarts ist an das Vorhandensein eines Zauberstabes geknüpft[1240] und auch die Zaubererbank Gringotts identifiziert die Kontoinhaber anhand ihrer Zauberstäbe.[1241] Alleine auf Grund dieser gravierenden Folgen ist das Zerbrechen des Zauberstabes deswegen schon als echte Kriminalstrafe anzusehen, die in gewisser Hinsicht eine zeitige Freiheitsstrafe in Askaban sogar noch übersteigt. Denn

---

1236 *Rowling,* Harry Potter 2, Der sehr geheime Taschenkalender, S.266; Cornelius Fudge, S.268; Aragog, S.298.

1237 *Rowling,* Harry Potter 1, In der Winkelgasse, S.73.

1238 So auch: *„The physical object that defines a witch or wizard is the wand. […] When a person is stripped of their status as a witch or wizard, this is signified by stripping them of their wand and their right to possess a wand. […] The deprivation of the sacred object meant he was not ‚allowed' to perform magic even though he still possessed the actual ability to do so."* (*Stobbe,* The Dead Sociologists Society, S.10f.). Und: *„Wands also represent membership in the wizarding society. […] Hagrid remains magical, but loses the status and privilege of being a wizard and performing magic."* (*Sheltrown,* in: Heilman (Hrsg.): Critical Perspectives on Harry Potter, S.47 (51)).

1239 *Rowling,* Harry Potter 1, In der Winkelgasse, S.80.

1240 *Rowling,* Harry Potter 1, In der Winkelgasse, S.76.

1241 *Rowling,* Harry Potter 7, Gringotts, S.539.

das Verbot zu Zaubern scheint lebenslang zu gelten (außer es wird nachträglich die Unschuld des Betroffenen bewiesen).[1242]

Auch Schneyer sieht das Zerbrechen des Zauberstabes als eine der einschneidensten Kriminalstrafe in der magischen Welt an, weil das absolute Verbot zu zaubern, einem Exil gleichkäme: *„Hiding magic from Muggles is such a high priority that doing magic in front of them is a crime that can result in the permanent loss of one's legal right to perform magic, which, as noted above, is the equivalent of exile.*"[1243]

Interessant ist auch, dass das Zerbrechen des Zauberstabes nicht als „Nebenstrafe" zu einer Freiheitsstrafe angeordnet wird, sondern selbstständig als Strafe besteht. Im Umkehrschluss bedeutet dies, dass Gefangene in Askaban ihren Zauberstab grundsätzlich nach ihrer Freilassung zurückerhalten (siehe S. 334 Fn. 1771).

Insgesamt wird in den Harry-Potter-Büchern nicht deutlich, welchen Zweck das Zerbrechen des Zauberstabes überhaupt erfüllen soll. Denn wenn es darum ginge, besonders gefährliche Zauberer am Zaubern zu hindern, hätte auch bei den Todessern parallel zur Gefängnisstrafe in Askaban jeweils das Zerbrechen des Zauberstabes angeordnet werden müssen.

Eine Möglichkeit wäre, dass das Zerbrechen des Zauberstabes nur gegen sehr junge Zauberer verhängt wird, die sich als „unwürdig" erweisen, Teil der magischen Welt zu sein. Denn sowohl bei Hagrid als auch bei Harry hat bzw. hätte das Magie-Verbot dazu geführt, dass sie ihre Ausbildung in Hogwarts nicht beenden können. Bei Hagrid knüpft die Strafe jedoch an etwas an, das er in der Schule getan hat und bei dem ein Mensch gestorben ist. Harrys Strafe knüpft hingegen daran an, dass er in den Sommerferien gegen das *Internationale Geheimhaltungsabkommen* und das *Verbot der Zauberei Minderjähriger* verstoßen hat. In den Büchern wird an keiner Stelle erwähnt, dass es eine Art magisches Jugendstrafrecht gibt oder dass Minderjährige mit eigenen Rechtsfolgen bedacht werden würden (siehe S. 299 ff.). Inwiefern die Rechtsfolge an das Alter des Betroffenen geknüpft ist, ist deswegen nicht eindeutig zu sagen.

3. Die magische Strafprozessordnung

Während nicht bekannt ist, ob die magische Welt ein Äquivalent zu unserem Strafgesetzbuch (StGB) hat, weiß man mit Sicherheit, dass die Zaubererwelt

1242 Nachdem Hagrids Unschuld in Band zwei bewiesen wird, darf er laut Rowling wieder zaubern. Dies äußert sich in den Büchern jedoch nur dergestalt, dass Hagrid ab Band drei als Lehrer in Hogwarts beschäftigt ist. Inwiefern er offiziell durch das Zaubereiministerium rehabilitiert wird und auch offiziell einen Zauberstab erhält, ist nicht bekannt und gehört zu den Unklarheiten, die von Fans bis heute diskutiert werden (siehe S. 403 f.).

1243 *Schneyer,* in: Goetz (Hrsg.): Terminus: Collected Papers on Harry Potter, S. 33 (45, 55).

über eine magische Strafprozessordnung verfügt, die unserer Strafprozessordnung (StPO) ähnelt. Die Strafprozessordnung heißt in der Zaubererwelt *„Rechtekatalog des Zaubergamot"* (*engl. „Wizengamot Charter of Rights"*[1244]).

Das ergibt sich aus einer Stelle in Band fünf: *„»Ich mag mich irren«, sagte Dumbledore liebenswürdig, »aber dürfen nicht die Angeklagten gemäß dem Rechtekatalog des Zaubergamot Zeugen in ihrer Sache benennen? Gehört dies nicht zu den Grundsätzen der Abteilung für Magische Strafverfolgung, Madam Bones?«, fuhr er an die Hexe mit dem Monokel gewandt fort."*[1245]

a) Die Prozessmaxime

Zunächst ist festzuhalten, dass die Zaubererwelt die uns bekannten Prozessmaxime der StPO, die Ausfluss des Rechtsstaatsprinzips in Art. 20 GG sind, größtenteils nicht kennt bzw. diese systematisch missachtet werden. Auch im Dritten Reich kam es zu einer Verkennung grundlegender Prinzipien des Strafprozessrechts.

aa) Anklagegrundsatz/Akkusationsprinzip

§§ 151, 152 StPO sind seit der ersten Fassung der Strafprozessordnung des Deutschen Reichs vom 1. Februar 1877 (in Kraft getreten am 1. Oktober 1879) nahezu unverändert geblieben, was die Bedeutung der hier normierten Verfahrensgrundsätze unterstreicht.[1246]

Der Anklagegrundsatz (= Akkusationsprinzip) des § 151 StPO besagt in Abkehr vom *Inquisitionsprozess*, dass nur nach einer durch die Staatsanwaltschaft erhobenen öffentlichen Anklage ein Gericht über den Fall urteilen darf. Die Erhebung der Anklage erfolgt durch Einreichen einer förmlichen Anklageschrift beim zuständigen Gericht (§§ 170 I, 199 II, 200 StPO). In Verbindung mit § 152 I StPO begründet § 151 StPO das *Anklagemonopol* der Staatsanwaltschaft als einer vom Gericht unabhängigen Institution. Mit Erhebung und Eingang der Anklage bei Gericht ist die Sache bei Gericht anhängig. Rechtshängigkeit tritt erst mit dem förmlichen Eröffnungsbeschluss gem. § 203 StPO ein.[1247] Die Anklage begrenzt dabei den Umfang der gerichtlichen Untersuchung (§ 155 I, § 264 I StPO).[1248]

Auch im magischen Strafprozessrecht beginnt jedes Verfahren mit dem Einreichen und dem Verlesen der Anklage vor Gericht, womit rein formal dem Ankla-

1244 Zur rechtlichen Einordnung: *Baratt,* The Politics of Harry Potter, S. 32.

1245 *Rowling,* Harry Potter 5, Die Anhörung, S. 171.

1246 *Peters,* in: MüKo StPO, § 152 Rn. 1.

1247 *Diemer,* in: KK-StPO, § 151 Rn. 1; *Beukelmann,* in: BeckOK StPO, § 151 Rn. 1 ff.; *Huber,* in: JuS 2008, S. 779 (779–780).

1248 *Teßmer,* in: MüKo StPO, § 155 Rn. 3 f.; *Eschelbach,* in: BeckOK StPO, § 264 Rn. 1; *Huber,* in: JuS 2012, S. 208 (208 f.).

gegrundsatz genüge getan wird.[1249] Problematisch ist allerdings, dass es personelle Überschneidungen zwischen der Abteilung für Magische Strafverfolgung als „Staatsanwaltschaft" und dem Zaubergamot gibt, weil das Gericht zumindest teilweise mit Beamten ebendieser Abteilung besetzt ist.[1250] Demnach sind in der Zaubererwelt die Instanzen „Staatsanwaltschaft" und „Gericht" nicht voneinander getrennt, sondern unterliegen beide der Macht des Zaubereiministeriums (siehe S. 70 ff., 114, 160 ff.). Die gegenseitigen Kontrollmöglichkeiten, die das deutsche Strafprozessrecht auf Grund der Trennung der beiden Institutionen kennt, gibt es in der magischen Welt damit nicht.

Grundsätzlich ist auch die Begrenzungsfunktion der Anklage in der magischen Welt bekannt, denn sowohl in den Todesserprozessen als auch bei Harrys disziplinarischer Anhörung wird nur verhandelt, was auch tatsächlich angeklagt ist. Cornelius Fudge will in Harrys Anhörung von diesem Grundsatz abweichen, wird jedoch von Dumbledore zurechtgewiesen: *„»Nach meiner Kenntnis«, fuhr Dumbledore fort, »gibt es bis heute noch kein Gesetz, das besagt, es sei die Aufgabe dieses Gerichts, Harry für jedes bisschen Magie zu bestrafen, das er je ausgeübt hat. Er wurde eines bestimmten Vergehens angeklagt und hat seine Verteidigung vorgetragen. Alles, was er und ich jetzt tun können, ist Ihr Urteil abzuwarten.«"*[1251]

Demnach kennt auch der *Rechtekatalog des Zaubergamot* die Begrenzungsfunktion der Anklage. Problematisch ist aber natürlich, dass es Inhaftierungen in Askaban ohne einen vorherigen Prozess gibt. Und wo überhaupt kein Strafprozess stattgefunden hat, gab es formal auch keine Anklage.

Unter den Nationalsozialisten galten § 151, 152 RStPO fort. Selbst der Entwurf einer neuen Strafverfahrensordnung, den die Kommission dem Justizminister am 27. Februar 1936 vorlegte, sah den Anklagegrundsatz weiterhin vor. Die Reform wurde jedoch nie verwirklicht. Das „Erste Buch" – so wie es im Entwurf vorgesehen war – bestand aus zwölf Paragraphen mit den Hauptgrundsätzen des neuen deutschen Strafprozesses. Im Grundsatzparagraph über den Staatsanwalt wurde bestimmt, dass Straftaten nur *„von Amts wegen"* verfolgt werden. Zur Strafverfolgung war ausschließlich der Staatsanwalt berufen. Er *„führt das Vorverfahren und ist der öffentliche Ankläger"*, wobei er *„unparteiisch und ohne Ansehen der Person"* vorzugehen hat (§ 5).[1252]

Das nationalsozialistische Strafprozessrecht hat hier an der ursprünglichen Fassung also keine weitreichenden Änderungen vorgenommen und hätte selbst bei einer Reform keine Änderungen gewollt. Allerdings kam es zu der bereits mehrfach erwähnten Stärkung der Staatsanwaltschaft gegenüber den Gerichten, um mehr Einfluss auf Strafverfahren nehmen zu können (siehe S. 106 f., 164 f.). Klar

---

1249 Zum Beispiel: *Rowling,* Harry Potter 4, Das Denkarium, S. 614, 619, 622; Harry Potter 5, Die Anhörung, S. 166 ff.

1250 Zum Beispiel Madame Bones: *Rowling,* Harry Potter 5, Anhörung, S. 167.

1251 *Rowling,* Harry Potter 5, Die Anhörung, S. 180.

1252 *Gruchmann,* Justiz im Dritten Reich, S. 985.

ist auch, dass viele der Gräueltaten im NS-Staat außerhalb des Justizsystems stattfanden. Beispielsweise willkürliche Verhaftungen und Internierungen in KZs. An dieser Stelle fanden genauso wie im magischen Recht keinerlei Prozesse statt, sodass es auch keine Anklagen gab.

bb) Offizialprinzip, Legalitätsprinzip

§ 152 I StPO regelt zusammen mit § 151 StPO das Anklagemonopol der Staatsanwaltschaft. Das in § 152 I StPO enthaltene Offizialprinzip besagt, dass nicht der einzelne Bürger, sondern der Staat und hier die Staatsanwaltschaft mit Ausnahme der Privatklage (§§ 374 ff. StPO.) und der Nebenklage (§§ 395 ff. StPO) allein zuständig für die Erhebung der öffentlichen Klage ist.[1253]

Auch in der Zaubererwelt ist innerhalb des Zaubereiministeriums die *Abteilung für Magische Strafverfolgung* für die Anklage zuständig, sodass nicht der Bürger, sondern der Staat in Form einer magischen „Staatsanwaltschaft" Klage erhebt. Selbst die Prozesse gegen Muggelstämmige unter Lord Voldemort halten sich grundsätzlich an das Offizialprinzip, denn die Betroffenen werden von der *Registrierungskommission für Muggelstämmige* als spezielle, neue Anklagebehörde des Zaubereiministeriums in einem formalen, staatlichen Prozess angeklagt. Eine formale Trennung zwischen Staatsanwaltschaft und Gericht existiert aber weder vor noch während der Herrschaft Lord Voldemorts.[1254]

Das in § 152 II StPO geregelte Legalitätsprinzip zwingt die Staatsanwaltschaft (und über § 163 StPO auch die Polizei) zur Verfolgung, wenn zureichende tatsächliche Anhaltspunkte für eine Straftat vorliegen.[1255] Dies beschreibt den sog. *Anfangsverdacht*, der sich auf mehr als bloße Hypothesen oder Vermutungen stützen lassen muss. Der Anfangsverdacht ist im Gegensatz zum *hinreichenden Tatverdacht* (§§ 170 I, 203 StPO) schon bei einer auf konkreten Hinweisen beruhenden geringen Wahrscheinlichkeit für das Vorliegen einer verfolgbaren Straftat erreicht.[1256] Zum Legalitätsprinzip gibt es jedoch bestimmte Ausnahmen, z. B. die Einstellungsmöglichkeiten der § 153 ff. StPO (Opportunitätsprinzip).[1257]

Das Legalitätsprinzip gibt es im magischen Strafprozessrecht überhaupt nicht oder es wird jedenfalls regelmäßig missachtet. Am deutlichsten zeigt sich dies in Band drei, in dem Harry genauso wie in Band fünf (und angeblich in Band zwei)

1253 *Beukelmann,* in: BeckOK StPO, § 152 Rn. 1 ff.; *Diemer,* in: KK-StPO, § 152 Rn. 1 f.; *Ostendorf/Brüning,* Strafprozessrecht, § 4 Rn. 41.

1254 *Rowling,* Harry Potter 7, Die Registrierungskommission für Muggelstämmige, S. 266 ff.

1255 *Beukelmann,* in: BeckOK StPO, § 152 Rn. 2; *Peters,* in: MüKo StPO, § 152 Rn. 20; zur Bindung der Polizei an das Legalitätsprinzip: *Bottke,* in: JuS 1990, S. 81 (81–87).

1256 *Diemer,* in KK-StPO, § 152 Rn. 7; *Schulenburg,* in: JuS 2004, S. 765 (765).

1257 *Peters,* in: MüKo StPO, § 152 Rn. 75 ff.; *Diemer,* in: KK-StPO, § 152 Rn. 5.

gegen das Gesetz verstößt. Obwohl dem Zaubereiministerium dieser Verstoß bekannt ist, sieht es in Band drei von der Erhebung einer Anklage ab.[1258]

Dabei wird das Verfahren jedoch nicht formal – wie z.B. in § 153 ff. StPO vorgesehen – eingestellt, sondern der Zaubereiminister trifft an Ort und Stelle selbstständig die Entscheidung, dass der Verstoß keine weiteren Konsequenzen haben wird. Auch inhaltlich geht es nicht darum, wegen eines lediglich sehr leichten Verstoßes gegen die Rechtsordnung von der Verfolgung abzusehen, denn:

In Band zwei erhält Harry eine Verwarnung, obwohl er die ihm vorgeworfene Tat überhaupt nicht begangen hatte. In Band drei bläst er seine Muggel-Tante auf und verstößt damit nicht nur gegen das Verbot der Zauberei Minderjähriger, sondern auch gegen das Geheimhaltungsabkommen (siehe S. 106, 240). Exakt das Gleiche wird Harry in Band fünf vorgeworfen, als er sich vor den Augen seines Muggel-Cousins mit einem Patronus-Zauber gegen Dementoren wehrt. Während Harry in Band fünf ganz offensichtlich zur Selbstverteidigung handelt, beruht der Verstoß in Band drei darauf, dass er seine Emotionen nicht unter Kontrolle hat[1259], was im Vergleich zur „Notwehrsituation" als schwererer Verstoß gewertet werden dürfte. Und trotzdem hat das Verhalten in Band drei keinerlei Konsequenzen, während Harry in Band fünf zu einer disziplinarischen Anhörung vor den Zaubergamot treten muss (dazu mehr ab S. 389).

Das Nichtverfolgen des Verstoßes in Band drei ist damit willkürlich und beruht alleine darauf, dass Fudge sich damals mit Harry als „dem Auserwählten" noch gut stellen wollte, während er ihn in Band fünf bereits als Gegner bzw. Gefahr für seine eigene Wiederwahl als Zaubereiminister ansah.

Gleiches passiert am Ende von Band vier als Harry mehreren Personen (zu Recht) vorwirft, Todesser zu sein. Cornelius Fudge beschließt jedoch eigenmächtig, diese gravierende Anschuldigung nicht zu verfolgen, weil er die Perso-

---

1258 *„»Moment mal«, brach es aus Harry hervor, »was ist mit meiner Bestrafung?« Fudge zwinkerte. »Bestrafung?« »Ich hab das Gesetz gebrochen!«, sagte Harry. »Die Verordnung zur Beschränkung der Zauberei Minderjähriger!« »O mein lieber Junge, wir werden dich doch wegen einer solchen Lappalie nicht bestrafen!«, rief Fudge und fuchtelte mit der Brötchenhälfte in der Hand ungeduldig durch die Luft. »Es war ein Unfall! Wir schicken doch nicht Leute nach Askaban, nur weil sie ihre Tante aufgeblasen haben!« Das passte nun überhaupt nicht zu Harrys früheren Erfahrungen mit dem Zaubereiministerium. »Letztes Jahr habe ich eine offizielle Verwarnung gekriegt, nur weil ein Hauself einen Teller mit Nachtisch im Haus meines Onkels zerdeppert hat!«, erklärte er Fudge mit gerunzelter Stirn. »Das Zaubereiministerium sagte, wenn dort noch einmal gezaubert wird, werfen sie mich aus Hogwarts raus.« Wenn Harrys Augen ihn nicht trogen, sah Fudge plötzlich verlegen aus. »Die Dinge ändern sich, Harry … unter den heutigen Umständen … müssen wir dies und jenes berücksichtigen … du willst doch nicht etwa rausgeworfen werden?«"* (*Rowling,* Harry Potter 3, Der Fahrende Ritter, S. 53.)

1259 *Rowling,* Harry Potter 3, Tante Magdas großer Fehler, S. 34 ff.

nen – unter ihnen Lucius Malfoy – für resozialisiert hält.[1260] Demnach werden trotz Anfangsverdachts nie formale Ermittlungen eingeleitet. Später helfen genau diese Personen Lord Voldemort bei der Machtübernahme im Zaubereiministerium.[1261] Dass ein solches Vorgehen von Seiten des Zaubereiministers in der magischen Welt möglich ist, wäre heute rechtsstaatswidrig. Außerdem zeigt es einmal mehr, wie mächtig der amtierende Zaubereiminister ist.

Unter den Nationalsozialisten galten § 151, 152 RStPO – wie oben bereits erwähnt – fort. Es kam aber zu einer Durchbrechung des Legalitätsprinzips. Die wahrscheinlich stärkste Einschränkung – gar Abschaffung – des Legalitätsprinzips enthielt die *„Verordnung über die Einführung des deutschen Strafrechts in den eingegliederten Ostgebieten"* (RGBl. I 1941, S. 759) vom 6. Juni 1940. § 7 der EinführungsVO sah eine zeitlich unbegrenzte Rückwirkung bei der Anwendung des deutschen Strafrechts vor, enthielt aber auch besondere Strafvorschriften für die eingegliederten Ostgebiete (sog. „Polenstrafrecht"). Dazu gehörte u. a. die Einführung des *reinen* Opportunitätsprinzips bei der Verfolgung *aller* Straftaten. § 1 II Nr. 1 der EinführungsVO erklärte § 152 II RStPO für unanwendbar. Ein Gedanke dahinter war, durch das Aussortieren weniger wichtiger Sachen, die „Schlagkraft" der Strafrechtspflege im Krieg zu stärken und den deutschen Gebietsanspruch zu sichern. Durch das Verfolgungsermessen war es möglich, Strafvorschriften nicht anzuwenden, die „nur" dem Schutz der polnischen Bevölkerung dienten.[1262]

Ende 1944 erreichte die „Auflockerung" des Legalitätsprinzips mit seiner Streichung schließlich ihren Höhepunkt im ganzen Reich. Eine Einstellung des Verfahrens war möglich, *„wenn die Verfolgung im Kriege zum Schutze des Volkes nicht erforderlich ist."*[1263] Werle kommt zum Ergebnis: *„Über den weisungsgebundenen Staatsanwalt sollte damit letzten Endes der Staatsführung die Entscheidung über das Ob der Strafverfolgung in die Hand gegeben werden."*[1264] Im Legalitätsprinzip zeigte sich auch laut Schmidt gerade das *„Anwachsen der staatsanwaltlichen Macht"*.

Während die Staatsanwaltschaft in der Zeit der Weimarer Republik nur mit Zustimmung des Gerichts von der Erhebung der Anklage absehen konnte, entfiel diese gerichtliche Kontrolle mit der *„Zweiten Verordnung zur Vereinfachung der Strafrechtspflege"* vom 13. August 1942.[1265] Das Vorverfahren wurde unter die ausschließliche Verfügung der Staatsanwaltschaft gestellt. Stellte sie das Verfahren ein, so konnte der Verletzte außerdem kein Klageerzwingungsverfahren

---

1260 *Rowling,* Harry Potter 4, Die Wege trennen sich, S. 738 f. Barratt führt das als Beweis dafür an, dass das Zaubereiministerium korrupt ist: *Barratt,* The Politics of Harry Potter, S. 153.

1261 *Rowling,* Harry Potter 7, Der Dunkle Lord erhebt sich, S. 10 ff.

1262 *Werle,* Justiz-Strafrecht, S. 366 ff.

1263 *Naucke,* in: IfZ (Hrsg.): NS-Recht in historischer Perspektive, S. 71 (89).

1264 *Werle,* Justiz-Strafrecht, S. 369.

1265 *Schmidt,* Strafrechtspflege/1, S. 441.

anstreben, da die *„Vereinfachungsverordnung"* vom 13. August 1942 die diesbezüglichen §§ 172–177 RStPO gestrichen hatte.[1266]

Eine weitere Durchbrechung des Legalitätsprinzips fand sich in der Erweiterung der Einstellungsmöglichkeiten. Diese wurden zunächst 1935 gegenüber Erpressungsopfern (§ 154b RStPO) und 1940 bei der Verfolgung von Auslandstaten Deutscher (§ 153a I RStPO, heute § 153c StPO) erweitert. Sah der Staatsanwalt von der Strafverfolgung ab, so brauchte es zwar der Zustimmung des Generalstaatsanwalts, aber nicht der Zustimmung des Gerichts.[1267]

Sicher ist zudem, dass im NS-Staat außerhalb dieser Gesetzesänderungen nicht alle strafbaren Handlungen auch wirklich verfolgbar waren. So waren die Staatsanwälte in politisch „gefärbten" Fällen sogar verpflichtet, vor einer Ermittlung oder Anklage zunächst an ihre Vorgesetzten zu berichten und Weisungen abzuwarten.[1268] Dies führte dazu, dass bestimmte Personen und Delikte (z.B. die Gräueltaten durch SS, SA und Gestapo) gar nicht erst zur Anklage kamen bzw. politische Gegner nachträglich oder unberechtigt angeklagt wurden (z.B. in der *Lex van der Lubbe*). Gruchmann führt deswegen zu Recht aus, dass bereits die Berücksichtigung von „Parteiwünschen" bezüglich bestimmter Verfahren eine Lockerung des Legalitätsprinzips darstellte.[1269]

Erleichtert wurde dies – wie oben bereits erwähnt – auch, indem die Stellung der weisungsgebundenen Staatsanwaltschaften, die dem Reichsjustizministerium unterstellt waren, ausgebaut und die Kompetenzen der ordentlichen Gerichte zurückgeschraubt wurden. Nach damaliger Rechtsauffassung durfte das Reichsjustizministerium die Erhebung der Anklage im Einzelfall sogar dann untersagen, wenn der Staatsanwalt auf Grund des Legalitätsprinzips eigentlich zur Anklage verpflichtet gewesen wäre. Dies ermöglichte formaljuristisch die Unterdrückung von Strafverfahren gegen Anhänger der NS-Bewegung.[1270]

Damit wurde das Legalitätsprinzip im NS-Staat ebenso durchbrochen, wie es in den Harry-Potter-Büchern durch das Zaubereiministerium der Fall ist. In beiden Welten werden Verfahren gegen politische Gegner vorangetrieben, während bei regimetreuen Personen auf eine Anklage verzichtet wird. Die Nationalsozialisten gossen dies zumindest teilweise in geltendes Recht, während nicht bekannt ist, ob in der magischen Welt das Legalitätsprinzip überhaupt existiert. Lord Voldemort hatte auf Grund der bisherigen Rechtspraxis des Zaubereiministeriums jedenfalls erneut leichtere Startbedingungen als Adolf Hitler.

1266 *Schmidt,* Strafrechtspflege/1, S. 442.
1267 *Werle,* Justiz-Strafrecht, S. 697.
1268 *Gruchmann,* Justiz im Dritten Reich, S. 519 ff.
1269 *Gruchmann,* Justiz im Dritten Reich, S. 813, insb. Fn. 32.
1270 *Gruchmann,* Justiz im Dritten Reich, S. 1107 f.

cc) Untersuchungsgrundsatz/Amtsermittlungsgrundsatz

Im Gegensatz zum Zivilprozessrecht, in dem der *Beibringungsgrundsatz* herrscht, gilt in der deutschen StPO der *Untersuchungsgrundsatz* (auch: *Amtsermittlungsgrundsatz* oder *Inquisitionsmaxime*). Ziel ist es, die materielle Wahrheit, also den tatsächlichen Sachverhalt, soweit er sich aufklären lässt, zu ermitteln. Für die Staatsanwaltschaft ergibt sich dies aus §§ 155 II, 160 I StPO, für die Polizei aus § 163 I StPO. Das Gericht hat gem. § 244 II StPO die Beweisaufnahme von Amts wegen auf alle Tatsachen und Beweismittel zu erstrecken, die für die Entscheidung erheblich sind und der Erforschung der Wahrheit dienen. Die Erforschung der Wahrheit ist im Hinblick auf das materielle Schuldprinzip das zentrale Anliegen des Strafprozesses. Es gilt das Gebot bestmöglicher Sachverhaltsaufklärung, wobei die Aufklärung nicht unbeschränkt erfolgt, sondern ihre Grenzen in der Prozessökonomie findet. Ziel des Strafverfahrens ist nicht die *Wahrheitserforschung um jeden Preis*.[1271]

In der Zaubererwelt existiert dieser Grundsatz nicht. Dies zeigt sich bereits in Band zwei, in dem Harry eine Verwarnung für einen Gesetzesverstoß erhält, den nicht er, sondern der Hauself Dobby begangen hat. Die *Abteilung für Magische Strafverfolgung* versucht an dieser Stelle nicht einmal, herauszufinden, wer im Haushalt der Dursleys tatsächlich gezaubert hat.[1272] Ganz ähnlich wird auch in Band fünf agiert. Zwar kommt es hier zu einer disziplinarischen Anhörung im Zaubereiministerium, dort hat Fudge als Vorsitzender aber keinerlei Interesse daran, herauszufinden, was wirklich passiert ist.[1273] Obwohl Harry mehrmals angibt, dass er von Dementoren angegriffen wurde und deswegen zu seiner Verteidigung gezaubert hat, unternimmt Fudge nicht einmal den Versuch, den wahren Sachverhalt aufzuklären. Harry wird bei seinen Angaben sogar so oft unterbrochen, dass er kaum in der Lage ist, selbst zu schildern, was passierte.[1274]

1271 *Krehl,* in: KK-StPO, § 244 Rn. 27 f.; *Kudlich,* in: MüKo, Einleitung Rn. 139–143; zur Ablehnung von Beweisanträgen: *Huber,* in: JuS 2017, S. 634 (634–637).

1272 *Rowling,* Harry Potter 2, Dobbys Warnung, S. 26, Harry Potter 5, Die Anhörung, S. 168, 178. Das führt auch Barratt als Beispiel an: *Barratt,* The Politics of Harry Potter, S. 29.

1273 *Rowling,* Harry Potter 5, Die Anhörung, S. 168 ff.

1274 *„»Du hast vor drei Jahren eine offizielle Verwarnung des Ministeriums wegen unrechtmäßig ausgeübter Magie erhalten, ist das richtig?« »Ja, aber …« »Und dennoch hast du am Abend des zweiten August einen Patronus heraufbeschworen?«, sagte Fudge. »Ja«, sagte Harry, »aber …« »Im Wissen, dass es dir bis zum Alter von siebzehn Jahren nicht erlaubt ist, außerhalb der Schule Zauberei zu gebrauchen?« »Ja, aber …« »Im Wissen, dass du dich in einer Gegend voller Muggel befandest?« »Ja, aber …« »Dir vollauf bewusst. dass du dich zu jenem Zeitpunkt in großer Nähe eines Muggels befandest?« »Ja«, sagte Harry zornig, »aber ich hab ihn nur gebraucht, weil wir …« Die Hexe mit dem Monokel schnitt ihm mit dröhnender Stimme das Wort ab.“* (*Rowling,* Harry Potter 5, Die Anhörung, S. 168 f.).

Fudge will sodann ohne die Anhörung der entscheidenden Zeugin über die Schuldfrage abstimmen. Der Antrag, die Zeugin zu vernehmen, wird von Fudge zunächst mit der Begründung abgeschmettert, dass man keine Zeit habe.[1275]

Ein vorschnelles Urteil wird nur durch das Einschreiten von Dumbledore verhindert, der unter Verweis auf die magische Strafprozessordnung auf die Vernehmung der Zeugin besteht. Dies zeigt, dass das magische Strafprozessrecht zwar das Recht des Angeklagten kennt, einen Zeugen zu präsentieren. Er muss sich aber selbst um die Ermittlung und das Erscheinen des Zeugen kümmern. Dies geschieht nicht durch das Zaubereiministerium. Beide Beispiele zeigen, dass das magische Recht den Untersuchungsgrundsatz nicht kennt.

Unter der Herrschaft Lord Voldemorts schickt die Registrierungskommission dann Muggelstämmige wegen des (angeblichen) *Diebstahls von Magie* nach Askaban, ohne sich die Beweise anzusehen, welche die Muggelstämmigen vorbringen, um ihre Abstammung zu beweisen: *„»Nein, nein, ich bin Halbblüterin, ich bin Halbblüterin, das versichere ich Ihnen! Mein Vater war ein Zauberer, wirklich, schauen Sie nach Arkie Alderton, er ist ein bekannter Besenkonstrukteur, schauen Sie nach, ich versichere es Ihnen – lassen Sie mich los, lassen Sie mich –« »Dies ist Ihre letzte Verwarnung", sagte Umbridge leise […] Wenn Sie sich wehren, werden Sie den Kuss des Dementors zu spüren bekommen.«"*[1276]

Auch die RStPO kannte bereits den Untersuchungsgrundsatz. Die Grundsätze der Beweisaufnahme waren in §§ 243 ff. RStPO geregelt. Unter den Nationalsozialisten wurde der Ermittlungsgrundsatz aber deutlich weniger ausgehöhlt, wie man es hätte vermuten können.

Ziel der Strafrechtsreform ab 1933 war laut Franz Gürtner *„ein Strafverfahren zu schaffen, das eine straffe und schnellarbeitende Strafjustiz gewährleistet, eine gerechte Rechtsprechung sichert und in Aufbau und Durchführung verständlich und volkstümlich ist"*.[1277] Was sich grundsätzlich positiv anhört, hatte dabei aber u. a. zum Ziel, Strafprozesse im Sinne der NS-Ideologie zu lenken. Erörtert wurde bei den Reformbestrebungen u. a., den Umfang der Beweisaufnahme weitgehend in das freie Ermessen des Vorsitzenden zu stellen und die Anordnung von Beweiserhebungen bzw. die Ablehnung von Beweisanträgen ihm allein zu übertragen. Auch sollte das Recht zur Verlesung schriftlicher Erklärungen und

---

1275 *„»Wir haben in der Tat einen Zeugen für die Gegenwart der Dementoren in jener Gasse«, sagte er, »einen außer Dudley Dursley, meine ich.« Fudges feistes Gesicht schien zu erschlaffen, als hätte jemand die Luft herausgelassen. Er starrte einen kurzen Moment lang zu Dumbledore hinunter, dann sagte er mit der Miene eines Mannes, der sich zusammenreißt: »Wir haben keine Zeit, uns noch mehr Flunkergeschichten anzuhören, fürchte ich, Dumbledore. Ich möchte diese Sache rasch erledigen …«"* (*Rowling,* Harry Potter 5, Die Anhörung, S. 171).

1276 *Rowling*, Harry Potter 7, Die Registrierungskommission für Muggelstämmige, S. 266.

1277 Zitiert nach: *Gruchmann,* Justiz im Dritten Reich, S. 982.

Beweisaufnahmen, erweitert werden.[1278] Gleichzeitig sah man bei der *Rechtsrüge* (Revision) – jetzt *Urteilsrüge* genannt – vor, dass eine Beweisaufnahme durch das Urteilsrügegericht nur auf Antrag des Oberreichsanwalts stattfinden sollte, damit die Justizverwaltung darauf einwirken konnte.[1279]

Außerdem wurden Sondergerichte eingerichtet. In den Verfahren vor den Sondergerichten konnte eine Beweiserhebung schon ab 1933 abgelehnt werden, wenn das Gericht „*die Überzeugung gewonnen hat, daß die Beweiserhebung für die Aufklärung der Sache nicht erforderlich ist.*"[1280]

Mit dem „*Gesetz zur Änderung von Vorschriften des Strafverfahrens und des Gerichtsverfassungsgesetzes*" vom 28. Juni 1935 wurde auch das Verfahren der Beweisaufnahme weiter reformiert. Zwar wurde im neuen § 244 II RStPO vorangestellt, das Gericht habe „*von Amts wegen alles zu tun, was zur Erforschung der Wahrheit notwendig ist*", jedoch wurde dies in § 245 RStPO wieder eingeschränkt.[1281] So durfte das Gericht in Verhandlungen vor dem Amtsrichter, dem Schöffengericht und dem Landgericht in der Berufungsinstanz einen Beweisantrag ablehnen, wenn es „*nach seinem freien Ermessen die Erhebung des Beweises zur Erforschung der Wahrheit nicht für erforderlich hält*".[1282] Gruchmann meint dazu: „*Die Beseitigung dieses ‚unwürdigen' Zwanges, der den Richter zur Benutzung von Beweismitteln genötigt hatte, die er von vornherein für seine Entscheidung für gleichgültig hielt, war eines der Hauptanliegen der Strafprozeßreform gewesen.*"[1283]

Weitere Einschränkungen erfolgten durch die Vereinfachungsverordnungen 1939 und 1942 (siehe S. 319 f., 325, 355 f.). Die parteiprozessualen Elemente wurden bei der Beweisaufnahme vollständig beseitigt.[1284] Diese Beseitigung des Beweisvorführungsrechts des Angeklagten bildete nach Köhler den „*ersten Schritt zur Beseitigung des rechtsstaatlichen Beweisrechts.*"[1285]

Dabei betonten die Nationalsozialisten gleichzeitig, dass jeder Richter in seinen Entscheidungen und seinem Ermessen immer die Grundsätze der NS-Ideologie zu berücksichtigen habe. „*Da jeder richterlichen Entscheidung bereits allein durch die freie Beweiswürdigung oder den Strafrahmen ein gewisses Ermessen zugrunde liegt, handelte es sich hierbei um einen sehr weitgreifenden Anspruch und er war keineswegs nur auf eine nationalsozialistische Ausfüllung von Ge-*

1278 *Gruchmann,* Justiz im Dritten Reich, S. 983, 988.

1279 *Gruchmann,* Justiz im Dritten Reich, S. 1037.

1280 Zitiert nach: *Werle,* Justiz-Strafrecht, S. 22.

1281 *Schulz,* Beiträge zur gesamten Strafrechtswissenschaft, S. 202.

1282 Damit wurde die gleichlautende Regelung in der „*Verordnung des Reichspräsidenten über Maßnahmen auf dem Gebiete der Rechtspflege und Verwaltung*" vom 14. Juni 1932 kodifiziert.

1283 *Gruchmann,* Justiz im Dritten Reich, S. 1062.

1284 *Schulz,* Beiträge zur gesamten Strafrechtswissenschaft, S. 202.

1285 *Köhler,* Inquisitionsprinzip und autonome Beweisvorführung, S. 23.

neralklauseln im Gesetz oder auslegungsbedürftige Normen beschränkt", so Schädler.[1286]

Der Vierte Senat des Reichsgerichts forderte 1941 schließlich, das Beweismaß müsse an den *„Bedürfnissen einer wirksamen Strafrechtspflege"* ausgerichtet werden, weshalb eine *„der allgemeinen Lebenserfahrung entsprechende Wahrscheinlichkeit"* genügen müsse.[1287] Eine Formel, die ganz ähnlich noch heute Verwendung findet.[1288] Der Richter solle nicht zögerlich urteilen, maßgeblich sei aber weiterhin die Faktenlage, nicht seine individuelle Einschätzung. Mengler hält es für bemerkenswert, dass die *„wachsende politische und rechtliche Willkür nicht mit einem klaren Bekenntnis zur vollständigen Entrationalisierung der Beweiswürdigung einhergeht"*.[1289]

Im Gegensatz zur magischen Welt kannten die Nationalsozialisten damit den Ermittlungsgrundsatz im Strafprozess und hielten auch bis zum Schluss an ihm fest; auch wenn das Verfahren der Beweiswürdigung im Dritte Reich aufgeweicht und von politischen Vorgaben beeinflusst wurde. Einmal mehr war die Ausgangslage in der Zaubererwelt also – selbst vor der Machtergreifung Lord Voldemorts – deutlich schlechter als es im NS-Staat der Fall war.

dd) Beschleunigungsgrundsatz und „Fair-trial"

Der *Beschleunigungsgrundsatz* hält die Rechtspflegeorgane an, das Verfahren so schnell wie möglich durchzuführen, um die Belastungen, insbesondere für den Angeklagten, gering zu halten.[1290] Er ergibt sich aus mehreren Rechtsnormen: Zum einen aus Art. 5 III 1 2. HS, 6 I 1 EMRK, Art. 14 III lit. C IPBPR, zum anderen aus dem in Art. 20 III, 28 I GG normierten Rechtstaatsprinzip. In der StPO findet sich der Beschleunigungsgrundsatz u. a. in den §§ 115, 121 f., 128 f. StPO, denn er gilt in besonderem Maß für Haftsachen. Seine Ausprägung findet er aber z. B. auch in § 229 I StPO, der die möglichst in einem Zug durchzuführende Hauptverhandlung und deren Unterbrechungsfristen regelt.[1291]

1286 *Schädler,* Justizkrise, S. 165.

1287 RG, Urt. v. 08.08.1941, Az. 4 D 138/41 = RGSt 75, S. 324 (327); siehe auch: *Mengler,* Die lückenhafte Beweiswürdigung im tatgerichtlichen Urteil, S. 116.

1288 Für die richterliche Überzeugung genügt ein nach der Lebenserfahrung ausreichendes Maß an Sicherheit, das vernünftige Zweifel nicht mehr aufkommen lässt: *Miebach,* in: NStZ 2002, S. 72 (73); *Miebach,* in: MüKo StPO, § 261 Rn. 57 f.

1289 *Mengler,* Die lückenhafte Beweiswürdigung im tatgerichtlichen Urteil, S. 116.

1290 *Kudlich,* in: MüKo StPO/1, Einleitung, Rn. 155 f. Aus Verteidigersicht: *Malek,* Verteidigung in der Hauptverhandlung, S. 304 ff.

1291 *Fischer,* in: KK-StPO, Einleitung, Rn. 29 ff.; *Kudlich,* in: MüKo, Einleitung, Rn. 155 f. Ähnlich dem Beschleunigungsgrundsatz dient auch die *Konzentrationsmaxime* in §§ 228, 229 StPO dazu, dass die gerichtliche Entscheidung auf Grund frischer Eindrücke getroffen wird. Allerdings geht es hierbei mehr um die Eindrücke der beteiligten Richter, als um das Erinnerungsvermögen der Zeugen. (*Pest,* Das Verzögerungsverbot im Strafverfahren, S. 13).

Der Beschleunigungsgrundsatz gibt dem Staat aber nicht das Recht, ein Verfahren übereilt und ohne hinreichende Ermittlung der Wahrheit abzuschließen. Damit steht der Beschleunigungsgrundsatz im Spannungsverhältnis zur Ermittlung der materiellen Wahrheit.[1292] Höchst umstritten ist, welche Rechtsfolge eine rechtsstaatswidrige Verfahrensverzögerung hat.[1293]

Ob der Beschleunigungsgrundsatz der Zaubererwelt bekannt ist, lässt sich aus den Büchern nicht entnehmen. Falls er existieren sollte, interpretiert ihn Fudge jedenfalls falsch. Denn bei Harrys disziplinarischer Anhörung in Band fünf will er das Verfahren so schnell wie möglich beenden; allerdings auf Kosten der Wahrheit und ohne Anhörung der wichtigsten Zeugin (siehe S. 354 ff.). Demnach geht es Fudge gerade nicht darum, die Belastungen für den Angeklagten so gering wie möglich zu halten. Er will sich vielmehr Zeit und Arbeit sparen oder im Zweifelsfall sogar die schnelle Verurteilung eines Unschuldigen provozieren.[1294]

Nach dem gleichen Prinzip wurden auch die Todesser vom Rat für das Magische Gesetz möglichst schnell zu einer lebenslangen Haftstrafe in Askaban verurteilt (siehe S. 381 ff.). Obwohl Barty Crouch Jr. seine Unschuld betonte und seinen Vater anflehte, ihn gehen zu lassen, wurde er nach nur wenigen Minuten, ohne eine Beweisaufnahme von Dementoren aus dem Gerichtssaal geführt. Zeitzeugen wie Sirius Black waren sich auch Jahre später nicht sicher, ob damals eventuell ein Unschuldiger verurteilt worden war: *„»War sein Sohn tatsächlich ein Todesser?«, fragte Harry. »Keine Ahnung«, sagte Sirius und stopfte sich weiter Brot in den Mund. »Ich selbst war bereits in Askaban, als sie ihn eingeliefert haben. Das meiste hab ich erst erfahren, seit ich raus bin. Der Junge wurde jedenfalls in Begleitung von Leuten geschnappt, die, da wette ich mein Leben drum, Todesser waren – aber er hätte natürlich auch zufällig zur falschen Zeit am falschen Ort sein können, genau wie die Hauselfe [Anm. Winky].«“*[1295]

Auch nach der Machtergreifung Lord Voldemorts werden die Prozesse gegen Muggelstämmige vor der Registrierungskommission für Muggelstämmige so schnell wie möglich abgefertigt, wobei es nur um eine schnelle Verurteilung geht und nicht darum, die Angeklagten zu schonen.[1296]

1292 *Morgenstern,* Die Untersuchungshaft, S. 377.

1293 *Kinzig,* in: Schönke/Schröder (Hrsg.): StGB, § 46 Rn. 57e; *Tepperwien,* in: NStZ 2009, S. 1 (3–5); *Liebhart,* in: NStZ 2017, S. 254 (261 f.).

1294 *Rowling,* Harry Potter 5, Die Anhörung, S. 171. Barratt schreibt dazu: *„On the other hand, too much speed can make a trial unfair as well.“* (*Barratt,* The Politics of Harry Potter, S. 38).

1295 *Rowling,* Harry Potter 4, Tatzes Rückkehr, S. 551.

1296 *Rowling,* Harry Potter 7, Die Registrierungskommission für Muggelstämmige, S. 266.

Die RStPO von 1877 kannte den Beschleunigungsgrundsatz bzw. die Konzentrationsmaxime.[1297] So lautete § 115 RStPO ähnlich wie heute: *„Der Verhaftete muß spätestens am Tage nach seiner Einlieferung in das Gefängniß durch einen Richter über den Gegenstand der Beschuldigung gehört werden."* Und in § 128 RStPO war ebenfalls ähnlich wie heute geregelt, dass der Festgenommene unverzüglich dem Amtsrichter vorzuführen und spätestens am Tage nach der Vorführung zu vernehmen ist. § 228 RStPO lautete: *„Eine unterbrochene Hauptverhandlung muß spätestens am vierten Tage nach der Unterbrechung fortgesetzt werden, widrigenfalls mit dem Verfahren von neuem zu beginnen ist."*

Bei der Reform des Strafrechts verfolgten die Nationalsozialisten ab 1933 dann ein „vierfaches Ziel": Schnelle Justiz, gerechte Justiz, autoritäre Justiz und volksverbundene Justiz. Zur Beschleunigung des Hauptverfahrens wurde u. a. erwogen, die Stellung des Vorsitzenden zu stärken und ihn über Beweisanträge allein entscheiden zu lassen. Die Grundsätze der Unmittelbarkeit und der Mündlichkeit sollten eingeschränkt werden. Die Verlesung von Zeugenaussagen sowie das Beweisverfahren bei Urkunden sollten vereinfacht werden. Auch eine erweiterte Anwendung des Abwesenheitsverfahrens gegen Angeklagte wurde erörtert. Außerdem sollten die Rechtsmittel Berufung und Revision abgebaut werden. Auch eine Einschränkung der Wiederaufnahme des Verfahrens zu Gunsten des Verurteilten wurde in Betracht gezogen.[1298]

Gruchmann beurteilt die im Entwurf vom Mai 1939 vorgesehene Beschleunigung des Strafverfahrens als Nachteil für den Angeklagten. Er schreibt dazu: *„Paradoxerweise schloß gerade die ‚Auflockerung' das Verfahrensnetz um den Beschuldigten so dicht, daß er nirgends mehr entschlüpfen konnte. [...] Somit bot die vorgeschlagene Strafverfahrensordnung keine Garantie mehr gegen Urteile, die nicht dem Maß der Schuld entsprachen, d. h. ‚ungerecht' waren. Insofern war der Entwurf ein geeignetes Instrument, um ‚eine von nationalsozialistischem Geist getragene Rechtsanwendung' zu gewährleisten".*[1299]

Einige Beschleunigungsmechanismen wurden umgesetzt. So hat die *„Verordnung des Reichspräsidenten gegen Verrat am Deutschen Volke und hochverräterische Umtriebe"* vom 28. Februar 1933 in Hoch- und Landesverratssachen die Voruntersuchung abgeschafft, *„wenn der Tatbestand einfach liegt und sie darum nach dem pflichtgemäßen Ermessen des Oberreichsanwalts für die Vorbereitung der Hauptverhandlung nicht erforderlich ist".*[1300]

Die *„Verordnung des Reichspräsidenten zur Beschleunigung des Verfahrens in Hochverrats- und Landesverratssachen"* (RGBl. I 1933, S. 131) vom 18. März 1933 beseitigte den Eröffnungsbeschluss bei Hoch- und Landesverratssachen.

1297 Dabei ist umstritten, ob sich die Konzentrationsmaxime aus dem Beschleunigungsgrundsatz oder umgekehrt entwickelt hat: *Pest,* Das Verzögerungsverbot im Strafverfahren, S. 13.

1298 *Gruchmann,* Justiz im Dritten Reich, S. 982.

1299 *Gruchmann,* Justiz im Dritten Reich, S. 1045.

1300 Zitiert nach: *Heuer,* Geheime Staatspolizei, S. 121.

Alle an die Eröffnung des Hauptverfahrens geknüpften Wirkungen wie z. B. der unbeschränkte Kontakt mit dem Strafverteidiger traten nun mit dem Einreichen der Anklageschrift ein. Alles, was an die Verlesung des Eröffnungsbeschlusses gebunden war, trat erst mit der Vernehmung des Angeklagten ein.[1301]

Für die *Lex van der Lubbe* kamen diese Reform sehr zum Bedauern Hitlers jedoch zu spät. Nach Hitlers Meinung hätte van der Lubbe *„binnen drei Tagen gehängt werden müssen"*, stattdessen *„habe sich der Prozeß über Wochen hingeschleppt und mit einem lächerlichen Ergebnis geendet"*.[1302] Dieses Zitat zeigt anschaulich, dass sich die Nationalsozialisten den Beschleunigungsgrundsatz in den Verfahren zu Nutzen machten, in denen politische Gegner schnell beiseitegeschafft werden sollten. Entweder, um weiteren Schaden durch sie zu vermeiden oder um in der Öffentlichkeit das Bild des starken Staates zu propagieren.

Zu einer weiteren Beschleunigung kam es zu Kriegsbeginn. Nach § 5 der *„Verordnung gegen Volksschädlinge"* (RGBl. I 1939, S. 1679) vom 5. September 1939 musste vor den Sondergerichten *„die Aburteilung sofort ohne Einhaltung von Fristen erfolgen, wenn der Täter auf frischer Tat betroffen ist oder sonst seine Schuld offen zutage liegt"*. Bereits mit der *„Verordnung über die Erweiterung der Zuständigkeit der Sondergerichte"* (RGBI. I 1938, S. 1632) vom 20. November 1938 waren die Ladungsfrist bei den Sondergerichten auf 24 Stunden verkürzt worden. Die *„standgerichtliche Beschleunigung"* des Verfahrens diente dabei auch der Abschreckung. 1940 wurde die Ladungsfrist allgemein auf 24 Stunden verkürzt und konnte sogar ganz entfallen.[1303]

Pest schätzt die Beschleunigung des Strafverfahrens grundsätzlich als ungünstig für den Rechtsstaat ein: *„Denn die Beschleunigung im Strafverfahren war einst in der jüngeren deutschen Rechtsgeschichte (1933–1945) ein Teil der Entformalisierung des Strafverfahrensrechts, welches einherging mit der Entformalisierung des materiellen Rechts, u. a. der Aufhebung des Analogieverbots. Beispielsweise verabschiedete sich der Große Senat des Reichsgerichts vom Verbot der Rügeverkümmerung mit der Argumentation, dass im Dritten Reich der Gedanke in den Vordergrund gerückt sei, Wahrheit und Gerechtigkeit ‚mit möglichster Beschleunigung' zum Siege zu verhelfen, worin letztlich die Aufgabe des Strafverfahrens gesehen wurde."*[1304]

Sowohl in der Zaubererwelt als auch im NS-Staat war die (angestrebte) Verfahrensbeschleunigung deswegen oftmals mit einer Beschränkung der Angeklagtenrechte und der Wahrheitsfindung verbunden.

In Art 6 I EMRK ist der Grundsatz des fairen Verfahrens *(fair trial)* normiert. Bei Art. 6 EMRK handelt es sich nicht nur um Programmsätze, sondern um unmittelbar anwendbares Individualrecht. Eine Verletzung kann sich auf zwei

---

1301 *Gruchmann,* Justiz im Dritten Reich, S. 1051.
1302 Zitiert nach: *Gruchmann,* Justiz im Dritten Reich, S. 958.
1303 *Werle,* Justiz-Strafrecht, S. 29, 268; *König,* Vom Dienst am Recht, S. 134.
1304 *Pest,* Das Verzögerungsverbot im Strafverfahren, S. 122.

Wegen ergeben. Erstens kann der Regelfall eingreifen, dass ein bestimmtes benanntes oder unbenanntes Teilrecht verletzt ist: Beispielsweise das Recht auf einen gesetzlichen Richter; das Recht, innerhalb einer angemessenen Frist zu verhandeln; das Recht auf einen Verteidiger oder der Öffentlichkeitsgrundsatz. Zweitens können sich mehrere Fehler zu einer Verletzung des Gesamtrechts auf ein faires Strafverfahren zusammensetzen. Insbesondere darf der Angeklagte nicht zum bloßen Objekt oder Spielball des Staates degradiert werden.[1305]

Die Prozesse in der Zaubererwelt laufen nicht „fair" ab. Da dies nicht erst ab Lord Voldemorts Machtübernahme der Fall ist, sondern bereits unter Zaubereiminister Fudge, kann davon ausgegangen werden, dass die Zaubererwelt keinen Anspruch auf ein faires Verfahren kennt. So wird beispielsweise in Harrys disziplinarischer Anhörung vor dem Zaubergamot in Band fünf eine gesetzlich nicht vorgesehene Rechtsfolge verhandelt, nämlich der Verweis Harrys von Hogwarts. Diese Rechtsfolge wird erst zurückgenommen, als Dumbledore interveniert (siehe S. 188 f., 336). Hinzu kommt, dass das Zaubereiministerium Ort und Zeit der Verhandlung wenige Stunden vorher ändert, sodass Harry und Dumbledore fast zu spät gekommen wären: *„»Ah«, sagte Fudge und wirkte jetzt tief beunruhigt. »Dumbledore. Ja. Sie – ähm – haben unsere – ähm – Botschaft erhalten, dass Zeit und – ähm – Ort der Anhörung geändert wurden, nehme ich also an?« »Die muss ich verpasst haben«, sagte Dumbledore vergnügt. »Allerdings bin ich durch einen glücklichen Zufall drei Stunden zu früh im Ministerium angekommen und so ist noch mal alles gut gegangen.«*"[1306]

Den Angeklagten erst am Morgen der Verhandlung darüber in Kenntnis zu setzen, dass diese *früher* stattfindet, führt im Zweifelsfalle dazu, dass er seine eigene Verhandlung verpasst oder Beweismittel nicht rechtzeitig präsentieren kann. Auch dies würde nach deutschem Recht einen klaren Verstoß gegen den Fair-trial-Grundsatz darstellen. Denn die deutsche StPO sieht strenge Ladungsfristen (z. B. § 217 I StPO) vor.[1307]

Hinzu kommt, dass Harry als Minderjähriger alleine vor Gericht steht. Obwohl er zum Zeitpunkt der Verhandlung erst 15 ist, darf er sich nicht von einem Erziehungsberechtigten bzw. gesetzlichen Vertreter begleiten lassen.[1308] Dies steht im krassen Widerspruch zu den heutigen Grundsätzen des Jugendstrafrechts (siehe S. 299 ff.).[1309] Auch das Prinzip der *notwendigen Verteidigung*, heute geregelt

---

1305 *Gaede,* in: MüKo StPO, Art. 6 EMRK Rn. 16–21; *Meyer,* in: Karpenstein/Mayer (Hrsg.): EMRK, Art. 6 EMRK, Rn. 1 ff.

1306 *Rowling,* Harry Potter 5, Die Anhörung, S. 167.

1307 *Gmel,* in: KK-StPO, § 217 Rn. 1–5; *Ritscher*, in: BeckOK StPO, § 217 Rn. 1–6; Grenzen der Terminshoheit: *Arnoldi,* in: MüKo StPO, § 213 Rn. 7–11.

1308 *Rowling,* Harry Potter 5, Das Zaubereiministerium, S. 164.

1309 So regelt § 67 JGG umfassend die Stellung der Erziehungsberechtigten und gesetzlichen Vertreter im Jugendstrafverfahren, die nach § 50 II JGG auch zu laden sind. *Beulke/Swoboda*, Jugendstrafrecht, S. 233 f.; *Sommerfeld,* in: Ostendorf (Hrsg.): JGG, § 67 Rn. 9–14.

in § 140 StPO[1310], kennt das magische Strafprozessrecht nicht. Harry darf sich zwar von Dumbledore unterstützen lassen, ein Strafverteidiger ist jedoch auch in schweren Fällen nicht zwingend vorgesehen und wird nicht vom Zaubereiministerium gestellt oder bezahlt. Dies fällt vor allem bei den Todesser-Prozessen auf, in denen die Angeklagten ohne Strafverteidiger zu lebenslangen Haftstrafen in Askaban verurteilt werden.[1311] Damit stellen die Prozesse in der Zaubererwelt vielmehr den Gegensatz eines fairen Verfahrens dar, weil sie den Angeklagten zum Objekt degradieren, willkürlich behandeln und ihm regelmäßig alle Rechte auf eine gute Verteidigung versagen. Wenig verwunderlich ist es deswegen, dass auch Schwabach und Barratt zum Ergebnis kommen, dass internationale Verfahrensgrundsätze, unter anderem im Hinblick auf *fair trial*, in der magischen Welt keine Bedeutung haben.[1312]

Auch wenn es den fair trial Grundsatz in seiner heutigen Fassung 1933 noch nicht gab, lassen sich doch die hier speziell genannten drei Beispiele mit dem Recht im Dritten Reich vergleichen. Wenig überraschend waren die Rechte des Angeklagten – konkret die Ladungsfristen, das Recht auf anwaltliche Vertretung und die Rechte Minderjähriger – zur damaligen Zeit schwach ausgeprägt.

Der damals gültige § 217 RStPO bestimmte genauso wie der heutige § 217 StPO eine einwöchige Frist zwischen der Zustellung der Ladung und dem Termin zur Hauptverhandlung. Klagte die Staatsanwaltschaft aber nach § 14 ZustO vor einem Sondergericht an, galt stattdessen § 22 ZustO. Demnach lag die Ladungsfrist in der Regel bei drei Tagen, ab dem 20. November 1938 generell nur noch bei 24 Stunden (siehe S. 249, 342). Außerdem wurde dem Angeklagten die Anklageschrift erst unmittelbar vor Beginn der Verhandlung zugestellt. Nüchterlein schließt daraus: *„Dieser Umstand machte es dem Beschuldigten nahezu unmöglich, sich ausreichend auf seine Verteidigung vorzubereiten.“*[1313]

Auch das Recht auf einen Verteidiger wurde unter den Nationalsozialisten stark beschnitten. Einerseits dadurch, dass etwa 4.400 jüdischen sowie regimekritischen Anwälten u. a. auf Grundlage des Gesetzes vom 07. April 1933 und des Berufsverbots für jüdische Anwälte von 1938 die Zulassung entzogen wurden. Aus dem *Deutschen Anwaltsverein* wurde außerdem schon 1933 die *Fachgruppe Rechtsanwälte im Bund Nationalsozialistischer Deutscher Juristen*, später umbenannt in den *NS-Rechtswahrerbund*.[1314] 1936 trat die *„Reichsrechtsanwaltsordnung“* (RRAO) in Kraft, die vorsah, dass die Entscheidung über die Zulassung zur Anwaltschaft im Ermessen des Reichsjustizministeriums stand. Neben den organisatorischen und personellen Veränderungen wurden aber auch

1310 Die Norm dient der Konkretisierung des Rechts auf ein faires Verfahren bzw. der Waffengleichhheit und sichert den Subjektstatus des Betroffenen: *Thomas/Kämpfer*, in: MüKo StPO, § 140 Rn. 2; *Willnow*, in: KK-StPO, § 140 Rn. 1.

1311 *Rowling,* Harry Potter 4, Das Denkarium, S. 619 ff, 621 ff.

1312 *Schwabach,* in: Roger Williams U. L. Rev. 11/2006, S. 309 (336); *Barratt,* The Politics of Harry Potter, S. 27 f.

1313 *Nüchterlein,* Volksschädlinge vor Gericht, S. 42.

1314 *Reifner,* in: KJ 17/1984, S. 380 (380).

die strafprozessualen Kompetenzen beschnitten. Der Anwalt sank laut Reifner zum *„staatlichen Befriedungs- und Repressionsinstrument“*[1315] herab.

Bereits §§ 137 ff. RStPO sahen – genauso wie die heutigen Normen – das Recht auf einen Strafverteidiger vor, wobei in § 140 RStPO ebenfalls die Fälle der notwendigen Verteidigung geregelt waren. Der *„Entwurf eines Gesetzes über die Verteidigung in Strafsachen“* aus dem Februar 1939 zeigt jedoch, wie gravierend die Nationalsozialisten die Rechte der Strafverteidiger und damit die Beschuldigtenrechte beschneiden wollten. Beabsichtigt war u. a. die Einführung eines § 139a StPO, in dem die Regelung des Art. IV § 3 des Gesetzes vom 24. April 1934 übernommen werden sollte. Demnach sollte die Verteidigerwahl in Hoch- und Landesverratssachen von der Genehmigung des Vorsitzenden abhängig sein. Zudem sollte der Verteidiger zurückgewiesen werden können, wenn seine Bestellung *„wichtigen allgemeinen Interessen des Staates zuwiderlaufen würde“.* Vorgesehen war außerdem, dass der Vorsitzende die Zahl der Verteidiger beschränken kann.[1316]

Die *„Verordnung über Maßnahmen auf dem Gebiete der Gerichtsverfassung und der Rechtspflege“* vom 1. September 1939 führte zu einer Beschränkung der notwendigen Verteidigung. Bislang hatte das Amtsgericht bei der Verhandlung wegen eines Verbrechens auf Antrag des Beschuldigten einen Pflichtverteidiger bestellen müssen. Diese Vorschrift fiel weg, ebenfalls die Bestimmung, dass in der Hauptverhandlung gegen Flüchtige und in allen Sondergerichtssachen eine solche Bestellung notwendig war. Eingefügt wurde aber, dass generell ein Verteidiger bestellt werden musste, *„wenn wegen der Schwere der Tat oder wegen der Schwierigkeit der Sach- oder Rechtslage die Mitwirkung eines Verteidigers dringend erforderlich war“*.[1317]

Die *„Verordnung über die Zuständigkeit der Strafgerichte, die Sondergerichte und sonstige strafverfahrensrechtliche Vorschriften“* (RGBl. I 1940, S. 405) vom 21. Februar 1940 regelte die Voraussetzungen der notwendigen Verteidigung nochmals neu. Außer in den bisher aufgeführten Fällen sollte nunmehr die Verteidigung auch dann notwendig sein, *„wenn eine Tat in Frage kommt, die mit Zuchthaus bedroht ist, und der Staatsanwalt die Bestellung eines Verteidigers beantragt.“*[1318]

Während das magische Strafprozessrecht überhaupt keine Strafverteidiger kennt, beschnitten die Nationalsozialisten die Stellung der Verteidiger zwar, ließen aber zentrale Normen wie z. B. die zur notwendigen Verteidigung in ihren Grundsätzen bestehen. Zwar ist sicher, dass die Strafprozesse im Dritten Reich überwiegend nicht „fair“ abliefen, trotz allem war das Strafprozessrecht im NS-

---

1315 *Reifner*, in: KJ 17/1984, S. 380 (387).

1316 Zu den genannten und weiteren Reformüberlegungen: *König*, Vom Dienst am Recht, S. 168 ff.

1317 *König*, Vom Dienst am Recht, S. 183 f.; *Gruchmann*, Justiz im Dritten Reich, S. 1069 f.

1318 *Gruchmann*, Justiz im Dritten Reich, S. 1089.

Staat jedoch streng formalisiert und kannte zumindest grundlegende Beschuldigtenrechte, die es in der magischen Welt bereits vor der Machtübernahme Lord Voldemorts überhaupt nicht gegeben hat. Gleichzeitig darf aber nicht vergessen werden, dass die Beschuldigtenrechte im Vorlauf zu einem NS-Strafprozess deutlich schlechter ausfielen. So beispielsweise bei der Vernehmung durch die Gestapo.[1319] Dieser Zustand ähnelte mehr der Verfolgung Muggelstämmiger unter Lord Voldemort. Hinzu kam die deutliche Schlechterstellung der Angeklagten vor den Sondergerichten (u. a. verkürzte Ladungsfristen) im NS-Staat, deren schnelle und harte Aburteilung sowohl Harrys disziplinarischer Anhörung als auch den Muggelstämmigenprozessen unter Lord Voldemort ähneln.

ee) Gesetzlicher Richter und rechtliches Gehör

Das *Recht auf den gesetzlichen Richter* ist in Deutschland im Grundgesetz normiert. Art. 101 I 2 GG bestimmt, dass von vornherein für jede Rechtssache ein zuständiger Richter anhand abstrakt-genereller Kriterien bestimmt werden muss. Notwendig ist diese Regelung, um die Auswahl des Richters vor sachfremden Erwägungen zu schützen.[1320] Der Grundsatz wird in § 16 S. 2 GVG einfachgesetzlich wiederholt. In der Praxis wird dies an den Gerichten durch die vorherige Erstellung von Geschäftsverteilungsplänen (§ 21e GVG) gewährleistet.[1321]

Das in Art. 101 I 1 GG verortete Verbot von Ausnahmegerichten untersagt die Errichtung von Gerichten, die in willkürlicher Abweichung von der im Übrigen für vergleichbare Fälle bestehenden gesetzlichen Zuständigkeit besonders gebildet und zur Entscheidung einzelner Fälle berufen werden.[1322] Gleichzeitig sieht Art. 101 II GG vor, dass Gerichte für besondere Sachgebiete nur durch Gesetz errichtet werden können. Darin ist ein speziell hervorgehobenes Verbot von Sondergerichten ohne abstrakt-generelle parlamentarische Grundlage zu

---

1319 Zitat eines Strafverteidigers nach dem Besuch seines Mandanten im Gestapo-Gewahrsam: „*Der Mensch, den ich wenige Tage später im Untersuchungsgefängnis vorfand, war ein körperlich schwer mißhandeltes Wesen, dessen Anblick wirklich erschütterte. Das Gesicht dick geschwollen, blau und grün verfärbt, ein Auge geschlossen, die Lippen aufgesprungen und die Nase verquollen.*“ Zitiert nach: *Heuer,* Geheime Staatspolizei, S. 129.

1320 *Degenhart,* in: Sachs (Hrsg.): GG, Art. 101 Rn. 5–8. *Epping,* Grundrechte, S. 497 ff.; *Pechstein,* in: JURA 1998, S. 197 (197–202).

1321 *Gerhold,* in: BeckOK GVG, § 16 Rn. 10–22; *Barthe,* in: KK-GVG, § 16 Rn. 4 ff.; zum Geschäftsverteilungsplan: *Mayer,* in: Kissel/Mayer (Hrsg.): GVG, § 21e Rn. 78–101; *Diemer,* in: KK-StPO, § 21e GVG, Rn. 11–13.

1322 Von den im Rahmen des speziellen Gesetzesvorbehalts zulässigen Gerichten für besondere Sachgebiete (§ 101 II GVG) unterscheiden sich Ausnahmegerichte derart, dass erstere nicht zur Entscheidung individuell bestimmter Rechtsstreitigkeiten berufen sind, sondern nach abstrakt-generellen Kriterien für eine unbestimmte Zahl von Fällen zuständig sind: *Jachmann-Michel,* in: Dürig/Herzog/Scholz (Hrsg.): GG, Art. 101 Rn. 90 f.

sehen.[1323] Dies beruht auf den Erfahrungen während der NS-Zeit. Zwar waren Sondergerichte schon unter Geltung von Art. 105 WRV weitgehend abgeschafft worden, nach 1933 wurde dieser Grundsatz jedoch durchbrochen.[1324]

Die magische Strafprozessordnung kennt keinen der in Art. 101 GG verankerten Grundsätze. Geht man davon aus, dass es in Strafsachen nur ein einziges Gericht – den Zaubergamot – gibt, können sachlogisch keine Ausnahme- oder Sondergerichte bestehen.[1325] Dies ändert sich mit der Schaffung der Registrierungskommission für Muggelstämmige durch Lord Voldemort, die entgegen ihrem Namen über eigenständige rechtsprechende Befugnisse verfügt und Muggelstämmige nicht nur „registriert", sondern zu Haftstrafen in Askaban verurteilt (siehe S. 431 ff.).

Ebenso ist die Verteilung der Zuständigkeiten zwischen dem Zaubergamot und der Abteilung für Magische Strafverfolgung problematisch. Dies wird bei Harrys disziplinarischer Anhörung in Band fünf deutlich. Während seine Anhörung ursprünglich vor der Abteilung für Magische Strafverfolgung und deren Vorsitzenden Amelia Bones stattfinden sollte[1326], bestimmt der Zaubereiminister kurzfristig, dass das Verfahren vor den Zaubergamot gezogen wird: *„»Natürlich«, sagte Dumbledore und neigte den Kopf. »Und Sie scheinen beachtlich viele Änderungen vorzunehmen, Cornelius. Warum ist es in den wenigen kurzen Wochen, seit ich aufgefordert wurde, den Zaubergamot zu verlassen, bereits gängige Praxis geworden, ein umfassendes Straftribunal abzuhalten wegen eines schlichten Falles von Minderjährigenzauberei!«"*[1327]

Wie man von Dumbledore erfährt, ist diese Vorgehensweise äußerst ungewöhnlich und wurde von Fudge in seiner Funktion als Zaubereiminister so angeordnet. Im Ergebnis hat also der Zaubereiminister die Macht, zu bestimmen, vor welcher „Instanz"[1328] ein Gerichtsprozess stattfindet und wer den Vorsitz hat. Im Fall von Harrys disziplinarischer Anhörung ist der amtierende Zaubereiminister

---

1323 *Jachmann-Michel,* in: Dürig/Herzog/Scholz (Hrsg.): GG, Art. 101 Rn. 96–98.

1324 *Schulze-Fielitz,* in: Dreier (Hrsg.): GG, Art. 101 Rn. 5.

1325 Eine Möglichkeit wäre, dass es sich beim *Rat für das Magische Gesetz* um eine Art „Sondergericht" im Kriegsfall bzw. für Todesserprozesse handelt. Dies lässt sich jedoch anhand der Angaben in den Büchern nicht aufklären (siehe S. 109 ff.).

1326 *„»Die Anhörung ist auf meinem Stockwerk, im Büro von Amelia Bones. Sie ist Leiterin der Abteilung für Magische Strafverfolgung und sie wird dich auch vernehmen.« »Amelia Bones ist in Ordnung, Harry«, sagte Tonks ernst. »Sie ist fair, sie wird dich anhören.«"* (*Rowling,* Harry Potter 5, Das Zaubereiministerium, S. 149).

1327 *Rowling,* Harry Potter 5, Die Anhörung, S. 179.

1328 Setzt man die Abteilung für Magische Strafverfolgung mit einer Staatsanwaltschaft gleich, handelt es sich hier strenggenommen nicht um ein Problem verschiedener gerichtlicher Zuständigkeiten, sondern es geht erneut darum, dass Staatsanwaltschaft und Gericht überhaupt nicht voneinander getrennt sind, sondern im gleichen Gebäude residieren, teils mit den gleichen Personen besetzt sind und Fälle nach Belieben zwischen der Abteilung für Magische Strafverfolgung und dem Zaubergamot hin und her geschoben werden können.

gleichzeitig der Ankläger und der Vorsitzende des Zaubergamot. Das magische Strafprozessrecht kennt damit nicht nur das Prinzip des gesetzlichen Richters nicht, sondern führt das komplette System der Zuständigkeiten ad absurdum.

Nicht unterschlagen werden darf an dieser Stelle, dass manche Strafen auch einfach ohne irgendeine Art von Gerichtsverhandlung angeordnet werden. Dabei geht es nicht nur um Bußgelder, die auch bei uns von der Verwaltung verhängt werden können, sondern teils um Freiheitsstrafen in Askaban (z.B. Sirius Black). Ohne ein Gerichtsverfahren kann denklogischerweise auch das Prinzip des gesetzlichen Richters nicht greifen.

Die Weimarer Reichsverfassung von 1919 nahm in Art. 105 die Regelung des § 16 GVG von 1877 auf. In beiden Normen war – so wie heute – geregelt, dass Ausnahmegericht unstatthaft sind und niemand seinem gesetzlichen Richter entzogen werden darf. Während der nationalsozialistischen Herrschaft wurde die Garantie des gesetzlichen Richters, obgleich formal fortbestehend, de facto aufgehoben.[1329] Die Gerichtspräsidenten waren insbesondere im Hinblick auf die Geschäftsverteilung den Weisungen der Justizverwaltung unterstellt. Sondergerichte – ihnen voran der Volksgerichtshof – wurden auf Grund von Blankettermächtigungen eingeführt und die Justiz als Bestandteil des Führerstaats insgesamt dem Führer als höchstem Gerichtsherrn unterstellt.[1330] So setzte sich die *„Verordnung über die Zuständigkeit der Strafgerichte, die Sondergerichte und sonstige strafverfahrensrechtliche Vorschriften"* vom 21. Februar 1940 einfach über den Grundsatz des gesetzlichen Richters hinweg. Sie gab der Staatsanwaltschaft die Möglichkeit, im konkreten Einzelfall denjenigen Spruchkörper auszuwählen, der ihr geeignet erschien.[1331] Dies geschah nicht einmal verdeckt, sondern der Grundsatz des gesetzlichen Richters wurde als *„Relikt einer überwundenen historischen Epoche"* per se verworfen.[1332]

Backhaus dazu: *„Die Zeit der nationalsozialistischen Herrschaft ist gekennzeichnet von dem Bestreben, die Zuständigkeit für politisch relevante Delikte beim Reich und dort bei zentral zuständigen Gerichten zu konzentrieren. Dadurch war eine Einflussnahme auf den Prozessausgang am besten gewährleistet. Das Recht wurde folglich zur Stabilisierung und Sicherung der politischen Macht genutzt. Diese Tendenz zur Steuerung der Justiz mittels Einflussnahme auf die sachliche Zuständigkeit der Gerichte ist typisch für den nationalsozialistischen Staat."*[1333]

1329 *Schumacher,* Staatsanwaltschaft und Gericht im Dritten Reich, S. 52; *Schmidt,* Strafrechtspflege/1, S. 441.

1330 *Jachmann-Michel,* in: Dürig/Herzog/Scholz (Hrsg.): GG, Art. 101 Rn. 10 f.; *Sowada,* Der gesetzliche Richter im Strafverfahren, S. 70 f; *Schädler,* Justizkrise, S. 14.

1331 *Schmidt,* Strafrechtspflege/1, S. 441.

1332 Stattdessen galt: *„Jeder Richter ist überall da zuständig, wo und wann ihn die Führung und kraft Ermächtigung der Führung andere Stellen ansetzen zu müssen glauben"* (Zitiert nach: *Sowada,* Der gesetzliche Richter im Strafverfahren, S. 71).

1333 *Backhaus,* Der gesetzliche Richter im Staatsschutzstrafrecht, S. 48.

Außerdem darf an dieser Stelle nicht vergessen werden, dass es auch im NS-Staat zu massenweisen Internierungen in Konzentrationslagern kam, die nicht auf einem Gerichtsurteil beruhten. Wo überhaupt kein Gerichtsverfahren angestrebt wird, kann auch der Grundsatz des gesetzlichen Richters nicht greifen. Eine weitere Parallele, die sich zwischen dem Dritten Reich und der Zaubererwelt ziehen lässt. Auch bezüglich dieses Grundsatzes hatte Lord Voldemort somit deutlich leichteres Spiel als Adolf Hitler, dem zumindest rein formaljuristisch Hürden im Weg standen, die es entweder durch Gesetzesreformen oder durch geschickte Missachtung in der Praxis zu umgehen galt.

Der Grundsatz auf rechtliches Gehör in Art. 103 I GG gibt dem Beteiligten das Recht, sich zum Sachverhalt seines Verfahrens zu äußern. Damit soll der Einzelne nicht bloßes Objekt des Verfahrens sein, sondern vor Entscheidungen, die seine Rechte betreffen, zu Wort kommen und so Einfluss auf das Verfahren nehmen können.[1334] Einfachgesetzliche Ausprägungen dieses Grundsatzes finden sich an mehreren Stellen innerhalb der StPO. Zu nennen sind hier insbesondere die Anhörung der Beteiligten gem. § 33 StPO[1335] und das letzte Wort des Angeklagten gem. § 258 III StPO.[1336]

Dass die magische Strafprozessordnung auch diesen Grundsatz nicht kennt bzw. zumindest nicht anwendet, sieht man ebenfalls an Harrys disziplinarischer Anhörung in Band fünf. So wird Harry als Angeklagter zwar befragt, ihm wird allerdings keine Möglichkeit gegeben, ausführlich zu antworten, weil er immer wieder unterbrochen wird (siehe S. 343, 351 f.). Als Konsequenz ist es Harry nicht möglich, geschlossen und abschließend zu schildern, dass und wie er von Dementoren angegriffen wurde und warum er zu seiner Verteidigung zauberte. Auch das letzte Wort wird Harry nicht gewährt, denn Fudge ruft nach der Zeugenvernehmung sofort zur Abstimmung über die Schuldfrage auf.[1337] Betrachtet man den Ablauf der Verhandlung ist klar, dass Harry sehr sicher verurteilt worden wäre, wenn ihm Dumbledore nicht mit qualifizierten Rechtskenntnissen und einer gewissen Autorität innerhalb der Zauberergesellschaft und damit auch innerhalb des Zaubergamot zur Hilfe geeilt wäre.

Gleiches geschieht auch in der Verhandlung gegen die Todesser. So verliest Barty Crouch Sr. vor dem Rat für das Magische Gesetz, was seinem Sohn vorgeworfen wird. Obwohl dieser ihn immer wieder weinend unterbricht und seine Unschuld beteuert, wird er nicht befragt. Stattdessen kommt man direkt zur Abstimmung über seine Schuld (siehe S. 387). Ähnlich nichtexistent sind die Äußerungsrechte vor der Registrierungskommission für Muggelstämmige in

1334 *Radke,* in: BeckOK GG, Art. 103 Rn 1 f.; *Kment,* in: Jarass/Pieroth (Hrsg.): GG, Art. 103 Rn. 1; *Epping,* Grundrechte, S. 504 ff.; *Ostendorf/Brüning,* Strafprozessrecht, § 4 Rn. 43.

1335 *Maul,* in: KK-StPO, § 33 Rn. 1; *Valerius,* in: MüKo StPO, § 33 Rn. 1 f.

1336 *Ott,* in: KK-StPO, § 258 Rn. 14–22; *Cierniak/Niehaus,* in: MüKo StPO, § 258 Rn. 14–17.

1337 *Rowling,* Harry Potter 5, Die Anhörung, S. 181.

Band sieben (siehe S. 431 ff.). Ludo Bagman darf sich hingegen am Ende seines Prozesses kurz zu dem, was ihm vorgeworfen wird, äußern (siehe S. 379).

Der Anspruch auf rechtliches Gehör war in der deutschen Verfassungsgeschichte zunächst nur auf der Ebene des einfachen Gesetzesrechts realisiert worden und fand vor 1945 keinen Eingang in eine deutsche Verfassungsurkunde.[1338] In § 33 RStPO war aber bereits die Anhörung des Beteiligten geregelt und auch das letzte Wort des Angeklagten war schon in § 257 RStPO vorgesehen.

Diese einfachgesetzlichen Regelungen blieben unter den Nationalsozialisten bestehen und wurden selbst bei den angestrebten Reformen des Strafprozessrechts mitgedacht. In der Praxis wirkten sie sich aber nicht unbedingt zu Gunsten des Angeklagten aus. Dazu schreibt Gruchmann: *„Dadurch blieben zwar gewisse Sicherungen erhalten, die dem Beschuldigten rechtliches Gehör und seinem Verteidiger eine angemessene Mitwirkung garantierten. Aber Auflockerung und Beschleunigung des Verfahrens wirkten sich zugunsten der Staatsmacht und zum Nachteil des einzelnen aus.*"[1339]

Die hier dargestellte Problematik wurde nach dem zweiten Weltkrieg erkannt, sodass bereits im vorbereitenden Verfassungsausschuss die Aufnahme des Anspruchs auf *rechtliches Gehör* in das deutsche Verfassungsrecht gefordert wurde. Art. 103 GG sollte Missbräuche, wie sie in der NS-Zeit vorgekommen waren, unmöglich machen und das Vertrauen des Volkes in die Justiz (wieder-) herstellen. So sollten die Bestrebungen der Nationalsozialisten, mit politischen Gegnern „kurzen Prozess" zu machen, unterbunden werden.[1340]

Der Anspruch auf rechtliches Gehör war damit in der Zaubererwelt (schon vor Lord Voldemort) und im Dritten Reich ähnlich schwach ausgeprägt. Dies führte in beiden Welten zu einer Beschränkung der Rechte des Angeklagten.

ff) Öffentlichkeits-, Mündlichkeits-, Unmittelbarkeitsgrundsatz

Zu den oben genannten Grundsätzen, die für das gesamte Strafverfahren gelten, kommen noch solche hinzu, die nur für die Hauptverhandlung relevant sind. Hier soll besonders auf den *Öffentlichkeitsgrundsatz*, das *Mündlichkeitsprinzip* und den *Unmittelbarkeitsgrundsatz* eingegangen werden.

Eine Errungenschaft des modernen Strafprozesses ist der Öffentlichkeitsgrundsatz, durch den „Hinterzimmerprozesse" unterbunden werden sollen. Der Öffentlichkeitsgrundsatz dient der Transparenz und Nachvollziehbarkeit der richterlichen Entscheidung. Willkürliche Urteile sollen vermieden werden.[1341]

1338 *Schulze-Fielitz,* in: Dreier (Hrsg.): GG, Art. 103 Rn. 4.

1339 *Gruchmann,* Justiz im Dritten Reich, S. 1045.

1340 *Schulze-Fielitz,* in: Dreier (Hrsg.): GG, Art. 103 Rn. 5; *Pohlreich,* Das rechtliche Gehör, S. 3.

1341 *Kudlich,* in: MüKo StPO/1, Einleitung, Rn. 193; *Fischer,* in: KK-StPO, Einleitung, Rn. 54.

Einfachgesetzliche Ausgestaltung erhält der Öffentlichkeitsgrundsatz durch § 169 GVG. Öffentlichkeit i. S. d. § 169 GVG bedeutet, dass Jedermann ohne Ansehung seiner Zugehörigkeit zu einer bestimmten Bevölkerungsgruppe und ohne Ansehung bestimmter persönlicher Eigenschaften die abstrakte Möglichkeit hat, an Gerichtsverhandlungen als Zuhörer teilzunehmen.[1342] Unter bestimmten Voraussetzung ist eine Beschränkung der Öffentlichkeit (z. B. zum Schutz des Opfers oder aus tatsächlichen Gründen wie z. B. der Raumgröße) möglich.[1343]

Nach § 48 I JGG findet das Hauptverfahren gegen Jugendliche (nicht gegen Heranwachsende) unter dem Ausschluss der Öffentlichkeit statt. Allerdings ist den Erziehungsberechtigten/gesetzlichen Vertretern die Anwesenheit gem. § 48 II JGG gestattet. Dies trägt dem Grundsatz Rechnung, dass im Jugendstrafrecht Strafzwecke wie die positive Generalprävention weitestgehend hinter den Erziehungsgedanken zurücktreten. Die Ausnahme zum Grundsatz des § 169 GVG wird auf entwicklungspsychologische und jugendpädagogische Erwägungen gestützt (siehe S. 306, 370).[1344]

Inwieweit das magische Strafprozessrecht den Öffentlichkeitsgrundsatz kennt, kann nicht abschließend beurteilt werden. Sicher ist, dass Harrys disziplinarische Anhörung in Band fünf unter dem Ausschluss der Öffentlichkeit stattfindet.[1345] Mr Weasley, der Harry ins Zaubereiministerium begleitet, sowie die Presse dürfen nicht an der Verhandlung teilnehmen. Außerdem ist für den minderjährigen Harry kein gesetzlicher Vertreter anwesend.[1346] Harrys disziplinarische Anhörung steht – was die Öffentlichkeit betrifft – aber im Gegensatz zu den Todesserprozessen in Band vier. Bei den Verhandlungen sind etwa 200 Personen anwesend – darunter Dumbledore, der Auror Mad-Eye Moody und die Journalistin Rita Kimmkorn.[1347]

Bei der Verhandlung gegen den Sohn von Bartemius Crouch Sr. wird erwähnt, dass Bartemius Crouch Jr. seine Mutter anfleht.[1348] Daraus lässt sich schließen, dass im Gegensatz zum Prozess gegen den minderjährigen Harry hier beide El-

1342 *Kudlich,* in: MüKo StPO/1, Einleitung, Rn. 197; *Fischer,* in: KK-StPO, Einleitung, Rn. 55–57; *Diemer,* in: KK-StPO, § 169 GVG, Rn. 6; *Allgayer,* in: BeckOK GVG, § 169 Rn. 3–10.

1343 Tatsächliche Gegebenheiten: *Kudlich,* in: MüKo StPO/1, Einleitung, Rn. 195 f.; weitere Ausschlussgründe (§ 171a ff. StPO): *Fischer,* in: KK-StPO, Einleitung, Rn. 58–61.

1344 *Putzke C.*, in: BeckOK JGG, § 48 Rn. 2–5; *Kölbel,* in: Eisenberg/Kölbel (Hrsg.): JGG, § 48 Rn. 8–11.

1345 *Rowling,* Harry Potter 5, Die Anhörung, S. 167.

1346 *Rowling,* Harry Potter 5, Die Anhörung, S. 166 ff.

1347 *Rowling,* Harry Potter 4, Das Denkarium, S. 612

1348 *„»Mutter!«, schrie der Junge, und die verhärmte kleine Hexe neben Crouch begann zu schluchzen und heftig mit dem Oberkörper zu wippen. »Mutter, sag ihm, er soll aufhören, Mutter, ich hab es nicht getan, ich war es nicht!«“* (*Rowling,* Harry Potter 4, Das Denkarium, S. 622).

ternteile anwesend sind. Und dass, obwohl Crouch Jr. schon als etwa 20-jährig beschrieben wird. Nach dem Urteilsspruch wird erwähnt, dass auch Zuschauer anwesend sind, die klatschen: *„Die Hexen und Zauberer an der rechten Seite des Kerkers hoben einstimmig die Hände. Die Zuschauer auf den Bänken begannen zu klatschen, wie sie es schon für Bagman getan hatten, doch diesmal waren ihre Gesichter erfüllt von zorniger Genugtuung. Wieder begann der Junge zu schreien.*“[1349]

Dies lässt unterschiedliche Schlussfolgerungen zu: Einerseits ist es möglich, dass die magische Strafprozessordnung im Jahrzehnt zwischen den hier verglichenen Verhandlungen geändert wurde. Es kann aber auch sein, dass für die Todesserprozesse wegen ihrer überragenden Bedeutung und dem großen Interesse der Bevölkerung eine Ausnahmeregelung getroffen wurde. Dies würde bedeuten, dass die Verhandlungen grundsätzlich nichtöffentlich stattfinden, außer es besteht ein besonderes öffentliches Interesse an ihnen. Die dritte Möglichkeit wäre, dass Prozesse gegen Minderjährige (unter 17) grundsätzlich nichtöffentlich stattfinden, während Verfahren gegen Erwachsene (über 17) grundsätzlich öffentlich sind. Letztendlich kann es auch sein, dass das Zaubereiministerium den Prozess gegen Harry geheim halten wollte, weil man eine Rufschädigung fürchtete, während die Prozesse gegen (mutmaßliche) Todesser der Öffentlichkeit präsentiert werden sollten, weil sie zu einem positiven Image des Zaubereiministeriums beitragen. Eine abschließende Beurteilung kann hier anhand des Materials, das die Harry-Potter-Bücher bieten, nicht getroffen werden.

Bereits in § 170 GVG von 1877 war der Öffentlichkeitsgrundsatz einfachgesetzlich geregelt. Die Öffentlichkeit konnte bei der Verhandlung – nicht jedoch bei der Urteilsverkündung – nach § 173 GVG a.F. ausgeschlossen werden, wenn *„sie eine Gefährdung der öffentlichen Ordnung oder der Sittlichkeit besorgen läßt“*. Historisch betrachtet galt das Öffentlichkeitsprinzip zwar als Errungenschaft, doch laut Riepl sah man bereits damals dessen Kehrseite, nämlich *„die Gefahr der Prangerwirkung für Angeschuldigte und Zeugen.*“[1350]

Vom Gesetzgeber wurde der Grundsatz 1923 eingeschränkt, nämlich durch das neue *Reichsjugendgesetz*, also in Strafverfahren gegen Jugendliche. Der einfachgesetzlich normierte Öffentlichkeitsgrundsatz galt auch im Dritten Reich fort. Allerdings wurde der Grundsatz nicht mehr als Schutzinstrument für den Angeklagten verstanden. Die öffentliche Bestrafung des Täters sollte vor allem der Bevölkerung Vertrauen in die Justiz geben. Dementsprechend wurden missliebige Personen in der Gerichtspraxis einfach von Gerichtsverhandlungen ausgeschlossen und Prozesse, die ein schlechtes Licht auf den Staat warfen, unter Ausschluss der Öffentlichkeit durchgeführt.[1351]

1349 *Rowling,* Harry Potter 4, Das Denkarium, S. 623.

1350 *Riepl,* Informationelle Selbstbestimmung im Strafverfahren, S. 38. Zur historischen Entwicklung: *Vormbaum,* Einführung in die moderne Strafrechtsgeschichte, S. 100 ff.

1351 *Riepl,* Informationelle Selbstbestimmung im Strafverfahren, S. 38.

So hieß es 1933 im Verfahren gegen zwei SA-Männer, die einen Mann wegen des „Verdachts kommunistischer Umtriebe“ festgenommen und zu Tode geprügelt hatten: *„Wenn durch eine öffentliche Verhandlung bekannt würde, daß ein Festgenommener unter Anwendung orientalischer Züchtigungsmittel totgeprügelt wurde, so wäre dies wohl für das Staatsinteresse abträglich. Dieser Gefahr kann aber durch Ausschließung der Öffentlichkeit in der Hauptverhandlung vorgebeugt werden. Jedenfalls liegt es vor allem im Staatsinteresse, daß nicht der Anschein erweckt wird, als decke die Polizei und die Staatsanwaltschaft Verbrechen von so empörender Rohheit.“*[1352]

Der Öffentlichkeitsgrundsatz wurde deswegen auch bei der Schaffung einer eigenen SA-Gerichtsbarkeit diskutiert. Vertreter der Reichswehr forderten, dass der Öffentlichkeitsgrundsatz unter allen Umständen aufrechterhalten werden müsse. Die SA-Führung wollte bei Prozessen gegen Angehörige ihrer Verbände gerade nicht, dass diese in die Öffentlichkeit gelangten. Man einigte sich darauf, dass die Öffentlichkeit u.a. wegen der „Gefährdung der Staatssicherheit“ ausgeschlossen und die Beteiligten zur Geheimhaltung verpflichtet werden konnten.[1353]

Umgekehrt nutzten die Nationalsozialisten das Öffentlichkeitsprinzip gezielt, um sich in Verfahren gegen politische Gegner als „starker“ und „gerechter“ Staat darzustellen. Ein besonders perfides Beispiel ist in einem Geheimerlass Heinrich Himmlers vom 6. Januar 1943 mit dem Titel *„Durchführungsbestimmungen für Exekutionen“* enthalten, der vorsieht, dass Exekutionen von „Ostarbeitern“ zwar unter dem Ausschluss der Öffentlichkeit stattfinden, später aber die Bevölkerung zur Abschreckung den Toten am Galgen sehen sollte. Im Erlass heißt es: *„[sind] die in der Umgebung eingesetzten Arbeitskräfte der gleichen Volksgruppe nach erfolgter Hinrichtung am Galgen vorbeizuführen und auf die Folgen eines Verstoßes gegen die gegebenen Vorschriften hinzuweisen.“*[1354]

Damit entspricht das Vorgehen der Nationalsozialisten dem des Zaubereiministeriums. Die Todesserprozesse, in denen Barty Crouch Sr. sich als „starker“ Führer präsentiert, der alle Anhänger Lord Voldemorts mit der vollen Härte des Gesetzes bestraft, finden öffentlich statt. Die disziplinarische Anhörung, bei der Fudge befürchten muss, dass Harry über die Rückkehr Lord Voldemorts und das Versagen des Zaubereiministers berichten könnte, hinter geschlossenen Türen. Eine Ausnahme bilden die nichtöffentlichen Prozesse der Registrierungskommission, obwohl Lord Voldemort hier seine „harte Linien“ gegen Muggelstäm-

---

1352 Zitiert nach: *Gruchmann,* Justiz im Dritten Reich, S. 388. Gleiches geschah 1934 als mehrere Menschen in Gunzenhausen von SA- und SS-Männern aus ihren Häusern geholt und misshandelt wurden. Dabei starben zwei jüdische Männer. Die SA- und SS-Männer wurden zwar wegen schweren Landfriedensbruchs angeklagt, die Hauptverhandlung fand jedoch unter Ausschluss der Öffentlichkeit statt und die Zuziehung jüdischer Zeugen sollte *„auf das Mindestmaß beschränkt“* werden. (Zitiert nach: *Gruchmann,* Justiz im Dritten Reich, S. 404).

1353 *Gruchmann,* Justiz im Dritten Reich, S. 419.

1354 Zitiert nach: *Werle,* Justiz-Strafrecht, S. 595.

mige hätte zeigen können. Eventuell gehörte dies aber zum Plan, die Bevölkerung nicht zu beunruhigen, was den geheimen Folterungen durch die Gestapo und der Einrichtung der Konzentrationslager entsprach, die in den Anfangsjahren möglichst geheim gehalten wurden und für deren Opfer teilweise sogar Totenscheine mit „natürlichen“ Todesursachen ausgestellt wurden.[1355]

Das Mündlichkeitsprinzip besagt, dass die Verhandlung vor Gericht bei persönlicher Anwesenheit der Beteiligten durch mündlichen Vortrag erfolgt. In § 261 StPO ist geregelt, dass das Gericht *„nach seiner freien, aus dem Inbegriff der Verhandlung geschöpften Überzeugung“* entscheiden soll.[1356] Gem. § 264 StPO ist der Gegenstand der Urteilsfindung die in der Anklage bezeichnete Tat, *„wie sie sich nach dem Ergebnis der Verhandlung darstellt“.*[1357] Hieraus folgt, dass der Gegenstand der Urteilsfindung nur der mündlich vorgetragene und erörterte Prozessstoff sein darf. Deswegen sind u. a. Urkunden und andere Schriftstücke gem. § 249 I StPO grundsätzlich zu verlesen. Das Mündlichkeitsprinzip besitzt eine elementare Bedeutung für den Öffentlichkeitsgrundsatz, weil Zuhörer, die den Akteninhalt nicht kennen, dem Verfahren nur so folgen können.[1358] Grundsätzlich ist dabei gem. §§ 230 ff. StPO in Anwesenheit des Angeklagten zu verhandeln. Dieser kann nur unter strengen Voraussetzungen von der Verhandlung ausgeschlossen werden. Eine Verhandlung in seiner Abwesenheit ist ebenfalls nur eingeschränkt möglich.[1359]

Auch im magischen Strafprozessrecht gilt das Mündlichkeitsprinzip. Die Verhandlungen vor dem Zaubergamot und dem Rat für das Magische Gesetz finden unter Anwesenheit der Verfahrensbeteiligten mündlich statt. Neben der Verlesung der Anklage werden dabei auch Zeugen mündlich angehört. So beispielsweise in Harrys disziplinarischer Anhörung in Band fünf.[1360] Auch der Angeklagte ist immer persönlich anwesend. Dies sieht man beispielsweise an den Todesserprozessen, bei denen die Angeklagten für ihre Verhandlung extra aus Askaban in den Gerichtssaal gebracht werden.[1361] Das Gericht fällt sein Urteil dann tatsächlich auch aus dem Inhalt der Verhandlung nach seiner freien Überzeugung. Dies zeigt sich wiederum in Harrys disziplinarischer Anhörung. Während die Richter des Zaubergamot anfangs noch von Harrys Schuld überzeugt sind, stimmen sie am Ende für einen Freispruch, weil die Vernehmung der Zeugin eindeutig ergeben hat, dass Harry zur Selbstverteidigung gehandelt hat.[1362]

1355 *Rudorff,* Das KZ Auschwitz, S. 827 f.

1356 *Eschelbach,* in: BeckOK StPO, § 261 Rn. 44 ff. Zur Objektivität und Subjektivität der tatrichterlichen Überzeugung: *Baur,* in: ZIS 2/2019, S. 119 (120 f).

1357 *Eschelbach,* in: BeckOK StPO § 264 Rn. 1.

1358 *Krey/Heinrich,* Deutsches Strafverfahrensrecht, Rn. 688, 1410 ff., 1493 ff.; *Fischer,* in: KK-StPO, Einleitung, Rn. 15; *Kudlich,* in: MüKo, Einleitung, Rn. 185.

1359 *Gmel,* in: KK-StPO, § 230 Rn. 1 ff.; § 231 Rn. 1 ff.; § 232 Rn. 1 ff.

1360 *Rowling,* Harry Potter 5, Die Anhörung, S. 172 f.

1361 *Rowling,* Harry Potter 4, Das Denkarium, S. 618, 621 f.

1362 *Rowling,* Harry Potter 5, Die Anhörung, S. 172 f., 181.

Selbst unter der Herrschaft Lord Voldemorts finden die Verfahren vor der Registrierungskommission für Muggelstämmige mündlich und in Anwesenheit der Gerichtspersonen und des Angeklagten statt.[1363] Allerdings steht hier das Ergebnis der Verhandlung schon vorab fest, sodass man trotz des formellen Einhaltens des Mündlichkeitsgrundsatzes von einem *Scheinprozess* sprechen kann.[1364]

Der heutige § 261 StPO fand sich bereits 1877 in § 260 RStPO. Der heutige § 264 StPO war in § 263 RStPO niedergeschrieben. Demnach kannte bereits die Reichsstrafprozessordnung den Mündlichkeitsgrundsatz; aber ebenfalls auch Ausnahmen dazu, wie z. B. Ausnahmen vom Verbot der Verlesung einer Zeugenaussage (§ 250 RStPO). Auch § 229 RStPO legte im Grundsatz fest, dass gegen einen ausgebliebenen Angeklagten keine Hauptverhandlung stattfinden sollte. §§ 229 ff. RStPO führten hierzu jedoch Ausnahmen auf.[1365]

Das *„Gesetz zur Änderung von Vorschriften des Strafverfahrens und des Gerichtsverfassungsgesetzes"* vom 28. Juni 1935 schränkte u. a. das Mündlichkeitsprinzip ein. Es wurden die Möglichkeiten erweitert, Strafprozesse gegen einen abwesenden Angeklagten zu führen. So sollte gegen einen flüchtigen Beschuldigten auch bei schweren Straftaten verhandelt werden, wenn *„das Rechtsempfinden des Volkes die alsbaldige Aburteilung der Tat verlangt"* (§ 276 RStPO n. F.). Das war in Hauptverhandlungen auch ohne Anwesenheit des Angeklagten der Fall, *„in denen ein Bedürfnis nach der baldigen erschöpfenden Aufklärung einer Tat…, an der Feststellung der Schuld oder Unschuld eines Beschuldigten und der öffentlichen Brandmarkung des Schuldigen durch das Urteil"*[1366] bestand. Die Hauptverhandlung sei insbesondere geboten, wenn *„eine nachdrückliche Wirkung in der Öffentlichkeit, sei es zur Befriedigung des Sühnebedürfnisses, sei es zur Abschreckung zu erwarten ist, oder wenn die Straflosigkeit einer Tat, die größeres Aufsehen erregt hat, sonstige nachteilige Folgen für die staatliche Ordnung besorgen läßt."*[1367]

Im Rahmen der Beschleunigung und „Auflockerung" des Strafverfahrens kam es im NS-Staat auch zur Erweiterung der Möglichkeiten, Schriftstücke zu verlesen.[1368]

Inwiefern eine Verhandlung gegen Abwesende in der Zaubererwelt möglich ist, ist nicht bekannt. Deswegen lässt sich an dieser Stelle kein fruchtbarer Vergleich ziehen. Die Tendenz, Prozesse durch das Übergehen von Beweismitteln zu be-

---

1363 *Rowling,* Harry Potter 7, Die Registrierungskommission für Muggelstämmige, S. 266 ff.

1364 Von Scheinprozessen sprechen auch: *Pugh,* Harry Potter and Beyond, S. 53; *Nelson,* Defenses Against the Dark Arts, S. 246; *MacNeil,* in: Law and Literatur, Ausg. 14, Nr. 3, S. 545 (549 f.); *Barratt,* The Politics of Harry Potter, S. 41.

1365 Entwicklung: *Vormbaum,* Einführung in die moderne Strafrechtsgeschichte, S. 100 ff.

1366 Zitiert nach: *Gruchmann,* Justiz im Dritten Reich, S. 1067.

1367 Zitiert nach: *Gruchmann,* Justiz im Dritten Reich, S. 1067.

1368 *König,* Vom Dienst am Recht, S. 154.

schleunigen, ist aber auch in der magischen Welt erkennbar, u.a. beim Verzicht auf die Zeugenaussage von Mrs Figg in Band fünf.

Im deutschen Strafprozessrecht gilt außerdem der Unmittelbarkeitsgrundsatz. Dieser besagt, dass das Gericht sich im Rahmen der Hauptverhandlung einen unmittelbaren Eindruck vom Tatgeschehen zu verschaffen hat. Der Unmittelbarkeitsgrundsatz bezweckt, dass das Gericht einen möglichst direkten und unvermittelten Eindruck des zu erforschenden Sachverhalts gewinnt.[1369] Gem. § 261 StPO entscheidet das Gericht über das Ergebnis der Beweisaufnahme nach seiner freien, aus dem Inbegriff der Verhandlung geschöpften, Überzeugung.[1370] Um der formellen Unmittelbarkeit Genüge zu tun, muss die Entscheidung auf eigener sinnlicher Wahrnehmung des erkennenden Richters beruhen. Die materielle Unmittelbarkeit verlangt, dass das Gericht die Tatsachen aus der tatnächsten Quelle selbst schöpft und sich grundsätzlich nicht mit Beweissurrogaten begnügt.[1371]

Dazu gehört auch, dass immer das tatnächste Beweismittel heranzuziehen ist, §§ 249 ff. StPO. Urkunden sind deswegen beispielsweise gem. § 249 I StPO grundsätzlich zu verlesen. Gemäß § 250 StPO gilt der Grundsatz der persönlichen Vernehmung.[1372] Vom Unmittelbarkeitsgrundsatz gibt es allerdings zahlreiche Ausnahmen. Beispielsweise, wenn ein Zeuge verstorben ist, § 251 I Nr. 3 StPO.[1373] Gleichwohl ist der Unmittelbarkeitsgrundsatz keine Selbstverständlichkeit; in anderen Rechtsordnungen existiert der Grundsatz gar nicht oder nur eingeschränkt.[1374]

Die Beurteilung, inwieweit das magische Recht den Unmittelbarkeitsgrundsatz kennt, fällt schwer. Der formellen Komponente ist insofern genüge getan, als dass die Prozesse grundsätzlich in Anwesenheit aller Richter bzw. der Jury (sowie der „Staatsanwaltschaft" und des Angeklagten) stattfinden. Dies zeigt sich sowohl bei Harrys disziplinarischer Anhörung als auch bei den Todesserprozessen. Die materielle Komponente wird jedoch nur unzulänglich erfüllt. So zieht der Zaubergamot bei Harrys disziplinarischer Anhörung zunächst gerade

1369 *Fischer,* in: KK-StPO, Einleitung, Rn. 19.

1370 *Ott,* in: KK-StPO, § 261 StPO Rn. 1; *Miebach,* in: MüKo StPO, § 261 Rn. 2 f.

1371 *Eisenberg,* in: Eisenberg (Hrsg.): Beweisrecht der StPO, Rn. 65 f.

1372 Zur Unmittelbarkeit der Beweisaufnahme: *Beulke,* in: JA 2008, S. 758 (758–763); Verlesung von Urkunden: *Ganter,* in: BeckOK StPO, § 249 Rn. 1 ff.; Persönliche Vernehmung von Zeugen: *Ganter,* in: BeckOK StPO, § 250 Rn. 1–12.

1373 Zu den Durchbrechungen des Unmittelbarkeitsgrundsatzes: *Löhr,* Der Grundsatz der Unmittelbarkeit, S. 134 ff.

1374 Z.B. stark eingeschränkt in der Schweiz: *Riklin,* in: ZStW 2014, 126 (1), S. 173 (176 f.); kritisch zum Unmittelbarkeitsprinzip: *„Denn so anerkennenswert es ist, wenn dieser (theoretisch) Richtern und Verfahrensbeteiligten die gleiche Informationsgrundlage sichert, so sehr birgt er die Gefahr, dass gegen Missverständnisse und Fehlwahrnehmungen des Gerichts nicht erfolgreich vorgegangen werden kann. Da die Ergebnisse der Beweisaufnahme erst im Urteil stehen […]."* (*Kudlich,* in: MüKo StPO/1, Einleitung, Rn. 178).

nicht das tatnächste Beweismittel heran, sondern verlässt sich darauf, dass die Erkenntnisse, die das Zaubereiministerium durch die *Spur* gewonnen haben, stimmen. Erst als Dumbledore darauf besteht, dass Harrys Nachbarin als Zeugin angehört wird, wird diese vernommen. Dies folgt aus dem *Rechtekatalog des Zaubergamot*, der vorsieht, dass der Angeklagte Zeugen in seiner Sache benennen darf.[1375] Zumindest bei Zeugenaussagen kennt also auch das geschriebene magische Recht den Grundsatz des tatnächsten Beweismittels. Wie dies bei anderen Beweismitteln gehandhabt wird, ist nicht bekannt. Das Gericht entscheidet in Harrys Fall sodann auch über das Ergebnis der Beweisaufnahme nach seiner freien, aus dem Inbegriff der Verhandlung geschöpften, Überzeugung und spricht ihn – entgegen der ursprünglichen Intention – frei.

Wie oben bereits geschrieben, war auch der Unmittelbarkeitsgrundsatz bereits in der Reichsstrafprozessordnung von 1877 vorgesehen. Die Beschleunigung und „Auflockerung" des Strafprozesses führte jedoch im NS-Staat zu einem Aufweichen des Unmittelbarkeitsgrundsatzes.[1376]

Durch die erweiterte Möglichkeit der Verhandlung gegen abwesende Angeklagte ab dem 28. Juni 1935 wurde auch der Unmittelbarkeitsgrundsatz eingeschränkt. Gruchmann kommt deswegen zu dem Schluss: *„Mit der Durchbrechung des Grundsatzes der Mündlichkeit und Unmittelbarkeit des Strafverfahrens zumindest gegenüber dem Angeklagten beseitigten diese Vorschriften der Novelle weitere Garantien zugunsten des einzelnen: ein rechtskräftiges und vollstreckbares Urteil, das ohne den unmittelbaren Eindruck des Richters von der Persönlichkeit des Angeklagten, ohne dessen persönliche Vernehmung und Erklärungen und ohne das Zusammenwirken von ihm, dem Staatsanwalt und dem Richter gefällt wurde, konnte nur allzu leicht der sicheren Grundlage entbehren und daher ungerecht sein."*[1377]

Dies entspricht dem Vorgehen des Gerichts bereits zu Zeiten von Crouch Sr. und Fudge, die möglichst „kurzen Prozess" machten und dafür darauf verzichteten, die Angeklagten oder Zeugen zu hören. Gleiches geschah auch unter der Registrierungskommission für Muggelstämmige, wobei Umbridge immerhin formal darauf bestand, alle Muggelstämmigen selbst anzuhören. Diese unmittelbare Anhörung brachte den Muggelstämmigen jedoch nichts, da ihre Aussagen ausschließlich gegen sie verwendet und ihrer Verteidigung nicht geglaubt wurde (siehe S. 434 ff.).

gg) „In dubio pro reo" und „Nemo tenetur"

Der Grundsatz *In dubio pro reo* (*Im Zweifel für den Angeklagten*) besagt, dass ein Angeklagter nicht verurteilt werden darf, wenn dem Gericht Zweifel an sei-

---

1375 *Rowling,* Harry Potter 5, Die Anhörung, S. 171.

1376 *König,* Vom Dienst am Recht, S. 152 ff.; *Krausbeck,* Konfrontative Zeugenbefragung, S. 17.

1377 *Gruchmann,* Justiz im Dritten Reich, S. 1067.

ner Schuld verbleiben. Zweifel wirken sich zu Gunsten des Angeklagten aus *(Unschuldsvermutung)*. Der Angeklagte ist freizusprechen oder ggf. nach einer milderen Strafvorschrift zu bestrafen.[1378]

Beim Zweifelssatz, der nicht ausdrücklich gesetzlich geregelt ist, handelt es sich um einen *„rechtsstaatlichen Fundamentalgrundsatz"* mit Verfassungsrang.[1379] Er folgt aus § 261 StPO als dessen logischer Kehrseite. Denn: Die Überzeugung des Gerichts von der Schuld des Angeklagten ist notwendige Voraussetzung einer Verurteilung. Der Grundsatz In dubio pro reo ist keine Beweis-, sondern eine Entscheidungsregel. Er besagt nichts darüber, ob und wie Beweise zu würdigen sind, sondern wie nach ihrer Erhebung und Würdigung zu entscheiden ist.[1380]

In den Gerichtsverhandlungen vor dem Zaubergamot zeigt sich, dass die magische Strafprozessordnung den Grundsatz In dubio pro reo mit an Sicherheit grenzender Wahrscheinlichkeit nicht kennt bzw. dieser jedenfalls in der gerichtlichen Praxis regelmäßig nicht angewendet wird. Sehr deutlich zeigt sich dies in den Todesserprozessen. In der Verhandlung gegen Bartemius Crouch Jr. streitet dieser vehement ab, die ihm vorgeworfenen Taten begangen zu haben. Trotzdem wird er ohne die Erhebung weiterer Beweise zu einer lebenslangen Haftstrafe in Askaban verurteilt. Selbst wenn man das Abstreiten der Tat als Schutzbehauptung einstuft, hätte das Gericht zumindest irgendwelche Beweise für die Schuld des Angeklagten vorbringen müssen.[1381]

Im Gegensatz zum In dubio pro reo Grundsatz scheint das magische Strafrecht sogar umgekehrt von der Schuld des Angeklagten auszugehen, außer er kann seine Unschuld positiv beweisen. Ob dies auch in der magischen Strafprozessordnung so verankert ist, ist nicht bekannt. Jedenfalls wird dies in der Gerichtspraxis unter Crouch Sr. und Fudge so gehandhabt. Sirius Black äußert noch Jahre später – stellvertretende für die gesamte Zauberergemeinschaft – dass er sich nicht sicher sei, ob Crouch Jr. die ihm vorgeworfene Tat tatsächlich begangen hat.[1382]

Einen krassen Gegensatz zur Unschuldsvermutung stellt auch die Tatsache dar, dass in der Zaubererwelt teils Kriminalstrafen ohne vorherige Gerichtsverhandlung verhängt werden. So soll Harry in Band fünf von der Schule verwiesen und sein Zauberstab zerbrochen werden, ohne dass ihm vorher die Möglichkeit gegeben wird, sich dazu zu äußern. Nur dank des Einschreitens von Dumbledore kommt es doch noch zu einer disziplinarischen Anhörung. Und auch Sirius Black wurde alleine auf Grund der Tatsache, dass er am Tatort angetroffen wurde, ohne eine vorherige Gerichtsverhandlung wegen 14-fachen Mordes nach Askaban geschickt: *„»Oh, natürlich kenne ich Crouch«, sagte er*

1378 *Ott,* in: KK-StPO, § 261 Rn. 63–67; *Eicker,* in: JA 2021, S. 330 (330–336); *Stuckenberg,* in: JA 2000, S. 568 (568–573).

1379 *Ott,* in: KK-StPO, § 261 Rn. 63.

1380 *Huber,* in: JuS 2015, S. 596 (596); *Heintschel-Heinegg,* in: BeckOK StGB, § 1 Rn. 46.

1381 *Rowling,* Harry Potter 4, Das Denkarium, S. 622 f.

1382 *Rowling,* Harry Potter 4, Tatzes Rückkehr, S. 551.

leise. »Er war es, der den Befehl gab, mich nach Askaban zu bringen – ohne Gerichtsverhandlung.« “[1383]

In einem Justizsystem, in dem es nicht einmal zwingend zu einem Gerichtsprozess vor der Verurteilung zu einer (lebenslangen) Freiheitsstrafe kommt, kann es bereits denklogisch keine Unschuldsvermutung geben.[1384] Das erstaunliche an diesem Umstand ist, dass sich das Fehlen des In dubio pro reo Grundsatzes durch alle Bücher zieht und nicht erst unter Lord Voldemort zu Tage kommt.[1385] Dieser setzt das bereits bestehende System unter seiner Herrschaft – wie so oft – einfach nur fort. So beispielsweise in den Prozessen gegen Muggelstämmige. Dort werden Muggelstämmige wegen des *Diebstahls von Magie* verurteilt, obwohl sie Beweise dafür anbieten, dass sie magische Vorfahren haben: *„»Nein, nein, ich bin Halbblüterin, ich bin Halbblüterin, das versichere ich Ihnen! Mein Vater war ein Zauberer, wirklich, schauen Sie nach Arkie Alderton, er ist ein bekannter Besenkonstrukteur, schauen Sie nach, ich versichere es Ihnen – lassen Sie mich los, lassen Sie mich –«* “[1386]

Diese, von den Muggelstämmigen angebotenen Beweise, werden von der Registrierungskommission jedoch ignoriert. Im Ergebnis ergehen deswegen Urteile gegen Muggelstämmige, obwohl weiterhin Zweifel an deren Schuld bestehen. Auch unter Lord Voldemort gibt es die Unschuldsvermutung damit nicht.

Der Zweifelssatz hat seine Ursprünge im römischen Recht.[1387] Die Nationalsozialisten standen dem In dubio pro reo Grundsatz, der unter dem stets betonten „Ehrenschutz“ eingeordnet wurde, als Auswuchs liberal-demokratischen und individualistischen Denkens ablehnend gegenüber.[1388] Eine Aufnahme der Unschuldsvermutung in die, von den Nationalsozialisten reformierte, „neue“ Strafprozessordnung lehnte der Staatsrechtler Carl Schmitt deswegen vehement ab. Das Strafprozessrecht dürfe *„weder ausdrücklich noch stillschweigend, allgemeine Schuld- oder Nicht-Schuldvermutungen aufstellen.“*[1389] Noch weiter ging Siegert, der meinte, es könne *„In dubio contra reum“* heißen sowie Finke, wel-

---

1383 *Rowling,* Harry Potter 4, Tatzes Rückkehr, S. 548 f.

1384 Nicht erklären lässt sich dann allerdings ein Satz, den Dumbledore über Harry (dem in Band zwei vorgeworfen wird, die Katze des Hausmeisters Filch versteinert zu haben) sagt: *„»Unschuldig bis zum Beweis der Schuld, Severus«, sagte er entschieden.“* (*Rowling,* Harry Potter 2, Die Schrift an der Wand, S. 157). Eventuell bezieht sich die Aussage nur auf den Bruch von Schulregeln. Oder Dumbledore selbst ist als Schulleiter von der Unschuldsvermutung überzeugt, während das Zaubereiministerium dies aber offiziell anders sieht. Fenske erwähnt das Zitat zwar, führt dazu dann aber nichts weiter aus (*Fenske,* Muggles, Monsters and Magicians, S. 305).

1385 Zu diesem Ergebnis kommt auch: *Barratt,* The Politics of Harry Potter, S. 36 f.

1386 *Rowling,* Harry Potter 7, Die Registrierungskommission für Muggelstämmige, S. 266.

1387 Zur Geschichte: *Schwabenbauer,* Der Zweifelssatz im Strafprozessrecht, S. 5 ff.

1388 *Stuckenberg,* Untersuchungen zur Unschuldsvermutung, S. 44.

1389 Zitiert nach: *Gruchmann,* Justiz im Dritten Reich, S. 1000.

cher der Ansicht war, viele ungerechtfertigte Freisprüche würden dem Ansehen der Justiz mehr schaden als ungerechte Verurteilungen.[1390]

Dem Gewohnheitsverbrechergesetz lag umgekehrt sogar der Grundsatz *„In dubio pro re publica"* zu Grunde; denn: Etwaige Fehleinschätzungen bei der „Gemeingefährlichkeit" seien zum Schutz der Volksgemeinschaft hinzunehmen.[1391] Unter Freisler und dem Volksgerichtshof lautete der Grundsatz fortan *„In dubio pro duce"*, also *„im Zweifel für den Führer"*.[1392] Gleichzeitig kam es ohne einen vorherigen Gerichtsprozess zur millionenfachen Inhaftierung Unschuldiger in den Konzentrationslagern.

Auch beim In dubio pro reo Grundsatz zeigt sich damit qualitativ wieder eine Parallele zwischen der magischen Welt und dem Dritten Reich. Quantitativ besteht aber zumindest vor der Herrschaft Lord Voldemort ein deutlicher Unterschied.[1393] Denn unter Crouch Sr. und Fudge kam es aller Wahrscheinlichkeit nach nur vereinzelt zu Fehlurteilen bzw. Inhaftierungen ohne Gerichtsverhandlung. Unter Lord Voldemort werden dann massenweise Muggelstämmige gejagt und nach Scheinprozessen vor der Registrierungskommission für Muggelstämmige in Askaban inhaftiert. Eine starke Parallele zu den NS-Konzentrationslagern.

Der Grundsatz der Selbstbelastungsfreiheit *(Nemo tenetur se ipsum prodere)* ist im Rechtsstaatsprinzip und der Menschenwürde verankert und hat Verfassungsrang.[1394] Er besagt, dass im Rahmen des Strafverfahrens niemand gezwungen werden darf, sich durch seine eigene Aussage einer Straftat zu bezichtigen oder an seiner Überführung aktiv mitzuwirken.[1395] Ausprägungen des Grundsatzes sind im deutschen Strafprozessrecht insbesondere die Aussagefreiheit des Beschuldigten (§§ 136 I, 136a, 243 IV StPO) sowie das Auskunftsverweigerungsrecht des Zeugen (§ 55 I StPO).[1396] Die Selbstbelastungsfreiheit umfasst das Recht zur Passivität, das die Aussagefreiheit in und teilweise auch außerhalb der Vernehmung ebenso schützt wie die nonverbale Mitwirkungsfreiheit.[1397]

1390 Zitiert nach: *König,* Vom Dienst am Recht, S. 149.

1391 *Sebald,* Der Kriminalbiologe Franz Exner, S. 253.

1392 Zitiert nach: *Kasseckert,* Straftheorien im Dritten Reich, S. 140.

1393 Historisch betrachtet vertraten zwar in der Vergangenheit auch Salazar Slytherin und Grindelwald die Theorie, dass Zauberer den Muggeln und Muggelstämmigen überlegen seien, selbst unter ihnen kam es aber zu keiner institutionalisierten Verfolgung durch ein Organ des Zaubereiministeriums wie das unter Lord Voldemort der Fall ist (siehe dazu S. 477 ff.).

1394 *Eisenberg,* in: Eisenberg (Hrsg.): Beweisrecht der StPO, Rn. 899; *Antoni,* in: Hömig/Wolf (Hrsg.): GG, Art. 20 Rn. 10; zur Herleitung: *Kasiske,* in: JuS 2014, S. 15 (15–17).

1395 *Diemer,* in: KK-StPO, § 136 Rn. 10; *Schuhr,* in: MüKo StPO, Vorb. §§ 133 ff. Rn. 79 ff.

1396 Belehrung Beschuldigte: *Buchholz,* Der nemo tenetur-Grundsatz, S. 17 ff.; Auskunftsverweigerungsrecht Zeugen: *Kremer,* Strafprozessuale Angehörigenprivilegien, S. 53 ff.

1397 *Rösinger,* Die Freiheit des Beschuldigten vom Zwang der Selbstbelastung, S. 4.

Wird ein Verstoß gegen die Selbstbelastungsfreiheit festgestellt, so folgt daraus, dass die auf diese Weise gewonnenen Beweise nicht verwertet werden dürfen.[1398] Materiell abgesichert wird der Grundsatz u. a. durch das Amtsdelikt der Aussageerpressung in § 343 StGB, das für den handelnden Amtsträger eine Freiheitsstrafe von einem Jahr bis zu zehn Jahren vorsieht.[1399]

Dem magischen Strafprozessrecht ist dieser Grundsatz fremd. Dies zeigt sich u. a. bei Harrys disziplinarischer Anhörung und dem Prozess gegen Bartemius Crouch Jr. Beide werden vor ihrer Befragung durch das Gericht nicht über ein eventuell bestehendes Schweigerecht belehrt.[1400] Im Gegenteil: Sie werden vor Gericht vielmehr dazu gedrängt, eine Aussage zu treffen. Im schlimmsten Fall belasten sich die Angeklagten dann damit selbst.

Auch später unter Lord Voldemort weist die Registrierungskommission für Muggelstämmige die Betroffenen nicht darauf hin, dass sie zu ihrer Abstammung schweigen könnten – ein starkes Indiz für die Nichtexistenz des Grundsatzes der Selbstbelastungsfreiheit. Vielmehr werden die Muggelstämmigen bereits vor ihrem Prozess dazu genötigt, einen Fragebogen über ihre Abstammung auszufüllen und sich damit eventuell selbst zu belasten: „*»Nein«, sagte Umbridge, »Nein, ich glaube nicht, Mrs Cattermole. Zauberstäbe wählen nur Hexen oder Zauberer. Sie sind keine Hexe. Ich habe Ihre Antworten auf den Fragebogen, der Ihnen hier geschickt wurde – Mafalda, gib sie mir.« [...] »Schade«, fuhr sie mit lauterer Stimme fort und blätterte in Mrs Cattermoles Fragebogen, »dass das nicht für Sie gesagt werden kann. Elternberufe: Gemüsehändler.«*“[1401] Dies entspricht dem „Ariernachweis“ wie er auch im Dritten Reich geführt wurde (siehe S. 413).

Festzuhalten ist, dass der Nemo tenetur-Grundsatz weder vor noch während der Herrschaft Lord Voldemorts im magischen Recht angewendet wurde. Lord Voldemort macht sich hier also wieder einmal die bestehenden Schwächen des magischen Justizsystems zu Nutze. Wobei man an dieser Stelle allerdings zugeben muss, dass es den Muggelstämmigen aller Wahrscheinlichkeit nach nicht geholfen hätte, zu Schweigen, weil die Betroffenen auch bei einer schwachen Beweislage verurteilt und nach Askaban geschickt wurden[1402], was die Prozesse gegen Muggelstämmige als reine Scheinprozesse entpuppt.

1398 *Kasiske,* in: JuS 2014, S. 15 (20); *Schuhr,* in: MüKo StPO, Vorb. §§ 133 ff. Rn. 96–102.

1399 *Heger,* in: Lackner/Kühl/Heger (Hrsg.): StGB, § 343 Rn. 1–8; *Gebauer,* in: NVwZ 2004, S. 1405 (1406).

1400 *Rowling,* Harry Potter 4, Das Denkarium, S. 622 ff.; Harry Potter 5, Die Anhörung, S. 168 ff.

1401 *Rowling,* Harry Potter 7, Die Registrierungskommission für Muggelstämmige, S. 269.

1402 *Rowling,* Harry Potter 7, Die Registrierungskommission für Muggelstämmige, S. 266.

Die Anerkennung des Rechts des Beschuldigten, nicht aktiv an seiner eigenen Überführung mitwirken zu müssen, bedeutete einen wichtigen Meilenstein im Übergang vom Inquisitionsprozess hin zum modernen adversatorischen Strafverfahren.[1403] Positivrechtlich wurde die Selbstbelastungsfreiheit in die Reichsstrafprozessordnung von 1877 aufgenommen. In § 54 RStPO war das heute in § 55 StPO normierte Auskunftsverweigerungsrecht des Zeugen geregelt. § 136 RStPO verknüpfte die Vernehmung des Beschuldigten mit bestimmten Rechten.[1404] Er sah neben einer Eröffnung des Tatvorwurfs allerdings nur vor, den Beschuldigten zu befragen, ob er auf die Beschuldigung etwas erwidern wolle. Die heute darin geregelte Belehrung über die Aussagefreiheit, das Recht zur Konsultation eines Verteidigers und das Recht, Beweiserhebungen zu beantragen, fehlten. Auch § 136a StPO existierte in der Fassung von 1877 nicht.[1405]

Das Verbot, eine Aussage zu erpressen, stand indes damals schon außer Zweifel. Es war – wie heute – in § 343 RStGB normiert.[1406]

Im Dritten Reich erlebte der Nemo tenetur-Grundsatz eine Zäsur. Zwar galten die Regelungen der RStPO und des RStGB fort, in der Praxis wurde die Selbstbelastungsfreiheit jedoch ad absurdum geführt. Aslan spricht gar von einer *„ideologisch motivierten Verneinung der Aussagefreiheit“*[1407] für bestimmte Gruppen von Verdächtigten, etwa Juden oder politisch unerwünschten Personen. Am deutlichsten zeigt sich dies in der faktischen Wiedereinführung der Folter (siehe S. 197 ff.). In den Augen der Nationalsozialisten war diese ein legitimes Mittel zum Zweck. Während die Anwendung der Folter anfangs geheim gehalten wurde, praktizierte die Gestapo sie ab 1937 im Rahmen der sogenannten *verschärften Vernehmung* in offizieller Absprache mit dem Justizministerium.[1408] In einer formellen Anweisung dazu heißt es: *„Grundsätzlich sind bei verschärften Vernehmungen nur Stockhiebe auf das Gesäß, und zwar bis zu 25 Stück, zulässig. Die Zahl wird von der Gestapo vorher bestimmt. Vom 10. Stockhieb an muss ein Arzt zugegen sein. Es soll ein Einheitsstock bestimmt werden, um jede Willkür auszuschließen.“*[1409]

Im Rahmen der Reform des Strafrechts wurde im Dritten Reich auch eine Pflicht des Beschuldigten zur Einlassung diskutiert. Insbesondere Stock forderte eine inhaltlich umfassende Aussage als ersten Schritt einer „Entsühnung“ vom Straftäter, durch die seine Zugehörigkeit zum gesellschaftlichen Ganzen wiederherstellt werde.[1410] Engelhard hielt es für zulässig, dass Richter aus der

---

1403 *Kasiske,* in: JuS 2014, S. 15 (15); historische Entwicklung: *Buchholz,* Der nemo tenetur-Grundsatz, S. 41 ff.

1404 *Aslan,* Die Aussagefreiheit des Beschuldigten in der polizeilichen Befragung, S. 206.

1405 *Schuhr,* in: MüKo, § 136 Rn. 2.

1406 *Schuhr,* in: MüKo, § 136 Rn. 2.

1407 *Aslan,* Die Aussagefreiheit des Beschuldigten in der polizeilichen Befragung, S. 209.

1408 *Aslan,* Die Aussagefreiheit des Beschuldigten in der polizeilichen Befragung, S. 209; *Heuer,* geheime Staatspolizei, S. 120 f.

1409 Zitiert nach: *Holste,* in: JA 2009, S. 359 (364); *Götte,* Jugendstrafvollzug, S. 208.

1410 *Buchholz,* Der nemo tenetur-Grundsatz, S. 63.

Verweigerung der Aussage nachteilige Schlussfolgerungen für Angeklagte ziehen.[1411] Unter anderem die Erfahrungen aus dem Nationalsozialismus führten letztendlich dazu, dass 1950 § 136a StPO und die darin geregelten verbotenen Vernehmungsmethoden in die StPO aufgenommen wurde.[1412]

Auch an dieser Stelle ist wieder ein fruchtbarer Vergleich zwischen dem magischen Recht und dem Recht im NS-Staat möglich. Während der Grundsatz der Selbstbelastungsfreiheit unter den Nationalsozialisten zumindest auf dem Papier fortbestand, ist es sehr wahrscheinlich, dass die magische Strafprozessordnung diesen überhaupt nicht kennt, denn er wurde weder bei Prozessen unter Crouch Sr./Fudge noch bei Prozessen unter Lord Voldemort berücksichtigt. Einmal mehr hatte Lord Voldemort damit leichteres Spiel als Adolf Hitler. Sowohl in der Zaubererwelt als auch im Dritten Reich wurden die Betroffenen zu für sie negativen Aussagen genötigt – wobei auch Foltermethoden zum Einsatz kamen. Oft hatte dies zum Ziel, politisch unerwünschte Personen mit Hilfe der Justiz auszuschalten, und diente damit direkt der Aufrechterhaltung der Diktatur.

hh) „Nulla poena sine lege"/Analogieverbot

In Art. 103 II GG ist geregelt, dass eine Tat nur bestraft werden kann, wenn die Strafbarkeit (nach deutschem Recht) gesetzlich bestimmt war, bevor die Tat begangen wurde. Der gleiche Grundsatz ist einfachgesetzlich auch in § 1 StGB niedergelegt. Er gibt den *Grundsatz der Gesetzesbindung* im Strafrecht *(Gesetzlichkeitsprinzip)* wieder.[1413] Sinn des Grundsatzes *Nulla poena sine lege* ist, dass jeder sein Verhalten an den Strafnormen ausrichten und durch normkonformes Verhalten eine Bestrafung vermeiden kann. Der Grundsatz *Keine Strafe ohne Gesetz* steht als Kernbestandteil einer rechtsstaatlichen Strafrechtspflege nicht zur Disposition des Einzelnen.[1414]

Dabei lassen sich dem Grundsatz vier zentrale Elemente entnehmen. Das strafrechtliche Bestimmtheitsgebot *(Nulla poena sine lege certa)*, das Rückwirkungsverbot *(Nulla poena sine lege praevia)*, das Analogieverbot *(Nulla poena sine lege stricta)* und das Verbot, Gewohnheitsrecht zu Ungunsten des Angeklagten anzuwenden *(Nulla poena sine lege scripta)*.[1415] Das Analogieverbot

---

1411 *Buchholz,* Der nemo tenetur-Grundsatz, S. 63.

1412 *Schuhr,* in: MüKo, § 136a, Rn. 1; *Krack,* in: NStZ 2002, S. 120 (120).

1413 *Hassemer/Kargl,* in: Kindhäuser/Neumann/Paeffgen (Hrsg.): StGB, § 1 Rn. 1; *Schmitz,* in: MüKo StGB, § 1 Rn. 1 ff.

1414 *Böse,* in: Kindhäuser/Neumann/Paeffgen (Hrsg.): StGB, Vorb. zu §§ 3 Rn. 46; *Schmitz,* in: MüKo StGB, § 1 Rn. 8.

1415 *Hecker,* in: Schönke/Schröder (Hrsg.): StGB, § 1 Rn. 8, 16, 25; *Sandkühler*, Nach dem Unrecht, S. 18.

verbietet dem Richter, einen Tatbestand auf einen Sachverhalt anzuwenden, der von ihm nicht mehr erfasst wird, selbst wenn er ihm ähnlich ist.[1416]

In den Harry-Potter-Büchern dürfte der Grundsatz Nulla poena sine lege zumindest in der Zeit vor der Herrschaft Lord Voldemorts ebenfalls gegolten haben. So werden in den magischen Gerichtsverfahren jeweils nur Taten angeklagt, für die zum Tatzeitpunkt auch ein entsprechendes Strafgesetz bestand. Die Todesser rund um Crouch Jr. wurden wegen der Verwendung des Cruciatus-Fluches angeklagt und verurteilt. Der Fluch gehört zu den drei unverzeihlichen Flüchen, deren Anwendung mit einer lebenslangen Freiheitsstrafe in Askaban geahndet werden. Harrys Anklage in Buch fünf beruht auf dem seit Jahrhunderten geltenden *„Abkommen zur Geheimhaltung der Magie"* und auf dem *„Verbot der Zauberei Minderjähriger"*. Es gibt bis dahin insbesondere keine Anhaltspunkte dafür, dass Gesetze nachträglich geschaffen wurden, um bisher strafloses Verhalten rückwirkend bestrafen zu können. Die genannten Gesetze sind außerdem hinreichend bestimmt formuliert und werden nicht analog zu Ungunsten des Angeklagten angewendet.

Dies ändert sich mit der Machtergreifung Lord Voldemorts in Band sieben. Die neu geschaffene *Registrierungskommission für Muggelstämmige* wird faktisch ausschließlich dazu geschaffen, um Straftaten zu verfolgen, die bis zu Band sieben noch überhaupt nicht unter Strafe standen. Denn Muggelstämmige müssen sich jetzt dafür verantworten, dass sie einen Zauberstab besitzen und Magie anwenden.[1417] Zum Zeitpunkt des Erwerbs des Zauberstabes (mit jeweils elf Jahren zur Einschulung in der Winkelgasse) stand der Erwerb, der Besitz und die Verwendung eines Zauberstabes durch Muggelstämmige aber noch überhaupt nicht unter Strafe. Damit könnte die Strafjustiz unter Lord Voldemort zumindest bzgl. des Erwerbs den bislang geltenden Grundsatz Keine Strafe ohne Gesetz durchbrechen.[1418]

Bereits die Weimarer Reichsverfassung kannte den Grundsatz Nulla poena sine lege. Art. 116 WRV lautete: *„Eine Handlung kann nur dann mit einer Strafe belegt werden, wenn die Strafbarkeit gesetzlich bestimmt war, bevor die Handlung begangen wurde."* In § 2 RStGB von 1871 war der Grundsatz – ähnlich wie heute in § 1 StGB – einfachgesetzlich niedergelegt.[1419]

1416 *Schmitz,* in: MüKo StGB, § 1 Rn. 73; *Kunig/Saliger,* in: von Münch/Kunig (Hrsg.): GG, Art. 103 Rn. 41 f.; *Hassemer/Kargl,* in: Kindhäuser/Neumann/Paeffgen (Hrsg.): StGB, § 1 Rn. 70 ff.

1417 *Rowling,* Harry Potter 7, Das Bestechungsgeschenk, S. 216; Die Registrierungskommission für Muggelstämmige, S. 263 ff.

1418 Weitere Details sind hier allerdings nicht bekannt. Insbesondere wird nicht deutlich, an welche Handlung genau der neue Straftatbestand ansetzt. Also, ob tatsächlich auch der Jahrzehnte zurückliegende Erwerb des Zauberstabes geahndet wird, oder ob sich die Strafbarkeit nur darauf bezieht, dass Muggelstämmige ihren Zauberstab unter dem Regime nicht abgeben, sondern weiter damit Magie ausüben.

1419 *Honda,* in: FS Seebode, S. 15 (16); zur historischen Entwicklung des Grundsatzes: *Krey,* Keine Strafe ohne Gesetz, S. 3 ff.

Unter den Nationalsozialisten trat hier wie so oft eine Zäsur ein. Am bekanntesten dürfte dabei die bereits mehrfach erwähnte *Lex van der Lubbe* sein, in der die Nationalsozialisten eine Rechtsfolge verhängten, die zum Zeitpunkt der Tat so im Gesetz noch nicht vorgesehen war. In der *„Reichstagsbrandverordnung"* vom 28. Februar 1933 wurde in § 5 eine Liste von Delikten aufgezählt, für die nicht wie bisher eine lebenslange Freiheitsstrafe, sondern die Todesstrafe zu verhängen sei. Das *„Gesetz über Verhängung und Vollzug der Todesstrafe"* vom 29. März 1933 dehnte den Geltungszeitraum des § 5 rückwirkend auf den 31. Januar 1933 aus. Damit wurde das in Art. 116 WRV enthaltene Rückwirkungsverbots durchbrochen und Van der Lubbe, dem vorgeworfen wurde, den Reichstag angezündet zu haben, konnte zum Tode verurteilt werden.[1420] Werle schreibt dazu: *„Das Gesetz vom 29. März 1933 wendet sich grundsätzlich gegen das liberal-rechtsstaatliche Strafrecht. Der Grundsatz ‚Keine Strafe ohne Gesetz' wird durch den Gegen-Satz: ‚Kein Verbrechen ohne gerechte Strafe' beiseitegeschoben. Das Gesetz macht klar, daß der nationalsozialistische Staat mit dem liberalen Rechtsstaat nichts mehr gemein haben will."*[1421]

Auch der Jurist Heinrich Henkel forderte schon 1934 die Abkehr vom Grundsatz Nulla poena sine lege. Denn der Zweck des neuen (nationalsozialistischen) Staates sei nicht mehr die Wahrung individueller Freiheit, sondern die Förderung der *„Volkskräfte"*. Die Strafrechtsordnung werde zur *„Magna Charta der Volks- und Staatsinteressen"*.[1422] Dieser Ansicht schloss sich auch Freisler an, der den Grundsatz als *„Hirngespenst des modernen Strafrechts"* bezeichnete und seine Abschaffung forderte.[1423]

Dem nationalsozialistischen Regime war Art. 116 WRV ein derartiger Dorn im Auge, dass sie ihn nicht nur (wie bei anderen Prinzipien) in der Praxis umgingen, sondern ihn kurz nach ihrer Machtergreifung tatsächlich komplett abschafften. Mit dem *„Gesetz zur Änderung des Strafgesetzbuchs"* vom 28. Juni 1935 (RGBl. I 1935, S. 839) verlor Art. 116 WRV seine Gültigkeit. § 2 RStGB lautete fortan: *„Bestraft wird, wer eine Tat begeht, die das Gesetz für strafbar erklärt oder die nach dem Grundgedanken eines Strafgesetzes und nach gesundem Volksempfinden Bestrafung verdient. Findet auf die Tat kein bestimmtes Strafgesetz unmittelbar Anwendung, so wird die Tat nach dem Gesetz bestraft, dessen Grundgedanken auf sie am besten zutrifft."*[1424]

In Art. 2 des ebenfalls am 28. Juni1935 erlassenen *„Gesetzes zur Änderung von Vorschriften des Strafverfahrens und des Gerichtsverfassungsgesetzes"* (RGBl. I 1935, S. 844) heißt es: *„Das Reichsgericht als höchster deutscher Gerichtshof ist berufen, darauf hinzuwirken, daß bei der Auslegung des Gesetzes dem durch*

1420 *Gruchmann,* Justiz im Dritten Reich, S. 826 ff.

1421 *Werle,* Justiz-Strafrecht, S. 74.

1422 Zitiert nach: *Werle,* Justiz-Strafrecht, S. 147 ff.

1423 Zitiert nach: *Götte*, Jugendstrafvollzug, S. 80.

1424 *Hassemer/Kargl,* in: Kindhäuser/Neumann/Paeffgen (Hrsg.): StGB, § 1 Rn. 11; *Vormbaum,* Einführung in die moderne Strafrechtsgeschichte, S. 189 f.

die Staatserneuerung eingetretenen Wandel der Lebens- und Rechtsanschauung Rechnung getragen wird. [...] *Bei der Entscheidung über eine Rechtsfrage kann das Reichsgericht von einer Entscheidung abweichen, die vor dem Inkrafttreten dieses Gesetzes ergangen ist.*"[1425]

Damit wurde einer der Hauptgrundsätze des Strafrechts aller Kulturstaaten – der bereits zwei Jahre vorher durch die rückwirkende, strafverschärfende Lex van der Lubbe durchbrochen worden war – beseitigt und durch das Prinzip „*Nullum crimen sine poena*" ersetzt.[1426] Freisler begrüßte insbesondere auch die Abschaffung des Analogieverbotes, weil dadurch die Berechenbarkeit der Strafurteile beseitigt wurde. Der Einzelne sollte gerade in Unsicherheit und Furcht vor einer möglichen Strafverfolgung leben.[1427] Er war der Ansicht: „*Das Recht verlangt Bestrafung in zwei Fällen, die völlig gleichberechtigt nebeneinanderliegen, nämlich wenn das Gesetz es verlangt, und ferner wenn ein Unrecht geschehen ist, dessen Bestrafung die gesunde Volksanschauung verlangt.*"[1428] Freislers Endziel war dabei eine „*nationalsozialistisch gesteuerte Rechtsschöpfung aus dem gesunden Volksempfinden.*"[1429]

Die Abschaffung des Grundsatzes Nulla poena sine lege und damit auch die Abschaffung des Analogieverbotes ist eine der schwerwiegendsten Änderungen, die im NS-Staat an den bisher geltenden Grundgedanken des Strafrechts vorgenommen wurden.[1430] Eine derart ausgeprägte Zäsur hat im magischen Recht hingegen nicht stattgefunden. Zwar bewegt sich auch die *Registrierungskommission für Muggelstämmige* vermutlich zumindest teils außerhalb der Grundsätze, die wir als Keine Strafe ohne Gesetz bezeichnen, der Grundsatz wurde aber selbst unter Lord Voldemort nicht formal aufgehoben, sondern höchstens umgangen. Um die beiden Rechtsordnungen im Detail zu vergleichen, fehlt es in den Harry-Potter-Büchern aber an weiteren Informationen. So ist nur bekannt, dass das Rückwirkungsverbot von der Kommission im Hinblick auf den *Erwerb* von Zauberstäben ignoriert wird. Inwiefern in anderen Prozessen weitere Elemente (z.B. das Analogieverbot) missachtet werden, ist nicht bekannt.

ii) Rechtskraft und „Ne bis in idem"

Die Vollstreckung eines Strafurteils ist erst dann zulässig, wenn dieses rechtskräftig geworden ist, §449 StPO, §13 I StVollstrO. Rechtskraft bedeutet End-

1425 *Schmidt,* Strafrechtspflege/1, S.435.
1426 *Gruchmann,* Justiz im Dritten Reich, S.851; *Manthe,* Richter, S.38.
1427 *Gruchmann,* Justiz im Dritten Reich, S.856; Übersicht über die damaligen Stimmen aus Juristerei und Politik zur Abschaffung des Analogieverbots: *Buchner,* Der Strafrechtsordinarius Friedrich Oetker, S.107ff.
1428 Zitiert nach: *Gruchmann,* Justiz im Dritten Reich, S.860.
1429 Zitiert nach: *Gruchmann,* Justiz im Dritten Reich, S.860.
1430 *Werle,* Justiz-Strafrecht, S.16f.; kritisch: Naucke, welcher der Ansicht ist, dass die Bedeutung der Aufhebung des Analogieverbotes als zu hoch eingeschätzt wird, *Naucke,* in: IfZ (Hrsg.): NS-Recht in historischer Perspektive, S.70 (74ff., 91f.).

gültigkeit und Maßgeblichkeit der Entscheidung. Die *formelle* Rechtskraft tritt ein, wenn es kein ordentliches Rechtsmittel mehr gegen die Entscheidung gibt. Unter der *materiellen* Rechtskraft versteht man die inhaltliche Bindungswirkung in persönlicher, sachlicher und zeitlicher Sicht. Sie setzt den Eintritt der formellen Rechtskraft voraus.[1431]

Die Wiederaufnahme eines rechtskräftig abgeschlossenen Strafverfahrens ist nach deutschem Recht nur unter bestimmten Voraussetzungen möglich. Die Wiederaufnahme zu Gunsten des Verurteilten regelt § 359 StPO.[1432] Eine Wiederaufnahme zu Ungunsten des Verurteilten kann nur unter den Voraussetzungen des § 362 StPO erfolgen. Sie ist außerdem nicht zulässig, um eine andere Strafbemessung auf Grund desselben Strafgesetzes herbeizuführen (§ 363 StPO). Auf Grund des schwerwiegenden Eingriffs in die Grundrechtspositionen des Betroffenen ist § 362 StPO restriktiv zu interpretieren.[1433] Höchst umstritten war und ist daher die Erweiterung der Wiederaufnahmegründe zu Ungunsten des Angeklagten durch das Gesetz vom 21. Dezember 2021 (BGBl. I, S. 5252), das § 362 StPO durch eine neue Nr. 5 erweitert.[1434]

§ 362 StPO stellt eine Ausnahme zu Art. 103 III GG, also eine Durchbrechung des Verbotes der Mehrfachverfolgung (Ne bis in idem) dar. Entgegen des zu engen Wortlauts untersagt Art. 103 III GG dabei nicht nur eine Doppelbestrafung, sondern auch die erneute Anklage nach rechtskräftigem Freispruch. Der Grundsatz gewährleistet die Rechtskraft von Strafurteilen und verwirklicht Rechtssicherheit. Hinter der Rechtssicherheit tritt die materielle Gerechtigkeit zurück.[1435]

Inwiefern das magische Recht das Verbot der Mehrfachbestrafung und das rechtliche Konstrukt der Rechtskraft kennt, lässt sich nur schwer einschätzen. Grundsätzlich gibt es im magischen Strafrecht mindestens ein Rechtsmittel. So ist zumindest gegen Seidenschnabels Verurteilung zum Tode durch den *Ausschuss für die Beseitigung gefährlicher Geschöpfe* ein als „Berufung" bezeichnetes rechtliches Instrumentarium möglich.[1436] Ob es Rechtsmittel auch gegen die Urteile des Zaubergamot und des Rates für das Magische Gesetz gibt, ist nicht bekannt (siehe S. 288 ff.).

Die Rechtskraft des Urteils ist in der magischen Welt außerdem nicht zwingende Voraussetzung der Strafvollstreckung. Dies liegt allerdings nicht daran, dass ein noch nicht rechtskräftiges Urteil vollstreckt wird, sondern daran, dass z. B.

1431 *Nestler,* in: MüKo StPO, § 449 Rn. 26 ff.; *Coen,* in: BeckOK StPO, § 449 Rn. 4–7.

1432 Wiederaufnahmegründe*: Schmidt,* in: KK-StPO, § 359 Rn. 5–43.

1433 Wiederaufnahmegründe: *Engländer/Zimmermann*, in: MüKo StPO, § 362 Rn. 8–17.

1434 *Letzgus,* in: NStZ 2020, S. 717 (717–719); *Aust/Schmidt*, in: ZRP, S. 251 (251–254); BVerfG, Beschl. v. 14.07.2022, Az. 2 BvR 900/22 (=NJW 2022, 2389).

1435 *Engländer/Zimmermann*, in: MüKo StPO, Vorb. zu § 359 Rn. 3; *Degenhart,* in: Sachs (Hrsg.): GG, Art. 103, Rn. 79; *Aust/Schmidt*, in: ZRP 2020, S. 251 (252); *Letzgus,* in: NStZ 2020, S. 717 (718).

1436 *Rowling,* Harry Potter 3, Professor Trelawneys Vorhersage, S. 348.

Sirius Black in Askaban inhaftiert wird, ohne dass es überhaupt ein Strafverfahren gegeben hätte. Inwiefern eine Doppel- bzw. Mehrfachbestrafung in der Zaubererwelt möglich oder verboten ist, lässt sich mangels Ausführung dazu nicht sagen. Ob es unter Lord Voldemort hier Änderungen gab, ist nicht bekannt.

Eine Korrektur von Fehlentscheidungen – ähnlich der Wiederaufnahme in der StPO – scheint grundsätzlich auch im magischen Recht möglich zu sein. Diese wird in der Causa Sirius Black diskutiert. Dabei geht es darum, dass mit Peter Pettigrew der wahre Täter zur Verfügung steht und man damit neue Beweismittel hat, durch welche die Unschuld Sirius Blacks bewiesen werden könnte (ähnlich § 359 Nr. 5 StPO). Auf Grund der Flucht Pettigrews erfährt der Leser aber nie, wie dies gerichtlich vonstattengegangen wäre.[1437]

Auffallend ist, dass das Verfahren gegen den minderjährigen Hagrid, das offiziell mit einem Schuldspruch und der Zerstörung seines Zauberstabes endete, nicht wiederaufgenommen wird, nachdem bewiesen ist, dass nicht er es war, der die Kammer des Schreckens geöffnet hat, wodurch es dem Basilisken möglich war, die Schülerin Myrte zu tötete. Allerdings darf Hagrid ab Band drei zumindest wieder zaubern und als Lehrer arbeiten. Dem scheint aber kein formeller, offizieller Rehabilitationsprozess vorausgegangen zu sein (siehe S. 403 f.). Inwiefern ein Urteil zu Ungunsten eines Betroffenen abgeändert werden kann, ist mangels Angaben in den Büchern ebenfalls nicht bekannt.

Die Rechtskraft als Voraussetzung der Vollstreckbarkeit war schon in § 481 RStPO von 1877 niedergelegt und galt im Dritten Reich fort. Die Wiederaufnahme eines durch rechtskräftiges Urteil abgeschlossenen Verfahrens war in §§ 399–413 RStPO geregelt. Zu Ungunsten des Angeklagten war dies nur unter den Voraussetzungen des § 402 RStPO möglich. Die Paragraphen wurden 1924 in die heutigen §§ 359 ff. RStPO verschoben.[1438]

Die Nationalsozialisten nahmen hier weitreichende Änderungen vor (siehe S. 406 f.). Wenig überraschend sprach sich Freisler 1936 bei der Reformdiskussion zur Reichsstrafprozessordnung ausdrücklich dafür aus, die Wiederaufnahmegründe zu Ungunsten des Angeklagten weiter auszudehnen.[1439] Unter den Nationalsozialisten wurde die materielle Rechtskraft weitgehend außer Kraft gesetzt. Beispielsweise durch die Einführung der nachträglichen Sicherungsverwahrung als Übergangsvorschrift in Art. 5 Nr. 2 des *„Gewohnheitsverbrech-*

1437 Schneider schreibt in Bezug auf Sirius Black: *„but there seem to be no procedures for contesting a wrongful conviction" (Schneider*, in: Gymnich/Birk/Burkhard (Hrsg.): „Harry – yer a wizard", S. 155 (161). Eine derartig eindeutige Einschätzung ergibt sich aus den Büchern gerade nicht. Denn dann wären Dumbledores, Lupins und Harrys Bemühungen in Band drei, die Unschuld von Sirius Black zu beweisen, komplett hoffnungslos.

1438 *Schmidt,* in: KK-StPO, Vorb. zu § 359 ff. Rn. 8; zur historischen Rechtslage 1877: *Bayer,* Die strafrechtliche Wiederaufnahme, S. 89 ff.

1439 *Frank,* Die Wiederaufnahme zuungunsten des Angeklagten im Strafverfahren, S. 241.

ergesetzes".[1440] Die formelle Rechtskraft wurde tangiert durch den Abbau von Rechtsmitteln bis hin zur Zulassungsrevision 1944, deren Versagung unanfechtbar war.[1441]

Durch das *„Gesetz zu Änderung von Vorschriften des allgemeinen Strafverfahrens, des Werhmachtstrafverfahrens und des Strafgesetzbuchs"* (RGBl. I 1939, S. 1841) vom 16. September 1939 erhielt Adolf Hitler außerdem die Macht, jedes rechtskräftige Urteil und jeden abschließenden Beschluss durch den *außerordentlichen Einspruch* zu beseitigen. Er konnte zu Gunsten und zu Ungunsten des Betroffenen geltend gemacht werden. Über die Sache entschied ein besonderer Senat beim Reichsgericht.[1442]

Die *„Verordnung über die Zuständigkeit der Strafgerichte, die Sondergerichte und sonstige strafverfahrensrechtliche Vorschriften"* vom 21. Februar 1940 gab dem Oberreichsanwalt die Möglichkeit, gegen rechtskräftige Urteile des Amtsrichters, der Strafkammer und des Sondergerichts wegen fehlerhafter Rechtsanwendung die *Nichtigkeitsbeschwerde* beim Reichsgericht einzulegen. Die Nichtigkeitsbeschwerde war außer gegen Urteile auch gegen rechtskräftige Strafbefehle und Beschlüsse zulässig.[1443] Ab 1941 nahmen dabei die zu Gunsten von Verurteilten eingelegten Nichtigkeitsbeschwerden rapide ab. Gruchmann kommt deswegen zu dem Ergebnis, dass die Nichtigkeitsbeschwerde in zunehmendem Maße erfolgreich dazu eingesetzt wurde, um eine Verschärfung der Rechtsprechung zu erreichen.[1444] Weiter verschärft wurde die Nichtigkeitsbeschwerde durch die *„Verordnung zur weiteren Vereinfachung der Strafrechtspflege"* vom 13. August 1942. Demnach konnte mit der Nichtigkeitsbeschwerde auch die Tatsachenfeststellungen und die Strafzumessung angegriffen werden.[1445] Schmidt beurteilt dies als *„große Gefahr für den freigesprochenen Angeklagten"*, weil das Reichsjustizministerium damit sogar nachträglich politisch erwünschte neue Urteile erzwingen konnte.[1446]

Gruchmann nennt die Verschärfung ein Instrument, das die Nationalsozialisten anwendeten, wenn Gerichte nicht *„mit der nötigen Schärfe und Härte"* vorgingen bzw. das Regime im Kleid des *„gesunden Volksempfindens"* gerne eine andere Strafe gehabt hätte. Er kommt deswegen zu dem Ergebnis, dass die Nichtigkeitsbeschwerde die *„Rechtssicherheit und Rechtsbestimmtheit"* erschütterte und im Laufe des Krieges zu einem Instrument wurde, *„um die Strafrechtspre-*

1440 *Mushoff,* Strafe – Maßregel – Sicherungsverwahrung, S. 441.
1441 *Werle,* Justiz-Strafrecht, S. 22 f.
1442 *Nüchterlein,* Volksschädlinge vor Gericht, S. 44; *Pauli,* Die Rechtsprechung des Reichsgerichts, S. 17.
1443 *Gruchmann,* Justiz im Dritten Reich, S. 1083 f.; *Pauli,* Die Rechtsprechung des Reichsgerichts, S. 17; *Wilke,* Staatsanwälte, S. 152 ff.
1444 *Gruchmann,* Justiz im Dritten Reich, S. 1087.
1445 *Pauli,* Die Rechtsprechung des Reichsgerichts, S. 18; *Wilke,* Staatsanwälte, S. 154.
1446 *Schmidt,* Strafrechtspflege/1, S. 442.

chung rigoros zu verschärfen und das Regime durch Abschreckung und ‚Unschädlichmachung' zu sichern".[1447]

Durch den außerordentlichen Einspruch und die Nichtigkeitsbeschwerde wurde letztendlich die Rechtskraft gerichtlicher Entscheidungen, die in einem Rechtsstaat eine wesentliche Garantie der Rechtssicherheit ist, durchbrochen und ausgehöhlt. Werle spricht gar von einer *„staatsanwaltschaftlichen Rechtskraftverwaltung".*[1448]

Die historischen Erfahrungen aus dem Nationalsozialismus haben den Verfassungsgesetzgeber letztendlich dazu bewogen, den Grundsatz *Ne bis in idem* zum Individualgrundrecht zu erheben und ins Grundgesetz aufzunehmen.[1449]

Damit haben die Nationalsozialisten auch diesen rechtsstaatlichen Grundsatz deutlich stärker dezimiert, als es aus der magischen Welt bekannt ist. Ein Vergleich im Detail scheitert allerdings an den fehlenden Angaben hierzu in den Büchern.

b) Der Ablauf des Strafverfahrens

Der Ablauf eines jeden Strafverfahrens folgt in Deutschland streng formalisiert immer den gleichen Schritten. Insbesondere ist das Strafverfahren in verschiedene, hintereinander geschaltete Verfahrensstufen gegliedert. Man unterscheidet chronologisch betrachtet zwischen dem *Ermittlungsverfahren*, dem *Zwischenverfahren*, dem *Hauptverfahren*, dem *Rechtsmittelverfahren* und dem sich daran anschließenden Verfahren der *Strafvollstreckung* und des *Strafvollzugs*. Wie diese Verfahrensschritte im Vergleich dazu in der Zaubererwelt ablaufen, soll in diesem Kapitel kurz dargestellt werden.

aa) Das Ermittlungsverfahren

Das Ermittlungsverfahren (§§ 160–177 StPO) ist der erste Abschnitt eines jeden Strafverfahrens in Deutschland. Das Ermittlungsverfahren wird von den Strafverfolgungsbehörden (Staatsanwaltschaft und Polizei) eingeleitet, wenn sie Kenntnis davon erlangen, dass eine Straftat begangen wurde. Voraussetzung für die Einleitung eines Ermittlungsverfahrens ist dabei das Bestehen eines sogenannten *Anfangsverdachts*. Dieser liegt schon dann vor, wenn *„zureichende tatsächliche Anhaltspunkte"* dafür gegeben sind, dass eine Straftat begangen wurde (§ 152 II StPO). Es genügt also, wenn nach kriminalistischer Erfahrung Anhaltspunkte vorliegen, die es als möglich erscheinen lassen, dass eine verfolgbare Straftat begangen wurde. Nicht ausreichend sind bloße Vermutungen.[1450]

1447 *Gruchmann,* Justiz im Dritten Reich, S. 1087.
1448 *Werle,* Justiz-Strafrecht, S. 23, 696.
1449 *Mushoff,* Strafe – Maßregel – Sicherungsverwahrung, S. 441.
1450 *Soiné,* Ermittlungsverfahren und Polizeipraxis, S. 50 f.; *Diemer,* in: KK-StPO, § 152 Rn. 7 f.; *Peters,* in: MüKo StPO, § 152 Rn. 34.

Das Ermittlungsverfahren dient dazu, den Sachverhalt aufzuklären, den Täter zu ermitteln und die Beweise zu sichern, die zur Überführung des Täters genutzt werden können. Die Staatsanwaltschaft bedient sich dabei der Polizei als „Ermittlungsperson" (§ 163 StPO).[1451] Das Ende des Ermittlungsverfahrens wird dadurch eingeleitet, dass die Staatsanwaltschaft eine Abschlussverfügung trifft, also z. B. Anklage erhebt. Hierfür ist ein *hinreichender Tatverdacht* (§ 170 I StPO) erforderlich, der gegeben ist, wenn bei der vorläufigen Tatbewertung die Verurteilung des Beschuldigten wahrscheinlicher ist als ein Freispruch.[1452]

Wie die Ermittlungsarbeit in der Zaubererwelt abläuft, wird an einigen Stellen in den Büchern erwähnt. Zunächst ist festzuhalten, dass für die Ermittlungen bei Straftaten die *Abteilung für Magische Strafverfolgung* zuständig ist. Diese Abteilung nimmt all diejenigen Aufgaben wahr, die in Deutschland Polizei und Staatsanwaltschaft innehaben. Innerhalb der Abteilung für Magische Strafverfolgung gibt es die Auroren sowie die magische Strafverfolgungspatrouille. Ihre Zuständigkeit grenzt sich derart ab, dass die Auroren als eine Art „Spezialeinsatzkommando" für schwere Verbrechen und schwarze Magie verantwortlich sind, während sich die magische Strafverfolgungspatrouille um Alltagskriminalität kümmert (siehe S. 70 f., 166 f.).

Ein Beispiel für das Tätigwerden der magischen Strafverfolgungspatrouille wird in Band sechs erwähnt. Hier unternehmen Harry und Dumbledore eine Reise im Denkarium zu den Vorfahren Lord Voldemorts.[1453] Weil diese auf einen Brief des Zaubereiministeriums nicht reagieren, schickt das Ministerium einen Angestellten der magischen Strafverfolgungspatrouille zu ihnen, um die Vorladung zu einer disziplinarischen Anhörung persönlich zu überreichen. Zur Aufgabe der magischen Strafverfolgungspatrouille gehören neben der reinen Ermittlungsarbeit also auch organisatorische Aufgaben für den Zaubergamot.

Wie oben bereits mehrfach dargelegt, ist es in der Zaubererwelt aber auch üblich, dass der Zaubereiminister einzelne Fälle an sich zieht. So beschließt Fudge eigenmächtig, dass wegen Harrys Straftat(en) in Band drei nicht weiter ermittelt wird und, dass diese für ihn keine Konsequenzen haben.[1454] Insgesamt wird die Ermittlungsarbeit sehr stark vom jeweils amtierenden Zaubereiminister bestimmt. Fudge macht u. a. auch die Suche nach dem entflohenen Sirius Black zur „Chefsache" und leitet die Ermittlungen in diesem Fall.[1455]

Auch der jeweilige Abteilungsleiter der Abteilung für Magische Strafverfolgung hat einen großen Einfluss auf die Ermittlungen. Unter Bartemius Crouch Sr. wurden beispielsweise Ermittlungsmethoden legalisiert, die bisher verboten waren: *„»Er [Anm. Bartemius Crouch Sr.] stieg im Ministerium rasch auf und begann harte Maßnahmen gegen Voldemorts Anhänger zu befehlen. Den Au-*

1451 *Griesbaum,* in: KK-StPO, § 163 Rn. 2–4; *Kölbel,* in: MüKo StPO, § 163 Rn. 2–4.
1452 *Moldenhauer,* in: KK-StPO, § 170 Rn. 3–8; *Kölbel,* in: MüKo StPO, § 170 Rn. 14–17.
1453 *Rowling,* Harry Potter 6, Das Haus der Gaunts, S. 202 ff.
1454 *Rowling,* Harry Potter 3, Der Fahrende Ritter, S. 53 f.
1455 *Rowling,* Harry Potter 3, Der Fahrende Ritter, S. 45.

roren erteilte er weitgehende Machtbefugnisse – zum Beispiel die Erlaubnis zu töten, statt Gefangene zu machen. Und ich war nicht der Einzige, den sie ohne Prozess sofort den Dementoren ausgeliefert haben. Crouch hat Gewalt mit Gewalt bekämpft und den Einsatz der Unverzeihlichen Flüche gegen Verdächtige erlaubt.« "[1456]

Aus dieser Passage lässt sich ablesen, dass es gesetzlich geregelt ist, welche Ermittlungsmethoden die Abteilung für Magische Strafverfolgung einsetzen darf. Auch die Auroren dürfen nicht alle theoretisch möglichen Maßnahmen ausschöpfen. Im Normalfall sind die Auroren nicht dazu ermächtigt, Menschen zu töten oder zu foltern. Ihnen ist lediglich erlaubt, Verdächtige zu verfolgen und gefangen zu nehmen und diese dann einem Gericht vorzuführen. Unter Bartemius Crouch Sr. war es ihnen aber zeitweise erlaubt, Verdächtige zu töten bzw. die unverzeihlichen Flüche an ihnen anzuwenden.

Unter der Herrschaft von Lord Voldemort werden die Ermittlungsmethoden weiter verschärft. Unter anderem werden bezahlte Söldner (sog. *Greifer*) eingesetzt, um Jagd auf Muggelstämmige zu machen: *„»Greifer«, sagte Ron. »Die sind überall, Banden, die Geld verdienen wollen, indem sie Muggelstämmige und Blutsverräter auftreiben, das Ministeriums zahlt für jeden, den sie fangen, eine Belohnung.«* "[1457]

Diese dürfen mit den Gefangenen nach eigenem Belieben verfahren, was sich u. a. dadurch zeigt, dass sich der Werwolf Greyback die Hoffnung macht, Hermine nicht nur zu beißen, sondern verspeisen zu dürfen: *„»Appetitliches Mädchen ... was für ein Leckerbissen ... wie weich ihre Haut ist ...« Harry stülpte sich der Magen um. [...] »Durchsucht das Zelt!«, sagte eine andere Stimme. Harry wurde vornübergeworfen und fiel mit dem Gesicht auf die Erde. Ein dumpfer Aufprall verriet ihm, dass Ron neben ihm niedergeschlagen worden war. Sie konnten Schritte hören; die Männer warfen Stühle um, während sie das Zelt durchsuchten.* "[1458]

Auffallend ist, dass die Ermittlungsverfahren in der Zaubererwelt oft recht kurz ausfallen. So erhält Harry in Band zwei und Band fünf wegen verbotener Zauberei jeweils innerhalb weniger Minuten Post vom Zaubereiministerium. Das Zaubereiministerium unternimmt in Harrys Fällen aber keine weiteren Ermittlungsmaßnahmen oder Versuche, die Wahrheit herauszufinden, sondern spricht direkt eine Rechtsfolge aus (siehe S. 162, 188 f., 339 f.).

Auch das Ermittlungsverfahren in der Zaubererwelt endet mit einer abschließenden Entscheidung (z. B. Anklage vor dem Zaubergamot) der Abteilung für Magische Strafverfolgung (weitere Ermittlungsmaßnahmen, siehe S. 308 ff.).

Das heutige Ermittlungsverfahren beruht auf den Regelungen der §§ 160 ff. RStPO. Der hinreichende Tatverdacht als Voraussetzung für die Anklageerhebung

---

1456 *Rowling*, Harry Potter 4, Tatzes Rückkehr, S. 548 f.
1457 *Rowling*, Harry Potter 7, Die silberne Hirschkuh, S. 391.
1458 *Rowling*, Harry Potter 7, Das Haus Malfoy, S. 455.

fand sich in § 168 RStPO (ab 1924: § 170 StPO n. F.). Formell galt die RStPO auch unter den Nationalsozialisten fort. Traurige Berühmtheit erlangte dieser Abschnitt des Strafverfahrens im NS-Staat aber vor allem durch völlig fehlgeleitete Ermittlungen gegen politische und andere Gegner sowie umgekehrt die Einstellung von Verfahren gegen Handlanger des Regimes wie SS, SA und Gestapo. Außerdem kam es zu einer Verpolizeilichung des Ermittlungsverfahrens.

So verlangte Himmler 1933 beispielsweise vom bayerischen Innenministerium, das Ermittlungsverfahren in Sachen Handschuch, Franz und Katz, die jeweils während ihrer Inhaftierung getötet wurden, *„aus staatspolitischen Gründen"* zu beenden, weil *„durch die Durchführung der Ermittlungsverfahren dem Ansehen des nationalsozialistischen Staates großer Abbruch deswegen getan würde, weil diese Verfahren sich gegen Angehörige der SA. und SS. richten und somit die SA. und SS., also Hauptträger des nationalsozialistischen Staates, unmittelbar betroffen würden"*.[1459] Umgekehrt hielt Reinhard Heydrich persönlich bei einer Tagung 1936 einen halbstündigen Vortrag zu dem Thema *„Der Kommunist im polizeilichen Ermittlungsverfahren"*.[1460]

Die *„Verordnung über außerordentliche Rundfunkmaßnahmen"* vom 7. September 1939 enthielt in § 4 die Regelung, dass eine Strafverfolgung *„nur auf Antrag der Staatspolizeistellen"* stattfinden sollte. Ziel der Regelung war, dass die Gestapo ihren Kampf gegen innere Feinde flexibel führen konnte und politische Entscheidungen nicht der Justiz überlassen musste. Die Gestapo erhielt damit eine gesetzliche Handhabe und konnte Verstöße gegen die Rundfunkverordnung durch eigene Maßnahmen wie etwa mit Schutzhaft ahnden.[1461] Insgesamt wurden die Kompetenzen der Gestapo immer weiter ausgedehnt und der staatlichen Kontrolle entzogen. Neben der Schutzhaft z. B. auch bei der *„Überwachung aller verbrecherischen Elemente"*. Für diese Maßnahmen seien *„selbstverständlich nicht [!] die Bestimmungen der Strafverfahrensordnung heranzuziehen"*. Rechtsgrundlage sei *„allein der Auftrag des Führers an den Reichsführer SS, auch die kriminellen Staatsfeinde vorbeugend zu bekämpfen."* Die weitreichenden Kompetenzen der Gestapo ergeben sich also direkt aus dem „Führerauftrag".[1462]

Im Entwurf der Strafverfahrensordnung vom Februar 1936 war dann aber trotzdem vorgesehen, dass die Polizei die Staatsanwaltschaft bei der Aufklärung des Sachverhalts und der Verfolgung des Täters *„unterstützt"* und dass sie den *„Weisungen des Staatsanwalts"* zu entsprechen hat. Himmlers Sachbearbeiter, der Oberregierungsrat Zindel schlug stattdessen aber vor, *„das gesamte Ermittlungsverfahren der Staatsanwaltschaft abzunehmen und die Polizei zum Herrn des Ermittlungsverfahrens zu machen. Der Staatsanwaltschaft würde dann nur*

1459 Zitiert nach: *Gruchmann,* Justiz im Dritten Reich, S. 642; *Distel,* in: Wachsmann/Steinbacher (Hrsg.): Die Linke im Visier, S. 104 (110 f).

1460 *Gruchmann,* Justiz im Dritten Reich, S. 713.

1461 *Gruchmann,* Justiz im Dritten Reich, S. 904 f.

1462 Zitiert nach: *Werle,* Justiz-Strafrecht, S. 530.

die Anklagetätigkeit verbleiben." Eine Formulierung, die bei der Justiz auf heftige Gegenwehr stieß und nie umgesetzt wurde.[1463]

Der Vergleich zeigt, dass es sowohl unter Lord Voldemort als auch unter Hitler zu einer Ausdehnung der erlaubten Ermittlungsmethoden kam und die Kompetenzen der Polizei im Verhältnis zur Justiz ausgeweitet wurden. In beiden Diktaturen wurde so ein Polizeistaat[1464] errichtet, um besonders hart gegen Muggelstämmige/Juden sowie politische Gegner vorgehen zu können.

bb) Das Zwischenverfahren

Mit der Erhebung der Anklage legt die Staatsanwaltschaft dem zuständigen Gericht die Akten mit dem Antrag vor, das Hauptverfahren zu eröffnen. Damit endet das Ermittlungsverfahren und es beginnt das Zwischenverfahren (§§ 199–211 StPO). In diesem prüft das Gericht erneut, ob ein hinreichender Tatverdacht gegeben ist und eröffnet in diesem Fall das Hauptverfahren. Es ergeht ein gerichtlicher Eröffnungsbeschluss (§ 203 StPO).[1465] Aus § 157 StPO ergibt sich, dass der im Ermittlungsverfahren *Beschuldigter* Genannte jetzt *Angeschuldigter* heißt. Mit der Eröffnung des Hauptverfahrens wird er zum *Angeklagten.*[1466]

Ob es in der Zaubererwelt ein Zwischenverfahren gibt, ist nicht bekannt. Einiges spricht jedoch dagegen: Nachdem Harry in Band fünf gezaubert hat, erhält er sofort zwei Schreiben des Zaubereiministeriums, in denen zunächst direkt Rechtsfolgen und erst später dann eine Anhörung angeordnet werden. Alleine aus der kurzen Zeitspanne, die zwischen Harrys Verstoß gegen das magische Recht und den beiden Briefen liegt, kann geschlossen werden, dass vorab kein Gerichtsbeschluss ergangen sein kann. Außerdem erfolgt die Ladung nicht durch den Zaubergamot, sondern durch die *Abteilung für Unbefugte Zauberei.*

Für die Ladung des Betroffenen ist damit die *Abteilung für Magische Strafverfolgung* zuständig. Der Zaubergamot wird erst bei der disziplinarischen Anhörung selbst eingeschaltet. Dies führt dazu, dass der Inhalt der Anklage vor dem Gerichtsverfahren nicht von einer (unabhängigen) Instanz geprüft wird. Im Gegensatz zum Deutschen Recht wird der (hinreichende) Tatverdacht gegen den Beschuldigten also nicht doppelt (einmal von der Staatsanwaltschaft und einmal vom Gericht) geprüft, sondern ausschließlich von der Abteilung für Magische Strafverfolgung. Dies kann dazu führen, dass auch Verfahren vor dem Zaubergamot landen, die eigentlich niemals hätten angeklagt werden dürfen. Ob es im magischen Strafrecht unterschiedlich ausgestaltete Verdachtsgrade gibt, ist nicht bekannt.

1463 Zitiert nach: *Gruchmann,* Justiz im Dritten Reich, S. 1020.

1464 So auch: *MacNeil,* in: Law and Literatur, Ausg. 14, Nr. 3, S. 545 (550).

1465 *Gubitz,* in: JA 2007, S. 369 (369); *Leipold,* in: NJW-Spezial 2006, S. 231 (231); *Ritscher,* in: BeckOK StPO, § 199 Rn. 1–9; § 203 Rn. 1–9.

1466 *Kramer*, Grundbegriffe des Strafverfahrensrechts, Rn. 20; *Diemer,* in: KK-StPO, § 157 Rn. 1.

Im Ergebnis zeigt dies wieder, wie mächtig das Zaubereiministerium ist und wie problematisch es sein kann, wenn das Gericht Teil ebendieses Ministeriums ist, statt eine unabhängige Instanz darzustellen. Dem Betroffenen geht damit letztendlich eine externe Kontrollinstanz verloren. Hätte in Harrys Fall der Zaubergamot den angeklagten Verstoß vor dem Verfahren und unabhängig vom Einfluss des amtierenden Zaubereiministers prüfen können, hätte die disziplinarische Anhörung in Band fünf eventuell nicht einmal stattgefunden.

Die RStPO kannte eine sog. *gerichtliche Voruntersuchung,* die in §§ 176 ff. RStPO geregelt war. Die Voruntersuchung fand bei Strafsachen statt, welche zur Zuständigkeit des Reichsgerichts oder der Schwurgerichte gehörten oder bei Strafsachen am Landgericht, wenn der Staatsanwalt oder der Angeschuldigte dies beantragte (§ 176 RStPO). Die Voruntersuchung wurde gem. § 182 RStPO vom Untersuchungsrichter eröffnet und geführt. Erachtete der Untersuchungsrichter den Zweck der Voruntersuchung für erreicht, so übersandte er gem. § 195 RStPO die Akten der Staatsanwaltschaft zur Stellung der Anträge. Über die Eröffnung des Verfahrens entschied dann gem. § 196 RStPO das Gericht. Voraussetzung war – wie auch heute – das Bestehen eines hinreichenden Tatverdachts (§ 201 RStPO).[1467]

Der Gedanke hinter der gerichtlichen Voruntersuchung war, dass in bedeutsameren Strafsachen die Ermittlungen einem unabhängigen Richter und nicht dem von der Exekutive abhängigen Staatsanwalt anvertraut werden sollte. Diese Kontrolle der Ermittlungstätigkeit durch eine gerichtliche Voruntersuchung war den Nationalsozialisten ein Dorn im Auge. Deswegen ist es nicht verwunderlich, dass bereits ab 1933 im Rahmen der angedachten Strafrechtsreform diskutiert wurde, die gerichtliche Voruntersuchung und die Anrufung des Gerichts gegen Maßnahmen der Staatsanwaltschaft sowie vor allem den Eröffnungsbeschluss abzuschaffen. Ziel war, bereits im Vorverfahren die gesamte Ermittlungstätigkeit in der Hand des weisungsgebundenen Staatsanwalts zu vereinen.[1468]

Umgesetzt wurde die Abschaffung der gerichtlichen Voruntersuchung zumindest teilweise bereits in der *„Verordnung des Reichspräsidenten gegen Verrat am Deutschen Volke und hochverräterische Umtriebe"* vom 28. Februar 1933. Demnach entfiel in den Hoch- und Landesverratssachen des Reichsgerichts die Voruntersuchung *„wenn der Tatbestand einfach liegt und sie darum nach dem pflichtgemäßen Ermessen des Oberreichsanwalts für die Vorbereitung der Hauptverhandlung nicht erforderlich ist".*[1469] Der Eröffnungsbeschluss entfiel durch die *„Verordnung des Reichspräsidenten zur Beschleunigung des Verfahrens in Hochverrats- und Landesverratssachen"* vom 18. März 1933 allgemein

1467 In der BRD wurde die gerichtliche Voruntersuchung erst durch das *„1. Strafverfahrensreformgesetz"* vom 09. Dezember 1974 beseitigt, *Haas,* Strafbegriff, Staatsverständnis und Prozessstruktur, S. 30; *Strauß,* in: NStZ 2006, S. 556 (S. 556 Fn. 8).

1468 *Gruchmann,* Justiz im Dritten Reich, S. 982.

1469 *Gruchmann,* Justiz im Dritten Reich, S. 1051; *König,* Vom Dienst am Recht, S. 133.

in Verfahren wegen Hoch- und Landesverrats.[1470] Abgeschafft wurden die gerichtliche Voruntersuchung und der Eröffnungsbeschluss außerdem vor den Sondergerichten und vor dem Volksgerichtshof.[1471]

Das *„Gesetz zur Änderung von Vorschriften des Strafverfahrens und des Gerichtsverfassungsgesetzes"* vom 28. Juni 1935 machte das Verfahren ohne gerichtliche Voruntersuchung zur Regel und die Voruntersuchung zur Ausnahme. Nach § 178 RStPO n.F. fand eine gerichtliche Voruntersuchung nur noch auf Antrag des Staatsanwalts statt, und zwar in den Sachen, die zur Zuständigkeit des Volksgerichtshofs, der Oberlandesgerichte und der Schwurgerichte gehörten, wenn er sie *„nach pflichtgemäßem Ermessen für erforderlich"* hielt. In allen anderen Strafsachen nur, *„wenn außergewöhnliche Umstände die Führung der Voruntersuchung durch einen Richter"* gebieten.[1472]

Aus dem Entwurf der Strafprozesskommission vom Februar 1936 geht schließlich hervor, dass auch das Zwischenverfahren ganz gestrichen werden sollte. Problematisch war, dass damit auch der Zeitpunkt für wichtige Beschuldigten- und Verteidigerrechte (z.B. Akteneinsicht) neu bestimmt werden musste.[1473]

Geht man davon aus, dass das Vorverfahren in den Harry-Potter-Büchern nicht nur nicht erwähnt wird, sondern nicht existiert, wird dem Betroffenen im magischen Recht genauso eine Kontrollinstanz genommen, wie es unter den Nationalsozialisten mit der Abschaffung des Vorverfahrens, des Eröffnungsbeschlusses und des Zwischenverfahrens der Fall war. Allerdings fehlen in den Harry-Potter-Büchern weitere Informationen, um einen detaillierten Vergleich anstellen zu können. Grundsätzlich war die Position des Gerichts im Gegensatz zum Zaubereiministerium aber auch schon vor der Machtergreifung Lord Voldemorts schwach ausgeprägt. Ein Zustand, den Adolf Hitler durch seine Reformen erst verwirklichen musste.

cc) Das Hauptverfahren

Mit dem Eröffnungsbeschluss beginnt das Hauptverfahren (§§ 213–275 StPO). Es besteht aus der mündlichen Verhandlung *(Hauptverhandlung)* vor dem erkennenden Gericht (§§ 226–275 StPO). Es gelten die oben bereits dargelegten Maxime (siehe S. 237 ff.). Die Hauptverhandlung wird protokolliert (§ 273 StPO).

Der Ablauf der Hauptverhandlung ist im Wesentlichen in § 243 StPO geregelt. Die Hauptverhandlung beginnt mit dem Aufruf der Sache durch den Richter. Im Anschluss stellt das Gericht fest, ob die Geladenen erschienen sind. Dann werden die Zeugen über ihre Wahrheitspflicht belehrt und nehmen außerhalb des Sitzungssaals Platz. Der Angeklagte wird zur Person vernommen. Daraufhin verliest der Vertreter der Staatsanwaltschaft den Anklagesatz der Anklageschrift.

1470 *König,* Vom Dienst am Recht, S. 133.
1471 *Werle,* Justiz-Strafrecht, S. 21; *König,* Vom Dienst am Recht, S. 133, 138.
1472 *Gruchmann,* Justiz im Dritten Reich, S. 678, 1064.
1473 *König,* Vom Dienst am Recht, S. 172.

Anschließend wird der Angeklagte zur Sache vernommen, sofern er sich trotz Belehrung über sein Schweigerecht einlassen möchte.[1474]

Gemäß § 244 I StPO folgt im Anschluss die Beweisaufnahme. Im Strafprozessrecht gilt das sog. *Strengbeweisverfahren.* Gesetzlich vorgesehene Beweismittel sind deswegen ausschließlich: Sachverständiger (§ 72 ff. StPO), Augenschein (§ 86 StPO), Urkunde (§§ 249 ff. StPO) und Zeuge (§ 48 ff. StPO) sowie Einlassung und Geständnis des Angeklagten. Für die Beweisaufnahme gilt die richterliche Hinweis- und Aufklärungspflicht gemäß § 244 II StPO und der Angeklagte hat das Recht, sich zu den Beweisen zu erklären (§ 257 StPO). Wenn weder Staatsanwalt noch Angeklagter weitere Beweisanträge stellen, schließt der Richter die Beweisaufnahme.[1475]

Es folgen gemäß § 258 I StPO die Schlussvorträge von Staatsanwaltschaft und Verteidiger.[1476] Nach dem letzten Wort des Angeklagten zieht sich das Gericht zur Urteilsberatung (§ 260 StPO) zurück.[1477] Nach erneutem Aufruf verliest der Richter die Urteilsformel, die auf Freispruch oder Verurteilung lautet und begründet das Urteil mündlich (§ 268 StPO). Es folgt die Rechtsmittelbelehrung (§ 35a StPO).[1478]

In den Harry-Potter-Büchern erlebt der Leser mehrere Hauptverhandlungen. Die disziplinarische Anhörung von Harry Potter und die Todesserprozesse. Auf diese wird weiter unten in eigenen Kapiteln näher eingegangen. Hier soll zunächst nur der grundlegende Ablauf einer magischen Hauptverhandlung im Strafrecht dargestellt werden. Dabei fällt als erstes auf, dass die magische Hauptverhandlung der Hauptverhandlung nach deutschem Recht sehr stark ähnelt.

Die Hauptverhandlung beginnt – wie auch in Deutschland – mit dem Aufruf der Sache. Im Anschluss stellt das Gericht fest, ob die Geladenen erschienen sind und vernimmt den Angeklagten (der auch im magischen Recht so bezeichnet wird) zu seiner Person.[1479] Dabei wird die Verhandlung von einem Gerichtsschreiber protokolliert: *„»Disziplinarische Anhörung vom zwölften August«, sagte Fudge mit schriller Stimme und sofort fing Percy an zu protokollieren, »in Sachen Verstöße gegen den Erlass zur Vernunftgemäßen Beschränkung der Zauberei Minderjähriger und gegen das Internationale Geheimhaltungsabkom-*

1474 *Schneider,* in: KK-StPO, § 243 Rn. 1 ff.; *Arnoldi,* in: MüKo StPO, § 243 Rn. 1 ff. Protokoll: *Schmitt,* in: NStZ 2019, S. 1 (2); *Meyer-Mews,* in: NJW 2002, S. 103 (104).

1475 *Krehl,* in: KK-StPO, § 244 Rn. 18 ff.; *Kudlich,* in: MüKo StPO/1, Einleitung, Rn. 415 ff.; *Trüg/Habetha,* in: MüKo StPO, § 244 Rn. 35 ff.; *Schäfer/Sander/Gemmeren,* Praxis der Strafzumessung, Rn. 127 ff.

1476 *Eschelbach,* in: BeckOK StPO, § 258 Rn. 1 ff.

1477 *Eschelbach,* in: BeckOK StPO, § 260 Rn. 1 ff.

1478 *Peglau,* in: BeckOK StPO, § 268 Rn. 1 ff.; *Larcher,* in: BeckOK StPO, § 35a Rn. 1 ff.

1479 *„»Du bist Harry James Potter, wohnhaft Ligusterweg Nummer vier, Little Whinging, Surrey?« fragte Fudge und funkelte Harry über sein Pergament hinweg an. »Ja«, sagte Harry.“* (*Rowling,* Harry Potter 5, Die Anhörung, S. 168).

men durch Harry Potter, wohnhaft Ligusterweg Nummer vier, Little Whinging, Surrey.« “[1480]

Sodann wird der Angeklagte mit der ihm vorgeworfenen Tat konfrontiert, indem die „Anklage“ verlesen wird und es folgt die Vernehmung des Angeklagten zur Sache: *„Sie sind angeklagt, einen Auroren – Frank Longbottom – überwältigt und ihn dem Cruciatus-Fluch unterworfen zu haben, weil Sie glaubten, er kenne den Aufenthaltsort Ihres geflohenen Herrn, dessen Name nicht genannt werden darf–«* “[1481]

Auffallend ist hier, dass die Anklage nicht neutral formuliert ist, sondern sehr subjektiv und vorverurteilend.[1482] Es sticht zudem ins Auge, dass die Anklage in Harrys Fall vom Zaubereiminister und in den Todesserprozessen vom Leiter der Abteilung für Magische Strafverfolgung verlesen wird. Dies zementiert die Behauptung, dass die Abteilung für Magische Strafverfolgung eine Art Staatsanwaltschaft ist. Es zeigt aber auch, dass der Zaubereiminister das Amt des Anklägers (und Richters) an sich reißen kann – wie es Fudge in Band fünf tut.[1483]

Auffallend ist außerdem, dass an die Verlesung der Anklage direkt die Vernehmung des Angeklagten zur Sache anschließt. Weder Harry noch Bartemius Crouch Jr. u. a. werden vor ihren Angaben zur Sache belehrt.[1484] Nach der Vernehmung des Angeklagten folgt – zumindest in Harrys disziplinarischer Anhörung – die Beweisaufnahme. Diese besteht in seinem Fall aus der Vernehmung einer Zeugin: *„»Vollständiger Name?«, sagte Fudge laut, als sich Mrs Figg nervös am äußeren Stuhlrand niedergelassen hatte. »Arabella Doreen Figg«, sagte Mrs Figg mit ihrer zittrigen Stimme. »Und wer genau sind Sie?«, fragte Fudge in gelangweilt hochmütigem Ton.* “[1485]

Auch die Zeugenvernehmung ähnelt dem deutschen Recht. Die Zeugin gibt zunächst ihre Personalien an und wird dann zur Sache vernommen.[1486] Ob das magische Strafprozessrecht ein Zeugnisverweigerungsrecht (§ 52 StPO) kennt, wird in den Büchern nicht erwähnt. Die Zeugin wird vor ihrer Vernehmung nicht zur Wahrheit ermahnt (§ 57 StPO). Allerdings ist es auch im magischen Recht üblich, dass die Zeugen erst zu ihrer Vernehmung den Raum betreten, da-

1480 *Rowling,* Harry Potter 5, Die Anhörung, S. 166.

1481 *Rowling,* Harry Potter 4, Das Denkarium, S. 622.

1482 Beispiel: *„»Sie wurden hierher vor den Rat für das Magische Gesetz gebracht«, sagte er mit klarer Stimme, »damit wir Sie für ein Verbrechen verurteilen, so abscheulich ...« »Vater«, sagte der Junge mit dem strohblonden Haar. »Vater ... bitte ...«»– so abscheulich, wie wir es in den Mauern dieses Gerichts selten zu Ohren bekommen ...«, sagte Crouch mit erhobener Stimme, die die seines Sohnes erstickte.* “ (Rowling, Harry Potter 4, Das Denkarium, S. 622).

1483 *Rowling,* Harry Potter 5, Die Anhörung, S. 167.

1484 *Rowling,* Harry Potter 4, Das Denkarium, S. 622; Harry Potter 5, Die Anhörung, S. 168.

1485 *Rowling,* Harry Potter 5, Die Anhörung, S. 172.

1486 Deutsches Recht: Vernehmung zur Person: § 68 I StPO, Vernehmung zur Sache: § 69 StPO.

mit sie nicht vom bereits verhandelten Prozessstoff beeinflusst werden (§ 243 II StPO). Nach der Vernehmung verlässt die Zeugin den Raum und der Vorsitzende schließt die Beweisaufnahme.[1487] Im Fall von Bartemius Crouch Jr. gibt es keine Beweisaufnahme. Dies zeigt, dass es sich dabei nicht um einen zwingend notwendigen Bestandteil der Hauptverhandlung handelt. In der Causa Crouch Jr. wird dadurch auch deutlich, dass man alleine auf Grund von Indizien verurteilt werden kann, obwohl man selbst die Tat vehement abstreitet.[1488]

Das magische Strafprozessrecht kennt keine Schlussvorträge. Dies ist nur konsequent, wenn man bedenkt, dass es überhaupt keinen Strafverteidiger gibt, der ein solches Plädoyer halten könnte. Da der jeweilige Vorsitzende die Verhandlung bisher geführt hat, hatte er bereits Gelegenheit, sich zur Sache zu äußern. Ein Plädoyer des „Staatsanwalts" ist deswegen im magischen Strafverfahren ebenfalls nicht vorgesehen. An die Beweisaufnahme schließt sich direkt die Abstimmung über den Schuldspruch und das Urteil an: *„»Ich fordere nun die Mitglieder der Jury auf«, rief Mr Crouch, »die Hand zu heben, wenn sie mit mir der Meinung sind, dass für diese Verbrechen eine lebenslängliche Strafe in Askaban angemessen ist.« Die Hexen und Zauberer an der rechten Seite des Kerkers hoben einstimmig die Hände."*[1489]

Im Gegensatz zum deutschen Strafprozessrecht findet die Abstimmung (§ 263 StPO) öffentlich durch das Heben der Hand und ohne eine vorherige Beratung (§ 260 StPO) statt. Dabei wird in einem Zug sowohl über die Schuldfrage, als auch über die Art und Höhe der Strafe abgestimmt.[1490] Bartemius Crouch Jr. wird so zu einer lebenslangen Freiheitsstrafe in Askaban verurteilt, während Harry freigesprochen wird (siehe S. 366 f., 387). Ob das Urteil verschriftlicht wird, ist nicht bekannt. Da das Verfahren aber auch protokolliert wird, ist stark davon auszugehen. Eine Rechtsbehelfsbelehrung erfolgt nicht.

Im Ergebnis ist bereits an dieser Stelle festzuhalten, dass die Rechte des Angeklagten im magischen Strafprozessrecht deutlich eingeschränkt sind. Er tritt nicht nur ohne Verteidiger auf, sondern wird auch vor seiner Befragung nicht belehrt. Da die Beweisaufnahme nicht zwingend ist und der Gang des Verfahrens maßgeblich vom jeweiligen Ankläger gelenkt und bestimmt wird, fällt die gesamte Hauptverhandlung stark zu Lasten des Angeklagten aus. Weil es keine Urteilsberatung gibt, wird der Prozessstoff nicht von den abstimmungsberech-

---

1487 *„»So war es«, wiederholte Mrs Figg. »Nun denn«, sagte Fudge. »Sie können gehen.« Mrs Figg wandte sich von Fudge ab und warf Dumbledore einen ängstlichen Blick zu, dann stand sie auf und schlurfte zur Tür. Harry hörte, wie sie hinter ihr zuschlug."* (*Rowling,* Harry Potter 5, Die Anhörung, S. 174).

1488 *Rowling,* Harry Potter 4, Das Denkarium, S. 622 f.

1489 *Rowling,* Harry Potter 4, Das Denkarium, S. 623.

1490 Im Verhältnis zum US-Jury-Prozess fällt Barratt dazu auf: *„It is generally understood that sentence ought to be determined separately from guilt […] However, we clearly see Barty Crouch Sr. ask the jury in the Lestrange/Crouch Jr. trial to issue a ruling on guilt […] and a sentence at the same time."* (*Barratt,* The Politics of Harry Potter, S. 111).

tigten Personen diskutiert. Das Urteil wird deswegen sehr überstürzt und ohne vorherige Aussprache gefällt. Auch dies kann sich unter Umständen zu Lasten des Angeklagten auswirken. Andererseits wird so sichergestellt, dass die Richter/Jury-Mitglieder nicht in einer Hinterkammer weiter beeinflusst werden, sondern alleine auf Grund ihres persönlichen Eindrucks von der Hauptverhandlung urteilen.

Die Vorgänger-Regelungen zu unserem heutigen Hauptverfahren fanden sich in §§ 212–275 RStPO. Sie galten unter den Nationalsozialisten fort und entsprachen größtenteils den jetzigen Normen. Der Ablauf der Hauptverhandlung war in § 242 RStPO geregelt. Die Beweisaufnahme in §§ 243 ff. RStPO. Die Schlussplädoyers und das letzte Wort des Angeklagten fanden sich in § 257 RStPO. Die freie richterliche Beweiswürdigung in § 260 RStPO und die Verkündung des Urteils in § 267 RStPO. Die Protokollierung in §§ 271 ff. RStPO.[1491]

Wie oben bereits mehrfach dargelegt, kam es unter den Nationalsozialisten zu einer Verpolizeilichung und einem Ausbau der Rechte der Staatsanwaltschaft, während gleichzeitig die Kompetenzen der Gerichte beschränkt wurden. In der Hauptverhandlung wurden vor allem die Rechte des Angeklagten und seines Verteidigers sowie die Beweisaufnahme beschnitten.

Die „kleine Strafprozesskommission" von 1933 strebte u. a. die Änderung der Regelungen zur Protokollierung der Hauptverhandlung an (§§ 92, 93 des Entwurfs). Die Sitzungsniederschrift sollte vollständig in die Hände des Vorsitzenden fallen. U. a. sollten Einwendungen gegen das Protokoll nur noch mit der Genehmigung des Vorsitzenden festgehalten werden und dieser sollte das Protokoll auch ohne Weiteres nachträglich berichtigen können. Ein Antragsrecht der Prozessbeteiligten war nicht vorgesehen. Insbesondere sollte ein Beweis der Unrichtigkeit nicht möglich sein.[1492] Dieser Entwurf zeigt, dass es bereits 1933 auch unter Juristen viele Stimmen dafür gab, die Rechte des Angeklagten weiter einzuschränken. In der Kommission von 1936 einigte man sich nach vielen Diskussionen zumindest auf einen „eingeschränkten Unrichtigkeitsnachweis" sowie ein Antragsrecht für die Prozessbeteiligten.[1493] Danckert kommt deswegen zum Ergebnis, dass der Entwurf *„keine sonderlich nationalsozialistische Prägung"*[1494] aufweise.

Die Sondergerichte sollten in Zeiten politischer Anspannung eine schnelle Bestrafung „terroristischer" Gewalttaten durch ein vereinfachtes Verfahren ermöglichten. Die Beschleunigung wurde u. a. auf Kosten des Beschuldigten erreicht. So konnte das Gericht z. B. eine Beweiserhebung ablehnen, wenn sie nach seiner Überzeugung für die Aufklärung der Sache nicht erforderlich war (§ 13).[1495]

1491 Strafrechtsreform und Strafprozessrecht in der Weimarer Republik: *Vormbaum,* Einführung in die moderne Strafrechtsgeschichte, S. 170 ff.

1492 *Danckert,* Die materielle Beweiskraft des Hauptverhandlungsprotokolls, S. 74 ff.

1493 *Danckert,* Die materielle Beweiskraft des Hauptverhandlungsprotokolls, S. 77 ff.

1494 *Danckert,* Die materielle Beweiskraft des Hauptverhandlungsprotokolls, S. 83.

1495 *Gruchmann,* Justiz im Dritten Reich, S. 946, 948.

Freisler definierte 1939 die Zielsetzung der Sondergerichte folgendermaßen: *„Sie müssen ebenso schnell sein wie die Panzertruppe, sie sind mit großer Kampfkraft ausgestattet. ... Sie müssen denselben Drang und dieselbe Fähigkeit haben, den Feind aufzusuchen, zu finden und zu stellen, und sie müssen die gleiche durchschlagende Treff- und Vernichtungsgenauigkeit gegenüber dem erkannten Feind haben“.*[1496] Eine Rundverfügung des Reichsjustizministers vom 12. September 1939 ermahnte alle Richter und Staatsanwälte in allen Verfahren: *„Alle Beteiligten müssen zudem mitwirken, daß Tat, Anklage, Hauptverhandlung, Urteil und Vollstreckung einander auf dem Fuße folgen“.*[1497]

Dieser Abschnitt zeigt, dass eine magische Strafverhandlung grundsätzlich so gegliedert ist, wie es nach heutigem deutschen Recht und auch nach historischem Recht der Fall war. Eine krasse Abweichung ergibt sich im magischen Strafprozessrecht aber bei der bereits mehrfach erwähnten Personenidentität von Zaubereiminister, Ankläger und Richter, die unter den Nationalsozialisten zumindest teilweise durch das „Führerprinzip“ erreicht werden sollte. Außerdem sind die Angeklagtenrechte (beispielsweise Belehrung, Verteidiger, letztes Wort) sowie die Beweisaufnahme im magischen Recht stark eingeschränkt. Zu einer Beschneidung in diesen Bereichen kam es auch im NS-Staat. Damit war das magische Strafprozessrecht bereits vor der Machtergreifung durch Lord Voldemort dem NS-Recht ähnlicher als unserem heutigen Recht.

dd) Das Rechtsmittelverfahren

Das deutsche Strafprozessrecht bietet der Staatsanwaltschaft, dem Angeklagten sowie dessen Verteidiger verschiedene Möglichkeiten, Entscheidungen des Gerichts überprüfen zu lassen. Neben den außerordentlichen Rechtsbehelfen gibt es dabei insbesondere die *ordentlichen Rechtsbehelfe*, die auch *Rechtsmittel* genannt werden.[1498] Dazu gehören: Die Berufung (§§ 312 ff. StPO), die Revision (§§ 333 ff. StPO) und die (sofortige) Beschwerde (§§ 304 ff. StPO). Alle drei Rechtsmittel bringen die Sache in eine höhere Instanz (sog. *Devolutiveffekt*).[1499] Berufung und Revision haben außerdem *Suspensivwirkung*[1500], sodass die Rechtskraft des Urteils gehemmt wird. Die Überprüfbarkeit von Urteilen und damit der Instanzenzug ist Ausfluss des Rechtsstaatsprinzips. Es gibt allerdings keinen subjektiven Anspruch auf einen Instanzenzug.[1501]

1496 Zitiert nach: *Kramer*, in: NordÖR 5/2019, S. 209 (213).
1497 Zitiert nach: *Werle*, Justiz-Strafrecht, S. 268.
1498 *Allgayer*, in: MüKo StPO, § 296 Rn. 1–21.
1499 *Paul*, in: KK-StPO, § 296 Rn. 2; *Cirener*, in: BeckOK StPO, § 296 Rn. 1.
1500 *Paul*, in: KK-StPO, § 296 Rn. 2; *Cirener*, in: BeckOK StPO, § 296 Rn. 1.
1501 *Jachmann-Michel*, in: Dürig/Herzog/Scholz (Hrsg.): GG, Art. 95 Rn. 103; *Schmidt-Jortzig*, in: NJW 1994, S. 2569 (2572).

Ob gegen Urteile des Zaubergamot/Rats für das Magische Gesetz Rechtsbehelfe möglich sind, ist nicht bekannt.[1502] Weder Harry noch die anderen Angeklagten werden am Ende ihrer Verhandlung über die Möglichkeit der Einlegung eines Rechtsmittels belehrt.

In der Causa Sirius Black wird mehrmals darüber diskutiert, ob es möglich ist, dessen Unschuld zu beweisen. Einer der Versuche misslingt, weil dem wahren Täter, Peter Pettigrew, die Flucht glückt.[1503] Dies lässt den Schluss zu, dass es im magischen Recht zumindest irgendwie möglich sein muss, Fehlurteile zu revidieren. Es scheint – wie auch im deutschen Recht – eine Art *Wiederaufnahme des Verfahrens*[1504] bei neuen Beweismitteln zu geben. Dafür spricht auch, dass Hagrid – nachdem bewiesen ist, dass er für den Tod der maulenden Myrte nicht verantwortlich ist – zumindest als Lehrer in Hogwarts arbeiten darf. Im Fall von Sirius Black kommt aber erschwerend hinzu, dass er ohne (rechtskräftiges) Urteil in Askaban saß. Der Beweis seiner Unschuld kann damit rein formal-logisch nicht darin bestehen, das (nichtexistente) Urteil mit einem (eventuell existierenden) Rechtsmittel anzugreifen, dessen Fristen nach 13 Jahren außerdem problematisch sein dürften.

Umgekehrt versucht Crouch Sr. aber gar nicht erst, seinen bereits seit mehreren Jahren inhaftierten Sohn mit juristischen Mitteln aus Askaban freizukämpfen, sondern befreit diesen auf das Drängen seiner im Sterben liegenden Frau lieber durch einen Ausbruch aus Askaban.[1505] Gerade dem ehemaligen Leiter der Abteilung für Magische Strafverfolgung hätte man aber zugetraut, dass er einen formaljuristischen Weg beschreitet, wenn es denn einen solchen gibt.[1506]

Ein Indiz für die Existenz von Rechtsmitteln im magischen Strafprozessrecht ist Hagrids Anhörung vor dem *Ausschuss für die Beseitigung gefährlicher magischer Geschöpfe*. Der Ausschuss organisiert eine „Anhörung“, bei der darüber entschieden wird, ob der Hippogreif Seidenschnabel eine Gefahr für Menschen darstellt und deswegen getötet werden muss. Gegen die Entscheidung ist *„Berufung“* (im englischen Original: *„appeal“*[1507]) möglich. Es handelt sich dabei aber gerade um kein Urteil des Zaubergamot/Rats für das magische Gesetz. Diese Berufung ist die einzige Stelle in den Harry-Potter-Büchern, in der zumin-

---

1502 In Seidenschnabels Fall ist eine „Berufung“ gegen die Entscheidung des Komitees zur Beseitigung gefährlicher magischer Geschöpfe möglich. Dabei handelt es sich aber strenggenommen nicht um ein Urteil des Zaubergamot/Rats für das Magische Gesetz.

1503 *Rowling,* Harry Potter 3, Der Kuss des Dementors, S. 419.

1504 Im deutschen Recht ist gemäß § 359 StPO die Wiederaufnahme zu Gunsten des Verurteilten und gem. § 362 zu Ungunsten des Verurteilten nur unter bestimmten Voraussetzungen möglich.

1505 *Rowling,* Harry Potter 4, Veritaserum, S. 714 ff.

1506 Dagegen spricht wiederum, dass Crouch Sr. gerade einen harten Staat mit einer strengen Strafverfolgung verkörpern will. Seinen Sohn nachträglich mit juristischen Mitteln „freizukämpfen“ würde nicht zu diesem Image passen.

1507 *Rowling,* Harry Potter 3, Professor Trelawney's Prediction, S. 232.

dest angedeutet wird, dass auch die Zaubererwelt einen Instanzenzug hat und so etwas wie ein Rechtsmittelverfahren kennt. Allerdings wird zu Seidenschnabels Berufungsverhandlung direkt der Henker mitgebracht, der dem Hippogreif dann auch ohne viele Worte mit einer Axt den Kopf abschlägt.[1508] Zumindest in diesem Fall handelt es sich bei der „Berufungsverhandlung“ also um eine reine Formalie und nicht um die Bemühung, die Entscheidung tatsächlich auf ihre Richtigkeit zu überprüfen.[1509] Außerdem geht es hier um die Tötung eines (angeblich) gefährlichen Tieres und nicht um einen Strafprozess gegen einen Menschen.[1510]

Ob dies den Schluss zulässt, dass auch gegen Urteile des Zaubergamot/Rats für das magische Gesetz Rechtsmittel gegeben sind, ist nicht eindeutig. Man könnte als *Argumentum a fortiori* anbringen, dass in Strafverfahren gegen Menschen erst Recht ein Rechtsmittel gegeben sein muss, wenn dies in weniger relevanten Verfahren gegen magische Geschöpfe bereits der Fall ist *(Argumentum a maiore ad minus)*. In den Harry-Potter-Büchern wird diese Frage allerdings nicht beantwortet, sodass dies hier eine reine Spekulation darstellt.

Blickt man auf die historische Entwicklung in Deutschland, so waren die Rechtsmittel bereits ab 1877 in §§ 338 ff. RStPO geregelt und unterteilten sich in Beschwerde (§§ 346 ff. RStPO), Berufung (§§ 354 ff. RStPO) und Revision (§§ 374 ff. RStPO). Gem. § 349 RStPO hatte auch die damalige Beschwerde keine Suspensivwirkung. Das Gerichtsverfassungsgesetz des Deutschen Reiches, ebenfalls aus dem Jahr 1877, schuf die im Wesentlichen auch heute noch gültige und bekannte Gerichtsorganisation und damit auch den Instanzenzug im Strafrecht.[1511]

Unter den Nationalsozialisten wurde die Möglichkeit, gegen strafrechtliche Urteile Rechtsmittel einzulegen, stark beschränkt und u. a. vor den, durch die *„Verordnung der Reichsregierung über die Bildung von Sondergerichten“* vom 21. März 1933 errichteten, Sondergerichten komplett abgeschafft.[1512] Außerdem gab es bis zum Jahre 1939 in der Regel und danach ausnahmslos nur ein Rechtsmittel. Entweder Berufung oder Revision.[1513] Daneben kam es zu einer Erwei-

1508 *Rowling,* Harry Potter 3, Hermines Geheimnis, S. 439.

1509 So auch: *Baltzar,* Power and Evil, S. 21 f.

1510 Die Angliederung des Ausschusses für die Beseitigung gefährlicher magischer Geschöpfe in einer Abteilung des Zaubereiministeriums ähnelt nach unserem Verständnis außerdem mehr einem Verwaltungsverfahren als einem Strafprozess. So hat der Vorgang Ähnlichkeit mit der Anordnung der Tötung eines bissigen Hundes durch einen Verwaltungsakt und der Möglichkeit, dagegen Widerspruch einzulegen bzw. Anfechtungsklage zu erheben. Zwar kennt auch unser Verwaltungsrecht die Berufung (§ 124 VwGO), allerdings erst gegen das erstinstanzliche Urteil. Die Harry-Potter-Büchern machen hierzu keine weiteren Ausführungen.

1511 Vergleichender Überblick: *Schletz,* Die erweiterte Revision in Strafsachen, S. 82 ff.

1512 *Ritter,* in: Benz/Graml/Weiß (Hrsg.): Enzyklopädie des Nationalsozialismus, S. 85 (94); *Manthe,* Richter, S. 36.

1513 *Laufs,* Rechtsentwicklungen in Deutschland, S. 409.

terung der Wiederaufnahme des Verfahrens sowie der Einführung der Nichtigkeitsbeschwerde und des außerordentlichen Einspruchs (siehe S. 165, 276, 406).

Die Rechtsmittelsystematik, die im Entwurf der Reform des Strafrechts von 1939 vorzufinden ist, knüpft zwar weiterhin an den bestehenden Rechtszustand an. Sie zeigt aber deutlich, was das nationalsozialistische Regime von Rechtsmitteln hielt. So war die Aufnahme der Berufung in den Entwurf z.B. hoch umstritten. Der NS-Rechtswahrerbund vertrat sogar die Auffassung, dass auf Rechtsmittel komplett verzichtet werden könne, weil das Strafverfahren ein *„einmaliger und unwiederholbarer"* Vorgang sei, der Berufung und Revision obsolet mache.[1514] Diese Forderung stellte auch Schmitt, der anstelle von Berufung und Revision eine Überprüfung durch eine *„politische Instanz"* vorschlug. Dazu sollte ein *„Beauftragter des Führers zur Wahrung der Rechtseinheit in der Praxis auftauchende Widersprüche der Gesetzesauslegung"* beseitigen.[1515]

Diesen extremen Ansichten folgte man nicht. Der Entwurf von 1939 sah stattdessen folgenden beschnittenen Rechtsmittelzug vor: Die Urteile des Amtsrichters sollten nur noch mit der Berufung angefochten werden können, über welche die Schöffenkammer des Landgerichts entschied. Urteile der Schöffenkammer im ersten Rechtszug konnten nur mit der „Urteilsrüge" (Revision) angefochten werden über die das Reichsgericht entscheiden sollte. Gegen die im Berufungsrechtszug erlassenen Entscheidungen der Schöffenkammern war kein ordentliches Rechtsmittel vorgesehen. Ebenso nicht gegen die Entscheidungen der Strafkammern, welche die Aufgabe der bisherigen Sondergerichte übernehmen sollten, sowie gegen die Entscheidungen der Oberlandesgerichte, des Volksgerichtshofs und des Reichsgerichts.[1516]

Zur Stärke und Durchschlagkraft auf polizeilicher Ebene trug bei, dass die Verfügungen der Gestapo (beispielsweise die äußerst einschneidende Schutzhaft) nicht mit Rechtsmitteln, sondern nur mit der Dienstaufsichtsbeschwerde angefochten werden konnten. Diese hatten keine aufschiebende Wirkung. In §7 des *„Gesetzes über die Geheime Staatspolizei"* (Drittes Gestapo-Gesetz) vom 10. Februar 1936 hieß es schließlich ausdrücklich: *„Verfügungen in Angelegenheiten der Geheimen Staatspolizei unterliegen nicht der Nachprüfung durch die Gerichte"*. Die Überprüfung der Rechtmäßigkeit und Zweckmäßigkeit bei der Anwendung der Schutzhaft – eines der wichtigsten Instrumente bei der Festigung des nationalsozialistischen Regimes – war den ordentlichen Gerichten damit komplett entzogen.[1517] Ziel der Beschneidung der Rechtsmittel war damit nicht nur die Beschränkung der Beschuldigtenrechte, sondern eindeutig auch die Stärkung der Unabhängigkeit des NS-Regimes von den Gerichten.

Festgehalten werden kann, dass Lord Voldemort einmal mehr eine einfachere Ausgangslage als Adolf Hitler hatte. Denn im magischen Recht stehen – wie

1514 Zitiert nach: *Schletz,* Die erweiterte Revision in Strafsachen, S. 208 Fn. 821.

1515 Zitiert nach: *Gruchmann,* Justiz im Dritten Reich, S. 997 f.

1516 *Gruchmann,* Justiz im Dritten Reich, S. 943.

1517 *Werle,* Justiz-Strafrecht, S. 535 ff., 546; *Spohr,* Das Recht der Schutzhaft, S. 22 ff.

oben dargelegt – bis auf die rein formale Berufung gegen Entscheidungen des *„Ausschusses für die Beseitigung gefährlicher Geschöpfe"* entweder überhaupt keine Rechtsmittel zur Verfügung oder diese spielen in der Rechtspraxis jedenfalls keine Rolle. So konnte das Zaubereiministerium schon vor der Machtergreifung Lord Voldemorts fast unbehelligt vom Zaubergamot „durchregieren" und nutzte dies beispielsweise, um an politischen Gegnern wie Harry ein Exempel zu statuieren. Aber auch später agieren die Todesser und Greifer Lord Voldemorts (ähnlich wie SS, SA und Gestapo[1518]) komplett unbehelligt vom Zaubergamot und werden strafrechtlich selbst für Ermordungen (z.B. an Muggelstämmigen) und Folter (z.B. am Trio im Haus der Malfoys[1519]) nicht belangt.

ee) Strafvollstreckung und Strafvollzug

Unter der Strafvollstreckung (§§ 449 ff. StPO) versteht man die Vollstreckung eines in einem Strafprozess ergangenen Urteils mit dem Ergebnis der Erzwingung der Strafe durch den Staat. Das Vollstreckungsverfahren dient dazu, Art, Umfang sowie Dauer der Strafe zu überwachen. Zuständig für die Strafvollstreckung ist im deutschen Erwachsenenstrafrecht nach § 451 StPO die Staatsanwaltschaft. Voraussetzung der Strafvollstreckung ist die Rechtskraft des Urteiles (§ 449 StPO).[1520]

Die Strafvollstreckung unterscheidet sich vom Strafvollzug dadurch, dass Letzteres das „Wie" und Ersteres das „Ob" der Durchführung einer Strafe regelt. Gegenstand des Strafvollzugs ist der Vollzug der gerichtlich verhängten Freiheitsstrafe. Zum Strafvollzug, für den die Justizvollzugsanstalten zuständig sind, gehören damit alle Maßnahmen, denen der Gefangene unterworfen ist. Beispielsweise dessen Unterbringung, Ernährung sowie Disziplinarmaßnahmen innerhalb der JVA. Geregelt ist dies seit 1977 im Strafvollzugsgesetz (StVollzG) des Bundes. Im Rahmen der Föderalismusreform ging die Gesetzgebungskompetenz 2006 auf die Länder über, die zum Teil eigene Strafvollzugsgesetze erlassen haben.[1521]

Über die Strafvollstreckung ist in den Harry-Potter-Büchern wenig bekannt. Zunächst ist davon auszugehen, dass hierfür ebenfalls die Abteilung für Magische Strafverfolgung als „Staatsanwaltschaft" zuständig ist. So ordnet Barty Crouch Sr. beispielsweise an, dass sein Sohn und die Todesser direkt aus dem Gerichtssaal von Dementoren nach Askaban überführt werden.[1522] Geldstrafen werden vollstreckt, indem das Zaubereiministerium den Betroffenen zur Zahlung auf-

1518 *„Finally, The Snatchers are another branch of Voldemort's Gestapo-like operation.",* *Hartman-Warren*, in: Soltysik Monnet/Hantke (Hrsg.): War Gothic, S. 211 (222).

1519 *Rowling,* Harry Potter 7, Das Haus Malfoy, S. 470 ff.

1520 *Ganter,* in: BeckOK StVollzG Bund, § 449 Rn. 1–13; *Appl,* in: KK-StPO, § 449 Rn. 1 ff.; *Appl,* in: KK-StPO, § 451 Rn. 2.

1521 *Meier,* Strafrechtliche Sanktionen, S. 100 ff.; *Gerhold,* BeckOK StVollzG Bund, Einleitung, Rn. 12, 16 ff.

1522 *Rowling,* Harry Potter 4, Das Denkarium, S. 623 f.

fordert. Was passiert, wenn dieser nicht zahlen kann, ist nicht bekannt. Demnach weiß man auch nicht, ob das magische Recht eine Ersatzfreiheitsstrafe i. S. d. § 43 StGB kennt.

In Band fünf soll Harry von der Schule verwiesen und sein Zauberstab zerstört werden. Hierfür will die Abteilung für Magische Strafverfolgung Angestellte zu ihm schicken, die diese Strafe vollstrecken sollen: *„Die Schwere dieser Verletzung des Erlasses zur Vernunftgemäßen Beschränkung der Zauberei Minderjähriger hat zu Ihrem Verweis von der Hogwarts-Schule für Hexerei und Zauberei geführt. Beauftragte des Ministeriums werden Sie unverzüglich an Ihrem Wohnort aufsuchen, um Ihren Zauberstab zu zerstören.“*[1523]

In Harrys Fall wird diese Strafe nicht vollstreckt, weil Dumbledore Fudge darauf hinweist, dass der Verstoß gegen das magische Recht zunächst (in einem formalen Verfahren vor dem Zaubergamot) bewiesen werden muss.[1524] Auch das magische Strafprozessrecht setzt damit im Normalfall voraus, dass ein rechtskräftiges Urteil vorliegt. Erschreckend ist, dass das Zaubereiministerium nicht nur in Harrys Fall dagegen verstößt, sondern auch Sirius Black ohne ein rechtskräftiges Urteil für eine lebenslange Freiheitsstrafe nach Askaban geschickt hat.[1525] Dies zeigt, dass die magischen Gesetze zwar in einigen Bereichen rechtsstaatliche Grundsätze kennen, diese aber vom Zaubereiministerium selbst nicht eingehalten werden.

Die Rechtskraft als Voraussetzung der Vollstreckbarkeit war bereits in § 481 RStPO von 1877 geregelt. Gem. § 483 RStPO war die Staatsanwaltschaft hierfür zuständig. Die damaligen Regelungen sahen außerdem noch Vorschriften zur Vollstreckung der Todesstrafe vor. Die Ersatzfreiheitsstrafe war in § 491 RStPO geregelt. Unter den Nationalsozialisten galten diese Regelungen grundsätzlich fort, es kam jedoch zu zahlreichen Durchbrechungen der Rechtskraft (siehe S. 275 ff.).

Die beiden Ziele des heutigen deutschen Strafvollzugs sind die Resozialisierung des Betroffenen und der Schutz der Allgemeinheit.[1526] Dies ist in § 2 StVollzG Bund und den jeweiligen Landesgesetzen niedergelegt.[1527] Resozialisierung meint, dass der Gefangene im Vollzug der Freiheitsstrafe befähigt werden soll, künftig in sozialer Verantwortung ein Leben ohne Straftaten zu führen.[1528] Das

---

1523 *Rowling,* Harry Potter 5, Eulen über Eulen, S. 37.

1524 *Rowling,* Harry Potter 5, Die Anhörung, S. 179.

1525 *Rowling,* Harry Potter 4, Tatzes Rückkehr, S. 550.

1526 *Tluczikont,* Strafvollzug und Resozialisierungsmaßnahmen, S. 9 ff.; *Arloth,* in: Arloth/Krä (Hrsg.): StVollzG Bund, § 2 Rn. 2. Daraus ergibt sich ein Zielkonflikt: *Jehle,* in: Schwind/Böhm/Jehle u. a. (Hrsg.): Strafvollzugsgesetz, § 2 Rn. 8 ff.

1527 Z. B. § 2 StVollzG BW: *„Im Vollzug der Freiheitsstrafe soll der Gefangene fähig werden, künftig in sozialer Verantwortung ein Leben ohne Straftaten zu führen (Vollzugsziel). Der Vollzug der Freiheitsstrafe dient auch dem Schutz der Allgemeinheit vor weiteren Straftaten.“*

1528 *Gerhold,* in: BeckOK StVollzG Bund, § 2 Rn. 5–9.

Recht darauf wird aus Art. 2 I i. V. m. Art. 1 I GG hergeleitet. Jeder Täter muss hiernach die Chance erhalten, sich nach dem Verbüßen seiner Strafe wieder in die Gesellschaft einzuordnen. Der Gesetzgeber ist demnach verpflichtet, den Strafvollzug auf einem wirksamen Resozialisierungskonzept aufzubauen.[1529] Der Schutz der Allgemeinheit stellt strenggenommen kein Vollzugsziel dar, sondern eine eigenständige Vollzugsaufgabe. § 2 S. 2 StVollzG meint im Gegensatz zur Sicherheit der Anstalt (interne Sicherheit) die Sicherheit der Allgemeinheit (externe Sicherheit). Nicht erfasst ist hiervon der Strafzweck der Generalprävention.[1530]

Auch die Zaubererwelt inhaftiert besonders gefährliche Zauberer, um die Allgemeinheit vor diesen zu schützen. So beispielsweise im Fall der Todesser und im Fall von Sirius Black, bei dem man davon ausging, dass er ein wahnsinniger Massenmörder sei. Das Resozialisierungsprinzip sowie die Trennung zwischen Strafe und Maßregel kennt das magische Recht nicht. Denn: Auch (vermeintlich) psychisch kranke Straftäter – wie Sirius Black und Bellatrix Lestrange – werden in Askaban inhaftiert und dort nicht therapiert. Hinzu kommt, dass die Freiheitsstrafe in Askaban als reine Isolationshaft ausgestaltet ist.[1531] Der Gefangene verbringt Jahre alleine in seiner Zelle. Es gibt keinen Besuch, keine Betreuung und außer der nötigsten Nahrung und Hygiene keinerlei Arbeit oder Freizeitbeschäftigung. Zudem werden die Gefangenen von den Dementoren bewacht, die ihnen alle glücklichen Gedanken aussaugen und so dazu beitragen, dass die Gefangenen langsam depressiv und/oder verrückt (Schneyer: *„losing their sanity or starving themselves to death"*[1532]) werden (siehe S. 226 ff.).

Wer die Haftstrafe in Askaban überlebt, ist oft nur noch ein Schatten seiner selbst und hat große Probleme, sich wieder in der normalen Welt zurechtzufinden. So kehren die geflohenen Todesser nach einem Massenausbruch in Band fünf zu Lord Voldemort zurück und foltern und töten in den weiteren Bänden viele Menschen.[1533] Sie sind ein Beispiel dafür, dass der Strafvollzug die Gefangenen nicht nur nicht resozialisiert, sondern unter Umständen sogar ihre schlimmsten Charaktereigenschaften (Rache, Wut, Rassismus) in ihnen hervorbringt.[1534]

1529 *Di Fabio,* in: Dürig/Herzog/Scholz (Hrsg.): GG, Art. 2 Rn. 216–218.

1530 *Gerhold,* in: BeckOK StVollzG, § 2 Rn. 2, 10–12; *Arloth,* in: Arloth/Kräh (Hrsg.): StVollzG Bund, § 2 Rn. 2, 10; BVerfG, Urt. v. 31.05.2006, Az. 2 BvR 1673/04 u. 2 BvR 2402/04 (= BVerfG NJW 2006, 2093, 2095), BVerfG, Urt. v. 01.07.1998, Az. 2 BvR 441/90 u. 2 BvR 493/90 u. a. (= NJW 1998, S. 3337).

1531 So auch: *Fenske,* Muggles, Monsters and Magicians, S. 137; Baltzar vergleicht Askaban deswegen mit Alcatraz: *Baltzar,* Power and Evil, S. 14. Fishman vergleicht es mit einem *„high-security prison"* (*Fishman,* in: Thomas/Snyder (Hrsg.): The Law & Harry Potter, S. 119 (124)).

1532 *Schneyer,* in: Goetz (Hrsg.): Terminus: Collected Papers on Harry Potter, S. 33 (45).

1533 *Rowling,* Harry Potter 5, Der Käfer in der Klemme, S. 639; Harry Potter 6, Der andere Minister, S. 17 ff; Harry Potter 7, Der Dunkle Lord erhebt sich, S. 10 ff.

1534 So auch: *„In Azkaban, the prisoners are made docile by torture, and rehabilitation is not a goal. In fact, if long-term exposure to the Dementors can render someone ‚soul-*

Erste Humanisierungsbestrebungen gab es im historischen Strafvollzugsrecht im Deutschen Reich ab 1923. In diesem Jahr kam es auf Betreiben des Reichjustizministers Gustav Radbruch zu einer Neuregelung des Strafvollzuges im Wege einer Ländervereinbarung, den sogenannten *„Reichsratsgrundsätzen von 1923“*. Getragen waren diese Grundsätze von der Idee, stufenweise auf Inhaftierte erzieherisch einzuwirken, um sie *„an Arbeit und Ordnung zu gewöhnen“* und *„sittlich zu festigen“* und so Rückfällen vorzubeugen (§ 48 Reichsratsgrundsätze 1923).[1535] Dadurch wurde erstmals der Grundsatz der Resozialisierung formuliert. Ausdrücklich wurde normiert, dass die Gefangenen menschlich zu behandeln und ihr *„Ehrgefühl“* zu schonen sei (§ 49 Reichsratsgrundsätze 1923). Dazu gehörte auch, dass nicht länger als zehn Stunden (Zuchthaus) bzw. neun Stunden (Gefängnis) gearbeitet werden durfte (§§ 155, 160 Reichsratsgrundsätze 1923).

Diese Bestrebungen wurden von den Nationalsozialisten jedoch nicht fortgeführt. Bereits 1933 hoben einige Landesregierungen die Grundsätze von 1923 in Teilen wieder auf. Mit der Übernahme der Rechtspflege und der Justizverwaltungen durch das Reich ging auch der Strafvollzug in die Zuständigkeit des Reichsjustizministers über. Am 14. Mai 1934 erließ dieser die *„Verordnung über den Vollzug von Freiheitsstrafen und von Maßregeln der Sicherung und Besserung, die mit Freiheitsstrafen verbunden sind“* (RGBl. I 1934, S. 383). Dabei handelte es sich um die erste reichsrechtliche Grundlage des Strafvollzugs seit Gründung des Deutschen Reichs. Ziel war entsprechend der NS-Ideologie Sühne, Abschreckung und der *„Schutz der Volksgemeinschaft“*. Außerdem wurde darin der Vollzug der Sicherungsverwahrung geregelt.[1536]

Die Idee der Resozialisierung des Täters lehnten die Nationalsozialisten ab. Bereits 1933 wurde in einem Werk zum Strafrecht gefordert: *„Das autoritäre Strafrecht – dieser Gedanke darf uns nicht mehr erschrecken – wird so auch Besserungsfähige gelegentlich preisgeben“*.[1537] Bei der Strafzumessung trat deswegen sowohl die Spezialprävention als auch das Schuldprinzip gegenüber der Generalprävention zurück. Das Wesen der Strafe wurde in der Sühne für den Treuebruch und der Pflichtverletzung gegenüber der Gemeinschaft gesehen. Die Strafe sollte gerade einen „Übelcharakter“ haben, um die übrigen Volksgenossen von Straftaten abzuschrecken.[1538] Gesetzgeberisch zeigte sich dieser Gedanke u. a. im *„Gesetz gegen gefährliche Gewohnheitsverbrecher und über Maßregeln der Sicherung und Besserung“* vom 24. November 1933. Während

less and evil‘ (as noted above), then being sent to Azkaban could make prisoners even worse.“, *Getty,* Islands and Captivity in Popular Culture, S. 19.

1535 *Schmidt,* Strafrechtspflege/1, S. 421 f.; *Zolondek*, Lebens- und Haftbedingungen, S. 32.

1536 *Zolondek*, Lebens- und Haftbedingungen, S. 36 ff.; *Schuster,* Die Sicherungsverwahrung, S. 95 f.; *Götte,* Jugendstrafvollzug, S. 106.

1537 Zitiert nach: *Gruchmann,* Justiz im Dritten Reich, S. 790.

1538 *Richter,* Hochverratsprozesse als Herrschaftspraxis im Nationalsozialismus, S. 43.

die Strafe die Vergeltung für die Tat sein und abschreckend wirken sollte, diente die Sicherungsverwahrung ausschließlich dem Schutz der Allgemeinheit.[1539]

Am 22. Juli 1940 trat mit der Verfügung über die *„Vereinheitlichung der Dienst- und Vollzugsvorschriften für den Strafvollzug im Bereich der Reichsjustizverwaltung"* eine einheitliche *„Strafvollzugsordnung"* als Rechtsgrundlage für den Straf- und Maßregelvollzug in Kraft, welche die Rechtslage weiter verschärfte. In ihr wurde der *„Schutz des Volkes"* als vorrangiges Vollzugsziel für Erwachsene festgesetzt. Gleichzeitig galten in den KZs keinerlei rechtsstaatlichen Grundsätze mehr. Ziel dieser Lager war ab 1941 der Einsatz der Häftlinge in der Rüstungsindustrie sowie die Vernichtung der Juden.[1540]

Heute normiert §3 StVollzG bzw. die entsprechenden landesrechtlichen Regelungen mehrere Gestaltungsprinzipien des deutschen Strafvollzugs. Der *Angleichungsgrundsatz* besagt, dass *„das Leben im Vollzug den allgemeinen Lebensverhältnissen soweit als möglich angeglichen werden soll"*. Das Angleichungsgebot ist aus Sicht des Gefangenen ambivalent, da es sich im Einzelfall sowohl zu seinen Gunsten als auch zu seinen Lasten (z.B. Erhebung von Stromkosten) auswirken kann.[1541] Unter dem *Gegensteuerungsgrundsatz* versteht man, dass *„schädlichen Folgen des Freiheitsentzuges"* entgegenzuwirken ist. Diesbezüglich besteht eine Handlungspflicht, die sich aus dem Schutz der Menschenwürde gem. Art.2 I i.V.m. Art.1 I GG ergibt. Dies bedeutet aber nicht, dass der Vollzug keinerlei negative Folgen haben darf.[1542] Der *Integrationsgrundsatz* normiert: *„Der Vollzug ist darauf auszurichten, dass er dem Gefangenen hilft, sich in das Leben in Freiheit einzugliedern"* (§3 III StVollzG). Das Wiedereingliederungsziel ist im gesamten Vollzug zu berücksichtigen und stellt klar, dass die Vollzugsbehörde auch dann zur Hilfe bei der Wiedereingliederung verpflichtet ist, wenn diese nicht erforderlich ist, um eine künftige Straffreiheit sicherzustellen.[1543]

Auch diese Gestaltungsprinzipien sind dem Strafvollzug in Askaban fremd. Der Vollzug ähnelt in keiner Weise den allgemeinen Lebensverhältnissen in der Zaubererwelt. Bereits die Unterbringung in Isolation und das Fehlen jeglicher Beschäftigungsmöglichkeit zeigt, dass der Strafvollzug in Askaban nicht darauf ausgelegt ist, sich dem Leben in Freiheit anzunähern. Es geht vielmehr darum, dem Gefangenen möglichst viel wegzunehmen. Auch gibt man sich keinerlei Mühe, den schädlichen Folgen des Freiheitsentzugs wie z.B. der sog. *Priso-*

1539 *Gruchmann,* Justiz im Dritten Reich, S.840.

1540 *Wagner,* in: Herbert/Orth/Dieckmann (Hrsg.): Die nationalsozialistischen Konzentrationslager/I, S.707 (720); *Götte,* Jugendstrafvollzug, S.108.

1541 *Anstötz,* in: BeckOK StVollzG Bund, §3 Rn.1–4a; *Köhne,* in: ZRP 7/2010, S.220 (221).

1542 *Anstötz,* in: BeckOK StVollzG Bund, §3 Rn.5–7; *Köhne,* in: ZRP 7/2010, S.220 (221).

1543 *Anstötz,* in: BeckOK StVollzG Bund, §3 Rn.8–12; *Köhne,* in: ZRP 7/2010, S.220 (221–222).

nisierung[1544] entgegenzuwirken. Im Gegenteil: Durch die dauerhafte Isolation, dem Mangel an menschlicher Gesellschaft und der quälenden Anwesenheit der Dementoren wird der Effekt des Freiheitsentzuges sogar noch verstärkt.[1545] Wie oben bereits dargelegt, kennt das magische Strafvollzugsrecht das Prinzip der Resozialisierung nicht. Dementsprechend findet in Askaban auch keine Vorbereitung auf das Leben in Freiheit statt. Der Gefangene „vegetiert" vielmehr nur vor sich hin und wird größte Probleme haben, sich nach seinem Aufenthalt in Askaban wieder in die normale Zauberergesellschaft einzugliedern.

Auch die Vorschriften zur Unterbringung und Ernährung (§§ 17 ff. StVollzG) sind in Deutschland deutlich humaner ausgestaltet als in der Zaubererwelt. Zunächst ist der Gefangene in Askaban in dauerhafter Isolation, er darf nicht arbeiten (§ 42 StVollzG) und es gibt keinen Hofgang (§ 64 StVollzG) oder andere Freizeitbeschäftigungen. Auf seiner Zelle darf er keine persönlichen Gegenstände haben und es gibt keine Möglichkeit, Dinge einzukaufen (§ 22 StVollzG). Der Gefangene darf im Normalfall auch keinen Besuch (§ 24 StVollzG) empfangen. Eine Ausnahme wird in den Harry-Potter-Büchern nur für den Sohn des Leiters der Abteilung für Magische Strafverfolgung gemacht: *„Dieser Junge sah schon recht kränklich aus, als er eingeliefert wurde. Da Crouch ein wichtiger Mann im Ministerium war, durften er und seine Frau ihn am Totenbett besuchen. Das war das letzte Mal, dass ich Barty Crouch gesehen hab; er musste seine Frau praktisch an meiner Zelle vorbeitragen. Offenbar ist sie dann auch gestorben, kurz danach. Verzweiflung. Sie ist dahingesiecht, genau wir ihr Junge. Crouch hat die Leiche seines Sohnes nicht einmal abgeholt. Die Dementoren haben ihn draußen vor der Festung begraben, ich hab sie dabei beobachtet.«"*[1546]

Neben der Arbeit ist auch keine Schulausbildung oder Weiterbildung möglich (§§ 37 ff. StVollzG), es gibt keine Gesundheitsfürsorge (§§ 56 ff. StVollzG), keine Freizeitgestaltung (§§ 67 ff. StVollzG) und keine soziale Hilfe (§§ 71 ff. StVollzG). Zum Thema Sicherheit und Ordnung (§§ 81 ff. StVollzG) im Strafvollzug werden in den Harry-Potter-Büchern keine Details genannt. Man weiß, dass Sirius Black, Bartemius Crouch Jr. und die Todesser in Band fünf die einzigen Gefangenen sind, denen der Ausbruch gelungen ist. Als Gefängniswärter dienen ausschließlich die Dementoren. Über Disziplinarmaßnahmen kann nur gemutmaßt werden. Grundsätzlich ist der Einfluss der Dementoren auf die Gefangenen aber so verheerend, dass diese im Normalfall nicht mehr in der Lange sind, einen Aufstand oder ihre Flucht zu planen.

Insgesamt kann der Strafvollzug in Askaban kaum sinnvoll mit dem Strafvollzug nach deutschem Recht verglichen werden. Das Leben der Gefangenen in

---

1544 *Hosser,* Prisonisierungseffekte, in: Volbert/Steller (Hrsg): Handbuch der Rechtspsychologie, S. 172–179; *Arloth,* in: Arloth/Krä (Hrsg.): StVollzG Bund, § 3 Rn. 6.

1545 *„»Die meisten dort drin werden wahnsinnig und viele hören schließlich einfach auf zu essen. Sie verlieren ihren Lebenswillen.«"* (*Rowling,* Harry Potter 4, Tatzes Rückkehr, S. 552).

1546 *Rowling,* Harry Potter 4, Tatzes Rückkehr, S. 552.

Askaban ist sprichwörtlich die Hölle auf Erden (Schneyer: „*living hell*“[1547]). Er widerspricht jeglichem rechtsstaatlichen Anspruch auf eine menschenwürdige Unterbringung. Bereits oben wurde die Theorie vertreten, dass die Inhaftierung in Askaban durch die Dementoren letztendlich einer Folter-Unterbringung (Goodenow: „*emotional torture*“[1548]) entspricht (siehe S. 226 ff.).

Da der Strafvollzug – wie oben dargelegt – im NS-Staat vom Sühnegedanken geprägt war, fiel auch die Ausgestaltung des Vollzugsalltags in den Justizvollzugsanstalten entsprechend streng aus. Übertroffen wurde dieser jedoch deutlich von den unmenschlichen und auf „Vernichtung durch Arbeit“ ausgelegten Haftbedingungen in den Konzentrationslagern. Ein direkter Vergleich mit dem Strafvollzug in Askaban fällt schwer, da dieser jeweils Elemente verschiedener Haftarten enthält. Dies soll hier nur kurz an drei Punkten aufgezeigt werden.

Zum ersten am Thema Arbeit: Im heutigen Strafvollzug gilt (grundsätzlich) eine Arbeitspflicht mit dem Gedanken der Resozialisierung durch Arbeit.[1549] Eine Arbeitspflicht kannte auch der Strafvollzug unter den Nationalsozialisten, wo die Arbeit in Haft jedoch deutlich länger und härter ausgestaltet war und der Bestrafung diente.[1550] In den Konzentrationslagern wiederum wurden die Insassen durch harte, unmenschliche Arbeit zu Tode geschuftet (siehe S. 228 f., 447 f.). Ein Vergleich zeigt hier also eine deutliche qualitative Abstufung. In Askaban hingegen gab es keine Arbeitspflicht und umgekehrt nicht einmal die freiwillige Möglichkeit zu arbeiten. Das magische Recht kennt damit weder den Gedanken der Resozialisierung durch Arbeit, noch den Gedanken der Bestrafung/Vernichtung durch Arbeit.

An zweiter Stelle soll das Thema Isolation erwähnt werden: Eine Isolierung der Gefangenen (Einzelhaft) ist nach heutigem Recht nur unter strengen Voraussetzungen – z. B. zum Schutz des Gefangenen – und nur für eine begrenzte Zeit möglich (siehe S. 228 Fn. 1194). Auch die Nationalsozialisten kannten die Isolationshaft; diese stellte jedoch nicht die überwiegende Unterbringungsform von Häftlingen dar. Sie wurde vielmehr in Einzelfällen[1551] als Bestrafungs- und Folterinstrument missbraucht – beispielsweise von der Gestapo bei der Schutzhaft. Die Unterbringung in den Konzentrationslagern war als Lagerunterbrin-

1547 *Schneyer,* in: Goetz (Hrsg.): Terminus: Collected Papers on Harry Potter, S. 33 (45).

1548 *Goodenow,* in: Goetz (Hrsg.): Phoenix Rising, S. 154 (163).

1549 *Arloth,* in: Arloth/Krä (Hrsg.): StrVollzG, § 41 Rn. 1–8.

1550 In der Weimarer Republik wurden durch die Geldstrafengesetze von 1921–1924 zwar die Freiheits- und Arbeitsstrafen zurückgedrängt, gleichzeitig war der Arbeitszwang aber weiter gesetzlich normiert und unter „Resozialisierung“ verstand man die Eingliederung des Gefangenen in das Arbeitsleben. Im NS-Staat hatte ab 1934 das Reichsjustizministerium die Aufsicht über den Strafvollzug. Das führte u. a. dazu, dass der Resozialisierungsgedanke zurückgedrängt und die Arbeitspflicht – als Erziehungsmittel – ausgedehnt wurde, u. a. auf Untersuchungshäftlinge (*Hillebrand,* Gefangenenarbeit in Deutschland, S. 9 f.).

1551 So saß z. B. der KPD-Führer Ernst Thälmann elf Jahre in Isolationshaft, bevor er 1944 ermordet wurde. *Kissener,* in: Becker/Studt (Hrsg.): Der Umgang, S. 185 (188).

gung[1552] – also das Gegenteil von Isolationshaft – konzipiert. Hier zeigt sich erneut ein Unterschied zum Freiheitsentzug in Askaban. Dieser ist sowohl für die zeitige als auch für die lebenslange Freiheitsstrafe als Isolationshaft ausgestaltet. Das heißt: Die Gefangenen verbringen 24 Stunden am Tag in ihrer Zelle und haben keinerlei Kontakt zu ihren Mitgefangenen oder der Außenwelt.

Und als letzter Punkt das Thema Folter: Diese ist nach heutigem Recht absolut verboten, was natürlich auch im Strafvollzug gilt.[1553] Im Dritten Reich wurden zwar pro forma rechtsstaatliche Grundsätze auch im Strafvollzug aufrechterhalten, in der Praxis wurde aber sowohl in der Polizeihaft als auch in den Justizvollzugsanstalten gefoltert. Einerseits um (falsche) Geständnisse zu erpressen, andererseits aber auch, um die Betroffenen zu bestrafen. Noch übler erging es dabei den Häftlingen in den Konzentrationslagern, wo das Foltern bis zum Tod zum Tagesgeschäft gehörte (siehe zur Folter im NS-Staat: S. 228 ff.).

Die Bewachung durch die Dementoren in Askaban wurde bereits weiter oben als dauerhafte psychische Folter eingeordnet. Diese diente in der magischen Welt dabei ausschließlich der Bestrafung der Gefangenen und konnte über längere Zeit zum Tode führen. Damit war zumindest der lebenslange Freiheitsentzug in Askaban darauf angelegt, dass die Gefangenen früher oder später an den Folgen der Inhaftierung verstarben – ähnlich wie in den KZs.

Im Ergebnis entspricht der Strafvollzug in Askaban damit keiner der aufgezählten Haftarten. Festzuhalten ist nur, dass er sich deutlich näher an den Haftbedingungen im NS-Staat und den Bedingungen in den Konzentrationslagern befindet als an den heute geltenden (rechtsstaatlichen) Grundsätzen zum Umgang mit Justizvollzugsgefangenen.

ff) Besonderheit: Das Jugendstrafrecht

Das deutsche Strafrecht unterscheidet zwischen Verfahren gegen Erwachsene und gegen Jugendliche/Heranwachsende. Kinder unter 14 Jahren sind gem. § 19 StGB grundsätzlich schuldunfähig.[1554] Das deutsche Jugendgerichtsgesetz (JGG) regelt mehrheitlich das formelle Jugendstrafrecht. Es ist *lex specialis* zum materiellen und formellen Strafrecht. Das Jugendstrafrecht findet Anwendung, wenn ein Jugendlicher oder ein Heranwachsender eine Verfehlung begeht, die nach den allgemeinen Vorschriften mit Strafe bedroht ist, § 1 I JGG. *Jugendlicher* ist, wer zur Zeit der Tat vierzehn, aber noch nicht achtzehn; *Heranwachsender*, wer zur Zeit der Tat achtzehn, aber noch nicht einundzwanzig Jahre alt

1552 Ein Lagerplan des KZ Auschwitz II (Birkenau) lässt sich hier einsehen: https://de.wikivoyage.org/wiki/Datei:AUSCHWITZ-BIRKENAU.png (abgerufen am: 23.01.2023).

1553 Zum Misshandlungsverbot des Art. 104 II GG: *Gusy,* in: Mangoldt/Klein/Strack (Hrsg.): GG, Art. 104, Rn. 30–37.

1554 *Heintschel-Heinegg,* in: BeckOK StGB, § 19 Rn. 1 ff.

ist, § 1 II JGG. Eine *Verfehlung* meint jede rechtswidrige Tat i. S.d § 11 I Nr. 5 StGB.[1555]

Der 15-Jährige Harry wäre in Band fünf nach deutschem Recht ein Jugendlicher, weil er über 14, aber noch keine 18 Jahre alt ist. Auch in der magischen Welt ist Harry mit unter 17 Jahren noch minderjährig. Ihm wird außerdem in Band fünf eine Straftat („Verfehlung") vorgeworfen, weswegen unser Jugendgerichtsgesetz grundsätzlich auf Harrys disziplinarische Anhörung Anwendung finden würde.[1556]

Zu prüfen wäre nach deutschem Recht weiter, ob Harry überhaupt die für eine Bestrafung erforderliche *Verantwortlichkeit* besitzt. Nach § 3 I JGG ist ein Jugendlicher strafrechtlich verantwortlich, *„wenn er zur Zeit der Tat nach seiner sittlichen und geistigen Entwicklung reif genug ist, das Unrecht der Tat einzusehen und nach dieser Einsicht zu handeln"*.[1557] Das Gesetz spricht von strafrechtlicher Verantwortlichkeit und meint damit die strafrechtliche Schuld. Trotz Bejahung des § 3 JGG kann es an der Schuld fehlen, wenn z. B. ein Entschuldigungsgrund greift.[1558] In Harrys disziplinarischer Anhörung wäre die Verantwortlichkeit zu bejahen, weil er weiß, dass er als Minderjähriger und vor Muggeln nicht zaubern darf und er auch in der Lage ist, dies bewusst nicht zu tun. Eine derartige „Vorprüfung" der Verantwortlichkeit kennt das magische Recht nicht.

Grundgedanke des Jugendstrafrechts ist der in § 2 I JGG normierte *Erziehungsgedanke.*[1559] Jugendliche und Heranwachsende befinden sich in einem Übergangsstadium zwischen Kindheit und Erwachsenenalter, das von Unsicherheiten hinsichtlich ihrer Identität und Rolle sowie der für sie verbindlichen Verhaltensnormen bestimmt wird. In diesem Alter besteht noch eine besondere Beeindruckbarkeit und ein erhöhtes Bedürfnis nach Erziehungsangeboten. Daraus wird geschlossen, dass es primäre Aufgabe des Jugendstrafrechts ist, den jungen Täter für ein straffreies Leben zu sozialisieren bzw. zu „erziehen" und nicht, Schuld zu vergelten. Ziel des Jugendstrafrechts ist deswegen vor allem die Verhinderung weiterer Straftaten, also die Rückfallverhinderung oder Spezialprävention. Daraus folgt z. B. der grundsätzliche Vorrang informeller Erledigung

---

1555 § 1 JGG regelt den persönlichen und den sachlichen Anwendungsbereich des JGG. Für Heranwachsende gelten außerdem die Besonderheiten des § 105 JGG: *Putzke,* in: BeckOK JGG, § 1 Rn. 2–22; *Schlehofer,* in: BeckOK JGG, § 105 Rn. 2–16.

1556 Collinsworth vergleicht Harrys disziplinarische Anhörung mit dem US-Jugendstrafrecht und dem US-Schulrecht: *Collinswoth,* in: Bell (Hrsg.): From Here to Hogwarts, S. 7 (9–13).

1557 Zum Begriff der strafrechtlichen Verantwortlichkeit, also zur Einsichtsfähigkeit und Steuerungsfähigkeit: *Ostendorf,* in: Ostendorf (Hrsg.): JGG, § 3 Rn. 1. ff.

1558 *Laue,* in: MüKo StGB, § 3 JGG Rn. 4; *Kölbel,* in: Eisenberg/Kölbel (Hrsg.): JGG, § 3 Rn. 3.

1559 Erziehungsgedanke des JGG: *Streng,* Jugendstrafrecht, S. 9 ff.; historischer Abriss: *Günzel,* Die geschichtliche Entwicklung des Jugendstrafrechts und des Erziehungsgedankens, S. 63 ff.

vor förmlicher Sanktionierung, der Vorrang ambulanter und fördernder Maßnahmen vor repressiven und freiheitsentziehenden sowie der Ultima-Ratio-Charakter der Jugendstrafe.[1560] Alle Unterschiede des JGG zum Erwachsenenstrafrecht aufzuzählen, würde hier den Rahmen sprengen. Daher zwei Anmerkungen:

Erstens: Die Rechtsfolgen im JGG weichen erheblich von denen des StGB ab. Es können Erziehungsmaßregeln (§§ 9–12 JGG), Zuchtmittel (§ 13 JGG) und als *ultima ratio* die Jugendstrafe (§ 17 ff. JGG) verhängt werden. Das Gesetz kennt zwei Arten der Erziehungsmaßregeln, nämlich die Erteilung von Weisungen i. S.d § 10 JGG sowie die Anordnung der Hilfe zur Erziehung nach § 12 JGG. Die Aufzählung ist abschließend.[1561]

Der Richter ahndet die Straftat mit Zuchtmitteln, wenn Jugendstrafe nicht geboten ist, dem Jugendlichen aber eindringlich zum Bewusstsein gebracht werden muss, dass er für das von ihm begangene Unrecht einzustehen hat. Zuchtmittel sind: Die Verwarnung (§ 14 JGG), die Erteilung von Auflagen (§ 15 JGG) und die Anordnung von Jugendarrest (§ 16 JGG). Zuchtmittel haben gem. § 13 III JGG gerade nicht die Rechtswirkungen einer Strafe.[1562] Zuchtmittel sind nur zulässig, wenn nicht eine andere Rechtsfolge des JGG angewendet werden muss. Im Verhältnis zu den Erziehungsmaßregeln besteht deswegen ein spezifischer Erforderlichkeitsvorbehalt. Der Anwendungsbereich der Zuchtmittel endet dort, wo Jugendstrafe geboten ist.[1563]

Mit der Anordnung und dem Vollzug des Jugendarrestes soll dem jugendlichen Straftäter eindringlich bewusstwerden, dass er für das von ihm begangene Unrecht einzustehen hat. Der Jugendarrest kann maximal bis zu vier Wochen verhängt werden.[1564] Seit dem 7. März 2013 kann der Jugendarrest auch als sogenannter *Warnschussarrest* verhängt werden. Das heißt: gekoppelt mit einer zur Bewährung ausgesetzten Jugendstrafe (§ 16a StGB).[1565]

Die Dauer der verhängten Jugendstrafe muss mindestens sechs Monate betragen (§ 18 I JGG). Die Jugendstrafe als ultima ratio wird im JGG separat geregelt und abweichend von der Freiheitsstrafe des StGB ausgestaltet. Sie darf allein dann verhängt werden, wenn *„Erziehungsmaßregeln nicht ausreichen"* (§ 5 II JGG)

1560 *Putzke,* in: BeckOK JGG, § 2 Rn. 1–15; *Laue,* in: MüKo StGB, § 2 JGG Rn. 2.

1561 *Kreiner,* in: BeckOK JGG, § 9 Rn. 3–7.

1562 Zur doppelten Zwecksetzung: *Kölbel,* in: Eisenberg/Kölbel (Hrsg.): JGG, § 13 Rn. 7–9.

1563 *Kölbl,* in: Eisenberg/Kölbel (Hrsg.): JGG, § 13 Rn. 10–13.

1564 *Ostendorf,* in: Ostendorf (Hrsg.): JGG, § 16 Rn. 2–9; *Pütz,* in: BeckOK JGG, § 16 Rn. 2–10; zum Vollzug: *Ostendorf,* in: ZRP 2010, S. 20 (20–22); kritisch schon damals: *Feltes,* in: NStZ 1993, S. 105 (105–112).

1565 *Ostendorf,* in: Ostendorf (Hrsg.): JGG, § 16a Rn. 1–15; Verbindung mit § 27 JGG: *Reichenbach,* in: NStZ 2005, S. 136 (136–141); kritisch: *Kinzig/Schnierle*, in: JuS 2014, S. 210 (210–215); *Verrel/Käufl,* in: NStZ 2008, S. 177 (177–181); *Kreuzer,* in: ZRP 4/2012, S. 101 (101–102).

und wenn sie – weil Zuchtmittel auch unter Verhältnismäßigkeitsgesichtspunkten nicht mehr genügen – im Einzelfall *„geboten ist"* (§ 13 I JGG).[1566]

Eine Jugendstrafe darf außerdem nur verhängt werden, wenn sich *schädliche Neigungen* in der Tat gezeigt haben oder wenn die *Schwere der Schuld* es gebietet (§ 17 I JGG). Unter schädlichen Neigungen versteht man *„erhebliche Mängel, die ohne längere Gesamterziehung die Gefahr der Begehung weiterer Straftaten in sich bergen, die nicht nur gemeinlästig sind oder den Charakter von Bagatelldelikten haben."*[1567] Die Schwere der Schuld meint im Jugendstrafrecht die persönliche Schuld. Es kommt also nicht (nur) darauf an, ob die Tat als solche schwer ist, sondern es müssen zudem auch Gesichtspunkte vorliegen, aus denen sich ergibt, dass der Täter schwere Schuld auf sich geladen hat.[1568] Das Höchstmaß der Jugendstrafe beträgt gem. § 18 I JGG fünf bzw. zehn Jahre. Bei Heranwachsenden gem. § 105 III JGG zehn bzw. 15 Jahre.

Das Rechtsfolgen-System im JGG ist also deutlich ausdifferenzierter als im Erwachsenenstrafrecht. Inwiefern es auch im magischen Recht eine Anpassung der Strafen an das jugendliche Alter der Verurteilten gibt, ist nicht bekannt. Man weiß zwar, dass es Straftatbestände gibt, die nur von Minderjährigen begangen werden können – so beispielsweise das Verbot der Zauberei Minderjähriger. Inwiefern sich die Bestrafung hierbei aber vom Erwachsenenstrafrecht unterscheidet, wird in den Harry-Potter-Büchern nicht deutlich. Dies liegt hauptsächlich daran, dass Harry in seiner disziplinarischen Anhörung freigesprochen wird. Der angedrohte Schulverweis ist zwar eine jugendtypische Rechtsfolge, er darf jedoch überhaupt nicht vom Zaubereiministerium verhängt werden. Beim angedrohten Zerbrechen des Zauberstabes handelt es sich um eine sehr einschneidende Strafe, die aber keinerlei „Erziehungselement" beinhaltet. Denn es handelt sich dabei faktisch um einen Verstoß aus der magischen Welt, da jegliche Magie des Delinquenten unterbunden wird. Dies führt – wie Hagrids Fall zeigt – u. a. dazu, dass der Betroffene seine Schulbildung in Hogwarts nicht beenden kann, womit die Rechtsfolge sogar zu einem „Weniger" an Erziehung führt.[1569]

Zweitens: Das deutsche JGG sieht eine engmaschige Zusammenarbeit zwischen Gericht, Jugendstaatsanwalt (§ 36 JGG), Jugendgerichtshilfe (§ 38 JGG) und dem Betroffenen sowie dessen Erziehungsberechtigten (§ 67 JGG) vor. U. a. ist den Eltern im Normalfall die Anwesenheit bei der Vernehmung/Verhandlung ihres Kindes gestattet und Mitteilungen sollen sich gem. § 67a JGG an diese richten. All dies dient der Unterstützung und dem Schutz des Jugendlichen und

---

1566 *Kölbel,* in: Eisenberg/Kölbel (Hrsg.): JGG, § 17 Rn. 8 f.

1567 *Ostendorf,* in: Ostendorf (Hrsg.): JGG, § 17 Rn. 3; *Brögeler,* in: BeckOK JGG, § 17 Rn. 5 f.

1568 *Ostendorf,* in: Ostendorf (Hrsg.): JGG, § 17 Rn. 4–9; *Rose,* in: NStZ 2019, S. 57 (57–59).

1569 Zur Frage, ob es sich beim Zerbrechen des Zauberstabes um eine jugendspezifische Strafe handelt, siehe S. 234 ff.

trägt zu einem fairen Verfahren bei.[1570] Auch diese engmaschige Kontroll- und Unterstützungs-Funktion kennt das magische Recht bei Jugendlichen nicht. Da die magische StPO keine Sonderregelungen für Minderjährige kennt, ist Harry seiner disziplinarischen Anhörung zunächst hilflos ausgeliefert (siehe S. 343 f.).

Nach dem Reichsstrafgesetzbuch von 1871 war man mit dem vollendeten 12. Lebensjahr strafmündig (§ 55 RStGB). Die Volljährigkeit trat nach dem Reichsgesetz vom 17. Februar 1875 mit Vollendung des 21. Lebensjahres ein. Wer das 18. Lebensjahr noch nicht vollendet hatte, wurde gem. § 56 I RStGB freigesprochen, wenn er bei Begehung der Tat *„die zur Erkenntniß ihrer Strafbarkeit erforderliche Einsicht nicht besaß"*. Diese Regelung entspricht etwa unserem heutigen § 3 JGG. Für strafmündige und einsichtsfähige Personen vor Vollendung des 18. Lebensjahres waren die für Erwachsene geltenden Strafrahmen herabzusetzen. Die Freiheitsstrafe war in besonderen Anstalten für jugendliche Personen zu vollziehen (§ 57 RStGB).[1571]

Ein eigenständiges Jugendgerichtsgesetz wurde erstmals von Gustav Radbruch entworfen. Der Gesetzgeber entschied sich mit dem Reichsjugendwohlfahrtsgesetz (RJWG) vom 9. Juli 1922 und dem Reichsjugendgerichtsgesetz (RJGG) vom 16. Februar 1923 für ein dualistisches System des Jugendrechts.[1572]

Im RJGG 1923 wurde die Strafmündigkeit auf 14 Jahre heraufgesetzt (§§ 1, 2 RJGG 1923). Die Einsichts- und Steuerungsfähigkeit war wie heute in § 3 RJGG 1923 niedergelegt. Hielt das Gericht Erziehungsmaßregeln für nicht erforderlich, war gem. §§ 5, 6 RJGG 1923 von einer Strafe abzusehen. In § 7 RJGG 1923 waren als Erziehungsmaßregeln u. a. die *Verwarnung,* die *Auferlegung besonderer Verpflichtungen* und die *Fürsorgeerziehung* vorgesehen. Gem. § 8 RJGG 1923 war vor dem Urteil üblicherweise das Jugendamt zu hören und § 9 RJGG 1923 sah vor, dass die Strafe gegenüber dem Erwachsenenstrafrecht gegebenenfalls zu mildern war. Die Vollstreckung einer Freiheitsstrafe konnte ausgesetzt werden, um sich während einer Probezeit von zwei bis fünf Jahren durch gute Führung einen Straferlass zu verdienen (§§ 10, 12 RJGG 1923). Im Strafvollzug sollten Jugendliche von Erwachsenen getrennt untergebracht und ihre Erziehung gefördert werden (§ 16 RJGG 1923). Gem. §§ 17, 19 RJGG 1923 war die Zuständigkeit spezieller Jugendgerichte bzw. des Jugendrichters gegeben.[1573]

Das RJGG von 1923 trug damit bereits die Grundzüge unseres heutigen „modernen" Jugendgerichtsgesetzes und verwirklichte die Ideen des Strafrechtlers

1570 *Kölbel,* in: Eisenberg/Kölbel (Hrsg.): JGG, § 38 Rn. 8–17; *Höffler,* in: MüKo StPO, § 38 Rn. 5–9; *Poell,* in: BeckOK JGG, § 67 Rn. 2 f.; *Sommerfeld,* in: Ostendorf (Hrsg.): JGG, § 67 Rn. 6.

1571 *Laue,* in: MüKo StGB, § 3 JGG Rn. 3; *Kölbel,* in: Eisenberg/Kölbel (Hrsg.): JGG, § 3 Rn. 4; *Götte,* Jugendstrafvollzug, S. 44 f.

1572 Zur historischen Entwicklung des Jugendgerichtsgesetzes: *Laubenthal/Baier/Nestler,* Jugendstrafrecht, Rn. 20 ff.; *Götte,* Jugendstrafvollzug, S. 56 ff. Zum Schulenstreit: *Grunewald,* in: NStZ 2002, S. 452 (453).

1573 *Laubenthal/Baier/Nestler,* Jugendstrafrecht, Rn. 28.

Franz von Liszt, der sich u. a. für einen resozialisierenden Strafvollzug und erziehungsgeprägte Maßnahmen gegenüber jugendlichen Straftätern einsetzte. Es war damit Ausdruck eines Zeitgeistes, der sich zunehmend der besonderen Bedeutung des jugendlichen Alters bewusst wurde und diese Besonderheiten auch bei der Bestrafung von Jugendlichen berücksichtigte.[1574]

Im NS-Staat erlitt das Jugendstrafrecht einen Sinneswandel. Auf der Ebene des Normenstaates kam es zu einer Weiterentwicklung des Jugendstrafrechts und des Erziehungsgedankens im Rahmen der nationalsozialistischen Ideologie. Auf Ebene des Maßnahmenstaates kam es genauso wie im Erwachsenenstrafrecht zu einer Auflösung der Grenzen zwischen Strafrecht und Polizeirecht – beispielsweise durch die Einführung sog. *Jugendkonzentrationslager*.[1575]

Veränderungen des Jugendstrafrechts im Sinne der NS-Ideologie zeigten sich bereits in der *„Verordnung zum Schutz gegen jugendliche Schwerverbrecher"* (RGBl. I 1939, S. 2000) vom 4. Oktober 1939. Nach § 1 II der Verordnung sollte ab einem Alter von 16 Jahren nach Erwachsenenstrafrecht sanktioniert werden, wenn die Delinquenten nach ihrer *„geistigen und sittlichen Entwicklung einer über achtzehn Jahre alten Person gleichzuachten"* waren oder die *„bei der Tat gezeigte, besonders verwerfliche verbrecherische Gesinnung oder der Schutz des Volkes eine solche Bestrafung erforderlich"* machte.[1576] Zum Schutz der Bevölkerung konnten also sogar Todesurteile gegen 16-Jährige verhängt werden, wie auch Exner in seinem Aufsatz von 1941 hervorhebt.[1577] Unter einem Jugendlichen Schwerverbrecher verstand Freisler dabei u. a. Täter, *„deren Erbgut ihnen schon den Weg nach abwärts ... vorzeichnet"*, deren *„Gemeinschaftsuntauglichkeit"* sich also aus (vermeintlich) biologischen oder sozialen Komponenten ergab, die im Widerspruch zur NS-Ideologie standen.[1578]

Es folgten die *„Verordnung über die Ergänzung des Jugendstrafrechts" („Jugendarrestverordnung")* vom 4. Oktober 1940 (RGBl. I 1940, S. 1336) und die *„Verordnung über die unbestimmte Verurteilung Jugendlicher"* (RGBl. I 1941, S. 567) vom. 10. September 1941.[1579]

Mit der *„Verordnung über die Vereinfachung und Vereinheitlichung des Jugendstrafrechts"* (RGBl. I 1943, S. 637) wurde das *„Reichsjugendgerichtsgesetz"* am 6. November 1943 neu gefasst. Kinder im Alter von über 12 Jahren

1574 *Jureit,* Erziehen – Strafen – Vernichten, S. 5 ff.

1575 *Laubenthal/Baier/Nestler,* Jugendstrafrecht, Rn. 30; zum Verlauf der Jugendstrafrechtsreform im NS-Staat: *Götte,* Jugendstrafvollzug, S. 86 ff.; *Neugebauer,* Jugendschutzlager Moringen, S. 128 ff.

1576 *Laubenthal/Baier/Nestler,* Jugendstrafrecht, Rn. 32; *Ostendorf,* in: Ostendorf (Hrsg.): JGG, zu den §§ 1 und 2 Rn. 2; *Hinz,* in: ZRP 2000, S. 107 (109); *Gruchmann,* Justiz im Dritten Reich, S. 910 f.; *Werle,* Justiz-Strafrecht, S. 273 ff.; *Götte,* Jugendstrafvollzug, S. 88 ff.

1577 *Exner,* in: ZStW Band 60, Heft 1, S. 335 (342).

1578 Zitiert nach: *Werle,* Justiz-Strafrecht, S. 274.

1579 *Götte,* Jugendstrafvollzug, S. 93, 96 f.

wurden seitdem wie Jugendliche zur Verantwortung gezogen, *„wenn der Schutz des Volkes wegen der Schwere der Verfehlung eine strafrechtliche Ahndung fordert“* (§ 3 II RJGG 1943). Der Zweckgedanke des Volksschutzes wurde damit sogar gegenüber Kindern maßgebend.[1580] Nach § 20 I RJGG 1943 wurde ab dem vollendeten 14. Lebensjahr das Erwachsenenstrafrecht angewendet, wenn der Jugendliche *„sittlich und geistig“* so entwickelt war, dass er einem 18 Jahre alten Täter glich.[1581] Erwachsenenstrafrecht fand gem. § 20 I RJGG 1943 außerdem Anwendung, wenn *„der Jugendliche zur Zeit der Tat nach seiner sittlichen und geistigen Entwicklung zwar einem Erwachsenen nicht gleichgestellt werden kann, aber die Gesamtwürdigung seiner Persönlichkeit und seiner Tat ergibt, daß er ein charakterlich abartiger Schwerverbrecher ist und der Schutz des Volkes diese Behandlung erfordert“*. Mit dem Begriff des *jugendlichen Schwerverbrechers* zog die Tätertypologie auch in das Jugendstrafrecht ein.[1582]

Die Intention der Nationalsozialisten hinter der Herabsetzung der Altersgrenzen bestand laut Hinz nicht etwa darin, *„die Strafmündigkeit auf 12 Jahre abzusenken, um auf gefährdete Kinder frühzeitig erzieherisch einwirken zu können. Allein die möglichst lückenlose und drakonische Bestrafung junger Menschen war das offenkundige gesetzgeberische Ziel dieser Regelung“*. Das Regime wollte sich vielmehr gezielt *„über die Grenzen strafrechtlicher Verantwortung, welche auch der damalige Gesetzgeber ‚an sich‘ unwiderlegbar beim 14. Lebensjahr erblickt hatte“*, hinwegsetzen und sei damit Ausdruck der auf der nationalsozialistischen Strafrechtsdoktrin basierenden Maxime *„kein Verbrechen ohne Strafe“*.[1583]

Außerdem galt das RJGG nur partiell, nämlich für deutsche Jugendliche und sah eine sinngemäße Anwendung allein für *artverwandte* Jugendliche vor. Für Straftaten von anderen jungen Menschen erfolgte die Ahndung durch die Polizei (RiL Nr. 1 zu § 1 II RJGG).[1584]

Als Rechtsfolge sah das Reichsjugendgerichtsgesetz von 1943 – erstmals und so wie noch heute – Erziehungsmaßregeln, Zuchtmittel sowie Jugendgefängnis vor. Erziehungsmaßregeln (§ 11 RJGG 1943) waren Weisungen (§ 12 RJGG 1943) sowie Schutzaufsicht und Fürsorgeerziehung (§ 13 RJGG 1943).[1585] Zu den Zuchtmitteln (§ 7 RJGG 1943) gehörten: der Jugendarrest (§ 8 RJGG 1943),

---

1580 *Schmidt,* Strafrechtspflege/1, S. 438; *Jureit,* Erziehen – Strafen – Vernichten, S. 75 f.

1581 *Kremerskothen,* Arbeitsweisungen und Arbeitsauflagen im Jugendstrafrecht, S. 9; *Struck-Berghäuser,* Franz von Liszt und seine Gegner, S. 464.

1582 *Hinz,* in: ZRP 2000, S. 107 (109); *Höffler/Kaspar,* in: MüKo StPO, JGG, Einleitung, Rn. 6.

1583 *Hinz,* in: ZRP 2000, S. 107 (109).

1584 *Laubenthal/Baier/Nestler,* Jugendstrafrecht, Rn. 32; *Höffler/Kaspar,* in: MüKo StPO, JGG, Einleitung, Rn. 5; *Götte,* Jugendstrafvollzug, S. 99.

1585 *Höffler/Kaspar,* in: MüKo StPO, JGG, Einleitung, Rn. 7a; *Wedler,* Weisungen nach § 10 I JGG und elterliches Erziehungsrecht, S. 83. Kremerskothen bezeichnet das RJGG in seiner Entwicklung deswegen als *„januskopfig“* (*Kremerskothen,* Arbeitsanweisungen und Arbeitsauflagen im Jugendstrafrecht, S. 9).

die Auferlegung besonderer Pflichten (§ 9 RJGG 1943) und die Verwarnung (§ 10 RJGG 1943). Der Jugendarrest wurde von den Nationalsozialisten als Erziehungs-, Ehren- und Schockstrafe eingeführt. Er sollte gem. § 66 RJGG 1943 den Jugendlichen in seinem „*Ehrgefühl aufrütteln und ihm eindringlich zu Bewußtsein bringen, daß er für das von ihm begangene Unrecht einzustehen hat*". Er gehört deswegen bis heute zu den umstrittensten Maßnahmen im JGG.[1586]

Das Jugendgefängnis war in §§ 4, 5 RJGG 1943 geregelt. Demnach verhängte der Richter diese Rechtsfolge, wenn „*das Bedürfnis der Volksgemeinschaft nach Schutz und Sühne wegen der Größe der Schuld oder wegen der schädlichen Neigungen des Jugendlichen, die in der Tat hervorgetreten sind, eine Strafe fordert.*" Das Höchstmaß betrug zehn Jahre. Jugendstrafe von unbestimmte Dauer war bei *schädlichen Neigungen* nach § 5 RJGG 1943 möglich, „*wenn sich nicht voraussehen lässt, welche Strafdauer erforderlich ist, um ihn durch Erziehung im Strafvollzug wieder in die Volksgemeinschaft einzuordnen.*"[1587] Eine Strafaussetzung zur Bewährung war im RJGG von 1943 nicht mehr vorgesehen. Möglich war nur eine Strafaussetzung auf Probe nach § 58 RJGG 1943.[1588]

Die Zuständigkeit der Jugendgerichte und des Jugendstaatsanwaltes fand sich in §§ 21 ff. RJGG 1943. Neben der Jugendgerichtshilfe sollte gem. §§ 25 I, 35 RJGG 1943 auch die Hitler-Jugend am Verfahren beteiligt werden. Die Verhandlung erfolgte gem. § 32 RJGG 1943 – so wie auch heute – nicht öffentlich. Allerdings war u. a. den Erziehungsberechtigten die Anwesenheit sowie weitere Rechte (§ 41 RJGG 1943) gestattet. Dem Jugendlichen war unter den gleichen Voraussetzungen wie einem Erwachsenen gem. § 42 RJGG 1943 ein Verteidiger zu bestellen. Außerdem dann, wenn den Erziehungspflichtigen oder gesetzlichen Vertretern diese Rechte entzogen sind. Gem. § 43 RJGG 1943 konnte dem Jugendlichen außerdem ein Beistand gestellt werden.[1589]

Die Zuständigkeitsregelungen des Reichsgerichts, des Volksgerichtshofs, der Oberlandesgerichte und der Sondergerichte blieben gem. § 76 RJGG 1943 unberührt. Der Jugendrichter als Vollstreckungsleiter überwies den Jugendlichen gem. § 60 RJGG 1943 an die Polizei, wenn er die Überzeugung erlangte, „*daß der Verurteilte die Einordnung in die Volksgemeinschaft nicht zu erwarten läßt.*" Diese konnte den Jugendlichen dann in einem Jugendschutzlager unterbringen.[1590]

1586 *Ostendorf,* in: Ostendorf (Hrsg.): JGG, Grundlagen zu den §§ 13–16a, Rn. 2 f.; *Eckhold,* Zeit im Arrest, S. 41; zum Hervorbringen des Jugendarrests durch die NS-Politik: *Kölbel,* in: Eisenberg/Kölbel (Hrsg.): JGG, § 13 Rn. 3–6; *Wulf,* in: Meier/Rössner/Trüg u. a. (Hrsg.): JGG, § 16 Rn. 1–18; zur Jugendarrestverordnung: *Götte,* Jugendstrafvollzug, S. 93 ff.

1587 *Jureit,* Erziehen – Strafen – Vernichten, S. 78 f.

1588 *Struck-Berghäuser,* Franz von Liszt und seine Gegner, S. 464.

1589 *Riekenbrauk,* in: Kunkel/Kepert/Pattar (Hrsg.): SGB VIII, § 52 Rn. 14 f.; *Neugebauer,* Jugendschutzlager Moringen, S. 124 ff.; *Götte,* Jugendstrafvollzug, S. 77 f.

1590 *Kölbel,* in: Eisenberg/Kölbel (Hrsg.): JGG, § 7 Rn. 2.

Aufgabe des Jugendstrafvollzugs war gem. § 64 RJGG 1943, den Jugendlichen zu erziehen, sich *„verantwortungsbewusst in die Volksgemeinschaft einzuordnen."* Zur Gestaltung des Vollzugs gehörten deswegen *„Zucht und Ordnung"*, Arbeit, Unterricht und Leibesübungen. Aus dem Mantra *„Erziehung statt Strafe"* von 1923 wurde im NS-Statt *„Erziehung durch Strafe"*. Das Jugendstrafrecht wurde als Erziehungsstrafrecht zur Rekrutierung junger Menschen für die Volksgemeinschaft missbraucht.[1591] Neben den Erziehungsgedanken trat außerdem der Gedanke der sozialrassistischen „Auslese", je nachdem, ob der Jugendliche für die Volksgemeinschaft „wertvoll" war oder nicht.[1592]

Damit finden sich im deutschen Recht schon sehr früh Ansätze eines auf „Erziehung" basierenden eigenständigen Jugendstrafrechts[1593], während dies in der Harry Potter Welt selbst in den 90ern noch nicht existiert. Das magische Recht kennt zwar Straftatbestände, die nur Minderjährige begehen können, es ist jedoch nicht bekannt, inwiefern das jugendliche Alter auch bei der Bestrafung individuell Berücksichtigung findet. Sicher ist, dass das Strafprozessrecht keine jugendlichen Besonderheiten aufweist. Jugendliche werden in ihrem Strafprozess genauso behandelt wie Erwachsene. Ebenfalls deutlich wird, dass sich die Strafe, die Harry in Band fünf angedroht wird, nicht am Erziehungsgedanken orientiert. Dies legt – auch im Hinblick auf die Tatsache, dass Harry in seiner disziplinarischen Anhörung wie ein Erwachsener behandelt wird – den Schluss nahe, dass es im magischen Recht kein auf dem Erziehungsgedanken beruhendes Jugendstrafrecht gibt.

Allerdings gilt dies auch schon für Prozesse vor der Machtergreifung Lord Voldemorts. Da in den Büchern keine Strafprozesse gegen Jugendliche unter der Herrschaft Lord Voldemorts erwähnt werden, fällt ein Vergleich mit dem Dritten Reich schwer. Klar ist aber, dass selbst die Nationalsozialisten mit dem Reichsjugendgerichtsgesetz von 1943 ein eigenständiges Jugendstrafrecht hatten, das den Erziehungsgedanken – wenn auch pervertiert und ideologisiert – grundsätzlich anerkannte. Dazu gehörte sogar das – heute noch gültige – jugendspezifische Rechtsfolgensystem mit der gestaffelten Untergliederung in Erziehungsmaßregeln, Zuchtmittel und Jugendstrafe.

Parallelen zwischen Lord Voldemort und dem NS-Staat bestehen aber innerhalb der Ideologie, die auch gegenüber Jugendlichen zum Ausdruck kommt. So befürworten beide harte Strafen zu Erziehungszwecken. In den Harry-Potter-Büchern wird dies deutlich, als Lord Voldemort die Beschulung in Hogwarts übernimmt. So führt er eine Schulpflicht für Schüler ein, die ihren Blutstatus

---

1591 *Jureit,* Erziehen – Strafen – Vernichten, S. 83; *Kollmeier,* Ordnung und Ausgrenzung, S. 86 f.; *Götte,* Jugendstrafvollzug, S. 111 ff.

1592 *Götte,* Jugendstrafvollzug, S. 102, 116; *Neugebauer,* Jugendschutzlager Moringen, S. 96.

1593 Trotzdem gibt es auch heute in wiederkehrenden Abständen die (politische) Forderung, das Jugendstrafrecht abzuschaffen oder zu verschärfen. Dagegen spricht sich deutlich aus: *Ostendorf,* in: NStZ 2006, S. 320 (320–326); zur Reform der Altersstufen: *Paul,* in: ZRP 2003, S. 204 (207).

nachweisen können und lehrt seine Ideologie von einer reinrassigen Zauberergesellschaft. Wer sich den Lehrern wiedersetzt, wird hart bestraft und andere Schüler müssen an ihren ungehorsamen Mitschülern den Folter-Fluch üben. Es gilt Zucht und Ordnung und Strafen werden als Erziehung- und Ideologisierungsmittel eingesetzt (siehe S. 151 f.).

c) Die einzelnen Ermittlungsmaßnahmen

In den Harry-Potter-Büchern werden mehrere Ermittlungsmaßnahmen beschrieben, die das Zaubereiministerium ergreift, um den Sachverhalt festzustellen und Straftaten aufzuklären. Dabei ist allerdings an vielen Stellen nicht klar, ob es sich um eine präventive polizeiliche Maßnahme handelt oder um eine repressive Maßnahme im Rahmen der Strafverfolgung.

aa) Ausschreibung zur Festnahme

In §§ 131 ff. StPO ist geregelt, unter welchen Voraussetzungen Personen zur Festnahme ausgeschrieben werden können. Zuständig sind hierfür Gericht, Staatsanwaltschaft und bei Gefahr im Verzug auch die Polizei. Nach § 131 I StPO liegt ein Haft- oder Unterbringungsbefehl bereits vor; nach § 131 II StPO liegen lediglich die Voraussetzungen für den Erlass eines Haft- oder Unterbringungsbefehls, aber besondere Eilbedürftigkeit vor. Nach § 131 III StPO kann bei einer Straftat von erheblicher Bedeutung auch eine Öffentlichkeitsfahndung veranlasst werden.[1594]

Die Veröffentlichung von Abbildern des Beschuldigten ist nach § 131b I StPO erlaubt, wenn *„die Aufklärung einer Straftat, insbesondere die Feststellung der Identität eines unbekannten Täters auf andere Weise erheblich weniger Erfolg versprechend oder wesentlich erschwert wäre“*. Die Anordnung nach § 131c StPO steht genauso wie § 131a III und § 131b StPO unter einem Richtervorbehalt.[1595]

Die Möglichkeit, eine staatliche Belohnung für die Hilfe bei der Fahndung nach einer Person auszusetzen, ist in der StPO selbst nicht geregelt. Einige Länder haben hierzu jedoch Verordnungen erlassen. So z. B. Nordrhein-Westfalen mit dem Erlass zur *„Aussetzung von Belohnungen und Sachzuwendungen für die Mitwirkung von Privatpersonen bei der Aufklärung strafbarer Handlungen und der Fahndung nach gesuchten Personen“*.[1596]

Nach § 457 I 2 StPO ist die Vollstreckungsbehörde – also die Staatsanwaltschaft – befugt, einen Vorführungs- oder Haftbefehl zu erlassen, wenn ein Straf-

1594 *Laue,* in: Dölling/Duttge/Rössner (Hrsg.): Gesamtes Strafrecht, § 131 StPO Rn. 1–5; *Martz/Wußler,* in: DRiZ 2021, S. 72 (72–77); *Schultheis,* in: KK-StPO, § 131 Rn. 7.

1595 *Schultheis,* in: KK-StPO, § 131b Rn. 2 f.; *Gerhold*, in: MüKo StPO, § 131b Rn. 2 f. Zur Fahndung über das Internet: *Schiffbauer,* in: NJW 2014, S. 1052 (1052–1057).

1596 https://recht.nrw.de/lmi/owa/br_bes_text?anw_nr=1&bes_id=12959&aufgehoben=N (abgerufen am: 23.01.2023).

gefangener entweicht oder sich sonst dem Vollzug entzieht. Sie hat dabei die gleichen Befugnisse wie die Strafverfolgungsbehörde (§ 457 III StPO), also auch die Möglichkeit der Veröffentlichung von Abbildungen des Strafgefangenen i. S. d. § 131b I StPO.[1597] Abzugrenzen sind diese Maßnahmen von der polizeirechtlichen Ausschreibung zur Festnahme nach § 30 BPolG.[1598]

Auch im magischen Recht ist es möglich, Personen zur Festnahme auszuschreiben. Dies geschieht beispielsweise im Fall von Sirius Black.[1599] Da Sirius Black nicht als Verdächtiger einer Straftat gesucht wird, sondern aus dem Gefängnis ausgebrochen und damit auf der Flucht ist, wäre hier nach deutschem Recht ein Anwendungsfall des § 457 StPO gegeben: *„Stan hatte inzwischen eine Ausgabe des Tagespropheten aufgeschlagen und las mit der Zunge zwischen den Zähnen in dem Blatt. Ein großes Foto von einem Mann mit eingesunkenem Gesicht und langem, verfilztem Haar blickte Harry von der Titelseite entgegen. […] Während die Muggel gewarnt wurden, dass Black mit einer Pistole bewaffnet ist (eine Art metallener Zauberstab, mit dem sich die Muggel gegenseitig umbringen), lebt die Zauberergemeinschaft in Furcht vor einem weiteren Massaker wie dem vor zwölf Jahren, als Black mit einem einzigen Fluch dreizehn Menschen tötete“.*[1600]

Sirius Black wird nach seinem Gefängnisausbruch nicht nur zur Festnahme ausgeschrieben, sondern es wird auch ein Fahndungsfoto von ihm in der Zeitung veröffentlicht. Zuständig ist hierfür die Abteilung für Magische Strafverfolgung. Inwiefern diese Maßnahme unter einem Richtervorbehalt steht, ist nicht bekannt. Hinzu kommt im konkreten Fall außerdem, dass das Zaubereiministerium den Muggel-Premierminister vor Sirius Black warnt, damit dieser auch in der Muggelwelt als entflohener Strafgefangener gesucht wird.[1601]

Nach einem Massenausbruch von Todessern in Band fünf werden Fahndungsfotos von diesen an zentralen Orten in der Zaubererwelt – wie Hogsmeade – aufgehängt. In der Zaubererwelt ist es üblich, dass auf hochrangige Verdächtige bzw. Flüchtige ein „Kopfgeld“ ausgesetzt wird: *„Sie bummelten auf Derwisch und Banges zu. Einige Leute aus Hogsmeade sahen sich ein großes Plakat an, das im Schaufenster des Ladens hing. Sie traten beiseite, als Harry und Cho sich näherten, und Harry starrte erneut auf die Bilder der zehn entflohenen Todesser. Das Plakat versprach »Per Anweisung des Zaubereiministeriums« jeder Hexe und jedem Zauberer für Informationen, die zur Wiederergreifung der abgebildeten Sträflinge führten, tausend Galleonen Belohnung.“*[1602]

1597 *Coen*, in: BeckOK StPO, § 457 Rn. 5; *Nestler*, in: MüKo StPO, § 457 Rn. 36, 38.

1598 Nach § 30 II Nr. 1 BPolG ist dies u. a. zum Zwecke der Ingewahrsamnahme nach § 39 BPolG möglich. *Arzt*, in: Schenke/Graulich/Ruthig (Hrsg.): Sicherheitsrecht des Bundes, § 30 Rn. 13 f.

1599 *Rowling*, Harry Potter 3, Der Fahrende Ritter, S. 45.

1600 *Rowling*, Harry Potter 3, Der Fahrende Ritter, S. 45.

1601 *Rowling*, Harry Potter 6, Der andere Minister, S. 17.

1602 *Rowling*, Harry Potter 5, Der Käfer in der Klemme, S. 655.

Auch Lord Voldemort nutzt Belohnungen/Kopfgelder, um sich die Unterstützung der Bevölkerung zu sichern. So setzt er beispielsweise eine Belohnung für die Ergreifung von Harry Potter (inklusive dessen Zauberstab) aus: *„Auf der Titelseite des Klitterers war er selbst abgebildet, geschmückt mit den Worten Unerwünschter Nummer eins, und die Bildunterschrift nannte die Summe der Belohnung.“*[1603] Die Summe, die auf Harrys Kopf ausgesetzt ist, beträgt zunächst 10.000 Galleonen[1604] und wird später dann auf 100.000 Galleonen bzw. 200.000 Galleonen mit Zauberstab erhöht. Die Höhe der jeweiligen Belohnung zeigt, wie wichtig die Person ist und spiegelt deutlich wieder, dass Lord Voldemort die Ergreifung von „Schlammblütern“ als absolut geringwertige Leistung ansieht: *„»Ich sage, das ist Potter, und er plus sein Zauberstab, das gibt zweihunderttausend Galleonen sofort auf die Kralle.« […] »Am besten, wir nehmen die alle mit. Wir haben zwei Schlammblüter, das macht noch mal zehn Galleonen.«“*[1605]

Bereits in § 131 RStPO war geregelt, dass auf Grund eines Haftbefehls vom Gericht sowie von der Staatsanwaltschaft *Steckbriefe* erlassen werden können, wenn der zu Verhaftende flüchtig ist oder sich verborgen hält. Ohne Haftbefehl war eine steckbriefliche Verfolgung (auch durch die Polizei) damals nur dann statthaft, wenn ein Festgenommener aus dem Gefängnis entweicht oder sonst sich der Bewachung entzieht. Dies entspricht der heutigen Regelung des § 457 StPO. Gem. § 131 RStPO sollte der Steckbrief eine Beschreibung des zu Verhaftenden enthalten. Eine Abbildung war damals noch nicht vorgesehen.[1606] Diese Regelungen galten auch unter den Nationalsozialisten fort, wurden in der Praxis aber wiederum im nationalsozialistischen Geiste angewendet.

So setzte das Regime die Öffentlichkeitsfahndung mittels Belohnung gezielt bei der Suche nach politischen Gegnern ein. Beispielsweise bei der Suche nach Arthur Nebe. Auf den Kopf des SS-Mannes und Reichskriminaldirektors wurde wegen seiner mutmaßlichen Beteiligung am Putsch vom 20. Juli 1944 ein Kopfgeld von über einer Million Reichsmark ausgelobt, das später auf 50.000 Reichsmark herabgesetzt wurde, um kein zu großes Aufsehen zu erregen. Nebe wurde verraten und vom Volksgerichtshof am 2. März 1945 zum Tode verurteilt.[1607]

Aber auch für den Verrat und die Ergreifung flüchtiger/versteckter Juden gab es eine Belohnung. Deutsche Juden, die als Gestapo-Spitzel tätig waren, wurden *Greifer* – genannt; eine Bezeichnung, die in den Harry-Potter-Büchern exakt so für die Kopfgeldjäger Lord Voldemorts verwendet wird. Den NS-Greifern wur-

---

1603 *Rowling*, Harry Potter 7, Das Märchen von den drei Brüdern, S. 427.

1604 *„Doch dann fiel ihm ein, dass er der Unerwünschte Nummer eins war, dass ein Kopfgeld von 10.000 Galleonen auf ihn ausgesetzt war und dass es inzwischen genauso gefährlich war, in Hogwarts aufzutauchen wie im Zaubereiministerium.“* (*Rowling*, Harry Potter 7, Godric's Hollow, S. 323 f.).

1605 *Rowling*, Harry Potter 7, Das Haus Malfoy, S. 461 f.

1606 *Roth*, Kriminalitätsbekämpfung in deutschen Großstädten, S. 94.

1607 *Rathert*, Verbrechen und Verschwörung, S. 20.

de eine Verbesserung ihrer eigenen Situation versprochen[1608] – also ähnlich wie z. B. dem Werwolf Greyback[1609], der zu den Greifern Lord Voldemorts gehörte. In den Niederlanden zahlten die Einwohnermeldeämter für jeden verratenen Juden 7,50 Gulden (rund 40 €). So spürte eine unter dem Namen *Kolonne Henneicke* bekannt gewordene Gruppe an Kopfgeldjägern etwa 8.000 Juden auf, von denen fast alle in Konzentrationslagern ermordet wurden.[1610] Gleiches geschah in Polen, wo es für die Denunziation eines Juden 1.000 Złoty oder – je nach Region – eine Flasche Schnaps bzw. 100 kg (!) Brotgetreide als Belohnung gab.[1611]

Damit wurde auch im Dritten Reich zwischen der Belohnung im Rahmen einer offiziellen Strafverfolgungsmaßnahme und einer Belohnung für den Verrat/die Ergreifung politischer Gegner unterschieden. Auffallend ist dabei im Vergleich zu den Harry-Potter-Büchern nicht nur die wortgleiche Bezeichnung als „Greifer" sondern auch die nach „Ansehen" gestaffelten Belohnungen. Im englischen Original heißen die „Greifer" allerdings „Snatchers" (von „to snatch"), sodass eine beabsichtigte Parallele zum NS-Staat eher unwahrscheinlich ist.

Auch die Öffentlichkeitsfahndung ist ein weiteres Beispiel dafür, dass sich Lord Voldemort hauptsächlich bereits bestehende Mechanismen des magischen Rechts zu Nutze macht und diese für seine Zwecke einsetzt. Gleichzeitig zeigt es wiederum, wie gering die Voraussetzungen sind, um in der Zaubererwelt an den Pranger gestellt zu werden. So wird Harry vom Zaubereiministerium als *Unerwünschter Nummer eins* eingestuft und damit faktisch für vogelfrei erklärt. Auch im Fall von Sirius Black gelangt ein Unschuldiger in den Fokus der Öffentlichkeit und wird über mehrere Jahre im Auftrag des Zaubereiministeriums von der ganzen Zaubererwelt gejagt. Auch hier macht sich Voldemort also wieder ein bestehendes Instrument des Zaubereiministeriums zu Nutze. Er verfeinert das bestehende System jedoch, indem er seine „Greifer" speziell auf politische Gegner und Muggelstämmige ansetzt und ihnen hierfür eine Belohnung in Geld sowie eine Verbesserung ihrer eigenen Stellung innerhalb des Regimes verspricht.[1612]

Die Öffentlichkeitsfahndung und das Ausloben einer Belohnung ist damit nicht nur ein mächtiges Mittel, um Recht und Gerechtigkeit durchzusetzen, beides kann auch von Unrechtsstaaten – wie dem NS-Staat – missbraucht werden, um politische Gegner in den Untergrund zu drängen und – wie die Nationalsozialisten zeigen – großflächig zu vernichten. Bezüglich der Denunziation von po-

1608 *Tausendfreund,* Erzwungener Verrat, S. 69 ff.; *Hauff,* Deutsches Reich und Protektorat Böhmen und Mähren, S. 32 f.; *Düring,* Verdeckte soziale Netzwerke, S. 40.

1609 Dazu: *Ward,* in: Goetz (Hrsg.): Terminus: Collected Papers on Harry Potter, S. 98 (112 f.).

1610 *Kellmann,* Dimensionen der Mittäterschaft, S. 166.

1611 *Pohl,* Nationalsozialistische Judenverfolgung, S. 319; *Musial,* Deutsche Zivilverwaltung und Judenverfolgung, S. 311.

1612 *„Moreover, so-called Snatchers form quasi-militias aiming at hunting down Muggle-borns on the run who were unable to prove their wizard descent."* (*Kullmann,* in: Gymnich/Birk/Burkhard (Hrsg.): „Harry – yer a wizard", S. 133 (138)).

litischen Gegnern zieht auch Reagin eine Parallele: *„Lawlessness and rule by decree soon produced fear and social fragmentation in both cultures, as people withdrew from acquaintances and colleagues, anxious that a joke or an incautious comment – saying Voldemort's name in a moment of anger, for example – could have serious consequences. The National Socialists didn't need to put a Taboo jinx on jokes about Hitler, because denunciation by someone who overheard you was often enough.*"[1613]

bb) Vorläufige Festnahme

§ 127 StPO regelt die Voraussetzungen der vorläufigen Festnahme vor Erlass eines Haftbefehls. Zu unterscheiden ist die – Jedermann zustehende – Festnahmebefugnis nach § 127 I 1 StPO, die behördliche Festnahme zur Identitätsfeststellung nach § 127 I 2 StPO und die auf Verhaftung abzielende Festnahmebefugnis der Staatsanwaltschaft und der Polizeibeamten nach § 127 II StPO.[1614] § 127 StPO kann gegenüber dem Eingriff in die Freiheitsgrundrechte des Betroffenen einen Rechtfertigungsgrund darstellen.[1615]

Voraussetzung des *Jedermann-Festnahmerechts* ist, dass Jemand auf frischer Tat (§ 11 I Nr. 5 StGB) betroffen oder verfolgt wird und er der Flucht verdächtig ist oder seine Identität nicht sofort festgestellt werden kann. Diese Festnahmebefugnis erfordert nach herrschender Rechtsprechung nicht, dass der Betroffene wirklich eine Tat begangen hat. Vielmehr genügt es, dass die erkennbaren äußeren Umstände einen dringenden Tatverdacht nahelegen.[1616] „Frisch" ist die Tat während des Tatvorgangs und kurz danach. Ein Fluchtverdacht ist anzunehmen, wenn man nach dem erkennbaren Verhalten des Täters vernünftigerweise davon ausgehen kann, dieser werde sich dem Strafverfahren entziehen, wenn er daran nicht durch alsbaldige Festnahme gehindert werde. Die Identität des Betroffenen kann nicht sofort festgestellt werden, wenn er Angaben zur Person verweigert oder keine gültigen Ausweispapiere mit sich führt.[1617]

Das über das allgemeine Festnahmerecht des Abs. 1 hinausgehende Festnahmerecht von Staatsanwaltschaft und Polizei erfordert Gefahr im Verzug sowie entweder das Vorliegen eines dringenden Tatverdachts und eines Haftgrunds nach §§ 112, 112 a StPO oder das Vorliegen der Voraussetzungen für einen Un-

---

1613 *Reagin,* in: Reagin (Hrsg.): Harry Potter and History, S. 127 (138). De La Torre zieht hingegen eine Parallele zwischen den Greifern und den *„European Witch Hunters"* (*De La Torre,* in: Bell (Hrsg): Hermione Granger Saves the World, S. 52 (62).

1614 *Gasa/Schwarzer,* in: Brenneisen/Staack/Kopischke (Hrsg.): Schutz privater Rechte, S. 38 (39); *Krauß*, in: BeckOK StPO, § 127 Rn. 1–16; *Laue,* in: Dölling/Duttge/Rössner (Hrsg.): Gesamtes Strafrecht, § 127 StPO Rn. 1–12.

1615 *Mitsch,* in: JA 2016, S. 161 (161–167); *Schultheis,* in: KK-StPO, § 127 Rn. 4.

1616 BGH, Urt. v. 18.11.1980, Az. VI ZR 151/78 (= BGH NJW 1981, 745); *Wagner,* in: ZJS 6/2011, S. 465 (468–471); *Schultheis,* in: KK-StPO, § 127 Rn. 9.

1617 *Schultheis,* in: KK-StPO, § 127 Rn. 6–33; *Böhm/Werner*, in: MüKo StPO, § 127 Rn. 5–18; *Meyer-Mews,* in: JA 2006, S. 206 (206–211).

terbringungsbefehl (§ 126a StPO). Zu beachten ist die Verhältnismäßigkeit der Maßnahme. Gefahr im Verzug liegt vor, wenn die Festnahme durch die Verzögerung gefährdet würde, die durch das Erwirken eines richterlichen Haft- oder Unterbringungsbefehls einträte.[1618]

Auch das magische Recht kennt den Vorgang der Festnahme ohne vorherigen Haftbefehl. In den Harry-Potter-Büchern gibt es mehrere Beispiele dafür, wie eine Festnahme abläuft. In Band fünf wird Sturgis Podmore von einem Wachmann des Zaubereiministeriums festgenommen, weil er auf frischer Tat dabei ertappt wurde, wie er sich gewaltsam Zutritt im Zaubereiministerium verschaffen wollte: *„Sturgis Podmore, 38, aus Clapham, Goldregenweg zwei, ist vor dem Zaubergamot erschienen unter der Anklage, am 31. August Hausfriedensbruch und einen Einbruchsversuch im Zaubereiministerium verübt zu haben. Podmore wurde vom Ministeriums-Wachtzauberer Eric Munch festgenommen, der ihn um ein Uhr morgens bei dem Versuch ertappte, sich gewaltsam Zutritt durch eine Hochsicherheitstür zu verschaffen.“*[1619]

Dies stellt den klassischen Fall einer vorläufigen Festnahme ohne Haftbefehl dar, bei der die Person „auf frische Tat betroffen“ ist bzw. Gefahr im Verzug vorliegt. Ob der Wachmann des Ministeriums zur magischen Strafverfolgungspatrouille gehört oder im Rahmen des Jedermann-Festnahmerechts wie ein privater Sicherheitsdienst agiert, ist nicht bekannt. Sicher ist aber, dass Sturgis Podmore unschuldig war. Er wurde von Todessern mit dem Imperius-Fluch belegt und gezwungen, in die Mysteriumsabteilung einzubrechen.[1620]

An einigen Stellen üben auch private Personen in der magischen Welt eine Art „Jedermann-Festnahmerecht“ aus – auch wenn dieses an keiner Stelle explizit so genannt wird. So nimmt Professor Snape in Band drei beispielsweise den flüchtigen (angeblichen) Straftäter Sirius Black und dessen Unterstützer Remus Lupin fest, indem er sie fesselt bzw. mit dem Zauberstab in Schach hält.[1621]

In Band sieben kommt es auf Lord Voldemorts Anweisung hin durch Angestellte des Zaubereiministeriums und Todesser gleichermaßen zu vielen Festnahmen, wobei diese meistens Muggelstämmige oder politische Gegner betreffen. Sogenannte *Greifer* machen gezielt Jagd auf Muggelstämmige, um sie der Registrierungskommission für Muggelstämmige vorzuführen. Allerdings ist in Band sie-

---

1618 *Schultheis*, in: KK-StPO, § 127 Rn. 34–41; *Böhm/Werner*, in: MüKo StPO, § 127 Rn. 20–30.

1619 *Rowling*, Harry Potter 5, Percy und Tatze, S. 339.

1620 *Rowling*, Harry Potter 5, Gesehen – unvorhergesehen, S. 691.

1621 *„Knall – dünne Seile schossen aus der Spitze von Snapes Zauberstab und schlängelten sich um Lupins Mund, Handgelenke und Fersen; er verlor das Gleichgewicht und stürzte zu Boden, wo er liegen blieb, ohne einen Finger rühren zu können. Black sprang vom Bett auf und wollte sich mit einem wütenden Schrei auf Snape stürzen, doch Snape richtete den Zauberstab genau zwischen seine Augen. »Gib mir einen Grund«, flüsterte er. »Gib mir nur einen Grund, es zu tun, und ich schwöre, ich werde es tun.«“* (*Rowling*, Harry Potter 3, Lord Voldemorts Knecht, S. 394).

ben kaum noch zwischen offiziellen staatlichen Maßnahmen im Rahmen eines gesetzlichen (vorläufigen) Festnahmerechts und willkürlichem Handeln der Todesser zu unterscheiden. So wird Luna Lovegood beispielsweise von Todessern entführt und im Keller des Anwesens der Malfoys gefangen gehalten, um ihren Vater, den Chefredakteur des Klitterers, damit zu erpressen.[1622]

Daran erkennt man, dass die drastischen Maßnahmen, die Lord Voldemort und seine Todesser ergreifen, zwar weiterhin versuchen, den Anschein der Rechtsstaatlichkeit zu wahren, dass ihnen dies aber immer mehr misslingt. Zwar sah das magische Strafprozessrecht auch unter Fudge und Scrimgeour relativ weitreichende Möglichkeiten zur Festnahme vor, die Realität unter Thickness und Lord Voldemort sieht aber nochmals deutlich anders aus. Die Entführung einer minderjährigen Schülerin aus dem Zug, der sie in die Schule bringen soll, dürfte auch in der magischen Welt nicht legal sein.

Der heutige § 127 StPO entspricht weitgehend dem § 127 RStPO von 1877. In diesem war ebenfalls das Jedermann-Festnahmerecht *„auf frischer That“* sowie das vorläufige Festnahmerecht von Staatsanwaltschaft und Polizei geregelt. Diese Regelungen galten im NS-Staat fort. Neben das Festnahmerecht traten jedoch zusätzlich die geheimpolizeilichen Gewaltverfahren der Schutzhaft und der polizeilichen Vorbeugehaft.[1623]

Dabei erfolgte gem. § 1 des Schutzhafterlasses vom 25. Januar 1938 die Anordnung der Schutzhaft ausschließlich durch die Gestapo. Die Staatspolizei durfte nur eine vorläufige Festnahme nach § 3 des Erlasses aussprechen. Entschloss sich diese nicht zur Entlassung, musste innerhalb von zehn Tagen Schutzhaftbefehl ergehen (§ 3 III).[1624] Mit der im Schutzhafterlass vorgesehenen „vorläufigen Festnahme“ erhielt neben der Gestapo auch die Polizei eine Art „kleine“ Schutzhaftkompetenz. Diese wurde als „Warnschuss“ gegenüber den Betroffenen benutzt und hatte damit einen vorbeugenden und erzieherischen Charakter.[1625] Durch den Runderlass des Reichsinnenministers vom 4. Oktober 1939 wurde die Festnahmefrist des § 3 III Schutzhafterlasses auf drei Wochen verlängert, um den Behörden mehr Spielraum zu verschaffen.[1626] Werle nennt die vorläufige Festnahme als kurzfristige Freiheitsentziehung ein *„Mittel der Gegnerbekämpfung“*.[1627]

Eine deutliche Verschärfung trat bei der vorläufigen Festnahme im Besatzungsrecht mit der *„Verordnung über die Strafrechtspflege gegen Polen und Juden in den eingegliederten Ostgebieten“* (RGBl. I 1941, S. 759) vom 4. Dezember 1941 ein. In Ziff. VIII der Verordnung hieß es in Abs. 1: *„Verhaftung und vor-*

1622 *Rowling,* Harry Potter 7, Xenophilius Lovegood, S. 428.

1623 *Heuer,* Geheime Staatspolizei, S. 127.

1624 *Werle,* Justiz-Strafrecht, S. 551 f.; Cornelius, Vom spurlosen Verschwindenlassen, S. 73.

1625 *Werle,* Justiz-Strafrecht, S. 553.

1626 *Werle,* Justiz-Strafrecht, S. 553.

1627 *Werle,* Justiz-Strafrecht, S. 727.

läufige Festnahme sind stets zulässig, wenn dringender Tatverdacht vorliegt". Damit wurde zu Lasten der Betroffenen sowohl auf das Vorliegen von Haftgründen als auch auf eine verfahrensmäßige Absicherung verzichtet. Zumindest seit Beginn der liberal-rechtsstaatlichen Epoche gab es im deutschen Haftrecht keine vergleichbaren Bestimmungen, die so stark in die persönliche Freiheit eingriff.[1628]

Die vorläufige Festnahme in der Zaubererwelt ähnelt deswegen einmal mehr eher den Zuständen im NS-Staat – und das schon unter Fudge. Unter Lord Voldemort kam es dann ähnlich wie bei der Gestapo zu willkürlichen Festnahmen durch die Todesser.

cc) Sicherstellung und Beschlagnahme

In der StPO gibt es differenzierte Regelungen zur Sicherstellung und Beschlagnahme. § 94 I StPO regelt in Abs. 1 die Sicherstellung von Gegenständen mit potentieller Bedeutung als Beweismittel, die gewahrsamslos sind oder freiwillig herausgegeben werden. Auf die Eigentums- oder Besitzverhältnisse kommt es nicht an. Befinden sich die Gegenstände im Gewahrsam einer Person und werden sie nicht freiwillig herausgegeben, so bedarf es nach § 94 II StPO der Beschlagnahme.[1629]

Die Herausgabepflicht des Gewahrsamsinhabers ergibt sich aus § 95 I StPO.[1630] Eine Beschlagnahme ist unzulässig, wenn ein Beschlagnahmeverbot vorliegt. Solche können sich aus §§ 96, 97 StPO oder unmittelbar aus dem Grundgesetz ergeben. § 97 StPO normiert ein Beschlagnahmeverbot hinsichtlich der Beweismittel, die sich im Gewahrsam zeugnisverweigerungsberechtigter Personen befinden, wenn durch die Beschlagnahme das Zeugnisverweigerungsrecht nach §§ 52, 53, 53a StPO umgangen würde.[1631]

Form, Inhalt, Bekanntgabe und Durchführung der Beschlagnahme sind in § 98 StPO geregelt. Demnach dürfen Beschlagnahmen u. a. nur durch das Gericht oder bei Gefahr im Verzug auch durch die Staatsanwaltschaft und ihre Ermittlungspersonen angeordnet werden. Für die Beschlagnahme reicht ein einfacher Tatverdacht aus.[1632]

Abzugrenzen ist die StPO-Maßnahme von den polizeirechtlichen Maßnahmen. Die Abgrenzung zwischen Verwaltungsrecht (Polizeirecht) und Strafprozess-

---

1628 *Cornelius,* Vom spurlosen Verschwindenlassen, S. 84; *Heuer,* Geheime Staatspolizei, S. 127; *Gribbohm,* in: NJW 1988, S. 2842 (2843).

1629 *Bosbach,* Verteidigung im Ermittlungsverfahren, S. 266 ff.; Sicherstellung: *Gerhold,* in: BeckOK StPO, § 94 Rn. 2–21; Beschlagnahme: *Gerhold,* in: BeckOK StPO, § 94 Rn. 22–24; *Huber,* in: JuS 2014, S. 215 (215–217).

1630 *Greven,* in: KK-StPO, § 95 Rn. 1–8.

1631 *Hauschild,* in: MüKo StPO, § 97 Rn. 1; *Greven,* in: KK-StPO, § 97 Rn. 11–34.

1632 Richterlich: *Greven,* in: KK-StPO, § 98 Rn. 1–10; nicht richterlich: *Greven,* in: KK-StPO, § 98 Rn. 11–20.

recht erfolgt gem. § 23 EGGVG. Über die Rechtmäßigkeit eines Justizverwaltungsaktes entscheiden die ordentlichen Gerichte. Es handelt sich dabei um eine abdrängende Sonderzuweisung i. S. d. § 40 I VwGO. Wurde repressiv gehandelt, ist der ordentliche Rechtsweg gegeben, wurde präventiv gehandelt, ist der Verwaltungsrechtsweg gegeben. Entscheidend ist dabei grundsätzlich der Schwerpunkt der Maßnahme.[1633]

Nach § 47 BPolG ist eine Sicherstellung u. a. möglich, um eine gegenwärtige Gefahr abzuwehren oder um den Eigentümer/Inhaber vor Verlust/Beschädigung der Sache zu schützen oder, wenn die Sache u. a. verwendet werden kann, um sich selbst oder einen anderen zu töten/verletzen.[1634] Die Sache wird nach §§ 48 ff. BPolG verwahrt, verwertet, vernichtet oder herausgegeben. Manche Landesgesetze unterscheiden zwischen der Sicherstellung im Interesse des Betroffenen (z. B. § 37 PolG BW) und der Beschlagnahme gegen den Willen des Betroffenen (z. B. § 38 PolG BW). Eine beschlagnahmte Sache kann nach § 39 PolG BW eingezogen werden.[1635]

Auch das Zaubereiministerium nimmt regelmäßig Gegenstände seiner Bürger in Gewahrsam. Allerdings wird an vielen Stellen nicht klar, ob es sich um einen Justizverwaltungsakt oder um ein präventives Handeln der Verwaltungsbehörde handelt. Wie oben bereits mehrfach erwähnt, kann nicht positiv festgestellt werden, dass es diese Unterscheidung in der magischen Welt überhaupt gibt. Zuständig für die Maßnahmen sind – je nachdem um welchen Gegenstand es sich handelt – die verschiedenen Abteilungen des Zaubereiministeriums.

Bereits in Band zwei erfährt Harry von Ron, dass das Zaubereiministerium gefährliche Gegenstände aus Privatbesitz beschlagnahmt. So beispielsweise Bücher, die dem Leser die Augen ausbrennen oder die so verzaubert sind, dass man nie wieder aufhören kann zu lesen.[1636] In Band sechs beschlagnahmt das Zaubereiministerium vermehrt schwarzmagische Gegenstände, die eine Gefahr für die Bevölkerung darstellen und teilweise gezielt von Todessern in den Verkehr gebracht wurden. Beispielsweise gefälschte Talismane. Dafür ließ Scrimgeour sogar ein neues Büro unter der Leitung von Arthur Weasley einrichten, das den Namen *Büro zur Ermittlung und Beschlagnahme Gefälschter Verteidigungszauber und Schutzgegenstände* trägt.[1637]

Bei beiden Beispielen könnte es sich um präventive Maßnahmen handeln, damit durch die Gegenstände niemand verletzt wird. Nach deutschem Recht wäre da-

---

1633 *Köhnlein*, in: BeckOK GVG, § 23 EGGVG Rn. 123; *Mayer*, in: KK-StPO, § 23 Rn. 18; *Schenke*, in: NJW 2011, S. 2838 (2841–2843); *Danne*, in: JuS 2018, S. 434 (434–438).

1634 *Schenke*, in: Schenke/Graulich/Ruthig (Hrsg.): Sicherheitsrecht des Bundes, § 47 Rn. 1 ff.

1635 Abgrenzung zur StPO: *Reinhardt*, in: BeckOK PolR BW, § 37 Rn. 1 ff. Abgrenzung zur Beschlagnahme: *Reinhardt*, in: BeckOK PolR BW, § 37 Rn. 4, § 38 Rn. 3 ff.

1636 *Rowling*, Harry Potter 2, Der sehr geheime Taschenkalender, S. 248 f.

1637 *Rowling*, Harry Potter 6, Schleim im Überfluss, S. 89.

mit der Anwendungsbereich des Polizeirechts eröffnet. Mangels weiterer Angaben könnte man aber auch eine strafprozessuale Maßnahme annehmen, mit der Begründung, dass es darum geht, Strafverfahren gegen die Eigentümer und/oder Händler der schwarzmagischen Gegenstände einzuleiten.

In Band fünf will das Zaubereiministerium Harrys Zauberstab beschlagnahmen, weil er in einer Muggelgegend als Minderjähriger gezaubert hat. Zunächst ordnet die Abteilung für unbefugte Zauberei per Posteule die sofortige Zerstörung des Zauberstabs durch Angestellte des Zaubereiministeriums an.[1638] Erst nachdem Dumbledore Fudge darauf hingewiesen hat, dass die Beschlagnahme von Zauberstäben nur nach einem vorherigen Verfahren erlaubt ist, kommt es zur Anhörung Harrys vor dem Zaubergamot. Trotz der Bezeichnung als „disziplinarische Anhörung" handelt es sich dabei nach hier vertretener Ansicht um ein Strafverfahren, in dem die Rechtsfolge der Beschlagnahme und Zerstörung des Zauberstabes verhängt werden kann – Harry wird jedoch freigesprochen.[1639]

Dieser Vorgang ähnelt der Entziehung der Fahrerlaubnis nach § 69 StGB. Es handelt sich dabei um eine Maßregel der Besserung und Sicherung, die präventiv dem Schutz der Sicherheit des Straßenverkehrs dient.[1640] Nach § 69 III StGB erlischt die Fahrerlaubnis mit Rechtskraft des Urteils.[1641] Eine vorläufige Entziehung der Fahrerlaubnis vor Abschluss des Strafverfahrens kann gem. § 111a StPO ausgesprochen werden.[1642] Die mögliche Entziehung der Fahrerlaubnis nach § 69 StGB entfaltet eine Sperrwirkung gegenüber der verwaltungsbehördlichen Entziehung nach § 3 StVG.[1643]

Bei Zauberstäben könnte es sich also – genauso wie bei Führerschein/Fahrerlaubnis bzw. dem eigenen Pkw – um so wichtige Gegenstände handeln, dass der magische Gesetzgeber den Entzug und Einzug an bestimmte formelle Voraussetzungen knüpfen wollte. Die Zielrichtung ist im magischen Recht dabei der Schutz der Geheimhaltung der Zauberergesellschaft vor den Muggeln. Der Vorgang macht aber auch erneut deutlich, dass sich das Zaubereiministerium nicht an seine eigenen Gesetze hält. Wäre Dumbledore Harry nicht zu Hilfe geeilt, hätte das Zaubereiministerium Harrys Zauberstab ohne ein vorheriges Verfahren zerstört.

Dass es auch bei anderen Gegenständen ein formalisiertes Beschlagnahme-Verfahren gibt, zeigt die Testamentseröffnung in Band sieben. Dumbledore vererbt Harry, Ron und Hermine verschiedene Gegenstände. Der Schnatz, das Schwert

---

1638 *Rowling,* Harry Potter 5, Eulen über Eulen, S. 37.

1639 *Rowling,* Harry Potter 5, Die Anhörung, S. 179 ff.

1640 *Heuchemer,* in: BeckOK StGB, § 69 Rn. 1 f.; *Kindhäuser/Hilgendorf,* in: Kindhäuser/Hilgendorf (Hrsg.): StGB, § 69 Rn. 1 ff.

1641 *Heintschel-Heinegg/Huber*, in: MüKo StGB, § 69 Rn. 91.

1642 Führt man dennoch ein Kfz, macht man sich nach § 21 I StVG strafbar. *Huber,* in: BeckOK StPO, § 111a Rn. 2.

1643 *Heuchemer,* in: BeckOK StGB, § 69 Rn. 5–7.1; *Kinzig,* in: Schönke/Schröder (Hrsg.): StGB, § 69 Rn. 5.

Gryffindors, das Märchenbuch und der Deluminator werden vom Zaubereiministerium jedoch zunächst einbehalten und untersucht: *„»Ich hatte durchaus das Recht dazu«, erwiderte Scrimgeour von oben herab. »Der Erlass zur Befugten Beschlagnahme verleiht dem Ministerium die Macht, den Gegenstand eines Testaments einzubehalten –« »Dieses Gesetz wurde geschaffen, um Zauberer daran zu hindern, schwarzmagische Artefakte weiterzuvererben«, sagte Hermine, »und das Ministerium muss stichhaltige Beweise dafür haben, dass die Besitztümer des Verstorbenen illegal sind, bevor man sie beschlagnahmt!«"*[1644]

Voraussetzung einer solchen Beschlagnahme ist, dass es sich um einen schwarzmagischen Gegenstand handelt, den der Verstorbene illegal besessen hat. Nur dann darf das Zaubereiministerium in die Erbfolge eingreifen und einen Gegenstand aus der Erbmasse einbehalten. Sachlogischerweise ist von dieser Befugnis auch die Untersuchung des Gegenstandes erfasst, um überhaupt herauszufinden, ob dieser schwarzmagisch/illegal ist. Dies setzt allerdings *„stichhaltige Beweise"* voraus. Keiner der Gegenstände, die Dumbledore vererbt, ist schwarzmagisch. Lediglich beim Schwert Gryffindors besteht Streit darüber, wer der wahre Eigentümer des Schwertes ist.[1645] Dies genügt für eine Beschlagnahme nach dem genannten Erlass allerdings nicht aus. Da der Erlass geschaffen wurde, um die Vererbung von gefährlichen schwarzmagischen Gegenständen zu verhindern, handelt es sich hier eindeutig um eine präventive Maßnahme aus dem Bereich des Verwaltungsrechts.

Auch hier zeigt sich, dass es zwar Regelungen des Zaubereiministeriums gibt, die ein formalisiertes Verfahren für eine Beschlagnahme vorsehen, das Zaubereiministerium sich allerdings nicht an seine eigenen Regeln hält. Vielmehr werden die Voraussetzungen der Beschlagnahme vererbter Gegenstände so weit ausgedehnt, dass auch Dumbledores Erbe darunterfällt. Interessant ist an dieser Stelle, dass das Zaubereiministerium die Gegenstände nicht einfach so ohne Begründung einbehält, sondern sich dafür auf ein tatsächlich bestehendes und angeblich einschlägiges Gesetz beruft. Das Zaubereiministerium setzt seine Bürokratie also gezielt dazu ein, um den Schein rechtstaatlichen Handelns aufrechtzuhalten. Zauberer, die sich im Gegensatz zu Hermine nicht mit magischem Recht auskennen, müssen deswegen nach dem äußeren Schein davon ausgehen, dass „alles in Ordnung" sei. Wer das Handeln des Zaubereiministeriums also nicht hinterfragt, wird auf den ersten Blick davon ausgehen, dass im Rahmen der geltenden Gesetze, also rechtmäßig, gehandelt wird. Dies unterstreicht das

1644 *Rowling*, Harry Potter 7, S. 129.

1645 Das Schwert wurde von Kobolden gefertigt. Nach deren Rechtsordnung ist derjenige der Eigentümer, der eine Sache hergestellt hat. Die Kobolde behaupten, Godric Gryffindor habe das Schwert gestohlen. Sie sind deswegen der Meinung, dass das Schwert im Eigentum der Kobolde steht. Selbst wenn Gryffindor das Schwert „gekauft" hätte, wäre es nach Ansicht der Kobolde nur „gemietet" und würde nach dem Tod Gryffindors wieder in ihr Eigentum zurückfallen (*Rowling*, Harry Potter 7, Shell Cottage, S. 514, 526).

perfide Vorgehen von Fudge und Scrimgeour, welche die extrem komplexe Bürokratie gezielt missbrauchen, um ihre eigenen Interessen durchzusetzen.[1646]

Genau die gleichen Mechanismen macht sich später auch Lord Voldemort zu Nutze. Unter anderem, indem er das Zaubereiministerium unterwandert, wovon die magische Bevölkerung zunächst überhaupt nichts mitbekommt. Mit der Einrichtung der Registrierungskommission für Muggelstämmige legalisiert er sein Vorgehen gegen Muggelstämmige, um der Zaubererbevölkerung vorzugaukeln, dass sein Verhalten legitim sei. Dadurch fällt es Harry und dem Orden des Phönix extrem schwer, Anhänger für den Kampf gegen Lord Voldemort zu finden. Denn ein Kampf gegen Voldemort stellt gleichzeitig einen Kampf gegen das Zaubereiministerium dar, das in den Augen der (unaufgeklärten) Bevölkerung jedoch rechtmäßig handelt und damit kein „Feindbild“ darstellt.[1647]

Sicherstellung und Beschlagnahme waren bereits in § 94 RStPO festgeschrieben. Die Beschlagnahmeverbote im Rahmen der §§ 51, 52 RStPO waren ebenfalls in § 97 RStPO vorgesehen, wobei die Norm damals noch nicht so ausdifferenziert war wie heute. § 98 RStPO sah wie heute einen Richtervorbehalt bzw. bei Gefahr im Verzug die Kompetenz von Staatsanwaltschaft und Polizei vor.[1648] Im NS-Staat galten diese Normen grundsätzlich fort.[1649] Der Schwerpunkt der Maßnahmen lag aber außerhalb des justiziellen Rahmens.

Bereits die *„Verordnung des Reichspräsidenten zum Schutz von Volk und Staat“* vom 28. Februar 1933 nahm hier weitreichende Einschränkungen vor. § 1 setzte die wichtigsten Grundrechte der Weimarer Verfassung *„bis auf weiteres“* außer Kraft und erlaubte damit u. a. Beschlagnahmen und Beschränkungen des Eigentums *„auch außerhalb der sonst hierfür bestimmten gesetzlichen Grenzen“*.[1650]

Der Entwurf einer neuen Strafverfahrensordnung sah 1936 in einem neuen § 245 vor, dass Beschlagnahmen nunmehr von der Staatsanwaltschaft selbst angeordnet werden konnten, womit der bisher vorgesehene Richtervorbehalt entfallen sollte. Dies entsprach der allgemeinen Tendenz, die Stellung der Staatsanwaltschaft zu stärken und ihr sämtliche Zwangsmittel an die Hand zu geben.[1651] Ein Teil dieses Entwurfs wurde durch die vierte und letzte *„Vereinfachungsverordnung zur weiteren Anpassung der Strafrechtspflege an die Erfordernisse des totalen Krieges“* vom 13. Dezember 1944 (RGBl. I 1944, S. 339) umgesetzt,

1646 *Rowling,* Harry Potter 7, Das Testament von Albus Dumbledore, S. 132 ff.

1647 *Rowling,* Harry Potter 7, Der Ghul im Schlafanzug, S. 97; Das Bestechungsgeschenk, S. 214 f.

1648 Dabei war ein an Zeugnisverweigerungsrechte geknüpftes Beschlagnahmeverbot historisch umstritten: *Schmitt,* Die Berücksichtigung der Zeugnisverweigerungsrechte, S. 25 ff.

1649 *Schmitt,* Die Berücksichtigung der Zeugnisverweigerungsrechte, S. 33 f.

1650 *Werle,* Justiz-Strafrecht, S. 66.

1651 *Gruchmann,* Justiz im Dritten Reich, S. 986; *König,* Vom Dienst am Recht, S. 151.

die dem Staatsanwalt das Recht gab, vor der Anklageerhebung Haftbefehl zu erlassen und u. a. Beschlagnahmen auch ohne Gefahr im Verzug anzuordnen.[1652]

Sicherstellungen/Beschlagnahmen bzw. Vermögensentziehungen nahmen gleichzeitig außerhalb des Strafrechts überhand.[1653] Am deutlichsten wird dies bei der Konfiszierung jüdischen Vermögens und Eigentums sowie bei den nationalsozialistischen „Kulturgutraubzügen“, bei denen zwischen 1933 und 1945 zunächst in Deutschland, dann in ganz Europa Kunstwerke, Bücher und Archivalien aus privatem wie öffentlichem Bereich „abgepresst“, „arisiert“, „sichergestellt“ und „geraubt“ wurden.[1654] Das *„Gesetz über Einziehung von Erzeugnissen entarteter Kunst“* (RGBl. I 1938, S. 612) vom 31. Mai 1938 erlaubte den rückwirkenden und entschädigungslosen Einzug von *entarteter Kunst*, die zuvor „sichergestellt“ worden war. Das Gesetz bezog sich auf kulturelle Strömungen, die mit der Kunstauffassung im NS-Staat, also der „Deutschen Kunst“, nicht in Einklang zu bringen waren.[1655]

Gleichzeitig kam es zur Enteignung jüdischer Kunstsammler sowie allgemein zur Sicherstellung und Beschlagnahme jüdischen Eigentums. Rechtsgrundlage hierfür war u. a. *„Die Verordnung zur Ausschaltung der Juden aus dem deutschen Wirtschaftsleben“* (RGBl. I 1938, S. 1580) vom 12. November 1938 sowie die *„Verordnung über den Einsatz des jüdischen Vermögens“* (RGBl. I 1938, S. 1709) vom 3. Dezember 1938.[1656] Die Perversion des Rechts kannte keine Grenzen: Mit der Elften Verordnung zum Reichsbürgergesetz vom 25. November 1941 fiel das Vermögen von deportierten Juden dem Reich zu. Mit der Dreizehnten Verordnung zum Reichsbürgergesetz vom 1. Juli 1943 erhielt das Reich auch das Vermögen verstorbener Juden.[1657] Noch weiter ging der *„Erlass des Führers und Reichskanzler über die Verwertung des eingezogenen Vermögens von Reichsfeinden“* (RGBl I 1941, S. 303) vom 29. Mai 1941.[1658]

Sowohl in den Harry-Potter-Büchern als auch im Dritten Reich kam es damit zu einer Verpolizeilichung der Maßnahmen, zu einem Herunterschrauben der Voraussetzungen für Sicherstellung/Beschlagnahme und Vermögenseinziehung sowie zur gezielten Umgehung rechtsstaatlicher Grundsätze, um politische Ziele zu erreichen. Eine derart weitreichende Enteignung von politischen Gegnern wie es die Nationalsozialisten bei den Juden und anderen „Reichsfeinden“ taten,

---

1652 *Gruchmann,* Justiz im Dritten Reich, S. 1090.

1653 Den Anfang machten das *„Gesetz über die Einziehung kommunistischen Vermögens“* vom 26. Mai 1933 und das *„Gesetz übe die Einziehung volks- und staatsfeindlichen Vermögens“* vom 14. Juli 1933 (siehe S. 134).

1654 *Hartung,* Kunstraub in Krieg und Verfolgung, S. 26–37.

1655 *Reich/Fischer,* in: NJW 1993, S. 1417 (1418); *Raue,* in: GRUR 1/2015, S. 1 (3); *Müller-Katzenburg,* in: NJW 1999, S. 2551 (2552); *Wasmuth,* in: NJW 2014, S 747 (748, 751).

1656 *Anton,* Rechtshandbuch Kulturgüterschutz und Kunstrestitutionsrecht/1, S. 1148 f.; *Rudolph,* Restitution von Kunstwerken aus jüdischem Besitz, S. 14.

1657 *Brückler,* in: Brückler (Hrsg.): Kunstraub, Kunstbergung und Restitution, S. 13 (15).

1658 *Ulbricht,* Das Vermögen der „Reichsfeinde“, S. 356 ff.

ist in der Harry Potter Welt aber auch unter Lord Voldemort nicht bekannt. Allerdings wird in den Büchern auch nicht erwähnt, was mit dem Eigentum bzw. Vermögen (mit Ausnahme ihrer Zauberstäbe) derjenigen Muggelstämmigen passiert, die von der „Registrierungskommission für Muggelstämmige" in Askaban inhaftiert werden, sodass ein weiterer Vergleich hier mangels Informationen nicht möglich ist.

dd) Durchsuchung

Die deutsche Strafprozessordnung unterscheidet zwischen Durchsuchungen bei Beschuldigten (§ 102 StPO) und Durchsuchungen bei Dritten (§ 103 StPO). Voraussetzung der Durchsuchung ist ein Anfangsverdacht i. S. d. § 152 II StPO, die Vermutung, das Durchsuchungsziel zu erreichen, eine richterliche Anordnung gemäß § 105 StPO (Ausnahme bei Gefahr im Verzug) sowie die Verhältnismäßigkeit der Maßnahme.[1659]

Die Durchsuchung bei Nichtverdächtigen nach § 103 StPO ist unter engeren Voraussetzungen als bei § 102 StPO zulässig und erlaubt die Durchsuchung nur, wenn über den Grad der Vermutung hinaus auf Grund von Tatsachen der Schluss gezogen werden kann, dass der Durchsuchungszweck erreicht wird. Auch diese Durchsuchung steht gem. § 105 I StPO unter einem Richtervorbehalt. Die Staatsanwaltschaft ist hierzu befugt, wenn Gefahr im Verzug vorliegt.[1660] Hinzu kommen weitere Sonderregelungen, wie beispielsweise bei der Durchsuchung zur Nachtzeit gem. § 104 StPO.[1661] Nach § 106 StPO darf der Betroffene der Durchsuchung beiwohnen.[1662] Werden bei Gelegenheit einer Durchsuchung Gegenstände gefunden, die zwar in keiner Beziehung zu der Untersuchung stehen, aber auf eine andere Straftat hindeuten (sog. *Zufallsfunde*), so sind sie nach § 108 StPO einstweilen in Beschlag zu nehmen.[1663]

Die Durchsuchung einer Person, also die Suche nach Sachen oder Spuren unter der Kleidung, auf der Körperoberfläche und in natürlichen Körperöffnungen sowie die Entnahme einer Blutprobe sind in § 81a StPO geregelt. Die Anordnung steht dem Richter und bei Gefahr im Verzug der Staatsanwaltschaft und ihren Ermittlungspersonen zu. Der Richtervorbehalt für die Entnahme einer Blutprobe wurde 2017 bei bestimmten Delikten jedoch gelockert.[1664]

1659 *Bruns,* in: MüKo StPO, § 102 Rn. 1–13; *Huber,* in: JuS 2013, S. 408 (408–409); *Schroeder,* in: JuS 2004, S. 858 (860–861).

1660 *Eckstein,* Ermittlungen zu Lasten Dritter, S. 245 ff.; *Hegmann,* in: BeckOK StPO, § 103 Rn. 1–19; *Bruns,* in: KK-StPO, § 103 Rn. 1–13.

1661 *Hauschild,* in: MüKo StPO, § 104 Rn. 1–10.

1662 *Hauschild,* in: MüKo StPO, § 106 Rn. 1–14.

1663 *Grawe,* Die strafprozessuale Zufallsverwendung, S. 66 ff.; *Cordes/Pannenborg,* in: NJW 2019, S. 2973 (2973–2977).

1664 BT Drucksache 18/11572: https://dip21.bundestag.de/dip21/btd/18/112/1811272.pdf (abgerufen am: 23.01.2023); im Detail: *Disselkamp,* Der Richtervorbehalt, S. 210 ff.

Abzugrenzen sind die Maßnahmen nach der StPO wiederum von polizeilichen Maßnahmen. Die Polizeigesetze unterschieden dabei regelmäßig zwischen der Durchsuchung von Personen (§ 43 BPolG, z. B. § 29 PolG BW) und der Durchsuchung von Sachen (§ 44 BPolG, z. B. § 30 PolG BW). Eine Durchsuchung von Personen und Sachen ist jeweils nur in den vom Gesetz vorgesehenen, streng umrissenen Konstellationen möglich.[1665] Auf Grund des hohen Schutzgutes der Unverletzlichkeit der Wohnung aus Art. 13 GG steht die Durchsuchung von Wohnraum unter einem Richtervorbehalt (§ 46 BPolG, z. B. § 31 PolG BW).[1666]

In Band zwei erfährt man von Mr Weasley, dass das Zaubereiministerium vermehrt Hausdurchsuchungen vornehmen lässt, um illegale schwarzmagische Gegenstände zu beschlagnahmen: *„»Was für eine Nacht«, murmelte er [Anm. Mr Weasley] und griff nach der Teekanne, während sich die Jungen um ihn herum niederließen. »Neun Hausdurchsuchungen. Neun! Und der alte Mundungus Fletcher wollte mir einen Zauberbann auf den Hals jagen, als ich ihm gerade den Rücken zudrehte ...« [...] »Nichts außer ein paar schrumpfenden Schlüsseln und einem beißenden Kessel«, gähnte Mr Weasley. »Außerdem noch einige recht üble Sachen, für die wir allerdings nicht zuständig sind. Mortlake haben sie wegen ein paar äußerst merkwürdiger Frettchen zum Verhör mitgenommen, aber das fällt nicht in meine Abteilung, Gott sei Dank ...«“*[1667]

Zuständig ist das Zaubereiministerium und dort u. a. auch das *Büro gegen den Missbrauch der Magie*. Bei den oben zitierten Durchsuchungen wurde aber neben Muggelartefakten außerdem ein verzaubertes Frettchen gefunden. Hierfür ist laut Mr Weasley das *Komitee für experimentelle Zauberei* zuständig.[1668] Welche Abteilung einschreitet, richtet sich also danach, welche Sachen man bei der Durchsuchung zu finden erhofft. Ob es sich bei der von Mr Weasley vorgenommenen Hausdurchsuchung um eine strafprozessuale oder um eine polizeirechtliche Maßnahme handelt, lässt sich aus den Büchern nicht ablesen. Einerseits könnte man annehmen, dass das Zaubereiministerium präventiv gegen den Besitz schwarzmagischer Gegenstände vorgeht, um die Bevölkerung vor Gefahren zu schützen, die von den Sachen ausgehen. Hierfür könnte sprechen, dass Mr Weasley in seiner Funktion als Leiter des Büros gegen den Missbrauch von Muggelartefakten handelt, das gerade die Funktion hat, Muggel (präventiv) vor den Gefahren verzauberter Gegenstände zu schützen.

Andererseits könnte es sich aber auch um strafprozessuale Maßnahmen handeln, weil das Zaubereiministerium gezielt gegen bestimmte Verdächtige vorgeht, um danach strafrechtliche Konsequenzen zu ziehen. Hierfür spricht, dass das Büro

---

1665 *Graulich*, in: Lisken/Denninger (Hrsg.): Handbuch des Polizeirechts, Rn. 785 ff.; *Würtenberger/Heckmann*, Polizeirecht, Rn. 191 ff.

1666 *Schenke*, in: Schenke/Graulich/Ruthig (Hrsg.): Sicherheitsrecht des Bundes, § 45 BPolG Rn. 1 ff.; *Schenke*, Polizei- und Ordnungsrecht, Rn. 167 ff.; *Hermes*, in: Dreier (Hrsg.): GG, Art. 13 Rn. 44–47.

1667 *Rowling*, Harry Potter 2, Der Fuchsbau, S. 45.

1668 *Rowling*, Harry Potter 2, Der Fuchsbau, S. 45.

gegen den Missbrauch von Muggelartefakten der Abteilung für Magische Strafverfolgung untergeordnet ist. Diese ist – wie der Name schon sagt – für die Verfolgung von Straftaten zuständig. Die Frage lässt sich anhand der sieben Harry-Potter-Bücher mangels weiterer Anhaltspunkte nicht abschließend beantworten.

Sowohl die StPO als auch das Polizeirecht normieren bei der Durchsuchung von Wohnraum einen Richtervorbehalt, den es im magischen Recht nicht gibt. Aus dem Wortlaut der Aussage von Mr Weasleys geht hervor, dass er u. a. Küchengegenstände (Schüsseln und Kessel) beschlagnahmt hat. Vieles spricht also dafür, dass er nicht nur Gewerbeimmobilien, sondern tatsächlich auch Wohnraum durchsucht hat. Auch wenn aus der Nichterwähnung einer richterlichen Anordnung nicht zwingend auf die Nichtexistenz eines Richtervorbehalts geschlossen werden kann, liegt es jedoch nahe, dass der Durchsuchungsbeschluss vom Zaubereiministerium ohne die Beteiligung des Zaubergamot getroffen wurde.[1669] Und selbst wenn das Gericht vorher gefragt worden wäre, ist dieses – wie oben bereits ausgeführt – so stark vom Zaubereiministerium abhängig und personell unterwandert, dass sowieso keine unabhängige Gerichtsentscheidung gegeben ist.

Das Vorgehen bei Hausdurchsuchungen ist ein weiteres Beispiel dafür, wie korrupt das Zaubereiministerium ist bzw. wie sehr es sich bei seinen Maßnahmen vom Ansehen der Betroffenen in der Gesellschaft leiten lässt. So weiß Mr Malfoy bereits vorab, dass das Zaubereiministerium sein Anwesen durchsuchen wird und kann deswegen illegale Gegenstände rechtzeitig beiseiteschaffen (siehe S. 117 f.).[1670]

Obwohl Mr Weasley für das bei der Hausdurchsuchung gefundene verzauberte Frettchen nicht zuständig ist, beschlagnahmt er das Tier und der Betroffene wird dem Komitee für experimentelle Zauber zum Verhör übergeben.[1671] Demnach können Zufallsfunde in der Zaubererwelt – genauso wie bei uns[1672] – grundsätzlich verwertet werden. Ob es dabei Einschränkungen gibt, ist nicht bekannt.

Während das Zaubereiministerium in Band zwei nach illegalen Gegenständen sucht, fahndet es in Band drei nach dem aus Askaban entflohenen Sirius Black und sucht damit eine Person. Auch dies ist nach magischem Recht möglich. Zunächst lässt das Zaubereiministerium von Dementoren den Hogwartsexpress durchsuchen.[1673] Schließlich lässt der Zaubereiminister das gesamte Dorf Hogsmeade und dort u. a. auch den Pub *Zum Tropfenden Kessel* durchsu-

1669 Das Fehlen eines (auch nach US-Recht benötigten) *„warrants"* führt auch Barratt an, um auf die Missbrauchsgefahr (z. B. durch politisch motivierte Durchsuchungen) hinzuweisen. (*Barratt,* The Politics of Harry Potter, S. 39).

1670 *Rowling,* Harry Potter 2, Bei Flourish & Blotts, S. 59.

1671 *Rowling,* Harry Potter 2, Der Fuchsbau, S. 45.

1672 *Eckstein,* Ermittlungen zu Lasten Dritter, S. 151 ff. Zum Normalfall des Zufallsfundes i. S. d. § 108 StPO: *Grawe,* Die strafprozessuale Zufallsverwendung, S. 71 ff.

1673 *Rowling,* Harry Potter 3, Der Dementor, S. 96.

chen.[1674] *„»Glauben Sie, dass Black immer noch in der Gegend ist, Minister?«, flüsterte Madam Rosmerta. »Da bin ich mir sicher«, sagte Fudge knapp. »Sie wissen doch, dass die Dementoren meinen Pub zweimal durchsucht haben?«, sagte Madam Rosmerta mit einem Anflug von Ärger in der Stimme. »Haben mir alle Kunden verschreckt ... gar nicht gut fürs Geschäft, Minister.« »Rosmerta, meine Liebe, ich mag diese Gestalten genauso wenig wie Sie«, sagte Fudge peinlich berührt. »Das ist eine unerlässliche Vorsichtsmaßnahme ... lästig, aber was soll man machen ...«"*[1675]

Die Vorgänge zeigen, dass nicht nur der „Apparat" Zaubereiministerium oder die einzelnen Abteilungen Durchsuchungen anordnen dürfen, sondern dass Durchsuchungen auch vom Zaubereiminister alleine angeordnet werden können. Zusätzlich hat er die Kompetenz, für die Durchsuchungen Dementoren, die eigentlich das Zauberergefängnis Askaban bewachen, abzuordnen. Dies ist vor allem deswegen interessant, da Dementoren – wie bereits erwähnt – blind sind und Schuldige nicht von Unschuldigen unterscheiden können (siehe S. 212 ff., 229). Es ist deswegen mehr als grob fahrlässig, Dementoren in einen Zug voller unschuldiger und mehr oder weniger hilfloser Schüler zu lassen. Eine Verhältnismäßigkeitsprüfung findet nicht statt.

Aus dem Zitat von Fudge geht hervor, dass er die Durchsuchung des Pubs für eine *„unerlässliche Vorsichtsmaßnahme"* hält. Dies macht deutlich, dass er hier – nach unserem Verständnis – präventiv, also zur vorbeugenden Gefahrenabwehr vorgeht. Andererseits handelt es sich bei dem Gesuchten um einen entflohenen Strafgefangenen. Auch an dieser Stelle wird nicht deutlich, ob das magische Recht eine Unterscheidung zwischen polizeilichem Handeln und Maßnahmen im strafprozessualen Sinn überhaupt kennt. Da für alle Durchsuchungen im weitesten Sinn das Zaubereiministerium zuständig ist und es für alle Maßnahmen formal wohl wenige bis keine Hürden gibt, spricht vieles dafür, dass das magische Recht hier keine Unterscheidung trifft. Jedenfalls ist diese für den Leser nicht ersichtlich.

Nach der Ermordung des neuen Zaubereiministers in Band sieben durchsuchen Todesser den Fuchsbau, um Harry, Ron und Hermine, die sich zu diesem Zeitpunkt schon auf der Flucht befinden, zu fassen.[1676] Dies ist ihnen u. a. deswegen möglich, weil Lord Voldemort das Zaubereiministerium und die damit verbundenen Kompetenzen übernommen hat: *„»Eins muss dir klar werden, Harry, die Todesser haben jetzt die ganze Macht des Ministeriums auf ihrer Seite«, sagte Lupin. »Sie sind ermächtigt, brutale Zauber auszuführen, ohne dass sie Gefahr laufen, sich ausweisen zu müssen oder verhaftet zu werden. Es ist ihnen gelungen, jeden Schutzzauber zu durchdringen, den wir gegen sie errichtet hat-*

1674 *Rowling,* Harry Potter 3, Die Karte des Rumtreibers, S. 224.
1675 *Rowling,* Harry Potter 3, Die Karte des Rumtreibers, S. 224.
1676 *Rowling,* Harry Potter 7, Das Bestechungsgeschenk, S. 213.

ten, und sobald sie drin waren, bekannten sie ganz offen, warum sie gekommen waren«“[1677]

Dadurch dass es bereits vor der Machtübernahme kaum formale Voraussetzungen bei den Durchsuchungen gegeben hat, ist es Lord Voldemort jetzt umso einfacher möglich, die Häuser seiner politischen Gegner völlig unbehelligt zu durchsuchen. Lord Voldemort muss dazu einfach nur die sowieso schon bestehenden Kompetenzen des Zaubereiministeriums durch seine Todesser ausführen lassen.

Zusätzlich beschäftigt das Zaubereiministerium unter Lord Voldemort in Band sieben auch sog. *Greifer*, die nach flüchtigen Muggelstämmigen, Halbblütern und anderen politischen Gegnern suchen und dafür ein Kopfgeld erhalten (siehe S. 279, 310 ff.). Dabei durchsuchen die Greifer auch gewaltsam Orte, an denen sie Flüchtige vermuten. Sie berufen sich dabei nicht einmal mehr auf Befugnisse, die ihnen das Zaubereiministerium verliehen hat, sondern dringen einfach gewaltsam in Wohnungen und beispielsweise auch das Zelt des Trios ein.[1678] Auch wenn unter Lord Voldemort das „Gesetz des Stärkeren“ gilt und sich seine Anhänger ohnehin mit Gewalt über alle (eventuell noch) bestehenden Regelungen hinwegsetzen, macht der Umstand, dass das Zaubereiministerium sowieso über derart weitreichende und unkontrollierte Befugnisse verfügt, die Machtübernahme durch Lord Voldemort noch einfacher.

Auch die Durchsuchung der Wohnung des Beschuldigten und die Durchsuchung seiner Person war bereits in § 102 RStPO vorgesehen. Ebenso wie heute sowohl zum Zwecke seiner Ergreifung als auch zum Auffinden von Beweismitteln. Die Durchsuchung bei anderen Personen war – wie heute – in § 103 RStPO geregelt.[1679]

Bereits die *„Verordnung des Reichspräsidenten zum Schutz von Volk und Staat“* vom 28. Februar 1933 nahm hier weitreichende Einschränkungen vor, weil § 1 die wichtigsten Grundrechte der Weimarer Verfassung *„bis auf weiteres“* außer Kraft setzte und damit u. a. Hausdurchsuchungen *„auch außerhalb der sonst hierfür bestimmten gesetzlichen Grenzen“* erlaubte.[1680] Der Entwurf einer neuen Strafverfahrensordnung vom 27. Februar 1936 sah auch für die Durchsuchung vor, dass diese vom Staatsanwalt alleine (Wegfall des Richtervorbehalts) angeordnet werden konnte (§ 245).[1681] In der vierten und letzte Vereinfachungsverordnung vom 13. Dezember 1944 wurde dieses Recht dann auch tatsächlich normiert, sodass für die Anordnung einer Durchsuchung durch die Staatsanwaltschaft keine Gefahr im Verzug mehr notwendig war.[1682]

1677 *Rowling,* Harry Potter 7, Das Bestechungsgeschenk, S. 213 f.
1678 *Rowling,* Harry Potter 7, Das Haus Malfoy, 455.
1679 Historische Entwicklung ab 1877: *Hasslinger,* Die Entwicklung, S. 255 ff.
1680 *Heuer,* Geheime Staatspolizei, S. 35; *Hasslinger,* Die Entwicklung, S. 378.
1681 *Gruchmann*, Justiz im Dritten Reich, S. 986.
1682 *Gruchmann*, Justiz im Dritten Reich, S. 1090.

Gleichzeitig kam es wiederum zu einer Verpolizeilichung der Maßnahmen. Einen Schwerpunkt bildeten die Durchsuchungen, die von der Gestapo durchgeführt wurden und damit überhaupt nicht in den Bereich der Strafrechtspflege fielen. Beispielsweise im Rahmen diverser „Sonderaktionen" der Polizei, u. a. gegen Berufsverbrecher (9. März 1937), „Arbeitsscheue" (21. April 1938) sowie „Asoziale" und vorbestrafte Juden (ab 13. Juni 1938).[1683] Für diese Maßnahmen seien nach Aussage des SS-Obersturmbannführers und Oberregierungs- und Kriminalrats im RKPA Werner *„selbstverständlich nicht die Bestimmungen der Strafverfahrensordnung heranzuziehen."* Rechtsgrundlage sei der Auftrag des Führers, kriminelle Staatsfeinde vorbeugend zu bekämpfen. U. a. für Hausdurchsuchungen wurde damit eine vom Führerauftrag abgeleitete Kompetenz der Polizei angenommen.[1684]

Im Ergebnis können auch hier deswegen wieder Parallelen zwischen dem magischen Recht und dem NS-Staat gezogen werden. Quintessenz der Durchsuchungen nach heutigem Recht ist der Schutz der Betroffenen durch den Richtervorbehalt. Diesen gibt es in der magischen Welt nicht, was Durchsuchungen durch das Zaubereiministerium anfällig für Machtmissbrauch macht – vor allem im Hinblick darauf, dass diese sogar vom Zaubereiminister alleine angeordnet werden dürfen. Dabei wird im magischen Recht keine Unterscheidung zwischen strafprozessualen und polizeilichen Maßnahmen getroffen oder deren Grenzen sind jedenfalls fließend. Zu einer Ausdehnung der polizeilichen Maßnahmen kam es auch im Dritten Reich. Insbesondere die Durchsuchungen bei und nach politischen Gegnern unter Lord Voldemort – teils unter Einsatz der „Greifer" – ähnelt stark der Gestapo-Praxis unter den Nationalsozialisten.

ee) Untersuchungshaft

Die Voraussetzungen der Untersuchungshaft sind in §§ 112 ff. StPO geregelt. Demnach muss gegen den Betroffenen ein dringender Tatverdacht bestehen, es muss ein Haftgrund vorliegen und die auf Grundlage eines Haftbefehls nach § 114 StPO durchgeführte Untersuchungshaft darf nicht unverhältnismäßig sein.[1685] Ein dringender Tatverdacht liegt vor, wenn nach dem derzeitigen Ermittlungsstand eine hohe Wahrscheinlichkeit besteht, dass der Beschuldigte Täter oder Teilnehmer einer Straftat ist.[1686]

Das deutsche Strafprozessrecht kennt die Haftgründe der Flucht, Fluchtgefahr und Verdunklungsgefahr. Außerdem ist ein Haftgrund nach § 112 III StPO gegeben, wenn der Beschuldigte dringend verdächtig ist, bestimmte Delikte aus dem Bereich der Schwerkriminalität begangen zu haben. Allerdings muss dieser Absatz wegen eines Verstoßes gegen den Verhältnismäßigkeitsgrundsatz verfas-

1683 *Werle,* Justiz-Strafrecht, S. 522.

1684 Zitiert nach: *Werle,* Justiz-Strafrecht, S. 530.

1685 Überblick: *Bosch,* in: Jura 2017, S. 43 (43–53); *Krauß,* in: BeckOK StPO, § 112 Rn. 1 ff.

1686 *Böhm/Werner,* in: MüKo StPO, § 112 Rn. 21–31; *Graf,* in: KK-StPO, § 112 Rn. 3 ff.

sungskonform ausgelegt werden.[1687] In § 112a StPO wird für eine Reihe von schwereren Straftaten der Haftgrund der Wiederholungsgefahr normiert. Dabei darf die Untersuchungshaft nicht außer Verhältnis zur erwartenden Strafe stehen. § 112a StPO ist subsidiär zu § 112 StPO.[1688]

Nach § 114 StPO wird die Untersuchungshaft durch schriftlichen Haftbefehl des Richters angeordnet, der bestimmten formalen Vorgaben entsprechen muss.[1689] Nach § 114b StPO ist der Beschuldigte unverzüglich schriftlich über seine Rechte zu belehren.[1690] Solange der Beschuldigte in Untersuchungshaft ist, kann er nach § 117 StPO jederzeit die gerichtliche Prüfung beantragen oder nach § 304 StPO Haftbeschwerde einlegen.[1691]

Aber auch das Polizeirecht kennt die Möglichkeit, Personen in Gewahrsam zu nehmen (§ 39 BPolG, z.B. § 33 PolG BW). Dabei wird grundsätzlich zwischen „Präventivgewahrsam“ und „Schutzgewahrsam“ sowie u.a. in Baden-Württemberg dem „Identitätsgewahrsam“ unterschieden.[1692] Der Gewahrsam ist eine Freiheitsentziehung i.S.d. Art. 2 II, Art. 104 II GG, sodass besondere verfassungsrechtliche Anforderungen beachtet werden müssen. So sieht Art. 104 II GG einen Richtervorbehalt vor. Dieser wird einfachgesetzlich in § 40 I BPolG und z.B. § 33 III, IV PolG BW wiederholt.[1693]

In den Harry-Potter-Büchern wird an mehreren Stellen erwähnt, dass (angebliche) Straftäter eine Haftstrafe in Askaban absitzen müssen. Es kommt jedoch auch vor, dass Betroffene nicht als Bestrafung, sondern präventiv für einige Zeit inhaftiert werden. So beispielsweise Hagrid, nachdem es in Band zwei zu mehreren Angriffen auf muggelstämmige Schüler in Hogwarts kommt. Hagrid wird verdächtigt, etwas mit der Sache zu tun zu haben, weil er in seiner eigenen Schulzeit eine Riesenspinne in Hogwarts gehalten hat[1694] und nun erneut (und erneut zu Unrecht) verdächtigt wird, ein „Monster“ in der Schule freigelassen zu haben:

1687 *Krey/Heinrich*, Deutsches Strafverfahrensrecht, Rn. 733; *Schlothauer/Weider/Nobis*, Untersuchungshaft, S. 315 ff.; *Böhm/Werner*, in: MüKo StPO, § 112 Rn. 90.

1688 *Krauß*, in: BeckOK StPO, § 112a Rn. 12 ff.; *Schlothauer/Weider/Nobis*, Untersuchungshaft, S. 318 ff.; *Graf*, in: KK-StPO, § 112a Rn. 25; *Graf*, in: JA 2012, S. 262 (264).

1689 *Krauß*, in: BeckOK StPO, § 114 Rn. 1–11.

1690 *Graf*, in: KK-StPO, § 114b Rn. 1–17.

1691 Unterschiede Haftprüfung/Haftbeschwerde: *Schlothauer/Weider/Nobis*, Untersuchungshaft, S. 355 ff.; Graf, in: KK-StPO, § 117 Rn. 6–9.

1692 *Schenke*, in: Schenke/Graulich/Ruthig (Hrsg.): Sicherheitsrecht des Bundes, § 39 BPolG Rn. 1 ff.; *Würtenberger/Heckmann*, Polizeirecht, Rn. 178 ff.; *Hauser*, in: BeckOK PolR BW, § 33 Rn. 2.

1693 *Radtke*, in: BeckOK GG, Art. 104 Rn. 10; *Jarass*, in: Jarass/Pieroth (Hrsg.): GG, Art. 104 Rn. 15; *Schulze-Fielitz*, in: Dreier (Hrsg.): GG, Art. 104 Rn. 38 ff.; *Graulich*, in: Lisken/Denninger (Hrsg.): Handbuch des Polizeirechts, Rn. 534 ff.; *Hauser*, in: BeckOK PolR BW, § 33 Rn. 41.

1694 *Rowling*, Harry Potter 2, Der sehr geheime Taschenkalender, S. 266; Cornelius Fudge, S. 268; Aragog, S. 298.

„»Sehen Sie es doch mal von meinem Standpunkt«, sagte Fudge und fummelte an seinem Hut. »Ich stehe mächtig unter Druck. Man erwartet von mir, dass ich handle. Wenn sich herausstellt, dass Hagrid unschuldig ist, kommt er zurück und die Sache ist erledigt. Aber ich muss ihn mitnehmen. Geht nicht anders. Täte sonst nicht meine Pflicht –« »Mich mitnehmen?«, sagte Hagrid und erschauerte. »Wohin mitnehmen?« »Nur für kurze Zeit«, sagte Fudge und wich Hagrids Blick aus. »Keine Strafe, Hagrid, eher eine Vorsichtsmaßnahme. Wenn jemand anders erwischt wird, kommen Sie mit einer offiziellen Entschuldigung raus –« »Nicht Askaban?«, krächzte Hagrid.“[1695]

Zum Zeitpunkt seiner Festnahme liegt gegen Hagrid kein gerichtlicher Haftbefehl vor. Zuständig für diese temporäre Inhaftierung in Askaban ist vielmehr das Zaubereiministerium. Und einmal mehr kann der Zaubereiminister diese einschneidende Maßnahme sogar selbst anordnen. Problematisch ist auch hier wieder die Abgrenzung zwischen präventivem und restriktivem Handeln. Denn auch bei Hagrids Inhaftierung ist nicht klar, ob es sich um eine polizeiliche oder eine strafprozessuale Maßnahme handelt. Für eine polizeiliche Maßnahme spricht der Wortlaut des Zaubereiministers, der – genauso wie bei der Durchsuchung in Hogsmeade – von einer *„Vorsichtsmaßnahme“* spricht. Andererseits wird Hagrid verdächtigt, eine Straftat begangen zu haben, sodass seine Inhaftierung eine Untersuchungshaft i. S. d. Strafprozessrechts darstellen könnte. Dafür spricht auch, dass Hagrid für mehrere Monate in Askaban untergebracht wird und nicht nur für einen kurzen Zeitraum, wie es für den Polizeigewahrsam allgemein üblich ist. Aber auch hier kann wiederum mangels weiterer Informationen nicht mit abschließender Sicherheit festgestellt werden, ob das magische Recht eine solche Unterscheidung überhaupt kennt und wenn ja, welche Art von Maßnahme hier getroffen wird.

Unabhängig davon, ob ein präventives oder ein restriktives Handeln vorliegt, sind die Eingriffsvoraussetzungen gegenüber dem deutschen Recht erneut sehr niedrigschwellig: Im Gegensatz zum deutschen Strafprozessrecht ist für die Inhaftierung Hagrids kein dringender Tatverdacht erforderlich. Gegen Hagrid besteht lediglich die vage Vermutung, dass er (erneut) ein gefährliches Geschöpf (versehentlich) freigelassen haben könnte. Aus den Worten des Zaubereiministers selbst lässt sich ablesen, dass er Hagrid nicht ernsthaft verdächtigt, sondern *„unter Druck“* steht und deswegen *„handeln muss“*. Fudge selbst geht davon aus, dass Hagrid nur für *„kurze Zeit“* inhaftiert sein wird und *„mit einer offiziellen Entschuldigung rauskommt“*, sobald *„jemand anderes erwischt wird“*.[1696]

Ob im magischen Recht ein Haftgrund erforderlich ist, lässt sich nicht feststellen. Die Haftgründe des § 112 StPO wären jedenfalls nicht gegeben. Hagrid hat keine Auslandsbeziehungen, lebt auf dem Schulgelände, hat dort eine feste

---

1695 *Rowling,* Harry Potter 2, Cornelius Fudge, S. 281. Dazu auch: *Getty,* Islands and Captivity in Popular Culture, S. 19 f.

1696 So auch: *Baltzar,* Power and Evil, S. 18; Barratt nennt dieses Vorgehen *„scape-goating“*: *Baratt,* The Politics of Harry Potter, S. 107.

Anstellung, seine Identität ist bekannt, er hat keinerlei Fluchtversuche unternommen und auch nicht versucht, Beweise verschwinden zu lassen. Alleine der Haftgrund der Wiederholungsgefahr i. S. d. § 112a StPO könnte herangezogen werden, weil Hagrid bereits einmal verdächtigt wurde, am Tod einer Schülerin schuld gewesen zu sein. Dass es sich dabei um eine falsche Verdächtigung handelt und Hagrid unschuldig ist, weiß das Zaubereiministerium zu diesem Zeitpunkt noch nicht.

Auch eine Verhältnismäßigkeitsprüfung findet im magischen Recht nicht statt. Diese würde hier nach deutschen Maßstäben zu Gunsten Hagrids ausfallen. Besonders erschreckend ist auch, dass es wiederum keinen Richtervorbehalt gibt. Die Maßnahme wird alleine vom Zaubereiminister ohne jegliche Formalia (z. B. Schriftform oder Belehrung) oder der Anrufung des Zaubergamot angeordnet.

Auch die Voraussetzungen der vorläufigen Festnahme nach deutschem Recht würden nicht vorliegen. Zwar handelt es sich beim Zaubereiminister auch um einen „Jedermann“. Fudge erwischt Hagrid jedoch nicht „auf frischer Tat“, dieser ist nicht der Flucht verdächtig und seine Identität ist bekannt. § 127 I StPO wäre auf diese Konstellation also nicht anwendbar. Und auch § 127 II StPO wäre nicht gegeben. Unabhängig davon, ob auf Grund des nur sehr vagen Verdachts gegen Hagrid und des Fehlens eines Haftgrundes überhaupt die Voraussetzungen des § 112 StPO vorliegen, ist der Zaubereiminister jedenfalls weder die „Staatsanwaltschaft“ (im magischen Recht die „Abteilung für Magische Strafverfolgung“) noch die „Polizei“ (im magischen Recht die „Magische Strafverfolgungspatrouille“ oder die „Auroren“) und damit zur Festnahme auf Grund des Verdachts einer Straftat nach unserem heutigen Verständnis nicht berechtigt.

Das Gleiche gilt für einen Vergleich mit dem deutschen Polizeirecht. Auch dieses sieht wegen des schwerwiegenden Eingriffs in die Fortbewegungsfreiheit des Betroffenen i. S. d. Art. 2 II und Art 104 GG ab einer bestimmten Dauer einen Richtervorbehalt vor. Hagrid wird hier für mehrere Monate ohne eine richterliche Anordnung in Askaban inhaftiert. Voraussetzung für die Maßnahme wäre nach § 39 I Nr. 3 BPolG die *„unmittelbar bevorstehende Begehung oder Fortsetzung einer Straftat oder einer Ordnungswidrigkeit von erheblicher Bedeutung für die Allgemeinheit“* oder z. B. nach § 33 I Nr. 1 PolG BW die *„unmittelbar bevorstehende erhebliche Störung der öffentlichen Sicherheit“*.[1697]

Angriffe auf muggelstämmige Schüler, die eine Körperverletzung bzw. sogar eine versuchte Tötung darstellen, verletzen die Rechtsordnung und das Recht auf Leben und körperliche Unversehrtheit der Betroffenen. Allerdings ist es hier extrem zweifelhaft, ob überhaupt die *„unmittelbare Begehung/Störung* durch

---

1697 Unter der öffentlichen Sicherheit versteht man die Unverletzlichkeit der Rechtsordnung, der subjektiven Rechte und Rechtsgüter des Einzelnen sowie der Einrichtungen und Veranstaltungen des Staates oder sonstiger Träger der Hoheitsgewalt. (*Schenke,* in: Schenke/Graulich/Ruthig (Hrsg.): Sicherheitsrecht des Bundes, § 39 BPolG Rn. 10 f.; *Hauser,* in: BeckOK PolR BW, § 33 Rn. 19 ff.; *Wehr,* in: Wehr (Hrsg.): BPolG, § 14 Rn. 15–20).

Hagrid bejaht werden kann. Denn selbst der Zaubereiminister geht nicht ernsthaft davon aus, dass Hagrid für die Angriffe verantwortlich ist.

Auch die Grundsätze des sog. *Anscheinsstörers* sind hier nicht einschlägig. Darunter versteht man im deutschen Recht eine besondere Form der Polizeipflicht für vermeintliches Verhalten, obwohl objektiv aus ex-ante Sicht keine Gefahrenlage oder Gefahrenverursachung vorlag. Die Gefahrenabwehrbehörde durfte aber auf Grund einer pflichtgemäßen Lagebeurteilung von einer Polizeipflicht ausgehen.[1698] Die Anscheinsstörereigenschaft setzt wie auch die Anscheinsgefahr voraus, dass die Behörde davon ausgeht, dass alle Tatsachen für ein Einschreiten ermittelt wurden, sodass sie nicht nur wegen eines Gefahrenverdachts bzw. gegen einen Verdachtsstörer vorgeht.[1699] Wie oben bereits ausgeführt geht das Zaubereiministerium zum Zeitpunkt der Verhaftung selbst nicht ernsthaft davon aus, dass Hagrid der Täter ist. Es handelt sich bei dem Vorgehen vielmehr um „blinden Aktionismus", um die Schüler und Eltern zu beruhigen und der Öffentlichkeit zu vermitteln, dass das Zaubereiministerium „etwas tut". Demnach liegt gerade keine pflichtgemäße, verständige und besonnene Lagebeurteilung vor, welche die Annahme einer Anscheinsgefahr aus ex-ante Sicht rechtfertigen würde.

Eine Maßnahme gegen Hagrid ist dadurch automatisch auch unverhältnismäßig, weil die Inhaftierung eines offensichtlich Unschuldigen nicht „geeignet" sein kann, um die Angriffe auf Muggelstämmige zu beenden.

All diese Hürden, die das deutsche Recht bei der Freiheitsentziehung kennt, gibt es im magischen Recht nicht. Und selbst wenn es beschränkende Regelungen gäbe, wendet das Zaubereiministerium diese jedenfalls nicht an. Auffällig ist außerdem, dass es mit großer Wahrscheinlichkeit auch gegen diese temporäre Inhaftierung in Askaban keine Rechtsmittel gibt. So weiß Dumbledore, dass Hagrid verhaftet wurde[1700]. Trotzdem versuchen weder Dumbledore, noch Hagrid selbst, gegen diese Entscheidung rechtlich vorzugehen. Dies spricht stark dafür, dass es schlicht keinen Weg gibt, gegen Hagrids „Untersuchungshaft" vorzugehen. Fast schon verstörend mutet diese Nichtexistenz eines Rechtsmittels an, wenn man bedenkt, dass sogar der Hippogreif Seidenschnabel vor seiner Hinrichtung (rein formal) eine Berufungsverhandlung hatte. Dazu Schwabach: *„The trial of Buckbeak forms a subplot running through the third novel; Buckbeak, an animal, seems to receive far more in the way of due process than the humans we see sent to Azkaban."*[1701]

1698 Zum Begriff des Anscheinsstörers: *Schenke,* Polizei- und Ordnungsrecht, Rn. 323 ff.; *Schenke,* in: Schenke/Graulich/Ruthig (Hrsg.): Sicherheitsrecht des Bundes, § 17 BPolG Rn. 31 f.

1699 Zum Gefahrbegriff: *Würtenberger/Heckmann,* Polizeirecht, Rn. 269 ff. Zum umstrittenen Vorgehen bei einem bloßen Gefahrenverdacht: *Schenke,* Polizei- und Ordnungsrecht, Rn. 89 ff.

1700 *Rowling,* Harry Potter 2, Cornelius Fudge, S. 280 ff.

1701 *Schwabach,* in: Roger Williams U.L. Rev. 11/2006, S. 309 (349).

Einer der spektakulärsten gescheiterten Festnahmeversuche findet am Ende von Band fünf statt. Umbridge informiert Fudge darüber, dass mehrere Schüler einen Widerstand namens *Dumbledores Armee* gegründet hätten. Fudge geht auf Grund des Namens davon aus, dass Dumbledore dahintersteckt und vorhat, das Zaubereiministerium zu übernehmen und versucht, ihn festnehmen zu lassen.

„»Weasley, haben Sie alles aufgeschrieben, alles, was er gesagt hat, sein Geständnis, haben Sie es?« »Ja, Sir, ich denke schon, Sir!«, sagte Percy beflissen, die Nase vom schnellen Mitschreiben mit Tinte bekleckst. »Und dass er versucht hat, eine Armee gegen das Ministerium aufzubauen, dass er daran gearbeitet hat, meine Position zu untergraben?« […] »Sie werden nun ins Ministerium abgeführt, wo offiziell Anklage gegen Sie erhoben wird, dann werden Sie nach Askaban geschickt, wo Sie der Prozess erwartet!« »Ah«, sagte Dumbledore milde. […] »Nun – es ist offenbar so, dass Sie sich der Illusion hingeben, dass ich mich – wie heißt es noch – widerstandslos abführen lasse. Ich fürchte, ich werde mich keineswegs widerstandslos abführen lassen, Cornelius.« […] »Schluss mit diesem Unsinn!«, sagte Fudge und zog seinen Zauberstab. »Dawlish! Shacklebolt! Nehmen Sie ihn fest!« Ein silberner Lichtstrahl zuckte durch den Raum. Es gab einen Knall wie von einem Gewehrschuss und der Boden erzitterte; eine Hand packte Harry am Kragen und zwang ihn hinunter, als ein zweiter silberner Strahl aufblitzte; einige der Porträts schrien, Fawkes kreischte und eine Staubwolke erfüllte die Luft. […] Fawkes zog seine Kreise durch das Büro und stürzte sich auf ihn herab. Dumbledore ließ Harry los, hob die Hand und packte den langen goldenen Schwanz des Phönix. Es gab eine Stichflamme und die beiden waren verschwunden.“[1702]

In diesem Fall handelt es sich um eine klassische Untersuchungshaft im Rahmen des Strafprozessrechts, wie wir sie auch aus dem deutschen Recht in §§ 112 ff. StPO kennen. Fudge will Dumbledore zeitweise bis Anklage gegen ihn vor dem Zaubergamot erhoben wird, in Askaban inhaftieren lassen. Dies misslingt zwar, weil Dumbledore flüchten kann, die Situation zeigt aber erneut, dass fast jede Maßnahme des Zaubereiministeriums vom Zaubereiminister selbst – ohne Einhaltung weiterer Formalia – verhängt werden kann. An dieser Stelle eignet sich Fudge Kompetenzen an, die in einem Rechtsstaat üblicherweise mehreren Instanzen (Anklagebehörde und Gericht) zustehen. Er vereint damit wieder einmal mehrere Gewalten in einer Person. Fudge missbraucht diese weitreichende Kompetenz hier eindeutig, um (vermeintliche) politische Gegner ausschalten zu lassen und damit seine eigene Position als Zaubereiminister zu sichern.

In Band sechs wird der Schaffner des Fahrenden Ritters in seiner Wohnung von Ministeriumszauberern festgenommen, weil gegen ihn der Verdacht besteht, dass er ein Todesser ist bzw. er mit Todessern zusammenarbeitet: *„»›Stanley Shunpike, Schaffner des beliebten magischen Transportmittels Der Fahrende Ritter, wurde wegen Verdacht auf Betätigung als Todesser festgenommen. Mr Shunpike, 21, wurde gestern spät in der Nacht nach einer Razzia in seiner Woh-*

1702 *Rowling,* Harry Potter 5, Der Zentaur und die Petze, S. 727 ff.

nung in Clapham verhaftet ...‹« “[1703] Die Beschuldigungen gründen darauf, dass Stan in einem Pub lautstark etwas über einen Geheimplan der Todesser erzählt hat. Stans Festnahme soll der Öffentlichkeit deutlich machen, wie energisch und erfolgreich das Zaubereiministerium gegen Todesser vorgeht. Dumbledore und Harry gehen davon aus, dass Stan unschuldig ist und setzen sich beim neuen Zaubereiminister Scrimgeour für dessen Freilassung ein.[1704] Auch hier spricht der Kontext dafür, dass es sich um eine Untersuchungshaft i. S. d. StPO handelt, da Stan später der Prozess gemacht werden soll.

Unter Lord Voldemort sind die verschiedenen Haftarten nicht mehr zu unterscheiden. Es kommt zu willkürlichen Verhaftungen von politischen Gegnern und Muggelstämmige werden alleine auf Grund ihres Blutstatus in Askaban inhaftiert.[1705]

Bereits in § 112 RStPO war geregelt, dass die Anordnung der Untersuchungshaft voraussetzt, dass ein dringender Tatverdacht besteht und ein Haftgrund vorliegt. Als abschließende Haftgründe werden in der Fassung von 1877 die Verdunklungsgefahr und die Fluchtgefahr genannt. Gem. § 114 RStPO erfolgte die Verhaftung auf Grund eines schriftlichen Haftbefehls des Richters.[1706] Die Strafprozessrechtsnovelle von 1926 reformierte die Benachrichtigung von Angehörigen, die Vernehmung des Verhafteten und die Haftprüfung.[1707]

Unter den Nationalsozialisten kam es zu weiteren Reformen. Bereits mit dem *„Gesetz zur Änderung von Vorschriften des Strafrechts und des Strafverfahrens“* vom 24. April 1934 wurde das Haftrecht u. a. durch die Abschaffung des Haftprüfungsverfahrens verschärft.[1708] Das *„Gesetz zur Änderung des Strafgesetzbuches“* vom 28. Juni 1935 schuf in § 112 RStPO zwei neue Haftgründe. Neben den Haftgründen des Fluchtverdachts und der Verdunkelungsgefahr sollte jetzt schon der Verdacht genügen, dass der Beschuldigte *„die Freiheit zu neuen strafbaren Handlungen mißbrauchen werde oder wenn es mit Rücksicht*

1703 *Rowling,* Harry Potter 6, Hermines helfende Hand, S. 224.

1704 *„»Halten die etwa immer noch Stan Shunpike fest?«, fragte Harry. »Ich fürchte, ja«, sagte Mr Weasley. »Ich weiß, dass Dumbledore versucht hat, bei Scrimgeour persönlich ein Wort für Stan einzulegen ... ich meine, jeder, der Stan selbst befragt hat, gibt zu, dass er ungefähr so viel von einem Todesser hat wie diese Mandarine ... aber in der Führungsetage will man den Eindruck vermitteln, dass es gewisse Fortschritte gibt, und ›drei Leute verhaftet‹ klingt besser als ›drei Leute irrtümlich verhaftet und wieder freigelassen‹ ... aber noch mal, das ist alles streng geheim ...«“* (*Rowling,* Harry Potter 6, Sehr frostige Weihnachten, S. 334). Das Beispiel wird auch von Barratt angeführt: *Barratt,* The Politics of Harry Potter, S. 108.

1705 *Rowling,* Harry Potter 7, Die Registrierungskommission für Muggelstämmige, S. 254–270.

1706 *Gebauer,* Die Rechtswirklichkeit der Untersuchungshaft, S. 5.

1707 *Schmidt,* Strafrechtspflege/1, S. 419; *Rüping/Jerouschek,* Strafrechtsgeschichte, Rn. 263; *König,* Vom Dienst am Recht, S. 22.

1708 *Wehner,* Die Haftgründe, S. 92.

auf die Schwere der Tat und die durch sie hervorgerufene Erregung der Öffentlichkeit nicht erträglich wäre, den Angeschuldigten in Freiheit zu lassen."[1709]

Dabei war man der Ansicht, dass es *„dem gesunden Volksempfinden"* entspräche, Täter bei wiederholten oder schweren Verbrechen sofort in Haft zu nehmen. Dies diene dem Lebens- und Arbeitsfrieden der Volksgemeinschaft. Ein Täter, der sich durch seine Tat selbst aus der Volksgemeinschaft ausgeschlossen habe, müsse sofort dieser Gemeinschaft entzogen werden.[1710] Diese Verschärfungen waren auch im Entwurf der Strafverfahrensordnung vom Oktober 1937 und in den Entwürfen von 1939 vorgesehen.[1711]

Daneben wurden mit dem *„Gesetz gegen gefährliche Gewohnheitsverbrecher und über Maßregeln der Sicherung und Besserung"* vom 24. November 1933 zwei Neuerungen eingeführt. Die einstweilige Unterbringung und das Sicherungsverfahren, die noch weitreichendere Freiheitsentziehungen erlaubten. Begründet wurde das damit, dass nach geltendem Recht gegen einen unzurechnungsfähigen Beschuldigten keine Untersuchungshaft verhängt werden konnte, obwohl dieser eventuell eine Gefahr für die Allgemeinheit darstellt.[1712]

Hinzu kamen daneben die Verhaftungen durch die Polizei und allen voran das von der Gestapo eingesetzte Instrument der Schutzhaft. Mit der Verhängung von Schutzhaft konnten Justizentscheidungen im Zweifelsfall ausgehebelt werden. Denn wer aus der Untersuchungshaft (rechtmäßig) entlassen wurde, konnte danach immer noch in Schutzhaft genommen werden. Reichsjustizminister Gürtner ordnete deswegen 1934 an, dass die Justizbehörden bei der Ablehnung eines Haftbefehls im Falle von Hoch- oder Landesverrat oder ähnlicher staatsgefährlicher Verbrechen vor der Entlassung des Täters darüber Mitteilung machen mussten. Ab April 1935 bestimmten dann die *„Richtlinien zum Strafverfahren"*, dass die Staatsanwaltschaften die Gestapo informieren mussten, wenn es sich bei den Entlassenen um Ausländer, Zigeuner oder staatsfeindliche Personen handelte. In einem Runderlass der Gestapo vom 18. Februar 1937 wurden diese Mitteilungspflichten auf alle politischen Strafsachen ausgedehnt.[1713] Das ging so weit, dass Strafverteidiger darauf hinwirkten, dass ihre Mandanten in Untersuchungshaft blieben, um sie vor der Schutzhaft zu verschonen.[1714]

Cornelius kommt zum Ergebnis, dass im NS-Staat durch eine *„Entfesselung der Polizeigewalt"* die Strafjustiz erheblich eingeschränkt wurde.[1715] Das förmliche justizielle Haftrecht sei durch das formlose polizeiliche Verhaftungsrecht zurückgedrängt worden. Er zieht deswegen das Fazit, dass der Verhaftete bei einer

1709 *Schmidt,* Strafrechtspflege/1, S. 443 f.
1710 *Wehner,* Die Haftgründe, S. 90, 94
1711 *Wehner,* Die Haftgründe, S. 100 f.
1712 Mehr dazu: *Gruchmann,* Justiz im Dritten Reich, S. 1057 f.
1713 *Heuer,* Geheime Staatspolizei, S. 116; zu den verschiedenen Konstellationen von U-Haft und Schutzhaft: *Werle,* Justiz-Strafrecht, S. 570 ff.
1714 *König,* Vom Dienst am Recht, S. 106.
1715 *Cornelius,* Vom spurlosen Verschwindenlassen, S. 84.

polizeilichen Verhaftung so gut wie keine Rechte hatte, während im Strafverfahren zumindest noch einige Rechte fortbestanden. Die primäre Intention der nationalsozialistischen Machthaber bestand darin, den Verhafteten systematisch den Kontakt zur Außenwelt zu verwehren und sie verschwinden zu lassen. Im Zweifelsfall dauerhaft in Konzentrationslager.[1716] Werle ist der Ansicht, dass die Justiz durch die staatspolizeilichen Maßnahmen, insbesondere durch die Schutzhaft, einen massiven Kompetenzverlust erlitt, weil *„ihre alleinige Zuständigkeit für Freiheitsentziehungen nicht nur für Ausnahmekonstellationen durchbrochen, sondern bereichsweise beseitigt wurde"*.[1717]

Damit war die Verhängung von Untersuchungshaft schon vor der Machtergreifung Lord Voldemorts an deutlich weniger Voraussetzungen geknüpft als dies selbst im NS-Staat der Fall war. Allerdings kam es unter den Nationalsozialisten zu einer Ausweitung der polizeilichen Befugnisse im Bereich der Freiheitsentziehung – namentlich durch die Einführung der Schutzhaft – selbst nach der Freilassung aus der Untersuchungshaft. Diese Kompetenzen der Gestapo ähneln dem Vorgehen der Todesser, die Muggelstämmige und andere „Staatsfeinde" außerhalb jeder formellen Anordnung durch das Zaubereiministerium verfolgten und im Zweifelsfall nach Askaban brachten. Selbst die Inhaftierung Muggelstämmiger setzte hier aber eine rein formale Anhörung durch die Registrierungskommission für Muggelstämmige voraus. Wobei es sich sowohl bei der Inhaftierung Muggelstämmiger in Askaban als auch bei der Verbringung in Konzentrationslager im NS-Staat nicht mehr um eine (zeitweise) justiziell angeordnete Untersuchungshaft handelt, sondern letztendlich um eine auf Dauer angelegte Inhaftierung.

IV. Die disziplinarische Anhörung von Harry Potter

In diesem Kapitel soll die disziplinarische Anhörung von Harry Potter in Band fünf im Detail beleuchtet und mit dem Ablauf eines deutschen Strafprozesses verglichen werden. An dieser Stelle ist zunächst festzuhalten, dass zwar die Bezeichnung *„disziplinarische Anhörung"* (im Original: *„disciplinary hearing"*[1718]) gewählt wird, es sich dabei aber um kein „Disziplinarverfahren" im Sinne des deutschen Beamtenrechts handelt. Darunter versteht man ein Verfahren, in dem ein mögliches Dienstvergehen von Beamten (Soldaten, Richtern, Notaren, Polizisten) geprüft und gegebenenfalls sanktioniert wird. Das Disziplinarrecht sanktioniert dabei die Verletzung spezifischer Pflichten, die sich aus der Eingliederung in eine Institution ergeben.[1719] Dass es sich bei Harry Potter um

1716 *Cornelius,* Vom spurlosen Verschwindenlassen, S. 84 f.

1717 *Werle,* Justiz-Strafrecht, S. 575.

1718 *Rowling,* Harry Potter 5, The Hearing, S. 156.

1719 *Thomsen,* in: BeckOK Beamtenrecht Bund, § 77 BBG Rn. 1 ff. Rechtliche Grundlage in Deutschland ist das Bundesdisziplinargesetz (BDG) bzw. die für Landesbeamte geltenden jeweiligen Länderbestimmungen, z. B. das LDG BW. Der Geltungsbereich

keine Person handelt, die in einem solchen Verhältnis steht, ist offensichtlich. Wieso die Autorin diese Bezeichnung gewählt hat, ist nicht bekannt und lässt sich auch nicht nachvollziehen. In Großbritannien versteht man unter einer *disciplinary hearing* nicht nur die Anhörung von Beamten, sondern auch die Anhörung des Arbeitsgebers durch den Arbeitnehmer wegen eines arbeitsrechtlichen Fehlverhaltens.[1720] Beides trifft auf die Situation in den Harry-Potter-Büchern nicht zu.

Auf Grund der uneindeutigen Bezeichnung muss begründet werden, wieso es sich bei der „Anhörung" um ein Strafverfahren und nicht um ein Verwaltungsverfahren im Bereich des Schulrechts oder ein Ordnungswidrigkeiten-Verfahren handeln soll. Der Verwaltungsrechtsweg ist nach deutschem Recht eröffnet, wenn gem. § 40 I VwGO eine öffentlich-rechtliche Streitigkeit nichtverfassungsrechtlicher Art vorliegt. Eine Streitigkeit ist öffentlich-rechtlich, wenn die streitentscheidenden Normen öffentlich-rechtlicher Natur sind.[1721] Eine Streitigkeit nichtverfassungsrechtlicher Art liegt vor, wenn sich Verfassungsorgane um Rechte aus der Verfassung streiten (sog. *doppelte Verfassungsunmittelbarkeit*).[1722]

Harry hat vorliegend gegen das *Internationale Geheimhaltungsabkommen* und das *Verbot der Zauberei Minderjähriger* verstoßen. Die Abteilung für unbefugte Zauberei will daraufhin seinen Zauberstab beschlagnahmen, diesen zerstören und ihn außerdem von der Schule verweisen. Bei der Beschlagnahme und dem Zerstören des Zauberstabs handelt es sich nicht um eine der uns bekannten klassischen Kriminalstrafen im Sinne von Geld- oder Freiheitsstrafe. Auf Grund der einschneidenden Konsequenzen für den Betroffenen spricht aber – wie oben bereits ausgeführt – vieles dafür, das Zerstören des Zauberstabens als eine der Zaubererwelt ureigene Kriminalstrafe anzusehen (siehe S. 234 ff.). Geht man von einer Kriminalstrafe aus, wird diese sachlogischerweise auch von einem Strafgericht im Rahmen eines förmlichen Strafverfahrens verhängt.

Für die Annahme eines Verwaltungsverfahrens im Bereich des Schulrechts könnte sprechen, dass der minderjährige Harry entgegen der Anweisungen seiner Lehrer in den Sommerferien gezaubert hat. Neben dem Zerstören des Zauberstabes wird auch ein Schulverweis verhängt. Da das Zaubereiministerium Harry hier von Hogwarts verweist, könnte man annehmen, dass es sich um ein Verwaltungsverfahren handelt, in dem das Zaubereiministerium die Aufgabe der zuständigen Schulbehörde wahrnimmt. Die Schulgesetze in den deutschen Bun-

---

umfasst laut § 1 LDG BW: *„Die Verfolgung von Dienstvergehen, die Beamte und Ruhestandsbeamte des Landes, der Gemeinden, der Landkreise und der sonstigen der Aufsicht des Landes unterstehenden Körperschaften, Anstalten oder Stiftungen des öffentlichen Rechts."*

1720 *Emir,* Selwyn's Law of Employment, S. 335 ff.

1721 *Reimer,* in: BeckOK VwGO, § 40 Rn. 39 ff. Zu den Abgrenzungstheorien: *Schenke,* Verwaltungsprozessrecht, S. 32 ff.; *Krüger,* in: JuS 2013, S. 598 (598–602).

1722 *Reimer,* in: BeckOK VwGO, § 40 Rn. 89 ff.; *Unruh,* in: Fehling/Kastner/Störmer (Hrsg.): Verwaltungsrecht, § 40 Rn. 158; *Bethge,* in: JuS 2001, S. 1100 (1100–1102).

desländern sehen unter bestimmten Voraussetzungen jeweils den Schulverweis als ultima ratio der Erziehungs- und Ordnungsmaßnahmen vor; so beispielsweise § 90 III 2g SchulG BW. Neben verschiedenen formalen Hürden (z. B. Anhörung der Schulkonferenz) setzt der Schulverweis voraus, dass der Schüler durch schweres oder wiederholtes Fehlverhalten seine Pflichten verletzt und dadurch die Erfüllung der Aufgabe der Schule oder die Rechte anderer gefährdet und der Verbleib des Schülers auf der Schule für Klassenkameraden oder Lehrer unzumutbar ist.[1723]

Außerschulisches Verhalten kann hierfür nur im Ausnahmefall ausreichen, wenn es unmittelbar störende Auswirkungen auf den Schulbetrieb hat und in einem unmittelbaren Bezug zum Schulbesuch steht.[1724] Vorliegend ist nach unserem Verständnis bereits fraglich, ob das Zaubern in den Ferien – also außerhalb von Hogwarts und ohne Bezug zur Schule – ausreicht, um eine Störung des Schulbetriebs in Hogwarts zu erreichen. Unabhängig davon handelte Harry im konkreten Fall außerdem zur Selbstverteidigung. Es fällt schwer, beim „Kampf um Leben oder Tod“ von einem „Fehlverhalten“ zu sprechen.

Diese Frage kann hier jedoch offenbleiben. Denn von Dumbledore erfährt man, dass das Zaubereiministerium für den Schulverweis überhaupt nicht zuständig ist. Nach der Rechtslage in Band fünf *„hat das Ministerium nicht die Macht, Schüler von Hogwarts zu verweisen“*.[1725] Dafür ist Hogwarts selbst (entweder durch Dumbledore oder nach einer Abstimmung mit den Schulbeiräten) zuständig. Selbst wenn das magische Recht demnach ein „Verwaltungsrecht“ in unserem Sinne kennt, beinhaltet dieses jedenfalls nicht die Kompetenz, Schulverweise auszusprechen.[1726] Demnach spricht vieles dafür, dass die „disziplinarische Anhörung“ von Harry in Band fünf ein normales Strafverfahren darstellt, in dem das Zaubereiministerium die Kriminalstrafe des Zerstörens des Zauberstabes verhängen will. Der „Annex“ des Schulverweises stellt lediglich eine weitere Maßnahme dar, mit der Fudge (entgegen der gesetzlichen Lage) gegen Harry und seine Behauptung, Lord Voldemort sei zurückgekehrt, vorgehen will.

1723 Z. B. bei der Beschimpfung von Lehrern und dem gezielten Treten in die Genitalien eines Mitschülers (VG Augsburg, Beschl. v. 24.07.2018, Az. Au 3 S 18.1253= BeckRS 2018, 16988) oder beim Schlagen und Treten einer Mitschülerin (VG Berlin, Beschl. v. 22.05.2014, Az. VG 3 L 328.14) oder beim Dealen auf dem Schulhof mit unechten Joints (OVG Rheinland-Pfalz, Beschl. v. 14.08.2013, Az. 2 A 10251/13. OVG= NVwZ-RR 2013, 963) nicht: Bei einem einmaligen Diebstahl (VGH BW, Beschl. v. 10.08.2009, Az. 9 S 1624/09=NVwZ-RR 2010, 62).

1724 Zu den Grundsätzen: OVG Rheinland-Pfalz, Beschl. v. 14.08.2013, Az. 2 A 10251/13. OVG (=BeckRS 2013, 54761); auch angewendet bei: VG Gelsenkirchen, Urt. v. 20.10.2010, Az. 2 K 2662/08 (=BeckRS 2011, 45106).

1725 *Rowling*, Harry Potter 5, Die Anhörung, S. 176.

1726 Etwas im Widerspruch dazu steht die Tatsache, dass die offiziellen Abschlussprüfungen sehr wohl von Ministeriumsangestellten (also einer Art staatlichem Prüfungsamt) vorgenommen werden (siehe S. 139).

Die bereits an mehreren Stellen erwähnte Abgrenzung zwischen Ordnungswidrigkeit und Straftat in den Harry-Potter-Büchern fällt ebenfalls schwer. Die grundsätzliche Unterscheidung der beiden Rechtsgebiete beruht auf dem Gedanken des modernen Gesetzgebers, dass es bei leichten Rechtsverstößen ausreicht, nicht mit einer Kriminalstrafe zu reagieren, sondern nur mit Geldbußen. Die Unterscheidung zwischen Straftat und Ordnungswidrigkeit ist damit eine (wertende) Entscheidung des Gesetzgebers, wobei es sich nach der Art der angedrohten Rechtsfolge um ein *aliud* handelt. Trotz des repressiven Charakters der Geldbuße liegt aber mangels eines sozialethischen Unwerturteils keine Strafe, sondern eine nachdrückliche Pflichtenermahnung vor. Damit ist die Geldbuße eine staatliche Sanktion *sui generis*.[1727]

Die rechtshistorische Unterscheidung zwischen Kriminalstrafrecht, Polizeistrafrecht und Disziplinarstrafrecht hat den gemeinsamen Grundgedanken der Sanktionierung rechtlichen Fehlverhaltens.[1728] Strafrecht (im engeren Sinn) meint heute nur das Kriminalstrafrecht, das aus dem im StGB enthaltenen Kernstrafrecht[1729] und dem in verschiedenen Fachgesetzen (z. B. BtMG) verstreuten Nebenstrafrecht besteht. Beim modernen Disziplinarrecht handelt es sich – wie oben erörtert – um das Berufsordnungsrecht der Staatsdiener. Anders als im historischen Disziplinarstrafrecht werden Disziplinarvergehen und strafbare Amtsdelikte nach dem StGB (z. B. § 340 StGB) heute deutlich unterschieden.[1730]

Das historische Polizeistrafrecht wird heute als Verwaltungsrecht verstanden und findet sich im Ordnungswidrigkeitenrecht wieder.[1731] In Deutschland versteht man unter einer Ordnungswidrigkeit *„eine rechtswidrige und vorwerfbare Handlung, die den Tatbestand eines Gesetzes verwirklicht, das die Ahndung mit einer Geldbuße zuläßt“* (§ 1 I OWiG).[1732] Für die Verfolgung und Ahndung von Ordnungswidrigkeiten sind nach § 35 OWiG die Verwaltungsbehörden zuständig, soweit nicht etwas anderes geregelt ist. Die Norm begründet die vorrangige Zuständigkeit der Verwaltung vor der nachrangig zuständigen Staatsanwaltschaft für die Verfolgung von Ordnungswidrigkeiten (Abs. 1) sowie vor dem Gericht für die Ahndung von Ordnungswidrigkeiten (Abs. 2). Die sachliche Zuständigkeit der Verwaltungsbehörden ergibt sich aus § 36 OWiG.[1733] Im Gegensatz zum Strafrecht *(Geldstrafe)* werden im Ordnungswidrigkeitenrecht

---

1727 *Krenberger/Krumm,* in: Krenberger/Krumm (Hrsg.): OWiG, § 1 Rn. 5; *Sackreuther,* in: BeckOK OWiG, § 17 Rn. 1–4; *Mitsch,* in: KK-OWiG, § 17 Rn. 4 ff.

1728 Zum Verhältnis von Strafrecht und öffentlichem Recht: *Mitsch*, Recht der Ordnungswidrigkeiten, Rn. 3 ff., 13 ff.

1729 *Hecker,* in: Schönke/Schröder (Hrsg.): StGB, Vorbemerkung vor § 1 Rn. 3.

1730 Historischer Abriss: *Ebert,* Das aktuelle Disziplinarrecht, S. 21 ff.

1731 Zur Entwicklung des Polizeistrafrechts: *Klesczewski*, Ordnungswidrigkeitenrecht, S. 23 ff.

1732 Grundlagen Ordnungswidrigkeitenrecht: *Mitsch,* in: JA 2008 S. 241 (241–246); *Mitsch,* in: JA 2008, S. 409 (409–413).

1733 *Seith,* in: Gassner/Seith (Hrsg.): OWiG, § 35 Rn. 1–10; *Seith,* in: Gassner/Seith (Hrsg.): OWiG, § 36 Rn. 1–10.

Geldbußen verhängt (§ 17 OWiG).[1734] Während man im Strafprozessrecht von *Verdächtigen, Beschuldigten, Angeschuldigten* und *Angeklagten* (§ 157 StPO) spricht[1735], heißt die Person im Ordnungswidrigkeitenrecht *Betroffener.*[1736]

Bei Ordnungswidrigkeiten findet das Opportunitätsprinzip Anwendung. Das bedeutet, dass die Verfolgung im pflichtgemäßen Ermessen der Verwaltungsbehörde steht, § 47 OWiG.[1737] Im Strafrecht gilt hingegen das Legalitätsprinzip. Ist eine Handlung gleichzeitig Straftat und Ordnungswidrigkeit, so hat das Strafgesetz Vorrang (§ 21 OWiG) und der Staatsanwalt ist zuständig (§ 40 OWiG).[1738] Soweit das OWiG keine besondere Regelung enthält, gelten die Vorschriften der StPO entsprechend (§ 46 OWiG).[1739] Auch die Polizei hat bei der Verfolgung von Ordnungswidrigkeiten dieselben Rechte und Pflichten wie bei Straftaten, soweit das OWiG keine besondere Regel enthält (§ 53 OWiG).[1740]

Ob auch das magische Recht eine Unterscheidung zwischen Strafe und Ordnungswidrigkeit kennt, kann nicht abschließend festgestellt werden. Zunächst ist festzuhalten, dass das Wort *„Ordnungswidrigkeit"* (im engl. *„administrative/regulatory/summary offence"* oder *„minor breach oft the law"*[1741]) an keiner Stelle von der Autorin benutzt wird. Auch aus der Bezeichnung der Rechtsfolge lassen sich keine eindeutigen Schlüsse ziehen. In der deutschen Übersetzung wird in Band zwei und Band vier jeweils das Wort *„Geldbuße"* benutzt[1742], das Wort *„Geldstrafe"* kommt in allen sieben Büchern nicht vor. Im englischen Original verwendet die Autorin in Band zwei und Band vier jeweils den Ausdruck *„to fine"*[1743] (siehe S. 113). Darunter kann aber sowohl eine Geldbuße als auch eine Geldstrafe verstanden werden.[1744] Eine Auslegung nach dem Wortlaut ist hier also nicht zielführend.

Auch aus den Zuständigkeiten in der magischen Welt lassen sich keine eindeutigen Schlüsse ziehen. Für alle im magischen Recht verhängten Rechtsfolgen ist im weitesten Sinne das Zaubereiministerium zuständig. Nach unserem Verständ-

---

1734 Die Geldbuße beträgt mindestens fünf Euro und, wenn das Gesetz nichts anderes bestimmt, höchstens eintausend Euro: *Mielchen,* in: Haus/Krumm/Quarch (Hrsg.): Gesamtes Verkehrsrecht, § 17 Rn. 1–4.

1735 *Kramer,* Grundbegriffe des Strafverfahrensrechts, Rn. 20; *Teßmer,* in: MüKo StPO, § 157 Rn. 2–8; *Diemer,* in: KK-StPO, § 157 Rn. 1.

1736 Z. B. §§ 49, 55, 73, 109a OWiG; *Mitsch,* in: KK-OWiG, Einleitung, Rn. 176.

1737 *Gassner,* in: Gassner/Seith (Hrsg.): OWiG, § 47 Rn. 1, 5.

1738 *Sackreuther,* in: BeckOK OWiG, § 21 Rn. 1–4; *Mitsch,* in: KK-OWiG, § 21 Rn. 1; *Krenberger/Krumm,* in: Krenberger/Krum (Hrsg.): OWiG, § 40 Rn. 1–13.

1739 *Gassner,* in: Gassner/Seith (Hrsg.): OWiG § 46 Rn. 1–5.

1740 *Lutz,* in: KK-OWiG, § 53 Rn. 15–22; *Straßer,* in: BeckOK OWiG, § 53 Rn. 63–65.

1741 https://dict.leo.org/englisch-deutsch/ordnungswidrigkeit (abgerufen am: 23.01.2023).

1742 *Rowling,* Harry Potter 2, Der Viersaft-Trank, S. 239; Harry Potter 4, Der Portschlüssel, S. 73.

1743 *Rowling,* Harry Potter 2, The Polyjuice Potion, S. 165; Harry Potter 4, The Portkey, S. 63.

1744 https://dict.leo.org/englisch-deutsch/to%20fine (abgerufen am: 23.01.2023).

nis eines „Ministeriums" spricht deswegen zunächst viel dafür, alle in den Harry-Potter-Büchern verhängten Geldbußen auch tatsächlich als Rechtsfolge zu verstehen, die von einer Verwaltungsbehörde gesetzt wurde. Die Bezeichnung der Abteilung als *„Abteilung für Magische Strafverfolgung"* (siehe S. 70 ff., 161 ff.) und die Tatsache, dass das Ministerium alle drei Gewalten – also auch die Judikative – unter sich vereint (siehe S. 109 ff.), machen diese Argumentation jedoch zunichte.

Für eine Einordnung der *disziplinarischen Anhörung* in Band fünf als Strafverfahren sprechen folgende gewichtige Punkte: Einerseits die Tatsache, dass mit dem Zerstören des Zauberstabes eine echte Kriminalstrafe verhängt wird und andererseits die Formalia, die zur Anwendung kommen. So findet die Anhörung vor dem *Zaubergamot,* dem *„höchsten Gericht"* (siehe S. 158 ff.) statt und Fudge tritt als *„Verhörbeamter" („Interrogator"*[1745]*)* auf, der eine *„Anklage" („the charges against the accused"*[1746]*)* gegen Harry verliest. Außerdem bezeichnet Dumbledore das Verfahren gegenüber dem Zaubereiminister als *„umfassendes Straftribunal"*[1747] (im Original: *„full criminal trial"*[1748]). Auch der weitere Ablauf von Harrys Anhörung ähnelt stark unserer StPO[1749] und soll im Folgenden an den jeweils einschlägigen Stellen näher erörtert werden.

1. Die Ladung zum Verfahren

Nachdem eine Straftat bekannt geworden ist und die Staatsanwaltschaft bei hinreichendem Tatverdacht Anklage gem. § 170 I StPO erhoben hat, entscheidet das zuständige Gericht gem. §§ 199, 203 StPO über die Eröffnung des Hauptverfahrens, sodass im deutschen Recht das Bestehen eines hinreichenden Tatverdachts sogar doppelt geprüft wird.[1750] Sodann bestimmt der Vorsitzende einen Termin zur Hauptverhandlung (§ 213 StPO). Gem. § 216 StPO ist der Angeklagte zu laden. Die Frist beträgt mindestens eine Woche (§ 217 StPO).[1751]

1745 „Vernehmungsbeamter", https://dict.leo.org/englisch-deutsch/interrogator (abgerufen am: 23.01.2023); *Rowling,* Harry Potter 5, The Hearing, S. 156.

1746 Charge=Anklage(schrift), https://dict.leo.org/englisch-deutsch/charges (abgerufen am: 23.01.2023); the accused=der Angeklagte, https://dict.leo.org/englisch-deutsch/accused (abgerufen am: 23.01.2023); *Rowling,* Harry Potter 5, The Hearing, S. 158.

1747 *Rowling,* Harry Potter 5, Die Anhörung, S. 179.

1748 *Rowling,* Harry Potter 5, The Hearing, S. 149.

1749 Auch Barratt spricht im Kontext von Harrys Anhörung von *„criminal proceedings"*, also einem Strafverfahren: *Barratt,* The Politics of Harry Potter, S. 41; auf die Bezeichnung als *„criminal trial"* bezieht sich auch: *Schneyer,* in: Goetz (Hrsg.): Terminus: Collected Papers on Harry Potter, S. 33 (48). Ebenso: *Barton,* in: Mich. L. Rev. 104/6, S. 1523 (1524 und Fn. 7); von *„Anklage"* und *„angeklagt"* spricht: *Wolter,* Die literarische Repräsentation des Bösen, S. 133.

1750 *Schneider*, in: KK-StPO, § 203 Rn. 3.; *Wenske,* in: MüKo StPO, § 203 Rn. 1, 3, 6.

1751 Die Ladung ist zuzustellen, § 37 StPO. Die Frist berechnet sich nach § 43 StPO. Zur Ladung: *Gercke/Hemmbach/Wollschläger*, Strafprozessrecht, S. 172; *Krey/Heinrich*, Deutsches Strafverfahrensrecht, Rn. 961 ff.; *Gmel,* in: KK-StPO, § 216 Rn. 2–5.

In den Harry-Potter-Büchern wird Harry nur wenige Minuten nach seinem (angeblichen) Vergehen per Posteule zu seiner disziplinarischen Anhörung (etwa zwei Wochen später) geladen. In einer ersten Eule kündigt das Zaubereiministerium neben der Ladung zur disziplinarischen Anhörung direkt das Zerstören seines Zauberstabes und einen Schulverweis an.[1752] In einem zweiten Brief wenige Minuten später revidiert das Zaubereiministerium seine Entscheidung, lässt die Ladung zur disziplinarischen Anhörung jedoch bestehen.[1753]

Im Gegensatz zum deutschen Strafprozessrecht sind an der Entscheidung, ob eine disziplinarische Anhörung sattfindet, keine zwei voneinander unabhängigen Behörden (Staatsanwaltschaft und Gericht) beteiligt. Die Anberaumung des Termins obliegt vielmehr alleine der *Abteilung für Magische Strafverfolgung* im Zaubereiministerium. Welche Verdachtsstufe hierfür erforderlich ist, wird in den Harry-Potter-Büchern nicht ausgeführt. Der Termin findet hier etwa zwei Wochen nach Zustellung des Briefes statt, sodass Harry grundsätzlich sogar länger Zeit hat, sich auf den Termin vorzubereiten, als im deutschen Recht. Allerdings ist diese Frist im magischen Recht vermutlich nicht zwingend. Das Zaubereiministerium ändert nämlich Ort und Zeit der Anhörung am Morgen ebenjener. Die Anhörung beginnt schon um 08.00 Uhr statt wie angekündigt um 09.00 Uhr.[1754] Harry wird darüber zwar am gleichen Morgen per Eule benachrichtigt, kommt aber nur deswegen nicht mehr als fünf Minuten zu spät, weil er Mr Weasley

---

1752 *„Sehr geehrter Mr Potter, wir haben Information erhalten, wonach Sie den Patronus-Zauber heute Abend um dreiundzwanzig Minuten nach neun in einem Muggelwohngebiet und in Gegenwart eines Muggels ausgeführt haben. Die Schwere dieser Verletzung des Erlasses zur Vernunftgemäßen Beschränkung der Zauberei Minderjähriger hat zu Ihrem Verweis von der Hogwarts-Schule für Hexerei und Zauberei geführt. Beauftragte des Ministeriums werden Sie unverzüglich an Ihrem Wohnort aufsuchen, um Ihren Zauberstab zu zerstören. Da Sie bereits eine offizielle Verwarnung aufgrund eines früheren Vergehens gemäß Abschnitt 13 des Geheimhaltungsabkommens der Internationalen Zauberervereinigung erhalten haben, bedauern wir Ihnen mitteilen zu müssen, dass Ihre Anwesenheit bei einer disziplinarischen Anhörung im Zaubereiministerium am zwölften August um neun Uhr verlangt ist. In der Hoffnung, dass Sie wohlauf sind, mit freundlichen Grüßen Mafalda Hopfkirch Abteilung für unbefugte Zauberei Zaubereiministerium“* (*Rowling*, Harry Potter 5, Eulen über Eulen, S. 37 f.)

1753 *„Sehr geehrter Mr Potter, in Bezug auf unseren Brief vor annähernd zweiundzwanzig Minuten hat das Zaubereiministerium seine Entscheidung, Ihren Zauberstab unverzüglich zu zerstören, aufgehoben. Es ist Ihnen gestattet, den Zauberstab bis zu Ihrer disziplinarischen Anhörung am zwölften August zu behalten, bei der eine offizielle Entscheidung getroffen werden wird. Infolge der Konsultationen mit dem Leiter der Hogwarts-Schule für Hexerei und Zauberei hat das Ministerium sich einverstanden erklärt, über die Frage Ihres Schulverweises ebenfalls zu besagtem Termin zu entscheiden. Bis zum Abschluss des schwebenden Untersuchungsverfahrens sollten Sie sich daher als von der Schule suspendiert betrachten. Mit den besten Wünschen und freundlichen Grüßen Mafalda Hopfkirch“* (*Rowling*, Harry Potter 5, Eulen über Eulen, S. 44).

1754 *Rowling*, Harry Potter 5, Das Zaubereiministerium, S. 162.

bereits früh morgens ins Büro begleitet hat.[1755] Auch Dumbledore schafft es gerade noch rechtzeitig, anwesend zu sein, um als „Zeuge der Verteidigung" einzuspringen:

„»Ah«, sagte Fudge und wirkte jetzt tief beunruhigt. »Dumbledore. Ja. Sie – ähm – haben unsere – ähm – Botschaft erhalten, dass Zeit und – ähm – Ort der Anhörung geändert wurden, nehme ich also an?« »Die muss ich verpasst haben«, sagte Dumbledore vergnügt. »Allerdings bin ich durch einen glücklichen Zufall drei Stunden zu früh im Ministerium angekommen und so ist noch mal alles gut gegangen.«"[1756]

Es lässt sich nicht abschließend feststellen, ob das magische Recht grundsätzlich keine Ladungsfristen kennt oder ob sich Fudge (wiederholt) eigenmächtig über bestehende gesetzliche Regelungen hinwegsetzt, um die disziplinarische Anhörung für Harry so ungemütlich und unfair zu machen, wie es ihm nur möglich ist.

Die strenge Einhaltung bestimmter Formalia – wie z.B. der Ladungsfrist in § 216 StPO – dient im deutschen Strafprozessrecht dem Schutz des Angeklagten und stellt einen direkten Ausfluss aus dem Rechtsstaatsprinzip und aus dem *fair trial Grundsatz* (siehe S. 249 ff.) dar.[1757] Dazu gehört auch, dass in allen Fällen der *Grundsatz des gesetzlichen Richters* (siehe S. 253 ff.) gilt und dass in bestimmten Konstellationen die Besetzung des Gerichts mitgeteilt wird (§ 222a StPO).[1758]

Wie oben bereits erwähnt, findet Harrys Anhörung entgegen üblicher Gepflogenheiten nicht vor der Abteilung für Magische Strafverfolgung statt, sondern vor dem ganzen Zaubergamot. Dies wird kurzfristig und ohne Vorwarnung von Fudge persönlich angeordnet, der damit dafür sorgt, dass nicht Amelia Bones, sondern er selbst Harrys Verhör führt.[1759]

Auch wenn die formalistisch angehauchte Ladung per Posteule und die offizielle Festsetzung des Termins auf den ersten Blick einer strengen Bürokratie und Ordnung zu folgen scheint, verbirgt sich dahinter auf den zweiten Blick erneut ein willkürliches Vorgehen des Zaubereiministeriums. Ob eine disziplinarische Anhörung anberaumt wird, entscheidet alleine die Abteilung für Magische Strafverfolgung und der amtierende Zaubereiminister kann nach eigenem Ermessen die Besetzung des entscheidenden Gremiums sowie Uhrzeit und Ort der Anhörung ändern. Eine sinnvolle und gezielte Vorbereitung auf die Anhörung wird dem Betroffenen damit fast unmöglich gemacht.

1755 *Rowling,* Harry Potter 5, Die Anhörung, S. 165.

1756 *Rowling,* Harry Potter 5, Die Anhörung, S. 167.

1757 *Arnoldi,* in: MüKo StPO, § 216 Rn. 1; *Ritscher*, in: BeckOK StPO, § 217 Rn. 1.

1758 Historische Begründung: *Arnoldi,* in: MüKo StPO, § 222a Rn. 1–3.

1759 *Rowling,* Harry Potter 5, Das Zaubereiministerium, S. 149. Nach welcher Logik Verfahren entweder vor der Abteilung für Magische Strafverfolgung oder vor dem Zaubergamot verhandelt werden, ist nicht bekannt. Sicher ist nur, dass der Zaubereiminister in die Zuständigkeiten eingreifen kann.

Die Ladung des Angeklagten war schon in §§ 215 ff. RStPO vorgesehen. Sie erfolgte schriftlich und zwischen der Zustellung und der Hauptverhandlung musste gem. § 216 RStPO mindestens eine Woche liegen. Unter den Nationalsozialisten wurden die Rechte der Angeklagten grundsätzlich beschnitten und ihnen eine effektive Verteidigung vor Gericht erschwert. Insbesondere wurde die Ladungsfrist vor den Sondergerichten auf 24 Stunden verkürzt.[1760]

Welche Ladungsfristen in den Harry-Potter-Büchern der Norm entsprechen, ist nicht bekannt. Im Fall von Harrys disziplinarischer Anhörung wird die Vorverlegung der Uhrzeit gezielt dazu benutzt, um Harry schlecht dastehen zu lassen und ihm eine Verteidigung zu erschweren. Ziel war damit genauso wie im Dritten Reich eine schnelle Abwicklung des Strafprozesses zu Lasten des Angeklagten. Und das schon weit vor der Machterlangung Lord Voldemorts.

2. Aufruf der Sache und Feststellung der Personalien

Nach § 243 I StPO beginnt die Hauptverhandlung mit dem Aufruf der Sache. Der Vorsitzende stellt fest, ob der Angeklagte sowie gegebenenfalls sein Verteidiger, Zeugen und Sachverständige erschienen sind. Sodann verlassen die Zeugen den Sitzungssaal und der Vorsitzende vernimmt den Angeklagten über seine persönlichen Verhältnisse, § 243 II StPO. Die Vernehmung des Angeklagten zur Person soll in erster Linie die Feststellung seiner Identität ermöglichen. Weitere Fragen zu den persönlichen Verhältnissen des Angeklagten, die über die Angaben zur Identitätsfeststellung hinausgehen, gehören zur Vernehmung zur Sache.[1761]

Dieses Vorgehen entspricht fast eins zu eins den Geschehnissen in Harrys disziplinarischer Anhörung, was u. a. bereits dafürspricht, dass diese als Strafverfahren zu klassifizieren ist. Fudge nennt zunächst das Datum und worum es geht, sodann zählt er alle erschienenen Personen und Harrys Personalien auf:

„»Disziplinarische Anhörung vom zwölften August«, sagte Fudge mit schriller Stimme und sofort fing Percy an zu protokollieren, »in Sachen Verstöße gegen den Erlass zur Vernunftgemäßen Beschränkung der Zauberei Minderjähriger und gegen das Internationale Geheimhaltungsabkommen durch Harry Potter, wohnhaft Ligusterweg Nummer vier, Little Whinging, Surrey. Es führen das Verhör: Cornelius Oswald Fudge, Zaubereiminister; Amelia Susan Bones, Leiterin der Abteilung für Magische Strafverfolgung; Dolores Jane Umbridge, Erste Untersekretärin des Ministers. Gerichtsschreiber, Percy Ignatius Weasley …« […] »Du bist Harry James Potter, wohnhaft Ligusterweg Nummer vier, Little Whinging, Surrey?« fragte Fudge und funkelte Harry über sein Pergament hinweg an."[1762]

1760 *Gruchmann*, Justiz im Dritten Reich, S. 678, 948, 952, 1132.

1761 *Krey/Heinrich*, Deutsches Strafverfahrensrecht, Rn. 1001 ff.; *Walter*, Strafprozessrecht, S. 147 ff.; *Gorf*, in: BeckOK StPO, § 243 Rn. 16, 34 ff.

1762 *Rowling*, Harry Potter 5, Die Anhörung, S. 166, 168.

Es fällt sofort auf, dass der Zaubereiminister hier gleich mehrere Rollen in Personeneinheit einnimmt. Während im deutschen Strafprozessrecht der Vorsitzende Richter für den Aufruf der Sache und die Verhandlungsleitung zuständig ist[1763], übernimmt hier der amtierende Zaubereiminister diese Funktion. Dabei kann nicht abschließend festgestellt werden, ob der Zaubereiminister grundsätzlich einen Sitz im Gericht innehat oder ob sich Fudge diese Rolle nur im Einzelfall anmaßt. Für letzteres spricht, dass in den Todesserprozessen der Leiter der Abteilung für Magische Strafverfolgung – und gerade nicht der Zaubereiminister – diese Kompetenzen übernimmt. Jedenfalls hat das gesamte Gericht kein Problem damit, dass der Zaubereiminister in Harrys Verfahren gleichzeitig auch gerichtliche Kompetenzen übernimmt und später als Strafverfolgungsbehörde auftritt und die Anklage verliest.[1764]

Außerdem springt sofort ins Auge, dass der minderjährige Harry ohne gesetzliche Vertreter und ohne Verteidiger auftritt. Gegenüber dem deutschen Strafrecht ergeben sich dadurch zwei Besonderheiten: Wie oben bereits ausgeführt wurde, unterscheidet das deutsche Strafrecht zwischen Verfahren gegen Erwachsene und Verfahren gegen Jugendliche/Heranwachsende. Der 15-Jährige Harry wäre im deutschen Recht ein Jugendlicher, weil er über 14, aber noch keine 18 Jahre alt ist, sodass die Besonderheiten des Jugendstrafrechts nach dem JGG gelten würden (siehe S. 299 ff.). In der magischen Welt gibt es kein auf Jugendliche angepasstes Strafprozessrecht und auch kein am Erziehungsgedanken orientiertes Jugendstrafrecht. Harrys Verfahren läuft genauso ab wie vergleichbare Verfahren gegen Erwachsene.

Deswegen ist Harry dem Zaubergamot bei seiner disziplinarischen Anhörung zunächst alleine und hilflos ausgeliefert. Dies äußert sich u. a. dadurch, dass Harry überhaupt nicht weiß, wie ein Strafverfahren abläuft, er weiß auch nicht, wie er sich verteidigen soll und kennt sein Recht, einen Zeugen zu benennen, nicht.[1765] Von Fudge, der die Verhandlung leitet, wird er ständig unterbrochen und zu Aussagen gedrängt, die sich (ohne Richtigstellung) negativ anhören. Nur das Einschreiten von Dumbledore kann verhindern, dass Fudge eine Farce abhält und den Zaubergamot ohne jegliche Beweise über Harrys Schuld abstimmen lässt.[1766]

Dazu schreibt Schwabach: „*Harry is not represented by counsel; Arthur Weasley is not even permitted to accompany him to the hearing. Dumbledore shows up as a witness and ends up acting as an advocate for Harry, calling another witness and offering to call a third. But this is not because Harry has a right to*

1763 *Schneider,* in: KK-StPO, § 238 Rn. 1; *Arnoldi,* in: MüKo StPO, § 238 Rn. 4–7.

1764 Dazu: „*Judges do not prosecute, and they do not participate in jury decision-making. Neither are they members of the administrative and executive parts of government. This example shows that the separation of power is not apparent in the court process of the magical world.*" (*Gava/Paterson,* in: Thomas/Snyder (Hrsg.): The Law & Harry Potter, S. 3 (11).

1765 Dies erkennt auch: *Batzar,* Power and Evil, S. 18.

1766 *Rowling,* Harry Potter 5, Die Anhörung, S. 168 ff.

counsel; it is just something that Dumbledore, very fortunately for Harry, does – despite Fudge's efforts to prevent him. Harry's trial highlights what has been evident throughout the series: Without lawyers, there can be no rule of law."[1767]

Der zweite Punkt betrifft die Verteidigung des Angeklagten. Die StPO kennt in § 140 I StPO insgesamt elf Fälle der sog. *notwendigen Verteidigung.*[1768] Beispielsweise vor dem Oberlandesgericht, dem Landgericht und dem Schöffengericht im ersten Rechtszug (Nr. 1)[1769] oder auch, wenn dem Angeklagten ein Verbrechen i. S. d. § 12 StGB zur Last gelegt wird (Nr. 2).[1770] Nimmt man die Bezeichnung des Zaubergamot als *höchstes* Gericht wörtlich, wäre Harry nach deutschem Recht schon alleine deswegen ein Verteidiger nach § 140 I Nr. 1 StPO zu bestellen gewesen. Da das magische Recht keine eindeutige Unterscheidung zwischen „Verbrechen" und „Vergehen" (§ 12 StGB) trifft, kann nicht abschließend beurteilt werden, ob möglicherweise § 140 I Nr. 2 StPO einschlägig wäre. Dafür spricht aber wiederum, dass der Verstoß gegen das Verbot der Minderjährigenzauberei und das Geheimhaltungsabkommen mit der Zerstörung des Zauberstabes eine sehr einschneidende und schwere Strafe vorsehen. Selbst die Zauberstäbe von in Askaban inhaftierte Personen werden nicht zerstört.[1771]

§ 140 II StPO enthält als Ergänzung zum Katalog des Abs. 1 eine Generalklausel, die mehrere Varianten der notwendigen Verteidigung benennt, nämlich: *„wenn wegen der Schwere der Tat, der Schwere der zu erwartenden Rechtsfolge oder wegen der Schwierigkeit der Sach- oder Rechtslage die Mitwirkung eines Verteidigers geboten erscheint oder wenn ersichtlich ist, dass sich der Beschuldigte nicht selbst verteidigen kann".*[1772]

Die *Schwere der Tat* ergibt sich in erster Linie aus der drohenden Rechtsfolge, wobei zusätzlich aber auch andere gravierende Nachteile (wie z. B. der Verlust der Beamtenstellung) zu berücksichtigen sind.[1773] Vorliegend droht Harry das Zerbrechen seines Zauberstabes und damit der Ausschluss aus der magischen Welt, was zwar formal keine Haftstrafe, im System der Zaubererwelt aber nichtsdestotrotz als sehr empfindliche Strafe einzustufen ist.

Die Sachlage wird u. a. dann als *schwierig* i. S. d. § 140 II StPO beurteilt, wenn sich dies aus dem zu erwartenden Umfang oder der Schwierigkeit der Beweisaufnahme ergibt, also z. B. wenn diese ohne eine vollumfängliche Akteneinsicht

---

1767 *Schwabach,* in: Roger Williams U. L. Rev. 11/2006, S. 309 (347).

1768 Zum *„Gesetz zur Neuregelung des Rechts der notwendigen Verteidigung"* aus dem Jahr 2019: *Böß,* in: NStZ 2020, S. 185 (185–193); *Müller-Jacobsen,* in: NJW 2020, S. 575 (575–579); *Kraft/Girkens,* in: NStZ 2021, S. 454 (454–462).

1769 *Krawczyk,* in: BeckOK StPO, § 140 Rn. 5; *Willnow,* in: KK-StPO, § 140 Rn. 8.

1770 *Krawczyk,* in: BeckOK StPO, § 140 Rn. 6; *Willnow,* in: KK-StPO, § 140 Rn. 9.

1771 So verfügen Bellatrix Lestrange und Lucius Malfoy nach ihrer jeweiligen Befreiung aus Askaban z. B. über ihren ursprünglichen Zauberstab: *Rowling,* Harry Potter 7, Der Dunkle Lord erhebt sich, S. 15 f.; Gringotts, S. 529.

1772 *Thomas/Kämpfer,* in: MüKo StPO, § 140 Rn. 26–52.

1773 *Thomas/Kämpfer,* in: MüKo StPO, § 140 Rn. 28–34.; *Lehmann,* in: JuS 2004, S. 492 (493).

des Verteidigers nicht gelöst werden kann. Dabei sind die Voraussetzungen eher niedrig anzusetzen, da es auf die (Laien-)Sichtweise des Beschuldigten ankommt. Zeugenbefragungen sind insbesondere schwierig, wenn sich Zeugenaussagen widersprechen.[1774] Eine schwierige Rechtslage ist gegeben, wenn es bei der materiellen oder formellen Rechtslage zu Fragen kommt, die bislang nicht entschieden wurden.[1775] In Harrys Anhörung kommt es ganz entscheidend darauf an, ob eine Notwehr-Situation vorgelegen hat, was mit der Zeugenaussage einer Nachbarin bewiesen werden soll.[1776] Gesteigerte Anforderungen sind in dieser Hinsicht aber grundsätzlich nicht zu stellen – das Problem ist eher, dass Fudge nicht (ein)sehen will, dass Harry die Wahrheit sagt, was von einer glaubwürdigen Zeugin und deren glaubhaften Aussage bestätigt wird. Allerdings ist völlig offensichtlich, dass sich Harry im vorliegenden Fall *nicht selbst verteidigen kann*, sodass in diese Hinsicht die Generalklausel des § 140 II StPO erfüllt ist.

§ 68 Nr. 1 JGG verweist für das Jugendstrafrecht auf die Fälle der StPO und ergänzt diese durch weitere Tatbestände, in denen notwendigerweise ein Verteidiger zu bestellen ist, nämlich u. a. dann, wenn den Erziehungsberechtigten/gesetzlichen Vertretern ihre Rechte entzogen sind (Nr. 2) oder die Verhängung einer Jugendstrafe in Betracht kommt (Nr. 5).[1777] Mit den Dursleys stehen hier grundsätzlich Erziehungsberechtigte zur Verfügung, deren Rechte nicht entzogen wurden (die allerdings Muggel sind). Das magische Recht lässt allerdings weder Erziehungsberechtigte noch Begleitpersonen zur Anhörung zu, sodass sich daraus sachlogisch kein Grund für eine notwendige Verteidigung ergeben kann. Zwar droht Harry keine Jugendstrafe, das Zerbrechen des Zauberstabes kommt von der Strafintensität jedoch an eine solche heran, da Harrys komplette Zukunft davon abhängt, ob er Magie ausüben darf oder faktisch ins „Exil" muss.

Die angeführten Argumente sprechen dafür, dass ein faires Verfahren gegen den minderjährigen Harry nur dann möglich ist, wenn ihm ein Verteidiger bestellt wird. Dies geschieht in Band fünf aber gerade nicht, was ohne Dumbledores Hilfe schwerwiegende Konsequenzen gehabt hätte.

Formaljuristisch problematisch ist aber auch die Rolle, die Dumbledore in Harrys Prozess einnimmt. Er selbst bezeichnet sich als *„Zeuge der Verteidigung"*.[1778] Dies ist eine direkte Übersetzung des im englischen Original verwendeten Terminus *„witness for the defence"*.[1779] Darunter versteht man einen Entlastungs-

1774 *Klemke/Elbs*, Strafverteidigung, S. 30; *Thomas/Kämpfer*, in: MüKo StPO, § 140 Rn. 35, 39.

1775 *Krawczyk*, in: BeckOK StPO, § 140 Rn. 32.

1776 *Rowling*, Harry Potter 5, Die Anhörung, S. 172.

1777 *Zieger/Nöding*, Verteidigung in Jugendstrafsachen, S. 215 ff; *Noak*, in: BeckOK JGG, § 68 Rn. 22, 26–28; *Sommerfeld*, in: Ostendorf (Hrsg.): JGG, § 68 Rn. 11, 14.

1778 *Rowling*, Harry Potter 5, Die Anhörung, S. 166, 167.

1779 *Rowling*, Harry Potter 5, The Hearing, S. 157.

zeugen, also einen Zeugen der zu Gunsten des Angeklagten aussagt.[1780] Die tatsächliche Rolle, die Dumbledore dann in der Anhörung spielt, ergibt aber weder nach britischem noch nach deutschem Recht einen Sinn.[1781]

Der Zeugenbeweis ist im deutschen Recht in § 48 ff. StPO geregelt. Ein Zeuge zeichnet sich dadurch aus, dass er in einer nicht gegen ihn selbst gerichteten Strafsache seine Wahrnehmung über Tatsachen durch seine Aussage kundgeben soll.[1782] Mrs Figg, Harrys Nachbarin, die darüber aussagt, ob Harry und sein Cousin von zwei Dementoren angegriffen wurden, ist nach allgemeinem Verständnis also eine Zeugin. Dumbledore, der diese Zeugin dem Gericht als Beweismittel präsentiert, ist hingegen selbst kein Zeuge (weder nach englischem noch nach deutschem Recht). Sein Verhalten entspricht dem eines Verteidigers.[1783] Welche Rolle Dumbledore genau einnehmen soll, ist demnach völlig unverständlich. Einerseits bezeichnet er sich selbst als *„Zeuge der Verteidigung"*, andererseits nimmt er von seinem gesamten Verhalten her die Rolle eines Strafverteidigers ein. Diese Besonderheit in Harrys „disziplinarischer Anhörung" lässt sich nicht abschließend beurteilen. Sie lässt sich jedoch dadurch erklären, dass weder Rowling, noch der deutsche Übersetzer (Klaus Fritz[1784]) Juristen sind und sich Rowling auch an keiner tatsächlich existierenden Rechtsordnung orientieren wollte, sondern ihr „eigenes" magisches Recht geschaffen hat.

Es drängt sich aber außerdem folgende schwerwiegende Vermutung auf: Im magischen Recht gibt es keine hauptberuflichen Anwälte/Verteidiger![1785] Dafür

---

1780 https://dict.leo.org/englisch-deutsch/witness%20for%20the%20defence (abgerufen am: 23.01.2023)

1781 Eine historische Erklärung dafür hat Collinsworth: *„In Anglo-Saxon criminal trials, witnesses would ‚vouch for the good character of the accused.' This vouching was more important than witness testimony, and the social prominence of the voucher made success at trial more likely."* (*Collinsworth,* in: Bell (Hrsg.): From Here to Hogwarts. S. 7 (12 f.)) Das erklärt aber nicht, wieso Dumbledore außer seinem *„vouching"* auch noch Mrs Figg als „echte" Zeugin präsentiert. *Rowling* selbst umschifft eine konkrete Antwort und schreibt dazu: *„Curiously, while a witch or wizard on trial at the Wizengamot can nominate a third party to represent them, there don't appear to be lawyers in the Muggle sense […]"* https://www.wizardingworld.com/features/differences-between-muggle-and-wizarding-world-law (abgerufen am: 23.01.2023).

1782 *Walter,* Strafprozessrecht, S. 159; *Bader,* in: KK-StPO, Vorb. § 48 Rn. 1.

1783 *„Dumbledore presents himself as a witness for the defence although this is without Harry's knowledge (and, therefore, permission) but then acts, effectively, as Harry's defence counsel." Gava/Paterson,* in: Thomas/Snyder (Hrsg.): The Law & Harry Potter, S. 3 (11).

1784 Klaus Fritz über seine Probleme bei der Übersetzung der Harry-Potter-Bücher: https://www.welt.de/print-welt/article682580/Harry-Potter-hat-mir-gleich-gefallen.html (abgerufen am: 12.08.2022).

1785 Das bemerken auch: *Schneyer,* in: Goetz (Hrsg.): Terminus: Collected Papers on Harry Potter, S. 33 (38 f.); *Barratt,* The Politics of Harry Potter, S. 41; *Wolf,* Broken Wand, S. 54; *Schwabach,* in: Roger Williams U.L. Rev. 11/2006, S. 309 (311, 347).

sprechen auch die anderen Prozesse. Bartemius Crouch Jr. wird zu einer lebenslangen Haftstrafe in Askaban verurteilt. Bei seiner Verhandlung ist kein Verteidiger anwesend.[1786] Auch Ludo Bagman muss sich ohne Verteidiger wegen *„Umtriebs mit Todessern"* verantworten.[1787] Gleiches gilt für Igor Karkaroff, der ohne Verteidiger einen „Deal" mit dem Gericht abschließt.[1788]

Zu diesem Ergebnis kommen auch Joseph/Wolf: *„Rowling has created a legal system without lawyers and the result is a Kafkaesque nightmare in which the individual is often helpless. Throughout the Harry Potter books, we noticed that the wizards caught up in the system have no idea how to answer charges against them, are often unclear about how the rules that govern decisions made about them or the procedures that are to be used, and do not know how to find precedents to support their positions or how and to whom to make their arguments."*[1789]

Dies erklärt, wieso der Beruf des Anwalts auch in Nebensätzen – beispielsweis bei Gesprächen über Gerichtsverhandlungen oder bei der Karriereberatung der Hogwartsschüler – nicht erwähnt wird. Dumbledores Funktion bei Harrys Anhörung bleibt damit schleierhaft.

Der heutige Regelungsgehalt des § 243 StPO war ab 1877 in den § 242 ff. RStPO normiert, die den Gang der Hauptverhandlung ähnlich wie heute beschreiben (siehe S. 283 ff.). Bezüglich des Aufrufs der Sache und der Feststellung der Personalien ergeben sich keine interessanten Besonderheiten. Eine Parallele lässt sich jedoch im Hinblick auf die schlechte Stellung des Angeklagten und die systematische Entmachtung des Strafverteidigers im NS-Staat ziehen. Wie bereits ausgeführt, wurde das Recht auf einen Verteidiger sowohl in personeller als auch in sachlicher Hinsicht stark beschnitten. Nämlich einerseits durch die personelle „Säuberung" der Justiz, die auch nicht vor Anwälten – z. B. jüdischer Herkunft – Halt machte. Andererseits durch die Beschränkung der Verteidigerrechte, was den Anwalt im Ergebnis zum *„staatlichen Befriedungs- und Repressionsinstrument"*[1790] machte.

Weil es in der magischen Welt keine Strafverteidiger gibt, entsteht bei den Strafprozessen ein starkes Machtgefälle, dass sich zu Ungunsten der Angeklagten auswirkt. Das gilt in besonderem Maße für den minderjährigen Harry. Die Betroffenen sehen sich in den Harry-Potter-Büchern damit alleine einer übermächtigen Bürokratie gegenüber, deren innere Funktionsweise sie nicht verstehen und gegen die sie sich alleine nicht verteidigen können. Ganz ähnlich dürften sich oft auch die Angeklagten im Dritten Reich gefühlt haben. In beiden Fällen ein wahrhaft kafkaesker Zustand, der in keiner Weise rechtsstaatlichen Grundsätzen entspricht.

1786 *Rowling,* Harry Potter 4, Das Denkarium, S. 622 ff.
1787 *Rowling,* Harry Potter 4, Das Denkarium, S. 614 ff.
1788 *Rowling,* Harry Potter 4, Das Denkarium, S. 622 ff.
1789 *Joseph/Wolf,* in: U. Tol. L. Rev., Ausg. 34, Nr. 2, S. 193.
1790 *Reifner,* in: KJ 17/1984, S. 380 (387).

3. Verlesung der Anklage

Nach § 243 III StPO verließt der Staatsanwalt den Anklagesatz. Durch die Verlesung sollen die Laienrichter und die Öffentlichkeit über den Inhalt der Anklage unterrichtet werden und die anderen Prozessbeteiligten sollen Gewissheit darüber erlangen, worauf sie ihr Angriffs- und Verteidigungsvorbringen einzurichten haben.[1791] Der Inhalt der Anklage ergibt sich aus § 200 StPO. Üblicherweise besteht die Anklage aus einem konkreten und einem abstrakten Anklagesatz. Sie enthält außerdem die Bezeichnung der verletzten Strafvorschriften, die Aufzählung der Beweismittel, das wesentlichen Ergebnis der Ermittlungen und die Anträge, welche die Staatsanwaltschaft stellt.[1792]

Die Anklageschrift nimmt in einem Rechtsstaat deswegen gleich zwei wichtige Funktionen ein: Die *Informationsfunktion* der Anklage bedeutet, dass sie den Beschuldigten über die gegen ihn erhobenen Vorwürfe informiert und konkret bezeichnet, welcher Sachverhalt Gegenstand des Verfahrens ist.[1793] Dies ist wichtig, damit sich der Angeklagte (und sein Verteidiger) bestmöglich auf die Verhandlung vorbereiten können. Die *Umgrenzungsfunktion* der Anklage bestimmt die sog. *prozessuale Tat* – und damit auch, ob z. B. wegen desselben Vorgangs noch einmal eine Anklage möglich ist oder welche Taten der Verjährung unterliegen.[1794]

Die Verlesung der Anklage geschieht in der Zaubererwelt ganz ähnlich und schon die Bezeichnung als „Anklage“ und der formale Vorgang dahinter sprechen dafür, dass es sich bei Harrys disziplinarischer Anhörung um einen Strafprozess handelt. Die Anklage wird in Harrys Fall – mangels Gewaltenteilung – vom Zaubereiminister in seiner Rolle als Ankläger und Vorsitzender Richter in Personeneinheit verlesen.[1795] Die Anklage ähnelt dann jedoch überraschenderweise stark den Anforderungen, welche die StPO an eine Anklageschrift stellt:

„Er [Anm. Fudge] zog ein Stück Pergament aus dem Stapel vor ihm, holte tief Luft und las laut: »Die Anklagepunkte gegen den Beschuldigten lauten wie folgt: Dass er wissentlich, absichtlich und in vollem Bewusstsein der Rechtswidrigkeit seiner Handlungen – obwohl er zuvor bereits eine schriftliche Verwarnung des Zaubereiministeriums wegen eines ähnlichen Vorwurfs erhalten hatte – einen Patronus-Zauber in einem Muggelwohngebiet ausgeführt hat, in Gegenwart eines Muggels, am zweiten August um dreiundzwanzig Minuten nach neun, welches einen Verstoß gegen den Erlass zur Vernunftgemäßen Beschränkung der Zauberei Minderjähriger von 1875. Abschnitt C „darstellt und

---

1791 *Schneider*, in: KK-StPO, § 243 Rn. 20; *Arnoldi*, in: MüKo StPO, § 243 Rn. 23.

1792 Der konkrete Anklagesatz schildert das Geschehen, also den Sachverhalt, der dem Angeklagten vorgeworfen wird. Im abstrakten Anklagesatz werden die Delikte wiedergegeben, gegen die der Angeklagte verstoßen haben soll, *Gertler*, in: BeckOK StPO, RiStBV 110 Rn. 16 ff.

1793 *Schneider*, in: KK-StPO, § 200 Rn. 31 ff.; *Weitner/Schuster*, in: JA 2014, S. 612 (613).

1794 *Schneider*, in: KK-StPO, § 200 Rn. 1, 35.

1795 *Rowling*, Harry Potter 5, Die Anhörung, S. 181.

ebenso gegen Abschnitt 13 des Geheimhaltungsabkommens der Internationalen Zauberervereinigung."[1796]

Diese Anklage besteht fast schon musterhaft aus einem konkreten und einem abstrakten Anklagesatz. Sie beschreibt, welcher Sachverhalt Harry vorgeworfen wird und führt dann aus, gegen welche Strafvorschriften dadurch verstoßen wurde. Die Anklageschrift erfüllt die Informationsfunktion, weil Harry genau weiß, was ihm vorgeworfen wird. Aber auch die Umgrenzungsfunktion wird gewahrt, weil der genaue Rahmen der Anklage dadurch festgelegt wird, dass Zeit, Ort und die konkreten Umstände des vorwerfbaren Verhaltens genau bezeichnet werden.

Der Strafprozess der Reichsstrafprozessordnung von 1877 stellte einen Kompromiss zwischen Inquisitionsprozess und Anklageprozess dar. So hatte die Anklageschrift damals noch eine deutlich geringere Bindungswirkung als heute. Das Gericht durfte – in den Grenzen des historischen Geschehens – von ihr abweichen (§ 263 RStPO).[1797]

Im NS-Staat verkam die Anklageschrift immer mehr zu einer lästigen Formalität. Insbesondere in politisch relevanten Prozessen. Oft beruhten diese Anklageschriften auf den Angaben der Gestapo, die von den Staatsanwaltschaften häufig ungeprüft übernommen wurden. Diese – aus heutiger Sicht – problematische „Verpolizeilichung" wurde von den Nationalsozialisten genau umgekehrt gedeutet: Die „*Tatsache, daß der kriminalpolizeiliche Schlußbericht oftmals von der Staatsanwaltschaft wörtlich in die Anklageschrift übernommen*" wird, sei ein Beweis dafür, mit welcher Sorgfalt die Polizei das Beweismaterial zusammenstelle, so Heydrich im Jahr 1939.[1798] In Realität zeigte sich dadurch nur, wie groß die politische Einflussnahme durch die Gestapo auf die spätere Anklage und über die Stärkung der Staatsanwaltschaften auch durch das Reichsjustizministerium war.

Die Anklageschriften der Reichsanwaltschaft vor dem Volksgerichtshof waren ab 1944 selten umfangreicher als zwei Seiten und schematisch verfasst. In den Anklageschriften in Strafverfahren wegen defätistischer Äußerungen gem. § 5 I Nr. 1 Kriegssonderstrafrechtsverordnung (KSSVO) hieß es laut Wilke beispielsweise nur lapidar, dass der jeweilige Angeschuldigte versucht habe, durch defätistische Äußerungen den Selbstbehauptungswillen des deutschen Volkes zu zersetzen. Als Beweismittel wurde die Einlassungen des Angeklagten und des

1796 *Rowling,* Harry Potter 5, Die Anhörung, S. 168.

1797 *Schulz,* Beiträge zur gesamten Strafrechtswissenschaft, S. 179.

1798 Zitiert nach: *Gruchmann,* Justiz im Dritten Reich, S. 597; noch weiter ging ein Justiziar der Gestapo: „*Die Umkehrung des früheren Verhältnisses zwischen der Polizei und der Staatsanwaltschaft ist bereits soweit gediehen, daß mit guten Gründen die Frage ernsthaft erwogen wird, ob nicht die Polizei, deren Kriminalbehörden bereits die Verbrechensverfolgung bis zu dem Augenblick, in dem die Anklage formuliert werden kann, durchführen, auch noch die Erhebung und Vertretung der Anklage übernehmen soll.*" Zitiert nach: *Heuer,* Geheime Staatspolizei, S. 117.

Denunzianten angeführt.[1799] Wilke kommt außerdem zu dem Ergebnis, dass gerade bei kommunistischen Angeklagten vor dem VGH die Strafbarkeitsmerkmale durch die Staatsanwaltschaften in den Anklageschriften extrem weit ausgelegt wurden.[1800]

Als weiteres Beispiel für – nach heutigem Stand völlig unzureichende – Anklageschriften führt Wilke den Prozess gegen die Geschwister Scholl und deren Kameraden an, die nach der KSSVO angeklagt worden waren. Dabei fällt vor allem auf, dass die Anklageschrift auf *„jedwede rechtliche Würdigung des Sachverhaltes"* verzichtet.[1801] Hinsichtlich des Angeschuldigten Probst besteht die Anklageschrift nur aus zwei Sätzen. In der Anklageschrift wird nicht einmal differenziert, ob er Mittäter oder nur Gehilfen ist.[1802]

Damit wurde sowohl im magischen Recht als auch im Recht unter den Nationalsozialisten an den Formalia einer Anklageschrift festgehalten. Die Anklage wurde jedoch – vor allem in politisch relevanten Prozessen – vom Staat stark beeinflusst. Das zeigt sich beispielsweise dadurch, dass in Harrys Anklageschrift nur seine Verstöße erwähnt werden, während auf entlastende Tatsachen und Beweismittel überhaupt nicht eingegangen wird. Eine ähnliche Tendenz lässt sich in den Prozessen gegen die *Weiße Rose* erkennen.[1803]

Auf welche Art und Weise im magischen Recht damit vor dem Zaubergamot Anklage erhoben wird, war also schon lange vor der Machtergreifung Lord Voldemorts rechtsstaatlich höchst problematisch und lässt Ähnlichkeiten zum NS-Unrechtsregime erkennen. Insbesondere im Hinblick darauf, dass beide Justizapparate sehr viel Wert darauflegten, den äußeren Anschein des formal korrekten Vorgehens und damit der Rechtsstaatlichkeit zu wahren.

1799 *Wilke,* Staatsanwälte, S. 195 ff.

1800 *Wilke,* Staatsanwälte, S. 190 f. Bei den Sachverhaltsschilderungen gab es faktisch nur zwei Anklagetypen: *„Kommunisten sind Attentäter"* und *„Kommunisten sind Verschwörer"* (*Lauf,* der Volksgerichtshof, S. 166).

1801 *Wilke,* Staatsanwälte, S. 202.

1802 *„1942 und 1943 in München, Augsburg, Salzburg, Wien, Stuttgart und Linz durch dieselbe Handlung gemeinschaftlich I. das hochverräterische Unternehmen mit Gewalt die Verfassung des Reiches zu ändern, vorbereitet zu haben, wobei die Tat [...], 2. darauf gerichtet war, die Wehrmacht zur Erfüllung ihrer Pflicht untauglich zu machen das Deutsche Reich gegen Angriffe auf seinen äußeren oder inneren Bestand zu schützen, 3. auf Beeinflussung der Massen durch Herstellung und Verbreitung von Schriften gerichtet war, II. im Inland es unternommen zu haben, während eines Krieges gegen das Reich der feindlichen Macht Vorschub zu leisten und der Kriegsmacht des Reiches einen Nachteil zuzufügen, III. öffentlich den Willen des deutschen Volkes zur wehrhaften Selbstbehauptung zu lähmen und zu zersetzen gesucht zu haben."* (zitiert nach: *Wilke,* Staatsanwälte, S. 202).

1803 Die Verfasserin möchte durch derartige Vergleiche weder an dieser noch an anderer Stelle das Leiden der durch den NS-Staat kriminalisierten und ermordeten Menschen verharmlosen.

4. Belehrung und Vernehmung des Angeklagten

Nach § 243 V StPO muss der Angeklagte vor seiner Vernehmung zur Sache belehrt werden. Der Vorsitzende hat sicherzustellen, dass der Angeklagte sein Recht kennt, zu den Anklagevorwürfen zu schweigen. Der Hinweis, dass es ihm freistehe, sich zu der Anklage zu äußern oder nicht zur Sache auszusagen, entfällt auch nicht dadurch, dass der Angeklagte dieses Recht kennt. Die Vorschrift ist ein direkter Ausfluss des Grundsatzes der Selbstbelastungsfreiheit, dem Verfassungsrang zukommt. Die Belehrung hat Vorsorglichkeits- und Fürsorgecharakter. Eine versäumte Belehrung kann im Laufe des Verfahrens in Form einer sog. *qualifizierten Belehrung* nachgeholt werden.[1804]

Der Nemo tenetur-Grundsatz (siehe S. 267 ff.) und die damit verbundene Belehrung des Angeklagten sind Vorschriften, die das magische Recht nicht kennt. Harry wird in seiner disziplinarischen Anhörung nicht belehrt. Im Gegenteil: Er wird von Fudge vielmehr dazu gedrängt, eine Aussage zu treffen.[1805] Und nicht nur in Harrys Anhörung fehlt es an einer Belehrung. Auch in den Strafprozessen gegen Bagman, Crouch Jr. und Karkaroff werden die Angeklagten nicht belehrt (siehe S. 369 ff.).[1806] Daraus kann geschlossen werden, dass Fudge in Harrys Fall die Belehrung nicht nur „vergessen" oder sich über eine bestehende Regelung hinweggesetzt hat. Vielmehr kennt das magische Recht allgemein keine Belehrung des Angeklagten. Damit fehlt dem magischen Strafprozessrecht eine weitere Vorschrift, die dem Schutz des Angeklagten dient und dem Grundgedanken des „fairen Verfahrens" entspringt.

Harry beantwortet daher bereitwillig die Fragen, die ihm Fudge stellt. Da die Fragen aber darauf abzielen, dass Harry sich selbst belastet und das Geschehen im Sinne der Anklage zugibt, hinterlässt er so beim Zaubergamot einen sehr schlechten Eindruck: *„»Du hast vor drei Jahren eine offizielle Verwarnung des Ministeriums wegen unrechtmäßig ausgeübter Magie erhalten, ist das richtig?« »Ja, aber ...« »Und dennoch hast du am Abend des zweiten August einen Patronus heraufbeschworen?«, sagte Fudge. »Ja«, sagte Harry, »aber ...« »Im Wissen, dass es dir bis zum Alter von siebzehn Jahren nicht erlaubt ist, außerhalb der Schule Zauberei zu gebrauchen?« »Ja, aber ...« »Im Wissen, dass du dich in einer Gegend voller Muggel befandest?« »Ja, aber ...« »Dir vollauf bewusst, dass du dich zu jenem Zeitpunkt in großer Nähe eines Muggels befandest?« »Ja«, sagte Harry zornig, »aber ich hab ihn nur gebraucht, weil wir ...«*"[1807]

Auch der Befragungsstil verrät bereits, wohin die Reise geht: Fudge hält Harry für schuldig bzw. will dessen Verurteilung erreichen und gestaltet das gesamte Verhör deswegen so, dass Harry die ihm vorgeworfene Tat eingesteht und sich dabei möglichst wenig verteidigen kann. Fudge erreicht das nicht nur durch ge-

---

1804 *Gorf,* in: BeckOK StPO, § 243 Rn. 31 f.; *Schneider,* in: KK-StPO, § 243 Rn. 75; *Arnoldi,* in: MüKo StPO, § 243 Rn. 56–58; *Trüg,* in: JA 2004, S. 394 (394–399).

1805 *Rowling,* Harry Potter 5, Die Anhörung, S. 168 ff.

1806 *Rowling,* Harry Potter 4, Das Denkarium, S. 614 ff.

1807 *Rowling,* Harry Potter 5, Die Anhörung, S. 168 ff.

zielte Fragen in „seine" Richtung, sondern auch dadurch, dass er Harry immer wieder unterbricht. Dieses Vorgehen widerspricht dem Grundgedanken eines jeden Strafprozesses – nämlich dem Ziel der Wahrheitsfindung – und verstößt gegen alles, was in der Vernehmungspraxis üblich ist: Dazu gehört, dem Angeklagten zunächst Gelegenheit zu geben, zusammenhängend über seine Version des Tathergangs zu berichten, danach werden ergänzende Fragen gestellt und am Schluss wird versucht, Widersprüche aufzuklären.[1808] Der Ablauf des Verhörs spricht hier dafür, dass das Ergebnis für Fudge bereits vorab feststeht. Damit wird Harrys Prozess einmal mehr zur Farce.

Die Vernehmung des Angeklagten im Rahmen der Hauptverhandlung wurde 1877 in § 242 RStPO geregelt, der auf § 136 RStPO und damit auf die polizeiliche Vernehmung verweist. Darin war geregelt, dass dem Beschuldigten bei Beginn der ersten Vernehmung zu eröffnen ist, welche strafbare Handlung ihm zur Last gelegt wird. Der Beschuldigte ist nach § 136 RStPO außerdem zu befragen, ob er etwas auf die Beschuldigung erwidern wolle. Eine Belehrung des Beschuldigten über sein Schweigerecht war damals noch nicht normiert. Das Verbot, eine Aussage zu erpressen (§ 343 RStPO), stand damals schon außer Zweifel.[1809]

In der nationalsozialistischen Rechtswissenschaft, die den Einzelnen wieder in den Dienst des Ganzen stellen wollte, fanden sich Stimmen, die selbst einen Beschuldigten nicht von einer Einlassungspflicht befreien wollten. U.a. auch, weil eine umfassende Einlassung der erste Schritt zur „Entsühnung" sei.[1810] Der Wert des Schweigerechts erfuhr auf Grund der nationalsozialistischen Ideologie deswegen – nicht nur bei der Gestapo und ihrer „verschärften Vernehmung" – sondern auch in den Strafprozessen eine Abwertung. So interpretierte man § 136 RStPO möglichst restriktiv. Aus dem Schweigen durften bei der Beweiswürdigung und bei der Strafzumessung nachteilige Schlüsse gezogen werden.[1811]

Damit gab es formal sogar im NS-Staat bzgl. der Vernehmung des Angeklagten weitreichendere Rechte als in der Zaubererwelt. Das Schweigerecht wurde zwar in der NS-Rechtstheorie angezweifelt und durch Folter in der Rechtspraxis umgangen, der § 136 RStPO galt aber grundsätzlich fort. Die magische Strafprozessordnung schreibt hingegen nicht einmal formal ein Schweigerecht des Angeklagten oder dessen Belehrung vor. Harry wird vielmehr – verbal – zu Angaben genötigt. Das bereits unter Fudge existierende System wird von Lord Voldemort u.a. mit der Registrierungskommission für Muggelstämmige dankend fortgeführt. Auch hier müssen die Betroffenen Angaben über ihren Blutstatus machen, die belastend sind (siehe S. 431 ff.). Gleichzeitig entsprechen so-

---

1808 So beispielsweise explizit bei der Vernehmung eines Zeugen zur Sache in § 69 I StPO geregelt, *Krause,* in: Müller/Schlothauer/Knauer (Hrsg.): Münchener Anwaltshandbuch Strafverteidigung, § 7 Rn. 119 ff.; *Schneider,* in: KK-StPO, § 243 Rn. 85.

1809 *Schuhr,* in: MüKo StPO, § 136 Rn. 2; *Schork,* in: Dölling/Duttge/Rössner (Hrsg.): Gesamtes Strafrecht, § 243 StPO Rn. 1; *Sickor,* Das Geständnis, S. 253.

1810 *Kölbel/Morlok,* in: ZRP 6/2000, S. 217 (221); *Buchholz,* Der nemo tenetur-Grundsatz, S. 63.

1811 *Buchholz,* Der nemo tenetur-Grundsatz, S. 63 f.

wohl die historische als auch die fiktive Rechtsordnung nicht unseren heutigen rechtsstaatlichen Grundsätzen.

5. Beweisaufnahme, Beweisanträge und Zeugenbeweis

Nach der Vernehmung des Angeklagten wird gem. § 244 I StPO in die Beweisaufnahme eingetreten. Die Beweisaufnahme erstreckt sich auf alle Tatsachen, die für das Verfahren sowie für den Schuld- und Strafausspruch von Bedeutung sind. Dabei gilt für die Feststellung von Schuld- und Rechtsfolgetatsachen in der Hauptverhandlung das Strengbeweisverfahren. Als Beweismittel kommen hier nur Sachverständiger (§ 73 ff. StPO), Augenschein (§ 86 ff. StPO), Urkunde (§ 249 ff. StPO), Zeugen (§ 48 ff. StPO), geständige Einlassung (nichtrichterliche Vernehmung) und Geständnis (richterliche Vernehmung) in Betracht.[1812]

Das Gericht hat nach § 244 II StPO von Amts wegen alle für die abzuurteilende Tat bedeutsamen Tatsachen zu ermitteln. Die richterliche Aufklärungspflicht begründet einen unverzichtbaren Anspruch darauf, dass die Beweisaufnahme auf alle Tatsachen und alle tauglichen und erlaubten Beweismittel erstreckt wird, die für die Entscheidung von Bedeutung sind.[1813] Dabei ist die materielle Wahrheit, also das wirkliche Geschehen, zu erforschen, wobei es im Strafverfahren aus praktischen Gründen nur darum gehen kann, sich der absoluten Wahrheit in einem höchstmöglichen Grad anzunähern.[1814] Das Gericht ist hierbei im Gegensatz zum Zivilprozessrecht nicht an das Vorbringen der Verfahrensbeteiligten, ihre Anträge oder ein Geständnis gebunden, sondern zur selbstständigen Prüfung und Beurteilung des Wahrheitsgehaltes verpflichtet.[1815]

Der Angeklagte und sein Verteidiger haben nach § 244 III StPO das Recht, Beweisanträge zu stellen, wenn die formellen und materiellen Voraussetzungen hierfür erfüllt sind.[1816] Ein Beweisantrag des Angeklagten bzw. seines Verteidigers kann dabei nur unter strengen Voraussetzungen abgelehnt werden. Nämlich dann, wenn: Eine Beweiserhebung wegen Offenkundigkeit überflüssig ist (Nr. 1), die Tatsache, die bewiesen werden soll, für die Entscheidung ohne

1812 *Bachler,* in: BeckOK StPO, § 244 Rn. 1, 8; *Krehl,* in: KK-StPO, § 244 Rn. 8, 18.

1813 *Bachler,* in: BeckOK StPO, § 244 Rn. 10–13; *Krehl,* in: KK-StPO, § 244 Rn. 27, 32.

1814 *Trüg/Habetha,* in: MüKo StPO, § 244 Rn. 4; *Krehl,* in: KK-StPO, § 244 Rn. 28.

1815 Zum Unterschied: *Weichbrodt,* Der verbotene Beweis im Straf- und Zivilprozess, S. 234 ff.

1816 Ein Beweisantrag liegt vor, *„wenn der Antragsteller ernsthaft verlangt, Beweis über eine bestimmt behauptete konkrete Tatsache, die die Schuld- oder Rechtsfolgenfrage betrifft, durch ein bestimmt bezeichnetes Beweismittel zu erheben und dem Antrag zu entnehmen ist, weshalb das bezeichnete Beweismittel die behauptete Tatsache belegen können soll"*, § 244 III StPO. Formelle Voraussetzungen eines Beweisantrags: *Hamm/Hassemer/Pauly,* Beweisantragsrecht, S. 97 ff.; *Trüg/Habetha,* in: MüKo StPO, § 244 Rn. 139–152; Materielle Voraussetzungen: *Trüg/Habetha,* in: MüKo StPO, § 244 Rn. 96–138. Zur Reform durch das *„Gesetz zur Modernisierung des Strafverfahrens"* von 2019: *Kudlich/Nicolai,* in: JA 2020, S. 881 (885–887).

Bedeutung ist (Nr. 2), die Tatsache, die bewiesen werden soll, schon erwiesen ist (Nr. 3), das Beweismittel völlig ungeeignet ist (Nr. 4), das Beweismittel unerreichbar ist (Nr. 5) oder eine erhebliche Behauptung, die zur Entlastung des Angeklagten bewiesen werden soll, so behandelt werden kann, als wäre sie wahr (Nr. 6).[1817]

Auch das Recht in den Harry-Potter-Büchern kennt das juristische Instrument der Beweisaufnahme. In Harrys Anhörung in Band fünf versucht Fudge jedoch, die Beweisaufnahme zu unterbinden. Nachdem Harry behauptet, er hätte zur Selbstverteidigung gezaubert, bezeichnet Fudge dies als Lüge und will direkt von der Vernehmung des Angeklagten zur Urteilsabstimmung springen, ohne vorher eventuelle Zeugen anzuhören: *„»Dementoren in Little Whinging?«, sagte Madam Bones höchst überrascht. »Ich verstehe nicht ...« […] »Ich lüge nicht!«, rief Harry laut über ein erneut anhebendes Tuscheln des Gerichts hinweg. »Es waren zwei, sie kamen von beiden Enden der Gasse, alles wurde dunkel und kalt und mein Cousin hat sie gespürt und ist losgelaufen ...« »Genug, genug!«, sagte Fudge mit sehr überheblichem Gesichtsausdruck. »Ich muss diese gewiss sehr gut einstudierte Geschichte leider unterbrechen ...«“*[1818]

Wie Dumbledore und Madame Bones bestätigen, setzt sich Fudge im konkreten Fall über bestehendes magisches Strafprozessrecht hinweg, indem er ohne die Anhörung eines vorhandenen Zeugen zum Urteil schreiten will:

„»Wir haben in der Tat einen Zeugen für die Gegenwart der Dementoren in jener Gasse«, sagte er, »einen außer Dudley Dursley, meine ich.« Fudges feistes Gesicht schien zu erschlaffen, als hätte jemand die Luft herausgelassen. Er starrte einen kurzen Moment lang zu Dumbledore hinunter, dann sagte er mit der Miene eines Mannes, der sich zusammenreißt: »Wir haben keine Zeit, uns noch mehr Flunkergeschichten anzuhören, fürchte ich, Dumbledore. Ich möchte diese Sache rasch erledigen ...« »Ich mag mich irren«, sagte Dumbledore liebenswürdig, »aber dürfen nicht die Angeklagten gemäß dem Rechtekatalog des Zaubergamot Zeugen in ihrer Sache benennen? Gehört dies nicht zu den Grundsätzen der Abteilung für Magische Strafverfolgung, Madam Bones?«, fuhr er an die Hexe mit dem Monokel gewandt fort. »Richtig«, sagte Madam Bones. »Vollkommen richtig.«“[1819]

Dieses Zitat zeigt, dass im magischen Recht tatsächlich ein Äquivalent zu unserer Strafprozessordnung – nämlich der Rechtskatalog des Zaubergamot – existiert. In diesem sind u. a. die Verfahrensrechte des Angeklagten geregelt. Demnach dürfen die Angeklagten in ihrer Sache Zeugen benennen, die dann auch vom Gericht angehört werden müssen.[1820] Der Ablauf von Harrys disziplinarischer Anhörung verdeutlicht aber außerdem: Fudge hat keinerlei Interesse

---

1817 Zu den einzelnen Ablehnungsgründen: *Hamm/Hassemer/Pauly*, Beweisantragsrecht, S. 140 ff.; *Huber*, in: JuS 2017, S. 634 (634–636).

1818 *Rowling*, Harry Potter 5, Die Anhörung, S. 170 f.

1819 *Rowling*, Harry Potter 5, Die Anhörung, S. 171.

1820 *Baltzar*, Power and Evil, S. 19 f.

an einem rechtsstaatlichen Verfahren, sondern will nur den Anschein der Ordnungsmäßigkeit aufrechterhalten. Er scheut nicht davor zurück, gegen geltendes Recht zu verstoßen, um seine eigenen politischen Interesse durchzusetzen. Dass zunächst kein Mitglied des Zaubergamot dem Vorgehen des Zaubereiministers, Anklägers und Richters widerspricht, zeigt außerdem, dass der Zaubergamot kein unabhängiges Gericht ist. Er ist vielmehr mit angesehenen Mitgliedern der magischen Gesellschaft besetzt, die das Handeln „ihres" Zaubereiministers nicht hinterfragen.

Welche konkreten Beweismittel das magische Strafprozessrecht hat und ob hierbei zwischen Freibeweisverfahren und Strengbeweisverfahren unterschieden wird, ist nicht bekannt. Namentlich erwähnt wird nur das Recht, einen Zeugen zu benennen. Unter welchen Voraussetzungen dieser Zeuge dann vom Gericht abgelehnt werden kann, ist nicht bekannt. Es spricht aber vieles dafür, dass ein vom Angeklagten benannter Zeuge dann auch tatsächlich angehört werden muss. Fudge ist in Harrys Anhörung davon überzeugt, dass Harry lügt und dass auch ein Zeuge keine gewinnbringenden Erkenntnisse liefern kann – dem widersprechen auch die anderen Mitglieder des Zaubergamot nicht. Trotzdem wird Mrs Figg als Zeugin angehört. Dies spricht dafür, dass ein einmal benannter Zeuge zumindest angehört werden muss – was natürlich nicht heißt, dass das Gericht dem Zeugen dann auch glaubt. Damit geht das magische Beweisantragsrecht zumindest bei Zeugen ausnahmsweise deutlich weiter als in unserer StPO. Denn diese sieht eine ganze Liste genau austarierter Ablehnungsgründe für Beweisanträge in § 244 III StPO vor. Dieses weite Beweisantragsrecht für Zeugen im magischen Recht hilft dem Angeklagten aber nicht zwingend, weil die Zeugenbefragung voreingenommen und unfair abläuft, es insbesondere keine Zeugenschutzrechte gibt und das Gericht die Zeugenaussage sehr frei bewerten kann.

Auch die Reichsstrafprozessordnung kannte bereits das Instrument der Beweisaufnahme. Diese war in § 242 RStPO geregelt. Demnach bedurfte es eines Gerichtsbeschlusses, um einen Beweisantrag abzulehnen – im Umkehrschluss ergibt sich daraus ein grundsätzliches Beweisantragsrecht der Beteiligten. Von der Erhebung eines Beweises konnte gem. § 244 RStPO abgesehen werden, wenn die Staatsanwaltschaft und der Angeklagte hiermit einverstanden waren.[1821]

Unter den Nationalsozialisten wurde das Beweisantragsrecht mehrfach reformiert (siehe S. 244 ff.). In der *„Verordnung über Maßnahmen auf dem Gebiete der Gerichtsverfassung und der Rechtspflege"* vom 1. September 1939 hieß es schließlich: *„Das Gericht kann einen Beweisantrag ablehnen, wenn es nach seinem freien Ermessen die Erhebung des Beweises zur Erforschung der Wahrheit nicht für erforderlich hält."* Allerdings hatte der Angeklagte hinsichtlich der Zeugen und Sachverständigen die Möglichkeit, eine Beweiserhebung durch Selbstladung gem. § 220 RStPO 1935 zu erreichen. Dies wurde durch die *„Ver-*

1821 Zur geschichtlichen Entwicklung und Rechtslage 1877: *Hoffmann,* Der unerreichbare Zeuge im Strafverfahren, S. 44 ff.; *Schatz,* Das Beweisantragsrecht in der Hauptverhandlung, S. 55 ff.

ordnung zur weiteren Vereinfachung der Strafrechtspflege" vom 13. August 1942 abgeschafft.[1822]

Toepel kommt deswegen zu dem Schluss, dass das Beweisantragsrecht durch die Vereinfachungsverordnungen von 1939 und 1942 sogar so weit beschränkt wurde, dass es praktisch wirkungslos war.[1823] Auch Hoffmann betont, dass der Zustand 1942 den *„tiefsten Stand"* der Entwicklung des Strafprozesses darstelle. Der Abbau des Beweisantragsrechts sei eine *„Demontage des Rechtsstaates"*, durch den der Beschuldigte wieder zum *„Objekt gerichtlicher Fürsorge"* wie zur Zeit des Inquisitionsprozesses geworden sei.[1824]

Damit erkannten die Nationalsozialisten die Schlagkraft des Beweisantragsrecht für den Angeklagten und beseitigten es, was stufenweise zu einer weiteren Einbuße von Verfahrensrechten des Angeklagten führte. Die Rechtslage in den Harry-Potter-Büchern ist diesbezüglich – zumindest bezogen auf den Zeugenbeweis – deutlich erfreulicher. Denn Fudge bekommt in Harrys disziplinarischer Anhörung direkt zu spüren, welchen großen Einfluss das im Rechtekatalog des Zaubergamot hinterlegte Beweisantragsrecht des Angeklagten haben kann. Harry wird nur auf Grund der Zeugenaussage seiner Nachbarin freigesprochen. Inwiefern Lord Voldemort dieses Recht später beschränkt, ist nicht bekannt.

Ein Zeuge ist nach deutschem Recht ein persönliches Beweismittel in einem nicht gegen ihn selbst gerichteten Verfahren, der über seine eigene Wahrnehmung aussagt. Der Zeugenbeweis ist in den § 48 ff. StPO geregelt. Nach § 52 StPO steht bestimmten nahen Angehörigen des Beschuldigten (Verlobten, Ehegatten, Verwandten in gerader Linie usw.) ein Zeugnisverweigerungsrecht zu. Dies soll den Zeugen vor inneren Konflikten schützen und u. a. den Familienfrieden wahren. Gleiches Recht gilt gem. § 53 StPO für bestimmte Berufsgeheimnisträger (z.B. Ärzte).[1825] Außerdem kann jeder Zeuge nach § 55 StPO die Auskunft auf solche Fragen verweigern, deren Beantwortung ihn selbst oder einen nahen Angehörigen *„die Gefahr zuziehen würde, wegen einer Straftat oder einer Ordnungswidrigkeit verfolgt zu werden"* (sog. Auskunftsverweigerungsrecht).[1826]

Vor der Vernehmung wird der Zeuge gem. § 57 StPO zur Wahrheit ermahnt und über die strafrechtlichen Folgen einer unrichtigen/unvollständigen Aussage belehrt. Die Aussage ist sonst unter Umständen wegen § 252 ff. StPO nicht verwertbar.[1827] Nach § 58 StPO sind die Zeugen einzeln und in Abwesenheit späterer

---

1822 *Hoffmann,* Der unerreichbare Zeuge im Strafverfahren, S. 68.

1823 *Toepel,* Grundstrukturen des Sachverständigenbeweises im Strafprozessrecht, S. 311.

1824 *Hoffmann,* Der unerreichbare Zeuge im Strafverfahren, S. 68.

1825 *Huber,* in: BeckOK StPO, § 52 Rn. 1 ff.; § 53 Rn. 1 ff.; *Beulke/Swoboda,* Strafprozessrecht, S. 149 ff.; kritisch zum Familienfrieden: *Eckstein,* Ermittlungen zu Lasten Dritter, S. 379 f.

1826 *Bader,* in: KK-StPO, § 55 Rn. 4. Umfang: *Jugl,* Fair trial, S. 92 f.

1827 *Maier,* in: MüKo StPO, § 57 Rn. 1–7. Zum Ablauf der Vernehmung und der Belehrung(en): *Jansen,* Zeuge und Aussagepsychologie, S. 103 ff.; Theorien zum Beweisverwertungsverbot: *Gercke/Hembach/Wollschläger*, Strafprozessrecht, S. 208 ff.;

Zeugen zu vernehmen. Eine Vereidigung erfolgt nach § 59 StPO nur ausnahmsweise und nur, wenn kein Vereidigungsverbot gem. § 60 StPO greift.[1828]

Auch in der Harry-Potter-Welt müssen die Zeugen vor dem Gerichtsaal auf ihren Aufruf warten.[1829] Die oben genannten Schutzmechanismen der StPO kennt die magische Strafprozessordnung bei der Vernehmung von Zeugen jedoch nicht: Mrs Figg wird in Band fünf weder über ein eventuell bestehendes Zeugnis- oder Aussageverweigerungsecht belehrt, noch zur Wahrheit ermahnt oder vereidigt. Dies könnte man damit begründen, dass Mrs Figg derartige Rechte von Anfang an sowieso nicht zustünden. Sie ist u. a. nicht mit Harry verwandt und läuft keiner Gefahr, sich selbst zu belastet. Da Dumbledore auf eine ordnungsgemäße Zeugenvernehmung beharrt hat, ist es sehr wahrscheinlich, dass er eingegriffen hätte, wenn es Zeugenrechte gegeben hätte, die Mrs Figg im konkreten Fall zugestanden hätten. Da er dies nicht tut, ist davon auszugehen, dass die Zeugenvernehmung von Mrs Figg ordnungsgemäß abläuft. Die Nichterwähnung solcher Zeugenrechte könnte hier gleichermaßen für deren Nichtexistenz sprechen. Endgültig aufklärbar ist diese Frage aber nicht.

Nach § 68 I StPO wird der Zeuge zunächst über seine Personalien vernommen. Vor seiner Vernehmung ist der Gegenstand der Untersuchung und die Person des Beschuldigten zu bezeichnen. Bei der Vernehmung zur Sache ist der Zeuge gem. § 69 StGB zu veranlassen, *„das, was ihm von dem Gegenstand seiner Vernehmung bekannt ist, im Zusammenhang anzugeben"*. Anschließend sind, falls notwendig, Fragen zu stellen (§ 69 II StPO).[1830]

Auch im magischen Strafprozessrecht gliedert sich die Vernehmung in einen persönlichen und einen sachlichen Teil. Mrs Figg muss zunächst ihre Personalien angeben: *„»Vollständiger Name?«, sagte Fudge laut, als sich Mrs Figg nervös am äußeren Stuhlrand niedergelassen hatte. »Arabella Doreen Figg«, sagte Mrs Figg mit ihrer zittrigen Stimme. »Und wer genau sind Sie?«, fragte Fudge in gelangweilt hochmütigem Ton. »Ich bin Bürgerin von Little Whinging und wohne ganz in der Nähe von Harry Potter«, sagte Mrs Figg."*[1831]

Sodann erfolgt die Vernehmung zur Sache, wobei Mrs Figg darum gebeten wird *„ihre Geschichte"* zu erzählen. Das Verhör führt einmal mehr Fudge in seiner Rolle als Personifikation alle drei Gewalten. Allerdings ist es der Leiterin der Abteilung für Magische Strafverfolgung gestattet, Zwischenfragen zu stellen:

„Mit hochgezogenen Augenbrauen blickte Fudge wieder zu ihr hinunter. »Nun denn«, sagte er herablassend. »Wie lautet Ihre Geschichte?« »Ich war ausge-

---

Verwertbarkeit bei §§ 52, 252 StPO: *Gercke/Hembach/Wollschläger*, Strafprozessrecht, S. 213 ff.

1828 *Maier,* in: MüKo StPO, § 59 Rn. 1–7. Vereidigungsfehler: *Hamm/Pauly,* Die Revision in Strafsachen, S. 516 ff.

1829 *Rowling,* Harry Potter 5, Die Anhörung, S. 174.

1830 *Slawik,* in: KK-StPO, § 68 Rn. 1 ff.; § 69 Rn. 1–10. Zur Vernehmung zur Sache: *Hermanutz/Litzcke/Kroll,* Strukturierte Vernehmung und Glaubhaftigkeit, S. 29 ff.

1831 *Rowling,* Harry Potter 5, Die Anhörung, S. 172.

gangen, um im Eckladen am Ende des Glyzinenwegs Katzenfutter zu kaufen, das war gegen neun am Abend des zweiten August«, plapperte Mrs Figg sogleich los, als ob sie das, was sie sagte, auswendig gelernt hätte, »und da hörte ich Lärm in der Gasse zwischen Magnolienring und Glyzinenweg. Als ich mich der Einmündung dieser Gasse näherte, sah ich Dementoren rennen ...« »Rennen?«, unterbrach Madam Bones scharf. »Dementoren rennen nicht, sie schweben.« »Genau das hab ich gemeint«, erwiderte Mrs Figg hastig und auf ihren verhutzelten Wangen erschienen rosa Flecken. »Die schwebten die Gasse entlang auf zwei Jungen zu, wie mir schien.« »Wie sahen sie aus?«, sagte Madam Bones und kniff die Augen zusammen, so dass der Rand ihres Monokels im Fleisch verschwand. »Nun, der eine war sehr dick und der andere eher mager ...« »Nein, nein«, sagte Madam Bones ungeduldig. »Die Dementoren ... beschreiben Sie die.« “[1832]

Während Fudge von Anfang an davon ausgeht, dass Mrs Figg nichts Sinnvolles zum Verfahren beitragen kann, versucht Madame Bones tatsächlich, die Wahrheit herauszufinden. So bittet sie die Zeugin beispielsweise, die Dementoren zu beschreiben. Denn deren Anwesenheit ist so schrecklich, dass nur Personen, die diese bereits einmal erlebt haben, realistisch beschreiben können, wie sich die Begegnung mit einem Dementor anfühlt. Dabei trifft Madame Bones auch direkt den Kern der Sache. Denn es ist unbestritten, dass Harry gezaubert hat. Die Frage ist nur, ob er dies zur Selbstverteidigung tat.

Diese Regelung ähnelt unserer Notwehr in § 32 StGB, die einen gegenwärtigen, rechtswidrigen Angriff voraussetzt, gegen den sich der Betroffene wehrt.[1833] Allerdings setzt unser Notwehrparagraph einen menschlichen Angriff voraus, sodass der Angriff durch einen Dementor als nichtmenschliches Wesen grundsätzlich nicht davon umfasst ist. Da das Zaubereiministerium in Band fünf jedoch gezielt zwei Dementoren auf Harry „hetzt“ könnte man zumindest diesen Angriff mit dem „Hetzen“ eines Hundes durch einen Mensch vergleichen, bei dem regelmäßig ein menschlicher Angriff bejaht wird (siehe S. 191 Fn 987).[1834]

„*»Was haben die Dementoren getan?«, fragte sie und Harry spürte jähe Hoffnung aufflammen. »Sie haben die Jungen angegriffen«, sagte Mrs Figg. Ihre Stimme klang jetzt fester und selbstsicherer und das Rosa schwand allmählich aus ihrem Gesicht. »Einer von ihnen war hingefallen. Der andere wich zurück und hat versucht den Dementor abzuwehren. Das war Harry. Er hat es zweimal versucht und es kam nur silberner Dunst. Beim dritten Versuch hat er einen Patronus hervorgebracht, der den ersten Dementor niederwarf und dann, ange-*

1832 *Rowling,* Harry Potter 5, Die Anhörung, S. 172 f.

1833 *Heger,* in: Lackner/Kühl/Heger (Hrsg.): StGB, § 32 Rn. 2 ff.; *Perron/Eisele,* in: Schönke/Schröder (Hrsg.): StGB, § 32 Rn. 2–28.

1834 Tierbeispiele: *Mitsch,* in: JURA 2017, S. 1388 (1388–1399); *Bergmann,* in: ZJS 3/2011, S. 260 (260–267). Würde man den Dementor als „Sache“ bzw. als „Tier“ einordnen, wäre auch ein Notstand nach § 228 BGB möglich (zum Notstand: *Dennhardt,* in: BeckOK BGB, § 228 Rn. 1 ff.; *Mansel,* in: Jauernig (Hrsg.): BGB, § 228 Rn. 1).

feuert von Harry, den zweiten von seinem Cousin wegjagte. Und so ... war es«, schloss Mrs Figg etwas lahm."[1835]

Die Befragung durch Madame Bones stellt vermutlich den „Normalfall" einer gerichtlichen Zeugenvernehmung dar, während das Verhalten von Fudge eher die Ausnahme (gegenüber Harry) ist. Damit kann festgehalten werden, dass das magische Strafprozessrecht dem Angeklagten grundsätzlich das Recht gibt, Beweise (im vorliegenden Fall eine Zeugin) zu seinen Gunsten zu präsentieren und dass dieses Beweismittel vor Gericht dann auch erörtert wird. Da die Angeklagten über dieses Recht aber nicht belehrt werden und sie auch keinen Strafverteidiger haben, dürfte es den Angeklagten allgemein schwerfallen, ihre Rechte vor Gericht auch tatsächlich auszuüben. Zumindest im Fall von Fudge läuft die Zeugenbefragung außerdem voreingenommen ab. Damit fehlen dem magischen Strafprozessrecht zentrale Normen, die heute dem Schutz des Angeklagten dienen. Die Tatsache, dass Fudge direkt nach Harrys Verhör zu dessen Verurteilung springen wollte und der Zaubergamot dem nicht widersprochen hat, zeigt außerdem, dass die Rechte des Angeklagten bereits in Band fünf keinen hohen Stellenwert hatten. Beides schafft die Grundlage für Lord Voldemorts Muggelstämmigen-Prozesse, die in Band sieben keinerlei rechtsstaatlichen Grundsätzen mehr entsprechen.

Bereits die Reichsstrafprozessordnung kannte den Zeugenbeweis in § 48 ff. RStPO sowie das Zeugnisverweigerungsrecht bestimmter Angehöriger (§ 51 RStPO), die über ihr Zeugnisverweigerungsrecht auch belehrt wurden, und das bestimmter Berufe (§ 52 RStPO). Das Auskunftsverweigerungsrecht war in § 54 RStPO niedergelegt. Die Vereidigung des Zeugen war der Regelfall, während Ausnahmen dazu in § 56 f. RStPO geregelt waren. Die Zeugenvernehmung bestand – so wie heute – in der Aussage zur Person (§ 67 RStPO) sowie der Aussage zu Sache (§ 68 RStPO).

Die Vorschriften galten im Dritten Reich fort, sollten aber im Rahmen der Strafrechtsreform reformiert werden. In der Großen Strafprozesskommission sprach sich unter anderem der Stuttgarter Polizeipräsident Rudolf Klaiber dafür aus, die Belehrungspflicht zu streichen. Denn diese erschwere die Polizeiarbeit. Viele Straftaten könnten nur dadurch aufgeklärt werden, dass Zeugen in Unkenntnis ihres Verweigerungsrechts vor der Polizei aussagten.[1836]

Das Gesetz zur Einschränkung der Eide im Strafverfahren vom 24. November 1933 (RGBl. I 1933, S. 1008) änderte die §§ 57–66 RStPO. Ziel des Gesetzes war laut Präambel, überflüssige Eidesleistungen zu verhindern, *„um dem Eide die seinem Wesen und seiner Heiligkeit entsprechende Bedeutung wieder zu verleihen"*. Umgesetzt wurde dies, indem an der Vereidigung als Grundsatz zwar festgehalten, jedoch weitere Ausnahmen zugelassen wurden. Über die Vereidi-

1835 *Rowling,* Harry Potter 5, Die Anhörung, S. 174.
1836 *Gruchmann,* Justiz im Dritten Reich, S. 1031.

gungsverbote des § 60 RStPO hinaus wurden weitere Gründe normiert, in denen das Gericht nach eigenem Ermessen von der Vereidigung absehen konnte.[1837]

Die Reform war in der Praxis so beliebt, dass das Justizministerium 1936 zurückrudern musste. Es verfügte, dass auf die Vereidigung eines Zeugen nur noch dann zu verzichten sei, *„wenn seine Aussage für die Entscheidung unerheblich oder von untergeordneter Bedeutung“* war.[1838] Insbesondere vor den Sondergerichten sollte ein solcher Verzicht nur noch in Ausnahmefällen erfolgen. Gruchmann kommt deswegen zu dem Ergebnis: *„Was die Justizleitung gesetzlich zugelassen hatte, machte sie somit durch eine Verwaltungsanweisung wieder rückgängig.“*[1839]

Interessanter als die formale gesetzliche Lage ist aber wieder ein Blick in die NS-Rechtspraxis. Im Werk *„Das neue deutsche Reichsrecht“* von Pfundtner/Neubert/Grau hieß es schon 1933, dass *„Zeugenaussagen von Polen und Juden stets mit Misstrauen“* zu begegnen sei.[1840] Ihre Aussagen hätten für Polizei und Gericht nur einen geringen Wert. Thierack vertrat, dass polnische und russische Zeugen insbesondere in Verfahren gegen Deutsche gar nicht erst vernommen werden sollten.[1841]

Bei Straftaten, die von Nationalsozialisten – insbesondere SS, SA und Gestapo – begangen wurden, wurde Angehörigen ebenjener Organisationen die Aussagegenehmigung verweigert, ihnen das Erscheinen vor Gericht verboten oder Zeugen mit Schutzhaft bedroht.[1842] Gruchmann sammelt eine ganze Reihe von Fällen, in denen politisch tolerierte Straftaten so entweder nicht verfolgt oder jedenfalls nicht abgeurteilt wurden.[1843]

Damit kam es im NS-Staat in politischen Prozessen ebenfalls dazu, dass Zeugen dort gezielt genutzt wurden, wo sie dem Regime dienten. Andererseits wurden Zeugen aber auf Grund ihrer Herkunft oder Religion diskreditiert und gezielt bedroht, wenn es um Fälle ging, welche die Straftaten von NS-Organisationen bzw. deren Mitgliedern betraf. Diese Diskreditierung ähnelt dem Umgang mit Mrs Figg vor dem Zaubergamot, dessen Mitglieder ihr weniger glauben, weil sie eine Squib ist. Außerdem will Fudge ihre Aussage zunächst nicht anhören,

---

1837 *Gruchmann,* Justiz im Dritten Reich, S. 1053; *Werle,* Justiz-Strafrecht, S. 24.

1838 Zitiert nach: *Gruchmann,* Justiz im Dritten Reich, S. 1057.

1839 *Gruchmann,* Justiz im Dritten Reich, S. 1057.

1840 Zitiert nach: *Werle,* Justiz-Strafrecht, S. 390.

1841 *Werle,* Justiz-Strafrecht, Fn. 227.

1842 *Gruchmann,* Justiz im Dritten Reich, S. 324.

1843 In Volsbach misshandelten SA-Angehörige am 1. Mai 1933 einen Mann, woraufhin ein SA-Oberführer Zeugen vernahm und ihnen Schutzhaft androhte (*Gruchmann,* Justiz im Dritten Reich, S. 385). In Posing wurde am 7. Mai 1933 von Nationalsozialisten ein gewalttätiger Überfall auf einen Pfarrhof verübt. Im Strafverfahren erschien der Beauftragte des Sonderkommissars der Obersten SA-Führung und brach die Zeugenvernehmung ab (*Gruchmann,* Justiz in Dritten Reich, S. 381). Die Vernehmung von Zeugen in KZs wurde zunächst erschwert und überwacht und dann komplett unterbunden (*Gruchmann,* Justiz im Dritten Reich, S. 391).

weil er sich dadurch eine schnelle Verurteilung Harrys erhofft, den er zu diesem Zeitpunkt als politischen Gegner wahrnimmt.

Über das Ergebnis der Beweisaufnahme entscheidet nach deutschem Recht das Gericht nach seiner freien, aus dem Inbegriff der Verhandlung geschöpften Überzeugung, § 261 StPO. Voraussetzung für die Überzeugung des Tatrichters von einem bestimmten Sachverhalt ist nicht eine absolute, das Gegenteil oder andere Möglichkeiten denknotwendig ausschließende „zwingende" Gewissheit. Vielmehr genügt ein nach der Lebenserfahrung ausreichendes Maß an Sicherheit, das vernünftige Zweifel nicht aufkommen lässt.[1844] Dabei gilt zu Gunsten des Angeklagten der In dubio pro reo Grundsatz (siehe S. 264 ff.).

Es ist damit auch ureigene Aufgabe des Gerichts, eine Zeugenaussage zu würdigen.[1845] Beurteilt wird die Glaubwürdigkeit der Aussageperson und die Glaubhaftigkeit ihrer Aussage.[1846] Dabei geht der BGH grundsätzlich davon aus, die Aussage sei unwahr (*Nullhypothese*[1847]). Danach werden Anhaltspunkte gesucht, um diese Hypothese zu erschüttern. Dafür sind in der Fachwissenschaft Merkmale zusammengestellt worden, denen indizielle Bedeutung für die Entscheidung zukommen kann, ob die Angaben auf tatsächlichem Erleben beruhen (*Realitätskriterien*[1848]). Beispielsweise der Detailreichtum und die Anschaulichkeit der Aussage, die Schilderung von abgebrochenen Handlungsketten und Komplikationen, Selbstkorrekturen und Selbstbelastungen, die Originalität der Aussage und die Wiedergabe eigener Gefühle sowie die Konstanz des Aussageverhaltens.[1849] Im Gegensatz dazu hat die Wissenschaft außerdem bestimmte *Lügensignale* identifiziert. Dazu gehören u. a.: Verweigerungs- und Fluchttendenzen des Aussagenden sowie Unterwürfigkeit oder übertriebene Bestimmtheit, Widersprüche und Stilbrüche in den Angaben, sowie insgesamt Abstraktheit und Detailarmut.[1850]

In den Harry-Potter-Büchern läuft die Würdigung der Zeugenaussage von Mrs Figg äußerst zweifelhaft ab. Zunächst ist es eigentlich Aufgabe des Gerichts, die Beweismittel –bei einer internen Besprechung und später im Urteil – zu würdigen. Hier wird die Aussage von Mrs Figg aber im vollen Gremium unter Anwesenheit des Angeklagten erörtert. Wortführend ist dabei Fudge in sei-

1844 *Miebach,* in: MüKo StPO, § 261 Rn. 57 f. Zur tatrichterlichen Überzeugung: *Baur*, in: ZIS 2/2019, S. 119 (119–129).

1845 *Trüg/Habetha,* in: MüKo StPO, § 244 Rn. 83; § 261 Rn. 4; *Fischer,* in: NStZ 1994, S. 1 (1 f.).

1846 *Trüg/Habetha,* in: MüKo StPO, § 244 Rn. 83–87; *Jansen,* Zeuge und Aussagepsychologie, S. 19 ff.; *Makepeace,* Der Polygraph als Entlastungsbeweis, S. 17 f.

1847 *Rennicke,* in: JuS 2020, S. 1118 (1119); *Artkämper/Floren/Schilling,* Vernehmung, S. 41 f.; *Schott,* in: NZV 2022, S. 20 (21): *Makepeace,* Der Polygraph als Entlastungsbeweis, S. 20 ff.

1848 *Otte,* Glaubwürdigkeitsbegutachtung, S. 79 ff.; *Rennicke,* in: JuS 2020, S. 1118 (1119 f.).

1849 *Wendler/Hoffmann,* Technik und Taktik der Befragung, S. 110 ff.

1850 *Artkämper/Floren/Schilling,* Vernehmung, S. 53.

ner Doppelrolle: *„»Keine sehr überzeugende Zeugin«, sagte Fudge hochmütig. »Oh, ich weiß nicht«, sagte Madam Bones mit ihrer dröhnenden Stimme. »Die Wirkung eines Dementorenangriffs hat sie doch immerhin recht genau beschrieben. Und ich kann mir nicht vorstellen, warum sie behaupten sollte, dass sie da waren, wenn dem nicht so war.« »Aber Dementoren sollen in einer Muggelkleinstadt umherspazieren und ganz zufällig einem Zauberer über den Weg laufen?«, schnaubte Fudge. »Die Wahrscheinlichkeit muss ja wohl sehr gering sein. Selbst Bagman hätte darauf nicht gewettet ...«“*[1851]

Madame Bones beruft sich auf einige – auch im deutschen Recht – anerkannte Kriterien. Beispielsweise stuft sie die Angaben von Mrs Figg deswegen als glaubhaft ein, weil diese die (emotionale) Wirkung eines Dementors genau beschreiben kann und weil es keinerlei Motiv für sie gibt, die Anwesenheit der Dementoren zu erfinden. Fudge hingegen argumentiert vom gewünschten Ergebnis her. Er ist der festen Überzeugung, dass die Dementoren unter der Kontrolle des Zaubereiministeriums stehen und deswegen nicht in einer Muggelgegend *„umherspazieren“*.[1852] Außerdem will er Harrys Ansehen mit einer Verurteilung schaden, um ihn und Dumbledore bzgl. der Rückkehr Lord Voldemorts mundtot zu machen. Er ist voreingenommen und bewertet die Zeugenaussage nicht neutral. Im Folgenden entbrennt deswegen zwischen Dumbledore und Fudge ein Streit darüber, ob die Dementoren Harry angegriffen haben, weil sie außerhalb der Kontrolle des Zaubereiministeriums stehen oder ob sie jemand im Zaubereiministerium gezielt auf Harry gehetzt hat (siehe S. 215 f.).

Dies macht deutlich, dass es in der Anhörung in Band fünf nicht primär um Harrys Schuld oder Unschuld geht. Denn *wie* die Dementoren in seinen Heimatort kamen ist für sein Verfahren irrelevant, weil es nur darauf ankommt, *dass* sie vor Ort waren und Harry sich gegen den Angriff mit Magie gewehrt hat. Selbst Fudge muss dies irgendwann einsehen – wenn auch aus der falschen Motivation heraus:

„»Ich möchte alle Anwesenden daran erinnern, dass das Verhalten dieser Dementoren, sollten sie in der Tat keine Gespinste der Phantasie dieses Jungen sein, nicht Gegenstand dieser Anhörung ist!«, sagte Fudge. »Wir sind hier, um Harry Potters Verstöße gegen den Erlass zur Vernunftgemäßen Beschränkung der Zauberei Minderjähriger zu untersuchen!« »Völlig richtig«, sagte Dumbledore, »aber die Anwesenheit von Dementoren in dieser Gasse ist höchst bedeutsam. Klausel sieben dieses Erlasses stellt fest, dass unter außergewöhnlichen Umständen Magie in Anwesenheit von Muggeln eingesetzt werden darf, und zu diesen außergewöhnlichen Umständen gehören Situationen, in denen das Leben des Zauberers oder der Hexe selber oder anderer Hexen, Zauberer oder Muggel bedroht ist, die anwesend sind zu dem Zeitpunkt, da ...« »Klausel sieben ist uns bekannt, ich danke Ihnen vielmals!«, knurrte Fudge. »Selbstverständlich«, sagte Dumbledore höflich. »Dann stimmen wir darin überein, dass die

---

1851 *Rowling,* Harry Potter 5, Die Anhörung, S. 174 f.
1852 *Rowling,* Harry Potter 5, Die Anhörung, S. 175.

Verwendung des Patronus-Zaubers durch Harry unter besagten Umständen exakt unter die Kategorie außergewöhnlicher Umstände fällt, welche die Klausel beschreibt?« "[1853]

Das Zaubereiministerium missbraucht Harrys Anhörung damit für seine eigene Agenda. Es geht um die politische Frage, ob Lord Voldemort zurückgekehrt ist, wie die Zauberergemeinschaft damit umgeht und wie Fudge seine eigene Machtposition als Zaubereiminister nicht verliert.[1854] Er würde gegen Ende von Harrys Anhörung sogar so weit gehen, ein Fehlurteil sehenden Auges hinzunehmen. In einem letzten verzweifelten Versuch beruft er sich schließlich darauf, dass er für eine erneute Zeugenvernehmung keine Zeit habe und versucht, Harry mit weiteren Verstößen zu diskreditieren, die überhaupt nicht Gegenstand des Verfahrens sind:

„*»Wenn Dementoren anwesend waren, was ich bezweifle.« »Sie haben es von einer Augenzeugin gehört«, warf Dumbledore ein. »Wenn Sie ihre Glaubwürdigkeit immer noch anzweifeln, rufen Sie die Zeugin zurück, befragen Sie sie erneut. Ich bin sicher, sie hätte keine Einwände.« »Ich – das – nicht …«, tobte Fudge und fummelte fahrig in seinen Papieren. »Das geht – ich will das heute noch erledigen, Dumbledore!« »Aber selbstverständlich würden Sie es sich nicht nehmen lassen, eine Zeugin auch mehrmals anzuhören, wenn andernfalls ein schwer wiegender Justizirrtum drohen würde«, sagte Dumbledore. »Schwer wiegender Justizirrtum, dass ich nicht lache!«, rief Fudge mit sich überschlagender Stimme. »Haben Sie sich jemals die Mühe gemacht, all die Ammenmärchen zu zählen, die uns dieser Junge aufgetischt hat, Dumbledore, um seinen eklatanten Missbrauch der Magie außerhalb der Schule zu vertuschen?«* "[1855]

Die Argumentation von Fudge wird von den anderen Anwesenden kritiklos hingenommen.[1856] Zwar beurteilt damit auch in der magischen Welt das Gericht das Ergebnis der Beweisaufnahme nach seiner freien, aus dem Inbegriff der Verhandlung geschöpften Überzeugung. Wie diese Beweisaufnahme stattfindet und wer am Ende an der Würdigung mit welcher Motivation teilnimmt, ist allerdings im Hinblick auf rechtsstaatliche Grundsätze eher fragwürdiger Natur.

Eine ähnliche Voreingenommenheit in politischen Strafprozessen wie sie unter Fudge und dem Zaubergamot zu beobachten ist, dürfte im NS-Staat schon dadurch an der Tagesordnung gewesen sein, dass die personelle Säuberung der Justiz und der Anwaltschaft dazu führte, dass regimekritische Personen aussortiert wurden und NS-freundliche Richter die freie Beweiswürdigung für ihre Zwecke missbrauchen konnten, sodass wie oben erwähnt beispielsweise jüdischen oder polnischen Zeugen weniger geglaubt wurde (wenn sie überhaupt aussagen durften).

1853 *Rowling,* Harry Potter 5, Die Anhörung, S. 177 f.
1854 So auch: *Gómez,* in: Sharp/Leiboff (Hrsg.): Cultural Legal Studies, S. 274 (289).
1855 *Rowling,* Harry Potter 5, Die Anhörung, S. 178.
1856 *Rowling,* Harry Potter 5, Die Anhörung, S. 176 ff.

Im Ergebnis ist die Beweisaufnahme damit sowohl in den Harry-Potter-Büchern als auch im NS-Recht ein Einfallstor für unfaire Strafurteile.

6. Schlussvorträge, letztes Wort, Beratung, Urteil

§ 258 StPO gibt allen Prozessbeteiligten das Recht, nach Schluss der Beweisaufnahme und unmittelbar vor der Urteilsberatung abschließend Stellung zu nehmen. Der Paragraph stellt damit eine Ausprägung des Rechts auf rechtliches Gehör (Art. 103 I GG) dar (siehe S. 256 ff.). Der Staatsanwalt fasst in seinem Plädoyer üblicherweise das Ergebnis der Beweisaufnahme zusammen und stellt die Schuld des Angeklagten fest. Sodann fordert er eine bestimmte Rechtsfolge, also beispielsweise die Verhängung einer Freiheitsstrafe. Dabei ist es anerkannt und üblich, dass auch der in § 258 I, II StPO nicht erwähnte Verteidiger aus eigenem Recht einen Schlussvortrag halten kann.[1857]

Der Angeklagte hat zusätzlich zu den Erklärungsrechten nach §§ 257, 258 I StPO als höchstpersönliches Recht das letzte Wort gem. § 258 II StPO. Dieses Recht ist ebenfalls Ausfluss des Grundsatzes auf rechtliches Gehör aus Art. 103 I GG und soll dem Angeklagten die Möglichkeit geben, sich abschließend zu äußern.[1858]

Harrys disziplinarischer Anhörung läuft an dieser Stelle nicht so strukturiert ab, wie ein deutscher Strafprozess. Fudge und Dumbledore streiten vor dem versammelten Zaubergamot darüber, wieso Dementoren sich an Harrys Wohnort aufgehalten haben. Dabei nimmt Fudge grob die Rolle eines Staatsanwalts ein, während Dumbledore noch am ehesten in die Rolle eines Verteidigers schlüpft. Allerdings handelt es sich bei dem Schlagabtausch nicht um zwei getrennte Plädoyers, in denen jeweils das Ergebnis der Beweisaufnahme, die Schuld des Angeklagten und die Rechtsfolge erörtert werden, sondern mehr um einen offenen Streit in freier Rede. Dumbledores Argumentation schließt dann aber doch ganz ähnlich wie es das Plädoyer eines deutschen Strafverteidigers tun würde:

„*»Nach meiner Kenntnis«, fuhr Dumbledore fort, »gibt es bis heute noch kein Gesetz, das besagt, es sei die Aufgabe dieses Gerichts, Harry für jedes bisschen Magie zu bestrafen, das er je ausgeübt hat. Er wurde eines bestimmten Vergehens angeklagt und hat seine Verteidigung vorgetragen. Alles, was er und ich jetzt tun können, ist Ihr Urteil abzuwarten.«*“[1859]

Hierbei handelt es sich jedoch um eine atypische Situation. Denn in allen anderen Strafprozessen, die in den Harry-Potter-Büchern erwähnt werden, gibt es überhaupt keinen Strafverteidiger, der ein Plädoyer halten könnte. Demnach

1857 *Ott,* in: KK-StPO, § 258 Rn. 1, 3; *Eschelbach,* in: BeckOK StPO, § 258 Rn. 1, 10 f.; zum Vortrag des Verteidigers: *Klemke/Elbs*, Strafverteidigung, S. 378 ff.; *Kudlich/Oberhof,* in: JA 2006, S. 463 (463–469).

1858 *Gercke/Hemmbach/Wollschläger*, Strafprozessrecht, S. 42, 55, 174; *Eschelbach,* in: BeckOK StPO, § 258 Rn. 19; *Ott,* in: KK-StPO, § 258 Rn. 14.

1859 *Rowling,* Harry Potter 5, Die Anhörung, S. 180.

kennt das magische Strafrecht jedenfalls keinen festgeschriebenen Anspruch auf die Schlussvorträge, so wie sie in § 258 I StPO geregelt sind.

Im magischen Strafprozessrecht gibt es auch kein Recht auf das „letzte Wort" des Angeklagten wie es die deutsche StPO vorsieht. Harry erhält nach Dumbledores Rede keine Möglichkeit, noch weitere Ausführungen zu machen. Und das, obwohl er der Meinung ist, noch nicht genug zu seinen Gunsten vorgetragen zu haben:

„Harry blickte auf seine Füße. Sein Herz, das auf unnatürliche Größe angeschwollen schien, pochte laut unter seinen Rippen. Er hatte erwartet, dass die Anhörung länger dauern würde. Es schien ihm sehr zweifelhaft, dass er einen guten Eindruck gemacht hatte. Eigentlich hatte er gar nicht viel gesagt. Er hätte die Sache mit den Dementoren ausführlicher erklären sollen, wie er gestürzt war, wie sie ihn und Dudley fast geküsst hatten ... Zweimal blickte er hoch zu Fudge und öffnete den Mund, um zu sprechen, aber sein geschwollenes Herz drückte ihm nun die Luftröhre zu und beide Male atmete er nur tief ein und senkte den Blick wieder auf die Schuhe."[1860]

Damit kennt das magische Strafprozessrecht erneut einen so wichtigen Grundsatz wie das Recht auf richterliches Gehör nicht, indem es dem Angeklagten zumindest nicht zwingend das letzte Wort gewährt.[1861]

Wie oben bereits dargelegt, kannte weder die Weimarer Verfassung noch die Reichsstrafprozessordnung den Anspruch auf rechtliches Gehör. In § 33 RStPO war jedoch bereits die Anhörung des Beteiligten und in § 257 RStPO die Äußerungsrechte der Staatsanwaltschaft und des Angeklagten sowie (nicht wörtlich, aber anerkanntermaßen) das des Verteidigers geregelt. Außerdem gebührte dem Angeklagten auch damals schon gem. § 257 RStPO das letzte Wort. Die Nationalsozialisten hatten allerdings keinerlei Interesse daran, die Rechte des Angeklagten weiter zu stärken, sondern versuchten im Gegenteil das Strafverfahren weiter aufzulockern und zu beschleunigen.

Dass die rein formale Gewährung des letzten Wortes das Papier nicht wert war, auf dem es protokolliert wurde, zeigt auch eine Umfrage unter Rechtsanwälten aus dem Jahr 1944, in der u. a. ein Anwalt sein Missfallen darüber äußert: *„daß manche Richter sofort nach dem letzten Wort des Angeklagten das Urteil verkünden. Manche Rechtsanwälte wollen beobachtet haben, daß die Urteilsformel schon vor Beginn der Hauptverhandlung niedergeschrieben war oder während der Ausführungen des Verteidigers niedergeschrieben wurde."*[1862]

1860 *Rowling,* Harry Potter 5, Die Anhörung, S. 180.

1861 Ludo Bagman darf sich gegen Ende seines Verfahrens äußern (siehe S. 379). Daraus kann geschlossen werden, dass sich entweder Fudge eigenmächtig über die Strafprozessordnung hinwegsetzt oder, dass das letzte Wort jedenfalls keine zwingend einzuhaltende Vorschrift ist, sondern im Ermessen des jeweiligen Verhandlungsleiters liegt.

1862 Zitiert nach: *König,* Vom Dienst am Recht, S. 187

Trotz dieser Verschlechterung, die im Hinblick auf die Angeklagtenrechte im Dritten Reich stattfand, gab es hier aber immer noch weitreichendere Äußerungsrechte als im magischen Strafprozessrecht. Denn hier scheinen keinerlei strafprozessual abgesicherten Äußerungsrechte des Angeklagten – außerhalb seiner eigenen Befragung – zu existieren. Insbesondere gibt es kein zwingendes Recht auf das letzte Wort. Damit waren die Rechte des Angeklagten in der magischen Welt einmal mehr schlechter ausgestaltet als es in Deutschland am Tiefpunkt der Rechtsstaatlichkeit unter Hitler der Fall war. Und das ist in der magischen Welt sogar zu einem Zeitpunkt so, in dem Lord Voldemort noch nicht an der Macht war.

Nach den Schlussvorträgen und dem letzten Wort des Angeklagten – der sich an dieser Stelle aber nicht äußern muss – zieht sich das Gericht zur (geheimen) Beratung zurück und verkündet im Anschluss dazu öffentlich sein Urteil, § 260 I StPO.[1863] Die Urteilsberatung erfolgt im Geheimen. Für jede nachteilige Entscheidung über die Schuldfrage und die Rechtsfolgen der Tat ist eine Mehrheit von zwei Dritteln der Stimmen erforderlich, § 263 I StPO.[1864]

Das Urteil wird durch Verlesen der Urteilsformel und Eröffnung der Urteilsgründe verkündet und ergeht im Namen des Volkes, § 268 StPO. Die Formel *„im Namen des Volkes"* symbolisiert die demokratische Verwurzelung der Rechtsprechung. Die Verpflichtung, die Urteilsformel zu verlesen, soll eine Richtigkeitsgewähr dafür bieten, dass die mündlich verkündete Formel mit der schriftlichen übereinstimmt.[1865] Nach § 35a StPO ist der Angeklagte außerdem unter Umständen über die Anfechtungsmöglichkeit zu belehren. Die Vorschrift verfolgt den Zweck, den Rechtsschutz des Betroffenen dadurch zu stärken, dass er durch ausreichende Information vor einer Rechtsverwirkung bewahrt wird.[1866] Das schriftliche Urteil ist nach den Maßgaben der §§ 273 IV, 275, 36 ff. StPO zuzustellen.[1867]

In Harrys Anhörung wird das Ergebnis der Beweisaufnahme zwischen Fudge und Dumbledore offen diskutiert. Eine geheime Beratung findet nicht statt. Vielmehr werden die Richter von Madame Bones zur öffentlichen Stimmabgabe durch Handzeichen aufgefordert:

„»Wer ist dafür, den Beschuldigten in allen Anklagepunkten freizusprechen?«, dröhnte Madam Bones' Stimme. Harrys Kopf zuckte hoch. Da waren Hände in der Höhe, viele Hände ... mehr als die Hälfte! Rasch atmend versuchte er zu

---

1863 *Maier,* in: MüKo StPO, § 260 Rn. 2. Für die Urteilsberatung gelten § 263 StPO und §§ 192–197 GVG. Die Urteilsverkündung sowie die danach zu verkündenden Beschlüsse und zu erteilenden Belehrungen werden im Einzelnen in den §§ 268–268d StPO geregelt.

1864 *Miebach,* in: MüKo StPO, § 263 Rn. 1 f.; zur Urteilsfindung: *Ellbogen,* in: JA 2010, S. 137 (137–141).

1865 *Kuckein/Bartel,* in: KK-StPO, § 268 Rn. 1 ff.

1866 *Larcher,* in: BeckOK StPO, § 35a Rn. 2.

1867 *Peglau,* in BeckOK StPO § 273 Rn. 49; *Larcher,* in: BeckOK StPO, § 36 Rn. 1 ff.

zählen, doch bevor er es geschafft hatte, fragte Madam Bones: »Und wer ist für eine Verurteilung?« Fudge hob die Hand; ein halbes Dutzend andere folgten ihm [...] Fudge warf Blicke in die Runde mit einer Miene, als steckte ihm etwas Dickes im Hals, dann ließ er die Hand sinken. Er atmete zweimal durch und sagte mit einer Stimme, die von unterdrückter Wut verzerrt war: »Nun denn, nun denn ... in allen Punkten freigesprochen.« "[1868]

Dies führt dazu, dass sich die 50 Mitglieder des Zaubergamot vor der Abstimmung nicht miteinander beraten können. Das Ergebnis der Hauptverhandlung wird also nicht noch einmal überdacht. Vielmehr entscheidet das Gericht sofort an Ort und Stelle. Einerseits ist so eine vertiefte Auseinandersetzung mit einer komplexen Materie nicht mehr möglich. Andererseits kann so aber verhindert werden, dass die Abstimmung im Hinterzimmer manipuliert werden könnte.

Problematisch ist, dass eine offene Abstimmung eventuell dazu führen könnte, dass die einzelnen Richter so abstimmen, wie sie denken, dass der Zaubereiminister dies gerne hätte, um persönliche negative Konsequenzen zu vermeiden. Dies geschieht hier aber überraschenderweise nicht. Von den 50 Richtern stimmen nur ein halbes Dutzend – unter ihnen Fudge – für eine Verurteilung Harrys. Entgegen dessen, was man mangels Gewaltenteilung meinen könnte, ist der Zaubergamot nicht komplett vom amtierenden Zaubereiminister abhängig, sondern zumindest theoretisch in seiner Stimmabgabe frei und übt dies hier auch aus.

Interessant ist auch, dass nur über die Schuldfrage abgestimmt wird. Die Rechtsfolge scheint zumindest in Harrys Verfahren nicht zur Debatte zu stehen. Es könnte allgemein so sein, dass der Zaubergamot immer nur über die Schuldfrage abstimmen darf und die Art und Höhe der Rechtsfolge vom Ministerium festgelegt wird. Möglich wäre auch, dass es gegenüber der Zerstörung des Zauberstabes keine Alternative gibt. So könnte nach magischem Recht zwingend sein, dass bei einem bejahten Verstoß gegen das Geheimhaltungsabkommen und/oder das Verbot der Zauberei Minderjähriger immer diese eine Strafe verhängt wird.[1869] Da Harry freigesprochen wird, erfahren wir hier aber keine Details.

Der Freispruch wird am Ende der Verhandlung öffentlich verkündet. Harry wird nicht darüber belehrt, ob ihm eventuell Rechtsmittel zustehen. Dies könnte daran liegen, dass er freigesprochen wurde und nur Rechtsmittel gegen Verurteilun-

1868 *Rowling,* Harry Potter 5, Die Anhörung, S. 180.

1869 Das Zerstören des Zauberstabes als Strafe wird nur in einem einzigen weiteren Fall thematisiert. Hagrid wurde als Schüler von Hogwarts verwiesen, weil er beschuldigt wurde, ein Monster in der Schule freigesetzt zu haben, das eine Schülerin tötete. Dafür wurde sein Zauberstab zerstört. Hagrid wurde damals weder ein Verstoß gegen das Geheimhaltungsabkommen, noch ein Verstoß gegen das Verbot der Zauberei Minderjähriger vorgeworfen. Es gibt also mindestens zwei Regelbrüche, welche die Zerstörung des Zauberstabes zur Folge haben können. Beide Betroffene waren zum Zeitpunkt der Bestrafung Minderjährig, was dafürsprechen könnte, dass es sich um eine jugendspezifische Strafe handelt (siehe S. 234 ff.).

gen möglich sind. Es könnte aber auch daran liegen, dass das magische Recht grundsätzlich keine Belehrungen kennt – wie schon bei der Zeugenbelehrung und der Belehrung des Angeklagten festgestellt wurde. Schließlich könnte es auch so sein, dass es im magischen Strafprozessrecht schlicht keinerlei Rechtsmittel gegen ein Urteil des Zaubergamot gibt. Diese Frage ist nicht abschließend zu beurteilen, da die „Berufung“ gegen die Hinrichtung des Hippogreifen Seidenschnabel das einzige Rechtsmittel ist, das in der gesamten Serie genannt wird (siehe S. 159 f., 289 f.).

Die Urteilsberatung, -abstimmung und -verkündung beruhten bereits in der RStPO auf ganz ähnlichen Regelungen wie heute.[1870] Gem. § 259 RStPO schloss die Hauptverhandlung mit der *„Erlassung des Urtheils“*. Bei einer für den Angeklagten nachteiligen Entscheidung, welche die Schuldfrage betrifft, war gem. § 262 RStPO eine Zweidrittel-Mehrheit erforderlich. Die Abstimmung erfolgte geheim. Nach § 267 RStPO wurde die Verkündung des Urteils öffentlich durch Verlesen der Urteilsformel und Eröffnung der Urteilsgründe vorgenommen. Eine Rechtsmittelbelehrung war nicht vorgesehen. Gem. § 323 RStPO war das Urteil nach den Maßgaben des § 40 RStPO zuzustellen. Diese Regelungen galten unter den Nationalsozialisten fort. Allerdings mit den bereits erwähnten Einschränkungen – beispielsweise bei der Wahrnehmung der Angeklagtenrechte oder im Rechtsmittelrecht.

Dabei weisen die Urteilsbegründungen im Dritten Reich oft einen diffamierenden Tonfall auf. Die Angeklagten werden teilweise beschimpft. Rechtliche Bezugspunkte wie die Nennung der Normen gegen die verstoßen wurde, fehlten dafür teils komplett.[1871] So missbrauchten die Nationalsozialisten selbst die öffentliche Urteilsverkündung für ihre Propaganda.

Die Öffentlichkeit der Urteilsberatung in den Harry-Potter-Büchern ist also etwas, das weder die damalige, noch die heutige Rechtsordnung kannte. Die Vor- und Nachteile wurden bereits oben genannt. Alle drei Rechtsordnungen haben gemeinsam, dass die Urteilsverkündung – auch aus Transparenzgründen – öffentlich erfolgt. Im Gegenteil zum magischen und historischen Recht erkennt unser moderner Rechtsstaat an, dass der Angeklagte als Laie über eventuelle

1870 *Cierniak/Niehaus,* in: MüKo StPO, § 258 Rn. 1

1871 Beispielhaft aus einem Urteil des Volksgerichtshofes aus dem Jahr 1944: *„Ehrgeizzerfressene, ehrlose, feige Verräter sind Karl Goerdeler, Wilhelm Leuschner, Josef Wirmer und Ulrich von Hassell. Sie verschworen sich – Goerdeler sogar als politischer Kriegsspion für unsere Feinde – mit einer Gruppe eidbrüchiger Offiziere, die unseren Führer ermorden wollte, als Minister einer feindhörigen Verräterregierung unser Volk in dunkler Reaktion zu knechten und unseren Feinden auf Gnade und Ungnade auszuliefern ... Statt mannhaft wie das ganze deutsche Volk, dem Führer folgend, unseren Sieg zu erkämpfen, verrieten sie – wie niemand je in unserer Geschichte – mitten im Daseinskampf das Opfer unserer Krieger, Volk, Führer und Reich; alles, wofür wir leben und kämpfen. Sie werden mit dem Tode bestraft. Ihr Vermögen verfällt dem Reich.“* (zitiert nach: *Werle,* Justiz-Strafrecht, S. 133).

Anfechtungsmöglichkeiten belehrt werden muss, damit er die ihm zustehenden Rechte vollumfänglich wahrnehmen kann.

Sehr auffällig ist auch, dass Harry nach seiner disziplinarischen Anhörung nie wieder etwas vom Zaubergamot hört. Insbesondere wird die Hauptverhandlung zwar protokolliert, Harry erhält aber kein schriftliches Urteil. Dies betont die schwache Stellung des Individuums im magischen Strafprozessrecht. Denn Harry kann so nicht einmal schriftlich nachweisen, dass er freigesprochen wurde. Wäre er verurteilt worden, hätte er hierfür keinerlei (schriftliche) Begründung gehabt, anhand derer er die Verurteilung eventuell hätte anfechten können. Ein weiteres Puzzlestück, dass dafürspricht, dass die Urteile des Zaubergamot sowieso nicht angefochten werden können.

Damit zeigt Harrys Anhörung vor dem Zaubergamot anschaulich, wie ein Strafverfahren in der magischen Welt abläuft. Insbesondere kann man daraus viele wertvolle Rückschlüsse über das magische Strafprozessrecht ableiten. Und dieses entspricht an vielen Stellen nicht unseren rechtsstaatlichen Werten, sondern ähnelt deutlich mehr den Umständen im NS-Staat.

V. Weitere Strafprozesse und Fehlurteile

In den Harry-Potter-Büchern kommen noch weitere Strafprozesse vor. Diese kennt der Leser aber nur vom Hörensagen, da Harry die Prozesse nur durch das Denkarium von Dumbledore sieht. Diese Prozesse sollen hier vor allem herangezogen werden, um einen Vergleich mit Harrys „disziplinarischer Anhörung" herzustellen. Dadurch kann herausgefunden werden, ob bestimmte Regelungen tatsächlich gesetzlich normiert sind und für alle magischen Prozesse gelten und ob in Harrys Anhörung Besonderheiten auftreten, die dafürsprechen, dass sich das Zaubereiministerium in diesem konkreten Fall anders verhält, als es das gesetzlich eigentlich sollte bzw. als das bei anderen Prozessen der Fall ist.

1. Igor Karkaroff, Ludo Bagman, Bartemius Crouch Jr.

In Band vier taucht Harry mit der Hilfe des *Denkariums* in die Gedankenwelt von Dumbledore ein. Er kann dadurch drei Verfahren besuchen, die in den 80ern, also aus Harrys Perspektive mindestens zehn Jahre in der Vergangenheit, stattgefunden haben. Er erlebt so die Verhandlungen gegen Igor Karkaroff, Ludo Bagman und Bartemius Crouch Jr. in den Kerkern des Zaubereiministeriums.[1872]

Dabei ist nochmals darauf hinzuweisen, dass das Gericht in Band vier einen anderen Namen trägt als in den späteren Büchern. Das Gericht wird in diesem Kapitel als *Rat für das Magische Gesetz* bzw. im englischen Original als *Council of Magical Law* bezeichnet. Diese Bezeichnung taucht in den Büchern später nie

1872 *Rowling,* Harry Potter 4, Das Denkarium, S. 612 f., 618.

wieder auf. Stattdessen ist immer vom *Zaubergamot* (bzw. engl. *Wizengamot*) die Rede (siehe S. 109 ff.). Dagegen, dass es sich um zwei komplett unterschiedliche Gerichte handelt, spricht, dass die Verfahren – wie in diesem Kapitel näher erläutert wird – fast identisch ablaufen. Es ergeben sich lediglich drei kleinere Unterschiede im Verfahrenshergang, die jedoch mit den jeweiligen Besonderheiten des Angeklagten hinreichend erklärt werden können:

Harrys Anhörung fand unter dem Ausschluss der Öffentlichkeit und der Presse statt (siehe S. 258, 334 ff.). Bei den drei Prozessen vor dem Rat ist hingegen ein großes Publikum und mit der Reporterin Rita Kimmkorn auch die Presse anwesend:

„*Schwer und schnell atmend blickte sich Harry um. Keine einzige Hexe, kein Zauberer in diesem Raum achtete auf ihn (und es waren mindestens zweihundert von ihnen da). [...] Harry sah sich jetzt etwas aufmerksamer um. Es war, wie er von oben aus schon vermutet hatte, fast sicher ein unterirdischer Raum – eine Art Kerker, befand er. Der Ort hatte etwas Düsteres, ja Bedrohliches an sich; an den Wänden hingen keine Bilder, es gab überhaupt keinen Schmuck; nur diese dicht geschlossenen Bankreihen, die sich an den Wänden des Raums emporzogen, so dass alle Zuschauer ungehinderten Blick auf den Stuhl mit den Ketten an den Armlehnen hatten. [...] Eine Hexe auf halber Höhe gegenüber fing Harrys Blick auf. Sie hatte kurzes blondes Haar, trug einen magentaroten Umhang und nuckelte an der Spitze eines giftgrünen Federkiels. Es war, unverkennbar, die jüngere Rita Kimmkorn.*“[1873]

Es wird nicht aufgeklärt, wieso diese Prozesse öffentlich stattfinden und der Prozess gegen Harry nicht. Eine Möglichkeit wäre, dass sich innerhalb von ca. zehn Jahren das Gesetz geändert hat. Wenn man sich überlegt, wie mittelalterlich die Zaubererwelt anmutet, wie langsam die magische Bürokratie arbeitet und wie sehr man dort auf altbewährtes setzt, ist dies allerdings unwahrscheinlich. Eine weitere Erklärung wäre, dass das Gericht oder das Zaubereiministerium nach eigenem Ermessen entscheiden darf, ob eine Verhandlung öffentlich ist oder nicht. Im Fall von Bagman, Karkaroff und Crouch Jr. besteht ein landesweites öffentliches Interesse an den Fällen, sodass eventuell deswegen Zuschauer und die Presse zugelassen wurden. Auch hier könnte der „Kriegszustand“, in dem sich die magische Welt zu dieser Zeit befand, eine Rolle spielen. Dieses Ermessen hätte Fudge bei Harrys Anhörung dann genau andersherum ausgeübt. Wie oben schon gemutmaßt wurde, könnte es aber auch sein, dass grundsätzlich alle Prozesse öffentlich sind und sich Fudge bei Harrys Anhörung gezielt über diese Regelung hinweggesetzt hat, um Harry nicht noch mehr Medienaufmerksamkeit zu geben. Alternativ finden Prozesse gegen Minderjährige – so wie heute – auch in der Zaubererwelt grundsätzlich nichtöffentlich statt.

1873 *Rowling*, Harry Potter 4, Das Denkarium, S. 608–632.

Der zweite große Unterschied ist der, dass die Prozesse nicht vom Zaubereiminister[1874] geführt werden, sondern vom Leiter der Abteilung für Magische Strafverfolgung. Bartemius Crouch Sr. führt die Verhandlungen zwar ähnlich wie Fudge als Ankläger und Richter, er ist aber nicht gleichzeitig auch noch der amtierende Zaubereiminister.[1875] Auch hier ist es eher unwahrscheinlich, dass sich die Gesetze bis zu Harrys Anhörung so stark verändert haben. Vielmehr ist davon auszugehen, dass es den Normalfall darstellt, dass der Leiter der Abteilung für Magische Strafverfolgung als Ankläger auftritt und eventuell auch wie ein Richter die Verhandlung leitet. Damit verwischen zwar auch hier die Grenzen zwischen Zaubereiministerium und Gericht, jedoch nicht in dem Ausmaß wie bei Fudge. Es ist deswegen davon auszugehen, dass sich Fudge als Zaubereiminister in Harrys Fall die Rolle als Ankläger angemaßt hat. Dies zeigt, wie mächtig der Zaubereiminister ist. Und erneut scheint das magische Recht gegen solche Handlungen keine Schutzmechanismen aufzuweisen.

Drittens fällt auf, dass die Angeklagten von Dementoren in den Raum gebracht und auf einem Stuhl in der Mitte des Gerichtssaals mit Ketten fixiert werden: *„Die Dementoren, große Gestalten mit Kapuzen, die ihre Gesichter verhüllten, glitten langsam auf den Stuhl in der Mitte zu. Sie hatten mit ihren verwesenden und modrigen Händen die Arme des Mannes gepackt. Der Mann in ihrer Mitte machte den Eindruck, als würde er gleich ohnmächtig werden, und Harry konnte es durchaus nachfühlen ... er wusste, dass ihm die Dementoren im Innern eines Gedächtnisses nichts anhaben konnten, doch er erinnerte sich nur zu gut an ihre Kräfte. Ein leises Schaudern lief durch die Zuschauerreihen, während die Dementoren den Mann zu dem Kettenstuhl führten und dann hinausglitten. Die Tür schwang hinter ihnen zu.“*[1876]

Dies verdeutlicht, dass das magische Recht erhöhte Sicherheitsmaßnahmen bei besonders gefährlichen Angeklagten – beispielsweise während des Krieges gegen Lord Voldemort – trifft. Während sich Harrys Anhörung gegen einen „harmlosen“ Minderjährigen richtet, geht es in den drei Prozessen, die hier erörtert werden, jeweils um Angeklagte, denen vorgeworfen wird, selbst Todesser zu sein oder Lord Voldemort jedenfalls zu unterstützen.[1877]

Auch wenn das Fesseln mit schweren Ketten an einen Stuhl sehr mittelalterlich anmutet, kennt auch das deutsche Recht vergleichbare Maßnahmen. Die Aufrechterhaltung der Ordnung im Gerichtssaal obliegt gem. § 176 GVG dem Vorsitzenden.[1878] In § 231 I StPO ist als Ermächtigungsgrundlage geregelt, dass der Vorsitzende geeignete Maßnahmen ergreifen kann, um die Anwesenheit des

---

1874 Zaubereiministerin war von 1980–1990 Millicent Bagnold (https://www.wizardingworld.com/writing-by-jk-rowling/ministers-for-magic, abgerufen am: 23.01.2023).

1875 *Rowling,* Harry Potter 4, Das Denkarium, S. 614 ff.

1876 *Rowling,* Harry Potter 4, Das Denkarium, S. 613.

1877 *Rowling,* Harry Potter 4, Das Denkarium, S. 614 f., 619 f., 622 f.

1878 *Kulhanek,* in: MüKo StPO, § 178 GVG, Rn. 1, 15; *Habetha,* in: NJW 2015, S. 3627 (3627); *Milger,* in: NStZ 2006, S. 121 (121).

Angeklagten zu sichern. Dazu gehört insbesondere, den Angeklagten in einer umfriedeten Anklagebank zu platzieren und ihn durch Wachtmeister überwachen zu lassen. Auch kann eine „Fesselung" mit Handschellen in der Verhandlungspause verhältnismäßig sein. Das Fesseln des Angeklagten während seiner eigenen Verhandlung dürfte hingegen regelmäßig unverhältnismäßig sein.[1879] Derartige Sicherungsmaßnahmen durch den Vorsitzenden in der Hauptverhandlung waren auch bereits in § 230 RStPO geregelt – im NS-Staat kam es zusätzlich zur Wiedereinführung der Folter (siehe S. 197 ff.).

Inwiefern es sich beim Rat für das magische Gesetz und beim Zaubergamot um ein und das selbe Gericht – entweder mit einer anderen Bezeichnung oder einer anderen Besetzung – oder in zeitlicher oder sachlicher Hinsicht um zwei komplett unterschiedliche Gerichtskörper handelt, lässt sich nicht abschließend sagen. Letzteres ist auf Grund der großen Ähnlichkeit beim Verfahrensablauf aber die unwahrscheinlichere Version.

a) Igor Karkaroff

Bei Igor Karkaroffs Verfahren handelt es sich zunächst um keinen Strafprozess, bei dem die Schuld des Angeklagten festgestellt und eine Kriminalstrafe verhängt werden soll. Vielmehr wird Karkaroff vor das Gericht gerufen, weil er einen Deal vereinbaren will: *„»Igor Karkaroff«, sagte eine barsche Stimme links von Harry. Harry wandte sich um und sah, wie sich in der Mitte seiner Sitzbank Mr Crouch erhob. […] »Sie wurden aus Askaban hierher gebracht, um vor dem Zaubereiministerium auszusagen. Sie gaben uns zu verstehen, dass Sie wichtige Informationen für uns hätten.« […] »Das habe ich, Sir«, sagte er, und obwohl seine Stimme ängstlich klang, hörte Harry den vertrauten öligen Ton heraus. »Ich möchte dem Ministerium dienlich sein. Ich will helfen. Ich – ich weiß, dass das Ministerium versucht – auch noch die letzten Anhänger des dunklen Lords zu stellen. Ich werde alles tun, um dabei zu helfen …«"*[1880]

In der Verständigung geht es darum, ob Karkaroff, der wegen des Umgangs mit Todessern in Askaban sitzt, aus dem Gefängnis entlassen wird bzw. eine geringere Freiheitsstrafe in Askaban verbüßen muss, wenn er im Gegenzug dazu, dem Zaubereiministerium die Namen weiterer Todesser verrät, die sich noch auf freiem Fuß befinden. Dabei ist unklar, zu welchem Zeitpunkt dieser „Deal" stattfindet. Da Karkaroff bereits in Askaban sitzt, könnte man meinen, dass er bereits zu einer Haftstrafe verurteilt wurde. Es kann aber genauso gut sein, dass er dort nur in Untersuchungshaft sitzt und noch auf sein Verfahren wartet. Für Letzteres spricht, dass Rowling selbst das Geschehen als *„plea bargain"* bezeichnet. Sowohl nach deutschem als auch nach britischem Recht ist ein solcher „Deal" aber nur vor einer Verurteilung möglich: *„When Igor Karkaroff, for example, was in the frame for his crimes as a Death Eater he managed to redu-*

1879 *Arnoldi,* in: MüKo StPO, § 231 Rn. 4 ff.; *Gmel,* in: KK-StPO, § 231 Rn. 2.
1880 *Rowling,* Harry Potter 4, Das Denkarium, S. 614.

ce the severity of his sentence by volunteering the names of his associates. In Muggle legalese, this kind of legal activity is known as ‚plea-bargaining'. "[1881]

Ob das Zaubereiministerium ihm eine Haftentlassung oder nur eine geringere Strafe versprochen hat, ist nicht genauer bekannt. Karkaroff wird vor dem Rat für das magische Gesetz von Crouch Sr. vernommen und nach den Namen weiterer Todesser gefragt: „*»Und doch behaupten Sie, Sie hätten ein paar Namen für uns?«, sagte Mr Crouch. »Ja – das habe ich«, erwiderte Karkaroff atemlos. »Und das waren, beachten Sie, wichtige Gefolgsleute. Leute, die ich mit eigenen Augen seinen Willen habe ausführen sehen. Ich gebe diese Namen preis zum Zeichen, dass ich ihm ganz und gar abschwöre und so tief bereue, dass ich kaum –« »Diese Namen lauten?«, sagte Mr Crouch scharf. Karkaroff holte tief Luft.«* "[1882]

Karkaroff gibt auf Nachfrage auch tatsächlich die Namen von Personen an, die sich bereits jetzt – oder später –als Todesser herausstellen. Die meisten der genannten Personen sind aber entweder bereits tot oder kurz nach ihm selbst verhaftet worden. Insgesamt verbleibt nur ein Name, der dem Zaubereiministerium neu ist und der von Crouch Sr. auch ernsthaft als Anhänger Lord Voldemorts in Betracht gezogen wird: „*»Rookwood?«, fragte Mr Crouch mit einem Kopfnicken zu einer vor ihm sitzenden Hexe, die auf ihr Pergamentblatt zu kritzeln begann. »Augustus Rookwood von der Mysteriumsabteilung?« »Ja, genau der«, sagte Karkaroff beflissen. »Ich glaube, er nutzte ein Netz gut platzierter Zauberer innerhalb wie außerhalb des Ministeriums, um wichtige Informationen zu sammeln –«* "[1883]

Um seine Rücküberführung nach Askaban zu stoppen, identifiziert Karkaroff in seiner Verzweiflung auch noch Severus Snape als Todesser. Wie Harry später erfährt, war Snape tatsächlich ein Todesser. Er wechselte allerdings nach der Ermordung seiner großen Liebe (Harrys Mutter) durch Lord Voldemort die Seite und arbeitete fortan als Doppelagent für Dumbledore.[1884]

„*»Nun gut, Karkaroff wenn das alles ist, werden Sie nach Askaban zurückgebracht, während wir entscheiden –« »Noch nicht!«, schrie Karkaroff in heller Verzweiflung. »Warten Sie, ich habe noch mehr!« Harry sah ihn im Licht der Fackeln schwitzen, die weiße Haut scharf abgehoben gegen das Schwarz von Haar und Bart. »Snape!«, rief er. »Severus Snape!« »Snape wurde vor diesem Rat bereits entlastet«, sagte Crouch kühl. »Albus Dumbledore hat sich für ihn verbürgt.« […] »Nun gut, Karkaroff«, sagte Crouch kühl, »Sie waren hilfreich. Ich werde Ihren Fall noch einmal prüfen. In der Zwischenzeit werden Sie nach Askaban verbracht …«* "[1885]

1881 https://www.wizardingworld.com/features/differences-between-muggle-and-wizarding-world-law (abgerufen am: 23.01.2023).

1882 *Rowling,* Harry Potter 4, Das Denkarium, S. 616.

1883 *Rowling,* Harry Potter 4, Das Denkarium, S. 617.

1884 *Rowling,* Harry Potter 7, Die Geschichte des Prinzen, S. 686 f.

1885 *Rowling,* Harry Potter 4, Das Denkarium, 617 f.

Diese Szene weist mehrere höchst interessante Informationen auf: Einerseits erfährt man, dass der Leiter der Abteilung für Magische Strafverfolgung eventuell alleine über den „Deal" entscheiden kann. Crouch Sr. spricht einmal von *„wir"* und einmal von *„ich"*. Und obwohl Karkaroff hier vor dem Rat für das magische Gesetz steht, kommen andere Mitglieder des Rates/die Jury während der ganzen Befragung nicht zu Wort. Außerdem stimmt das Gericht nicht darüber ab, ob die Informationen, die Karkaroff preisgibt, für eine „Straferleichterung" ausreichen oder nicht. Es ist also völlig unverständlich, wieso die Vernehmung überhaupt vor dem gesamten Gericht stattfinden musste. Ebenfalls problematisch, weil intransparent, ist die Tatsache, dass über den „Deal" nicht öffentlich bzw. nicht einmal in Anwesenheit des Betroffenen entschieden wird, sondern zu einem nicht näher definierten späteren Zeitpunkt.

Die Szene zeigt aber auch, dass es angesehenen Personen möglich ist, korrigierend in die Entscheidungen des Zaubereiministeriums bzw. des Gerichts einzugreifen. Die gesamte magische Welt weiß, dass Snape ein Todesser war.[1886] Weil aber Dumbledore sich dafür *„verbürgt"*, dass Snape sich geändert hat, verfolgt das Zaubereiministerium den Fall nicht weiter. Das führt zu dem bizarren Ergebnis, dass die Todesser-Eigenschaft zwar offensichtlich strafrechtlich mit einer Freiheitsstrafe in Askaban geahndet wird, diese aber umgangen werden kann, wenn sich eine möglichst mächtige Person in der Zauberergesellschaft für einen ausspricht. Damit gelten die Gesetze nicht für alle gleichermaßen und bekannte oder beliebte Personen werden vor Gericht stark bevorzugt, was sich auch später bei Ludo Bagman zeigt (siehe S. 378 ff.).

Außerdem zeigt der Fall Karkaroff, dass der „Deal" im magischen Strafrecht, wenn überhaupt, dann nur rudimentär gesetzlich abgesichert ist. Das magische Recht kennt zwar grundsätzlich die Option, gegen Preisgabe von Informationen Strafnachlässe zu ermöglichen. Formell ist dieses Verfahren aber nicht rechtsstaatlich abgesichert. So gibt Karkaroff zwar die gewünschten Informationen preis, wird dann aber zunächst trotzdem zurück nach Askaban geschickt. Dementsprechend scheint der „Deal" im magischen Recht keine Garantie für den Betroffenen zu beinhalten, sondern nur die „Chance" auf einen Straferlass.

Über Karkaroffs Schicksal ist bekannt, dass er im Nachgang des „Deals" tatsächlich irgendwann aus Askaban entlassen wird.[1887] Man weiß aber nicht genau, wann dies geschieht. Karkaroff wird daraufhin Schulleiter der Zauberer-

---

1886 *Rowling*, Harry Potter 4, Das Denkarium, 615.

1887 *„»Karkaroff«, sagte Sirius. »Harry, er war ein Todesser. Du weißt, was Todesser sind?« […] »Er wurde gefasst, er war mit mir in Askaban, doch sie haben ihn freigelassen. […] »Karkaroff wurde freigelassen?«, sagte Harry langsam –sein Gehirn schien Mühe zu haben, auch noch diese erschreckende Neuigkeit aufzunehmen. »Warum haben sie ihn freigelassen?« »Er hat mit dem Zaubereiministerium ein Geschäft gemacht«, sagte Sirius erbittert. »Er sagte, er hätte seine Irrtümer eingesehen, und dann nannte er Namen … hat statt seiner eine Menge anderer Leute nach Askaban gebracht … dort drin ist er nicht gerade beliebt, kann ich dir sagen. Und seit er draußen ist, hat er, soweit ich weiß, jedem Schüler, den er in seiner Schule ausbildet, die*

schule Durmstrang, die in Band vier am Trimagischen Turnier teilnimmt. Als Lord Voldemort am Ende des Buches zurückkehrt, flüchtet Karkaroff. Er wird später von Lord Voldemort (oder in dessen Auftrag) ermordet.[1888]

Damit weist der „Deal" im magischen Recht kaum Ähnlichkeiten zu der uns bekannten Regelung im Strafprozessrecht auf. Die Verständigung in Strafsachen ist seit 2009 im deutschen Recht in § 257c StPO geregelt. Es handelt sich damit um eine relativ neue Vorschrift.[1889] Demnach darf sich das Gericht mit den Verfahrensbeteiligten unter bestimmten Voraussetzungen über den weiteren Fortgang und das Ergebnis des Verfahrens verständigen.[1890]

Das Gericht ist an diesen Deal dann im Normalfall gebunden. Ein Richter kann aber nicht verpflichtet werden, sich zu verständigen. Überhaupt kann das Gericht nur an das gebunden sein, was rechtlich zulässig ist. Auch sieht § 257c IV StPO mehrere Möglichkeiten vor, welche die Bindung des Gerichts wieder entfallen lassen. Entfällt die Bindung darf ein bereits auf Grund der Verständigung abgegebenes Geständnis nicht verwertet werden. Der Angeklagte ist über die Bindungswirkung gem. § 257c V StPO zu belehren.[1891]

Die strafrechtliche Beurteilung eines Lebenssachverhaltes steht in einem Deal nicht zur Debatte. Ist ein Straftatbestand erfüllt, dann darf darüber nicht verhandelt werden, sondern nur über die Ausgestaltung der hierfür abzuurteilenden Strafe, also die Rechtsfolge. Allerdings sind auch bei den Rechtsfolgen gewisse Grenzen zu beachten. So darf im Deal keine *Punktstrafe*[1892] ausgehandelt werden, sondern lediglich der ungefähre Strafrahmen. Außerdem darf die Kluft zwischen der Strafe eines geständigen Angeklagten und der Strafe eines nicht geständigen Angeklagten (sog. *Strafrahmen-Schere*[1893]) nicht zu groß werden.

---

dunklen Künste beigebracht. Also nimm dich auch vor dem Durmstrang-Champion in Acht.«" (*Rowling*, Harry Potter 4, Der Ungarische Hornschwanz, S. 348 f.

1888 *Rowling*, Harry Potter 4, Veritaserum, S. 704; Harry Potter 6, Dracos Abstecher, S. 109.

1889 Der „Deal" war zunächst gesetzlich nicht geregelt. Im Jahre 1987 stellte das BVerfG klar, dass eine Verständigung grundsätzlich nicht zu beanstanden sei (BVerfG, Beschl. v. 27.01.1987, Az. 2 BvR 1133/86= NJW 1987, 2662; NStZ 1987, 419). § 257c StPO trat am 4.8.2009 in Kraft. 2013 fällte das BVerfG ein Grundsatzurteil, in dem es feststellte, dass die gesetzliche Regelung verfassungskonform sei (BVerfG, Urt. v. 19.03.2013, Az. 2 BvR 2628/10= BVerfGE 133, 168). Zusammenfassung der wichtigsten Entscheidungen: *Peters*, Urteilsabsprachen im Strafprozess, S. 32 ff.; Entstehungsgeschichte: *Moldenhauer/Wenske*, in: KK-StPO, § 257c StPO, Rn. 1–6.

1890 Überblick über die Voraussetzungen: *Becker*, in: JA 2017, S. 641 (643–645).

1891 Zur Bindungswirkung: *Sauer/Münkel*, Absprachen im Strafprozess, S. 108 ff.; zur Belehrungspflicht: *Eschelbach*, in: BeckOK StPO, § 257c Rn. 42–42.4.

1892 *Walther*, in: Sinn/Schößling (Hrsg.): Verständigung im Strafverfahren, S. 127 (166 f.); *Moldenhauer/Wenske*, in: KK-StPO, § 257c Rn. 20.

1893 *Walther*, in: Sinn/Schößling (Hrsg.): Verständigung im Strafverfahren, S. 127 (167 f.); *Moldenhauer/Wenske*, in: KK-StPO, § 257c Rn. 65.

Darüber hinaus können aber auch verfahrensbezogene Maßnahmen (z. B. eine Teileinstellung) und das Prozessverhalten der Verfahrensbeteiligten (z. B. Beweisanträge) Gegenstand des Deals sein, § 257c II StPO.[1894]

Wichtig ist außerdem, dass die Aufklärungspflicht des Gerichts gem. § 244 II StPO bestehen bleibt. Somit hat das Gericht weiterhin von Amts wegen zur Erforschung der Wahrheit die Beweisaufnahme durchzuführen und auf alle Tatsachen und Beweismittel zu erstrecken, die für die Entscheidung von Bedeutung sind.[1895] Auch die weiteren Grundsätze, wie z. B. der Öffentlichkeitsgrundsatz und die Unschuldsvermutung dürfen durch den Deal nicht ausgehebelt werden. Außerdem darf der Angeklagte nicht auf Rechtsmittel verzichten (§ 302 I StPO). Dies schreibt das Gesetz explizit vor, damit keinem Angeklagten die Möglichkeit einer Überprüfung des Verfahrens im Nachhinein genommen wird.[1896]

Die Norm wird von vielen Juristen als „missraten" bzw. „missglückt" angesehen.[1897] Kritisiert wird u. a., dass der Paragraph dem Ökonomisierungsdruck im Recht nachgegeben habe. *Eschelbach* schreibt dazu: *„Die eigennützige Vereinbarung eines Prozessergebnisses vor Ende der Beweisaufnahme bleibt ein Verrat am Streben nach Wahrheit und Gerechtigkeit."*[1898] Außerdem ist es auch nach der gesetzlichen Normierung des „Deals" mögliche, dass eventuell Unschuldige unter dem Geständnisdruck etwas gestehen, das sie nicht getan haben, um sich in einer vermeintlich hoffnungslosen Lage zumindest eine Bewährungsstrafe zu sichern.[1899]

Eine Besonderheit in Karkaroffs Fall ist, dass er dem Gericht kein Geständnis anbietet, wie das oft bei § 257c StGB der Fall ist, sondern er potentielle Mittäter bzw. zumindest andere Straftäter verrät. Damit ähnelt sein Fall auch der im deutschen Strafrecht seit 2009 in § 46b StGB vorgesehenen *Kronzeugenregelung*, die eine Strafmilderung nach § 49 I StGB vorsieht. Diese setzt voraus, dass der Täter freiwillig sein Wissen offenbart und damit wesentlich dazu beiträgt, dass eine Tat nach § 100a II StPO verhindert oder aufgedeckt wird.[1900] Zu den dort genannten schweren Straftaten zählen u. a. Straftaten gegen den Staat sowie

---

1894 *Sauer/Münkel,* Absprachen im Strafprozess, S. 131 ff.; Überblick über die möglichen Gegenstände eines Vergleichs: *Jahn/Kudlich,* in: MüKo StPO, § 257c Rn. 94–113.

1895 Kritisch: *Jahn/Kudlich,* in: MüKo StPO, § 257c Rn. 39–45.

1896 Verständigung und Rechtsmittel: *Sauer/Münkel*, Absprachen im Strafverfahren, S. 167 ff.

1897 z. B. *Busch-Gervasoni*, in: FS Schiller 2014, S. 109 (109 ff.); *Gössel,* in: FS Beulke 2015, S. 737 (737 ff.); *Malolepszy,* in: ZStW 2014, S. 489 (489 ff.); *Theile,* in: NStZ 2012, S. 666 (666 ff.); *Weigend,* in: FS Maiwald 2010, S. 829 (829 ff.). 50 % bis 65 % der Praktiker sprechen der Regelung die Praxistauglichkeit ab (*Jahn/Kudlich,* in: MüKo StPO, § 257c Rn. 3).

1898 *Eschelbach,* in: BeckOK StPO, § 257c Rn. 1.

1899 Zusammengefasste Kritik in der Literatur: *Peters*, Urteilsabsprachen im Strafprozess, S. 25 ff.

1900 Entstehungsgeschichte: *Heintschel-Heinegg,* in: BeckOK StGB, § 46b Rn. 1–4; Voraussetzungen: *Heger,* in Lackner/Kühl/Heger (Hrsg.): StGB, § 46b Rn. 1–7.

Mord und Totschlag.[1901] Die Verbrechen der Todesser unter § 100a II StPO zu subsumieren, ist kein Problem. Auch die „Anlasstat" Karkaroffs, nämlich seine Todesser-Eigenschaft, wird nach magischem Recht mit einer lebenslangen Freiheitsstrafe in Askaban bestraft.[1902] Lediglich inwiefern die Anlasstat Karkaroffs und die Katalogtat der anderen Todesser miteinander in einem notwendigen Zusammenhang stehen, ist unklar.[1903] Die Kronzeugenregelung greift im Gegensatz zu § 257c StGB aber nur bis zur Eröffnung des Hauptverfahrens.[1904]

Der Gedanke, ein Geständnis oder die Unterstützung bei den Ermittlungen bei der Strafzumessung zu „belohnen", ist alt. So kannte schon das angelsächsische Recht Spielarten einer Kronzeugenregelung (Kronzeuge = wer für die Krone, also den Staat, aussagt).[1905] RStGB und RStPO kannten formaljuristisch jedoch weder eine Verständigungsnorm noch eine Kronzeugenregelung. Selbstverständlich kam es aber schon immer zu informellen Absprachen zwischen den Verfahrensbeteiligten.

Durch das *„Gesetz zur Änderung von Vorschriften des Strafrechts und des Strafverfahrens"* vom 24. April 1934 kam es zu einer Neuregelung der Vorschriften gegen Hoch- und Landesverrat. Eine der Änderungen sah vor, dass straffrei bleibt, wer seine Beteiligung an der Verabredung zum Hochverrat aus Reue freiwillig aufgibt und die Tat so verhindert. Gruchmann kommt zu dem Fazit: *„Durch dieses an das angelsächsische Rechtsinstitut des „Kronzeugen" angelehnte Verfahren sollte erstmals der Anreiz der Straflosigkeit für die Aufdeckung nutzbar gemacht werden."*[1906]

In Kürze sollen an dieser Stelle zumindest noch die diversen Straferlassregelungen/Amnestien im Dritten Reich erwähnt werden. Ihren Anfang nahmen diese mit der *„Verordnung des Reichspräsidenten über die Gewährung von Straffreiheit"* (RGBl. I 1933, S. 134) vom 21. März 1933. In dieser wurde Straffreiheit für alle Straftaten gewährt, die *„im Kampfe für die nationale Erhebung des Deutschen Volkes, zu ihrer Vorbereitung oder im Kampfe für die deutsche Scholle begangen sind."* Die Vorschrift war politisch motiviert und begünstigte die Straftäter, die den Nationalsozialisten in der Anfangsphase ihrer Machtübernahme geholfen hatten.[1907] Daran schloss sich das bereits mehrfach erwähnte *„Gesetz über Maßnahmen der Staatsnotwehr"* vom 3. Juli 1934 bzgl. der Niederschlagung des Röhm-Putschs an. Ab 1935 kam es außerdem zu mehreren

---

1901 *Rückert,* in: MüKo StPO, § 100a Rn. 140 ff.

1902 Zur Voraussetzung der erhöhten Freiheitsstrafe: *Heinegg,* in: BeckOK StGB, § 46b Rn. 7 ff.

1903 *Heger,* in: Lackner/Kühl/Heger (Hrsg.): StGB, § 46b Rn. 2.

1904 *Maier,* in: MüKo StGB, § 46b Rn. 31 f.; *Kinzig,* in: Schönke/Schröder (Hrsg.): StGB, § 46b Rn. 19–22. Zum Verhältnis der beiden Normen: *Frahm,* Die allgemeine Kronzeugenregelung, S. 128 ff.; *Christoph,* Der Kronzeuge im Strafgesetzbuch, S. 224 ff.

1905 Damalige Voraussetzungen: *Röhrkasten,* Die englischen Kronzeugen, S. 137 ff.

1906 *Gruchmann,* Justiz im Dritten Reich, S. 845.

1907 *Gruchmann,* Justiz im Dritten Reich, S. 324 ff.; *Holste,* in: JA 2009, S. 359 (365).

Gesetzen, die Straffreiheiten in Bezug auf bestimmte Gebiete (Saarland, Rheinland, Großdeutschland, Sudetenland) gewährten.[1908]

Die Straferlassregelungen unter den Nationalsozialisten bezogen sich auf eine größere Gruppe von Menschen sowie Taten, die für den NS-Staat günstig waren und sollten verhindern, dass gegen diese überhaupt juristisch vorgegangen wird. Sie haben deswegen mehr Ähnlichkeit mit den Rechtszuständen, die später unter Lord Voldemort herrschen. Dieser regelte derartige Straferlässe für seine Todesser zwar vermutlich nicht gesetzlich. Er gewährte seinen Anhängern jedoch in der Praxis bzgl. aller von ihnen begangenen Straftaten (z.B. die Ermordung von Muggeln und Muggelstämmigen) Straffreiheit, indem derartige Taten einfach nicht mehr staatlich verfolgt werden.

Es kann festgehalten werden, dass Verständigung und Kronzeugenregelung heute an deutlich höhere formelle Hürden geknüpft sind als Karkaroffs „Deal" und die entsprechenden Regelungen im NS-Recht.

Ob es sich dabei formaljuristisch um einen Deal oder eine Kronzeugenregelung handeln soll, bleibt fraglich. Die Autorin selbst ordnet das Geschehen als Deal ein. Inhaltlich ähnelt der Verrat von Mittätern, der dazu führen soll, dass deren Straftaten verhindert oder aufgedeckt und kriminelle Verflechtungen zerschlagen werden,[1909] eher § 46b StGB. Dagegen ist Ziel des § 257c StPO, ein konkretes Verfahren gegen einen bestimmten Angeklagten (z.B. durch dessen Geständnis) zu ökonomisieren. Dieses Ziel verfolgt das Gericht im Fall von Karkaroff gerade nicht, denn dessen Todessereigenschaft und die daran geknüpfte Rechtsfolge steht außer Frage. Es geht vielmehr darum, weitere Todesser aufzuspüren und zu bestrafen. Ob es sich um einen Deal oder eine Kronzeugenregelung handelt, ist für diese Arbeit im Ergebnis aber nicht entscheidend.

b) Ludo Bagman

Ludo Bagman, der Quidditch-Spieler und spätere Leiter der Abteilung für magische Spiele und Sportarten, steht nicht vor Gericht, weil ihm vorgeworfen wird, selbst ein Todesser zu sein, sondern er soll lediglich „Umtrieb" mit ebenjenen gehabt haben. Beides ist nach magischem Recht strafbar: *„»Ludo Bagman, Sie sind hier vor dem Rat für das Magische Gesetz, um sich zu Anschuldigungen im Zusammenhang mit den Umtrieben von Todessern zu äußern«, sagte Mr Crouch. »Wir haben gehört, was gegen Sie vorliegt, und kommen nun zum Urteil. Haben Sie Ihrer Aussage noch etwas hinzuzufügen, bevor wir das Urteil verkünden?«* "[1910]

1908 *Gesetz über Straffreiheit für das Saarland* vom 28.02.1935, *Gesetz über die Gewährung von Straffreiheit* vom 23.04.1936, *Gesetz über die Gewährung von Straffreiheit* vom 30.04.1938, *Erlass des Führers und Reichskanzlers über die Gewährung von Straffreiheit* vom 07.06.1939.

1909 *Kinzig,* in: Schönke/Schröder (Hrsg.): StGB, § 46b Rn. 1

1910 *Rowling,* Harry Potter 4, Das Denkarium, S. 619.

Auch dieses Verfahren wird von Crouch Sr. als Leiter der Abteilung für Magische Strafverfolgung geführt, der kurzen Prozess macht. Es wird nicht deutlich, ob Ludo Bagman bereits als Verdächtiger von der Abteilung für Magische Strafverfolgung vernommen wurde und dort Angaben gemacht hat oder ob es sich um einen Fortsetzungstermin vor Gericht handelt. Jedenfalls stellt Crouch Sr. fest, dass man bereits gehört habe, was Bagman vorgeworfen werde und nun direkt zum Urteil schreite: „*»Ludo Bagman, Sie wurden dabei ertappt, wie Sie Informationen an die Gefolgsleute Lord Voldemorts weitergaben«, sagte Mr Crouch. »Dafür beantrage ich eine Haftstrafe in Askaban von nicht weniger als –« Doch von den Bänken im Umkreis kam ein zorniger Aufschrei.*“[1911]

Damit läuft das Verfahren ganz ähnlich ab wie Harrys disziplinarische Anhörung. Es geht nicht im Kern darum, die Wahrheit zu erforschen, sondern es soll lediglich der Schein eines rechtsstaatlichen Verfahrens gewahrt werden, indem eine Hauptverhandlung durchgeführt wird, in der aber weder Beweise erhoben noch gewürdigt werden und sich auch der Angeklagte nicht oder nur sehr eingeschränkt äußern darf. Auch Bagman muss sich ohne einen Verteidiger vor Gericht verantworten. Immerhin wird ihm jedoch eine Art „letztes Wort“ gewährt, das Bagman auch voll zu seinen Gunsten ausschöpft: „*»Aber ich hab Ihnen doch schon gesagt, ich hatte keine Ahnung!«, rief Bagman mit ernster Miene über das Getuschel der Menge hinweg. »Überhaupt keine! Der alte Rookwood war ein Freund meines Dads ... ich hätte mir nie träumen lassen, dass er mit Du-weißt-schon-wem unter einer Decke steckte! Ich dachte, er würde Informationen für unsere Seite sammeln. Und Rookwood hat ständig davon geredet, er wolle mir späte eine Stelle im Ministerium besorgen ...«*“[1912]

Während die Zuschauer von Bagmans Ausführungen überzeugt sind, stellt Crouch Sr. keine weiteren Nachfragen und tritt auch nicht in eine Beweisaufnahme ein, sondern lässt das Gericht direkt über die Schuldfrage offen abstimmen. Auch bei den Äußerungsrechten des Angeklagten handelt es sich damit im magischen Recht eher um Formalia und nicht um tatsächliche prozessuale Hürden, mit denen sich das Gericht auch ernsthaft auseinandersetzen muss: „*»Ich lasse darüber abstimmen«, sagte Mr Crouch kalt. Er wandte sich an eine Gruppe, die an der rechten Seite des Verlieses saß. »Ich bitte die Jury um Handzeichen ... wer ist für eine Haftstrafe ...?« Harry wandte den Blick nach rechts. Keine einzige Hand hob sich. Viele Hexen und Zauberer ringsum begannen zu klatschen.*“[1913]

Auch die offene Abstimmung des Gerichts über die Schuldfrage entspricht dem Vorgehen in Harrys disziplinarischer Anhörung und scheint damit in magischen Strafverfahren allgemein gültig zu sein.

Wenn man davon ausgeht, dass der „Umtrieb“ mit Todessern auf subjektiver Seite voraussetzt, dass man erkennt, dass es sich beim Gegenüber um einen To-

---

1911 *Rowling,* Harry Potter 4, Das Denkarium, S. 619.
1912 *Rowling,* Harry Potter 4, Das Denkarium, S. 620.
1913 *Rowling,* Harry Potter 4, Das Denkarium, S. 620.

desser handelt und wenn man weiter davon ausgeht, dass Bagman die Wahrheit sagt, hat er sich nach magischem Recht überhaupt nicht strafbar gemacht. Crouch Sr. hätte damit sehenden Auges hingenommen, dass ein Unschuldiger zu einer Haftstrafe in Askaban verurteilt wird. Jedenfalls bietet Bagmans Vortrag aber Anlass dafür, weitere Maßnahmen zur Erforschung der Wahrheit zu ergreifen und nicht direkt zum Urteil zu schreiten. Auch in dieser Hinsicht ähnelt die Szene Harrys disziplinarischer Anhörung stark, in der trotz weiterer Anhaltspunkte zunächst nicht erörtert wird, ob Harry tatsächlich zur Selbstverteidigung gehandelt hat.

Bagmans Verfahren stützt damit alle Schlüsse, die bereits im Kapitel zu Harrys disziplinarischer Anhörung über das magische Strafprozessrecht gezogen worden sind. Der einzige nennenswerte Unterschied ist, dass Bagman zumindest eine Art letztes Wort eingeräumt wird, während sich Harry nach seiner eigenen Vernehmung überhaupt nicht mehr äußern darf. Ob Bagman dieses Recht auf Grund seiner Popularität in der Zaubererwelt eingeräumt wird oder, ob Fudge sich bei Harry über ein tatsächlich bestehendes Äußerungsrechte der Angeklagten hinwegsetzt, lässt sich nicht aufklären. Am wahrscheinlichsten ist aber, dass dieses Recht strafprozessual nicht abgesichert ist und im Ermessen des Vorsitzenden steht. Die großen Ähnlichkeiten zwischen Bagmans Prozess und Harrys disziplinarischer Anhörung tragen außerdem das Argument, dass es sich beim Rat für das magische Gesetz um den gleichen Gerichtskörper wie den Zaubergamot handelt, der höchstens mit einer anderen Jury besetzt ist (siehe S. 109 ff.).

Eine weitere Besonderheit, die sich in Bagmans Verfahren zeigt, ist der Umgang des magischen Justizsystems mit berühmten Persönlichkeiten. Während Harrys disziplinarische Anhörung ohne Zuschauer stattfindet, sind beim Verfahren gegen Bagman etwa 200 Zauberer anwesend. Diese tuscheln, kommentieren das Geschehen und klatschen, als Bagman freigesprochen wird.[1914] Problematisch ist dabei, dass sich auch die abstimmungsberechtigten Personen (hier: *Jury*) von ihrer Sympathie für den berühmten Quidditch-Spieler leiten lassen: *„Eine der Hexen aus der Jury erhob sich. »Ja?«, bellte Crouch. »Wir möchten die Gelegenheit nutzen und Mr Bagman zu seiner glänzenden Leistung für England im Quidditch-Spiel gegen die Türkei letzten Samstag gratulieren«, sagte die Hexe atemlos.“*[1915]

An dieser Stelle zeigt sich das gleich Problem, wie bei der Verbürgung von Dumbledore für Snape (siehe S. 373 f.). Offensichtlich sind die am Prozess beteiligten Personen nicht neutral und machen auch keinen Hehl aus ihren Sympathien.[1916] Die Privilegierung bestimmter angesehener Personen durch das Zaubereiministerium zieht sich durch das gesamte Justizsystem. Auch Harry

1914 *Rowling,* Harry Potter 4, Das Denkarium, S. 619 f.
1915 *Rowling,* Harry Potter 4, Das Denkarium, S. 620.
1916 Dazu Schwabach: *„The main factor in his [Anm. Bagmans] acquittal, however, is not the evidence but his popularity as an athlete [...] The acquittal of a popular athlete is nothing unusual in the Muggle world, either. The series is in constant dialogue*

genießt als „Junge der lebt“ zunächst bestimmte Vorteile, wie beispielsweise die Nichtverfolgung seiner Verstöße gegen das magische Recht in Band drei (siehe S. 81). Erst als er am Ende von Band vier in „Ungnade“ fällt, wendet sich das Blatt und das Zaubereiministerium geht mit allen Mitteln gegen ihn vor, was sich dann auch in seiner disziplinarischen Anhörung in Band fünf zeigt. Gleiches gilt für Lucius Malfoy, der sich mit finanziellen Zuwendungen an das Zaubereiministerium bestimmte Vorteile verschafft und deswegen trotz seiner Todesser-Zugehörigkeit lange Zeit weitgehend unbehelligt bleibt (siehe S. 117 ff.).

In der magischen Welt sind vor dem Gesetz damit nicht alle „gleich“. Das Justizsystem entspricht deswegen keinen rechtsstaatlichen Grundsätzen und ein Machtmissbrauch durch die Zaubereiminister und später durch Lord Voldemort ist nicht überraschend. Gleiches war auch im NS-Staat der Fall, in dem einerseits SS- und SA- sowie Gestapo-Angehörige bevorzugt, andererseits Juden und politische Gegner systematisch verfolgt, getötet und justiziell benachteiligt wurden.

c) Bartemius Crouch Jr. und weitere Todesser

In Band vier erlebt Harry durch das Denkarium außerdem die Verhandlung gegen mehrere Angeklagte, denen jeweils vorgeworfen wird, Todesser zu sein. Unter ihnen Bartemius Crouch Jr. und Bellatrix Lestrange. Auch diese Verhandlung wird von Crouch Sr. und damit dem Vater eines der Angeklagten geführt: *„»Sie wurden hierher vor den Rat für das Magische Gesetz gebracht«, sagte er mit klarer Stimme, »damit wir Sie für ein Verbrechen verurteilen, so abscheulich ...« »Vater«, sagte der Junge mit dem strohblonden Haar. »Vater ... bitte ...«»– so abscheulich, wie wir es in den Mauern dieses Gerichts selten zu Ohren bekommen ...«, sagte Crouch mit erhobener Stimme, die die seines Sohnes erstickte.“*[1917]

Die Tatsache, dass der Ankläger und Verhandlungsleiter gleichzeitig mit dem Angeklagten verwandt ist, ist rechtsstaatlich problematisch. Denn es drängt sich die Frage auf, ob ein Vater einen neutralen Prozess gegen sein Kind führen kann.

Das deutsche Recht kennt mehrere Ausschlussmöglichkeiten für Richter, die in §§ 22 ff. StPO geregelt sind. Demnach können Richter, Protokollanten und Gutachter gesetzlich ausgeschlossen oder für befangen erklärt werden. Denn zur Wahrung des Rechts auf den gesetzlichen Richter gehört auch, dass kein Richter an der Entscheidung mitwirkt, der voreingenommen sein könnte, weil er eine Nähe zu Beschuldigten, Verletzten oder dem Sachverhalt hat. Dabei genügt bereits die abstrakte Gefahr der Voreingenommenheit. Schutzweck der §§ 22 ff. StPO ist außerdem das öffentliche Vertrauen in die Unparteilichkeit der Jus-

---

with the Muggle world and its texts, usually unobtrusively.“ (*Schwabach,* in: Roger Williams U. L. Rev. 11/2006, S. 309 (345)).

1917 *Rowling,* Harry Potter 4, Das Denkarium, S. 622.

tiz.[1918] Ein Richter ist u. a. dann von der Ausübung des Richteramtes kraft Gesetzes ausgeschlossen, wenn er mit dem Beschuldigten oder mit dem Verletzten in gerader Linie verwandt ist, § 22 Nr. 3 StPO.[1919] Dieser Ausschlusstatbestand wäre im vorliegenden Fall auf Grund der Vater-Sohn-Beziehung gegeben.

Allerdings leitet Crouch Sr. hier zwar die Verhandlung, er ist aber offiziell der Leiter der Abteilung für Magische Strafverfolgung und damit eher mit einem Staatsanwalt zu vergleichen (siehe S. 161 ff.). Die Befangenheit des Staatsanwalts ist in der StPO gesetzlich gerade nicht geregelt. Die § 22 ff. StPO werden auf Staatsanwälte auch nicht analog angewendet. Allerdings ist anerkannt, dass auch die Personen, die in der „objektivsten Behörde der Welt" arbeiten, Gewähr für ihre Unparteilichkeit bieten müssen. Bezüglich des Objektivitätsmaßstabes sind zur Orientierung die in § 22 Nr. 1–3 StPO enthaltenen Tatbestände heranzuziehen.[1920] Umstritten ist außerdem, ob ein als Zeuge vernommener Sitzungsstaatsanwalt in derselben Hauptverhandlung weiter als Anklagevertreter tätig sein darf.[1921]

Im Falle einer Verwandtschaft zwischen Staatsanwalt und Angeklagtem kann der jeweilige Behördenleiter den betroffenen Staatsanwalt austauschen und durch einen anderen Beamten ersetzen (§§ 145, 146 GVG). Dem Gericht steht diese Kompetenz nicht zu. Es kann die Ersetzung lediglich „anregen". Die Auswechslung eines selbst betroffenen Staatsanwalts gebietet auch der Fair-Trial-Grundsatz sowie die Amtspflichten des Staatsanwalts selbst.[1922] In einigen Bundesländern sind die Voraussetzungen hierfür gesetzlich normiert, so z. B. in § 11 I Nr. 3 AGGVG BW.

Zusammenfassend kann festgehalten werden, dass die richterlichen Ablehnungsgründe zwar auch im deutschen Strafprozessrecht nicht direkt auf den Staatsanwalt übertragen werden können. Es ist jedoch anderweitig sichergestellt, dass Verwandte ersten Grades nicht als Staatsanwalt und Angeklagter vor Gericht aufeinandertreffen. Im Ergebnis soll dies sowohl bei Richtern als auch bei Staatsanwälten bereits den „bösen Anschein" der Parteilichkeit oder Befan-

---

1918 *Fischer/Kudlich,* in: JA 2020, S. 641 (641–648); kritisch: *Waldmann*, in: ZRP 7/2005, S. 220 (220–222); *Conen/Tsambikakis,* in: MüKo StPO, § 22 Rn. 1; *Scheuten,* in KK-StPO, § 22 Rn. 1.

1919 *Cirener,* in: BeckOK StPO, § 22 Rn. 21 f.; *Scheuten,* in: KK-StPO, § 22 Rn. 8.

1920 *Brocke*, in: MüKo StPO, § 145 GVG Rn. 8–17; *Vollkommer,* Der ablehnbare Richter, S. 316 f.; *Pawlik,* in: NStZ 1995, S. 309 (311); Diskussion zur Rechtsgrundlage/Analogiefähigkeit: *Tolksdorf,* Mitwirkungsverbot für den befangenen Staatsanwalt, S. 42 ff.

1921 *Bader,* in: KK-StPO, Vorbemerkungen zu § 48 ff. Rn. 11; *Maier,* in: MüKo StPO, Vor § 48 Rn. 14–22; *Schneider,* in: NStZ 1994, S. 457 (457–462); *Pawlik,* in: NStZ 1995, S. 309 (312).

1922 *Krey/Heinrich,* Deutsches Strafverfahrensrecht, Rn. 289 ff.; *Brocke,* in: MüKo StPO, § 145 GVG, Rn. 15; *Inhofer,* in: BeckOK GVG, § 145 Rn. 13–15.

genheit verhindern. So sollen alle Beteiligten ihre Neutralitätspflichten erfüllen und Gewähr für ein rechtsstaatliches Verfahren bieten können.[1923]

Diese Regelung fehlt im magischen Strafprozessrecht komplett. Mit Crouch Sr. leitet der eigene Vater und damit eine voraussichtlich nicht objektiv denkende und handelnde Person die Anklage und gleichzeitig die Gerichtsverhandlung gegen den eigenen Sohn (Hall: *„case of conflict of interest“*[1924]). Zwar ist nicht bekannt, ob Crouch Sr. selbst mit über die Schuldfrage seines Sohnes abstimmt (so wie Fudge das in Harrys Anhörung in seiner Rolle als Zaubereiminister, Ankläger und Richter getan hat[1925]). Es wird aber deutlich, dass Crouch Sr. nicht in der Lage ist, einen fairen, neutralen, vorurteilsfreien Prozess gegen sein Kind zu führen: *„»Ich bin dein Sohn!«, schrie er zu Crouch hoch. »Ich bin dein Sohn!« »Du bist nicht mein Sohn!«, bellte Crouch, und seine Augen traten plötzlich hervor. »Ich habe keinen Sohn!«“*[1926]

Eigentlich hätte man angenommen, dass ein Vater seinen Sohn vor Gericht verteidigt und versucht, eine möglichst milde Strafe für sein eigenes Kind auszuhandeln bzw. sogar einen Freispruch zu erzielen. Im Fall von Crouch Sr. ist allerdings das Gegenteil der Fall. Er will sich als Leiter der Abteilung für Magische Strafverfolgung profilieren und strebt das Amt des Zaubereiministers an. Deswegen geht er gegen die Anhänger Lord Voldemorts mit aller Härte vor und bekämpft diese u.a. mit den nach magischem Recht illegalen unverzeihlichen Flüchen (siehe S. 224 f., 278 f.). An seinem eigenen Sohn statuiert er ein Exempel.[1927]

Der Ausschlussgrund des § 22 Nr. 3 StPO war bereits dem historischen Gesetzgeber bekannt, der ihn an gleicher Stelle in der Reichsstrafprozessordnung geregelt hatte. Bereits damals war anerkannt, dass eine unabhängige Rechtsprechung bei engen Verwandtschaftsverhältnissen zwischen Richter und Angeklagtem nicht möglich ist.[1928] Eine gesetzliche Normierung im Hinblick auf die Ableh-

---

1923 *Scheuten,* in: KK-StPO, Vorb. zu §§ 22 bis 31 Rn. 1; § 22 Rn. 1.

1924 *Hall,* in: Anatol (Hrsg.): Reading Harry Potter, S. 147 (150).

1925 Davon geht z.B. aus: *Schwabach,* in: Roger Williams U.L. Rev. 11/2006, S. 309 (346).

1926 *Rowling,* Harry Potter 4, Das Denkarium, S. 623.

1927 *„»Hat Crouch versucht, seinen Sohn da rauszuhauen?«, flüsterte Hermine. Sirius ließ ein Lachen hören, das eher wie ein Bellen klang. »Crouch und seinen Sohn raushauen? Ich dachte, du hättest ihn durchschaut, Hermine? Alles, was seinen Ruf zu gefährden drohte, musste beseitigt werden, er hatte sein ganzes Leben dem Ziel gewidmet, Zaubereiminister zu werden. Du hast doch gesehen, wie er eine treue Hauselfe rausgeworfen hat, weil sie mit dem Dunklen Mal in Verbindung gebracht wurde – das zeigt dir doch, wie er ist? Crouchs väterliche Zuneigung ging nur so weit, dass er dafür sorgte, dass seinem Sohn der Prozess gemacht wurde, und nach allem, was man hört, war dieser Prozess nicht viel mehr als eine gute Gelegenheit für Crouch, zu zeigen, wie sehr er seinen Sohn hasste ... danach schickte er ihn direkt nach Askaban.«“* (*Rowling*, Harry Potter 4, Tatzes Rückkehr, S. 551).

1928 *Conen/Tsambikakis*, in: MüKo StPO, § 22 Rn. 1.

nung des Staatsanwalts gab es damals aber ebenfalls nicht. § 22 ff. RStPO galt unter den Nationalsozialisten fort. Im Dritten Reich ergab sich zwar kein spezielles Problem bei den Verwandtschaftsverhältnissen zwischen den Parteien. Allerdings kam es auf Grund der „Säuberung" der Justiz dazu, dass Richter und Staatsanwälte vermehrt eine nationale Gesinnung aufwiesen und dementsprechend mit Juden, Polen und „politischen" Angeklagten hart ins Gericht gingen. König belegt sogar Fälle, in denen Strafverteidiger, die ihre Mandanten eigentlich verteidigen sollten, bewusst und teils aus nationalsozialistischer Gesinnung heraus keine Befangenheitsanträge stellten.[1929]

Der restliche Prozess läuft dann aber so ab, wie man auch in Harrys disziplinarische Anhörung verfahren ist. Zunächst trägt Crouch Sr. die Anklage vor, also den Sachverhalt, der den Angeklagten vorgeworfen wird: *„»Wir haben gehört, welche Beweise gegen Sie vorliegen. Sie sind angeklagt, einen Auroren – Frank Longbottom – überwältigt und ihn dem Cruciatus-Fluch unterworfen zu haben, weil Sie glaubten, er kenne den Aufenthaltsort Ihres geflohenen Herrn, dessen Name nicht genannt werden darf–« »Vater, ich war es nicht!«, schrie der Junge in Ketten. »Ich war es nicht, ich schwöre es, Vater, schick mich nicht zu den Dementoren zurück –« [...] »Sie sind weiterhin angeklagt«, bellte Mr Crouch, »den Cruciatus-Fluch gegen Frank Longbottoms Frau gerichtet zu haben, weil er selbst nichts preisgegeben hatte. Sie hatten die Absicht, ihm, dessen Name nicht genannt werden darf, wieder an die Macht zu verhelfen und die Welt erneut mit Gewalt zu überziehen, wie Sie es vermutlich schon taten, als er noch stark war –«* "[1930]

Aus der Anklage geht hervor, dass Crouch Jr. drei Verstöße gegen das magische Recht vorgeworfen werden. Einmal die Verwendung des Cruciatus-Fluchs an Frank Longbottom, der erneute Einsatz ebenjenes verbotenen Folter-Fluches an dessen Frau Alice Longbottom. Sowie die Tatsache, dass Crouch Jr. (unabhängig davon, ob er „offiziell" mit dem Dunklen Mal ausgestattet und damit formell „Todesser" war oder nicht) jedenfalls versucht hat, Lord Voldemort an die Macht zu verhelfen.

Wie weiter oben bereits dargelegt wurde, führt bereits die Verwendung eines der drei unverzeihlichen Flüche an einem anderen Menschen zu einer lebenslangen Haftstrafe in Askaban. Sollte also tatsächlich Crouch Jr. den Cruciatus-Fluch an den zwei genannten Personen ausgeübt haben, wäre eine lebenslange Haftstrafe in Askaban die gesetzlich vorgeschriebene Rechtsfolge. Dies ist jedoch deswegen höchst ironisch, weil der Ankläger selbst ebenjene unverzeihlichen Flüche bei der Jagd nach den Anhängern Lord Voldemorts anwendet bzw. durch Mitarbeiter der Abteilung für Magische Strafverfolgung anwenden lässt. Um dies zu ermöglichen, hat Crouch Sr. die Gesetze so geändert, dass deren Einsatz im Kampf gegen die Todesser und Lord Voldemort legal ist – und zwar auch gegen

1929 *König,* Vom Dienst am Recht, S. 122.
1930 *Rowling,* Harry Potter 4, Das Denkarium, S. 622.

Personen, die nicht nachweislich selbst Todesser sind, sondern nur verdächtigt werden, etwas mit ihnen zu tun zu haben.[1931]

Formell bewegt sich Crouch Sr. damit im legalen Bereich. Dieser Vorgang zeigt aber wiederum, dass sich das Zaubereiministerium selbst Rechte einräumt, die es seinen Bürgern nicht zugesteht. Die Anwendung der unverzeihlichen Flüche gegen Verdächtige – ohne jegliche Beweise – zeigt auch, dass die Abteilung für Magische Strafverfolgung dem Grundsatz „der Zweck heiligt die Mittel" folgt. Im Kampf gegen Lord Voldemort sind plötzlich Methoden (z.B. Folter) legal, die in einer zivilisierten Welt niemals zum Einsatz kommen sollten. Außerdem wird erneut deutlich, wie mächtig der Leiter der Abteilung für Magische Strafverfolgung ist, da Crouch Sr. dieses Gesetz ändern konnte, um seinem persönlichen Ziel, hart gegen die Todesser durchzugreifen und Zaubereiminister zu werden, näher zu kommen.

In Band sieben setzt Voldemort eben jene unverzeihlichen Flüche dann gegen seine politischen Gegner ein. Er tötet beispielsweise die Leiterin der Abteilung für Magische Strafverfolgung, Amelia Bones, mit dem Avada-Kedavra-Fluch[1932] und lässt Hogwartsschüler von Todessern foltern.[1933] Auch wenn Voldemort – im Gegensatz zu Crouch Sr. – dabei keine „ehrbaren" Ziele verfolgt, sind seine Methoden damit nicht weit von den Mitteln des Zaubereiministeriums entfernt.

Auch in der Verhandlung gegen Crouch Jr. gibt es keine Beweisaufnahme, sondern es wird direkt zur Urteilsabstimmung übergegangen. Und das, obwohl der Angeklagt seine Unschuld beteuert: *„»Mutter!«, schrie der Junge, und die verhärmte kleine Hexe neben Crouch begann zu schluchzen und heftig mit dem Oberkörper zu wippen. »Mutter, sag ihm, er soll aufhören, Mutter, ich hab es nicht getan, ich war es nicht!«"*[1934]

Ein weiteres verstörendes Detail ist die Tatsache, dass sich die Mutter des Angeklagten und die Frau des Anklägers neben Letztgenannten auf dem Podium der Anklage befindet. Auch wenn sie selbst keinerlei Verfahrenshandlungen vornimmt, ist es doch mehr als unüblich, dass die Mutter des Angeklagten formal auf Seiten der Anklage und des Gerichts Platz nimmt. In einem deutschen Gerichtssaal hätte sie im Zuschauerbereich sitzen müssen. Die Szene verdeutlicht aber nochmals, dass es im magischen Recht keine klare Trennung zwischen den

---

1931 *„Solche Zeiten bringen bei manchen Menschen das Beste zum Vorschein, bei anderen das Schlimmste. Crouchs Grundsätze mögen zu Anfang gut gewesen sein – ich weiß es nicht. Er stieg im Ministerium rasch auf und begann harte Maßnahmen gegen Voldemorts Anhänger zu befehlen. Den Auroren erteilte er weitgehende Machtbefugnisse – zum Beispiel die Erlaubnis zu töten, statt Gefangene zu machen. Und ich war nicht der Einzige, den sie ohne Prozess sofort den Dementoren ausgeliefert haben. Crouch hat Gewalt mit Gewalt bekämpft und den Einsatz der Unverzeihlichen Flüche gegen Verdächtige erlaubt."* (*Rowling,* Harry Potter 4, Tatzes Rückkehr, S. 550).

1932 *Rowling,* Harry Potter 6, Der andere Minister, S. 20.

1933 *Rowling,* Harry Potter 7, Das verschollene Diadem, S. 582 f.

1934 *Rowling,* Harry Potter 4, Das Denkarium, S. 622.

Verfahrensbeteiligten gibt und dass Verfahren nicht objektiv geführt, sondern von persönlichen Beziehungen bestimmt werden.

MacNeil schließt daraus das genaue Gegenteil. Nämlich, dass in der Zaubererwelt gerade kein Unterschied gemacht wird, wer der Angeklagte ist und dass gegen den Sohn eines der höchsten Beamten des Zaubereiministeriums genauso verhandelt wird wie gegen andere Personen. Er schreibt in seinem 2002 veröffentlichten Aufsatz: *„What these trial scenes thematise is the kind of world Hogwarts, and that of magic, is: namely, one subject to something like the Diceyan „Rule of Law," where no one is above the law, even if they are Barty Crouch, Jr., and everyone is entitled to the same procedures —"*[1935] Es stimmt zwar, dass Crouch Sr. genauso gegen seinen Sohn verhandelt, wie gegen andere. Allerdings nicht aus der Motivation einer „Gleichheit" vor dem Gesetz heraus, sondern um ein Exempel zu statuieren. Der Prozess gegen Ludo Bagman, bei dem auch dessen Fans anwesend sind, zeigt deutlich, dass berühmte/beliebte Menschen vor Gericht sehr wohl privilegiert sind. MacNeils Aufsatz erschien ein Jahr vor der Veröffentlichung des fünften Harry-Potter-Bandes. In diesem zeigt Harrys disziplinarische Anhörung nochmals deutlich, dass die „richtige" Personalie des Angeklagten für ein faires Strafverfahren bedeutsam ist. Das konnte MacNeil 2002 aber noch nicht wissen.

Die Verhandlung gegen die Todesser wurde am Anfang von Crouch Sr. mit dem Satz *„»Wir haben gehört, welche Beweise gegen Sie vorliegen"* eingeleitet. Da Harry den Prozesstag durch das Denkarium jedoch von Anfang bis zum Ende miterlebt, wissen wir, dass es zumindest an diesem Tag keine Beweisaufnahme gegeben hat und auch nicht erörtert wurde, welche Beweise vorliegen. Da der Prozess mit der Verlesung der Anklage beginnt, ist es auch unwahrscheinlich, dass es bereits zuvor einen Prozesstag gegeben hat und die jetzige Szene ein Folgetermin ist. Dementsprechend hat es keine öffentliche Beweisaufnahme gegeben und die eventuell in einer Akte gesammelten Beweise werden auch nicht nochmals vom Gericht öffentlich erörtert. Demnach weiß weder der Angeklagte, noch das Publikum, noch die Presse, welche Beweise gegen den Angeklagten vorliegen. Inwiefern die „Jury" vorab Akteneinsicht hat, ist nicht bekannt. Dies würde heute einen Verstoß gegen den Unmittelbarkeits-/Mündlichkeitsgrundsatz sowie den Öffentlichkeitsgrundsatz darstellen (siehe S. 257 ff.).

Auch die anwesenden Angeklagten werden zur Sache nicht weiter befragt. Und das, obwohl Crouch Jr. mehrmals seine Unschuld beteuert und sich deswegen zumindest die Möglichkeit aufdrängen muss, dass er die ihm vorgeworfenen Taten nicht begangen hat bzw. sich lediglich in der falschen Gesellschaft wiedergefunden hat oder sogar von den Todessern zur Tat gezwungen wurde. Da

1935 *MacNeil,* in: Law and Literatur, Ausg. 14, Nr. 3, S. 545 (548). MacNeil korrigiert sich im Folgenden teils selbst, indem er unter anderem anerkennt, dass es unnötig grausam ist, einen Teenager durch den eigenen Vater zu einer lebenslangen Freiheitsstrafe in Askaban zu verurteilen und, dass Bagman im Vergleich zu Crouch Jr. auffallend begünstigt wird.

die Angeklagten im vorliegenden Fall – obwohl ihnen eine lebenslange Freiheitsstrafe droht – keinen Strafverteidiger haben, gibt es niemanden, der sich für ihre Rechte einsetzt. Dies bestärkt die Vermutung, dass das magische Recht überhaupt keine Anwälte kennt.

Außerdem wird erneut deutlich, dass es im magischen Strafverfahren nicht um die Wahrheitsfindung geht. Das Zaubereiministerium verfolgt vielmehr jeweils eigene Interessen und versucht, mit Hilfe der Gerichtsentscheidungen den Anschein der Rechtsstaatlichkeit zu wahren. Dafür spricht auch, dass sich die „Jury“ komplett passiv verhält. Sie stellt keine Fragen, will die Beweise nicht nochmals erörtern und ist faktisch nur dazu da, um auf Kommando die Hand zu heben.

„»Ich fordere nun die Mitglieder der Jury auf«, rief Mr Crouch, »die Hand zu heben, wenn sie mit mir der Meinung sind, dass für diese Verbrechen eine lebenslängliche Strafe in Askaban angemessen ist.« Die Hexen und Zauberer an der rechten Seite des Kerkers hoben einstimmig die Hände. […] »Nein! Mutter, nein! Ich hab es nicht getan, ich war nicht dabei, ich wusste es nicht! Schick mich nicht dorthin, lass es nicht zu!« “[1936]

Und genau das tut die „Jury“ im vorliegenden Fall auch. Ohne eine Befragung der Angeklagten und ohne eine Beweisaufnahme, in der beispielsweise Zeugen vernommen werden, lässt Crouch Sr. über eine lebenslange Freiheitsstrafe in Askaban abstimmen. Die „Jury“ stimmt diesem Vorschlag einstimmig und ohne Diskussion zu. Crouch Jr. und die anderen Todesser werden daraufhin nach Askaban verbracht, wo sie bis zu einem Massenausbruch in Band fünf[1937] bzw. bis zum Austausch von Couch Jr. gegen seine todkranke Mutter[1938] auch verbleiben.[1939]

Trotzdem handelt es sich bei diesem Urteil um kein Fehlurteil. Denn Crouch Jr. gesteht später, dass er und die anderen die ihm vorgeworfenen Taten tatsächlich begangen haben.[1940] Frank und Alice Longbottom sind auf Grund der massiven Folter mit dem Cruciatus-Fluch dauerhaft geistig behindert.[1941] Damit war die Rechtsfolge nach magischen Recht sogar indiziert. Nur der Weg, auf dem das Urteil zustande gekommen ist, entspricht keinerlei rechtsstaatlichen Grundsätzen.

1936 *Rowling,* Harry Potter 4, Das Denkarium, S. 623.

1937 *Rowling,* Harry Potter 5, Der Käfer in der Klemme, S 639.

1938 *Rowling,* Harry Potter 4, Veritaserum, S. 714 ff.

1939 Interessant ist an dieser Stelle auch, dass in einem Prozess gegen mehrere Angeklagte verhandelt wird. Diesen wird zwar das Gleiche vorgeworfen, außer Crouch Jr kommt jedoch niemand zu Wort. Das erinnert an Prozesse wie gegen die *Weiße Rose*, in denen nicht einmal die verschiedenen Beteiligungsformen der Angeklagten an der Tat erörtert wurden (siehe S. 350). Ob dies im magischen Recht so der Normalfall ist oder z. B. nur in Kriegszeiten bei Todessern aus „Effizienzgründen“ geschieht, ist nicht bekannt.

1940 *Rowling,* Harry Potter 4, Veritaserum, S. 713 f.

1941 *Rowling,* Harry Potter 5, Weihnachten auf der geschlossenen Station, S. 603.

Der Vergleich zwischen den Verfahren in diesem Kapitel und Harrys disziplinarischer Anhörung verdeutlicht, dass die Zaubererwelt zwischen der ersten und der zweiten Machtergreifung Lord Voldemorts nichts dazugelernt hat. Das Justizsystem war, wie in diesem Kapitel dargelegt, bereits in den 80ern mangelhaft und fehleranfällig. So auch MacNeil, der das Justizsystem, das in Band vier präsentiert wird u. a. als *„police state"* bezeichnet. *„All of which raises a strong suspicion that what Harry witnesses in the pensieve are not bona fide judicial proceedings but, rather, those curial performances beloved of totalitarian regimes, the show trial, where legality is staged as a show of governmental force — precisely what the Ministry of Magic, under witchfnder-general Bartemius Crouch Sr., seems to have done here."*[1942]

Deswegen ist es wenig verwunderlich, dass der erste Aufstieg Lord Voldemorts nicht durch einen funktionierenden, wehrhaften, demokratischen Staat verhindert wurde, sondern nur zufällig deswegen, weil Lord Voldemorts Todesfluch an Harry abprallte und auf ihn selbst zurückfeuerte. Die magische Gesellschaft hätte bis zur Rückkehr Lord Voldemorts ca. 15 Jahre Zeit gehabt, um eine funktionierende Gewaltenteilung einzuführen, dem Zaubereiminister weniger Kompetenzen zu übertragen, das Justizsystem zu reformieren, einen unabhängigen Zaubergamot zu statuieren und Korruption sowie subjektive Urteile aus der Welt zu schaffen und die Rechte der Angeklagten durch Pflichtverteidiger und Rechtsmittel zu stärken.

All dies wurde nicht getan, sodass es nicht verwundert, dass ein eher schwacher Charakter wie Fudge genauso weitermacht wie zuvor und damit einer zweiten Machtergreifung Lord Voldemorts in den 90ern den Weg ebnet.

2. Die Gaunts, Sirius Black und Rubeus Hagrid

In den Harry-Potter-Büchern kommen noch weitere Personen teils zu Recht, teils zu Unrecht mit dem Gesetz in Konflikt. Allerdings werden bei den Gaunts, Sirius Black und Rubeus Hagrid keine Details genannt. Trotzdem kann man aus Berichten Dritter für diese Arbeit interessante Schlüsse ziehen.

a) Morfin und Vorlost Gaunt

Im Kapitel über magische Strafgesetze und Verbote wurde bereits darauf eingegangen, welche Straftaten Lord Voldemorts Großvater Vorlost und dessen Sohn Morfin vorgeworfen wurden (siehe S. 207 f.). Durch Dumbledores Denkarium erfährt Harry zwar, dass die Gaunts Muggel-Nachbarn piesacken und Merope Gaunt, die Mutter Lord Voldemorts, quälen. Beim anschließenden Verfahren gegen Morfin und Vorlost ist Harry jedoch nicht dabei, sodass nur der Urteilsspruch, nicht jedoch das Verfahren an sich bekannt ist: *„»Morfin und sein Vater versuchten zu kämpfen, wurden aber beide überwältigt, von dem Haus wegge-*

1942 *MacNeil,* in: Law and Literatur, Ausg. 14, Nr. 3, S. 545 (549 f).

bracht und anschließend vom Zaubergamot verurteilt. Morfin, der bereits wegen Angriffen auf Muggel vorbestraft war, wurde zu drei Jahren in Askaban verurteilt. Vorlost, der außer Ogden noch mehrere andere Ministeriumsangestellte verletzt hatte, bekam sechs Monate.« "[1943]

Aus der kurzen Szene lässt sich jedoch neben den oben erwähnten Verstößen gegen bestimmte magische Gesetze auch schließen, dass es im magischen Recht nicht nur absolute Strafen gibt, sondern auch bestimmte Strafzumessungserwägungen innerhalb eines vorgegebenen Strafrahmens. So erhalten Vorlost und Morfin grundsätzlich eine Freiheitsstrafe in Askaban. Bei Morfin wird jedoch strafschärfend berücksichtigt, dass er bereits in der gleichen Sache vorbestraft ist. Damit kennt das magische Recht zumindest einen, dem deutschen Strafrecht ebenfalls bekannten, Strafzumessungsgesichtspunkt.

In Deutschland gilt das Schuldprinzip, das seine Grundlage in Art. 1 I GG hat. Es besagt, dass jede Strafe in einem gerechten Verhältnis zur Schwere der Straftat und zum Verschulden des Täters stehen muss. Aus dem Grundsatz *Keine Strafe ohne Schuld* folgt für die Strafgerichte das in § 46 I StGB verankerte Gebot schuldangemessenen Strafens im Einzelfall. Die Schuld hat auch eine das Strafmaß limitierende Funktion, d. h. eine Überschreitung der schuldangemessenen Strafe aus spezial- oder generalpräventiven Gründen ist unzulässig.[1944]

Die Rechtsfolgen des StGB sind geprägt von einem System relativ bestimmter Strafandrohungen, das nur punktuell durch absolute Strafandrohungen ergänzt wird. Ausgangspunkt für die Strafe ist grundsätzlich der in der jeweiligen Norm festgehaltene Strafrahmen. Zur Vermeidung zu weiter Strafrahmen bildet das Gesetz für denselben Deliktstyp oft verschiedene Wertstufen, und zwar entweder dadurch, dass es den Regelstrafrahmen bei Hinzutreten bestimmt Merkmale durch einen verschärften oder gemilderten Strafrahmen ergänzt (sog. *benannte Strafänderungen*) oder dadurch, dass es ohne tatbestandliche Ausformung (sog. *unbenannte Strafänderungen*) in *besonders schweren Fällen* oder *minder schweren Fällen* die Bestrafung aus einem höheren oder niedrigeren Strafrahmen anordnet.[1945] Bei der Strafzumessung wägt das Gericht die Umstände, die für und gegen den Täter sprechen, gegeneinander ab. Die im Katalog des § 46 II 2 StGB benannten Strafzumessungsumstände stellen dabei keine abschließende Aufzählung *(„namentlich")* der Umstände dar.[1946]

1943 *Rowling,* Harry Potter 6, Das Haus der Gaunts, S. 214 f.

1944 *Kempfer,* in: Dölling/Duttge/Rössner (Hrsg.): Gesamtes Strafrecht, § 46 StGB Rn. 12; *Kinzig,* in: Schönke/Schröder (Hrsg.): StGB, § 46 Rn. 3–5a; *Meier,* in: JuS 2005, S. 769 (769–772), *Meier,* in: JuS 2005, S. 879 (879–881); kritisch zum jetzigen System: *Kudlich/Koch,* in: NJW 2018, S. 2762 (2762–2766).

1945 *Streng,* in: Kindhäuser/Neumann/Paeffgen (Hrsg.): StGB, § 46 Rn. 5–7; *Heger,* in: Lackner/Kühl/Heger (Hrsg.): StGB, § 46 Rn. 6 f.

1946 *Streng,* in: Kindhäuser/Neumann/Paeffgen (Hrsg.): StGB, § 46 Rn. 51. Mit Gesetz v. 12.6.2015, in Kraft getreten am 1.8.2015, wurden in § 46 II 2 StGB die Wörter *„besonders auch rassistische, fremdenfeindliche und sonstige menschenverachtende"* eingefügt. Mit Gesetz v. 30.3.2021, in Kraft getreten am 3.4.2021, wurde außerdem

Zu den abwägungsrelevanten Umständen zählt u. a. auch das Vorleben des Täters und damit auch dessen Vorstrafen.[1947] Ist ein Täter bislang strafrechtlich nicht in Erscheinung getreten, ist dies grundsätzlich strafmildernd zu berücksichtigen.[1948] Strafschärfend können abgeurteilte Vorstrafen nur dann berücksichtigt werden, wenn die Tat vor der, dem aktuellen Verfahren zugrunde liegenden Tat, stattgefunden hat. Eine höhere Strafe ist dann dadurch gerechtfertigt, dass der Täter sich die früheren Verurteilungen nicht zur Warnung hat dienen lassen.[1949] Besondere Berücksichtigung finden dabei sog. „einschlägige" Vorstrafen. Auf Schuldebene können Vorstrafen nämlich nur dann strafschärfend berücksichtigt werden, wenn sie wegen ihres kriminologischen Zusammenhangs mit der Tat eine erhöhte Tatschuld begründen.[1950] Unter besonderen Umständen können auch sog. „nicht einschlägigen" Vorstrafen strafschärfend berücksichtigt werden. Die Taten müssen aber dieselben oder verwandte Rechtsgüter betreffen oder Ausdruck allgemeiner Rechtsfeindschaft oder Gleichgültigkeit gegenüber dem Recht sein. Dabei bedarf es einer sorgfältigen Prüfung im Einzelfall, weil eine undifferenzierte straferschwerende Berücksichtigung jedweder Vorstrafen fehlerhaft ist.[1951]

Damit beruht das System der Strafzumessung im deutschen Recht auf festen Grundsätzen, die auch der einzelne Richter nicht umgehen kann. Umgekehrt hat das Gericht jedoch die Möglichkeit, Aspekte der Tat und des Täters strafschärfend oder strafmildernd innerhalb des vorgegebenen Strafrahmens zu berücksichtigen und so auch im Einzelfall eine „gerechte Strafe" auszusprechen.

Wie detailliert solche Strafzumessungsgesichtspunkte im magischen Strafrecht niedergeschrieben sind, ist nicht bekannt. Der Fall Morfin Gaunt zeigt aber, dass es auch im magischen Recht (außer der lebenslangen Freiheitsstrafe in Askaban und dem Zerbrechen des Zauberstabs) keine „Punktstrafen" gibt, die einheitlich für alle Taten und Täter gelten, ohne, dass individuelle Umstände berücksichtigt werden könnten. Vielmehr bestehen auch im magischen Recht bei der Strafzumessung bestimmte Spielräume.[1952] Inwiefern diese Spielräume vom Leiter der

---

das Wort *„antisemitische"* eingefügt. (*Heintschel-Heinegg,* in: BeckOK StGB, Vor § 46).

1947 Eine Person gilt in Deutschland als vorbestraft, sobald gegen sie eine Strafe in einem Strafprozess ausgesprochen oder ein Strafbefehl verhängt und diese Maßnahme rechtskräftig und nicht getilgt worden ist. Details sind Im BZRG geregelt. *Schäfer/Sander/Gemmeren,* Praxis der Strafzumessung, Rn. 650–666.

1948 *Kinzig,* in: Schönke/Schröder (Hrsg.): StGB, § 46 Rn. 30.

1949 *Streng,* in: Kindhäuser/Neumann/Paeffgen (Hrsg.): StGB, § 46 Rn. 66; kritisch zur Schulderhöhung von Vorstrafen: *Giannoulis,* Studien zur Strafzumessung, S. 137 ff.

1950 *Stadler,* Die Lebensleistung des Täters, S. 390; *Maier,* in: MüKo StGB, § 46 Rn. 275 ff.

1951 *Stadler,* Die Lebensleistung des Täters, S. 390; *Schäfer/Sander/Gemmeren,* Praxis der Strafzumessung, Rn. 658.

1952 *„Punishments are severe – although there does appear to be some rough attempt at proportionality. For example, Morfin Gaunt receives a longer sentence in Azkaban than his father Marvolo, because of his prior ‚record of Muggle attacks'."* (*Schneyer,* in: Goetz (Hrsg.): Terminus: Collected Papers on Harry Potter, S. 39 (45)).

Abteilung für Magische Strafverfolgung, dem Zaubereiminister oder dem Zaubergamot missbraucht werden, ist nicht bekannt.

Der Schuldgrundsatz war im Reichsstrafgesetzbuch von 1871 noch nicht normiert. Ebenso wenig ein Katalog an Strafzumessungsgesichtspunkten. Wie heute verfügte das RStGB aber über Strafrahmen innerhalb der Rechtsfolgenseite der Paragraphen des Besonderen Teils. Nachdem eine Reform im NS-Staat scheiterte hat der Gesetzgeber erstmals durch das 1. StrRG v. 25. Juni 1969 mit § 13 a.F. eine allgemeine Strafbemessungsvorschrift entworfen und auch umgesetzt. Anlass dafür waren Willkür und Ungleichheit bei der Strafzumessung. Angesichts fehlender gesetzlicher Normierung waren auch die Möglichkeiten zur rechtlichen Kontrolle der Strafzumessung begrenzt.[1953]

Das Kaiserreich und die Weimarer Republik waren gezeichnet vom sogenannten *Schulenstreit* in der Strafzwecklehre. Die Rechtsprechungspraxis orientierte sich damals überwiegend am Vergeltungszweck der Strafe. Dies hat die schon in der Weimarer Republik einsetzende und im NS-Staat vollendete politische Instrumentalisierung des Strafrechts jedenfalls nicht erschwert.[1954]

Die Nationalsozialisten nutzen den weiten Spielraum, der den Richtern bei der Strafzumessung eingeräumt wurde, zu ihren Gunsten aus. So wurden „nationale" Motive beispielsweise strafmildernd gewertet. Dazu schreibt Gruchmann: *„Bei der strafrechtlichen Würdigung nach dem Gesetz objektiv erfüllter politischer Tatbestände sollte nach Meinung Gürtners die subjektive Seite des Tatbestandes besonders berücksichtigt werden. Wenn die Straftat z. B. zur Unterstützung der rechtmäßigen Regierung und zur Verteidigung des Staatswesens begangen worden war, sollte sich – soweit dadurch unter Umständen ein strafbarer Tatbestand nicht überhaupt verneint werden konnte – dieses ‚nationale' Motiv in der Strafzumessung niederschlagen. Konnten in einem solchen Fall durch Anwendung des Gesetzes im Einzelfall Härten nicht vermieden werden, sollten sie gegebenenfalls durch einen Gnadenakt gemildert werden.“*[1955]

Umgekehrt nutze man die Strafzumessung aus, um politische Gegner härter zu bestrafen, indem man Faktoren, die im Widerspruch zur NS-Gesinnung standen, negativ bewertete (siehe S. 210 f.). Der Jurist Erik Wolf forderte 1935 eine allgemeine Strafzumessungsregel, die das Maß der Strafe vom *„Schutz der völkischen Lebensbedingungen im Hinblick auf den Grad der Volksschädlichkeit der Handlung und auf die Volksfeindlichkeit der Gesinnung des Täters“* abhängig macht.[1956] Unter anderem durch weite Strafrahmen sollte im NS-Staat ein *„auf*

1953 *Streng,* in: Kindhäuser/Neumann/Paeffgen (Hrsg.): StGB, § 46 Rn. 1 f.; *Eisele,* Die Regelbeispielsmethode im Strafrecht, S. 99, Fn. 454.

1954 *Maier,* in: MüKo StGB, § 46 Rn. 7–9; *Ambos,* Nationalsozialistisches Strafrecht, S. 49 ff.

1955 *Gruchmann,* Justiz im Dritten Reich, S. 19.

1956 Zitiert nach: *Wolf,* in: ZStW 54 (1935), S. 544 (545 f.).

völkische Treuepflichten und nationalsozialistische Weltanschauung aufgebautes Strafrecht von äußerster generalpräventiver Härte" geschaffen werden.[1957]

Im Entwurf des neuen StGB vom Dezember 1936 waren in § 48 dann erstmals „Grundsätze für die Strafbemessung" normiert, die (ähnlich wie heute) dem Richter „helfen" sollten, innerhalb der vorgeschriebenen Strafrahmen die „richtige" Strafe zu finden. Notwendig war dies vor allem deswegen, weil die Strafrahmen im reformierten StGB weiter waren als zuvor und die oberen Grenzen der Strafen deutlich höher gesetzt waren. Damit wollten die Nationalsozialisten *„einer unangebrachten Verweichlichung der Strafrechtspflege"* entgegenwirken und auch für die *„schwerste Erscheinungsform gemeinschaftswidriger Gesinnung"* eine *„angemessene Sühne"* ermöglichen sowie eine *„ausreichend abschreckende Wirkung der Strafdrohungen"* erreichen.[1958] Der Entwurf wurde jedoch nie umgesetzt. Eine allgemeine Strafbemessungsvorschrift wurde erst 1969 geschaffen.

Unabhängig von der gescheiterten Reform wurden (einschlägige) Vorstrafen auch im Dritten Reich grundsätzlich strafschärfend berücksichtigt.[1959] Alle drei Rechtsordnungen kennen damit strafschärfende und strafmildernde Umstände. Inwiefern diese gesetzlich normiert sind und wieviel Spielraum den Richtern in der Praxis aber tatsächlich zur Verfügung steht, ist unterschiedlich. Zwar können weite Spielräume an dieser Stelle schuldangemessene Strafen im Einzelfall gewährleisten, gleichzeitig stellt die Art und Weise der Strafzumessung aber auch ein Einfalltor für unfaire – eventuell sogar politisch motivierte – Strafen dar.

Morfin Gaunt kehrt nach seiner Entlassung in das Haus seines verstorbenen Vaters zurück und wird dort von einem jungen Tom Riddle (Lord Voldemort), der gerade Schüler in Hogwarts ist, besucht. Dieser entwendet seinem Onkel Morfin den wertvollen Ring Salazar Slytherins und ermordete dann seinen Muggel-Vater Tom Riddle Sr. sowie dessen Eltern in ihrem Anwesen, um aus dem Ring einen Horkrux zu machen.[1960] Für den Todesfluch verwendet Tom Riddle den Zauberstab seines Onkels. Morfins Gedächtnis manipulierte er so, dass dieser sich für den Täter hält, die Taten gesteht, verurteilt wird und bis zu seinem Tod in Askaban verbleibt:

„»Man wusste auch, dass auf der anderen Seite des Tals gegenüber dem Haus der Riddles ein vorbestrafter Muggelhasser lebte, ein Muggelhasser, der wegen eines Angriffs auf einen der ermordeten Menschen schon einmal im Gefängnis gesessen hatte. Also nahm sich das Ministerium Morfin vor. Sie brauchten ihn gar nicht zu verhören und auch nicht Veritaserum oder Legilimentik einsetzen. Er gestand den Mord auf der Stelle und lieferte Einzelheiten, die nur der Mörder kennen konnte. Er sei stolz, behauptete er, die Muggel getötet zu haben, er habe all die Jahre auf seine Gelegenheit gewartet. Er übergab seinen Zauberstab,

1957 Zitiert nach: *Eisele,* Die Regelbeispielsmethode im Strafrecht, S. 85 f.
1958 Zitiert nach: *Gruchmann,* Justiz im Dritten Reich, S. 778.
1959 Beispiele: *Gruchmann,* Justiz im Dritten Reich, S. 385, 662, 743.
1960 *Rowling,* Harry Potter 6, Eine getrübte Erinnerung, S. 367 ff.

und man konnte unverzüglich nachweisen, dass er benutzt worden war, um die Riddles zu töten. Und er ließ sich widerstandslos nach Askaban abführen.« “[1961]

Auch wenn über den Strafprozess gegen Morfin an sich nichts bekannt ist, erfährt man in diesem Abschnitt nochmals Details darüber, wie ein Ermittlungsverfahren im magischen Recht abläuft. Dabei werden insbesondere drei „magische Beweismittel“ erwähnt: Veritaserum, Legilimentik und Priori Incantatem.

Bei *Veritaserum* handelt es sich um einen sehr mächtigen Wahrheitstrank, dessen Gebrauch vom Zaubereiministerium streng kontrolliert wird.[1962] Offensichtlich ist es den Ermittlungsbehörden und dem Zaubergamot aber grundsätzlich erlaubt, Veritaserum gegen Verdächtige einzusetzen. Dies hat unter Fans zu der kontroversen Diskussion geführt, wieso der Wahrheitstrank in der magischen Welt nicht immer vor Gericht eingesetzt wird. Beispielsweise beim Mordverdacht gegen Sirius Black und bei Harrys disziplinarischer Anhörung.

Hierfür gibt es zwei Erklärungen: Einerseits gibt es Möglichkeiten, dem Wahrheitstrank zu widerstehen. Beispielsweise durch die vorherige Einnahme eines Antidots. Rowling erklärt deswegen auf ihrer (alten) Website, dass der Zaubergamot selbst dann nicht an die Unschuld von Sirius Black geglaubt hätte, wenn dieser vorher Veritaserum eingenommen hätte.[1963] Andererseits hat man mit dem Wahrheitstrank die gleichen Probleme wie in der Aussagepsychologie in unserer Welt: Wer subjektiv davon überzeugt ist, die Wahrheit zu sagen, obwohl dies nicht dem objektiven Geschehen entspricht, der wird auch unter dem Einfluss von Veritaserum „falsch“ aussagen.[1964]

Eine der größten Harry Potter Fanseiten zieht hier deswegen eine Parallele zum Einsatz von Polygraphen in Strafverfahren: *„For the same reasons Muggles do not use polygraph tests in court, Veritaserum is no more reliable than its Muggle counterpart. Since some wizards and witches can resist its effects while others*

1961 *Rowling,* Harry Potter 6, Eine getrübte Erinnerung, S. 369.

1962 *Rowling,* Harry Potter 4, Tatzes Rückkehr, S. 539.

1963 *„Veritaserum works best upon the unsuspecting, the vulnerable and those insufficiently skilled (in one way or another) to protect themselves against it […] In other words, just like every other kind of magic within the books, Veritaserum is not infallible. As some wizards can prevent themselves being affected, and others cannot, it is an unfair and unreliable tool to use at a trial. Sirius might have volunteered to take the potion had he been given the chance, but he was never offered it. Mr Crouch senior, power mad and increasingly unjust in the way he was treating suspects, threw him into Azkaban on the (admittedly rather convincing) testimony of many eyewitnesses. The sad fact is that even if Sirius had told the truth under the influence of the Potion, Mr Crouch could still have insisted that he was using trickery to render himself immune to it.“* (https://web.archive.org/web/20060316221637/https://www.jkrowling.com/textonly/en/faq_view.cfm?id=105, abgerufen am: 23.01.2023).

1964 *„Another problem is that the victim states what only they believe to be true, so the victim's sanity and perception of reality are also factors in during interrogations. Therefore, while the drinker's answers are sincere, they are not necessarily true.“* (https://harrypotter.fandom.com/wiki/Veritaserum, abgerufen am: 23.01.2023).

cannot, Veritaserum is ‚unfair and unreliable to use at a trial' and would be difficult to use as definite proof of guilt or innocence."[1965]

Im deutschen Recht ist der Einsatz eines Lügendetektors in Gerichtsverfahren umstritten.[1966] Polygraphische Untersuchungen basieren auf der Annahme, dass Menschen beim Lügen zumindest geringfügig nervös werden, was sich messbar auf Atemfrequenz, Puls, Blutdruck und den Hautwiderstand auswirken soll.[1967] Um den Wahrheitsgehalt einer Aussage zu klären gibt es zwei gängige polygraphische Testverfahren: Den Tatwissenstest und den Vergleichsfragentest.[1968]

Historisch betrachtet wurde der Lügendetektortest am Anfang des 20. Jahrhunderts entwickelt. Die Grundidee zum Polygraphen geht auf die Psychologen Carl Gustav Jung und Max Wertheimer zurück. Erstmals offiziell bei Verhören getestet wurde ein Polygraph am 2. Februar 1935 von Leonard Keeler in Kalifornien.[1969] In den USA werden Polygraphentests seitdem auch vom FBI und von der CIA eingesetzt.[1970] Im Dritten Reich spielten Polygraphen keine größere Rolle. Über den Einsatz in Strafverfahren ist nichts bekannt.[1971]

1954 hat der BGH den Einsatz von Lügendetektoren sowohl im Strafverfahren als auch bei den Vorermittlungen, selbst wenn der Angeklagte dem Einsatz zustimmt, verboten. Das Verbot ergebe sich dabei nicht aus der Brauchbarkeit, Richtigkeit und Verlässlichkeit des Polygraphen, sondern bereits aus den Grundsätzen des Strafverfahrensrechts i. V. m. Art. 1 I GG und § 136a StPO. Der Test verletze die Menschenwürde, weil der Beschuldigte zum bloßen Gegenstand des

---

1965 https://harrypotter.fandom.com/wiki/Veritaserum (abgerufen am: 23.01.2023).

1966 *Schüssler,* in: JR 5/2003, S. 188 (188–191); *Frister,* in: ZStW 106, S. 303 (303–331); *Drohsel*, in: StV 2018, S. 827 (827–830); *Undeutsch,* in: FamRZ 1996, S. 239 (329–331); *Diemer,* in: KK-StPO, § 136a Rn. 34; *Monka,* in: BeckOK StPO, § 136a Rn. 27–27.3.

1967 Psychologische Grundlagen: *Stüllenberg*, Lügendetektortests in Deutschland, S. 14 ff.; *Kargl/Kirsch*, in: JuS 2000, S. 537 (538).

1968 Testvarianten: *Stüllenberg*, Lügendetektortests in Deutschland, S. 23 ff.; *Kargel/Kirsch,* in: JuS 2000, S. 537 (538); *Makepeace,* Der Polygraph als Entlastungsbeweis, S. 100 ff.

1969 *Schneider,* Der Einsatz bildgebender Verfahren im Strafprozess, S. 15; *Stüllenberg*, Lügendetektortests in Deutschland, S. 14 f.

1970 Eher kritisch: *Segrave,* Lie Detectors, S. 171 ff.; eher befürwortend, z. B. als Einstellungstest: *Olson,* To Catch A Spy, S. 71 ff.

1971 Kagantec führt zwar an, dass der hohe Rang der Menschenwürde und des freien Willens in Deutschland heute auch auf den Missbrauch im NS-Staat zurückzuführen ist, er führt aber gleichzeitig aus, dass Auseinandersetzungen damit im Hinblick auf Lügendetektoren erst nach dem Zweiten Weltkrieg zunahmen, als derartige Verfahren in der Strafverfolgungspraxis einen breiteren Einsatz fanden, *Kagantec,* in: J. Crim. L. & Criminol., Jahrg. 47, Nr. 5, Art. 6, S. 570 (571 f.).

Verfahrens gemacht werde (*Objektformel*). Der Polygraph beeinträchtige außerdem die in § 136a StPO garantierte Willensfreiheit.[1972]

1998 lehnte der BGH den Polygraphen erneut als Beweismittel ab. Diesmal allerdings wegen der mangelnden Verlässlichkeit der Ergebnisse. Ein Verstoß gegen Art. 1 I GG, § 136a StPO sei gerade nicht gegeben, wenn der Betroffene einwillige.[1973] 2013 entschied das AG Bautzen, dass das entlastende Ergebnis einer (in einer familiengerichtlichen Streitigkeit angefertigten) polygraphischen Untersuchung als entlastendes Indiz auch in Strafverfahren verwertbar ist.[1974] Im gleichen Jahr urteilte das OLG Dresden, dass die Untersuchung mit einem Polygraphen im Sorge- und Umgangsrechtsverfahren ein geeignetes Mittel sei, einen Unschuldigen zu entlasten.[1975] 2014 erklärte das BVerwG den Polygraphietest im gerichtlichen Disziplinarverfahren für ein ungeeignetes Beweismittel, indem es einen festen Zusammenhangs zwischen einem bestimmten Aussageverhalten und spezifischen Reaktionsmustern anzweifelte.[1976] 2017 sprach das AG Bautzen einen Angeklagten von Missbrauchsvorwürfen frei, weil dieser sich mittels einer polygrafischen Untersuchung entlastet hatte.[1977]

Damit erkennen sowohl das magische Strafprozessrecht als auch das deutsche Strafprozessrecht an, dass der Einsatz eines nicht garantiert zuverlässigen Hilfsmittels zur Wahrheitserforschung problematisch ist. Da aber nicht bekannt ist, ob Veritaserum im magischen Recht auch gegen den ausdrücklichen Willen des Betroffenen eingesetzt werden darf[1978], fehlen weitere Informationen, um einen Vergleich zu ziehen. Jedenfalls ist festzuhalten, dass das magische Recht erneut stark subjektiv geprägt ist. Ob eine Befragung unter Veritaserum angeordnet wird, liegt vermutlich im Ermessen des Zaubereiministeriums. Dies führt dazu, dass das Zaubereiministerium in der Causa Black nicht einmal den Einsatz von Veritaserum in Betracht zieht bzw. dass vermutet wird, das Zaubereiministerium würde sich auch davon nicht überzeugen lassen.

1972 BGH, Urt. v. 16.02.1954, Az. 1 StR 578/53 (=BGHSt 5, 332; NJW 1954, 649; JR 1954, 191); *Kargel/Kirsch,* in: JuS 2000, S. 537 (539 ff.); *Putzke,* in: ZJS 2011, S. 557 (558); *Matz,* in: ZaöRV 59 (1999), S. 1107 (1114 ff.)

1973 BGH, Urt. v. 17.12.1998, Az. 1 StR 156/98, 1 StR 258/98 (=BGHSt 44, 308; NJW 1999, 657; JR 1999, 379); *Schmuck/Brügge-Niemann,* in: NJOZ 2014, S. 601 (601); *Putzke,* in: ZJS 2011, S. 557 (558); *Makepeace,* Der Polygraph als Entlastungsbeweis, S. 89 ff.

1974 Vgl. AG Bautzen, Urt. v. 26.03.2013, Az. 40 Ls 330 Js 6351/12 (=BeckRS 2013, 8655); dazu auch: *Momsen,* in: KriPoZ 3/2018, S. 142 (142–171).

1975 OLG Dresden, Beschl. v. 14.05.2013, Az. 21 UF 787/12 (=FamRZ 2013, 1747).

1976 BVerwG, Beschl. v. 31.07.2014, Az. 2 B 20.14 (=NVwZ-RR 2014, 887).

1977 AG Bautzen, Urt. v. 26.10.2017, Az. 42 Ds 610 Js 411/15 (BeckRS 2017, 138202).

1978 In Band vier wendet Dumbledore Veritaserum gegen Crouch Jr. an. Dabei handelt es sich aber nicht um ein offizielles Verfahren (*Rowling,* Harry Potter 4, Veritaserum, S. 714 ff.). In Band fünf versucht Umbridge, Veritaserum bei Harry anzuwenden. Hier aber ebenfalls außerhalb eines offiziellen Verfahrens (*Rowling,* Harry Potter 5, Aus dem Feuer, S. 874 f.).

Ähnliche Probleme ergeben sich beim Einsatz von *Legilimentik*. Darunter versteht man die mächtige, aber sehr schwierig zu erlernende Fähigkeit, die Gedanken einer anderen Person zu lesen.[1979] Das Gegenstück dazu ist die *Okklumentik*, die Fähigkeit, seine Gedanken vor anderen zu verbergen.[1980] Grundsätzlich könnte das Zaubereiministerium auf die Idee kommen, Legilimentik gegen Verdächtige einzusetzen. Aber auch hier besteht wieder das Problem, dass sich einige gegen diese Art des Gedankenlesens wehren können.[1981] In welchem Maße das Zaubereiministerium Legilimentik in Strafverfahren – eventuell sogar gegen den Willen des Betroffenen – anwendet, ist nicht bekannt. Da Legilimentik aber von Dumbledore als Ermittlungsmethode aufgezählt wird[1982], ist es nicht unwahrscheinlich, dass es Fälle gibt, in denen das Zaubereiministerium auf das Lesen von Gedanken zurückgreift.[1983]

Rechtsstaatlich ist das höchst bedenklich. Würde man deutsche Maßstäbe anlegen, würde das Lesen der Gedanken des Verdächtigen/Angeklagten gegen dessen Willen gegen den Grundsatz der Selbstbelastungsfreiheit (siehe S. 267 ff.) verstoßen. Denn niemand darf gezwungen werden, sich selbst zu belasten und die Gedanken sind grundsätzlich frei. Beherrscht man jedoch keine Okklumentik ist man der Legilimentik komplett ausgeliefert und die Behörden und Gerichte könnten damit die tiefsten und innersten Gedanken und Gefühle sowie vergangene Erinnerungen des Verdächtigen „auslesen".

Diese Ermittlungsmethode würde nach deutschem Recht einen Verstoß gegen Art. 2 I, Art. 1 I GG und die in diesem Rahmen entwickelte *Sphärentheorie*[1984] darstellen. Diese unterscheidet zwischen der Sozialsphäre, Privatsphäre und Intimsphäre. Zu letzterer gehört der sog. *Kernbereich privater Lebensgestaltung* (§ 100d StPO), der nach deutschem Recht gegen staatliche Eingriffe absolut geschützt ist.[1985] Unter dem Kernbereich privater Lebensgestaltung versteht man innere Vorgänge wie Empfindungen und Gefühle sowie Überlegungen, Ansichten und Erlebnisse höchstpersönlicher Art, also auch die eigenen Gedanken, die

1979 *Rowling,* Harry Potter 5, Okklumentik, S. 623.

1980 *Rowling,* Harry Potter 5, Okklumentik, S. 610

1981 Macgregor vergleicht Legilimentik deswegen mit einem Lügendetektor, kommt aber beim Einsatz zu den gleichen Problemen wie diese Arbeit bei Veritaserum. *Macgregor*, in: Goetz (Hrsg.): Phoenix Rising, S. 36 (70 f.).

1982 *Rowling,* Harry Potter 6, Eine getrübte Erinnerung, S. 369 f.

1983 Da die Beschuldigtenrechte im magischen Strafprozessrecht schwach ausgestaltet sind, ist davon auszugehen, dass mittels Legilimentik gewonnene Erkenntnisse auch verwertbar wären.

1984 Vom BVerfG seit dem Elfes-Urteil 1957 anerkannt, vgl. BVerfG, Urt. v. 16.01.1957, Az. 1 BvR 253/56 (= BVerfGE 6, 32; NJW 1957, 297); *Paa,* Zugriff der Strafverfolgungsbehörden auf das Private, S. 60 ff.; *Gleis*, in: JZ 1991, S. 112 (112–117).

1985 *Traub*, Die Verwertbarkeit von Selbstgesprächen im Strafverfahren, S. 71 ff.; *Desoi/Knierim*, in: DÖV 2011, S. 398 (398–405).

jeder Menschen ohne die Angst vor der Überwachung durch staatliche Stellen zum Ausdruck bringen können soll.[1986]

Aus Art 2 I, Art. 1 I GG kann sich ein verfassungsrechtliches Verwertungsverbot für den Strafprozess ergeben.[1987] Aus § 100d StPO ergibt sich sowohl ein Erhebungsverbot (Abs. 1) als auch ein Verwertungsverbot (Abs. 2).[1988]

Bei *Priori Incantatem* handelt es sich um einen Zauberspruch, mit dessen Hilfe die Zauber aufgerufen werden können, die ein Zauberstab als letztes gezaubert hat.[1989] Der Zauber kann allerdings nicht darstellen, wer den Zauberspruch ausgeführt hat und unter welchen Umständen. Im Fall von Harry wäre in Band fünf der Zauberspruch *Expecto Patronum* angezeigt worden, mit dem er sich gegen die Dementoren zur Wehr gesetzt hat. Dies hätte dem Zaubereiministerium aber nicht weitergeholfen, da der Zauber an sich nichts darüber aussagt, ob Harry sich tatsächlich in Lebensgefahr befunden hat. Bei Morfin Gaunt hätte der Zauber den Todesfluch angezeigt, weil Lord Voldemort den Zauberstab seines Onkels benutzt hat, um seine eigenen Vorfahren väterlicherseits zu töten. Das Zaubereiministerium hätte diesen „Beweis" somit gegen Morfin verwenden können. Sirius Black hätte mittels des Zaubers zumindest beweisen können, dass es nicht sein Zauberstab war, der 13 Menschen durch eine Explosion getötet hat.[1990]

In den Harry-Potter-Büchern ergibt sich im Ergebnis deswegen auch das umgekehrte Problem, nämlich, dass zur Verfügung stehende Beweismittel nicht zu Gunsten des Betroffenen eingesetzt werden. Im Falle der Gaunts und Sirius Black sowie bei der disziplinarischen Anhörung von Harry hätte nicht nur Priori Incantatem, sondern auch die anderen genannten Maßnahmen eingesetzt werden können, um die betroffenen Personen zu entlasten, da es sich bei allen Drei um Unschuldige gehandelt hat. Hier wäre es dem Betroffenen also zu Gute gekommen, wenn das Ministerium diese weiteichenden Methoden eingesetzt hätte. Genau in diesen Fällen hat sich das Zaubereiministerium aber dagegen entschieden. Im deutschen Recht hätte ein Strafverteidiger die Erhebung weiterer Beweismittel beantragen können. Im magischen Recht gibt es keinen Verteidiger, der sich hierfür einsetzen könnte. Dies zeigt erneut, dass der Ablauf des Strafverfahrens – von der Ermittlung bis zur Beweisaufnahme – in den Händen des Zaubereiministeriums liegt. Ob bestimmte Ermittlungsmaßnahmen getroffen oder bestimmte Beweise erhoben werden, unterliegt komplett der Kontrolle

---

1986 *Schneider,* in: JuS 2021, S. 29 (30); *Di Fabio,* in: Dürig/Herzog/Scholz (Hrsg.): GG, Art. 2 Rn. 158.

1987 *Eisenberg,* in: Eisenberg (Hrsg.): Beweisrecht der StPO, Rn. 387–389; kritisch: *Kudlich,* in: MüKo StPO/1, Einleitung, Rn. 473–475.

1988 *Graf,* in: BeckOK StPO, § 100d Rn. 9 ff.; *Bruns,* in: KK-StPO, § 100d Rn. 6 ff.

1989 *Rowling,* Harry Potter 4, Priori Incantatem, 727 f.; Harry Potter 7, Der Zauberstabmacher, S. 505.

1990 Allerdings hätte dann aber aus den Augen des Zaubereiministeriums immer noch die Möglichkeit bestanden, dass Sirius Black einen anderen Zauberstab – z. B. den von Peter Pettigrew – bei der Tat verwendet hat.

des Zaubereiministeriums, das diese Macht willkürlich und oft zu Lasten des Betroffenen ausübt.

„*»Es war schwierig für mich, diese Erinnerung auszugraben. Als ich sah, was sie enthielt, versuchte ich, sie dafür zu verwenden, Morfins Freilassung aus Askaban zu erreichen. Doch noch ehe das Ministerium zu einer Entscheidung gelangte, war Morfin tot.« »Aber wieso hat das Ministerium nicht erkannt, dass Voldemort Morfin das alles angetan hatte?«, fragte Harry wütend. »Er war damals Minderjährig, nicht wahr? Ich dachte die könnten Zauberei Minderjähriger aufspüren!« »Du hast vollkommen Recht – sie können Zauberei aufspüren, aber nicht denjenigen, der sie ausübt [...] was immer Morfin auch war, er hat es nicht verdient, auf diese Weise zu sterben, beschuldigt wegen Morden, die er nicht begangen hatte.«* “[1991]

Im Fall von Morfin Gaunt führt das unzulängliche magische Justizsystem nicht nur dazu, dass er unschuldig in Askaban eingesperrt wird, sondern auch dazu, dass er trotz bewiesener Unschuld im Gefängnis stirbt. Obwohl Dumbledore dem Zaubereiministerium entlastende Beweise liefert, schafft es die langsame Bürokratie nicht, einen Unschuldigen in angemessener Zeit freizulassen.

Es kann von Glück gesprochen werden, dass den Nationalsozialisten derartig mächtige Instrumente wie Veritaserum, Legilimentik und Priori Incantatem nicht zur Verfügung standen. Denn es kann mit Sicherheit davon ausgegangen werden, dass diese im NS-Staat von Polizei und Justiz im Sinne der nationalsozialistischen Ziele missbraucht worden wären (z. B. beim Verhör von Widerstandsgruppen).

b) Sirius Black

Die Verhaftung von Sirius Black, einem Freund von Harrys Eltern, wegen Mordes an 13 Menschen, ist wohl die größte Fehlentscheidung des Zaubereiministeriums und der größte Justizskandal in allen sieben Büchern.

Im Jahr 1981 wollte Sirius Black seinen ehemaligen Klassenkameraden Peter Pettigrew zur Rede stellen, weil dieser James und Lily Potter an Lord Voldemort verraten hatte, der Harrys Eltern daraufhin tötete. Bei der Begegnung brachte Pettigrew zwölf unschuldige Muggel um und täuschte dann seinen eigenen Tod vor, um den Konsequenzen seines Handelns zu entgehen. Weil sich Sirius am Tatort aufhielt, ging das Zaubereiministerium zu Unrecht davon aus, Sirius hätte in einem „Wahnanfall“ die Potters verraten und dann Pettigrew und die Muggel getötet.[1992]

Sirius Black wurde daraufhin ohne eine Gerichtsverhandlung in Askaban eingesperrt und verblieb dort bis zu seiner Flucht zwölf Jahre später. In Band drei

---

1991 *Rowling,* Harry Potter 6, Eine getrübte Erinnerung, S. 370 f.

1992 *Rowling,* Harry Potter 3, Der Fahrende Ritter, S. 45 ff.; Vier Freunde, S. 383 ff.; Lord Voldemorts Knecht, S. 398.

versucht Harry, die Unschuld seines Patenonkels zu beweisen. Peter Pettigrew, dem einzigen Zeugen des Vorfalls, gelingt jedoch erneut die Flucht, sodass das Zaubereiministerium weiterhin davon ausgeht, Sirius Black sei ein gefährlicher Massenmörder und Anhänger Lord Voldemorts.[1993]

Am Ende von Band fünf verstirbt Sirius, ohne vorher seine Unschuld beweisen zu können.[1994] Das Zaubereiministerium erkennt seinen Justizirrtum erst am Anfang von Band sechs posthum (und nichtöffentlich) an.[1995]

„»Black? Black?«, sagte Fudge zerstreut und drehte seinen Bowler rasch zwischen den Fingern. »Sirius Black, meinen Sie? Beim Barte des Merlin, nein. Black ist tot. Hat sich herausgestellt, dass wir uns – ähm – in Black geirrt haben. Er war am Ende doch unschuldig. Und mit Ihm, dessen Name nicht genannt werden darf, steckte er auch nicht unter einer Decke. Ich meine«, fügte er sich verteidigend hinzu und ließ den Bowler noch schneller kreisen, »alle Beweise deuteten darauf hin – wir hatten über fünfzig Augenzeugen–, aber egal, wie schon gesagt, er ist tot. Wurde ermordet, um genau zu sein. In den Räumen des Zaubereiministeriums. Es wird sogar eine Ermittlung geben ...«“[1996]

Der größte Skandal hierbei ist, dass ein Unschuldiger ohne einen Gerichtsprozess zu einer lebenslangen Haftstrafe nach Askaban verbracht wurde.[1997] Verantwortlich hierfür war der damalige Leiter der Abteilung für Magische Strafverfolgung, Bartemius Crouch Sr. Wie bereits erörtert, bekämpfte Crouch Sr. die Todesser und Lord Voldemort mit aller Macht und aller ihm zur Verfügung stehenden Mittel. Dazu gehörte nicht nur der Einsatz der Unverzeihlichen Flüche gegen Verdächtige (siehe S. 225, 276 f., 385), sondern auch „Schauprozesse“[1998] gegen mutmaßliche Todesser wie z. B. Bellatrix Lestrange und Crouchs eigenen Sohn (siehe S. 381 ff.).

Unbeantwortet bleibt, wieso diese in einem Prozess vor dem Zaubergamot zu einer lebenslangen Haftstrafe verurteilt wurden, während Sirius Black nicht einmal vor Gericht gestellt, sondern direkt ohne eine Verhandlung in Askaban eingesperrt wurde. Eine Begründung dafür könnte sein, dass Sirius Black von Zeugen beobachtet und direkt am Tatort erwischt wurde und daher aus dama-

---

1993 *Rowling,* Harry Potter 3, Der Kuss des Dementors, S. 418 ff.; Harry Potter 4, Tatzes Rückkehr, S. 548 ff.

1994 *Rowling,* Harry Potter 5, Der Einzige, den er je fürchtete, S. 949.

1995 *Rowling,* Harry Potter 6, Der andere Minister, S. 17 f.

1996 *Rowling,* Harry Potter 6, Der andere Minister, S. 17 f.

1997 *„The central injustice of Prisoner, of course, occurs because of the suspension of due process: Sirius is sent to Azkaban (which is modeled in name and physicality at least in part on the Alcatraz island in California) without a trial by Barty Crouch Sr., based on circumstantial evidence, meaning that Pettigrew's crime is never discovered, and he remains free for the following 12 years.“* (*Barratt,* The Politics of Harry Potter, S. 30).

1998 Diesen Begriff verwenden u. a. auch: *Barratt,* The Politics of Harry Potter, S. 41; *MacNeil,* in: Law and Literatur, Ausg. 14, Nr. 3, S. 545 (549 f).

liger Sicht kein anderer Täter in Betracht kam.[1999] Andererseits gab es bis zu diesem Zeitpunkt keinerlei Anhaltspunkte dafür, dass Sirius Black sich eventuell der dunklen Seite zugewandt hätte oder psychisch krank sein könnte.

Keines dieser Argumente rechtfertigt es in einem Rechtsstaat jedoch, einen Menschen ohne einen Gerichtsprozess lebenslang einzusperren. Festzuhalten bleibt deswegen, dass das Zaubereiministerium Sirius Black eine Gerichtsverhandlung vorenthielt. Somit wurde nie in einem rechtsstaatlichen Verfahren seine Schuld festgestellt. Es existiert damit kein rechtskräftiges Urteil, auf dessen Grundlage eine lebenslange Freiheitsstrafe vollstreckt werden könnte. Damit leiden die Strafprozesse in der Zaubererwelt nicht nur an den bisher herausgearbeiteten Mängeln, sondern es gibt auch Fälle, in denen eine Kriminalstrafe verhängt wird, obwohl überhaupt kein Strafverfahren stattgefunden hat. Ob das magische Strafprozessrecht diese Möglichkeit im Einzelfall explizit vorsieht oder ob sich Crouch Sr. in der Causa Black über geltendes Recht hinweggesetzt hat, ist nicht bekannt. Zumindest ist Sirius Black nicht der einzige bekannte Fall[2000], in dem eine Kriminalstrafe ohne Prozess verhängt wird.

Diese lebenslange Inhaftierung ohne einen Gerichtsprozess entspricht dem Vorgehen der Nationalsozialisten bei der Inhaftierung in den Konzentrationslagern. Der einzige Unterschied ist, dass im NS-Staat massenhaft Menschen auf Grund persönlicher Merkmale – wie ihrer Abstammung und Religionszugehörigkeit – in den Konzentrationslagern ihren Tod fanden, während das unfaire Justizsystem in den Harry-Potter-Büchern sich zunächst nur auf einzelne Fälle bezieht. Dies ändert sich mit der Machterlangung Lord Voldemorts, der alle Muggelstämmigen, die er erwischen kann, wegen ihrer Abstammung und nur auf Grundlage einer Anhörung vor der Registrierungskommission für Muggelstämmige in Askaban inhaftiert (siehe S. 431 ff.).

Weiter problematisch ist, dass die Entscheidung, in Sirius Blacks Fall keinen Gerichtsprozess durchzuführen, von einer einzelnen Person – nämlich Crouch Sr. als Leiter der Abteilung für Magische Strafverfolgung – getroffen wird. Wenn diese Ausnahme vom magischen Recht explizit vorgesehen ist, steht diese weitreichende Entscheidung im Ermessen einer einzigen Person. Falls sich Crouch Sr. über die Gesetzeslage hinwegsetzt, gibt es wiederum keine kontrollierende Instanz gegen einen derartigen Missbrauch.

1999 Das Zaubereiministerium wusste nicht, dass Peter Pettigrew ein unregistrierter Animagus war, der einen Finger am Tatort zurücklies, um seinen Tod in der Explosion vorzutäuschen. *Rowling,* Harry Potter 3, Lord Voldemorts Knecht, S. 398.

2000 Ordnet man den Kuss des Dementors als magische Todesstrafe ein, lässt Fudge in Band vier diese Kriminalstrafe ebenfalls ohne einen Gerichtsprozess an Crouch Jr. vollstrecken. Und auch Hagrids „Untersuchungshaft" in Band zwei erfolgt ohne Zutun eines Gerichts. Dazu Schwabach: *„The action of Barty Crouch Sr. in sending Sirius Black to Azkaban without a trial was not exceptional, nor was it peculiar to Crouch. Over a decade later, Cornelius Fudge does the same to Hagrid, even though he does not appear to be convinced of Hagrid's guilt."* (*Schwabach,* in: Roger Williams U. L. Rev. 11/2006, S. 309 (343)).

Zusammenfassend ist die Causa Sirius Black ein Musterbeispiel dafür, was im Justizsystem der magischen Welt alles schiefläuft. Während man in anderen Fällen zumindest noch den Anschein eines rechtsstaatlichen Prozesses aufrechterhalten hat, zeigt dieser Fall anschaulich, dass man in der magischen Welt ohne einen Prozess lebenslang eingesperrt werden kann. Und das nur, weil man zur falschen Zeit am falschen Ort war. Mit einem funktionierenden System der Gewaltenteilung und einer unabhängigen Justiz hätte man diesen Justizirrtum vermeiden können.

Verstörend ist auch, dass die eigene Bevölkerung dem magischen Justizsystem so wenig vertraut, dass in zwölf Jahren niemand versucht hat, gegen die Inhaftierung von Sirius Black vorzugehen, der in seiner Schulzeit ein sehr beliebter Schüler war.[2001] Auch später halten es alle Eingeweihten – inklusive Harry, Dumbledore und Lupin – für besser, wenn sich Sirius Black weiter versteckt hält, weil es aus ihrer Sicht völlig unwahrscheinlich ist, dass das Zaubereiministerium sich von dessen Unschuld überzeugen lässt.[2002] Und das, obwohl es mit Harry, Ron, Hermine und Lupin mehrere Zeugen gibt, die aussagen können, dass Peter Pettigrew seinen Tod nur vorgetäuscht hat.

Da das deutsche Recht über Angeklagtenrechte und Kontrollinstanzen verfügt, kann festgehalten werden, dass unser Justizsystem heute – auch auf Grund der Erfahrungen mit dem NS-Unrechtsstaat – weniger fehleranfällig für derartige Justizirrtümer ist als die magische Welt.

c) Rubeus Hagrid

Rubeus Hagrid ist ein Halbriese, der zu Harrys Schulzeit als Wildhüter die Ländereien von Hogwarts betreut.[2003] Trotz seiner magischen Fähigkeiten wird Hagrid auf Grund der Tatsache, dass seine Mutter eine Riesin ist, diskriminiert und mehrmals zu Unrecht verschiedener Straftaten beschuldigt. Als Folge wurde er u. a. mit 13 Jahren von Hogwarts verwiesen und sein Zauberstab wurde zerbrochen.

„»Wär dir dankbar, wenn du das niemandem in Hogwarts erzählst«, sagte er. »Ich – ähm – soll eigentlich nicht herumzaubern, um es genau zu nehmen. Ich durfte ein wenig, um dir zu folgen und um dir die Briefe zu bringen und – einer der Gründe, warum ich so scharf auf diesen Job war –« »Warum sollst du nicht zaubern?« »Nun ja – ich war selbst in Hogwarts, doch ich – ähm – man hat mich rausgeworfen, um dir die Wahrheit zu sagen. Im dritten Jahr. Sie haben meinen Zauberstab zerbrochen und alles. Doch Dumbledore hat mich als Wildhüter dabehalten. Großartiger Mann, Dumbledore.«“[2004]

2001 *Rowling,* Harry Potter 4, Die Karte des Rumtreibers, S. 225; Harry Potter 5, Snapes schlimmste Erinnerung, S. 755 ff.

2002 *Rowling,* Harry Potter 4, Hermines Geheimnis, S. 430 f.

2003 *Rowling,* Harry Potter 1, Der Hüter der Schlüssel, S. 69.

2004 *Rowling,* Harry Potter 1, Der Hüter der Schlüssel, S. 68 f.

Begründet wird dies damit, dass Hagrid ein Monster in der Schule freigelassen hat und für den Tod einer Mitschülerin verantwortlich sein soll. Hagrid hat mit dem Todesfall jedoch nichts zu tun.[2005] Gegen Hagrid werden zwei Rechtsfolgen verhängt. Einerseits der Ausschluss aus der Schule. Andererseits die Zerstörung seines Zauberstabs. Dies geht, wie wir im Fall von Hagrid erfahren, mit einem absoluten Zaubereiverbot einher. Trotz des Verbots hat Hagrid jedoch die zerbrochenen Teile seines Zauberstabes in einem Schirm aufbewahrt, kann damit allerdings nur heimlich primitive und fehlerhafte Magie hervorbringen.[2006]

Wie oben ausgeführt, handelt es sich beim Schulverweis um keine Kriminalstrafe, sondern um die Folge eines Verstoßes gegen Schulregeln. Der Schulverweis wird durch den Schulleiter (und/oder die Schulräte) verhängt und liegt nicht im Machtbereich des Zaubereiministeriums (siehe S. 188 f., 336). Grundsätzlich wäre der Schulverweis gegen Hagrid sogar gerechtfertigt gewesen, weil er mit Aragog tatsächlich verbotenerweise ein gefährliches magisches Wesen im Schloss gehalten hat. Hagrid hatte mit dem Tod der Schülerin jedoch nichts zu tun. Es ist erschreckend, dass niemand zumindest versucht hat, den Vorfall komplett aufzuklären und Tom Riddle, der Hagrid fälschlicherweise beschuldigte, einfach so geglaubt wurde. Einer der Gründe dafür dürften die Vorurteile gegen Riesen sein, welche die magische Welt hat (siehe S. 466 ff.). Unabhängig davon, dass Hagrid keinen gewalttätigen Charakter hat und unabhängig von der tatsächlichen Schuldfrage, dürften es die meisten Lehrer und Eltern deswegen allgemein begrüßt haben, dass ein Halbriese von der Schule verwiesen wird. Dies stellt ein Beispiel für den tief verwurzelten Rassismus bzw. die Ablehnung vermeintlich „minderwertiger“ Rassen in der Zaubererwelt dar.

Der Vorfall hat außerdem zur Folge, dass Hagrids Zauberstab zerbrochen wird. Wie wir in Harrys disziplinarischer Anhörung erfahren, handelt es sich dabei um eine echte Kriminalstrafe, die vom Zaubergamot verhängt wird. Voraussetzung dafür ist, dass die Schuld des Angeklagten in einem Strafprozess bewiesen wurde (siehe S. 234 ff.). Von Hagrid erfahren wir außerdem, dass es sich beim Zerstören des Zauberstabes nicht nur um einen Symbolakt handelt, sondern dass damit tatsächlich ein lebenslanges Zauberei-Verbot einhergeht. Damit wird dem Betroffenen das einzige genommen, das ihn zu einem Leben innerhalb der Zauberergesellschaft berechtigt und er wird faktisch zum Muggel „herabgestuft“.

Ob vor der Zerstörung von Hagrids Zauberstab ein Verfahren vor dem Zaubergamot stattgefunden hat, ist nicht bekannt. Nach den in Harrys Anhörung

---

2005 Im Jahr 1943 besuchten sowohl Tom Riddle (Lord Voldemort) als auch Rubeus Hagrid als Schüler Hogwarts. Nachdem Tom Riddle die Kammer des Schreckens geöffnet hatte, griff der darin hausende Basilisk eine Schülerin an und tötete sie. Weil Hagrid zur gleichen Zeit die Riesenspinne Aragog in Hogwarts großzog, wurde er verdächtigt, ein Monster in der Schule freigelassen zu haben und für den Tod des Mädchens verantwortlich zu sein. Diese Anschuldigung stellte erstmals Tom Riddle auf. Sie wurde vom damaligen Schulleiter geglaubt. (*Rowling,* Harry Potter 2, Der sehr geheime Taschenkalender, S. 260; Aragog, S. 298).

2006 *Rowling,* Harry Potter 2, Die unheimliche Stimme, S. 128.

benannten Gesetzen hätte dies eigentlich zur Feststellung der Schuld erfolgen müssen. Aus der Nichterwähnung eines derartigen Verfahrens kann nicht automatisch darauf geschlossen werden, dass ein solches nicht stattgefunden hat. Wie die Inhaftierung von Sirius Black zeigt, ist es jedoch nicht ausgeschlossen, dass – wenn die Schuld für das Zaubereiministerium „offensichtlich" ist – auf einen Strafprozess verzichtet wird. In Hagrids Fall ist der Sachverhalt ähnlich gelagert. Er wurde auf frischer Tat mit einem Monster in der Schule erwischt, Tom Riddle (Lord Voldemort) hat dies bezeugt und die Angriffe auf muggelstämmige Schüler haben tatsächlich in dem Moment aufgehört, in dem Hagrid von der Schule verwiesen wurde.[2007] Wie auch bei Sirius Black gab es damit zumindest diverse Indizien, die für eine Schuld des Betroffenen sprachen. Dies ändert natürlich nichts daran, dass die Verhängung einer Kriminalstrafe ohne einen vorherigen Strafprozess nicht rechtsstaatlich ist.

Sollte ein Verfahren vor dem Zaubergamot stattgefunden haben, ist darüber in den Büchern zwar nichts bekannt, es kann aber davon ausgegangen werden, dass sich die gleichen Probleme ergeben hätten, wie in Harrys disziplinarischer Anhörung. Auch Hagrid war noch minderjährig. Auch er dürfte ohne einen gesetzlichen Vertreter und/oder Strafverteidiger vor Gericht gestanden haben. Und auch in diesem Fall wird es keine – oder nur eine unzulängliche Beweisaufnahme – gegeben haben. Grundsätzlich wäre es Hagrid nämlich möglich gewesen, zu beweisen, dass es sich bei „seinem Monster" um Aragog gehandelt hat und dass dieser, weil er „gezähmt" ist, keine Gefahr für die Schüler dargestellt hat.[2008] In einem fairen und objektiven Gerichtsverfahren hätte außerdem erörtert werden können und müssen, ob es die Kammer des Schreckens tatsächlich gibt und wer diese – außer Hagrid – geöffnet haben könnte. Auch hier hätten rassistische Vorurteile gegen Riesen aber zu Ungunsten von Hagrid gewirkt.

Dieser Justizirrtum hat in Band zwei zur Folge, dass Hagrid mehrere Monate in Askaban verbringen muss, weil er erneut zu Unrecht verdächtigt wird, für die Angriffe auf Schüler in Hogwarts verantwortlich zu sein.[2009] Inwiefern die Anordnung von Untersuchungshaft ohne Beweise und nur durch den Zaubereiminister problematisch ist, wurde bereits erörtert (siehe S. 326 ff.). Hätte das Zaubereiministerium den Todesfall damals aufgeklärt, wäre es nicht zu einer erneuten fälschlichen Beschuldigung und sogar Inhaftierung Hagrids gekommen.

Erst am Ende von Band zwei kann Harry die Unschuld Hagrids mit absoluter Sicherheit beweisen, indem er darlegt, dass Tom Riddle (Lord Voldemort) damals – und auch heute – die Kammer des Schreckens geöffnet hat.[2010] Inzwischen ist Hagrid über 50 Jahre alt, sodass ein Nachholen seiner versäumten Ausbildung nicht mehr in Betracht kommt. Das Mindeste, was das Zaubereiministerium tun könnte, wäre jedoch eine öffentliche Richtigstellung und Ent-

2007 *Rowling,* Harry Potter 2, Cornelius Fudge, S. 269.
2008 *Rowling,* Harry Potter 2, Aragog, S. 298 f.
2009 *Rowling,* Harry Potter 2, Cornelius Fudge, S. 280 f.
2010 *Rowling,* Harry Potter 2, Der Erbe Slytherins, S. 335; Dobbys Belohnung. S. 351.

schuldigung sowie die Aufhebung des Zauberei-Verbots. Nichts davon wird in den Harry-Potter-Büchern erwähnt. Dies führte unter Fans zu vielen Diskussionen und u. a. zu der Frage, wieso Hagrid auch in den späteren Büchern nicht zaubert. Rowling beantwortete die Frage in einem Interview damit, dass es Hagrid zwischenzeitlich zwar grundsätzlich erlaubt sei, zu zaubern, er jedoch mangels Ausbildung zu ungeschickt darin sei: *„He [Anm. Hagrid] is allowed. He has been allowed to do magic openly ever since he became a teacher [Anm. In Band 3] but because he was never fully trained his magic is never going to be what it should be. He is always going to be a bit inept.* “[2011]

Damit ist zumindest ein Fall bekannt, in dem das Zaubereiministerium einen Justizirrtum im Nachhinein zugegeben und teilweise korrigiert hat. Trotzdem hinterlässt der Umgang mit zu Unrecht Verurteilten, die auch keine Möglichkeit hatten, Rechtsmittel einzulegen, einen bitteren Nachgeschmack. Morfin Gaunt verstarb in Askaban. In der Causa Black hat das Zaubereiministerium nie öffentlich zugegeben, dass Sirius Black unschuldig inhaftiert war. Und weder, nachdem Hagrids Unschuld bewiesen war, noch, nachdem Sirius Black von Todessern ermordet wurde, kam es zu einer internen Aufklärung der Missstände im Zaubereiministerium oder gar einer Reform des Justizsystems. Die magische Welt ist damit immun gegen das Eingestehen von Fehlern und deren Behebung durch (dringend nötige) Reformen.

Im Gegensatz dazu gibt es im aktuellen deutschen Recht – neben dem Instanzenzug und der Gewaltenteilung – u. a. zumindest zwei Instrumentarien, die dabei helfen, mit Fehlurteilen umzugehen:

Nach § 359 StPO ist unter bestimmten Voraussetzungen grundsätzlich auf Antrag die Wiederaufnahme eines durch rechtskräftiges Urteil abgeschlossenen Verfahrens zu Gunsten[2012] des Verurteilten möglich. Es handelt sich dabei um einen außerordentlichen Rechtsbehelf, der die Rechtskraft ausnahmsweise durchbricht.[2013] Voraussetzung ist, dass der Antrag statthaft ist und einer der abschließend in § 359 Nr. 1–Nr. 6 StPO aufgezählten Wiederaufnahmegründe vorliegt.[2014] Die §§ 359 ff. StPO sollen einen Zielkonflikt lösen: Die Rechtskraft dient einerseits der Rechtssicherheit, kann aber andererseits dem Ziel der materiellen Wahrheit bzw. Gerechtigkeit im Einzelfall entgegenstehen. Das Rechtsinstitut wird u. a. vom Gedanken der Treuepflicht des Staates gegenüber seinen Bürgern getragen, die dem Strafrecht unterworfen sind und einen Anspruch auf

2011 „World Exclusive Interview with J K Rowling“, South West News Service, 08.07.2000 (nachzulesen: https://www.hp-lexicon.org/source/interviews/sn/, abgerufen am: 23.01.2023).

2012 Davon abzugrenzen ist die Wiederaufnahme zu Ungunsten des Verurteilten gem. § 362 StPO, die nur unter engeren Voraussetzungen möglich ist (siehe S. 274).

2013 *Marxen/Tiemann*, Die Wiederaufnahme in Strafsachen, S. 2.

2014 Zur Statthaftigkeit: *Marxen/Tiemann*, Die Wiederaufnahme in Strafsachen, S. 9 ff.; zu den einzelnen Wiederaufnahmegründen: *Bayer,* Die strafrechtliche Wiederaufnahme, S. 123 ff.

eine gerechte Behandlung im Einzelfall sowie Rehabilitierung haben.[2015] Dabei gab und gibt es zu § 359 StPO zahlreiche Reformüberlegungen.[2016]

In den Harry-Potter-Büchern wären die Wiederaufnahmegründe des § 359 Nr. 2 und Nr. 5 StPO in Betracht gekommen. Ersterer setzt voraus, dass sich ein Zeuge oder Sachverständiger bei einem zu Ungunsten des Verurteilten abgelegten Zeugnis oder Gutachten einer vorsätzlichen oder fahrlässigen Verletzung der Eidespflicht oder einer vorsätzlichen falschen uneidlichen Aussage schuldig gemacht hat.[2017]

Wenn man annähme, dass gegen Hagrid ein Strafprozess vor dem Zaubergamot stattgefunden hat, in dem Tom Riddle (Lord Voldemort) gegen ihn ausgesagt hat, läge § 359 Nr. 2 StPO vor. Denn Tom Riddle (Lord Voldemort) behauptete fälschlicherweise vorsätzlich, Hagrid habe ein Monster in der Schule freigelassen. Nach deutschem Recht hätte sich Tom Riddle (Lord Voldemort) damit wegen einer vorsätzlichen, falschen, uneidlichen Aussage gem. § 153 StGB strafbar gemacht.[2018] Da die Aussage zu Ungunsten von Hagrid gewertet wurde und sich der wahre Sachverhalt später aufklärte, hätte Hagrid nach heutigem deutschen Recht einen Wiederaufnahmeantrag nach § 359 Nr. 2 StPO stellen können.

Auch der Wiederaufnahmegrund des § 359 Nr. 5 StPO wäre in den Harry-Potter-Büchern relevant geworden. Dieser setzt voraus, dass neue Tatsachen oder Beweismittel beigebracht sind, die den Freispruch des Angeklagten oder eine geringere Bestrafung/Maßregel zu begründen geeignet sind. Als neu gelten dabei alle Tatsachen oder Beweismittel, die das Gericht bei seiner Entscheidung nicht berücksichtigt hat. Keine neuen Tatsachen sind nachträgliche Gesetzesänderungen oder eine Änderung der bisherigen Rechtsprechung.[2019]

Im Fall von Sirius Black gibt es kein Urteil, dessen Rechtskraft durch eine Wiederaufnahme beseitigt werden könnte. Grundsätzlich wäre aber nach deutschem Recht § 359 Nr. 5 StPO in Betracht gekommen. Denn am Ende von Band drei gibt es Zeugenaussagen, die geeignet sind, den Zaubergamot von der Unschuld Sirius Blacks zu überzeugen. Der gleiche Wiederaufnahmegrund kommt auch im Fall von Morfin Gaunt und Hagrid in Betracht. In Band zwei existieren die Zeugenaussagen von Harry und Ginny, dass das Tagebuch von Lord Voldemort für die Öffnung der Kammer des Schreckens verantwortlich ist und nicht Hagrid. Im Fall von Morfin Gaunt kann Dumbledore bezeugen, dass nicht er seine

---

2015 *Ruhs,* in: ZRP 2021, S. 88 (88 f.); *Singelnstein,* BeckOK StPO, § 359 Rn. 1.

2016 Überblick: *Bottke,* in: NStZ 1981, S. 135 (135–138); *Rieß,* in: NStZ 1994, S. 153 (153–159).

2017 *Schmidt,* in: KK-StPO, § 359 Rn. 10, 12; *Engländer/Zimmermann,* in: MüKo StPO, § 359 Rn. 24–27.

2018 Voraussetzungen: *Heger,* in: Lackner/Kühl/Heger (Hrsg.): StGB, § 153 Rn. 1–8; *Bosch/Schittenhelm,* in: Schönke/Schröder (Hrsg.): StGB, § 153 Rn. 1–7.

2019 *Schmidt,* in: KK-StPO, § 359 Rn. 17–37; kritisch: *Eisenberg,* in: NK 2021, S. 139 (139–149).

Muggel-Nachbarn getötet hat, sondern dass Tom Riddle (Lord Voldemort) hierfür verantwortlich war (siehe S. 388 ff.).

Die Möglichkeit der Wiederaufnahme eines Verfahrens zu Gunsten eines rechtskräftig Verurteilten fand sich schon in § 399 RStPO von 1877, der bereits die heute in Nr. 1–Nr. 5 geregelten Wiederaufnahmegründe enthielt. Der Paragraph wurde 1924 in § 359 RStPO verschoben und 1934 im Hinblick auf die Anordnung von Maßregeln der Sicherung und Besserung um einen zweiten Absatz ergänzt.[2020]

Das *„Gesetz zur Änderung von Vorschriften des allgemeinen Strafverfahrens, des Wehrmachtstrafverfahrens und des Strafgesetzbuchs"* vom 16. September 1939 gewährte den Gerichten die Befugnis, die Entscheidung über einen Antrag auf Wiederaufnahme des Verfahrens *„bis auf weiteres"* auszusetzen, *„wenn nicht zwingende Gründe der Rechtspflege die alsbaldige Durchführung"* erfordern.[2021]

1943 wurde § 359 RStPO grundlegend reformiert und aus nationalsozialistischer Perspektive die *„Gerechtigkeit des Wiederaufnahmerechts"* hergestellt. Der Paragraph enthielt nun die Wiederaufnahme sowohl zu Gunsten als auch zu Ungunsten des Betroffenen. *„Formale Fesseln"* wie das Erfordernis einer rechtskräftigen Verurteilung bei Nr. 1–3 wurden abgeschafft.[2022] Abs. 2 der neuen Norm lautete: *„Die Wiederaufnahme zuungunsten des Angeklagten ist nur zulässig, wenn die neue Verfolgung zum Schutze des Volkes notwendig ist."*[2023] Gleichzeitig schränkten die Nationalsozialisten wie oben bereits erwähnt (siehe S. 290 ff.) Berufung und Revision stark ein und schufen die Instrumentarien des außerordentlicher Einspruch und der Nichtigkeitsbeschwerde (siehe S. 276 f.) .

Damit kannten sogar die Nationalsozialisten mehr Möglichkeiten, strafrechtliche Fehlentscheidungen zu korrigieren, als es im magischen Recht durchgängig der Fall ist. Inwiefern die Wiederaufnahmeverfahren zu Gunsten des Angeklagten im NS-Staat dann in der Praxis auch tatsächlich erfolgreich gewesen sind, steht wiederum auf einem anderen Blatt. Würde es im magischen Strafprozessrecht ordentliche oder außerordentliche Rechtsbehelfe gegen rechtskräftige Urteile geben, die dem deutschen Recht ähneln, hätten mindestens drei Verfahren aber wieder aufgegriffen und das bestehende Unrecht nachträglich korrigiert werden können und müssen.

Außerdem fällt auf, dass es im magischen Recht für erlittenes Unrecht keine Entschädigung gibt. Auch wenn man unschuldig mehrere Jahre lang in Askaban saß, gibt es dafür keine Kompensation.

2020 *Bayer,* Die strafrechtliche Wiederaufnahme, S. 89 ff., S. 110 ff.

2021 *Gruchmann,* Justiz im Dritten Reich, S. 1071.

2022 Zitiert nach: *Bayer,* Die strafrechtliche Wiederaufnahme, S. 117 f.

2023 *Bayer,* Die strafrechtliche Wiederaufnahme, S. 113 ff.; *Werle,* Justiz-Strafrecht, S. 333.

Im Gegensatz dazu wird ehemaligen Gefangenen bei erwiesener Unschuld nach deutschem Recht eine Haftentschädigung gezahlt. Die Idee einer Haftentschädigung wurde erstmals 1882 beraten und 1904 im UHaftEntschG umgesetzt. Erfasst waren aber nur Fälle der erwiesenen Unschuld; eine Entschädigung gab es nicht, wenn aus Mangel an Beweisen freigesprochen oder das Verfahren eingestellt wurde. 1933 erforderte die Einführung der Maßregeln der Sicherung und Besserung unter den Nationalsozialisten eine entsprechende Ergänzung der Entschädigungsgesetze, Art. 5 des Gesetzes vom 24. November 1933 (RGBl. I 1933, S. 1000).[2024]

Heute ist die Entschädigung für zu Unrecht erlittene Haft im *„Gesetz für die Entschädigung von Strafverfolgungsmaßnahmen"* geregelt. Nach § 7 III StrEG erhält derjenige, der zu Unrecht inhaftiert war, 75 € für jeden angefangenen Tag der Freiheitsentziehung. Die Summe wurde 2020 auf Vorschlag des Rechtsausschusses des Bundesrates von 25 € auf die jetzige Summe erhöht.[2025] Zusätzlich kann Schadensersatz für Vermögensschäden geleistet werden, wenn der nachgewiesene Schaden den Betrag von 75 € übersteigt und der Schaden ohne die Strafverfolgungsmaßnahme nicht eingetreten wäre, § 7 I StrEG.[2026] Auch für den Vollzug von Untersuchungshaft sieht § 2 I StrEG eine Entschädigung vor, wenn der Betroffenen freigesprochen oder das Verfahren eingestellt oder die Eröffnung des Hauptverfahrens abgelehnt wird.[2027]

Außerdem kennt das deutsche Recht auf Grund der historischen Begebenheiten eine Opferentschädigung der Opfer des Nationalsozialismus und der SED-Diktatur, die im Bundesentschädigungsgesetz aus dem Jahr 1953[2028] und den drei SED-Unrechtsbereinigungsgesetzen geregelt sind.[2029] Damit erkennt der deutsche Staat nicht nur an, dass zu Unrecht Inhaftierten eine Haftentschädigung zusteht. Der deutsche Staat ist sich auch seiner Verantwortung für die Opfer des NS-Unrechtsstaates und des SED-Regimes bewusst.

Auf die Harry-Potter-Bücher übertragen bedeutet dies, dass sowohl Morfin, als auch Sirius Black und Hagrid jeweils Haftentschädigungen für ihre unrechtmäßige Inhaftierung in Askaban zustehen würde. Gleichzeitig wäre es angemessen,

---

2024 *Kunz,* in: MüKo StPO, Einleitung zum StrEG, Rn. 7, 9, 11, 14.

2025 Gesetzentwurf des Bundesrates, Drucksache 19/17035, abrufbar unter: https://dip21.bundestag.de/dip21/btd/19/170/1917035.pdf (abgerufen am: 23.01.2023).

2026 *Cornelius,* in: BeckOK StPO, § 7 StrEG Rn. 1–16 (mit Beispielen).

2027 *Schlothauer/Wieder/Nobis*, Untersuchungshaft, S. 622 ff.; *Kunz,* in: MüKo StPO, § 2 StrEG Rn. 42; *Cornelius,* in: BeckOK StPO, § 2 StrEG Rn. 1, 5, 16.

2028 Das Bundesentschädigungsgesetz wurde am 29. Juni 1956 rückwirkend zum 1. Oktober 1953 verabschiedet und sieht eine Geldentschädigung für diejenigen Personen vor, die während der Zeit des Nationalsozialismus aus politischen, rassischen, religiösen oder weltanschaulichen Gründen verfolgt wurden und dadurch Schäden an Leben, Körper, Gesundheit, Freiheit, Eigentum oder Vermögen sowie im beruflichen oder wirtschaftlichen Fortkommen erlitten haben. *Guckes*, Opferentschädigung nach zweierlei Maß?, S. 3.

2029 Zum Ersten Gesetz: *Keck/Schröder/Tappert*, in: DtZ 1993, S. 2 (2–10).

den Opfern der Terror-Herrschaft unter Lord Voldemort eine staatliche Entschädigung zuzubilligen. So wurden Muggelstämmige systematisch verfolgt, in Askaban eingesperrt und teils ermordet. All dies geschah auf staatlichen Befehl hin und ähnelt dem Unrecht unter den Nationalsozialisten.

Dass die Zaubererwelt solche staatlichen Entschädigungen nicht vorsieht, ist wenig überraschend. Grundsätzlich sind die Rechte der Bürger gegenüber dem Staat sehr schwach ausgeprägt. Und gerade im Strafrecht sehen sich die Betroffenen einem Zaubereiministerium mit Allmachtsansprüchen gegenüber. Auffällig ist auch, dass der Sozialstaat in der magischen Welt faktisch nichtexistent ist.[2030]

VI. Die systematische Verfolgung Muggelstämmiger

Einer der Hauptgründe, wieso das magische Recht so gut mit unserem deutschen Recht verglichen werden kann, ist die Ähnlichkeit zwischen dem NS-Unrecht und der Herrschaft Lord Voldemorts.

Die Autorin selbst führt die Nazi-Parallele in Interviews an, beispielsweise: *„I wanted Harry to leave our world and find exactly the same problems in the wizarding world. So you have the intent to impose a hierarchy, you have bigotry, and this notion of purity, which is this great fallacy, but it crops up all over the world. People like to think themselves superior and that if they can pride themselves in nothing else they can pride themselves on perceived purity. So yeah that follows a parallel [to Nazism]. "*[2031]

1. Die Anfänge

Bereits bei der Gründung von Hogwarts um das Jahr 993 vertrat Salazar Slytherin die Ansicht, dass nur „reinblütige" Kinder in Hogwarts unterrichtet werden sollten.[2032] Aus diesem Grund zerstritt er sich mit den anderen Gründern und platzierte einen Basilisken in der Kammer des Schreckens, der muggelstämmige

2030 So gibt es beispielsweise kein Kinder- oder Arbeitslosengeld und damit allgemein keinerlei Unterstützung für ärmere Familien wie die Weasleys oder andere Personen, die einen Schicksalsschlag erlitten haben (beispielsweise einen Werwolfsbiss wie Lupin).

2031 Interview in der Carnegie Hall, Oktober 2007: http://www.the-leaky-cauldron.org/2007/10/20/j-k-rowling-at-carnegie-hall-reveals-dumbledore-is-gay-neville-marries-hannah-abbott-and-scores-more/ (abgerufen am: 23.01.2023). Aufgegriffen u. a. von: *Winters,* in: Buttsworth/Abbenhuis (Hrsg.): Monsters in the Mirror, S. 53 (62).

2032 *Rowling*, Harry Potter 2, Die Schrift an der Wand, S. 164 f. *„Ergo, Salazar Slytherin must be regarded as one of the forerunners of raicial supremacy in the Harry Potter universe. "* (*Kullmann,* in: Gymnich/Birk/Burkhard (Hrsg.): „Harry – yer a wizard", S. 133 (138).

Schüler angreifen sollte. Zu dieser Zeit war er mit seiner Ansicht in der Zaubererwelt jedoch in der Minderheit: *„Slytherin's discrimination on the basis of parentage was considered an unusual and misguided view by the majority of wizards at the time. Contemporary literature suggests that Muggle-borns were not only accepted, but often considered to be particularly gifted. They went by the affectionate name of ‚Magbobs' (there has been much debate about the origin of the term, but it seems most likely to be that in such a case, magic ‚bobbed up' out of nowhere).“*[2033]

Ab dem 15. Jahrhundert verschlechterte sich die Beziehung zwischen Muggeln und Zauberern. Als Reaktion auf die zunehmende Verfolgung der magischen Bevölkerung durch die nichtmagische Bevölkerung entschied sich die Zaubererwelt in Großbritannien am Ende des 17. Jahrhunderts dazu, abzutauchen und alle Magie vor Muggelaugen zu verbergen (siehe S. 176 ff.). Mit dem Inkrafttreten des Internationalen Geheimhaltungsabkommens änderte sich auch die Sicht der Zaubererwelt auf die Muggel: *„Magical opinion underwent something of a shift after the International Statute of Secrecy became effective in 1692, when the magical community went into voluntary hiding following persecution by Muggles. […] Under such conditions of uncertainty, fear and resentment, the pure-blood doctrine began to gain followers. As a general rule, those who adopted it were also those who had most strenuously opposed the International Statute of Secrecy, advocating instead outright war on the Muggles.“*[2034]

In den 1930ern wurde ein Reinblut-Namensverzeichnis mit 28 reinblütigen Zaubererfamilien veröffentlicht.[2035] Der schwarze Magier Gellert Grindelwald strebte in der ersten Hälfte des 19. Jahrhunderts als erster eine Herrschaft der Zauberer über die Muggel an und gab seiner Bestrebung das Motto *„Für das Größere Wohl“*.[2036] Die systematische Unterjochung der Muggel diente Grindelwald zu Folge dem größeren Wohl der Zauberergesellschaft, die sich dann nicht mehr im Untergrund verstecken muss. Grindelwald wurde 1945 von Dumbledore in einem Duell besiegt und inhaftiert.[2037]

Der Gedanke, dass Muggel gegenüber den Zauberern eine „minderwertige Rasse“ seien, ist aber seitdem fest in der magischen Welt verwurzelt. Und auch Lord

2033 https://www.wizardingworld.com/writing-by-jk-rowling/pure-blood (abgerufen am: 23.01.2023).

2034 https://www.wizardingworld.com/writing-by-jk-rowling/pure-blood (abgerufen am: 23.01.2023).

2035 https://www.wizardingworld.com/writing-by-jk-rowling/pure-blood (abgerufen am: 23.01.2023).

2036 *Rowling,* Harry Potter 7, Leben und Lügen des Albus Dumbledore, S. 365 f. Mehr über Grindelwald erfahren wir in der „Fantastischen Tierwesen“ Filmreihe (2016–2022), die in dieser Arbeit auf Grund ihrer Brüche mit den Harry-Potter-Büchern jedoch ausgeklammert wird.

2037 *Rowling,* Harry Potter 7, In memoriam, S. 27.

Voldemort und seine Anhänger vertreten diese Theorie.[2038] Bei seiner ersten Schreckensherrschaft von 1970–1981 und mit seiner zweiten Machtergreifung 1996 versuchte Lord Voldemort ebenjene Blutsideologie mit Gewalt durchzusetzen. Sein Hass auf Muggel und Muggelstämmige dürfte dabei u. a. in der Tatsache begründet sein, dass sein eigener Muggel-Vater seine (magische) Mutter verließ, nachdem diese ihn mit einem Liebestrank verführt hatte:

„Discovering his Muggle father disowned his mother seems to have been a catalyst for Riddle. […] There is some unacknowledged self-disgust in Riddle's Muggle-hatred. He does not deny his half-blood status, but he is clear that Muggles are inferior, including his own father. His viciousness to Muggle-borns is connected: Riddle may be half-blood, but Muggle-borns can claim no wizarding heritage, therefore to him they are as low as Muggles themselves. Riddle also hates Muggles because they remind him of his childhood and the Muggle father who deserted him.“[2039]

Bereits dieser kurze historische Abriss weist einige Parallelen zum Nationalsozialismus in Deutschland auf. Wie auch in der magischen Welt gibt es Rassismus[2040] nicht erst seit den Nationalsozialisten, sondern rassistisches Gedankengut zieht sich durch alle Jahrhunderte, alle Länder und alle Bevölkerungsschichten.[2041] Beim Rassismus handelt es sich um ein dynamisches Konzept, sodass auch rassistische Diskriminierungen immer wieder in neuen Erscheinungsformen auftreten.[2042] Unser Grundgesetz kennt den Begriff des „Rassismus“ nicht, spricht aber in Art. 3 III GG vom Verbot der Diskriminierung auf Grund der *„Rasse“*.[2043] Die in dieser Arbeit hauptsächlich relevant werden-

2038 Sehr deutlich z. B. hier: *Rowling*, Harry Potter 7, Der Dunkle Lord erhebt sich, S. 18 ff.

2039 https://www.wizardingworld.com/features/analysing-tom-riddles-choices (abgerufen am: 23.01.2023).

2040 Rechtliche Definition von Rassismus: *Barskanmaz,* Recht und Rassismus, S. 19 ff. Zur Problematik einer allgemeingültigen Definition: *Fröb,* Die Bekämpfung von Rassismus, S. 15 f.

2041 Historischer Abriss: *Koller,* in: Görres-Gesellschaft (Hrsg.): Staatslexikon/4, Rassismus; *Barskanmaz*, Recht und Rassismus, S. 27 ff.; zu Frage, ob von „Rassismus“ erst ab dem 18. Jahrhundert gesprochen werden kann, weil da das Konzept der „Rasse“ aufkam oder ob nicht vielmehr alle ethnischen Ausgrenzungen zuvor auch auf „Rassismus“ zurückzuführen sind: *Hering Torres,* Rassismus in der Vormoderne, S. 200 ff.

2042 *Nduka-Agwu/Hornscheidt,* Rassismus auf gut Deutsch, S. 16 f.

2043 *Kischel,* in: BeckOK GG, Art. 3 Rn. 223 ff.; *Heun,* in: Dreier (Hrsg.): GG, Art. 3 Rn. 129; *Jarass,* in: Jarass/Pieroth (Hrsg.): GG, Art. 3 Rn. 140; *Boysen,* in: von Münch/Kunig (Hrsg.): GG, Art. 3 Rn. 179; *Ludyga,* in: NJW 2021, S. 911 (911–914); kritisch zur Streichung des Begriffs „Rasse“ aus dem Grundgesetz: *Kischel,* in: AöR 145 (02/2020), S. 227 (227–263); *Kutting/Amin,* in: DÖV 2020, S. 612 (612–616); *Majer/Pautsch*, in: NJ 2021, S. 149 (149–152).

de Subkategorie des Rassismus ist auf Grund des Bezugs zum NS-Staat der *Antisemitismus*, also jegliche Form der Judenfeindlichkeit.[2044]

In der zweiten Hälfte des 19. Jahrhunderts entstand mit dem Sozialdarwinismus eine sozialwissenschaftliche Strömung, die u.a. davon ausging, dass der reinrassige „Arier" dem „Juden-Mischling" überlegen sei.[2045] Die nationalsozialistische Rassentheorie setzte diese Tradition im Extremen fort. Den Nährboden für die Ideologie der Nationalsozialisten in Deutschland stellt dabei u. a. die *Völkische Bewegung* und die mit ihr einhergehende *völkische Ideologie* dar.[2046] Diese formierte sich ab 1890 und ging vom organisierten Antisemitismus aus. Zu dieser Sammelbewegung zählt beispielsweise der von 1919–1923 existierende *Deutschvölkische Schutz- und Trutzbund.*[2047]

Auch wenn die Völkische Bewegung keiner einheitlichen Linie folgte, gehörte zu ihrem Grundgedanken die Rassen- und Blutslehre. Die *Blut- und Boden-Ideologie* ging im Rahmen der Agrarpolitik von einer Einheit eines rassisch definierten Volkskörpers mit seinem Siedlungsbiet aus. Die Kernidee bestand in einem großen bäuerlichen Grundbesitz als Ort der Aufzucht „blutsreiner" Nachkommen.[2048] Mit dem argentinischen Agrarwissenschaftler Richard Walter Darré (ab 1933 Reichsminister für Ernährung und Landwirtschaft) wurde die Blut-und-Boden-Ideologie zur tragenden Säule des NS-Staates.[2049] Daraus leiteten die Nationalsozialisten dann u.a. auch das „sittliche Recht" zur Osterweiterung ab.[2050]

Juristisch wurde der Gedanke des Blutes von den Nationalsozialisten später auch bei der Gesetzgebung genutzt. Rüthers fasst dies wie folgt zusammen: *„Recht sei ‚etwas im Blute Lebendes', die Rechtsbegriffe müssten ‚umgedacht' werden und die Rechtsfähigkeit sei nicht ein Menschenrecht, sondern ‚blutsbedingt'. Die Grundlage und Rechtfertigung der Rechtserneuerung war nicht der Positivismus, sondern das ‚Naturrecht aus Blut und Boden'."*[2051]

Die Völkische Bewegung versuchte, die Schuld für (angeblich) gefährliche gesellschaftliche Entwicklungen wie die Kriegsniederlage und den Versailler Friedensvertrag auf andere, in der „Rassenhierarchie" niedriger stehende

2044 *Benz*, Was ist Antisemitismus?, S. 10, 83 ff.; *Brechenmacher*, in: Görres-Gesellschaft (Hrsg.): Staatslexikon/1, Antisemitismus; *Liebscher*, Rasse im Recht, S. 70 ff.

2045 Die Grundthesen des Sozialdarwinismus: *Kircher*, Sozialdarwinismus, S. 13 ff.; *Meier*, Warum Krieg?, S. 157 ff.; *Benz*, Was ist Antisemitismus?, S. 85 ff.

2046 *Hartung*, in: Puschner/Schmitz/Ulbricht (Hrsg.): Handbuch zur „Völkischen Bewegung", S. 22 (22–41); *Köck*, Die Geschichte hat immer Recht, S. 84–106.

2047 *Hofmeister*, in: Benz (Hrsg.): Handbuch des Antisemitismus/5, S. 210–213.

2048 *Schleusener*, Eigentumspolitik im NS-Staat, S. 140 f.

2049 *Corni/Gies*, Blut und Boden, S. 17 f.; *Hessel/Klose*, in: Forum Recht 01/14, S. 20 (20).

2050 *Grundmann*, Agrarpolitik im Dritten Reich, S. 27.

2051 *Rüthers*, in: NJW 2016, S. 1068 (1072). Die Formulierungen gehen auf den Rechtsphilosophen und Strafrechtler Erik Wolf zurück. *Limperg/Mayen/Rüthers u. a.*, in: NJW 2016, S. 3698 (3699).

Gruppierungen, zu schieben (z. B. Juden). Historiker bezeichnen die Völkische Bewegung deswegen als *„unmittelbares Vorspiel des Hitlertums"*.[2052] Puschner/Vollnhals kommen zu dem Ergebnis: *„Dass die völkische Bewegung Teil der Vorgeschichte des Nationalsozialismus ist, ist in der Forschung unbestritten."*[2053]

In Bezug auf Harry Potter sprechen sowohl Wolter als auch Bürvenich von einer Parallele zwischen Lord Voldemort und der Blut- und Boden-Ideologie.[2054] Genauso wie die Ideologie Lord Voldemorts auf der Vorarbeit Grindelwalds und der aufkommenden Feindseligkeiten gegenüber Muggeln und Muggelstämmigen beruht, war es nicht Adolf Hitler, der Rassismus und Antisemitismus erfunden hat. Er baute vielmehr ideologisch auf dem auf, was bereits die Völkische Bewegung als Grundstein gelegt hatte. Beide Diktatoren setzten diese „Traditionen" dann jedoch im Extremen fort und bedienten dabei gezielt das Vorurteil, dass Muggel(stämmige) bzw. Juden an gesellschaftlichen Problemen schuld seien und deswegen zunächst ausgegrenzt und später sogar vernichtet werden müssten.[2055]

2. Der „Blutstatus" und seine gesellschaftliche Bedeutung

Nach einer Jahrhunderte alten Ideologie der Zauberergesellschaft ist der Wert eines Zauberers von der Reinheit des Blutes abhängig.[2056] Die magische Welt unterscheidet deswegen zwischen:

- Muggeln: Menschen ohne magische Fähigkeiten (z. B. die Dursleys)
- Muggelstämmigen (abwertend: „Schlammblut"): Menschen mit magischen Fähigkeiten, obwohl beide Elternteile Muggel sind (z. B. Hermine Granger)
- Squibs: Menschen aus Zaubererfamilien, die selbst keine magischen Fähigkeiten haben (z. B. Arabella Figg, Argus Filch)
- Halbblütern: Menschen mit magischen Fähigkeiten, aber irgendeinem Muggel-Vorfahren (z. B. Lord Voldemort, Harry Potter, Severus Snape)

2052 *Meinecke,* Die deutsche Katastrophe, S. 42; so auch: *Hartung,* in: Puschner/Schmitz/Ulbricht (Hrsg.): Handbuch zur „Völkischen Bewegung", S. 22 (31).

2053 *Puschner/Vollnhals,* in: Puschner/Vollnhals (Hrsg.): Die völkisch-religiöse Bewegung, S. 13 (14); Überblick über den Rassediskurs bis 1945: *Liebscher,* Rasse im Recht, S. 81 ff.

2054 *Wolter,* Die literarische Repräsentation des Bösen, S. 52; *Bürvenich,* Der Zauber des Harry Potter, S. 69.

2055 Diese gesellschaftliche Entwicklung verfolgt auch *Barratt,* um die Parallelen zwischen Harry Potter und dem Dritten Reich darzulegen: *Barratt,* The Politics of Harry Potter, S. 61 ff.

2056 *Kohlová,* Social Issues, S. 14 ff.; *Baltzar,* Power and Evil, S. 110 ff.; *Wolter,* Die literarische Repräsentation des Bösen, S. 99 ff.; *Schroeder,* in: Bell (Hrsg.): Inside the World of Harry Potter, S. 92 (92 ff.); *Rutter,* „Bad Blood Will Out", S. 9 ff.; *Walters,* Not So Magical, S. 5.

– Reinblütern[2057]: Menschen aus reinen Zaubererfamilien (z.B. Neville Longbottom, die Malfoys und die Blacks)

Bezüglich dieser „Blutideologie“ wird die Parallele zwischen Harry Potter und dem Nationalsozialismus am deutlichsten.[2058] In der nationalsozialistischen Ideologie wurden Begriffe wie *deutschblütig*, *artverwandt* und *arisch* benutzt, um die Angehörigen des sog. „deutschen Herrenvolks“ bzw. der sog. „Herrenrasse“ zu bezeichnen und von anderen „Rassen“ abzugrenzen:

– Arisch/nicht arisch:

Das *Gesetz zur Wiederherstellung des Berufsbeamtentums* vom 7. April 1933 verwendete in § 3 I die Formel *„nicht arischer Abstammung“*, um im Sinne der NS-Weltanschauung jüdische Beamte aus dem Dienst entfernen zu können (siehe S. 114, 153). Für bestimmte Personengruppen wurde ein *Ariernachweis* gefordert, weswegen § 3 I BBG auch *Arierparagraph* genannt wird.[2059] Beispielsweise von Ärzten, Juristen, Mitgliedern der SS und der öffentlichen Verwaltung sowie von Wissenschaftlern an Hochschulen.[2060] Der gesetzlich geforderte Abstammungsnachweis war ein sehr wirksames Instrument der nationalsozialistischen Rassenpolitik. Wer ihn nicht erbringen konnte, war damit in fast allen Bereichen der Gesellschaft stigmatisiert.[2061]

– Deutschblütig/Artverwandt:

Die Formel *„deutschen oder artverwandten Blutes“* wurde während des Zweiten Weltkriegs in amtlichen Dokumenten benutzt. Beispielsweise im *Führererlass betreffend die Verwaltung der Ostgebiete* (RGBl. I 1939, S. 2042) vom

2057 Nach der Logik dieser Ideologie macht bereits ein Muggel an irgendeiner Stelle im Stammbaum eines Zauberers diesen zu einem Halbblüter. Zu Ende gedacht würde das bedeuten, dass es gar keine „echten“ Reinblüter gibt, da auch diese irgendwann einmal von Muggeln abstammten. Familien wie die Blacks begegnen diesem „Problem“ formal, indem sie unliebsame Familienmitglieder aus ihrem Stammbaum streichen.

2058 Dazu schreibt Reagin: *„Here the parallel to Nazi Germany breaks down. „Half-Blood“ in Nazi Germany were called Mischlinge (the term was applied to anyone with one or two Jewish grandparents) and were treated better than „full Jews“ but were not remotely equal to „Aryans“ in their civil rights and social position.“ Reagin*, in: Reagin (Hrsg.): Harry Potter and History, S. 127 (141).

2059 *Brosius-Gersdorf*, in: Dreier (Hrsg.): GG, Art. 33 Rn. 6; *Battis,* in: Battis (Hrsg.): BBG, Einleitung, Rn. 4; *Gruchmann,* Justiz im Dritten Reich, S. 137 f.; *Schmitz-Berning*, Vokabular des Nationalsozialismus, S. 58 ff.

2060 Ärzte: *Ferdinand,* in: Beddies/Doetz/Kopke (Hrsg.): Jüdische Ärztinnen und Ärzte im Nationalsozialismus, S. 117 (132 ff.); Rechtsanwälte: *Weber,* Das Schicksal der jüdischen Rechtsanwälte, S. 72 ff.; Hochschule: *Kaiser*, Grenzverwirrungen, S. 92 ff.

2061 Aus dem Bereich der Literatur ist beispielsweise bekannt, dass der britische Autor J.R.R: Tolkien, der 1937 den Fantasyroman *The Hobbit or There and Back Again (Der kleine Hobbit*) veröffentlichte, sich weigerte, einem deutschen Verlag den Ariernachweis zu erbringen, weswegen die deutsche Übersetzung des Werkes erst 1957 veröffentlicht wurde. (*Carpenter*, The Letters Of J.R.R: Tolkien, Brief 29 und 30).

8. Oktober 1939.[2062] 1942 erließ Heinrich Himmler die Anordnung, dass *„germanische"* Völker als *„artverwandtes Blut"* zu gelten hatten, während *„nichtgermanische"* Völker und insbesondere Slawen nicht dazu gehören sollten. Er regelte damit die Rekrutierung Freiwilliger für die Waffen-SS.[2063]

– Volljude, Halbjude, Vierteljude:

1935 wurden die *Nürnberger Rassengesetze* verabschiedet. Darunter versteht man das *Reichsbürgergesetz* (RBG) vom 15. September 1935 (RGBl. I 1935, S. 1146) und das *Gesetz zum Schutze des deutschen Blutes und der Deutschen Ehre* vom 18. Oktober 1935 (RGBl. I 1935, S. 1246). Gem. § 1 RBG waren Juden wie alle anderen Deutschen zwar weiterhin Staatsangehörige, § 2 RBG schuf allerdings zusätzlich das Institut der Reichsbürgerschaft. Das Gesetz entzog Juden damit alle politischen Rechte.[2064] Als *„deutschblütig"* galten nur Personen, die von deutschen Vorfahren abstammten.[2065] Im Gegensatz dazu definierte § 5 der *Ersten Verordnung zum Reichsbürgergesetz*, wer als Jude bzw. „Mischling" angesehen wurde. (Voll-)Jude war, *„wer von mindestens drei der Rasse nach volljüdischen Großeltern abstammt"* (Abs. 1). „Mischling" bzw. „Geltungsjude", war, wer von zwei volljüdischen Großeltern abstammte und der jüdischen Religionsgemeinschaft angehörte oder mit einem Juden verheiratet war oder aus einer Ehe/außerehelichen Verkehr mit einem Juden hervorgegangen war (Abs. 2). Damit kehrten die Nationalsozialisten davon ab, die jüdische „Rasse" rein nach biologischen Kriterien zu definieren.[2066] Das *Gesetz zum Schutze des deutschen Blutes und der deutschen Ehre* stellte Eheschließungen von Juden und „Deutschblütigen" sowie außerehelichen Geschlechtsverkehr zwischen ihnen als „Rasseverrat" unter Strafe.[2067]

Letztlich ging es sowohl in der Zaubererwelt, als auch unter den Nationalsozialisten bei dieser Begriffsverwendung stets darum, die Überlegenheit der Deutschen bzw. Zauberer gegenüber anderen „Rassen" zu begründen und Juden/Muggel(stämmige) gezielt auszugrenzen.[2068] Während Lord Voldemort alle Muggelstämmigen aus der magischen Welt verdrängen und alle Mug-

2062 *Gosewinkel,* Einbürgern und Ausschließen, S. 417.

2063 *Heinemann,* Rasse, Siedlung, deutsches Blut, S. 342, 475 ff.

2064 *Jasch,* in: Brechtken/Jasch/Kreutzmüller u. a. (Hrsg.): Die Nürnberger Gesetze, S. 165 (165–204; *Hansmann*, in: NJW 2005, S. 2648 (2649 f.); *Münch,* Die deutsche Staatsangehörigkeit, S. 61 ff.; *Werle,* Justiz-Strafrecht, S. 179.

2065 *Schmitz-Berning,* Vokabular des Nationalsozialismus, S. 149 f.

2066 *Hansmann*, in: NJW 2005, S. 2648 (2650); *Werle,* Justiz-Strafrecht, S. 182 f.

2067 Präambel: *„Durchdrungen von der Erkenntnis, daß die Reinheit des deutschen Blutes die Voraussetzung für den Fortbestand des deutschen Volkes ist, und beseelt von dem unbeugsamen Willen, die deutsche Nation für alle Zukunft zu sichern, hat der Reichstag einstimmig das folgende Gesetz beschlossen, das hiermit verkündet wird."; Schöne/Luger/Krull,* Rassenhygiene und Euthanasie im Dritten Reich, S. 16; *Hansmann*, in: NJW 2005, S. 2648 (2650 f.); *Werle,* in: NJW 1995, S. 1267 (1267 f.).

2068 *Reagin,* in: Reagin (Hrsg.): Harry Potter and History, S. 127 (134 f.).

gel unterjochen wollte, war das Ziel der Nationalsozialisten letztendlich die „Endlösung“[2069] bzgl. der Judenfrage, also die Ermordung aller Juden in Europa.

Diesen Vergleich zieht auch Kohlova: *„There is a political allegory concerning Voldemort and his agenda. His ideology concerning blood purity, status and prejudice against Muggle-borns is almost identical to the Nazi programme against Slavs, Gypsies and Jews. In other words, Voldemort and Hitler both promoted the idea that some humans are less human than others.“*[2070] Barratt kommt deswegen zum Ergebnis: *„Placed in the context of the discussion of human rights in the preceding chapter, it's this one idea—that some humans are less human than others – that might be the most dangerous in all of Voldemort's (or Hitler's) ideology.“*[2071]

Dabei hat weder Hitler noch Lord Voldemort den Rassismus „erfunden“, sondern lediglich bereits existierende Vorurteile instrumentalisiert und sich diese systematisch zu Nutzen gemacht: *„Hitler had similar ideas for Germany and worked to create an Aryan society free from those he considered unworthy (such as Jews, homosexuals, the disabled, or the mentally ill). In both the wizarding world and Nazi Germany, racism existed prior to the actions of Voldemort and Hitler, yet both men managed to mobilize racial prejudice, creating a menacing vehicle that cataclysmically affected their respective worlds. It is not only the existence of racism but also how it is used that connects Harry Potter to Nazism“*, so Wente.[2072]

Auch Baltzar kommt zu diesem Schluss: *„The ideology of Voldemort and his Death Eaters is thus indeed the direct result of a flaw within the wizarding society itself: they only take the concept of racism one step further, into similar realms as Hitler and his Nazis did in the real world.“*[2073]

3. Weitere Parallelen zum Nationalsozialismus

Weitere Parallelen der Harry-Potter-Bücher zum NS-Staat werden in vielen wissenschaftlichen Arbeiten beleuchtet und sind dort allgemein anerkannt. So

2069 *Steinbacher*, Auschwitz, S. 63 ff.; *Wenck,* Zwischen Menschenhandel und „Endlösung“, S. 47 ff.; *Benz,* Der Holocaust, S. 50 ff.

2070 *Kohlová,* Social Issues, S. 19.

2071 *Barratt,* The Politics of Harry Potter, S. 67.

2072 *Wente,* in: Farr (Hrsg.): A Wizard of Their Age, S. 89 (92).

2073 *Baltzar,* Power and Evil, S. 122. Sie führt weiter aus: *„Actually, this praising of pure-bloodedness is very similar to what Adolf Hitler and the Nazis did in the real world: they praised the pure Aryan race, and they thought that all other races, especially Jews and Gypsies were to be terminated. As a matter of fact the Nazis were of a similar opinion with Voldemort that even a drop of dirty blood (Jewish in Hitler's case and Muggle in Voldemort's) in someone's family tree earned that someone a place in the concentration camp. Voldemort and his Death Eaters think that even a drop of Muggle blood makes one unworthy to study magic at Hogwarts, and to be called a witch or a wizard in general.“ (Baltzar,* Power and Evil, S. 123).

beispielsweise bei Bürvenich: *„Der Rassenwahn Lord Voldemorts und seine Durchsetzungskraft als tyrannischer Diktator sind es auch, die ihn einer realen Person aus der Muggle-Welt überaus ähnlich erscheinen lassen“.*[2074] Wolter ergänzt: *„Gemeint ist hier natürlich Adolf Hitler (1889–1945), der von seiner Idee der Rassenreinheit so überzeugt war, [sic] wie auch die fiktive Figur Lord Voldemort von ihren Idealen der Reinheit des Zaubererblutes.“*[2075] Auch Eccleshare und Ostry sehen in der ganzen Harry Potter Serie einen Kampf gegen den Rassismus[2076], der u. a. durch *„the obvious parallel to Hitler“*[2077] entsteht.

Eine weitere Parallele zum Nationalsozialismus, die sofort ins Auge springt, ist das Datum des Duells zwischen Grindelwald und Dumbledore. So fällt der Sieg über den Schwarzmagier Grindelwald auf das Jahr 1945 und damit das Jahr, in dem das Dritte Reich mit der bedingungslosen Kapitulation der Wehrmacht am 8. Mai endete.[2078] Literaturwissenschaftler sind sich einig, dass dies kein Zufall ist[2079] und auch die Autorin selbst hat bestätigt, dass sie das Datum 1945 bewusst eingebaut hat: *„It amuses me to make allusions to things that were happening in the Muggle world, so my feeling would be that while there's a global Muggle war going on, there's also a global wizarding war going on.“*[2080]

Auch Grindelwalds deutsch klingender Name, der Name seines Gefängnisses *Nurmengard*, der an Nürnberg und die dortigen Nürnberger Prozesse[2081] erinnert und sein Motto *„Für das größere Wohl“* werden angeführt, um eine Vergleichbarkeit zu etablieren.[2082] Ironischerweise wird genau dieses Motto auch über den Eingang von Nurmengard geschrieben, nachdem Grindelwald dort inhaftiert wird. Wolter und Clark erinnert dies an die zynische Aufschrift *„Arbeit macht frei“* über den Toren der Konzentrationslager Auschwitz und Dachau, deren tat-

2074 *Bürvenich,* Der Zauber des Harry Potter, S. 69.

2075 *Wolter,* Die literarische Repräsentation des Bösen, S. 104.

2076 *Eccleshare,* A Guide to the Harry Potter Novels, S. 74.

2077 *Ostry*, in: Anatol (Hrsg.): Reading Harry Potter, S. 89 (93).

2078 *Kunz,* Wehrmacht und Niederlage, S. 98; *Mager,* Staatsrecht I, S. 14.

2079 So z. B. *Wolter,* Die literarische Repräsentation des Bösen, S. 39, 52; *Bürvenich,* Der Zauber des Harry Potter, S. 69; *Blake,* The Irresistible Rise of Harry Potter, S. 104; *Winters,* in: Buttsworth/Abbenhuis (Hrsg.): Monsters in the Mirror, S. 53 (67); *Baltzar,* Power and Evil, S. 130. Rutter schreibt dazu: *„Fans and critics alike should make no mistake: that Grindelwald was defeated by Albus Dumbledore – a Churchillesque figure in the fight against extremism – the same year the Nazi regime was dismantled is not a coincidence by any means.“* *Rutter,* „Bad Blood Will Out“, S. 17.

2080 Interview 2005: http://www.accio-quote.org/articles/2005/0705-tlc_mugglenet-anelli-3.htm (abgerufen am: 23.01.2023). Zitiert auch von: *Groves,* Literary Allusions in Harry Potter, S. 90; *Berents,* in: Bell (Hrsg.): Hermione Granger Saves the World, S. 142 (143).

2081 *Weinke,* Die Nürnberger Prozesse, S. 30 ff. *Jung,* Die Rechtsprobleme der Nürnberger Prozesse, S. 1 ff.

2082 *Wente,* in: Farr (Hrsg.): A Wizard of Their Age, S. 89 (100); *Rutter,* „Bad Blood Will Out“, S. 17 f.; *Walters,* Not So Magical, S. 27; *Reagin,* in: Reagin (Hrsg.): Harry Potter and History, S. 127 (148).

sächlicher Zweck die „Vernichtung durch Arbeit“ war.[2083] Lord Voldemort selbst benutzt das Motto *„Magie ist Macht“*, das er u. a. auf den Brunnen im Atrium des Zaubereiministeriums anbringen lässt.[2084]

Damit gibt es in den Harry-Potter-Büchern sogar zwei Charaktere, die von ihrer Ideologie her an Adolf Hitler angelehnt wurden. Da Grindelwald in den sieben Büchern jedoch nur in Nebensätzen über die Vergangenheit erwähnt wird, ist es fruchtbarer, weitere Vergleiche anhand Lord Voldemorts zu ziehen.

Wolter zieht eine Verbindung zwischen dem Datum der Öffnung der Kammer des Schreckens 1942 und der Wannsee-Konferenz im gleichen Jahr: *„Des Weiteren erfährt man, dass die „Chamber of Secrets“ von Voldemort fünfzig Jahre zuvor (vgl. HP2 242), also 1942, geöffnet wurde. 1942 war im Zusammenhang mit dem Zweiten Weltkrieg ein wichtiges Datum, denn im Januar 1942 wurde bei der Wannsee-Konferenz die „Endlösung der Judenfrage“ beschlossen und im Mai 1942 setzte die Massenvernichtung in Auschwitz ein.“*[2085]

Maar führt noch weitere Daten an, die Harry Potter mit dem Nationalsozialismus in Verbindung bringen. So findet die Anhörung zur Hinrichtung Seidenschnabels am 20. April, Hitlers Geburtstag, statt. Die Befreiung Seidenschnabels erfolgt am 6. Juni, dem Tag der Landung der Alliierten in der Normandie.[2086]

Reading sieht sowohl in Hitler als auch in Lord Voldemort Diktatoren, die an ihre eigene Unsterblichkeit glauben: *„The dictatorships of Hitler and Stalin, like Voldemort's incipient next reign, were marked by the leader's exertion of his ‚will': his underlying belief in his own immortality – whether corporately, as in the idealised ‚Thousand-Year Reich', or corporeally, as in his own physical immortality.“*[2087] Diese krankhafte Selbstüberschätzung und Paranoia unter der sowohl Hitler als auch Lord Voldemort leiden, spricht Rowling in einem Interview selbst an: *„Voldemort is of course a sort of Hitler. If you read books about megalomania types like Hitler and Stalin, it's interesting to find how superstitious these people are, with all their power. It's part of their paranoia, the desire to make themselves bigger then who they really are; they love talking about destiny and fate. I wanted Voldemort to also have those paranoid traits.“*[2088]

2083 *Wolter,* Die literarische Repräsentation des Bösen, S. 106; *Clark,* in: Bell (Hrsg.): From Here to Hogwarts, S. 78 (91 f.).

2084 *Rowling*, Harry Potter 7, Magie ist Macht, S. 249.

2085 *Wolter,* Die literarische Repräsentation des Bösen, S. 105. Ob tatsächlich jede Jahreszahl in den Harry-Potter-Büchern eine Bedeutung beigemessen werden kann, ist fraglich. Hier ist der Zusammenhang zwischen einer Konferenz, auf der ein europaweiter Genozid beschlossen wurde und der Öffnung eines Raumes in einer Schule, in dem ein Monster lebt, das Schüler töten soll, eher weit hergeholt.

2086 *Maar,* Warum Nabokov Harry Potter gemocht hätte, S. 100. Das fällt auch Barratt auf: *Barratt,* The Politics of Harry Potter, S. 36.

2087 *Reading,* Critical Literacy in a Global Context, S. 126.

2088 Interviews mit „The Volkskrant“ im November 2007: http://www.the-leaky-cauldron.org/2007/11/19/new-interview-with-j-k-rowling-for-release-of-dutch-edition-

Ein weiteres starkes Symbol, das den Nationalsozialismus mit Harry Potter verbindet, ist das sog. *„Dunkle Mal"*. Dabei handelt es sich um das Zeichen Lord Voldemorts. Es zeigt einen Totenschädel, aus dessen Mund eine Schlange emporsteigt. Voldemort markiert den linken Arm eines jeden Todessers mit diesem magischen Mal und nutzt es, um seine Anhänger zu sich zu rufen. Außerdem markiert das Dunkle Mal Stellen, an denen Lord Voldemort getötet hat.[2089]

Auch wenn das Dunkle Mal keinerlei optische Übereinstimmung mit Hitlers Hakenkreuz-Symbol hat, fällt doch auf, dass die jeweiligen Anhänger das Symbol als Zeichen ihrer Zugehörigkeit auf dem Arm bzw. auf einer Armbinde tragen.[2090] Hinzu kommt, dass die Mitglieder der Waffen-SS ihre Blutgruppe auf den Unterarm tätowiert hatten.[2091] Sowohl Hitler als auch Lord Voldemort nutzen starke Symbolik und Rhetorik, um die Massen zu begeistern und ihre Anhänger klar als „zugehörig" zu kennzeichnen, womit ein starker „Korpsgeist" einhergeht. Dazu Barratt: *„He holds his Death Eaters close through not only fear but also a sense of familial closeness [...] and pride. Just as Hitler skillfully used symbols of traditional German nationalism to lend legitimacy to his racial ideology, so Voldemort claims to be restoring old, traditional standards of magical behavior, selectivity, and empowerment that have been lost."*[2092]

Ebenfalls auffällig ist, dass weder Adolf Hitler noch Lord Voldemort den Idealen entsprechen, die sie selbst zum gesellschaftlich angestrebten Ziel erheben. Lord Voldemorts Vater war ein Muggel, was ihn selbst zu einem Halbblüter macht.[2093] Und auch Hitler entsprach weder von seiner Biographie noch von seinem Aussehen her dem Ideal eines großen, blonden, blauäugigen Ariers, wobei sich über Hitlers Abstammung und den Grund für seinen Judenhass zahlreiche Mythen ranken.[2094]

Diese Diskrepanz fällt auch Baltzar auf: *„Interestingly, the appearance of an ideal human is very different from Adolf Hitler himself, who was a very short and dark man. This is yet another example of the issue discussed above, i. e. Hitler and Voldemort wanting and essentially pretending to be something entirely different from what they actually are, as deep down they find what they actually*

---

of-deathly-hallows/ (abgerufen am: 23.01.2023). Auch: *Groves,* Literary Allusion in Harry Potter, S. 86 f.

2089 *Rowling,* Harry Potter 4, Das Dunkle Mal, S. 151; Veritaserum, S. 704; Harry Potter 6, Spinner's End, S. 35; Horace Slughorn, S. 70.

2090 *Nicholls,* Adolf Hitler, S. 258–260; *Zander,* Fascism through History/1, S. 468–470.

2091 Allerdings kennzeichneten die Nationalsozialisten auch ihre Opfer, nämlich die Häftlinge in den Konzentrationslagern, mit einer tätowierten Nummer, zu diesem Widerspruch: *Lobstädt,* Tätowierung, Narzissmus und Theatralität, S. 110 f.

2092 *Barratt,* The Politics of Harry Potter, S. 63.

2093 *Rowling,* Harry Potter 6, Das Haus der Gaunts, S. 216 ff.

2094 Der Mythos, ob Hitler selbst jüdischer Abstammung war, rührt daher, dass Hitlers Vater Alois ein uneheliches Kind war und Hitlers Großvater väterlicherseits deswegen bis heute unbekannt ist (*Sax,* in: Journal of European Studies, Vol. 49, Issue 2, S. 143 (143–162); *Den Hertog,* Why Did Hitler Hate the Jews?, S. 30 ff.

are to be utterly despicable. "[2095] Zum gleichen Ergebnis kommen auch Barratt[2096], Baltzar[2097] und Kohlova: *„It is important to point out that Voldemort (as Hitler) does not meet the conditions of his very own ideology.* "[2098]

Umgekehrt bemerkt Rutter, dass einige – aber längst nicht alle – Anhänger Lord Voldemorts – wie die blonden, blauäugigen und reinblütigen Malfoys – dem Idealbildnis eines Ariers entsprechen.[2099] Im sechsten Buch wird die Tatsache, dass aber nicht alle Anhänger Lord Voldemorts selbst „reines" Blut haben können, von Hermine thematisiert: *„»Die Todesser können nicht alle reinblütig sein, es gibt nicht mehr genügend reinblütige Zauberer«, sagte Hermine hartnäckig. »Ich schätze, die meisten von ihnen sind Halbblüter, die so tun, als wären sie Reinblüter. Die hassen nur Muggelstämmige, dich und Ron würden sie mit offenen Armen aufnehmen.«* "[2100]

Rowling erklärt Lord Voldemorts Motivation und Fixierung auf reines Blut mit dessen Selbsthass[2101] und stellt in einem Interview erneut die Parallele zu Hitler her: *„He takes what he perceives to be a defect in himself, in other words the non-purity of his blood, and he projects it onto others. It's like Hitler and the Arian ideal, to which he did not conform at all, himself. And so Voldemort is doing this also. He takes his own inferiority, and turns it back on other people and attempts to exterminate in them what he hates in himself.* "[2102]

Zusammenfassend lässt sich festhalten, dass es zwischen dem Aufstieg Lord Voldemorts und seiner Ideologie zahlreiche Parallelen[2103] zur Persönlichkeit

---

2095 *Baltzar,* Power and Evil, S. 125. Sie führt weiter aus: *„Hitler projected all the unwanted parts of himself (i. e. his perversion and femininity) to Jews, and thus the Jews became the personification of evil to him. Hitler perceived the Jews to be responsible for all the difficulties in the world, in a similar manner as he perceived his femininity to be the reason for all his personal difficulties.* " (*Baltzar,* Power and Evil, S. 125).

2096 *Barratt,* The Politics of Harry Potter, S. 73.

2097 *Baltzar,* Power and Evil, S. 123.

2098 *Kohlová,* Social Issues, S. 18.

2099 *Rutter,* „Bad Blood Will Out", S. 5.

2100 *Rowling,* Harry Potter 6, Silber und Opale, S. 244 f.

2101 Tom Riddle (Lord Voldemort) zu Harry: *„Glaubst du etwa, ich wollte für immer den Namen meines miesen Muggelvaters tragen? Ich, in dessen Adern von der Mutter her das Blut von Salazar Slytherin selbst fließt? Ich soll den Namen eines schäbigen, gemeinen Muggels behalten, der mich verließ, noch bevor ich geboren war, nur weil er herausfand, dass seine Frau eine Hexe war? Nein, Harry – ich erfand mir einen neuen Namen, einen Namen, von dem ich wusste, dass Zauberer allerorten ihn eines Tages, wenn ich der größte Zaubermeister der Welt sein würde, vor Angst nicht auszusprechen wagen würden!«* " (*Rowling,* Harry Potter 2, Der Erbe Slytherins, S. 335).

2102 Interview mit „CBC News World: Hot Type" am 13.07.2000, http://www.accio-quote.org/articles/2000/0700-hottype-solomon.htm (abgerufen am: 23.01.2023).

2103 *Fenske* wehrt sich gegen diese Interpretation: *„[...] there is absolutely no reason to read the novels as a metaphor for the Third Reich."(Fenske,* Muggles, Monsters and Magicians, S. 298). Sie hat insofern Recht, als dass es Einige mit dem Suchen von Parallelen übertreiben. Als absurde Beispiele zitiert sie andere Autoren, die z. B. in

sowie Machtergreifung Hitlers und dessen Ideologie gibt. Diese sind nicht nur in der Wissenschaft etabliert, sondern wurden auch von der Autorin beabsichtigt.[2104]

4. Rassismus und Ideologie zu Harrys Schulzeit

Bereits bei seinem ersten Besuch in der Winkelgasse und seiner ersten Begegnung mit einem Mitschüler macht Harry erste Erfahrungen mit Alltagsrassismus[2105] in der magischen Welt:

„*»Ich halte überhaupt nichts davon, die andern aufzunehmen, du etwa? Die sind einfach anders erzogen worden als wir und gehören eben nicht dazu. Stell dir vor, manche von ihnen wissen nicht einmal von Hogwarts, bis sie ihren Brief bekommen. Ich meine, die alten Zaubererfamilien sollten unter sich bleiben. […] »Du wirst bald feststellen, dass einige Zaubererfamilien viel besser sind als andere, Potter. Und du wirst dich doch nicht etwa mit der falschen Sorte abgeben. […] »Ich an deiner Stelle würde mich vorsehen, Potter«, sagte er langsam. »Wenn du nicht ein wenig höflicher bist, wird es dir genauso ergehen wie deinen Eltern. Die wussten auch nicht, was gut für sie war. Wenn du dich mit Gesindel wie den Weasleys und diesem Hagrid abgibst, wird das auf dich abfärben.«* “[2106]

Draco Malfoy spricht hier indirekt die oben erwähnte Blutideologie an, indem er Harry erklärt, dass manche Zaubererfamilien besser seien als andere, dass es besser wäre, unter sich zu bleiben und, dass in Hogwarts keine Muggelstämmi-

„Ravenclaw“ den Namen des KZs „Ravensbrück“ wiedererkennen oder die Rohrverbindungen, in der Kammer des Schreckens mit den Gaskammern vergleichen. Beauxbatons und Durmstrang (das in Osteuropa liegt) kommt in einer Interpretation die Rolle der „Westlichen Alliierten“ zu und Harrys Narbe wird mit dem SS-Zeichen verglichen. Diese weithergeholten Parallelen ändern jedoch nichts an den oben genannten – textuell sehr deutlich hervortretenden und von der Autorin in Interviews bestätigten – Ähnlichkeiten.

2104 Oder in fremden Worten: *„The parallels between the history of Nazi Germany and the Holocaust, and the ways in which Voldemort's ideology and practices are constructed in Harry Potter, are remarkable.“ Patient/ Street,* in: Patterson (Hrsg.): Harry Potter's World Wide Influence, S. 201 (226).

2105 Klarstellung: Mit „Rassismus“ ist hier immer die Abneigung der Zauberer gegenüber Muggeln und Muggelstämmigen gemeint. Dies geschieht unabhängig davon, aus welchem Land die Personen stammen. Dass es in der Zaubererwelt auch „echten“ Rassismus in unserem Verständnis gegenüber „Ausländern“ gibt, zeigt ein Zitat Hagrids, der vor den Durmstrang und Beauxbatons Schülern warnt: *„Je weniger ihr drei mit diesen Ausländern zu tun habt, desto besser für euch. Da kann man doch keinem von trauen.“ (Rowling,* Harry Potter 4, Mr Crouchs Wahn, S. 588).

2106 *Rowling,* Harry Potter 1, In der Winkelgasse, S. 88 ff.; Abreise von Gleis neundreiviertel, S. 120 f. Dazu: *Schroeder,* in: Bell (Hrsg.): Inside the World of Harry Potter, S. 92 (93).

gen unterrichtet werden sollen.[2107] Durch das Verhalten Dracos und seine Äußerungen wird spätestens in Band zwei klar, dass sich die gesamte Familie Malfoy für etwas Besseres hält, weil ihre Familie „reinblütig“ ist.[2108] Ebenfalls reinblütige Familien wie den Weasleys, die mit Muggelstämmigen wie Hermine und ihren Eltern befreundet sind, bringen Draco und seine Familie nur Verachtung entgegen. Dies ergibt sich auch aus einer Bemerkung von Mr Malfoy gegenüber Mr Weasley, der mit Hermines Eltern in der Winkelgasse unterwegs ist und der außerdem im *Büro gegen den Missbrauch von Muggelartefakten* arbeitet: *„»Meine Güte, was nützt es, eine Schande für die gesamte Zaubererschaft zu sein, wenn man nicht einmal gut dafür bezahlt wird?« […] »Mit solchen Leuten geben Sie sich ab, Weasley, und ich hatte gedacht, Ihre Familie könnte nicht noch tiefer sinken –« “*[2109]

Manche bezeichnen Familien wie die Weasleys deswegen als *„Blutsverräter“*.[2110] Eine abwertende Bezeichnung für Muggelstämmige ist *„Schlammblut“*. Diesen Begriff nutzt Draco Malfoy regelmäßig, um Hermine zu beleidigen.[2111] Ron erklärt Harry daraufhin erstmals die Bedeutung: *„»Schlammblut ist ein wirklich schlimmes Schimpfwort für jemanden, der aus einer Muggelfamilie stammt – du weißt ja, mit Eltern, die keine Zauberer sind. Es gibt ein paar Zauberer, wie*

2107 Anders als in Hogwarts werden in Durmstrang keine muggelstämmigen Schüler angenommen: *„»… Vater hat tatsächlich überlegt, ob er mich nach Durmstrang schicken soll und nicht nach Hogwarts. Er kennt nämlich den Schulleiter dort. Tja, ihr wisst ja, was er über Dumbledore denkt – der Kerl ist ein unglaublicher Liebhaber von Schlammblütern – und Durmstrang nimmt solches Gesindel gar nicht erst auf. Aber Mutter wollte nicht, dass ich so weit weg in die Schule gehe. Vater sagt, in Durmstrang haben sie eine viel vernünftigere Einstellung zu den dunklen Künsten als in Hogwarts. Durmstrang-Schüler lernen sie sogar und uns bringen sie nur diesen Verteidigungskram bei …«“ (Rowling,* Harry Potter 4, Im Hogwarts-Express, S. 174).

2108 Eine weitere Hasstriade Draco Malfoys gegenüber Muggelstämmigen: *„»Arthur Weasley hat ein so großes Herz für die Muggel, dass er seinen Zauberstab zerbrechen und zu ihnen gehen sollte«, sagte Malfoy verächtlich. »Man sollte nicht meinen, dass die Weasleys Reinblüter sind, so wie die sich aufführen.« […] »Na dann geh hoch in den Krankenflügel und gib all diesen Schlammblütern einen Tritt von mir«, sagte Malfoy kichernd. […] Vater hat schon immer gesagt, dass Dumbledore das Schlimmste ist, was dieser Schule passieren konnte. Er mag Muggelstämmige. Ein anständiger Schulleiter hätte nie solchen Schleim wie Creevey zugelassen.« […] »Der heilige Potter, Freund der Schlammblüter«, sagte Malfoy langsam. »Noch so einer ohne das anständige Zaubererempfinden, oder er würde nicht mit dieser hochnäsigen Schlammblüterin Granger herumlaufen.«“ (Rowling,* Harry Potter 2, Der Vielsaft-Trank, S. 240 f.).

2109 *Rowling,* Harry Potter 2, Bei Flourish & Blotts, S. 71.

2110 *Rowling,* Harry Potter 5, Das fürnehme und gar alte Haus der Blacks, S. 125; Harry Potter 6, Der Slug-Club, S. 153; Das Haus der Gaunts, S. 213.

2111 *„»Keiner hat dich nach deiner Meinung gefragt, du dreckiges kleines Schlammblut«, blaffte er sie an.“ (Rowling,* Harry Potter 2, Die unheimliche Stimme, S. 122).

Malfoys Familie, die glauben, sie wären besser als alle andern, weil sie das sind, was die Leute reinblütig nennen.« "[2112]

Rutter schreibt dazu: „*Within the magical world, the term ‚Mudblood' is highly offensive, on par with the racial epithets heard in the Muggle world.*"[2113] Barratt hat dem Verhältnis zwischen „pureblood" und „mudblood" Zauberern sogar ein ganzes Kapitel in ihrem Buch gewidmet.[2114]

Letztendlich geht es im gesamten Band zwei um nichts anderes als das Verhältnis von reinblütigen Zauberern zu Muggelstämmigen.[2115] Mr Malfoy sorgt dafür, dass die (von Salazar Slytherin erbaute und von Tom Riddle zum ersten Mal geöffnete) Kammer des Schreckens erneut geöffnet wird, indem er Ginny Weasley das Tagebuch Tom Riddles (Lord Voldemorts) unterschiebt. Sein Ziel ist es, dass Ginny erwischt wird und Arthur Weasley, der gerade ein Muggelschutzgesetz vorbereitet, dafür seinen Job im Zaubereiministerium verliert.[2116]

In Band drei dreht die Autorin die Rassismus-Debatte interessanterweise um. Man erfährt, dass Harrys Tante und Onkel genauso starke Abneigungen gegen Zauberer hegen, wie das einige Zaubererfamilien gegenüber den Muggeln tun. Insbesondere vertreten auch die Dursleys und Tante Magda die Ansicht, dass schlechte Eigenschaften eine „*Frage des Blutes*"[2117] seien und vererbt werden würden: „*»Du musst dir keinen Vorwurf machen, dass der Junge so geworden ist, Vernon«, sagte sie am dritten Tag beim Mittagessen. »Wenn im Innern etwas Verdorbenes steckt, kann kein Mensch etwas dagegen machen.« […] Tante Magda griff nach ihrem Weinglas. »Das ist eine Grundregel der Zucht«, sagte sie. »Bei Hunden kann man es immer wieder beobachten. Wenn etwas mit der Hündin nicht stimmt, wird auch mit den Welp–« […] »Alles eine Frage des Blutes, sag ich immer. Schlechtes Blut zeigt sich einfach.*"[2118]

2112 *Rowling,* Harry Potter 2, Die unheimliche Stimme, S. 126. Dazu: *Schroeder,* in: Bell (Hrsg.): Inside the World of Harry Potter, S. 92 (99).

2113 *Rutter,* Bad Blood Will Out", S. 11.

2114 *Barratt,* The Politics of Harry Potter, S. 59–84. Auch Linzer beschäftigt sich mit der Rolle des „Blutes" als Ausdruck von Rassismus in den Harry-Potter-Büchern (*Linzer,* „Mudbloods" und „Half-Breeds", S. 112 ff.).

2115 Ostry kommt sogar bezüglich der gesamten Geschichte zum Ergebnis: „*The series enacts a great ‚race war'.*" (*Ostry,* in: Anatol (Hrsg.): Reading Harry Potter, S. 89 (89)).

2116 *Rowling,* Harry Potter 2, Dobbys Belohnung, S. 358. Der Inhalt des Muggelschutzgesetzes ist unbekannt und es wird danach auch nie wieder erwähnt. Um dieses Gesetz zu verhindern, hat Mr Malfoy letztendlich sogar die Tötung aller muggelstämmigen Schüler in Hogwarts riskiert.

2117 Auch Hitler bildete Hunde-Vergleiche: „*Im Blute allein liegt sowohl die Kraft als auch die Schwäche des Menschen begründet. Völker, welche nicht die Bedeutung ihrer rassischen Grundlage erkennen und beachten, gleichen Menschen, die Möpsen die Eigenschaften von Windhunden anlernen möchten, ohne zu begreifen, daß die Schnelligkeit des Windhundes wie die Gelehrigkeit des Pudels keine angelernten, sondern in der Rasse liegende Eigenschaften sind.*" (*Hitler,* Mein Kampf, S. 372).

2118 *Rowling,* Harry Potter 3, Tante Magdas großer Fehler, S. 31, 34.

In Band vier wird der Bereich der verbalen Attacken verlassen und es kommt zu gezielten Angriffen auf Muggel und Muggelstämmige durch (ehemalige) Anhänger Lord Voldemorts. Frühere Todesser lassen das Dunkle Mal über dem Zeltplatz der Quidditch-Weltmeisterschaft schweben und quälen die Muggel, denen der Zeltplatz gehört, indem sie diese kopfüber und in Nachtwäsche über den Zeltplatz schweben lassen. *„»Die sind hinter Muggeln her, Granger«, sagte Malfoy. »Willst du vielleicht mitten in der Luft dein Höschen vorzeigen ... sie kommen in diese Richtung, und das wär doch für uns alle ein Riesenspaß.« »Hermine ist eine Hexe«, knurrte Harry. »Wie du meinst, Potter«, sagte Malfoy heimtückisch grinsend. »Wenn du glaubst, die könnten eine Schlammblüterin nicht erkennen, dann bleibt, wo ihr seid.«"*[2119]

Bis Band vier entsteht dadurch eine Spirale der (rassistischen) Gewalt, die am Ende des Buches in die Rückkehr Lord Voldemorts und die Ermordung Cedric Diggorys mündet. Das ganze Ausmaß des Hasses zeigt ein Zitat Draco Malfoys dazu: *„»Du hast dich für die Verlierer entschieden, Potter! Ich hab dich gewarnt! Ich hab dir gesagt, du solltest besser darauf achten, mit wem du dich abgibst. Erinnerst du dich? Als wir uns im Zug trafen, auf der ersten Fahrt nach Hogwarts? Ich hab dir gesagt, du sollst dich nicht mit so einem Pack abgeben!« Sein Kopf zuckte in Richtung Ron und Hermine. »Zu spät, Potter! Die verschwinden zuerst, jetzt, wo der Dunkle Lord zurück ist! Schlammblüter und Muggelfreunde als Erste! Na ja – als Zweite – Diggory war der Er –«"*[2120]

Draco Malfoy gibt hier einen erschreckend genauen Ausblick darauf, was in den nächsten drei Jahren geschehen wird. Obwohl es das letzte Kapitel des Buches ist, trägt es den passenden Namen *„Der Anfang"* und bezieht sich darauf, dass Lord Voldemort zurückkehrt und wir am Anfang seiner Schreckensherrschaft stehen.

In Band fünf wird neben den Malfoys eine weitere reinblütige Familie vorgestellt, die bereits bei der ersten Machtergreifung Lord Voldemorts dessen Rassenwahn verfallen war: Die Blacks, deren französisches Familienmotto *„Toujours pur"* (dt. *„Immer rein")* ist. Die Verehrung Lord Voldemorts ging so weit, dass die Familie Personen aus ihrem Stammbaum strich, die sich der Ideologie nicht anschließen wollten. Beispielsweise Sirius Black.[2121] Sirius Mutter hängt bis heute als sprechendes Portrait im Eingangsbereich des Herrenhauses und beschimpft alle nicht reinblütigen Gäste aufs übelste: *„»Dreck! Abschaum! Ausgeburten von Schmutz und Niedertracht! Halbblüter, Mutanten, Missgeburten,*

2119 *Rowling,* Harry Potter 4, Das Dunkle Mal, S. 130; *Gupta,* Re-Reading Harry Potter, S. 102 f.

2120 *Rowling*, Harry Potter 4, Der Anfang, S. 762.

2121 *Rowling,* Harry Potter 5, Das fürnehme und gar alte Haus der Blacks, S. 135 f. Dazu: *Schroeder,* in: Bell (Hrsg.): Inside the World of Harry Potter, S. 92 (94 f.); *Wilson,* in: Dahlen/Thomas (Hrsg.): Harry Potter and the Other, S. 287 (295); *Babenhauserheide,* Harry Potter und die Widersprüche der Kulturindustrie, S. 284; *Fenske,* Muggles, Monsters and Magicians, S. 215.

hinfort von hier! Wie könnt ihr es wagen, das Haus meiner Väter zu besudeln …« "[2122]

Das interessante an der Familie Black ist, dass sie selbst (bis auf Sirius Bruder Regulus) keine Todesser waren. Sie dienen in den Harry-Potter-Büchern als Beispiel für die vielen „Mitläufer", die es auch im Nationalsozialismus gab und die durch ihre Untätigkeit die Macht der Nationalsozialisten untermauerten: *„»Waren – waren deine Eltern auch Todesser?« »Nein, nein, aber glaub mir, sie dachten, Voldemort hätte die richtigen Vorstellungen, sie waren alle für die Säuberung der Zaubererrasse, die Muggelstämmigen sollte man loswerden und die Reinblütigen sollten das Sagen haben. Damit standen sie nicht allein; bevor Voldemort sein wahres Gesicht zeigte, gab es eine ganze Menge Leute, die glaubten, er hätte die richtigen Vorstellungen, wo es langgehen sollte … sie kriegten allerdings kalte Füße, als sie sahen, was er zu tun bereit war, um Macht zu gewinnen. Aber ich wette, meine Eltern dachten anfangs, als Regulus [Anm. Sirius Bruder] sich denen anschloss, er sei ein richtiger kleiner Held.«* "[2123]

Mit Dolores Umbridge erlangt in Band fünf eine Ministeriumsangestellte in Hogwarts das Sagen, die zutiefst rassistische Vorurteilte gegenüber nicht menschlichen magischen Kreaturen wie Riesen und Zentauren hat.[2124] Die Macht, die Umbridge – trotz ihrer Ideologie – in Hogwarts erhält, sind der Anfang vom Untergang einer toleranten, vielfältigen Zaubererausbildung (siehe S. 142 ff.) und ebnen Lord Voldemort genauso den Weg, wie das systematische Versagen des damaligen Zaubereiministers Cornelius Fudge.[2125]

Wie weitverbreitet Alltagsrassismus gegenüber Muggeln und Muggelstämmigen ist, zeigt der Anfang von Band sechs. Harrys neuer Lehrer Horace Slughorn macht Harry das zweifelshafte Kompliment, dass seine Mutter eine brillante Schülerin war, *obwohl* sie von Muggeln abstammte: *„»Ihre Mutter stammte doch tatsächlich von Muggeln ab. Konnte es nicht fassen, als ich es rausfand. Dachte, sie müsste reinblütig sein. So gut, wie sie war.« »Eine sehr gute Freundin von mir ist muggelstämmig«, sagte Harry, »und sie ist die Beste in unserem Jahrgang.« »Komisch, dass das manchmal vorkommt, nicht wahr?«, sagte Slughorn.* "[2126] Barratt schreibt zutreffend über Slughorn: *„There are also those*

2122 *Rowling,* Harry Potter 5, Grimmauldplatz Nr. 12, S. 98. Die gleichen Beleidigungen werden auch vom alten Hauself der Familie Black verbreitet: *„»… riecht wie eine Kloake und ist ein Verbrecher noch dazu, aber sie ist auch nicht besser, gemeine alte Blutsverräterin, deren Bälger das Haus meiner Herrin beschmutzen, o meine arme Herrin, wenn sie wüsste, wenn sie wüsste, welchen Abschaum sie in ihr Haus gelassen haben, was würde sie zum alten Kreacher sagen, o welche Schande, Schlammblüter und Werwölfe und Verräter und Diebe, der arme alte Kreacher, was kann er nur tun …«" (Rowling,* Harry Potter 5, Das fürnehme und gar alte Haus der Blacks).

2123 *Rowling,* Harry Potter 5, Das fürnehme und gar alte Haus der Blacks, S. 136.

2124 *Rowling,* Harry Potter 5, Das Auge der Schlange, S. 528; Kampf und Flucht, S. 885 f.

2125 *Wolter,* Die literarische Repräsentation des Bösen, S. 89.

2126 *Rowling,* Harry Potter 6, Horace Slughorn, S. 76.

who believe themselves to be tolerant in their attitudes, but subconsciously see Muggle-borns as a category apart.“[2127]

Im weiteren Verlauf des Buches lernt Harry durch das Denkarium die Gaunts, die letzten Nachkommen Salazar Slytherins kennen. Obwohl diese finanziell vor dem Ruin stehen, halten sie sich alleine auf Grund ihrer Blutsverwandtschaft mit einem reinblütigen Zauberer für die Krönung der Schöpfung.[2128] Ihr gesamter Selbstwert ist darauf aufgebaut, dass sie als reinblütige Zauberer etwas Besseres sind als Muggel und Muggelstämmige.[2129] Das Schlimmste, das den Gaunts deswegen passieren konnte, war, dass Merope (Lord Voldemorts Mutter) später einen Muggel (Lord Voldemorts Vater) heiratete.

Einen Angestellten des Zaubereiministeriums bezeichnet Vorlost Gaunt als *„dreckiger, kleiner Schlammblüter“*.[2130] Die Tatsache, dass sein Sohn Morfin einen Muggel verletzt hat, quittiert er mit dem Spruch: *„Er hat einem dreckigen Muggel eine Lektion erteilt, und das soll jetzt gesetzeswidrig sein?“*.[2131] Als er erfährt, dass seine Tochter in einen Muggel verliebt ist, schreit er: *„Meine Tochter – reinblütiger Nachkomme von Salazar Slytherin – sehnt sich nach einem schmutzigen, dreckblütigen Muggel? [...] Du widerliche kleine Squib, du dreckige kleine Blutsverräterin!*“[2132]

Und auch das Ende von Band sechs ist wieder ein starkes Signal dafür, was den Leser im nächsten Buch erwartet. Selbst im Antlitz des Todes, kurz bevor Draco Malfoy Dumbledore töten soll (was letztendlich Snape übernimmt), kommen die zwei unterschiedlichen Ansichten der Zaubererwelt zum Thema Muggel und Muggelstämmige zur Sprache: *„»Bitte verwenden Sie [Anm. Draco Malfoy] dieses beleidigende Wort nicht in meiner Gegenwart«, sagte Dumbledore. »Es schert Sie, dass ich ‚Schlammblut‘ sagte, jetzt, wo ich Sie doch gleich umbringen werde?« »Ja, in der Tat«, sagte Dumbledore.*“[2133]

Wie dieses Zitat verdeutlicht, stirbt mit Dumbledore einer der „Guten“, ein Fürsprecher der Muggel, Muggelstämmigen und auf andere Weise diskriminierten Personen und Wesen wie Riesen, Zentauren und Werwölfe. Lord Voldemort sowie seiner Blutsideologie wird ab Band sieben deswegen zunächst fast ungehindert das Feld überlassen.

2127 *Barratt,* The Politics of Harry Potter, S. 70.

2128 *Rowling,* Harry Potter 6, Das Haus der Gaunts, S. 210.

2129 *„Marvolo Gaunt prides himself on his ancestry and personifies the old perception of pure-bloods: That they are above muggles and can treat muggles how they want.“* (*Schroeder,* in: Bell (Hrsg.): Inside the World of Harry Potter, S. 92 (97)). So auch: *Baltzar,* Power and Evil, S. 123 f.

2130 *Rowling,* Harry Potter 6, Das Haus der Gaunts, S. 210.

2131 *Rowling,* Harry Potter 6, Das Haus der Gaunts, S. 209.

2132 *Rowling,* Harry Potter 6, Das Haus der Gaunts, S. 213.

2133 *Rowling,* Harry Potter 6, Der vom Blitz getroffene Turm, S. 594.

5. Institutionalisierung durch Lord Voldemort

Ab Band sieben beginnt Lord Voldemort damit, seine Ideologie zu institutionalisieren, so wie es auch Hitler nach seiner Machtergreifung getan hat. Schroeder schreibt dazu: „*However, the treatment of muggle-borns worsens in DH once Voldemort is in power.*“[2134]

a) Ideologie, Reden, Propaganda

Der letzte Band beginnt mit einer Rede Lord Voldemorts vor seinen Anhängern, die in ihrer Rhetorik und ihrem Inhalt den Reden Hitlers ähnelt.

„*»Viele unserer ältesten Familienstammbäume werden mit der Zeit etwas kränklich«, sagte er, während Bellatrix atemlos und flehentlich zu ihm hinsah. »Man muss einen Baum stutzen, damit er gesund bleibt, nicht wahr? Die Teile wegschneiden, welche die Gesundheit des Übrigen bedrohen.« […] »Und wie in deiner Familie, so auch in der Welt … Wir werden das Krebsgeschwür wegschneiden, das uns verseucht, bis nur noch die von wahrem Blut zurückbleiben…«*“[2135]

Was Lord Voldemort hier mit Euphemismen (bzw. einem „*biological metaphor*“[2136]) beschreibt, ist letztendlich die Aufforderung zum Massenmord an Muggelstämmigen. Verbleiben sollen ausschließlich reinblütige Zauberer in reinblütigen Familien. Alle, die diesem Kriterium nicht entsprechen, dürfen und sollen „*weggeschnitten*“, also getötet werden. Dies entspricht Hitlers „Endlösung“ bzgl. der Judenfrage.[2137]

Seine Ansicht stützt Lord Voldemort auf die Behauptung, dass nicht reinblütige Stammbäume „*kränklich*“ seien. Muggelstämmige seien „*Krebsgeschwüre*“, die für die Gesundheit der reinblütigen Familie vernichtet werden müssten. Das ironische an dieser Propaganda ist, dass Inzucht beim Menschen die Wahrscheinlichkeit des Auftretens von Erbkrankheiten erhöht.[2138] Und es gibt auch in der Zaubererwelt keinen Nachweis dafür, dass Muggelstämmige im Vergleich zu reinblütigen Zauberern kränkere oder „weniger magische“ Nachkommen haben. Im Gegenteil: Tatsächlich reinblütige Familien stehen bereits zu Harrys Schulzeit kurz vor dem Aussterben.[2139] Die magische Gesellschaft ist deswegen

2134 *Schroeder,* in: Bell (Hrsg.): Inside the World of Harry Potter, S. 92 (100).

2135 *Rowling,* Harry Potter 7, Der Dunkle Lord erhebt sich, S. 18 f.

2136 *Ayyıldız,* The Exercise of Biopower, S. 79.

2137 Einige Autoren sprechen in diesem Kontext deswegen von Genozid, wobei Hitler Erfolg hatte und Voldemort seine Ziele nicht umsetzen konnte. *Walters,* Not so Magical, S. 26, 29; *Rutter,* „Bad Blood Will Out“, S. 15, 25.

2138 Siehe z. B. *Hörnle,* in: NJW 2008, S. 2085 (2087).

2139 *Rowling,* Harry Potter 6, Silber und Opale, S. 244 f. Am Beispiel der Gaunts zeigt sich, wie problematisch Inzucht ist. Dazu: *Anatol,* in: Anatol (Hrsg.): Reading Harry Potter Again, S. 109 (110); *Blier,* in: Goetz (Hrsg.): Terminus: Collected Papers on Harry Potter, S. 87 (94); *Fenske,* Muggles, Monsters and Magicians, S. 175.

sogar für ihr Bestehen darauf angewiesen, dass reinblütige und muggelstämmige Personen Nachkommen zeugen.

Hitler widmet dem Thema der Reinheit des Blutes in seinem Buch *Mein Kampf* gleich mehrere eigenständige Kapitel. Dabei verwendet Hitler eine ähnliche Rhetorik wie Lord Voldemort.[2140] Während letzterer in Bezug auf Muggelstämmige von *„kränklich"* und *„Krebsgeschwür"* spricht, stellt Hitler die Juden als *„Parasiten"* dar und vergleicht sie mit einem *„Bazillus"*: *„Er ist und bleibt der ewige Parasit, ein Schmarotzer, der wie ein schädlicher Bazillus sich immer mehr ausbreitet, sowie nur ein günstiger Nährboden dazu einlädt. Die Wirkung seines Daseins aber gleicht ebenfalls der von Schmarotzern: wo er auftritt, stirbt das Wirtsvolk nach kürzerer oder längerer Zeit ab."*[2141]

Weiter führt Hitler aus, dass der *„Arier"* der *„Kulturbegründer"*[2142] schlechthin sei. Danach stellt er – genauso wie Lord Voldemort – die Behauptung auf, dass gemischtes Blut zu einem Verlust kultureller, geistiger und körperlicher Fähigkeiten führe, weswegen eine Blutsvermischung zu vermeiden sei.[2143]

„Der Arier gab die Reinheit seines Blutes auf und verlor dafür den Aufenthalt im Paradiese, das er sich selbst geschaffen hatte. Er sank unter in der Rassenvermischung, verlor allmählich immer mehr seine kulturelle Fähigkeit, bis er endlich nicht nur geistig, sondern auch körperlich den Unterworfenen und Ureinwohnern mehr zu gleichen begann als seinen Vorfahren. Eine Zeitlang konnte er noch von den vorhandenen Kulturgütern zehren, dann aber trat Erstarrung ein, und er verfiel endlich der Vergessenheit. So brechen Kulturen und Reiche zusammen, um neuen Gebilden den Platz freizugeben. Die Blutsvermischung und das dadurch bedingte Senken des Rassenniveaus ist die alleinige Ursache des Absterbens aller Kulturen; denn die Menschen gehen nicht an verlorenen Kriegen zugrunde, sondern am Verlust jener Widerstandskraft, die nur dem reinen Blute zu eigen ist. Was nicht gute Rasse ist auf dieser Welt, ist Spreu."[2144]

Während Lord Voldemort und seine Anhänger den Begriff des *„Blutsverräters"* für Zauberer prägen, die ihr reines Blut durch eine Ehe mit einem Muggelstämmigen oder Muggel *„beschmutzen"*, bezeichnet Hitler diesen Vorgang als *„Rassenschande"*: *„Die Ehe kann nicht Selbstzweck sein, sondern muss dem einen*

2140 Den direkten Vergleich mit Zitaten aus „Mein Kampf" zieht auch: *Ayyıldız,* The Exercise of Biopower, S. 80.

2141 *Hitler,* Mein Kampf, S. 334.

2142 *„Der Mensch, der die Rassengesetze verkennt und mißachtet, bringt sich wirklich um das Glück, das ihm bestimmt erscheint. Er verhindert den Siegeszug der besten Rasse und damit aber auch die Vorbedingung zu allem menschlichen Fortschritt. Er begibt sich in der Folge, belastet mit der Empfindlichkeit des Menschen, ins Bereich des hilflosen Tieres. […] Was wir heute an menschlicher Kultur, an Ergebnissen von Kunst, Wissenschaft und Technik vor uns sehen, ist nahezu ausschließlich schöpferisches Produkt des Ariers."* (*Hitler,* Mein Kampf, S. 317).

2143 Hitlers Rassenlehre wird im Kontext zu Lord Voldemort auch von Wolter zitiert: *Wolter,* Die literarische Repräsentation des Bösen, S. 106.

2144 *Hitler,* Mein Kampf, S. 324.

großen Ziel, der Vermehrung und Erhaltung der Art und Rasse dienen. Nur das ist ihr Sinn und ihre Aufgabe. […] Ein völkischer Staat wird damit in erster Linie die Ehe aus dem Niveau einer dauernden Rassenschande herauszuheben haben, um ihr die Weihe jener Institution zu geben, die berufen ist, Ebenbilder des Herrn zu zeugen und nicht Mißgeburten zwischen Mensch und Affe … “[2145]

Lord Voldemort beschließt, dass muggelstämmige Schüler in Hogwarts nicht mehr unterrichtet werden und, dass der Verstand der Kinder nicht mit Wissen über Muggel *„besudeln“* dürften. Stattdessen wird in Hogwarts seine Bluts-Ideologie gelehrt (siehe S. 150 ff.). Am Anfang von Band sieben ermordet Lord Voldemort die Muggelkunde-Lehrerin Burbage: *„»Ja … Professor Burbage hat den Kindern von Hexen und Zauberern alles über die Muggel beigebracht … dass sie gar nicht so anders sind als wir…« […] »Nicht genug damit, dass sie den Verstand von Zaubererkindern verdirbt und besudelt, hat Professor Burbage letzte Woche auch noch eine flammende Verteidigung der Schlammblüter im Tagespropheten geschrieben. Sie sagt, dass Zauberer diese Diebe ihres Wissens und ihrer Magie akzeptieren müssten. Die abnehmende Zahl der Reinblüter ist laut Professor Burbage ein höchst wünschenswertes Phänomen … sie würde uns am liebsten alle mit Muggeln paaren … oder sogar noch lieber mit Werwölfen …«* “[2146]

Auch Hitler strebte eine Reform der Schulausbildung an. In *Mein Kampf* macht er deutlich, dass die *„Rassenfrage“* die Bildung dominieren soll und die Liebe zum Deutschen Volk in die Köpfe der Schüler *„gehämmert“* werden müsse: *„Es ist im übrigen die Aufgabe eines völkischen Staates, dafür zu sorgen, daß endlich eine Weltgeschichte geschrieben wird, in der die Rassenfrage zur dominierenden Stellung erhoben wird.* […] *Auch in der Wissenschaft hat der völkische Staat ein Hilfsmittel zu erblicken zur Förderung des Nationalstolzes. Nicht nur die Weltgeschichte, sondern die gesamte Kulturgeschichte muß von diesem Gesichtspunkte aus gelehrt werden. […] Damit das Nationalgefühl von Anfang an echt sei und nicht bloß in hohlem Schein bestehe, muß schon in der Jugend ein eiserner Grundsatz in die noch bildungsfähigen Köpfe hineingehämmert werden: Wer sein Volk liebt, beweist es einzig durch die Opfer, die er für dieses zu bringen bereit ist. […] Die gesamte Bildungs- und Erziehungsarbeit des völkischen Staates muß ihre Krönung darin finden, daß sie den Rassesinn und das Rassegefühl instinkt- und verstandesmäßig in Herz und Gehirn der ihr anvertrauten Jugend hineinbrennt.* “[2147]

Sowohl Lord Voldemort als auch Hitler versuchen, ihre Ideologie durch angebliche Fakten zu stützen und begründen genauso wirr wie ausschweifend, wieso es sich bei Muggelstämmigen bzw. Juden um den „Feind“ handelt. Lord Voldemort erzeugt dieses Feindbild, indem er fälschlicherweise behauptet, Magie könne

---

2145 *Hitler,* Mein Kampf, S. 275 f., 444 f.
2146 *Rowling,* Harry Potter 7, Der Dunkle Lord erhebt sich, S. 19 f.
2147 *Hitler,* Mein Kampf, S. 468, 473 ff.

nur vererbt werden und Muggelstämmige hätten ihre Magie deswegen *„gestohlen"*.

„Neue Untersuchungen der Mysteriumsabteilung zeigen, dass Magie nur von Person zu Person weitergegeben werden kann, wenn sich Zauberer fortpflanzen. Sofern der sogenannte Muggelstämmige keine Zauberer als Vorfahren nachweisen kann, hat er seine magische Kraft daher aller Wahrscheinlichkeit nach durch Diebstahl oder mit Gewalt erlangt. Das Ministerium ist entschlossen, derlei unrechtmäßige Besitzer magischer Kraft aufzustöbern und hat zu diesem Zweck eine Aufforderung an alle so genannten Muggelstämmigen ergehen lassen, sich zu einer Befragung bei der neu eingerichteten Registrierungskommission für Muggelstämmige einzufinden."[2148]

Die gleichen Argumentationsmuster finden sich auch bei Hitler und seinen Behauptungen über Juden wieder. Zunächst stellt er fest: *„Den gewaltigsten Gegensatz zum Arier bildet der Jude"*.[2149] Sodann stellt er die Behauptung auf, dass die *„jüdische Rasse"* keine eigene Kultur habe, sondern diese von anderen übernommen habe. Auch hier fällt ausdrücklich das Wort *„geistiger Diebstahl"*: *„Da nun der Jude – aus Gründen, die sich sofort ergeben werden – niemals im Besitze einer eigenen Kultur war, sind die Grundlagen seines geistigen Arbeitens immer von anderen gegeben worden. Sein Intellekt hat sich zu allen Zeiten an der ihn umgebenden Kulturwelt entwickelt. […] Was es auf dem Gebiete der Kunst leistet, ist entweder Verbalhornung oder geistiger Diebstahl. Damit aber fehlen dem Juden jene Eigenschaften, die schöpferisch und damit kulturell begnadete Rassen auszeichnen."*[2150]

Doch wie schaffen es Lord Voldemort und Hitler letztendlich, diese Ideologie zu institutionalisieren? Beide sehen den Staat lediglich als „Mittel zum Zweck". Lord Voldemort ernennt sich nicht selbst zum Zaubereiminister, sondern unterwandert das Zaubereiministerium lediglich mit Hilfe des Imperius-Fluches (siehe S. 89 f.) und, indem er treue Anhänger taktisch klug an wichtigen Stellen im Zaubereiministerium installiert. Und auch Hitler meint in *Mein Kampf*: *„Der Staat ist ein Mittel zum Zweck. Sein Zweck liegt in der Erhaltung und Förderung einer Gemeinschaft physisch und seelisch gleichartiger Lebewesen. […] Staaten, die nicht diesem Zwecke dienen, sind Fehlerscheinungen, ja Mißgeburten. […] Was auf diesem Gebiete heute von allen Seiten versäumt wird, hat der völkische Staat nachzuholen. Er hat die Rasse in den Mittelpunkt des allgemeinen Lebens zu setzen. Er hat für ihre Reinerhaltung zu sorgen."*[2151]

Trotzdem ließ sich Hitler wählen und nahm Gesetzesänderungen vor, um politische Strukturen zu verändern. Sowohl Lord Voldemort als auch Hitler unterwandern damit die bestehenden staatlichen Strukturen, um ihre Ideologie durchzusetzen. Neben der erwähnten Reform der Schulbildung sowie der Übernahme

---

2148 *Rowling*, Harry Potter 7, Das Bestechungsgeschenk, S. 216.
2149 *Hitler*, Mein Kampf, S. 329.
2150 *Hitler*, Mein Kampf, S. 330, 332.
2151 *Hitler*, Mein Kampf, S. 433 f.; 446.

der Macht innerhalb der „Regierung" sind sowohl bei Lord Voldemort als auch bei Hitler zwei Gesichtspunkte entscheidend: Eine bis dahin unübertroffene Propaganda-Maschinerie, sowie die Schaffung neuer politischer Institutionen zur Umsetzung ebenjener Ideologie. Kullmann schreibt dazu: *„As Voldemort rules wizarding Britain, racist thinking also enters official legislature."*[2152]

Dabei bedienen sich sowohl Hitler als auch Lord Voldemort möglichst einfacher Bildsprache. Reinblütige Familien/Arier werden als das „Gute" und „unschuldig" dargestellt, während Muggelstämmige/Juden die „Bösen" sind und auch optisch als „parasitär" abgebildet werden. Gleichzeitig wird das sorgfältig geschaffene „Feindbild" aufrechterhalten, indem man Muggelstämmige/Juden als eine angebliche Gefahr für friedliche Reinblüter/Arier darstellt.[2153] So beispielsweise auf einem Flugblatt des Zaubereiministeriums: *„Auf ihrem rosa Deckblatt prangte ein goldener Titel: SCHLAMMBLÜTER und die Gefahren, die sie für eine friedliche reinblütige Gesellschaft darstellen. Darunter war ein Bild von einer roten Rose zu sehen, mit einem unsicher lächelnden Gesicht inmitten ihrer Blütenblätter, die von den Schlingen eines grünen Unkrauts mit finsterer Miene stranguliert wurde."*[2154]

Aus einem Zitat Hitlers in *Mein Kampf* geht hervor, dass er nicht nur schon früh die Wichtigkeit der Propaganda erkannt hat, sondern sich auch im Klaren darüber war, dass kurze Bildsprache besser funktioniert als lange Texte: *„Höchstens ein Flugblatt oder ein Plakat können durch ihre Kürze damit rechnen, auch bei einem Andersdenkenden einen Augenblick lang Beachtung zu finden. Größere Aussicht besitzt schon das Bild in allen seinen Formen, bis hinauf zum Film. Hier braucht der Mensch noch weniger verstandesmäßig zu arbeiten; es genügt, zu schauen, höchstens noch ganz kurze Texte zu lesen, und so werden viele eher bereit sein, eine bildliche Darstellung aufzunehmen, als ein längeres Schriftstück zu lesen."*[2155]

Ob es sich bei den dargestellten Behauptungen um die „Wahrheit" handelt, war sowohl für Lord Voldemort als auch für Hitler völlig irrelevant. In der Zaubererwelt war bis zum Aufstieg Lord Voldemorts anerkannt, dass Magie auch plötzlich in Menschen ohne einem magischen Elternteil auftauchen kann (z.B. bei Lily Evans oder Hermine Granger). Erst Lord Voldemort schuf (ohne wissenschaftlichen Beleg) die Behauptung, dass Muggelstämmige die Magie gestohlen haben.[2156] In gleicher Weise zählte auch bei Hitler und seinem Antisemitismus

---

2152 *Kullmann*, in: Gymnich/Birk/Burkhard (Hrsg.): „Harry – yer a wizard", S. 133 (138).

2153 *„What kinds of appeals work? Ideologies like Hitler's and Voldemort's were so powerful in part because they were ‚rich in symbols and mythology ... To be effective, public rhetoric must draw on values and concerns widely shared and easily understood by its audience (Hunt 15)'."* Zitiert nach: *Barratt*, The Politics of Harry Potter, S. 68. So auch: *Ayyıldız*, The Exercise of Biopower, S. 92 f.

2154 *Rowling*, Harry Potter 7, Die Registrierungskommission für Muggelstämmige, S. 257.

2155 *Hitler*, Mein Kampf, S. 526.

2156 Dazu: *Schroeder*, in: Bell (Hrsg.): Inside the World of Harry Potter, S. 92 (100).

nur, dass die Ideologie bei einer breiten Masse Anklang fand: *„Die Propaganda ist in Inhalt und Form auf die breite Masse anzusetzen und ihre Richtigkeit ist ausschließlich zu messen an ihrem wirksamen Erfolg.“*[2157]

So schreibt auch Barratt: *„So Umbridge's lovely little pamphlet, ‚Mudbloods and the Dangers They Pose to a Peaceful Pure-Blood Society‘ (Hallows 249), is actually in the finest tradition of propaganda that attempts to direct general public dissatisfaction toward a particular (usually vulnerable) target. In Nazi propaganda, Jews were blamed for, among other things, the loss of World War I, the credit crisis, and the spread of disease.“*[2158] Ebenso sieht es Hartman-Warren: *„Racist propaganda sweeps the magical world to separate the ‚right kind‘ of wizard from ‚the other‘. [...] Wizard workers systematically produce propaganda with neo-realist graphics and vintages fonts visually reference Nazi political leaflets noting threats to a Perfect Pure Blood Society.“*[2159]

Im Ergebnis kann festgehalten werden, dass die Ähnlichkeiten in den Reden Hitlers und Lord Voldemorts frappierend sind und sich beide gezielt verschiedener Propaganda-Instrumente bedient haben, um ein neues Feindbild zu schaffen und ihre Ideologie in der Mitte der Gesellschaft zu platzieren.

b) Die Registrierungskommission für Muggelstämmige

Unter Lord Voldemort kommt es zu einer systematischen Verfolgung Muggelstämmiger, die erschreckende Ähnlichkeit mit der Judenverfolgung im Dritten Reich aufweist. Die Verfolgung beginnt in beiden Fällen mit dem vermeintlich harmlosen Aufruf, sich „registrieren“ zu lassen.[2160] Um dies zu organisieren schafft Lord Voldemort im Zaubereiministerium die sog. *Registrierungskommission für Muggelstämmige* unter der Leitung von Dolores Umbridge. Im Tagespropheten erscheint hierzu der Aufruf: *„Das Ministerium ist entschlossen, derlei unrechtmäßige Besitzer magischer Kraft aufzustöbern, und hat zu diesem Zweck eine Aufforderung an alle so genannte Muggelstämmige ergehen lassen, sich zu einer Befragung bei der neu eingerichteten Registrierungskommission für Muggelstämmige einzufinden.“*[2161]

Unter Hitler wurde zum gleichen Zweck das *„Judenreferat“(„Eichmannrefer at“)* unter der Leitung von Otto Adolf Eichmann geschaffen, eine Gestapo-Abteilung im Reichssicherheitshauptamt, in der ab 1941 die sogenannte *„Endlösung der Judenfrage“*[2162] administrativ koordiniert und organisiert wurde.[2163] Innerhalb des Referats entstanden Verordnungen, die zur Entrechtung der Juden

2157 *Hitler,* Mein Kampf, S. 376.
2158 *Barratt,* The Politics of Harry Potter, S. 67 f.
2159 *Hartman-Warren,* in: Soltysik Monnet/Hantke (Hrsg.): War Gothic, S. 211 (222).
2160 So auch: *Ligugnana,* in: Carpi/Leiboff (Hrsg.): Fables and the Law, S. 419 (430 f.).
2161 *Rowling,* Harry Potter 7, Das Bestechungsgeschenk, S. 216.
2162 *Benz,* in: Benz (Hrsg.): Handbuch des Antisemitismus/3, S. 67–69.
2163 *Berschel,* Bürokratie und Terror, S. 1 ff.; Judenreferate gab es auch in anderen Abteilungen, so insbesondere beim Auswärtigen Amt (*Conze,* Das Auswärtige Amt, S. 96).

im Vorfeld der Deportationen beitrugen. Hierzu zählte z. B. die *Polizeiverordnung über die Kennzeichnung der Juden* vom 1. September 1941, die Juden zum Tragen eines Judensterns verpflichtete.[2164] Bereits 1935 hatte Heydrich mit der Erstellung einer *„Judenkartei"* begonnen, die in den folgenden Jahren ausgebaut wurde. Die Kartei wurde später u. a. bei den Novemberpogromen, bei Verhaftungen und zur Organisation von Deportationen in KZs verwendet.[2165]

Kullmann schreibt dazu: *„The concomitant obligation for everyone under survey to prove wizarding ancestry is gruesomely reminiscent of the Nazis' introduction of the Aryan certificate."*[2166] Eine optische Abgrenzung – wie es der Judenstern darstellte – gab es zwischen Reinblütern und Muggelstämmigen in der Zaubererwelt auch unter Lord Voldemort nicht. Zauberer grenzen sich von nicht magischen Menschen und anderen magischen Kreaturen (wie z. B. Hauselfen und Kobolden) allerdings positiv durch das Recht ab, einen Zauberstab tragen zu dürfen. So schreibt auch Reagin: *„Taking their wand paves the way for their economic destruction in the same way the Nazi policies of ‚Aryanization' had done for German Jews, and the lack of a wand seems to stigmatize them almost as effectively as wearing a Star of David had for Jews."*[2167]

Die Aktivitäten sowohl im NS-Staat als auch in der Zaubererwelt richteten sich aber nicht nur gegen Muggelstämmige/Juden selbst. Bereits der Kontakt mit ihnen war verpönt bzw. wurde sogar sanktioniert. Am 24. Oktober 1941 erging beispielsweise ein Runderlass, der „deutschblütigen" Bürgern eine Schutzhaft von drei Monaten androhte, die *„in der Öffentlichkeit freundschaftliche Beziehungen zu Juden"* erkennen ließen.[2168] In der magischen Welt werden die Mitglieder der Familie Weasley als „Muggelfreunde" verschrien, weil sie als reinblütige Familie Kontakte zu Muggelstämmigen pflegen. Die Muggelkundelehrerin Burbage muss ihr Interesse für Muggel sogar mit dem Tod bezahlen (siehe S. 150, 428).

Sowohl Lord Voldemort als auch Hitler ließen ihre eigene Bevölkerung außerdem bespitzeln. Noch vor der Machtergreifung der Nationalsozialisten wurde 1931 der „SD", der Sicherheitsdienst innerhalb der Schutzstaffel (SS) gegründet. Zu den Hauptaufgaben des SD gehörte die Beobachtung von politischen Gegnern, Parteien und Strömungen.[2169] Dazu gehörte auch, dass V-Leute angeheuert wurden, um Kollegen, Nachbarn und Freunde auszuspionieren.[2170] Wer „enttarnt" war, wurde von der Gestapo mit allen Mitteln bekämpft.[2171]

2164 *Rüthers,* in: NJW 1988, S. 2825 (2830); *Schmitz-Berning,* Vokabular des Nationalsozialismus, S. 337 f.

2165 *Wildt,* in: Wildt (Hrsg.): Die Judenpolitik des SD, S. 9 (35 ff.).

2166 *Kullmann,* in: Gymnich/Birk//Burkhard (Hrsg.): „Harry – yer a wizard", S. 133 (137).

2167 *Reagin,* in: Reagin (Hrsg.): Harry Potter and History, S. 127 (142).

2168 *Benz,* Überleben im Dritten Reich, S. 40.

2169 *Stöber,* Die erfolgverführte Nation, S. 60.

2170 *Dams/Stolle,* Die Gestapo, S. 78 ff.; am Beispiels Sachsens: *Schreiber,* in: Wild (Hrsg.): Nachrichtendienst, politische Elite und Mordeinheit, S. 57–85.

2171 *Dams/Stolle,* Die Gestapo, S. 103 ff.; *Wagner,* Die Gestapo war nicht allein, S. 79 ff.

Unter den Nationalsozialisten nannte man das Instrument hierzu *polizeiliche planmäßige Überwachung,* wofür es keines richterlichen Beschlusses bedurfte und gegen die es kein Rechtsmittel gab. Geregelt wurden dies im Runderlass *Vorbeugende Verbrechensbekämpfung durch die Polizei* des Reichsinnenministeriums vom 14. Dezember 1937.[2172]

Außerdem wurden im Dritten Reich umfassende Personenakten geführt. Überliefert wurden beispielsweise etwa 70.000 Akten der Staatspolizeistelle Düsseldorf, die zwischen 1933 und 1945 angelegt wurden. Sie dienten dem Zweck, belastendes Material und Beweise über Juden, „Landesverräter“, Roma, „Asoziale“ Homosexuelle und andere „verdächtige“ Personen zu sammeln. Die Akten erhielten neben einem Personalbogen auch Angaben zur politischen Gesinnung.[2173]

Auch im Zaubereiministerium werden unter der Herrschaft Lord Voldemorts nicht nur Register über Muggelstämmige selbst geführt, sondern auch „verdächtige“ reinblütige Zauberer bespitzelt. So gibt es z. B. eine Akte über Arthur Weasley:

„ARTHUR WEASLEY

Blutstatus: Reinblüter, jedoch mit unerwünschten muggelfreundlichen Neigungen

Bekannt als Mitglied des Phönixordens

Familie: Ehefrau (reinblütig), sieben Kinder, die beiden jüngsten auf Hogwarts

NB: Jüngster Sohn gegenwärtig zu Hause, schwer krank, von Inspektoren des Ministeriums bestätigt

Kontrollstatus: ÜBERWACHT: Alle Aktivitäten werden beobachtet. Große Wahrscheinlichkeit, dass Unerwünschter No. 1 Kontakt aufnimmt (war bereits früher bei Familie Weasley)“[2174]

Auch Barratt beschäftigt sich mit der Registrierung von Muggelstämmigen und beschreibt, welche Gefahren dadurch für Menschen in Diktaturen ausgehen: *„Registering people, while itself perhaps a neutral act, is also a necessary precondition for differentiating between groups for social, legal, or economic reasons.“*[2175] Walters bezeichnet die Registrierung durch das Zaubereiministeri-

---

2172 *Werle,* Justiz-Strafrecht, S. 492 ff.; *Terhorst,* Polizeilich planmäßige Überwachung, S. 115 ff.

2173 *Wagner,* Die Gestapo war nicht allein, S. 122 f.

2174 *Rowling,* Harry Potter 7, Die Registrierungskommission für Muggelstämmige, S. 259.

2175 *Barratt,* The Politics of Harry Potter, S. 74. Und: *„In every polity that has engaged in official mass discrimination, some form of registration or documentation of that group has occurred. This can be as primitive as the affixing of a yellow star to the clothing, and as sophisticated as maintaining a biometric database of persons traveling in and out of the country. In the magical world, of course, it takes the form of*

um als *„very reminiscent of the ethnic cleansing from World War II"*.[2176] Auch Reagin weist auf diese Parallele hin.[2177]

Der Aufruf zur Registrierung bzw. die darauffolgende bürokratische Umsetzung der „Kennzeichnung" bestimmter Personengruppen führt sowohl in der Zaubererwelt als auch in Dritten Reiche zu Fluchtbewegungen der Betroffenen. Das bekannteste Beispiel ist die Familie von Anne Frank, die sich ab Juli 1942 in einem Hinterhaus in Amsterdam versteckte, Anfang August 1944 von der Gestapo verhaftet und schließlich in verschiedene Konzentrationslager verbracht wurde, wo bis auf den Vater Otto Frank alle Familienmitglieder 1945 verstarben.[2178]

Gleiches geschieht auch in der Zaubererwelt. Bei ihrer Suche nach den Horkruxen begegnen Harry, Ron und Hermine Muggelstämmigen, die sich auf der Flucht in Wäldern verstecken.[2179] Z. B. Ted Tonks, der muggelstämmige Vater von Nymphadora Tonks, dem zunächst die Flucht gelingt, der später jedoch ermordet wird: *„Hab gehört, dass letzte Woche Todesser in der Gegend waren, und beschlossen, dass ich am besten so schnell wie möglich abhaue. Hab mich aus Prinzip geweigert, mich als Muggelstämmiger registrieren zu lassen, verstehst du, also wusste ich, dass es nur eine Frage der Zeit war, irgendwann würde ich verschwinden müssen. Meine Frau dürfte einigermaßen sicher sein, sie ist reinblütig."*[2180]

All dies gipfelt in den Harry-Potter-Büchern letztendlich in die Muggelstämmigen-Prozesse vor der Registrierungskommission für Muggelstämmige unter der Leitung von Dolores Umbridge. Die Abteilung ist u. a. für ein Gesetz (=Legislative) verantwortlich, das muggelstämmige Zauberer verpflichtet, nachzuweisen, dass sie ihre Magie von einem Vorfahren geerbt haben. Ansonsten geht die Kommission davon aus, dass ihr Zauberstab widerrechtlich erlangt wurde, und beschlagnahmt diesen (siehe S. 103). Schroeder: *„Therefore, claiming that muggle-borns ‚steal' magic gives the Ministry a valid excuse to imprison them."*[2181]

Die Registrierungskommission hat damit nicht nur die Kompetenz, Muggelstämmige zu registrieren (=Exekutive). Sie darf vielmehr auch Prozesse durchführen, in denen der Blutstatus der betroffenen Muggelstämmigen untersucht und festgestellt wird. Außerdem hat die Kommission die Macht, Personen, die ihren Blutstatus nicht nachweisen können, den Zauberstab wegzunehmen und

---

the Muggle-Born Registration Commission.", *Barratt,* The Politics of Harry Potter, S. 68.

2176 *Walters,* Not so Magical, S. 20.

2177 *Reagin,* in: Reagin (Hrsg.): Harry Potter and History, S. 127 (139 ff.).

2178 Die Geschichte ist in Anne Franks Tagebuch nachzulesen, das von Miep Gies in Sicherheit gebracht und von Annes Vater schließlich veröffentlicht wurde.

2179 *Rowling,* Harry Potter 7, Die Rache des Kobolds, S. 303 ff.

2180 *Rowling,* Harry Potter 7, Die Rache des Kobolds, S. 303 f.; Die Heiligtümer des Todes, S. 447.

2181 *Schroeder,* in: Bell (Hrsg.): Inside the World of Harry Potter, S. 92 (100).

sie für eine Gefängnisstrafe nach Askaban zu schicken oder sie mit dem Kuss des Dementors zu bestrafen (=Judikative). Dolores Umbridge ist nicht nur für diese neuen Gesetze verantwortlich, sie leitet gleichzeitig als Vorsitzende die Verfahren. Sie alleine entscheidet über deren Blutstatus und die Bestrafung.

Bei den Verfahren handelt es sich aber um reine Schauprozesse. Die angebotenen Beweise werden von der Registrierungskommission ignoriert. Im Ergebnis ergehen deswegen Urteile gegen Muggelstämmige, obwohl weiterhin Zweifel an deren „Schuld" bestehen. Zudem werden die Muggelstämmigen bereits vor ihrem Prozess dazu genötigt, einen Fragebogen über ihre Abstammung auszufüllen und sich damit selbst zu belasten. Zwar finden die Verfahren mündlich und in Anwesenheit der Angeklagten statt. Allerdings steht das Ergebnis schon vorab fest.

Ähnlich kafkaesk ging es auch in Hitlers Judenreferat zu, das Juden zwar persönlich anhörte, dem Gesagten dann aber keinen Glauben schenkte oder schon aus Nichtigkeiten negative Schlüsse für den Betroffenen zog: *„Das Gestapo Judenreferat pflegte Personen zur »Erörterung« vorzuladen, ein Vorwand zur Verhaftung fand sich dabei immer wie bei einer Jüdin, deren Kennkarte der Gestapobeamte als so sauber empfand, daß er vermutete, die Vorgeladene habe sie gar nicht immer bei sich geführt."*[2182]

Im Vorfeld der Prozesse arbeitet das Ministerium mit den *Greifern* zusammen, die flüchtige Muggelstämmige, die sich der Kommission entziehen wollen, jagen, um sich ein Kopfgeld zu verdienen (siehe S. 279, 310 f.). Ganz ähnlich, wie die Gestapo Jagd auf Juden machte.

Im Ergebnis findet vor der Registrierungskommission für Muggelstämmige damit kein rechtstaatliches Verfahren statt.[2183] Es handelt sich um reine Schauprozesse, die den Anschein der Rechtsstaatlichkeit und Ordnungsmäßigkeit aufrechterhalten sollen. Viele Muggelstämmige fanden in Folge ihrer Verurteilung unter der Anwesenheit der Dementoren in Askaban den Tod (siehe S. 218 Fn. 1139). Letztendlich kann man das gleiche auch über die Errichtung der Konzentrationslager unter Hitler und den dort stattfindenden Massenmord an insgesamt rund sechs Millionen Juden[2184] sagen. Getty: *„[...] innocent people are*

2182 *Meyer,* in: Kundrus/Meyer (Hrsg.): Die Deportation der Juden aus Deutschland, S. 63 (69).

2183 *„Umbridge takes on the role of legislator, fact-finder, judge, and jury." Liemer*, in: Thomas/Snyder (Hrsg.): The Law & Harry Potter, S. 19 (31).

2184 *„Die genaue Zahl der umgebrachten Juden ist unbekannt und wird vermutlich nie genau bekannt sein. Raul Hilberg hat die Zahl von etwa 5,1 Millionen angegeben; Lucy Dawidowicz schätzte sie auf 5.933.900; Martin Gilbert auf 5,75 Millionen; die Encyclopedia of the Holocaust gibt als Minimalzahl 5.596.000 und als Maximalzahl 5.860.000; und Wolfgang Benz setzt als Minimum 5.290.000 und als Maximum über 6.000.000." (Rosenfeld,* Das Ende des Holocaust, S. 56, Fn. 6). An dieser Stelle soll betont werden, dass es natürlich auch noch weitere Bevölkerungsgruppen gab, die unter Hitler in Konzentrationslager eingewiesen oder verfolgt wurden. Auf Grund

sent to Azkaban for not being purebloods, with parallel to the concentration camps of World War II."[2185]

Schon mit der *Verordnung des Reichspräsidenten zum Schutz von Volk und Staat* vom 28. Februar1933 wurde u. a. das Grundrecht der persönlichen Freiheit (Art. 114 WRV) außer Kraft gesetzt. Die Verordnung gab den Nationalsozialisten die Möglichkeit, politische Gegner ohne jede richterliche Kontrolle für beliebige Zeit in polizeilicher Haft zu halten und schuf damit den Grundstein für die späteren Konzentrationslager.[2186] Damals begann im Rahmen der „Schutzhaft" die massenweise Inhaftierung Unschuldiger.[2187] Spätestens mit den Nürnberger Rassengesetzen war 1935 der Grundstein für die Verfolgung der Juden in Europa gelegt. Im Januar 1938 wurden die Voraussetzungen der Schutzhaftverhängung erweitert. Nach § 1 konnte Schutzhaft *„als Zwangsmaßnahme der Geheimen Staatspolizei zur Abwehr aller volks- und staatsfeindlichen Bestrebungen gegen Personen angeordnet werden, die durch ihr Verhalten den Bestand und die Sicherheit des Volkes und Staates gefährden.*"[2188] Damit wurde der Kreis der Personen, die in die KZs eingewiesen werden konnten, erheblich erweitert.

Auf der Wannsee-Konferenz am 20. Januar 1942 trafen sich schließlich 15 führende Vertreter der NS-Bürokratie; darunter neun Juristen.[2189] Bis heute sind Historiker unterschiedlicher Auffassung darüber, wie die Konferenz zu bewerten ist, da die systematische Ermordung der Juden zu diesem Zeitpunkt bereits stattfand. Die Mehrheit der Forscher geht davon aus, dass es in erster Linie um die Organisation und Umsetzung des Völkermordes ging.[2190] Denn bereits im Juli 1941 hatte Heydrich von Göring die Anweisung erhalten, *„alle erforderli-*

---

der „Blutideologie" in Harry Potter wird in dieser Arbeit schwerpunktmäßig auf die Juden Bezug genommen, die außerdem zahlenmäßig die größte Gruppierung waren.

2185 *Getty,* Islands and Captivity in Popular Culture, S. 22 (Inhaltlicher Hinweis: Zauberer werden entgegen der Ansicht von *Getty* nicht nach Askaban geschickt, weil sie keine Reinblüter sind, sondern weil sie Muggelstämmige sind. Halbblüter werden von Voldemort ebenfalls „toleriert").

2186 *Kimmel,* in: Broszat/Fröhlich (Hrsg.): Bayern in der NS-Zeit II, Teil A, S. 349 (352 f.); *Mehde,* in: Dürig/Herzog/Scholz (Hrsg.): GG, Art. 104. Rn. 8

2187 *Classen,* in: JA 2010, S. 487 (488 f.); *Holste,* in: JA 2009, S. 359 (362); *Gruchmann,* Justiz im Dritten Reich, S. 545 ff.

2188 *Gruchmann,* Justiz im Dritten Reich, S. 561.

2189 Dr. Josef Bühler, Dr. Roland Freisler, Friedrich Wilhelm Kritzinger, Dr. Gerhard Klopfer, Dr. Rudolf Lange, Dr. Eberhard Schöngarth, Dr. Wilhelm Stuckart, Wilhelm Kitzinger, Erich Neumann (*Longerich,* Wannseekonferenz, Prolog).

2190 Von einer *„Grundsatzentscheidung"* und *„organisatorischen Vorarbeit"* spricht: *Gerlach,* in: Gerlach (Hrsg.): Krieg, Ernährung, Völkermord, S. 85 (87 ff.); kritischer sieht das Roseman, der in Bezug auf die Notwendigkeit der Konferenz von einem „Mysterium" spricht, da die Deportation der Juden bereits begonnen hatte und Hitler selbst an der Konferenz nicht teilnahm. *Roseman,* The Wannsee Conference and the Final Solution, S. 1 ff. Völlig unreflektiert übernimmt Wolter die Bedeutung der Wannsee-Konferenz in ihre Dissertation: *Wolter,* Die literarische Repräsentation des Bösen, S. 105.

chen Vorbereitungen in organisatorischer, sachlicher und materieller Hinsicht zu treffen für eine Gesamtlösung der Judenfrage im deutschen Einflussgebiet in Europa".[2191]

Diese Konferenz ähnelt vom Grundgedanken her der Versammlung, die Lord Voldemort am Anfang von Buch sieben abhält. In dieser sammelt er seine engsten Verbündeten um sich und plant, wie er das Zaubereiministerium stürzen und wie die Umsetzung seiner Blutsideologie und damit die Vernichtung der Muggelstämmigen organisiert werden kann.[2192]

Der größte Teil der KZ-Häftlinge wurde im Dritten Reich ohne Gerichtsurteil oder sonstige richterliche Anordnung, sondern willkürlich nach Festnahme unter dem Vorwand der „Schutzhaft" oder nach Massendeportationen für unbestimmte Zeit in die Konzentrationslager eingeliefert. Viele Häftlinge wurden direkt nach ihrer Einlieferung erschossen oder vergast. Aber auch die Haftbedingungen führten durch die systematische Unterernährung sowie schwere Arbeit und mangelnde medizinische Versorgung zum Tod der Gefangenen. Hinzu kamen körperliche Misshandlungen bis hin zu Exzessmorden durch das Wachpersonal.[2193]

Auch unter der Schreckensherrschaft Lord Voldemorts wurden Muggelstämmige verfolgt und teilweise auf der Flucht getötet. Außerdem verurteilte die Registrierungskommission für Muggelstämmige viele von ihnen – zu Unrecht und unter einer erlogenen Begründung sowie ohne rechtsstaatliches Verfahren – zu einer Inhaftierung in Askaban. Einige der Betroffenen verstarben in Askaban auf Grund der Haftbedingungen unter der Bewachung der Dementoren.

Die Blut-Ideologie im Dritte Reich und unter der Herrschaft Lord Voldemorts ging damit im Ergebnis in beiden Fällen über die reine Theorie hinaus und hatte sowohl in unserer Welt als auch in der magischen Welt den Tod vieler – im Fall Hitlers gar Millionen – Menschen zur Folge. Dabei bedienten sich beide Herrscher der staatlichen Bürokratie, um die Ermordungen zu rechtfertigen, zu organisieren und umzusetzen.

VII. Der Umgang mit Minderheiten und magischen Kreaturen

Verschiedenen klugen Menschen schreibt das Internet Abwandlungen des Zitats *„Man erkennt den Wert einer Gesellschaft daran, wie sie mit den schwächsten ihrer Glieder verfährt"* zu. Aber unabhängig davon, ob der Spruch tatsächlich von Deutschlands drittem Bundespräsidenten Gustav Heinemann[2194] oder von Helmut Kohl, Asa Philip Randolph, Josef Hesoun, Marlene Mortler, Willy Meu-

---

2191 Zitiert nach: *Schmitz-Berning*, Vokabular des Nationalsozialismus, S. 332.

2192 *Rowling,* Harry Potter 7, Der Dunkle Lord erhebt sich, S. 11 ff.

2193 Zum Leben im Lager Sachsenhausen bei Berlin: *Hrdlicka*, Alltag im KZ, S. 57–133.

2194 https://www.bundespraesident.de/SharedDocs/Reden/DE/Frank-Walter-Steinmeier/Reden/2017/04/170417-Bethel.html?nn=9042544 (abgerufen am: 23.01.2023).

rer, Joel Barker oder Johannes Paul II. stammt. Die Zuerkennung gleicher Rechte, das Verbot der Diskriminierung und der Minderheitenschutz gehören heute zu den Kernelementen aller westlichen Staaten.[2195] Diskriminierungsverbote finden sich u.a. in: Art. 14 MRK, Art. 18 AEUV, Art. 20–23 GRCh und Art. 3 GG.[2196]

Wie eine Welt aussieht, in der Minderheiten, ob ihrer Rasse, ihres Geschlechts, ihrer Religion, Behinderung, sexuellen Orientierung oder anderer Merkmale diskriminiert und unterdrückt werden, zeigt sich sowohl in den Harry-Potter-Büchern als auch im NS-Unrechtsstaat.

1. Hauselfen als Sklaven der Zaubererwelt

Hauselfen sind etwa kniehohe, menschenähnliche Geschöpfe mit Glatze, großen Augen und spitzzulaufenden Ohren. Sie haben eigene magische Kräfte, die denen der Zauberer ähneln, aber auch ohne Zauberstab ausgeübt werden können.[2197] Hauselfen werden vom *Amt für die Neuzuteilung von Hauselfen* im Zaubereiministerium bestimmten Zaubererfamilien zugeteilt oder in den alteingesessenen reinblütigen Familien jeweils von Generation zu Generation vererbt.[2198] Dabei nehmen die Hauselfen eine sklavenähnliche Funktion ein: Sie sind ihrer Familie völlig ergeben und verpflichtet, alle Tätigkeiten – auch wenn sie ihrem eigenen Willen widersprechen – auszuführen, die ihnen von ihrem

2195 Inwiefern der Minderheitenschutz zur Demokratie gehört, diskutiert: *Fisahn,* Demokratie und Öffentlichkeitsbeteiligung, S. 246 ff.; recherchiert man zum Minderheitenschutz in der juristischen Fachliteratur, findet man aus fast jedem Rechtsgebiet Beispiele hierfür: Zum Minderheitenschutz in der EU: *Arnauld,* in: AVR 42 (2004), S. 111 (111–141); *Hofmann,* in: ZaöRV 65 (2005), S. 587 (587–613); *Hoffmeister,* in: ZaöRV 68 (2008), S. 175 (175–193); Minderheitenschutz allgemein in Deutschland: *Kutscha,* in: JuS 1998, S. 673 (673–679); *Haedrich,* in: ZAR 2012, S. 225 (225–231); *Mäder,* in: JuS 2000, S. 1150 (1050–1153); Minderheitenschutz im Wohnungseigentumsrecht: *Schmid,* in: NZM 2011, S. 865 (865–869); Minderheitenschutz im Personengesellschaftsrecht: *Klöhn,* in: AcP 216 (2016), S. 281 (281–319).

2196 Zum strafrechtlichen Schutz vor Diskriminierung: *Schreier,* in: NJ 2015, S. 323 (323–330).

2197 https://www.wizardingworld.com/features/why-house-elves-are-totally-better-than-wizards (abgerufen am: 23.01.2023); *Barratt,* The Politics of Harry Potter, S. 47; *Hofmann,* in: Gymnich/Birk/Burkhard (Hrsg.): „Harry – yer a wizard", S. 145 (151).

2198 *„»Nun, wem immer der Elf gehört, es muss jedenfalls eine alte Zaubererfamilie sein, und eine reiche dazu«, sagte Fred. »Ja, Mum hätte auch gern einen Hauselfen zum Bügeln«, sagte George. »Aber alles, was wir haben, ist ein lumpiger alter Ghul in der Dachkammer und Gnomen überall im Garten. Hauselfen gehören zu großen alten Landsitzen und Schlössern und anderen Prachtbauten und in unserem Haus wirst du bestimmt keinem über den Weg laufen …« "* (*Rowling*, Harry Potter 2, Der Fuchsbau, S. 35). Harry erbt nach Sirius Blacks Tod z. B. den Hauselfen Kreacher, der zuvor Sirius Bruder und davor deren Mutter „gehört" hatte: *Rowling,* Harry Potter 6, Wollen und Nichtwollen, S. 56 ff.

„Herrn“ aufgegeben werden.[2199] Meistens werden Hauselfen für alle anfallenden Hausarbeiten eingesetzt, so beispielsweise auch in Hogwarts, wo eine ganze Schar von Hauselfen das Schloss putzt und das Essen zubereitet.[2200] Hauselfen tragen Behelfskleidung aus Geschirrtüchern oder Kissenbezügen. Denn die einzige Möglichkeit, als Hauself die Freiheit zu erlangen, besteht darin, dass das Oberhaupt der Familie dem Hauself Kleidung schenkt.[2201]

Harry begegnet erstmals in Band zwei einem Hauself. Der Hauself Dobby warnt ihn in den Sommerferien davor, nach Hogwarts zurückzukehren. Harry erfährt erst später, dass Dobby der Hauself der Familie Malfoy ist. Dobby weiß, dass Mr Malfoy die Kammer des Schreckens öffnen will und möchte Harry vor der Gefahr beschützen.[2202] Da Hauselfen zur absoluten Verschwiegenheit über die Angelegenheiten ihrer Familie verpflichtet sind, muss sich Dobby dafür, dass er Harry gewarnt hat, selbst bestrafen. Die Abhängigkeit geht so weit, dass Hauselfen normalerweise psychisch nicht in der Lage sind, sich den Anweisungen ihrer Familie zu widersetzen. Und tun sie es doch, bestrafen sie sich danach selbst, indem sie sich schwere Verletzungen zufügen:

„»Dobby musste sich bestrafen, Sir«, sagte der Elf, nun mit einem leichten Schielen in den Augen, »fast hätte Dobby schlecht von seiner Familie gesprochen, Sir ...« »Ihrer Familie?« »Die Zaubererfamilie, der Dobby dient, Sir ... Dobby ist ein Hauself, er muss immer und ewig in einem Haus bleiben und einer Familie dienen ...« [...]. Dobby muss sich immer für irgendetwas bestrafen, Sir. Sie lassen Dobby machen, Sir. Manchmal erinnern sie mich daran, dass ich ein paar Strafen vergessen habe ...« »Aber warum gehen Sie dann nicht fort? Fliehen?« »Ein Hauself muss freigelassen werden, Sir. Und die Familie wird Dobby niemals freilassen... Dobby wird der Familie dienen, bis er stirbt, Sir ...«“[2203]

2199 *Rowling,* Harry Potter 2, Dobbys Warnung, S. 19; Harry Potter 4, Das Dunkle Mal, S. 133; Harry Potter 5, Das fürnehme und gar alte Haus der Blacks, S. 131 ff.; Harry Potter 6, Wollen und Nichtwollen, S. 57 ff.

2200 *Rowling,* Beauxbatons und Durmstrang, S. 251; Die Hauselfen-Befreiungsfront, S. 394 ff. In der Literatur wird deswegen angemerkt, dass Hauselfen hauptsächlich die Arbeit von Frauen (oder auch weiblichen Hilfskräften wie Mägden, Hausmädchen, Köchinnen und Co. übernehmen), z. B. *Farnel,* in: Bell (Hrsg.): From Here to Hogwarts, S. 28 (36).

2201 *„»Dobby ist Todesdrohungen gewöhnt, Sir. Zu Hause kriegt er sie fünfmal am Tag.« [...] »Das ist ein Zeichen für den Sklavenstand des Hauselfen, Sir. Dobby kann nur freikommen, wenn seine Gebieter ihm Kleidung schenken.«“* (*Rowling,* Harry Potter 2, Der besessene Klatscher, S. 192). Zur Problematik, ob die Kleidung nur irgendwie geartet „übergeben“ oder tatsächlich mit dem Willen des Befreiens „verschenkt“ werden muss: *Schneyer,* in: Goetz (Hrsg.): Terminus: Collected Papers on Harry Potter, S. 39 (40 f.); *Mendlesohn,* in: Whited (Hrsg.): The Ivory Tower and Harry Potter, S. 159 (178).

2202 *Rowling,* Harry Potter 2, Dobbys Belohnung, S. 356 ff.

2203 *Rowling,* Harry Potter 2, Dobbys Warnung, S. 19.

Am Ende von Band zwei schafft es Harry, Mr Malfoy „auszutricksen", sodass dieser Dobby eine Socke gibt und ihn damit unfreiwillig aus dem Sklavenstand entlässt.[2204] Dobby wird daraufhin von Dumbledore in der Küche von Hogwarts angestellt. Gegen ein entsprechendes Entgelt und mit bezahltem Urlaub.[2205] Als Hermine erfährt, dass alle Hausarbeit in Hogwarts von Hauselfen erledigt wird, ist sie entsetzt.[2206] Sie ist die einzige, die Hauselfen als das erkennt, was sie sind.[2207] Sklaven: *„»Ihr wisst ja, mit den Hauselfen springen sie ganz übel um!«, sagte Hermine entrüstet. »Das ist Sklaverei, nichts anderes!«"*[2208]

Hermine gründet deswegen in Band vier den *Bund für Elfenrechte B-ELFE-R*, um sich für die Rechte der Hauselfen einzusetzen.[2209] Allerdings nicht sehr erfolgreich. Denn die Hauselfen in Hogwarts wollen für ihre Arbeit nicht bezahlt werden. Sie sind stolz auf ihre Tätigkeit und fassen es als Ehre auf, arbeiten zu dürfen.[2210]

In Band vier wird die Hauselfe Winky, die zur Familie Crouch gehört, während der Randale bei der Quidditch-Weltmeisterschaft mit einem Zauberstab in der Hand neben dem Dunklen Mal erwischt.[2211] Die anwesenden Ministeriumszauberer gehen sofort davon aus, dass die Elfe den verbotenen Zauber heraufbeschworen hat. Der größere Skandal daran ist, dass die Elfe den Zauberstab eines Zauberers trägt, obwohl es Hauselfen gesetzlich verboten ist, einen Zauberstab zu nutzen oder auch nur zu besitzen: *„»Hier, schau.« Mr Diggory hob den Zauberstab und zeigte ihn Mr Weasley. »Hatte ihn in der Hand. Da hätten wir also schon mal einen Verstoß gegen Artikel drei des Gesetzes zum Gebrauch des*

2204 *Rowling,* Harry Potter 2, Dobbys Belohnung, S. 360 f.

2205 *Rowling,* Harry Potter 4, Die Hauselfen-Befreiungsfront, S. 394 ff.

2206 *„»Nicht ein einziges Mal auf über tausend Seiten erwähnt die Geschichte von Hogwarts, dass wir alle bei der Unterdrückung von hundert Sklaven mitwirken!« [Anm. sagt Hermine]"* (*Rowling,* Harry Potter 4, Beauxbatons und Durmstrang, S. 251).

2207 Das heben auch hervor: *Kohlová*, Social Issues, S. 26; *Gupta,* Re-Reading Harry Potter, S. 117.

2208 *Rowling,* Harry Potter 4, Das Dunkle Mal, S. 133.

2209 *„»Nicht Belfer«, sagte Hermine höchst ungehalten. »Es heißt B-ELFE-R, Bund für ELFEnRechte.« »Unser kurzfristiges Ziel«, sagte Hermine, noch lauter sogar als Ron und scheinbar ohne ein Wort gehört zu haben, »ist die Durchsetzung fairer Löhne und Arbeitsbedingungen. Zu unseren langfristigen Zielen gehört die Änderung des Gesetzes über den Nichtgebrauch von Zauberstäben und der Versuch, eine Elfe in die Abteilung zur Führung und Aufsicht Magischer Geschöpfe zu bringen, denn dort sind sie skandalös schlecht vertreten.«"* (*Rowling,* Harry Potter 4, Die Unverzeihlichen Flüche, S. 236).

2210 *Rowling,* Harry Potter 4, Die Hauselfen-Befreiungsfront, S. 395 ff.; Mr Crouchs Wahn, S. 562 f. Umgekehrt zur vermeintlichen „Freiwilligkeit": *„Didn't white slave owners in the pre-Civil War Years say the same thing about their slaves?!"* (*Mayes-Elma,* Harry Potter, S. 49).

2211 *„»Du bist auf frischer Tat ertappt worden, Elfe!«, polterte Mr Diggory. »Ertappt mit dem Tatwerkzeug, dem Zauberstab, in der Hand!«"* (*Rowling,* Harry Potter 4, Das Dunkle Mal, S. 144 f.).

Zauberstabs: Kein nichtmenschliches Wesen darf einen Zauberstab tragen oder gebrauchen.« “[2212]

Zauberstäbe haben in der Welt von Harry Potter die Funktion, Magie zu bündeln und zu stärken.[2213] Neben den Menschen gibt es noch weitere Kreaturen, die über magische Kräfte verfügen. So z. B. Hauselfen und Kobolde. Beiden Rassen untersagt das Zaubereiministerium, Zauberstäbe zu besitzen oder zu nutzen. Artikel drei des *„Gesetzes zum Gebrauch des Zauberstabes“* hat damit letztendlich die Funktion, die Herrschaft der Zauberer über andere Rassen sicherzustellen.[2214] Denn, indem sie ihnen das Tragen eines Zauberstabes verweigern, nehmen sie den Hauselfen und Kobolden die Möglichkeit, die ihnen innewohnende Magie im vollen Umfang zu nutzen. Letztendlich ist das Gesetz also nichts anderes als eine institutionalisierte Unterdrückung nichtmenschlicher magischer Geschöpfe.

Der Vorfall mit Winky zeigt aber noch etwas anderes: Die Elfe wird zu Unrecht beschuldigt! Wie später herauskommt, hatte Crouch Sr. Winky beauftragt, auf seinen Sohn Crouch Jr. aufzupassen, den er nach dessen angeblichem Tod in Askaban zu Hause versteckte.[2215] Crouch Jr. konnte jedoch fliehen und beschwor als Anhänger Lord Voldemort das Dunkle Mal herauf. Die Ministeriumszauberer sind jedoch sofort bereit, von der Schuld der Hauselfe auszugehen. Und das, obwohl diese der Familie Crouch seit Jahrzehnten treu dient und außerdem mit sehr großer Wahrscheinlichkeit nicht in der Lage wäre, ohne Übung einen so mächtigen Zauberspruch anzuwenden.[2216] Crouch Sr. entlässt Winky daraufhin, indem er ihr Kleider schenkt.[2217] Und das, obwohl er weiß, dass Winky die Wahrheit sagt. Er benutzt seine Hauselfe also, um seine eigenen Verfehlungen

---

2212 *Rowling,* Harry Potter 4, Das Dunkle Mal, S. 141.

2213 *Rowling,* Harry Potter 7, der Zauberstabmacher, S. 496 f. Erklärung: *„Even harder than that, however, is wandless magic. To perform magic without a wand is beyond most wizards. As much like fire, magic can be raging, chaotic and volatile – that's why wizards use wands to channel it – and requires the utmost skill and discipline to control. Wandless magic is like riding a bike with no hands. During an earthquake.“*, https://www.wizardingworld.com/features/the-hardest-wizarding-world-spells (abgerufen am: 23.01.2023).

2214 So auch: *Walters,* Not So Magical, S. 40; *Ayyıldız,* The Exercise of Biopower, S. 114 ff.

2215 *Rowling,* Harry Potter 4, Veritaserum, S. 715 f.

2216 Dies wendet auch Mr Weasley ein: *Rowling,* Harry Potter 4, Das Dunkle Mal, S. 145.

2217 *„»Amos«, sagte Mr Crouch schroff. »Natürlich würden Sie Winky normalerweise zum Verhör ins Büro mitnehmen. Ich bitte Sie jedoch, mir zu gestatten, selbst mit ihr abzurechnen.« […] »Winky hat sich heute Nacht auf eine Weise benommen, die ich nicht für möglich gehalten hätte«, sagte er langsam. »Ich habe sie angewiesen, im Zelt zu bleiben. Ich habe sie angewiesen, dort zu bleiben, während ich unterwegs war, um dem Aufruhr Einhalt zu gebieten. Und ich stelle fest, dass sie mir nicht gehorcht hat. Das bedeutet Kleidung.« »Nein!«, kreischte Winky und warf sich zu Mr Crouchs Füßen auf die Erde. »Nein, Meister! Nicht Kleidung, nicht Kleidung!«“* (*Rowling,* Harry Potter 4, Das Dunkle Mal, S. 146 f.).

zu vertuschen. Auf Grund der psychischen Abhängigkeit von ihrem Herrn stellt das für Winky die schlimmste Bestrafung dar, die sie sich vorstellen kann. Sie wird alkoholabhängig und verbringt ihre Tage weinend in der Küche von Hogwarts.[2218]

Auch die Hauselfe Hokey wurde viele Jahre zuvor zu Unrecht einer Straftat verdächtigt. Sie soll ihrer Herrin Hepzibah Smith versehentlich Gift in den Kakao gemischt haben: *„»Hepzibah Smith starb zwei Tage nach dieser kleinen Szene«, sagte Dumbledore [...] »Hokey die Hauselfe wurde vom Ministerium überführt, dem abendlichen Kakao ihrer Herrin versehentlich Gift beigemischt zu haben« [...] »Hokey hat gestanden?« »Sie erinnerte sich, etwas in den Kakao ihrer Herrin getan zu haben, das, wie sich herausstellte, nicht Zucker war, sondern ein tödliches, kaum bekanntes Gift«, sagte Dumbledore. »Man kam zu der Überzeugung, dass sie es nicht absichtlich getan hatte, doch da sie alt und verwirrt war –«* “[2219]

Von Dumbledore erfährt Harry jedoch, dass Tom Riddle (Lord Voldemort) die alte Dame umbrachte, um an den, in ihrem Besitz befindlichen Kelch Helga Hufflepuffs zu gelangen, den Tom Riddle (Lord Voldemort) später als Horkrux benutzte.[2220] Die falschen Verdächtigungen von Winky und Hokey zeigen, dass Hauselfen im magischen Justizsystem strukturell benachteiligt werden.

In Band fünf wird erzählt, dass auch die (reinblütige) Familie Black ihre Hausarbeit schon immer von Hauselfen hat erledigen lassen, die jeweils an die nachfolgende Generation vererbt wurden. Sirius Verwandtschaft, die der Ideologie Lord Voldemorts folgte, zeigte ihre Abneigung gegenüber den – in ihren Augen minderwertigen Kreaturen –, indem sie ihre „Sklaven“ aufs übelste misshandelte und sogar tötete, wenn die Hauselfen zu alt waren, um ihre Arbeit zu verrichten: *„Araminta Meliflua ... Cousine meiner Mutter ... hat einen Ministeriumserlass durchzusetzen versucht, der die Muggeljagd legalisieren sollte ... und die liebe Tante Elladora ... sie hat die Familientradition begründet, Hauselfen zu köpfen, wenn sie zu alt wurden, um Teetabletts zu tragen ...* “[2221]

Und obwohl auch Sirius den ihm vererbten Hauself *Kreacher* (ausgesprochen wie und eine Anspielung auf das englische Wort *„creature“*[2222]) schlecht behandelt, ist der Hauself gezwungen, seinen Befehlen zu gehorchen. Ironischerweise

2218 *Rowling,* Harry Potter 4, Die Hauselfen-Befreiungsfront, S. 395 ff.

2219 *Rowling,* Harry Potter 6, Lord Voldemorts Gesuch, S. 441 f.

2220 *„»Voldemort hat ihr Gedächtnis verändert, genau wie er es bei Morfin getan hat!« »Ja, das ist auch meine Schlussfolgerung«, sagte Dumbledore. »Und genau wie bei Morfin war das Ministerium sehr geneigt, Hokey zu verdächtigen –« »– weil sie eine Hauselfe war«, sagte Harry. »Genau«, sagte Dumbledore. »Sie war alt und gab zu, etwas in das Getränk gemischt zu haben, und niemand im Ministerium machte sich die Mühe, weiter nachzuforschen.«“* (*Rowling,* Harry Potter 6, Lord Voldemorts Gesuch, S. 442).

2221 *Rowling,* Harry Potter 5, Der Orden des Phönix, S. 137.

2222 *Dendle,* in: Heilman (Hrsg.): Critical Perspectives on Harry Potter, S. 163 (169); *Rangwala,* in: Anatol (Hrsg.): Reading Harry Potter Again, S. 127 (138).

übernimmt Kreacher auf Grund seiner psychischen Abhängigkeit die rassistischen Ansichten „seiner" ehemaligen Herrin, ohne zu realisieren, dass diese sich auch direkt gegen ihn selbst richten.[2223] Am Ende von Band fünf verrät Kreacher Sirius Black, der daraufhin bei einem Duell im Zaubereiministerium stirbt.[2224] Dumbledore macht für diesen Verrat indirekt Sirius selbst verantwortlich, weil dieser Kreacher schlecht behandelt und dessen Macht unterschätzt hat.[2225]

In Band sechs benutzt Prof. Slughorn Hauselfen als „Versuchskaninchen", indem er sie dazu zwingt, Getränke vorzukosten, um ausschließen zu können, dass diese vergiftet sind. Er riskiert dabei den Tod der Hauselfen.[2226] Das Zusammenspiel der genannten Beispiele zeigt, dass die Zauberer Hauselfen allgemein nicht als menschliche Wesen, sondern vielmehr als Tiere wahrnehmen.[2227]

In Band sieben erfährt man, dass es Kreacher war, der für seinen Herrn Regulus Black den Horkrux in Form eines Medaillons aus der Höhle holte, wo das Schmuckstück Salazar Slytherins von Tom Riddle (Lord Voldemort) versteckt worden war. Das war nur deswegen möglich, weil auch Lord Voldemort bei seinen Sicherheitsvorkehrungen die Macht der Magie der Hauselfen unterschätzte und so das Medaillon nur gegen menschliche Magie schützte: *„»Natürlich hielt es Voldemort für weit unter seiner Würde, von den Eigenheiten der Hauselfen Notiz zu nehmen, genau wie all die Reinblüter, die sie wie Tiere behandeln ... es wäre ihm nie in den Sinn gekommen, dass sie magische Kräfte besitzen könnten, die er nicht hat.«"*[2228]

2223 *Rowling,* Harry Potter 5, Das fürnehme und gar alte Haus der Blacks, S. 131 ff.

2224 *Rowling,* Harry Potter 5, Aus dem Feuer, S. 870; Jenseits des Schleiers, S. 945. Fenske geht sogar noch einen Schritt weiter und führt auch die Tode von Crouch Sr. und Cedric Diggory in Band vier auf die Misshandlung der Elfe Winky zurück, die deswegen niemandem erzählte, dass Crouch Jr. auf der Flucht ist. *Fenske,* Muggles, Monsters and Magicians, S. 303.

2225 *„»Er betrachtete ihn als einen Diener, der es nicht wert war, dass man sich groß für ihn interessierte oder ihn beachtete. Gleichgültigkeit und Vernachlässigung richten oft größeren Schaden an als offene Abneigung [...] Wir Zauberer haben unsere Gefährten allzu lange misshandelt und missbraucht, und nun ernten wir, was wir gesät haben.« (Rowling*, Harry Potter 7, Die verlorene Prophezeiung, S. 978).

2226 *Rowling,* Harry Potter 6, Nach der Beerdigung, S. 489. *Fenske,* Muggles, Monsters and Magicians, S. 301.

2227 So auch Baltzar: *„Also, the concept of slavery of the house-elves can either be conceived as similar to the black people, who were also actually considered more like animals than humans, before slavery was abolished in the real world, or it can be interpreted in other ways. For example, it could be perceived that house-elves are treated in a similar manner as workhorses at a farm. Interestingly, a part of the house-elves' job description is to function as a guinea pig, and thus they can be perceived as guinea pigs subjected to animal testing [...]"* (*Baltzar,* Power and Evil, S. 113).

2228 *Rowling,* Harry Potter 7, Kreachers Geschichte, S. 202.

Nach dem Sturz Lord Voldemorts setzt sich Hermine erfolgreich im Zaubereiministerium für die Verbesserung der Rechte der Hauselfen ein.[2229]

Diese Zusammenstellung zeigt, dass es sich bei den Hauselfen letztendlich um die Sklaven[2230] der magischen Welt handelt. Sie werden wie das Eigentum ihres jeweiligen Herren behandelt/vererbt und verrichten in absoluter Abhängigkeit und teils unter schwerster Misshandlung die Arbeit für „ihre“ Familie, die es als einzige in der Hand hat, den Hauselfen „freizusetzen“. „*The plight of the house-elves clearly parallels that of human slaves being owned by a master […] they are treated as property owned by wizarding families.*“[2231]

Diese Sklaverei wird vom Zaubereiministerium nicht nur geduldet, sondern sogar institutionalisiert: „*So in a way, the law created by the wizards through the Ministry of Magic seeks to institutionalize the elves, goblins and centaurs. Servitude to wizards is thereby conditioned by the creation of a past and a law for future by the institution.*“[2232]

Baltzar ordnet Hauselfen ebenfalls als versklavt ein und führt als Grund dafür – je nachdem ob man Hauselfen als menschenähnlich oder als Tiere betrachtet – Rassismus oder Speziesismus an: „*House-elves can be both interpreted to be enslaved humans or animals, thus making it possible to name their treatment both as racism and speciesism.*“[2233]

Die Tatsache, dass Hauselfen nicht wie menschliche Wesen, sondern wie Tiere behandelt werden, die im Eigentum ihres Herren stehen, erinnert stark an den Rechtsstaus der Sklaven im alten Rom. Die römische Gesellschaft war dreige-

2229 Interview mit Rowling vom 30. Juli 2007: „*Hermione began her post-Hogwarts career at the Department for the Regulation and Control of Magical Creatures, where she was instrumental in greatly improving life for house-elves and their ilk. She then moved (despite her jibe to Scrimgeour) to the Dept. of Magical Law Enforcement, where she was a progressive voice who ensured the eradication of oppressive, pro-pureblood laws.*“, http://www.the-leaky-cauldron.org/2007/07/30/j-k-rowling-web-chat-transcript/ (abgerufen am: 23.01.2023); *Ligugnana,* in: Carpi/Leiboff (Hrsg.): Fables and the Law, S. 419 (431 f.). Pesold argumentiert jedoch, dass es gerade zu keinem Verbot der Hauselfen-Sklaverei kommt, sondern dass Hermine lediglich deren Arbeitsbedingungen verbessert (*Pesold,* The Other in the School Stories, S. 203).

2230 Anders sehen das Snir/Levy, welche die Auffassung vertreten, Hauselfen seien lediglich „*foreign workers who do the jobs the wizards find unpleasant*“ (*Snir/Levy,* Popular Perceptions, S. 19 f.). Diese Ansicht übersieht aber, dass die Hauselfen wie Eigentum behandelt und sogar vererbt werden. Außerdem stand es zumindest zu Zeiten von Sirius Blacks Mutter nicht unter Strafe, den eigenen Hauself zu töten (*Rowling,* Harry Potter 5, Der Orden des Phönix, S. 137); Gupta erinnern die Hauselfen an die Kasten/Klone in Aldous Huxley’s „Brave New World“/„Schöne neue Welt“ von 1932 (*Gupta,* Re-Reading Harry Potter, S. 118).

2231 *Rao/Gorecki*, in: Dahlen/Thomas (Hrsg): Harry Potter and the Other, S. 276 (281).

2232 *Raha,* in: Internat. J. Appl. Soc. Sci., 6 (1), 2019, S. 205 (210). Und auch Hogwarts, das von über 100 Hauselfen geführt wird, ist letztlich eine Stütze dieses Systems: *MacNeil,* in: Law and Literatur, Ausg. 14, Nr. 3, S. 545 (553).

2233 *Baltzar,* Power and Evil, S. 112.

teilt in Freigeborene *(ingenui),* Freigelassene *(liberti)* und Sklaven *(servi).*[2234] Sklaven gab es während des ganzen Bestandes des Römischen Reiches.[2235] Nach römischem Recht waren Sklaven keine Person, sondern *res* (=Sachen) und besaßen somit auch keine Rechtsfähigkeit.[2236] Vielmehr unterstanden Sklaven dem Oberhaupt des Hauses, der mit ihnen nach eigenem Belieben verfahren durfte, wobei willkürlichen Tötungen gewisse Grenzen gesetzt waren.[2237] Die Tötung oder Verletzung von Sklaven anderer Eigentümer wurde seit der *Lex Aquilia* (286 v. Chr.) als Sachbeschädigung verfolgt.[2238] Sklavenkinder gehörten von Geburt an dem Eigentümer der Mutter.[2239] Diese Rechtslage entspricht – wie oben ausgeführt – exakt dem Stand der Hauselfen in den Harry-Potter-Büchern.

Die Sklaverei, die später in die sogenannte Leibeigenschaft überging, hielt sich bis in die Neuzeitund wurde erst im 18. Jahrhundert allmählich verboten. Mit dem *„Slave Trade Act"* von 1807 wurde zumindest der Sklavenhandel – nicht aber die Sklaverei – im Britischen Kolonialreich abgeschafft.[2240] 1926 beschloss der aus der Pariser Friedenskonferenz nach dem Ersten Weltkrieg hervorgegangene *Völkerbund* die Abschaffung der Sklaverei. 1948 wurde sie im vierten Artikel der *Allgemeinen Erklärung der Menschenrechte (AEMR)* der Vereinten Nationen verboten.[2241]

Die Behandlung der Hauselfen erinnert die meisten Wissenschaftler aber auch an die Sklaverei in den Vereinigten Staaten (Howard*: „The Harry Potter series works as a postcolonial slave narrative"*).[2242] So u.a. Baltzar, Kohlová und

2234 *Maties,* in: BeckOGK, §611a BGB, Rn. 1912.

2235 Rechtsstellung der Menschen: *Apathy/Klingenberg/Pennitz,* Einführung in das römische Recht, S. 32ff. Beachte: Die Rechtsstellung des Sklaven wandelte sich auch innerhalb des römischen Rechts, dazu: *Hausmaninger/Selb,* Römisches Privatrecht, S. 79ff.; Grundzüge der römischen Rechtsgeschichte: *Boosfeld,* in: JuS 2017, S. 490 (490–494).

2236 *Zeuske,* Handbuch Geschichte der Sklaverei/1, S. 410ff.; *Buckland,* The Roman Law of Slavery, S. 10–72; *Kaser/Knütel/Lohsse,* Römisches Privatrecht, S. 145ff.

2237 *Jörs/Kunkel/Wenger,* Römisches Recht, S. 68.

2238 *Preis,* in: RdA 2019, S. 75 (76); *Honsell,* Römisches Recht, S. 166ff.

2239 *Jörs/Kunkel/Wenger,* Römisches Recht, S. 68.

2240 *Hilgendorf,* in: JuS 2008, S. 761 (764).

2241 *Preis,* in: RdA 2019, S. 75 (76).

2242 *Howard,* in: Patterson (Hrsg.): Harry Potter's World Wide Influence, S. 35 (37). Anders teils Walters, welche auch die Muggelstämmigen in Harry Potter mit Sklaven in Amerika vergleicht, weil diese ebenfalls unterdrückt werden und als „weniger wert" gelten: *„The slaves that were brought to America were essentially thought to be less than human, or less superior, than their white equivalents, an idea that was publicized to keep slaves in a subordinate position; likewise, false beliefs about Muggles, and subsequently Muggle-borns and half-bloods, were spread to assure that a certain hierarchy was maintained." (Walters,* Not so Magical, S. 16). Diese Ansicht überzeugt aber schon deswegen nicht, weil Sklaven per Definition nicht nur unterdrückt, sondern immer auch zur Arbeit gezwungen wurden. Und genau dieser Aspekt trifft auf die Muggelstämmigen in Harry Potter nicht zu. Diese werden zwar diskriminiert, aber eine komplette Entrechtung wie bei den Hauselfen und ein Zwang

Ayyıldız.[2243] Auch Scholz sieht auffällige Ähnlichkeiten zu *„slaves in pre-Civil War America"*.[2244] Barratt führt als Ähnlichkeiten folgende Punkte an: Den ungebildeten Dialekt der Hauselfen; den Paternalismus, mit dem Zauberer und Sklavenhalter argumentieren, dass Hauselfen/Sklaven eine gewisse Führung und Stabilität benötigen; und letztendlich die Tatsache, dass beide lebenslang an ihre Herren gebunden sind.[2245]

Mendlesohn zieht einen direkten Vergleich zwischen der Darstellung der Sklaven im Film *„Gone with the Wind"* (dt. *„Vom Winde verweht"*, 1939) und Harry Potter, *„in which the slaves are presented as happy, simple souls who merely wish to serve their families to the best of their ability."*[2246]

Die Sklaverei[2247] in den Vereinigten Staaten bildete die Fortsetzung der Sklaverei, die bereits in den Kolonien bestand. Die Sklaven wurden in Massen[2248] aus Afrika importiert und hauptsächlich im Süden der USA zur Arbeit auf Plantagen[2249] eingesetzt. Allerdings starben viele Sklaven bereits auf der langen Schiffsreise in die Staaten, häufig an Krankheiten.[2250] Zu den regelmäßig eingesetzten Bestrafungen gehörten Verstümmelung, Brandzeichnung, Auspeitschen und Schläge.[2251] In Virginia war es Weißen zeitweise sogar erlaubt, Sklaven, die sich widersetzten, zu töten.[2252] Erst nach dem Sezessionskrieg, der von 1861–1865 andauerte, trat am 18. Dezember 1865 der 13. Zusatzartikel zur Verfassung in Kraft, mit dem die Sklaverei auf dem gesamten Gebiet der Vereinigten Staaten endgültig abgeschafft wurde.[2253]

Ein großer Unterschied zur Sklaverei im alten Rom und in Amerika besteht aber darin, dass die Hauselfen (mit Ausnahme von Dobby) nicht frei sein wollen.[2254]

---

zur unentgeltlichen Arbeit unter unmenschlichen Bedingungen findet gerade nicht statt. Mehr Sinn ergibt deswegen der Vergleich zwischen der bis heute andauernden Diskriminierung von Afroamerikanern in den USA (und anderswo) und der Diskriminierung der Muggelstämmigen. Womit wir wieder beim klassischen Rassismus wären.

2243 *Baltzar,* Power and Evil, S. 113; *Kohlová,* Social Issues, S. 28; *Ayyıldız,* The Exercise of Biopower, S. 114 ff.

2244 *Scholz,* in: The Midwest Quarterly, Jahrg. 59, Ausg. 2, S. 123 (127).

2245 *Barratt,* The Politics of Harry Potter, S. 48 f.

2246 *Mendlesohn,* in: Whited (Hrsg.): The Ivory Tower and Harry Potter, S. 159 (179).

2247 Zur Definition des Begriffs Sklave/Sklaverei: *Zeuske,* Handbuch Geschichte der Sklaverei/1, S. 191 ff.

2248 Zwischen 1519 und 1867 wurden etwa 11 Millionen Menschen aus Afrika in die neue Welt verschleppt: *Meissner/Mücke/Weber,* Schwarzes Amerika, S. 47; *Zeuske,* in: Fagnoli/Späth (Hrsg.): Sklaverei und Recht, S. 101 (101 ff.)

2249 *Sautter,* Sklaverei in Amerika, S. 62 ff.

2250 Zur Todesrate von 15–16 %: *Meissner/Mücke/Weber,* Schwarzes Amerika, S. 47.

2251 *Sautter,* Sklaverei in Amerika, S. 41 ff.; am Beispiel von South Carolina: *Higginbotham,* In the Matter of Color, S. 176 f.

2252 *Berlin,* Generations of Captivity, S. 61.

2253 *Tsesis,* The Thirteenth Amendment, S. 1 ff.; *Vorenberg,* Final Freedom, S. 1 ff.

2254 *Walters,* Not so Magical, S. 33, 35; *Barratt,* The Politics of Harry Potter, S. 49 f.

Diese Eigenschaft der Hauselfen wird – vor allem im Hinblick auf die Befreiungs-Bemühungen Hermines – unter Fans kontrovers diskutiert[2255], ist für diese Arbeit aber nicht weiter zielführend. Was die genannten Formen der Sklaverei verbindet, ist die Einordnung als „unfrei“ auf Grund einer bestimmten Zugehörigkeit sowie die systematische Ausbeutung der Arbeitskraft unter staatlicher Legitimation.

Und auch hier schließt sich der Kreis zum Nationalsozialismus. Während in der Weimarer Republik erste Ansätze eines modernen und sozialen Arbeitsrechts entstanden, zu denen z. B. die Beschränkung der Arbeitszeit sowie erste Regelungen zum Kündigungsschutz und die Schaffung gewerkschaftlicher Mitbestimmungsrechte gehörten, machten die Nationalsozialisten diese Bestrebungen wieder zunichte. Das von dem Juristen Hugo Sinzheimer (einem Juden) begründete Kollektivarbeitsrecht wurde abgeschafft. Die Arbeitnehmer- und Arbeitgeberverbände wurden durch die *Deutsche Arbeitsfront* (DAF) ersetzt und die Arbeiter systematisch entmachtet.[2256] Die NS-Ideologie verstand Arbeit als unersetzlich für die „völkische Gemeinschaft“.[2257]

Die NS-Volksgemeinschaft sollte vor allem eine Leistungsgemeinschaft sein. Die Arbeitskraft sollte zu Produktions- und Reproduktionszwecken genutzt werden. Wer sich weigerte, wurde in Arbeitshäuser, „Fürsorgelager“ und Konzentrationslager verbracht. In den Konzentrationslagern der Anfangszeit sollten Gegner des NS-Staates und vermeintlich „Arbeitsscheue“ durch harte Arbeit zu fleißige „Volksgenossen“ umerzogen werden.[2258]

Die meisten Forscher unterscheiden bei der „Klassifizierung“ der unfreien Arbeit im Nationalsozialismus zwischen zivilen Fremdarbeitern, Kriegsgefangenen und Häftlingen.[2259] Am deutlichsten in Erinnerung geblieben ist historisch dabei die Zwangsarbeit, welche die Juden und andere Gruppierungen in den späteren KZs verrichten mussten. Hier wurden häufig schwere und teils völ-

2255 Auch diskutiert in: *Raha,* in: Internat. J. Appl. Soc. Sci., 6 (1), 2019, S. 205 (210 f.); zur Frage, ob Hauselfen magisch an ihre Meister gebunden sind: https://www.reddit.com/r/HPfanfiction/comments/8tzxt6/houseelves_and_magical_slavery/ (abgerufen am: 23.01.2023). Zur Frage, ob Hermine ihre Grenzen überschreitet, weil sie Hauselfen befreien will, die nicht befreit werden wollen: https://msmagazine.com/2011/07/15/hermione-granger-and-the-fight-for-equal-rights/ (abgerufen am: 23.01.2023).

2256 *Preis,* in: RdA 2019, S. 75 (80 f.); *Becker,* in: Buggeln/Wildt (Hrsg.): Arbeit im Nationalsozialismus, S. 107 (107–122).

2257 *„Die nationalsozialistische Arbeitslehre ist gekennzeichnet durch ihren rassischen Ursprung; sie ist Ausdruck einer blutmäßig bestimmten sittlichen Haltung.* […] *Von der nationalsozialistischen Arbeitslehre her muß das Arbeitsverhältnis unmittelbar und vollständig durch den gemeinsamen Einsatz der Persönlichkeiten bestimmt, also ein in der Arbeit begründetes Gemeinschaftsverhältnis sein.“* (*Siebert,* Die Deutsche Arbeitsverfassung, S. 30, 38). Zu Hitlers Verständnis von Arbeit: *Wildt,* in: Buggeln/Wildt (Hrsg.): Arbeit im Nationalsozialismus, S. 3 (3–24).

2258 *Hörath,* in: Buggeln/Wildt (Hrsg.): Arbeit im Nationalsozialismus, S. 309 (315 ff.).

2259 *Buggeln,* in: Buggeln/Wildt (Hrsg.): Arbeit im Nationalsozialismus, S. 231 (231 f.).

lig sinnlose Arbeiten angeordnet, also Arbeit als Strafe und Gewalttat bis hin zum Tod.[2260] Bei den späteren KZs handelte es sich damit nicht ausschließlich um Arbeitslager mit dem primären Ziel der produktiven Tätigkeit, sondern auch um Vernichtungslager unter dem menschenverachtenden Spruch *„Arbeit macht frei"*.[2261]

Während vereinfacht oft vom Ziel der absoluten Vernichtung der Juden in den europäischen Konzentrationslagern gesprochen wird, ist allerdings bekannt, dass die Selektion der Häftlinge zumindest zeitweise einem dreistufigen System unterlag. Die „negative Selektion" der Arbeitsunfähigen einerseits sowie die auf Ausbildungskriterien, Bildungsgrad und Sprachfertigkeiten gerichtete „positive Selektion". Hier trat die nationalsozialistisch-rassistische Ideologie, welche die Menschen ursprünglich in die Konzentrationslager gebracht hatte, also hinter dem Kriterium der Arbeitsfähigkeit („Rationalisierung" und „Ökonomisierung" der KZs) zurück.[2262] Sicher ist ebenfalls, dass es 1944 aus rein „ökonomischen" Gründen zu Massentötungen in den KZs kam. Die Kriterien hierfür waren aber auch nicht primär rassistisch, sondern lauteten: *„tauglich, bedingt tauglich, ungeeignet"*. So schreibt Hördler: *„Die Tötung von Schwer- und Seuchenkranken sowie von längerfristig Arbeitsunfähigen war aus Sicht der SS notwendig, um den drohenden Kollaps der Lager abzuwenden."*[2263]

Der in den KZs organisierte Massenmord war gekennzeichnet durch viele parallele Systemabläufe, sodass das Gros der dort tätigen Personen nicht direkt an den Tötungshandlungen beteiligt war. Dies erschwerte die Aufklärung sowie die Arbeit der Strafjustiz in den Nachkriegsjahren und bis heute erheblich.[2264]

U. a. als Reaktion auf die Massenmorde in den KZs wurde in Art. 12 GG das Verbot des Arbeitszwanges und der Zwangsarbeit aufgenommen.[2265] So auch das BVerfG in mehreren Entscheidungen: *„Wortlaut und Entstehungsgeschichte des Art. 12 Abs. 2 Satz 1 GG lassen erkennen, daß die im nationalsozialistischen*

2260 Übersicht der verschiedenen Arbeitsformen in KZs und deren „Schweregrad": *Matussek,* Die Konzentrationslagerhaft und ihre Folgen, S. 16.

2261 Zur Entwicklung verschiedener Formen der Zwangsarbeit unter den Nationalsozialisten: *Wagner,* Produktion des Todes, S. 152 ff.; zur Arbeit im KZ: *Wagner,* Produktion des Todes, S. 372 ff.; Arbeit im KZ-Buchenwald: *Hackett*, Der Buchenwald-Report, S. 71 ff.

2262 Ein auf alle Häftlingsgruppen bezogenes Vernichtungsprogramm in den KZs lässt sich nicht belegen: *Morsch,* in: Herbert/Orth/Dieckmann (Hrsg.): Die nationalsozialistischen Konzentrationslager/1, S. 111 (124 f.); *Wagner*, in: Buggeln/Wildt (Hrsg.): Arbeit im Nationalsozialismus, S. 329 (333).

2263 *Hördler*, in: Buggeln/Wildt (Hrsg.): Arbeit im Nationalsozialismus, S. 349 (353).

2264 *Bode,* in: NJ 2017, S. 227 (228 ff.); *Werle,* in: NJW 1992, S. 2529 (2532).

2265 *Wilde,* Armut und Strafe, S. 171 f.; *Scholz,* in: Dürig/Herzog/Scholz (Hrsg.): GG, Art. 12 Rn. 10; kritisch: *Ruffert,* in: BeckOK GG, Art. 12 Rn. 137; *Wieland,* in: Dreier (Hrsg.): GG, Art. 12 Rn. 54.

System üblich gewordenen Formen der Zwangsarbeit mit ihrer Herabwürdigung der menschlichen Persönlichkeit ausgeschlossen werden sollten."[2266]

In Art. 12 II GG ist geregelt, dass niemand *„zu einer bestimmten Arbeit gezwungen werden* [kann], *außer im Rahmen einer herkömmlichen allgemeinen, für alle gleichen öffentlichen Dienstleistungspflicht"*. Als Arbeitszwang bezeichnet man dabei die persönliche Verpflichtung zur Verrichtung einer bestimmten Arbeit. Der nach Art. 12 II GG verbotene Zwang besteht dabei in der physischen oder psychischen Beugung des individuellen Willens durch hoheitliche Maßnahmen, um die betroffene Person zu einer bestimmten Tätigkeit zu bewegen.[2267] Wie die Entstehungsgeschichte der Vorschrift ebenfalls zeigt, wollte man damit nur noch Verpflichtungen zu gemeindlichen Hand- und Spanndiensten, zur Deichhilfe und zum Feuerwehrdienst zulassen.[2268]

Eine begriffsklare Grenzziehung zwischen dem in Art. 12 II GG geregelten Arbeitszwang und der in Art. 12 III GG geregelten Zwangsarbeit hat sich noch nicht durchgesetzt. Überwiegend geht man davon aus, dass Arbeitszwang bei einer *bestimmten* Einzelarbeit und in Abgrenzung dazu Zwangsarbeit bei der Bereitstellung der *gesamten* Arbeitskraft für nicht näher definierte Tätigkeiten vorliegt.[2269] Beim Verbot des Arbeitszwangs und der Zwangsarbeit handelt es sich trotz der Aufspaltung in zwei Absätze um ein einheitliches Grundrecht. Abs. 2 und Abs. 3 schützen alle Menschen, womit der persönliche Schutzbereich weiter geht als bei Art. 12 I GG (Deutschengrundrecht).[2270]

Zwangsarbeit ist gem. Art. 12 III GG *„nur bei einer gerichtlich angeordneten Freiheitsentziehung"* zulässig, vgl. § 41 StVollzG des Bundes.[2271] Die Arbeitspflicht im deutschen Strafvollzug ist zwar nicht unumstritten, verstößt aber insbesondere nicht gegen Art. 4 II EMRK.[2272]

Damit wurde nach dem Ende des Zweiten Weltkrieges sowohl völkerrechtlich als auch grundgesetzlich abgesichert, dass es auf deutschem Boden nie wieder zu einer Ausbeutung der Arbeitskraft im Stile des Nationalsozialismus kommen

2266 Zitiert nach: BVerfG, Beschl. v. 29.11.1967, Az. 1 BvR 175/66 (= BVerfGE 22, 380, 383); ähnlich: BVerfG, Beschl. v. 13.01.1987, Az. 2 BvR 209/84 (= BVerfGE 74, 102, 108).

2267 *Fisahn/Kutscha,* Verfassungsrecht konkret, S. 160; *Manssen,* in: Mangoldt/Klein/Starck (Hrsg.): GG, Art. 12 Rn. 303; *Mann,* in: Sachs (Hrsg.): GG, Art. 12 Rn. 179 ff.

2268 Vgl. BVerfG, Beschl. v. 24.01.1995, Az. 1 BvL 18/93 (= BVerfGE 92, 91), BVerfG, Beschl. v. 08.07.1997, Az. 1 BvR 403/94 (= BVerfGE 96, 217); *Wolff,* in: Hömig/Wolff (Hrsg.): GG, Art. 12 Rn. 23; *Mann,* in: Sachs (Hrsg.): GG, Art. 12 Rn. 185 ff.

2269 *Detterbeck,* Öffentliches Recht, Rn. 486; *Mann,* in: Sachs (Hrsg.): GG, Art. 12 Rn. 190.

2270 *Epping,* Grundrechte, S. 228 ff.; *Wolff,* in: Hömig/Wolff (Hrsg.): GG, Art. 12 Rn. 24; *Jarass,* in: Jarass/Pieroth (Hrsg.): GG, Art. 12 Rn. 113 f.

2271 *Walther,* in: BeckOK StVollzG des Bundes, § 41 Rn. 2; zur Ausgestaltung der Arbeitspflicht: *Hillebrand,* Gefangenenarbeit in Deutschland, S. 41 ff.

2272 *Walther,* in: BeckOK StVollzG des Bundes, § 41 Rn. 3.

kann, dessen grausame Praxis der „Vernichtung durch Arbeit" als mahnendes Beispiel in den Geschichtsbüchern festgehalten ist.

2. Kobolde als Juden-Analogie

Kobolde sind menschenähnliche, kleine Wesen mit langen Fingern und spitzen Nasen. Im Gegensatz zu Hauselfen, die als eher „einfach gestrickt" beschrieben werden, sind Kobolde hoch intelligent[2273] und leiten die Bankgeschäfte der Zaubererwelt. In Großbritannien haben sie durch die Führung der einzigen Bank *Gringotts* letztendliche eine Monopolstellung für die Geldgeschäfte der magischen Welt.[2274] Kobolde haben eine eigene Art der Magie, die sie genauso wie Hauselfen ohne Zauberstab ausüben können.[2275] Im Zaubereiministerium werden sie durch das *Koboldverbindungsbüro* vertreten.[2276]

In der Geschichte der Zaubererwelt gab es im 17. und 18. Jahrhundert mehrere blutige Koboldaufstände, die von den Zauberern gewalttätig niedergerungen wurden.[2277] Welche Stellung die Kobolde in der Gesellschaft auch heute noch einnehmen, zeigt symbolisch der Brunnen im Zaubereiministerium. In dessen Mitte stehen die Statuen einer Hexe und eines Zauberers mit ausgestreckten Zauberstäben. Ein Zentaur, ein Hauself und ein Kobold sehen mit ehrfürchtiger Miene zu ihnen empor.[2278] Aus Sicht der Zauberer sind ihnen die Kobolde also genauso wie die Hauselfen und Zentauren nicht ebenbürtig.[2279] Der zwischen

---

2273 *„»Jetzt sorgst du dich auch noch um die süßen kleinen Kobolde, nicht wahr?«, fragte Ron Hermine. »Willst du vielleicht so was wie BLÖK gründen? Befreit die Lümmelhaften Öden Kobolde?« »Ha, ha, ha«, lachte Hermine trocken. »Kobolde brauchen keinen Schutz. Habt ihr nicht gehört, was uns Professor Binns über die Kobold-Aufstände erzählt hat?« »Nein«, sagten Harry und Ron wie aus einem Munde. »Sie sind durchaus fähig, es mit Zauberern aufzunehmen«, sagte Hermine und nippte an ihrem Butterbier. »Sie sind ziemlich klug. Ganz anders als die Hauselfen, die nie für ihre Sache eingetreten sind.«" (Rowling,* Harry Potter 4, Rita Kimmkorns Riesenknüller, S. 469); *Ayyıldız,* The Exercise of Biopower, S. 116; *Barratt,* The Politics of Harry Potter, S. 78.

2274 *Rowling,* Harry Potter 1, In der Winkelgasse, S. 72, 81 ff.; *Ali/Lebdušková,* in: Mooney/Sifaki (Hrsg.): The Language of Money and Debt, S. 57 (64).

2275 *Rowling,* Harry Potter 7, Der Zauberstabmacher, S. 496.

2276 *Rowling,* Harry Potter 4, Bagman und Crouch, S. 92; Harry Potter 5, Das Zaubereiministerium, S. 157.

2277 *Rowling,* Harry Potter 1, Der Verbotene Wald, S. 268; Harry Potter 4, Beauxbatons und Durmstrang, S. 246. Die Kobolde versuchten auch, Teil der Internationalen Zaubereivereinigung zu werden, scheiterten mit diesem Wunsch jedoch (*Ayyıldız,* The Exercise of Biopower, S. 117).

2278 *Rowling,* Harry Potter 5, Das Zaubereiministerium, S. 153 f.; Mrs Weasley Wehklage, S. 186 f.

2279 Zu diesem Ergebnis kommen u. a. auch: *Baltzar,* Power and Evil, S. 110, 115; *Walters,* Not so Magical, S. 28, 44 ff.; *Ayyıldız,* The Exercise of Biopower, S. 117.

den Kobolden und den Zauberern bis heute bestehende Konflikt hat drei Hauptursachen:

Einerseits untersagen die Zauberer anderen magischen Wesen durch Artikel drei des *„Gesetzes zum Gebrauch des Zauberstabs"* das Tragen von Zauberstäben.[2280] Genauso wie die Hauselfen werden also auch die Kobolde in ihrer Magie eingeschränkt und letztendlich unterdrückt.[2281] Zauberer werden von den Kobolden umgekehrt abwertend als „Zauberstabträger" tituliert.[2282] Im Gegensatz zu den Hauselfen geben sich die Kobolde mit ihrer untergeordneten Rolle aber nicht zufrieden, sondern kämpfen für ihre Rechte. So beispielsweise der Kobold Griphook, der in Gringotts arbeitet: *„»Um das Recht, einen Zauberstab zu tragen«, sagte der Kobold leise, »streiten Zauberer und Kobolde schon seit langem.« »Nun, Kobolde können ohne Zauberstäbe zaubern«, sagte Ron. »Das ist unerheblich! Zauberer weigern sich, die Geheimnisse der Zauberstabkunde mit anderen magischen Wesen zu teilen, sie versagen uns die Möglichkeit, unsere Kräfte auszuweiten.«"*[2283]

Zweitens haben Zauberer und Kobolde ein grundsätzlich anderes Verständnis von Eigentum, das immer wieder zu Missverständnissen führt. So sind Kobolde besonders begabt in der Verarbeitung von Metall und in der Herstellung von Schwertern und Kostbarkeiten. Nach den Gesetzen der Kobolde ist derjenige Eigentümer einer Sache, der sie geschaffen hat. Dieses Eigentum kann nicht dauerhaft übertragen, sondern nur „vermietet" werden und fällt nach dem Ablauf der Mietzeit bzw. nach dem Tod des Mieters immer wieder an den ursprünglichen Hersteller-Kobold zurück.[2284] Dieser Konflikt zeigt sich u. a. darin, dass das von Kobolden geschmiedete Schwert Gryffindors nach Ansicht der Kobolde in ihrem Eigentum steht und im Rahmen der Erbfolge weder auf Dumbledore noch auf Harry übergegangen sein konnte.[2285]

Der dritte Konfliktpunkt ist die Tatsache, dass die Kobolde mit der Führung von Gringotts letztendlich alle Geldflüsse der Zauberer kontrollieren und ihre diesbezügliche Macht u. a. nutzen, um Geld zu hohen Zinsen zu verleihen. In Band vier erfährt man, dass sich Ludo Bagman, der Leiter der Abteilung für magische Spiele und Sportarten, bei den Kobolden viel Geld geliehen hat.[2286] Weil er seine Schulden nicht zurückzahlen konnte, wettete er darauf, dass Harry das Trimagische Turnier gewinnen würde. Um das Ergebnis zu manipulieren, versuchte er,

---

2280 *Rowling,* Harry Potter 4, Das Dunkle Mal, S. 141.

2281 Zur Frage, wie die Zauberer die Kobolde unterdrücken u. a.: *Walters,* Not so Magical, S. 44 ff.; *Ayyıldız,* The Exercise of Biopower, S. 116.

2282 *Rowling,* Harry Potter 7, Der Zauberstabmacher, S. 496.

2283 *Rowling,* Harry Potter 7, Der Zauberstabmacher, S. 496.

2284 *Rowling,* Harry Potter 7, Shell Cottage, S. 526; *Ali/Lebdušková,* in: Mooney/Sifaki (Hrsg.): The Language of Money and Debt, S. 57 (66).

2285 *Rowling,* Harry Potter 7, Shell Cottage, S. 514 f; *Mitzner Scully,* in: Doughty (Hrsg.): Broadening Critical Boundaries, S. 98 (109 ff.).

2286 *Rowling,* Harry Potter 4, Der Anfang, S. 764 f.

Harry bei den Aufgaben des Turniers zu helfen.[2287] Dieser Konflikt rund um die Geldgeschäfte der Kobolde wird auch in Band fünf wiederaufgenommen. In der Zeitschrift *Der Klitterer* erscheint ein Artikel über den Zaubereiminister Cornelius Fudge und seine Verbindung zu den Kobolden:

„[...] doch jetzt sah Harry, dass es sich um eine ziemlich schlechte Karikatur von Cornelius Fudge handelte. Harry erkannte ihn nur dank des limonengrünen Bowlers. Fudge umklammerte mit der einen Hand einen Sack Gold, mit der anderen würgte er einen Kobold. Der Text zu der Karikatur lautete: Wie weit wird Fudge gehen, um sich Gringotts zu sichern? [...] Zaubereiminister Cornelius Fudge bestritt bei seiner Wahl vor fünf Jahren, dass er irgendwelche Pläne zur Übernahme der Zaubererbank Gringotts habe. Fudge hat immer betont, er wolle mit den Wächtern unseres Goldes nichts weiter als »friedlich zusammenarbeiten«. ABER STIMMT DAS? Dem Minister nahe stehende Quellen enthüllten kürzlich, dass Fudge vor Ehrgeiz brennt, die Goldvorräte der Kobolde unter seine Kontrolle zu bringen, und dass er nicht zögern wird, wenn nötig auch Gewalt anzuwenden. »Das wäre übrigens nicht das erste Mal«, sagte ein Kenner des Ministeriums. »Cornelius ›Kobold-Killer‹ Fudge, so nennen ihn seine Freunde. Wenn Sie ihn hören könnten in Momenten, da er sich sicher glaubt, oh, andauernd redet er von den Kobolden, die er beseitigt hat; er ließ sie ertränken, von Gebäuden stürzen, vergiften und zu Pasteten verarbeiten ...«“[2288]

Auch wenn es keine Anhaltspunkte dafür gibt, dass die Behauptungen des Klitterers der Wahrheit entsprechen, zeigt die Berichterstattung doch, wie gespalten die Gesellschaft im Hinblick auf die Kontrolle Gringotts durch die Kobolde und dem Umgang der Zauberer mit ihnen ist.

In Band fünf diskutiert der Orden des Phönix darüber, ob die Kobolde sich auf die Seite Lord Voldemorts stellen werden, oder nicht. Denn einerseits hat Lord Voldemort bei seiner ersten Machtergreifung auch Kobolde getötet. Andererseits sind die Kobolde mit ihrem Status Quo nicht zufrieden und könnten sich Lord Voldemort anschließen, wenn dieser ihnen mehr Rechte einräumt: *„»Ich bin sicher, die würden nie zu Du-weißt-schon-wem überlaufen«, sagte Mr Weasley kopfschüttelnd. »Auch sie hatten Verluste; erinnert ihr euch noch an diese Koboldfamilie, die er das letzte Mal ermordet hat, in der Nähe von Nottingham?« »Ich glaube, es hängt davon ab, was man ihnen anbietet«, sagte Lupin. »Und ich rede nicht von Gold. Wenn man ihnen die Freiheiten bietet, die wir ihnen seit Jahrhunderten verwehren, kommen sie in Versuchung. Hast du noch immer kein Glück mit Ragnok gehabt, Bill?« »Im Moment hat er von Zauberern die Nase voll«, sagte Bill, »er ist immer noch wütend wegen dieser Bagman-Geschichte und glaubt, das Ministerium hätte die Sache vertuscht, diese Kobolde haben nämlich nie ihr Gold von ihm gekriegt ...«“*[2289]

2287 *Rowling,* Harry Potter 4, Rita Kimmkorns Riesenknüller, S. 495 ff.
2288 *Rowling,* Harry Potter 5, Luna Lovegood, S. 229.
2289 *Rowling,* Harry Potter 5, Der Orden des Phönix, S. 106 f.

Doch die Befürchtung, die Kobolde könnten sich Lord Voldemort anschließen, erweist sich als unbegründet. Die meisten Kobolde sind der Ansicht: *„Wir ergreifen keine Partei. Das ist ein Krieg unter Zauberern.“*[2290] Nachdem das Trio den Kelch Helga Hufflepuffs aus Gringotts entwendet, ist Lord Voldemort so erzürnt über den Einbruch in sein Verlies, dass er alle Kobolde in Gringotts tötet und letztendlich auf diesem Weg die Macht über die Finanzen der Zaubererwelt erhält.[2291] Die verbleibenden Kobolde befinden sich teils – genauso wie viele Muggelstämmige – auf der Flucht.[2292] *„»Aber ja doch, genau darum geht es! Je mächtiger der Dunkle Lord wird, desto mehr festigt eure Rasse ihre Vorherrschaft über meine! Gringotts fällt unter das Gesetz der Zauberer, Hauselfen werden abgeschlachtet, und wer von den Zauberstabträgern protestiert dagegen?« »Wir!«, sagte Hermine. Sie hatte sich aufgerichtet und ihre Augen leuchteten. »Wir protestieren! Und ich werde genauso gejagt wie jeder Kobold oder Elf, Griphook. Ich bin ein Schlammblut!«“*[2293]

In wissenschaftlichen Arbeiten über die Harry-Potter-Bücher hat sich auf Grund dieser Darstellung der Konsens herauskristallisiert, dass auch die Kobolde eine Anspielung auf die Stellung der Juden im Nationalsozialismus sind.

Snir/Ley stellen zunächst allgemein fest: *„The goblins in the Harry Potter books, like the medieval and modern bankers, suffer from a very low public image.“*[2294] Und ergänzen sodann: *„The fact that the bankers are not human-beings may also reflect the long history of relegating the handling of financial affairs to ‚outsiders‘. Letting outsiders deal with the financial affairs seems to make it easier to constrain them.“*[2295]

Der Politikwissenschaftler Rudolph sieht bereits im Aussehen der Kobolde Ähnlichkeiten zu seit Jahrhunderten existierenden Juden-Karikaturen: *„Auch wie sie in den Filmen dargestellt werden, erinnert an hundertjährige Juden-Karikaturen: Kleine, hässliche Gestalten, mürrischer Blick, wulstige Lippen und lang Nasen. Spitzbärtig, durchtrieben, mit Sinn fürs Geschäft. Wenn sie nicht in Banken arbeiten, dann als Goldschmiede.“*[2296] Diese Argumentation vertreten

---

2290 *Rowling,* Harry Potter 7, Die Rache des Kobolds, S. 304.

2291 *Rowling,* Harry Potter 7, Das letzte Versteck, S. 558.

2292 *Rowling,* Harry Potter 7, Die Rache des Kobolds, S. 303 f. Erneut kommt eine Regelung der magischen Welt dem Aufstieg Lord Voldemorts zu Gute: Ohne Zauberstäbe sind die Kobolde den „Zauberstabträgern“ relativ schutzlos ausgeliefert, so auch: *„Therefore, without the wand, they remain powerless, insignificant, and vulnerable to Voldemort's attacks and threats.“* (*Ayyıldız,* The Exercise of Biopower, S. 116).

2293 *Rowling,* Harry Potter 7, Der Zauberstabmacher, S. 497.

2294 *Snir/Levy,* Popular Perceptions, S. 10.

2295 *Snir/Levy,* Popular Perceptions, S. 26.

2296 https://www.academia.edu/36830700/Das_Politische_in_der_Harry_Potter_Welt (abgerufen am: 23.01.2023). Patient/Street erinnert die Darstellung an den NS-Propagandafilm *„Der ewige Jude“* (1940), *Patient/Street,* in: Patterson, (Hrsg.): Harry Potter's World Wide Influence, S. 201 (219 f.). Horne schreibt über die Kobolde: *„[...] suggests they are morally suspect, a modern-day embodiment of stereotype*

auch Dendle/Kohlová: *„Though, according to Peter Dendle, Goblins serve as a parallel to stereotypical Jews, not Afro-American slaves. For instance, Goblins have pointed noses, ears and beard, plus the film representation evokes Jews from Nazi cartoons. They are wealthy and in history had lots of conflicts with wizards, as Professor Binns often mentions during his lectures. Goblins are considered not to be trustworthy and have their specific sense of ownership."*[2297]

Mitzner Scully hält es für problematisch, dass die Geschichte in sich selbst das Problem der „Rassentrennung" bzw. der Diskriminierung und Unterdrückung der Kobolde nicht anerkennt, sondern im Gegenteil, die Kobolde als aggressive Gefahr darstellt. Damit werde gerechtfertigter (politischer) Widerstand gegen ein Unrechtsregime (in diesem Fall das der Zauberer) negiert.[2298]

Vorurteile gegenüber Juden und die daraus resultierende gesellschaftliche Ausgrenzung reicht schon weit vor die Zeit des Nationalsozialismus zurück. Alles begann mit dem religiösen Konflikt zwischen den Juden und den Christen. Bereits der dritte Laterankonzil von 1179 empfahl, dass Christen und Juden getrennt leben sollten.[2299] Durch die Bestimmungen des vierten Laterankonzils von 1215 wurden die Juden schließlich unumstößlich zu einer sozial ausgegrenzten Gruppe (Kennzeichnung der Kleidung, Ausschluss von öffentlichen Ämtern).[2300] Weil Juden nicht zu den Zünften zugelassen wurden, waren sie faktisch gezwungen, sich auf die Geldleihe, die den Christen aus religiösen Gründen verboten war, zu spezialisieren, wodurch das Vorurteil des „reichen Wucherers" entstand.[2301] Speziell in Deutschland trug u. a. auch Martin Luther zum Antisemitismus bei.[2302]

Während des Ersten Weltkrieges und in der Weimarer Republik fand schließlich eine weitere Radikalisierung des Antisemitismus statt.[2303] Zwar gewährleisteten Art. 135–141 WRV die Religionsfreiheit, dieses Recht wurde durch die *„Verord-*

---

of a Jewish moneylander or perhaps even an Italian mafioso.", *Horne,* in: Dahlen/Thomas (Hrsg): Harry Potter and the Other, S. 17 (33 f.)

2297 *Kohlová,* Social Issues, S. 31; *Dendle,* in: Heilman (Hrsg.): Critical Perspectives on Harry Potter, S. 163 (165). Ebenso: *Anatol,* in: Anatol (Hrsg.): Reading Harry Potter Again, S. 109 (120).

2298 *Mitzner Scully,* in: Doughty (Hrsg.): Broadening Critical Boundaries, S. 98 (113). Ähnlich auch: *Anatol,* in: Anatol (Hrsg.): Reading Harry Potter Again, S. 109 (121 f.). Auch das neue Harry-Potter-Computerspiel „Hogwarts Legacy" (2022), in dem die Kobold-Rebellionen eine Rolle spielen, wurde bereits vor seinem Erscheinen für seinen Antisemitismus kritisiert, https://www.thegamer.com/hogwarts-legacy-harry-potter-plot-anti-semitic-goblins-villains/ (abgerufen am: 22.01.2023).

2299 *Eriksen/Harket/Lorenz,* Judenhass, S. 89 f.

2300 *Cohen,* Unter Kreuz und Halbmond, S. 56 ff.; *Breuer/Graetz,* Deutsch-jüdische Geschichte der Neuzeit/1, S. 36; *Eriksen/Harket/Lorenz,* Judenhass, S. 61.

2301 *Eriksen/Harket/Lorenz,* Judenhass, S. 40 f., 81 ff.; kritisch zum Geldverleih: *Geiger,* Zwischen Urteil und Vorurteil, S. 51 ff.

2302 *Pfahl-Traughber,* Antisemitismus, S. 34 ff.; *Eriksen/Harket/Lorenz,* Judenhass, S. 61.

2303 *Eriksen/Harket/Lorenz,* Judenhass, S. 401 ff.

nung des Reichspräsidenten zum Schutze von Staat und Volk" und das *„Gesetz zur Behebung der Not von Volk und Reich"* aber 1933 ausgehöhlt.[2304]

Die geldbezogenen Stereotypen gegen Juden machte sich auch Hitler zu Nutze, z. B. in *Mein Kampf*: *„Er beginnt mit dem Verleihen von Geld, und zwar wie immer zu Wucherzinsen. [...] Den Handel sowohl als sämtliche Geldgeschäfte faßt er als sein eigenstes Privileg auf, das er rücksichtslos auswertet. Das Geldgeschäft und der Handel sind restlos sein Monopol geworden. [...] Nun beginnt der Jude aber seine wahren Eigenschaften zu enthüllen. Mit widerlicher Schmeichelei macht er sich an die Regierungen heran, läßt sein Geld arbeiten und sichert sich auf solche Art immer wieder den Freibrief zu neuer Ausplünderung seiner Opfer."*[2305]

In den Harry-Potter-Büchern werden diese Stereotypen auf die Kobolde projiziert. Einerseits im Sinne des Sozialdarwinismus. Denn obwohl Kobolde mindestens die Intelligenz von Zauberern besitzen, werden sie alleine auf Grund der Zugehörigkeit zu einer anderen „Rasse" diskriminiert, indem man ihnen das Tragen von Zauberstäben verwehrt. Andererseits entsprechen die Kobolde sowohl was ihr Aussehen betrifft, als auch bezüglich ihrer Geldgeschäfte, genau den Vorurteilen, die seit Jahrhunderten gegenüber Juden hervorgebracht werden. Und genauso wie die Juden unter Hitler wurden die Kobolde unter Lord Voldemort letztendlich verfolgt und zu einem Großteil ermordet.

Gleichzeitig war die Vernichtung der Kobolde nur ein kleiner Teilaspekt in der Machtergreifung Lord Voldemorts. Ihm ging es einerseits um die Erlangung der Macht über die Zaubererbank Gringotts. Andererseits aber untergeordnet auch darum, seine Reinblut-Ideologie und die Idee der Überlegenheit der Zauberer gegenüber allen anderen magischen und nichtmagischen Geschöpfen vor seinen Anhänger zu demonstrieren. Im Gegensatz dazu gehörte die „Judenfrage" bzw. die „Endlösung" zu einem der zentralen Ziele Hitlers, dem er einen deutlich höheren Stellenwert beimaß als es sein magischer Counterpart mit den Kobolden tat. Auch wenn der Vergleich zwischen Juden und Kobolden damit durchaus fruchtet, ist für das Verständnis der Harry-Potter-Bücher der Vergleich zwischen Muggelstämmigen und Juden deutlich wichtiger.

Auch heute gibt es noch antisemitistische Vorurteile in Deutschland.[2306] Die staatlichen Strukturen, die das bis zum Zweiten Weltkrieg ermöglicht haben,

---

2304 *Borowski,* Die Glaubens- und Gewissensfreiheit des Grundgesetzes, S. 47 ff.

2305 *Hitler,* Mein Kampf, S. 339.

2306 *Eriksen/Harket/Lorenz,* Judenhass, S. 567 ff.; *Liebscher/Pietrzyk/Lagodinsky/Steinitz,* in: NJOZ 2020, S. 897 (898 ff.). Dies ergibt sich unter anderem aus dem zweiten Bericht *„Antisemitismus in Deutschland – aktuelle Entwicklungen"* des Bundesministeriums des Inneren: http://www.bmi.bund.de/SharedDocs/downloads/DE/publikationen/themen/heimat-integration/expertenkreis-antisemitismus/expertenbericht-antisemitismus-in-deutschland.pdf?__blob=publicationFile&v=7 (abgerufen am 23.01.2023). Eine Umfrage des Jüdischen Weltkongresses ergab 2019, dass jeder vierte Deutsche antisemitisch denkt. Zu den häufigen Vorurteilen gehören u. a. *„Ju-*

sind jedoch abgeschafft. Insbesondere wurde mit der Religionsfreiheit in Art. 4 GG (Art. 9 EMRK) gewährleistet, dass auch Menschen jüdischen Glaubens in Deutschland nicht auf Grund ihrer Religion diskriminiert werden dürfen.[2307] Mit großer Sorge sind aber trotzdem Bestrebungen in Deutschland und der Welt zu beobachten, die auch weiterhin mit der Verbreitung antisemitischer Thesen vonstattengehen.[2308]

3. Zentauren als indigene Bevölkerung in Reservaten

Die ursprünglich aus der griechischen Mythologie bekannten Zentauren haben den Oberkörper eines Menschen und den Unterleib eines Pferdes. Sie sind in den Harry-Potter-Büchern als intelligentes und eigenwilliges Volk bekannt, das u. a. im *Verbotenen Wald* lebt. Die Zentauren haben die Fähigkeit, in den Sternen zu lesen und durch mysteriöse Andeutungen die Zukunft vorherzusagen.[2309]

Obwohl es im Zaubereiministerium ein Zentauren-Verbindungsbüro gibt, ziehen die Zentauren es vor, keinen Kontakt mit Menschen zu haben. Sie sind stolz und wollen nicht als „Lastenträger" dienen.[2310] *„»Hat Hagrid Sie gezüchtet, wie die Thestrale?«, fragte Dean neugierig. Firenze wandte ihm ganz langsam den Kopf zu, und Dean merkte offensichtlich sofort, dass er etwas sehr Beleidigendes gesagt hatte. »Ich wollte nicht – ich meinte – Verzeihung«, sagte er mit leiser Stimme. »Zentauren sind nicht die Diener oder die Spielzeuge der Menschen«, sagte Firenze ruhig."*[2311]

Die Zentauren in Großbritannien leben nicht freiwillig im Verbotenen Wald. Dieser wurde ihnen lediglich – ähnlich eines Reservats – vom Zaubereiministerium als Lebensraum zugewiesen.[2312] Die Zentauren sprechen gegenüber Hagrid

---

den haben zu viel Macht in der Wirtschaft" und *„Juden haben zu viel Macht auf den internationalen Finanzmärkten"*, https://www.sueddeutsche.de/politik/antisemitismus-deutschland-juedischer-weltkongress-1.4652536 (abgerufen am: 23.01.2023).

2307 Schutzbereich Art. 4 GG: *Borowski,* Die Glaubens- und Gewissensfreiheit des Grundgesetzes, S. 354 ff., *Morlok,* in: Dreier (Hrsg.): GG, Art. 4 Rn. 72–92.

2308 Muslimischer Antisemitismus: *Jikeli,* in: Grimm/Kahmann (Hrsg.): Antisemitismus, S. 113 (113–134); *Jikeli,* in: Glöckner/Jikeli (Hrsg.): Das neue Unbehagen, S. 49 (49–72); rechtsradikaler Antisemitismus: *Botsch,* in: Glöckner/Jikeli (Hrsg.): Das neue Unbehagen, S. 21 (21–38); *Begrich/Raabe*, in: Stender/Follert/Özdogan (Hrsg.): Konstellationen des Antisemitismus, S. 225 (225–242).

2309 *Rowling,* Harry Potter 1, Der verbotene Wald, S. 276.

2310 *„»Firenze!«, donnerte Bane, »was tust du da? Du hast einen Menschen auf dem Rücken! Kennst du keine Scham? Bist du ein gewöhnliches Maultier?«"*, *Rowling,* Harry Potter 1, Der verbotene Wald, S. 280.

2311 *Rowling,* Harry Potter 5, Der Zentaur und die Petze, S. 706.

2312 *Rowling,* Harry Potter 5, Kampf und Flucht, S. 886; so auch: *Szczodrowski,* in: Gymnich/Birk/Burkhard (Hrsg.): „Harry – yer a wizard", S. 205 (210 f.).

und Umbridge jedoch von *ihrem* Wald. Hagrid und Umbridge bestehen wiederum darauf, dass Hogwarts/das Ministerium entscheidet, wer im Wald lebt.[2313]

Innerhalb ihrer Herde leben Zentauren nach einer eigenen Hierarchie und folgen ihren eigenen Gesetzen.[2314] Zentauren, die mit den Menschen kooperieren, werden wegen „Hochverrats" aus der Herde verstoßen.[2315] So ergeht es u. a. dem Zentauren Firenze, der in Band fünf Dumbledore zuliebe das Fach Wahrsagen unterrichtet und dafür von seiner Herde fast totgetrampelt worden wäre.[2316]

„»Du hättest dich nicht einmischen sollen, Hagrid«, sagte Magorian. »Unsere Sitten sind nicht die euren, und auch nicht unsere Gesetze. Firenze hat uns verraten und entehrt.« […] »Firenze hat sich in die Knechtschaft der Menschen begeben«, sagte ein grauer Zentaur mit hartem, tief zerfurchtem Gesicht. »Knechtschaft!«, rief Hagrid verächtlich. »Er tut Dumbledore 'nen Gefallen, das is' alles ...« »Er geht mit unserem Wissen und unseren Geheimnissen bei den Menschen hausieren«, sagte Magorian leise. »Aus solcher Schande kann es keine Rückkehr geben.« […] »Wie auch du, Mensch«, sagte Bane, »indem du in unseren Wald zurückgekommen bist, obwohl wir dich gewarnt hatten ...« »Nun, jetzt hört mir ma' zu«, sagte Hagrid zornig. »Das mit ›unserem‹ Wald hör ich nich so gern, wenn's euch recht is'. Das entscheidet nich ihr, wer hier ein und aus geht ...«"[2317]

Als Hagrid mit dem Trio den Verbotenen Wald besucht, werden sie von den Zentauren angehalten. Diese lassen Hagrid nur deswegen unversehrt gehen, weil er von *„unschuldigen Fohlen"* begleitet wird und es die Gesetze der Zentauren verbieten, diese zu *„schlachten"*.[2318] Später lockt das Trio Umbridge in den Wald, um ihr dort eine Falle zu stellen. Umbridge, die für ihren Hass auf „Halbblüter" bekannt ist (siehe S. 145 f.), versucht daraufhin, die Zentauren über die Gesetze des Zaubereiministeriums zu belehren, woraufhin diese sie gefangen nehmen.[2319]

„»So ist es!«, sagte Umbridge mit noch höherer Stimme. »Also sei sehr vorsichtig! Nach den Gesetzen, die von der Abteilung zur Führung und Aufsicht Magischer Geschöpfe erlassen wurden, ist jeder Angriff auf einen Menschen durch Halbblüter, wie ihr es seid ...« »Wie hast du uns genannt?«, rief ein wild aussehender schwarzer Zentaur […] »Gesetz Fünfzehn ›B‹ besagt eindeutig, dass ›jeglicher Angriff durch ein magisches Geschöpf, das nach allgemeinem Dafürhalten annähernd menschliche Intelligenz besitzt und daher als für seine

---

2313 *Rowling,* Harry Potter 5, Grawp, S. 821; *Barratt,* The Politics of Harry Potter, S. 82.

2314 *„»Wie auch immer«, sagte Magorian gelassen, »Fohlen zu schlachten ist ein schreckliches Verbrechen – wir rühren die Unschuldigen nicht an.",* *Rowling,* Harry Potter 5, Grawp, S. 821.

2315 *Rowling,* Harry Potter 5, Der Zentaur und die Petze, S. 706.

2316 *Rowling,* Harry Potter 5, Grawp, S. 807.

2317 *Rowling,* Harry Potter 5, Grawp, S. 820 f.

2318 *Rowling,* Harry Potter 5, Grawp, S. 821.

2319 *Rowling,* Harry Potter 5, Kampf und Flucht, S. 887.

Taten verantwortlich erachtet wird…« »›Annähernd menschliche Intelligenz‹?«, wiederholte Magorian […]“[2320]

Demnach hat die *Abteilung zur Führung und Aufsicht Magischer Geschöpfe* ein Gesetz erlassen, in dem Angriffe durch Halbblüter auf Menschen unter Strafe gestellt werden. In Gesetz *„Fünfzehn B“* wird dies auf diejenigen magischen Geschöpfe beschränkt, die *„annähernd menschliche Intelligenz“* besitzen, weil nur diese für ihre Taten verantwortlich gemacht werden können. Das ist deswegen beachtlich, weil die Zauberer sich das Alleinbestimmungsrecht darüber anmaßen, wer intelligent ist. Baltzar schreibt dazu: *„Racism and speciesism run very deep within the wizarding society, as they are embedded even in the wizarding laws.“*[2321] Gleichzeitig machen die Zauberer damit aber auch deutlich, dass selbst intelligente Wesen nicht auf einer Stufe mit den Zauberern stehen, sondern nach eigenen Gesetzen bestraft werden, die gerade nicht für Menschen gelten. An dieser Gesetzgebung waren die Zentauren nicht beteiligt; trotzdem müssen sie sich dem Gesetz unterwerfen.

Dass dies eine Diskriminierung auf Grund der Rasse/Spezies darstellt, sieht auch Baltzar so: *„There are various wizarding laws that are derogatory towards magical creatures (e. g. house-elves, goblins and centaurs), werewolves and Muggles. House-elves and goblins (i. e. non-human creatures) are not allowed to carry or use wands, and „Law Fifteen B“ (Order, 665) refers to centaurs as having near human intelligence, even though they are much wiser than humans.“*[2322] Rutter beschreibt Zentauren als *„second-class citizens“*.[2323]

Angst ist laut Barratt eine mögliche Erklärung für die Diskriminierung von anderen magischen Wesen. Sie hält diese Generalisierung auf Grund der Abstammung für hochgefährlich. Denn dies rechtfertige die Unterdrückung ganzer Gruppen auf Grund der Annahme, dass einige Individuen gefährlich sein könnten: *„The most dangerous feature of this sort of attitude, however, is the assumption that behavioral traits are ingrained in the ‚nature‘ of certain kinds of creatures. This is problematic because it leads to the assumption that because those traits are genetically linked, they are inherently present in all member of the group.“*[2324] Und genau dies geschah letztendlich auch im NS-Staat, in dem mit den Juden eine ganze Bevölkerungsgruppe stigmatisiert wurde und letztendlich vernichtet werden sollte.

Auf Grund der Tatsache, dass die Zentauren auf Land leben, das ihnen vom Zaubereiministerium zugewiesen wurde, sehen viele in ihnen eine Parallele zu

2320 *Rowling,* Harry Potter 5, Kampf und Flucht, S. 885 f.; *Hofmann,* in: Gymnich/Birk/Burkhard (Hrsg.): „Harry – yer a wizard“, S. 145 (148).
2321 *Baltzar,* Power and Evil, S. 110.
2322 *Baltzar,* Power and Evil, S. 110.
2323 *Rutter,* „Bad Blood Will Out“, S. 6.
2324 *Barratt,* The Politics of Harry Potter, S. 79.

den indigenen Völkern Amerikas.[2325] Heipt schreibt: *„There is a parallel here to the way white people have segregated Native Americans throughout the United States, tricking them into signing treaties agreeing to give up their land, forcing them onto reservations, and often killing them. This is not an inaccurate comparison — wizards are clearly written to be responsible for the confinement of the centaurs to specific areas.“*[2326] So auch Öhrn: *„Like Native Americans, the centaurs have been given specific pieces of land that they may inhabit and live on as they please.“*[2327] Dafür spricht die Darstellung der Zentauren als „Wilde“, die verbunden mit der Natur im Wald leben und – genauso wie die klassische Darstellung eines Indianers – mit Pfeil und Bogen bewaffnet sind.[2328]

In Nordamerika geriet die in Deutschland durch den Oberbegriff „Indianer“ gekennzeichnete indigene Bevölkerung ab 1600 nach und nach in die Minderheit. Die eigenständige „Indianerpolitik“ der Vereinigten Staaten setzte nach dem Unabhängigkeitskrieg von Großbritannien ab 1781 ein.[2329] Gegen Ende des 19. Jahrhunderts hatten die europäischen Einwanderer nach blutigen Kämpfen sämtliche Indianer, die sie als „minderwertig“ betrachteten, unterworfen.[2330] Dazu gehörte die systematische Verdrängung durch Vernichtung, militärische Unterwerfung sowie eine gezielte Assimilationspolitik.[2331] Zudem erfolgte die Absonderung in Indianerreservate *(„reservations“)*.[2332]

1871 wurde der *„Indian Appropriations Act“* erlassen, der das Aushandeln von Verträgen zwischen der US-Regierung und den Indianerstämmen untersagte.

2325 Z.B. *Walters,* Not So Magical, S. 50; *Scholz,* in: The Midwest Quarterly, Jahrg. 59, Ausg. 2, S. 123 (127). Hunziker zieht hier hingegen einen Vergleich zu den Konzentrationslagern im Dritten Reich (*Hunziker,* in: A Journal of Social Theory, Jahrgang 22 (4/2013), Artikel 9, S. 54 (55). Das überzeugt jedoch nicht. Denn den Zentauren wird der Verbotene Wald zwar als Lebensraum zugewiesen, sie dürfen dort aber nach ihren eigenen Sitten und Gebräuchen leben. Und das ohne Arbeitsverpflichtung. Auch eine Selektion nach Arbeitsfähigkeit, Religion, o. Ä. findet nicht statt. Ebenso wenig Exekutionen und Massenmord.

2326 https://thoughtsfromhogwarts.com/2020/02/08/centaurs-and-race/ (abgerufen: 23.01.2023).

2327 *Öhrn,* A Postmodern Analysis of Inclusion/Exclusion of the Other, S. 18.

2328 *Rowling,* Harry Potter 5, Kampf und Flucht, S. 884 f.; Anatol schreibt dazu: *„They live in Harmony with the natural landscape of the Forbidden Forest, and carry only bows and arrows.“* Der wilde Zentaur Bane erfülle *„the stereotype of the scalping Indian Savage“*, *Anatol,* in: Anatol (Hrsg.): Reading Harry Potter Again, S. 109 (118).

2329 Zu den Anfängen der US-amerikanischen Indianerpolitik: *Frantz,* Die Indianerreservationen in den USA, S. 27 ff.

2330 Symbolisch steht dafür das Massaker am *Wounded Knee* in South Dakota im Jahr 1890, bei dem der letzte Widerstand der Indianer gegen die Weisen mit der Tötung zahlreicher Minneconjou-Lakota-Sioux-Indianer unter Häuptling Spotted Elk gebrochen wurde: *Richardson,* Wounded Knee, S. 388 ff.

2331 *Johansen,* The Native Peoples of North America, S. 295 ff.

2332 *Pevar,* The Rights of Indians and Tribes, S. 7 ff.; gesetzliche Grundlage war u. a. der *„Indian Removal Act“* von 1830: *Frantz,* Die Indianerreservationen in den USA, S. 32.

Die „Indianerangelegenheiten" wurden fortan einseitig durch die Regierung geregelt. Zuständig hierfür war das *Bureau of Indian Affairs* (BIA).[2333] Hierdurch wurde der indigenen Bevölkerung jegliche Eigenständigkeit aberkannt. Sie waren vielmehr „Mündel" ohne Mitspracherechte. Das Vorgehen entspricht exakt dem des Zaubereiministeriums, das zwar ein *Zentauren-Verbindungsbüro* unterhält, den Zentauren jedoch keine Mitspracherechte in eigenen Angelegenheiten einräumt.

Den Bogen zum Nationalsozialismus und zu Lord Voldemort spannt auch hier wieder die Frage des Blutes: *„The discourse of blood during the assimilation period carried with it the idea that people of mixed descent and full descent each had distinct personal characteristics. Three tropes concerning Native Americans of mixed descent recurred in the assimilation period. First, drawing on the long-standing European view that racial mixing led to an increase in vigor, white Americans assumed, with easy arrogance, that the addition of white blood made Indians smarter, more business-like, and au fait with Christianity, the English language, and mainstream ways of life."*[2334]

Diese Parallele zwischen der angeblichen Bedrohung weißer Siedler durch indigene Völker und der angeblichen Bedrohung der Deutschen durch die Juden findet sich auch unabhängig vom Harry-Potter-Kontext: *„Diese Rechtfertigung fand praktische Anwendung, etwa in der Angewohnheit europäischer Siedler, eingeborene Völker präventiv auszurotten, weil sie angeblich zur Bedrohung werden konnten. Siedler brachten ganze Gruppen von Einheimischen um, entweder aus Furcht oder, weil sie ihre völkermörderischen Absichten kurzerhand auf ihre Opfer projizierten. So waren weiße Siedler in Nordamerika davon überzeugt, dass die Indianer gar nicht anders könnten, als sie zu vernichten. All diese Muster lassen sich auch beim Völkermord der Nationalsozialisten an den europäischen Juden ausmachen: die Identifizierung eines Feindvolks und seine Stigmatisierung als unverbesserlich und mörderisch gefährlich, als verantwortlich für den moralischen und materiellen Niedergang […]."*[2335]

Aus dem Jahr 1928 sind außerdem Zitate Hitlers belegt, wonach er bei zwei unterschiedlichen Anlässen sagte: *„Dies Nordamerika hat einst einem ganz anderen Volke gehört, nämlich den Indianern. Die Weißen haben ihnen das Land weggenommen, sie auf einen immer engeren Raum zurückgetrieben und ihnen schließlich noch das Feuerwasser gegeben. Und nachdem der Weiße die Millionen von Rothäuten auf ein paar Hunderttausend zusammengeschossen hatte, will er die bescheidenen Überreste im Käfig beobachten." […] „Sie haben mit*

2333 *Frantz,* Die Indianerreservationen in den USA, S. 34, 137.

2334 *Ellinghaus,* Blood Will Tell, S. xii.

2335 *Pohl,* in: Fritz Bauer Institut/Steinbacher (Hrsg.): Holocaust und Völkermorde, S. 107 (118).

den Indianern gekämpft, haben sie ausgerottet, haben den Urwald gerodet und die Wüsteneien fruchtbar gemacht.“[2336]

Hitler soll geradezu von Karl Mays Indianergeschichten besessen gewesen sein, weswegen Wissenschaftler weitreichende Parallelen zwischen der Osterweiterung im Dritten Reich und den Indianerkriegen ziehen. So schreibt Kakel: *„Thanks to the influence of Karl May, in Hitler's spatial imaginary, the Nazi ‚Wild East' had become the American ‚Wild West', and the ‚Russian Redskins' had become the ‚savage' American ‚Red Indians'.*“[2337]

Der amerikanische Juraprofessor James Q. Whitman hält es ebenfalls für möglich, dass sich Hitler politisch vom Umgang der Einwanderer mit den Indianern „inspiriert" fühlte. So absolvierte der deutsche Jurist Heinrich Krieger Anfang der 1930er Jahre einen Forschungsaufenthalt in Arkansas. Über ihn sollen laut Whitman die US-amerikanischen Rassengesetze in die Ausarbeitung der Nürnberger Gesetze eingeflossen sein.[2338]

Erst 1924 erhielten die Indianer durch den *„Indian Citizenship Act"* Bürgerrechte, womit sie auch an Wahlen teilnehmen konnten.[2339] 1934 wurde ihnen im *„Indian Reorganization Act"* eine Art Selbstverwaltungsrecht mit demokratisch gewählten Stammesräten zugesprochen.[2340] Ab 1953 zogen sich die staatlichen Institutionen zunehmend aus den Angelegenheiten der Indianer zurück, nachdem der Kongress eine entsprechende Resolution verabschiedet hatte.[2341] Erst 2009 entschuldigte sich Barack Obama in einer Erklärung bei den *Native Americans* für deren Behandlung in den letzten Jahrhunderten und es kam zu Entschädigungsabsprachen.[2342]

Genauso wie die Ureinwohner Amerikas als schwer anpassbare „Wilde" empfunden wurden, betrachten die Zauberer die Zentauren als stur und uneinsichtig, weswegen es einfacher ist, sie in Reservate abzuschieben, als mit ihnen zu verhandeln. Und Ähnlichkeiten bestehen auch darin, dass die Indianer als „primitiv" empfunden wurden, während die Zauberer die Zentauren als weniger intelligent als sich selbst einstufen (eine Ansicht, für die es keine Belege gibt). Genauso wie die Zentauren kein offizielles Mitspracherecht im Zaubereiministerium haben, sprach man den indigenen Völkern erst sehr spät Mitspracherechte und erst noch später Bürgerrechte und damit das Wahlrecht zu. Während sich

2336 *Pohl,* in: Fritz Bauer Institut/Steinbacher (Hrsg.): Holocaust und Völkermorde, S. 107 (118).
2337 *Kakel,* The Holocaust as Colonial Genocide, S. 18.
2338 *Whitman,* Hitler's American Model, S. 57, 113 ff.
2339 *McCool,* in: Deloria (Hrsg.): American Indian Policy in the Twentieth Century, S. 105 (107).
2340 *Buck,* in: Schaefer (Hrsg.): Encyclopedia of Race, Ethnicity, and Society, S. 215 (217).
2341 *Buck,* in: Schaefer (Hrsg.): Encyclopedia of Race, Ethnicity, and Society, S. 215 (218).
2342 Kritisch: https://indianlaw.org/node/529 (abgerufen am: 23.01.2023).

die Lage der Ureinwohner Amerikas im 20. Jahrhundert konstant verbesserte, warten die Zentauren noch darauf, als vollwertige, gleichberechtigte Mitglieder der Zauberergemeinschaft anerkannt zu werden. Ob dies nach dem Sturz Lord Voldemorts geschieht, ist nicht bekannt.

4. Die Ausgrenzung von Werwölfen und Halbriesen

Werwölfe und Halbriesen könnten unterschiedlicher nicht sein. Trotzdem erfahren beide in der Zaubererwelt extreme Ausgrenzung. Einerseits, weil sie für Menschen unter Umständen tatsächlich gefährlich sein können, andererseits auf Grund haltloser Vorurteile. *„»Ich wusste, dass er [Anm. Hagrid] kein ausgewachsener Riese sein kann, denn die sind ja um die sieben Meter groß. Aber ehrlich gesagt, was soll diese ganze Aufregung um die Riesen. Sie können doch nicht alle schrecklich sein ... gegen die Werwölfe gibt es genau dieselben Vorurteile ... die Leute sind einfach viel zu engstirnig!« [Anm. sagt Hermine]“*[2343]

Wer den Biss eines Werwolfs überlebt, steckt sich in der Harry-Potter-Welt mit der Werwolfs-Krankheit, der sog. Lykanthropie an und mutiert dann selbst bei jedem Vollmond zu einem Werwolf. Die Krankheit ist nicht heilbar und der verwandelte Mensch hat keinerlei Kontrolle über das, was er in der Vollmondnacht tut. Erst in den letzten Jahrzehnten wurde ein Wolfsbanntrank erfunden, der zwar die schmerzhafte Verwandlung in einen Wolf nicht verhindert, aber das menschliche Bewusstsein der Betroffenen erhält, sodass der Werwolf für andere völlig ungefährlich ist.[2344]

In ihrem verwandelten Zustand sind Werwölfe für Menschen höchst gefährlich. Einerseits können sie Menschen verletzen oder töten. Andererseits führt ein Biss zu oben genannter Ansteckung. Aus diesem Grund werden Werwölfe in der magischen Welt diskriminiert und geächtet – und das, obwohl heute mit dem Wolfsbanntrank ein effektives Mittel besteht, um Werwolfs-Angriffe komplett zu unterbinden.

Der bekannteste Werwolf in den Harry-Potter-Büchern ist Remus Lupin, der als Kind gebissen wurde. Auf Grund seiner Erkrankung hätte er eigentlich nicht zur Schule gehen dürfen. Dumbledore setzte sich jedoch dafür ein, dass er Hogwarts besuchen durfte und ermöglichte ihm so eine Schulbildung.[2345] Doch obwohl Remus Lupin ein äußerst fähiger Zauberer ist, kann er auf Grund seiner Erkran-

---

2343 *Rowling,* Harry Potter 4, Rita Kimmkorns Riesenknüller, S. 453.

2344 *Rowling,* Harry Potter 3, Vier Freunde, S. 387; *Lipińska,* in: Patterson (Hrsg.): Harry Potter's World Wide Influence, S. 117 (121).

2345 *„Bevor jedoch der Wolfsbann-Trank entdeckt wurde, verwandelte ich mich einmal im Monat in ein ausgewachsenes Ungeheuer. Es schien unmöglich, mich nach Hogwarts zu schicken. Die anderen Eltern würden ihre Kinder sicher nicht dieser Gefahr aussetzen wollen. Doch dann wurde Dumbledore Schulleiter, und er hatte Verständnis. Solange wir bestimmte Vorkehrungen träfen, sagte er, gäbe es keinen Grund, warum ich nicht zur Schule kommen sollte.«“*, *Rowling,* Harry Potter 3, Vier Freunde, S. 387.

kung nach seinem Abschluss keine Arbeitsstelle finden und lebt in Armut bis Dumbledore ihn – trotz Protesten – als Lehrer für Verteidigung gegen die Dunklen Künste in Hogwarts einstellt.[2346] Nachdem die Eltern davon erfahren, muss Dumbledore Lupin jedoch nach nur einem Schuljahr wieder entlassen, weil die Eltern um die Sicherheit der Schüler besorgt sind.[2347]

Schuld an Lupins andauernder Arbeitslosigkeit ist ein Anti-Werwolf-Gesetz, das Umbridge erlassen hat: *„»Nein«, sagte Sirius, »allerdings hat sie vor zwei Jahren ein Anti-Werwolf-Gesetz ausgearbeitet, das es ihm fast unmöglich macht, eine Stelle zu bekommen.« Harry fiel ein, dass Lupin jetzt viel schäbiger aussah, und seine Abneigung gegen Umbridge steigerte sich noch. »Was hat sie gegen Werwölfe?«, sagte Hermine aufgebracht. »Hat Angst vor ihnen, vermute ich«, entgegnete Sirius und lächelte angesichts ihrer entrüsteten Miene.“*[2348] Baltzar schreibt dazu: *„Thus, Umbridge drafted such an unfair law because she despises ‚half-breeds'.“*[2349]

Lupin lebt fortan unter seinesgleichen am Rande der Gesellschaft und beobachtet die restliche Werwolf-Population für den Orden des Phönix: *„»Ich habe unter meinen Artgenossen gelebt, unter meinesgleichen«, sagte Lupin. »Werwölfe«, fügte er hinzu, als er Harrys verständnisloses Gesicht sah. »Sie sind fast alle auf Voldemorts Seite. Dumbledore brauchte einen Spion, und da war ich ... wie geschaffen für die Aufgabe.« […] Doch es war schwierig, ihr Vertrauen zu gewinnen. Ich trage die unverkennbaren Zeichen eines Mannes, der versucht hat unter Zauberern zu leben, verstehst du, während sie sich von der normalen Gesellschaft fernhalten und am Rande leben, stehlen – und manchmal töten –, um zu überleben.«“*[2350]

Beziehungen zwischen Werwölfen und nicht angesteckten Menschen sind in der Zaubererwelt eine Seltenheit und werden nicht gerne gesehen. Und das, obwohl sich die Werwolfs-Eigenschaft nicht vererbt.[2351] Remus Lupin verzichtet deswegen lange auf eine Beziehung und ist entsetzt, als er in Band sieben erfährt, dass seine Freundin Nymphadora Tonks schwanger ist: *„»Ihr wisst nicht, wie die meisten in der Zaubererwelt Kreaturen wie mich betrachten! Wenn sie von meinem Gebrechen erfahren, können sie kaum mehr mit mir reden! Seht ihr nicht, was ich getan habe? Sogar ihre eigene Familie ist von unserer Heirat angewi-*

2346 *„»Dumbledore hat Sie eingestellt, obwohl er wusste, dass Sie ein Werwolf sind?«, schnaubte Ron mit aufgerissenen Augen. »Ist er wahnsinnig?« »Einige Lehrer dachten das auch«, sagte Lupin. »Es war ein schweres Stück Arbeit, gewisse Lehrer davon zu überzeugen, dass man mir vertrauen kann –«“, Rowling,* Harry Potter 3, Kater, Ratte, Hund, S. 380.

2347 *Rowling,* Harry Potter 3, Noch einmal Eulenpost, S. 463 f.

2348 *Rowling,* Harry Potter 5, Percy und Tatze, S. 357.

2349 *Baltzar,* Power and Evil, S. 111.

2350 *Rowling,* Harry Potter 6, Sehr frostige Weihnachten, S. 337.

2351 https://www.wizardingworld.com/writing-by-jk-rowling/werewolves (abgerufen am: 23.01.2023); *Hughes,* in: Bell (Hrsg.): Wizards vs. Muggles, S. 49 (61).

dert, welche Eltern wollen schon, dass ihre einzige Tochter sich einen Werwolf zum Mann nimmt? Und das Kind – das Kind –« "[2352]

Remus befürchtet, dass sein Kind die gleiche Ausgrenzung und Diskriminierung erfahren wird wie er selbst: „*»Meine Sippe pflanzt sich normalerweise nicht fort. Mein Kind wird wie ich sein, davon bin ich überzeugt – wie kann ich mir je verzeihen, dass ich es wissentlich riskiert habe, mein eigenes Leiden an ein unschuldiges Kind weiterzugeben? Und falls es, durch irgendein Wunder, nicht so ist wie ich, dann wird es besser dran sein, und zwar hundert Mal besser, ohne einen Vater, für den es sich immer schämen muss!«* "[2353]

Die meisten Werwölfe ertragen diese soziale Ausgrenzung nicht und werden zu Einsiedlern oder rotten sich unter ihresgleichen zusammen. Nach der Rückkehr Lord Voldemorts schließen sich die meisten Werwölfe ihm an. U. a. deswegen, weil er ihnen ein besseres Leben mit mehr Freiheiten verspricht. Das beste Beispiel hierfür ist der Werwolf Fenrir Greyback. Er genießt es, Menschen zu beißen und zu töten und hat es sich zum Ziel gesetzt, so viele Kinder wie möglich anzustecken, um die Werwolf-Population in Großbritannien zu vergrößern.

„*»Wie kommt es, dass sie Voldemort mögen?« »Sie glauben, dass sie unter seiner Herrschaft ein besseres Leben haben werden«, sagte Lupin. »Und es ist schwierig, dagegen anzukommen, solange Greyback da draußen ist ...« »Wer ist Greyback?« »Du hast noch nicht von ihm gehört?« Lupins Hände verkrampften sich jäh in seinem Schoß. »Fenrir Greyback ist vielleicht der blutrünstigste Werwolf, der heute lebt. Er betrachtet es als seine Mission, so viele Leute wie möglich zu beißen und anzustecken; er will so viele Werwölfe hervorbringen, dass er die Zauberer besiegen kann. Voldemort hat ihm als Gegenleistung für seine Dienste Beute angeboten. Greyback ist auf Kinder spezialisiert ... beiß sie, wenn sie noch jung sind, sagt er, und zieh sie fern von ihren Eltern auf, erziehe sie zum Hass auf normale Zauberer. Voldemort droht Leuten damit, ihn auf ihre Söhne und Töchter loszulassen; mit dieser Drohung ist er meistens erfolgreich.«* "[2354]

Lord Voldemort nutzt einerseits die schlechte soziale Stellung der Werwölfe aus, um sie als Anhänger zu rekrutieren. Andererseits benutzt er die Werwölfe als Waffe gegen die Bevölkerung, indem er Familien droht, ihre Kinder beißen zu lassen. Und er setzt den Blutdurst Fenrir Greybacks im Kampf gegen Hogwarts ein.

Die Autorin selbst gibt an, dass sie mit den Werwölfen in den Harry-Potter-Büchern eine Parallele zur Stigmatisierung von AIDS-Kranken und Menschen mit anderen übertragbareren Krankheiten ziehen wollte: „*Lupin's condition of lycanthropy (being a werewolf) was a metaphor for those illnesses that carry a stigma, like HIV and AIDS. All kinds of superstitions seem to surround blood-*

2352 *Rowling,* Harry Potter 7, Das Bestechungsgeschenk, S. 220.

2353 *Rowling,* Harry Potter 7, Das Bestechungsgeschenk, S. 220. Zumindest die Befürchtung, dass sein Kind selbst ab Geburt ein Werwolf sein könnte, ist in der Harry-Potter-Welt falsch, denn Lykanthropie wird nicht vererbt.

2354 *Rowling,* Harry Potter 6, Sehr frostige Weihnachten, S. 337.

borne conditions, probably due to taboos surrounding blood itself. The wizarding community is as prone to hysteria and prejudice as the Muggle one, and the character of Lupin gave me a chance to examine those attitudes.“[2355]

Eine gewisse Ähnlichkeit besteht einerseits darin, wie die Krankheit übertragen wird und, dass die Betroffenen bei einer Behandlung ein fast „normales“ Leben führen können. Andererseits aber auch darin, welche gesellschaftliche Diskriminierung die Betroffenen (oft homosexuelle Männer) erfahren. Walters sieht die Stigmatisierung als einen der Gründe, wieso sich die Zauberergesellschaft nicht gegen das diskriminierende Anti-Werwolf-Gesetz Umbridges auflehnt.[2356] Reagin zieht hier eine Parallele zum Nationalsozialismus und zählt Werwölfe als eine der *„undesirables“* auf, die vom Zaubereiministerium ausgegrenzt werden.[2357]

Auch im Nationalsozialismus haftete der Homosexualität ein ganz besonderes Stigma an, das ab 1934 zu gezielten Verfolgungen und Deportationen führte. Rechtsgrundlage hierfür war die am 28. Juni 1935 beschlossene und am 1. September in Kraft getretenen Verschärfung von § 175 RStGB.[2358] Im Gegensatz zur bisherigen Rechtsprechung des Reichsgerichts, die *„beischlafähnliche Handlungen“* für eine Strafbarkeit voraussetzte, reichten nach dem Willen der NS-Gesetzgebung bereits *„begehrliche Blicke“* hierfür.[2359] Im *„Erlaß des Führers zur Reinhaltung von SS und Polizei“* vom 15. November 1941 wurde die Todesstrafe für homosexuelle Betätigung durch Angehörige von SS und Polizei angeordnet.[2360] Man schätzt, dass etwa 5.000–15.000 homosexuelle Männer, die

---

2355 https://www.wizardingworld.com/writing-by-jk-rowling/remus-lupin (abgerufen am: 23.01.2023). Ausführlich dazu: *Hughes,* in: Bell (Hrsg.): Wizards vs. Muggles, S. 49 (49–71). Auf diesen Vergleich bezieht sich auch: *Ayyıldız,* The Exercise of Biopower, S. 91. Naeficy fasst die Metapher sogar noch weiter und schreibt: *„Professor Lupin is the fall guy for the stigmatized outsider. You know, the one we fear, the one we demonize – he is the homosexual, he is the immigrant, he is the AIDS victim, he is the one with a ‚bad‘ religion, and so on.“* (*Naeficy,* The Werewolf in the Wardrobe, S. 207 (213)). Und auch Eikens spricht allgemein von *„stigmatized groups“* (*Eikens,* Changing Readers' Attitudes?, S. 19 f.). Macgregor hingegen sieht in den Werwölfen eher eine Metapher für psychische Erkrankungen wie z. B. Impulskontrollstörungen (*Macgregor,* in: Goetz (Hrsg.): Phoenix Rising, S. 36 (57 f.)).

2356 *Walters,* Not so Magical, S. 50.

2357 *Reagin,* in: Reagin (Hrsg.): Harry Potter and History, S. 127 (136).

2358 Es wurde u. a. das Wort *„widernatürlich“* gestrichen und mit § 175a RStGB qualifizierte Fälle der „schweren Unzucht“ eingeführt. *Sommer,* Die Strafbarkeit der Homosexualität, S. 105 ff.; *Finger,* Homophobie und Strafrecht, S. 42; *Schoppmann,* Nationalsozialistische Sexualpolitik, S. 95 f.

2359 *Schäfer,* Widernatürliche Unzucht, S. 41 f. Dahinter stand auch der Gedanke, dass für die Schaffung eines „Deutschen Herrenvolkes“ eine hohe Geburtenrate nötig war. (*Finger,* Homophobie und Strafrecht, S. 42). Eine Strafbarkeit der weiblichen Homosexualität wurde diskutiert, aber nicht umgesetzt (*Schoppmann,* Nationalsozialistische Sexualpolitik, S. 90 ff.).

2360 *Schäfer,* Widernatürliche Unzucht, S. 43.

dort einen rosa Winkel tragen mussten, in den NS-Konzentrationslagern inhaftiert waren.[2361]

Das erschreckende: Die nationalsozialistische Gesetzgebung bezüglich § 175 RStGB hatte bis 1969 in der Bundesrepublik Deutschland Bestand.[2362] Und erst 1994 wurde der verbliebene Jugendschutzparagraph aus dem StGB gestrichen.[2363]

Ein ähnlicher Schicksal wie die Werwölfe haben in der Zaubererwelt auch die Riesen. Riesen sind menschenähnliche Wesen, die bis zu acht Meter groß werden. Sie können sich mit Menschen paaren, dies geschieht aber nur selten. Ein Beispiel dafür ist Hagrid, der von einer Riesin und einem Mann abstammt. Riesen wird nachgesagt, dass sie nicht intelligent, aber dafür übermäßig gewalttätig sind.[2364]

Hagrid wird, weil er ein Halbriese ist, in der Zaubererwelt diskriminiert. In seinem zweiten Schuljahr muss er Hogwarts verlassen, weil ihm zu Unrecht vorgeworfen wird, den Tod einer Schülerin verursacht zu haben. An seine Unschuld glaubt niemand und auch das Zaubereiministerium klärt den Fall nie auf. Auf Grund dieses Vorfalls verliert Hagrid nicht nur seine Ausbildung, sondern auch seinen Zauberstab. In Band zwei inhaftiert ihn das Ministerium auf Grund der gleichen Anschuldigung ohne vorherigen Prozess in Askaban (siehe S. 327 f.).

Zu Harrys Schulzeit wird Hagrid, der als Wildhüter auf den Ländereien von Hogwarts arbeitet, von vielen Schülern und Eltern misstrauisch beäugt. Sie gehen fälschlicherweise davon aus, dass er auf Grund seiner Abstammung besonders gewalttätig wäre. *„»Aber was ist denn schon dabei, wenn seine Mutter eine Riesin ist?«, fragte Harry. »Na ja ... keiner, der ihn kennt, wird sich darum scheren, weil wir wissen, dass er nicht gefährlich ist«, sagte Ron langsam. »Aber ... Harry, die Riesen sind nun einmal bösartig. Wie Hagrid selbst gesagt hat, es liegt in ihrer Natur, sie sind wie Trolle ... sie mögen einfach töten, das weiß jeder. Aber in Großbritannien gibt es keine mehr.« »Was ist mit ihnen passiert?« »Sie waren ohnehin am Aussterben und dann haben die Auroren viele von ihnen umgebracht. In anderen Ländern soll es aber noch Riesen geben ... sie leben meist versteckt in den Bergen ...«“*[2365]

In Band vier outet Rita Kimmkorn Hagrid gegen seinen Willen im Tagespropheten als „Halbriese“ und behauptet, er sei gewalttätig.[2366] Unter den gleichen

2361 *Schäfer*, Widernatürliche Unzucht, S. 45.
2362 *Finger*, Homophobie und Strafrecht, S. 43 ff.
2363 Zur Reform 1994: *Schroeder*, in: NJW 1994, S. 1501 (1501–1504).
2364 *Rowling*, Harry Potter 5, Hagrids Geschichte, S. 500 ff.
2365 *Rowling*, Harry Potter 4, Der Weihnachtsball. S. 450.
2366 *„Hagrid, ein beängstigend großer und wild aussehender Mann, nutzt seitdem seine neu gewonnene Autorität, um die ihm anvertrauten Schüler mit einer Reihe grauenhafter Kreaturen in Angst und Schrecken zu versetzen. Während Dumbledore beide Augen zudrückte, hat Hagrid in einigen seiner Unterrichtsstunden, die viele als »sehr beängstigend« beschreiben, dafür gesorgt, dass mehrere Schüler schwer*

Vorurteilen wie Hagrid leidet auch die Halbriesin Madame Maxime, die entgegen aller Vorurteile als gut gekleidet und eloquent beschrieben wird und es intellektuell als Schulleiterin von Beauxbatons sogar mit Dumbledore aufnehmen kann.[2367] In Band fünf zeigt sich Umbridges Hass auf „Halbblüter"[2368] u. a. auch darin, dass sie Hagrid wie eine geistig eingeschränkte Person mit niedriger Intelligenz behandelt und nichts unversucht lässt, um ihn von seiner Lehrerposition zu feuern.[2369]

Im letzten Band schließen sich die Riesen Lord Voldemort an, weil der ihnen die Freiheiten verspricht, die ihnen die Zauberer verweigern.[2370] Einer der Gründe für das Vorurteil, dass Riesen gewalttätig wären, ist die Tatsache, dass sie von den Zauberern an den Rand des Aussterbens getrieben wurden und nun in zu kleinem Terrain zusammengerottet (über-)leben müssen.[2371] *„»Jep«, sagte Hagrid traurig, »achtzig sind noch übrig, und es waren 'ne Menge mehr, müss'n hundert verschiedene Stämme auf der ganzen Welt gewesen sein. Aber die sind schon seit 'ner Ewigkeit am Aussterb'n. 'türlich haben Zauberer 'n paar getötet, aber meistens haben sie sich gegenseitig umgebracht, und jetzt sterben sie noch schneller aus. Die sind nich dafür geschaffen, so zusammengepfercht zu leben. Dumbledore meint, das ist unsere Schuld, es war'n Zauberer, die sie gezwungen haben zu fliehen und weit weg von uns zu leben, und sie hatten keine Wahl und*

---

verletzt wurden. [...] Als ob dies nicht genug wäre, hat der Tagesprophet inzwischen Beweise dafür gefunden, dass Hagrid kein – wie er immer vorgab – reinblütiger Zauberer ist. Er ist in Wahrheit nicht einmal ganz Mensch. Seine Mutter, so können wir jetzt exklusiv berichten, ist keine andere als die Riesin Fridwulfa, deren Aufenthalt gegenwärtig unbekannt ist. Blutrünstig und gewalttätig wie sie sind, brachten sich die Riesen im Laufe des vergangenen Jahrhunderts durch Kriege untereinander selbst an den Rand des Aussterbens. Die wenigen, die übrig geblieben waren, schlossen sich den Reihen von Du-weißt-schon-wem an und verübten während seiner Schreckensherrschaft einige der bestialischsten Massenmorde an Muggeln." (Rowling, Harry Potter 4, Rita Kimmkorns Riesenknüller, S. 458 f.).

2367 *Rowling,* Harry Potter 4, Beauxbatons und Durmstrang, S. 256 f.; Der ungarische Hornschwanz, S. 340 ff.

2368 *»Euch ist klar, was sie vorhat? Das ist schon wieder ihr Ding mit den Halbblütern – sie versucht aus Hagrid einen tumben Troll zu machen, nur weil er eine Riesin zur Mutter hatte –«", Rowling,* Harry Potter 5, Das Auge der Schlange, S. 528.

2369 *„»Hat ... offenbar ... schlechtes ... Kurzzeit ... gedächtnis«, murmelte Umbridge, so laut, dass alle es hören konnten. [...] »Zeigt ... unverkennbare ... Anzeichen ... von ... Vergnügen ... bei ... Gewalt ... Vorstellungen«, murmelte Umbridge und kritzelte erneut auf ihr Klemmbrett. [...] »Schüler ... sind ... zu ... eingeschüchtert ... um ... offen ... zuzugeben ... dass ... sie ... Angst ... haben«, murmelte Umbridge und machte sich erneut eine Notiz auf dem Klemmbrett." (Rowling,* Harry Potter 5, Das Auge der Schlange, S. 525 ff.).

2370 *Rowling,* Harry Potter 5, Hagrids Geschichte, S. 496 ff., Harry Potter 6, Der andere Minister, S. 19 f.; *Ayyıldız,* The Exercise of Biopower, S. 113.

2371 Saxena sieht darin eine Parallele zum pseudohistorischen Werk *„Historia regum Britanniae"* (1136) von Geoffrey von Monmouth, in dem ebenfalls Riesen vorkommen (*Saxena,* The Subversive Harry Potter, S. 144 ff.).

mussten sich zu ihrem Schutz zusammenrotten.« “[2372] Hier ist die Diskriminierung also die Ursache für ein Verhalten, das später zum Feindbild stilisiert und politisch missbraucht wird.

Genauso wie im NS-Staat (aber auch in den Kolonien Großbritanniens) die Beziehungen zwischen Nicht-Juden und Juden (bzw. Weißen und Schwarzen) pönalisiert wurde, werden Beziehungen zwischen Menschen und Riesen in der Zaubererwelt als etwas „Abartiges“ gesehen. So MacNeil: *„For the world of witches and wizards has its own version of the old colonial colour-bar, tabooing relationships like that of Hagrid's parents — a wizard father and a Giantess mother, „Fridwulfa“ (p. 381) — as a ‚miscegenation‘ that even Ron euphemises as ‚not very nice‘ (p. 374).* “[2373]

Außerdem spielt auch hier genauso wie im NS-Staat wieder die Frage des Blutes bzw. der „Natur“ eines Lebewesens eine Rolle. So behauptet Ron, die Gewalttätigkeit der Riesen läge *„in ihrer Natur“*.[2374] Dieses Vorurteil hält sich hartnäckig auch gegenüber Hagrid, obwohl dieser einen liebenswerten und gutmütigen Charakter hat. Ostry führt die Vorurteile gegenüber Riesen deswegen ebenfalls als Beispiel für *„racial intolerance“* an.[2375] Gupta spricht in diesem Kontext von *„the theme of the fascist obsession with blood“*.[2376]

2372 *Rowling,* Harry Potter 5, Hagrids Geschichte, S. 501.

2373 *MacNeil,* in: Law and Literatur, Ausg. 14, Nr. 3, S. 545 (554).

2374 *Rowling,* Harry Potter 4, Der Weihnachtsball. S. 450; *Westman,* in: Whited (Hrsg.): The Ivory Tower and Harry Potter, S. 305 (323 f.).

2375 *Ostry,* in: Anatol (Hrsg.): Reading Harry Potter, S. 89 (95).

2376 *Gupta,* Re-Reading Harry Potter, S. 103.

D. Harry Potter und das Fazit

„What would you think of a government that engaged in this list of tyrannical activities: tortured children for lying; designed its prison specifically to suck all life and hope out of the inmates; placed citizens in that prison without a hearing; ordered the death penalty without a trial; allowed the powerful, rich, or famous to control policy; selectively prosecuted crimes (the powerful go unpunished and the unpopular face trumped-up charges); conducted criminal trials without defense counsel; used truth serum to force confessions; maintained constant surveillance over all citizens; offered no elections and no democratic lawmaking process; and controlled the press?“[2377]

Diese Arbeit zeigt zunächst auf, wieso sich eine Beschäftigung mit den Harry-Potter-Büchern – nicht nur auf Grund der Bekanntheit der sieben Bände, die eine ganze Generation geprägt haben – lohnt. Auf Grund der eindeutigen Parallelen zum Dritten Reich und der fehlenden Ähnlichkeiten zu politischen und justiziellen Strukturen in Großbritannien, ist ein Vergleich mit dem deutschen Recht durchaus zielführend. Diese Arbeit ist dabei der Forschungsdisziplin „Recht und Literatur“ und innerhalb dieser Disziplin der Unterkategorie „Recht *in* der Literatur“ zuzuordnen. Hier besteht auch eine eindeutige Forschungslücke, da es zwar wissenschaftliche Arbeiten zu gesellschaftlichen Themen in den Harry-Potter-Büchern gibt, jedoch nur sehr wenige und ausschließlich US-amerikanische Arbeiten, die sich mit dem Recht in der magischen Welt beschäftigen. Vergleiche mit dem Nationalsozialismus sind in der Wissenschaft grundsätzlich etabliert, zeigen jedoch jeweils nur die groben Parallelen zwischen der Blutideologie Hitlers und Voldemorts. Ein Vergleich mit dem deutschen Strafrecht zwischen 1933 und 1945 wird in dieser Arbeit weltweit zum ersten Mal angestrengt.

„Somehow, Rowling is trying to subvert the dynamics of identity as envisaged by the Third Reich by giving more of a chance to the notion and idea of choice. No doubt people like Umbridge, working with the Ministry, will remind you of Heinrich Himmler and Adolf Eichmann with similar xenophobic disdain, love for sadism, torture and punishment; no doubt The Daily Prophet and ist biased news stories about muggles and muggle-born wizards will remind you of the propaganda politics run by Joseph Goebbels. But Rowling shows a worldview to the readers through the fantastical journey of Harry Potter of a world with hope and choice even for those not considered to be high-born.“[2378]

Biographisch ist lediglich festzuhalten, dass Rowling keine rechtliche Vorbildung besitzt, sich beim Verfassen der Harry-Potter-Romane aber von bekannten literarischen Werken von der Arthus Sage bis zu den Chroniken von Narnia sowie der römischen und griechischen Mythologie inspirieren ließ. Die Parallele zum NS-Staat (insbesondere bzgl. der „Blutsideologie“) ist von der Autorin beabsichtigt und wird von ihr in Interviews bestätigt.

2377 *Barton,* in: Mich. L. Rev. 104/6, S. 1523 (1523).
2378 *Raha,* in: Internat. J. Appl. Soc. Sci., 6 (1), 2019, S. 205 (211).

I. Ein korruptes politisches System ohne Gewaltenteilung, in dem die gesamte Macht beim Zaubereiminister liegt

Das politische System in der Zaubererwelt ist bereits vor der Machtergreifung Lord Voldemorts instabil und keine Demokratie nach unseren heutigen modernen Standards.[2379] Die magische Bevölkerung in Großbritannien lebt in einem Zentralstaat, der ausschließlich vom Zaubereiministerium in London gelenkt wird. Hier bündelt sich die politische Gewalt in den Händen des Zaubereiministers. Eine Gewaltenteilung in Exekutive, Legislative und Judikative gibt es nicht.

„In sum, Rowling has created a world where all of our negative governmental stereotypes have come true."[2380]

Der Zaubereiminister wird direkt vom Volk auf sieben Jahre gewählt. Politische Parteien oder ein Parlament gibt es nicht. Wie formelle Gesetze zu Stande kommen, wird nicht erklärt. Es liegt aber nahe, dass diese in den jeweiligen Fachabteilungen des Zaubereiministeriums ausgearbeitet werden. Die Abteilungen des Zaubereiministeriums unterstehen mit ihren weisungsabhängigen Abteilungsleitern der direkten Gewalt des Zaubereiministers. Dazu gehört auch die Abteilung für Magische Strafverfolgung, eine Art Anklagebehörde der magischen Welt. Der Leiter der Abteilung für Magische Strafverfolgung tritt als Ankläger in Strafprozessen vor dem Zaubergamot auf. Diese Rolle kann aber auch der Zaubereiminister an sich ziehen. Beide sind neben ihrer Funktion als Ankläger auch noch abstimmungsberechtigte Mitglieder des Zaubergamot und damit in einer Doppelfunktion als Ankläger und Richter tätig. Auch die Polizei („Auroren" und „magische Strafverfolgungspatrouille") untersteht direkt dem Zaubereiminister und nimmt Weisungen von ihm entgegen.

Das Zaubereiministerium und seine Angestellten sind zutiefst korrupt. Neue Gesetze sowie polizeiliche und justizielle Maßnahmen können verhindert werden, indem man die richtigen Personen besticht. Die Presselandschaft wird alleine vom Tagespropheten bestimmt. Dieser wandelt sich im Laufe der Bücher zur Staatspresse und verkündet das, was das Zaubereiministerium vorgibt. Eine neutrale Berichterstattung über die Rückkehr Lord Voldemorts gibt es nicht.

Auch die bisher vom Zaubereiministerium unabhängige Hogwartsschule wird im Laufe der Zeit weiter verstaatlicht. Lord Voldemort führt die Schulpflicht wieder ein, die sicherstellen soll, dass junge Menschen im Sinne seiner „Blutsideologie" ausgebildet werden. Dazu gehört auch, dass muggelstämmige Kinder die Schule ab Band sieben nicht mehr besuchen dürfen. Ebenso erging es jüdischen Schülern.

2379 Schwabach nennt es treffend: *„Harry Potter's story is not just about law, but about a society trying to establish a rule of law. The Ministry of Magic is not a dictatorship, but it is not a democracy, either; it's a sort of muddling misrule." (Schwabach,* in: Roger Williams U. L. Rev. 11/2006, S. 309 (350)).

2380 *Barton,* in: Mich. L. Rev. 104/6, S. 1523 (1535).

Lord Voldemort kann in Band sieben die Macht im Zaubereiministerium übernehmen, indem er den amtierenden Zaubereiminister ermordet und den neuen Zaubereiminister mit dem Imperius-Fluch seinem Willen unterwirft. Wichtige Posten werden mit treuen Gefolgsleuten besetzt. So beispielweise die neu geschaffene „Registrierungskommission für Muggelstämmige". Diese verfolgt, verhaftet und verurteilt muggelstämmige Personen. Diesen wird ihr Zauberstab weggenommen und sie werden in Askaban inhaftiert, wo ihnen der Tod droht.

Der Zustand des politischen Systems in der magischen Welt ähnelt damit bereits vor der Machtergreifung Lord Voldemorts den Anfangsjahren des Nationalsozialismus. Insbesondere kam es unter Hitler zu einer „Gleichschaltung" der Länder und einer Zentralisierung der Macht in der Person Hitlers als Reichskanzler, Reichspräsident und Führer. Auch der NS-Staat war korrupt. Die Staats-Propaganda durch den Tagespropheten erinnert an die Gleichschaltung der Presse unter den Nationalsozialisten, welche Flugblätter, Zeitungen, Radio und Film gezielt für ihre Propaganda einsetzten.

Der Ausschluss der Muggelstämmigen von jeglicher Magie, stellt eine Parallele zur Behandlung der Juden im NS-Staat dar. Diese wurden zunächst systematisch von allen wichtigen Positionen und Ämtern entfernt, ihr Vermögen wurde eingezogen und sie mussten einen Judenstern tragen. Später erfolgte die systematische Ermordung von rund sechs Millionen Juden in den Konzentrationslagern. Ähnlich erging es den Muggelstämmigen, die von der Registrierungskommission für Muggelstämmige zunächst registriert und dann nach Askaban geschickt wurden, wo sie unter dem Einfluss der Dementoren teils starben. Der Umfang der Vernichtung in den Harry-Potter-Büchern erreichte aber nie den Umfang der Vernichtung im Dritten Reich.

Der große Unterschied: Lord Voldemort fand die politischen Strukturen für seine Schreckensherrschaft mit der Machtbündelung in den Händen des Zaubereiministers bereits vor, während Hitler diese Struktur erst schaffen musste.

II. Das magische Justizsystem und das magische Strafrecht sind diskriminierend und dringend reformbedürftig

Das magische Justizsystem besteht aus dem Zaubergamot als höchstem Gericht, dem Rat für das magische Gesetz und der Abteilung für Magische Strafverfolgung als Anklagebehörde und Polizei. Eine Gewaltenteilung existiert nicht. Innerhalb des magischen Justizsystems schafft Lord Voldemort lediglich die „Registrierungskommission für Muggelstämmige" unter Umbridge neu. Ansonsten behält er das bestehende System bei, besetzt wichtige Posten allerdings mit ihm treuen Gefolgsleuten. Seine Todesser dürfen außerhalb jeglicher Rechtsordnung agieren und müssen sich für die Ermordung Muggelstämmiger und politischer

Gegner nicht (strafrechtlich) verantworten; ähnlich wie es bei Gestapo, SS und SA der Fall war.

Das magische Strafrecht kennt genauso wie unser heutiges und unser historisches Recht die Unterscheidung zwischen dem materiellen Strafrecht (Strafgesetze) und dem formellen Strafrecht (Strafprozessrecht). Zu den namentlich bekannten Strafgesetzen gehört das *„Abkommen zur Geheimhaltung der Magie"* und das *„Verbot der Zauberei Minderjähriger"*. Außerdem weiß man, dass die sog. unverzeihlichen Flüche verboten sind.

Auf Rechtsfolgenseite unterscheidet man zwischen der magischen Todesstrafe („Kuss des Dementors"), der Freiheitsstrafe (ausschließlich in Askaban) und der Geldstrafe sowie der besonderen magischen Strafe des Zerbrechens des Zauberstabes. Bei allen handelt es sich in Abgrenzung zur Ordnungswidrigkeit um echte Kriminalstrafen. Unsicherheiten verbleiben bei der Geldstrafe/Geldbuße, bei denen auf Grund der doppelten Zuständigkeit des Zaubereiministeriums und der uneindeutigen Wortwahl im englischen und deutschen nicht deutlich wird, ob man sich im Ordnungswidrigkeitenrecht oder im Strafrecht befindet.

Die magische Strafprozessordnung kennt verschiedene Prozessmaxime, die es auch im heutigen und historischen deutschen Strafprozessrecht gab und gibt. Einige dieser Maximen sind der Zaubererwelt jedoch auch völlig fremd. Wie ein Strafverfahren abläuft, erlebt der Leser in der disziplinarischen Anhörung von Harry in Band fünf. Aus dieser lässt sich die Aufteilung in Ermittlungsverfahren und Hauptverfahren erkennen. Ein Zwischenverfahren ist der Zaubererwelt fremd. Ebenso existieren gegen Urteile des Zaubergamot vermutlich keine Rechtsmittel. Die Strafvollstreckung übernimmt das Zaubereiministerium. Der Vollzug von Freiheitsstrafen findet im einzigen Gefängnis der magischen Welt, Askaban, statt.

Neben Harrys Anhörung sind auch noch die Verfahren verschiedener (mutmaßlicher) Todesser vor dem Rat für das magische Gesetz (Karkaroff, Bagman, Crouch Jr.) bekannt. Vom Zaubereiministerium strafrechtlich verfolgt werden außerdem die Gaunts und Hagrid, der ohne formelle Hürden in Untersuchungshaft genommen wird. Von Sirius Black wissen wir, dass er ohne einen Prozess (unschuldig) für eine lebenslange Freiheitsstrafe nach Askaban gebracht wurde. Crouch Jr. wird ohne einen vorherigen Prozess dem „Kuss des Dementors", also der magischen Todesstrafe, zugeführt.

„We have, then, a world with ‚laws' but no lawyers, courtrooms but no advocates, regulation but no public process for commenting or changing them. The word ‚law' in this case, begs the question. If laws say whatever a particular government employee wants them to say, are enforced only when the executive feels like enforcing them, and do not provide for experts or advocates to advise ordinary people who run afoul of them, in what way are they ‚laws' at all?"[2381]

2381 *Schneyer*, in: Goetz (Hrsg.): Terminus: Collected Papers on Harry Potter, S. 33 (39).

Damit waren Verfahren vor dem Zaubergamot/Rat für das magische Gesetz sowie Inhaftierungen in Askaban schon vor der Machtergreifung von Lord Voldemort rechtsstaatlich problematisch. Sie diskriminierten Menschen, die nicht der Norm entsprachen (z. B. Hagrid) und beteiligten sich an der Verfolgung politisch Andersdenkender (z. B. Harry). Auf Grund der schwach ausgeprägten Beschuldigtenrechte, dem Fehlen eines Verteidigers und der Unmöglichkeit, Rechtsmittel einzulegen, sind die Bürger dem Strafrecht hierbei hilflos ausgeliefert, was sich später auch Lord Voldemort zu Nutze macht.

„So the ‚vision of judgement' that emerges from the pensieve's rebus is a grimly forbidding one: of a society ‚judged and found wanting', wanting in the very legality it purports to stage, but that here, in the trials and elsewhere, resembles nothing less — in its tactics of forced confessions (Barty Jr. under the veritaserum) and grudge informers (Karkaroff) — than a police state."[2382]

III. Das magische Recht ähnelt dem historischen Recht deutlich mehr als unserem heutigen Recht

Liest man sich in die wissenschaftliche Literatur ein, die sich mit den Harry-Potter-Büchern beschäftigt, fällt auf, dass sich diese oft mit der Diskriminierung von Minderheiten auseinandersetzt und auch die Parallelen zum NS-Staat gut dokumentiert und argumentativ etabliert sind. Allgemein anerkannt ist, dass Hauselfen, Kobolde, Zentauren, Werwölfe und Riesen diskriminiert und ausgegrenzt werden. Dabei stellen die Hauselfen die Sklaven der Zaubererwelt dar. Sowohl auf Grund ihrer Äußerlichkeiten als auch auf Grund der Tatsache, dass die Kobolde die Geldgeschäfte der Zaubererwelt kontrollieren, sehen viele Publikationen in ihnen eine Juden-Analogie.

Diese Arbeit kommt – genauso wie andere Arbeiten zum Thema Harry Potter – zu dem Ergebnis, dass der Umgang mit den Muggelstämmigen und die Blutideologie Lord Voldemorts eine starke Parallele zum NS-Staat darstellen. Dabei werden sowohl einzelne Ereignisse in den Büchern (z. B. Duell mit Grindelwald 1945) als auch Symbole (z. B. das Dunkle Mal) für einen Vergleich herangezogen. Offensichtlich ist auch die Unterscheidung in „Reinblüter", „Halbblüter" und „Schlammblüter" parallel zu „Arier", „deutschstämmig", „artverwandten Blutes", „Jude", „Halbjude" usw. In anderen Arbeiten bleiben die Vergleiche dabei oft oberflächlich. So kann man an dieser Stelle beispielsweise zusätzlich einen direkten Vergleich zwischen der Rhetorik Hitlers in „Mein Kampf" und Lord Voldemorts Rede am Anfang von Band sieben fruchtbar machen.

Im Ergebnis kann Harrys Geschichte benutzt werden, um den Lesern die Gräueltaten der Nationalsozialisten vor Augen zu führen: *„By basing her villains on Nazi principles J. K. Rowling taps into the enduring legacy of the Nazi machine,*

2382 *MacNeil,* in: Law and Literatur, Ausg. 14, Nr. 3, S. 545 (550).

pulling Harrys's story out of fantasy and linking it to brutal reality. Connecting Harry Potter to Nazism enables readers to recognize the misguided principles of Harry's enemies and tactics they will pursue to promote the survival of their views."[2383]

Auch Details aus dem deutschen Strafrecht werden in anderen Publikationen nicht herangezogen. In dieser Hinsicht ist diese Arbeit als Novum anzusehen. Folgende Punkte stechen dabei besonders hervor:

- Der Einsatz der sog. *Spur* als Überwachungsinstrument macht die Zaubererwelt zu einem Überwachungsstaat; hier bestehen Ähnlichkeiten zur Bespitzelung und Verfolgung mittels V-Männern und Informanten sowie durch die Gestapo im NS-Staat. Ein Instrument dafür war die *polizeiliche planmäßige Überwachung*. Ganz besonders auffällig ist dabei der Einsatz von sog. *Greifern*, also Kopfgeldjägern, um Muggelstämmige und politische Gegner aufzuspüren. Greifer waren im Nationalsozialismus Juden, die andere Juden an den Staat verrieten. Neben das Festnahmerecht traten in Dritten Reich außerdem zusätzlich die geheimpolizeilichen Gewaltverfahren der *Schutzhaft* und *polizeilichen Vorbeugehaft*.
- Der Einsatz des Cruciatus-Fluches gegen politische Gegner, der in der Zaubererwelt mit lebenslanger Haft bestraft wurde, wird unter Lord Voldemort zum Normalfall. Auch unter den Nationalsozialisten kam es – vor allem durch die Gestapo – zu Folterverhören (euphemistisch: *verschärfte Vernehmung*). Auch im Vorlauf zu Strafprozessen, in denen die erpressten Geständnisse dann verwertet wurden.
- Lord Voldemort und seine Anhänger benutzten den zuvor verbotenen Todesfluch „Avada Kedavra" mit dem sie z.B. die Muggelkundelehrerin von Hogwarts und die Leiterin der Abteilung für Magische Strafverfolgung ermorden. Auch das Rechtsgut „Leben" blieb von den Nationalsozialisten nicht unangetastet. Neben den Massenmorden in den KZs, sowie der verschärften Vernehmung mit teils tödlichem Ausgang, vertrat man im NS-Staat – genauso wie unter Lord Voldemort – die Ansicht, dass es „unlebenswertes" Leben (Stichwort: *Euthanasie*) gäbe; aus rassischen, erbbiologischen oder sozialen Gründen.
- Sowohl in der Zaubererwelt als auch im NS-Staat wurde unter dem Deckmantel einer angeblich rechtsstaatlichen Strafzumessung hart gegen politische Gegner vorgegangen, um die jeweilige Ideologie in der Bevölkerung durchzusetzen (z.B. Novelle zum RStGB und Willensstrafrecht).
- Mit dem „Kuss des Dementors" kannte die Zaubererwelt schon vor Lord Voldemort die Todesstrafe. Diese war im RStGB von 1871 für Einzelfälle vorgesehen, aber der Anwendungsbereich wurde im NS-Staat von drei auf 46 Delikte ausgedehnt. Dabei ist in beiden Welten zwischen der Todesstrafe als Rechtsfolge eines Straftatbestandes und der Verhängung durch ein Urteil zu unterscheiden von den exzessiven Tötungen außerhalb des Justizsystems in

2383 *Wente,* in: Farr (Hrsg.): A Wizard of Their Age, S. 89 (111).

den Konzentrationslagern und durch die Registrierungskommission für Muggelstämmige in Askaban.

- Bei Askaban handelt es sich um keinen auf Resozialisierung ausgelegten Strafvollzug, sondern um eine Inhaftierung, die in ihrer Grausamkeit der Unterbringung in einem KZ ähnelte. Dabei gibt es zwei große Unterschiede: In Askaban gab es keine Arbeitspflicht! Und: Bei den KZs handelte es sich um Lagerhaft, während Askaban auf Isolationshaft ausgelegt war.
- Auch das Haftrecht in beiden Welten ist nicht rechtsstaatlich. Unter den Nationalsozialisten wurde das Haftprüfungsverfahren abgeschafft und neue Haftgründe geschaffen. In der Zaubererwelt ist die Untersuchungshaft – wie Hagrids Inhaftierung zeigt – an überhaupt keine formellen Hürden geknüpft.
- Im NS-Staat kam es genauso wie in der magischen Welt zu einer Durchbrechung des Legalitätsprinzips. Allgemein zeigt sich die Tendenz, dass in beiden Welten Straftaten von regimetreuen Personen und Organisationen (Gestapo und Todesser) einfach nicht verfolgt wurden.
- Sowohl in der Zaubererwelt als auch im Dritten Reich wurde der Beschleunigungsgrundsatz im Strafprozessrecht dahingehend missbraucht, einen Prozess möglichst schnell – auf Kosten der Wahrheitsermittlung – zu beenden (z.B. Harrys disziplinarische Anhörung).
- Vor welchem Gremium (Abteilung für Magische Strafverfolgung oder Zaubergamot) ein Strafprozess stattfindet, kann vom Zaubereiminister willkürlich bestimmt werden. Der formal bestehende Anspruch auf einen gesetzlichen Richter und auf rechtliches Gehör wurde auch im NS-Staat ausgehebelt, z.B. mit der Schaffung der *Sondergerichte*.
- Ambivalent sind die Erkenntnisse zum Öffentlichkeitsprinzip. Während Harrys Anhörung unter Ausschluss der Öffentlichkeit stattfindet, sind die Prozesse gegen die Todesser jeweils öffentlich. Dabei kann der Grundsatz sowohl nutzen (keine Geheimjustiz) als auch schaden (Missbrauch für Propaganda und Schauprozesse). Die Nationalsozialisten wollten dabei vor allem einen „starken“ Staat präsentieren und die Bevölkerung abschrecken.
- Im NS-Staat kann es zu einer Einschränkung des Mündlichkeits- und Unmittelbarkeitsgrundsatzes durch Ausdehnung der Möglichkeit, gegen Abwesende zu verhandeln. Alle bekannten Prozesse in der Zaubererwelt finden gegen Anwesende statt; selbst die Verfahren vor der Registrierungskommission für Muggelstämmige.
- Der Rechtekatalog des Zaubergamot kennt den In dubio pro reo Grundsatz nicht. Es wird grundsätzlich von der Schuld des Angeklagten ausgegangen, dieser muss beweisen, dass er unschuldig ist. Die Nationalsozialisten sahen die Unschuldsvermutung als ein *„Produkt liberal-demokratischen und individualistischen Denkens“*. Das Gleiche gilt in beiden Welten für den Nemo-tenetur-Grundsatz, der schon dadurch ad absurdum geführt wurde, dass es Folterverhöre gab.

- Selbst die magische Welt kennt den Nulla-poena-sine-lege-Grundsatz. Dieser wird unter Lord Voldemort dann aber von der Registrierungskommission für Muggelstämmige ausgehöhlt. Gleiches geschah unter den Nationalsozialisten, als Beispiel sei hier die *Lex van der Lubbe* genannt, bei der gegen das Rückwirkungsverbot verstoßen wurde. 1935 wurde das Analogieverbot formal abgeschafft.
- Mit der Inhaftierung von Sirius Black ohne einen vorherigen Prozess wird deutlich, dass in der magischen Welt ein rechtskräftiges Urteil keine Voraussetzung für eine Gefängnisstrafe ist. Die Rechtskraft verlor auch im Dritten Reich mit dem *außerordentlichen Einspruch* und der *Nichtigkeitsbeschwerde* an Bedeutung. Außerdem kam es zu massenweisen Verhaftungen ohne einen formalen Haftbefehl und zu Einweisungen in KZs ohne formales Verfahren. Selbst die Inhaftierungen Muggelstämmiger in der Zaubererwelt sahen jedoch rein formal eine Entscheidung der Registrierungskommission vor.
- Im Ermittlungsverfahren kam es historisch zu einer Stärkung der Polizei und der weisungsgebundenen Staatsanwaltschaften gegenüber den Gerichten. Dies ähnelt der übermächtigen Stellung des Zaubereiministers und des Zaubereiministeriums gegenüber dem Zaubergamot.
- Prozessual fällt außerdem auf, dass es im magischen Recht überhaupt keinen Strafverteidiger gibt. Das ist selbst im Vergleich mit dem NS-Recht auffallend. Auch hier wurden jüdische und systemkritische Anwälte jedoch ihres Berufes enthoben, sodass die Verteidigung in den Strafprozessen zumindest personell ausgehöhlt wurde.
- Auffallend ist außerdem, dass die Nationalsozialisten die Modernisierung und Liberalisierung des Jugendstrafrechts zu Nichte machten, während es in der magischen Welt kein ein eigenes Jugendstrafrecht gibt, sondern Jugendliche strafrechtlich genauso wie Erwachsene behandelt werden.
- Ebenso erschreckend ist das Fehlen jeglicher Rechtsmittel gegen Urteile des Zaubergamot. Auch im NS-Staat wurde die Möglichkeit, Rechtsmittel einzulegen, beschränkt und vor den Sondergerichten sogar abgeschafft.

Im Ergebnis konnte das Unrechtsregime unter Lord Voldemort damit die gleichen Bedingungen fruchtbar machen, wie das Unrechtsregime unter Adolf Hitler. Im heutigen deutschen Recht gibt es hingegen zahlreiche Gegenmechanismen, die einen derartigen Machtmissbrauch deutlich erschweren.

„For legal scholars this is good news. Harry's story is a story about law. Harry's world is governed by a detailed and deeply flawed legal regime. Law, laws and legal structures appear in nearly every chapter. Conflicts and imperfections abound providing Harry and his companions with the opportunity to ponder moral choices and readers with the opportunity to ponder the nature of law."[2384]

Es gilt also: In dubio pro Harry Potter!

2384 *Schwabach,* in: Roger Williams U. L. Rev. 11/2006, S. 309 (309).

Literaturverzeichnis

Adam, Jürgen/Schmidt, Karsten/Schumacher, Jörg (2017): Nulla poena sine culpa – Was besagt das verfassungsrechtliche Schuldprinzip, in: NStZ 2017, S. 7–13.

Albrecht, Timo Marcel/Brand, Svenja/Merth, Leonore/Schuch, Christoph/Wißgott, Tristan (2021): Recht und Literatur: Ein interdisziplinärer Forschungsüberblick mit Werkstattbericht, in: Göttinger Rechtszeitschrift (GRZ), 2/2021, S. 120 (120–130).

Ali, Tanweer/Lebdušková, Eva (2017): The Treatment of Money and Wealth in the Harry Potter Series, in: Mooney, Annabelle/Sifaki, Evi (Hrsg.): The Language of Money and Debt: A Multidisciplinary Approach, Palgrave Macmillan, S. 57–78.

Altendorfer, Otto (2004): Medienpolitik, in: Altendorfer, Otto/Hilmer, Ludwig (Hrsg.): Medienmanagement: Band 4: Gesellschaft – Moderation & Präsentation – Medientechnik, VS Verlag für Sozialwissenschaften, S. 47–71.

Altendorfer, Otto (2004): Das Mediensystem der Bundesrepublik Deutschland: Band 2, VS Verlag für Sozialwissenschaften.

Altman, Andrew (1993): Critical Legal Studies – A Liberal Critique, 3. Auflage, Princeton University Press.

Anatol, Giselle Liza (2009): The Replication of Victorian Racial Ideology in Harry Potter, in: Anatol, Giselle Liza (Hrsg.): Reading Harry Potter Again: New Critical Essays, Praeger (ABC-CLIO), S. 109–126.

Anelli, Melissa (2008): Harry, A History – The True Stoy of a Boy Wizard, His Fans and Life in the Harry Potter Phenomenon, Pocket Books.

Angermund, Ralph (1995): Korruption im Nationalsozialismus – Eine Skizze, in: Jansen, Christian (Hrsg.): Von der Aufgabe der Freiheit. Politische Verantwortung und bürgerliche Gesellschaft im 19. und 20. Jahrhundert, Festschrift für Hans Mommsen zum 5. November 1995, Akademie Verlag, S. 371–383.

Anton, Michael (2010): Rechtshandbuch Kulturgüterschutz und Kunstrestitutionsrecht, Band 1: Illegaler Kulturgüterverkehr, Walter de Gruyter.

Anz, Thomas (2009): Franz Kafka – Leben und Werk, Verlag C. H. Beck.

Apathy, Peter/Klingenberg, Georg/Pennitz, Martin (2016): Einführung in das römische Recht, 6. Auflage, Böhlau Verlag.

Appelbaum, Peter (2009): The Great Snape Debate, in: Heilman, Elizabeth E. (Hrsg): Critical Perspectives on Harry Potter, 2. Auflage, Routledge, S. 83–100.

Arloth, Frank/Krä, Horst (2021): Strafvollzugsgesetz von Bund und Ländern – Kommentar, 5. Auflage, C. H. Beck.

Arnauld, Andreas von (1999): Justizministerium und Organisationsgewalt. Die Zusammenlegung von Innen-und Justizministerium als Problem des Verfassungsrechts, in: Archiv des öffentlichen Rechts (AöR) 124, Nummer 4, S. 658–688.

Arnauld, Andreas von (2004): Minderheitenschutz im Recht der Europäischen Union, in: Archiv des Völkerrechts (AVR), Jahrgang 42, Heft 1, S. 111–141.

Artkämper, Heiko/Floren, Thorsten/Schilling, Karsten (2021): Vernehmungen: Taktik, Psychologie, Recht, 6. Auflage, Verlag deutsche Polizeiliteratur.

Ashworth, Andrew (2015): Sentencing and Criminal Justice, 6. Auflage, Cambridge University Press.

Aslan, Mehmet (2015): Die Aussagefreiheit des Beschuldigten in der polizeilichen Befragung – Ein Vergleich zwischen EMRK, deutschem und türkischem Recht, Duncker & Humblot.

Aust, Helmut Philipp/Schmidt, Richard (2020): Verfassungsrechtliche Grenzen aktueller Reformvorschläge der Erweiterung von § 362 StPO, in: Zeitschrift für Rechtspolitik (ZRP) 2020, S. 251–254.

Austen, Jane (2000): Emma, Wordsworth Classics.

Austermann, Philipp (2013): Die Wahl des Bundeskanzlers gem. Art. 63 GG, in: DÖV 22/2013, S. 865–874.

Austermann, Philipp (2020): Der Weimarer Reichstag: Die schleichende Ausschaltung, Entmachtung und Zerstörung eines Parlaments, Böhlau Verlag.

Ayyıldız, Nilay Erdem (2020): The Exercise of Biopower through Race and Class in the Harry Potter Series, Cambridge Scholars Publishing.

Babenhauserheide, Melanie (2015): Harry Potter (be)zaubert die Welt, wie sie ist. Zur Ideologie der Romanreihe J. K. Rowlings aus erziehungswissenschaftlicher Perspektive, Dissertation – Fakultät für Erziehungswissenschaft, Johann Wolfgang-Goethe-Universität zu Frankfurt am Main.

Babenhauserheide, Melanie (2018): Harry Potter und die Widersprüche der Kulturindustrie: Eine ideologiekritische Analyse, transcript Verlag.

Backhaus, Vera (2010): Der gesetzliche Richter im Staatsschutzstrafrecht: Zur Verfassungsmäßigkeit des § 120 II GVG, Frankfurter kriminalwissenschaftliche Studien, Band 121, Peter Lang Verlag.

Baggett, David/Klein, Shawn E. (2004): Harry Potter and Philosophy: If Aristotle Ran Hogwarts, Open Court.

Bajohr, Frank (2004): Der folgenlose Skandal – Korruptionsaffären im Nationalsozialismus, in: Sabrow, Martin (Hrsg.): Skandal und Diktatur: Formen öffentlicher Empörung im NS-Staat und in der DDR, Wallstein Verlag, S. 59–76.

Bajohr, Frank (2008): Korruption in der NS-Zeit als Spiegel des nationalsozialistischen Herrschaftssystems, in: Böllinger, Lorenz/Jasch, Michael/Krasmann, Susanne/Peters, Helge/Prittwitz, Cornelius/Reinke, Herbert/Rzepka, Dorothea/Schumann, Karl F. (Hrsg.): Kriminalität der Mächtigen, Interdisziplinäre Studien zu Recht und Staat, Band 46, Nomos Verlag, S. 200–211.

Ball, Heather (2012): Women Writers Who Changed the World, Rosen Publishing Group.

Baltzar, Birgit (2007): Power and Evil in the Harry Potter Series, Master's Thesis – School of Modern Languages and Translation Studies, English Philology, University of Tampere.

Banach, Jens (2003): Polizei im NS-System – Ausbildung und Rekrutierung der Sicherheitspolizei, in: Lange, Hans-Jürgen (Hrsg.): Die Polizei der Gesellschaft: Zur Soziologie der Inneren Sicherheit, Studien zur Inneren Sicherheit Band 4, Leske + Budrich, S. 57–73.

Bannenberg, Britta (2002): Korruption in Deutschland und ihre strafrechtliche Kontrolle: Eine kriminologisch-strafrechtliche Analyse, Polizei + Forschung Band 18, Hermann Luchterhand Verlag.

Barbian, Jan-Pieter (2011): Schriftleitergesetz, in: Benz, Wolfgang (Hrsg.): Handbuch des Antisemitismus – Judenfeindschaft in Geschichte und Gegenwart, Band 4: Ereignisse, Dekrete, Kontroversen, Walter de Gruyter, S. 378–380.

Barratt, Bethany (2012): The Politics of Harry Potter, Palgrave Macmillan.

*Barskanmaz, Cengiz (*2019): Recht und Rassismus: Das menschenrechtliche Verbot der Diskriminierung aufgrund der Rasse, Springer-Verlag.

Barton, Benjamin (2006): Harry Potter and the Half-Crazed Bureaucracy, in: Michigan Law Review (Mich. L. Rev.), Jahrgang 104, Ausgabe 6, S. 1523–1538.

Bassham, Gregory (2010): The Ultimate Harry Potter and Philosophy: Hogwarts for Muggles, John Wiley & Sons.

Bastian, Daniell (2010): Westdeutsches Polizeirecht unter alliierter Besatzung (1945–1955) – Beiträge zur Rechtsgeschichte des 20. Jahrhunderts, Band 66, Mohr Siebeck.

Battis, Ulrich (2022): Bundesbeamtengesetz – Kommentar, 6. Auflage, Verlag C.H. Beck.

Bauernberger, Victoria Daniela (2010): Das Motiv des erlösenden Kindes in der neuen Jugend-Fantasy-Literatur, Diplomarbeit – Deutsche Philologie, Universität Wien.

Baumgart, Norbert Clemens (2006): Die Bibel ein(sch)muggeln? Die Suche nach mythischen, religiösen und theologischen Spuren in den Harry Potter-Romanen, in: Garbe, Christine/Philipp, Maik (Hrsg.) Harry Potter – Ein Literatur- und Medienereignis im Blickpunkt, LIT Verlag, S. 73–100.

Baur, Alexander (2019): Die tatrichterliche Überzeugung – Überlegungen zu ihrer Bedeutung und revisionsgerichtlichen Prüfbarkeit, in: ZIS, 2/2019, S. 119–129.

Bayer, Sarah (2019): Die strafrechtliche Wiederaufnahme im deutschen, französischen und englischen Recht, Schriften zum Internationalen und Europäischen Strafrecht, Band 38, Nomos Verlagsgesellschaft.

Beahm, George (2007): Muggles and Magic: An Unofficial Guide to J.K. Rowling and the Harry Potter Phenomenon, Hampton Roads Publishing Company.

Bealer, Tracy L. (2009): (Dis)Order and the Phoenix: Love and Political Resistance in Harry Potter, in: Anatol, Giselle Liza (Hrsg.): Reading Harry Potter Again: New Critical Essays, Praeger (ABC-CLIO), 175–190.

Becker, Christian (2017): Transparenz in Mauschelhausen? – Die strafprozessuale Verständigung seit der Entscheidung BVerfGE 133, 168, in: JA 2017, S. 641–647.

Becker, Florian (2015): Grundrechtliche Grenzen staatlicher Überwachung zur Gefahrenabwehr, in: Neue Zeitschrift für Verwaltungsrecht (NVwZ) 2015, S. 1335–1340.

Becker, Katrin (2016): Zwischen Norm und Chaos: Literatur als Stimme des Rechts, Wilhelm Fink.

Becker, Martin (2014): Die Betriebs- und die Volksgemeinschaft als Grundlage des „neuen" NS-Arbeitsrechts – Arbeitsrechtsideologie im NS-Rechtssystem, in: Buggeln, Marc/Wildt, Michael (Hrsg.): Arbeit im Nationalsozialismus, Oldenbourg Wissenschaftsverlag, S. 107–122.

BeckOK BGB (2022): Beck Online Kommentar zum Bürgerlichen Gesetzbuch, herausgegeben von Wolfgang Hau und Roman Poseck, 64. Auflage, Verlag C. H. Beck.

BeckOK Beamtenrecht Bund (2021): Beck Online Kommentar zum Bundesbeamtenrecht, herausgegeben von Ralf Brinktrine und Kai Schollendorf, 28. Auflage, Verlag C. H. Beck.

BeckOK GG (2022): Beck Online Kommentar zum Grundgesetz, herausgegeben von Volker Epping und Christian Hillgruber, 53. Auflage, Verlag C. H. Beck.

BeckOK GVG (2022): Beck Online Kommentar zum Gerichtsverfassungsgesetz, herausgegeben von Jürgen Graf, 17. Auflage, Verlag C. H. Beck.

BeckOK JGG (2022): Beck Online Kommentar zum Jugendgerichtsgesetz, herausgegeben von: Nils Fabian Gertler, Volker Kunkel, Holm Putzke, 27. Auflage, Verlag C. H. Beck.

BeckOK OWiG (2022): Beck Online Kommentar zum Ordnungswidrigkeitengesetz, herausgegeben von: Jürgen Graf, 36. Auflage, Verlag C. H. Beck.

BeckOK PolR BW (2022): Beck Online Kommentar Polizeirecht Baden-Württemberg, herausgegeben von: Markus Möstl und Christoph Trurnit, 24. Auflage, Verlag C. H. Beck.

BeckOK StGB (2022): Beck Online Kommentar zum StGB, herausgegeben von Bernd Heintschel-Heinegg, 55. Auflage, Verlag C. H. Beck.

BeckOK StPO (2023): Beck Online Kommentar zur Strafprozessordnung, herausgegeben von Jürgen Graf, 46. Auflage, Verlag C. H. Beck.

BeckOK Strafvollzugsrecht Bund (2021), herausgegeben von Jürgen Graf, 19. Auflage, Verlag C. H. Beck.

Begrich, David/Raabe, Jan (2010): Antisemitismus in extrem rechten jugendkulturellen Szenen, in: Stender, Wolfram/Follert, Guido/Özdogan, Mihri (Hrsg.): Konstellationen des Antisemitismus: Antisemitismusforschung und sozialpädagogische Praxis, VS Verlag, S. 225–242.

Beining, Sebastian (2015): Die Weisung an den Staatsanwalt, in: Zeitschrift für das Juristische Studium (ZJS) 6/2015, S. 546–551.

Beisel, Daniel (1998): Straf- und verfassungsrechtliche Problematiken des finalen Rettungsschusses, in JA 1998, S. 721–727.

Bell, Christopher B. (2016): Wizards vs. Muggles: Essays on Identity and the Harry Potter Universe, McFarland and Company.

Bell, Luke (2010): Baptizing Harry Potter: A Christian Reading of J. K. Rowling, Hidden Spring.

Benz, Wolfgang/Graml, Hermann/Weiß, Hermann (1998): Enzyklopädie des Nationalsozialismus, 3. Auflage, Klett Cotta.

Benz, Wolfgang (2003): Überleben im Dritten Reich: Juden im Untergrund und ihre Helfer, Verlag C. H. Beck.

Benz, Wolfgang (2004): Was ist Antisemitismus?, Verlag C. H. Beck.

Benz, Wolfgang (2010): Endlösung der Judenfrage, in: Benz, Wolfgang (Hrsg.): Handbuch des Antisemitismus – Judenfeindschaft in Geschichte und Gegenwart, Band 3: Begriffe, Ideologien, Theorien, Walter de Gruyter, S. 67–69.

Benz, Wolfgang (2014): Der Holocaust, 8. Auflage, Verlag C. H. Beck.

Benz, Wolfgang (2014): Der deutsche Widerstand gegen Hitler, Verlag C. H. Beck.

Berents, Helen (2012): Hermione Granger Goes to War – A Feminist Reflection on Girls in Conflict, in: Bell, Christopher E. (Hrsg): Hermione Granger Saves the World: Essays on the Feminist Heroine of Hogwarts, McFarland & Company, S. 142–162.

Bergmann, Marcus (2011): Übungsfall: Ein Hundeleben, in: ZJS 3/2011, S. 260–267.

Bergenthal, Ursula (2008): Des Zauberlehrlings Künste. „Harry Potter“ als Beispiel für literarische Massenkommunikation in der modernen Mediengesellschaft, Wallstein Verlag.

Berlin, Ira (2004) Generations of Captivity: A History of African-American Slaves, Harvard University Press.

Berndt, Katrin/Steveker, Lena (2011): Heroism in the Harry Potter Series, Routledge.

Berschel, Holger (2001): Bürokratie und Terror: Das Judenreferat der Gestapo Düsseldorf 1935–1945, Düsseldorfer Schriften zur Neueren Landesgeschichte und zur Geschichte Nordrhein-Westfalens Band 58, Klartext.

Bethge, Herbert (2001): Das Phantom der doppelten Verfassungsunmittelbarkeit, in: JuS 2001, S. 1100–1102.

Beulke, Werner (2008): Die Unmittelbarkeit der Beweisaufnahme in der Hauptverhandlung, §§ 250 ff. StPO, in: JA 2008, S. 758–763.

Beulke, Werner/Swoboda, Sabine (2020): Strafprozessrecht, 15. Auflage, C. F. Müller.

Beulke, Werner/Swoboda, Sabine (2020): Jugendstrafrecht – Eine systematische Darstellung, 16. Auflage, Verlag W. Kohlhammer.

Birke, Adolf M. (1977): Das konstruktive Mißtrauensvotum in den Verfassungsverhandlungen der Länder und des Bundes, in: Zeitschrift für Parlamentsfragen (ZParl), Jahrgang 8, Ausgabe 1, S. 77–92.

Bise, Samantha (2020): The Role of Academic Librarians in Student Learning: A Comparative Analysis of the Hogwarts Librarian and Muggle Academic Librarians, in: Rovan, Marcie Panutsos/Wehler, Melissa (Hrsg.): Lessons from Hogwarts: Essays on the Pedagogy of Harry Potter, McFarland & Company, S. 11–26.

Bispinck, Henrik (2011): Bildungsbürger in Demokratie und Diktatur: Lehrer an höheren Schulen in Mecklenburg 1918–1961, Band 79 der Reihe Quellen und Darstellungen zur Zeitgeschichte, Oldenbourg Wissenschaftsverlag.

Blake, Andrew (2002): The Irresistible Rise of Harry Potter, Verso Books.

Blier, Peter (2010): On Half-Bloods, Half-Breeds, and ‚the so-called purity of blood': An Examination of the Role of Genetics in the Magical World of Harry Potter, in: Goetz, Sharon (Hrsg.): Terminus: Collected Papers on Harry Potter, 7–11. August 2008, Narrate Conferences Inc., S. 87–97.

Bode, Lorenz (2017): Beihilfe zum organisierten Massenmord, in: NJ 2017, S. 227–231.

Böß, Tillmann (2020): Das Gesetz zur Neuregelung des Rechts der notwendigen Verteidigung, in: Neue Zeitschrift für Strafrecht (NStZ) 2020, S. 185–193.

Boin, Kai T. (1997): Englische Anwaltssozietäten, in: NJW 1997, S. 1543–1545.

Boosfeld, Kristin (2017): Grundzüge der römischen Rechtsgeschichte, in: JuS 2017, S. 490–494.

Borowski, Martin (2006): Die Glaubens- und Gewissensfreiheit des Grundgesetzes, Mohr Siebeck.

Bosbach, Jens (2015): Verteidigung im Ermittlungsverfahren, Praxis der Strafverteidigung Band 3, 8. Auflage, C. F. Müller.

Bosch, Nikolaus (2017): Grundzüge der Untersuchungshaft, in: JURA 2017, S. 43–53.

Botsch, Gideon (2019): Rechtsextremismus und „neuer Antisemitismus", in: Glöckner, Ralf/Jikeli, Günther (Hrsg.): Das neue Unbehagen – Antisemitismus in Deutschland heute, Georg Olms Verlag, S. 21–38.

Bottke, Wilfried (1981): Wiederaufnahmeverfahren, in: Neue Zeitschrift für Strafrecht (NStZ) 1981, S. 135–138.

Bottke, Wilfried (1990): Grundlagen des polizeilichen Legalitätsprinzips, in: JuS 1990, S. 81–87.

Bracher, Karl Dietrich/Sauer, Wolfgang/Schulz, Gerhard (1962): Die nationalsozialistische Machtergreifung: Studien zur Errichtung des totalitären Herrschaftssystems in Deutschland 1933/1934, 2. Auflage, Springer Fachmedien Wiesbaden.

Brenner, Peter J. (2006): Schule in Deutschland: Ein Zwischenzeugnis, Verlag W. Kohlhammer.

Breßler, Eva Susanne (2009): Von der Experimentierbühne zum Propagandainstrument: Die Geschichte der Funkausstellung von 1924–1939, Böhlau Verlag.

Breuer, Mordechai/Graetz, Michael (1996): Deutsch-jüdische Geschichte in der Neuzeit: Band 1 – Tradition und Aufklärung 1600–1780, C. H. Beck.

Brögelmann, Jens (2002): Methodik der Strafzumessung, in: JuS 2002, S. 903–908.

Brümmer-Pauly, Kristina (2006): Desertion im Recht des Nationalsozialismus, Juristische Zeitgeschichte – Abteilung 1: Allgemeine Reihe (19), Berliner Wissenschafts-Verlag.

Brückler, Theodor (1999): Kunstwerke zwischen Kunstraub und Kunstbegegnung: 1938–1945, in: Brückler, Theodor (Hrsg.): Kunstraub, Kunstbergung und Restitution in Österreich 1938 bis heute, Studien zu Denkmalschutz und Denkmalpflege, Band 19, Böhlau Verlag, S. 13–30.

Bruha, Thomas/Steiger, Dominik (2006): Das Folterverbot im Völkerrecht, Beiträge zur Friedensethik, Band 39, Verlag W. Kohlhammer.

Buchholz, Momme (2018): Der nemo tenetur-Grundsatz: Eine rechtsethische Untersuchung, Springer Fachmedien Wiesbaden.

Buchner, Jürgen (2020): Der Strafrechtsordinarius Friedrich Oetker: Ein Beitrag zur Aufarbeitung der nationalsozialistischen Zeit der Würzburger Universitätsgeschichte, Würzburger rechtswissenschaftliche Schriften, Ergon Verlag.

Buck, Christopher George (2008): Bureau of Indian Affairs, in: Schaefer, Richard T. (Hrsg.): Encyclopedia of Race, Ethnicity, and Society, SAGE Publications, S. 215–220.

Buckland, William Warwick (2010): The Roman Law of Slavery: The Condition of the Slave in Private Law from Augustus to Justinian, Cambridge University Press.

Buddrus, Michael (2003): Totale Erziehung für den totalen Krieg: Hitlerjugend und nationalsozialistische Jugendpolitik – Teil 1, K. G. Saur Verlag.

Bürvenich, Paul (2001): Der Zauber des Harry Potter. Analyse eines literarischen Welterfolgs, Peter Lang Verlag.

Buggeln, Marc (2014): Unfreie Arbeit im Nationalsozialismus – Begrifflichkeiten und Vergleichsaspekte zu den Arbeitsbedingungen im Deutschen Reich und in den besetzten Gebieten, in: Buggeln, Marc/Wildt, Michael (Hrsg.): Arbeit im Nationalsozialismus, Oldenbourg Wissenschaftsverlag, S. 231–252.

Bullinger, Delaney (2015): Witches, Bitches, and the Patriarchy: Gender and Power in the Harry Potter Series, Senior Thesis: Bachelor of Arts in English, Linfield College.

Bunge, Jürgen (2020): Das untere Richterpersonal und die Richtergehilfen am englischen High Court of Justice, Nachdruck der ursprünglichen Ausgabe von 1973, Walter de Gruyter.

Burkhardt, Anika (2015): Das NS-Euthanasie-Unrecht vor den Schranken der Justiz: Eine strafrechtliche Analyse, Beiträge zur Rechtsgeschichte des 20. Jahrhunderts Band 85, Mohr Siebeck.

Burge, Mark (2020): Repealing the Statute of Wizarding Secrecy in Legal Education, in: 50 Cumberland Law Review (Cumb. L. Rev.) 117 (2020), S. 117–138.

Burmann, Michael/Heß, Rainer/Hühnermann, Katrin/Jahnke, Jürgen (2022): Straßenverkehrsrecht, 27. Auflage, Verlag C. H. Beck.

Busch-Gervasoni, Ulrich (2014): Nach dem Urteil des Bundesverfassungsgerichts zur Verständigung im Strafprozess: Auswirkungen und praktischer Reformbedarf für das Strafverfahren aus staatsanwaltlicher Sicht, in: Lüderssen, Klaus/Volk, Klaus/Wahle, Eberhard (Hrsg.): Festschrift für Wolf Schiller zum 65. Geburtstag am 12. Januar 2014, Nomos Verlag, S. 109–126.

Busse, Volker/Hofmann, Hans (2016): Bundeskanzleramt und Bundesregierung – Aufgaben, Organisation, Arbeitsweise, 6. Auflage, C. F. Müller.

Caetano, Kalie (2015): The Nuances of Mastering Death: Murder, Capital Punishment, and Assisted Suicide in Harry Potter, in: Farr, Cecilia Konchar (Hrsg.) A Wizard of Their Age: Critical Essays from the Harry Potter Generation, Suny Press, S. 113–128.

Caputi, Robert (2000): Neville Chamberlain and Appeasement, Associated University Press.

Card, Orson Scott (1998): Ender's Game, Macmillan USA.

Cardozo, Benjamin N. (1925): Law and Literature, in: Yale Law Review 14, S. 699–715.

Cardozo, Benjamin N. (1931): Law and Literature, Harcourt, Brace and Company.

Carpenter, Humphrey (2005): The Letters Of J. R.R: Tolkien, Firebird Distributing.

Cebulla, Florian (2004): Rundfunk und ländliche Gesellschaft 1924–1945, Kritische Studien zur Geschichtswissenschaft – Band 164, Vandenhoeck & Ruprecht.

Chaucer, Geoffrey (2002): The Pardoner's Tale, in: The Canterbury Tales, herausgegeben mit Einleitungen, Bibliographie, Fußnoten und Glossaren auf den Seiten von Lesely A. Coote, Wordsworth Poetry Library, S. 463–486.

Christensen, Ralph/Kudlich, Hans (2001) Theorie richterlichen Begründens, Schriften zur Rechtstheorie Heft 203, Duncker & Humblot.

Christians, Annemone (2020): Das Private vor Gericht – Verhandlungen des Eigenen in der nationalsozialistischen Rechtspraxis, Das Private im Nationalsozialismus Band 2, Wallstein Verlag.

Christoph, Stephan (2019): Der Kronzeuge im Strafgesetzbuch: Die Ermittlungshilfe gemäß § 46b StGB aus dogmatischer und empirischer Perspektive, Schriften zur Kriminologie 13, Nomos Verlag.

Ciba, Michèle (2017): Conspiracy, Persecution and Terror: Harry Potter in a Post-9/11 World, in: Gymnich, Marion/Birk, Hanne/Burkhard, Denise (Hrsg.): „Harry – yer a wizard", Tectum Verlag, S. 121–132.

Clark, Elizabeth Morrow (2016): Teaching Harry Potter: How the Wizarding World Has Transformed Higher Education, in: Bell, Christopher E. (Hrsg.): From Here to Hogwarts: Essays on Harry Potter Fandom and Fiction, McFarland & Company, S. 78–98.

Classen, Kai-Dieter (2010): Prüfstein des Rechtsstaats – Die Entwicklung der Verwaltungsgerichtsbarkeit im Spannungsfeld zwischen liberaler Rechtsstaatlichkeit und Diktatur, in: JA 2010, S. 487–492.

Clear, Todd R./Frost, Natasha A. (2014): The Punishment Imperative: The Rise and Failure of Mass Incarceration in America, New York University Press.

Coase, Ronald H. (1960): The Problem of Social Cost, in: Journal of Law and Economics, The University of Chicago Press, Ausgabe 3, S. 1–44.

Cockrell, Amanda (2004): Harry Potter and the Secret Password: Finding Our Way in the Magical Genre, in: Whited, Lana A. (Hrsg.): The Ivory Tower and Harry Potter: Perspectives on a Literary Phenomenon, University of Missouri Press, S. 15–26.

Cohen, Mark R. (2011): Unter Kreuz und Halbmond: Die Juden im Mittelalter, 2. Auflage, Verlag C.H. Beck.

Colbert, David (2004): The Magical Worlds of Harry Potter – A Treasury of Myths, Legends, and Fascinating Facts, Berkley Books.

Collinsworth, Kelly E. (2016): „I will have order": A Potterish Examination of the Authoritian School Disciplinary Trends and Reactions, in: Bell, Christopher E. (Hrsg.): From Here to Hogwarts: Essays on Harry Potter Fandom and Fiction, McFarland & Company, S. 7–27.

Combé, Daniel (2007): Stellung und Objektivität der Staatsanwaltschaft im Ermittlungsverfahren, Internationale Göttinger Reihe Band 5, Cuvillier Verlag.

Compson, William (2003): J.K. Rowling, The Rosen Publishing Group.

Conze, Eckart (2013), Das Auswärtige Amt: Vom Kaiserreich bis zur Gegenwart, C.H. Beck.

Cordes, Malte/Pannenborg, Eerke (2019): Strafprozessuale und verfassungsrechtliche Grenzen im Umgang mit Zufallsfunden, in: NJW 2019, S. 2973–2977.

Cornelius, Corinna (2003): Harry Potter – geretteter Retter im Kampf gegen die dunklen Mächte? Religionspädagogischer Blick auf religiöse Implikationen, archaisch-mythologische Motive und supranaturale Elemente, LIT Verlag.

Cornelius, Kai (2006): Vom spurlosen Verschwindenlassen zur Benachrichtigungspflicht bei Festnahmen, Juristische Zeitgeschichte Band 18, Berliner Wissenschaftsverlag.

Corni, Gustavo/Gies, Horst (1994): Blut und Boden – Rassenideologie und Agrarpolitik im Staat Hitlers, Historisches Seminar Band 5, Schulz-Kirchner.

Czupryniak, Radoslaw (2011): Die Berücksichtigung generalpräventiver Gründe bei der Strafzumessung in Deutschland und Polen – Diskussion der Grundsätze und Erörterung von Fallgruppen anhand der Rechtsprechung, Disserta Verlag.

Dahlen, Sarah Park/Thomas, Elisabeth (2022): Harry Potter and the Other: Race, Justice, and Difference in the Wizarding World, University Press of Mississippi.

Dams, Carsten/Stolle, Michael (2017): Die Gestapo: Herrschaft und Terror im Dritten Reich, 4. Auflage, C. H. Beck Verlag.

Danckert, Jakob (2012): Die materielle Beweiskraft des Hauptverhandlungsprotokolls im Strafprozess, Berliner Juristische Universitätsschriften Strafrecht Band 42, Berliner Wissenschafts-Verlag.

Dane, Gesa (2005): Zeter und Mordio! Vergewaltigung in Literatur und Recht, Wallstein Verlag.

Danne, Marius (2018): Doppelfunktionale Maßnahmen in der öffentlich-rechtlichen Klausur, in: JuS 2018, S. 434–438.

Danwerth, Christopher (2011): Die prägenden Thesen und Ideen des Georg Jellinek (1851–1911), in: JuS 2011, S. 406–410.

Deacon, Russell (2012): Devolution in the United Kingdom, 2. Auflage, Edinburgh University Press.

Degenhart, Christoph (2021): Staatsrecht I – Staatsorganisationsrecht, 37. Auflage, C.F. Müller.

Deiters, Mark (2006): Legalitätsprinzip und Normgeltung, Mohr Siebeck.

Dellavalle, Sergio (2017): Law as a Linguistic Instrument without Truth Content? On the Epistemology of Koskenniemi's Understanding of Law, in: Zeitschrift für ausländisches öffentliches Recht und Völkerrecht (ZaöRV) 2017, S. 199–233.

Dendle, Peter (2009): Monsters, Creatures, and Pets at Hogwarts: Animal Stewardship in the World of Harry Potter, in: Heilman, Elisabeth (Hrsg.): Critical Perspectives on Harry Potter, 2. Auflage, Routledge, S. 163–176.

Den Hertog, Peter (2020): Why Did Hitler Hate the Jews? The Origins of Adolf Hitler's Anti-Semitism and its Outcome, Frontline Books.

Derrida, Jacques (1991): Gesetzeskraft: Der »mystische Grund der Autorität«, Suhrkamp Verlag.

Desoi, Monika/Knierim, Antonie (2011): Intimsphäre und Kernbereichsschutz, in: Die Öffentliche Verwaltung (DÖV) 2011, S. 398–405.

Detjen, Joachim (2009): Die Werteordnung des Grundgesetzes, VS Verlag.

Detterbeck, Steffen (2022): Öffentliches Recht: Ein Basislehrbuch zum Staatsrecht, Verwaltungsrecht und Europarecht mit Übungsfällen, 12. Auflage, Verlag Franz Vahlen.

De La Torre, Elizabeth (2012): The Muggle Hunt, in: Bell, Christopher E. (Hrsg): Hermione Granger Saves the World: Essays on the Feminist Heroine of Hogwarts, McFarland & Company, S. 52–64.

Dickerson, Mathew T./O'Hara, David (2006): From Homer to Harry Potter: A Handbook from Myth to Fantasy, Brazos Press.

Diehl, Katrin (1997): Die jüdische Presse im Dritten Reich: Zwischen Selbstbehauptung und Fremdbestimmung, Max Niemeyer Verlag.

Disselkamp, Theresa Regina (2019): Der Richtervorbehalt bei der Blutprobenentnahme gemäß § 81a Abs. 2 StPO, Münsterische Beiträge zur Rechtswissenschaft – Neue Folge Band 49, Nomos Verlagsgesellschaft.

Distel, Barbara (2014): Staatlicher Terror und Zivilcourage – Die ersten Morde im Konzentrationslager Dachau, in: Wachsmann, Nikolaus/Steinbacher, Sybille (Hrsg.): Die Linke im Visier: Zur Errichtung der Konzentrationslager 1933, Dachauer Symposium zur Zeitgeschichte, Wallstein Verlag, S. 104–117.

Dölling, Dieter/Duttge, Gunnar/Rössner, Dieter (2022): Gesamtes Strafrecht – Handkommentar, 5. Auflage, Nomos.

Donaher, Patricia/Okapal, James M. (2009): Causation, Prophetic Visions, and the Free Will Question in Harry Potter, in: Anatol, Giselle Liza (Hrsg.): Reading Harry Potter Again: New Critical Essays, Praeger (ABC-CLIO), S. 47–62.

Doughty, Amie A. (2013): „Throw the Book Away" – Reading Versus Experience in Children's Fantasy, McFarland & Company.

Douglas, Tracy (2010): All the Minister's Men: Analyzing Power and the Press in Harry Potter, in: Goetz, Sharon (Hrsg.): Terminus: Collected Papers on Harry Potter, 7–11. August 2008, Narrate Conferences Inc., S. 120–135.

Dreier, Horst (2013): Grundgesetz – Kommentar, Band 1, 3. Auflage, Mohr Siebeck.

Dreier, Horst (2015): Grundgesetz – Kommentar, Band 2, 3. Auflage, Mohr Siebeck.

Dreier, Horst (2018): Grundgesetz – Kommentar, Band 3, 3. Auflage, Mohr Siebeck.

Dresang, Eliza T. (2004): Hermione Granger and the Heritage of Gender, in: Whited, Lana A. (Hrsg.): The Ivory Tower and Harry Potter Perspectives on a Literary Phenomenon, University of Missouri Press, S. 211–242.

Drewry, Gavin/Blom-Cooper, Louis/Blake, Charles (2007): The Court of Appeal, Hart Publishing.

Drohsel, Franziska (2018): Der Lügendetektor vor Gericht – ein Problem in Sachsen, in: Strafverteidiger (StV) 2018, S. 827–830.

Dürig, Günter/Herzog, Roman/Scholz, Rupert (2022): Grundgesetz Kommentar, Band 1–6, 99. Auflage September 2022, Verlag C.H. Beck.

Düring, Marten (2015): Verdeckte soziale Netzwerke im Nationalsozialismus: Die Entstehung und Arbeitsweise von berliner Hilfsnetzwerken für verfolgte Juden, Walter de Gruyter Oldenbourg.

Duttler, Sabine-Michaela (2007): Die filmische Umsetzung der Harry Potter Romane, POETICA – Schriften zur Literaturwissenschaft Band 98, Verlag Dr. Kovac.

Dworkin, Ronald (1985): A Matter of Principle, Oxford University Press.

Ebert, Frank (2020): Das aktuelle Disziplinarrecht: Leitfaden für den öffentlichen Dienst, 5. Auflage, Richard Boorberg Verlag.

Eccleshare, Julia (2002): A Guide to the Harry Potter Novels, Continuum.

Eckert, Jörn (2003): Die Krise der Rechtsgeschichte und die Frage nach ihrem Nutzen für Theorie und die Praxis des Rechts, in: Eckert, Jörn (Hrsg.): Der praktische Nutzen der Rechtsgeschichte – Hans Hattenhauer zum 8. September 2001, C.F: Müller Verlag, S. 121–158.

Eckhold, Anja (2018): Zeit im Arrest – Biographische und lebenspraktische Bedeutung des Jugendarrestes, Springer VS.

Eckstein, Ken (2013): Ermittlungen zu Lasten Dritter, Mohr Siebeck.

Ehrlich, Isaac (2017): Economics of Criminal Law – Crime and Punishment, in: Parisi, Francesco (Hrsg.): The Oxford Handbook of Law and Economics, Band 3: Public Law and Legal Institutions, Oxford University Press, S. 295–324.

Eiber, Ludwig (1998): Verfolgung, in: Benz, Wolfgang/Graml, Hermann/Weiß, Hermann (Hrsg.): Enzyklopädie des Nationalsozialismus, 3. Auflage, Klett-Cotta, S. 275–295.

Eicker, Steffen (2021): Was der Grundsatz in dubio pro reo bedeutet (und was nicht), in: JA 2021, S. 330–336.

Eikens, Alena (2017): Changing Readers' Attitudes? The Representation of Discrimination in the Harry Potter Novels, Anchor Academic Publishing.

Eisele, Jörg (2004): Die Regelbeispielsmethode im Strafrecht: Zugleich ein Beitrag zur Lehre vom Tatbestand, Tübinger Rechtswissenschaftliche Abhandlungen 97, Mohr Siebeck.

Eisele, Jörg/Trentmann, Christian (2019): Die Staatsanwaltschaft – „objektivste Behörde der Welt"?, in: NJW 2019, S. 2365–2368.

Eisenberg, Ulrich (2021): Überdehnung strafjustizieller Kompetenz in tatgerichtlicher Beweiswürdigung und im Wiederaufnahmeverfahren gem. § 359 Nr. 5 StPO, in: Neue Kriminalpolitik (NK) 2021, S. 139–149.

Eisenberg, Ulrich/Kölbel, Ralf (2022): Jugendgerichtsgesetz – Kommentar, 23. Auflage, Verlag C. H. Beck.

Ellbogen, Klaus (2010): Grundzüge der strafrechtlichen Urteilsfindung, in: JA 2010, S. 137–141.

Ellinghaus, Katherine (2017): Blood Will Tell: Native Americans and Assimilation Policy, University of Nebraska Press.

Ellwein, Thomas (1997): Der Staat als Zufall und als Notwendigkeit – Die jüngere Verwaltungsentwicklung in Deutschland am Beispiel Ostwestfalen-Lippe, Band 2: Die öffentliche Verwaltung im gesellschaftlichen und politischen Wandel 1919–1990, Westdeutscher Verlag.

Emir, Astra (2020): Selwyn's Law of Employment, 21. Auflage, Oxford University Press.

Epping, Volker (1995): Die Lex van der Lubbe – zugleich ein Beitrag zur Bedeutung des Grundsatzes „nullum crimen, nulla poena sine lege", in: Der Staat 34, S. 243–267.

Epping, Volker (2021): Grundrechte, 9. Auflage, Springer-Verlag.

Eriksen, Trond Berg/Harket, Hakon/Lorenz, Einhart (2019): Judenhass – Die Geschichte des Antisemitismus von der Antike bis zur Gegenwart, Vandenhoeck & Ruprecht.

Errington, Philip W. (2017): J.K. Rowling – A Bibliography, Bloomsbury Academic.

Exner, Franz (1941): Die Verordnung zum Schutz gegen jugendliche Schwerverbrecher, in: Zeitschrift für die gesamte Strafrechtswissenschaft (ZStW), Band 60, Heft 1, S. 335–353.

Faber, David (2008): Munich, 1938: Appeasement and World War II, Simon & Schuster.

Fahl, Christian (2019): Das Tier als Mensch wie Du und ich, in: JA 2019, S. 161–165.

Farnel, Megan (2016): Magical Econ 101: Wealth, Labor and Inequity in Harry Potter and Its Fandom, in: Bell, Christopher E. (Hrsg.): From Here to Hogwarts: Essays on Harry Potter Fandom and Fiction, McFarland & Company, S. 28–53.

Fehling, Michael/Kastner, Berthold/Störmer, Rainer (2021): Verwaltungsrecht – Handkommentar, 5. Auflage, Nomos.

Felder, Ekkehard (2003): Juristische Textarbeit im Spiegel der Öffentlichkeit, Studia Linguistica Germanica Band 70, Walter de Gruyter.

Felsenreich, Romeo (2012): Die Journalisten des „Völkischen Beobachters" – Woher kamen sie? Wohin gingen sie?, Magisterarbeit in Publizistik und Kommunikationswissenschaft, Fakultät für Sozialwissenschaften, Universität Wien.

Feltes, Thomas (1993): Der Jugendarrest – Aktuelle Probleme der „kurzen Freiheitsstrafe" im Jugendstrafrecht, in: Neue Zeitschrift für Strafrecht (NStZ) 1993, S. 105–112.

Fenske, Claudia (2008): Muggles, Monsters and Magicians: A Literary Analysis of the Harry Potter Series, Peter Lang.

Ferdinand, Ursula (2014): Vertreibungen im Umgestaltungsprozess der Medizinischen Fakultäten an deutschen Universitäten im „Dritten Reich", in: Beddies, Thomas/Doetz, Suanne/Kopke, Christoph (Hrsg.): Jüdische Ärztinnen und Ärzte im Nationalsozialismus: Entrechtung, Vertreibung, Ermordung, Walter de Gruyter, S. 117–148.

Finger, Jasmin Daniela (2015): Homophobie und Strafrecht – Eine strafrechtliche Untersuchung homophober Äußerungen und Äußerungen in Bezug auf Homosexualität, Reihe Berliner Juristische Universitätsschriften: Strafrecht Band 45, Berliner Wissenschafts-Verlag.

Fisahn, Andreas (2002): Demokratie und Öffentlichkeitsbeteiligung, Jus Publicum Band 84, Mohr Siebeck.

Fisahn, Andreas/Kutscha, Martin (2018): Verfassungsrecht konkret: Die Grundrechte – Ein Lehrbuch, 3. Auflage, Berliner Wissenschafts-Verlag.

Fischer, Ernst (1999): Geschichte der Zensur, in: Leonhard, Joachim-Felix/Ludwig, Hans-Werner/Schwarze, Dietrich/Straßner, Erich (Hrsg.): Medienwissenschaften – Ein Handbuch zur Entwicklung der Medien und Kommunikationsformen, 1. Teilband, Walter de Gruyter, S. 500–513.

Fischer, Thomas (1994): Glaubwürdigkeitsbeurteilung und Beweiswürdigung – Von der Last der „ureigenen Aufgabe", in: Neue Zeitschrift für Strafrecht (NStZ) 1994, S. 1–5.

Fischer, Thomas/Kudlich, Hans (2020): Ausschluss und Ablehnung von Richtern im Strafverfahren, in: JA 2020, S. 641–648.

Fishman, Joel (2010): Punishment in the Harry Potter Novels, in: Thomas, Jeffrey E./Snyder, Franklin G. (Hrsg.): Harry Potter and the Law, Carolina Academic Press, S. 119–127.

Flotmann, Christina (2013): Ambiguity in »Star Wars« and »Harry Potter«: A (Post)Structuralist Reading of Two Popular Myths, Transcript Verlag.

Fradin, Judith Bloom/Fradin, Dennis Brindell (2009): The Salem Witch Trials, Marshall Cavendish Benchmark.

Frahm, Lorenz Nicolai (2014): Die allgemeine Kronzeugenregelung: Dogmatische Probleme und Rechtspraxis des § 46b StGB, Strafrechtliche Abhandlungen Neue Folge Band 252, Duncker & Humblot.

Frank, Anne (2011): Tagebuch, Edition von Mirjam Pressler („Version d“, in Überarbeitung der Fassung von Otto H. Frank), 7. Auflage, Fischer Taschenbuchverlag.

Frank, Teresa (2022): Die Wiederaufnahme zuungunsten des Angeklagten im Strafverfahren: Reformdiskussion und Gesetzgebung seit dem Neunzehnten Jahrhundert, Juristische Zeitgeschichte, Abteilung 3, Band 54, Walter de Gruyter.

Frankel, Valerie Estelle (2018): „Witches live among us!“ The Minorities Battle Prejudice in Fantastic Beasts, in: Firestone, Amanda/Clark, Leisa A. (Hrsg.): Harry Potter and Convergence Culture: Essays on Fandom and the Expanding Potterverse, McFarland & Company, S. 101–113.

Frantz, Klaus (1995): Die Indianerreservationen in den USA, Aspekte der territorialen Entwicklung und des sozio-ökonomischen Wandels, Erdkundliches Wissen Band 109, 2. Auflage, Franz Steiner Verlag.

Franzius, Claudio (2015): Das Recht auf informationelle Selbstbestimmung, in: ZJS 3/2015, S. 259–270.

Fraser, Lindsey (2001): Ein Interview mit J. K. Rowling, in: Martin, Till/Fraser, Lindsey u. a. (Hrsg.): Viel Zauber um Harry: Die Welt der Joanne K. Rowling, Carlsen, S. 10–52.

Frei, Norbert/Schmitz, Johannes (2011): Journalismus im Dritten Reich, 4. Auflage, Verlag C. H. Beck.

Freisler, Roland (1939): Gedanken zum rechten Strafmaß, in: Deutsches Strafrecht 6, Heft 11/12, S. 329–342.

Frevel, Bernhard/Voelzke, Nils (2017): Demokratie: Entwicklung – Gestaltung – Herausforderungen, 3. Auflage, Springer VS.

Frey, Andrea/Wagner, Friederike (2006): Alles fauler Zauber? Theorien und Hintergründe zum Harry Potter Merchandising, in: Garbe, Christine/Philipp, Maik (Hrsg.): Harry Potter – Ein Literatur-und Medienereignis im Blickpunkt interdisziplinärer Forschung, LIT Verlag, S. 183–212.

Fricke-Finkelnburg, Renate (1989): Nationalsozialismus und Schule: Amtliche Erlasse und Richtlinien 1933–1945, Leske + Budrich Verlag.

Frisch, Wolfgang (2016): Voraussetzungen und Grenzen staatlichen Strafens, in: Neue Zeitschrift für Strafrecht (NStZ) 2016, S. 16–25.

Frister, Helmut (1994): Der Lügendetektor – Zulässiger Sachbeweis oder unzulässige Vernehmungsmethode?, in: Zeitschrift für die gesamte Strafrechtswissenschaft (ZStW) 106, S. 303–331.

Fritscher-Fehr, Melanie (2019): Demokratie im Ohr: Das Radio als geschichtskultureller Akteur in Westdeutschland, 1945–1963, Transcript Verlag.

Fröb, Christoph (2018): Die Bekämpfung von Rassismus und Fremdenfeindlichkeit im Arbeitsrecht, Springer.

Fuchs, Birgitta (2019): Geschichte des pädagogischen Denkens, Verlag Barbara Budrich.

Fuchs, Michael (2021): Das Bundesamt für Auswärtige Angelegenheiten, in: Neue Zeitschrift für Verwaltungsrecht (NVwZ) 2021, S. 25–30.

Gaakeer, Jeanne (2019): „Wrest once the law to your authority. To do a great right, do a little wrong?“, in: Battisti, Chiara/Fiorato, Sidia (Hrsg.): Law and the Humanities: Cultural Perspectives, De Gruyter, S. 477–497.

Garbe, Christine/Philipp, Maik (2006): Erfolg eines Serientäters. Das Phänomen Harry Potter im Überblick, in: Garbe, Christine/Philipp, Maik (Hrsg.): Harry Potter – Ein Literatur-und Medienereignis im Blickpunkt interdisziplinärer Forschung, LIT Verlag, S. 7–26.

Gasa, Kjell/Schwarzer, Thorsten (2011): Festnahmerecht für Jedermann – Voraussetzungen und Grenzen des § 127 Abs. 1 S. 1 StPO, in: Brenneisen, Hartmut/Staack, Dirk/Kopischke, Hartmut (Hrsg.): Schutz privater Rechte, Polizei und Sicherheitsmanagement Band 8, LIT Verlag, S. 38–62.

Gassner, Kathi/Seith, Sebastian (2020): Ordnungswidrigkeitengesetz – Handkommentar, 2. Auflage, Nomos.

Gava, John/Paterson, Jeannie Marie (2010): What Roles Need Law Play in a Sociaty with Magic?, in: Thomas, Jeffrey E./Snyder, Franklin G. (Hrsg.): Harry Potter & the Law, Carolina Academic Press, S. 3–17.

Gebauer, Michael (1987): Die Rechtswirklichkeit der Untersuchungshaft in der Bundesrepublik Deutschland: Eine empirische Untersuchung zur Praxis der Haftanordnung und des Haftverfahrens, Neue kriminologische Studien Band 7, Fink Verlag.

Gebauer, Peer (2004): Zur Grundlage des absoluten Folterverbots, in: Neue Zeitschrift für Verwaltungsrecht (NVwZ) 2004, S. 1405–1409.

Gebauer, Thomas (2011): Das KPD-Dezernat der Gestapo Düsseldorf, Disserta Verlag.

Geiger, Wolfgang (2012): Zwischen Urteil und Vorurteil: Jüdische und deutsche Geschichte in der kollektiven Erinnerung, Humanities Online.

Gellately, Robert (1990): The Gestapo and German Society: Enforcing Racial Policy 1933–1945, Oxford University Press.

Geppert, Klaus (1995): Die subjektiven Rechtfertigungselemente, in: JURA 1995, S. 103–107.

Gercama, Atje (2012): „I’m Hoping to Do Some Good in the World“: Hermione Granger and Feminist Ethics, in: Bell, Christopher E. (Hrsg): Hermione Granger Saves the World: Essays on the Feminist Heroine of Hogwarts, McFarland & Company, S. 16–33.

Gercke, Björn/Hembach, Diana/Wollschläger, Sebastian (2013): Strafprozessrecht, Grundlagen des Strafrechts Band 3, Berliner Wissenschafts-Verlag.

Gerlach, Christian (1998): Die Wannsee-Konferenz, das Schicksal der deutschen Juden und Hitlers politische Grundsatzentscheidung, alle Juden Europas zu ermorden, in: Gerlach, Christian (Hrsg.): Krieg, Ernährung, Völkermord. Forschungen zur deutschen Vernichtungspolitik im Zweiten Weltkrieg, Hamburger Edition, S. 85–166.

Gerrens, Uwe (1996): Medizinisches Ethos und theologische Ethik – Karl und Dietrich Bonhoeffer in der Auseinandersetzung um Zwangssterilisation und „Euthanasie" im Nationalsozialismus, Schriftenreihe der Vierteljahreshefte für Zeitgeschichte Band 73, R. Oldenbourg Verlag.

Getty, Laura J. (2021): Islands and Captivity in Popular Culture: A Critical Study of Film, Television and Literature, McFarland & Company.

Giannoulis, Georgios (2014): Studien zur Strafzumessung: Ein Beitrag zur Dogmatik, Rechtstheorie und Rechtsinformatik mit Vertiefung in den Eigentums- und Vermögendelikte, Mohr Siebeck.

Gibson, Bryan/Watkins, Mike (2009): The Magistrates' Court: An Introduction, 5. Auflage, Waterside Press.

Gierzynski, Anthony/Eddy, Kathryn (2013): Harry Potter and the Millennials: Research Methods and the Politics of the Muggle Generation, The Johns Hopkins University Press.

Gleis, Max-Emanuel (1991): Der Kernbereich des Persönlichkeitsrechts, in: Juristenzeitung (JZ), 1991, S. 112–117.

*Glinder, Peter/Schröpfel, Beate (*2020): Kommunale Antikorruptionssysteme, in: Louis, Jürgen/Glinder, Peter/Waßmer, Martin Paul (Hrsg.): Korruptionsprävention in der öffentlichen Verwaltung: Handbuch für die kommunale Praxis, Richard Boorberg Verlag, S. 125–217.

Göbel, Franziska (2017): Violence, Incest and Rape in Harry Potter Fan Fictions, in: Gymnich, Marion/Birk, Hanne/Burkhard, Denise (Hrsg.), „Harry – yer a wizard"– Exploring J. K. Rowling's Harry Potter Universe, Tectum Verlag, S. 215–224.

Goerge, Carten (2011): Staatliches Bildungssystem und privatwirtschaftliche Nachhilfe in Deutschland, Bildungspolitik Band 2, LIT Verlag.

Görres-Gesellschaft (2017): Staatslexikon, Band 1, 8. Auflage, Verlag Herder.

Görres-Gesellschaft (2020): Staatslexikon, Band 4, 8. Auflage, Verlag Herder.

Gössel, Karl Heinz (2015): Über den unaufhebbaren Gegensatz zwischen Wahrheitsermittlungspflicht (§ 244 Abs 2 StPO) und verfahrensverkürzenden Abreden (§ 257c StPO) im Strafprozess Auch: Über mögliche Gründe einer unzulänglichen verfassungsgerichtlichen Argumentation, in: Ein menschengerechtes Strafrecht als Lebensaufgabe – Festschrift für Werner Beulke zum 70. Geburtstag, C. F. Müller, S. 737–746.

Goethe, Johann Wolfgang (1997). Wilhelm Meisters Lehrjahre, dtv Verlagsgesellschaft.

Goethe, Johann Wolfgang (2019). Wilhelm Meisters Wanderjahre oder die Entsagenden, Europäischer Literaturverlag.

Goethe, Johann Wolfgang (2020): Faust: Der Tragödie Erster und Zweiter Teil (Reclams Universal-Bibliothek), Reclam Verlag.

Götte, Petra (2003): Jugendstrafvollzug im „Dritten Reich": Diskutiert und realisiert – erlebt und erinnert, Verlag Julius Klinkhardt.

Götz, Heinrich (2005): Das Urteil gegen Daschner im Lichte der Werteordnung des Grundgesetzes, in: NJW 2005, S. 953–957.

Götz, Margarete (1997): Die Grundschule in der Zeit des Nationalsozialismus – Eine Untersuchung der inneren Ausgestaltung der vier unteren Jahrgänge der Volksschule auf der Grundlage amtlicher Maßnahmen, Verlag Julius Klinkhardt.

Goldsworthy, Terry (2018): The Waffen-SS in Allied Hands, Band 1: Personal Accounts from Hitler's Elite Soldiers, Cambridge Scholars Publishing.

Gómez Romero, Luis (2016): Republicanism meets (dystopian) faërie: Harry Potter and the Institutional Disaster, in: Sharp, Cassandra/Leiboff, Marett (Hrsg.): Cultural Legal Studies: Law's popular cultures and the metamorphosis of Law, Routledge, S. 274–295.

Goodenow, Jaqueline (2008): Arresto Momentum? Harry, Sirius and Lupin, in: Goetz, Sharon K. (Hrsg.): Phoenix Rising: Collected Papers on Harry Potter, 17–21. May 2007, Narrate Conferences, S. 154–188.

Gosewinkel, Dieter (2011): Einbürgern und Ausschließen: Die Nationalisierung der Staatsangehörigkeit vom Deutschen Bund bis zur Bundesrepublik Deutschland, Kritische Studien zur Geisteswissenschaft Band 150, Vandenhoeck & Ruprecht.

Goss, David K. (2008): The Salem Witch Trials: A Reference Guide, Greenwood Publishing Group.

Goudge, Elizabeth (2000): The Little White Horse, Lion Children's Books.

Graf, Pia-Franziska (2012): Die Untersuchungshaft, in: JA 2012, S. 262–265.

Grabitz, Eberhard/Hilf, Meinhard/Nettesheim, Martin (2022): Das Recht der Europäischen Union, Band I EUV/AEUV, 75. Auflage, C. H. Beck.

Granger, John (2008): How Harry Cast His Spell: The Meaning Behind the Mania for J. K. Rowling's Bestselling Books, Salt River/Tyndale House Publishers.

Grawe, Stefan (2008): Die strafprozessuale Zufallsverwendung – Zufallsfunde und andere Zweckdivergenzen bei der Informationsverwendung im Strafverfahren, Veröffentlichungen zum Verfahrensrecht Band 52, Mohr Siebeck.

Gribbohm, Günter (1988): Nationalsozialismus und Strafrechtspraxis – Versuch einer Bilanz, in: NJW 1988, S. 2842–2849.

Grimes, Jennifer N. (2011): Three-Strikes Laws, in: Chambliss, William J. (Hrsg.): Courts, Law and Justice, SAGE, S. 257–268.

Grisham, John (2003): A Time to Kill, Random House.

Gritschneder, Otto (2001): Der bayerische Richter Georg Neithardt und sein folgenschweres Hitler-Urteil von 1924, in: NJW 2001, S. 484–487.

Gropp, Walter/Sinn, Arndt (2021): Strafrecht Allgemeiner Teil, 5. Auflage, Springer-Verlag.

Groß, Thomas (2003): Zwei-Kammer-Parlamente in der Europäischen Union, in: Zeitschrift für ausländisches öffentliches Recht und Völkerrecht (ZaöRV) 63/2003, S. 29–57.

Großfeld, Bernhard (1985): Sprache, Recht, Demokratie, in: NJW 1985, S. 1577–1586.

Groves, Beatrice (2017): Literary Allusion in Harry Potter, Routledge.

Gruchmann, Lothar (1972): Euthanasie und Justiz im Dritten Reich, in: Vierteljahresheft für Zeitgeschichte (VfZ) 20 (1972), Heft 3, S. 235–279.

Gruchmann, Lothar (1994): Korruption im Dritten Reich – Zur „Lebensmittelversorgung" der NS-Führerschaft, in: Vierteljahreshefte für Zeitgeschichte (VfZ) 42 (1994), Heft 4, S. 571–593.

Gruchmann, Lothar (2001): Justiz im Dritten Reich 1933–1940 – Anpassung und Unterwerfung in der Ära Gürtner, Quellen und Darstellungen zur Zeitgeschichte, Band 28, 3. Auflage, Oldenbourg Wissenschaftsverlag.

Gruchmann, Lothar (2003): „Generalangriff gegen die Justiz"? Der Reichstagsbeschluß vom 26. April 1942 und seine Bedeutung für die Maßregelung der deutschen Richter durch Hitler, in: Vierteljahresheft für Zeitgeschichte (VfZ) 51 (2003), Heft 4, S. 509–520.

Gruenewaldt, Arthur von (2015): Die Richterschaft des Oberlandesgerichts Frankfurt am Main in der Zeit des Nationalsozialismus, Beiträge zur Rechtsgeschichte des 20. Jahrhunderts Band 83, Mohr Siebeck.

Grundmann, Friedrich (1979): Agrarpolitik im Dritten Reich – Anspruch und Wirklichkeit des Reichserbhofgesetzes, Historische Perspektiven Band 14, Hoffmann und Campe.

Grunewald, Ralph (2002): Der Individualisierungsauftrag des Jugendstrafrechts – Über die Reformbedürftigkeit des JGG, in: Neue Zeitschrift für Strafrecht (NStZ) 2002, S. 452–458.

Gsänger, Johannes (2009): Die Herausdrängung jüdischer Notare aus ihren Ämtern in der NS-Zeit – am Beispiel des Rheinlands, in: Rheinische Notar-Zeitschrift (RNotZ) 2009, S. 536–539.

Gubitz, Michael (2007): Der Anwalt als Strafverteidiger im Zwischenverfahren, in: JA 2007, S. 369–375.

Guckes, Ulrike (2008): Opferentschädigung nach zweierlei Maß? Eine vergleichende Untersuchung der gesetzlichen Grundlagen der Entschädigung für das

Unrecht der NS-Diktatur und der SED-Diktatur, Berliner Juristische Universitätsschriften Strafrecht Band 33, Berliner Wissenschafts-Verlag.

Günzel, Stefanie (2001): Die geschichtliche Entwicklung des Jugendstrafrechts und des Erziehungsgedankens – Mit besonderer Berücksichtigung der „Erziehung in einer Einrichtung über Tag und Nacht" gem. § 12 Nr. 2 JGG, Tectum Verlag.

Gunelius, Susan (2008): Harry Potter: The Story of a Global Business Phenomenon, Palgrave Macmillan.

Gupta, Suman (2009): Re-Reading Harry Potter, 2. Auflage, Palgrave Macmillan.

Gusy, Christoph (1997): Die Weimarer Reichsverfassung, Mohr Siebeck.

Gusy, Christoph (2003): Überwachung der Telekommunikation unter Richtervorbehalt: Effektiver Grundrechtsschutz oder Alibi?, in: Zeitschrift für Rechtspolitik (ZRP) 2003, S. 275–278.

Gusy, Christoph (2017): Polizeirecht, 10. Auflage, Mohr Siebeck.

Gymnich, Marion/Burkhard, Hanne/Birk, Denise (2017): The Ever-Expanding Potterverse: Harry Potter and the Cursed Child – Fantastic Beasts and Where to Find them – Pottermore, in: Gymnich, Marion/Birk, Hanne/Burkhard, Denise (Hrsg.): „Harry – yer a wizard", S. 225–250.

Haas, Volker (2008): Strafbegriff, Staatsverständnis und Prozessstruktur – zur Ausübung hoheitlicher Gewalt durch Staatsanwaltschaft und erkennendes Gericht im deutschen Strafverfahren, Tübinger Rechtswissenschaftliche Abhandlungen Band 105, Mohr Siebeck.

Habetha, Jörg (2015): Anfechtung sitzungspolizeilicher Maßnahmen im Strafprozess, in: NJW 2015, S. 3627–3629.

Hackett, David A. (2017): Der Buchenwald-Report: Bericht über das Konzentrationslager Buchenwald bei Weimar, 3. Auflage, C. H. Beck.

Häberle, Peter (1982): Verfassungslehre als Kulturwissenschaft, Schriften zum Öffentlichen Recht, Band 436, Duncker & Humblot.

Häberle, Peter (1983): Das Grundgesetz der Literaten: Der Verfassungsstaat im (Zerr-)Spiegel der Schönen Literatur, Nomos.

Häberle, Peter (2017): Die „Kultur des Friedens" – Thema der universalen Verfassungslehre – Oder: Das Prinzip Frieden, Schriften zum Öffentlichen Recht Band 1359, Duncker & Humblot.

Häcker, Birke (2014): Das englische Common Law – Eine Einführung, in: JuS 2014, S. 872–876.

Haedrich, Martina (2012): Integration durch völkerrechtlichen Minderheitenschutz, in: Zeitschrift für Ausländerrecht und Ausländerpolitik (ZAR) 2012, S. 225–231.

Hager, Günter (2001): Zur geheimen Beziehung von Recht und Musik, in: Zeitschrift für Europäisches Privatrecht (ZEuP) 2001, S. 214–216.

Halft, Daniel (2007): Die Szene wird zum Tribunal! Eine Studie zu den Beziehungen von Recht und Literatur am Beispiel des Schauspiels „Cyankali“ von Friedrich Wolf, Berliner Wissenschafts-Verlag.

Hall, Susan (2003): Harry Potter and the Rule of Law: The Central Weakness of Legal Concepts in the Wizarding World, in: Anatol, Giselle Liza (Hrsg.): Reading Harry Potter: Critical Essays, Praeger, S. 147–162.

Hamm, Rainer/Pauly, Jürgen (2021): Die Revision in Strafsachen, 8. Auflage, Walter de Gruyter.

Hamm, Rainer/Hassemer, Winfried/Pauly, Jürgen (2019): Beweisantragsrecht, 3. Auflage, C.F. Müller.

Hansmann, Uwe (2005): Die Nürnberger Rassengesetze vom 15. September 1935 – Den Opfern zur Erinnerung, den Lebenden zur Mahnung, in: NJW 2005, S. 2648–2652.

Harmon, James M. J. (2013): Forbidden Forests and Forbidden Spaces: Reevaluating ‚The Other‘ in Harry Potter, in: Bell, Christopher E. (Hrsg.): Legilimens! Perspectives in Harry Potter Studies, Cambridge Scholars Publishing, S. 33–42.

Harten, Hans-Christian (2018): Die weltanschauliche Schulung der Polizei im Nationalsozialismus, Verlag Ferdinand Schöningh.

Hartman-Warren, Kylee (2016): Operation Horcrux: Harry Potter's War Narrative in a Post-9/11 Context, in: Soltysik Monnet, Agnieszka/Hantke, Steffen (Hrsg.): War Gothic in Literature and Culture, Routledge, S. 211–228.

Hartl, Benedikt (2000): Das nationalsozialistische Willensstrafrecht, Berliner Beiträge zur Rechtswissenschaft Band 4, Weißensee Verlag.

Hartlage-Laufenberg, Barbara (2013): Zwei Juristen, zwei Literaten, zwei Juden, in: NJW 2013, S. 748–752.

Hartung, Günter (1996): Völkische Ideologie, in: Puschner, Uwe/Schmitz, Walter/Ulbricht, Justus H. (Hrsg.): Handbuch zur „Völkischen Bewegung“ 1871–1918, K. G. Saur Verlag, S. 22–41.

Hartung, Hannes (2005): Kunstraub in Krieg und Verfolgung – Die Restitution der Beute- und Raubkunst im Kollisions- und Völkerrecht, Walter de Gruyter.

Hasslinger, Catherine Anna (2021): Die Entwicklung der strafprozessualen Durchsuchung: Gesetzgebung und Reformdiskussion seit dem 19. Jahrhundert, Juridicum – Schriften zum Wirtschaftsstrafrecht, Springer Wiesbaden.

Hauff, Lisa (2020): Deutsches Reich und Protektorat Böhmen und Mähren April 1943–1945, Band 11 der VEJ (Die Verfolgung und Ermordung der europäischen Juden durch das nationalsozialistische Regime in Deutschland 1933–1945), Walter de Gruyter.

Haus, Karl-Ludwig/Krumm, Carsten/Quarch, Matthias (2021): Gesamtes Verkehrsrecht – Kommentar, 3. Auflage, Nomos.

Hausmaninger, Herbert/Selb, Walter (2001): Römisches Privatrecht, 9. Auflage, Böhlau Verlag.

Hebeler, Timo (2010): Die Gesetzgebungskompetenzen des Bundes und der Länder, in: JA 2010, S. 688–694.

Hecke, Marthe-Siobhan (2017): Queerbaiting in the Harry Potter Series and in Harry Potter and the Cursed Child?, in: Gymnich/Birk/Burkhard (Hrsg.): „Harry – Yer a Wizard", Tectum Verlag, S. 193–204.

Hein, Bastian (2012): „Ein nationalistischer, solidarischer Orden nordisch bestimmter Männer" – Die Schutzstaffel (SS), in: Becker, Stephanie/Studt, Christoph (Hrsg.): „Und sie werden nicht mehr frei sein ihr ganzes Leben" – Funktion und Stellenwert der NSDAP, ihrer Gliederungen und angeschlossenen Verbände im „Dritten Reich", Schriftenreihe der Forschungsgemeinschaft 20. Juli 1944 e. V., Band 16, LIT Verlag, S. 69–86.

Hein, Bastian (2015): Die SS – Geschichte und Verbrechen, C. H. Beck Wissen.

Hein, Georg (2018): Grundlagen der Strafzumessung, in: JA 2018, S. 542–545.

Heinemann, Isabel (2003): Rasse, Siedlung, deutsches Blut: Das Rasse- und Siedlungshauptamt der SS und die rassenpolitische Neuordnung Europas, Moderne Zeit. Neue Forschungen zur Gesellschafts- und Kulturgeschichte des 19. und 20. Jahrhunderts Band 2, Wallstein Verlag.

Heinen, Stefanie (2007): Kampf um Aufmerksamkeit. Die deutschsprachige Literaturkritik zu Joanne K. Rowlings „Harry Potter"-Reihe und Martin Walsers „Tod eines Kritikers", Literatur – Kultur – Medien, Band 8, LIT Verlag.

Heinze, Arne-Patrik/Heinze, Henning (2017): Religionsfreiheit und Erziehungsauftrag des Staates im Schulrecht, in: JA 2017, S. 210–225.

Hepp, Gerd F. (2011): Bildungspolitik in Deutschland: Eine Einführung, VS Verlag für Sozialwissenschaften.

Herbst, Tobias (2006): Die auflösungsgerichtete Vertrauensfrage, in: Der Staat 45, S. 45–82.

Hering Torres, Max-Sebastián (2006): Rassismus in der Vormoderne: Die „Reinheit des Blutes" im Spanien der Frühen Neuzeit, Campus Verlag.

*Hermanutz, Max/Litzcke, Sven Max/Kroll, Ottmar (*2018): Strukturierte Vernehmung und Glaubhaftigkeit: Leitfaden, 4. Auflage, Boorberg Verlag.

Hessel, Stefan/Klose, Carsten (2014): Blut und Boden – Die NS-Agrarideologie und die extreme Rechte heute, Forum Recht 01/14, S. 20–21.

Heuer, Hans-Joachim (1995): Geheime Staatspolizei: Über das Töten und die Tendenzen der Entzivilisierung, Walter de Gruyter.

Heywood, Andrew (2021): Essentials of UK Politics, 5. Auflage, Red Globe Press.

Higginbotham, A. Leon Jr. (1978): In the Matter of Color: Race and the American Legal Process: The Colonial Period, Oxford University Press.

Hilgendorf, Eric (2008): Recht durch Unrecht? Interkulturelle Perspektiven, in: JuS 9/2008, S. 761–767.

Hilgers, Anja (2009): Geschichte, Struktur und Funktion der Hitlerjugend, in: Helsper, Werner/Hillbrandt, Christian/Schwarz, Thomas (Hrsg.): Schule und Bildung im Wandel: Anthologie historischer und aktueller Perspektiven, VS Verlag für Sozialwissenschaften, S. 53–72.

Hillebrand, Johannes (2009): Organisation und Ausgestaltung der Gefangenenarbeit in Deutschland, Schriften zum Strafvollzug, Jugendstrafrecht und zur Kriminologie Band 34, 2. Auflage, Forum Verlag Godesberg.

Hillenbrand, Klaus (2013): Berufswunsch Henker: Warum Männer im Nationalsozialismus Scharfrichter werden wollten, Campus Verlag.

Himmelsbach, Silvia (2012): Harry Potters literarischer Zauber: Eine Analyse zum Erfolg der Buchserie, Reihe Literaturwissenschaft Band 26, Tectum Wissenschaftsverlag.

Hinz, Werner (2000): Strafmündigkeit ab vollendetem 12. Lebensjahr? Ein rechtspolitisches Reizthema, in: Zeitschrift für Rechtspolitik (ZRP) 2000, S. 107–114.

Hitler, Adolf (1943): Mein Kampf – Zwei Bände in einem Band – Ungekürzte Ausgabe, Zentralverlag der NSDAP, Verlag Frz. Eher Nachf. G. m.b. H.

Hobbs, Priscilla (2022): Harry Potter and the Myth of Millennials: Identity, Reception, and Politics, Lexington Books.

Höffling, Christian (2002): Korruption als soziale Beziehung, Springer Fachmedien Wiesbaden (ursprünglich: Leske + Budrich).

Hömig, Dieter/Wolff, Heinrich Amadeus (2022): Grundgesetz für die Bundesrepublik Deutschland – Kommentar, 13. Auflage, Nomos.

Hörath, Julia (2014): „Arbeitsscheue Volksgenossen“. Leistungsbereitschaft als Kriterium der Inklusion und Exklusion, in: Buggeln, Marc/Wildt, Michael (Hrsg.): Arbeit im Nationalsozialismus, Oldenbourg Wissenschaftsverlag, S. 309–328.

Hörath, Julia (2017): »Asoziale« und »Berufsverbrecher« in den Konzentrationslagern 1933 bis 1938, Kritische Studien zur Geschichtswissenschaft Band 222, Vandenhoeck & Ruprecht.

Hördler, Stefan (2014): Rationalisierung des KZ-Systems 1943–1945: Arbeitsfähigkeit und Arbeitsunfähigkeit als ordnende Selektionskriterien, in: Buggeln, Marc/Wildt, Michael (Hrsg.): Arbeit im Nationalsozialismus, Oldenbourg Wissenschaftsverlag, S. 349–370.

Hörnle, Tanja (2008): Das Verbot des Geschwisterinzests – Verfassungsgerichtliche Bestätigung und verfassungsrechtliche Kritik, in: NJW 2008, S. 2085–2088.

Hötzel, Yvonne (2010): Debatten um die Todesstrafe in der Bundesrepublik Deutschland von 1949 bis 1990, Juristische Zeitgeschichte, Abteilung 3: Beiträge zur modernen deutschen Strafgesetzgebung Band 41, Walter de Gruyter.

Hoffmann, Paul (1991): Der unerreichbare Zeuge im Strafverfahren – Die Unerreichbarkeit des Zeugen gem. § 244 Abs. 3 Satz 2 der Strafprozessordnung. Geschichtliche Untersuchung und aktuelle Problemstellung einschließlich V-Mann-Problematik, Schriften zum Strafrecht Heft 88, Duncker & Humblot.

Hoffmeister, Frank (2008): Grundlagen und Vorgaben für den Schutz der Minderheiten im EU-Primärrecht, in: Zeitschrift für ausländisches öffentliches Recht und Völkerrecht (ZaöRV) 68 (2008), S. 175–193.

Hofmann, Rainer (2005): Menschenrechte und der Schutz nationaler Minderheiten, in: Zeitschrift für ausländisches öffentliches Recht und Völkerrecht (ZaöRV) 65 (2005), S. 587–613.

Hofmann, Sarah (2017): ‚Can someone just explain what tat skull thing was?': The Workings of Capital in the Wizarding World, in: Gymnich, Marion/Birk, Hanne/Burkhard, Denise (Hrsg.): „Harry – yer a wizard"– Exploring J. K. Rowling's Harry Potter Universe, Tectum Verlag, S. 145–154.

Hofmeister, Björn (2012): Deutschvölkischer Schutz- und Trutzbund, in: Benz, Wolfgang (Hrsg.): Handbuch des Antisemitismus – Judenfeindschaft in Geschichte und Gegenwart, Band 5: Organisationen, Institutionen, Bewegungen, Walter de Gruyter, S. 210–213.

Hohendorf, Gerrit (2011): Die nationalsozialistischen Krankenmorde zwischen Tabu und Argument – Was lässt sich aus der Geschichte der NS-Euthanasie für die gegenwärtige Debatte um die Sterbehilfe lernen?, in: Westermann, Stefanie/Kühl, Richard/Ohnhäuser, Tim (Hrsg.): NS-„Euthanasie" und Erinnerung: Vergangenheitsaufarbeitung – Gedenkformen – Betroffenenperspektiven, Medizin und Nationalsozialismus Band 3, LIT Verlag, S. 211–230.

Holste, Heiko (2009): Die Zerstörung des Rechtsstaates durch den Nationalsozialismus, in: JA 2009, S. 359–366.

Honda, Minoru (2008): Rechtslogik der Rückwirkung nachträglich verschärfter Strafgesetze, in: Schneider, Hendrik/Kahlo, Michael/Klesczewski, Diethelm/Schumann, Heribert (Hrsg.): Festschrift für Manfred Seebode zum 70. Geburtstag am 15. September 2008, Walter de Gruyter, S. 15–36.

Honsell, Heinrich (2015): Römisches Recht, 8. Auflage, Springer Verlag.

Hopkins, Lisa (2009): Harry Potter and Narratives of Destiny, in: Anatol, Giselle Liza (Hrsg.): Reading Harry Potter Again: New Critical Essays, Praeger (ABC-CLIO), S. 63–76.

Horne, Jackie C. (2022): Harry and the Other: Multicultural and Social Justice Anti-Racism in J. K. Rowling's Harry Potter Series, in: Dahlen, Sarah Park/Thomas, Ebony Elizabeth (Hrsg): Harry Potter and the Other: Race, Justice, and Difference in the Wizarding World, University Press of Mississippi, S. 17–50.

Hosser, Daniela (2008): Prisonisierungseffekte, in: Volbert, Renate/Steller, Max (Hrsg): Handbuch der Rechtspsychologie, Hogrefe Verlag, S. 172–179.

Howard, Susan (2009): „Slaves No More“: The Harry Potter Series as Postcolonial Slave Narrative, in: Patterson, Diana (Hrsg.): Harry Potter’s World Wide Influence, Cambridge Scholars Publishing, S. 35–48.

Hrdlicka, Manuela R. (1992): Alltag im KZ: Das Lager Sachsenhausen bei Berlin, Leske + Budrich.

Huber, Michael (2008): Grundwissen – Strafprozessrecht: Der Anklagegrundsatz, in: JuS 2008, S. 779–780.

Huber, Michael (2012): Grundwissen – Strafprozessrecht: Die Tat im prozessualen Sinn, in: JuS 2012, S. 208–210.

Huber, Michael (2013): Grundwissen – Strafprozessecht: Durchsuchung, in: JuS 2013, S. 408–410.

Huber, Michael (2014): Grundwissen – Strafprozessrecht: Sicherstellung und Beschlagnahme, in: JuS 2014, S. 215–217.

Huber, Michael (2015): Grundwissen – Strafprozessrecht: In dubio pro reo, in: JuS 2015, S. 596–598.

Huber, Michael (2017): Grundwissen – Strafprozessrecht: Ablehnung von Beweisanträgen, in: JuS 2017, S. 634–637.

Hürter, Johannes (2011): Das Auswärtige Amt, die NS-Diktatur und der Holocaust – Kritische Bemerkungen zu einem Kommissionsbericht, in: Vierteljahreshefte für Zeitgeschichte (VfZ) 59 (2011), Heft 2, S. 167–192.

Hughes, Brendan G. A. (2016): The HIV Metaphor: J. K. Rowling’s Werewolf and It’s Transformation Potential, in: Bell, Christopher E. (Hrsg.): Wizards vs. Muggles: Essays on Identity and the Harry Potter Universe, S. 49–71.

Hungerford-Welch, Peter (2019): Criminal Procedure and Sentencing, 9. Auflage, Routledge.

Hunt, Sally (2015): Representations of Gender and Agency in the Harry Potter Series, in: Baker, Paul/McEnery, Tony (Hrsg.): Corpora and Discourse Studies: Integrating Discourse and Corpora, Palgrave Macmillan, S. 266–284.

Hunziker, Alyssa (2013): The Embodiment of Collective Exclusion: Transcending the Borders of Social Segregation in Harry Potter, in: A Journal of Social Theory, Jahrgang 22 (4/2013), Artikel 9, S. 54–60.

Husa, Jaakko (2022): Interdisciplinary Comparative Law: Rubbing Shoulders with the Neighbours or Standing Alone in a Crowd, Edward Elgar Publishing.

Huxley-Binns, Rebecca/Martin, Jacqueline/Frost, Tom (2017): Unlocking the English Legal System, 5. Auflage, Routledge.

Ibler, Martin (1999): Rechtspflegender Rechtsschutz im Verwaltungsrecht: Zur Kontrolldichte bei wertenden Behördenentscheidungen – vom Preußischen Oberverwaltungsgericht bis zum modernen Gerichtsschutz im Prüfungsrecht, JuS Publicum Band 43, Mohr Siebeck.

Indick, William (2012): Ancient Symbology in Fantasy Literature: A Psychological Study, McFarland&Company.

Isensee, Josef/Kirchhof, Paul (2007), Handbuch des Staatsrechts der Bundesrepublik Deutschland (HStR), Band V– Rechtsquellen, Organisation, Finanzen, 3. Auflage, C.F. Müller Verlag.

Jackson, Rosemary (2009): Fantasy – The Literature of Subversion, Nachdruck der ursprünglichen Ausgabe von 1981, Routledge.

Jacobson, Jessica/Hunter, Gillian/Kirby, Amy (2016): Inside Crown Court: Personal Experiences and Questions of Legitimacy, Policy Press.

Jäckel, Eberhard (1984): Hitler in History, Brandeis University Press.

James, Daniel (1931): Law and Literature, by Benjamin N. Cardozo, in: Indiana Law Journal: Jahrgang 6, Ausgabe 9, Artikel 14, S. 579–580.

James, Edward/Mendlesohn, Farah (2012): The Cambridge Companion to Fantasy Literature, Cambridge University Press.

Jansen, Gabriele (2022): Zeuge und Aussagepsychologie, Praxis der Strafverteidigung, Band 29, 3. Auflage, C.F. Müller Verlag.

Jansing, Jan-David (2004): Nachträgliche Sicherungsverwahrung: Entwicklungslinien in der Dogmatik der Sicherungsverwahrung, Kriminalwissenschaftliche Schriften Band 4, LIT Verlag.

Janzyk, Stephan (2013): Sozialisation in der Hitlerjugend: Eine systematische Genese des deutschen Offizierkorps?, Diplomica Verlag.

Jarass, Hans D. (2021): Charta der Grundrechte der EU (GRCh) – Kommentar, 4. Auflage, C.H. Beck.

Jarass, Hans/Pieroth, Bodo (2022): Grundgesetz für die Bundesrepublik Deutschland – Kommentar, 17. Auflage, Verlag C.H. Beck.

Jasch, Hans-Christian (2017): Die Rassengesetzgebung im „Dritten Reich“, in: Brechtken, Magnus/Jasch, Hans-Christian/Kreutzmüller, Christoph/Weise, Niels (Hrsg.): Die Nürnberger Gesetze – 80 Jahre danach: Vorgeschichte, Entstehung, Auswirkungen, Wallstein Verlag, S. 165–204.

Jauernig, Othmar (2021): Bürgerliches Gesetzbuch – Kommentar mit Rom-I-VO, Rom-II-VO, Rom-III-VO, EG-UnthVO/HUntProt und EuErbVO, herausgegeben von Rolf Stürner, 18. Auflage, Verlag C.H. Beck.

Jean-Claude, Alexandre Ho (2008): Law and Literature. Eine linke Antwort auf Law and Economics, Forum Recht 03/2008, S. 86–87.

Jikeli, Günther (2018): Muslimischer Antisemitismus in Europa – Aktuelle Ergebnisse der empirischen Forschung, in: Grimm, Marc/Kahmann, Bodo (Hrsg.): Antisemitismus im 21. Jahrhundert: Virulenz einer alten Feindschaft in Zeiten von Islamismus und Terror, Europäisch-jüdische Studien Beiträge Band 36, De Gruyter Oldenbourg, S. 113–134.

Jikeli, Günther (2019): Antisemitismus unter Muslimen in Deutschland und Europa, in: Glöckner, Ralf/Jikeli, Günther (Hrsg.): Das neue Unbehagen – Antisemitismus in Deutschland heute, Georg Olms Verlag, S. 49–72.

Jockheck, Lars (1999): Der „Völkische Beobachter" über Polen 1932–1934: Eine Fallstudie zum Übergang von „Kampfblatt" zur „Regierungszeitung", Osteuropa: Geschichte, Wirtschaft, Politik Band 22, LIT Verlag.

Jörs, Paul/Kunkel, Wolfgang/Wenger, Leopold (1987): Römisches Recht, 4. Auflage, Springer-Verlag.

Johansen, Bruce E. (2006): The Native Peoples of North America: A History, Rutgers University Press.

Johanson, Paula (2017): Women Writers, Enslow Publishing.

Jones Francis, Whitney E. (2013): To Grow Up Blake in a Potter World: Teaching Songs of Innocence and Experience, in: Frankel, Valerie Estelle (Hrsg.): Teaching With Harry Potter: Essays on Classroom Wizards from Elementary School to College, McFarland & Company, S. 168–178.

Jones, William B. (1988), Law and Literature: A Misunderstood Relation, in: University of Arkansas at Little Rock Law Review (U. Ark. Little Rock L. Rev.), Jahrgang 11, Ausgabe 4, Artikel 9, S. 783–789.

Joseph, Paul R./Wolf, Lynn E. (2003): The Law in Harry Potter: A System Not Even a Muggle Could Love, in: The University of Toledo Law Review (U. Tol. L. Rev.), Ausgabe 34, Nr. 2, S. 193–202.

Jugl, Benedikt (2017): Fair trial als Grundlage der Beweiserhebung und Beweisverwertung im Strafverfahren – Ein Beitrag zu der Lehre von den Beweisverboten am Beispiel des Auskunftsverweigerungsrechts nach § 55 StPO, Schriftenreihe Deutsche Strafverteidiger e. V. Band 45, Nomos.

Jung, Sabine (1992): Die Rechtsprobleme der Nürnberger Prozesse: Dargestellt am Verfahren gegen Friedrich Flick, Beiträge zur Rechtsgeschichte des 20. Jahrhunderts Band 8, Mohr Siebeck.

Jureit, Ulrike (1995): Erziehen – Strafen – Vernichten – Jugendkriminalität und Jugendstrafrecht im Nationalsozialismus, Waxmann.

Kämmerer, Jörn Axel (2022): Staatsorganisationsrecht, 4. Auflage, Verlag Franz Vahlen.

Kafka, Franz (1998): Der Process, Reclams Universal Bibliothek, Reclam.

Kagantec, Henry J. (1957): Lie-Detector Tests and ‚Freedom of the Will' in Germany, in: The Journal of Criminal Law, Criminology, and Police Science (J. Crim. L. & Criminol.), Jahrgang 47, Ausgabe 5, Artikel 6, S. 570–574.

Kahlenberg, Bettina (2015): Produktversprechen: Totaler Krieg – Kommunikationstechniken und -mechanismen der NS-Propaganda, Diplomica Verlag.

Kaiser, Gerhard (2008): Grenzverwirrungen – Literaturwissenschaft im Nationalsozialismus, Akademie Verlag.

Kakel, Carroll P. (2013): The Holocaust as Colonial Genocide: Hitler's ‚Indian Wars' in the ‚Wild East', Palgrave Macmillan.

Kaltenborn, Markus (1999): Adam von Trott zu Solz – ein Völkerrechtler im Widerstand, in: NJW 1999, S. 2328–2330.

Kargl, Walter/Kirsch, Stefan (2000): Zur Zulässigkeit eines untauglichen Beweismittels im Strafverfahren – BGHSt 44, 308, in: JuS 2000, S. 537–542.

Karpenstein, Ulrich/Mayer, Franz (2022): EMRK – Kommentar, 3. Auflage, C.H. Beck.

Kaser, Max/Knütel, Rolf/Lohsse, Sebastian (2021): Römisches Privatrecht, 22. Auflage, Verlag C.H. Beck.

Kasiske, Peter (2014): Die Selbstbelastungsfreiheit im Strafprozess, in: JuS 2014, S. 15–20.

Kaspar, Johannes (2019): Strafrecht – Allgemeiner Teil: Eine Einführung, 3. Auflage, Nomos.

Kasseckert, Christian (2009): Straftheorien im Dritten Reich – Entwicklung des Strafgedankens im Dritten Reich, Das Strafrecht vor neuen Herausforderungen Band 21, Logos Verlag.

Kastner, Klaus (1991): Der Kindsmord: historische, rechtliche und literarische Aspekte, in: NJW 1991, S. 1443–1455.

Kastner, Klaus (2003): Literatur und Recht – eine unendliche Geschichte, in: NJW 2003, S. 609–615.

Katz, Alfred/Sander, Gerald G. (2019): Staatsrecht: Grundkurs im öffentlichen Recht, 19. Auflage, C.F. Müller.

Keating, Patrick (2021): Harry Potter and the Prisoner of Azkaban, University of Texas Press.

Keck, Ludwig-Wilhelm/Schröder, Michael/Tappert, Wilhelm (1993): Das Strafrechtliche Rehabilitierungsgesetz im Überblick, in: Deutsch-Deutsche Rechts-Zeitschrift (DtZ) 1993, S. 2–10.

Kellmann, Klaus (2019): Dimensionen der Mittäterschaft – Die europäische Kollaboration mit dem Dritten Reich, Böhlau Verlag.

Kelman, Mark (1987): A Guide to Critical Legal Studies, Harvard University Press.

Kerewsky, Shoshana D./Geiken, Lissa Joy (2007): „Have You Got What It Takes to Train Security Trolls?": Career Counseling for Wizards, in: Mulholland, Neil (Hrsg.): The Psychology of Harry Potter: An Unauthorized Examination Of The Boy Who Lived, BenBella Books, S. 45–58.

Kern, Edmund (2003): The Wisdom of Harry Potter: What Our Favorite Hero Teaches Us About Moral Choices, Prometheus Books.

Kimmel, Günther (1979): Das Konzentrationslager Dachau – Eine Studie zu den nationalsozialistischen Gewaltverbrechen, in: Broszat, Martin/Fröhlich, Elke (Hrsg.): Bayern in der NS-Zeit II, Herrschaft und Gesellschaft im Konflikt: Teil A, R. Oldenbourg Verlag, S. 349–413.

Kindhäuser, Urs (2011): Voraussetzungen strafbarer Korruption in Staat, Wirtschaft und Gesellschaft, in: Zeitschrift für Internationale Strafrechtsdogmatik (ZIS) 2011, S. 461–469.

Kindhäuser, Urs/Neumann, Ulfrid/Paeffgen, Hans-Ullrich (2017): Strafgesetzbuch – Kommentar, 5. Auflage, Nomos.

Kinzig, Jörg/Schnierle, Rebecca (2014): Der neue Warnschussarrest im Jugendstrafrecht auf dem Prüfstand, in: JuS 2014, S. 210–215.

Kircher, Johannes (2015): Sozialdarwinismus im wilhelminischen Kaiserreich: Umgang mit Determinismen und den Ideen der Weltreichslehre in den Reichstagsdebatten, Diplomica Verlag.

Kirk, Connie Ann (2003): J. K. Rowling – A Biography, Greenwood Press.

Kischel, Uwe (2020): Rasse, Rassismus und Grundgesetz, in: Archiv des öffentlichen Rechts (AöR) 145 (02/2020), S. 227–263.

Kissel, Otto Rudolf/Mayer, Herbert (2021): Gerichtsverfassungsgesetz – Kommentar, 10. Auflage, Verlag C. H. Beck.

Kissener, Michael (2010): Die Aktion „Gewitter“, in: Becker, Manuel/Studt, Christoph (Hrsg.): Der Umgang des Dritten Reiches mit den Feinden des Regimes: XXII Königswinter Tagung (Februar 2009), LIT Verlag S. 185–197.

KK-OWiG (2018): Karlsruher Kommentar zum Ordnungswidrigkeitengesetz, hrsg. v. Wolfgang Mitsch, 5. Auflage, Verlag C. H. Beck.

KK-StPO (2019): Karlsruher Kommentar zur Strafprozessordnung, hrsg. v. Rolf Hannich, 8. Auflage, Verlag C. H. Beck.

Kleinberger, Daniel (2007): Agents of Good, Servants of Evil: Harry Potter and the Law of Agency, William Mitchell Legal Studies Research Paper No. 67, William Mitchell College of Law.

Kleindiek, Detlef (1993): Max Hachenburg – jüdischer Rechtsanwalt und Publizist, in: NJW 1993, S. 1295–1301.

Kleist, Heinrich von (2021): Die Marquise von O…, Alfa-Veda-Verlag.

Klemp, Stefan (1998): Freispruch für das „Mord-Bataillon“: Die NS-Ordnungspolizei und die Nachkriegsjustiz, Studien zum Nationalsozialismus Band 5, LIT Verlag.

Klemke, Olaf/Elbs, Hansjörg (2019): Einführung in die Praxis der Strafverteidigung, 4. Auflage, C. F. Müller.

Klesczewski, Diethelm (2016): Ordnungswidrigkeitenrecht, 2. Auflage, Vahlen.

Klimke, Romy (2016): Recht & Literatur – Ein Plädoyer für mehr *Schöne* Literatur im Jurastudium, in: JURA 2016, S. 1125–1132.

Klingbiel, Christine (2016): Ministry of Misinformation: Harry Potter and Propaganda, in: Bell, Christopher E. (Hrsg.): From Here to Hogwarts, S. 123–139.

Klöhn, Lars (2016): Minderheitenschutz im Personengesellschaftsrecht, in: Archiv für die civilistische Praxis (AcP) 216 (2016), S. 281–319.

Klöcker, Michael (2013): Die Schule im NS-Staat, in: Recht der Jugend und des Bildungswesens (RdjB) 4/2013, S. 376–395.

Kniesler, Sarah Margaret (2012): Alohomora! Unlocking Hermione's Feminism, in: Bell, Christopher E. (Hrsg): Hermione Granger Saves the World: Essays on the Feminist Heroine of Hogwarts, McFarland & Company, S. 66–86.

Knutsen, Torbjørn L. (2006): Dumbledore's Pedagogy: Knowledge and Virtue at Hogwarts, in: Nexon, Daniel H./Neumann, Iver B. (Hrsg.): Harry Potter and International Relations, Rowman & Littlefield Publishers, S. 197–212.

Koch, Arnd (2021): 150 Jahre Reichsstrafgesetzbuch von 1871/1872: Kontinuitäten und Diskontinuitäten zum StGB, in: JuS 2021, S. 1121–1124.

Koch, Burkhard (1985): Rechtsbegriff und Widerstandsrecht – Notwehr gegen rechtswidrige Ausübung von Staatsgewalt im Rechtsstaat und unter dem Nationalsozialismus, Schriften zum Öffentlichen Recht Band 478, Duncker & Humblot.

Koch, Christine (2003): Das Bibliothekswesen im Nationalsozialismus – Eine Forschungsstandanalyse, Tectum Verlag.

Kocher, Ursula/Baumbach, Sibylle/Ferrari, Michele C. (2013): Frühe Neuzeit, in: Brittnacher, Hans Richard/May, Markus (2013): Phantastik: Ein interdisziplinäres Handbuch, Springer-Verlag (ursprünglich: J.B. Metzler), S. 19–33.

Köck, Julian (2015): Die Geschichte hat immer Recht: Die Völkische Bewegung im Spiegel ihrer Geschichtsbilder, Campus Verlag.

Köhler, Michael (1979) Inquisitionsprinzip und autonome Beweisvorführung (§ 245 StPO), R. v. Decker´s Verlag G. Schenk.

Köhne, Michael (2010): Drogenkonsum im Strafvollzug, in: Zeitschrift für Rechtspolitik (ZRP) 7/2010, S. 220–223.

Kölbel, Ralf/Morlok, Martin (2000): Geständniszwang in parlamentarischen Untersuchungen? Grenzen des Aussageverweigerungsrechts in parlamentarischen Untersuchungsausschüssen, in: Zeitschrift für Rechtspolitik (ZRP) 6/2000, S. 217–222.

König, Stefan (1987): Vom Dienst am Recht: Rechtsanwälte als Strafverteidiger im Nationalsozialismus, Walter de Gruyter.

Kohlová, Petra (2017): Social Issues in the Harry Potter Books, Bachelor Thesis – Fakultät für Geisteswissenschaften und Philosophie, Universität Pardubice.

Kokroski, Karin (2012): „It's magical!": Supernatural Elements in Children's Literature, in: Schmeink, Lars/Böger, Astrid (Hrsg.): Collisions of Realities: Establishing Reasearch on the Fantastic in Europe, Walter de Gruyter, S. 205–218.

Kolbuch, Sandy Andrea (2010): Mythische Elemente in der modernen fantastischen Literatur: Erläutert am Beispiel von Joanne K. Rowling's Harry Potter, Akademische Verlagsgemeinschaft München.

Kollmeier, Kathrin (2007): Ordnung und Ausgrenzung: Die Disziplinarpolitik der Hitler-Jugend, Kritische Studien zur Geschichtswissenschaft Band 180, Vandenhoeck & Ruprecht.

Korioth, Stefan/Müller, Michael W. (2022): Staatsrecht I: Staatsorganisationsrecht unter Berücksichtigung europäischer und internationaler Bezüge, 6. Auflage, Verlag W. Kohlhammer.

Krack, Ralf (2002): Der Normzweck des § 136a StPO, in: Neue Zeitschrift für Strafrecht (NStZ) 2002, S. 120–124.

Kraft, Anna/Girkens, Frank (2021): Die Neuregelung des Rechts der notwendigen Verteidigung – Auswirkungen auf die Beschuldigtenvernehmung und erstes Resümee, in: Neue Zeitschrift für Strafrecht (NStZ) 2021, S. 454–461.

Kramer, Bernhard (2021): Grundbegriffe des Strafverfahrensrechts: Ermittlung und Verfahren, 9. Auflage, Verlag W. Kohlhammer.

Kramer, Ingo (2019): Justiz in Bremen – vom Nationalsozialismus in die Nachkriegszeit, in: Zeitschrift für Öffentliches Recht in Norddeutschland (NordÖR) 5/2019, S. 209–218.

Krausbeck, Matthias (2010): Konfrontative Zeugenbefragung: Vorgaben des Art. 6 Abs. 3 lit. d EMRK für das deutsche Strafverfahren, Freiburger Rechtswissenschaftliche Abhandlungen Band 7, Mohr Siebeck.

Kremer, Mika (2018): Strafprozessuale Angehörigenprivilegien im Rechtsvergleich: Eine Untersuchung zu den Grundlagen des europäischen Beweisrechts, Veröffentlichungen zum Verfahrensrecht Band 152, Mohr Siebeck.

Kremerskothen, Heike (2001): Arbeitsweisungen und Arbeitsauflagen im Jugendstrafrecht – Differenzierungsansätze in der Theorie und der Praxis im Rhein-Neckar-Kreis, Centaurus Verlag.

Krenberger, Benjamin/Krumm, Carsten (2020): Ordnungswidrigkeitengesetz, 6. Auflage, Verlag C. H. Beck.

Kreuzer, Arthur (2006): Nachträgliche Sicherungsverwahrung – rote Karte für gefährliche Gefangene oder für den rechtsstaatlichen Vertrauensschutz?, in: Zeitschrift für Internationale Strafrechtsdogmatik (ZIS) 4/2006, S. 145–151.

Kreuzer, Arthur (2012): „Warnschussarrest": Ein kriminalpolitischer Irrweg, in: Zeitschrift für Rechtspolitik (ZRP) 4/2012, S. 101–102.

Krey, Volker (1983): Keine Strafe ohne Gesetz: Einführung in die Dogmageschichte des Satzes „nullum crimen, nulla poena sine lege", Walter de Gruyter.

Krey, Volker/Heinrich, Manfred (2018): Deutsches Strafverfahrensrecht, 2. Auflage, W. Kohlhammer

Krieger, Wolfgang (2021): Die deutschen Geheimdienste: Vom Wiener Kongress bis zum Cyber War, Verlag C.H. Beck.

Kronzek, Allan Zola/Kronzek, Elizabeth (2010): The Sorcerer's Companion: A Guide to the Magical World of Harry Potter, 3. Auflage, Broadway Books.

Krüger, Elmar (2013): Die Eröffnung des Verwaltungsrechtswegs, in: JuS 2013, S. 598–602.

Krumm, Thomas (2013): Das politische System der Schweiz: Ein internationaler Vergleich, Oldenbourg Wissenschaftsverlag.

Krumm, Thomas (2015): Föderale Staaten im Vergleich – Eine Einführung, Springer VS.

Kucirkova, Natalia/Cremin, Teresa (2020): Children Reading for Pleasure in the Digital Age: Mapping Reader Engagement, SAGE Publications.

Kübler, Friedrich (2008): Medien, Menschenrechte und Demokratie: Das Recht der Massenkommunikation, C.F. Müller.

Kudlich, Hans/Koch, Jennifer (2018): Das Ringen um die richtige Strafzumessung, in: NJW 2018, S. 2762–2766.

Kudlich, Hans/Nicolai, Florian (2020): Immer wieder Neuigkeiten im Strafprozessrecht –Das Gesetz zur Modernisierung des Strafverfahrens, in: JA 2020, S. 881–888.

Kudlich, Hans/Oberhof, Sven (2006): Das Abschlussplädoyer des Strafverteidigers, in: JA 2006, S. 463–469.

Kullmann, Carsten (2017): Of Muggles and Men: Identifying Racism in the Harry Potter Series, in: Gymnich, Marion/Birk, Hanne/Burkhard, Denise (Hrsg.): „Harry – yer a wizard"– Exploring J.K. Rowling's Harry Potter Universe, Tectum Verlag, S. 133–144.

Kunig, Philip (1995): Die Pressefreiheit, in: JURA 1995, S. 589–595.

Kunkel, Peter-Christian/Kepert, Jan/Pattar, Andreas Kurt (2022): Sozialgesetzbuch VIII – Lehr- und Praxiskommentar, 8. Auflage, Nomos.

Kunz, Andreas (2007): Wehrmacht und Niederlage: Die bewaffnete Macht in der Endphase der nationalsozialistischen Herrschaft 1944 bis 1945, Beiträge zur Militärgeschichte Band 64, 2. Auflage, Oldenbourg Wissenschaftsverlag.

Kuschel, Franziska (2016): Schwarzhörer, Schwarzseher und heimliche Leser: Die DDR und die Westmedien, Medien und Gesellschaftswandel im 20. Jahrhundert Band 6, Wallstein Verlag.

Kutscha, Martin (1998): Grundrechte als Minderheitenschutz, in: JuS 1998, S. 673–679.

Kutscha, Martin (2004): Das Grundrecht auf Leben unter Gesetzesvorbehalt – Ein verdrängtes Problem, in: Neue Zeitschrift für Verwaltungsrecht (NVwZ) 2004, S. 801–804.

Kutting, Isabelle M./Amin, Naziar (2020): Mit „Rasse“ gegen Rassismus? – Zur Notwendigkeit einer Verfassungsänderung, in: Die Öffentliche Verwaltung (DÖV) 2020, S. 612–616.

Lackner, Martin/Kühl, Kristian/Heger, Martin (2023): Strafgesetzbuch – Kommentar, 30. Auflage, C. H. Beck.

Ladiges, Manuel (2011): Erlaubte Tötungen, in: JuS 2011, S. 879–884.

Lamb, Hannah (2015): The Wizard, the Muggle, and the Other: (Post)Colonialism in Harry Potter, in: Farr, Cecilia Konchar (Hrsg.): A Wizard of Their Age, State University of New York Press, S. 57–72.

Laubenthal, Klaus/Baier, Helmut/Nestler, Nina (2015): Jugendstrafrecht, 3. Auflage, Springer Verlag.

Lauf, Edmund (1994): Der Volksgerichtshof und sein Beobachter: Bedingungen und Funktionen der Gerichtsberichtserstattung im Nationalsozialismus, Studien zur Sozialwissenschaft Band 148, Springer VS.

Laufer, Heinz/Münch, Ursula (1998): Das föderative System der Bundesrepublik Deutschland, VS Verlag für Sozialwissenschaften.

Laufs, Adolf (2006): Rechtsentwicklungen in Deutschland, 6. Auflage, Walter de Gruyter.

Lehmann, Jens (2004): Die notwendige Verteidigung (§ 140 StPO), in: JuS 2004, S. 492–494.

Lehnig, Kirsten (2002): Der verfassungsrechtliche Schutz der Würde des Menschen in Deutschland und in den USA – Ein Rechtsvergleich, Schriftenreihe zum Staats- und Verwaltungsrecht Band 3, LIT Verlag.

Leipold, Klaus (2006): Bedeutung des Zwischenverfahrens, in: NJW-Spezial 2006, S. 231–232.

Leipold, Klaus/Tsambikakis, Michael/Zöller, Mark Alexander (2020), AnwaltKommentar StGB, 3. Auflage, C. F. Müller.

Leogrande, Cathy (2015): Ancient Myths, Modern Movie: Harry Potter in Our Minds and on the Screen, in: Kapell, Matthew Wilhelm/Pilkington, Ace G. (Hrsg.): The Fantastic Made Visible: Essays on the Adaptation of Science Fiction and Fantasy from Page to Screen, McFarland & Company, S. 192–206.

Letzgus, Klaus (2020): Wiederaufnahme zuungunsten des Angeklagten bei neuen Tatsachen und Beweismitteln, in: Neue Zeitschrift für Strafrecht (NStZ) 2020, S. 717–720.

Levack, Brian P. (2020): Hexenjagd: Die Geschichte der Hexenverfolgung in Europa, 6. Auflage, Verlag C. H. Beck.

Lewis, C. S. (2000): The Complete Chronicles of Narnia, HarperCollins Children's Books.

Liebhart, Christian (2017): Das Beschleunigungsgebot in Strafsachen – Grundlagen und Auswirkungen, in: Neue Zeitschrift für Strafrecht (NStZ) 2017, S. 254–262.

Liebscher, Doris (2021): Rasse im Recht – Recht gegen Rassismus: genealogie einer ambivalenten rechtlichen Kategorie, Suhrkamp Verlag.

Liebscher, Doris/Pietrzyk, Kristin/Lagodinsky, Sergey/Steinitz, Benjamin (2020): Antisemitismus im Spiegel des Rechts, in: Neue Juristische Online-Zeitschrift (NJOZ) 2020, S. 897–902.

Liemer, Susan P. (2010): Bots and Gemots: Anglo-Saxon Legal References in Harry Potter, in: Thomas, Jeffrey E./Snyder, Franklin G. (Hrsg.): The Law & Harry Potter, Carolina Academic Press, S. 19–32.

Lifton, Robert Jay (1988): Ärzte im Dritten Reich, Klett-Cotta.

Ligugnana, Giovanna (2016): An Invented Executive: The Ministry of Magic in Harry Potter, in: Carpi, Daniela/Leiboff, Marett (Hrsg.): Fables and the Law: Fairy Tales in a Legal Context, Walter de Gruyter, S. 419–433.

Limbach, Jutta (2010): Das Bundesverfassungsgericht, 2. Auflage, C. H. Beck Wissen.

Limperg, Bettina/Mayen, Thomas/Rüthers, Bernd/Safferling, Christoph/Schröder, Richard (2016): Wenn aus Recht Unrecht wird – Über die Verantwortung der Juristen für die Herrschaft des Rechts, in: NJW 2016, S. 3698–3704.

Lindauer, Tanja (2012): But I thought all witches were wicked: Hexen und Zauberer in der phantastischen Kinder- und Jugendliteratur in England und Deutschland, Tectum Verlag.

Lindemann, Michael (2006): Der Schutz des »Kernbereichs privater Lebensgestaltung« im Strafverfahren, in: Juristische Rundschau (JR) 2006, S. 191–198.

Linzer, Claudia (2009): „Mudbloods" und „Half-Breeds": Rassismus und Identitätszuschreibung in den Harry-Potter-Romanen, Tectum Verlag.

Lipińska, Joanna (2009): The Xenophobic World of Wizards: Why are They Afraid of the „Other"?, in: Patterson, Diana (Hrsg.): Harry Potter's World Wide Influence, Cambridge Scholars Publishing, S. 117–124.

Lisken, Hans/Denninger, Erhard (2021): Handbuch des Polizeirechts – Gefahrenabwehr – Strafverfolgung – Rechtsschutz, 7. Auflage, Verlag C. H. Beck.

Lobstädt, Tobias (2011): Tätowierung, Narzissmus und Theatralität: Selbstwertgewinn durch die Gestaltung des Körpers, VS Verlag für Sozialwissenschaften.

Löhr, Holle Eva (1972): Der Grundsatz der Unmittelbarkeit im deutschen Strafprozessrecht, Strafrechtliche Abhandlungen, Neue Folge Band 8, Duncker & Humblot.

Löwe, Ewald/Rosenberg, Werner (2016): Die Strafprozessordnung und das Gerichtsverfassungsgesetz – Großkommentar, Band 1: Einleitung und §§ 1–47, 27. Auflage, Walter de Gruyter.

Longerich, Peter (2016): Wannseekonferenz: Der Weg zur „Endlösung“, Pantheon Verlag.

Ludyga, Hannes (2021): Rasse als Rechtsbegriff, in: NJW 2021, S. 911–914.

Lüderssen, Klaus (1991): Produktive Spiegelungen: Recht und Kriminalität in der Literatur, Suhrkamp Verlag.

Lüderssen, Klaus (1997): Die Juristen und die schöne Literatur – Stufen der Rezeption, in: NJW 1997, S. 1106–1111.

Lüderssen, Klaus (2007): Produktive Spiegelungen II: Recht in Literatur, Theater und Film, Juristische Zeitgeschichte Abt. 6: Recht in der Kunst – Kunst im Recht, Band 33, Berliner Wissenschafts-Verlag.

Lüderssen, Klaus (2014) Produktive Spiegelungen III: Recht im künstlerischen Kontext, Juristische Zeitgeschichte, Abt. 6, Recht in der Kunst – Kunst im Recht, Band 43, Walter de Gruyter.

Lutz, Berthold (1997): Das konstruktive Mißtrauensvotum und seine Ursprünge in der Weimarer Staatsrechtslehre, in: Der Staat 36, S. 81–94.

Lynen, Peter M. (2013) Kunstrecht 1: Grundlagen des Kunstrechts, Springer VS.

Lyons Patricia M. (2017): Teaching Faith with Harry Potter: A Guidebook for Parents and Educators for Multigenerational Faith Formation, Church Publishing.

Maar, Michael (2002): Warum Nabokov Harry Potter gemocht hätte, Berlin Verlag.

MacBain, Jenny (2003): The Salem Witch Trials: A Primary Source History of the Witchcraft Trials in Salem, Massachusetts, The Rosen Publishing Group.

Macgregor, Joanne (2008): Harry on the Couch: A Psychologist’s Reading of Harry Potter, in: Goetz, Sharon K. (Hrsg.): Phoenix Rising: Collected Papers on Harry Potter, 17–21. May 2007, Narrate Conferences, S. 36–83.

MacNeil, William P. (2002): „Kidlit“ As „Law-and-Lit“: Harry Potter and the Scales of Justice, in: Law and Literature, Ausgabe 14, Nummer 3, S. 545–564.

Mäder, Werner (2000): Sprache und Recht: Minderheitenschutzrecht in Deutschland, in: JuS 2000, S. 1150–1153.

Mager, Ute (2021): Staatsrecht I: Staatsorganisationsrecht unter Berücksichtigung der europarechtlichen Bezüge, 9. Auflage, Kohlhammer.

Magnus, Dorothea (2012): Der Gewaltbegriff der Nötigung (§ 240 StGB) im Lichte der neuesten BVerfG-Rechtsprechung, in: NStZ 2012, S. 538–543.

Majer, Christian F./Pautsch, Arne (2021): Das Grundgesetz und Diskriminierung wegen der „Rasse“ – Anmerkungen zur geplanten Neufassung von Art. 3 Abs. 3 GG, in: Neue Justiz (NJ) 2021, S. 149–152.

Makepeace, Johannes (2023): Der Polygraph als Entlastungsbeweis: Grenzen, Probleme und Lösungen bei der Begutachtung von Aussagen im Strafverfahren, Veröffentlichungen zum Verfahrensrecht 190, Mohr Siebeck.

Malek, Klaus (2017): Verteidigung in der Hauptverhandlung, Praxis der Strafverteidigung, Band 18, 5. Auflage, C.F. Müller.

Malolepszy, Maciej (2014): Abschied von der Suche nach der Wahrheit im deutschen und polnischen Strafverfahren: Eine parallele Tendenz?, in: Zeitschrift für die gesamte Strafrechtswissenschaft (ZStW) 2014, S. 489–508.

Mangoldt, Hermann v./Klein, Friedrich/Starck, Christian (2018): Grundgesetz – Kommentar, Band 2, 7. Auflage, Verlag C.H. Beck.

Manlove, Colin (1999): The Fantasy Literature of England, Palgrave Macmillan.

Mann, Thomas/Sennekamp, Christoph/Uechtritz, Michael (2019): Verwaltungsverfahrensgesetz – Kommentar, 2. Auflage, Nomos.

Manthe, Barbara (2013): Richter in der nationalsozialistischen Kriegsgesellschaft – beruflicher und privater Alltag von Richtern des Oberlandesgerichtsbezirks Köln, 1939–1945, Beiträge zur Rechtsgeschichte des 20. Jahrhunderts Band 75, Mohr Siebeck.

Martz, Markus/Wußler, Sebastian (2021): Rechtliche Voraussetzungen für öffentliche Fahndungen, in: Deutsche Richterzeitung (DRiZ) 2021, S. 72–77.

Marxen, Klaus/Tiemann, Frank (2014): Die Wiederaufnahme in Strafverfahren, 3. Auflage, Praxis der Strafverteidigung Band 17, C.F. Müller.

Marschall, Stefan (2018): Das politische System Deutschlands, 4. Auflage, utb Basics.

Masterman, Roger (2010): The Separation of Powers in the Contemporary Constitution – Judicial Competence and Independence in the United Kingdom, Cambridge University Press.

Matt, Holger/Renzikowski, Joachim (2020): Strafgesetzbuch – Kommentar, 2. Auflage, Verlag Franz Vahlen.

Matthäus, Jürgen (2002): An vorderster Front – Voraussetzungen für die Beteiligung der Ordnungspolizei an der Shoah, in: Paul, Gerhard (Hrsg.): Die Täter der Shoah: Fanatische Nationalsozialisten oder ganz normale Deutsche?, Dachauer Symposien zur Zeitgeschichte Band 2, Wallstein Verlag, S. 137–166.

Mattern, Joanne (2005): J.K. Rowling, Ferguson.

Matussek, Paul (1971): Die Konzentrationslagerhaft und ihre Folgen, Springer Verlag.

Matz, Nele (1991): Die Anerkennung des Lügendetektors in europäischen Rechtsordnungen – eine vergleichende Betrachtung insbesondere der Zulässigkeit als Beweismittel, in: Zeitschrift für ausländisches öffentliches Recht und Völkerrecht (ZaöRV), 59 (1999), S. 1107–1131.

Mauersberg, Barbara/Schickling, Ulla/Scholz, Martin (2001): Ein Interview mit J.K. Rowling, in: Martin, Till/Fraser, Lindsey u.a. (Hrsg.): Viel Zauber um Harry: Die Welt der Joanne J.K. Rowling, Carlsen, S. 66–82.

Maurach, Reinhart/Schroeder, Friedrich-Christian/Maiwald, Manfred/Hoyer, Andreas/Momsen, Carsten (2019): Strafrecht, Besonderer Teil, Teilband 1: Persönlichkeits- und Vermögenswerte, 11. Auflage, C.F. Müller.

Mayer, Michael (2010): Staaten als Täter: Ministerialbürokratie und „Judenpolitik" in NS-Deutschland und Vichy-Frankreich – Ein Vergleich, Studien zur Zeitgeschichte Band 80, Oldenbourg Wissenschaftsverlag.

Mayes-Elma, Ruthann (2007): Harry Potter: Feminist Friend Or Foe?! Transgressions: Cultural Studies and Education, Band 18, Sense Publishers.

McCool, Daniel (1985): Indian Voting, in: Deloria, Vine Jr. (Hrsg.): American Indian Policy in the Twentieth Century, University of Oklahoma Press, S. 105–134.

McDonough, Frank (1998): Neville Chamberlain, Appeasement, and the British Road to War, Manchester University Press.

McTaggart, Caitlin Michele (2011): Harry Potter and the Adolescent Reader: Representation of Empowered Female Characters and their Implications on the Lives of Adolescents, Master Thesis in Erziehung – Graduiertenkolleg der staatlichen Universität von Bowling Green.

Meadors, Brian (2019): Harry Potter and the Cedarville Censors: Inside the Precedent-setting Defeat of an Arkansas Book Ban, McFarland & Company.

Meier, Bernd-Dieter (2019): Strafrechtliche Sanktionen, 5. Auflage, Springer-Verlag.

Meier, Bernd-Dieter (2005): Licht ins Dunkel: Die richterliche Strafzumessung I, in: JuS 2005, S. 769–772.

Meier, Bernd-Dieter (2005): Licht ins Dunkel: Die richterliche Strafzumessung II, in: JuS 2005, S. 879–881.

Meier, Bernd-Dieter/Rössner, Dieter/Trüg, Gerson/Wulf, Rüdiger (2014): Jugendgerichtsgesetz – Handkommentar, 2. Auflage, Nomos.

Meier, Niklaus (2012): Warum Krieg?: Die Sinndeutung des Krieges in der deutschen Militärelite 1871–1945, Krieg in der Geschichte Band 73, Ferdinand Schöningh.

Meinecke, Friedrich (1946): Die deutsche Katastrophe. Betrachtungen und Erinnerungen, 2. Auflage, Eberhard Brockhaus Verlag.

Meissner, Jochen/Mücke, Ulrich/Weber, Klaus (2008): Schwarzes Amerika: eine Geschichte der Sklaverei, Verlag C.H. Beck.

Mendlesohn, Farah (2002): Crowning the King, in: Whited, Lana A. (Hrsg.): The Ivory Tower and Harry Potter: Perspectives on a Literary Phenomenon, University of Missouri Press, S. 159–181.

Mengler, Till (2017): Die lückenhafte Beweiswürdigung im tatgerichtlichen Urteil: Eine Untersuchung zum System der Beweiswürdigungsfehler, Studien zum Strafrecht Band 82, Nomos Verlagsgesellschaft.

Mertens, Bernd (2009): Rechtsetzung im Nationalsozialismus, Beiträge zur Rechtsgeschichte des 20. Jahrhunderts, Band 62, Mohr Siebeck.

Meyer, Beate (2005): Handlungsspielräume regionaler jüdischer Repräsentanten (1941–1945): Die Reichsvergleichung der Juden in Deutschland und die Deportation, in: Kundrus, Birthe/Meyer, Beate (Hrsg): Die Deportation der Juden aus Deutschland: Pläne – Praxis – Reaktionen 1938–1945, 2. Auflage, Beiträge zur Geschichte des Nationalsozialismus Band 20, Wallstein Verlag, S. 63–85.

Meyer-Ladewig, Jens/Nettesheim, Martin/Raumer, Stefan von (2017): EMRK – Kommentar, 4. Auflage, Nomos.

Meyer-Mews, Hans (2002): Das Wortprotokoll in der strafrechtlichen Hauptverhandlung, in: NJW 2002, S. 103–108.

Meyer-Mews (2006): Das Festnahmerecht – Ein Überblick, in: JA 2006, S. 206–211.

Meyer, Thomas (2009): Was ist Demokratie? Eine diskursive Einführung, VS Verlag für Sozialwissenschaften.

Micheler, Stefan (2002): Homophobic Propaganda and the Denunciation of Same-Sex-Desiring Men under National Socialism, in: Herzog, Dagmar (Hrsg.): Sexuality and German Fascism, Berghahn Books, S. 95–130.

Miebach, Klaus (2020): Die freie richterliche Beweiswürdigung in der neueren Rechtsprechung des BGH, in: Neue Zeitschrift für Strafrecht (NStZ) 2002, S. 72–80.

Milger, Karin (2006): Sitzungsgewalt und Ordnungsmittel in der strafrechtlichen Hauptverhandlung, in: Neue Zeitschrift für Strafrecht (NStZ) 2006, S. 121–127.

Mills, Alice (2009): Harry Potter and the Horrors of Oresteia, in: Heilman, Elizabeth E. (Hrsg): Critical Perspectives on Harry Potter, 2. Auflage, Routledge, S. 243–256.

Mitsch, Wolfgang (2005): Recht der Ordnungswidrigkeiten, 2. Auflage, Springer-Verlag.

Mitsch, Wolfgang (2008): Grundzüge des Ordnungswidrigkeitenrechts, (Teil 1), JA 2008 S. 241–246.

Mitsch, Wolfgang (2008): Grundzüge des Ordnungswidrigkeitenrechts (Teil 2), in: JA 2008, S. 409–413.

Mitsch, Wolfgang (2016): Vorläufige Festnahme und Notwehr, in: JA 2016, S. 161–167.

Mitsch, Wolfgang (2017): Tiere und Strafrecht, in: JURA, S. 1388–1399.

Mitzner Scully, Jessica (2018): (Dis)Regarding Magical Creatures in the Wizard-centric World of Harry Potter, in: Doughty, Amie A. (Hrsg.): Broadening Critical

Boundaries in Children's and Young Adult Literature and Culture, Cambridge Scholars Publishing, S. 98–118.

Mohr, Philipp (1995): Hans von Dohnanyi (1902–45) ein Jurist im Widerstand gegen Hitler, in: NJW 1995, S. 1259–1267.

Mohr, Philipp C. (2002): Kein Recht zur Einmischung? Die politische und völkerrechtliche Reaktion Großbritanniens auf Hitlers „Machtergreifung" und die einsetzende Judenverfolgung, Beiträge zur Rechtsgeschichte des 20. Jahrhunderts Band 31, Mohr Siebeck.

Momsen, Carsten (2017): Das Lüneburger Auschwitzverfahren. Beihilfe zum hunderttausendfachen Mord oder (auch) strafbare Mitgliedschaft in der Terrororganisation „Waffen-SS"?, in: Strafverteidiger (StV) 2017, S. 546–552.

Momsen, Carsten (2018): Die Renaissance des Polygraphen? Wie effektiv lassen sich amerikanische Verteidigungsstrategien im deutschen Strafverfahren nutzen?, in: Kriminalpolitische Zeitschrift (KriPoZ) 3/2018, S. 142–171.

Mookherji, Kalyani (2016): 20 Greatest Authors of the World, Ocean Books.

Morgenstern, Christine (2018): Die Untersuchungshaft: Eine Untersuchung unter rechtsdogmatischen, kriminologischen, rechtsvergleichenden und europarechtlichen Aspekten, Neue Schriften zum Strafrecht Band 13, Nomos Verlagsgesellschaft.

Morlok, Martin/Michael, Lothar (2021): Staatsorganisationsrecht, 5. Auflage, Nomos Verlagsgesellschaft.

Morisse, Heiko (2013). Ausgrenzung und Verfolgung der Hamburger jüdischen Juristen im Nationalsozialismus – Band 1: Rechtsanwälte, 2. Auflage, Wallstein Verlag.

Morsch, Günter (1998): Oranienburg – Sachsenhausen, Sachsenhausen – Oranienburg, in: Herbert, Ulrich/Orth, Karin/Dieckmann, Christoph (Hrsg.): Die nationalsozialistischen Konzentrationslager: Entwicklung und Struktur (Band 1), Wallstein Verlag, S. 111–134.

Moser-Knierim, Antonie (2014): Vorratsdatenspeicherung, Zwischen Überwachungsstaat und Terrorabwehr, Springer Vieweg.

Mühlenfeld, Daniel (2006): Vom Kommissariat zum Ministerium – Zur Gründungsgeschichte des Reichsministeriums für Volksaufklärung und Propaganda, in: Hachtmann, Rüdiger/Süß, Winfried (Hrsg.): Hitlers Kommissare: Sondergewalten in der nationalsozialistischen Diktatur, Beiträge zur Geschichte des Nationalsozialismus Band 22, Wallstein Verlag, S. 72–92.

MüKo StGB (2020): Münchener Kommentar zum Strafgesetzbuch, Band 1: §§ 1–37, hrsg. v. Bernd von Heintschel-Heinegg, 4. Auflage, Verlag C. H. Beck.

MüKo StGB (2020): Münchener Kommentar zum Strafgesetzbuch, Band 2: §§ 38–79b, hrsg. v. Bernd von Heintschel-Heinegg, 4. Auflage, Verlag C. H. Beck.

MüKo StGB (2022): Münchener Kommentar zum Strafgesetzbuch, Band 5: §§ 263–358, hrsg. v. Roland Hefendehl/Olaf Hohmann, 4. Auflage, Verlag C.H. Beck.

MüKo StGB (2022): Münchener Kommentar zum Strafgesetzbuch, Band 7: Nebenstrafrecht I, hrsg. v. Marco Mansdörfer, 4. Auflage, Verlag C.H. Beck.

MüKo StPO (2023): Münchener Kommentar zur Strafprozessordnung, Band 1: §§ 1–150, hrsg. v. Hans Kudlich, 2. Auflage, Verlag C.H. Beck.

MüKo StPO (2016): Münchener Kommentar zur Strafprozessordnung, Band 2: §§ 151–332, hrsg. v. Hartmut Schneider, 1. Auflage, Verlag C.H. Beck.

MüKo StPO (2019): Münchener Kommentar zur Strafprozessordnung, Band 3/1: §§ 333–499, hrsg. v. Christoph Knauer 1. Auflage, Verlag C.H. Beck.

MüKo StPO (2018): Münchener Kommentar zur Strafprozessordnung, Band 3/2: Nebengesetze, hrsg. v. Christoph Knauer 1. Auflage, Verlag C.H. Beck.

Müller-Jacobsen, Anke (2020): Das neue Recht der notwendigen Verteidigung, in: NJW 2020, S. 575–579.

Müller, Eckhart/Schlothauer, Reinhold/Knauer, Christoph (2022): Münchener Anwaltshandbuch Strafverteidigung, 3. Auflage, C.H. Beck.

Müller, Friedrich/Christensen, Ralph (2004). Juristische Methodik, Band 1: Grundlagen für die Arbeitsmethoden der Rechtspraxis, 9. Auflage, Duncker & Humblot.

Müller, Ingo (1987): Furchtbare Juristen, Kindler-Verlag.

Müller-Katzenburg, Astrid (1999): Besitz- und Eigentumssituation bei gestohlenen und sonst abhanden gekommenen Kunstwerken, in: NJW 1999, S. 2551–2558.

Müller-Dietz, Heinz (1990): Grenzüberschreitungen. Beiträge zur Beziehung zwischen Literatur und Recht, Nomos.

Müller-Dietz, Heinz (2007): Recht und Kriminalität in literarischen Spiegelungen, Berliner Wissenschafts-Verlag.

Müller-Dietz, Heinz (2009): Schülergewalt in literarischer Perspektive, in: Müller, Henning Ernst/Sander, Günther M./Válková, Helena (Hrsg.): Festschrift für Ulrich Eisenberg zum 70. Geburtstag, Verlag C.H. Beck, S. 119–137.

Münch, Ingo von (2007): Die deutsche Staatsangehörigkeit: Vergangenheit – Gegenwart – Zukunft, Walter de Gruyter Recht.

Münch, Ingo von/Kunig, Philip (2021): Grundgesetz Kommentar – Band 1, 7. Auflage, Verlag C.H. Beck.

Münch, Ingo von/Kunig, Philip (2021): Grundgesetz Kommentar – Band 2, 7. Auflage, Verlag C.H. Beck.

Müsse, Wolfgang (1995): Reichspresseschule – Journalisten für die Diktatur? Ein Beitrag zur Geschichte des Journalismus im Dritten Reich, Dortmunder Beiträge zur Zeitungsforschung Band 53, K.G. Saur Verlag.

Murakami, Jessica Leigh (2006): Mental Illness in the World of Wizardry, in: Mulholland, Neil (Hrsg.): The Psychology of Harry Potter: An Unauthorized Examination Of The Boy Who Lived, BenBella Books, S. 175–188.

Murphy, Derek (2001): Jesus Potter Harry Christ: The Fascinating Parallels Between Two of the World's Most Popular Literary Characters, Holy Blasphemy.

Mushoff, Tobias (2007): Strafe – Maßregel – Sicherungsverwahrung: eine kritische Untersuchung über das Verhältnis von Schuld und Prävention, Grundlagen Gesamte Strafrechtswissenschaft Band 2, Peter Lang Verlag.

Musial, Bogdan (1999): Deutsche Zivilverwaltung und Judenverfolgung im Generalgouvernement – Eine Fallstudie zum Distrikt Lublin 1939–1944, Harrassowitz Verlag.

Naeficy, Siamak Tundra (2006): The Werewolf in the Wardrobe, in: Mulholland, Neil (Hrsg.): The Psychology of Harry Potter – An Unauthorized Examination of the Boy Who Lived, BenBella Books, S. 207–220.

Naucke, Wolfgang (1981): Die Aufhebung des strafrechtlichen Analogieverbots 1935, in: Institut für Zeitgeschichte (Hrsg.): NS-Recht in historischer Perspektive, Oldenbourg Wissenschaftsverlag, S. 71–108.

Nduka-Agwu, Adibeli/Hornscheidt, Antje L. (2013): Rassismus auf gut Deutsch: Ein kritisches Nachschlagewerk zu rassistischen Sprachhandlungen, Brandes & Apsel.

Neal, Connie (2007): Wizards, Wardrobes and Wookiees: Navigating Good and Evil in Harry Potter, Narnia and Star Wars, Inter Varsity Press.

Neal, Connie (2008): The Gospel According to Harry Potter: The Spiritual Journey of the World's Greatest Seeker, 2. Auflage, Westminster John Knox Press.

Nel, Philip (2001): JK Rowling's Harry Potter Novels: A Reader's Guide, Continuum International Publishing.

Nelson, John S. (2021): Defenses Against the Dark Arts: The Political Education of Harry Potter and His Friends, Lexington Books/The Rowman & Littlefield Publishing Group.

Neugebauer, Manuela (1997): Der Weg in das Jugendschutzlager Moringen: Eine entwicklungspolitische Analyse nationalsozialistischer Jugendpolitik, Forum-Verlag Godesberg.

Nicholls, David (2000): Adolf Hitler: A Biographical Companion, ABC-CLIO.

Noack, Thorsten (2017): NS-Euthanasie und internationale Öffentlichkeit – Die Rezeption der deutschen Behinderten- und Krankenmorde im Zweiten Weltkrieg, Campus Verlag.

Nolte, Paul (2012): Was ist Demokratie? Geschichte und Gegenwart, Verlag C.H. Beck.

Norton, Philip (2013): Parliament in British Politics, 2. Auflage, Red Globe Press.

Nüchterlein, Jana (2015): Volksschädlinge vor Gericht: Die Volksschädlingsverordnung vor den Sondergerichten Berlin, Reihe Rechtswissenschaften Band 74, Tectum Verlag.

Oberreuter, Heinrich (1980): Pluralismus und Antipluralismus, in: Oberreuter, Heinrich (Hrsg): Pluralismus: Grundlegung und Diskussion, Leske + Budrich, S. 13–36.

Öhrn, Petra (2019): A Postmodern Analysis of Inclusion/Exclusion of the Other in the Harry Potter-series, Bachelor Thesis in englischer Literatur, Dalarna Universität.

Olson, James M. (2021): To Catch A Spy – The Art of Counterintelligence, Georgetown University Press.

Ooyen, Robert Chr. van (2015): Das Amt des Bundespräsidenten: Fehldeutungen im parlamentarischen Regierungssystem, Springer VS.

Ostendorf, Heribert (2006) Gegen die Abschaffung des Jugendstrafrechts oder seiner Essentialia, in: Neue Zeitschrift für Strafrecht (NStZ) 2006, S. 320–326.

Ostendorf, Heribert (2010): Mindeststandards zum Jugendarrestvollzug, in: Zeitschrift für Rechtspolitik (ZRP) 2010, S. 20–22.

Ostendorf, Heribert, Brüning, Janique (2021): Strafprozessrecht, 4. Auflage, Nomos Verlagsgesellschaft.

Ostendorf, Heribert (2021): Jugendgerichtsgesetz – Kommentar, 11. Auflage, Nomos Verlag.

Ostry, Elaine (2003): Accepting Mudbloods: The Ambivalent Social Vision of J. K. Rowling's Fairy Tales, in: Anatol, Giselle Liza (Hrsg.): Reading Harry Potter: Critical Essays, Praeger, S. 89–102.

*O'Sullivan, Emer (*2006): Der Zauberlehrling im Internat: Harry Potter im Kontext der britischen Literaturtraditionen, in: Garbe, Christine/Philipp, Maik (Hrsg): Harry Potter – Ein Literatur- und Medienereignis im Blickpunkt interdisziplinärer Forschung, LIT Verlag, S. 27–48.

O'Sullivan, Emer (2010): Historical Dictionary of Children's Literature, The Scarecrow Press.

Otte, Karina (2002): Rechtsgrundlagen der Glaubwürdigkeitsbegutachtung von Zeugen im Strafprozess, Juristische Schriftenreihe Band 194, LIT Verlag.

Paa, Bernhard (2013): Zugriff der Strafverfolgungsbehörden auf das Private im Kampf gegen schwere Kriminalität, C. F. Müller.

Partington, Martin (2017): Introduction to the English Legal System, 12. Auflage, Oxford University Press.

Patient, Aida/Street, Kori (2009): Holocaust History Amongst the Hallows – Understanding Evil in Harry Potter, in: Patterson, Diana (Hrsg.): Harry Potter's World Wide Influence, Cambridge Scholars Publishing, S. 201–228.

Patrick, Christopher J./Patrick, Sarah K. (2006): Exploring the Dark Side – Harry Potter and the Psychology of Evil, in: Mulholland, Neil (Hrsg.): The Psychology of Harry Potter – An Unauthorized Examination of the Boy Who Lived, BenBella Books, S. 222–232.

Paul, Andreas (2003): Reform der Altersstufen im Jugendstrafrecht, in: Zeitschrift für Rechtspolitik (ZRP) 2003, S. 204–207.

Paul, Gerhard (2002): Von Psychopathen, Technokraten des Terrors und „ganz gewöhnlichen Deutschen". Die Täter der Shoah im Spiegel der Forschung, in: Paul, Gerhard (Hrsg.): Die Täter der Shoah: Fanatische Nationalsozialisten oder ganz normale Deutsche?, Dachauer Symposien zur Zeitgeschichte Band 2, Wallstein Verlag, S. 13–92.

Pauli, Gerhard (1992): Die Rechtsprechung des Reichsgerichts in Strafsachen zwischen 1933 und 1945 und ihre Fortentwicklung in der Rechtsprechung des Bundesgerichtshofes, Walter de Gruyter.

Pawlik, Michael (1995): Der disqualifizierte Staatsanwalt, in: Neue Zeitschrift für Strafrecht (NStZ) 1995, S. 309–315.

Payandeh, Mehrdad (2012): Einführung in das Recht der Vereinten Nationen, in: JuS 2012, S. 506–511.

Payne, Elise (2018): Inferior Beasts and Where to Find Them: The Shrinking of Hufflepuff and Ravenclaw to Fit Gendered Space, in: Firestone, Amanda/Clark, Leisa A. (Hrsg.): Harry Potter and Convergence Culture: Essays on Fandom and the Expanding Potterverse, McFarland & Company, S. 77–88.

Pechstein, Matthias (1998): Der Gesetzliche Richter, in: JURA 1998, S. 197–202.

Pechstein, Matthias/Koenig, Christian (2000): Die Europäische Union, 3. Auflage, Mohr Siebeck.

Pesold, Ulrike (2017): The Other in the School Stories: A Phenomenon in British Children's Literature, Brill Verlag.

Pest, Robert (2017): Das Verzögerungsverbot im Strafverfahren, Studien und Beiträge zum Strafrecht Band 16, Mohr Siebeck.

Peters, Julia (2011): Urteilsabsprachen im Strafprozess: Die deutsche Regelung im Vergleich mit Entwicklungen in England, Wales, Frankreich und Polen, Göttinger Studien zu den Kriminalwissenschaften Band 13, Universitätsverlag Göttingen.

Peters, Kirsten (2001): Der Kindsmord als schöne Kunst betrachtet – eine motivgeschichtliche Untersuchung der Literatur des 18. Jahrhunderts, Königshausen & Neumann.

Peterson-Hilleque, Victoria (2012): How to Analyze the Works of J. K. Rowling, ABDO Publishing Company.

Pevar, Stephen L. (2012): The Rights of Indians and Tribes, 4. Auflage, Oxford University Press.

Pfahl-Traughber, Armin (2002): Antisemitismus in der Deutschen Geschichte, VS Verlag für Sozialwissenschaften.

Pieroth, Bodo (2010): Das Demokratieprinzip des Grundgesetzes, in: JuS 2010, S. 473–481.

Pieroth, Bodo (2015): Recht und Literatur – Von Friedrich Schiller bis Martin Walser, Verlag C. H. Beck.

Pieroth, Bodo (2017): Recht und amerikanische Literatur – Von James Fenimore Cooper bis Susan Glaspell, Verlag C. H. Beck.

Pieroth, Bodo (2019): Recht und britische Literatur – Von William Shakespeare bis George Orwell, Verlag C. H. Beck.

Pilkington, Colin (2002): Devolution in Britain Today, Manchester University Press.

Pohl, Dieter (1997): Nationalsozialistische Judenverfolgung in Ostgalizien 1941–1944: Organisation und Durchführung eines staatlichen Massenverbrechens, Studien zur Zeitgeschichte Band 50, 2. Auflage, Oldenbourg Verlag.

Pohl, Dieter (2012): Massengewalt und der Mord an den Juden im ‚Dritten Reich‘, in: Fritz Bauer Institut/Steinbacher, Sybille (Hrsg.): Holocaust und Völkermorde: Die Reichweite des Vergleichs, Jahrbuch 2012 zur Geschichte und Wirkung des Holocaust, Campus Verlag, S. 107–124.

Pohlreich, Erol (2016): Das rechtliche Gehör im Strafverfahren, Jus Poenale Band 9, Mohr Siebeck.

Posner, Richard (1973): Economic Analysis of Law, Little Brown and Company.

Posner, Richard (1981): The Economics of Justice, Harvard University Press.

Posner, Richard (1988): Law and Literature: A Misunderstood Relation, Harvard University Press.

Posner, Richard A. (2009): Law and Literature, 3. Auflage, Harvard University Press.

Prase, Eva (2016): Mediengeschichte Printmedien, in: Altendorfer, Otto/Hilmer, Ludwig (Hrsg.): Medienmanagement, Band 2: Medienpraxis – Mediengeschichte – Medienordnung, Springer VS, S. 153–175.

Preis, Ulrich (2019): Herkunft, Gegenwart und Zukunft des Arbeitsrechts, in: Recht der Arbeit (RdA) 2019, S. 75–88.

Proffitt, Jennifer M./Cortese, Juliann (2016): Political Economy of Media in the Magical World of Harry Potter, in: Bell, Christopher E. (Hrsg.): From Here to Hogwarts, McFarland & Company, S. 184–198.

Pugh, Tison (2020): Harry Potter and Beyond, University of South Carolina Press.

Puschner, Uwe/Vollnhals, Clemens (2012), Die völkisch-religiöse Bewegung im Nationalsozialismus. Forschungs- und problemgeschichtliche Perspektiven, in: Puschner, Uwe/Vollnhals, Clemens (Hrsg.): Die völkisch-religiöse Bewegung im Nationalsozialismus – Eine Beziehungs- und Konfliktgeschichte, Schriften des Hannah-Arendt-Instituts für Totalitarismusforschung Band 47, Vandenhoeck & Ruprecht, 2. Auflage, S. 13–28.

Putzke, Holm (2011): Entscheidungsbesprechung zu BGH, Beschl. v. 30.11.2010 – 1 StR 509/10 (Untersuchung mittels eines Polygraphen als ungeeignetes Beweismittel), in: Zeitschrift für das Juristische Studium (ZJS) 2011, S. 557–563.

Radbruch, Gustav (1954): Gestalten und Gedanken: Zehn Studien, Koehler Verlag.

Radbruch, Gustav (1997): Literatur- und kunsthistorische Schriften, Gesamtausgabe Band 5, Verlag C. F. Müller.

Rademacher, Timo/Perkowski, Lennart (2020): Staatliche Überwachung, neue Technologien und die Grundrechte, in: JuS 2020, S. 713–719.

Raha, Akash (2019): Contextualizing Harry Potter as a Narrative of the Third Reich: A Reading in Identity Politics, in: International Journal of Applied Social Science, Ausgabe 6 (1), Januar (2019), S. 205–213.

Rangwala, Shama (2009): A Marxists Inquiry into J.K Rowling's Harry Potter Series, in: Anatol, Giselle Liza (Hrsg.): Reading Harry Potter Again: New Critical Essays, Praeger (ABC-CLIO), S. 127–143.

Rao, Sridevi/Gorecki, Preethi (2022): Is Dobby a Free Elf?, in: Dahlen, Sarah Park/Thomas, Ebony Elizabeth (Hrsg): Harry Potter and the Other: Race, Justice, and Difference in the Wizarding World, University Press of Mississippi, S. 276–286.

Rathert, Ronald (2001): Verbrechen und Verschwörung: Arthur Nebe – Der Kripochef des Dritten Reiches, Anpassung – Selbstbehauptung – Widerstand Band 17, LIT Verlag.

Raue, Peter (2015): Raubkunst und Restitution – Überlegungen aus aktuellem Anlass, in: Gewerblicher Rechtsschutz und Urheberrecht (GRUR) 1/2015, S. 1–5.

Rautenberg, Erardo Cristoforo (2003): Staatsanwaltschaft und Gewaltenteilung – Ein Plädoyer für die Zuordnung der Staatsanwaltschaft zur Judikative, in: Neue Justiz (NJ), Heft 4/2003, S. 169–175.

Reading, Jill (2006): Critical Literacy in a Global Context – Reading Harry Potter, Dissertation in Philosophie, Fakultät für regionale berufliche Studien, Edith Cowan Universität.

Reagin, Nancy R. (2011): Was Voldemort a Nazi? Death Eater Ideology and National Socialism, in: Reagin, Nancy R. (Hrsg.): Harry Potter and History, S. 127–152.

Regan, Donald H. (1972), The Problem of Social Cost Revisited, in: Journal of Law and Economics 15, S. 427–437.

Reich, Steven A./Fischer, Hermann J. (1993): Wem gehören die als „entartete Kunst" verfemten, von den Nationalsozialisten beschlagnahmten Werke?, in: NJW 1993, S. 1417–1421.

Reichenbach, Peter (2005): Über die Zulässigkeit der Verbindung eines Schuldspruches nach § 27 JGG mit Jugendarrest, Neue Zeitschrift für Strafrecht (NStZ) 2005, S. 136–141.

Reifner, Udo (1984): Die Zerstörung der freien Advokatur im Nationalsozialismus, in: Kritische Justiz (KJ) 17/1984, S. 380–393.

Rennicke, Jan (2020): Einführung in die Aussagepsychologie im Strafverfahren, in: JuS 2020, S. 1118–1122.

Rhein, Wolfram von (2019): Die Kultmarke: Das einzigartige Momentum in der Markenentwicklung, Springer Gabler.

Richards, Claudina/Mollica, Viviana (2016): English Law and Terminology, 4. Auflage, Nomos Verlag.

Richardson, Heather Cox (2010): Wounded Knee: Party Politics and the Road to an American Massacre, Basic Books.

Richers, Dominik (2007): Postmoderne Theorie in der Rechtsvergleichung?, in: Zeitschrift für ausländisches öffentliches Recht und Völkerrecht (ZaöRV) 2007, S. 509–539.

Richter, Isabel (2001): Hochverratsprozesse als Herrschaftspraxis im Nationalsozialismus: Männer und Frauen vor dem Volksgerichtshof 1934–1939, Verlag Westfälisches Dampfboot.

Ridder, Helmut/Breitbach, Michael/Deiseroth, Dieter (2020): Versammlungsrecht des Bundes und der Länder, 2. Auflage, Nomos.

Riepl, Frank (1998): Informationelle Selbstbestimmung im Strafverfahren, Veröffentlichungen zum Verfahrensrecht Band 17, Mohr Siebeck.

Rieger, Martin (2016): Konstituierung staatlicher Telekommunikationsüberwachung. Rechtshistorie in der BRD und Analyse von Bundestagsdebatten zur Vorratsdatenspeicherung, Xio Books.

Rieß, Peter (1994): Möglichkeiten und Grenzen einer Reform des Rechts der Wiederaufnahme im Strafverfahren, in: Neue Zeitschrift für Strafrecht (NStZ) 1994, S. 153–159.

Riehle, Gerhard (1985): Die rechtsstaatliche Bedeutung der Staatsanwaltschaft, Univ. Diss. Frankfurt a. M.

Riklin, Franz (2014): Das Unmittelbarkeitsprinzip im schweizerischen Strafverfahrensrecht, in: Zeitschrift für die gesamte Strafrechtswissenschaft (ZStW) 2014, 126 (1), S. 173–184.

Ritter, Ernst (1998): Justiz und Innere Verwaltung, in: Benz, Wolfgang/Graml, Hermann/Weiß, Hermann (Hrsg.): Enzyklopädie des Nationalsozialismus, 3. Auflage, Klett-Cotta, S. 85–97.

Röhrkasten, Jens (1990): Die englischen Kronzeugen 1130–1330, Berliner Historische Studien Band 16, Duncker & Humblot.

Rönnau, Thomas (2007): Grundwissen – Strafrecht: Einwilligung und Einverständnis, in: JuS 2007, S. 18–20.

Rönnau, Thomas (2009): Grundwissen – Strafrecht: Subjektive Rechtfertigungselemente, in: JuS 2009, S. 594–597.

Rösinger, Luna (2019): Die Freiheit des Beschuldigten vom Zwang der Selbstbelastung – Über den Begründungszusammenhang von Mitwirkungsfreiheiten und Strafverfahrenseingriffen, Studien und Beiträge zum Strafrecht Band 23, Mohr Siebeck.

Rose, Frank (2019): Die Bedeutung des Erziehungsgedankens bei der Jugendstrafe wegen Schwere der Schuld, in: Neue Zeitschrift für Strafrecht (NStZ) 2019, S. 57–59.

Roseman, Mark (2002): The Wannsee Conference and the Final Solution: A Reconsideration, Metropolitan Books.

Rosenfeld, Alvin H. (2015): Das Ende des Holocaust, Vandenhoeck & Ruprecht.

Roth, Andreas (1997): Kriminalitätsbekämpfung in deutschen Großstädten 1850–1914, Quellen und Forschungen zur Strafrechtsgeschichte Band 7, Erich Schmidt Verlag.

Rotsch, Thomas: (2018): Korruption und Compliance, in: Kuhlen, Lothar/Kudlich, Hans/Gomez Martín, Victor/Ortiz de Urbina Gimeno, Inigo (Hrsg.): Korruption und Strafrecht, C. F. Müller, S. 159–172.

Rott, Joachim (2001): Klaus Bonhoeffer (1901–1945) – Jurist im Widerstand, in: NJW 2001, S. 38–39.

Rowling, J. K. (1998): Harry Potter and the Chamber of Secrets, 46. Auflage, Bloomsbury Publishing.

Rowling, J. K. (2000): Harry Potter and the Goblet of Fire, 16. Auflage, Bloomsbury Publishing.

Rowling, J. K. (2001): Fantastische Tierwesen und wo sie zu finden sind, 1. Auflage, Carlsen.

Rowling, J. K. (2001): Quidditch im Wandel der Zeiten, 1. Auflage, Carlsen.

Rowling, J. K. (2003): Harry Potter and the Order of the Phoenix, 1. Auflage, Bloomsbury Publishing.

Rowling, J. K. (2005): Harry Potter und der Stein der Weisen, 56. Auflage, Carlsen.

Rowling, J. K. (2006): Harry Potter und die Kammer des Schreckens, 39. Auflage, Carlsen.

Rowling, J. K. (2007): Harry Potter und der Gefangene von Askaban, 40. Auflage, Carlsen.

Rowling, J. K. (2008): Die Märchen von Beedle dem Barden, 4. Auflage, Carlsen.

Rowling, J. K. (2008): Harry Potter und der Feuerkelch, 33. Auflage, Carlsen.

Rowling, J. K. (2009): Harry Potter und der Orden des Phönix, 32. Auflage, Carlsen.

Rowling, J. K. (2010): Harry Potter und der Halbblutprinz, 29. Auflage, Carlsen.

Rowling, J. K. (2011): Harry Potter und die Heiligtümer des Todes, 24. Auflage, Carlsen.

Ruckenbiel, Jan (2001): Soziale Kontrolle im NS-Regime – Protest, Denunziation und Verfolgung: Zur Praxis alltäglicher Unterdrückung im Wechselspiel von Bevölkerung und Gestapo, Dissertation Universität – Gesamthochschule Siegen.

Rudolph, Sabine (2007): Restitution von Kunstwerken aus jüdischem Besitz: Dingliche Herausgabeansprüche nach deutschem Recht, Schriften zum Kulturgüterschutz, Walter de Gruyter.

Rudorff, Andrea (2018): Das KZ Auschwitz 1942–1945 und die Zeit der Todesmärsche 1944/45, Die Verfolgung und Ermordung der europäischen Juden durch das nationalsozialistische Deutschland 1933–1945 Band 16, De Gruyter Oldenbourg.

Ruhs, Florian (2021): Aktuelle Reformbestrebungen der Wiederaufnahme in Strafsachen, in: Zeitschrift für Rechtspolitik (ZRP) 2021, S. 88–91.

Rüping, Hinrich (1983): Nationalsozialistische Rechtsprechung am Beispiel der SS- und Polizei-Gerichte, in: Neue Zeitschrift für Strafrecht (NStZ) 1983, S. 112–114.

Rüping, Hinrich/Jerouschek, Günter (2011): Grundriss der Strafrechtsgeschichte, 6. Auflage, C.H. Beck.

Rüthers, Bernd (1988): Recht als Waffe des Unrechts – Juristische Instrumente im Dienst des NS-Rassenwahns, in: NJW 1988, S. 2825–2836.

Rüthers, Bernd (2016): Verfälschte Geschichtsbilder deutscher Juristen?, in; NJW 2016, S. 1068–1074.

Rutter, Devin (2017): „Bad Blood Will Out“: Racial Purity In Harry Potter And Parallels To World War II, Bachelor Thesis in Anglistik, Salem State Universität.

Sachs, Michael (2021): Grundgesetz – Kommentar, 9. Auflage, Verlag C.H. Beck.

Sachs, Michael/Krings, Thomas (2008): Das neue „Grundrecht auf Gewährleistung der Vertraulichkeit und Integrität informationstechnischer Systeme“, in: JuS 2008, S. 481–486.

Salaw-Hanslmaier, Stefanie/Möller, Franz-Josef (2020): Direkte und repräsentative Demokratie: Binden Entscheidungen der direkten Demokratie mehr als die des Repräsentativorgans?, in: Zeitschrift für Rechtspolitik (ZRP) 2020, S. 77–80.

Samuel, Geoffrey (2013): A Short Introduction to the Common Law, Edward Elgar Publishing Limited.

Sandkühler, Hans Jörg (2015): Nach dem Unrecht – Plädoyer für einen neuen Rechtspositivismus, Verlag Karl Alber.

Sautter, Udo (2014): Sklaverei in Amerika, wbg Theiss.

Saxena, Vandana (2012): The Subversive Harry Potter: Adolescent Rebellion and Containment in the J.K. Rowling Novels, McFarland & Company.

Schädler, Sarah (2009): ›Justizkrise‹ und ›Justizreform‹ im Nationalsozialismus: Das Reichsjustizministerium unter Reichsjustizminister Thierack (1942–1945), Beiträge zur Rechtsgeschichte des 20. Jahrhunderts Band 61, Mohr Siebeck.

Schäfer, Christian (2006): „Widernatürliche Unzucht" (§§ 175, 175a, 175b, 182 a.F. StGB) Reformdiskussion und Gesetzgebung seit 1945, Juristische Zeitgeschichte, Abt. 3: Beiträge zur modernen deutschen Strafgesetzgebung Band 26, Berliner Wissenschafts-Verlag.

Schäfer, Gerhard/Sander, Günther/Gemmeren, Gerhard van (2017): Praxis der Strafzumessung, 6. Auflage, C.H. Beck.

Schatz, Holger (1999): Das Beweisantragsrecht in der Hauptverhandlung: Reformgeschichte und Reformproblematik, Schriften zum Prozessrecht Band 150, Duncker & Humblot.

Schenke, Wolf-Rüdiger (1982): Die Aufgabenverteilung innerhalb der Bundesregierung, in: JURA 1982, S. 337–348.

Schenke, Wolf-Rüdiger (2021): Polizei- und Ordnungsrecht, 11. Auflage, C.F. Müller Verlag.

Schenke, Wolf-Rüdiger (2011): Rechtsschutz gegen doppelfunktionale Maßnahmen der Polizei, in: NJW 2011, S. 2838–2844.

Schenke, Wolf-Rüdiger/Graulich, Kurt/Ruthig, Josef (2019): Sicherheitsrecht des Bundes, 2. Auflage, Verlag C.H. Beck.

Scheuermann, Manuela (2014): Die Vereinten Nationen – Eine Einführung, Springer VS.

Schiemann, Anja (2007): Der Jurist und Schriftsteller Kurt Tucholsky – Eine biographische Annäherung unter Berücksichtigung seiner Bindung zu Kabarett, Revue und Chanson, in: Weber, Hermann (Hrsg.): Literatur, Recht und Musik: Tagung im Nordkolleg Rendsburg vom 16. bis 18. September 2005, Berliner Wissenschafts-Verlag, S. 89–112.

Schiemann, Anja (2017): Der Kriminalfall Woyzeck – Der historische Fall und Büchners Drama, Juristische Zeitgeschichte, Abteilung 6: Recht in der Kunst – Kunst im Recht Band 49, Walter de Gruyter.

Schiemann, Anja (2018): Der Entwicklungsroman „Tschick" und das Jugendstrafrecht, in: NJW 2018, S. 739–742.

Schiemann, Anja (2018): Die Kunst der Abweichung – Fontanes Psychogramm einer Täterin ersetzt historischen Brandstiftungsprozess, in: Fontane, Theodor/Schiemann, Anja/Zimorski, Walter (Hrsg.): Grete Minde – Nach einer altmärkischen Chronik (1880), Walter de Gruyter, S. 101–124.

Schiemann, Anja (2019): Schuld und Sühne einer Eifersuchtstat – Fontanes Kriminalnovelle „Ellernklipp“, in: NJW 2019, S. 718–720.

Schiemann, Anja (2022): E. T. A. Hoffmann und die Zurechnungsfähigkeit: Ein strafrechtliches Kernproblem in Dienstgeschäften und Dichtkunst, in: NJW 2022, S. 731–734.

Schiffbauer, Björn (2014): Steckbrief 2.0 – Fahndungen über das Internet als rechtliche Herausforderung, in: NJW 2014, S. 1052–1057.

Schiller, Friedrich (2014): Der Verbrecher aus verlorener Ehre, Reclam.

Schiller, Theo (2002): Direkte Demokratie: Eine Einführung, Campus Verlag.

Schirach, Ferdinand von (2009): Verbrechen, Piper Verlag.

Schlegel, Arndt (2019): Normative Grenzen für internetbasierte Ermittlungsmethoden – Zugleich ein Beitrag zur Technikoffenheit strafprozessualer Ermächtigungsgrundlagen, Springer Fachmedien.

Schletz, Jan (2020): Die erweiterte Revision in Strafsachen – Untersuchung eines Rechtsmittels und seiner Bedeutung im heutigen Strafprozess, Studien zum Strafrecht Band 105, Nomos Verlagsgesellschaft.

Schleusener, Jan (2008): Eigentumspolitik im NS-Staat: Der staatliche Umgang mit Handlungs- und Verfügungsrechten über privates Eigentum 1933–1939, Peter Lang.

Schlögel, Martina (2010): Das Bundesverfassungsgericht im Politikfeld Innere Sicherheit: Eine Analyse der Rechtsprechung von 1983 bis 2008, Beiträge zur Politikwissenschaft Band 94, Peter Lang.

Schlothauer, Reinhold/Weider, Hans-Joachim/Nobis, Frank (2016): Untersuchungshaft: Mit Erläuterungen zu den UVollzG der Länder, 5. Auflage, C.F. Müller.

Schmid, Michael J. (2011): Minderheitenschutz im Wohnungseigentumsrecht, in: Neue Zeitschrift für Miet- und Wohnungsrecht (NZM) 2011, S. 865–869.

Schmidt, Christoph (2006): Nationalsozialistische Kulturpolitik im Gau Westfalen-Nord: Regionale Strukturen und lokale Milieus (1933–1945), Ferdinand Schöningh.

Schmidt, Eberhard (1995): Einführung in die Geschichte der deutschen Strafrechtspflege, Jurisprudenz in Einzeldarstellungen Band 1, 3. Auflage, Vandenhoeck & Ruprecht.

Schmidt, Manfred G. (2021): Das politische System Deutschlands, 4. Auflage, Verlag C.H. Beck.

Schmidt-Bleibtreu, Uno/Klein, Franz/Bethge, Herbert (2022): Bundesverfassungsgerichtsgesetz – Kommentar, 62. Auflage, Verlag C.H. Beck.

Schmidt-Jortzig, Edzard (1994): Effektiver Rechtsschutz als Kernstück des Rechtsstaatsprinzips nach dem Grundgesetz, in: NJW 1994, S. 2569–2573.

Schmitt, Bertram (2019): Die Dokumentation der Hauptverhandlung, in: Neue Zeitschrift für Strafrecht (NStZ) 2019, S. 1–10.

Schmitt, Carl (1934): Der Führer schützt das Recht: Zur Reichstagsrede Adolf Hitlers vom 13. Juli 1934, in: Deutsche Juristen-Zeitung (DJZ) 1934, 39. Jahrgang, Heft 15, S. 945–950.

Schmitt, Petra (2019): Die Berücksichtigung der Zeugnisverweigerungsrechte nach §§ 52, 53 StPO bei den auf Beweisgewinnung gerichteten Zwangsmaßnahmen, Strafrechtliche Abhandlungen – Neue Folge, Band 84, Duncker & Humblot.

Schmitt-Leonardy, Charlotte (2018): Warum waren wir nochmal gegen die Todesstrafe?, in: JuS 2018, S. 848–851.

Schmitz-Berning, Cornelia (2007): Vokabular des Nationalsozialismus, Walter de Gruyter.

Schmuck, Markus/Brügge-Niemann, Larissa (2014): Glaubwürdigkeitsgutachten „für" den Angeklagten – Neuer Gedanke oder einfach nur „Waffengleichheit"? – Verteidigungsansätze, in: Neue Juristische Online-Zeitschrift (NJOZ) 2014, S. 601–603.

Schneider, Anne (2017): Is Harry Potter a Criminal? Some Thoughts on Magical Criminal Law, in: Gymnich, Marion/Birk, Hanne/Burkhard, Denise (Hrsg.): „Harry – yer a wizard"– Exploring J. K. Rowling's Harry Potter Universe, Tectum Verlag, S. 155–164.

Schneider, Hartmut (1994): Gedanken zur Problematik des infolge einer Zeugenvernehmung „befangenen" Staatsanwalts, in: Neue Zeitschrift für Strafrecht (NStZ) 1994, S. 457–462.

Schneider, Karla (2010): Der Einsatz bildgebender Verfahren im Strafprozess, Rechtswissenschaft Band 22, Josef Eul Verlag.

Schneider, Franziska (2021): Kernbereich privater Lebensgestaltung, in: JuS 2021, S. 29–34.

Schneider, Peter (1987): „…ein einzig Volk von Brüdern" – Recht und Staat in der Literatur, Athenäum.

Schneyer, Kenneth (2010): No Place To Stand: The Incoherent Legal World of J. K. Rowling, in: Goetz, Sharon (Hrsg.): Terminus: Collected Papers on Harry Potter, 7–11 August 2008, Narrate Conferences Inc., S. 33–61.

Schnieders, Robert (2002): Die Geschichte der Vermögensstrafe in Deutschland, Schriften zur Rechtsgeschichte Band 89, Duncker & Humblot.

Schöbener, Burkhard (2014): Bundesstaat im Völkerrecht, in: Schöbener, Burkhard (Hrsg.): Völkerrecht: Lexikon zentraler Begriffe und Themen, C. F. Müller, S. 48–50.

Schöne, Christopher/Luger, Marion/Krull, Nina (2014): Rassenhygiene und Euthanasie im Dritten Reich, ScienceFactory.

Schönke, Adolf/Schröder, Horst (2019): Strafgesetzbuch – Kommentar, 30. Auflage, Verlag C.H. Beck.

Schöpsdau, Klaus (2011): NOMOI Buch XIII–XII, Platon Werke – Übersetzung und Kommentar, Band IX 2, Vandenhoeck & Ruprecht.

Scholtz, Harald (2009): Erziehung und Unterricht unterm Hakenkreuz, Neuausgabe, Vandenhock & Ruprecht.

Scholz, Victoria Lynne (2018): Other Muggles' Children: Power and Oppression in Harry Potter, in: The Midwest Quarterly – A Journal of Contemporary Thought, Jahrgang 59, Ausgabe 2, S. 123–144.

Schoppmann, Claudia (1997): Nationalsozialistische Sexualpolitik und weibliche Homosexualität, Frauen in Geschichte und Gesellschaft Band 30, 2. Auflage, Centaurus Verlag & Media.

Schott, Cornelius (2022): Zur Unterscheidung von Identifizieren und Wiedererkennen: Zwei Begriffe mit unterschiedlicher Bedeutung, die im Rahmen der Erstellung von anthropologischen Vergleichsgutachten verwendet werden; in: NZV 2022, S. 20–21.

Schramm, Edward (2007): Law and Literature, in: JA 2007, S. 581–585.

Schreiber, Carsten (2003): „Eine verschworene Gemeinschaft" – Regionale Verfolgungsnetzwerke des SD in Sachsen, in: Wild, Michael (Hrsg.): Nachrichtendienst, politische Elite und Mordeinheit. Der Sicherheitsdienst des Reichsführers SS, Hamburger Edition, S. 57–85.

Schreiber, Carsten (2008): Elite im Verborgenen: Ideologie und regionale Herrschaftspraxis des Sicherheitsdienstes SS und seines Netzwerks am Beispiel Sachsens, Studien zur Zeitgeschichte Band 77, Oldenbourg Wissenschaftsverlag.

Schreiber, Hans-Ludwig (2003): Die „schwere andere seelische Abartigkeit" und die Schuldfähigkeit, in: Boor, Wolfgang de/Rode, Irmgard/Kammeier, Hans (Hrsg.): Neue Diskussionen um die „andere schwere seelische Abartigkeit", § 20 StGB – Der Krankheitsbegriff und seine strafrechtlichen Folgen, Schriftenreihe des Instituts für Konfliktforschung Band 24, LIT Verlag, S. 7–16.

Schreier, Michael (2015): Der strafrechtliche Schutz vor Diskriminierung, in: Neue Justiz (NJ) 2015, S. 323–330.

Schroeder, Camilla (2018): Pure-Bloods, Half-Bloods and Mudbloods, in: Bell, Christopher E. (Hrsg.): Inside the World of Harry Potter: Critical Essays on the Books and Films, McFarland & Company, S. 92–102.

Schroeder, Friedrich-Christian (1994): Das 29. Strafrechtsänderungsgesetz – §§ 175, 182 StGB, in: NJW 1994, S. 1501–1504.

Schroeder, Friedrich-Christian (2004): Die Durchsuchung im Strafprozess, in: JuS 2004 S. 858–862.

Schröder, Ulrich Jan (2017): Das Demokratieprinzip des Grundgesetzes, in: JA 2017, S. 809–818.

Schubert, Werner/Glöckner, Hans Peter (2000): Vom Reichsgericht zum Bundesgerichtshof, in: NJW 2000, S. 2971–2976.

Schüssler, Marc (2003): Das endgültige Aus oder neue Hoffnung für den „Lügendetektor"?, in: Juristische Rundschau (JR) 5/2003, S. 188–191.

Schulenburg, Johanna (2004): Legalitäts- und Opportunitätsprinzip im Strafverfahren, in: JuS 2004, S. 765–770.

Schulte, Wolfgang (2017): Entwicklung der Polizeiorganisation in der Bundesrepublik Deutschland, in: Stierle, Jürgen/Wehe, Dieter/Stiller, Helmut (Hrsg), Handbuch Polizeimanagement – Polizeipolitik – Polizeiwissenschaft – Polizeipraxis, Springer Gabler, S. 23–47.

Schulz, Joachim (2007): Beiträge zur gesamten Strafrechtswissenschaft, herausgegeben von Günter Bemmann und Gabriele Zwiehoff, Strafrechtswissenschaft und Strafrechtspolitik Band 20, Berliner Wissenschaftsverlag.

Schumacher, Ulrich (1985): Staatsanwaltschaft und Gericht im Dritten Reich: Zur Veränderung der Kompetenzverteilung im Strafverfahren unter Berücksichtigung der Entwicklung in der Weimarer Republik und in der Bundesrepublik, Pahl-Rugenstein.

Schuster, Kristina (2019): Die Sicherungsverwahrung im Nationalsozialismus und ihre Fortentwicklung bis heute – eine Aufarbeitung anhand von Fällen, Nomos Universitätsschriften Recht Band 954, Nomos Verlagsgesellschaft.

Schwabach, Aaron (2006): Harry Potter and the Unforgivable Curses: Norm-Formation, Inconsistency, and the Rule of Law in the Wizarding World, in: Roger Williams University Law Review, Ausgabe 11, S. 309–351.

Schwabenbauer, Peter (2012): Der Zweifelssatz im Strafprozessrecht, Veröffentlichungen zum Verfahrensrecht Band 87, Mohr Siebeck.

Schwahn, Hans-Joachim (1998): Zehn Jahre keine Todesstrafe mehr auf deutschem Boden, in: NJW 1998, S. 2568–2571.

Schwind, Hans-Dieter/Böhm, Alexander/Jehle, Jörg-Martin/Laubenthal, Klaus (2019): Strafvollzugsgesetz – Bund und Länder: Kommentar, 7. Auflage, Walter de Gruyter.

Schwintowski, Hans-Peter (2003): Die Bedeutung interdisziplinären Arbeitens von Rechts- und Sprachwissenschaftlern, in: NJW 2003, S. 632–638.

Seaton, James (1999): Law and Literature: Works, Criticism, and Theory, in: Yale Journal of Law & the Humanities (Yale j. law humanit.), Jahrgang 11, Ausgabe 2, Artikel 8, S. 479–507.

Sebald, Andrea Elisabeth (2008): Der Kriminalbiologe Franz Exner (1881–1947): Gratwanderung eines Wissenschaftlers durch die Zeit des Nationalsozialismus, Rechtshistorische Reihe Band 380, Peter Lang.

Segrave, Kerry (2004): Lie Detectors – A Social History, McFarland & Company.

Sexton, Colleen (2007): J.K. Rowling, Twenty-First Century Books.

Shakespeare, William (2004): Maß für Maß/Measure for Measure, ars vivendi.

Sheltrown, Nicholas (2009): A Morality Tale of Technology and Media, in: Heilman, Elizabeth E. (Hrsg.): Critical Perspectives on Harry Potter, 2. Auflage, Routledge, S. 47–64.

Shortland, Neil/Dunne, John Anthony (2019): Al-Qa'ida and the Horcruxes: Quest for Inmortality by Violent Extremist Organizations and Lord Voldemort, in: Jarazo-Álvarez, Rubén/Alderete-Diez, Pilar (Hrsg.): Cultural Politics in Harry Potter: Life, Death and the Politics of Fear, Routledge, S. 165–177.

Sickels, Amy (2013): J. K. Rowling, Chelsea House.

Siefken, Sven T. (2018): Parlamentarische Kontrolle im Wandel: Theorie und Praxis des Deutschen Bundestags, Studien zum Parlamentarismus Band 31, Nomos Verlagsgesellschaft.

Sickor, Jens Andreas (2014): Das Geständnis, Jus Poenale Band 1, Mohr Siebeck.

Siebert, Wolfgang (1942): Die Deutsche Arbeitsverfassung, 2. Auflage, Hanseatische Verlagsanstalt.

Simon, Jürgen (2001): Kriminalbiologie und Zwangssterilisation – Eugenischer Rassismus 1920–1945, Internationale Hochschulschriften Band 372, Waxmann.

Sims, Jennifer Patrice (2022): When the Subaltern Speak Parseltongue: Orientalism, Racial Re-Presentation, and Nagini, in: Dahlen, Sarah Park/Thomas, Ebony Elizabeth (Hrsg): Harry Potter and the Other: Race, Justice, and Difference in the Wizarding World, University Press of Mississippi, S. 105–118.

Slapper, Gary/Kelly, David (2013): The English Legal System, 14. Auflage, Routledge.

Smith, Adam (2013): Der Wohlstand der Nationen, Anaconda Verlag.

Snir, Avichai/Levy, Daniel (2005): Popular Perceptions and Political Economy in the Contrived World of Harry Potter, Aufsatz, Fachbereich Wirtschaftswissenschaften, Bar-Ilan Universität.

Soiné, Michael (2019), Ermittlungsverfahren und Polizeipraxis: Einführung in das Strafverfahrensrecht, 2. Auflage, Kriminalistik Verlag.

Soiné, Michael (2020): Die Vertrauensperson im Polizeirecht, in: NJW 2020, S. 2850–2854.

Soiné, Michael (2021): Der Einsatz von V-Personen im Ermittlungsverfahren – Plädoyer für die Schaffung einer normenklaren Regelung in der StPO, in: Zeitschrift für Rechtspolitik (ZRP) 2021, S. 47–49.

Sommer, Kai (1989): Die Strafbarkeit der Homosexualität von der Kaiserzeit bis zum Nationalsozialismus – Eine Analyse der Straftatbestände im Strafgesetzbuch und in den Reformentwürfen (1871–1945), Rechtshistorische Reihe Band 187, Peter Lang.

Sowada, Christoph (2002): Der gesetzliche Richter im Strafverfahren, Walter de Gruyter.

Spencer, Richard A. (2015): Harry Potter and the Classical World – Greek and Roman Allusions in J.K. Rowling's Modern Epic, McFarland & Company.

Spiegler, Thomas (2008): Home Education in Deutschland: Hintergründe – Praxis – Entwicklung, VS Verlag für Sozialwissenschaften.

Spindler, Gerald/Schuster, Fabian (2019): Recht der elektronischen Medien – Kommentar, 4. Auflage, Verlag C.H. Beck.

Spohr, Werner (1937): Das Recht der Schutzhaft, Verlag Georg Stille.

Stableford, Brian (2009): The A to Z of Fantasy Literature, The Scarecrow Press.

Stadler, Tobias (2019): Die Lebensleistung des Täters als Strafzumessungserwägung: Zugleich ein Beitrag zu den Grundzügen des Strafzumessungsrechts, Studien und Beiträge zum Strafrecht Band 24, Mohr Siebeck.

Stampf, Sabine (2016): Das Delikt des Hochverrats im NS-Staat, in der DDR und in der Bundesrepublik Deutschland, Dissertation, Westfälischen Wilhelms-Universität zu Münster.

Steffani, Winfried (1997): Gewaltenteilung und Parteien im Wandel, VS Verlag für Sozialwissenschaften.

Stein, Torsten (2009): Der Bundespräsident als „pouvoir neutre"?, in: ZaöRV 2009, S. 249–256.

Steinbacher, Sybille (2020): Auschwitz: Geschichte und Nachgeschichte, 5. Auflage, Verlag C.H. Beck.

Steiger, Dominik (2013), Das völkerrechtliche Folterverbot und der „Krieg gegen den Terror", Beiträge zum ausländischen öffentlichen Recht und Völkerrecht Band 241, Springer-Verlag.

Stein, Georg H. (1984): The Waffen SS – Hitlers Elite Guard at War 1993–1945, Cornell University Press.

Sterling-Folker, Jennifer/Folker, Brian (2006): Conflict and the Nation-State: Magical Mirrors of Muggles and Refracted Images, in: Hexon, Daniel H./Neumann, Iver B. (Hrsg.): Harry Potter and International Relations, Rowman & Littlefield Publisher, S. 103–126.

Stern, Klaus (2000): Das Staatsrecht der Bundesrepublik Deutschlands – Band V: Die geschichtlichen Grundlagen des deutschen Staatsrechts, Verlag C.H. Beck.

Steveker, Lena (2016): ‚You'r soul is whole, and completely your own, Harry': The Heroic Self in J.K. Rowling's Harry Potter Series, in: Berndt, Katrin/Steveker, Lena (Hrsg.): Heroism in the Harry Potter Series, Routledge.

Stierstorfer, Klaus (2017): The Revival of Legal Humanism, in: Dolin, Kieran (Hrsg.): Law and Literature, Cambridge University Press, S. 9–25.

Stobbe, Mark (2021): The Dead Sociologists Society: Social Theory and the Harry Potter Narratives, FriesenPress.

Stöber, Rudolf (1998): Die erfolgverführte Nation: Deutschlands öffentliche Stimmungen 1866 bis 1945, Franz Steiner Verlag.

Strauß, Michael (2006): Das Ende der Ermittlungsbefugnis der Staatsanwaltschaft, in: Neue Zeitschrift für Strafrecht (NStZ) 2006, S. 556–560.

Streinz, Rudolf (2018): EUV/AEUV – Vertrag über die Europäische Union, Vertrag über die Arbeitsweise der Europäischen Union, Charta der Grundrechte der Europäischen Union, 3. Auflage, Verlag C.H. Beck.

Struck-Berghäuser, Anna Theresa (2020): Franz von Liszt und seine Gegner: Die Auswirkungen des „Schulenstreits" auf das heutige Sanktionen- und Strafvollzugsrecht, Kieler Rechtswissenschaftliche Abhandlungen Band 73, Nomos.

Strunz-Happe, Anne (2005): „Justiz" – Eine literarische Auseinandersetzung mit dem Gerechtigkeitsbild und der Heimat von Friedrich Dürrenmatt, in: NJW 2005, S. 539–545.

Stuckenberg, Carl-Friedrich (1997): Untersuchungen zur Unschuldsvermutung, Walter de Gruyter.

Stuckenberg, Carl-Friedrich (2000): In dubio pro reo, in: JA 2000, S. 568–573.

Stüllenberg, Klaus (2000): Lügendetektortest in Deutschland: Die Suche nach einer kriminalpräventiven Dimension, Eine Forschungsarbeit im Auftrag der Stiftung Kriminalprävention.

Sturm, Roland (2008): Das politische System Großbritanniens, in: Ismayr, Wolfgang (Hrsg.): Die politischen Systeme Westeuropas, 4. Auflage, VS Verlag für Sozialwissenschaften, S. 265–306.

Sya, Anja (2000): Literatur und juristisches Erkenntnisinteresse. Joachim Maass´ Roman „Der Fall Gouffé" und sein Verhältnis zu der historischen Vorlage, Juristische Zeitgeschichte. Abt. 6: Recht in der Kunst – Kunst im Recht, Band 7, Nomos Verlag.

Szczodrowski, Aleksandra (2017): Native Americans in J.K. Rowling's ‚History of Magic in North America' on Pottermore, in: Gymnich, Marion/Birk, Hanne/Burkhard, Denise (Hrsg.): „Harry – yer a wizard"– Exploring J.K. Rowling's Harry Potter Universe, Tectum Verlag, S. 205–214.

Tally Jr., Robert T. (2012): The Way of the Wizarding World: Harry Potter and the Magical Bildungsroman, in: Hallett, Cynthia J./Huey, Peggy J. (Hrsg.): J.K. Rowling: Harry Potter, Palgrave Macmillan, S. 36–47.

Tausendfreund, Doris (2006): Erzwungener Verrat – Jüdische ‚Greifer' im Dienst der Gestapo 1943–1945, Metropol Verlag.

Tepperwien, Ingeborg (2009): Beschleunigung über alles? Das Beschleunigungsgebot im Straf- und Ordnungswidrigkeitenverfahren, Neue Zeitschrift für Strafrecht (NStZ) 2009, S. 1–8.

Terhorst, Karl-Leo (1985): Polizeilich planmäßige Überwachung und polizeiliche Vorbeugungshaft im Dritten Reich – Ein Beitrag zur Rechtsgeschichte und zur vorbeugenden Verbrechensbekämpfung, C.F. Müller Verlag.

Theile, Hans (2012): Wahrheit, Konsens und § 257c StPO, in: Neue Zeitschrift für Strafrecht (NStZ) 2012, S. 666–671.

Theis, Kerstin (2016): Wehrmachtjustiz an der „Heimatfront": Die Militärgerichte des Ersatzheeres im Zweiten Weltkrieg, Studien zur Zeitgeschichte Band 91, Walter de Gruyter.

Thomas, Jeffrey E./Smith, James Charles/Wright, Danaya C./Barton, Benjamin H. u. a. (2005): Harry Potter and the Law, Texas Wesleyan Law Review Jahrgang 12, S. 427–484. Kooperation der Universität von Louisville (Research Paper Nr. 2007–05) und der Thomas Jefferson School of Law (Research Paper Nr. 829344).

Thompson, Nicole (2012): Follow the Reader: Literature's Influence on the Law and Legal Actors, Bachelorarbeit – Rechtswissenschaften, Universität von Otago.

Tluczikont, Agnes (2013): Strafvollzug und Resozialisierungsmaßnahmen: Resozialisierung von Straftätern im Kontext sozialpädagogischer Ziele und Probleme sowie rechtlicher Fragen, Diplomica Verlag.

Toepel, Friedrich (2002): Grundstrukturen des Sachverständigenbeweises im Strafprozessrecht, Veröffentlichungen zum Verfahrensrecht Band 27, Mohr Siebeck.

Tolkien, J. R.R. (2021): Der Herr der Ringe – 3 Bände, übersetzt von Wolfgang Krege, 12. Auflage, Klett-Cotta.

Tolksdorf, Klaus (1989): Mitwirkungsverbot für den befangenen Staatsanwalt, Münsterische Beiträge zur Rechtswissenschaft Band 38, Duncker & Humblot.

Traub, Michael (2015): Die Verwertbarkeit von Selbstgesprächen im Strafverfahren, Strafrechtliche Fragen der Gegenwart Band 6, Logos Verlag Berlin.

Trüg, Gerson (2004): Zum Erfordernis einer qualifizierten Belehrung im Strafverfahren, in: JA 2004, S. 394–399.

Tsesis, Alexander (2004): The Thirteenth Amendment and American Freedom: A Legal History, New York University Press.

Ueberschär, Gerd R. (2011): Deutsches Reich: Gegner des Nationalsozialismus im „Dritten Reich" 1933–1945, in: Ueberschär, Gerd R./Steinkamp, Peter (Hrsg.): Handbuch zum Widerstand gegen Nationalsozialismus und Faschismus in Europa 1933/39 bis 1945, Walter de Gruyter, S. 3–20.

Ulbricht, Josephine (2022): Das Vermögen der „Reichsfeinde": Staatliche Finanzverwaltung und Gegnerverfolgung im nationalsozialistischen Deutschland, Walter de Gruyter.

Undeutsch, Udo (1996): Die Untersuchung mit dem Polygraphen (Lügendetektor) – eine wissenschaftliche Methode zum Nachweis der Unschuld, in: Zeitschrift für das gesamte Familienrecht (FamRZ) 1996, S. 329–331.

Unger, Roberto Mangabeira (2015): The Critical Legal Studies Movement – Another Time, A Greater Task, Verso.

Vera, Antonio (2019): Von der ‚Polizei der Demokratie' zum ‚Glied und Werkzeug der nationalsozialistischen Gemeinschaft' – Die Polizei als Instrument staatlicher Herrschaft im Deutschland der Zwischenkriegszeit (1918–1939), Sicherheit: Polizeiwissenschaft und Sicherheitsforschung im Kontext Band 9, Nomos.

Verrel, Torsten/Käufl, Michael (2008): „Warnschussarrest" – Kriminalpolitik wider besseres Wissen?, in: Neue Zeitschrift für Strafrecht (NStZ) 2008, S. 177–181.

Vogel, Hans-Jochen (1996): Gewaltenvermischung statt Gewaltenteilung?, in: NJW, S. 1505–1511.

Vogenauer, Stefan (2006): Zur Geschichte des Präjudizienrechts in England, in: Zeitschrift für neuere Rechtsgeschichte (ZNR) 28, Heft 1/2, S. 48–78.

Voigt, Rüdiger (2018): Handbuch Staat, Springer VS.

Vollkommer, Gregor (2001): Der ablehnbare Richter: Die Durchsetzung des verfassungsrechtlichen Gebots richterlicher Unparteilichkeit im Prozess, Tübinger Rechtswissenschaftliche Abhandlungen Band 90, Mohr Siebeck.

Vorenberg, Michael (2001): Final Freedom: The Civil War, the Abolition of Slavery, and the Thirteenth Amendment, Cambridge University Press.

Vormbaum, Thomas (2011): Diagonale – Beiträge zum Verhältnis von Rechtswissenschaft und Literatur, LIT Verlag.

Vormbaum, Thomas (2016): Einführung in die moderne Strafrechtsgeschichte, 3. Auflage, Springer Verlag.

Vormbaum, Thomas/Reiß, Gunter/Weber, Hermann (2015): Recht, Literatur und Kunst in der Neuen Juristischen Wochenschrift, 7 Bände, Berliner Wissenschafts-Verlag.

Vortmann, Jürgen (1990): Juristischer Widerstand gegen den Nationalsozialismus, in: Zeitschrift für Rechtspolitik (ZRP) 5/1990, S. 193–198.

Voßkuhle, Andreas (2018): Rechtsstaat und Demokratie, in: NJW 2018, S. 3154–3159.

Voßkuhle, Andreas/Kaufhold, Ann-Katrin (2020): Grundwissen – Öffentliches Recht: Das Bundesstaatsprinzip, in: JuS 2010, S. 873–876.

Voßkuhle, Andreas/Schemmel, Jakob (2020): Grundwissen – Öffentliches Recht: Die Bundesregierung, JuS 2020, S. 736–740.

Voßkuhle, Andreas/Schemmel, Jakob (2021): Grundwissen – Öffentliches Recht: Der Bundespräsident, in: JuS 2021, S. 118–121.

Voßkuhle, Andreas/Wischmeyer, Thomas (2020): Grundwissen – Öffentliches Recht: Gesetzgebungskompetenzen, in: JuS 2020, S. 315–318.

Wagman-Geller, Marlene (2009): Once Again to Zelda – Fifty Great Dedications and Their Storys, Picador.

Wagner, Christoph (2007): Entwicklung, Herrschaft und Untergang der nationalsozialistischen Bewegung in Passau 1920 bis 1945, Frank & Timme.

Wagner, Herbert (2004): Die Gestapo war nicht allein: Politische Sozialkontrolle und Staatsterror im deutsch-niederländischen Grenzgebiet 1929–1945, Anpassung – Selbstbehauptung – Widerstand Band 22, LIT Verlag.

Wagner, Jens-Christian (1998): Das Außenlagersystem des KZ Mittelbau-Dora, in: Herbert, Ulrich/Orth, Karin/Dieckmann, Christoph (Hrsg.): Die nationalsozialistischen Konzentrationslager: Entwicklung und Struktur Band I, Wallstein Verlag, S. 707–729.

Wagner, Jens-Christian (2004): Produktion des Todes: Das KZ Mittelbau-Dora, 2. Auflage, Wallstein Verlag.

Wagner, Jens-Christian (2014): Selektion und Segregation – Vernichtung und Arbeit am Beispiel Mittelbau-Dora, in: Buggeln, Marc/Wildt, Michael (Hrsg.): Arbeit im Nationalsozialismus, Oldenbourg Wissenschaftsverlag, S. 329–347.

Wagner, Marc (2009): Die Bundespolizei – wer ist das, was darf und was macht die?, in: JURA 2009, S. 96–100.

Wagner, Markus (2011): Das Das allgemeine Festnahmerecht gem. § 127 Abs. 1 S. 1 StPO als Rechtfertigungsgrund, in: Zeitschrift für das Juristische Studium (ZJS) 6/2011, S. 465–478.

Wagner-Kern, Michael (2019): Präventive Sicherheitsordnung: Zur Historisierung der Sicherungsverwahrung, 2. Auflage, Berliner Wissenschafts-Verlag.

Waldhoff, Christian (2019): „Weimar" als Argument: Die Weimarer Reichsverfassung als Vorbild und als Gegenbild für das Grundgesetz, in: JuS 2019, S. 737 (737–744).

Waldmann, Knut (2005): Ein Gericht ohne Gschmäckle? – Reformbedarf bei den Befangenheitsregelungen, in: Zeitschrift für Rechtspolitik (ZRP) 7/2005, S. 220–222.

Walter, Tonio (2020): Strafprozessrecht, Ein Lehrbuch für Studenten und angehende Praktiker, Mohr Siebeck.

Walters, Tiffany L. (2015): Not So Magical: Issues with Racism, Classism, and Ideology in Harry Potter, Masterarbeit – Englisch, Northern Michigan Universität.

Walther, Angelika (2017): Die Verständigung in Strafsachen nach Eröffnung des Hauptverfahrens, in: Sinn, Arndt/Schößling, Christian (Hrsg.): Praxishandbuch zur Verständigung im Strafverfahren, Springer-Verlag, S. 127–204.

Wannamaker, Annette (2017): Men in Cloaks and High-heeled Boots, Men Wielding Pink Umbrellas: Witchy Masculinities in the Harry Potter Novels, in: The Looking Glass: New Perspectives on Children's Literature, Ausgabe 20, Nummer 1, S. 19–33.

Ward, Ian (1995): Law and Literature: Possibilities and Perspectives, Cambridge University Press.

Ward, Renée (2010): J. K. Rowling's Fenrir Greyback: Identity, Society, and the Werewolf, in: Goetz, Sharon (Hrsg.): Terminus: Collected Papers on Harry Potter, 7–11. August 2008, Narrate Conferences Inc, S. 98–119.

Wasmuth, Johannes (2014): Aufarbeitung der unter NS-Herrschaft verübten Entziehung von Kunstwerken, in: NJW 2014, S 747–753.

Wassermann, Rudolf (2002): Juristen im Widerstand gegen das NS-Regime, in: NJW 2002, S. 1018–1022.

Waters, Todd S. (2012): Is Hermione Granger the Real Chosen One?, in: Bell, Christopher E. (Hrsg.): Hermione Granger Saves the World: Essays on the Feminist Heroine of Hogwarts, McFarland & Company, S. 198–218.

Webb, Caroline (2015): Fantasy and the Real World in British Children's Literature: The Power of Story, Routledge.

Weber, Reinhard (2006): Das Schicksal der jüdischen Rechtsanwälte in Bayern nach 1933, Oldenbourg Wissenschaftsverlag.

Wedler, Simone (2011): Weisungen nach § 10 Abs. 1 JGG und elterliches Erziehungsrecht, Kriminalwissenschaftliche Schriften Band 30, LIT Verlag.

Wegener, Bernhard (1989): Seelische Abartigkeit (§ 20 Strafgesetzbuch) – Ein schwieriger Begriff der forensischen Psychiatrie/Psychologie, in: Kritische Justiz (KJ) 1989, S. 316–328.

Wehner, Christina (2006): Die Haftgründe: Reformdiskussion und Gesetzgebung seit 1877, Beiträge zur Strafrechtswissenschaft Band 2, LIT Verlag.

Wehr, Matthias (2015): Bundespolizeigesetz – Kommentar, 2. Auflage, Nomos.

Weichbrodt, Johannes (2012): Der verbotene Beweis im Straf- und Zivilprozess – Zur Rolle strafprozessualer Beweisverbote bei der Durchsetzung zivilrechtlicher Ansprüche, Veröffentlichungen zum Verfahrensrecht Band 86, Mohr Siebeck.

Weigend, Thomas (2010): Verständigung in der Strafprozessordnung – auf dem Weg zu einem neuen Verfahrensmodell?, in: Gerechte Strafe und legitimes Strafrecht – Festschrift für Manfred Maiwald zum 75. Geburtstag, Duncker & Humblot, S. 829–848.

Weilert, Anja Katarina (2009): Grundlagen und Grenzen des Folterverbotes in verschiedenen Rechtskreisen: Eine Analyse anhand der deutschen, israelischen und pakistanischen Rechtsvorschriften vor dem Hintergrund des jeweiligen historisch-kulturell bedingten Verständnisses der Menschenwürde, Springer.

Weinke, Annette (2019): Die Nürnberger Prozesse, 3. Auflage, Verlag C. H. Beck.

Weisberg, Richard H. (2018), Cardozo's „Law and Literature": A Guide to His Judicial Writing Style, in: Touro Law Review, Jahrgang 34, Ausgabe 1, Artikel 21, S. 349–358.

Weisberg, Robert (1989): The Law-Literature Enterprise, in: Yale Journal of Law & the Humanities (Yale j. law humanit.), Jahrgang 1, Ausgabe 1, Artikel 4, S. 1–68.

Weitner, Friedrich/Schuster, Thomas (2014): Die Anklageschrift und das (Hilfs-) gutachten, in: JA 2014, S. 612–618.

Welsh, Helga A. (1989): Revolutionärer Wandel auf Befehl?: Entnazifizierungs- und Personalpolitik in Thüringen und Sachsen (1945–1948), Schriftenreihe der Vierteljahrshefte für Zeitgeschichte Band 58, Oldenbourg Verlag.

Wenck, Alexandra (2020): Zwischen Menschenhandel und ‚Endlösung': Das Konzentrationslager Bergen-Belsen, Geschichte des Holocaust Band 11, LIT Verlag.

*Wendler, Axel/Hoffmann, Helmut (*2015): Technik und Taktik der Befragung: Prüfung von Angaben. Gespräche, Interviews und Vernehmungen zielorientiert vorbereiten und führen. Urteile richtig begründen, Fehler in Urteilen aufdecken. Lügen und Irrtum erkennen, 2. Auflage, Kohlhammer.

Wente, Sara (2015): The Making of a New World – Nazi Ideology and It's Influence on Harry Potter, in: Farr, Cecilia Konchar (Hrsg.): A Wizard of Their Age: Critical Essays from the Harry Potter Generation, State University New York Press, S. 89–112.

Werkmeister, Sven (2007): Keine Folter ohne Schmerz! Zur Definition des Begriffs der Folter, in: Harasser, Karin/Macho, Thomas/Wolf, Burkhardt (Hrsg.): Folter – Politik und Technik des Schmerzes, Wilhelm Fink Verlag, S. 269–274.

Werle, Gerhard (1988): Zur Reform des Strafrechts in der NS-Zeit: Der Entwurf eines Deutschen Strafgesetzbuchs 1936, in: NJW 1988, S. 2865–2867.

Werle, Gerhard (1989): Justiz-Strafrecht und polizeiliche Verbrechensbekämpfung im Dritten Reich, Walter de Gruyter.

Werle, Gerhard (1992): Der Holocaust als Gegenstand der bundesdeutschen Strafjustiz, in: NJW 1992, S. 2529–2535.

Werle, Gerhard (1995): „Das Gesetz ist Wille und Plan des Führers" – Reichsgericht und Blutschutzgesetz, in: NJW 1995, S. 1267–1269.

Westman, Karin E. (2002): Specters of Thatcherism: Contemporary British Culture in J. K. Rowling's Harry Potter Series, in: Whited, Lana A. (Hrsg.): The Ivory Tower and Harry Potter: Perspectives on a Literary Phenomenon, University of Missouri Press, S. 305–328.

White, James Boyd (1973): The Legal Imagination, Little, Brown & Company

White, T. H. (2008), The Sword in the Stone, HarperCollins Children's Books.

Wienbracke, Mike (2017): Staatsorganisationsrecht, Springer Fachmedien Wiesbaden.

Wigmore, John H. (1922): A List of One Hundred Legal Novels, in: University of Illinois Law Review (U. Ill. L. Rev.), Jahrgang 17, Nummer 21, S. 26–41.

Wilde, Frank (2015): Armut und Strafe: Zur strafverschärfenden Wirkung von Armut im deutschen Strafrecht, Springer VS.

Wildt, Michael (1995): Einleitung, in: Wildt, Michael (Hrsg.): Die Judenpolitik des SD 1935 bis 1938: Eine Dokumentation, Vierteljahreshefte für Zeitgeschichte Band 71, Oldenbourg Verlag, S. 9–64.

Wildt, Michael (2014): Der Begriff der Arbeit bei Hitler, in: Buggeln, Marc/Wildt, Michael (Hrsg.): Arbeit im Nationalsozialismus, Oldenbourg Wissenschaftsverlag, S. 3–24.

Wildt, Michael (2016): Einleitung, in: Wild, Michael (Hrsg.): Nachrichtendienst, politische Elite und Mordeinheit: Der Sicherheitsdienst des Reichsführers SS, 2. Auflage, Hamburger Edition, S. 7–37.

Wilke, Jürgen (2007): Presseanweisungen im zwanzigsten Jahrhundert: Erster Weltkrieg – Drittes Reich – DDR, Medien in Geschichte und Gegenwart Band 24, Böhlau Verlag.

Wilke, Malte (2016): Staatsanwälte als Anwälte des Staates? Die Strafverfolgungspraxis von Reichsanwaltschaft und Bundesanwaltschaft vom Kaiserreich bis in die frühe Bundesrepublik, Beiträge zu Grundfragen des Rechts Band 16, V&R unipress.

Williams, Melanie (2002): Empty Justice: One Hundred Years of Law, Literature and Philosophy, Cavendish Publishing.

Wilson, Charles D. (2022): The Failed Wizard Justice System: Race and Access to Justice in Harry Potter, in: Dahlen, Sarah Park/Thomas, Elisabeth (2022): Harry Potter and the Other: Race, Justice, and Difference in the Wizarding World, University Press of Mississippi, S. 287–304.

Wilson, Steve/Rutherford, Helen/Storey, Tony/Wortley, Natalie/Kotecha, Birju (2020): English Legal System, 4. Auflage, Oxford University Press.

Winkler, Heinrich August (2000): Der lange Weg nach Westen – Band 1: Vom Ende des Reiches bis zur Weimarer Republik, Verlag C. H. Beck.

Winter, Naemi (2017): ‚I read about it in Hogwarts: A History': The Reception and Function of History in the World of Harry Potter, in: Gymnich, Marion/Birk, Hanne/Burkhard, Denise (Hrsg.): „Harry – Yer a Wizard" – Exploring J. K. Rowling's Harry Potter Universe, Tectum Verlag. S. 95–106.

Winters, Sarah Fiona (2010): From Satan to Hitler: Theological and Historical Evil in C. S. Lewis, Philip Pullman, and J. K. Rowling, in: Buttsworth, Sara/Abbenhuis, Maartje M. (Hrsg.): Monsters in the Mirror: Representations of Nazism in Post-war Popular Culture, Praeger – ABC-CLIO, S. 53–74.

Wiseman, Timothy Peter (1995): Remus: A Roman Myth, Cambridge University Press.

Wörlen, Rainer (2006): Juristische Berufe in England und Wales, in: JA 2006, S. 78–80.

Wohlhaupter, Eugen (1953): Dichterjuristen – Band 1: Savigny-Brentano. Savigny-Arnim. Thibaut-Schumann. Goethe. Grillparzer. Kleist, J. B.C. Mohr.

Wohlhaupter, Eugen (1955): Dichterjuristen – Band 2: Zacharias Werner. E. T.A. Hoffmann. Eichendorff. Uhland. Grabbe. Immermann. Heine, J. B.C. Mohr.

Wohlhaupter, Eugen (1957): Dichterjuristen – Band 3: Hebbel. Reuter. Storm. Keller. Scheffel. Dahn. Timm Kröger. Juristen als Künstler, J. B.C. Mohr.

Wolf, Erik (1935): Das künftige Strafsystem und die Zumessungsgrundsätze, in: Zeitschrift für die gesamte Strafrechtswissenschaft (ZStW) 54, S. 544–574.

Wolf, Timothy A. (2011): Broken Wand (On How J. K. Rowling Killed Harry Potter), Strategic Book Group.

Wolter, Martina (2017): Die literarische Repräsentation des Bösen in den Harry Potter Romanen von J. K. Rowling, Dissertation – Philosophische Fakultät, Rheinische Friedrich-Wilhelms-Universität Bonn.

Wrege, Wolf Reinhard (1996): Das System der Gewaltenteilung im Grundgesetz, in: JURA 1996, S. 436–440.

Wright, Danaya (2016): Hogwarts, the Family and the State: Forging Identity and Virtue in Harry Potter, in: Thomas, Jeffrey E./Snyder, Franklin G. (Hrsg.): The Law & Harry Potter, Carolina Academic Press, S. 131–148.

Wrobel, Max (2019): Das Willensstrafrecht und dessen Einfluss auf die Strafrechtsdogmatik, in: Göttinger Rechtszeitschrift (GRZ) 2/2019, S. 83–94.

Würtenberger, Thomas/Heckmann, Dirk (2017): Polizeirecht in Baden-Württemberg, 7. Auflage, C. F. Müller.

Zahid, Abdullah (2018): Secrets of Becoming World Class: Live Your Dream Life. Guaranteed, Educreation Publishing.

Zander, Patrick G. (2020): Fascism through History: Culture, Ideology, and Daily Life – Band 1: A–M, ABC-CLIO.

Zehnpfennig, Barbara (2018): Adolf Hitler: Mein Kampf: Weltanschauung und Programm – Studienkommentar, 2. Auflage, UTB-Band Nr. 3469, Wilhelm Fink Verlag.

Zentes, Uta Christina (2017): Das Sieben-Säulen-Modell der Korruptionsprävention: Leitfaden zum Aufbau eines unternehmensinternen Anti-Korruptionsprogramms, Springer Gabler.

Zeuske, Michael (2018): Sklaverei in der Neuen Welt – auch eine transrechtliche Sklaverei auf der Linie Afrika-Atlantik-Amerika, in: Fagnoli, Iole/Späth, Thomas (Hrsg.): Sklaverei und Recht: Zwischen römischer Antike und moderner Welt, Berner Universitätsschriften Band 61, Haupt Verlag, S. 101–144.

Zeuske, Michael (2019): Handbuch Geschichte der Sklaverei – Eine Globalgeschichte von den Anfängen bis zur Gegenwart, Band 1, 2. Auflage, Walter de Gruyter.

Zieger, Matthias/Nöding, Toralf (2018): Verteidigung in Jugendstrafsachen, 7. Auflage, C.F. Müller.

Zolondek, Juliane (2007): Lebens- und Haftbedingungen im deutschen und europäischen Frauenstrafvollzug, Schriften zum Strafvollzug, Jugendstrafecht und zur Kriminologie Band 28, Forum Verlag Godesberg.